地球の歩き方 A06

地球の歩き方編集室
2024～2025年版

FRANCE
フランス

1623年、ルイ13世がヴェルサイユに土地を取得してから400年。狩猟の拠点として築かれた城は、その後太陽王ルイ14世によって壮大な宮殿に生まれ変わりました。同じくフランスを代表する名所モン・サン・ミッシェルは、1023年、ロマネスク様式の修道院の建設が始まってから1000年。ともに長い時を刻みつつ、時空を超えて、歴史の旅へと誘います。

COVER STORY

FRANCE CONTENTS

出発前に必ずお読みください！
旅のトラブルと安全情報……P.11、P.535

Photo:Carcassonne

Photo:Menton

本書で用いられる記号・略号

世界遺産	世界遺産(→P.26)
美しい村	美しい村(→P.46)

アクセス

✈ 飛行機	🚗 車
🚆 列車	🚢 船
🚌 バス	🚁 ヘリコプター
🚶 徒歩	

見どころなどのデータ

- **❶** 観光案内所
- **住** 住所(パリ、マルセイユ、リヨンの住所末尾に付けられた1er、2eなどは、区の番号)
- **MAP** 地図上の位置
- **Ⓜ** 最寄りメトロ(地下鉄)駅(パリ、イル・ド・フランスのみ)
- **RER** 最寄りRER線の駅(パリ、イル・ド・フランスのみ)
- **営** 営業時間
- **開** 開館時間
  夏：一般的に4～9月
  冬：一般的に10～3月
- **休** 休館日、定休日
- **料** 入場料、料金(学生割引の場合は国際学生証、年齢の証明にはパスポートを提示すること)
- **TEL** 電話番号
- **Free** 電話番号(無料)
- **FAX** ファクス番号
- **E-メール** eメールアドレス
- **URL** ウェブサイトのアドレス

見どころのおすすめ度

- **★★★** 見逃せない観光ポイント
- **★★** 訪れる価値あり
- **★** 興味に合わせて

Blois

フランス建築史がひとめで見渡せる
ブロワ
郵便番号：41000 人口：約5万人

ロワール河畔の観光地

ACCESS

🚆 パリ・オステルリッツ駅からTERで約1時間30分。トゥールからTERで40分。ブロワ・シャンボールBlois Chambord駅下車。

❶ 観光案内所

住 5, rue de la Voûte **MAP** P.222
TEL 02.54.90.41.41
営 10～3月　10:00～13:00
　　　　　　　　 14:00～17:00
　　 4～9月　 9:00～13:00
　　　　　　　　 14:00～19:00
(営は午前中の
休 10～3月の 奥、1/1、12/25
URL www.bloischambord.com

シャンボールとシュヴェルニーの巡回バス Navette Châteaux

ブロワはトゥール(→P.216)と並ぶ古城巡りの起点の町としておすすめ。特に3月下旬から11月上旬は、ブロワ駅前のバスターミナル(Gare SNCF)からシャンボール城とシュヴェルニー城を巡回するバスが出るので便利(→P.224)。バスのチケットを提示するとそれぞれの城の入場料が割引になる。

馬車の市内ツアー

4～9月に市街やロワール川沿岸、ブロワ城の周りを巡る馬車ツアーがある。約25分。予約不要。詳細はウェブサイトで確認のこと。
料 €9
URL www.attelagesdeblois.com

© 011

ブロワ城

住 6, pl. du Château **MAP** P.222
開 7・8月　　 9:00～19:00
　　 4～6・9・10月
　　　　　　　　 9:00～18:30
　　 11～3月　 10:00～17:00
　　　 (入場は閉館の30分前まで)
休 1/1、12/25
料 €14
URL www.chateaudeblois.fr

ロワール川の右岸に広がるブロワの町
© Léonard de Serres

ロワール川の右岸、町の高台にそびえるブロワ城は駅から近く、最も訪ねやすい城のひとつ。5世紀にわたって増築されてきたため、建築様式の変遷がひとめで見渡せるのが興味深い。パリから鉄道でのアクセスがよく、古城巡りの拠点にもなっている。

≫≫≫ 歩き方 ≫≫≫

駅前のAv. du Docteur J. Laigretを真っすぐに進み、王の庭園Jardin du Roiを越えると右側に**ブロワ城**がある。❶は城のすぐ向かいなのでわかりやすい。

城以外にはこれといった見どころは少ないが、比較的大きな町なので、旧市街に出て散歩を楽しむのもいい。城の前の広場から、馬車で市内を遊覧することもできる。

))) おもな見どころ (((

ブロワ城　　　　★★★
MAP P.222　　Château Royal de Blois

ブロワで生まれたルイ12世がフランス王に即位した1498年から、アンリ4世が宮廷をパリに移すまでの約100年間、ブロワ城はフランス王の第1城だった。5世紀にわたって増改築が継

222 **みどころ** 「パス・シャトーPass'Château」は、ロワール各城の入場料組み合わせられるもので、例えばブロワ城、シャンボール城、シュヴェルニー城がセットになったパスで€41。そのほか組み合わせは多数。ブロワの❶などで購入できる。

Ⓡ レストラン	Ⓑ ワインバー

Ⓢ ショップ

- **MAP** 地図上の位置
- **Ⓜ** 最寄りメトロ(地下鉄)駅(パリのみ)
- **RER** 最寄りRER線の駅(パリのみ)
- **住** 住所 **TEL** 電話番号 **FAX** ファクス番号
- **営** 営業時間 **休** 休業日
- **M** ムニュ(セットメニュー)の料金(レストラン記事)
- **英** 英語のメニューあり(レストラン記事)
- **日** 日本語のメニューあり(レストラン記事)
- **Wi-Fi** Wi-Fi接続可能
- **URL** ウェブサイトのアドレス

Ⓗ ホテル	Ⓨ ユースアコモ	Ⓒ シャンブル・ドット(民宿)

- **★** フランス政府の格づけ基準による星の数
- **Ⓢ** シングル料金
- **Ⓦ** ダブルまたはツインの1室当たり料金
  (ホテル料金には別途滞在税が加算される)
- **🍴** 朝食料金 **🛏** 客室数 **Ⓟ** パーキングあり(要予約)
- **🍽** 付属レストランあり **❄** 冷房あり
- **Wi-Fi** Wi-Fi接続可能
- **CC** 使用可能なクレジットカード
  Ⓐ アメリカン・エキスプレス
  Ⓓ ダイナースクラブカード
  Ⓙ JCBカード
  Ⓜ マスターカード
  Ⓥ VISA

通りの表記、略号

av. : Avenue「並木通り」
bd. : Boulevard「大通り」
rue : 「通り」地図上では**Rue**または**R.**で表示
pl. : Place「広場」
St- : Saint
Ste- : Sainte (Saintの女性形)
Fg. : Faubourg（フォーブール）の略

コラム

 知っておきたい歴史の話

 ちょっとひと息コーヒーブレイク

 ユースフルインフォメーション

 エクスカーション情報

 文学者ゆかりの地

 乗ってみたい観光列車

 アートコラム

 祭りとフェスティバル

 シネマコラム

 名産品

 読者からの投稿

 この町で食べたい名物料理

 この町で買いたいおみやげ

はみだし はみだし情報

地図の記号

🛈 観光案内所　　Ⓜ メトロ（地下鉄）駅

✉ 郵便局　　　Ⓡ RER駅

✝ 教会　　　　Ⓗ ホテル

✡ シナゴーグ　　Ⓨ ユースアコモ

✚ 病院　　　　CH シャンブル・ドット（民宿）

警察署　　　Ⓡ レストラン

🎓 学校　　　　Ⓒ カフェ

€ 両替所　　　Ⓑ ワインバー

Ⓣ タクシー乗り場　Ⓢ ショップ

バスターミナル、　Ⓔ エンターテインメント
バス停

WC トイレ

■ 掲載情報のご利用に当たって

編集部では、できるだけ最新で正確な情報を掲載するよう努めていますが、現地の規則や手続きなどがしばしば変更されたり、またその解釈に見解の相違が生じることもあります。このような理由に基づく場合、または弊社に重大な過失がない場合は、本書を利用して生じた損失や不都合について、弊社は責任を負いかねますのでご了承ください。また、本書をお使いいただく際は、掲載されている情報やアドバイスがご自身の状況や立場に適しているか、すべてご自身の責任でご判断のうえでご利用ください。

■ 現地取材および調査時期

本書は、2023年1月から3月の現地取材、および追跡調査データを基に編集されています。情報が具体的になればなるほど、時間の経過とともに内容に多少のズレが出てきます。特にホテルやレストランなどの料金は、旅行時点では変更されていることも多くあります。本書のデータはひとつの目安としてお考えいただき、現地では観光案内所などでできるだけ新しい情報を入手してご旅行ください。

■ 発行後の情報の更新と訂正ついて

本書発行後に変更された掲載情報や訂正箇所は、「地球の歩き方」ホームページの本書紹介ページ内に「更新・訂正情報」として可能なかぎり最新のデータに更新しています（ホテル、レストラン料金の変更などは除く）。下記URLよりご確認いただき、ご旅行前にお役立てください。
URL www.arukikata.co.jp/travel-support

■ 投稿記事について

投稿記事は、多少主観的になっても原文にできるだけ忠実に掲載してありますが、データに関しては編集部で追跡調査を行っています。投稿記事のあとに（東京都　○○　'22）とあるのは、寄稿者と旅行年度を表しています。ホテルの料金など、追跡調査で新しいデータに変更している場合は、寄稿者データのあとに調査年度を入れ['23]としています。読者投稿応募の詳細は→P.496。

■ 外務省 海外安全ホームページ

2024年3月現在フランスには感染症を含む危険情報は出ていませんが、渡航前には必ず外務省のウェブサイトで最新情報をご確認ください。
URL www.anzen.mofa.go.jp

ジェネラルインフォメーション

フランスの基本情報

▶ 旅の言葉 → P.546

国 旗
通称：トリコロール
1789年、国民軍司令官だったラ・ファイエットが、パリ国民軍の赤と青の帽章に、王家の象徴である白を加えたのが三色旗の始まり。

正式国名
フランス共和国 République Française

国 歌
ラ・マルセイエーズ La Marseillaise

面 積
約55万km²（海外領土を除く）

人 口
約6742万人。日本の約2分の1。海外領を含む（'21）

首 都
パリ Paris。人口約217万人（'19）

元 首
エマニュエル・マクロン大統領
Emmanuel Macron

政 体
共和制

民族構成
フランス国籍をもつ人は民族的出自にかかわらずフランス人とみなされる。

宗 教
カトリックが約65%、そのほかイスラム教、プロテスタント、ユダヤ教など。

言 語
フランス語

通貨と為替レート

▶ お金の準備 → P.508
▶ お金の両替 → P.514

通貨単位はユーロ（€、Euro、Eurとも記す）、補助通貨単位はセント（Cent）。それぞれのフランス語読みは「ウーロEuro」と「サンチームCentime」。€1＝100セント＝約165円（2024年5月現在）。紙幣は€5、€10、€20、€50、€100、€200、€500。硬貨は€1、€2、1セント、2セント、5セント、10セント、20セント、50セント。

1ユーロ

2ユーロ

5ユーロ

10ユーロ

20ユーロ

50ユーロ

100ユーロ

200ユーロ

1セント

2セント

5セント

10セント

20セント

50セント

電話のかけ方

▶ 国際電話のかけ方 → P.532

日本からフランスへかける場合

国際電話識別番号 **010**※	＋	フランスの国番号 **33**	＋	相手先の電話番号（最初の0は除く）

※携帯電話の場合は010のかわりに「0」を長押しして「+」を表示させると国番号からかけられる
※ NTTドコモは事前に WORLD CALL に登録が必要。

※本項目のデータはフランス大使館、フランス観光開発機構、外務省、（社）日本旅行業協会などの資料を基にしています。

ビザ

観光目的の旅（3ヵ月以内の滞在）なら不要。

パスポート

フランスを含むシェンゲン協定加盟国（→ P.512）出国予定日から3ヵ月以上の残存有効期間が必要。

入出国

▶パスポート→P.506
▶日本出入国→P.510
▶フランス入出国
　→P.512

日本からフランスのパリまでのフライトは、直行便で約14時間。現在3社（エールフランス航空、日本航空、ANA）が直行便を運航している。

日本からのフライト時間

▶パリへの航空便
　→ P.498

パリの気候はだいたい東京の四季に合わせて考えていい。春の訪れを感じるのは4月頃。梅雨がなく乾燥しているので、夏は過ごしやすい。秋の訪れは東京より早く、雨が比較的多い。11月になるともう冬で、曇りがちの日が多くなる。天気が変わりやすく、夏でも冷え込むことがあるので、1年をとおして雨具と長袖の上着を用意しておこう。フランスは国土が広いので、地方によって気候はかなり異なる。地方ごとの気候の特色は各地方のページで。

気　候

▶フランスの天気
　予報→ P.507

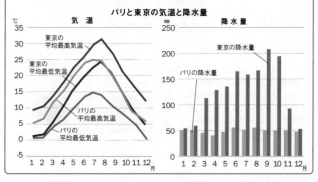

パリと東京の気温と降水量

以下は一般的な営業時間の目安。ショップやレストランは店によって異なり、非常に流動的。夏のバカンスシーズンなど長期休暇を取る店も多いので注意。パリと地方とでも違いがある。

銀　行

月〜金曜9:00〜17:00。土・日曜、祝日は休業。銀行によって異なる。

郵便局

月〜金曜8:00〜20:00、土曜9:00〜13:00。日曜、祝日は休業。局によって異なる。

デパート

月〜土曜9:30〜20:00頃。日曜11:00〜19:00頃。一部祝日は休業。

ショップ

月〜土曜10:00〜19:00頃。昼休みを取る店もある。日曜、祝日は休業する店が多い。

カフェ

8:00〜23:00頃。

レストラン
昼12:00〜14:00、夜19:30〜22:00頃。月曜、日曜、祝日は休業する店もある。

ビジネスアワー

フランスから日本へかける場合

| 国際電話識別番号 **00** | + | 日本の国番号 **81** | + | 相手先の電話番号（市外局番、携帯番号の最初の0は除く） |

フランス国内通話
市外局番はないので、10桁の電話番号をそのままダイヤルする。

時差と サマータイム

フランスは中央ヨーロッパ時間（CET）。日本との時差は8時間で、日本時間から8を引くとフランス時間になる。つまり、日本の18:00がフランスでは同日の10:00となる。これがサマータイム期間中は7時間の差になる。

サマータイム実施期間は、3月の最終日曜 AM 2:00～10月の最終日曜 AM 3:00。2024年は3/31～10/26、2025年は3/30～10/25。

※サマータイムは廃止予定（時期は未定）

祝祭日 （おもな祝祭日）

▶フランス旅暦 → P.502

キリスト教に関わる祝日が多い。年によって異なる移動祝祭日（※印）に注意。

1/1		元日　Jour de l'An
3/31('24) 4/20('25)	※	復活祭　Pâques
4/1('24) 4/21('25)	※	復活祭の翌月曜日　Lundi de Pâques
5/1		メーデー　Fête du Travail
5/8		第2次世界大戦終戦記念日　Victoire du 8 mai 1945
5/9('24) 5/29('25)	※	キリスト昇天祭　Ascension
5/19('24) 6/8('25)	※	聖霊降臨祭　Pentecôte
5/20('24) 6/9('25)	※	聖霊降臨祭の翌月曜日　Lundi de Pentecôte
7/14		革命記念日　14 Juillet
8/15		聖母被昇天祭　Assomption
11/1		諸聖人の日　Toussaint
11/11		第1次世界大戦休戦記念日　Armistice
12/25		クリスマス　Noël

電圧とプラグ

標準は220/230Vで周波数は50Hz。日本国内用の電化製品はそのままでは使えないので、変圧器が必要。プラグの種類はCタイプを使う。

コンセント

携帯用プラグ（Cタイプ）

ビデオ方式

出力方式がフランスは「DVB」、日本は「ISDB-T」と異なるため、フランスで購入したDVDソフトを日本の一般的なDVDプレーヤーで見ることはできない（DVDドライブ付き、あるいはDVDドライブに接続可能なパソコンでは再生できる）。

ブルーレイソフトは、日本の地域コード「A」に対応していれば日本のプレーヤーで再生できる。

チップ

レストランやホテルなどの料金にはサービス料が含まれているので、基本的にチップは義務ではない。快いサービスを受けたときや、特別なことを頼んだときに、お礼として渡すといいだろう。

レストラン
高級レストランでは食事代の5～10%を目安に、お札で渡すとスマート。一般的な店ではおつりの小銭程度を。

ホテル
特別なことを頼んだ場合、1回につき€2～5程度。通常の掃除やベッドメイクには不要。

タクシー
大きな荷物をトランクに運んでもらった場合など€2～5程度。

劇場などの案内係
座席案内のお礼として、€1程度。

飲料水

フランスの水道水は石灰分が多いが飲んでも大丈夫。ミネラルウオーター（オー・ミネラル eau minérale）を買うのもいい。ミネラルウオーターには炭酸入り（ガズーズ gazeuse）と炭酸なし（プラット plate）がある。駅などの自動販売機で買うと、500mℓで約€1.50。スーパーマーケットでは€0.20～1。

時差表

日本	0	1	2	3	4	5	6	7	8	9	10	11	12	13	14	15	16	17	18	19	20	21	22	23
フランス	16	17	18	19	20	21	22	23	0	1	2	3	4	5	6	7	8	9	10	11	12	13	14	15
フランス（サマータイム）	17	18	19	20	21	22	23	0	1	2	3	4	5	6	7	8	9	10	11	12	13	14	15	16

※ 赤い部分は日本時間の前日を示している

郵 便

▶日本行き郵便料金
→ P.534

フランスの郵便局は「ラ・ポスト La Poste」という。

日本への郵便料金ははがき、封書20gまで、ともに€1.80。いろいろな大きさや変わった形のはがきが売られているが、20gまで同一料金なので、€1.80で送ることができる。切手は郵便局のほか、TABAC（たばこ屋）でも購入可能。

フランスのポストは黄色

税 金

TAX

▶免税について
→ P.531

フランスでは、外国人旅行者がひとつの店で1日で€100.01以上の買い物をすると、12～18.6%（店、商品によって異なる）の付加価値税の免税が適用される。商品を使用せずEU圏外に持ち出すことが条件。購入店でパスポートを提示して免税書類を作成してもらい、空港で免税手続きをする。

安全とトラブル

▶旅のトラブルと安全対策
→ P.535

フランスは時期を問わず観光客であふれているため、旅行者を狙っての犯罪があとを絶たない。常にそのことを頭に入れながら行動しよう。自分の身は自分で守るという心構えが必要だ。万一トラブルに巻き込まれた場合は、速やかに状況を判断して、その状況に合った機関へ助けを求めること。

警察 Police（ポリス）**17**
消防 Pompier（ポンピエ）**18**
医者付き救急車 SAMU（サミュ）**15**

フランスのパトカー

年齢制限

▶レンタカー
→ P.524

フランスの最低飲酒年齢は16歳。喫煙の最低年齢を定める法律はない。レンタカーのレンタル資格は21歳以上（車種によっては例外あり）。

度量衡

▶日本とフランスのサイズ比較表
→ P.530

フランスの度量衡（長さ、面積、重量、容積）は日本と同じと考えていい。洋服や靴のサイズ表示は日本と異なるので、必ず試着すること。

その他

ストライキ

フランスでは、銀行や郵便局、美術館やメトロ、国鉄などあらゆる機関で頻繁にストライキが起こる。しかし、必ず予告されるので、ストライキを意味する「grève グレーヴ」という単語を、TVニュースや新聞などでこまめにチェックしておこう。

公共の場での喫煙

フランスでは、公共の閉じられた空間（駅、美術館など）での喫煙が全面的に禁止されている（ホテル、カフェ、レストランでは特例的に喫煙所が設置できる。また、飲食店の屋外席なら喫煙可）。違反者には€68の罰金が科せられる。

QUOI DE NEUF?
フランスのホットニュース

フランスの新名所、最新旅行事情などをご紹介

2022年6月 先史時代の海底洞窟壁画をレプリカで再現!

　2600年の歴史をもつ港町マルセイユ。その南端から続く美しい入り江、カランク自然公園で、潜水士アンリ・コスケールが海底洞窟を偶然発見したのは1985年のこと。動物や手が描かれた約3万年前の壁画が見つかり、後に「コスケール洞窟 Grotte Cosquer」と名付けられた。気温上昇などの影響を受け、やがては完全に水没する運命にあることから、複製の制作が決定。本物さながらの洞窟レプリカを展示した「コスケール・メディテラネ」が完成し、マルセイユの新名所として人気を呼んでいる。　マルセイユ→P.422

© Stefano Boeri / Région Provence-Alpes-Côte d'Azur
斬新な形のヴィラ・メディテラネ内にオープンした

DATA
MAP P423-B1
住 Promenade Robert Laffont 13002 Marseille
開 9:30～19:30　ウェブサイトからの予約がおすすめ。
休 無休　**料** €16、10～17歳€10
URL www.grotte-cosquer.com

© Kléber Rossillon & Région Provence-Alpes-Côte d'Azur
洞窟内は、オーディオガイド(仏・英語)を聞きながら専用の乗り物に乗って見学する

© Kléber Rossillon & Région Provence-Alpes-Côte d'Azur
馬や鳥など13種類もの動物の絵が描かれている

2021年 世界遺産の新規登録物件

灯台建設の歴史を伝えるコルドゥアン灯台

王侯貴族の高級社交場であったニース

　2021年、ユネスコの世界遺産に3つの新規登録物件が加わった。ひとつはコルドゥアン灯台。ジロンド川の河口に16世紀末から17世紀初頭にかけて建てられたもので、「灯台の王様」と呼ばれている。また、コート・ダジュール地方のニースは「リヴィエラの冬季保養都市」として、ヴィシーは「ヨーロッパの偉大な温泉都市」として、欧州の11都市の1都市に選ばれた。このほか、欧州18ヵ国におよぶ登録案件「カルパティア山脈とヨーロッパ各地の古代および原生ブナ林」に、フランスの3つの自然保護区が追加登録された。　世界遺産→P.26

2022年11月 バゲットが無形文化遺産に!

　フランスの食卓に欠かせない「バゲット」がユネスコの無形文化遺産に登録された。バゲットの伝統や専門技術に対する評価であり、次世代へ受け継がれていくことが求められている。

シンプルな素材で作られるバゲット

12

ブルゴーニュに食とワインのテーマ館が誕生!

2022年、ブルゴーニュ地方の中心都市ディジョンに、食とワインをテーマにした国際美食館 Cité de la Gastronomie et du vin がオープン（P.22）。また、2023年春には、ボーヌ、シャブリ、マコンの3都市に、ブルゴーニュワインとその土壌を紹介する博物館 Cité des Climats et vin de Bourgogne が開館した。

ディジョン→P.186

ディジョンの国際美食館
© Vincent Arbelet-Ville de Dijon

ボーヌのブルゴーニュのクリマとワイン博物館

DATA
食とワインの国際美食館
住 12, Parvis de l'Unesco 21000 Dijon
URL www.citedelagastronomie-dijon.fr

DATA
ブルゴーニュのクリマとワイン博物館
住 21 av. Charles de Gaulle 21200 Beaune
URL www.cite-vins-bourgogne.fr

宮崎駿監督の作品をタピストリーで再現

フランス中部の町オービュッソンにある国際タピストリーセンターで、宮崎駿監督の作品をタピストリーに織り上げるプロジェクトが進められている。現在『もののけ姫』『千と千尋の神隠し』などの3作品が完成、2025年までに全5作品が完成予定。

オービュッソンの国際タピストリーセンター→P.349

伝統的な製法で制作
© Cité de la tapisserie, Aubusson

国鉄の切符の刻印が不要に

鉄道予約のデジタル化が進み、長距離列車の紙の乗車券を利用する人が激減したことから、駅の改札手前にある「刻印機」が姿を消すことに。既に刻印自体は不要となっており、長年親しまれてきた刻印機は、徐々に撤去される予定。

2次元コードを読み取らせる自動改札も増えている

切符を差し込めなくしている刻印機も

トロワにステンドグラスの美術館がオープン

フランス全国のステンドグラスの約半分が集まっているというオーブ県。その中心都市トロワに、ステンドグラスの美術館「シテ・デュ・ヴィトライユ Cité du Vitrail」が開館した。ステンドグラスの技法や歴史、また12世紀から現代にいたるステンドグラスの名作が展示されている。

トロワ→P.272

© Studio OG
18世紀建造の施療院を美術館に改装した

17世紀に建てられたアルケビュース館にあったステンドグラス。アンリ4世のトロワ訪問が描かれている

DATA
MAP P.273
住 31, quai des Comtes-de-Champagne
開 4〜10月 10:00〜18:00　11〜3月 10:00〜17:00
休 1/1, 5/1, 11/1, 11/11, 12/25
料 €4
URL cite-vitrail.fr

ほかにもこんなニュースが

2024年4月〜9月 2010年より3〜4年間隔で開催されてきた「ノルマンディー印象派フェスティバル」。第5回は、パリで第1回印象派展が行われた1874年から150周年という記念の年に開催される。

DESTINATION TOURISTIQUE

フランスの オリエンテーション

フランスは地方ごとにまったく異なる魅力がある。
本書は、観光的な観点から16の地域に分けて
各地の個性あふれる魅力を紹介している。
さあ、次の旅はどの地方に出かけよう?

1 パリ Paris

P.49

芸術の都、ファッションの都

サクレ・クール聖堂

フランス旅行の出発点はやはり首都パリ。21世紀に入っても常に革新を続ける世界の芸術の中心地は、何度訪れても新たな発見がある。

2 イル・ド・フランス Ile de France

P.162

フランス貴族文化が息づく

ヴェルサイユ宮殿

パリの周囲を取り巻く地方。かつては国王の領地だった場所で、ヴェルサイユ宮殿などに、その栄光の名残を見ることができる。

3 ブルゴーニュ Bourgogne

P.184

美食とワインの里

ヴェズレーの丘

ワインと料理で世界中のグルメを魅了する地方。ブルゴーニュ公国としての歴史をもち、教会建築などモニュメントも多い。

4 フランシュ・コンテ Franche-Comté

P.208

緑と水に恵まれた地方

ボーム・レ・メッスィユー

スイスと国境を接する、ジュラ山脈の麓に広がる一帯。森と渓谷が多く、自然の景観を楽しめる。アウトドア派にもおすすめ。

5 ロワール Loire

P.214

雅やかな「フランスの庭」

シャンボール城

歴代の王たちに愛され、優美な古城が数多く残るロワール川流域に広がる地方。作家ゆかりの場所も多い。知られざるワインの里でもある。

6 アルザス、ロレーヌ、シャンパーニュ Alsace, Lorraine, Champagne

P.246

ドイツの香り漂う国境地方

ワイン街道の村

ドイツと国境を接するアルザスとその西隣のロレーヌ。シャンパーニュはシャンパンの産地としてその名を知られる。

7 ノール、ピカルディー Nord, Picardie

P.274

フランス北部の商工業地帯

リールの町並みはフランドル風

ベルギーと国境を接するフランス最北部。文化的にもベルギー色が濃く、フランドル公国時代の名残をとどめる。リールが中心地。

8 ノルマンディー Normandie

P.282

印象派のふるさと

エトルタの断崖

イギリス海峡に面したフランス北部の一帯。ルーアンやジヴェルニーなど、セーヌ川流域には印象派ゆかりの場所が多い。

⑨ ブルターニュ
Bretagne
ケルトの伝統が今も残る

巨石文化の遺構が残るカルナック

P.312

フランスの最西端、大西洋に突き出すように位置する。ケルト文化が色濃く残り、巨石文化の遺構があるなど、独自の地方色をもつ。

⑩ 大西洋岸
Côte d'Atlantique
世界最大のワイン産地

サンテミリオンのブドウ畑

P.332

ボルドーを中心とする大西洋に面した西部一帯。スペイン国境と接するあたりはバスク地方と呼ばれ、独特の文化圏になっている。

⑪ 南西部
Sud-Ouest
フランス最後の秘境

ピレネーの山に囲まれたルルド

P.358

トゥールーズを中心とする南西フランス。トリュフやフォワグラの産地として美食家たちにも人気。巡礼路沿いの教会建築は必見。

⑫ プロヴァンス
Provence
陽光きらめく南国の楽園

ラベンダーが香るセナンク修道院

P.402

独特のプロヴァンス文化が息づく地方。アルル、オランジュなど古代ローマからの古都があり、歴史の遺構を見ることができる。

⑬ コート・ダジュール
Côte d'Azur
冬でも暖かい「紺碧の海岸」

ニースの天使の湾

P.432

ニースを中心とするフランス屈指の高級リゾート地。この地を照らす陽光は、ピカソ、マティスといった画家たちを魅了した。

⑭ ローヌ・アルプ
Rhône-Alpes
1年中、多彩な自然が楽しめる

アルプスの山々

P.456

ローヌ川とアルプス山脈を抱く一帯。夏は登山とハイキング、冬はスキーのパラダイス。中心都市は美食の都としても知られるリヨン。

⑮ オーヴェルニュ
Auvergne
火山活動でできた大地が広がる

ピュイ・ド・ドームからの眺め

P.486

マシフ・サントラルと呼ばれる中央山塊を擁する地方。火山が連なり、雄大な景観を生み出している。山あいの小さな村も魅力的。

⑯ モナコ
Monaco
ゴージャス感たっぷりの小国

華やかなカジノ広場

P.446

コート・ダジュール地方に位置しているが、面積2km²の公国。19世紀から続く高級リゾートとして世界のセレブリティを魅了している。

フランスの地域圏（2016年再編）

2016年に一部合併、名称変更され、
22あった地域圏が、現在は13に再編成されている。

[地域圏名称]
1 イル・ド・フランス Ile de France
2 ブルゴーニュ・フランシュ・コンテ Bourgogne-Franche-Comté
（旧ブルゴーニュ＋フランシュ・コンテ地方）
3 サントル・ヴァル・ド・ロワール Centre-Val de Loire（旧サントル地方）
4 ペイ・ド・ラ・ロワール Pays de la Loire
5 グランテスト Grand Est（旧アルザス＋ロレーヌ＋シャンパーニュ・アルデンヌ地方）
6 オー・ド・フランス Hauts-de-France（旧ノール＋ピカルディ地方）
7 ノルマンディー Normandie
8 ブルターニュ Bretagne
9 ヌーヴェル・アキテーヌ Nouvelle Aquitaine
（旧アキテーヌ＋ポワトゥ・シャラント＋リムーザン地方）
10 オクシタニー Occitanie（旧ラングドック・ルシヨン＋ミディ・ピレネー地方）
11 プロヴァンス・アルプ・コート・ダジュール Provence-Alpes-Côte d'Azur
12 オーヴェルニュ・ローヌ・アルプ Auvergne-Rhône-Alpes（旧オーヴェルニュ＋ローヌ・アルプ地方）
13 コルス（コルシカ）Corse

本書では、一部行政区分と異なる地域で紹介している町がある。例えば、シャルトル（→P.176）は正式にはサントル・ヴァル・ド・ロワール地方に入るが、観光面を配慮してイル・ド・フランス地方に含めているなど。

15

マルシェ巡りからトリュフ狩りまで

特別な
グルメ体験を
楽しむ

おいしいものを食べることは、
旅の大きな楽しみのひとつ。
特別感のあるグルメ体験で、
フランスの美食を味わい尽くそう!

南仏リュベロン
地方の美しい村
ボニューを見下ろす
場所でランチ

パノラマ
スポットで
ピクニック!

高級フレンチだけじゃない

「美食の国フランス」の楽しみ方

美食の国フランスでグルメを楽しむ場所は、レストランとは限らない。
気軽＆リーズナブルにフレンチグルメを楽しむためのヒントを紹介しよう。

旬の食材や
季節限定スイーツを

旅する季節にあった旬の食材を味わうのもいい。例えば、アスパラガスが市場に並びだすのは4月。レストランでも、シンプルにゆでた卵黄を使ったオランデーズソースをかけたものが、絶品オードブルに。年明けに登場するスイーツ「ガレット・デ・ロワ」（→P.502）など季節菓子も要チェック。

春の訪れを告げるアスパラガス

8月から9月にかけての短い期間のみ出回る果実ミラベル

マルシェに行こう！ ▶ P.18

フランスの日常の「食」を支えているのが、活気あるマルシェ Marché（市場）。食材の種類が豊富で見て歩くだけでも楽しいが、新鮮な野菜や果物を買って、旅行中不足しがちなビタミンを補給するのもいいだろう。

見て体験して
楽しむグルメ ▶ P.20

地方ごとの特色を生かした食のアクティビティを体験するのも、よい思い出になるだろう。地方の町の観光案内所では、グルメ体験ツアーを実施していることもあるので、ウェブサイトで調べてみるといいだろう。食をテーマにした複合施設でも、ユニークな企画を実施している。

試飲も楽しめる
シャンパンセラーの見学

ブドウ収穫宣言を祝うサンテミリオンの祭り

食に関する祭りやイベントへ ▶ P.23

ブルゴーニュ地方やボルドー周辺では、ブドウの収穫宣言など、ワインに関するさまざまな祭りが開催されている。給水ポイントでワインが支給されるという「メドック・マラソン」など、実際に参加することもできるイベントもあり、地元の人と一緒に楽しみたい。

ご当地スイーツをおみやげに

例えば「マカロン」といえば、クリームを挟んだカラフルなお菓子を思い出すが、これは20世紀初頭にパリで考案された「マカロン・パリジャン」。地方に行くと、さまざまなマカロンがあって驚かされる。食べ比べてみるのもおもしろい。

▶ P.24

ナンシーのマカロン

普段着のフレンチグルメがここに

活気あるマルシェ巡り

新鮮な食材がずらりと並ぶマルシェは
フランスの豊かな食文化をリアルに体感できる場所。

エクス・アン・プロヴァンスの市場

フランスのマルシェには、毎週決まった曜日の朝、広場や通りに立つ屋外の市場と、常設の屋内市場がある。後者は「マルシェ・クヴェールmarché couvert」または「アルhalle」と呼ばれることも。野菜や果物、肉、魚介類はもちろん、ワインや種類豊富なオリーブ、土地の名産品なども揃う。エコバッグ持参で買い出しに出かけよう！

肉屋のショーケースには多彩な部位の肉が並ぶ(左) 人気の店は整理券を配布し順番に対応することも(右)

マルシェで使うフランス語を覚えよう

リンゴをふたつください。
ドゥー ポム スィル ヴ プレ
Deux pommes s'il vous plaît.

味見できますか？
ジュ プー グテ
Je peux goûter?

（相手から）ほかには何を？
エ アヴェック サ ススィ
Et a v e c ça (ceci) ?

（応答で）これで全部です。
セ トゥ
C'est tout.

いくらですか？
セ コンビヤン
C'est combien?

ありがとう、さようなら
メルスィ オ ルヴォワール
Merci, au revoir!

よく使われる単語帳		
promotion	プロモシオン	特売品
prix spécial	プリ・スペシアル	特別価格
offert	オフェール	サービス
例：pour 2 achètes, 3me offert		
ふたつ買うと3つ目サービス		

18

マルシェでグルメ体験！

1 イートインでランチ

屋内市場では、店の一角にイートインスペースが設けられていることがある。店頭に並ぶ食材をその場で味わうことができる。ランチ時には混みあうので、早めの時間帯に行くのがおすすめ。

> パンを切ってあげるわね

リヨンのポール・ボキューズ市場で生ガキを白ワインとともに（左・上）

屋外のマルシェでは料理のテイクアウトができる店も

2 食材を買ってピクニック

市場で売っているパン、ハム、チーズ、果物、ワインなどを買って、景色のよい場所（→ P.16）でピクニックするのも楽しい。ワインの栓抜き、万能ナイフ、紙皿などを日本から持参すると便利だ。

ハムはその場でスライスしてもらえる。「2切れください」（Deux tranches s'il vous plaît. ドゥー・トランシュ・スィル・ヴ・プレ）などと枚数を伝えて購入する

3 名産品をおみやげに

市場では生鮮食品だけでなく、ジャムやお菓子、ワインなども売られている。その土地らしい名産品を買って、おみやげにするのもいい。

ゴルド（→ P.418）のマルシェで見つけた自家製ジャム（左）ディジョンの市場ではブルゴーニュワインがずらり（右）

果物は皮をむかずに食べられるプラムやサクランボなどがおすすめ

おすすめマルシェ

ポール・ボキューズ市場（リヨン）
Les Halles de Lyon Paul Bocuse

偉大なシェフ、ポール・ボキューズの名前を冠した屋内市場。観光名所にもなっていて、いつもにぎわっている。イートインも充実しており、ランチ時に訪れるのもおすすめ。

▶ P.463

中央市場（ディジョン）
Halle Central de Dijon

19世紀に建てられた歴史的建造物が今も使われている市場。ブルゴーニュワインを楽しめるバーもある。火、水、金、土の7:00〜13:00に営業。
ディジョン ▶ P.186

ラスパイユのビオマルシェ（パリ）
Marché Biologique Raspail

モンパルナス地区、ラスパイユ大通りで開かれるビオ（オーガニック）専門のマルシェ。値段は少し高めだが、質のよい生鮮食品や日用品が並ぶ。

▶ P.109

アクティブに楽しむ
ユニークな　　　　　グルメ

食材探しに立ち会ったり、料理に挑戦したり。
グルメなアクティビティを紹介しよう。

「トリュフ」には犬や猫の鼻先という意味
もある©Sybille

トリュフ狩りと
ワインテイスティング

フォワグラ、キャビアと並ぶ世界三大珍味として知られ
るトリュフ。香り高く、高級フレンチに欠かせない素材
だ。フランスはその生産国のひとつだが、地中で形成さ
れるため、すぐには見つからない。独特の匂いを放つこ
とから、嗅覚が優れ、特別に訓練を受けた犬を連れて、
地中に埋まったトリュフを探す方法が一般的だ。このト
リュフ探しを体験するツアーを行っているのが、ブル
ゴーニュワインの醸造家でもあ
る「ドメーヌ・リオン」だ。ヴォー
ヌ・ロマネ地方のテロワールに
ついて学びつつ、トリュフ狩りを
楽しむ。体験後は、ワインの試飲
もできるグルメなツアーだ。

「黒いダイヤ」と
称されるトリュフ

トリュフとワインの
マリアージュも
楽しんで

ワインカーヴの
見学もできる

ドメーヌ・リオンでは、ブ
ドウ畑巡りやカーヴ見学の
ツアーも行っている。例え
ば「造り手とブドウ畑巡り・
カーヴ見学・豪華テイスティ
ング」では、畑とカーヴを見
学後、地元のチーズやハム
とともにワインをテイスティ
ングできる（€90）。

19世紀からの歴史をもつドメーヌ・リオン

DATA
ドメーヌ・リオン Domaine Rion
🏠 8, Route Nationale
21700 Vosne Romanée
（ニュイ・サン・ジョルジュから約3km）
📞 03.80.61.05.31
トリュフ探し体験（要予約）
📅 6/1〜11/15の⽉〜㊎
💶 €80（定員4〜8名。ワイン試飲付き）
🔗 www.domainerion.fr（日本語あり）

古城ホテルでトマト三昧

フランソワ1世など歴代のフランス国王から寵愛を受けた女性たちの居城であったシャトー・ド・ラ・ブルデジェール。現在シャトーホテルとなっているこの城のオーナー、ルイ・アルバート・ド・ブログリ氏は、「菜園王子」と呼ばれるほど野菜栽培に情熱を傾けている。6〜9月のシーズンには、「トマトバー」がダリア園のそばにオープン、新鮮なトマトを使った特別メニューを味わえる（要予約）。

トマトのピクルスがずらりと並ぶサロン
©Borja Merino

©Borja Merino

DATA
シャトー・ド・ラ・ブルデジェール
Château de la Bourdaisière
住 25, rue de la Bourdaisière 37270 Montlouis-sur-Loire（トゥールから約12km）
TEL 02.47.45.16.31
時 ホテルの営業は3月中旬〜11月中旬と年末年始
料 トマトを使った特別メニュー€25、€30
URL www.labourdaisiere.com

城の敷地内にある自家菜園で多種多彩なトマトが育てられている

マスタード作りに挑戦！

1840年からの歴史をもち、今も家族経営で伝統製法を守り続けているマスタードメーカー、ファロー社。職人たちが築いた歴史遺産を守るため、マスタード製造に使われた器具などを展示した博物館を開館し、ガイド付き見学を行っている。辛子の種を自分で挽いて、マスタード作りも体験できる。少量だが、作ったマスタードは持ち帰れる。

ファロー社マスタード博物館 La Moutarderie Fallot
DATA→P.195

辛子色をあしらった博物館正面

砕いた種にヴィネガーを加えて作る

試食で食材との相性を確認

種類豊富なマスタードを販売

製造のための道具などを展示

ほかにもこんな体験が！

シャンパンセラー見学
シャンパーニュ地方のランスやエペルネーにあるシャンパンメーカーのなかには、地下に広がる広大なカーヴを公開しているところも。試飲のお楽しみ付き。
ランス、エペルネー ▶ P.270, 271

クレーム・シャンティイ作り
クレーム・シャンティイを考案した伝説の宮邸料理人ヴァテール。その厨房だった場所にあるレストラン「ラ・キャピテヌリー」の作り方を教わるプチレッスン。予約はウェブサイトで。
URL chateaudechantilly.fr
シャンティイ ▶ P.179

市場でシェフの料理教室
アヴィニョンの旧市街にある中央市場 Les Halles では、毎週土曜11:00より、地元のシェフによるデモンストレーション式の料理教室を開催している。入場無料。
URL www.avignon-leshalles.com
アヴィニョン ▶ P.413

フレンチグルメの奥深さに触れる

美食とワインの複合施設へ

近年、食やワインをテーマにした博物館が各地に誕生。
フランスの美食について、知識を深めることができる。

パティスリーに関する企画展の様子
©Ville de Dijon

ディジョン国際美食館

2010年、「フランスの美食術」がユネスコの世界無形遺産に登録されたことがきっかけとなり、フランスの4都市に、食文化を保護し、伝承していくための施設が建てられることになった。そのひとつとして2022年ディジョンに開館したのが、「食とワインの国際美食館」だ。さまざまな企画展やガイド付きツアーを行い、フランスの食文化について紹介している。

DATA→P.13

ディジョンの食とワインの国際美食館
©François Weckerle-Ville de Dijon

子供のための料理教室も行われる
©Ville de Dijon

地元の食材を販売するブティック
©Ville de Dijon

ブルゴーニュワインを揃えたカーヴ
©Ville de Dijon

リヨンの歴史ある建造物が美食館に

文化省、農業省による「フランスの美食術に関する施設」建設の第1号となったのが、リヨンの国際美食館「Cité Internationale de la Gastronomie」だ。2019年秋に開館したものの2020年からのコロナ禍の影響を受けて一時閉館。2022年10月にようやく再開し、企画展などを行っている。ローヌ河岸に建つ「グラン・オテル・デュー（旧市立病院）」を利用した複合施設内にある。

ホテルやレストランの入った
グラン・オテル・デュー

再開後すぐの
企画展は「和食」
だった

DATA
住 4, Grand Clître du Grand Hôtel -Dieu
開 11:00～19:00（木は13:00～21:00）
休 月 火、1/1、5/1、12/25
料 €7

重厚な趣の入口

ワインをテーマにした
「シテ・デュ・ヴァン」

2016年、ガロンヌ河岸にオープン。ボルドーだけでなく世界のワインの歴史や文化を五感を通じて学べるよう、さまざまな展示や仕掛けが用意された博物館だ。360度の眺望を楽しみながら、世界のワインを味わえる最上階の「ベルベデーレ」も人気。

DATA→P.336

ワインの物流に重要な役割を果たしてきたガロンヌ川の河畔にある ©alban gilber

香りの要素など
嗅覚で味わう展示も

生ガキとクレープ
など複数の店での
オーダーも可能
©STUDIO SLURP

ライブ感のある
フードコートがパリに登場！

2022年10月、パリ、モンパルナス駅近くに、3500㎡の面積をもつ「フード・ソサエティ・パリ Food Society Paris」がオープンした。ハンバーガーやクレープの人気店、スイーツのセレクトショップなどが入ったフードコートで、週末の夜はDJが入るなど新しいスタイルの食空間として注目されている。

DATA→P.136

食とワインの祭り&イベント

ボルドー・ワイン・フェスティバル
Bordeaux Fête le Vin

ボルドーとヌーヴェル・アキテーヌ地方のワイン醸造家たちが集うフェス。テイスティングパス（€22）を買うと、出品されたワインを11杯飲める。'23は6/22～6/25に開催。
URL www.bordeaux-wine-festival.com

サロン・デュ・ショコラ
Salon du Chocolat

老舗チョコレート店からカカオ生産者まで集結するチョコレートの祭典。毎年、パリ国際見本市会場で10月下旬（'23は10/28～11/1）に開催される。
URL www.salon-du-chocolat.com

国際農業見本市
Salon international l'Agriculture

フランス全土の食品、郷土料理を紹介する見本市。全国の名物を試食、試飲できる。牛、豚など家畜も大集合し、子供連れの人が多い。'24年は2/24～3/3に開催。
URL www.salon-agriculture.com

レトロなパッケージも魅力

郷土菓子を
おみやげに

フランスには地方色豊かな名物菓子がたくさんある。
さまざまな物語を秘めたご当地スイーツをおみやげにしては。

ベルガモット・キャンディ
Bergamotte de Nancy

ロレーヌ地方　P.246

18世紀、ロレーヌ地方を治めたスタニスラス王も好んで食べたという、名産ベルガモットの香り豊かなキャンディ。缶入りのものが登場したのは、1909年にナンシーで行われた万国博覧会のとき。手紙や小物など大切なものをしまっておきたくなる、どこか昔懐かしいデザインのものも。

ビスキュイ・ローズ・ド・ランス
Biscuit Rose de Reims　シャンパーニュ地方　P.246

17世紀、パン職人がパンを焼いたあとの余熱を利用して作ったお菓子。淡いピンク色とほんのり優しい甘さが上品でエレガント。シャンパンに浸して味わうのが定番だが、シャルロットケーキのビスケットとして使われることもある。

Est
東部
アルザス、ロレーヌ、シャンパーニュ、ブルゴーニュ、フランシュ・コンテ地方

フラヴィニーのアニスキャンディ
Les Anis de Flavigny　ブルゴーニュ地方　P.184

パールのような上品な輝きをもつキャンディの起源は、14世紀まで遡る。アニスは古来、幸福や繁栄のシンボルであったため、愛する人にアニスの種を使ったキャンディを渡す慣習が生まれた。そのロマンチックな男女の物語を描いたパッケージも大切に受け継がれている。

Ouest
西部
ロワール、大西洋岸地方

ナントのリゴレット
Rigolette Nantaise

ロワール地方　P.214

ナントの菓子職人が考案。お気に入りのオペラ『リゴレット』にちなんだ飼い猫の名前をお菓子にもつけてしまったそう。キャンディの中にはフルーツのピューレが詰め込まれていて、噛むと果実のジューシーな甘みが広がる。かわいらしい缶に入った様子は、まるで色とりどりのきらめく宝石のよう。

ボルドーのカヌレ　Cannelé de Bordeaux
大西洋岸地方　P.332

フランス語で「溝の付いた」の意味。18世紀、ワインを作る過程で卵白を使っており、ある修道女が余った卵黄を使ってお菓子を作ったのがはじまりという、ワインの町ボルドーらしい起源。ラム酒とバニラの芳醇な香りと、中のしっとりとした食感がたまらない。

ムシュー　Mouchous
大西洋岸、バスク地方　P.332

サン・ジャン・ド・リュズにある老舗パティスリー「パリエス」のマカロン。ムシューとは、バスク語で「キス」という意味。スペイン・カタルーニャ産のアーモンドパウダーにメレンゲと砂糖を混ぜ、もっちりとした食感と豊かな香りが生まれる。フレーバーはアーモンド、ピスタチオ、チョコレート、プラリネ、カフェの5種類。

Nord
北部

パリとイル・ド・フランス、
ノルマンディー、ブルターニュ、
ノール・ピカルディー地方

ブルターニュのガレット
Galette de Bretagne
`ブルターニュ地方 P.312`

ブルターニュ産の塩とバターをふんだん
に使った厚焼きサブレ。あるパン職
人がブルターニュの伝統的なケーキを
作っていたところ、バターを量り間違え
て入れすぎてしまったことから誕生した。塩
バターキャラメルとともに、ブルターニュのお
みやげとして大人気。

シュクル・ド・ポム
Sucre de Pomme
`ノルマンディー地方 P.282`

ノルマンディー名産のリンゴ果汁を
使った棒状の飴。16世紀よりうつ
病や喉の痛みに効く薬としてルーアン
で作られていた。お菓子として認
識されるようになったのは、国賓に
献上されたのがきっかけ。ナポレオ
ンのふたり目の妻、マリー・ルイー
ズも口にしたという。果汁たっぷり
の優しい味に疲れも癒やされる。

ベティーズ・ド・カンブレ
Bêtise de Cambrai
`ノール・ピカルディー地方 P.274`

ノール地方の町カンブレで、
Bêtise（フランス語でへま、
ドジ）の名のとおり、菓子
職人が飴を作っているときに
誤ってミントを入れてしまっ
たという失敗から生まれた
キャンディ。しかしその後市
場に出してみるとたちまち評
判を呼び、商品化すること
になった。さわやかな味わい
で食後にいただいても。

クサン・ド・リヨン
Coussin de Lyon
`ローヌ・アルプ地方 P.456`

絹織物の町リヨンの、絹のクッション
をかたどったお菓子。ペストや戦争な
どの危機に見舞われたとき、フルヴィ
エールの丘に立つマリア像に、ろうそ
くと金貨ののせたクッションを捧げて祈
り、町が救われたという伝説から。鮮
やかなクッションの色合いに、マジパン
とガナッシュの柔らかいもっちりとした
食感が特徴。

マルセイユのナヴェット
Navette de Marseille
`プロヴァンス地方 P.402`

しっかりとした硬さが特徴の、小舟の
形のビスケット。聖母マリアの木像が
マルセイユの港に落ち、それ以来マリ
アは船乗りたちの守護神となったとい
う言い伝えから生まれた。保存期間
は約1年と長く、船乗りたちの保存食
としても愛好されていた。

Sud
南部

プロヴァンス、コート・ダジュール、
南西部、オーヴェルニュ、
ローヌ・アルプ地方

カリソン・デクス Calissons d'Aix
`プロヴァンス地方 P.402`

1454年、エクス・アン・プロヴァンスで国王
夫妻の結婚式が行われた際、宮邸の菓子
職人が作ったお菓子。特徴的なひし形は、
イエス・キリストのゆりかごを表している。
メロンシロップとアーモンドパウダーを混ぜ
合わせ、上にはアイシングが。今日
でも、9月上旬にカリソン
の祝福式が行われている。

トゥールーズの
スミレのお菓子
Gateaux
à la Violette
`南西部 P.358`

ナポレオン3世の時代、イタリアに従軍した兵士がス
ミレの種を持ち帰ったことがはじまり。トゥールーズで
は、スミレのジャムやキャンディ、ヌガーなど、スミレ
の紫とほんの甘い香りを楽しめるさまざまなお菓子
が誕生した。特にスミレの砂糖漬けは、紅茶に入れ
ると上品な香りを楽しめる。

悠久の歴史を旅する

フランスの
世界遺産

先史時代の洞窟壁画から、ローマ時代の遺跡、中世の教会建築、
そして、20世紀の都市計画まで。
長い歴史をもつフランスは、世界遺産の宝庫だ。
2023年5月現在、フランスの世界遺産は49件※。
世界遺産を訪ねる旅は、フランス1万5000年の歴史をたどる旅になる。

※うち4件は海外県および海外領土にある

[世界遺産とは]全人類が共有し、未来に受け継いでいくべき「宝物」のこと。1972年のユネスコ総会で採択された「世界遺産条約」に基づき登録される。
日本ユネスコ協会連盟のウェブサイト
URL www.unesco.or.jp

　写真：ロワール渓谷の古城のなかでも最も美しい城のひとつ、シャンボール城

AL DE L'UNESCO

Ⓐヴェルサイユ宮殿で最も壮麗な空間「鏡の回廊」。贅を尽くした宮殿の内装は、ヨーロッパ中の王族の憧れの的になった　Ⓑフランスの首都パリを流れるセーヌ川。エッフェル塔、ノートルダム大聖堂、ルーヴル宮など、東西約6kmの河岸一帯が世界遺産に登録されている　Ⓒ中世の町並みがそのまま残るプロヴァン。12世紀に建てられた見張り台、セザール塔が町のシンボルだ　Ⓓブールジュのサンテティエンヌ大聖堂はフランスを代表するゴシック建築のひとつ

27

Ⓐ17世紀以降ワイン交易で発達し、350以上の歴史的建造
物があるボルドー。三日月形に湾曲したガロンヌ川にちなん
で「月の港」と呼ばれている　Ⓑ18世紀にロココ美術が花開
いたナンシー。スタニスラス広場を飾る金属細工の鉄柵は、
ロココの最高傑作　Ⓒ大潮の日には島全体が水に囲まれるモ
ン・サン・ミッシェル　Ⓓ第2次世界大戦後の大規模な都市
計画が評価され世界遺産となったル・アーヴル再建都市

PATRIMOINE MONI

E フランスの世界遺産では、モン・サン・ミッシェルに次ぐ年間来訪者数を誇るカルカソンヌの城塞都市 **F** 紀元前1世紀建造のポン・デュ・ガールは、プロヴァンスに数多く残るローマ遺跡のなかでも特に壮大で美しいもの **G** 画家ロートレックの生地としても知られるアルビ。タルン川のほとりに連なる中世の町並みが美しい **H** 大西洋と地中海を結ぶ全長240kmにも及ぶミディ運河

LE CORBUSIER

2016年、作品がユネスコの世界遺産に登録され、
注目を集めた建築家、ル・コルビュジエ。
登録対象となった17作品のうち、
半数以上がフランスにあり、
その革新性、空間デザインの
魅力に触れることができる。

マルセイユにある「ユニテ・ダビタシオン」は「シテ
ラディユーズ（輝く都市）」とも呼ばれる

2016年
登録

ル・コルビュジエの建築作品

© Corbusier toit - OTCM/FLC

理想的な居住空間 ユニテ・ダビタシオン
Unité d'habitation
（マルセイユMarseille, 1945） ▶P.425

ル・コルビュジエが理想と
した集合住宅「ユニテ・ダビ
タシオン」。フランス国内に
いくつかあるうち、最も完成
した形といわれるマルセイユ
の住宅が世界遺産に登録され
た。吹き抜けをもつメゾネッ
トタイプなど337戸、書店や
ホテルも備えたコンパクトな
「都市」だ。

17階建ての巨大な建物を柱で支
えるピロティ

マルセイユにある「ユニテ・ダビタシオン」の屋上テラス

光あふれる現代の聖空間
ロンシャンのノートルダム・デュ・オー礼拝堂
Chapelle Notre-Dame du Haut
（ロンシャン Ronchamp, 1950-1955） ▶P.213

戦争で爆撃を受けた古い礼拝堂が、ル・コルビュジエによって生
まれ変わった。小高い丘の上にあり、その緩やかな起伏に呼応する
ように、曲線を多用
したデザインとなっ
ている。窓から差し
込む柔らかい光に包
まれた内部空間は絶
品。時間によって変
化する様子をじっく
り味わいたい。

「カニの甲羅」をイメージした
といわれるユニークなフォルム

ル・コルビュジエ
Le Corbusier (1887〜1965)
「近代建築の父」と呼ばれる、スイス生まれのフラ
ンス人建築家。1904年、通っていた芸術学校
で建築の才能を見出され、建築家としての道を
歩み始める。1927年に「ピロティ、屋上庭園、自
由な平面、水平連続窓、自由な立面」という近代
建築の5原則を提唱し、鉄筋コンクリートを使用
した自由で開放的な明るい住空間を造りだした。
1965年、南フランスのカップ・マルタンで遊泳
中、心臓発作を起こし帰らぬ人となった。

近代建築のお手本ともいえるサヴォワ邸
Villa Savoye（ポワシー Poissy, 1928）▶P.175

　実業家サヴォワ氏の家族が週末を過ごす家として造られたもの。広々とした敷地を与えられたル・コルビュジエは、自らの建築理論に沿って設計を進めた。開口部を広く取った水平連続窓など、近代建築の5原則を各所に見ることができる。

ピロティに支えられ、空中に浮遊するような印象を与えるサヴォワ邸

スロープを多用しているのも、ル・コルビュジエの作品の特徴

「オンデュラトワール」と呼ばれる波動式の窓は、作曲家でもあるクセナキスとの共作

知られざる名作の宝庫
フィルミニの文化の家
Maison de la Culture
（フィルミニ Firminy, 1953）▶P.466

　戦後、フィルミニの町の再生計画に取り組んでいた市市長の依頼で、教会、集合住宅、文化・スポーツ施設を設計。そのなかで生前唯一完成したのが「文化の家」だ。大きく傾斜した外壁、ワイヤーを使ったつり構造の屋根など大胆なデザインに驚かされる。

極小の理想空間
カップ・マルタンの休暇小屋
Cabanon de Le Corbusier
（ロクブリュヌ・カップ・マルタン
Roquebrune Cap Martin, 1951）

　ル・コルビュジエが夏の休暇を過ごすために建てた。彼が基本の尺度とした「モデュロール」をもとにした3.66m四方の部屋に、テーブル、ベッド、トイレなど必要最低限のものを配置。シンプルを極めた作品だ。

地中海を見下ろす場所にある休暇小屋

［DATA］
別の作品「ユニテ・ド・キャンピング」や女性建築家アイリーン・グレイの作品と合わせて見学するガイド付きツアーで訪問可能。ニースからTERで約30分、Roquebrune-Cap Martin駅隣接の案内所から出発。ウェブサイトから要予約。
URL capmoderne.monuments-nationaux.fr

「ル・コルビュジエの建築作品－近代建築運動への顕著な貢献」として登録された作品のうち、フランス国内にあるのはこちら。

世界遺産に登録された作品リスト

❶ ラ・ロッシュ=ジャンヌレ邸
　Maison La Roche et Jeanneret (1923)
❷ ペサックの集合住宅 Cité Frugès, Pessac (1924)
❸ サヴォワ邸と庭師小屋 →P.175
❹ ポルト・モリトールの集合住宅
　Immeuble locatif à la Porte Molitor (1931)
❺ マルセイユのユニテ・ダビタシオン →P.425
❻ サン・ディエの工場 Manufacture à St-Dié (1946)
❼ ノートルダム・デュ・オー礼拝堂 →P.213
❽ カップ・マルタンの休暇小屋 →P.31
❾ ラ・トゥーレットの修道院
　Couvent Ste-Marie-de-la-Tourette (1953) →P.466
❿ フィルミニの文化の家 →P.466

ドミニコ会の依頼で設計されたラ・トゥーレット修道院。現在も修道士たちが暮らし、「住む、学ぶ、祈る」空間として使われている

このほかに、日本の国立西洋美術館など、7つの作品が世界遺産に登録された。

名称、制作年については、ル・コルビュジエ財団の資料を基にしています。

教会訪問がよりおもしろくなる

建築豆知識

フランスには多くの教会建築があり、見どころにもなっている。
時代や地方によって様式が異なるので、比べてみるとなかなかおもしろいのだが、
「建築はどうも苦手」という人も多い。以下の基本用語がわかれば、
違った視点で、そのおもしろさを発見できるはずだ。

ロマネスク様式 Style Roman

10～12世紀にフランス南部を中心に広まった美術様式。スペインのサンティアゴ・デ・コンポステーラに向かう巡礼路（→P.376）の道筋にこの様式の建造物が多い。スタイルは地方によってやや異なるが、外観は一般的に簡素。重い石造天井を支えるために壁が厚く、窓が小さいため内部は薄暗い。入口周りや柱頭（柱の上部分）の彫刻にユニークな表現が見られることも多い。

訪ねてみたいロマネスク建築

[ヴェズレー] サント・マドレーヌ・バジリカ聖堂（→P.201）
[オータン] サン・ラザール大聖堂（→P.206）
[トゥールーズ] サン・セルナン・バジリカ聖堂（→P.363）
[コンク] サント・フォワ修道院教会（→P.374）
[アルル] サン・トロフィーム教会（→P.406）
[クレルモン・フェラン] ノートルダム・デュ・ポール・
バジリカ聖堂（→P.489）

コンクのサント・フォワ修道院教会。積み木を重ねたような単純な形態が特徴（上）／ロマネスクの聖堂は一般に薄暗い。小さな窓から入るわずかな光が石と戯れる（左）／柱頭彫刻には素朴かつ大胆な表現が見られることがある（下）

ゴシック様式 Style Gothique

12～15世紀にイル・ド・フランスや北部の都市部を中心に発展した様式。尖頭アーチと交差リブ・ヴォールト、フライング・バットレスという新技術により、壁にかかる屋根の重さが軽減され、天井を高くし、窓を広く取ることが可

パリ・ノートルダム大聖堂のバラ窓

能になった。このことは、ステンドグラスVitrailの発達につながった。入口上部の円形窓にはめられたステンドグラスをバラ窓といい、ここから差し込む光は神が照らす光としてとらえられた。大聖堂はまさに「地上における神の国」だったのだ。

訪ねてみたいゴシック建築

[パリ] ノートルダム大聖堂（→P.102）
[シャルトル] ノートルダム大聖堂（→P.177）
[ブールジュ] サンテティエンヌ大聖堂（→P.243）
[ストラスブール] ノートルダム大聖堂（→P.250）
[ランス] ノートルダム大聖堂（→P.268）
[アミアン] ノートルダム大聖堂（→P.279）

アミアンのノートルダム大聖堂の入口を飾る彫刻。ロマネスクの彫刻に比べて写実的（上）／フランス最大のゴシック聖堂であるアミアンのノートルダム大聖堂。神の国により近づこうとするかのように高い天井が造られた（右）

ゴシック大聖堂の造り

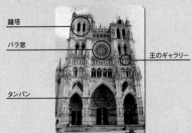

アミアンのノートルダム大聖堂（→P.279）

鐘塔
バラ窓
王のギャラリー
タンパン

ブールジュのサンテティエンヌ大聖堂（→P.243）

交差リブ・ヴォールト
ステンドグラス
階上廊
内陣聖歌隊席
身廊
側廊

タンパン Tympan

　教会の入口上部にある半円形の部分。コンクのサント・フォワ修道院教会のように、聖書の場面や聖人の姿が細かく彫り込まれている。文字を読めない人にとって"見る聖書"の役割を果たしていた。

オータンのサン・ラザール大聖堂（→P.206）のタンパンには、『最後の審判』の図像が描かれている

クリプト Crypte

地下祭室。聖遺物（聖人や殉教者の遺骸の一部など）が置かれていることが多い。

ディジョンのサン・ベニーニュ大聖堂のクリプト（→P.188）

回廊 Cloître

　修道院や教会に併設された歩廊。方形の中庭を囲み、修道士の黙想の場にも使われた。

モン・サン・ミッシェルの修道院の回廊（→P.287）

クリュニー会 Ordre de Cluny

　910年、アキテーヌ公ギヨームが創設した修道会（→P.191）。各地に教会堂を建設し、美術の面で大きな影響をもたらした。

シトー会 Ordre de Citeaux

　ブルゴーニュ出身の修道士ベルナールが起こした修道会で、質素・厳格を信条とし、華美な生活を送るクリュニー会と対峙する立場を取った。その思想と同様、シトー会の修道院建築は一切の装飾が排除された簡素さが特徴。空間そのものの美を体現した建築として、多くの現代建築家にも影響を与えた。

簡素な美にあふれたセナンク修道院（→P.418）はシトー会修道院建築の代表作

大聖堂 Cathédrale

　大聖堂とは「カテドラル」の日本語訳で、「カトリックの高位聖職者が座る司教座（カテドラ）がある教会」のこと。ヨーロッパの町には必ずひとつ大聖堂があるが、「大きな聖堂」とはかぎらない。小さな大聖堂というのも存在する。

ノートルダム Notre-Dame

聖母マリアのこと。この名前を冠した教会は聖母マリアにささげられている。ほかに、サン・ピエール＝聖ペテロ（キリストの12使徒のひとり）、サン・ジャン＝聖ヨハネ（12使徒のひとりで『黙示録』を記した福音書記者）、サンテティエンヌ＝聖ステパノ（キリスト教最初の殉教者）もよく登場する。

パリのノートルダム大聖堂（→P.102）

GUIDE des GOURMETS

世界中の美食家たちを魅了する

フランス グルメガイド

誰もが認めるグルメの国フランス。
その神髄を心ゆくまで楽しむために
レストランの利用の仕方から
メニューの読み方、地方別のチーズ、
ワインまで徹底ガイド！

おいしく旅するフランス

郷土色豊かな料理を土地のワインとともに。
地方の旅の醍醐味を心ゆくまで味わって。

今日は何を
食べようかな

個性豊かな郷土料理

地方で
食べたい
名物料理
➡P.36

モン・サン・ミッシェルの名物料理「潮風味の子
羊のロースト」(上)、ブルゴーニュ地方の郷土料
理「ウフ・アン・ムーレット(卵の赤ワイン煮)」(右)

2010年、ユネスコの無形文化遺
産に登録されたフランス料理。その
多彩な魅力と食材の豊富さは、地方
を旅するとより強く実感する。土地
ごとに特産物を生かした料理がある
のはもちろん、国境に接している地
方では料理にも隣国の影響が色濃く
反映するなど個性豊か。郷土料理を
食べ比べるのも、フランスの旅の大
きな楽しみだ。

チーズ、ワインも土地のものを

フランスを旅するとき、料理とともに味わ
いたいのがチーズとワイン。ほとんどの地方で
チーズやワインが造られており、日本に輸入さ
れていないものも数多くある。例えば南西部の
名物である鴨料理には同じ地方のカオールワイ
ンが合うなど、郷土料理やチーズと土地のワイ
ンの相性は抜群。ぜ
ひ合わせて味わいた
い。

チーズの
楽しみ方
➡P.40

ワインの
楽しみ方
➡P.42

バスク豚の生ハムを珍しいバス
クワインとともに

ローヌ・アルプ地方名産のチー
ズ「トム・ド・サヴォワ」

レストランの選び方

レストランは、旅のプランや予算に合わせて選びた
い。ミシュラン3つ星クラスの高級店(予算：昼€100
〜、夜€300以上)なら料理からサービスまですべて
を最高レベルで味わえるし、中級店(予算：€60〜
80)でも十分雰囲気を楽しめる。伝統料理を手頃な値
段で味わいたければ大衆的なビストロBistrotへ(予算：
€50以下)へ。クロスは布ではなく紙、メニューは黒
板に手書きと気取らない雰囲気だ。短時間で軽く済ま
せたいときはブラッスリーBrasserieが便利。もとは
アルザス料理を出すビアホールを指したが、今はあり
とあらゆる飲み物と料理が楽しめる。

@Matthieu Cellard

レストランを
優雅に楽しむ
➡P.38

ローヌ・アルプ地方の町アヌシーに
ある3つ星レストラン「Le Clos de
Sens」(→P.472)のロマンティック
なダイニング(上)
カジュアルな雰囲気のビストロ(右)

美食家のためのグルメガイド

フランスの美食を極めたい方は、フラン
スで最も権威あるグルメガイドで研究して
は。購入は主要洋書店やAmazonなどのオン
ライン書店で。

ミシュランガイド
Guide Michelin
星の数の評価で知られるグ
ルメガイド。タイヤ会社の
ミシュランが、ドライバー
向けのガイドブックとして
1900年に発行したのが始
まりで、今ではグルメのバ
イブル的存在になる物。
各店に関する情報やコメン
トはフランス語だが、マー
クの読み方などは英語解説付き。ウェブサイト
でも情報を得ることができる。€29。
URL guide.michelin.com

ゴー・ミヨー
Gault Millau
料理の独創性、伝統性も評価の対象にしてお
り、コック帽(トック)のマークで20点満点で
表示されている。フランス語のみ。€29。

地方で食べたい名物料理

海と山の幸に恵まれ、豊かな大地に育まれた郷土料理。
ぜひ味わってみたい代表的な料理をご紹介。

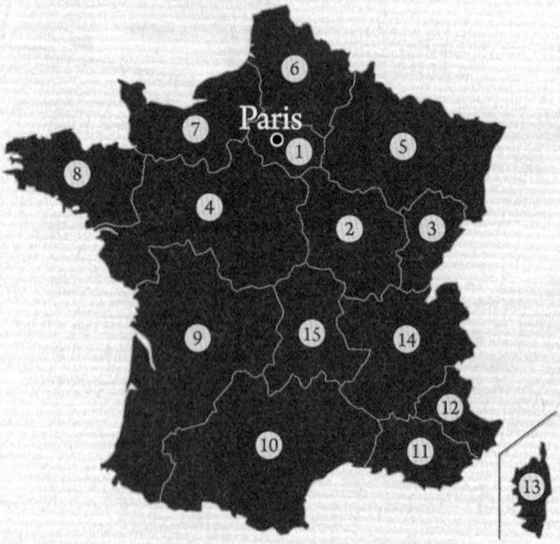

③ フランシュ・コンテ ➡P.208

ジュラ(フランシュ・コンテ地方の別名)の黄ワイン(ヴァン・ジョーヌVin Jaune)を使った煮込み料理、また特産のコンテ・チーズ、モルトー・ソーセージを使用したサラダやパイなどが名物。

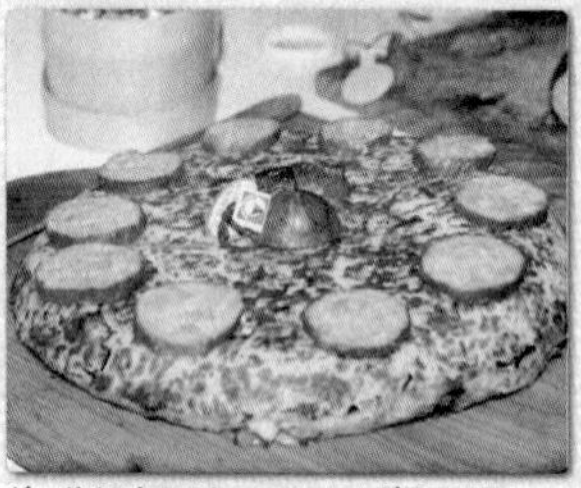

ジャガイモとモルトー・ソーセージのロスティ

④ ロワール ➡P.214

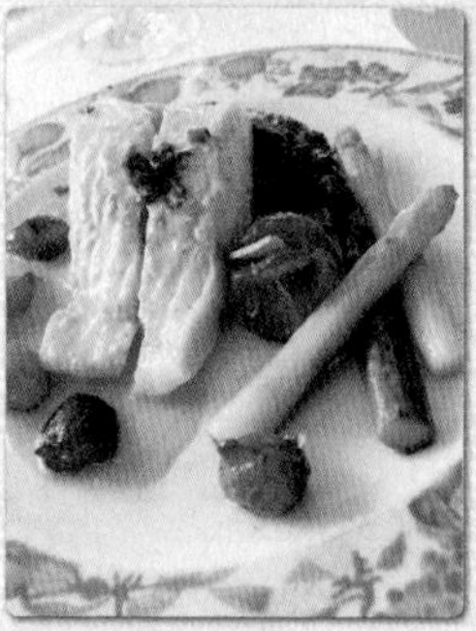

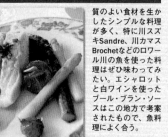

質のよい食材を生かしたシンプルな料理が多く、特に川スズキSandre、川カマスBrochetなどのロワール川の魚を使った料理はぜひ味わってみたい。エシャロットと白ワインを使ったブール・ブラン・ソースはこの地方で考案されたもので、魚料理によく合う。

川魚とアスパラの料理

① イル・ド・フランス ➡P.162

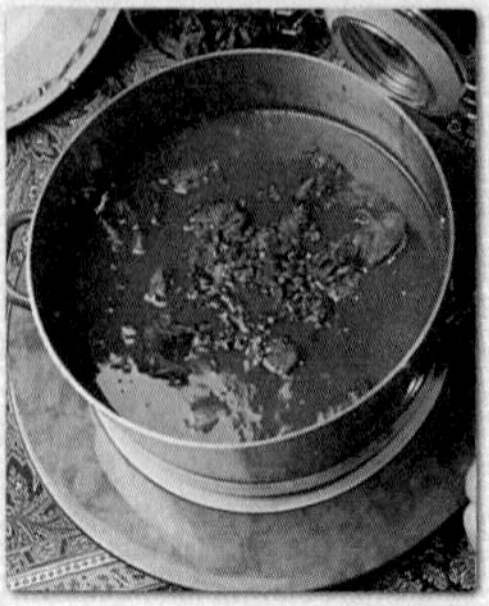

ポトフPot au feu（牛肉と野菜のスープ煮込み）やナヴァランNavarin（羊肉と野菜の煮込み）など、家庭料理の代表といえるものが多い。ジビエGibier（野禽類）料理は秋、冬の味覚。

ナヴァラン（料理：アントワーヌ・シェフェール）

⑤ アルザス、ロレーヌ、シャンパーニュ ➡P.246

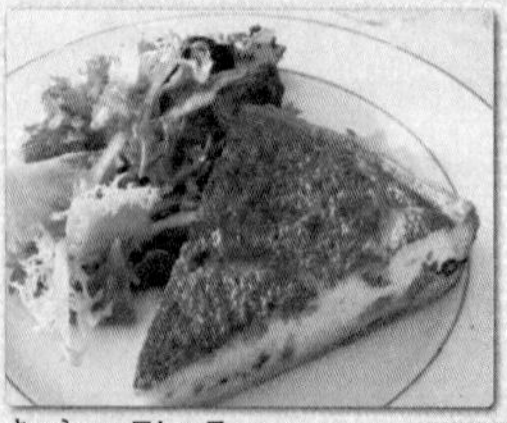

アルザス料理はドイツ色が濃厚。キッシュで知られるロレーヌではミラベルMirabelleという果実も名産。シャンパーニュでは腸詰アンドゥイエットAndouilletteを試したい。

キッシュ・ロレーヌ

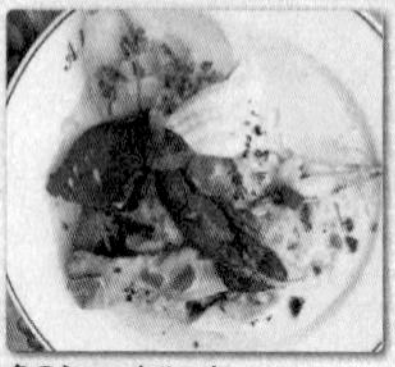

魚のシュークルート

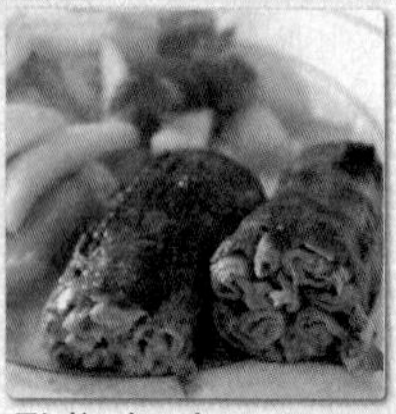

アンドゥイエット

② ブルゴーニュ ➡P.184

ブッフ・ブルギニョンBœuf Bourguignonなど赤ワインを使った煮込み料理のほか、エスカルゴEscargot、パセリとハムのテリーヌJambon Persillé、スパイス入りケーキPain d'épicesなどおいしいものがいっぱい。

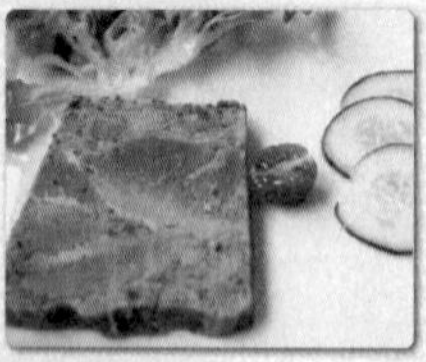

パセリとハムのテリーヌ

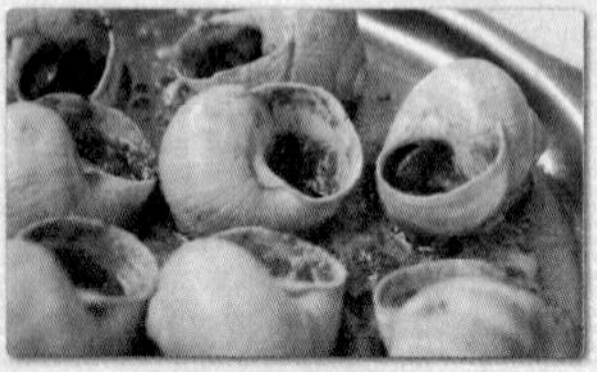

エスカルゴ

⑥ ノール、ピカルディー ➡P.274

隣国ベルギーの料理と共通するメニューが多く、アンディーヴ（チコリ）、ジャガイモ、ムール貝、ビールを使った料理がポピュラー。

ハムとキノコのクレープ、フィセル・ピカルド

⑦ ノルマンディー ➡P.282

特産品であるバターやクリームをたっぷり使うのが特徴。またブドウの育成に適さない土地柄、リンゴを使ったシードルやカルヴァドスが造られ、料理にも使われる。

ムール貝ノルマンディー風

⑧ ブルターニュ ➡P.312

カキやオマールなど海の幸はもちろん、アンドゥイユAndouille（豚の腸詰）もおいしい。ソバ粉のクレープGalette de Sarrasin、甘いパイ菓子クイニ・アマンKouign amannもぜひ本場で。

カンカルの生ガキ　　ソバ粉のクレープ

⑨ 大西洋岸 ➡P.332

ボルドー近辺では赤ワインを使った煮込み料理が作られる。国境を越えてスペインにまたがるバスク地方には、青唐辛子（またはピーマン）を使った独自の郷土料理がある。

バイヨンヌの生ハム　　鶏肉のバスク風

⑩ 南西部 ➡P.358

トリュフ、フォワグラをはじめとするグルメ垂涎の食材に恵まれた地方で、料理はカスレCassouletなどいずれもボリュームたっぷり。秋はキノコ料理が楽しめる。

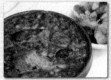

カスレ　　　　鴨のコンフィ

⑪ プロヴァンス ➡P.402

マルセイユのブイヤベースBouillabaisseが有名。一般に、ニンニクとハーブを使った香り高い料理が多い。ドーブDaubeというずっしりとした煮込み料理もある。

プロヴァンス風の牛肉の赤ワイン煮、ドーブ

⑫ コート・ダジュール ➡P.432

野菜とオリーブオイルをたっぷり使い、素材を大切にした南仏料理は日本人の舌によく合う。ラタトゥイユRatatouille、ニース風サラダSalade Niçoiseはその代表。

ニース風サラダ

⑬ コルシカ ➡P.454

ハムやソーセージなどの豚肉加工品、栗の粉が入ったケーキ、そしてブロッチウBrocciuという特産のヤギチーズを使ったカネロニなど、イタリア風のパスタ料理がよく食べられる。

カネロニ

⑭ ローヌ・アルプ ➡P.456

品質のよさで知られるブールカン・ブレスの鶏の料理、リヨンのクネルQuenelle（鶏や魚のすり身に小麦粉、卵などを加え固めてゆでたもの）、牛の胃のフライなどが有名。サヴォワ地方ではチーズ・フォンデュも。

クネル

ブレス鶏の煮込み　　チーズ・フォンデュ

⑮ オーヴェルニュ ➡P.486

チーズ造りが盛んなオーヴェルニュでは、チーズとジャガイモを弾力性が出るまで練り合わせたアリゴAligotが付け合わせの定番。

アリゴ　　　　ル・ピュイ・アン・ヴレのレンズ豆料理

レストランを優雅に楽しむ

滞在中、一度はフルコースのフランス料理を食べてみたいもの。
楽しいひとときを過ごすためのマナーと基本情報を紹介しよう。

夏はテラス席がおすすめ

本日の一品Plat du jourが黒板に書かれていれば、まずチェック

1. レストランに入って席に着くまで

レストランに入ったら、まずはあいさつ。昼なら "Bonjour^{ボンジュール}こんにちは"、夜なら "Bonsoir^{ボンソワール}こんばんは"。予約している場合は名前を告げると、席に案内してくれる。給仕が先に椅子を引いてくれたほうが上席。どんなに庶民的な店でも自分たちで勝手に席に着かず、給仕のリードに任せよう。

2. 料理を注文する

席に着くと、"食前酒apéritif^{アペリティフ}はいかがですか?" と聞かれ、メニュー carte^{カルト}もほぼ同時に渡される。食前酒と突き出しamuse-gueule^{アミューズ・グール}を楽しみながらメニューを吟味しよう。メニューには、前菜からデザートまでがセットになったムニュ(定食)menu^{ムニュ}と、ア・ラ・カルト(一品料理)à la carte^{カルト}が書かれている。料理を選び終わったら、メニューを閉じてテーブルの上に置く。すぐに気づいて注文を取りに来てくれる。

メニューの見方 ➡P.550

おもな食前酒

- クープ・ド・シャンパーニュCoupe de Champagne(グラスシャンパン)
- キール Kir(白ワインとカシスのリキュールのカクテル)
- キール・ロワイヤル Kir Royal(カシスのリキュールをシャンパンで割ったもの)
- パスティス Pastis(ウイキョウから造られたアニス酒)

肉の焼き加減のフランス語

- 焼き加減 cuisson キュイッソン
- レア bleu ブル
- ミディアム・レア sainant セニャン
- ミディアム à point ア・ポワン
- ウェルダン bien cuit ビヤン・キュイ

ここが知りたい!レストランQ&A

Q レストランの営業時間は?

A 店にもよるが、だいたい昼12:00〜14:00、夜19:30〜23:00。予約なしで行く場合、開店したばかりの時間に行くと座れる可能性あり。ブラッスリーはお昼から深夜までノンストップで営業することが多い。

Q 予約は必要?

A 3つ星レストランともなると、世界中から予約が殺到するので、なるべく早めに予約を。予約は基本的に電話で。ウェブサイトから予約できる店もある。前日にリコンファーム(予約再確認)が必要なこともある。

Q ドレスコードは?

A 高級店では男性はネクタイ着用が望ましい。女性の服装には決まりはないが、それなりにきちんとした格好で。ただ南仏などのリゾート地では、ちょっとおしゃれなリゾートスタイルで十分だ。

3. ワインを注文する

料理の注文が終わると、ソムリエ（庶民的な店では給仕）がワインリストを持ってくる。ワインの知識がなくても、希望条件を伝えればぴったりのものを選んでくれるので心配無用。前菜とメインで合うワインが異なる場合は、前菜にグラスシャンパン、ワインはメインに合わせても。水の注文もこのときに。庶民的な店なら無料の水道水carafe d'eauでもいいが、中・高級店ではミネラルウオーターを頼もう。ガスなしplateか、ガス入りgazeuseを指定すること。

ワインの
楽しみ方
➡P.42

肉料理に合うブルゴーニュやボルドーの赤

**ボトル1本は
飲めない
というときは**

　大衆的なレストランでは、カラフCarafeまたはピシェpichetと呼ばれる500㎖ピッチャーに入れたハウスワイン（ヴァン・ド・メゾンvin de maison）を。ドゥミdemi（375㎖）、カールquart（185㎖）といった量で注文する。グラスワインはヴェール・ド・ヴァンverre de vin。

4. 料理を楽しむ

　さあ、いよいよ料理が運ばれてきた。基本的なマナーは日本と同じ。料理だけでなく、レストランの雰囲気をまるごと楽しもう。皿を下げてもらうときは "Merci, c'était très bon!ありがとう、おいしかった" と言うようにすると、給仕人の心をくすぐることになる。ワインは、高級店ではソムリエが給仕が様子を見てサービスしてくれるので、客が自分で注ぐことはない。客同士で注ぎ合うのも避けよう。

目を楽しませて
くれる美しいプ
レゼンテーショ
ンのひと皿

「ゴッホの家」に
あるラヴー亭
（→P.181）自慢の
伝統料理

5. チーズとデザート

　主菜の皿が下げられたあと、"Vous voulez des fromages?チーズはいかがですか?" と聞かれる。"Oui" と答えると、チーズを載せたワゴンが運ばれてくる。食べたいチーズを指し示すと切り分けてくれる。すでにおなかいっぱいならチーズを断ってデザートに進んでかまわない。デザートは、主菜が終わったときに注文するが、「スフレ」など料理と同時に注文するものも。コーヒーcaféや紅茶théはデザートが終わってから。欲しくなければ頼む必要はない。

チーズの
楽しみ方
➡P.40

チーズは何種類
取っても料金は
同じ

人気のデザート
「ヌガー・グラッ
セ」

6. スマートなお勘定の仕方

　すっかり満腹になったところで "L'addition, s'il vous plait.お勘定お願いします" と頼む。この言葉を忘れたら、右手で左手に文字を書き込むしぐさをするといい。支払いはテーブルで。勘定には税金とサービス料が含まれているので、額面どおり支払えばOK。割り勘の場合も、ひとりが立て替えておくと、よりスマートだ。

カルヴァドス、アルマニャック
などの食後酒を楽しんでも

**Q 全部食べれない
ときは？**

A もう食べられないと感じたら、無理せず残そう。給仕には、「とてもおいしくいただきました。もうおなかがいっぱいです」という意味合いの「Je suis rassasié(e). ジュ・スィ・ラサズィエ」などと言えばよい。

Q たばこは吸っていい？

A 公共の閉じられた空間での喫煙が全面的に禁止されているため、レストラン内での喫煙はできない（テラス席なら喫煙可能）。また、食事中に喫煙のため席を外すのはマナー違反なのですすめられない。

Q チップはどうする？

A お勘定にサービス料が含まれているので、チップは義務ではない。ただし高級店では、食事代の5～10％を目安に、紙幣でチップを置く習慣が残っている。大衆的な店ではおつりの小銭を残す程度でOK。

チーズの楽しみ方

チーズを食べなければ食事は終わらない……。
メインディッシュのあとで、トレイに盛られた
チーズを見つめるフランス人の顔の、
幸せそうなことといったら！
チーズの本場にいるのだから
少しずつでも味わってみよう。

ワインとチーズのマリアージュ

300種類もあるというチーズのなかから、代表的なものを紹介しよう。ワインとのマリアージュ（相性）も楽しんで！

白カビタイプ

カマンベールCamembert、ブリBrieなど。特にカマンベールは日本でもおなじみだ。マイルドで食べやすく、クリーミーな舌触り。熟れ頃になると濃厚な味わいになる。

クリーミーで食べやすいこれらのチーズには、コート・デュ・ローヌCôtes du Rhôneなどのミディアムボディの赤ワインを合わせて。

フランスチーズの代表格、カマンベール

青カビタイプ

世界3大ブルーチーズのひとつで、フランスの青カビチーズのなかでも最も有名なのがロックフォールRoquefort。クセが強く、ピリッとした刺激がある。

かなりクセがあり塩味が強いので、スパイシーな白、ゲヴュルツトラミネールGewürztraminer、甘口の貴腐ワイン、ソーテルヌSauternes（白）と合わせて。

独特な風味がやみつきになる青カビタイプ

ウォッシュタイプ

外側を洗って熟成させてある。リヴァロLivarot、ポン・レヴェックPont-l'Evêque、エポワスEpoisses、モン・ドールMont d'Orなど。クセのある匂いとは裏腹に、中はクリーミーでまろやかな味。

クセのあるウォッシュタイプのチーズには、ブルゴーニュやボルドーなどフルボディの赤、またはムルソーMeursault（白）とともに。

ウォッシュタイプにしてはクセがなくまろやかで食べやすい冬季限定チーズのモン・ドール

シェーヴルタイプ

ヤギの乳で作られるチーズ。カベクーCabécou、サント・モールSte-Maureなど。若いうちはクリーミーでねっとりしているが、熟成が進むとコクのある味わいとなる。

シェーヴルチーズにはロワール産の軽めの赤か白を合わせて。

シェーヴルチーズはジャムやハチミツと一緒に食べるとおいしい

ハードタイプ

サン・ネクテール St-Nectaire、トムTomme、コンテComté、カンタルCantalといった硬質のチーズ。

ハードタイプのチーズには、フルーティな赤か辛口の白がおすすめ。

硬質タイプのトム・ド・サヴォワ

地方ごとのチーズを味わおう

「村の数だけチーズがある」といわれるフランス。
地方のレストランでは、
その土地のチーズを試してみたい。

Paris

1 ロワール地方

ヤギの乳で作られたチーズ「シェーヴル」が特産。円筒型のサント・モールSte-Maure、四角錐型のピラミッドPyramide、小ぶりのクロタンCrottinなどがある。

長細い円筒型のサント・モール

2 ノルマンディー地方

世界的に有名なチーズ、カマンベールCamembertの産地。ほかに、塩で洗って熟成させたリヴァロLivarotやポン・レヴェックPont-l'Evêqueもおいしい。

リヴァロ

3 イル・ド・フランス地方

パリ近郊の村で生まれたブリ・ド・モーBrie de Meaux、ブリ・ド・ムランBrie de Melun、クロミエCoulommiersといった白カビチーズが有名。食べ比べてみるのもおもしろい。

ブリ・ド・モー

4 アルザス地方

牛乳から作られたウォッシュタイプのマンステールMunsterは、この地方のチーズの代表選手だ。やや匂いがきついが、チーズ好きにはたまらない。キュマン(クミン、キャラウェイ・シード)を添えて食べると美味。

通好みの味マンステール

5 フランシュ・コンテ地方

ナッツのような風味をもつ大型のチーズ、コンテComtéや、冬季限定で生産されるモン・ドールMont d'Orがある。

コンテ

6 ブルゴーニュ地方

マール酒で洗いながら熟成させたエポワスEpoisses、ラミ・デュ・シャンベルタンL'Ami du Chambertinなど個性派揃い。

エポワス

ラミ・デュ・シャンベルタン

7 ローヌ・アルプ地方

トム・ド・サヴォワTomme de Savoie、ボーフォールBeaufortなどハードタイプのほか、とろりとした食感のサン・マルセランSt-Marcellinが有名。

サン・マルセラン

8 プロヴァンス地方

南仏では、ヤギや羊の乳を使ったチーズが多い。栗の葉で包んだバノンBanon、ピリッとした辛さが特徴のピコドンPicodonなどがある。

ピコドン

9 オーヴェルニュ地方

最古のチーズともいわれるカンタルCantal、山あいの村で作るサン・ネクテールSt-Nectaireなど、種類は豊富。

いかにも山のチーズといった感じのカンタル

10 ミディ・ピレネー地方

世界3大ブルーチーズのひとつであるロックフォールRoquefortや、ひと口サイズのヤギ乳チーズのカベクーCabécouやロカマドゥールRocamadourがある。

ロックフォール

11 バスク地方

スペイン国境に近いバスク地方で作られる羊乳のチーズ、オッソー・イラティOssau Iratyを試してみたい。

オッソー・イラティ

⚔ ワインの楽しみ方 ⚔

おいしい郷土料理とワインを味わうことは、
地方を旅する大きな楽しみ。
高級ワインから手軽なテーブルワインまで、
バリエーションの豊かさはさすがフランス。
日本に輸入されていない、
知られざる美酒と出合うチャンスも。

フランスワインの格付け

A.O.C.ワイン（Appellation d'Origine Contrôlée 原産地呼称統制ワイン）

特別に指定された区域でできる特定の種類のブ
ドウで造られ、醸造の過程まで厳しくコントロー
ルして熟成された高級ワイン。

EUの規定に従い、A.O.P（Appellation
d'origine protégée）と表示されているものも
ある。

I.G.P.ワイン（Indication géographique protégée 地理的表示保護ワイン）

生産地域やブドウの種類に規定があるが、
A.O.C.より緩やか。原産地にこだわらず質の高い
ワインを造る生産者も増えており、高価なものも。

Vin de table（テーブルワイン）

原産地、原産国の違ったワインを混ぜ合わせて
造られるワイン。

ワインの飲み頃

ヴィンテージ（ブドウの収穫年）は、フランス語
で「ミレジムmillésime」という。ブドウは生き
物なので、同じ畑のブドウで造ったワインでも、
その年の気温、降雨量、日照
時間によって微妙に味に違い
が出る。ワインによっては数
年寝かせてさらにおいしくな
るものもある。購入する際は
聞いておこう。

シャンパンと発泡ワイン

「シャンパンChampagne」
はシャンパーニュ産の発泡ワ
インにのみ許された呼称。
それ以外の地方で造られた
発泡ワインは「ヴァン・ムース
vin mousseux」と呼ぶ。シャ
ンパンと同じ製法で造られた
ものが「クレマンCrémant」
で、アルザス、ロワール、ブ
ルゴーニュのものが有名。

ボージョレ・ヌーヴォー

ボージョレ地区で造られるワイ
ンの新酒（ヌーヴォー）のこと。
早熟なブドウの特性を生かして
造られ、その年のブドウのでき
もわかる。販売が解禁となる11
月第3木曜には、ワインショッ
プなどに解禁を知らせるポス
ターが掲示される。ただ、日本
ほどの盛り上がりは見られない。

ワインラベルの見方

ヴィンテージ（収穫年）：1993年

シャトー名：シャトー・シサック

格付け：クリュ・ブルジョワ級
Grand Cru Classéとあれば最上位の格付け

原産地：オー・メドック地区

AOC（原産地呼称統制）の表示：
AOC指定地区であるオー・メドックで
造られたワインであることを示す

自家園を所有する醸造者の元詰め

1993
Château Cissac
CRU BOURGEOIS
HAUT - MÉDOC
APPELLATION HAUT-MÉDOC CONTRÔLÉE
L. Vialard Administrateur
12% Vol.
G.P.A. des Domaines Vialard
Propriétaire à 33250 Cissac-Médoc - France
PRODUCE OF FRANCE
75 cl

フランスのワイン産地

地方のレストランに行ったら、
地元の食材を使った郷土料理と一緒に、
ぜひともその土地のワインを楽しんでみたい。

Paris

① ヴァル・ド・ロワール

ナント付近で生産される辛口の白ワインのミュスカデMuscadetやロゼワインのアンジューAnjouが有名。ほかにトゥーレーヌ地区のシノンChinon、サントル地区のサンセールSancerreなど。

辛口白ワインの代名詞、サンセール

② ノルマンディー、ブルターニュ

ブドウが生産されないこれらの地方では、リンゴの発泡酒であるシードル造りが盛ん。クレープに合わせて飲むと最高。

③ シャンパーニュ

シャンパーニュ地方で生産された発泡酒でなければ、「シャンパン」の呼称を使えない、という厳しい決まりがある。有名な「ドン・ペリニョン」や「クリュッグ」など逸品揃い。

セラー見学の最後にシャンパンの試飲を

④ アルザス

フルーティな白ワイン。ブドウの品種はドイツ系だが、ドイツワインより辛口が多い。リースリングRiesling、シルヴァネールSylvaner、ゲヴュルツトラミネールGewürztraminerなどが有名。(→P260)

さわやかな白ワインがポピュラー

⑤ ブルゴーニュ

赤ワインは力強さが特色。ボーヌBeaune、シャンベルタンChambertinなど。白は有名なシャブリChablisのほか、高級ワインのモンラッシェMontrachet、ムルソーMeursaultも極上の味。(→P198)

地区ごとに異なる個性をもつ

⑥ フランシュ・コンテ

黄色いワイン「ヴァン・ジョーヌVin Jaune」で知られる通向きの産地。シェリーを思わせる個性的な香りが特徴で、食後酒としても楽しめる。料理にも使われる。

⑦ ボージョレ

「ボージョレ・ヌーヴォー」(→P42)で知られる。軽く、若々しい味のため、軽い味つけの料理にぴったり。少し冷やして飲むとおいしい。モルゴンMorgonのほか、ムーラン・ア・ヴァンMoulin à Ventもおすすめ。

⑧ コート・デュ・ローヌ

暗赤色でしっかりとした味わい。比較的手頃な値段で、適度の渋味とコクがあり、普段用としては上級のワイン。レストランで選んでも、失敗が少ないのでおすすめだ。シャトーヌフ・デュ・パプChâteauneuf du PapeやジゴンダスGigondasは、ブルゴーニュやボルドーに匹敵する高級ワイン。

⑨ プロヴァンス

フルーティな赤やロゼワインがポピュラーで、夏向きの軽やかな味わいが特徴。日本ではあまり知られていないが、肉料理に合うバンドルBandolやパレットPaletteのワインを、ぜひ現地で味わってほしい。

昼下がりのテラスで飲みたいロゼワイン

⑩ ラングドック・ルシヨン

フランスのブドウ栽培面積の4割を占める地方。古くから「水代わり」に飲める安いワインが大量生産されてきたが、近年は品質向上がめざましく、ボルドーに負けない高品質ワインも生まれている。

⑪ 南西部

ボルドーに近いが、内陸部にあるため、ボルドーとは個性の異なるワインが造られている。フランスで最も濃い赤ワイン、カオールCahorsをフォワグラやトリュフとともに味わってみたい。

フォワグラとの相性ぴったりのカオールワイン

⑫ ボルドー

世界が認める最高の赤ワイン。なかでもサンテミリオンSt-Emilion、オー・メドックHaut-Médocなどの地域が有名。白ワインでは、ソーテルヌSauternesが高級甘口ワインとして名高い。フォワグラと合わせれば、食通気分。(→P338)

カフェの楽しみ方

フランスではカフェは、何よりもまず
生活の場であり、町の一部。
素顔のフランスに出合いたかったら、
まずはカフェのドアを押してみよう。
コーヒー1杯で何時間いても
誰も何も言わないし、
嫌な顔をされることもない。

カフェの利用方法

1. カフェに入る

　カフェでは、自分の気に入った席に座るといい。座る前に覚えておきたいのは、カフェでは同じものを注文しても席によって値段が違うということだ。普通、カフェにはカウンターcomptoir、室内席salle、テラス席terrasseがあり、カウンターが一番安い。カウンターと室内席、室内席とテラス席では、€0.20〜1.50程度の差がある。ただ最近は、室内席とテラス席の値段が同じという店が一般的になりつつある。

　食事の時間帯になると、一部のテーブルにペーパークロスが敷かれ、グラス、フォーク、ナイフがセットされる。飲み物だけの場合は、クロスが敷かれていないテーブルに座ること。

2. 注文する

　テーブルに座れば、ウエーターが注文を聞きに来る。ウエーターがなかなか来ないときは"Monsieur!"あるいは"S'il vous plaît."と言って呼べばいい。ウエーターはそれぞれ担当のテーブルが決まっているので、注文を取りに来た人を覚えておこう。支払いのときも同じ人に頼まなければならないからだ。

　さて注文。コーヒーにもエクスプレスやクレームなどいろいろ種類があるし、ほかの飲み物もある。ビールやグラスワインなどのアルコールもあるし、軽い食事も取れる。

3. お勘定

　ウエーターが、注文したものと一緒にテーブルに置いていく白いレシートのような紙切れが伝票l'addition。一番下にサービス料込みの値段が書かれている。サービス料だけでなく税金も料金のうちに含まれているので、額面どおりの金額を払えばいい。支払いはテーブルでする。なかなか勘定を取りに来てくれないときは、"L'addition, s'il vous plaît.（お勘定お願いします）"と言って担当のウエーターを呼ぼう。おつりがいらなければ、そのままテーブルにお金を置いて立ち去ればいい（伝票は持ち去らないこと）。

たばこのマナー

フランスでは閉じられた公共の場所での喫煙が禁止されている。レストランやカフェも店内は禁煙。テラス席では吸えるので、「コーヒーとたばこは切っても切れない仲」という愛煙家は、そちらに席を取ろう。

カウンター、室内席、テラス席によって値段が異なる飲み物のメニュー

ホテルの朝食に飽きたら、カフェの朝食セットを食べるのもおすすめ

ウエーターがレシートをビリッと破ってくれ、それが支払った証になることも

カフェのメニュー

フランスのカフェのメニューは、ほとんどが定番といえるもの。
基本的なメニューを覚えておけば、全国どこでも困らない。
また、軽い食事のメニューもある。
サンドイッチなどのスナック類は、営業時間中ずっとオーダーできるので便利だ。

カフェ・エクスプレス
Café Express

「un caféアン・カフェ」といえばエスプレッソのこと。ミルク入りはカフェ・ノワゼットcafé noisette、薄めのコーヒーはカフェ・アロンジェcafé allongéと頼もう。

カフェ・クレーム
Café Crème

エスプレッソに泡立てたミルクを入れたもの。日本でいうカフェ・オ・レcafé au laitとはちょっと違う。

ショコラ
Chocolat

ココアのこと。ショコラ・ショーともいう。濃厚で甘いココアは、フランスでは人気の飲み物。寒さの厳しい冬には格別。

ヴァン・ショー
Vin Chaud

ホットワイン。寒い日、または風邪気味のときによく飲まれる。甘味がつけてあり、飲みやすい。

シトロン・プレッセ
Citron Pressé

搾りたてのレモン汁に砂糖と水を好みで加えて飲む。オレンジの場合には、オランジュ・プレッセorange pressée。

マンタ・ロー
Menthe à l'Eau

ミントシロップを水で薄めて飲む。甘いソーダ割りはディアボロ・マントdiabolo menthe。

ビエール
Bière

小ジョッキは「un demiアン・ドゥミ」と注文する。瓶入りはアン・プティエユen bouteille。生ビールはプレッシオンpression。

パナシェ
Panaché

ビールのレモネード割り。グレナディンシロップを加えた赤いビールはモナコmonaco。

タルティーヌ
Tartine

フランスの家庭で一般的に食べられる朝食。バゲットを半分に切って、バター、ジャムを塗ったもの。

クロック・ムッシュー
Croque Monsieur

パンにハムとチーズを挟み、上にグリュイエール・チーズをのせて焼いたもの。さらに目玉焼きをのせればクロック・マダムcroque madame。

オムレット
Omelette

オムレツは昼時の人気メニュー。チーズ、ハム、ジャガイモ、キノコなど中に入れる具の種類も豊富。

ステーク・フリット
Steak Frites

フライドポテトがたっぷり付いたステーキ。「昼からしっかり食べたい」人は、ぜひこの一品を。

素顔のフランスに出合いたい!

フランスの最も美しい村

ゆっくり歩いても15分もあればひと回りできるほど小さな村。
これといった観光名所はなく、気の利いたカフェもおみやげ屋さんもない。
なのに、一度訪れたら忘れられない魅力がある……。
そんな「美しい村」に出合えるふたつの地方を紹介しよう。

Sud-Ouest

南西部の美しい村
時の流れが止まったよう

　深い森と渓谷、緑の木々の間に見え隠れするとんがり屋根の教会と赤い屋根の家々……。フランス南西部はいわば「美しい村」の密集地。だが、これらの村々へアクセスするのはとても難しい。鉄道が通っていない場所が多く、移動には車が不可欠だ。でも、そんな不便な地方だからこそ、昔ながらの素朴な村のたたずまいが何世紀もの時を超えて残っているのだろう。有名観光地を駆け回るだけでは決して出合えない、"本当のフランス"がここにある。

❶中世の家々が寄り添うサン・シル・ラポピー（→P.388）
❷知られざる美しい村ルブルサック Loubressac
❸❹山懐に抱かれたコンク（→P.374）

❶リクヴィル（→P.258）では
アルザスワインの試飲も楽し
み ❷ブドウ畑の中にたた
ずむ素朴な教会にひかれて
訪れる人が多いユナヴィル
Hunawihr ❸アルザスの美
しい村ではカラフルな鉄細工
の看板を見て歩くのも楽しい
❹エギスアイム（→P.259）の
おとぎの国のような町並み

Alsace
アルザスの美しい村

ワイン街道に連なる宝石

　お隣の国ドイツの影響を受け、独特の文化を
もつアルザス地方。町並みも料理もドイツ色が
強い。カラフルな木骨組みの家が建ち並ぶリク
ヴィルは"ブドウ畑の真珠"ともたたえられる
美しい村だ。「ワイン街道」（→P.260）沿いに点
在する村のひとつで、フルーティな白ワインを
買い求める人でにぎわう。

　ワイン街道沿いにはほかにも、ユナヴィル、
エギスアイムといった珠玉の村が連なってい
る。どこまでも続くブドウ畑に導かれてドライ
ブすれば、かわいい村が次から次へと現れて、
絵本のなかを走っているような気分になる。

美しい村とは

昔ながらの田舎の景観を保護することを目的
に設立された「フランスの最も美しい村協会」。
村の人口が2000人未満であること、2ヵ所以
上の保護建造物等があることなど、さまざま
な条件を満たした村だけが「美しい村」と認
定される。現在172の村が登録されている。

47

❶❷中世の巡礼地の面影が今も色濃く残るヴェズレー（→P.200）　❸アニスキャンディ（→P.24）の産地として有名なフラヴィニー・シュル・オズラン Flavigny-sur-Ozerain　❹一面の小麦畑の中にたたずむ中世の村シャトーヌフ・アン・オーソワ Châteauneuf en Auxois

ブルゴーニュの美しい村
Bourgogne

丘にたたずむ珠玉の村々

世界的なワインの産地として有名なブルゴーニュは、11〜12世紀建造の教会や修道院が点在するロマネスク芸術の宝庫でもある。なかでも傑作とされるのが、ヴェズレーのサント・マドレーヌ・バジリカ聖堂だ。丘の上にたたずむ聖堂と村を見れば、巡礼者でなくても思わず胸が熱くなるだろう。時の流れを忘れていつまでも見つめていたい……、そんな「美しい村」がこの地方には数多くある。

その他の地方の美しい村は
本書の下記ページでも特集しています。

ドルドーニュ渓谷の旅→P.396

リュベロンの小さな村々を訪ねて→P.418

美しい村を訪れるには

ほとんどの村は鉄道もバスも通っていない場所にある。近郊の大きな町からタクシーをチャーターするか、レンタカーで訪れよう。

リヨン近郊にあるペルージュ（→P.466）。村の入口にある「美しい村」の看板が目印

フランスの最も美しい村協会のウェブサイト
URL www.les-plus-beaux-villages-de-france.org

パリ

PARIS

Photo:Jardin des Tuileries

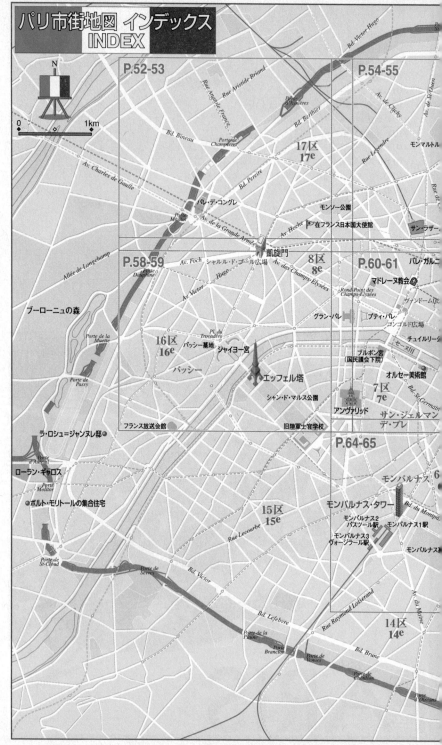

N

0 1km

P.52-53

Rue Aristide Briand

Rue Anatole France

Bd. Victor Hugo

Av. de St-Ouen

P.54-55

Bd. Berthier

Bd. Bineau

Porte de Champerret

17区
17e

Av. Charles de Gaulle

Bd. Pereire

Rue Legendre

モンマルトル

Av. de la Grande Armée

パレ・デ・コングレ

Porte Maillot

モンソー公園

Av. Hoche

在フランス日本国大使館

サン・ラザー

凱旋門

P.58-59

Av. Foch

シャルル・ド・ゴール広場

Av. des Champs-Elysées

8区
8e

P.60-61

パレ・ガルニ

マドレーヌ教会

Allée de Longchamp

Allée de Dauphine

Av. Victor Hugo

Rond-Point des
Champs-Elysées

ヴァンドーム広

ブーローニュの森

Porte de la Muette

16区
16e

Pl. du Trocadéro

パッシー墓地

シャイヨー宮

グラン・パレ

プティ・パレ
コンコルド広場

チュイルリー

セーヌ川

Porte de Passy

パッシー

エッフェル塔

ブルボン宮
(国民議会下院)

オルセー美術館

ラ・ロシュ=ジャンヌレ邸

フランス放送会館

シャン・ド・マルス公園

旧陸軍士官学校

アンヴァリッド

7区
7e

サン・ジェルマン
デ・プレ

Porte d'Auteuil

ローラン・ギャロス

Porte Molitor

P.64-65

モンパルナス

ポルト・モリトールの集合住宅

15区
15e

Rue Lecourbe

モンパルナス・タワー

モンパルナス2
パスツール駅

モンパルナス1駅

Bd. du Montpa

Porte de St-Cloud

Porte de Sèvres

Bd. Victor

モンパルナス3
ヴォージラール駅

モンパルナス

Bd. Lefebvre

Rue Raymond Losserand

Av. du Maine

Porte de la Plaine

Porte Brancion

Porte de Vanves

14区
14e

Bd. Brune

Porte de Chatillon

ℹ観光案内所 ▯郵便局 ⛪教会 ✡シナゴーグ ✚病院 🚓警察署 🎓学校 💱両替所 🚕タクシー乗り場 🚌バス停、バスターミナル

P.56-57

ラ・ヴィレット公園

18区
18e

Rue Riquet

Av. de Flandre

Canal de l'Ourcq

Bd. Ney

Bd. Macdonald

Porte de
Clignancourt

Porte
d'Aubervilliers

Porte de la
Villette

Porte de
Pantin

ル・クール聖堂

モンマルトル

9区
9e

北駅

東駅

Bassin de la Villette

Place de Stalingrad

サン・マルタン運河

Av. Jean Jaurès

19区
19e

ビュット・ショーモン公園

Porte du
Pré-St-Gervais

Porte des Lilas

ベルヴィル

P.62-63

10区
10e

Bd. Jules Ferry

2区
2e

パレ・ロワイヤル

レ・アール

ブル美術館

レ・ミシェルジュリー
サント・シャペル

レピュブリック広場

3区
3e

フォーロム・デ・アール

マレ地区

ポンピドゥー・センター

パリ市庁舎

ヴォージュ広場

シテ島

ノートルダム大聖堂

11区
11e

ペール・ラシェーズ墓地

20区
20e

Bd. Mortier

Porte de
Bagnolet

Bd. Davout

サン・シュルピス教会

ソルボンヌ

サンブール宮

サンブール公園

カルチェ・ラタン

パンテオン

4区
4e

サン・ルイ島

バスティーユ広場

オペラ・バスティーユ

P.66-67

Bd. Diderot

ナシオン広場

Porte de
Montreuil

Porte de
Vincennes

Bd. St-Michel

5区
5e

動物園
植物園

オステルリッツ駅

リヨン駅

財務省

12区
12e

Porte de
St-Mandé

パリ・ベルシー・ブルゴーニュ
ペイ・ドーヴェルニュ駅

国立図書館

ベルシー
見本市会場

Bd. Poniatowski

Porte Dorée

天文台

Bd. des Gobelins

Bd. Vincent Auriol

イタリア広場

13区
13e

Av. des Gobelins

Porte de Charenton

ヴァンセンヌの森

Bd. de Bercy

Porte de Bercy

スーリ公園

Jourdan

Bd. Kellermann

大学都市

Porte de
Gentilly

Rue de Tolbiac

Av. d'Italie

Rue
Nationale

Bd. Masséna

Porte
d'Italie

N

0 300m

1

2

3

Rue Greffulhe

Rue Baudin

Rue Ernest Cognacq

Rue Paul Vaillant Couturier

Rue du Président Wilson

Rue Paul Vaillant

ルヴァロワ・ベレ
Levallois Perret

Parc de la Planchette

Rue de Villiers

Rue Kléber

Rue Marius Aufan

Rue Danton

Rue Anatole France

Rue Carnot

Rue Pasteur

Rue Voltaire

ルヴァロワ・ベ
**La Mairie de
Levallois Per**

Bd. de la Saussaye

Rue Chauveau

アメリカン病院P.536
Hôpital Américain

Bd. Bineau

Bd. du Château

Victor Hugo

Rue St-Paul

Rue Chauveau

Rue de Chézy

Rue de Lesseps

Rue Chaptal

Rue Voltaire

Rue Aristide Briand

Ⓐ ANATOLE FRANCE

Rue Edouard Nortier

ヌイイ・シュル・セーヌ
Neuilly-sur-Seine

Rue de Rouvray

Rue de Villiers

Rue Camille Desmoulins

Rue Louis Rouquier

Rue Verginaud

Rue Louise Miche

Rue Jacques

LOUISE MICHEL Ⓜ

Rue Perronet

Rue Pauline Borghese

Bd. d'Inkermann

Bd. Victor Hugo

Bd. Bineau

Carrefour
Bineau

Rue Planemont

Rue Clto de l'Duca

Av. de la Porte de Villiers

Bd. de l'Yser

Bd. Gouvi

Bd. Jean Mermoz

Rue Perronet

Bd. de Dixmude

Pl. Winston
Churchill

Rue du Général Cordonnier

Rue St-Pierre

Rue Louis Philippe

Rue d'Orléans

Rue Perronet Dumas

Av. Madeleine Michellis

du Roule

Av.

Pl. du
Général Kœnig

Pl. du
Général Kœnig

LES SABLONS Ⓜ

Rue de

Sablonville

Pl. du
Général Kœnig

Rue Jacques Dulud

Rue des Sablons

Charles Laffitte

Rue Paul Deroulède

Rue de

Charres

ハイアット・リージェンシー・パリ・エトワール
P.149

ル・メリディアン・エトワール
P.149

テルヌ

Rue

Bd. Maillot

バレ・デ・コングレ
**Le Palais des
Congrès de Paris**

Bd. Pereire

Rue

Sr-Fe

PORTE MAILLOT Ⓜ

ポルト・マイヨ広場
Pl. de la porte Maillot

Ⓗ NEUILLY-PORTE MAILLOT

Brunel

3

ブーローニュの森
Bois de Boulogne

グランダルメ大通り Av. de la Gran

Bd. de l'Amiral Bruix

Rue Weber

Av. de Malakoff

Rue Pergolèse

Rue le Sueur

Rue Duret

ARGENTIN

P.58

Bd. de l'Amiral Bruix

Rue Marbeau

Rue Lalo

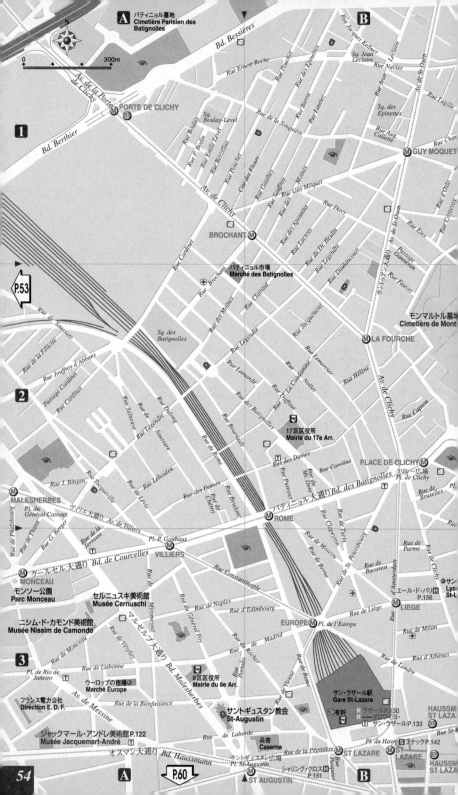

Rue Championnet

Rue Boinod

1

Rue de Simplon

Rue du Nord

Jardin Rachmaninov

Rue Tristan Tzara

Rue l'Evangile

Rue Bourry

Sq. P. Robin

Pl. Hébert

Rue des Roses

Sq. de la Madone

サント・ジャンヌ・ダルク教会
Ste-Jeanne d'Arc

Rue Marc Séguin

Rue Labois

Rue Raymond

Rue d'Aubervilliers

✚ MARCADET
POISSONNIERS

Rue Ordener

Rue de Torcy

Rue Pajol

Pl. Paul Eluard

ル・サンキャトル
Le CENTQUATRE

Rue Marcadet

Ⓜ MAX DORMOY

Rue Riquet

Rue Riquet

Rue Ernestine

Rue d'Oran

Rue Doudeauville

Poissonniers

◀ P.55

Rue Léon

Rue de Panama

Rue de Suez

Rue de Laghouat

ユースホステル (イヴ・ロベール) ▾
P.157

Rue de Tanger

Rue Myrha

Rue Cavé

Rue Stephenson

Rue Marx Dormoy

Rue Philippe de Girard

Rue de Maroc

Rue Richomme

Sq. Léon

Rue St Bruno

Rue J. F. Lépine

Rue J. Kablé

Rue du Département

Rue Bellot

2

Rue Polonceau

Rue de l'Affre

Rue de la Charbonnière

Rue de Jessaint

Pl. de la Chapelle
ラ・シャベル広場

Ⓜ STALIN

MK2ケ・ド・ラ・セーヌ(映画館)

Rue de Chartres

ラ・シャベル 大通り Bd. de la Chapelle
LA CHAPELLE

MK2ケ・ド・ロワー
(映画

Ⓜ
STALINGRAD

Pl. de la Bataille
de Stalingrad

ブッフ・デュ・ノール劇場

Rue de l'Aqueduc

カノラ東
ロトンド・ド・ラ・
Rotonde de la

Rue Chaudron

Rue de la St-Denis

Rue Louis Blanc

Rue du Fg. St-Martin

Ⓜ JAUF

Rue Demarquay

Rue de Château Landon

LOUIS BLANC Ⓜ

Rue La Fayette

Ⓘ P.94
Ⓦ 有料

北駅
Gare du Nord

GARE DU NORD

Ⓜ MAGENTA

Rue de Maubeuge

Pl. de Roubaix

Pl. Napoléon III

Rue de Dunkerque

Ⓜ MAGENTA

Rue du Château Landon

Rue Louis Blanc

Rue P. Dupont

Quai de Valmy

Canal St Martin

Quai de Jemmapes

ヴィレットの運河 P.112

3

サン・ヴァンサン・ド・ポール教会
St-Vincent de Paul

Bd. de

Rue de Belzunce

Magenta

サン・クリストファーズ・イン・ガール・
デュ・ノール P.157

Rue des 2 Gares

CHATEAU LANDON Ⓜ

Rue E.

Rue P. Parodi

Rue A. Parodi

ル・ロビネ・ドール P.156

Pl. du
Colonel Fabien

COLONEL FABIEN Ⓜ

フランツ・リストゲ場
Pl. Franz Liszt

Rue des Petits Hôtels

Rue de Chabrol

Rue du Terrage

Rue R. Boulanger

サン・カンタンの市場
Marché St-Quentin

Ⓦ 有料 東駅
Gare de l'Est

Rue du Faubourg St-Quentin

Rue des
Echafauds St-Martin

兵舎
Caserne

Pl. du
11 Nov. 1918

Av. de Verdun

Rue Vicq

Sq. A. Satragne

GARE DE L'EST

Rue de la Grange aux Belles

Rue de Sambre

Rue de Hauteville

Rue de Paradis

サン・ローラン教会
St-Laurent

ヴィルマン公園
Jardin Villemin

Av. Claude Vellefaux

✚ サン・ルイ病院
Hôpital St-Louis

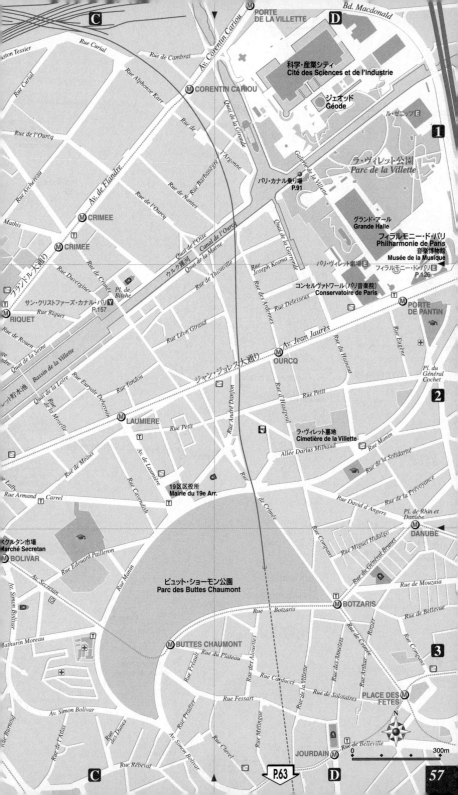

Bd. Macdonald

PORTE
DE LA VILLETTE

科学・産業シティ
Cité des Sciences et de l'Industrie

ジェオッド
Géode

ル・ゼニッツ

Rue Curial

Rue de Cambrai

Av. Corentin Cariou

CORENTIN CARIOU

1

Rue de l'Ourcq

ラ・ヴィレット公園
Parc de la Villette

Rue Gaston Tessier

Rue Curial

Rue Alphonse Karr

Quai de la Gironde

Gal erie de la Vil ette

Rue de l'Ourcq

Av. de Flandre

Rue de Nantes

Rue de l'Ourcq

パリ・カナル乗り場
P.91

Rue Archereau

Rue Barbanègre

Rue d'Argonne

Rue de Crimée

グランド・アール
Grande Halle

Mathis

CRIMEE

CRIMEE

Rue Duvergier

Pl. de
Bitche

Quai de l'Oise   Canal de l'Ourcq
ウルク運河
Quai de la Marne

Quai de la Gironde

Rue Joseph Kosma

Rue des Ardennes

Rue Delesseux

Rue de Thionville

フィラルモニー・ド・パリ
Philharmonie de Paris
音楽博物館
Musée de la Musique

パリ・ヴィレット劇場

フィラルモニー・ド・パリ
P.126

グランド大通り
フランドル大通り

サン・クリストファーズ・カナル・パリ
P.157

RIQUET

Rue Riquet

Rue de Rouen

Quai de la Seine

Bassin de la Villette

Rue Léon Giraud

コンセルヴァトワール（パリ音楽院）
Conservatoire de Paris

Rue Eugène

PORTE
DE PANTIN

Rue du Hainaut

Pl. du
Général
Cochet

Av. Jean Jaurès
ジャン・ジョレス大通り

OURCQ

2

Quai de la Loire

Quai de la Moselle

Rue Euryale Dehaynin

Rue Tandou

Rue André Danjon

Rue d'Hautpoul

Rue Petit

LAUMIERE

Rue Petit

ラ・ヴィレット墓地
Cimetière de la Villette

Rue Manin

Rue de la Solidarité

Allée Darius Milhaud

Rue de Meaux

Av. de Laumière

Rue Cavendish

19区区役所
Mairie du 19e Arr.

Rue de Crimée

Rue David d'Angers

Rue de la Prévoyance

Pl. de Rhin et
Danube

Rue Armand Carrel

Rue Lally

DANUBE

マクルタン市場
Marché Secretan

BOLIVAR

Rue Édouard Pailleron

Rue Miguel Hidalgo

Rue du Général Brunet

Rue de Mouzaia

Av. Secretan

Rue Manin

ビュット・ショーモン公園
Parc des Buttes Chaumont

Rue Command

Rue de Bellevue

Av. Simon Bolivar

Rue Compans

Mathurin Moreau

BOTZARIS

Rue Botzaris

Rue Botzaris

3

BUTTES CHAUMONT

Rue du Plateau

Rue des Alouettes

Rue de Crimée

Rue Arthur Rozier

Rue Préault

Rue des Mouettes

Rue des Annelets

Av. Bolivar

Rue des Dunes

Rue de l'Atlas

Rue Carducci

Rue de la Villette

Rue de Solotaires

PLACE DES
FÊTES

Av. Simon Bolivar

Rue Simon Bolivar

Rue Fessart

Rue Mélingue

Rue Clavel

Rue Pradier

Rue de Belleville
0   300m

JOURDAIN

Rue Rébeval

A P.52

B

Rue de l'Amiral Bruix

Rue Weber

Rue Marbeau

Rue Lalo

Rue Pergolese

Rue L. Pichat

Rue Dufut

Rue le Sueur

Square
de L'Av. Foch

マラコフ大通り Av. Malakoff

Rue Piccini

ブローニュの森
Bois de Boulogne

フォシュ大通り Av. Foch

1

Pl. de Mal. Lattre
de Tassigny

PORTE DAUPHINE
Ⓜ

ヴェネズエラ広場
Pl. du Venezuela

AV. FOCH

Pl. du Chancelier
Adenauer

Av. Bugeaud

Rue de Sfax

Rue Picot

ダッペール美術館
Musée Dapper

環状道路 Bd. Périphérique

VICTOR HUGO Ⓜ

パッシー
Réservoir

ヴィクトル・ユーゴー広場
Pl. Victor Hugo

Rue Copernic

Rue Général Appert

Rue de la Faisanderie

Rue Spontini

Rue des Belles Feuilles

Rue de la Pompe

Av. Victor Hugo

Rue Mesnil

Rue Boissière

Rue Lauriston

ロンシャン通り Rue de Longchamp

Rue de Montevideo

Bd. Flandrin

ジャン・モネ広場
Pl. Jean Monnet

Rue St-Didier

BOIS

Rue de la Faisanderie

ランヌ大通り Bd. Lannes

Rue de la Faisanderie

Dufrenoy

Rue de Lübeck

Rue de Longchamp

Gustave Courbet

Rue des Belles Feuilles

Sablons

Av. Raymond Poincaré

レイモン・ポワンカレ大通り

Av. du Maréchal Fayolle

Square
Lamartine

Rue de
Montespan

Rue de la Pompe

ヴィクトル・ユーゴー大通り

Rue de la Pompe

Pl. de Mexico

Rue Bon

Av. d'Eylau

AV. HENRI MARTIN Ⓜ Ⓣ

Rue Decamps

Rue Greuze

TROCADERO Ⓜ

Pl. Tattegrain

RUE DE LA POMPE
Ⓜ

Av. Geroges Mandel

TROC
P.127

2

コロンビ広場
Pl. de Colombie

16区区役所
Mairie du 16e Arr.

Rue Mignard

Rue E. Delacroix

Av. Georges Mandel

Pl. du Trocadéro et du 11 Novembre

パッシー墓地
Cimetière de Passy

シャ
P.127

経済協力開発機構
O. C. D. E.

Rue André Pascal

Rue Octave Feuillet

Rue de Siam

Cortambert

ノートルダム・デュ・
サクレマン教会

アノンシアシオン教会

海洋博物館
**Musée Na
de la Mari**

Rue A. Dehodencq

Rue A. Maignard

Rue de la Tour

Rue Louis David

ラ・トゥール通り Rue de la Tour

Rue Scheffer

シャイヨー宮
Palais de C

Bd. Émile Augier

Rue Faustin Hélie

Rue Nicolo

Rue Desbordes Valmore

人類博物館
Musée de l'Hom

Rue du Ranelagh

Rue de la Tour

ラヌラグ公園
Jardin du Ranelagh

マルモッタン・モネ美術館P.119へ約80m
Musée Marmottan Monet

Rue Benjamin Franklin

Av. Paul Doumer

Rue E. Manuel

Vineuse

クレマンソー博物館
Musée Clemenceau

Bd. Delessert

Av. du Ranelagh

LA MUETTE Ⓜ Ⓣ

BOULALAINVILLIERS

パッシー通り
Rue de Passy

パッシー広場
Pl. de Passy

Roumond

PASSY Ⓜ

ボーセジュール大通り Bd. Beauséjour

Rue Bois le Vent

ワイン博物館
Musée du Vin

Rue des Eaux

BOULALAINVILLIERS
Ⓣ

Rue des Vignes

Rue
Singer

Rue
Lekain

Rue de l'Annonciation

Rue Raynouard

Av. M. Proust

Av. Frémiet

Rue
Lauriston

Pont de Bi

ビル・ハケ

3

RANELAGH Ⓜ

Av. Mozart

ラヌラグ通り Rue de Ranelagh

Rue des Bauches

Rue
Alfred

Rue Singer

Rue Berton

Av. René
Boylesve

バルザック記念館
Maison de Balzac

Rue d'Ankara

パリ日本文化
Maison de la Culture du Japon à P
エッフェル・ヤーヌP.1

Rue des Marronniers

Rue de Boulainvilliers

Av. du
Général Mangin

Av. du
Général
Sée

BIR HAKEIM

Rue de l'Assomption

Av. du
Recteur Poincaré

Av. Léopold II

A

ジャン・ド・ラ・
フォンテーヌ通りP.101

Rue Jean
de la Fontaine

フランス放送会館
Maison de Radio-France
Pl. du Docteur Hayem

**AVENUE DU
PRESIDENT
KENNEDY**

B

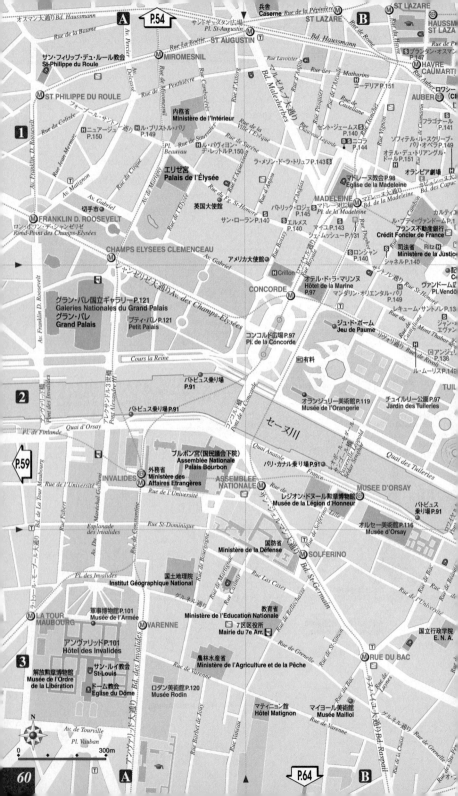

Bd. Haussmann
オスマン通りBd. Haussmann
Rue de la Baume
Rue La Boétie
Av. Percier
Rue de Penthièvre
Rue de Miromesnil

兵舎 Caserne Rue de la Pépinière
サン・ギュスタン広場
Pl. St-Augustin
ST AUGUSTIN
Rue de Rome
Bd. Haussmann
Rue Lavoisier
Rue des Mathurins

ST LAZARE
ST LAZARE
HAUSSM
ST LAZAR
Rue de Pr
プランタン・オスマン P.147
HAVRE
CAUMARTI

サン・フィリップ・デュ・ルール教会
St-Philippe du Roule

MIROMESNIL

ST PHILIPPE DU ROULE

内務省
Ministère de l'Intérieur

ニューブリッジ P.150
ル・ブリストル・パリ P.149

PL. Rue de Saussaies
ル・パヴィヨン・
デ・レットル P.150
Beauvau

エリゼ宮
Palais de l'Élysée

英国大使館

サン・ローラン P.140

Rue de la
Ville l'Évêque
Rue de Suresne
Rue d'Anjou
Rue d'Aguesseau

ラ・メゾン・ド・ラ・トリュフ P.143

パトリック・ロジェ P.145

S マドレーヌ広場
Pl. de la Madeleine

S エルメス P.140
ジャン・ムッシュー P.131

FRANKLIN D. ROOSEVELT
ロン・ポワン・デ・シャンゼリゼ
Rond-Point des Champs-Élysées

Av. Matignon
Av. Gabriel
切手市

CHAMPS ELYSEES CLEMENCEAU

Av. Gabriel

アメリカ大使館

MADELEINE
マドレーヌ教会 P.98
Église de la Madeleine

マドレーヌ大通り
Bd. de la Madeleine

セント・ジェームス P.140
S ニコラ P.144

コーデリア P.151

オランピア劇場

ソフィテル・ル・スクリーブ・
パリ・オペラ P.149
オテル・デュ・トリアングル・
ドール P.151

フラゴナール P.141

AUBER
ロウシー
(CI

Rue Boissy
Rue Royale

ル・プティ・ヴァンドーム P.13
フランス不動産銀行
Crédit Foncier de France

司法省
Ministère de la Justic

シャネル P.140

Rue St-Honoré
サントノレ通り

ヴァンドーム II
Pl. Vend

ヴァンドーム広場 P.149

レキューム・サントノレ P.13

アンジェ
ル・ムーリス P.14

CONCORDE

オテル・ド・ラ・マリンヌ
Hôtel de la Marine
マンダリン・オリエンタル・パリ P.149

H Crillon

グラン・パレ国立ギャラリー P.121
Galeries Nationales du Grand Palais
グラン・パレ
Grand Palais

プティ・パレ P.121
Petit Palais

Cours la Reine

バトビュス乗り場
P.91

バトビュス乗り場 P.91

Quai d'Orsay
Pl. de Finlande

ジュ・ド・ポーム
Jeu de Paume

コンコルド広場 P.97
Pl. de la Concorde

有料

オランジュリー美術館 P.119
Musée de l'Orangerie

チュイルリー公園 P.97
Jardin des Tuileries

TUIL

セーヌ川

Pont de la Concorde

Quai des Tuileries

P.59

ブルボン宮(国民議会下院)
Assemblée Nationale
Palais Bourbon

外務省
Ministère des
Affaires Etrangères

INVALIDES

Rue de l'Université

Quai Anatole
France

パリ・カナル乗り場 P.91

レジオン・ドヌール勲章博物館 P.120
Musée de la Légion d'Honneur

ASSEMBLEE
NATIONALE

MUSEE D'ORSAY

バトビュス
乗り場 P.91

オルセー美術館 P.116
Musée d'Orsay

国防省
Ministère de la Défense

SOLFERINO

Rue St-Dominique

Rue de Grenelle

国土地理院
Institut Géographique National

Esplanade
des Invalides

Pl. des Invalides

教育省
Ministère de l'Education Nationale

7区区役所
Mairie du 7e Arr.

RUE DU BAC

LA TOUR
MAUBOURG

軍事博物館 P.101
Musée de l'Armée

アンヴァリッド P.101
Hôtel des Invalides

VARENNE

農林水産省
Ministère de l'Agriculture et de la Pêche

国立行政学院
E. N. A.

解放勲章博物館
Musée de l'Ordre
de la Libération

サン・ルイ教会
St-Louis

ドーム教会
Eglise du Dôme

ロダン美術館 P.120
Musée Rodin

マティニョン館
Hôtel Matignon

マイヨール美術館
Musée Maillol

Rue de Varenne

N

0   300m

Av. de Tourville
Pl. Vauban

A   P.64   B

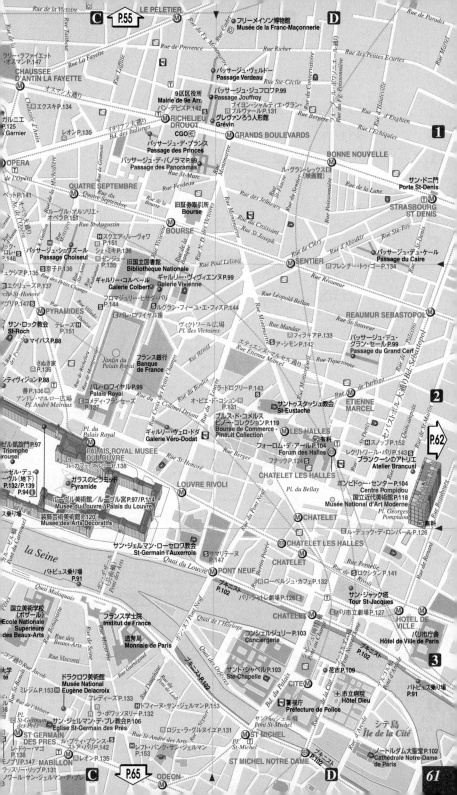

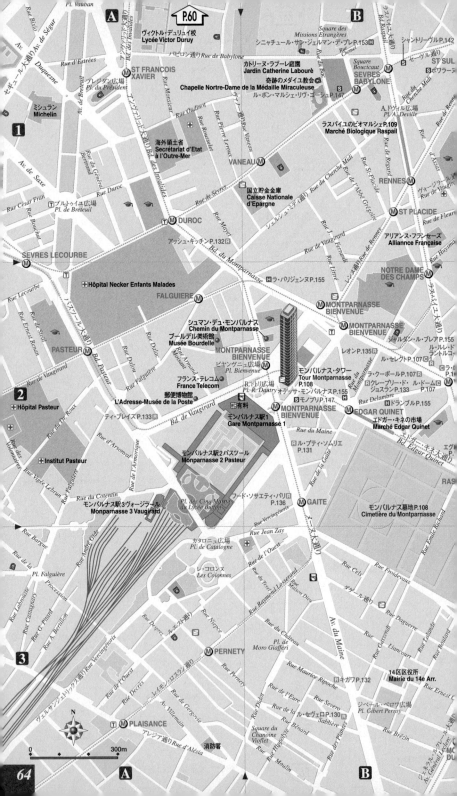

Pl. Vauban

A

ヴィクトル・デュリュイ校
Lycée Victor Duruy

B

Square des Missions Étrangères

シニャテュール・サン・ジェルマン・デ・プレP.153 H

シャントリーヴルP.142

Av. de Ségur

Av. de Ségur

Av. Bréteuil

Rue Bixio

パピロン通りRue de Babylone

カトリーヌ・ラブーレ庭園
Jardin Catherine Labourè

Square Boucicaut

ST SUL

セーヴル通り

S ソワラン

Rue d'Estrées

ST FRANCOIS XAVIER
Pl. du Président

プレジデン広場

奇跡のメダイユ教会
Chapelle Notre-Dame de la Médaille Miraculeuse

ル・ボン・マルシェ・リヴ・ゴーシュP.147

Square du Cherche Midi

A.ドゥヴィル広場
Pl. A. Deville

Duquesne

ミシュラン
Michelin

海外領土省
Secrétariat d'État
à l'Outre-Mer

VANEAU

ラスパイユのビオマルシェP.109
Marché Biologique Raspail

Rue St-Placide

RENNES

ヴォージラール・ル・ミディ
Rue de Vaugirard

1

Av. de Saxe

Rue César Fran

ブルトゥイユ広場
Pl. de Bréteuil

Rue Duroc

国立貯金金庫
Caisse Nationale d'Epargne

シェルシュ・ミディ通り

Rue du Cherche Midi

Rue de l'Abbé Grégoire

ST PLACIDE
Rue de Fleur

DUROC

Bd. du Montparnasse

アリアンス・フランセーズ
Alliance Française

SEVRES LECOURBE

アッシュ・キッチンP.132 R

Rue de Vaugirard

Rue Falguière

ラ・パリジェンヌP.155

NOTRE DAME DES CHAMPS

Rue Lecourbe

Hôpital Necker Enfants Malades

MONTPARNASSE BIENVENUE

Bd. du Montparnasse

FALGUIERE

MONTPARNASSE BIENVENUE

ジョルダン・ル・ブレアP.155

ル・セレクトP.107

C7-E

ル・ナレド ラントルコ

Bd. Pasteur

PASTEUR

シュマン・デュ・モンパルナス
Chemin du Montparnasse

ブールデル美術館
Musée Bourdelle

ビヤンヴニュ広場
Pl. Bienvenue

MONTPARNASSE BIENVENUE

レオンP.135 R

ラ・クーポールP.107 R

ラ・P.1

Rue de Vaugirard

Rue Falguière

フランス・テレコム
France Telecom

郵便博物館
L'Adresse-Musée de la Poste

モンパルナス・タワー
Tour Montparnasse P.108

クレープリー・ド・ル・ドーム ジョスランP.133 P.107

ドランブルP.155

Hôpital Pasteur

2

ティ・ブレイズP.133 R

Bd. de Vaugirard

R.ドトリル広場
Pl. R. Dautry

オデッサ・モンパルナスP.155
モノプリP.147

EDGAR QUINET

エドガー・キネの市場
Marché Edgar Quinet

Institut Pasteur

モンパルナス駅1
Gare Montparnasse 1

Rue du Maine

ル・プティ・ソムリエ
P.131

Bd. Edgar Quinet

エグ

RAS

Rue du Cotentin

モンパルナス駅2パスツール
Monparnasse 2 Pasteur

Rue de la Gaîté

モンパルナス駅3ヴォージラール
Monparnasse 3 Vaugirard

Pl. des Cinq Martyrs du Lycée Buffon

フード・ソサエティ・パリR
P.136

GAITE

モンパルナス墓地P.108
Cimetière du Montparnasse

Rue Barque

Rue Vercingétorix

Rue Jean Zay

カタロニュ広場
Pl. de Catalogne

Rue de l'Ouest

Rue André Gide

レ・コロンヌ
Les Colonnes

Rue Cels

Rue Froidevaux

Av. du Maine

Rue Daguerre

3

Rue Labrouste

Rue G. Pitard

Rue A. Bertillon

PERNETY

Pl. de Moro Giafferi

Rue Maurice Ripoche

キガワP.132

14区区役所
Mairie du 14e Arr.

Rue de Gergovie

Av. Villemain

PLAISANCE

アレジア通りRue d'Alésia

消防署

Square du Chanoine Viollet

Rue de la Sablière

ジベール・ペロワ広場
Pl. Gibert Perray

Rue Bézin

N

0   300m

A

B

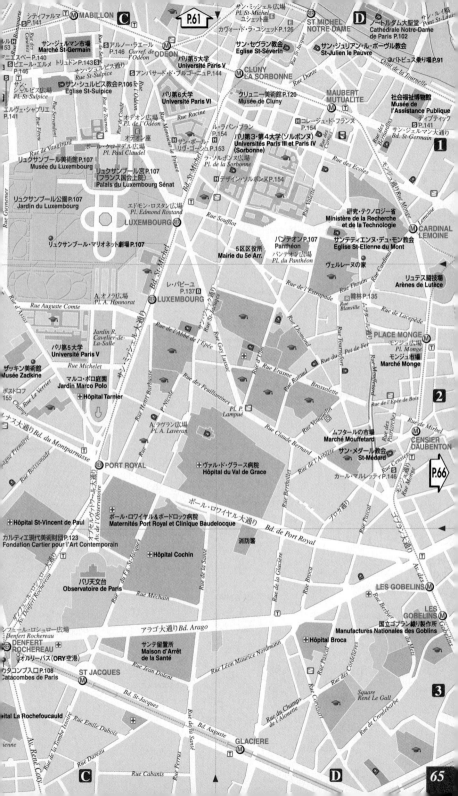

P.61
P.66

シティファルマ P.141　MABILLON
サン・ジェルマン市場
Marché St-Germain
ピエール・エルメ P.146
マエスヴォ P.140
トリュドン P.143
アルノー・ラエル P.146
Carref. de l'Odéon
ODEON
サン・ミッシェル広場
Pl. St-Michel
カヴォール・ラ・ユシェット P.126
ST MICHEL NOTRE-DAME
ノートルダム大聖堂
Cathédrale Notre-Dame
de Paris P.102
サレ・ル・ロワ
Pont St-Louis

サン・セヴラン教会
Eglise St-Séverin
サン・ジュリアン・ル・ポーヴル教会
St-Julien le Pauvre
バトビュス乗り場 P.91

サン・シュルピス通り
サン・シュルピス教会 P.106
Eglise St-Sulpice
Pl. St-Sulpice
エルヴェ・シャブリエ P.141

パリ第6大学
Université Paris VI
パリ第5大学
Université Paris V
アンバサード・ド・ブルゴーニュ P.144

CLUNY LA SORBONNE
クリュニー美術館 P.120
Musée de Cluny

MAUBERT MUTUALITE

社会福祉博物館
Musée de l'Assistance Publique
ディプティック P.141
サン・ジェルマン大通り
Bd. St-Germain

リュクサンブール美術館 P.107
Musée du Luxembourg
リュクサンブール宮 P.107
（フランス国会上院）
Palais du Luxembourg Sénat
オデオン広場
Pl. de l'Odéon
オデオン座
ボール・クローデル広場
Pl. Paul Claudel
サン・ポール・リヴ・ゴーシュ P.153
ル・ラパン・ブラン P.154
ラ・ソルボンヌ P.154
Pl. de la Sorbonne
コレージュ・ド・フランス
Collège de France
パリ第3・第4大学（ソルボンヌ）
Universités Paris III et Paris IV (Sorbonne)
デザイン・ソルボンヌ P.154

リュクサンブール公園 P.107
Jardin du Luxembourg
エドモン・ロスタン広場
Pl. Edmond Rostand

研究・テクノロジー省
Ministère de la Recherche et de la Technologie
CARDINAL LEMOINE

LUXEMBOURG
リュクサンブール・マリオネット劇場 P.107
パンテオン P.107
Panthéon
パンテオン広場
Pl. du Panthéon
サンテティエンヌ・デュ・モン教会
Eglise St-Etienne du Mont

5区区役所
Mairie du 5e Arr.
ヴェルレーヌの家

A.オノラ広場
Pl. A. Honnorat
LUXEMBOURG
レ・パピーユ P.137
リュテス闘技場
Arènes de Lutèce

韓林 P.135

パリ第5大学
Université Paris V
Jardin R. Cavelier-de-La-Salle
Rue de l'Abbé de l'Epée
Rue Guy Lussac
Rue Erasme
PLACE MONGE
Pl. Monge
モンジュ市場
Marché Monge

ザッキン美術館
Musée Zadkine
Rue Michelet
マルコ・ポーロ庭園
Jardin Marco Polo
Hôpital Tarnier
ポストロフ 155
Rue Henri Barbusse
Rue P. Nicole
Pl. P. Lampué
Rue des Feuillantines
Rue Rataud
Brossolette
Rue de l'Epée de Bois

A.ラヴラン広場
Pl. A. Laveran
ムフタールの市場
Marché Mouffetard
サン・メダール教会
St-Médard
カール・マルレッティ P.146

CENSIER DAUBENTON

Bd. du Montparnasse
PORT ROYAL
ヴァル・ド・グラース病院
Hôpital du Val de Grace
Rue Claude Bernard

ボール・ロワイヤル大通り
ポール・ロワイヤル&ボードロック病院
Maternités Port Royal et Clinique Baudelocque
Bd. de Port Royal

Hôpital St-Vincent de Paul
カルティエ現代美術財団 P.123
Fondation Cartier pour l'Art Contemporain
消防署
Hôpital Cochin

パリ天文台
Observatoire de Paris
Rue Méchain

DENFERT ROCHEREAU
オルリーバス（ORY空港）
カタコンブ入口 P.108
Catacombes de Paris
ST JACQUES
Bd. St-Jacques

アラゴ大通り Bd. Arago
サンテ留置所
Maison d'Arrêt
Maison de la Santé
Hôpital Broca

LES GOBELINS
国立ゴブラン織り製作所
Manufactures Nationales des Goblins

Square René Le Gall

ital La Rochefoucauld
Rue Emile Dubois
GLACIÈRE

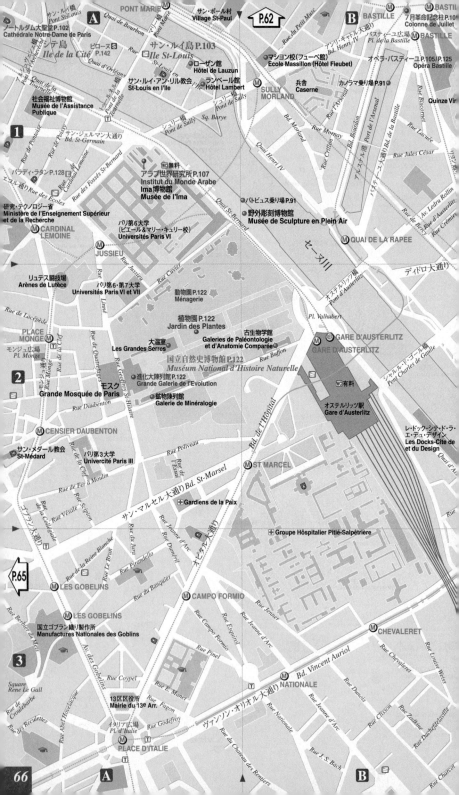

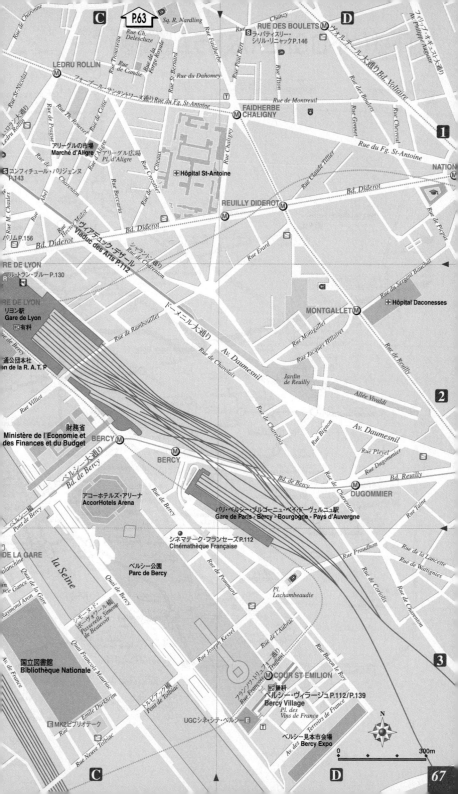

Rue de Charonne
Rue Ch. Delescluze
Chanzy
RUE DES BOULETS
Ｓ ラ・パティスリー・シリル・リニャック P.146
フィリップ・オーギュスト大通り Av. Philippe Auguste
ヴォルテール大通り Bd. Voltaire

Rue Faidherbe
Rue Pont Bert
Rue Trousseau
Rue de la Forge Royale
Rue Faidherbe

LEDRU ROLLIN
Ⓜ
Rue de Candie
Rue du Dahomey
Rue Thorn
Rue de Montreuil
Rue des Boulets
Rue des Boulets

フォーブール・サンタントワーヌ通り Rue du Fg. St-Antoine

FAIDHERBE CHALIGNY Ⓜ

アリーグルの市場
Marché d'Aligre
アリーグル広場 Pl. d'Aligre

Hôpital St-Antoine

Rue du Fg. St-Antoine

NATION

Ｓ コンフィチュール・パリジェンヌ P.143

Bd. Diderot

Rue Claude Tillier

Rue de Picpus

パリム P.156

Bd. Diderot

REUILLY DIDEROT Ⓜ

ヴィアデュック・デザール Viaduc des Arts P.112

Bd. Diderot
Rue de Charenton
Rue Erard

RE DE LYON

ル・トラン・ブルー P.130 Ⓡ

MONTGALLET Ⓜ
Hôpital Daconesses

RE DE LYON

リヨン駅
Gare de Lyon
有科

ドーメニル大通り
Rue de Rambouillet
Rue de Charolais
Av. Daumesnil

Rue Montgallet
Rue Jacques Hittorret
Rue de Reuilly

Rue de la Sergent Bauchat

交通公団本社
on de la R.A.T.P

Jardin de Reuilly
Allée Vivaldi

Rue Villiot

Rue de Charolais

Av. Daumesnil

財務省
Ministère de l'Economie et des Finances et du Budget

BERCY Ⓜ

ベルシー大通り
Bd. de Bercy

BERCY Ⓜ

Rue Bignon
Rue Pleyel
Rue Dugommier

アコーホテルズ・アリーナ
AccorHotels Arena

Rue de Bercy

Bd. de Bercy
Rue de Charenton
Bd. Reuilly

DUGOMMIER Ⓜ

Rue Taine

ベルシー線
Pont de Bercy

パリ・ベルシー・ブルゴーニュ・ベイ・ドーヴェルニュ駅
Gare de Paris - Bercy - Bourgogne - Pays d'Auvergne

DE LA GARE

la Seine
ance Rue Gance

シネマテーク・フランセーズ P.112
Cinémathèque Française

Rue Proudhon

Rue de la Lancette
Rue de Wattignies

Raymond Aron

ベルシー公園
Parc de Bercy

Rue de Pommard

Rue de Coriolis

Rue de Charenton

シモーヌ・ド・ボーヴォワール橋
Passerelle Simone de Beauvoir

Quai de Bercy

Pl. Lachambeaudie

国立図書館
Bibliothèque Nationale

Quai François Mauriac

Rue de l'Aubrac

Rue Baron le Roy

トルビアック橋
Pont de Tolbiac

Rue Joseph Kessel

COUR ST-EMILION Ⓜ

Av. de France

Rue Emile Durkheim

Rue Neuve Tolbiac

フランソワ・トリュフォー通り
Rue François Truffaut

無料 WC
ベルシー・ヴィラージュ P.112/P.139
Bercy Village
Pl. des Vins de France

MK2ビブリオテーク

UGCシネ・シテ・ベルシー

ベルシー見本市会場
Av. des Terroirs de France
Bercy Expo

N

0   300m

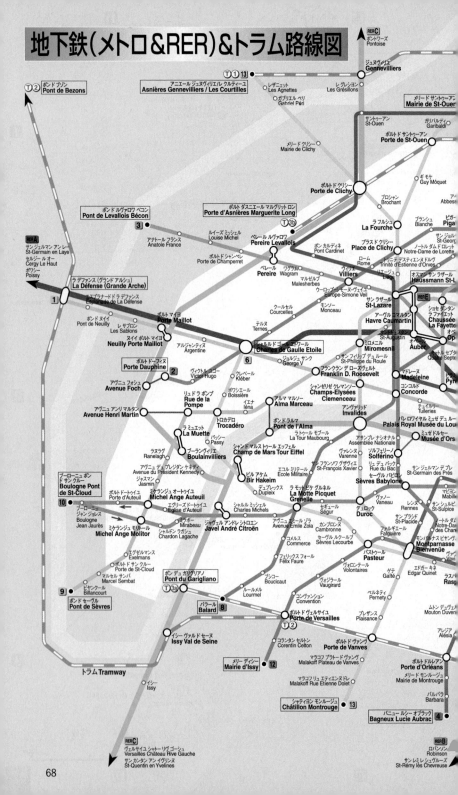

地下鉄(メトロ&RER)&トラム路線図

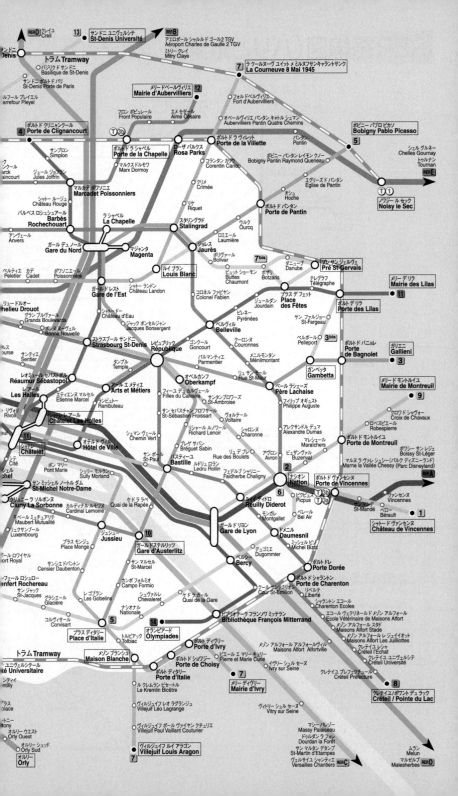

RER路線図（パリと近郊）

※トランシリアン Transilien（イル・ド・フランス地方圏内の普通列車H～U線）は含まれません
※2024年5月、E線がNanterre Préfectureまで延長されました

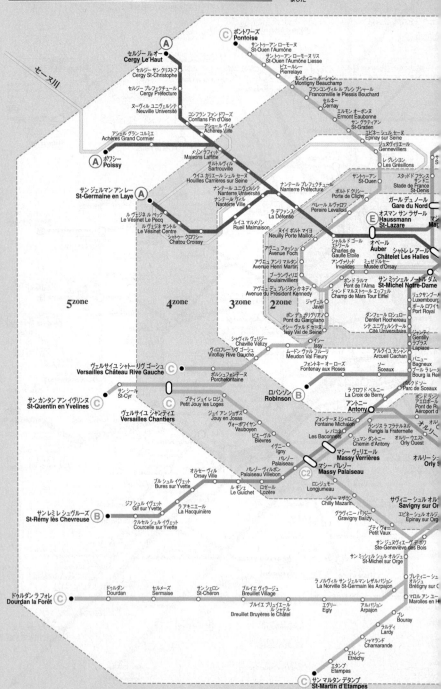

セーヌ川

ポントワーズ
Pontoise

セルジー ルオー
Cergy Le Haut

セルジー サンクリストフ
Cergy St-Christophe

セルジー プレフェクチュール
Cergy Préfecture

ヌーヴィル ユニヴェルシテ
Neuville Université

アシェル グラン コルミエ
Achères Grand Cormier

ポワシー
Poissy

サンジェルマン アンレー
St-Germaine en Laye

ルヴェジネ ル ペック
Le Vésinet Le Pecq

ルヴェジネ サントル
Le Vésinet Centre

メゾン ラフィット
Maisons Laffitte

サルトルヴィル
Sartrouville

ウイユ カリエール シュル セーヌ
Houilles Carrières sur Seine

コンフラン ファンドワーズ
Conflans Fin d'Oise

アシェール ヴィル
Achères Ville

サントゥーアン ローモーヌ
St-Ouen l'Aumône

サントゥーアン ローモーヌ リス
St-Ouen l'Aumône Liesse

ピエールレー
Pierrelaye

モンティニー ボーシャン
Montigny Beauchamp

フランコンヴィル ル プレシ ブシャール
Franconville le Plessis Bouchard

セルネー
Cernay

エルモン オーボンヌ
Ermont Eaubonne

サン グラティアン
St-Gratien

エピネ シュル セーヌ
Epinay sur Seine

ジェヌヴィリエール
Gennevilliers

レ グレシヨン
Les Grésillons

サントゥーアン
St-Ouen

スタッド ド フランス サンドニ
Stade de France St-Denis

ナンテール プレフェクチュール
Nanterre Préfecture

ナンテール ユニヴェルシテ
Nanterre Université

ナンテール ヴィル
Nanterre Ville

ラ デファンス
La Défense

リュエイユ マルメゾン
Rueil Malmaison

シャトゥー クロワシー
Chatou Croissy

ポルト ド クリシー
Porte de Clichy

ペレール ルヴァロワ
Pereire Levallois

ガールデュノール
Gare du Nord

オスマン サン ラザール
Haussmann St-Lazare

ヌイイ ポルト マイヨ
Neuilly Porte Maillot

シャルル ド ゴール エトワール
Charles de Gaulle Etoile

オベール
Auber

シャトレ レ アール
Châtelet Les Halles

アヴニュ フォッシュ
Avenue Foch

アヴェニュ アンリ マルタン
Avenue Henri Martin

ブーランヴィリエ
Boulainvilliers

アヴニュ デュ プレジダン ケネディ
Avenue du Président Kennedy

アンヴァリッド
Invalides

ミュゼ ドルセー
Musée d'Orsay

ポン ド ラルマ
Pont de l'Alma

シャン ド マルス トゥール エッフェル
Champ de Mars Tour Eiffel

サン ミッシェル ノートル ダム
St-Michel Notre-Dame

リュクサンブール
Luxembourg

ポール ロワイヤル
Port Royal

5zone   4zone   3zone   2zone

ジャヴェル
Javel

ポン デュ ガリリアノ
Pont du Garigliano

イシー ヴァルド セーヌ
Issy Val de Seine

シャヴィル ヴェリジー
Chaville Vélizy

ヴィロフレー リヴ ゴーシュ
Viroflay Rive Gauche

イシー
Issy

ムードン ヴァル フルーリー
Meudon Val Fleury

ダンフェル ロシュロー
Denfert Rochereau

シテ ユニヴェルシテ
Cité Universitaire

ジャンティイ
Gentilly

ラプラス
Laplace

アルクイユ カシャン
Arcueil Cachan

バニュー
Bagneux

ブール ラ レーヌ
Bourg la Reine

ヴェルサイユ シャトー リヴ ゴーシュ
Versailles Château Rive Gauche

サンシール
St-Cyr

ポルシュフォンテーヌ
Porchefontaine

サン カンタン アン イヴリンヌ
St-Quentin en Yvelines

ヴェルサイユ シャンティエ
Versailles Chantiers

プティ ジュイ レ ロジュ
Petit Jouy les Loges

ロバンソン
Robinson

ラ クロワド ベルニー
La Croix de Berny

アントニー
Antony

パルク ド ソー
Parc de Sceaux

ソー
Sceaux

ジュイ アン ジョザス
Jouy en Josas

ヴォーボワイアン
Vauboyen

ビエーヴル
Bièvres

フォンテーヌ ミション
Fontaine Michalon

レ バコネ
Les Baconnets

シュマン ダントニー
Chemin d'Antony

マシー ヴェリエール
Massy Verrières

マシー パレゾー
Massy Palaiseau

ランジス ラ フラテルネル
Rungis la Fraternité

オルリー ウエスト
Orly Ouest

オルリー シ
Orly S

イグニー
Igny

パレゾー
Palaiseau

パレゾー ヴィルボン
Palaiseau Villebon

オルセー ヴィル
Orsay Ville

ビュル シュル イヴェット
Bures sur Yvette

ジフ シュル イヴェット
Gif sur Yvette

ラ アキニエール
La Hacquinière

ル ギッシェ
Le Guichet

ロゼール
Lozère

ロンジュモー
Longjumeau

シリー マザラン
Chilly Mazarin

グラヴィニー バリジー
Gravigny Balizy

サヴィニー シュル オルジュ
Savigny sur Or

エピネー シュル オルジュ
Epinay sur Org

プティ ヴォー
Petit Vaux

サン ジュヌヴィエーヴ デ ボワ
Ste-Geneviève des Bois

サンミッシェル シュル オルジュ
St-Michel sur Orge

ブレティニー シュル オ
Brétigny sur O

サンレミ レ シュヴルーズ
St-Rémy lès Chevreuse

クルセル シュル イヴェット
Courcelle sur Yvette

ドゥルダン ラ フォレ
Dourdan la Forêt

ドゥルダン
Dourdan

セルメーズ
Sermaise

サン シェロン
St-Chéron

ブルイエ ヴィラージュ
Breuillet Village

ブルイエ ブリュイエール ル シャテル
Breuillet Bruyères le Châtel

エグリー
Egly

アルパジョン
Arpajon

ラ ノルヴィル サン ジェルマン レ ザルパジョン
La Norville St-Germain lès Arpajon

マロール アン ユ
Marolles en H

ブ ブーレー
Bouray

ラルディ
Lardy

シャマランド
Chamarande

エトレシー
Etréchy

エタンプ
Etampes

サン マルタン デタンプ
St-Martin d'Etampes

70

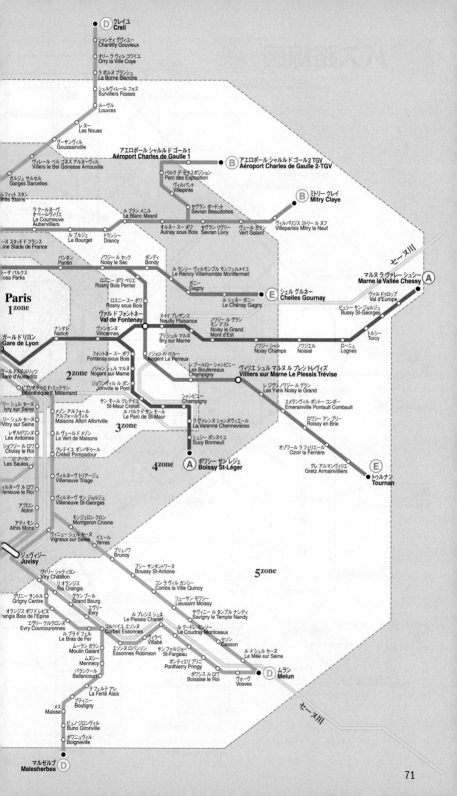

バス路線図

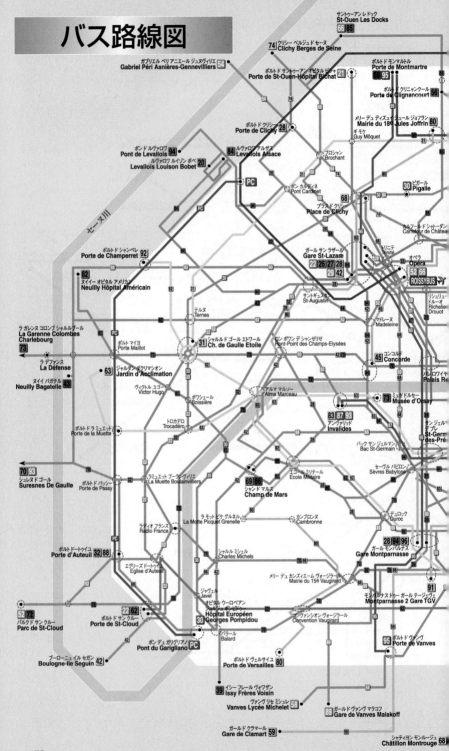

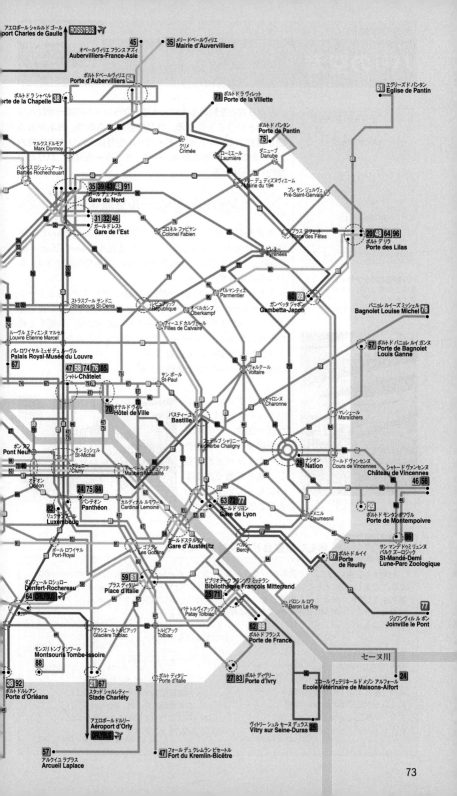

パリの空港

フランスの空の玄関CDG

シャルル・ド・ゴール空港

北東に約25km ✈

Paris

南に約14km ⬇

オルリー空港 ✈

各空港からパリ市内へのアクセス→P.80

パリ空港のウェブサイト
空港の情報はウェブサイトでも確認できる。
URL www.parisaeroport.fr

1974年の開港当時は宇宙船のような
デザインが話題となったターミナル1

パリから旅行を始める人にとって、フランスへの第一歩はパリの空港ということになる。パリの空港はふたつ。日本からの便が発着するシャルル・ド・ゴール空港は、パリ市の北東約25kmのロワシー市にある。一方、オルリー空港は、パリ市の南約14kmにある。

≫ シャルル・ド・ゴール空港（CDG） ≫

　所在地の地名から、**ロワシー空港**Aéroport Roissyとも呼ばれているシャルル・ド・ゴール空港Aéroport Charles de Gaulle。エールフランス航空をはじめ、日本発の直行便は、この空港に発着する。

　シャルル・ド・ゴール空港には現在、ターミナル1とターミナル2のふたつのメインターミナルと、格安航空会社の便が発着するターミナル3がある（ターミナル図→P.76）。利用する航空会社によって、どのターミナルに発着するか異なり、各ターミナル間は無料の無人電車（シャルル・ド・ゴール・ヴァルCDGVAL）（→P.75）で移動できる。

［ターミナル1］

　ターミナル1はドーナツ形の建物。その中央の空間を、動く歩道の入ったチューブが交差し、階を移動できるようになっている。SFの世界を思わせる構造だ。

ターミナル1はリング形が特徴

Column INFO Information　おもな航空会社の発着ターミナル

　利用する航空会社によって発着ターミナルが異なる。変更になることもよくあるので、機内での案内をよく聞き、到着ホールの確認を。出発の場合は、念のため時間に余裕をもって空港に着くようにしよう。

◆ターミナル1
ANA All Nippon Airways（NH）
アシアナ航空 Asiana Airlines（OZ）
エバー航空 Eva Airways（BR）
エミレーツ航空 Emirates（EK）
カタール航空 Qatar Airways（QR）
キャセイパシフィック航空
　　　　　　　Cathay Pacific（CX）

シンガポール航空　Singapore Airlines（SQ）
スカンジナビア航空 Scandinavian Airlines（SK）
ルフトハンザ航空 Lufthansa（LH）
◆ターミナル2
2B フィンエアー Finnair（AY）
2D ブリティッシュ・エアウェイズ
　　　　　　　British Airways（BA）
2E エールフランス航空
　　　　　　　Air France（AF）※日本発着便
　　　日本航空 Japan Airlines（JL）
　　　大韓航空 Korean Airlines（KE）
　　　タイ国際航空 Thai Airways（TG）
2F ITAエアウェイズ ITA Airways（AZ）
　　　KLMオランダ航空
　　　　　　　KLM Royal Duch Airlines（KL）

[ターミナル2]

　ターミナル2は、エールフランス航空の国際便、国内便のほか、日本航空、大韓航空などが発着している。翼を広げたような形のターミナルで、A～Gの7つのホールがある。

　日本～パリ間のエールフランス航空と日本航空が発着するのがホールE（2E）だ。2Eに到着した場合、建物が3ヵ所（ゲートK、L、M）に分かれていて、到着ゲートから入国審査カウンターおよび荷物受取所まで離れているので、ほかのホールよりも移動に時間がかかる。到着機が重なる時間帯など、入国審査でもかなり時間を取られることがあるので、乗り継ぎ予定のある人は、時間に十分なゆとりをもっておこう。

　ターミナル2内A～Gのホール間は、徒歩、または無料のシャトルバス（Navette）で移動できる。動く歩道が設置されている箇所もあり、荷物の多い旅行者も歩きやすくなっている。

日本との直行便が多く発着する2E

[ターミナル3]

　格安航空会社（LCC）の便が発着するターミナル3。RERの駅（Aéroport Charles de Gaulle 1）があるCDGVALのRoissypôleに隣接し、Roissypôleから徒歩約5分の所に位置する。出発前日や夜遅く空港に着いた場合の宿泊に便利なホテルも周辺に揃っている。

[TGV空港駅]

　ターミナル2にはTGV空港駅があり、TGVが乗り入れている（→P.501）。パリ市内に入らず、TGVでそのまま地方へ向かうことも可能だ。行き先と便数はかぎられているが、飛行機からうまく

空港からそのままTGVで地方へ

乗り継げる便がある場合には利用するといい。ただし、乗り継ぎ時間は余裕をもっておくこと。TGV空港駅へは、ターミナル1からはCDGVALで、ターミナル2からは徒歩で移動できる。

ターミナル間を結ぶCDGVAL（シャルル・ド・ゴール・ヴァル）

各ターミナル間は、無料の無人電車CDGVALで移動できる。2ヵ所のパーキングを挟み、Terminal1～Terminal3／Roissypôle（RER駅と接続）～Terminal2（RER駅、TGV駅と接続）の順で結んでいる。

CDGVALは4分間隔で運行。ターミナル1とターミナル2の間は約8分で移動可能

空港内にあるふたつの案内所

　CDG空港には、空港に関する案内所と観光に関する案内所の2種類ある。

空港インフォメーション

　空港内の移動や施設、パリ市内へのアクセスについてなどは、空港インフォメーションへ。❶のマークが目印。

　パリでの観光に関する情報を得るには、イル・ド・フランス観光案内所へ。「パリ・ヴィジット」（→P.83）、「パリ・ミュージアム・パス」（→P.113）なども購入できる。

イル・ド・フランス観光案内所
Points Information Tourisme à Paris
URL www.visitparisregion.com

イル・ド・フランス観光案内所

空港周辺のホテル

夜遅くに着いたときや、トラブルで急に出発が翌日に延期されたときなどは、空港周辺のホテルが便利。下記空港マップを参照。

Ⓗ シェラトン・パリ・シャルル・ド・ゴール・エアポート・ホテル
Sheraton Paris Charles de Gaulle Airport Hotel 4★
ターミナル2に直結したホテル。
☎ 01.49.19.70.70
🌐 www.marriott.com

Ⓗ ノボテル・パリ・シャルル・ド・ゴール・エアポート
Novotel Paris CDG Airport 4★
RERのCDG1駅と直結。両ターミナルへはCDGVALで。
☎ 01.49.19.27.27
🌐 all.accor.com/hotel/1014/
index.ja.shtml（日本語あり）

Ⓗ イビス・パリ・シャルル・ド・ゴール・エアポート
Ibis Paris CDG Airport 3★
上記「ノボテル」の近く。
☎ 01.49.19.19.19
🌐 all.accor.com/hotel/1404/
index.ja.shtml（日本語あり）

空港ターミナル見取図マーク一覧

- ❶ 空港インフォメーション
- ❶ イル・ド・フランス観光案内所
- ▣ 荷物受取所
- Ⓗ ホテル
- 🚌 パリ行きバス停留所

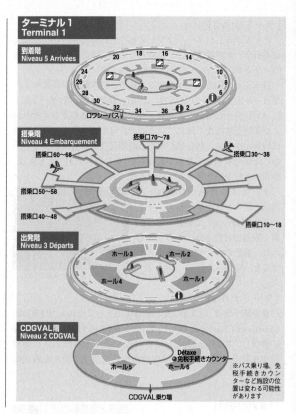

ターミナル1
Terminal 1

到着階
Niveau 5 Arrivées

搭乗階
Niveau 4 Embarquement

搭乗口70～78
搭乗口60～68
搭乗口30～38
搭乗口50～58
搭乗口40～48
搭乗口10～18

出発階
Niveau 3 Départs

ホール3　ホール2
ホール4　ホール1

CDGVAL階
Niveau 2 CDGVAL

Détaxe
●免税手続きカウンター
ホール5　ホール6

CDGVAL乗り場

※バス乗り場、免税手続きカウンターなど施設の位置は変わる可能性があります

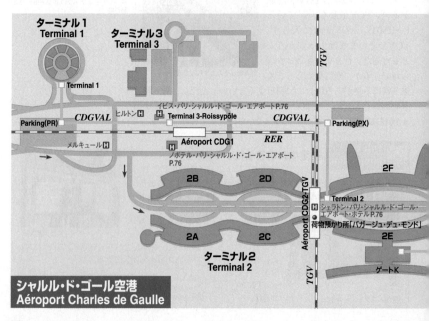

ターミナル1
Terminal 1

ターミナル3
Terminal 3

Terminal 1

Parking(PR)

CDGVAL　ヒルトンⒽ　Ⓗ Terminal 3-Roissypôle　CDGVAL　Parking(PX)

イビス・パリ・シャルル・ド・ゴール・エアポート P.76

メルキュールⒽ　Ⓗ Aéroport CDG1　RER

ノボテル・パリ・シャルル・ド・ゴール・エアポート P.76

2B　2D

2F

2A　2C

Terminal 2

Ⓗ シェラトン・パリ・シャルル・ド・ゴール・エアポート・ホテル P.76
荷物預かり所「バガージュ・デュ・モンド」

2E

ゲートK

ターミナル2
Terminal 2

Aéroport CDG2-TGV

TGV

シャルル・ド・ゴール空港
Aéroport Charles de Gaulle

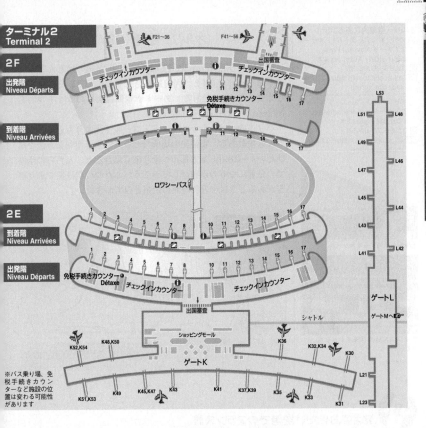

ターミナル2
Terminal 2

2F

出発階
Niveau Départs

チェックインカウンター　チェックインカウンター

免税手続きカウンター
Détaxe

F21〜36　F41〜56

到着階
Niveau Arrivées

ロワシーバス

2E

到着階
Niveau Arrivées

出発階
Niveau Départs

免税手続きカウンター
Détaxe
チェックインカウンター　チェックインカウンター

出国審査

シャトル

ショッピングモール

ゲートK

L53
L51　L48
L49
L47　L46
L45
L43　L44
L41　L42

ゲートL

ゲートMへ

K52,K54　K48,K50　　K36　　K32,K34　K30
K51,K53　K49　K45,K47　K43　K41　K37,K39　K35　K33　K31
L21
L23

※バス乗り場、免税手続きカウンターなど施設の位置は変わる可能性があります

更利な荷物預かり所
バガージュ・デュ・モンド Bagages du Monde

ターミナル2のTGV-RER駅の上階、シェラトン・ホテルの前に荷物預かり所がある。大きな荷物を預けて身軽になりたいときなど便利。年中無休。

営 8:00〜20:00
料 スーツケース1つ3時間まで€5、6時間まで€8、12時間まで€14、24時間まで€18
C M V

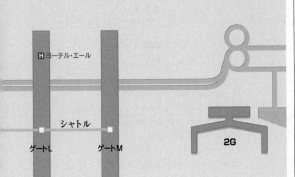

H モーテル・エール

シャトル

ゲートL　　ゲートM　　　　2G

ターミナル2の2E、2Fから市内へ行くバスの乗り場

2Eと2Fを結ぶ通路に、ロワシーバスのチケット券売機がある。乗り場は外に出た所にある。

ロワシーバスのチケット券売機

空港でレンタカーを借りてそのまま地方に出かけても

オルリー空港内にあるホテル

H ノボテル・パリ・クール・ドルリー・
エアポート Novotel Paris
Cœur d'Orly Aéroport 4★
TEL 01.83.30.00.30
URL all.accor.com/hotel/7327/
index.ja.shtml

H イビス・パリ・クール・ドルリー・
エアポート Ibis Paris Cœur
d'Orly Aéroport 3★
TEL 01.56.70.50.50
URL all.accor.com/hotel/1413/
index.ja.shtml

国際線が発着するオルリー4

フランス各地のフライトが発着して
いる

オルリー空港（ORY）

　オルリー空港Aéroport d'Orlyには、国際線のほとんどが発着するターミナル4と、国内線が発着する1、2と、それらをつなぐターミナル3がある。ターミナル間は無料のシャトルバス（Navette）での移動が可能だ。

　パリ市内へは、シャルル・ド・ゴール空港よりも近く、交通手段も複数ある。宿泊先の場所などを考慮し、便利な方法を選びたい（→P.80）。地方都市へ乗り継ぐ場合など、どちらの空港での発着になるのか確認しておこう。ふたつの空港間で乗り継ぎがあるときは十分に時間の余裕をみておきたい。

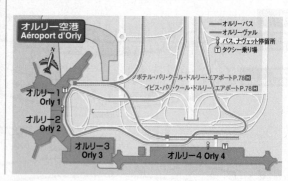

オルリー空港
Aéroport d'Orly

━━ オルリーバス
━━ オルリーヴァル
🚌 バス、ナヴェット停留所
Ⓣ タクシー乗り場

オルリー1 Orly 1
オルリー2 Orly 2
オルリー3 Orly 3
オルリー4 Orly 4

ノボテル・パリ・クール・ドルリー・エアポートP.78 H
イビス・パリ・クール・ドルリー・エアポートP.78 H

覚えておきたい空港でのフランス語

（フランス語［読み方］日本語）

フランス語	読み方	日本語
Aéroport	［アエロポール］	空港
Aérogare	［アエロガール］	ターミナル
Arrivée	［アリヴェ］	到着
Contrôle des Passeports	［コントロール デ パスポール］	入出国審査
Correspondance	［コレスポンダンス］	乗り継ぎ
Départ	［デパール］	出発
Douane	［ドゥアンヌ］	税関
Salle Livraison Bagages	［サル リヴレゾン バガージュ］	荷物受取所
Navette	［ナヴェット］	ターミナル間巡回バス
Centre médical	［サントル メディカル］	診療所
Nurserie（Espace Enfants）	［ナルスリー（エスパス アンファン）］	ベビールーム（キッズコーナー）
Chariot	［シャリオ］	カート
Bureau de change	［ビュロー ドゥ シャンジュ］	両替所
Distributeur de billets	［ディストリビュトゥール ドゥ ビエ］	ATM

［読み方］
（日本語　　フランス語）

日本語	フランス語
私の荷物が見つかりません	Je ne trouve pas mon bagage.
荷物紛失の窓口はどこですか？	Où est le guichet pour les bagages perdus?
これは税関申告する必要がありますか？	Dois-je le déclarer à la douane?
荷物預かり所を探しているのですが	Je cherche la consigne.
観光案内所はありますか？	Y a-t-il un office de tourisme?
パリへのバス乗り場はどこですか？	Où est l'arrêt du bus pour Paris?

空港を出るまで

[入国審査 Contrôle des Passeports]
_{コントロール デ パスポール}

パスポートを提示し、入国スタンプを押してもらう。何か質問されることはほとんどないが、目的や滞在期間を聞かれたら、英語で答えればいい。

[荷物の受け取り Livraison des Bagages]
_{リヴレゾン デ バガージュ}

入国審査が済んだら、荷物受取所で機内預けにした荷物を受け取る。利用した便名が表示されたターンテーブルで、自分の荷物が出てくるのを待つ。

荷物はターンテーブルの周りで待つ

荷物が出てこなかったら、ターンテーブル近くにあるバゲージ・サービスServices Bagagesへ行き、荷物がない旨を伝える。その際、日本の空港で荷物を預けたときにもらった荷物預かり証(バゲージ・クレーム・タグ)が必要だ。航空会社が手配して、荷物が見つかり次第、滞在先に届けてくれる。

[税関申告 Déclaration en Douane]
_{デクララシオン アン ドゥアンヌ}

税金を支払う必要のある人は、税関申告書に必要事項を記入して、税関Douaneで申告する(フランス入国時における免税範囲→P.512)。必要がなければそのまま出口へ。出口で呼び止められることもあるので、その場合はパスポート、荷物のチェックを受ける。

出口近くにある税関

[両替 Change]
_{シャンジュ}

ユーロで現金の手持ちがない人は空港内の両替所を利用しよう。ただしレートはよくないので、現金はなるべく日本で用意しておくことをおすすめする(お金の持っていき方→P.508、両替→P.514)。クレジットカードでのキャッシングができるATMも空港内にある。

[市内への各交通機関]

空港からパリ市内へ向かう交通手段はいくつかある(→P.80)。空港内には、鉄道(SNCF、RER)、バス(ロワシーバス)、タクシーなどの乗り場表示が出ているので、それに従う。空港内の表示の多くは英語が併記されている。

表示を確認しながら行こう

フランス入出国について
→P.512

入国審査について

シェンゲン協定加盟国間の移動に際しては、原則的に入国審査はない。したがって、直行便ではなく乗り継ぎ便で入国する場合、乗り継ぎ国がシェンゲン協定加盟国(→P.512)のときにはフランス入国時の入国審査は行われず、最初に入国する乗り継ぎ国で審査が行われる。ただし、テロ対策で入国審査が厳しくなっており、最初の乗り継ぎ国およびフランス入国時の2回、審査が行われることもある。

預けた荷物が見つからなかったら、荷物預かり証(左)を持ってバゲージ・サービス(上)へ

空港での両替は最小限に

プリペイドのSIMカードも販売している(→P.533)

空港から市内へのアクセス

空港からパリ市内までのアクセスには、バス、鉄道、タクシーなど、いくつかの選択肢がある。滞在するホテルの場所や人数、体力、荷物の大きさ、時間帯などの条件に合わせて選ぼう。

大きな荷物がある場合、パリ市内でメトロに乗り継ぐのはおすすめしない。また、RER B線は常に激混み状態で身動きできない利用客を狙った犯罪も多発している。空港バスの終点近くにホテルをとっているならバス、そうでない場合はタクシーを利用したい。ふたり以上で利用するなら料金もバスとそれほど変わらない。

バスのチケット
空港と市内を結ぶロワシーバスのチケットは、券売機または運転手から直接購入する。ウェブサイトからも購入可能。

シャルル・ド・ゴール空港（CDG）→パリ市内

バス	**ロワシーバス** Roissybus **URL** www.ratp.fr/titres-et-tarifs/billet-aeroport	CDG→オペラ（パレ・ガルニエ）**MAP** P60-B1 （佳11, rue Scribe 9e）	所要：60～75分。 6:00～翌0:30（15～20分間隔）に運行。 **料** €16.60 パス・ナヴィゴ・デクーヴェルト、1～5ゾーンのパリ・ヴィジット（→P83）利用可能。
RER	**RER B線** **URL** www.ratp.fr/titres-et-tarifs/billet-aeroport	CDG2→CDG1→**RER** B線の各駅（北駅など）	所要：25～30分。 4:50～23:50（10～20分間隔）に運行。 **料** €11.80 パス・ナヴィゴ・デクーヴェルト、1～5ゾーンのパリ・ヴィジット（→P83）利用可能。
Taxi	所要：30～50分。**料** CDG→パリ右岸€56、CDG→パリ左岸€65の定額制※		

※空港～パリ市内間のタクシー料金は定額制。パリの乗降場所がセーヌ川を挟んで北側の右岸Rive Droite、南側の左岸Rive Gaucheのどちらなのかによって、料金が決まっている。

バス	**オルリーバス** Orlybus **URL** www.ratp.fr/titres-et-tarifs/billet-aeroport	ORY→**RER** B **M** ④⑥ ダンフェール・ロシュロー	所要：25～30分。 6:00～翌0:30（8～15分間隔）に運行。 **料** €11.50
RER	**RER B線** **URL** www.ratp.fr/titres-et-tarifs/billet-aeroport	ORY→アントニー（オルリーヴァルを利用）→**RER** B線の各駅（ダンフェール・ロシュロー、シャトレ・レ・アール、北駅など）	所要：アントニーまでオルリーヴァル（モノレール）で約8分。 6:00～23:35（5～7分間隔）に運行。 アントニーからパリ市内まで17～28分。 **料** €13.45（オルリーヴァル＋RER）
トラム＋メトロ	**トラムT7＋メトロ7号線** **URL** www.ratp.fr/titres-et-tarifs/billet-aeroport	ORY→ヴィルジュイフ・ルイ・アラゴン（トラムT7を利用）→**M** ⑦の各駅（プラス・ディタリなど）	所要：ヴィルジュイフ・ルイ・アラゴンまで約30分。 5:00～翌0:30（8～15分間隔）に運行。 ヴィルジュイフ・ルイ・アラゴンからメトロ7号線のプラス・ディタリ駅まで約10分。 **料** €4.30（トラム＋メトロ）
Taxi	所要：30～50分。**料** CDG→パリ右岸€36、CDG→パリ左岸€44の定額制※		

※2024年6月にメトロ14号線が延長され、オルリー空港とパリ市内がメトロで結ばれる予定

左：シャルル・ド・ゴール空港のロワシーバス乗り場
右：パレ・ガルニエ近くの乗り場に停車する長い車体のロワシーバス。車内に荷物置き場あり。

パリ

パリの空港 空港から市内へのアクセス

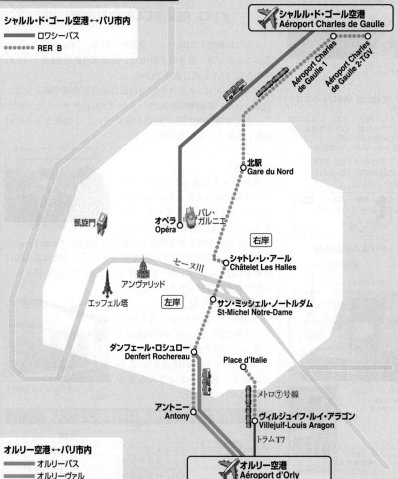

空港↔市内アクセスマップ

シャルル・ド・ゴール空港↔パリ市内
—— ロワシーバス
•••••• RER B

✈ シャルル・ド・ゴール空港
Aéroport Charles de Gaulle

Aéroport Charles de Gaulle 1

Aéroport Charles de Gaulle 2-TGV

北駅
Gare du Nord

凱旋門

オペラ
Opéra

パレ・ガルニエ

右岸

セーヌ川

シャトレ・レ・アール
Châtelet Les Halles

アンヴァリッド

エッフェル塔

左岸

サン・ミッシェル・ノートルダム
St-Michel Notre-Dame

ダンフェール・ロシュロー
Denfert Rochereau

Place d'Italie

メトロ⑦号線

アントニー
Antony

ヴィルジュイフ・ルイ・アラゴン
Villejuif-Louis Aragon

トラム T7

オルリー空港↔パリ市内
—— オルリーバス
—— オルリーヴァル

✈ オルリー空港
Aéroport d'Orly

オルリーバスの乗り場

無人運転のオルリーバル

81

パリの交通手段

ギマールデザインのメトロ駅

メトロを乗りこなせば、パリ中どこへでも行ける！

パリ交通公団（RATP）の公式サイト
メトロ、RER、バス、トラムの路線図や時刻表、切符の種類など詳細な情報が得られる。
URL www.ratp.fr（日本語あり）

パリ市内のメトロ、RER、バスに共通の切符「Ticket t⁺」
1回券：€2.15

タッチパネル式券売機

紙幣投入口
コイン投入口

ナヴィゴ（→P.83）
チャージ用
カード置き場

クレジットカード挿入口。
暗証番号の入力はここで

ローラー式券売機

中央のローラーを回転させて選択していく。画面の下のボタン「Valider」は「決定」、「Annuler」は「取り消し」

日本の大都市同様、パリもメトロ、バスの路線が張り巡らされ、市民の足となっている。パリが初めての旅行者でも簡単に利用することができるので、パリっ子を気取って使いこなそう！

≫≫ メトロ、RER、バスの切符の買い方 ≫≫

　メトロは距離に関係なく、全線均一料金。「Ticket t⁺」1枚で乗ることができ、乗り換え自由だ。高速郊外鉄道RER（パリ市内のみ）、バスも同じ切符でOK。

　「Ticket t⁺」は、メトロやRERの駅にある券売機で購入する。Ticket t+は、非接触型のICカード（→P.83）にチャージして使うこともできる。2022年に紙版が廃止された「10枚セットの回数券」もチャージなら可能。

[券売機]
　券売機は英語表示にもできるので、初めて使う人でもそれほど難しくない。切符の種類を選ぶと、料金が表示される。RERで郊外に出る

券売機は英語表示にできる

場合は、切符を選択する画面で「Billets Région Ile de France」を選択して、目的地までの切符を購入する。券売機は基本的に硬貨またはクレジットカード（ICチップ付きのⓂⓋ）が使える。紙幣が使える機種もある。

[駅の切符売り場]
　「Vente」の表示がある有人の切符売り場では、Ticket t⁺や各種パスを買うことができる（支払いはクレジットカードのみの場合も）。この表示がない窓口では切符の販売を行っていない。

「Vente」の表示があれば切符購入可能

覚えておきたい交通に関するフランス語

Billet	（ビエ）	切符
Carnet	（カルネ）	回数券
Destination	（デスティナシオン）	目的地
Direction	（ディレクシオン）	方面、行き
Correspondance	（コレスポンダンス）	乗り換え
Entrée	（アントレ）	入口
Sortie	（ソルティ）	出口
Quai / Voie	（ケ / ヴォワ）	～番線
Station de métro	（スタシオン ド メトロ）	メトロの駅
Bus	（ビュス）	バス
Arrêt	（アレ）	バスの停留所
Gare	（ガール）	国鉄駅
Grève	（グレーヴ）	ストライキ

はみだし 「Ticket Jeunes Week-end」は、⊕⊜㊗のみ26歳未満がゾーン内のメトロ、RER、バス、トラム、国鉄が乗り放題になる1日乗車券。1〜3ゾーン用€4.70、1〜5ゾーン用€10.35。乗車時に年齢を証明する書類が必要。

便利な定期券、パス

有効ゾーン内のメトロ、RER、バス、SNCF（国鉄）が乗り放題になる定期券、パスがいくつかある。利用期間、利用範囲を考えてうまく使えば、かなりお得で便利。

大晦日～元日はメトロが無料に
12月31日の17:00から1月1日の12:00まで、メトロやバスなど公共交通機関は無料で利用できる（路線、駅は限られる）。

名　　称	ゾーン	料金	購入場所	買い方・使い方
パリ・ヴィジット Paris Visite 切符とリーフレット	1～3	1日券€13.95 2日券€22.65 3日券€30.90 5日券€44.45	メトロ、RERの有人切符売り窓口または券売機 観光案内所（→P.94）	旅行者向けのパス。使用期間（連続した有効日）の日付と氏名を記入して使う。 Nom＿＿＿＿姓＿＿ Prénom＿＿名前＿＿ Jours du 開始日 au 最終日 凱旋門など観光スポットの割引特典があり、パス購入時にもらえるリーフレット（→はみだし）に詳細が記入されている。 メトロとRERの改札、バスでの使い方はTicket t+と同じ。 1～5ゾーンはロワシーバス（→P80）で利用可能。
	1～5	1日券€29.25 2日券€44.45 3日券€62.30 5日券€76.25		
ナヴィゴ・イージー Navigo Easy		チャージする乗車券の種類によって異なる	ICカードはメトロ、RERの有人切符売り場窓口 チャージは券売機のほか専用チャージ機で	非接触型のICカードに乗車券をチャージして使う。Ticket t+1回券10回回数券（€17.35）、ロワシーバス、オルリーバスのチャージが可能。最初にICカードを購入する（€2）。写真は不要。
ナヴィゴ・デクーヴェルト Navigo Découverte 裏面に写真を貼り、サインをする	ナヴィゴ・ジュール Navigo Jour 1日パス　1～2	€8.65	ICカードはメトロ、RERの有人切符売り場窓口で購入 定期券のチャージは券売機のほか専用チャージ機で	非接触型のICカードに1週間のゾーン別定期券をチャージして使う。 最初にICカードを購入する（€5、縦3×横2.5cmの写真1枚が必要）。ICカードは10年間有効。その後、駅のチャージ機や券売機で定期券をチャージする。 1日パスは当日から6日まで、1週間パスは前の週の㊊からその週の㊍までチャージ可能。 1～5ゾーンはロワシーバス（→P80）で利用可能。
	1～3	€11.60		
	1～4	€14.35		
	1～5	€20.60		
	ナヴィゴ・スメーヌ Navigo Semaine 1週間パス　1～5	€30.75 ※1～5ゾーンが均一料金。 ㊊～㊐で有効		

Column Information　パスを買うときはゾーンに注目

上記のパスを買うときに注意したいのが「ゾーンZone」だ。パリとその近郊を1～5の区域に分けたもので、行き先がどのゾーンかによって料金が違ってくる。
（RER路線図参照→P70）

1 zone パリ市内（20区内）
2 zone ブローニュの森などを含む、パリ市の周り
3 zone ラ・デファンス、ソー公園など
4 zone オルリー空港、ヴェルサイユ、サン・ジェルマン・アン・レーなど
5 zone シャルル・ド・ゴール空港、ポントワーズ、ディズニーランド・パリ、フォンテーヌブロー、プロヴァンなど

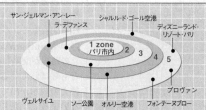

パリ・ヴィジット、ナヴィゴ（ナヴィゴ・イージーは適用外）は有効ゾーン内のSNCF路線にも使える

メトロの駅のホームは、それぞれ凝った装飾が施されている

メトロの運転時間
5:30〜翌1:15頃（㊏㊊と㊗前日は〜翌2:15）。深夜は本数が減るので、乗り換えがある場合などは時間に余裕をみて利用しよう。

「Ticket t+」の使用範囲
●メトロ←→メトロ
使用開始から2時間以内は乗り換え可能。ただし出札後の再入場は不可。
●メトロ←→RER／RER←→RER
使用開始から2時間以内は乗り換え可能。ただし出札後の再入場は不可。RERはゾーン1内のみ。

ドアは手動式と自動式の2種類
ドアは閉まるときは自動だが、開ける際は自動もしくは手動となる。自動式の車両がほとんどだが、手動の車両で回転式の取っ手が付いている場合は上に向かって引き上げる。押しボタン式のときは強く押す。乗るときに、ドアを開けて中から降りる人がいなかったら、自分で開ける。また、一部の路線ではホームドアの設置も進められている。

回転式の取っ手

終点までの駅名表示で確認して

パリのメトロは便利で機能的。全14路線あり、①から⑭号線までの数字がつけられている。パリ市内では、高速郊外鉄道RERの利用方法もメトロと同じなので、メトロとRERを乗りこなせれば、パリの町を制覇できる。

[路線の探し方]

パリのメトロやRERは延伸工事が行われている所もあり、駅の窓口でRATP（パリ交通公団）発行の最新版無料路線図をもらっておくといい。

まず路線図をよく見て、乗車駅と下車駅を探す。どちらの駅も同じ路線にあればそのまま降りる駅のある方向に乗ればいいし、いくつかの線を経由している場合は乗り換えが必要になるのは日本と同じ。

RATP発行の路線図は何種類かある

[乗り方]

●改札

改札は無人。自動改札機に切符を差し込み、刻印された切符を取ってから、ターンスティールを押し、さらに自動開閉するドアを抜けて入る。このとき、タダ乗りをたくらむ人が一緒に通ろうとしてくることがあるので注意！ターンスティールを押さえて進行を妨害し、スリを働く輩も。

切符を差し込むかナヴィゴをかざして入る

●ホームへ

路線番号と終着駅名が書かれた表示があるので、自分の乗る路線の終着駅名をたどっていく。ホームに出る間際に、次の駅から終点までの全駅名が記された表示板がある。ここ

ホームには列車接近表示が

で目当ての駅があるか確認する。路線番号は合っていても、方向が違っていると、この表示板に駅名が記されていないので、その場合は反対側のホームへ。

●乗り換えの場合

路線番号と終着駅名が示された案内板に従って行けば、自然に次のホームに着く。シャトレChâteletやモンパルナス・ビヤンヴニュ Montparnasse Bienvenüeは多くの路線が交差し、"乗り換えの迷所"とも呼ばれている駅。いくつも乗り換えの表示が出ているので、間違えないように。乗り換えには、路線数の少ない駅を選ぶのもコツ。

シャトレ駅（上）
路線番号と矢印に従って行けば簡単（下）

●出口へ

「**Sortie**（出口）」と書かれた青い表示をたどる。出口が複数あるときは、その出口が面した通り名や最寄りの建物などが記されている。メトロでは出口に改札はないので、ドアからそのまま出ればいい。ドアは自分で押す場合と、自動で開く場合がある。手動なら後ろの人のために押さえておくのがマナー。

近づくと自動的に開くタイプのドア

「Sortie（出口）」は青色で示されているので見つけやすい。表示をたどって外へ（上）
出口が何ヵ所かある場合は、駅界隈の地図が設置されているので、目的地に近い出口を確認するといい（下）

高速郊外鉄道 RER（Réseau Express Régional）

パリ市内と近郊を結ぶ**エール・ウー・エールRER**（高速郊外鉄道）。Ⓐ～Ⓔ線の5つの線が通っているが、同じ線でも途中から行き先が分かれ、多方面に路線が延びている（RER路線図→P.70）。ディズニーラン

パリ近郊への旅に使いこなしたいRER

ド・パリやヴェルサイユ、空港などに行くのに利用できる。パリ近郊の町への旅も速くて便利だ。

パリ市内のみでの利用なら、切符の買い方、乗り方は基本的にメトロと同じ。メトロとの乗り換えもできる。ただし、メトロと違う点は、出口でも切符が必要なこと。メトロとの乗り換え口にも改札があり、切符を通さなければならない。また、RERで郊外へ行くときは、目的地によって料金が異なる。行き先までの切符を買わなければならない。乗り越し精算というシステムがない（下記）ので注意が必要だ。

RERの運転時間
通常5:30〜翌1:20頃。パリ市内の駅はメトロと同じ頻度だが、郊外では本数が減るので注意が必要。

メトロ、RERの治安について
ホームでも車内でもスリに注意。混雑しているときは特に気をつけよう。また、ひとりのときより数人でいる場合のほうが、気の緩みで被害に遭いやすい。深夜は、長い連絡通路を歩くのは避けたほうが賢明だ。

Column Information 交通機関に関する注意いろいろ

●切符は最後まで持っていること
パリのメトロには集札口はないが、切符は出口を出るまで持っていること。検札係が通路の脇や出口の手前でチェックしていることがある。切符を持っていなかったり、入場記録がない場合は、罰金（€50／€35）を取られる。どんな言い訳も聞いてくれない。パス・ナヴィゴの場合は、パスを見せればいい。

●メトロからRERに乗り換える場合
メトロからRERに乗り換えて郊外に行く場合、「Ticket t+」でそのまま目的地に行ってしまうと、外に出られなくなるので注意しよう。改札は無人、自動化されているうえ、乗り越し精算の窓口はない。検札係がいたりすると、高い罰金を取られる。乗り越したことをいくら説明してもダメ。最初に乗るときに目的地までの切符を買っておかなければならないのだ。「Ticket t+」で改札を入ってしまった場合はメトロのゾーン内の駅でいったん下車し、切符を買い直すこと。

●切符の磁気が弱かったら
Ticket t+を複数枚購入した場合、時間がたつにつれて切符の磁気が弱まったり、傷ついてしまうことがある。改札口ではじかれてしまったら、窓口で交換してもらおう。バッグの止め金の磁石などにも弱いので、保管場所に注意。

●ただいま工事中！のメトロの駅
パリのメトロは120年以上の歴史を誇る。したがって、改装工事中（フランス語でtravaux）の駅というのもとても多く、常にどこかしらの駅が閉鎖されている。駅構内や車内にポスターが張られていたら、注意して見ておこう。

バスでの移動も慣れれば難しくない

バスの運転時間
通常平日の7:00〜20:30頃。深夜0:30頃まで運行している路線もある。

バスの切符
メトロと共通（→P.82）。1時間30分以内ならバス↔バス、バス↔トラムの乗り換え可。

バス停に張られた行き先案内

おすすめバス路線
バスの利点は、乗り換えなしで目的地に行ける場合が多いこと。例えば左岸のリュクサンブール公園から右岸のパレ・ガルニエに行く場合、メトロだと乗り換えが必要だが、27番のバスを使えば直行できる。外の景色が見えるのもメリット。パリを縦断する21番のバスは、パンテオン、セーヌ川、ルーヴルなど、観光名所を車窓から眺めることができる。

バスを利用するときの注意点
①検札係が乗り込んでくることがあるので、切符は必ず刻印し、降りるまで捨てないこと。

②2両連結のバスは後部からも乗車できる。車の外側のボタンを押すとドアが開く。切符の刻印機は後部ドアのそばにも設置されている。

③1枚の切符でバスを乗り継ぐ場合は、乗り換えるごとに刻印をする。

④パリの道路は一方通行が多いので、往路と復路とでは一部別の道を走る路線も多い。

深夜バス Noctilien
0:30〜5:30に運行。料金は2ゾーン以内ならTicket t+1枚。それ以降は1ゾーンごとに1枚Ticket t+を追加する。また、乗り換えごとに切符が必要。

パリのバスは路線網が細かくて便利。何よりも外が見えるのが楽しい。メトロのように階段の上り下りがなく、乗り換えのために長い通路を歩く必要もないので、疲れているときにも。

[乗り方]
●バス停を探す
本誌のバス路線図（→P.72）を活用しよう。自分の行き先を通るバス路線の番号と、今いる場所から一番近いバス停を探すといい。バス停には路線番号とその路線ルート、停車場所、時刻表などが表示されている。パリは一方通行の道が多く、反対方面へ行くバス停が別の通りにある場合もある。バス停に張られた界隈図で場所を確認できる。

バス停の種類はいくつかあり、次のバスまでの待ち時間が表示される新型も

●乗車
通常ひとつの停留所にいくつもの違った番号のバスが停まるので、乗りたい路線番号のバスが来たら、手を挙げて合図をしよう。Ticket t+（パリ・ヴィジットも）を運転手の後ろ、または入口近くにある刻印機に差し込んで刻印する。ナヴィゴは対応の機械に読み取らせる。

切符刻印機（左）　ナヴィゴ対応の機械（右）

●降車
降りるときは柱にあるボタンを押す。前方に「**arrêt demandé**（停まります）」のサインがつくのを確認しよう。降車するときは運転手の操作でドアが開くが、出口の脇の柱に付いたボタンを自分で押して開ける方式もある。ほかの人のやり方を見ていれば簡単だ。

降車を知らせるボタン

[深夜バス]

終バス、終メトロをのがしたときにお世話になるのが、深夜バス「ノクティリアン Noctilien」。国鉄のリヨン駅、モンパルナス駅、サン・ラザール駅、東駅とChâteletを起点にした47の路線があり、パリ郊外まで運行している。

ノクティリアンが停まるバス停はこのマーク

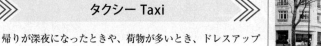

タクシー Taxi

　帰りが深夜になったときや、荷物が多いとき、ドレスアップして食事や観劇に出かけるときなどは、タクシーを利用しよう。タクシーの運転手でもあまり小さな通りだと知らないこともあるから、住所を書いた紙や地図を見せたほうが確実だ。

Taxisの文字が目印のタクシー乗り場

[乗り方]

　原則として、流しのタクシーはない。ホテルから乗る場合は、フロントに頼んで呼んでもらえばいいが、町なかでは、「**Station de Taxi**スタスィオン ド タクシー乗り場」あるいは「Taxis」の標識のある所で待つ。ドアはほとんど手動なので、降りたあとは客が閉める。原則として客の定員は3名。助手席には座れない。大型車両の場合、5人目から追加料金がかかる（€5.50）。大きな荷物は運転手がトランクに入れてくれる。

タクシー乗り場以外でも、手を挙げれば停まってくれることもあるが、つかまえにくい。屋根の上のライトが緑は空車（左）、赤は乗車中（右）

タクシー乗り場にある呼び出し機

[料金]

　料金は、運転手の右側下方にあるメーターに表示される。料金がおかしいと思ったら、メーターを指示して抗議すること。領収証が必要なら、"Un reçu, s'il vous plaît."アン ルシュ スィル ヴ プレ と言おう。

　チップは原則的に必要ないが、親切にしてもらって感謝の気持ちを表したい場合などは、料金の5〜10%を目安にするといいだろう。

メーターの確認を忘れずに

タクシーの料金体系

A、B、Cの3料金制（距離制と時間制の併用）になっている。最低料金は€8。

〈距離による計算方式〉
基本料金：€3
A料金：€1.22 / km
B料金：€1.61 / km
C料金：€1.74 / km

〈料金体系〉
パリ市内の平日昼間はA料金、夜間や休日はB料金。パリ近郊の3県は、昼間はB料金、夜間はC料金。ヴェルサイユやサン・ジェルマン・アン・レーなどその他の地域は常にC料金。

〈予約料金〉
即時予約：€4
事前予約：€7

〈空港〜パリ市内〉
空港とパリ市内間のタクシー料金は定額制（→P.80）。

Column Information パリのトラム

　環境に優しく、騒音も少ない市内交通として、近年フランスの主要都市で導入が進むトラムTramway。パリも例外ではなく、1990年代から運行が始まっている。現在、パリ交通公団RATPが運営するトラム路線はT1からT13まで。

　このうちパリ市内を走るのがT3aとT3b。パリ南部〜東部の環状道路に沿って、ポン・デュ・ガリグリアノPont du Garigliano〜ポルト・ド・ヴァンセンヌPorte de Vincennes〜ポルト・ダスニエール・マルグリット・ロンPorte d'Asnières Marguerite Longを結んでいる。人気も上々で、交通渋滞緩和を目指すパリ市は、さらなる路線の延長が進められている。

切符
メトロ、RERと共通（→P.82）。1時間30分以内ならTicket t+1枚でバス→トラム、トラム→バスの乗り換えが可能。メトロとの乗り換えは不可。

運転時間
5:00〜翌0:30頃。

はみだし　「ウーバーUber」は専用アプリを使った相乗り配車サービス（日本語あり）。ドライバー、利用客ともに登録制にし、サービスの向上をうたっている。パリ市の公認タクシーにも「Paris Taxi」（仏語）というアプリがある。

パリの観光ツアー

ジヴェルニーへもツアーで

観光客の多いパリでは、さまざまに趣向を凝らした観光ツアーが用意されている。自分の足だけを頼りに歩くのも楽しいが、ときにはツアーに参加して、違った視点からパリを眺めるのもおもしろい。

≫≫ 観光バス ≪≪

短い時間で効率よく町を知ろうと思うなら、観光バスを利用するのがいちばん。有名キャバレーのディナーショーにひとりではちょっと……という人も、ツアーなら安心だ。

日本語案内付きの観光バスが**マイバスMy Bus**と**みゅうバスMyu Bus**。解説も親切でわかりやすいと好評だ。**パリシティヴィジョンPARISCityVISION**にも日本語ガイドのツアーがいくつかある。申し込みは、各営業所、ツアー取り扱い旅行会社で。

マイバス
MAP P.61-C2
Ⓜ⑦⑭Pyramides
住 18, rue des Pyramides 1er
TEL 01.5599.9965（日本語）
URL mybus-europe.jp（日本語）

みゅうバス
URL www.myushop.net（日本語）

パリシティヴィジョン
MAP P.61-C2
Ⓜ①⑦Palais Royal Musée
　du Louvre　⑦⑭Pyramides
住 3, pl. des Pyramides 1er
TEL 01.44.55.60.00
URL www.pariscityvision.com
　　　　　　　（日本語あり）

[おもな半日観光バスツアー例]

●パリ半日観光
所要約1時間30分。パリの名所を効率よく回るツアー。日本語によるオーディオコメンタリー付き。パリ初日にモニュメントの位置関係をつかむのにいい。オーディオコメンタリー付き €29～。

●ヴェルサイユ宮殿半日観光
ヴェルサイユ宮殿（→P.164）。所要約5時間。宮殿本館と庭園を日本語ガイド付きで訪問する。€104～。日本語オーディオガイドでの訪問は€82～。

●モネの家とジヴェルニー半日観光（冬期を除く）
ジヴェルニー（→P.310）。所要約5時間30分。パリから北西へ70kmほど行った所にある田舎町ジヴェルニーを訪れる。日本語ガイド付き。€69～。

半日ツアーで行く人が多いヴェルサイユ宮殿

[おもなナイトタイム・バスツアー例]

●ナイトショーを満喫

パリ名物「ムーラン・ルージュ」のショー

ナイトショー（→P.128）。所要4～5時間。ムーラン・ルージュのショーを楽しむ。パリのシティツアーとハーフボトルシャンパン付き€157～。セーヌ川のディナークルーズとセットになったツアーもある。

●イルミネーションツアー
所要約4時間。ライトアップされたパリの市内観賞とセーヌ川クルーズ、エッフェル塔最上階見学付き€99～。

●ディナークルーズ
所要1時間30分〜。盛装で優雅にセーヌ川の
ディナークルーズを楽しむ。€120〜。

[おもな1日観光バスツアー例]
●モン・サン・ミッシェル
モン・サン・ミッシェル（→P.284）。所要約14時
間。日本語ガイド付きで修道院を見学。やや強
行軍だが、列車やバスの乗り換えの手間もなく、

人気のモン・サン・ミッシェルもツアーで日帰り可能

パリから日帰りできるのが魅
力。食事付き。€190〜。
●ロワール古城巡り
ロワールの古城（→P.220）。
所要約12時間。おもな城を2〜
3ヵ所ほど訪れる。昼食込みの
場合とそうでない場合がある。
日本語ガイド付きで€260〜。

シュノンソー城は、歴史を知ると見学がよりおもしろくなる

オープンバスでパリ観光

　町歩きに少し疲れたときにおすすめなのが、パリ市内を巡る
2階建てオープンバスだ。

[トゥート・バス Toot Bus]

天気のいい日は2階のオープン席がおすすめ

　トリコロールカラーがパリ
の町によく似合う「トゥート
バス」は、パリ交通公団（RATP）
が運行しているオープンバス。
1日または2、3日間乗り放題の
チケットがある。乗降ポイン
トは11ヵ所。英語など5ヵ国
語のアナウンス付きで、パリ
の風を感じながら、観光名所を巡ることができる。チケットは
ウェブサイトや車内で購入できる。

トゥートバス
9:30〜（場所によって異なる）の10
分おきに発車。年中無休。
🚌 大人1日券€42（パリ・ヴィジット所有者は€34）、2日券€50、3日間€55、4〜12歳€22、4歳未満無料
🔗 www.tootbus.com

[ビッグ・バス・パリ Big Bus Paris]

観光スポット巡りに便利

　えんじ色の2階建て観光バス
「ビッグ・バス・パリ」は、ふ
たつのルートがあり、パリ市
内10ヵ所のスポットを回るク
ラシックルートが人気。エッ
フェル塔から出発し、パレ・
ガルニエ、ルーヴル美術館、
オルセー美術館、シャンゼリゼ、トロカデロという具合だ。ナ
イトツアーも開催しており、こちらは市内のイルミネーション
スポットを巡る。いずれも日本語を含む11ヵ国語のオーディ
オガイド付き。

ビッグ・バス・パリ
9:30〜（場所によって異なる）の5
〜15分おきに発車。
🚌 大人1日券€45、4〜12歳1日券€25
🔗 www.bigbustours.com

ビュストロノーム

集合場所：凱旋門近く
MAP P.59-C1
Ⓜ ①②⑥Charles de Gaulle Etoile
⑥Kléber
住 2, av. Kléber 16e
TEL 09.54.44.45.55
営 ランチツアー　12:15～14:00
　　　　　　　　12:45～14:30
　　ディナーツアー19:45～22:30
　　　　　　　　20:45～23:30
料 ランチ€70（飲み物別）、
　　　€90（飲み物込み）
　　ディナー€120（飲み物別）、
　　　€150（飲み物込み）
予約 ウェブサイトから要予約
URL www.bustronome.com

凱旋門から出発してエッフェル塔、
ルーヴル、ノートルダムなどを巡る

パリ旅ツアー

料 ツアーにより異なる
URL www.paristabitours.com
　　　　　　　　　　　　（日本語）

フランス政府公認ガイドのコラさん
（左）が案内してくれる。日本語が堪
能なので安心

ミーティング・ザ・フレンチ

料 ツアーにより異なる
URL www.meetingthefrench.com

パリのグルメを巡るさまざまなツ
アーがある

≫≫ レストランバスツアー ≫≫

乗っているだけで観光と食事が同時に楽しめるバスツアーが登場。眺めのいいガラス張りのレストランバス「ビュストロノーム」は、本格フレンチのフルコースを食べながらパリの有名観光スポットを巡る人気ツアーだ。凱旋門近くの集合場所から乗り（出発15分前に集合）、約1時間45分のランチツアー、約2時間45分のディナーツアーがある。

前菜からデザートまで本格的なフルコース

明るい時間帯のランチツアーは観光名所の位置関係がつかみやすいので、パリ旅行の前半での利用がおすすめ。旅のしめくくりには、ディナーツアーで昼間の観光とは別の表情の美しいライトアップを楽しんでみては。

ゆっくり走るので写真撮影も問題なし

≫≫ ガイド付きウオーキングツアー ≫≫

［パリ旅ツアー Paris Tabi Tours］

「パリ旅ツアー」では日本語ガイド付きツアーを開催している。ルーヴル美術館の「有名な作品を巡るツアー」や、パリの町のそこここにある「アールヌーヴォーのスポット巡り」、モンマルトル界隈に絞った「パン屋さんとお菓子屋さん巡り」、パリ随一の規模を誇る蚤の市を案内する「クリニャンクールの蚤の市のツアー」、ロダン美術館の庭園やエッフェル塔、エリア内のグルメショップを巡る「エッフェル塔エリアのツアー」など。最少催行2名からの少人数プライベートツアーが人気だ。

［ミーティング・ザ・フレンチ Meeting the French］

「ミーティング・ザ・フレンチ」が提供する英・仏語ガイド付きのツアーはとてもユニーク。普通の観光旅行では体験しづらい、パリの日常を紹介するツアーを行っている。

とりわけグルメツアーが充実しているのが特色のひとつ。たとえば「サン・ジェルマン・デ・プレのパティスリーとチョコレートツアー」など、ショップを巡りながら、試食を楽しめるツアーがある。また、モンマルトル、カルチェ・ラタン、アリーグル市場、プレジダン・ウィルソンの市場など、フランスの食の伝統が息づくエリアや市場を散策。パリ市民の生活に根付いた商店を巡るツアーも人気だ。ほかに、マカロンやパンを作るクッキング体験クラスも開催されている。所要時間は1時間30分～3時間程度。

セーヌ川の遊覧船

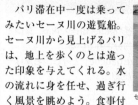

セーヌ川クルーズの代名詞バトー・ムーシュ

パリ滞在中一度は乗ってみたいセーヌ川の遊覧船。セーヌ川から見上げるパリは、地上を歩くのとは違った印象を与えてくれる。水の流れに身を任せ、過ぎ行く風景を眺めよう。食事付きのコース以外は予約なしで乗れる。食事付きは要予約、要盛装。代表的なクルーズ会社が、セーヌ右岸アルマ橋のたもとから出発する「**バトー・ムーシュ Bateaux Mouches**」と、左岸イエナ橋のたもとから出発する「**バトー・パリジャン Bateaux Parisiens**」。パンフレットはホテルや観光案内所で手に入る。

ロマンティックなディナー・クルーズも

[バトビュス Batobus]

遊覧船というより、セーヌを走る水上バス。9つの乗船場があり、1日券があれば何度でも乗り降り自由。遊覧船と違い景色の説明など観光アナウンスはないが、エッフェル塔などおもな見どころに近いので観光の足としても便利だ。チケットは各発着所や観光案内所で買える。1日券と2日券がある。

遊覧を楽しみながら移動ができるバトビュス

バトー・ムーシュ
乗船場：アルマ橋のたもと（右岸）
[MAP] P.59-D2
Ⓜ ⑨Alma Marceau
[TEL] 01.42.25.96.10
[料] プロムナードクルーズ€15
[URL] www.bateaux-mouches.fr
（日本語あり）

バトー・パリジャン
乗船場：イエナ橋のたもと（左岸）
[MAP] P.59-C2
Ⓜ ⑥Bir Hakeim
[TEL] 01.76.64.14.45
[料] プロムナードクルーズ€18（日本語オーディオガイド付き）、パリ・ヴィジット所有者は€13（→P.83）
[URL] www.bateauxparisiens.com

バトビュス
[営] 10:00～19:00の25～30分間隔で運航（曜日、季節によって異なる）
[料] 1日券：大人€20、3～5歳€10
[URL] www.batobus.com
<9つの乗船場>
エッフェル塔 [MAP] P.59-C2
アンヴァリッド [MAP] P.60-A2
オルセー美術館 [MAP] P.60-B2
サン・ジェルマン・デ・プレ [MAP] P.61-C3
ノートルダム [MAP] P.65-D1
植物園／シテ・ド・ラ・モード・エ・デュ・デザイン [MAP] P.66-B1
パリ市庁舎 [MAP] P.61-D3、P.62-A3
ルーヴル [MAP] P.61-C2
コンコルド広場 [MAP] P.60-A2

Column Information

サン・マルタン運河クルーズ

パリ北東部のウルク運河Canal de l'Ourcqとセーヌ川を結ぶサン・マルタン運河（→P.112）にもクルーズ船が運航している。運河の全長は4.5km。上流と下流では高低差があるため、途中の水門で水位を調整をしながら約2時間30分かけてゆっくりと進む。パリの下町情緒を楽しみながら半日のんびりと過ごすにはおすすめ。ウェブサイトから要予約。

●パリ・カナル Paris Canal
オルセー美術館前のアナトール・フランス河岸とラ・ヴィレット公園を結ぶ。
乗船場：
●オルセー美術館前 [MAP] P.60-B2 Ⓜ ⑫Solférino
●ラ・ヴィレット公園 [MAP] P.57-D1 Ⓜ ⑤Porte de Pantin
[営] オルセー美術館前発→10:00、15:00
ラ・ヴィレット公園発→14:30
（運航日は季節によって異なる）
[料] €22 [URL] www.pariscanal.com

●カノラマ Canauxrama
バスティーユ広場近くのアルスナル港とラ・ヴィレット貯水池を結ぶ。
乗船場：
●アルスナル港 [MAP] P.66-B1 Ⓜ ①⑤⑧Bastille
●ラ・ヴィレット貯水池 [MAP] P.56-B2 Ⓜ ②⑤⑦bis Jaurès
[営] アルスナル港発→9:45、14:30発
ラ・ヴィレット貯水池→14:45
（曜日、季節によって異なる）
[料] €22
[URL] www.canauxrama.com

水位調整の閘門や可動橋を通過しながらゆっくり進むカノラマ

パリのオリエンテーション

まず歩き出す前に、パリの全体像をつかんでおこう。パリは長径18km、短径9.5km、東南東から緩やかなカーブを描いて西南西に流れるセーヌ川によって、二分されている。

セーヌ川を挟んで北側を「右岸Rive droite」、南側を「左岸Rive gauche」と呼び、右岸は一般的に商業の町、左岸は大学などが集まる学生街といった色あいが濃い。

凱旋門～ルーヴル（→P.96）
& シャンゼリゼ大通り／コンコルド広場

凱旋門からコンコルド広場まで続く並木道が世界に名だたるシャンゼリゼ大通り。カフェのテラスが最も絵になり、革命記念日には盛大なパレードが行われる。チュイルリー公園、ルーヴル宮まで一直線につながる眺望は爽快だ。

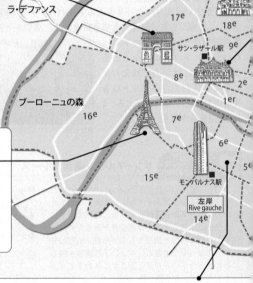

ラ・デファンス

17e

18e

9e

サン・ラザール駅

8e

2e

1er

ブーローニュの森

16e

7e

6e

エッフェル塔界隈（→P.100）
& パッシー

セーヌのほとりに建つパリのシンボル、エッフェル塔。その麓に広がるシャン・ド・マルス公園から、川向こうのシャイヨー宮、トロカデロ広場まで開放感あふれる緑地が続く。

15e

モンパルナス駅

左岸
Rive gauche

14e

5e

サン・ジェルマン・デ・プレ～カルチェ・ラタン（→P.106）
& モンパルナス

左岸を代表する2大地区を擁する文化エリア。カルチェ・ラタンは学生街にふさわしく気軽なレストランが多い。かつて芸術家たちが集った老舗カフェが残るサン・ジェルマン・デ・プレにはおしゃれなショップが並び、若者たちでにぎわっている。その南側に広がるモンパルナス・タワーを中心とした地区も、その昔、多くのアトリエが建ち並び、芸術と文化の中心だった。

モンマルトル（→P.110）

　白亜のサクレ・クール聖堂が建つ
モンマルトルの丘。情緒たっぷりの
坂道や階段は、パリの古きよきイ
メージそのもの。多くの画家たちが
愛した風景が今もあちこちに残る。
丘の麓は艶やかな歓楽街の顔をもつ。

パリはエスカルゴ

パリの東南東から緩やかなカー
ブを描いて西南西に流れるセー
ヌ川によって、町は二分されてい
る。川のほぼ中央に浮かぶシテ
島の西半分と、ルーヴルのあたり
を1区として時計回りの渦巻き状に20区まで区が配置
されている。この渦巻きから「パリの町はエスカルゴ（か
たつむり）」と形容されることが多い。
※1〜4区は2020年4月に統合され、行政上はパリ・サント
ルParis Centreとなった。住所表示は従来と変わらない。

オペラ地区（→P.98）
＆ マドレーヌ教会／パレ・ロワイヤル

　パレ・ガルニエを
中心としたエリア。2
大デパートが並び、
観光にも買い物にも
外せないこの界隈に
は日本関連の店が集
まる。高級食料品店
が連なるマドレーヌ
教会の周りも人気。

ラ・ヴィレット
公園
19e

岸
droite

サン・マルタン運河
（→P.112）

11e　　20e

■リヨン駅　12e
■ベルシー・ブルゴーニュ・
　ベイ・ドーヴェルニュ駅

ヴァンセンヌの森

ベルシー地区（→P.112）

パリの国鉄駅

　パリには7つの国鉄駅が点在している。右
岸にサン・ラザール駅、北駅、東駅、リヨン
駅、ベルシー・ブルゴーニュ・ベイ・ドーヴェル
ニュ駅の5駅、左岸にモンパルナス駅、オス
テルリッツ駅の2駅があり、行き先によって
発着駅が異なる。（→P.516）

レ・アール〜バスティーユ（→P.104）
＆ マレ地区

　商業地区レ・アール、貴族の館が残るマレ、
革命の舞台バスティーユ。パリ発展の時代か
ら現在までの歴史が凝縮された一帯。マレ地
区の重厚なお屋敷と、ポンピドゥー・センター
の現代アートを一度に
味わえる。

シテ島、サン・ルイ島（→P.102）

　セーヌ川に浮かぶふたつ
の小さな島。ノートルダム
大聖堂が建つシテ島はパリ
発祥の地。隣のサン・ルイ
島は静かな高級住宅街で、
喧騒を忘れてのんびり散策
するのが楽しい。

パリの旅テク＆裏ワザ集

パリを散策する際に、頭に入れておきたい「町の仕組み」と
「町歩きのコツ」を紹介しよう。ちょっと知っているだけで、
パリ観光がグンとスムーズになること間違いなし！

資料は無料でほとんどが英語併記。日本語版の地図もある

観光案内所で情報をゲット

パリに着いたらまず観光案内所（本書では❶で表示）で最新情報を収集。メトロ路線図などの資料がもらえるほか、問い合わせに答えてくれる。パリ・ヴィジット（→P.83）、パリ・ミュージアム・パス（→P.113）などのパスやチケット類の販売も行っている。ツアーを申し込んだり、チケット類を購入したりした場合は、手数料€1.50が必要。

パリ市観光局 ※2024年1月、SPOT24 (101, quai Jacques Chirac 15e)に移転
URL parisjetaime.com
●パリ観光案内所❶ メインオフィス（パリ市庁舎内）
MAP P.62-A3 **M** ①⑪Hôtel de Ville **住** 29, rue de Rivoli 4e
開 9:00〜18:00（11〜4月10:00〜）（入場は17:50まで） **休** 12/25
国鉄・北駅（**MAP** P.56-A3）、カルーゼル・デュ・ルーヴル（**MAP** P.61-C2）にもある。

開館時間と休館日を確認！

おもな観光スポットや美術館の開館時間は、10:00〜18:00が一般的。曜日によって夜間も開館しているところもあり、昼間よりすいていることも。観光スポットは祝日（→P.10）、美術館は月曜か火曜が休館（下記）となるところが多い。
●月曜休館：オルセー美術館、ピカソ美術館、プティ・パレ、ロダン美術館など
●火曜休館：ルーヴル美術館、国立近代美術館、オランジュリー美術館など

町なかの地図の見方

パリの町なかやメトロ駅構内などには、区ごとの地図や、周辺図が掲示されている。地図上にある「Vous êtes ici ヴゼット・イシ（あなたはここにいます）」を見れば現在地を確認できる。

町なかにある地図で現在地を確認できる

住所のお約束を覚えよう

プレートの上部に書かれた「8e Arrt.」は8区のこと。Arrt.は「Arrondissement（区）」の略

【通り名と番地】
住居表示は通り名と番地で示される。通りには必ず名前を示すプレートが掲げられているのでわかりやすい。パリの番地は、セーヌ川に近いほうから始まり、川を背にして通りの左側が奇数番地、右側が偶数番地となる。川に並行する場合は、上流からふられる。

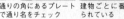

通りの角にあるプレートで通り名をチェック

建物ごとに番地が決められている

【区番号と郵便番号】
パリは20区に分かれていて、本書では住所の最後に書かれた数字が区を示している（1er＝1区、2e＝2区……20e＝20区）。郵便番号も対応しており、パリ市の番号「75」から始まる5桁（1区は「75001」、12区は「75012」）となる。

【"通り"や"広場"の単語】
Rueリュ：最もよく使われる「通り」
Avenueアヴニュ：原則として並木のある大通りのことだが、本来の意味は名のある建築物などへ通じる道
Boulevardブルヴァール：幅の広い大通り。昔の城壁跡に造られたもの
Placeプラス：広場
Passageパッサージュ：路地。車の通らない狭い道。屋根のあるアーケード街

建物の階数表示が日本と違う

フランスでは建物の階数表示が日本と異なるので注意が必要だ。日本の2階はフランスでは1階、日本の3階はフランスでは2階となり、日本の1階は0階あるいは地上階と表示される。ホテルやデパート、美術館などで迷わないよう、覚えておこう。

日本式		フランス式
1 階	→	地上階 rez-de-chaussée または 0階 niveau 0
2 階	→	1階 niveau 1 または 1er étage
3 階	→	2階 niveau 2 または 2e étage
4 階	→	3階 niveau 3 または 3e étage
地下1階	→	地階 sous-sol または -1階 niveau -1

ホテルのエレベーターで、レセプションのある地上階に行くときは「0」を押す

おいしいパリの水道水

ミネラルウオーターがズラリと並ぶスーパーマーケットの棚を見て、パリの水道水は飲めないと思わないで！ 水道局がおいしいと太鼓判を押すパリの水。町なかには無料の給水ポイントもあるので試してみては。ただし、「eau non portable（飲用不可）」と書かれている場合は飲んじゃダメ！

左：4人の女神像が印象的な「ヴァラス給水泉」 右：特級ワインにたとえたキャッチフレーズ付きの給水ポイント

気をつけたい観光のマナー

美術館だけでなく、教会などを見学する際はマナーを守って。大声でしゃべらない、走らないなどという基本的なことはもちろん、写真撮影のマナー（→P.113）も大切だ。ほとんどの場所でフラッシュ、三脚、自撮り棒の使用は禁止されている。また、教会では肌を露出し過ぎた服装も控えよう。

教会では帽子も脱ぐこと

自撮り棒での撮影が禁止の場合も

黒い看板に注目

パリの町角で黒い案内板を見かけることがある。これは「イストワール・ド・パリ Histoire de Paris」と呼ばれる案内板で、その場所が歴史的建造物である目印。書かれている解説はフランス語のみだが、歴史的モニュメントとの出合いのきっかけにもなるので注目してみよう。

船を漕ぐ櫂をイメージしたデザイン

セキュリティチェック強化中

観光施設、美術館、デパートなどの入口で手荷物検査が行われることも。スムーズに入場するためにも手荷物はコンパクトに。

手荷物検査への協力を呼びかける張り紙

気になるパリのトイレ事情

日本では町なかでトイレに困ることは少ないが、パリでは「トイレは見つかりにくい」と心得て。観光施設、美術館、国鉄駅、デパート、飲食店にはあるが、基本的に地下鉄の駅にはなく、大型スーパーにも客用のトイレはない。国鉄駅は有料（€1〜2）だが、そのぶん、掃除もきちんとされていて、安心して使える。

町なかにある公衆トイレは無料。ボタンを押すと扉が開く。使用後、外に出て扉を閉めると内部が洗浄される仕組み

困ったときの連絡先リスト

▶在フランス日本国大使館
Ambassade du Japon en France ➡P.535

▶警察 Police ☎ 17

▶消防 Pompier ☎ 18

▶医者付き救急車 SAMU ☎ 15

▶救急センター SOS Médecins ☎ 36.24

▶遺失物取扱所 Service des Objets Trouvés
MAP 巻頭D2
住 36, rue des Morillons 15e ☎ 34.30

凱旋門〜ルーヴル
&シャンゼリゼ大通り／コンコルド広場

カルーゼル凱旋門

クリスマスシーズンにはイルミネーションがきらめくシャンゼリゼ

凱旋門
Ⓜ①②⑥ 🚇Ⓐ
Charles de Gaulle Etoile
🏠 Pl. Charles de Gaulle 8e
🕐 4〜9月　　10:00〜23:00
　　10〜3月　　10:00〜22:30
　　（入場は閉館の45分前まで）
🚫 一部Ⓡ
💰 €13、18歳未満無料
🚌 ミュージアム・パス使用可
　　（→P.113）
🔗 www.paris-arc-de-triomphe
.fr

凱旋門への行き方
凱旋門は12本の大通りが交差するロータリー（通称エトワール広場）の真ん中にある。パリで一番交通量の多いこの広場を横切って凱旋門に行くことはできない。専用の地下道を使おう。シャンゼリゼ大通りに、通路へ下りる階段がある（MAP P.59-C1）。

12本の大通りが放射状に延びる見事なパノラマが楽しめる

世界に名をはせるシャンゼリゼ大通り

凱旋門が建つシャルル・ド・ゴール広場からコンコルド広場まで続くシャンゼリゼ大通り。常に観光客であふれる、パリで最も華やかな通りだ。そして、東側の延長線上にあるチュイルリー公園、ルーヴル美術館を結ぶエリアは、何をおいても訪れたい場所。

))) おもな見どころ (((

凱旋門（アルク・ド・トリオンフ）　★★★
MAP P.59-C1　　　　　　　　　　　　　　Arc de Triomphe

　「世界最大の門を！」と望んだナポレオンの命で、1806年に着工したが、完成したのは30年後の1836年。ナポレオンの死後19年もたってからだった。流刑の地セント・ヘレナ島で死んだナポレオンの遺体は、1840年にようやくこの門をくぐることができた。高さ50m、幅45m。門の真下から見上げると、あらためてそのスケールの大きさに圧倒される。壁面を飾る浮き彫りは、ナポレオンの戦いや義勇軍の出陣の様子を描いたもの。中央には第1次世界大戦で犠牲となった無名戦士の墓がある。

　長いらせん階段を上りきって屋上に出ると、360度の大パノラマが広がる。前方には、真っすぐ延びるシャンゼリゼ大通りの延長線上にコンコルド広場、ルーヴル美術館。後方には、同じく真っすぐ延びる通りの向こうにパリの副都心ラ・デファンス。エッフェル塔はもちろん、遠くサクレ・クール聖堂まで見渡せる。

パリに着いたら一番最初に訪れたい凱旋門

シャンゼリゼ大通り ★★★
MAP P.59-C1〜D1　Avenue des Champs-Elysées

　16世紀まで野原と沼地しかなかった場所が、17世紀の中頃に整備され、「エリゼの野」と名づけられた。今では世界で最も名が知られる大通りのひとつだ。緩やかな勾配をもつこのマロニエの並木道は、歩道がゆったりと広く、カフェのテラス席がよく似合う。クリスマスシーズンにはきらびやかなイルミネーションで飾られる。

コンコルド広場 ★★★
MAP P.60-B2　Place de la Concorde

　もともとはルイ15世の騎馬像を置くために整備された広場だったが、フランス革命時に騎馬像は取り払われ、代わりにギロチン台が置かれた。広場の名前も「ルイ15世広場」から「革命広場」と変えられる。ルイ16世、マリー・アントワネットをはじめ、1119人がここで処刑された。後にこの広場に与えられた名前は、皮肉にも「コンコルド（調和）広場」。激動のパリの歴史を見つめてきた場所である。

　現在のコンコルド広場は、かつての血なまぐさい歴史を思わせるような暗さは一切なく、360度に視界が開けた開放的な空間となっている。凱旋門をはじめ、エッフェル塔などパリのおもなモニュメントが見渡せ、まさにパリの要といえる場所だ。

チュイルリー公園 ★★★
MAP P.60-B2〜61-C2　Jardin des Tuileries

　かつてルーヴル宮の西側にあったチュイルリー宮の庭園として、ヴェルサイユ宮殿の設計で知られる造園家ル・ノートルによって整備された。チュイルリー宮は後に焼失。広々とした公園は、現在、ルーヴル見学を終えた観光客や、市民の憩いの場となっている。木々の間には、マイヨール、ジャコメッティ、デュビュッフェらの彫刻が置かれ、まるで野外美術館のようだ。

　公園の西端には、モネの『睡蓮』が観られる**オランジュリー美術館**（→P.119）と写真専門ギャラリーのジュ・ド・ポームJeu de Paumeが建つ。東側には、もうひとつの凱旋門、**カルーゼル凱旋門**Arc de Triomphe du Carrousel。1805年のナポレオンの勝利を記念し、1808年に完成した。

ルーヴル宮（ルーヴル美術館） ★★★
MAP P.61-C2　Palais du Louvre

　1190年、フィリップ・オーギュスト王が、西方に位置する宿敵ノルマンディー公（後のイギリス王）を意識して要塞を築いた。それがルーヴル宮の始まり。当時の要塞の遺構は、ルーヴル美術館半地階で見ることができる。その後、シャルル5世の時代からルイ14世の時代まで、歴代国王の宮殿となった。ルーヴルは現在、世界有数の美術館（→P.114）としてその名をはせる。膨大な美術コレクションを鑑賞するとともに、増改築を繰り返してきた建築物もゆっくりと味わいたい。

シャンゼリゼが歩行者天国に！
シャンゼリゼ大通りは、第1日の10:00〜17:00（季節により変動）に歩行者天国が実施されている。通りに入るには手荷物検査があり、安心して楽しめる。

7月14日は革命記念日
日本ではフランスの革命記念日を「パリ祭」と呼ぶ人もいるが、フランス人はこの日を「キャトールズ・ジュイエ（7月14日）」と呼ぶ。前夜からダンスパーティなどさまざまな催しが繰り広げられるが、なかでも目玉は当日朝のシャンゼリゼ大通りでのパレード。パレードを見るなら、早く行って通り沿いの場所を確保しよう。

コンコルド広場
Ⓜ①⑧⑫Concorde

広場に立つオベリスクは、1836年にエジプトから贈られたもの

チュイルリー公園
Ⓜ①Tuileries ①⑧⑫Concorde

コンコルド広場や凱旋門が一直線上に見える

ルーヴル宮
Ⓜ①⑦Palais Royal Musée du Louvre
住Musée du Louvre 1er

歴代国王の宮殿だったルーヴル美術館

はみだし　コンコルド広場に面した旧海軍本部「オテル・ド・ラ・マリンヌHôtel de la Marine」が、2021年6月、博物館に生まれ変わった。18世紀の華やかなサロンや調度品が見どころ。MAP P.60-B2

オペラ地区
&マドレーヌ教会／パレ・ロワイヤル

マドレーヌ広場に立つ花市

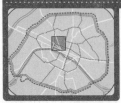

シャガールの天井画が美しいパレ・ガルニエの客席

パレ・ガルニエ
- Ⓜ ③⑦⑧Opéra
- 住 Pl. de l'Opéra 9e
- 開 10:00～17:00
  （昼公演のある日は～13:00、入場は閉館の45分前まで）
- 休 特別公演のある日
- 料 €14、12～25歳€9、日本語タブレットガイド€6.50
- URL www.operadeparis.fr
- 公演チケット購入は→P.125。

宮殿のようなグラン・フォワイエ

マドレーヌ教会
- Ⓜ ⑧⑫⑭Madeleine
- 住 1, pl. de la Madeleine 8e
- 開 9:30～19:00
- URL lamadeleineparis.fr

円柱が並ぶマドレーヌ教会正面

堂々としたたたずまいのパレ・ガルニエ

オペラ地区は、デパートから専門店まであらゆるショッピングが楽しめる活気に満ちたエリア。日本食レストランが多く、日本人によく出会う地域でもある。パレ・ガルニエからオペラ大通りを南下すると、回廊に囲まれた中庭をもつパレ・ロワイヤル、西へ向かえば、神殿風のマドレーヌ教会がある。

))) おもな見どころ (((

パレ・ガルニエ ★★★
MAP P.61-C1　　　　　　　　　　　　Palais Garnier

　19世紀後半、ナポレオン3世が大規模なパリの都市改造計画を打ち出し、この地区にオペラ座の建設を命じた。貴族や資産家の社交場としてエレガントな設計をということで、171の公募作のなかから選ばれたのがシャルル・ガルニエの作。14年間を費やして1875年に完成した。

　一歩中に入ると、夢のような世界が広がっている。広い大理石の階段、一面に金箔を張った壁とシャンデリアがきらめくグラン・フォワイエ（大広間）、シャガールの天井画『夢の花束』など、いずれも華やかだ。内部見学では、ボックス席から舞台、深紅のビロードで覆われた客席を見下ろすことができる。

マドレーヌ教会 ★★
MAP P.60-B1　　　　　　　　　　Eglise de la Madeleine

　マドレーヌ広場の中央に建つ、堂々たる新古典主義様式の教会。52本のコリント式円柱に囲まれたその姿は、古代ギリシアの神殿を思わせる。完成したのは1842年のこと。

　ブロンズ製の重い扉を左右に見ながら中に入ると、左にリュード作の『キリスト洗礼像』が立つ。クリプト（地下祭室）には、ナポレオンの依頼でこの教会を神殿風に設計したヴィニョンの墓がある。

はみだし　パレ・ガルニエとルーヴルを結ぶオペラ大通り周辺は日本企業や日本関連の店が集まる「日本人街」となっている。日本食が恋しくなったときに行ってみるのもいい。

パレ・ロワイヤル ★★
MAP P.61-C2　　　　Palais Royal

もともとルイ13世の宰相リシュリューが、自分の館として建てたもの。その後ルイ13世に贈られ、王の死後、王妃アンヌ・ドートリッシュが息子（後のルイ14世）と移り住んだことから、「王宮（パレ・ロワイヤル）」と呼ばれるようになった。

現在のパレ・ロワイヤルは文化・通信省などが入っていて、内部の見学はできないが、美しい花壇のある中庭は絶好の散策場所になっている。中庭を囲む回廊には、アンティークショップやギャラリーが並び、ウインドーショッピングが楽しい。

ストライプのオブジェが並ぶシュールな風景

南側の中庭には、ダニエル・ビュレン作の白黒ストライプの円柱オブジェや、ポール・ビュリィ作のシルバーの球体オブジェがある。クラシックな空間に、現代アートが不思議に調和している。

パレ・ロワイヤル
Ⓜ①⑦Palais Royal Musée du Louvre
🏠8, rue Montpensier 1er

映画のロケにもよく使われるパレ・ロワイヤルの回廊

パリ
オペラ地区

ヴァンドーム広場 ★★
MAP P.60-B2　　　　Place Vendôme

ルイ14世のために造られたこの広場は、パリでも有数の美しさを誇る。ナポレオンが建てた中央の柱は、オステルリッツにおける三帝会戦の勝利を記念し、対戦国のひとつプロシア軍から奪った戦利品の大砲をつぶして造られたもの。頂上には、カエサルの姿でローマの方向を睨むナポレオン像がある。この柱は、パリ・コミューン下、文化大臣となった画家クールベの主唱で、倒されたこともある。12番地はショパンの住んだ家（現在は宝石店「ショーメ」）、13番地は司法省、15番地は5つ星の高級ホテル「リッツ」のほか、老舗の高級宝飾店が広場を取り囲んでいる。

ヴァンドーム広場
Ⓜ①Tuileries
③⑦⑧Opéra

パリで最も豪華といわれる広場

☕ Column Pause café　レトロなパリを探しに、パッサージュへ

18世紀末から19世紀前半にかけて、ガラス屋根に覆われたアーケード街がパリのいたるところに造られた。雨の日でも買い物が楽しめ、美しい内装が施されたパッサージュは、最先端のショッピング街として当時のパリジャンを虜にした。しかし、19世紀中頃のデパート出現によって、パッサージュの流行は終わる。

ギャラリー・ヴィヴィエンヌ

最盛期には150を数えたパッサージュのなかで現存するのはごくわずかだが、残されたいくつかのパッサージュは修復され、再び人気のスポットとなっている。

オペラ地区で訪れてみたいパッサージュは次のとおり。いずれも19世紀の優雅な内装が残り、ガラス屋根から漏れる淡い光を感じながら歩いていると、レトロなパリにタイムスリップしたような気分になれるはず。

ギャラリー・ヴィヴィエンヌ Galerie Vivienne **MAP** P.61-C2
パッサージュ・ジュフロワ Passage Jouffroy **MAP** P.61-C1
パッサージュ・デュ・グラン・セール
　　　　Passage du Grand Cerf **MAP** P.61-D2
パッサージュ・デ・パノラマ
　　　　Passage des Panoramas **MAP** P.61-C1

エッフェル塔界隈
& パッシー

エッフェル塔からの眺め

パリのシンボル、エッフェル塔

堂々たるドームが印象的なアンヴァリッド

パリの歴史的モニュメントは、19世紀後半から20世紀前半、万国博を契機に造られたものが多い。エッフェル塔、シャイヨー宮、アレクサンドル3世橋など、万博の遺産といえるモニュメントが集中しているのが、このエリア。シャイヨー宮の西側は高級住宅地、パッシーだ。

エッフェル塔
Ⓜ ⑥Bir Hakeim ⑥⑨Trocadéro
ⓇⒺⓇ ⒸChamp de Mars Tour Eiffel
🏠 5, av. Anatole France 7e
🕐 9:30～23:45（夏期は～翌0:45）
（施設への入場は閉館の1時間前まで。エレベーター利用は45分前まで。階段の利用は1時間前まで）
🚫 無休
💰 **2階まで（階段）**
€11.80、12～24歳€5.90、4～11歳€3
2階まで（エレベーター）
€18.80、12～24歳€9.40、4～11歳€4.70
最上階まで（エレベーター）
€29.40、12～24歳€14.70、4～11歳€7.40
最上階まで（階段＋エレベーター）
€22.40、12～24歳€11.20、4～11歳€5.70
🌐 www.toureiffel.paris
（日本語あり）
ウェブサイトから日時指定の入場券（エレベーター利用のみ）を予約購入できる。予約した場合は、「Avec Réservation（予約あり）」の入口へ。

)))おもな見どころ(((

エッフェル塔 ★★★
MAP P.59-C3　　　　　　　　　　　　　Tour Eiffel

どこから見ても美しい姿

建設当時にこそ賛否両論の嵐が吹き荒れたが、今では誰もが認める「パリの顔」がエッフェル塔だ。3つの展望台があり、階段あるいはエレベーターで上がることができる。最初の展望台（1階 1er étage）は地上57m、2階（2e étage）の展望台は地上115m、最上階（Sommet）は276m。1・2階にレストランやおみやげショップなどが入っているほか、最上階にはシャンパンバーもあり、パリの町を見下ろしながら優雅にシャンパンを楽しむこともできる。1階にある「ガラスの床」は、人気の記念撮影スポットだ。

エッフェル塔を眺めるベストポイントは、まず、セーヌ対岸の**トロカデロ庭園**Jardin du Trocadéro（**MAP** P.59-C2）。シャイヨー宮のテラスからの眺めは、絵はがきそのものだ。次に、その正反対の側、エッフェル塔の下から旧陸軍士官学校まで続く広大な庭園、**シャン・ド・マルス公園**Parc du Champ de Mars（**MAP** P.59-C3）。一面に敷き詰められた緑の向こうに、エッフェル塔、トロカデロ広場が一直線に見える。空間の美の極致といっても過言ではない。

はみだし エッフェル塔の下のエリアへは誰でも入れるが、2018年夏、塔の周りに防弾ガラスの壁が設置された。壁内へ入るには保安検査を受ける必要があり、行列ができるので注意。

パリ

エッフェル塔界隈

アンヴァリッド ★★

Hôtel des Invalides

ルイ14世が傷病兵を収容するために建
てたものだが、現在はナポレオンの墓が
あることで知られている。黄金色に輝く
ドーム教会Eglise du Dômeの正面を入る
と、中央が吹き抜けになっていて、その
下の祭室にナポレオンの棺が安置されて
いる。祭室に下りる入口には、有名なナ
ポレオンの遺言が刻まれている。「余は、
余がかくも愛したフランスの市民に囲ま
れて、セーヌ川のほとりに憩うことを願う」。

ドーム教会に安置されたナ
ポレオンの棺

アンヴァリッドの一角には**軍事博物
館**Musée de l'Arméeがあり、フランス
のみならず、世界の武具や子供用の鎧
にいたるまで、膨大な数の展示物がある。

中庭には大砲が置かれている

シャイヨー宮 ★★

Palais de Chaillot

1937年、パリ万国博の際
に建設されたモニュメント。
テラスを包み込むように両翼
を広げたような形が特色だ。
ブロンズの彫像が並ぶテラス
からは、シャン・ド・マルス
公園とエッフェル塔のすばら
しい眺望が得られる。

シンメトリーが見事なシャイヨー宮

トロカデロ広場から見て右側の建物には**海洋博物館**と**人類博
物館**、左側には**建築・文化財博物館**（→P.122）と**シャイヨー劇
場**（→P.127）がある。また、トロカデロ庭園の一角には水族館
と映画館が複合した新感覚のスペース、**アクアリオム・ド・パ
リ**Aquarium de Parisもある。

アンヴァリッド
Ⓜ ⑧La Tour Maubourg
⑬Varenne
ⓇⒺⓇInvalides
⒠ Esplanade des Invalides 7e

ドームの美しい天井画

**軍事博物館、ドーム教会（ナポレ
オンの墓）**
開 4～10月　　　10:00～18:00
　　11～3月　　　10:00～17:00
　　（第1④は～22:00）
　　（入場は閉館の30分前まで）
休 1/1、5/1、12/25
料 €15、パリ・ヴィジット所有者
　は€12（→P.83）
バス ミュージアム・パス使用可
　（→P.113）
URL www.musee-armee.fr

シャイヨー宮
Ⓜ ⑥⑨Trocadéro
⒠ 1, pl. du Trocadéro et du 11
　Novembre 16e

アクアリオム・ド・パリ
MAP P.59-C2
⒠ 5, av. Albert de Mun 16e
開 10:00～19:00
　（入場は18:00まで、
　⊕は～20:00）
休 7/14
料 €20.50
URL www.cineaqua.com
※ウェブサイトで要予約

ART Column Art パッシー地区のアールヌーヴォー散歩

シャイヨー宮の西側、16区のパッシー地区は、
パリ有数の高級住宅街。豪華なアパルトマンと
そこに住むマダムたち御用達の高級ブティック
が建ち並ぶ、とても上
品な雰囲気の漂うエリ
アだ。
　この地区は、19世紀
末のアールヌーヴォー
の巨匠、エクトル・ギ
マールが設計したアパ

自由な曲線を組み合わせた独
創的なデザイン

ルトマンが多く残っていることでも知られる。
アパルトマンは個人宅なので、中に入ることは
できないが、番地を頼りに作品を探して歩くの
も楽しい。ギマールの代表作『カステル・ベラ
ンジェ』があるジャン・ド・ラ・フォンテーヌ
通りRue Jean de la Fontaineやモザール大通り
Av. Mozartに作品が集中している（MAP P.58-A3）。

カステル・ベランジェ Castel Béranger
　　　　　　⒠ 14, rue Jean de la Fontaine 16e
メザラ館 Hôtel Mezzara
　　　　　　⒠ 60, rue Jean de la Fontaine 16e
ギマール館 Hôtel Guimard　⒠ 122, av. Mozart 16e
アトリエ・カルポー Atelier Carpeaux
　　　　　　⒠ 39, bd. Exelmans 16e

シテ島、サン・ルイ島

世界遺産

サン・ルイ島名物のアイス

セーヌ河岸に並ぶ「ブキニスト（古本市）」

ノートルダム大聖堂
Ⓜ ④Cité
🏠 6, parvis Notre-Dame 4e
🔗 www.notredamedeparis.fr
※2019年4月15日の火災により大聖堂の一部が焼失し、2023年5月現在閉鎖中。再開は2024年12月の予定。

大聖堂前広場の星形の印
大聖堂前の広場にはめ込まれている星形の印はパリのゼロ地点を示すもの。パリからほかの地点へ何kmという際の距離は、ここから測られている。

再開が待たれるノートルダム大聖堂

セーヌ川の中州であるシテ島はパリ発祥の地。紀元前3世紀頃「リュテティア」と呼ばれていたが、最初に住み始めたパリシー人にちなんで「パリ」と名づけられた。警視庁や最高裁判所など重要な機関が今も集中し、町の変遷を見守っている。その東に並ぶサン・ルイ島は、文化人たちに愛された静かな住宅街だ。

))) おもな見どころ (((

ノートルダム大聖堂 ★★★
MAP P.61-D3　　　　　　　　　Cathédrale Notre-Dame de Paris

　パリ発祥の地、シテ島にそびえる絢爛たる大伽藍。歴史遺産の宝庫であるパリの中でも特に貴重な、初期ゴシック建築の傑作だ。ノートルダムは「我らの貴婦人」という意味。この聖堂は、貴婦人のなかの貴婦人、つまり聖母マリアにささげられたもの。1163年に着工し、完成をみたのは14世紀初めというから、170年以上の年月をかけて建てられたことになる。完成当時、それまでの聖堂とはまったく違う姿に、中世の人々は度肝を抜かれたに違いない。空に向かってどこまでも伸びる塔、巨大な内部空間、その空間を満たすステンドグラスからの神秘的な光。

　この大聖堂にもいくつかの受難があった。フランス革命時には彫刻が破壊され、司教はギロチンの刑に。聖堂は閉鎖され、荒廃するがままになる。しかしその後、ナポレオンがここで戴冠式を行い、ユゴーの小説『ノートルダム・ド・パリ』の大ヒットで復興を望む声が高まったことから、大修復が始まる。大聖堂は、1864年にようやくもとの輝きを取り戻したのだった。

中世建築の最高傑作

はみだし セーヌ河畔の名物ともなっているブキニストBouquinistes（古本市）。シテ島を挟んだ両河岸に沿って、古書を並べた緑色の箱が連なっている。絵はがきやポスター、おみやげ品を扱っている店もあるので要チェック。

サント・シャペル
MAP P.61-D3
Ste-Chapelle

ルイ9世が、コンスタンティノープルの皇帝から買い求めたキリストの聖遺物、茨の冠や十字架の木片などを納めるために建立した教会で、1248年に完成。ゴシック様式の頂点を極めた傑作である。

宝石箱の中に入り込んだよう

入ってすぐ左側の細い階段を上りきると、一面のステンドグラスが広がる。聖書の絵物語になっており、その細密さ、すばらしさはまさに"パリの宝石"。午後に行くと、ちょうど階段を上った正面から光が差し込んで、ため息が出るほど鮮やかなステンドグラスの透き通る青や赤が目に飛び込んでくる。

コンシェルジュリー
MAP P.61-D3
Conciergerie

コンシェルジュリーとは旧王宮の司令官「門衛（コンシェルジュ）」がいた場所のこと。14世紀にフィリップ美男王が建てさせたシテ王宮の一部で、3つの塔と3つの大広間からなる。

しかしここを有名にしたのは、何よりも革命後の牢獄としての役割である。ここに収容され、断頭台へと送られた貴族、

革命家、文学者らは約2600人に上る。マリー・アントワネットもそのひとり。彼女は1793年8月2日から10月16日まで2ヵ月半をここで過ごした。

一見城のようだが、実は牢獄だった

サン・ルイ島
MAP P.66-A1
Ile St-Louis

観光客でにぎわう隣のシテ島に比べ、落ち着いた雰囲気のサン・ルイ島。オルレアン河岸Quai d'Orléansや反対側のブルボン河岸Quai de Bourbonは緑濃い並木が美しく、昼下がりに歩くのにいい。島の中央を貫くサン・ルイ・アン・リル通りRue St-Louis en l'Ileには、おしゃれな雑貨店やサロン・ド・テが並び、名物の「ベルティヨンBerthillon」のアイスクリームはいつも繁盛している。

古くから芸術家や哲学者に愛された島だけあって、今もなおこの島に住むことが一種のステータスのようにさえなっている。

サント・シャペル
Ⓜ ④Cité
🏠 8, bd. du Palais 1er
🕐 4〜9月　　　9:00〜19:00
　　10〜3月　　　9:00〜17:00
　　（入場は閉館の40分前まで）
🚫 1/1、5/1、12/25
💰 €11.50、18歳未満無料、コンシェルジュリーとの共通券€18.50、日本語オーディオガイド€3
🎫 ミュージアム・パス使用可（→P.113）
🔗 www.sainte-chapelle.fr
入口のセキュリティチェックで、かなり並ぶことがある。

コンシェルジュリー
Ⓜ ④Cité
🏠 2, bd. du Palais 1er
🕐 9:30〜18:00
　　（入場は閉館の45分前まで）
🚫 5/1、12/25
💰 €11.50、18歳未満無料、サント・シャペルとの共通券€18.50
🎫 ミュージアム・パス使用可（→P.113）
🔗 www.paris-conciergerie.fr

©Histovery-CMN

タブレット型ガイド「イストパッド HistoPad」（€5、英語あり）をかざすとマリー・アントワネットの再現独房が見られる（16:30までの入場で利用可）

サン・ルイ島
Ⓜ ⑦Pont Marie

島の周りは散歩道になっている

レ・アール～バスティーユ
&マレ地区

全色に輝く自由の守護神像

珍しいその外観を見るだけでアート鑑賞になるポンピドゥー・センター

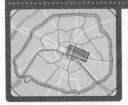
ユダヤのサンドイッチ（ファラフェル）店が並ぶマレ地区のロジエ通り

パリで現存する最も古い橋ポン・ヌフから北に進むと、ショッピングセンター「フォーロム・デ・アール」を中心にした商業地域、レ・アールに出る。ここから東へ、ポンピドゥー・センターを過ぎてバスティーユ広場にいたるまでの一帯がマレ地区。貴族の館が点在し、16～18世紀の面影が残っている。

)))おもな見どころ(((

ポンピドゥー・センター
- Ⓜ ⑪Rambuteau
  - ①④⑦⑪⑭Châtelet
  - ①⑪Hôtel de Ville
  - ⒶⒷⒹChâtelet Les Halles
- 住 Pl. Georges Pompidou 4e
- 開 11:00～21:00（スペースにより異なる。最上階展望台と美術館の企画展は困～23:00）（入場は閉館の1時間前まで）
- 料 €15（美術館の常設展は入場無料。企画展は内容によって追加料金が異なる）
- 休 火、5/1
- URL www.centrepompidou.fr（日本語あり）
- ※2025年末より約5年間、工事のため休館予定。

広々としたエントランスホール

ポンピドゥー・センターで映画を
ポンピドゥー・センターの2階と地下1階にはふたつの映画館があり、巨匠監督特集から世界各国の実験的な作品まで、興味深い映画が上映されている。映画マニアはぜひチェックしてみて。
- 料 €5

ポンピドゥー・センター ★★★
MAP P.61-D2 Centre Pompidou

美術、音楽、映画など現代芸術が大好きだった元大統領ポンピドゥーが提唱し、建物のデザインは公募された。選ばれたのはイタリア人レンゾ・ピアノとイギリス人リチャード・ロジャーズのもの。一見倉庫のようにも見

入口では荷物検査が行われ、国立近代美術館の企画展開催中などは長い行列ができていることも

える奇抜なデザインは、1977年の開館当初は賛否の議論が吹き荒れた。しかし今ではすっかりパリの顔。年間500万人以上が訪れる人気スポットになった。

地下1階から地上2階（Niveau-1,0,1）は**ル・フォーロムLe Forum**と呼ばれる多目的スペースとなっている。2～4階（Niveau1,2,3）はこの文化センターの要ともいえる**公共情報図書館Bibliothèque Publique d'Information**。5～7階（Niveau4,5,6）は、パリ三大美術館のひとつに数えられる**国立近代美術館**（→P.118）。7階には企画展会場のほか、パリの町並みが一望できるレストランがある。

はみだし 「レ・アール」とは「市場」のこと。かつて中央市場があった場所がショッピングセンター「フォーロム・デ・アール Forum des Halles」（MAP P.61-D2）として生まれ変わり、にぎわっている。

バスティーユ広場 ★★

[MAP] P.62-B3　Place de la Bastille

1789年7月14日、生活苦にあえいでいたパリ市民は、王政を倒すため立ち上がり、バスティーユにあった牢獄を襲撃した。フランス革命の発端となった歴史的大事件であり、今も革命記念日前夜祭がここで行われる。

バスティーユ牢獄は革命後解体され、現在の広場になった。中央に建つ7月革命記念柱は、1830年の7月革命で犠牲になった市民にささげられたものだ。

フランス革命200周年を迎えた1989年には、新オペラ座の**オペラ・バスティーユ**（→P.125）が完成。故ミッテラン大統領が推進したグラン・プロジェ（パリ大改造計画）の一環として計画され、カナダ国籍の建築家、カルロス・オットがデザインしたもの。重厚なパレ・ガルニエと比較すると、ガラスとメタルをふんだんに使った機能的な空間となっている。新オペラ座の誕生をきっかけに、この界隈は若者が集まる活気ある地区となった。

バスティーユ広場の風景に溶け込んだ新オペラ座

バスティーユ広場
[M] ①⑤⑧Bastille

オペラ・バスティーユ
[M] ①⑤⑧Bastille
[住] Pl. de la Bastille 12e
公演チケット購入は→P.125。

広場の中心には7月革命記念柱が建つ

ヴォージュ広場 ★★

[MAP] P.62-B3　Place des Vosges

ブルボン朝の創始者でもあるアンリ4世の命により造られ、1612年に完成した。赤れんが造りの36のパヴィヨン（館）に囲まれた、パリで最も美しい広場だ。革命前には「王の広場Place Royale」と呼ばれ、貴族たちの華やかな社交の場となった。

現在、広場を囲む建物の1階部分はアーケード付きの回廊となっていて、画廊、骨董商、レストランなどが並ぶ。趣のあるアーケードの下を歩いたり、芝生の上でのんびりしたり、マレ散策の途中でぜひ寄ってみたい場所だ。

ヴォージュ広場
[M] ①⑤⑧Bastille

優雅な散歩が楽しめるヴォージュ広場。芝生で憩うひとときも格別

Column History　マレ地区歴史散歩

サン・ジャック塔のあたりからバスティーユ広場まで広がるエリアは「マレ地区」と呼ばれる。パリでも珍しい18世紀以前の建物が残る歴史的エリアだ。

風情ある町並みを眺めながらの散歩が楽しい地区だが、なかでもぜひ訪れてほしいのが**ヴォージュ広場**（上記）。そのヴォージュ広場の6番地は、フランスが誇る19世紀最大の作家ヴィクトル・ユゴーが1833年から1848年まで住んでいた場所で、現在は**ヴィクトル・ユゴー記念館**Maison de Victor Hugo（[MAP] P.62-B3）として公開されている。

この地区の歴史的建造物のなかには、ほかにも博物館として公開されているものが多い。例えば、フラン・ブルジョワ通りRue des Francs Bourgeoisにある**カルナヴァレ博物館**（→P.122）。アンリ4世時代からベルエポックまでのパリが絵を見ながら手に取るようにわかる。カルナヴァレ博物館の北、Rue de Thorignyには**サレ館（ピカソ美術館）**（→P.118）がある。

また、マレ地区はユダヤ人居住区としても知られているが、なかでもロジエ通りRue des Rosiers（[MAP] P.62-A3）はユダヤ人街で、ユダヤ・レストランが軒を連ねている。

[はみだし] マレ地区はゲイタウンでもある。Rue Vieille du Templeとポンピドゥー・センターに挟まれた一帯には、ゲイの自由の象徴であるレインボーフラッグを掲げたカフェやバー、ショップが数多くある。

サン・ジェルマン・デ・プレ〜カルチェ・ラタン
&モンパルナス

広いリュクサンブール公園

文化人に愛されたカフェ「カフェ・ド・フロール」

かつて学者や作家たちが議論を交わした老舗カフェが今も残るサン・ジェルマン・デ・プレ。ブランドショップが進出し、おしゃれな若者たちの人気エリアでもある。その東側は、パリきっての文教地区カルチェ・ラタン。学生街にふさわしく、気軽なレストランが連なる路地など、親しみやすい雰囲気が漂っている。

12月にはサン・ジェルマン・デ・プレ教会の前にクリスマス市が立つ

サン・ジェルマン・デ・プレ教会
Ⓜ ④St-Germain des Prés
🏠 3, pl. St-Germain des Prés 6e
🕐 8:30〜20:00(⊕ ⊕は9:30〜)
🔗 www.eglise-saintgermaindespres.fr

有名カフェの向かいに建つサン・ジェルマン・デ・プレ教会

サン・シュルピス教会
Ⓜ ④St-Sulpice
🏠 Pl. St-Sulpice 6e
🕐 7:30〜19:30

ドラクロワ作『ヤコブと天使の戦い』

))) おもな見どころ (((

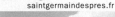

サン・ジェルマン・デ・プレ教会 ★★★
MAP P.61-C3　　　　Eglise St-Germain des Prés

　起源は6世紀に遡り、パリでは数少ないロマネスク様式を残す教会。周囲に高い建物がないだけに、空に伸びる塔の姿はほれぼれするほど美しい。革命時にかなりの部分を焼失したが、19世紀に改修され、現在にいたっている。

　鐘楼の下の入口をくぐると、内部は意外と明るい。白い壁と白い天井。そのロマネスクの身廊の天井に交差するゴシック様式のリブ・ヴォールトは、17世紀になって付け加えられたものだ。またここからドラクロワ記念館までの道は、表通りとはうって変わって静かで、古い町並みが美しい。

サン・シュルピス教会 ★★
MAP P.65-C1　　　　Eglise St-Sulpice

　奥行き120m、幅57mの規模を誇るパリ屈指の教会。1646年から1世紀にもわたる工期を経て建てられ、火災や落雷などたび重なる被害に遭った後、現在のネオクラシックの風貌をもつにいたった。ナポレオン・ボナパルトの栄誉を祝う宴が、700名を一堂に集めて行われたという歴史も見逃せない。

　内部に入ってすぐ右側には、1856年にドラクロワによって描かれたフレスコ画があり、特に『ヤコブと天使の戦いLa Lutte de Jacob avec l'Ange』は有名だ。

はみだし　サン・シュルピス教会は、大ベストセラー小説『ダ・ヴィンチ・コード』で、聖杯のありかを示すキー・ストーンが隠されている場所として登場する。以来、熱心な読者の訪問が引きもきらない。

リュクサンブール公園 ★★
MAP P.65-C1〜2　　　　　　Jardin du Luxembourg

　初夏になるとマロニエの並木が木陰を作り、寒い冬の日には木漏れ日がベンチに憩う人を暖かく包む。子供を遊ばせながら編み物をしているお母さん、本を読む学生……。コートの襟を立てて散歩する人も多い。時間をつぶしているのではなくて、皆、ゆっくり、ゆったりと過ごしている。

　面積25ヘクタールの公園の北側にある建物は、**リュクサンブール宮**Palais du Luxembourg。現在は**上院**Sénatとして使わ

リュクサンブール宮

れているが、もともとはアンリ4世の妃、マリー・ド・メディシスが故郷イタリアのトスカーナ風に、と建てさせたものだ。また、公園の一角には、子供たち向けの人形劇を上演するマリオネット劇場がある。

パンテオン ★★
MAP P.65-D1　　　　　　　　　　Panthéon

英雄たちの墓パンテオン

　ギリシア語で万神殿を意味するパンテオン。パリの守護聖女ジュヌヴィエーヴを祀った丘の上の古い教会を、18世紀に再建したものだ。現在はフランスに貢献した人たちの墓所として知られている。クリプト（地下祭室）に眠るのは思想家のルソー、ヴォルテール、作家のユゴー、ゾラ、そして科学者のキュリー夫人など。1851年、地球の自転を証明するため、フーコーが振り子の公開実験を行った場所でもあり、現在、同じ型の振り子が展示されている。360°の展望を楽しめるドームにも登れる。

アラブ世界研究所 ★
MAP P.66-A1　　　　　　Institut du Monde Arabe

　セーヌ河岸にそびえ立つ総ガラス張りの巨大な建物は、アラブ世界との交流を目的として建てられた文化施設。図書館、シネマテーク、企画展を行う**Ima博物館**Musée de l'Imaなどが入っている。アラブ文化を紹介する企画展も興味深いが、何といってもジャン・ヌーヴェルの設計の建築自体がユニークだ。壁面を覆うパネルが太陽の光に応じて自動的に開閉し、さまざまなパターンを描き出している。

設計はジャン・ヌーヴェル

　最上階のテラスからはパリの町並みを見渡すことができる。

リュクサンブール公園
Ⓜ ④⑩Odéon
🚈 ⑧Luxembourg
🕐 日の出〜日の入り（季節による）

リュクサンブール美術館
Musée du Luxembourg
リュクサンブール宮の一角は企画展専門の美術館になっている。小さい美術館だが、評判を集める企画展が多い。
URL museeduluxembourg.fr

ふたつのカフェ文化
パリ左岸には文豪や芸術家たちに愛されたカフェが並ぶ地区がある。

●サン・ジェルマン・デ・プレ
MAP P.61-C3
サン・ジェルマン大通りに面して建つ3つのカフェ、「カフェ・ド・フロール」（→P.138）、「レ・ドゥー・マゴ」（→P.138）、「ブラッスリー・リップBrasserie Lipp」。どれも第2次世界大戦後の一時期、サルトルなどの実存主義者たちが書斎兼待ち合わせ場所にしていたカフェだ。

●モンパルナス **MAP** P.64-B2
ヴァヴァン交差点周辺にある4つのカフェ、「ル・ドームLe Dôme」「ラ・クーポールLa Coupole」「ル・セレクトLe Select」「ラ・ロトンドLa Rotonde（→P.138）」。20世紀初頭、無名時代のピカソや多くの芸術家たちが集まった。

モンパルナスのカフェ「ラ・ロトンド」

パンテオン
Ⓜ ⑩Cardinal Lemoine
🚈 ⑧Luxembourg
🏠 Pl. du Panthéon 5e
🕐 4〜9月　　　10:00〜18:30
　10〜3月　　10:00〜18:00
　（入場は閉館の45分前まで）
🚫 1/1、5/1、12/25
💰 €11.50、パリ・ヴィジット所有者は€9（→P.83）、ドーム€3.50
🎫 ミュージアム・パス使用可（→P.113）
URL www.paris-pantheon.fr

アラブ世界研究所
Ⓜ ⑦⑩Jussieu
🏠 1, rue des Fossés St-Bernard 5e
URL www.imarabe.org

Ima博物館
🕐 火〜金　　10:00〜18:00
　土・日　　10:00〜19:00
　（入場は閉館の45分前まで）
🚫 月　💰 €8
🎫 ミュージアム・パス使用可（→P.113）

屋上テラス
🕐 10:00〜18:00
🚫 月　💰 無料
※7/15〜9/4は工事のため休館。

パリ
サン・ジェルマン・デ・プレ〜カルチェ・ラタン

パリでは珍しい近代的なビル

モンパルナス・タワー

Ⓜ④⑥⑫⑬Montparnasse Bienvenüe

住 33, av. du Maine 15e

開 9:30〜23:30
（10〜3月の平日は〜22:30、㊏㊐は〜23:00）
（入場は閉館の30分前まで）

休 無休

料 €15〜23、学生€11〜18、
パリ・ヴィジット所有者は25%
割引（→P83）

URL www.tourmontparnasse56.com

モンパルナス墓地

Ⓜ⑥Edgar Quinet ④⑥Raspail ⑬Gaîté

住 3, bd. Edgar-Quinet 14e

開 8:00〜18:00
（季節、曜日によって異なる）

◆埋葬されているおもな人々
ジャン・ポール・サルトル
　Jean= Paul Sartre（哲学者）
ボーヴォワール
　Simone de Beauvoir（作家）
ボードレール Baudelaire（詩人）
モーパッサン Maupassant（作家）
シトロエン Citroën（事業家）
セルジュ・ゲンズブール
　Serge Gainsbourg（歌手）
マン・レイ Man Ray（写真家）
マルグリット・デュラス
　Marguerite Duras（作家）
ブランクーシ Brancusi（彫刻家）
ジーン・セバーグ
　Jean Sebergs（俳優）

カタコンブ

Ⓜ④⑥ⒷⒷDenfert Rochereau

住 1, av. du Colonel Henri Rol-Tanguy 14e
（出口は21bis, av. René Coty）

開 9:45〜20:30
（入場は19:30まで）

休 ㊊、1/1、5/1、12/25

料 €29（オーディオガイド込み）

URL www.catacombes.paris.fr

※ウェブサイトで要予約
見学コースは約1.5km、所要約45分。入口と出口が異なるので注意。

怖がりの人は気をつけて！
天井からのしずくが骸骨をなでるようにタラタラと落ちる様はなんとも不気味。入口の上に"Arrête! C'est ici l'Empire de la mort"（止まれ！ここからは冥土だぞ）と刻み込まれている。

モンパルナス・タワー ★★
MAP **P.64-B2**　　Tour Montparnasse

　タワー（塔）といっても、厳密には59階建ての高層ビル。モンパルナス再開発プロジェクトの一環として建設が開始され、1972年に完成した。おもにオフィスとして使われているが、56階と59階のみ一般に開放されている。

　日本の高層ビルとちょっと違うのは、屋上である59階に出られること。眺めはバツグンだ。パリのニュータウン、ラ・デファンス地区の高層ビルが建ち並ぶ様子が見える。ブティックやカフェのある56階までエレベーターで行き、屋上テラスへはそこから階段で上る。

屋上テラスからのすばらしい夜景

モンパルナス墓地 ★★
MAP **P.64-B2〜3**　　Cimetière du Montparnasse

　パリの南部、モンパルナス界隈にあるので"南の墓地"とも呼ばれる。エドガー・キネ大通りにある中央入口から入る。門の左にある事務所の壁に墓地内の地図がある。入ってすぐの右の通路には、ボーヴォワールと仲よく並ぶサルトルの墓、そのほかボードレール、モーパッサン、自動車シトロエンの創始者のアンドレ・シトロエンの墓もある。歌手セルジュ・ゲンズブールの墓には、今も彼の死を惜しむファンがたくさん訪れ、花を絶やすことがない。

供え物であふれるゲンズブールの墓

カタコンブ ★
MAP **P.65-C3**　　Catacombes de Paris

　パリ市内にあった共同墓地の無縁仏の骸骨、なんと600万体を納骨した地下墓地。すべての遺骨を運び終わるのには100年を要したという。103段の細いらせん階段を下りると、地下20m、温度は1年中約14℃という所に、手足の骨や頭蓋骨が通路の両側の壁にぎっしり、整然と積み上げられている。場所によっては、その奥行き30mという。

　通路は迷路のように入り組み、何本にも分かれている。地下墓地となる前、採石場だった頃に、好奇心からここに入り込んだ人が結局1年後に白骨で見つかるといった事件が続発したほどだ。今はもちろん、メインの通路以外はすべて柵でふさがれている。

後にレジスタンスの会合の場ともなった

活気あふれるパリの市場
蚤の市／朝市／専門市

パリの楽しみは名所巡りだけではない。蚤の市で骨董品を探したり、町なかの市場でグルメの国の食事情をのぞいてみるのもおもしろい。
※市場の開催時間は目安。季節、天候、店舗によって異なる

週末は蚤の市へ

パリの蚤の市は、最大規模を誇るクリニャンクール、小規模だがセンスのいい雑貨が見つかるヴァンヴ、古い衣料品や日用雑貨などが山積みにされているモントルイユの3ヵ所。週末に開かれるので、蚤の市巡りをするのも楽しい。

クリニャンクールの蚤の市
Les Puces de Clignancourt

パリで最も規模が大きく、蚤の市の代名詞的な存在。とにかく広大で圧倒されるが、きちんと区画整理され、エリアごとに名前がついているので歩きやすい。カフェやレストランでひと休みしながら1日中楽しめる。

MAP 巻頭A3
Ⓜ ④Porte de Clignancourt
開 ⊛⊕⊛ 7:00〜19:30（エリアによって異なる）

雑貨好きにおすすめは「ヴェルネゾンVernaison」エリア

ヴァンヴの蚤の市 Les Puces de Vanves

ヴァンヴの蚤の市は、露天商が歩道の両側に並ぶ青空市。2時間もあれば端から端まで十分回れる規模なので、ふらりと訪れるのにぴったり。カフェ・オ・レ・ボウルやキーホルダーなどパリらしい雑貨や、状態のいいアンティーク品と出会える。掘り出し物を見つけるには、なるべく早い時間に行きたい。

MAP 巻頭E2
Ⓜ ⑬Porte de Vanves
開 ⊕⊛ 7:00〜14:00

自分にとっての「宝物」を掘り出すのが楽しい

モントルイユの蚤の市
Les Puces de Montreuil

山積みにされた衣料品や日用品が迫力満点の露店市。治安がよくない地域で開かれるので、スリなどに十分注意を！

MAP 巻頭C4　Ⓜ ⑨Porte de Montreuil
開 ⊕⊛⊛ 7:00〜19:30

パリの食生活を体感できる朝市

パリには常設市場、広場や大通りに立つ朝市などがあり、その数約90ヵ所。旬の野菜や果物、肉、魚のほか、乳製品やワインなどが山と積まれ、パリの人々の食生活を垣間見ることができる。

アンファン・ルージュの市場
Marché des Enfants Rouges

マルシェ・エリアの小さな入口を入ると、野菜や果物を扱う生鮮食品店のほかに、レストランと総菜店が連なる。イタリアやモロッコ、メキシコなど各国料理がテラス席で食べられる。

MAP P.62-B2
Ⓜ ⑧Filles du Calvaire
住 39, rue de Bretagne 3e
開 8:30〜20:30（⊛〜21:30、⊛〜17:00）休 ⊛

小規模ながら人気のある市場

グルネルの市場 Marché Grenelle

La Motte Picquet Grenelle駅からDupleix駅まで、メトロが地上を走る高架下で開かれるマルシェ。観光客はほとんど訪れないので、地元の雰囲気をそのまま味わえる。

MAP 巻頭C2〜D2
Ⓜ ⑥⑧⑩La Motte Picquet Grenelle ⑥Dupleix
住 Bd. de Grenelle 15e
開 ⊛ 7:00〜13:30 ⊛ 7:00〜14:30

ラスパイユのビオマルシェ
Marché Biologique Raspail

パリで開かれるビオ（オーガニック）マルシェのうち規模が大きく、観光客にも人気なのが日曜に立つラスパイユの市。野菜やパン、チーズ、ワインなど食料品のほか、衣料品や石鹸などの日用品も揃う。

MAP P.64-B1
Ⓜ ⑫Rennes
住 Bd. Raspail 6e
開 ⊛ 9:00〜14:30

新鮮な野菜がたくさん！

観光の合間に立ち寄りたい専門市

花市
Marché aux Fleurs

シテ島（→P.102）内の広場で花市が開かれている。季節を問わず色とりどりの花が並べられ、花が大好きなパリっ子たちでにぎわう。

MAP P.61-D3　Ⓜ ④Cité
開 8:00〜19:30

モンマルトル

風車が似合う小高い丘

老舗キャバレーの「ムーラン・ルージュ」(→P.128)

青空に映える白亜の聖堂

パリ北部にある丘、モンマルトル。白亜の聖堂サクレ・クールがそびえるこの丘を中心とした界隈には、今もユトリロが描いた小さな路地がそのまま残る。石畳の道、ブドウ畑、そして風車。地図など持たず思いのまま、迷路に迷い込んだように歩き回れば、画家たちが愛した風景に出合うことができる。

サクレ・クール聖堂
Ⓜ ②Anvers ⑫Abbesses
🏠 35, rue du Chevalier de la Barre 18e
🕐 聖堂　6:30〜22:30
　　ドーム　10:00〜19:00
💴 聖堂内部は無料、ドームは有料
🌐 www.sacre-coeur-montmartre.com

パリっ子に愛されるサクレ・クール聖堂

))) おもな見どころ (((

サクレ・クール聖堂　★★★
MAP P.55-D2　　　　Basilique du Sacré Cœur

　パリっ子とは、モンマルトルの丘の影がかかる範囲の人だそうだ。モンマルトルでも特に目立つのが、サクレ・クール聖堂。ビザンチン様式の白亜の3つのドームは陽光に輝くとますます白く「あら、こんな所から？」と思うほど、いろいろな場所からよく見える。それもそのはず、聖堂の建造理由の第一は、普仏戦争やパリ・コミューンの崩壊でがっくりきている市民を鼓舞するため。40年の歳月、カトリック教徒の寄付4000万フランを費やして、1919年に完成した。階段下のテラスからは、パリの町が一望のもとに見渡せる。もっと高い所から見たいという人は、聖堂のドームへ上ってみよう。

☕ **Column Pause café　プチトランで楽々観光**

　モンマルトルは自分の足で歩き回ってこそ、その魅力を味わうことができる。とはいっても、急な階段や坂道が続くので、蒸気機関車の形をした観光用ミニバス「プチトラン」もおすすめ。モンマルトルの見どころを約40分で一周する。英・仏語の解説付きでシャンソンのテープも流れる。見どころポイントをおさえてひと回りするので、散策時間があまりないときにも便利だ。

乗り場はメトロBlanche駅とテルトル広場近くにある。
プチトラン Petit Train
🕐 4〜9月　10:00〜19:00
　　　　　(7・8月は〜22:00)
　　10〜3月　10:00〜18:00
　　　　(10〜12月、1月の⊕ ⊕は〜17:00)
　　30分または1時間間隔で運行　休 1月の平日
💴 €8　🌐 promotrain.fr
※ほかに「モンマルトランMontmartrain」もある。プチトランとほぼ同じルートを走るが、乗り場が異なるので注意。

モンマルトルの小道を走る

はみだし　サクレ・クール聖堂までの階段と並行にケーブルカーが運行している。メトロと同じ切符「Ticket t+」、パス(→P.83)で乗ることができる。行きはケーブルカーで上り、帰りは階段を下りてくるのがおすすめ。

テルトル広場 ★★★
MAP P.55-C2 — Place du Tertre

パリではサン・ジェルマン・デ・プレ教会、サン・マルタン・デ・シャン教会に次ぐ古い教会である**サン・ピエール・ド・モンマルトル教会**St-Pierre de Montmartre。この教会の西側正面付近にあるのが、**テルトル広場**Pl. du Tertre。もとはモンマルトル村の広場で、3番地は村役場だった所だ。今は画家、似顔絵描

き、切り絵師たちがたくさんいて、広場を埋め尽くすように作品を広げている。似顔絵を描いてもらっている観光客も多い。そこかしこで大道芸人のパフォーマンスが見られ、1日中にぎわいが絶えない。

似顔絵を描いてもらうときは作風、料金と営業許可証が明示されているかを確かめてから

モンマルトル墓地 ★
MAP P.54-B2～C2 — Cimetière de Montmartre

クリシー大通りから北へ行くラッシェル大通りAv. Rachelの突き当たりが中央入口。メトロでは②号線Blancheか②⑬号線Place de Clichyが近い。ハイネ、ドガ、ベルリオーズ、スタンダール、映画監督トリュフォーや彼の映画に出演したジャンヌ・モローなどが眠っている。ほかの墓地と同様に全体の区画図があるが、有名人の墓の所在をアルファベット順に一覧表で提示してあるため、お目当てを見つけやすい。

ダリダDalida（歌手）の墓

テルトル広場
Ⓜ②Anvers ⑫Abbesses

広場外の立ち絵描きには要注意
広場で似顔絵や絵画販売ができるのはパリ市の許可証をもつ正規の作家だけ。広場の外側で画板をもって立ち歩き、客引きをしているのは違法のニセ絵描きだ。ボッタクリ、スリの危険もあるので要注意。

ピカソのアトリエ「洗濯船Le Bateau-Lavoire」
1904年、ピカソが恋人と住み始めた安アパートは、詩人のマックス・ジャコブによって「洗濯船」と名づけられた。長屋風なことと、歩くときぎしぎし音がして、セーヌ川に浮かぶ洗濯用の船に似ていたから。ピカソはここでの4年間に「青の時代」の名作を描き続け、キュビスムの始まりとなった『アヴィニョンの娘たち』もここで描かれた。**MAP P.55-C2**

当時の木造アパートは1970年に焼失し、現存しない

モンマルトル墓地
Ⓜ②Blanche ②⑬Place de Clichy
🏠 20, av. Rachel 18e
🕐 8:00～18:00
（⊕は8:30～、⊜は9:00～）
（季節、曜日によって異なる）

◆埋葬されているおもな人々
ハイネ Heine（詩人）
アレクサンドル・デュマ Alexandre Dumas（小説家）
エドガー・ドガ Edgar Degas（画家）
スタンダール Stendhal（小説家）
フランソワ・トリュフォー François Truffaut（映画監督）
ジャンヌ・モロー Jeanne Moreau（俳優）

☕ **Column / Pause café** **モンマルトルに流れるシャンソンの調べ**

モンマルトルには懐かしいシャンソンを聴かせてくれるシャンソニエがある。芸術家たちも通った店で、ひとときパリの心に酔いしれよう。
モンマルトルのブドウ畑前にあるオ・ラパン・アジルは、かつてピカソやユトリロら、画家たちのたまり場だった。「ラパン・アジル」とは「はねウサギ」の意。片手に酒瓶を持ったウサギが鍋から飛び出してくる絵を画家アンドレ・ジルが描いたことから店の名がついたという。
昔ながらの雰囲気を今も残すこの店では、『パリの屋根の下』など懐かしいシャンソンを専属の

歌手が聴かせてくれる。おなじみの曲が多いので、知っている曲があれば一緒に歌って楽しみたい。食事のメニューはないので、夕食を済ませて出かけよう。

ウサギの絵の看板が目印

オ・ラパン・アジル Au Lapin Agile
MAP P.55-C2 Ⓜ⑫Lamarck Caulaincourt
🏠 22, rue des Saules 18e 📞 01.46.06.85.87
🕐 21:00～翌1:00 休 ㊊ ㊌ ㊐
💴 1ドリンク込み€35、26歳未満の学生€25（⊕㊗除く）
予約 ウェブサイトから予約可能。
URL au-lapin-agile.com

客席と一体になったショーが魅力

もうひとつのパリ

1 サン・マルタン運河
2 ベルシー地区

シャンゼリゼ、エッフェル塔といった名所巡りも楽しいけれど、有名な観光エリアから少し外れた場所にも、見逃せない「もうひとつのパリ」が存在している。有名観光スポットだけでないパリの魅力に迫ろう。

運河沿いの「北ホテル」

マルセル・カルネ監督、ルイ・ジューヴェの主演で有名な『北ホテル Hôtel du Nord』（1938年）の舞台になった同名のホテル。原作者のダビは、このホテルで小説を書き始めた。映画では実際のホテルは使わず、運河、橋、街灯までそっくりのセットを撮影所内に設けて撮影した。かつて外国人労働者の木賃宿だったこのホテルも、今ではカフェレストランになっている（→P.131）。

シネマテーク・フランセーズ
Cinémathèque Française

フランク・ゲーリー設計の建物にオープンしたシネマテーク。内部には上映ホール、フィルムライブラリーなどがある。なかでもメリエス博物館Musée Mélièsの常設展示は、映画製作にまつわる資料、小道具、衣装などのコレクションが充実し、見応え十分。
MAP P.67-C3 ⑥⑭Bercy
URL www.cinematheque.fr

ベルシー・ヴィラージュ
Ⓜ ⑭Cour St-Emilion

サン・マルタン運河　★★
MAP P.56-B3/P.62-B1　　　　Canal St-Martin

　パリ北東部のラ・ヴィレット貯水池から、東駅の東を通ってバスティーユ広場南のアルスナル港に続くのが、**サン・マルタン運河**。ナポレオン時代に掘られ、今でも川船が行き交う。特にこの運河を美しく見せているのは、運河に架かる鉄製の丸い太鼓橋と水面に影を落とすマロニエの並木。映画『アメリ』（2001年）の主人公が水切りを楽しんでいた場所、といえばすぐにどんな橋か思い浮かぶだろう。下町の雰囲気も残っているが、若者に好まれるカフェやブティックも増え、おしゃれスポットとして人気が高い。

運河クルーズ（→P.91）も楽しめる

ベルシー地区　★
MAP P.67-C2〜D3　　　　　　　Bercy

　リヨン駅の南東にある**ベルシー地区**は、かつてブドウ畑が広がり、ワイン倉庫の並ぶ「パリの中の田舎」だった。この界隈は近年、再開発が進み、**財務省、シモーヌ・ド・ボーヴォワール橋**、セーヌ川を越えた13区側の**国立図書館、レ・ドック-シテ・ド・ラ・モード・エ・デュ・デザイン**（モード関係の機関が入った複合施設）など、新しいランドマークが次々とできた。メトロ⑭号線沿いの、日々刻々と景色が移り変わる注目エリアだ。

　ベルシー・ヴィラージュ Bercy Village（→P.139）は、メトロ⑭号線のクール・サンテミリオンCour St-Emillionからすぐの所にあるショッピング街。昔のワイン倉庫をそのまま利用した、石造りの店舗が並んでいる。日曜でも買い物が楽しめる便利なスポットで、ショップのほか、巨大なシネマコンプレックスやレストラン、カフェなども揃っている。

ベルシー・ヴィラージュ

はみだし かつてリヨン駅とバスティーユ駅の間にあった国鉄近郊線の高架橋が、今では「ヴィアデュック・デザール Viaduc des Arts（芸術の高架橋）」と呼ばれるアトリエ・ブティック街になっている。**MAP** P.67-C1〜2

Musée

パリの美術館＆博物館

芸術の都パリには、珠玉の名作を集めた美術館が数多くある。ルーヴルやオルセーなど有名な大美術館から、個人コレクションの小さな美術館まで、よりどりみどり。自分の興味に合わせて美術館巡りを楽しもう。

パリの美術館を楽しむコツ

[パリの三大美術館]

　パリにある国立の三大美術館が、ルーヴル美術館、オルセー美術館、国立近代美術館。大まかにいって、ルーヴルには古代から18世紀の作品、オルセーには19世紀の作品、国立近代美術館には20世紀から現在までの作品が展示されている。三大美術館を訪れれば、古代から現代の西洋美術史の流れをひととおりおさえることができる。

[人気美術館はウェブサイトで予約]

　ルーヴル、オルセーといった美術館はとにかく人気。ウェブサイトで予約しておくのが安心だ（ルーヴルは必須）。ほとんどの美術館は、閉館の30分から1時間前にチケットの販売と入場を終了し、閉館10分前からは展示室を閉め始めるところも。落ち着いて鑑賞したかったら、最低1時間は取りたい。

[入場無料の第1日曜をチェック]

　一部の美術館は、毎月第1日曜が入場無料になる。パリ観光の日が該当していたら、美術館巡りするのもいい。ただし、平日より混雑するのは覚悟のうえで。また、ルーヴルやオルセーのように、曜日によっては開館時間を夜間まで延長するところもあるので要チェックだ。

便利な美術館パス

　美術館巡りをするときにあると便利なのが「パリ・ミュージアム・パス Paris Museum Pass」だ。これは、パリと近郊の主要な美術館とモニュメントに入ることができるパスで、48時間券、96時間券、144時間券の3種類がある。

パリ・ミュージアム・パスの48時間券

　入場できる美術館については、パス購入時にもらえるリストか、ウェブサイトで確認を。ルーヴル、オルセーなどの美術館はもちろん、凱旋門、サント・シャペルといったパリの名所、さらにヴェルサイユ宮殿やフォンテーヌブロー城などパリ近郊のおもな史跡までカバーされている。

美術館情報の収集に活用したい日本語サイト
世界の美術館、博物館を紹介する日本語サイト。フランスの最新展覧会情報など充実している。
●メゾン・デ・ミュゼ・デュ・モンド
URL www.mmm-ginza.org

年齢割引の利用
美術館では年齢割引（26歳未満、シニアなど）を設けているところが多い。年齢証明のため、パスポートは携帯しておこう。EU在住の26歳未満の人は、フランスのすべての国立美術館が無料だが、これはEU外の住民には適用されない。また、18歳未満の誰もが無料になる美術館も多いので、窓口で確認のこと。

手荷物は最小限に
入館する際、ほとんどの美術館で手荷物検査を受けなければならない。公共の場の安全を保つためのセキュリティチェックなので指示に従おう。持ち込みできる荷物の大きさや個数の指定があることも。クロークやコインロッカーがあれば利用するといい。

美術館でのマナー
美術館でのマナー違反で一番目立つのは写真撮影。写真撮影が認められている美術館でも、絶対にフラッシュをたかないこと。オートフラッシュをオフにしておこう。

パリ・ミュージアム・パス
料 48時間券€62、96時間券€77、144時間券€92
URL www.parismuseumpass.com
本書のパリ・ミュージアム・パスが使える美術館には、「パス ミュージアム・パス使用可」と記した。

パスの使い方
美術館やモニュメントの入口で提示する。1ヵ所につき1回入場可能。常設展のみ有効で、企画展には入場できない。パスは最初に使用した時刻から連続した時間で有効。予約の必要な美術館では別途時間指定が必要。ストライキなど臨時休館の場合でも払い戻しはない。

パスが買える場所
＜パリ＞
主要美術館の窓口、パリ市内の観光案内所（→P94）、シャルル・ド・ゴール空港内のイル・ド・フランス観光案内所（→P75）など。
＜日本＞
パリ・ミュージアム・パス ジャポン
URL parismuseumpass-japon.com

パリ

もうひとつのパリ／美術館＆博物館

©pyramide du Louvre, arch. I.M. Pei
日本の東芝製のLED照明を使った夜の
ライティングも見逃せない

ルーヴル美術館

M ①⑦Palais Royal Musée du
Louvre
住 Musée du Louvre 1er
開 9:00～18:00
（金は～21:45）
休 火、1/1、5/1、12/25
料 €22
18歳未満無料、9～6月の第1
金18:00以降と7/14は無料、
日本語オーディオガイド€6
片言 **バス** ミュージアム・パス使用可
（→P.113）
URL www.louvre.fr
※ウェブサイトで要予約。一般料
金の設定もあるが、予約なしだと
入れない可能性が高い。ミュージ
アム・パス保有者はウェブサイト
で時間指定することが必要。

ナポレオンホールの案内所に
は日本語版の館内見取り図がある（無
料）。仏語版はウェブサイトからダ
ウンロードもできる

ルーヴル分館

一部の作品は、フランス北東部の
町ランス（→P.277）およびアブダビ
の分館に展示されている。

ルーヴル美術館
MAP P.61-C2 ★★★
Musée du Louvre

　世界で最も有名な美の殿堂、ルー
ヴル美術館。『**モナ・リザ**』『**ミロの
ヴィーナス**』をはじめ、人類の至
宝といえるような傑作に出合える。
美術にはあまり詳しくないという
人でも感動すること間違いなしだ。
　所蔵されているのは、古代オリ
エントから18世紀までの彫刻、絵
画、デッサン、美術工芸品で、コ
レクションの総数はなんと30万点
以上。そのなかから、約3万5000点
が常設展示されている。

ガラスのピラミッドの下にあるナ
ポレオンホールが美術館の入口
© pyramide du Louvre, arch. I.M. Pei

　入口は中庭に建つガラスのピラ
ミッド。地下が広々としたホール（ナポレオンホール）になってお
り、案内所、書店、カフェ、レストラン、オーディトリアム
などがある。チケットもここで購入する。
　展示室は、**シュリー**Sully、**ドノン**Denon、**リシュリュー**
Richelieuと名づけられた3つの翼に分かれ、ピラミッドのナポ
レオンホールから各翼に直接入れる。作品の配置はしばしば変
更されるので、案内所で最新の案内図を入手しよう。日によっ

防弾ガラスケースに入った『モナ・リザ』

ては特定のエリアがク
ローズしていることもあ
るので、お目当ての作品
がある場合は、案内所で
確認して。ウェブサイト
であらかじめ展示室の開
閉スケジュールをチェッ
クしておくのもいい。

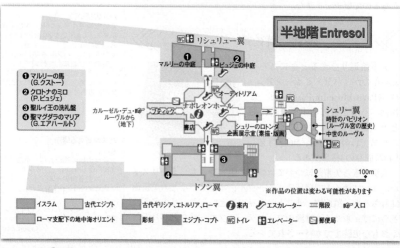

半地階Entresol

❶ マルリーの馬
（G.クストー）
❷ クロトナのミロ
（P.ピュジェ）
❸ 聖ルイ王の洗礼盤
❹ 聖マグダラのマリア
（G.エアハールト）

WC🚻 リシュリュー翼
マルリーの中庭 ❶ ❷ ピュジェの中庭
オーディトリアム
ナポレオンホール WC
カルーゼル・デュ・ ブティック WC シュリー翼
ルーヴルから ナポレオンホール 時計のパビリオン
（地下） 書店 （ルーヴル宮の歴史）
シュリーのロトンダ ●中世のルーヴル
企画展示室（素描・版画） WC
❸
ドノン翼 0 100m
❹ ※作品の位置は変わる可能性があります

| | イスラム | | 古代エジプト | | 古代ギリシア、エトルリア、ローマ | 🛈 案内 | 🪜 エスカレーター | 🪜 階段 | 🚪 入口 |
| | ローマ支配下の地中海オリエント | | 彫刻 | | エジプト・コプト | WC トイレ | 🛗 エレベーター | | 📮 郵便局 |

はみだし ナポレオンホールへはガラスのピラミッドの入口以外に、地下ショッピングセンター「カルーゼル・デュ・ルー
ヴル」からもアクセス可能（ウェブサイトで予約した人のみ）。

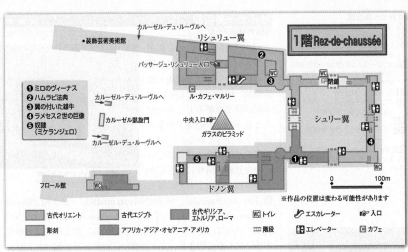

1階 Rez-de-chaussée

カルーゼル・デュ・ルーヴルへ
リシュリュー翼
•装飾芸術美術館
パッサージュ・リシュリュー入口
閉鎖
ル・カフェ・マルリー
シュリー翼

❶ ミロのヴィーナス
❷ ハムラビ法典
❸ 翼の付いた雄牛
❹ ラメセス2世の巨像
❺ 奴隷
　（ミケランジェロ）

カルーゼル・デュ・ルーヴルへ
カルーゼル凱旋門
中央入口
ガラスのピラミッド
カルーゼル・デュ・ルーヴルへ

フロール館
ドノン翼

0　　　100m

※作品の位置は変わる可能性があります

■ 古代オリエント　　■ 古代エジプト　　■ 古代ギリシア、エトルリア、ローマ　　WC トイレ　　✦ エスカレーター　　☞ 入口
■ 彫刻　　■ アフリカ・アジア・オセアニア・アメリカ　　▥ 階段　　📶 エレベーター　　C カフェ

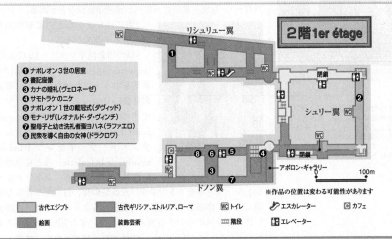

2階 1er étage

リシュリュー翼

❶ ナポレオン3世の居室
❷ 書記座像
❸ カナの婚礼（ヴェロネーゼ）
❹ サモトラケのニケ
❺ ナポレオン1世の戴冠式（ダヴィッド）
❻ モナ・リザ（レオナルド・ダ・ヴィンチ）
❼ 聖母子と幼き洗礼者聖ヨハネ（ラファエロ）
❽ 民衆を導く自由の女神（ドラクロワ）

閉鎖
シュリー翼
閉鎖
アポロン・ギャラリー
ドノン翼

100m

※作品の位置は変わる可能性があります

■ 古代エジプト　　■ 古代ギリシア、エトルリア、ローマ　　WC トイレ　　✦ エスカレーター　　C カフェ
■ 絵画　　■ 装飾芸術　　▥ 階段　　📶 エレベーター

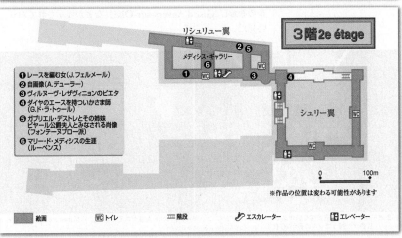

3階 2e étage

リシュリュー翼
メディシス・ギャラリー

❶ レースを編む女（J.フェルメール）
❷ 自画像（A.デューラー）
❸ ヴィルヌーヴ・レザヴィニョンのピエタ
❹ ダイヤのエースを持ついかさま師
　（G.ド・ラ・トゥール）
❺ ガブリエル・デストレとその姉妹
　ビヤール公爵夫人とみなされる肖像
　（フォンテーヌブロー派）
❻ マリー・ド・メディシスの生涯
　（ルーベンス）

シュリー翼

0　　　100m

※作品の位置は変わる可能性があります

■ 絵画　　WC トイレ　　▥ 階段　　✦ エスカレーター　　📶 エレベーター

オルセー美術館

オルセー美術館
M ⑫Solférino
MAP ⒸMusée d'Orsay
住 Esplanade Valéry Giscard d'Estaing 7e
開 9:30〜18:00（㊍は〜21:45）
（入場は17:00まで、㊍は21:00まで）
休 ㊊、5/1、12/25
料 €16（事前予約）、€14（予約なし）、18歳未満と第1㊐は無料
Wi-Fi
バス ミュージアム・パス使用可
（→P.113）
URL www.musee-orsay.fr
※ウェブサイトからの予約がおすすめ。

時計塔内のパヴィヨン・アモン
Ⓒ Musée d'Orsay / Sophie Boegiy

オルセー美術館のレストラン
美術鑑賞のあとは、館内のレストランでゆったりとランチはいかが？ 豪華な天井画にまぶしいシャンデリアなど、宮殿のような内装のなかで食事が楽しめるレストランがある。

オルセー美術館 ★★★
MAP P.60-B2〜3
Musée d'Orsay

　1900年にオルレアン鉄道の終着駅として建てられた駅舎の建物をそのまま利用した美術館。印象派などおもに19世紀の作品を紹介し、ルーヴルと並ぶパリの必見アートスポットとなっている。

　美術館は、吹き抜けになった中央通路の両側に展示室が並ぶ構造になっており、地上

セーヌ河岸に建つ元駅舎の美術館
©Musée d'Orsay / Patrice Schmidt

階（Rez-de-chaussée）、中階（Niveau médien）、最上階（Niveau supérieur）、パヴィヨン・アモン（Pavillon Amont 時計塔内の展示スペース）に分かれて展示されている。地上階には古典派のアングルから始まり、ドラクロワ、バルビゾン派（ミレー、コロー）、写実主義のクールベ、初期印象派などがある。

彫刻ギャラリーとなっている屋内テラス
Ⓒ Musée d'Orsay / Sophie Boegiy

　2階にはロダンなどの彫刻作品を展示するテラスがある。

　5階の印象派ギャラリーLa Galerie impressionnisteには、大胆な構図で世間をあっと言わせたマネの『**草上の昼食**Le déjeuner sur l'herbe』や、モネの『**サン・ラザール駅**La gare Saint-Lazare』、ルノワールの『**ムーラン・ド・ラ・ギャレット**Bal du moulin de la Galette』など見逃せない作品ばかりが並ぶ。ジャン・ミッシェル・ヴィルモットが手がけた改装の後、自然光や特殊な照明によって作品本来の色彩が再現されるようになった。吉岡徳仁作のガラスのベンチも要チェックだ。また5階にあるポスト印象派（ゴッホ、ゴーギャン）の展示室にはゴッホの『**オヴェールの教会**L'église d'Auvers-sur-Oise』などが展示されており、必見だ。

印象派ギャラリーには吉岡徳仁の作品であるガラス製のベンチ《Water Block》が置かれている（左）© Musée d'Orsay / Sophie Boegiy　代表作が揃うゴッホの展示室（右）© Musée d'Orsay / Sophie Boegiy

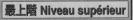

パリ

美術館 & 博物館

最上階 Niveau supérieur

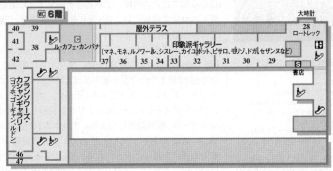

WC 6階

```
40  39
41      38    ル・カフェ・カンパナ    C    屋外テラス                        大時計
42                                                                    28
                                      印象派ギャラリー                ロートレック
フランソワーズ・           （マネ、モネ、ルノワール、シスレー、カイユボット、ピサロ、モリゾ、ドガ、セザンヌなど）
カシャンギャラリー
（ゴッホ、ゴーギャン、ルドン）   37  36  35  34  33  32  31  30  29
                                                                    S 書店
46
47
```

※作品の位置は変わる可能性があります

中階 Niveau médien

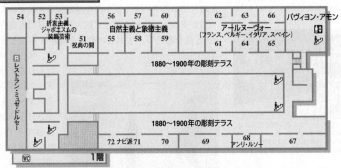

```
54   52  53                56   57   60         62   63   66    パヴィヨン・アモン
     折衷主義、                 自然主義と象徴主義
     ジャポニスムの                                  アールヌーヴォー
     装飾芸術    51              55  58  59      （フランス、ベルギー、イタリア、スペイン）
R   祝典の間                                     61  64  65
レストラン・ミュゼ・ドルセー
              1880〜1900年の彫刻テラス

              1880〜1900年の彫刻テラス
                                                           68
              72 ナビ派 71   70        69        アンリ・ルソー   67
WC
```

1階

※作品の位置は変わる可能性があります

地上階 Rez-de-chaussée

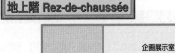

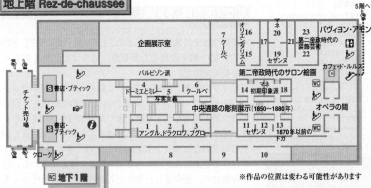

5階へ

```
                                          オリ    16    マネ   23
                                          エン          20 21  第二帝政時代の   パヴィヨン・アモン
              企画展示室        7          タリ   17         22  装飾芸術
                              ク          ズム  15    19
                              ー                      セザンヌ
                                                               カフェ・ド・ルルス
                                                                            C
チ                            バルビゾン派              第二帝政時代のサロン絵画
ケ    S 書店・ブティック         4                      マネ
ッ                          ドーミエとミレー 5      6      14 初期印象派 18    WC
ト                             写実主義     クールベ
売                                                            オペラの間
り                          中央通路の彫刻展示（1850〜1880年）
場    S 書店・ブティック
                           1    2    3          11  12  13   WC
      i                    アングル、ドラクロワ、ブグロー   セザンヌ    1870年以前の
                                                            ドガ
      クローク               8         9          10
WC 地下1階
WC 地下2階                                        ※作品の位置は変わる可能性があります
   オーディトリアム
```

3、4階はパヴィヨン・アモン内の展示室のみ（装飾芸術の展示）

i 案内　WC トイレ　エスカレーター　エレベーター　階段　入口　R レストラン　C カフェ　S ショップ

透明チューブのエスカレーター

国立近代美術館（ポンピドゥー・センター内）
Ⓜ ⑪Rambuteau
①④⑦⑪⑭Châtelet
Ⓡ ⒶⒷⒹChâtelet Les Halles
🏠 Pl. Georges Pompidou 4e
🕐 11:00〜21:00
　（㊌は企画展のみ〜23:00、
　入場は閉館の1時間前まで）
🚫 ㊋、5/1
💴 €15（常設展入場料。企画展は
　内容によって追加料金が異なる）
🚌 ミュージアム・パス使用可
　（→P.113）
🔗 www.centrepompidou.fr
　（日本語あり）
2025年末より工事のため、約5年
間休館予定。

ポンピドゥー・センター横の広場には、ジャン・ティンゲリーとニキ・ド・サンファル作の楽しい彫刻作品が置かれた池がある（2023年5月現在修復中）

ピカソ美術館
Ⓜ ⑧St-Sébastien Froissart
⑧Chemin Vert ①St-Paul
🏠 Hôtel Salé
5, rue de Thorigny 3e
🕐 10:30〜18:00
　（㊏ ㊐ ㊗は9:30〜、
　入場は17:15まで）
🚫 ㊊、1/1、5/1、12/25
💴 €14、パリ・ヴィジット所有者は
　€2割引（→P.83）、第1㊐は無料
🚌 ミュージアム・パス使用可
　（→P.113）
🔗 www.museepicassoparis.fr
ウェブサイトからの予約がおすすめ（予約手数料が€1かかる）。

17世紀の館を見事に改装したピカソ美術館
©Béatrice Hatala

国立近代美術館 ★★★
MAP P.61-D2　　　　Musée National d'Art Moderne

ポンピドゥー・センター（→P.104）の5、6階（Niveau4、5）を占める国立近代美術館。意欲的なテーマで常に話題となる企画展もあわせて訪れたい、近・現代美術の殿堂だ。7階（Niveau6）では企画展が行われる。

美術の教科書でおなじみの作品を観たい、という人は、まず6階（Niveau5）へ。この階では、マティスに始まる20世紀初頭から1960年までの作品が展示されている。フォーヴィスム（マティス、ドラン）、キュビスム（ピカソ、ブラック）、抽象派（カンディンスキー、クレー、モンドリアン）、パリ派（モディリアニ、シャガール、藤田嗣治）、シュルレアリスム（ダリ、ミロ、マグリット、エルンスト）……と、ダイナミックに展開する20世紀美術史の流れを追うことができる。5階（Niveau4）では、1960年以降の作品を展示。フランスのヌーヴォー・レアリスム（アルマン、ティンゲリー、イヴ・クライン）の作品や、デュビュッフェの三次元絵画『冬の庭Le jardin d'hiver』、そして21世紀の現在活躍しているアーティストの作品が展示されている。

コレクションは年を追って拡大し、現在の所蔵作品数はなんと6万点を超える。すべての作品を展示することはできないので、年に数回展示替えが行われる。分館でもあるメッスのポンピドゥー・センター（→P.267）に展示される作品もある。お目当ての作品が展示されているかどうか、入館前に確認しておくといいだろう。

思いおもいに作品と向き合うことができる

ピカソ美術館（サレ館） ★★★
MAP P.62-B2〜3　　　　Musée Picasso Paris - Hôtel Salé

閑静な歴史的地区マレにある、「サレ館（塩の館）」と呼ばれる17世紀の館を改装した美術館。ピカソの芸術を知るうえで重要な美術館だ。

ピカソの死後、相続税代わりに納められた作品がコレクションの中心となっており、所蔵作品は5000点を超え、世界中のピカソ美術館のなかでも群を抜く。91年の長い生涯のなかで、決してひとつのスタイルにとどまることなく、常に新しい芸術を追い求めたピカソ。初期の作品から「青の時代」、キュビスムとさまざまなスタイルのピカソ作品を味わえるのもこの美術館の魅力だ。彼が愛した女性たちや家族を描いた作品も多く、ピカソの人生を追体験しているような気分になれる。ピカソは苦手、と思っている人も見方が変わるかもしれない。

ピカソの自筆原稿、彼の挿絵の入った書籍、ピカソ自身が集めたセザンヌ、マティス、ドランなどの絵画も所蔵。視聴覚ルームではピカソについての映画を上映することもある。

オランジュリー美術館 ★★★
MAP P.60-B2 Musée de l'Orangerie

モネの晩年の傑作『睡蓮Nymphéas』に出合える美術館。『睡蓮』の作品は、高さ約2m、8点から構成される連作で、ふたつの楕円形の空間からなる大広間の壁全面に展示されている。時間帯によって違った様相を見せる池の様子を、それぞれ異なる色調で表現。2000年から6年間に及んだ改装工事によって、天窓から柔らかな自然光が降り注ぐ部屋となり、あたかも睡蓮の浮かぶ池のほとりにいるような気分で、作品を味わうことが可能になった。

このほか、画商ポール・ギヨームとその夫人、彼女の2番目の夫ジャン・ヴァルテールによって集められたコレクション146点が展示されている。ドラン、ルノワール、スーティン、セザンヌ、マティスなどの秀作が並び、19世紀末から20世紀初頭にかけて、印象派からエコール・ド・パリにいたる近代絵画の流れを展観している。

モネの庭に入り込んだような気分になる『睡蓮』の展示室

マルモッタン・モネ美術館 ★★★
MAP P.58-A3 Musée Marmottan Monet

ブーローニュの森が間近に控えた閑静な住宅地にある美術館。美術史家ポール・マルモッタンの邸宅が、そのまま美術館となったもの。マルモッタン夫妻によって集められたナポレオン時代の調度品や絵画コレクションに加えて、後年、数々の印象派の作品が寄贈され、現在の形となった。『印象、日の出Impression, Soleil levant』、『ルーアンの大聖堂Cathédrale de Rouen』、『雪の中の列車Le train dans la neige』をはじめとして、

光と色彩の織りなす幻想の世界に誘うモネの絵の数々に出合うことができる。このほか、シスレー、ルノワール、ピサロ、モリゾなど、見逃せない印象派の名作が並んでいる。
モネの作品が充実している © Yves Forestier

ブルス・ド・コメルス ピノー・コレクション ★★
MAP P.61-D2 Bourse de Commerce-Pinault Collection

18世紀に穀物貯蔵庫として造られ、19世紀にはガラス製のドームをもつ商品取引所として使われた建物が、安藤忠雄の設計をもとに、美術館として再構築された。建物を所有するパリ市の提案を受けてプロジェクトを実現したのは、実業家でアートコレクターでもあるフランソワ・ピノー氏。50年間の貸与期間の間に、氏の膨大な現代アートコレクションが展示される。オリジナルの構造を残し、コンクリートでできた円形のギャラリーを設置したユニークな造りも必見。

オランジュリー美術館
- Ⓜ ①⑧⑫Concorde
- 🏠 Jardin des Tuileries 1er
- 🕐 9:00〜18:00（入場は17:15まで）
- ⊘ ⊗、7/14の午前、5/1、12/25
- € €12.50、18歳未満と第1⽇は無料、オルセー美術館（→P.116）との共通券€18
- バス ミュージアム・パス使用可（→P113）
- URL www.musee-orangerie.fr
- ※第1⽇は要予約

マルモッタン・モネ美術館
- Ⓜ ⑨La Muette
- 🏠 2, rue Louis Boilly 16e
- 🕐 10:00〜18:00（⊗は〜21:00、入場は閉館の1時間前まで）
- ⊘ ⊗、1/1、5/1、12/25
- € €14.50、25歳未満の学生と18歳未満€10
- URL www.marmottan.fr

ブルス・ド・コメルス ピノー・コレクション
- Ⓜ ④Les Halles
- Ⓐ Ⓑ Ⓓ Châtelet Les Halles
- 🏠 2, rue de Viarmes 1er
- 🕐 11:00〜19:00（⊗、第1⽇は〜21:00）
- ⊘ ⊗
- € €14、第1⽇の17:00〜21:00は無料
- URL www.pinaultcollection.com

ネオクラシック様式の華やかなドーム
© Tadao Ando Architect & Associates, Niney et Marca Architectes, Agence Pierre-Antoine Gatier Photo Marc Domage

パリ 美術館＆博物館

はみだし ケ・ブランリー・ジャック・シラク美術館 Musée du Quai Branly-Jacques Chiracは、アフリカ、アジア、オセアニアなどの美術を展示。設計はジャン・ヌーヴェルが担当した。MAP P.59-C2 URL www.quaibranly.fr

彫刻が点在する庭園はバラが咲く季節が最も美しい

ロダン美術館
Ⓜ ⑬Varenne
住 77, rue de Varenne 7e
開 10:00～18:30
　（入場は17:30まで）
休 ⑪、1/1、5/1、12/25
料 €13、オルセー美術館（→P.116）との共通券 €24、10～3月の第1⑪は無料
バス ミュージアム・パス使用可（→P.113）
URL www.musee-rodin.fr

クリュニー美術館
Ⓜ ⑩Cluny La Sorbonne ④⑩Odéon ④St-Michel
ⒷⒸSt-Michel Notre-Dame
住 28, rue du Sommerard 5e
開 9:30～18:15
　（入場は17:30まで）
　第1と第3⑥は～21:00
　（入場は20:30まで）
休 ⑪、1/1、5/1、12/25
料 €12、18歳未満と第1⑪は無料
バス ミュージアム・パス使用可（→P.113）
URL www.musee-moyenage.fr

装飾芸術美術館
Ⓜ ①⑦Palais Royal Musée du Louvre
住 107, rue de Rivoli 1er
開 11:00～18:00
　（⑥は企画展のみ～21:00、入場は閉館の45分前まで）
休 ⑪、1/1、5/1、12/25
料 €14、18歳未満無料
バス ミュージアム・パス使用可（→P.113）
URL madparis.fr

生活に根づいた装飾文化を体感

ロダン美術館 ★★
MAP P.60-A3　　　Musée Rodin

　門をくぐると静かな木立の中でロダンの代表作『**考える人** **Le Penseur**』『**地獄の門La Porte de l'Enfer**』『**カレー市民像Les Bourgeois de Calais**』に出合う。前庭を歩いて美術館の中に入る。もともとロダンが住んでいた館だけに、美術館というより小さなお城のよう。1、2階には、嫉妬したくなるほどの『**接吻** **Le Baiser**』をはじめ、『**バルザックBalzac**』『**ヴィクトル・ユゴー** **Victor Hugo**』などなじみ深い作品が多い。ゴッホやルノワールなど、ロダンが収集した美術作品も展示されている。特にゴッホの『**タンギー爺さんLe Père Tangy**』は見逃せない。庭園の美しさにも定評があり、作品鑑賞しながらの散策が楽しい。

クリュニー美術館 ★★
MAP P.65-D1　　　Musée de Cluny

　サン・ミッシェル大通りを歩いていると、華やかな商店やカフェの建ち並ぶなか、突然崩れかけた廃墟に出くわす。これは3世紀の共同浴場の残骸で、パリがかつてローマの要塞都市だった頃の貴重な名残だ。この遺跡内にあるのがクリュニー美術館。展示は中世の彫刻、装飾芸術が中心で、サン・ジェルマン・デ・プレ教会の柱頭彫刻のオリジナルもここにある。大規模な改修工事が終了し、2022年5月、7年ぶりに再開した。

　一番の見ものは6帳のタピストリーからなる連作『**貴婦人と一角獣La Dame à la Licorne**』。鮮やかな色合いといい、調和のとれた構図といい、中世の世俗芸術における傑作といえるだろう。

『貴婦人と一角獣』は15世紀後期の作品
© photo RMN / R.G.Ojeda / distributed by Sekai Bunka Photo

装飾芸術美術館 ★★
MAP P.61-C2　　　Musée des Arts Décoratifs

　ルーヴル宮の一角に居を構える、装飾芸術全般のコレクションを展示する美術館。常設展では厳選された約6000点が展示され、装身具のような小物から家具まで、生活装飾に関するあらゆる品が揃っている。中世から現代にいたるフランス生活装飾の変遷をたどることができ、部屋ごと再現した調度品の展示や宝石ギャラリーは見逃せない。モードとテキスタイルに関するコレクションも、3世紀から現代まで網羅的に揃えており、ラクロワ、ディオール、サンローランといったフランスを代表するクチュリエ（服飾デザイナー）の作品も所有している。また、広告ポスターなど世界中の広告資料も約10万点所蔵。これらの所蔵品はテーマに応じて、企画展で一般観覧できる。

グラン・パレ国立ギャラリー ★★

MAP P.60-A2 Galeries Nationales du Grand Palais

　グラン・パレは、1900年のパリ万国博の会場として建てられた。イオニア様式の円柱が並ぶ正面には数々の彫刻が施され、美術の殿堂らしい格調高い雰囲気を放っている。さらに、鉄骨とガラス張りの丸屋根はセーヌ河畔からもひときわ目立ち、アレクサンドル3世橋から見る眺めは美しい。グラン・パレ内には企画展専門の美術館があり、見応えある数々の企画展を開催することで名高い。常設展とはひと味違う美術鑑賞をしたいとき、ぜひ出かけてみよう。

プティ・パレ（パリ市立美術館） ★★

MAP P.60-A2 Petit Palais-Musée des Beaux Arts de la Ville de Paris

　グラン・パレと同様に1900年、万国博会場として建てられた。19世紀末にタイムスリップしたような優雅な空間の中で、多彩な作品を鑑賞できる。モネの『**ラヴァクールの日没**Soleil couchant sur la Seine à Lavacourt, effet d'hiver』、クールベの『**眠り**Le Sommeil』など19世紀から20世紀初頭の絵画に優れたものが多い。ほかに、ドラクロワ、シスレー、ピサロ、セザンヌらの作品も。

自然光が降り注ぐ優美な展示室

市立近代美術館 ★★

MAP P.59-C2 Musée d'Art Moderne de la Ville de Paris

　1937年の万博時に建てられたパレ・ド・トーキョー（下記はみだし）の東棟。少数精鋭の魅力的なコレクションで知られる近・現代美術館となっている。常設展で見逃せないのは、ラウル・デュフィの高さ10m、幅60mという巨大な壁画『**電気の妖精**La Fée électricité』。「電気」という新しいエネルギーへの賛歌を軽やかな色彩で表現したもの。ほかに、マティスの『**ダンス**La Danse』、エッフェル塔をモチーフにした連作で有名なソニア＆ロベール・ドローネーの『**リズム**Rythmes』も観ておきたい。

フォンダシオン・ルイ・ヴィトン ★★

MAP 巻頭B1 Fondation Louis Vuitton

　パリ西部、ブーローニュの森にあるアートスポット。設計をフランク・ゲーリーが手がけ、3600枚ものガラスパネルで覆われた外観は圧巻だ。ギャラリーではコンテンポラリーアートを軸にした企画展やイベント、コンサートを随時開催している。チケットで隣接する遊園地にも入場できるので、鑑賞後に散策しても楽しい。

©Iwan Baan2014 ©Gehry partners LLP
森の緑とのコントラストが美しい

パリ万博時に建てられたグラン・パレとアレクサンドル3世橋

グラン・パレ国立ギャラリー
Ⓜ①⑬Champs-Elysées Clemenceau ①①Franklin D.Roosevelt
住 3, av. du Général Eisenhower 8e
URL www.grandpalais.fr
※2023年5月現在、改装工事のため休館中。

プティ・パレ
Ⓜ①⑬Champs-Elysées Clemenceau ①⑧⑫Concorde
住 Av. Winston Churchill 8e
開 10:00〜18:00（入場は16:45まで）
休 ㊊、1/1、5/1、7/14、11/11、12/25
料 無料（企画展は有料）
URL www.petitpalais.paris.fr

パリの市立美術館
パリの市立美術館は常設展が基本的に無料だが、無料チケットの発券が必要な場合や、寄付として€2〜5求められる場合がある。窓口で確認のこと。

市立近代美術館
Ⓜ⑨Alma Marceau ⑨Iéna
住 11, av. du Président Wilson 16e
開 10:00〜18:00（㊍は企画展のみ〜21:30、入場は閉館の45分前まで）
休 ㊊、1/1、5/1、12/25
料 無料（企画展は有料）
URL www.mam.paris.fr

市立近代美術館は1937年の万博時に建てられた建物の一角を占める

フォンダシオン・ルイ・ヴィトン
Ⓜ①Les Sablons
住 8, av. du Mahatma Gandhi, Bois de Boulogne 16e
開 展覧会によって異なる
休 ㊋、1/1、5/1、12/25
料 展覧会によって異なる
URL www.fondationlouisvuitton.fr

パリ / 美術館＆博物館

建築・文化財博物館
- Ⓜ ⑥⑨Trocadéro
- 🏠 1, pl. du Trocadéro et du 11 Novembre 16e
- 🕐 11:00〜19:00（⑥は〜21:00）
- 休 ②、1/1、5/1、12/25
- 料 €12、18歳未満と第1⑪無料
- バス ミュージアム・パス使用可（→P.113）
- URL www.citedelarchitecture.fr
- ※ウェブサイトからの予約がおすすめ。

ジャックマール・アンドレ美術館
- Ⓜ ⑨St-Augustin ⑨⑬Miromesnil ⑨St-Philippe du Roule
- 🏠 158, bd. Haussmann 8e
- 🕐 10:00〜18:00
  （企画展開催時の⑥は〜20:30）
  （入場は閉館の30分前まで）
- 休 無休
- 料 €17、65歳以上€16、学生€13
- URL www.musee-jacquemart-andre.com
- ※2023年8月1日〜2024年9月1日は工事のため休館。

豪華な邸宅そのものに一見の価値がある

カルナヴァレ博物館
- Ⓜ ①St-Paul ⑧Chemin Vert
- 🏠 23, rue de Sévigné
- 🕐 10:00〜18:00
  （入場は閉館の45分前まで）
- 休 ⑥、1/1、5/1、12/25
- 料 無料（企画展は有料）
- URL www.carnavalet.paris.fr

©Cyrille Weiner
4年におよぶ改修工事を経て2021年5月に再開した

国立自然史博物館
- Ⓜ ⑤⑩ ⓇⒺⓇ ⒸGare d'Austerlitz ⑦Place Monge ⑦⑩Jussieu
- URL www.mnhn.fr

進化大陳列館
- 🕐 10:00〜18:00
  （入場は17:00まで）
- 休 ②、1/1、5/1、12/25
- 料 €7〜13
- URL www.jardindesplantesdeparis.fr

建築・文化財博物館 ★★
MAP P.59-C2 Cité de l'Architecture et du Patrimoine

シャイヨー宮内にあり、12世紀から現代にいたるフランス建築史をたどる壮大な博物館だ。なかでも実物大で再現された中世建築の鋳造複製は圧巻。ヴェズレーのサント・マドレーヌ・バジリカ聖堂（→P.201）正面など、複製であることを忘れてしまうほど迫力がある。近現代のコーナーでは、ル・コルビュジエ作の『ユニテ・ダビタシオン』（→P.425）の実物大模型に入ることもできる。

実物大で再現された中世建築

ジャックマール・アンドレ美術館 ★★
MAP P.54-A3 Musée Jacquemart-André

画家ジャックマールと銀行家の夫アンドレが収集した美術品を、彼らの邸宅に展示した美術館。ルーベンス、フラゴナール、ボッティチェリなどの絵画をはじめ、陶磁器、ゴブランのタペストリー、贅を尽くした工芸品、さらに夫妻のプライベートルームまでが公開されている。ルイ16世様式と第2帝政様式を取り入れた豪華な邸宅そのものも見もの。豪奢な雰囲気のダイニングルームは、サロン・ド・テ（ティールーム）になっていて、美術品に囲まれて優雅なひとときを過ごせる。

カルナヴァレ博物館 ★★
MAP P.62-B3 Musée Carnavalet – Histoire de Paris

マレ地区にある美しい貴族の館のひとつ。1544年に建てられ、17世紀には書簡集で知られるセヴィニエ夫人が住んでいたこともある。現在は、パリの歴史を紹介する歴史博物館となっている。革命当時の様子や火事、橋の上に家屋があった様子など、当時のパリ市民の生活をうかがい知ることができる絵画や、ルイ16世とマリー・アントワネットの遺品など、興味深い展示がいっぱい。レカミエ夫人やセヴィニエ夫人など、社交界の花形女性たちの肖像画にもうっとりとさせられる。

国立自然史博物館 ★★
MAP P.66-A2 Muséum National d'Histoire Naturelle

ルイ13世の時代、王の主治医が薬草園として造った**植物園**Jardin des Plantesが始まり。後に**動物園**Ménagerie、古生物や鉱物などの研究機関、展示館が加わった。なかでも人気が高いのが、約6000m²の空間に約7000種の動植物を展示する**進化大陳列館**Grande Galerie de l'Evolution。動物の進化の過程をダイナミックな展示方法で解説してあり、言葉がわからなくても楽しめる。

進化をテーマにした圧巻の展示

Musée
個性的な美術館・博物館

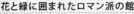

パリ市立ロマン主義博物館　Musée de la Vie Romantique　モンマルトル　MAP P.55-C3

花と緑に囲まれたロマン派の館

ロマン派画家アンリ・シェフェールが住んでいた館に、ジョルジュ・サンドの遺品などが並ぶ。19世紀、パリ中の文化人と芸術家が集った館には、今もロマン派の雰囲気が色濃く残っている。

Ⓜ ②⑫Pigalle ⑫St-Georges
住 16, rue Chaptal 9e
開 10:00～18:00（入園は17:45まで）
休 ⑱、1/1、5/1、12/25
料 無料（企画展は有料）
URL museevieromantique.paris.fr

モンマルトル美術館　Musée de Montmartre　モンマルトル　MAP P.55-C2

古きよきパリに出合える

かつてルノワールがアトリエを構えた邸宅に、モンマルトルゆかりの芸術作品や歴史資料が集められている。ここに住んでいたシュザンヌ・ヴァラドンと息子ユトリロのアトリエが復元されている。

Ⓜ ⑫Lamarck Caulaincourt
住 12, rue Cortot 18e
開 10:00～19:00（入場は閉館の45分前まで）
休 無休　料 €15
URL museedemontmartre.fr

ギュスターヴ・モロー美術館　Musée National Gustave Moreau　オペラ地区　MAP P.55-C3

神秘的なモローの世界へ

19世紀の古びた建物内のらせん階段を上ると、2、3階に19世紀末の象徴主義画家、モローの作品が展示してある。薄暗い部屋の壁とモローの幻想的な絵の組み合わせは、まさにピッタリ。

Ⓜ ⑫Trinité d'Estienne d'Orves
住 14, rue de la Rochefoucauld 9e
開 10:00～18:00（入場は17:30まで）
休 ⑫、1/1、5/1、12/25　料 €7、18歳未満と第1⑪無料
バス ミュージアム・パス使用可（→P.113）
URL musee-moreau.fr

カルティエ現代美術財団　Fondation Cartier pour l'Art Contemporain　モンパルナス　MAP P.65-C3

ユニークな企画展に注目

宝飾品ブランドの「カルティエ」が設立した、企画展専門の現代美術館。大胆にガラスを使った建築はジャン・ヌーヴェルの手によるもの。ユニークな企画展は常に話題を呼んでいる。

Ⓜ ④⑥Raspail
住 261, bd. Raspail 14e
開 11:00～20:00（⑫は～22:00）
休 ⑱
料 企画展によって異なる
URL www.fondationcartier.com

ダリ・パリ　Dalí Paris　モンマルトル　MAP P.55-C2

幻想的なダリ・ワールド

スペイン生まれの画家サルヴァドール・ダリのギャラリー。1920年代の終わりにモンマルトルの住人となったダリはシュルレアリストらとの交流を深め、作品を生み出した。夢幻的な世界が広がる。

Ⓜ ⑫Abbesses
住 11, rue Poulbot 18e
開 10:00～18:00（入場は17:30まで）
休 無休
料 €14、8歳未満無料
URL www.daliparis.com

©Paris Tourist Office-Marc Bertrand

ヨーロッパ写真美術館　Maison Européenne de la Photographie　マレ　MAP P.62-A3

18世紀の邸宅を改装した写真のスペース

マレ地区の古い邸宅を改装した写真美術館。シンプルな展示スペースに、豊かな表現力をもった作品がうまく配置されている。図書館やビデオテークも完備。常設展のほか、企画展の評価も高い。

Ⓜ ①St-Paul
住 5-7, rue de Fourcy 4e
開 11:00～20:00（⑫は～22:00、⊕ ⑧は10:00～、入場は閉館の30分前まで）
休 ⑱ ⑫、展示替えの期間、1/1、5/1、12/25
料 €13、65歳以上€10、30歳未満と学生€8
URL www.mep-fr.org

パリのエンターテインメント

映画やミュージカルの舞台にもなった「ムーラン・ルージュ」

世界一流のオペラ、バレエから、小粋なジャズクラブまでパリの夜の楽しみは尽きない。ときにはドレスアップして、大人の時間を過ごしてみよう。芝居、コンサートなどが始まるのは19:00～20:00頃、映画の最終上映の開始は平日でも22:30頃。観光を終えてシャワーを浴びたら、服を着替えて、昼間とは違う、パリの夜の顔を探しに出かけよう。

情報をキャッチするには

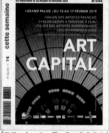

『ロフィシェル・デ・スペクタクル』
€2.20。毎週㊌発売
URL www.offi.fr

今、パリで何が観られるか、何を聴くか。ホテルのレセプションや観光案内所(→P.94)には、無料の情報誌が置かれていることもあり、情報収集に役立てたい。

また、日本人がよく利用するホテルや免税店、日本料理店で手に入る『オヴニーOvni』など日本語の情報紙にもエンターテインメント情報が載ることがある。

もっと細かい情報を知りたければ、町角のキオスクで売っている、『ロフィシェル・デ・スペクタクル L'Officiel des Spectacles』を買うといい。フランス語のみになるが、パリの全映画館の上映プログラム、あらゆる種類の芝居、コンサート、イベントを網羅している。ウェブサイトでも情報を見ることができる。

インターネットでパリのイベント検索
パリ市観光局のウェブサイト
URL parisjetaime.com
英語で検索するなら「EVENTS」のページへ。「Exhibitions」「Shows」「Concerts」などジャンル別に情報が掲載されている。

チケットの入手について

オペラやバレエなど人気の高い公演の場合は、出発前に日本で予約しておいたほうがいい（→P.125コラム）。国立オペラ座（パレ・ガルニエ、オペラ・バスティーユ）にかぎらず、最近は多くの劇場がオンライン予約システムを採用していて、簡単に座席を予約することができる。チケット料金はクレジットカード決済で、日本までチケットを郵送してくれる場合もある。ほとんどのサイトは英語表記があるのでトライしてみよう。

パリ到着後なら、直接劇場の窓口に行って買うのが簡単。この場合、座席配置図を見ながら席を選べる。劇場に電話予約をして、当日の開演前にチケットを受け取ることもできる。言葉に自信がなければ、ホテルのコンシェルジュに頼んでチケットを取ってもらう方法もある。その場合はチップ（€2～5程度）を忘れずに。「フナックFnac」などの大型メディアショップでもイベントチケットを扱っている。

パリのプレイガイド
フナック
MAP P.61-D2
住 Forum des Halles 1er
URL www.fnac.com
（オンライン販売あり）
上記ほか、シャンゼリゼ大通り店など店舗多数。

Entertainment
オペラ、バレエ

パレ・ガルニエ Palais Garnier
オペラ地区 [MAP] P.61-C1

荘厳なオペラ、バレエの殿堂

1875年に完成した、世界で最も美しいオペラハウス。パリ・オペラ座バレエ団の公演が中心だが、バロック・オペラの復刻上演など、オペラ公演も行われている。なるべく正面に近い席を選びたい。

[M] ③⑦⑧Opéra
[住] Pl. de l'Opéra 9e [TEL] 08.92.89.90.90
[料] 公演、席のカテゴリーによって異なる
[URL] www.operadeparis.fr
ウェブサイトから予約：下記コラム
電話予約：㊊～㊏9:00～19:00
劇場窓口：㊊～㊏10:00～18:30

オペラ・バスティーユ Opéra Bastille
バスティーユ [MAP] P.62-B3

最新設備の中で斬新な演出のオペラを

地上7階、地下6階、2700席を有し、ハイテク設備と最高の音響を誇る近代的な大劇場。安い席でもしっかり舞台が見える。毎シーズン発表される新演出のオペラに世界中のファンが注目する。

[M] ①⑤⑧Bastille [住] Pl. de la Bastille 12e [TEL] 08.92.89.90.90 [料] 公演、席のカテゴリーによって異なる [URL] www.operadeparis.fr
ウェブサイトから予約：下記コラム
電話予約：㊊～㊏9:00～19:00
劇場窓口：㊊～㊏14:30（発売初日は12:00）～18:30

Column Information 憧れのパリ・オペラ座へ

オペラ、バレエファンのみならず、多くの人が一度は足を踏み入れたいと憧れるパリ・オペラ座。シーズンは9月中旬～7月中旬。旅行期間中に公演があるならぜひ行ってみたいもの。どうしても観たい公演は日本で予約していくのがベストだ。

●まずプログラムをチェック

プログラムはパリ・オペラ座の公式ウェブサイトでチェックできる。
[URL] www.operadeparis.fr

●オンライン予約に挑戦

パリ・オペラ座のウェブサイトでは、公演初日の2～4ヵ月前（演目により異なる）からオンライン予約を受け付けている。英語の表示もあり、簡単に予約できるので、出発前に確実に席をおさえておきたい人におすすめ。支払いはクレジットカードによる引き落としとなる。発券は自宅のパソコンでeチケットをプリントする。公演の2週間前までの予約なら自宅まで郵送してもらうことも可能（通常便€4、配達記録便€8）。現地窓口で受け取る場合は、開演の45分前までに。

オペラ大通りの突き当たりに堂々と建つパレ・ガルニエ

見切れのある席なら€15程度で買える

●オペラ座窓口で予約するには

オペラ座窓口での購入は各公演初日の1～2ヵ月前からできる。手数料は不要で、座席表を見ながら好きな席が選べるが、人気の公演はすでに完売になっていることもあるだろう。

●当日券にチャレンジ

オンラインや事前の窓口販売で売り切れてしまった場合、立ち見席など一部の席を除き、当日券はない。ただ、直前になって電話予約のキャンセルが出ることもあるので、当日、上演の1時間前から開く窓口に並んでみよう。

シャンゼリゼ劇場 Théâtre des Champs-Elysées

シャンゼリゼ [MAP] P.59-D2

アールデコ調の内装が美しいオペラ劇場

近代劇場建築のコンセプトをもつパリ最初の劇場として1913年オープン。フランス国立管弦楽団など国内外のオーケストラ公演から、リサイタル、オペラ、バレエまで幅広く上演している。

Ⓜ ⑨Alma Marceau
[住] 15, av. Montaigne 8e [TEL] 01.49.52.50.50
[URL] www.theatrechampselysees.fr
電話予約：㊊～㊎11:00～18:00、㊏14:30～18:00　劇場窓口：㊊～㊏12:00～19:00
('23-'24シーズンの販売は'23 8/31より)
ウェブサイトからの予約が可能

フィラルモニー・ド・パリ Philharmonie de Paris

ラ・ヴィレット [MAP] P.57-D2

すべてにおいて最高品質のホール

ラ・ヴィレット公園の中にあるホール。パリ管弦楽団の拠点となっており、大ホールは2400席ある。デザイン、人間工学、音響において最高品質を誇るこのホールはジャン・ヌーヴェルの作品。

Ⓜ ⑤Porte de Pantin
[住] 221, av. Jean Jaurès 19e
[TEL] 01.44.84.44.84
[URL] philharmoniedeparis.fr
コンサートなどの予約はウェブサイトで

パリ・シャトレ劇場 Théâtre Musical de Paris Châtelet

レ・アール [MAP] P.61-D3

パリ市立のオペラ劇場

オペラ、ダンス、クラシック、ジャズ、ポップスなど、ジャンルを問わず、多彩なプログラムを提供している。

Ⓜ ①④⑦⑪⑭Châtelet
[住] 1, pl. de Châtelet [TEL] 01.40.28.28.40
[URL] www.chatelet.com
電話予約：㊊～㊎10:00～13:00、14:00～17:30
劇場窓口：公演1時間30分前に当日券のみ
ウェブサイトからの予約が可能

ル・デュック・デ・ロンバール Le Duc des Lombards

レ・アール [MAP] P.61-D3

老若男女問わず人気

若者から熟年まで幅広い年齢層のジャズファンが集う老舗ジャズクラブ。仕事帰りにビールを飲みながら気軽にジャズを楽しむ客も多い。

Ⓜ ①④⑦⑪⑭Châtelet
[住] 42, rue des Lombards 1er
[URL] ducdeslombards.com
ウェブサイトからの予約が可能

カヴォー・ド・ラ・ユシェット Caveau de la Huchette

カルチェ・ラタン [MAP] P.65-D1

パリ最古のジャズクラブ

1847年の開業以来、多くの有名ミュージシャンを迎えてきた。ジャンルはモダン・ジャズからロックまでと幅広く、ダンスもできるので、あらゆるタイプの客が集まる。観光客の姿も多い。予約不要。

Ⓜ ④St-Michel
[住] 5, rue de la Huchette 5e
[TEL] 01.43.26.65.05
[営] 21:00～翌2:30 (㊎ ㊏は～翌4:00)
[料] ㊐～㊍ €14、㊗の前日と㊎ ㊏ €16、25歳未満の学生€10
[URL] www.caveaudelahuchette.fr

Column Pause café

ムードたっぷり！ 教会でのコンサート

パリにはコンサートホール以外にも演奏を聴ける場所がある。例えば教会では、宗教音楽にかぎらずクラシックを中心にさまざまなコンサートが開かれる。教会に張られたポスターやチラシをチェックしてみよう。歴史ある厳かな空間で聴く音楽は、最新のコンサートホールで聴くのとはまた違った感動があるだろう。ただ、ホールと違って暖房などはないので、冬は防寒のための対策をしっかりと！

[はみだし] フランスならではのシャンソンを聴きたい人には、モンマルトルの老舗シャンソニエ「オ・ラパン・アジル」がおすすめ(→P.111)。

コメディ・フランセーズ　Comédie Française

ルーヴル界隈　[MAP] P.61-C2

本物のフランス演劇を観るなら

1680年の創設以来、300年以上にわたってフランス演劇の伝統を守り続けている劇団コメディ・フランセーズの本拠地。モリエール、ラシーヌ、コルネイユ、マリヴォーなどの名作が上演されている。

Ⓜ ①⑦Palais Royal Musée du Louvre
[住] Pl. Colette 1er
[TEL] 01.44.58.15.15
[URL] www.comedie-francaise.fr
電話予約：㊊～㊏11:00～18:00
劇場窓口：毎日 11:00～18:00
ウェブサイトからの予約が可能

パリ市立劇場　Théâtre de la Ville

レ・アール　[MAP] P.61-D3

コンテンポラリーダンスの殿堂

かつて俳優サラ・ベルナールが本拠地にしていた劇場。現在は話題の現代舞踊が観られる劇場として名高く、アンヌ・テレサ・ド・ケースマイケル、山海塾など、世界の著名振付家が活動の拠点とした。

Ⓜ ①④⑦⑪⑭Châtelet
[住] 2, pl. du Châtelet 4e
[TEL] 01.42.74.22.77
[URL] www.theatredelaville-paris.com
※2023年5月現在、改装工事のため閉館中。公演は他の劇場で上演する

シャイヨー劇場　Théâtre National de Chaillot

トロカデロ　[MAP] P.58-B2

話題の演劇、ダンス公演が観られる

古典劇のほか、世界のダンス、演劇の先鋭的な作品を多く取り上げている。11代目市川海老蔵の襲名披露公演、平田オリザの戯曲『ソウル市民』のフランス語版上演など、日本演劇にも縁が深い。

Ⓜ ⑥⑨Trocadéro
[住] 1, pl. du Trocadéro 16e
[TEL] 01.53.65.30.00
[URL] theatre-chaillot.fr
電話予約：㊊～㊎11:00～18:00（㊏14:30～）
劇場窓口：㊊～㊎11:00～18:00（㊏14:30～）
ウェブサイトからの予約が可能

シルク・ディヴェール・ブーグリオンヌ　Cirque d'Hiver Bouglione

マレ　[MAP] P.62-B2

ノスタルジーに浸れるサーカス

北マレ地区でひときわ目を引く正二十角形の建物は、正統派のショーで知られるサーカス団「シルク・ディヴェール・ブーグリオンヌ」の専用小屋。毎年秋から冬にかけてここで本公演を行っている。

Ⓜ ⑧Filles du Calvaire
[住] 110, rue Amelot 11e
[TEL] 01.47.00.28.81
[URL] www.cirquedhiver.com
予約はウェブサイトで

Column Pause café

デジタルアートを体験できる新スポット

2018年4月にオープンした「アトリエ・デ・リュミエール」は、19世紀の鋳物工場を改装して作られた最先端の没入型エンターテインメントスポット。音楽に合わせてプロジェクションマッピングで映し出されるアートの世界にどっぷり浸れる新体験が話題となっている。「クリムト」「シャガール」など画家をテーマにしたプログラムが人気で、内容が変わるたび行ってみたくなる場所だ。ウェブサイトから要予約。

アトリエ・デ・リュミエール Atelier des Lumières
[MAP] P.63-C2
Ⓜ ⑨Voltaire　②③Père Lachaise
[住] 38, rue St-Maur 11e
[開] 10:00～18:00（㊎ ㊏ ㊐は～19:00）
[料] €16、65歳以上€15、学生€13（テーマにより異なる）
[URL] www.atelier-lumieres.com

ムーラン・ルージュ　　Moulin Rouge　　モンマルトル　　MAP P.55-C2

モンマルトルの「赤い風車」

世界的に有名なキャバレー。ロートレックが足しげく通い、踊り子たちをモデルに数々のポスターを描いたことでも知られる。プロポーション抜群の男女ダンサーたちによる華麗な舞台を楽しもう。

Ⓜ ②Blanche　住 82, bd. de Clichy 18e
Ⓣ 01.53.09.82.82
営料 ディナーショー19:00〜（€205〜）
URL www.moulinrouge.fr
ウェブサイトから要予約

パラディ・ラタン　　Paradis Latin　　カルチェ・ラタン　　MAP P.66-A1

左岸の老舗キャバレー

1803年開業の歴史あるキャバレー。フレンチ・カンカン発祥の店ともいわれる。ディナーは有名シェフ、ギー・サヴォワとコラボしたメニューをクリエイティブなショーとともに味わえる。

Ⓜ ⑩Cardinal Lemoine
住 28, rue du Cardinal Lemoine 5e
Ⓣ 01.43.25.28.28　営料 ディナーショー（19:30〜）€175、ドリンクショー（21:00〜）€90、ショーのみ（21:00〜）€80 休 ⽕
URL www.paradislatin.com
ウェブサイトから要予約

クレイジー・ホース　　Crazy Horse　　シャンゼリゼ　　MAP P.59-D2

まさに女性美のアート

「女性美の芸術」を標榜する有名キャバレー。音と光の演出と、粒揃いのダンサーたちが作り上げる洗練された舞台を楽しめる。ほかのキャバレーに比べ小さいが、ステージに近く、臨場感がある。

Ⓜ ⑨Alma Marceau
住 12, av. George V 8e　Ⓣ 01.47.23.32.32
営 20:00〜、22:30〜（⊕は19:00〜、21:30〜、23:45〜）
料 ドリンク&ショー€135、ショーのみ€115〜
URL www.lecrazyhorseparis.com
ウェブサイトから要予約

ラ・マシーン・デュ・ムーラン・ルージュ　　La Machine du Moulin Rouge　　モンマルトル　　MAP P.55-C2

有名キャバレー併設の大型クラブ

ビートルズも演奏したという伝説のクラブ「ロコ」がムーラン・ルージュの傘下に。エレクトロ系を中心とした音楽プログラムを提供している。3つのスペースで構成され、開放的な雰囲気も魅力。

Ⓜ ②Blanche
住 90, bd. de Clichy 18e
Ⓣ 01.53.41.88.89
営 ⾦ ⊕ 24:00〜翌6:00（そのほかの日はイベントによって異なる）
料 イベントによって異なる
URL www.lamachinedumoulinrouge.com

🍵 Column / Pause café　　一流キャバレーのナイトショー

パリの夜を彩るナイトスポットとして、一度は行ってみたいのが、「ムーラン・ルージュ」や「クレイジー・ホース」などの一流キャバレーだ。ダンサーたちの鍛え抜かれた肉体が繰り広げる華麗なショーは、洗練された芸術としてカップルでも女性だけでも楽しめる。

一流店のナイトショーは予約が必要。出発前に各店のウェブサイトから予約しておくか、前日までに電話予約をしておこう。盛装が必要とされているが、実際にはドレスアップしている人は少ない。ジーンズとスニーカーといったスタイルは避け、少しきれいめの服装を用意すれば大丈夫だ。

終わるのは深夜過ぎになるので、女性だけで心配な人はナイトショー鑑賞が含まれた観光オプショナルツアーに参加するのも一案。専用車による往復送迎が付いて約€300（参加人数により、料金が異なる。観光オプショナルツアー→P.88）

楽しい雰囲気満点！　ムーラン・ルージュのショー

Restaurant

パリのレストランガイド

さすがグルメの国の首都パリ。レストランは星の数ほどある。料理だけではなく、店の雰囲気まで含めてトータルに楽しめるのがパリのレストランの魅力。「有名シェフが新しい店を開いた」「あの店は今年のミシュランで星を獲得した」……と、世界各地から美食を求めてグルメたちが集まってくる。また、コスモポリタンな町パリでは、フランス料理のほか、世界各国の料理を味わうことができるのも特徴だ。

パリでのレストラン探し

[有名シェフの店を訪ねる]

有名グルメガイドブック『ミシュラン』で3つ星の栄誉に輝く店は、2023年現在パリに9店。2～3ヵ月以上前に予約をするところから始まり、当日はドレスアップして出かけ、世界でも最高峰のグルメの舞台を味わう……。旅行中の一大イベントとしてこんな体験をしてみるのもいい。

3つ星レストラン「エピキュール」

[パリらしい雰囲気のビストロ、ブラッスリー]

古いフランス映画で見たような、伝統的な家庭料理を出すクラシックなビストロ、アールヌーヴォー様式の美しい装飾に彩られたブラッスリー。いかにもパリらしい雰囲気のなかで気軽に食事を楽しみたいときは、こうしたビストロやブラッスリーがぴったり。パリには、創業100年以上の由緒あるビストロや、その昔芸術家たちも常連だった、歴史に名を残すブラッスリーなど、個性的な店がたくさんある。

常連客になって毎日通いたくなるような「ブイヨン・シャルティエ」(→P.131)

[カフェやテイクアウトで気軽にブランチ]

「短い滞在期間に観光やショッピングの予定がびっしりで、食事を楽しむ時間の余裕がない！」という人もご安心を。カフェのブランチメニューや、総菜店のテイクアウト、パン屋に並ぶサンドイッチにファストフードなど、手早く気軽に楽しめるメニューも、さすがグルメの町とうならせる味だ。高級総菜店まで行かなくても、スーパーの総菜コーナーも種類豊富でなかなかおいしい。

おいしい料理で人気のカフェも。「レ・フィロゾフ」(→P.138)

パリのレストラン予約事情

『ミシュラン』の星付きレストランなど高級店は、日本からウェブサイトや電話で予約するのが基本だ。格式の高い店の場合は、さらに現地で、前日までに電話でリコンファームが必要。たいていの店で英語が通じる。カジュアルなビストロやブラッスリーなら、飛び込みでも席さえ空いていれば入れるが、人気店は開店すぐの時間に行くか、出かける前に電話を入れて席をキープしてもらうのがベスト。

高級レストランのドレスコード

高級レストランでのドレスアップの基準は難しい。3つ星レストランや格式の高いとされる店であっても、本当にフォーマルな格好の人はめったにいない。ロングドレスなど着て行くと確実に浮いてしまうだろう。特に昼は、品のいい普段着で十分だ。「ちょっとおよばれ」ぐらいの感覚でいれば失敗はないだろう。ただし男性には、ネクタイ、ジャケットの着用を求める店もある。予約の際に確認しておくといい。

たばこのマナー

フランスでは公共の閉じられた空間での喫煙が禁止されている。レストラン、カフェ、バーでは、例外的に喫煙席の設置が認められたが、基準が厳しく普及が進まないのが現状。テラス席など屋外なら喫煙は可能だ。

カフェでも喫煙できるのはテラス席だけ

日曜日はどうする？

日曜休みのショップやレストランが多いパリ。日曜に「どこで食べようか？」と悩んだら、年中無休の店が多いブラッスリー(→P.131)やデパートのレストラン(→P.132)などがある。ルーヴル美術館に隣接するカルーゼル・デュ・ルーヴルのフードコート(→P.132)も便利。

はみだし フランスのレストラン事情は「レストランを優雅に楽しむ」(→P.38)、メニューの読み方は「フランス料理メニューの見方」(→P.550)、「メニュー早わかり単語帳」(→P.551)を参照しよう。

パリ／エンターテインメント & レストランガイド

ル・トラン・ブルー Le Train Bleu

リヨン駅 [MAP] P.67-C2

旅情を誘う豪華レストラン

シャンデリアが輝く宮殿のように華やかな店内は歴史的建造物に指定されている。国鉄リヨン駅構内にあり、列車や人々のざわめきが旅情を誘う。

[M] ①⑭ [RER]ⒶⒹGare de Lyon [住] Pl. Louis Armand 12e [TEL] 01.43.43.09.06 [営] 11:15～14:30(L.O.)、19:00～22:30 (L.O.) [休] 無休 [料] ムニュ€49、€120 [予約] 望ましい [CC] [A][D][J][M][V] [Wi-Fi]
[URL] www.le-train-bleu.com

ル・カス・ノワ Le Casse Noix

エッフェル塔界隈 [MAP] P.59-C3

ノスタルジックな雰囲気が残る

昔ながらのビストロの趣を残す店。牛ほほ肉のポトフ風といったボリューム感のある一品など、フランス料理の伝統の素材と味を楽しめる。

[M] ⑥Dupleix [住] 56, rue de la Fédération 15e
[TEL] 01.45.66.09.01 [営] 12:00～14:00 (L.O.)、19:00～22:00 (L.O.) [休] ㊏ ㊐、8月に4週間、年末に1週間 [料] ムニュ€39 [予約] 望ましい [CC] [A][D][M][V] [英]
[URL] www.le-cassenoix.fr (日本語あり)

カフェ・リニャック Café Lignac

エッフェル塔界隈 [MAP] P.59-D3

Café Lignac ©YannDeret

スターシェフが継承した名ビストロ ※閉店しました

数々の料理人を育てたクリスチャン・コンスタンの店を、人気料理人シリル・リニャックが引き継いだ。食事時間以外はカフェとして利用可。

[M] ⑧Ecole Militaire [住] 139, rue St-Dominique 7e
[TEL] 01.47.53.73.34
[営] 7:30～23:00 [休] 無休
[料] ア・ラ・カルト予算約€60 [予約] 望ましい
[CC] [M][V] [英] [Wi-Fi] [URL] cafelignac.com

ラザール Lazare

オペラ地区 [MAP] P.54-B3

駅構内の美食スポット

3つ星シェフ、エリック・フレションがサン・ラザール駅にオープンしたレストラン。伝統料理に高級素材を組み合わせたメニューが新鮮。

[M] ③⑫⑬⑭St-Lazare [住] Parvis de la Gare St-Lazare, Rue Intérieure 8e [TEL] 01.44.90.80.80
[営] 7:30～22:00(㊏ ㊐は11:45～) [休] 12/24、12/25
[料] 日替わり1品€22、ア・ラ・カルト予算約€50 [予約] 望ましい
[CC] [A][M][V] [英] [Wi-Fi] [URL] lazare-paris.fr

オ・プレ Aux Prés

サン・ジェルマン・デ・プレ [MAP] P.60-B3

©Charlotte Lindet

洗練された伝統料理が味わえる

人気シェフ、シリル・リニャックがオーナーのビストロ。黒ニンニクを使ったアンガス牛のコンフィなどひと手間加えたビストロの料理を楽しめる。

[M] ④St-Sulpice [住] 27, rue du Dragon 6e
[TEL] 01.45.48.29.68
[営] 12:00～15:00、19:00～23:00 [休] 無休
[料] ア・ラ・カルト予算約€70 [予約] 望ましい [CC] [M][V]
[英] [Wi-Fi] [URL] www.restaurantauxpres.com

グランド・ブラッスリー Grande Brasserie

バスティーユ [MAP] P.62-B3

Grande Brasserie ©Lisa Klein Michel

クラシックな内装に魅せられる

店内にはベルエポック期のフレスコ画やモザイクの床が残る。魚介類の盛り合わせ、牛肉のタルタルなど、ブラッスリーの定番料理を。

[M] ①⑤⑧Bastille [住] 6, rue de la Bastille 4e
[TEL] 09.75.80.99.72 [営] 12:30～14:00 (L.O.)、19:00～22:30 (L.O.) [休] 8月に2週間 [料] 昼ムニュ€18、ア・ラ・カルト予算約€45 [予約] 望ましい
[CC] [A][M][V] [英] [Wi-Fi] [URL] www.grandebrasserie.fr

ル・ブルドッグ Le Bouledogue

マレ [MAP] P.62-A2

ブルドッグがお出迎え

店名のとおりブルドッグが看板犬を務めるカフェ・レストラン。昔ながらの雰囲気が漂う。ポトフ、鴨のコンフィなど伝統料理に定評あり。

[M] ⑪Rambuteau [住] 20, rue Rambuteau 3e
[TEL] 01.40.27.90.90 [営] 9:30～23:00
[休] ㊐、2月に2週間、8月に3週間
[料] ア・ラ・カルト予算約€45 [予約] 望ましい
[CC] [A][M][V] [日] [Wi-Fi] [URL] www.lebouledogue.fr

ル・セヴェロ Le Severo

モンパルナス [MAP] P.64-B3

肉好きパリジャンをうならせる

メイン料理は肉のみという、肉料理にこだわったレストラン。有名肉店から仕入れる熟成肉を絶妙な焼き加減で仕上げたステーキが人気。

[M] ④Mouton Duvernet
[住] 8, rue des Plantes 14e [TEL] 01.45.40.40.91
[営] 12:00～13:30 (L.O.)、19:30～21:30 (L.O.)
[休] ㊏ ㊐ ㊗ [料] ア・ラ・カルト予算約€40 [予約] 必須
[CC] [J][M][V] [Wi-Fi] [URL] www.lesevero.fr

[はみだし] 肉の焼き加減 (cuissonキュイッソン) のフランス語を覚えておこう。レア=bleuブル、ミディアム・レア=saignantセニャン、ミディアム=à pointア・ポワン、ウェルダン=bien cuitビヤン・キュイ

Restaurant
フレンチ

ル・プティ・ソムリエ　Le Petit Sommelier　モンパルナス　[MAP] P.64-B2

駅前の本格派ワインビストロ

フランス産を中心にワインが充実。グラスワインも25種類あり、ブッフ・ブルギニョン（牛肉の赤ワイン煮込み）などビストロ料理とともに味わいたい。

Ⓜ ④⑥⑫⑬Montparnasse Bienvenüe
[住] 49, av. du Maine 14e　[TEL] 01.43.20.95.66
[営] 11:00～23:00　[休] ㊐、1/1、12/25
[料] ムニュ€39　[予約] 望ましい　[CC] [A][M][V]　[英]　[Wi-Fi]
[URL] www.lepetitsommelier-paris.fr（日本語あり）

ロジェ・ラ・グルヌイユ　Roger La Grenouille　サン・ジェルマン・デ・プレ　[MAP] P.61-C3

意外と食べやすいカエル料理

フランスではポピュラーな食材であるカエル料理の専門店だ。いろいろな料理があるが、鶏肉を思わせる淡白な味わい。天ぷらもおいしい。

Ⓜ ④St-Michel　[住] 26-28, rue des Grands Augustins 6e　[TEL] 01.56.24.24.34
[営] 12:00～14:00、19:00～22:30　[休] ㊊の昼、㊐
[料] ア・ラ・カルト予算約€50　[予約] 望ましい　[CC] [A][M][V]
[英]　[Wi-Fi]　[URL] www.roger-la-grenouille.com

シェ・ムッシュー　Chez Monsieur　マドレーヌ界隈　[MAP] P.60-B1

伝統を守り続けるビストロ

花模様のタイルの床やカウンターなど1940年代の創業時の面影が残る。子牛のブランケット（シチュー）などフランスの伝統料理の王道が食べられる。

Ⓜ ⑧⑫⑭Madeleine　[住] 11, rue du Chevalier de St-Georges 8e　[TEL] 01.42.60.14.36　[営] 12:00～14:30、19:00～22:30　[休] ㊏ ㊐、1月に1週間、8月に3週間　[料] ア・ラ・カルト予算約€75　[予約] 必須
[CC] [A][M][V]　[英]　[Wi-Fi]　[URL] www.chezmonsieur.fr

ブイヨン・シャルティエ・グラン・ブルヴァール　Bouillon Chartier Grands Boulevards　オペラ地区　[MAP] P.61-D1

古きよきパリの面影が残る

1896年創業の大衆レストラン。創業当時から変わらない雰囲気とリーズナブルな値段が人気。予約不可で夜は行列になるので早めの入店を。

Ⓜ ⑧⑨Grands Boulevards
[住] 7, rue du Fg. Montmartre 9e
[TEL] 01.47.70.86.29　[営] 11:30～24:00　[休] 無休
[料] ア・ラ・カルト予算約€20　[予約] 不可　[CC] [A][J][M][V]
[英]　[Wi-Fi]　[URL] www.bouillon-chartier.com

オテル・デュ・ノール　Hôtel du Nord　サン・マルタン運河　[MAP] P.62-B1

あの『北ホテル』がおしゃれなレストランに

往年の名画『北ホテル』の舞台がレストランになった。フレンチを軽くアレンジした料理が楽しめる。食事時間以外はカフェバーとして営業。

Ⓜ ⑤Jacques Bonsergent
[住] 102, quai de Jemmapes 10e　[TEL] 01.40.40.78.78
[営] 9:00～翌2:00　[休] 無休
[料] ア・ラ・カルト予算約€45　[予約] 望ましい
[CC] [A][M][V]　[英]　[Wi-Fi]　[URL] www.hoteldunord.org

オ・ピエ・ド・コション　Au Pied de Cochon　レ・アール　[MAP] P.61-D2

豚足のグリルがスペシャリテ

「ピエ・ド・コション」は豚の足のこと。パン粉でくるんでグリルしたフランス流豚足料理やオニオングラタンスープが名物。

Ⓜ ④Les Halles　[住] 6, rue Coquillière 1er
[TEL] 01.40.13.77.00　[営] 8:00～11:00、11:30～翌5:00　[休] 無休　[料] ア・ラ・カルト予算約€60
[予約] 望ましい　[CC] [A][M][V]　[英]　[Wi-Fi]
[URL] www.pieddecochon.com（日本語あり）

ブラッスリー・リップ　Brasserie Lipp　サン・ジェルマン・デ・プレ　[MAP] P.61-C3

映画の舞台にもなった老舗

1880年創業。イヴ・モンタン主演の映画『ギャルソン！』の撮影に使われた。ヘミングウェイが通ったことでも知られるブラッスリー。

Ⓜ ④St-Germain des Prés
[住] 151, bd. St-Germain 6e　[TEL] 01.45.48.53.91
[営] 9:00～翌0:45　[休] 無休　[料] ア・ラ・カルト予算約€50　[予約] 望ましい　[CC] [A][D][M][V]　[Wi-Fi]
[URL] www.brasserielipp.fr（日本語あり）

ラルザス　L'Alsace　シャンゼリゼ大通り　[MAP] P.59-D1

深夜も営業しているブラッスリー

シャンゼリゼ大通りにあるアルザス料理店。アルザス地方の名物シュークルートをキリッと冷えた白ワインとともに味わいたい。

Ⓜ ①⑨Franklin D. Roosevelt
[住] 39, av. des Champs-Élysées 8e　[TEL] 01.53.93.97.00　[営] 7:00～翌4:00　[休] 無休
[料] ムニュ€19.90　[予約] 望ましい　[CC] [A][M][V]　[英]
[Wi-Fi]　[URL] www.restaurantalsace.com（日本語あり）

[はみだし] ビアホールを意味する「ブラッスリーBrasserie」。年中無休で深夜まで開いている店が多いので、覚えておくと便利だ。気軽にアールヌーヴォー調の華やかなインテリアを楽しめるのもうれしい。

ラ・ボワッソヌリー — La Boissonnerie — サン・ジェルマン・デ・プレ — MAP P.61-C3

パリらしさ満点のビストロ

活気ある市場街にほど近い人気店。肉料理からサラダまで、ワインとともに幅広く味わえる。石窯で焼いた自家製フォカッチャもおいしい。

Ⓜ ⑩Mabillon 🏠 69, rue de Seine 6e
📞 01.43.54.34.69 🕐 12:30～14:30、19:00～22:30 休 ⑧ 料 ムニュ€30、ア・ラ・カルト予算約€45 予約 望ましい CC AMV 英 Wi-Fi
URL www.fishlaboissonnerie.com

キガワ — Kigawa — モンパルナス界隈 — MAP P.64-B3

おまかせコースで逸品を味わう

オーナーシェフの紀川倫広さんが作る季節感あふれるフランス料理を、おまかせコースで楽しめる。いろいろな料理を少量ずつ味わいたい人に。

Ⓜ ⑬Pernety ④Mouton Duvernet 🏠 186, rue du Château 14e 📞 01.43.35.31.61 🕐 12:15～13:30 (L.O.)、19:45～21:00 (L.O.) 休 ⑧ ⑧、夏に3週間 料 昼ムニュ€45～、夜ムニュ€85～ 予約 必須 CC AMV URL kigawa.fr(日本語あり)

アッシュ・キッチン — H. Kitchen — サン・ジェルマン・デ・プレ — MAP P.64-A1

ていねいに仕上げた優しい料理

北口英範シェフが2012年にオープンした店。長期間熟成させた牛肉をはじめとする厳選食材に味噌など和の素材を隠し味に使った料理が評判。

Ⓜ ⑩⑬Duroc ⑫Falguière 🏠 18, rue Mayet 6e 📞 01.45.66.51.57 🕐 12:00～14:00 (L.O.)、19:30～22:00 (L.O.) 休 ⑧ ⑧ 料 昼ムニュ€29、ア・ラ・カルト予算約€55 予約 望ましい CC AMV URL www.hkitchen.fr(日本語あり)

ローベルジュ・カフェ — L'Auberge Café — レ・アール — MAP P.61-D3

カフェ価格で楽しめる愛情料理

晶子(しょうこ)さん、レイモンさん夫婦のカフェレストラン。昼は晶子さんが作るランチ、夜は良質な肉や魚を使った料理やタパスが味わえる。

Ⓜ ①④⑦⑪⑭Châtelet 🏠 4, rue Bertin Poirée 1er 📞 01.43.29.01.22 🕐 12:00～15:00 (L.O.)、18:00～22:00 (L.O.) 休 ⑧の夜、1/1、12/25 料 昼ムニュ€16.50 (2品)、€21 (3品)、夜ア・ラ・カルト予算約€30 予約 夜は望ましい CC MV

Column INFO Information 簡単に食事を済ませたいときに

ルーヴル美術館の地下に広がるショッピング街「カルーゼル・デュ・ルーヴル」にあるフードコートは、観光の合間に利用しやすい。広いスペースにカジュアルフレンチからイタリアン、モロッコ、スペイン、アジアなど各国料理が揃う。

お昼時はとても混むので時間をずらして利用するのがおすすめ

カルーゼル・デュ・ルーヴル
Carrousel du Louvre
MAP P.61-C2 Ⓜ ①⑦Palais Royal Musée du Louvre 🏠 99, rue de Rivoli 1er
🕐 フードコート7:00～21:00(⑰～16:30、店舗によって異なる)
休 無休 URL www.restaurantsdumonde.fr

デパート (→P.147) 内にあるセルフサービスのレストランやイートインスペースもおすすめ。言葉の心配も少なく、食べたいものを食べたいだけ選べるのがうれしい。最上階や上階にあるので見晴らしがよく、ショッピングの途中のひと休みにもぴったり。

ギャラリー・ラファイエット パリ・オスマン

本館にある「ラファイエット・カフェ Lafayette Café」は、グリル料理からパスタ、サラダバー、デザートバーまであり、食べたい量を調節できて便利。最高の食材を揃えたグルメ館にはイートインがあり、ステーキなどその場で調理された料理をワインとともに楽しむことができる。

プランタン・オスマン本店

メンズストアの7・8階はグルメフロアとなっていて、気軽なイートインスペースを備えた店が入っている。エッフェル塔を眺めながらくつろげるので人気がある。

© MANUEL BOUGOT
窓側の席からエッフェル塔が見える

ル・ボン・マルシェ・リヴ・ゴーシュ

隣接する食料品館「ラ・グランド・エピスリー・ド・パリ・リヴ・ゴーシュ La Grande Epicerie de Paris Rive Gauche」にイートインがあり、厳選された食材をその場で味わえる。

サマリテーヌ

16年の年月を経て2021年に複合施設として再開した老舗デパート。館内にはカジュアルなベーカリーレストランからダイニングバーまで、グルメスポットがいくつもある。

はみだし 「カルーゼル・デュ・ルーヴル」のフードコートにあるトイレは有料だが、レストラン利用客が当日のレシートを提示すると無料になるので、レシートは捨てないで。

ル・ルレ・ド・ラントルコート　Le Relais de l'Entrecôte　モンパルナス　MAP P.64-B2

メニューは1種類！のステーキ専門店

メニューは「クルミ入りサラダ＋リブロースステーキ、ポテト添え」のみ。焼き加減を伝えれば、秘伝ソースがおいしいステーキにありつける。

Ⓜ④Vavin　🏠 101, bd. du Montparnasse 6e
☎ 01.46.33.82.82　🕐 12:00～14:30（土日祝～15:00）、18:45～23:00 休祝
🍴 サラダ＋ステーキ＋ポテト€27.50
予約 不可　CC MV　URL www.relaisentrecote.fr

ピクト　Picto　オペラ地区　MAP P.55-D3

季節ごとに具材が変わるグルメサンド　※閉店。サン・ラザール駅構内にもあり

厳選された素材を使い、注文を受けてから作るサンドイッチの店。子羊の煮込みを挟んだサンドなど、こだわりの具材が人気を呼んでいる。

Ⓜ⑦Cadet　🏠 68, rue La Fayette 9e
☎ 06.46.43.09.90
🕐 11:30～15:00（土⊕日）、8月
🍴 昼ムニュ€11、サンドイッチ€7～
予約 不可　CC MV　英　Wi-Fi　URL www.picto.paris

ル・プティ・ヴァンドーム　Le Petit Vendôme　オペラ地区　MAP P.60-B1

地元客に愛されている

素朴な伝統料理を出すランチ時はあっという間に常連客で満席になる人気店。サンドイッチはテイクアウト客で行列ができるほどのおいしさ。

Ⓜ⑧⑫⑭Madeleine　🏠 8, rue des Capucines 2e
☎ 01.42.61.05.88　🕐 8:30～翌2:00（月～16:30、⊕10:00～）　休日、一部祝
🍴 ア・ラ・カルト予算約€35　予約 望ましい　CC MV
英　Wi-Fi　URL lepetitvendome.fr

フィラキア　Filakia　レ・アール　MAP P.61-D2

素材にこだわるギリシアサンド

ギリシアのカジュアルフード「スブラキ（肉の串焼き）」のピタパンサンドが人気。野菜も入っているので、バランスのいい食事が気軽にとれる。

Ⓜ③Sentier ④Etienne Marcel
🏠 9, rue Mandar 2e　🕐 11:30～15:00、18:30～22:30　休 1/1、12/25
🍴 ムニュ€16～、ピタサンド€11～　予約 不可
CC MV　URL paris-athenes.fr/filakia

ティ・ブレイズ　Ty Breiz　モンパルナス　MAP P.64-A2

パリで一番おいしいクレープ

ブルターニュ名物のガレット（そば粉のクレープ）のおいしい店。フィガロ紙で「パリで一番おいしいクレープ屋」に選ばれたこともある。

Ⓜ④⑥⑫⑬Montparnasse Bienvenüe　🏠 52, bd. de Vaugirard 15e　☎ 01.43.20.83.72　🕐 11:00～14:30、19:00～22:30（⊕土11:00～22:30）　休 12/24、12/25、8月に約10日間　🍴 ガレット€4.50～16、クレープ€4～12.90　予約 望ましい　CC AMV　URL tybreizparis.fr

クレープリー・ド・ジョスラン　Crêperie de Josselin　モンパルナス　MAP P.64-B2

「クレープ通り」の人気店

クレープリーが連なるモンパルナス通りの人気店。卵やチーズが入った塩味のクレープ（ガレット）と、デザートクレープを1品ずつ頼むのがおすすめ。

Ⓜ⑥Edgar Quinet　🏠 67, rue du Montparnasse 14e　☎ 01.43.20.93.50　🕐 11:30～23:00（火は17:30～）　休 火の昼、月、1/1～1/15、8/1～8/15　🍴 昼ムニュ€15、ア・ラ・カルト予算約€20
予約 不可　CC AJMV　日　Wi-Fi

フレディーズ　Freddy's　サン・ジェルマン・デ・プレ　MAP P.61-C3

カウンターで気軽に食事

日本の「居酒屋」を思わせるスタイルで、長いカウンターの中から炭火焼きの香ばしい香りが漂ってくる。タパスとワインを楽しみたいときに。

Ⓜ⑩Mabillon　🏠 54, rue de Seine 6e
🕐 12:30～14:30（L.O.）、18:30～22:45（L.O.）
休 1/1、12/24、12/25、12/31
🍴 ア・ラ・カルト予算約€30　予約 不可
CC AMV　英　Wi-Fi

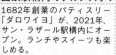

ダロワイヨ・サン・ラザール　Dalloyau Saint-Lazare　オペラ地区　MAP P.54-B3

国鉄駅構内のグルメスポット

1682年創業のパティスリー「ダロワイヨ」が、2021年、サン・ラザール駅構内にオープン。ランチやスイーツも楽しめる。

Ⓜ③⑫⑬⑭St-Lazare　🏠 Gare Saint-Lazare, 2ème étage 8e　☎ 01.42.99.91.20
🕐 11:30～14:30、18:00～23:00　休 無休
🍴 ア・ラ・カルト予算約€35　予約 望ましい
CC AMV　Wi-Fi　URL www.dalloyau.fr

ローズ・ベーカリー Rose Bakery ／ モンマルトル MAP P.55-C3

オーガニック・デリの人気店

ビオ食材を使ったお総菜とお菓子が評判のイギリス人オーナーの店。野菜たっぷりのプレートやキッシュ、オムレツなど。隣にテイクアウト店も。

Ⓜ ⑫Notre-Dame de Lorette　住 46, rue des Martyrs 9e　☎ 01.42.82.12.80　休 1/1, 12/25　営 9:00～16:00（ランチ11:00～）　料 ア・ラ・カルト予約約€20　予約 不可　CC AMV　URL www.rosebakery.fr

ブロム BOULOM ／ モンマルトル MAP P.55-C1

パリでは珍しい食べ放題

店名は「食事ができるパン屋」という仏語の略称。ビュッフェ式でパン、質にもこだわった前菜、メイン、チーズ、デザートが食べ放題。

Ⓜ ⑫Jules Joffrin　住 181, rue Ordener 18e　☎ 01.46.06.64.20　営 12:00～14:30（土 日11:00～17:00）、19:30～翌1:00　休 無休　料 昼ビュッフェ€32、夜ビュッフェ€45、土 日ブランチ€49　予約 必須　CC MIV　英　Wi-Fi　URL www.boulom.net

ル・パン・コティディアン Le Pain Quotidien ／ マレ MAP P.62-A3

ベルギー発のおしゃれなベーカリーカフェ

パリに数店舗あるベーカリーカフェ。タルティーヌ（オープンサンド）がおいしい。大きなテーブルでにぎやかに食事を楽しむ相席スタイルが特徴。

Ⓜ ①⑪Hôtel de Ville　住 18-20, rue des Archives 4e　☎ 01.44.54.03.07　営 8:00～20:00　休 5/1, 5/8, 12/25　料 タルティーヌ€13.95～、キッシュ€15.95　予約 不可　CC AMV　英　Wi-Fi　URL www.lepainquotidien.com

レキューム・サントノレ L'Ecume St-Honoré ／ オペラ地区 MAP P.60-B2

魚屋さんにあるオイスターバー

魚屋の店内に設けられたイートインスペースで新鮮なカキを手頃な値段で食べることができる。買い物の合間にカキとワインでひと休みも。

Ⓜ ⑦⑭Pyramides ①Tuileries　住 6, rue du Marché St-Honoré 1er　☎ 01.42.61.93.87　営 11:00～19:00（金 土～22:00）　休 日、1/1、5/1、12/25、7月中旬～8月中旬　料 ア・ラ・カルト予約約€20　予約 望ましい　CC MIV　日　URL ecume-saint-honore.fr

フレンチー・トゥ・ゴー FTG ／ レ・アール周辺 MAP P.61-D2

おしゃれなファストフード店　※閉店しました

©Virginie Garnier

人気店「フレンチー」のファストフード店。オマールを贅沢に使ったサンドイッチやフィッシュ＆チップスなど、ハイクオリティな軽食を提供。

Ⓜ ③Sentier　住 9, rue du Nil 2e　☎ 01.42.21.96.92　営 9:00～17:00（木～土22:00）　休 一部㊗　料 ムニュ€14～19.50、オマールサンドイッチ€30　予約 不可　CC AMV　英　Wi-Fi　URL www.frenchie-ftg.com

エクスキ Exki ／ オペラ地区 MAP P.61-C1

自然派セルフチェーン

セルフサービス式のオーガニックカフェ。パン、キッシュ、スープ、サラダなどオーガニック（ビオ）素材を使ったヘルシーな軽食が揃っている。

Ⓜ ⑦⑨Chaussée d'Antin - La Fayette　住 22, rue de la Chaussée d'Antin 9e　営 8:00～18:00（土11:00～）　休 日、一部㊗　料 サンドイッチとサラダと飲み物のセット約€10　予約 不可　CC AMV　Wi-Fi　URL www.exki.com

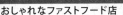

Column / INFO Information　イートインがあるパンのチェーン店

パリの町なかや国鉄駅など、さまざまな場所で見かけるのが、イートインスペースを備えたパン屋。チョコレートの入ったパン・オ・ショコラなどの菓子パンのほか、サンドイッチやキッシュ・ロレーヌ、サラダなども買うことができる。

ポールとブリオッシュ・ドレ

おもなチェーン店
ポール Paul
URL www.paul.fr

ブリオッシュ・ドレ
Brioche Dorée
URL www.briochedoree.fr

ポム・ド・パン
Pomme de Pain
URL pommedepain.fr

種類豊富な「ポール」のパン

イートインで好きなパンを

はみだし ファストフード店やテイクアウトができる店に行くと、「持ち帰り？ 店内で食べる？」と聞かれる。店内で食べるなら「シュル・プラス sur place」、持ち帰りは「ア・アンポルテ à emporter」と覚えておこう。

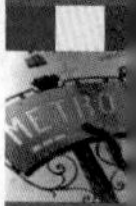

メゾン・ヌラ　　Maison Noura　シャンゼリゼ界隈　MAP P.59-C2

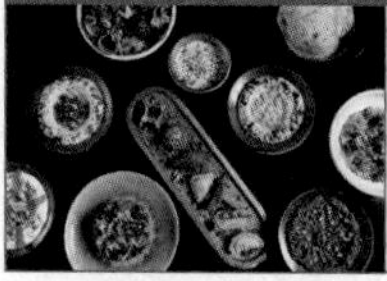

レバノン料理

パリのレバノン料理店の先駆け的存在として、中東の香りをパリに届けている。「メゼ」と呼ばれる前菜を盛り合わせたものがスペシャリテ。

Ⓜ ⑨Alma Marceau　🏠 21, av. Marceau 16e
☎ 01.47.20.33.33　⏰ 11:00～15:00、19:00～24:00　🚫 8月の一定期間
🍴 昼ムニュ€78、夜ムニュ€84　予約 望ましい
CC AMV　英　URL maison.noura.com

フュクシア　　Fuxia　ルーヴル界隈　MAP P.61-C2

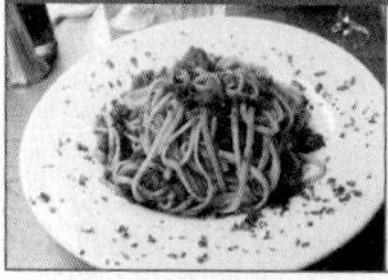

イタリア料理

パリ市内に数店舗あるイタリアンの人気チェーン店。リゾットやパスタなど一品注文もOK。本格イタリアンが気軽に食べられる。

Ⓜ ①Tuileries　🏠 42, pl. du Marché St-Honoré 1er
☎ 01.42.61.45.46　⏰ 10:00～翌1:00
🚫 1/1、12/24の夜、12/25　🍴 ペンネ・アラビアータ€14　予約 不可　CC JMV　英　Wi-Fi
URL www.fuxia-cantina.fr

ゼンジュー　　Zenzoo　オペラ地区　MAP P.61-C1

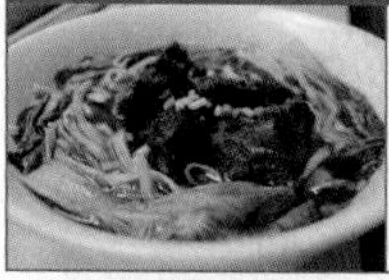

台湾料理

野菜たっぷりでヘルシーな台湾料理をリーズナブルな値段で食べられる店。しっかりとした味つけで、ご飯が進む。タピオカティーも人気だ。

Ⓜ ⑦⑭Pyramides　🏠 13, rue Chabanais 2e　☎ 01.42.96.27.28　⏰ 12:00～18:30（ランチ～15:00）　🚫 ⑧　🍴 一品料理€8.50～16.50
予約 望ましい　CC AMV　英　Wi-Fi
URL www.zen-zoo.com

ソン・ヘン　　Song Heng　レ・アール　MAP P.62-A2

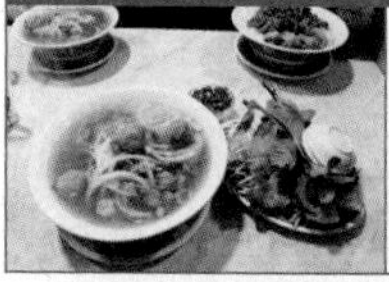

ベトナム料理

メニューはフォーとボブン（肉、ピーナッツ、揚げ春巻きがのった汁なし麺）の2種類。別皿で付く生のモヤシとレモンをたっぷりかけて。

Ⓜ ③⑪Arts et Métiers
🏠 3, rue Volta 3e　☎ 01.42.78.31.70
⏰ 11:15～16:00　🚫 ⑧、一部㊗、8月
🍴 フォー、ボブンとも大€10.90、小€9.90
予約 不可　CC MV

韓林　　Han Lim　カルチェ・ラタン　MAP P.65-D2

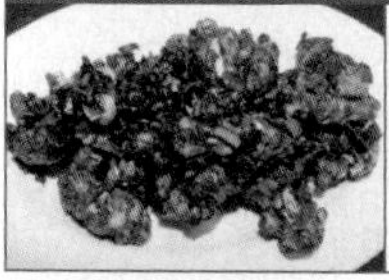

韓国料理

チヂミやプルコギ、チャプチェ（春雨炒め）といった定番の韓国料理が食べられる。そのほか、ニンニクの風味が効いた特製鶏のから揚げも大人気。

Ⓜ ⑦Place Monge　🏠 6, rue Blainville 5e　☎ 01.43.54.62.74　⏰ 12:00～14:15 (L.O.)、19:00～22:15 (L.O.)　🚫 ⑧の昼、㊗、8月　🍴 昼ムニュ€15　ア・ラ・カルト予算約€35
予約 望ましい　CC MV　日　Wi-Fi　URL hanlim.fr

🍴 Column Information　ベルギー名物、ムール貝料理を食べよう

ベルギー名物のムール貝専門レストランとして親しまれてきた店。今は、魚介料理一般を気軽に食べられる店となり、メニューもバリエーション豊かになっているが、やはり一度は試したいのはムール貝。ココット鍋いっぱいのムールが€20程度で楽しめる。定番のワイン蒸しMarinièreのほかに、カレー味、ディジョン風（マスタード味）、ロックフォール（ブルーチーズ）味もある。また、ムール貝のグラタンなども。昼から深夜までノンストップで営業しているので、観光客も利用しやすい。

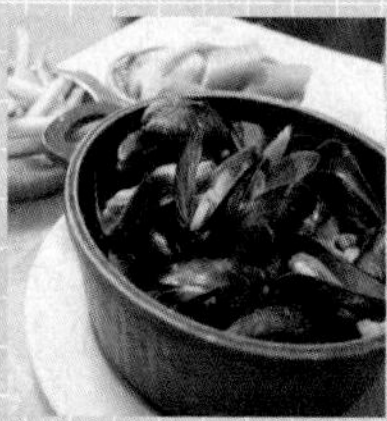

ココット鍋のムール貝にたっぷりとフライドポテトが付く

レオン Léon
パリに数店舗ある。店によって営業時間が異なり、11:30頃から23:00頃まで。
🍴 平日昼ムニュ€11.90～、ムニュ€19.90
URL www.restaurantleon.fr

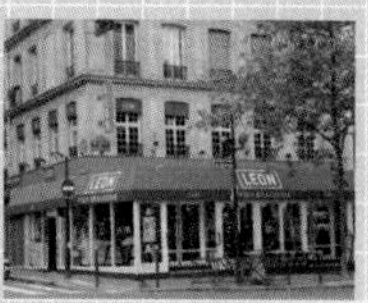

レオンのモンパルナス店

オペラ店
MAP P.61-C1　🏠 30, bd. des Italiens 9e
☎ 01.42.46.36.15

モンパルナス店
MAP P.64-B2　🏠 82bis, bd. du Montparnasse 14e
☎ 01.43.21.66.62

サン・ジェルマン店
MAP P.61-C3　🏠 131, bd St-Germain 6e
☎ 01.43.26.45.95

善 Zen
ルーヴル界隈 [MAP] P.61-C2

日本食を気軽に味わえる

餃子、カレー、とんかつ、丼物、寿司、天ぷらなど、多彩な日本食メニューが食べられる。地元パリジャンにも評判のレストラン。

[M] ⑦⑭Pyramides [住] 8, rue de l'Echelle 1er [TEL] 01.42.61.93.99 [営] 12:00～14:30 (L.O.)、19:00～22:00 (L.O.) [休] ㊐ ㊗、8月に3週間 [料] 昼ムニュ€26～、夜ムニュ€38～ [予約] 昼は不可、夜は望ましい [CC] [A][M][V] [日] [URL] www.zenrestaurantparis.fr

さぬき家 Sanukiya
ルーヴル界隈 [MAP] P.61-C2

本格うどんが楽しめる

北海道産のうどん粉、香川県産の醤油を使用した、コシの強い本格うどんが人気。メニューは温・冷のほか、ぶっかけ、ざるなど種類豊富。

[M] ①⑦Palais Royal Musée du Louvre ⑦⑭Pyramides [住] 9, rue d'Argenteuil 1er [TEL] 01.42.60.52.61 [営] 11:30～22:00 (L.O.) [休] 第2㊋の昼、㊗、8月に3週間 [料] 昼ムニュ€15～、うどん€10～22、丼€15～22 [予約] 不可 [CC] [M][V] [日]

シェ・ミキ Chez Miki
オペラ地区 [MAP] P.61-C1

パリっ子にも人気の繊細な日本料理

女性シェフならではの繊細な料理が人気の和食店。だし巻き卵や、鮭の西京焼き、牛ひき肉のコロッケなど、ていねいに作られた味にほっとする。

[M] ③Quatre Septembre ⑦⑭Pyramides [住] 5, rue de Louvois 2e [TEL] 01.42.96.04.88 [営] 12:00～14:30、18:00～22:00 [休] ㊎の昼、㊋ [料] 昼ムニュ€20、一品料理€15～ [予約] 夜は望ましい [CC] [A][J][M][V] [日]

龍旗信 Ryukishin Eiffel
エッフェル塔界隈 [MAP] P.59-D3

塩ラーメンの専門店

あっさりとしたなかに深いコクがあるスープが自慢の塩ラーメンの店。鴨と鶏の2種類のチャーシューもおいしい。餃子や鶏の唐揚げもある。

[M] ⑧Ecole Militaire [住] 20, rue de l'Exposition 7e [TEL] 01.45.51.90.81 [営] 12:00～14:30 (L.O.)、19:00～22:00 [休] ㊊ ㊐ ㊗ [料] ラーメン€18～ [予約] 不可 [CC] [A][M][V] [日] [Wi-Fi]

メディアカフェ MEDIACAFE
サン・マルタン運河界隈 [MAP] P.62-A1

日本の家庭の味でほっこり

日本語情報紙「オヴニー」(→P.509)の編集部があるエスパス・ジャポン内にある。手作りの弁当やおにぎりはテイクアウトも可能だ。

[M] ⑤Jacques Bonsergent [住] 12, rue de Nancy 10e [TEL] 01.47.00.77.47 [営] 12:00～19:00 (㊏は～18:00 [休] ㊊ ㊐ ㊗ [料] 日替わり定食€10、おにぎり€2.50～ [予約] 不可 [CC] [M][V] [日] [Wi-Fi]

Column Information 新スタイルのフードコート「フード・ソサエティ・パリ」

パリ14区、モンパルナス駅の近くに、現代的なコンセプトをもつフードコート「フード・ソサエティ・パリFood Society Paris」がオープンした。3500㎡の広大な空間に、海鮮専門、クレープリー、ハンバーガーショップ、タパスバーなど15のレストランが入っている。いずれもパリ近郊で生産された食材を使い、クオリティの高い料理を提供しているのが特徴。注文方法もユニークで、テーブルでQRコードをスキャンしてスマートフォンからオーダーする。料理ができたことを知らせるメッセージが届いたら、受け取りに行くシステム。週末にはDJが入るなど、新たな外食スタイルとして、話題を呼んでいる。

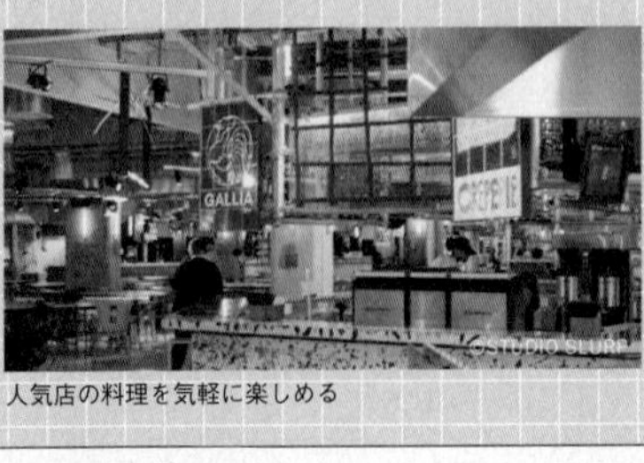

人気店の料理を気軽に楽しめる

Krugenのクレープ

[MAP] P.64-B2
[M] ⑬Gaîté ④ ⑥ ⑫ ⑬Montparnasse Bienvenüe
[住] 68, av. du Maine 14e
[営] 8:00～翌1:00 (㊎ ㊏、㊗の前日～翌2:00)
[休] ㊊ ㊗ [URL] foodsociety.fr

[はみだし] 「京子Kioko」は、オペラ地区にある日本食品店として、パリ在住の日本人から長く親しまれている。[MAP] P.61-C2 [住] 46, rue des Petits Champs 2e [URL] www.kioko.fr

ル・バラヴ　Le Barav
レピュブリック広場界隈　[MAP] P.62-B2

持ち込みもできる気さくなバー

イベリコ豚のハム、シェーヴルチーズのサラダなどのつまみが手頃な値段で楽しめる店。隣接のショップでワインを買って持ち込みも可。

[M] ③⑤⑧⑨⑪République [住] 6, rue Charles François Dupuis 3e [TEL] 01.48.04.57.59 [営] 17:00～22:30（[土]12:00～24:00） [休] [月] [日]、8月に15日間 [料] グラスワイン€4～7、タパス€5～15 [予約] 不可 [CC] [M][V] [英] [URL] www.lebarav.fr

ヴァン・ヴァン・ダール　Vingt Vins d'Art
マレ　[MAP] P.62-A3

アートとワインを楽しむ店

マレ地区にある日本人オーナーの店。ナチュラルワインとこだわりの素材の料理を楽しめる。アートギャラリーでもあり、コンサートの開催も。

[M] ①St-Paul ⑦Pont Marie [住] 16, rue de Jouy 4e [TEL] 06.70.90.33.64 [営] 19:00～22:00（L.O.）、[土] [日]12:00～14:00（L.O.） [休] [月]、1/1、12/24、12/25 [料] グラスワイン€5～9、一品料理€8～ [予約] 望ましい [CC] [A][M][V] [日] [Wi-Fi]

ル・ヴェール・ヴォレ　Le Verre Volé
サン・マルタン運河界隈　[MAP] P.62-B1

自然派ワインを楽しむバー

サン・マルタン運河からすぐ。厳選されたビオワインが揃う人気店。常連客でにぎわう店内では、下町のワイン屋の雰囲気を味わえる。

[M] ⑤Jacques Bonsergent [住] 67, rue de Lancry 10e [TEL] 01.48.03.17.34 [営] 12:30～14:00(L.O.)、19:30～24:00（L.O.） [休] 1/1、1/2、12/24夜、12/25、12/31夜 [料] グラスワイン€6.50～、一品料理€17～ [予約] 望ましい [CC] [D][J][M][V] [英] [Wi-Fi] [URL] www.leverrevole.fr

エクリューズ　Ecluse
オペラ地区　[MAP] P.61-C2

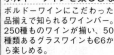

ボルドーワインを楽しむなら

ボルドーワインにこだわった品揃えで知られるワインバー。250種ものワインが揃い、50種類あるグラスワインも€6から楽しめる。

[M] ⑦⑭Pyramides ①Tuileries [住] 34, pl. du Marché St-Honoré 1er [TEL] 01.42.96.10.18 [営] 12:00～24:00 [休] [日] [祝] [料] グラスワイン€6～、一品料理€11～、シャルキュトリーの盛り合わせ€18 [予約] 望ましい [CC] [A][M][V] [英] [Wi-Fi] [URL] www.lecluse.paris

レ・パピーユ　Les Papilles
カルチェ・ラタン　[MAP] P.65-C2

こだわりのワインがたくさん

壁の棚にはワインがぎっしり。食べ応えのあるスープやボリュームたっぷりの煮込み料理目当ての客も多い。おなかをすかせて行きたい店。

[RER] ⒷLuxembourg [住] 30, rue Gay-Lussac 5e [TEL] 01.43.25.20.79 [営] 12:00～14:00（L.O.）、18:30～21:45（L.O.） [休] [月] [日]、1/1、8月、クリスマスの週 [料] グラスワイン€8.50～、昼ムニュ€35、夜ムニュ€42 [予約] 必須 [CC] [A][V] [Wi-Fi]

Column Information　ワインバーを楽しむ

　レストランより気軽にワインを飲めるのがワインバー。グラスでいろいろな種類を試せるのがいい。値段も1杯€4～10と手頃だ。グラスワインの量は、10cl（100ml）と15cl（150ml）の2種類から選べるところが多い。3～4人で飲むなら、ボトルを頼んだほうがお得。

　また、一般的なワインバーでは、料理を提供するのはランチのみで、夜は冷製のおつまみしかないというところも多い。そんなワインバーでぜひ注文したいのがフランスならではのおつまみ。たいていの店にあるのが「チーズ」や「シャルキュトリー」だ。シャルキュトリーとは、おもに豚肉や豚の内臓から作ったハム、サラミ、ソーセージ、テリーヌ、パテなどの加工食品のこと。どんなつまみを頼んだらいいかわからないときは、「アシエット・ド・シャルキュトリーAssiette de Charcuterie（シャルキュトリーの盛り合わせ）」や「アシエット・ド・フロマージュAssiette de Fromage（チーズの盛り合わせ）」を頼んでみては？

シャルキュトリーはワインによく合うおつまみ

豚肉を使ったペースト「リエット rillette」

カフェ・ド・フロール — Café de Flore — サン・ジェルマン・デ・プレ — MAP P.61-C3

パリ左岸文化を代表するカフェ

1950年代には、サルトルなど多くの文化人たちが哲学論に花を咲かせていたカフェ。今も文学者や芸術家に愛され続けている。

Ⓜ ④St-Germain des Prés　🏠 172, bd. St-Germain 6e　☎ 01.45.48.55.26　🕐 7:30〜翌1:30　休 無休　料 コーヒー€4.90、ショコラ・ショー€7.80、ケーキ€7.50〜　CC ADIJM V　英　Wi-Fi　URL catedeflore.fr（日本語あり）

レ・ドゥー・マゴ — Les Deux Magots — サン・ジェルマン・デ・プレ — MAP P.61-C3

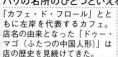

パリの名所のひとつといえる文学カフェ

「カフェ・ド・フロール」とともに左岸を代表するカフェ。店名の由来となった「ドゥー・マゴ（ふたつの中国人形）」は店の歴史を見続けてきた。

Ⓜ ④St-Germain des Prés　🏠 6, pl. St-Germain des Prés 6e　☎ 01.45.48.55.25　🕐 7:30〜翌1:00　休 無休　料 コーヒー€4.90、ケーキ€13〜16、ショコラ・ショー€9、昼ムニュ€36　CC AMV　英　Wi-Fi　URL lesdeuxmagots.fr

ル・カフェ・マルリー — Le Café Marly — ルーヴル — MAP P.61-C2

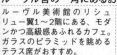

ルーヴル宮の一角にあるおしゃれなカフェ

ルーヴル美術館のリシュリュー翼1〜2階にある、モダンかつ高級感あふれるカフェ。ガラスのピラミッドを眺めるテラス席がおすすめ。

Ⓜ ①⑦Palais Royal Musée du Louvre　🏠 93, rue de Rivoli 1er　☎ 01.49.26.06.60　🕐 8:00〜翌2:00　休 無休　料 コーヒー€5、クロック・ムッシュー€19、オムレツ€16〜　CC AMV　英　Wi-Fi　URL cafe-marly.com

レ・フィロゾフ — Les Philosophes — マレ — MAP P.62-A3

食事も充実したマレ地区の人気カフェ

マレ地区で活気ある人気カフェ。日本人シェフによる、素材にこだわったボリュームたっぷりでおいしい料理がカフェ価格で楽しめる。

Ⓜ ①St-Paul ①⑪Hôtel de Ville　🏠 28, rue Vieille du Temple 4e　☎ 01.48.87.49.64　🕐 9:00〜翌1:30(L.O.)　休 ⑧ ⑫、12月に約10日間、8月　料 コーヒー€2.50、一品料理€11〜　CC MV

ラ・ロトンド — La Rotonde — モンパルナス — MAP P.64-B2

画家たちゆかりのカフェ

20世紀初頭、画家ピカソ、詩人コクトーなど多くの文化人が集まり、芸術について論じあったカフェ。ブラッスリー料理も楽しめる。

Ⓜ ④Vavin　🏠 105, bd. du Montparnasse 6e　☎ 01.43.26.48.26　🕐 7:30〜24:00　休 無休　料 コーヒー€3.50、牛肉のタルタル€24　CC AIJMV　Wi-Fi　URL larotonde-montparnasse.fr

カフェ・デ・ドゥー・ムーラン — Café des Deux Moulins — モンマルトル — MAP P.55-C2

人気映画ロケ地

大ヒット映画『アメリ』の主人公アメリが働いていたカフェ。店内には映画のポスターなどが飾られている。クレーム・ブリュレが大人気。

Ⓜ ②Blanche　🏠 15, rue Lepic 18e　☎ 01.42.54.90.50　🕐 7:00〜翌2:00(⊕ ⊕ ⑧9:00〜)　休 12/24の夜　料 コーヒー€2.70、クレーム・ブリュレ€8.90、昼ムニュ€15、€16.50　CC AIJMV　英　Wi-Fi　URL cafedesdeuxmoulins.fr

ラデュレ・シャンゼリゼ店 — Ladurée Champs-Elysées — シャンゼリゼ大通り — MAP P.59-D1

老舗パティスリーのサロン・ド・テ

マカロンで有名な老舗パティスリー。パリに数店あるうち、シャンゼリゼ店は営業時間が長くロケーションも最高。ゆったり朝食を取るのもおすすめ。

Ⓜ ①George V　🏠 75, av. des Champs-Elysées 8e　☎ 01.40.75.08.75　🕐 8:00〜22:00　休 無休　料 紅茶€9〜、ケーキ€10.50〜、朝食セット€32〜　CC AMV　英　URL www.laduree.fr

アンジェリーナ — Angelina — ルーヴル界隈 — MAP P.60-B2

ココ・シャネルも通ったサロン・ド・テ

1903年創業、モンブラン、ショコラ・ショー（ココア）で知られる老舗店。濃厚ながら上品な味わいを、優雅なインテリアの本店で堪能したい。

Ⓜ ①Tuileries　🏠 226, rue de Rivoli 1er　☎ 01.42.60.82.00　🕐 8:00〜19:00(⊜〜19:30 ⊕ ⑧⑧8:30〜19:30)　休 無休　料 紅茶€7.70、ショコラ・ショー€8.50、モンブラン€9.40　CC AIJMV　英　Wi-Fi　URL www.angelina-paris.fr

Magasin

パリのショッピングガイド

ショッピング攻略ガイド

　少ない時間で充実したショッピングを楽しむには、各ショッピングエリアの特徴をつかむことが大切。特にパリでは、ショップが多く並ぶいくつかの通りをおさえれば、効率的な買い物計画が立てられるだろう。時間のない人は、何でもひととおり揃うデパート（→P.147）へ。

[高級ブランド巡り]

　「シャネル」「ルイ・ヴィトン」からイタリアンブランドの支店まで、通りの両側にブラン
ド店が並ぶ**モンテーニュ大通り
Av. Montaigne** (MAP P.59-D2)。
そして、「エルメス」本店がある
**フォーブール・サントノレ通り
Rue du Fg. St-Honoré**(MAP P.60-A
～B1)。このふたつの通りでだ
いたいのブランドを制覇できる。

憧れの「ルイ・ヴィトン」本店はシャンゼリゼ大通りにある

[カジュアル系ファッション]

　右岸の**サントノレ通り**Rue St-Honoré (MAP P.60-B2) は高感度ブティックが並ぶパリ屈指のファッションストリート。ブランド店が並ぶフォーブール・サントノレ通りからのつながりで、買い物好きに人気がある。

　左岸のサン・ジェルマン・デ・プレ地区では、老舗からポップな店まで、小さなブティックが集まる3つの通りをおさえよう。靴、バッグ、アクセサリーなどの専門店が多いのが特徴だ。**シェルシュ・ミディ通り**Rue du Cherche Midi (MAP P.64-B1)、**サン・シュルピス通り**Rue St-Sulpice (MAP P.65-C1)、**グルネル通り**Rue de Grenelle (MAP P.60-A～B3)など。

[パリらしい雑貨屋]

　マレ地区にはクリエイターの直営店が多く、洋服から雑貨までを置いたセレクトショップが目立つ。店が集中しているのは**フラン・ブルジョワ通り**Rue des Francs Bourgeois (MAP P.62-A～B3)だ。マレ地区は日曜でもオープンしている店が多いので、日曜にショッピングをするならこの通りへ行くといい。パリらしいアンティーク風の小物を探したいなら、**サン・ルイ島**(MAP P.66-A1) に行ってみるのもいい。

[グルメ広場]

　マドレーヌ広場(MAP P.60-B1)には、キャビア、トリュフといった高級食材を扱う専門店や人気チョコレート店が集まっている。

ショッピングの基礎知識
ショッピングのマナー
バーゲン（ソルドSoldes)
洋服、靴のサイズ
クレジットカードでの支払い
免税（デタックスDétaxe)
→P.530

高級ブランド店で気持ちよく買い物をするために
①ブランド店では事前に下調べして、欲しいものをはっきりさせておこう。店内に入る前にウインドーをチェックしておくのもポイント。
②色、型など欲しい商品を言って見せてもらう。勝手に商品に触ることは非常に嫌がられるので注意。
③買い物後はブランドの紙袋を提げて歩くことは避けよう。スリの格好の標的になる。ホテルへ帰るときはメトロではなくタクシーで。

パリのブティック事情
2016年よりデパートが日曜営業を開始したが、まだまだ多くの店が日曜は休み。年2回のバーゲン（→P530）後の2月中旬～3月上旬、8月に長い休みを取る店も多い。ほかに、フランスの祝祭日（→P.10）にも注意したい。すべての祝日を休む店もあれば、一部の祝日のみ休業とする店もある。また、営業曜日や営業時間が頻繁に変わる店も。もし、行きたい店が決まっていたら「○月○日は営業していますか？」と直接問い合わせるのが確実だ。電話でもeメールでも、ほとんどの店で英語が通じる。

年中無休のショッピングスポット
●カルーゼル・デュ・ルーヴル
　Carrousel du Louvre
ルーヴル美術館に隣接するショッピング街。広々としたフードコート（→P.132）もあり、雨の日の買い物にも便利。
MAP P.61-C2
住 99, rue de Rivoli 1er
営 10:00～19:00
（店舗によって異なる）
Wi-Fi
URL www.carrouseldulouvre.com
●ベルシー・ヴィラージュ
　Bercy Village
再開発地区ベルシー（→P.112)にあるパリジャンに人気のショッピングスポット。
MAP P.67-D3
住 Cour St-Emilion 12e
営 10:00～20:00
（店舗によって異なる）
URL www.bercyvillage.com

エキヨグ　Ekyog　洋服　MAP P.62-B3

オーガニック素材の人気服

オーガニックのコットンやリネン、シルク、環境に配慮して加工したレザーなどから作られる服で、エコとトレンドが共存したデザインが人気。

M ①St-Paul　住 23, rue des Francs Bourgeois 4e
TEL 01.42.78.22.60
営 11:00～19:30（月11:30～、日12:00～）
休 1/1、5/1、12/25　CC MV
URL www.ekyog.com

コントワー・デ・コトニエ　Comptoir des Cotonniers　洋服　MAP P.62-A3

パリ、フランスを代表するブランド

いいものを長く着る。色や柄で遊び、自分なりのベーシックをもつ……そんなパリのエッセンスの詰まったアイテムが日本人にぴったり。

M ①St-Paul　住 33, rue des Francs Bourgeois 4e
TEL 01.42.76.95.33
営 11:30～19:00
休 無休　CC AMV
URL www.comptoirdescotonniers.com

アニエス・ベー　agnès b.　洋服　MAP P.65-C1

上品なフレンチカジュアル

定番アイテムのボーダーシャツやスウェット素材のカーディガンで人気のブランド。流行にとらわれない色やモチーフが魅力。

M ④St-Sulpice　住 6, rue du Vieux Colombier 6e
TEL 01.44.39.02.60
営 10:00～19:30
休 日、5/1、8/15
CC AJMV　URL www.agnesb.fr

セント・ジェームス　Saint James　洋服　MAP P.60-B1

カラフルなボーダーシャツ

マリンルックの代名詞ともいわれるブランド。カラーバリエーションが豊富で、長袖も半袖も季節を問わず1年中活躍してくれる。

M ⑧⑫⑭Madeleine
住 5, rue Tronchet 8e　TEL 01.42.66.19.40
営 10:00～19:00（2023年5月現在改装工事中）
休 日、一部祝
CC AMV　URL www.saint-james.com/fr

メルシー　Merci　セレクトショップ　MAP P.62-B2

新しいコンセプトの大型ショップ

広大な店内に、洋服、雑貨、インテリアなどが揃う。収益金の一部を慈善団体に寄付するというコンセプトに賛同したブランドが集まっている。

M ⑧St-Sébastien Froissart
住 111, bd. Beaumarchais 3e
TEL 01.42.77.00.33　営 10:30～19:30
（金土～20:00、日11:00～19:00）　休 一部祝
CC AMV　Wi-Fi　URL www.merci-merci.com

Column Information　パリの有名ブランド店リスト

ルイ・ヴィトン Louis Vuitton
MAP P.59-C1
住 101, av. des Champs-Elysées 8e
TEL 09.77.40.40.77
URL www.louisvuitton.com

シャネル Chanel
MAP P.60-B1
住 31, rue Cambon 1er　TEL 01.44.50.66.00
URL www.chanel.com

エルメス Hermès
MAP P.60-B1
住 24, rue du Fg. St-Honoré 8e
TEL 01.40.17.46.00
URL www.maisonhermes.jp

ディオール Dior
MAP P.59-D2
住 30, av. Montaigne 8e
URL www.dior.com

サン・ローラン St-Laurent
MAP P.60-B1　住 38, rue du Fg. St-Honoré 8e
TEL 01.42.65.74.59
URL www.ysl.com

カルティエ Cartier
MAP P.60-B1
住 13, rue de la Paix 2e　TEL 01.70.65.34.00
URL www.cartier.fr

ジバンシー Givenchy
MAP P.59-D2
住 36, av. Montaigne 8e　TEL 01.44.43.99.90
URL www.givenchy.com

セリーヌ Celine
MAP P.59-D1
住 53, av. Montaigne 8e　TEL 01.40.70.07.03
URL www.celine.com

ロンシャン Longchamp
MAP P.60-B1
住 404, rue St-Honoré 1er　TEL 01.43.16.00.16
URL www.longchamp.com

エルヴェ・シャプリエ　Hervé Chapelier

バッグ　[MAP] P.65-C1

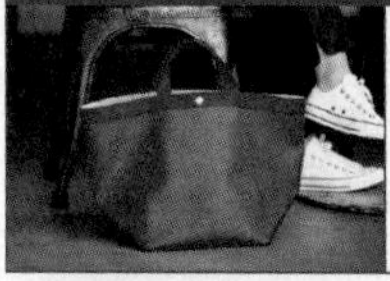

根強い人気のナイロントート

さまざまなシチュエーションで大活躍の軽くて丈夫な「エルヴェのトート」は日本でも大人気。定番のトートのほか、ポーチなどたくさん揃えたい。

[M] ④St-Sulpice　[住] 1, rue du Vieux Colombier 6e
[TEL] 01.44.07.06.50　[営] 10:15〜19:00
([土]〜19:15、13:00〜14:00に閉める日あり)
[休] [日]、[祝]　[CC] [A][J][M][V]
[Wi-Fi]　[URL] www.hervechapelier.com (日本語あり)

レ・ネレイド　Les Néréides

アクセサリー　[MAP] P.62-A2

物語が詰まったようなアクセサリー　※当店は閉店しました

南仏のニースで始まったアクセサリーブランド。半貴石を使ったビジュー・ファンタジーは、花や植物をモチーフにしたデザインでロマンティック。

[M] ④Etienne Marcel
[住] 5, rue du Bourg l'Abbé 3e　[TEL] 01.80.50.51.11
[営] 9:00〜13:30 ([月]〜13:00、[木]〜18:00)、14:00〜18:00 ([金]〜17:00)　[休] [土] [日] [祝]
[CC] [A][J][M][V]　[URL] www.lesnereides.com

サテリット　Satellite

アクセサリー　[MAP] P.62-B3

コーディネートの主役になるアクセサリー

ビーズや天然石を使った美しいアクセサリー。エスニック調からアンティーク風のものまで、独創的なデザインのものばかり。

[M] ①St-Paul
[住] 23, rue des Francs Bourgeois 4e
[TEL] 01.40.29.41.07　[営] 10:30〜19:30
[休] 1/1、12/25　[CC] [A][D][M][V]　[Wi-Fi]
[URL] www.satelliteparis-boutique.com

レペット　Repetto

靴、バレエ用品　[MAP] P.61-C1

永遠のベストセラー、レペットのシューズ

オペラ座のダンサーも愛用するバレエ用品の老舗。バレエシューズと同じ製法で作られたタウンシューズが人気。お気に入りの一足を探そう。

[M] ③⑦⑧Opéra
[住] 22, rue de la Paix 2e　[TEL] 01.44.71.83.12
[営] 10:00〜19:00 ([日]11:00〜18:00)
[休] 1/1、5/1、12/25　[CC] [A][J][M][V]
[URL] www.repetto.fr

フラゴナール　Fragonard

フレグランス　[MAP] P.60-B1

香りの都グラース生まれのフレグランス

コート・ダジュールのグラースにあるメーカーの直営店。オリジナル香水、香り豊かな石鹸、南仏の暮らしの美学を感じさせる生活雑貨もすてき。

[M] ③⑨Havre Caumartin
[住] 5, rue Boudreau 9e　[TEL] 01.40.06.10.10
[営] 10:00〜19:30 ([日]11:00〜19:00)
[休] 無休　[CC] [A][D][J][M][V]
[URL] www.fragonard.com

ロクシタン　L'Occitane

フレグランス　[MAP] P.61-D3

南仏発の人気ブランド

プロヴァンス生まれのコスメブランド。ミニサイズの練り香水やハンドクリーム、石鹸などはおみやげに最適。すべて天然素材から作られている。

[M] ①⑪Hôtel de Ville　[住] 84, rue de Rivoli 4e
[TEL] 01.42.78.74.01
[営] 10:30〜20:00 ([日]〜19:30)
[休] 1/1、5/1、12/25　[CC] [A][J][M][V]
[URL] fr.loccitane.com

ディプティック　Diptyque

アロマキャンドル　[MAP] P.65-D1

上品な香りと優しい炎に癒やされる

1961年創業、香りのキャンドルの老舗ブランド。花や果物、スパイスなどの香りを調合したアロマキャンドルが50種類以上も揃う。

[M] ⑩Maubert Mutualité
[住] 34, bd. St-Germain 5e　[TEL] 01.43.26.77.44
[営] 10:00〜19:00
[休] [日]、1/1、5/1、12/25　[CC] [A][D][J][M][V]
[URL] www.diptyqueparis.fr

シティファルマ　Citypharma

コスメ　[MAP] P.65-C1

大人気のコスメ激安店

日常コスメを安く買うなら絶対ここ！とパリジェンヌが太鼓判を押す店。他店よりも数割安いので、店内はいつでも大混雑。

[M] ④St-Germain des Prés ⑩Mabillon
[住] 26, rue du Four 6e　[TEL] 01.46.33.06.09
[営] 8:30〜21:00 ([土]9:00〜、[日]12:00〜20:00)
[休] 無休　[CC] [M][V]
[URL] pharmacie-citypharma.fr

[はみだし] シャンゼリゼ界隈では、高級ブランド店周辺で「代わりに買い物をしてくれませんか？」と声をかけられることがよくある。転売目的のことが多いので、相手にしないほうが無難だ。

Magasin
雑貨、インテリア、専門店

パン・デピス Pain d'Epices
おもちゃ [MAP] P.61-C1

夢が詰まったミニチュアグッズ

レトロなアーケード街パッサージュ・ジュフロワにあるおもちゃ屋。ドールハウス用の精巧なパーツやミニチュアグッズが揃い、大人も夢中に。

[M] ⑧⑨Grands Boulevards
[住] 29, passage Jouffroy 9e [TEL] 01.47.70.08.68
[営] 10:00～19:00 (㊐12:30～18:00)
[休] 1/1、5/1、12/25 [CC] [A][D][M][V]
[URL] www.paindepices.fr

ブリング・フランス・ホーム Bring France Homes
雑貨 [MAP] P.62-B3

100%メイド・イン・フランスの雑貨

フランス製にこだわった品揃えのかわいい雑貨店。店内にはフランスらしさ全開のトリコロールカラーの商品が並び、おみやげ探しが楽しい。

[M] ①St-Paul ①⑤⑧Bastille
[住] 3, rue de Birague 4e [TEL] 09.81.64.91.09
[営] 11:00～19:00
[休] 無休 [CC] [M][V] [Wi-Fi]
[URL] bringfrancehome.com

ピローヌ Pylones
雑貨 [MAP] P.66-A1

楽しさ抜群のポップな雑貨

個性的な雑貨を探すならここ。カラフルなイラストが描かれたブラシやトースターなど、ほかでは見つからないようなデザインのものが見つかる。

[M] ⑦Pont Marie [住] 57, rue St-Louis en l'Ile 4e
[TEL] 01.46.34.05.02
[営] 11:00～19:00 (㊊13:00～、1～3月は～18:00)
[休] 1～3月の㊊、1/1、5/1 [CC] [A][J][M][V]
[URL] www.pylones.com

ラ・トレゾルリー La Trésorerie
雑貨、インテリア用品 [MAP] P.62-A1

©La Trésorerie

美しくて機能的な家庭用品

食器から家具、バス用品、掃除用具まで、機能的で美しく、日々の暮らしを楽しくするアイテムが揃う。生産国を明示し、9割がヨーロッパ製。

[M] ③⑤⑧⑨⑪République
[住] 8&11, rue du Château d'Eau 10e
[TEL] 01.40.40.20.46 [営] 11:00～19:00
[休] ㊊ ㊐、1/1、5/1、12/25
[CC] [A][M][V] [URL] www.latresorerie.fr

ア・シモン A.Simon
調理器具 [MAP] P.61-D2

プロの料理人、パティシエも通う店

1884年創業。美食の国フランスならではのキッチン用品、調理器具、製菓道具が揃う。周辺には同様の調理器具専門店がいくつかある。

[M] ④Les Halles
[住] 48, rue Montmartre 2e [TEL] 01.42.33.71.65
[営] 9:00～19:00 (㊏10:00～)
[休] ㊐、1/1、復活祭翌日の㊊、5/1、7/14、11/1、12/25 [CC] [M][V]

ル・プティ・プランス・ストア・パリ Le Petit Prince Store Paris
キャラクターグッズ [MAP] P.61-C3

『星の王子さま』公式ブティック

世界中で愛されているサンテグジュペリの名作『星の王子さま』のグッズ専門店。いろいろな表情のフィギュアや文房具、食器などが充実。

[M] ④⑩Odéon ⑩Mabillon [住] 8, rue Grégoire de Tours 6e [TEL] 09.86.46.74.09
[営] 11:00～19:00
[休] ㊐ [CC] [A][D][J][M][V]
[URL] www.petitheros.fr

ラ・ブティック・デザンジュ La Boutique des Anges
天使グッズ [MAP] P.55-C2

愛くるしい天使に出会える

「天使のお店」という名の天使グッズ専門店。オリジナルアクセサリーや壁飾り、置物など、店内にあるものすべてが天使モチーフのものばかり。

[M] ⑫Abbesses
[住] 2, rue Yvonne le Tac 18e [TEL] 01.42.57.74.38
[営] 10:30～19:30 (㊏ ㊐14:30～)
[休] ㊌、12/25 [CC] [A][D][J][M][V]
[URL] boutiquedesanges.fr

シャントリーヴル Chantelivre
児童書 [MAP] P.64-B1

絵本の森に迷い込んだような

広い店内に絵本や図鑑など子供向けの本がズラリと並ぶ児童書専門店。昔ながらの名作から話題の最新作まで幅広く揃っている。

[M] ⑩⑫Sèvres Babylone
[住] 13, rue de Sèvres 6e [TEL] 01.45.48.87.90
[営] 10:30～19:30 (㊊13:00～)
[休] ㊐ ㊗ [CC] [M][V]
[URL] www.chantelivre-paris.com

[はみだし] 「フナックFnac」はフランス全土に展開する有名ブックチェーン。フランス語に翻訳された日本のマンガも揃っている。[MAP] P.54-B3 [住] 109, rue St-Lazare 9e (Passage du Havre) [URL] www.fnac.com

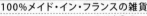

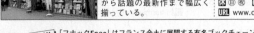

レクリトワール・パリ　L'Ecritoire Paris

文房具　[MAP] P.61-D2

オリジナルレターセットがおすすめ

アイデアあふれるオリジナルグッズが並ぶ文房具店。三角形や六角形、細長い形などユニークな形のレターセットが揃っている。

[M] ⑪Rambuteau
[住] 26, passage Molière 3e　[TEL] 01.42.78.01.18
[営] 11:00～19:00 (㊐15:30～18:30)
[休] 一部㊗　[CC] [D][J][M][V]
[URL] www.lecritoireparis.com

メロディ・グラフィック　Mélodies Graphiques

文房具　[MAP] P.62-A3

レトロな文房具がすてき

文房具好きに人気の店。アンティーク調のレターセット、マーブル柄の万年筆、繊細なブックマーカーなど、上質でおしゃれな文房具が見つかる。

[M] ①St-Paul ①⑪Hôtel de Ville
[住] 10, rue du Pont Louis Philippe 4e
[TEL] 01.42.74.57.68　[営] 11:00～19:00
(㊊15:00～18:00)　[休] ㊐、1/1、8/15、12/25
[CC] [A][M][V]　[URL] melodies-graphiques.com

ラ・ドログリー　La Droguerie

手芸用品　[MAP] P.61-D2

1975年創業の老舗手芸店

カラフルな毛糸やビーズ、ボタン、リボンなど手芸材料が揃う。作品見本もあるので、デザインの参考にするといい。コットンなどの生地も。

[M] ④Les Halles
[住] 9-11, rue du Jour 1er　[TEL] 01.45.08.93.27
[営] 10:00～19:00
[休] ㊐ ㊗　[CC] [A][D][J][M][V]
[URL] www.ladroguerie.com

トリュドン　Trudon

ろうそく　[MAP] P.65-C1

17世紀から続くろうそく店

1643年創業。サン・シュルピス教会の近くにあり、もとは祭壇用のろうそくを売っていた。種類豊富で、センスのよいろうそくが見つかる。

[M] ④⑩Odéon ⑩Mabillon
[住] 78, rue de Seine 6e　[TEL] 01.43.26.46.50
[営] 10:30～19:30 (㊊11:00～19:00)
[休] ㊐(12月は営業)、1/1、7/14、8/15、12/25
[CC] [A][M][V]　[URL] trudon.com

レ・フルール　Les Fleurs

雑貨　[MAP] P.63-C3

おしゃれでガーリーな雑貨がいっぱい

クッション、バッグ、アクセサリー、食器など、ロマンティックなアイテムが店内にずらり。オーナーが発掘した若手クリエイターの作品も。

[M] ①⑤⑧Bastilles
[住] 6, passage Josset 11e
[営] 11:00～19:30
[休] ㊐ ㊗、8月中旬　[CC] [M][V]
[URL] www.boutiquelesfleurs.com

マイユ　Maille

マスタード　[MAP] P.60-B1

マスタードの老舗店

瓶入りはスーパーマーケットでも買えるが、ここでは路面店でしか買えない量り売りのフレッシュマスタードがおすすめ。

[M] ⑧⑫⑭Madeleine
[住] 6, pl. de la Madeleine 8e　[TEL] 01.40.15.06.00
[営] 10:00～19:00
[休] ㊐ ㊗
[CC] [A][J][M][V]　[URL] maille.com

ラ・メゾン・ド・ラ・トリュフ　La Maison de la Truffe

トリュフ　[MAP] P.60-B1

レストランも併設するトリュフ店

1932年創業のトリュフ専門店。トリュフそのものは高価過ぎるという人でも購入しやすいトリュフ入りの塩やオイルなどが揃っている。

[M] ⑧⑫⑭Madeleine
[住] 19, pl. de la Madeleine 8e　[TEL] 01.42.65.53.22
[営] 10:00～23:00、レストラン12:00～22:30
[休] ㊐、一部㊗　[CC] [A][J][M][V]
[URL] www.maison-de-la-truffe.com

コンフィチュール・パリジェンヌ　Confiture Parisienne

ジャム　[MAP] P.67-C1

パリ生まれのジャム

フランスで栽培された果物で作ったジャムのほか、野菜やスパイスを使ったオリジナルジャムが人気。ジャム作りの体験教室も開催している。

[M] ①⑭ [RER] ⒶⒹGare de Lyon
[住] 17, av. Daumesnil 12e　[TEL] 01.44.68.28.81
[営] 11:30～19:00 (㊏ ㊐11:00～19:00)
[休] ㊊ ㊗、8月前半の2週間
[CC] [A][M][V]　[URL] www.confiture-parisienne.com

Magasin
食料品

ラ・シャンブル・オ・コンフィチュール La Chambre aux Confitures
ジャム [MAP] P.55-C3

店名は「ジャムの部屋」

職人たちによる、無添加の手作りジャムは大量生産では出せない豊かな味わい。試食させてもらえるので、気になる味は試してみて。

[M] ⑫Notre-Dame de Lorette [住] 9, rue des Martyrs 9e [TEL] 01.71.73.43.77 [営] 11:00～14:30(㊊㊋～14:00)、15:00～19:30 (㊏10:00～14:00、14:30～19:30、㊐10:00～14:00) [休] 1/1、5/1、12/25、8/7～8/22('23) [CC] [A][D][M][V] [URL] lachambreauxconfitures.com

ミエル・ファクトリー Miel Factory
ハチミツ [MAP] P.62-B3

バリエーション豊富なハチミツ

世界を旅したオーナーが各地で出合ったハチミツの魅力を多くの人と分かち合いたいとオープン。フランス産のほかイエメン産など珍しいものも。

[M] ①St-Paul [住] 28, rue de Sévigné 4e [TEL] 01.44.93.92.72 [営] 11:00～14:00、15:00～19:30 (㊐14:00～19:00) [休] ㊌、8月に約15日間 [CC] [A][D][M][V] [URL] www.miel-factory.com

マリアージュ・フレール Mariage Frères
紅茶 [MAP] P.62-A3

日本でも有名な紅茶の老舗

高級ダージリンから、おしゃれな名前のついたオリジナルブレンド、フレーバーティーまでが揃う。優雅なサロン・ド・テで新しい味を試すのもいい。

[M] ①St-Paul ①⑪Hôtel de Ville [住] 30, rue du Bourg Tibourg 4e [TEL] 01.42.72.28.11 [営] 10:30～19:30 [休] 無休 [CC] [A][D][J][M][V] [URL] www.mariagefreres.com

フロマジュリー・ヒサダ・パリ Fromagerie Hisada Paris
チーズ [MAP] P.61-C2

日本人熟成士のチーズ専門店

フランス産を中心に約70種のチーズが揃う。おみやげ用に真空パックのサービス（有料）も。併設のカフェではチーズランチが楽しめる。

[M] ⑦⑭Pyramides [住] 47, rue de Richelieu 1er [TEL] 01.42.60.78.48 [営] 11:00～19:00 [休] ㊊㊐、夏期休暇あり [CC] [A][V](€20～) [URL] www.hisada-paris.com（日本語あり）

デュ・パン・エ・デジデ Du Pain et des Idées
パン [MAP] P.62-B1

伝統製法で引き出す深い味わい

グルメガイドブックで最優秀ブーランジェに選ばれたこともある人気店。皮の厚さと身のしっとり感がくせになる「パン・デザミ」がおすすめ。

[M] ⑤Jacques Bonsergent [住] 34, rue Yves Toudic 10e [営] 7:00～19:30 [休] ㊏㊐㊗、7月下旬～8月下旬 [CC] [D][J][M][V] [URL] dupainetdesidees.com

ポワラーヌ Poilâne
パン [MAP] P.64-B1

1932年創業の名店

田舎パンで知られる老舗店。リンゴのコンポートを詰めたパイやタルトがおいしい。素朴な味わいのサブレも人気が高く、おみやげにぴったり。

[M] ⑩⑫Sèvres Babylone [住] 8, rue du Cherche Midi 6e [TEL] 01.45.48.42.59 [営] 7:15～20:00 [休] ㊐ [CC] [A][J][M][V] [URL] www.poilane.com

アンバサード・ド・ブルゴーニュ Ambassade de Bourgogne
ワイン [MAP] P.65-C1

日仏カップル経営のワイン屋さん

パリで唯一のブルゴーニュワイン専門店。日本人スタッフもいて免税手続きもスムーズ。日本への発送も可能。来店日時をメールするのがおすすめ。

[M] ④⑩Odéon [住] 6, rue de l'Odéon 6e [TEL] 01.43.54.80.04 [営] 10:00～23:00(㊊17:00～、㊐12:00～、8月は開店時間変更) [休] 1/1、12/25 [CC] [J][M][V] [Eメール] adbourgogne@orange.fr [URL] www.ambassadedebourgogne.com/ja/index.html

ルグラン・フィーユ・エ・フィス Legrand Filles et Fils
ワイン [MAP] P.61-C2

パッサージュにある老舗ワインショップ

質のよいワインが揃う専門店。日本語での免税手続き、日本への発送も可能（来店の際は佐藤恵美さんにメールで予約を）。ワインバー併設。

[M] ③Bourse [住] 7-11, galerie Vivienne 2e (1, rue de la Banque) [TEL] 01.42.60.07.12 [営] 10:00～19:30 (㊊11:00～、㊏～20:30、ワインバー12:00～) [休] ㊐、8月の㊊、1/1、5/1、12/25 [CC] [A][J][M][V] [Eメール] emi@caves-legrand.com（日本語可） [URL] www.caves-legrand.com

[はみだし] 「ニコラNicolas」はフランス全土に多くの店舗を展開するワインの大チェーン店。マドレーヌ広場店はワインバーも併設している。[MAP] P.60-B1 [住] 31, pl. de la Madeleine 8e [URL] www.nicolas.com

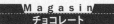

ジャン・ポール・エヴァン　　Jean-Paul Hévin　チョコレート　MAP P.60-B2

パリで一番有名なショコラトリー

黄金に輝く店内に並ぶチョコレートは上質のカカオを使った絶品。ボンボン・ショコラからケーキ、マカロンまで、多彩なチョコレートが揃う。

Ⓜ ①Tuileries
🏠 231, rue St-Honoré côté cour 1er
☎ 01.55.35.35.96　🕐 10:00〜19:30
休 ⑩ ㊗、8月　CC AMV
URL www.jeanpaulhevin.com

ラ・メゾン・デュ・ショコラ　　La Maison du Chocolat　チョコレート　MAP P.59-D1

高級チョコレートの老舗

高級チョコレートの代名詞というべきおなじみのブランド。口溶けのいいボンボン・ショコラはもちろん、エクレアも衝撃のおいしさ。

Ⓜ ①⑨Franklin D. Roosevelt
🏠 52, rue François 1er 8e　☎ 01.47.23.38.25
🕐 10:00〜19:00
休 ⑩ ㊗　CC AJMV
URL www.lamaisonduchocolat.com/fr

ジャック・ジュナン　　Jacques Genin　チョコレート　MAP P.62-B2

繊細な香りのショコラが人気

17世紀の建物を改装した店内にボンボン・ショコラが並ぶ。チョコの品質を保つために考案されたオリジナルケースがうれしい。キャラメルも人気。

Ⓜ ⑧Filles du Calvaire
🏠 133, rue de Turenne 3e　☎ 01.45.77.29.01
🕐 11:00〜19:00（⊕〜19:30）
休 ⑩、8月　CC AMV
URL www.jacquesgenin.fr

ショコラ・ボナ　　Chocolat Bonnat　チョコレート　MAP P.53-D3

©mariaspera

レトロなパッケージも魅力

フランス南東の町ヴォワロンで1884年に創業した老舗がパリに進出。最高級のカカオ豆を使用した板チョコは40種類以上もある。

Ⓜ ①②⑥ RⒶCharles de Gaulle Etoile
🏠 189, rue du Fg. St-Honoré 8e
☎ 01.45.61.02.58　🕐 11:00〜19:00
休 ⑩ ㊗ ⑩　CC AMV
URL bonnat-chocolatier.com

パトリック・ロジェ　　Patrick Roger　チョコレート　MAP P.60-B1

©Luc Boesty

創造性あふれるショコラ

M.O.F.（フランス最優秀職人）の称号をもつパトリック・ロジェの店。個性が強いスパイスやフルーツの組み合わせが人気。チョコの彫刻も必見。

Ⓜ ⑧⑫⑭Madeleine
🏠 3, pl. de la Madeleine 8e　☎ 01.42.65.24.47
🕐 11:00〜19:00
休 無休　CC MV
URL www.patrickroger.com

フランソワ・プラリュ　　François Pralus　チョコレート　MAP P.62-A2

チョコ本来の味わいを大切にする

産地別の板チョコセット「ピラミッド」がおみやげにぴったり。砂糖がけしたアーモンド入りのブリオッシュ「プラリュリーヌ」も名物。

Ⓜ ⑪Rambuteau
🏠 35, rue Rambuteau 4e　☎ 01.57.40.84.55
🕐 9:30〜19:30
休 1/1、12/25　CC ADJMV
URL www.chocolats-pralus.com

ア・ラ・メール・ド・ファミーユ　　A la Mère de Famille　チョコレート　MAP P.62-A2

250年以上続く伝統

1761年創業の老舗店。自社ブランドのチョコレートのほか、プロヴァンス地方のカリソンやヌガーなど甘いお菓子が並ぶ。パッケージもかわいい。

Ⓜ ⑪Rambuteau
🏠 23, rue Rambuteau 4e　☎ 09.72.63.69.53
🕐 10:00〜20:00（⑩〜18:00）
休 5/1　CC AMV
URL www.lameredefamille.com

アレノ・エ・リヴォワール　　Alléno & Rivoire　チョコレート　MAP P.59-D3

有名シェフとパティシエのコラボ

3つ星シェフ、ヤニック・アレノがシェフ・パティシエと組んで開店。砂糖を使わず、白樺の樹液で甘みを出した繊細なチョコを味わって。

Ⓜ ⑧Ecole Militaire
🏠 9, rue du Champ de Mars 7e
☎ 01.82.83.03.32
🕐 10:00〜19:30　休 ⑩ ㊗ ⑩　CC AMV
URL chocolat-allenorivoire.fr

ラ・パティスリー・シリル・リニャック
La Pâtisserie Cyril Lignac スイーツ MAP P.67-D1

©Yann Derer

人気料理人のパティスリー

エクレア、ミルフイユなど、伝統菓子にちょっとしたアレンジを加えたものが人気。デザイン性が優れていることでも定評がある。

- Ⓜ ⑧Faidherbe Chaligny ⑨Charonne
- 🏠 24, rue Paul Bert 11e　☎ 01.55.87.21.40
- 🕐 7:00～20:00（⊕～19:00）
- 休 無休　CC MⓋ
- URL www.gourmand-croquant.com

ピエール・エルメ
Pierre Hermé スイーツ MAP P.65-C1

誰もが認めるカリスマパティシエの店

パティスリー界のピカソと称されるピエール・エルメ。彼のお菓子は芸術作品そのもの。お菓子は人の心を豊かにするものだということがわかる。

- Ⓜ ④St-Sulpice
- 🏠 72, rue Bonaparte 6e　☎ 01.45.12.24.02
- 🕐 11:00～19:00（⊛ ⊕10:00～20:00、⊕10:00～）
- 休 無休　CC AⒹJMⓋ
- URL www.pierreherme.com

ジル・マルシャル
Gilles Marchal スイーツ MAP P.55-C2

こまやかさが伝わる上質のお菓子

オペラやモンブランなどリッチなテイストのパティスリー、多彩なフレーバーを揃えたケイクなど繊細な味わいのお菓子が並ぶ。

- Ⓜ ⑫Abbesses
- 🏠 9, rue Ravignan 18e　☎ 01.85.34.73.30
- 🕐 8:30～13:00、14:00～19:00（⊕8:30～19:30、⊕8:30～18:00）
- 休 ⊕ ⊗　CC MⓋ　URL gillesmarchal.com

セドリック・グロレ・オペラ
Cédric Grolet Opéra スイーツ MAP P.61-C1

並んでも食べたいスイーツ

ホテル「ル・ムーリス」のシェフ・パティシエ、セドリック・グロレによるパティスリー＆パン屋で、行列ができるほどの人気。カフェは予約を。

- Ⓜ ③⑦⑧Opéra　🏠 35, av. de l'Opéra 2e
- ☎ 01.83.95.21.02
- 🕐 9:30～18:00
- 休 ⊗ ⊕　CC AMⓋ
- URL cedric-grolet.com/opera/

アルノー・ラエール
Arnaud Larher スイーツ MAP P.65-C1

お菓子もチョコも

モンマルトルにある人気パティスリーが左岸に開いた店。定番のパティスリーはもちろん、チョコレートも幅広く揃えている。

- Ⓜ ⑩Mabillon
- 🏠 93, rue de Seine 6e　☎ 01.43.29.38.15
- 🕐 11:00～19:00（（⊕10:00～）
- 休 ⊕ ⊕　CC AMⓋ
- URL arnaudlarher.com

カール・マルレッティ
Carl Marletti スイーツ MAP P.65-D2

パイ皮の食感が絶妙なミルフイユ

「カフェ・ド・ラ・ペ」のシェフ・パティシエだったカール・マルレッティの店。エクレアなどクラシックな菓子と繊細なオリジナル菓子が揃う。

- Ⓜ ⑦Censier Daubenton
- 🏠 51, rue Censier 5e　☎ 01.43.31.68.12
- 🕐 10:00～19:00（⊕～13:00）
- 休 ⊕ ⊛、8月　CC AMⓋ
- URL www.carlmarletti.com

パン・ド・シュクル
Pain de Sucre スイーツ MAP P.62-A2

素材の組み合わせが斬新

ハーブやスパイス、花を巧みに使った、彩り豊かで創意に満ちたお菓子がいっぱい。グラスデザート、マカロンもおすすめ。

- Ⓜ ⑪Rambuteau
- 🏠 14, rue Rambuteau 3e　☎ 01.45.74.68.92
- 🕐 10:00～20:00
- 休 ⊗ ⊛、8月　CC MⓋ
- URL www.patisseriepaindesucre.com

セバスチャン・ゴダール
Sébastien Gaudard スイーツ MAP P.55-C3

「伝統菓子のルネッサンス」を目指す

シンプルな正統派フランス菓子の魅力を追求し続けているセバスチャン・ゴダール。季節ごとのクリエーションにも繊細なセンスが光る。

- Ⓜ ⑫Notre-Dame de Lorette
- 🏠 22, rue des Martyrs 9e　☎ 01.71.18.24.70
- 🕐 10:00～20:00（⊕9:00～、⊕9:00～19:00）
- 休 5/1、8/15前後の1週間　CC MⓋ
- URL www.sebastiengaudard.com

ギャラリー・ラファイエット パリ・オスマン　Galeries Lafayette Paris Haussmann　デパート　MAP P.61-C1

世界中から良品が集まるモードの発信地

本館、紳士館、メゾン&グルメ館の3館からなる。本館地下の婦人靴売り場は世界最大級。高級食材からお菓子まで並ぶ「グルメ」が観光客に人気だ。

Ⓜ ⑦⑨Chaussée d'Antin-La Fayette ③⑦⑧Opéra　🏠 40, bd. Haussmann 9e　☎ 01.42.82.34.56　🕗 10:00～20:30（⊕㊗11:00～20:00）、グルメ9:30～21:30（⊕㊗11:00～20:00）　🚫 一部㊗　💳 ADJMV
URL haussmann.galerieslafayette.com/ja

プランタン・オスマン本店　Printemps Haussmann　デパート　MAP P.60-B1

グルメフロアに注目！

1865年創業の老舗百貨店。ウイメンズ、メンズ、ビューティ・ホーム・キッズの3館の3館からなる。メンズストアの7・8階には、こだわりのグルメフロアがある。

Ⓜ ③⑨Havre Caumartin　🏠 64, bd. Haussmann 9e　☎ 01.42.82.50.00　🕗 10:00～20:00（⊕㊗11:00～）　🚫 一部㊗　💳 ADJMV　URL www.printemps.com

ル・ボン・マルシェ・リヴ・ゴーシュ　Le Bon Marché Rive Gauche　デパート　MAP P.64-B1

世界最古の老舗デパート

厳選された商品が選びやすいデパート。隣接する食料品館「ラ・グランド・エピスリー・ド・パリ」にはフランス中の食料品がずらりと並ぶ。

Ⓜ ⑩⑫Sèvres Babylone　🏠 24, rue de Sèvres 7e　☎ 01.44.39.80.00　🕗 10:00～19:45（⊕11:00～）　🚫 5/1　💳 AMV　URL www.lebonmarche.com
「ラ・グランド・エピスリー・ド・パリ」
🕗 9:00～20:00（⊕10:00～）

サマリテーヌ　Samaritaine　デパート　MAP P.61-C～D3

アールヌーヴォーの装飾が美しい

ポン・ヌフのたもとに建つ老舗デパート。16年に及んだ工事を経て2021年に複合施設として再開。20世紀初頭の優雅な内装も必見だ。

©Samaritaine_GPLC

Ⓜ ⑦Pont Neuf　🏠 9, rue de la Monnaie 1er　☎ 01.88.88.60.00　🕗 10:00～20:00　🚫 5/1　💳 ADMV　URL www.dfs.com/fr/samaritaine

---

✒️ **Column**
INFO Information　気軽に利用したいスーパーマーケット

お総菜を買ったり、ミネラルウオーターを仕入れたり……。スーパーマーケットは観光客にとっても便利な存在だ。レジでは自分で商品を台の上に載せるなど、システムが日本と異なる点もあるが、ほかの人のやり方を見ていれば難しくない。

●モノプリMonoprix
パリの主要地区には必ずある、スーパーの大手チェーンが「モノプリ」。食料品から衣料までひととおり揃う。URL www.monoprix.fr

◆シャンゼリゼ店
MAP P.59-D1　Ⓜ ①⑨Franklin D. Roosevelt
🏠 109, rue de la Boétie 8e
🕗 9:00～22:00（⊕10:00～）

◆オペラ店
MAP P.61-C2　Ⓜ ⑦⑭Pyramides
🏠 23, av. de l'Opéra 1er
🕗 8:00～22:00（⊕9:30～）

◆サン・ジェルマン・デ・プレ店
MAP P.61-C3　Ⓜ ④St-Germain des Prés
🏠 52, rue de Rennes 6e
🕗 8:00～23:30（⊕9:00～20:00）

◆モンパルナス店
MAP P.64-B2　Ⓜ ④⑥⑫⑬Montparnasse Bienvenüe
🏠 31, rue du Départ 14e
🕗 8:00～23:40

スーパーマーケットには手頃な値段で買えるものがたくさんある。モノプリで見つけたこんなものを、おみやげにいかが？

マロンクリーム

スパイス

チョコレート

塩

ジャム

ミカド（お菓子）

エコバッグ

ティーバッグ

パリのホテルガイド

ホテルのデータ欄のマーク
全マークの説明は「本書で用いられる記号・略号」（→P.6）を参照のこと。ホテル特有のマークは以下。
🛏 客室数
❄ 冷房あり
🏨 Ⓢシングル料金、Ⓦダブルまたはツイン1室当たりの料金
🍴 朝食料金
📶 Wi-Fi無料

ホテルに関するすべて→P.527

パリのホテルが混み合う時期は?
パリ・コレ期間（3・10月）や復活祭の休暇期間、見本市の多い9月は、郊外のホテルまで満室ということもある。逆にすいているのは、意外にも夏休み中の7・8月。バカンスシーズンで大きな催しが何もないためだ。この時期は、オフシーズン割引価格を設定しているホテルも多い。ワンランク上のホテルにお頃価格で泊まれることも。

マレ地区にあるオテル・ド・ラ・ブルトヌリー（→P.152）

パリにはホテルが多いとはいえ、立地がよくリーズナブル、そして雰囲気のいいところを見つけるのは、そう簡単ではない。パリ滞在の日程が決まったら、なるべく早めにホテル探しを始め、予約を入れよう。ほとんどのホテルが、ウェブサイトから予約が可能。

どの地区に泊まるか?

[初めてのパリなら]

交通至便で治安のいい**シャンゼリゼ**（→P.150）、パリの中心で何をするにも便利な**マドレーヌ、オペラ地区**（→P.151）がおすすめ。特にオペラ地区には日本食レストランや旅行会社など日本関連の店が多いのでパリ初心者には安心できる。

[パリのエスプリを満喫したいなら]

左岸文化の中心、6区の**サン・ジェルマン・デ・プレ**（→P.153）にはおしゃれで個性的なプチホテルが多いが、料金はかなり高い。隣接する5区の**カルチェ・ラタン**（→P.154）、14区の**モンパルナス**（→P.155）まで行けば、比較的手頃なホテルもある。右岸3、4区の**マレ地区**（→P.152）は、ブティックも多く、ショッピングを楽しみたい人におすすめ。

[パリの日常に触れるなら]

7区の**エッフェル塔界隈**（→P.154）、18区の**モンマルトル**（→P.156）は、観光地でありながら、パリジャンの日常にも触れられるエリア。モンマルトルは特に、ある程度旅慣れた人向き。

[国鉄駅周辺のホテル]

列車で遅くパリに着いたときや、翌朝早い列車でパリをたつときには、国鉄駅周辺のホテルが便利。**リヨン駅、北駅、東駅**（→P.156）、モンパルナス駅周辺には、鉄道旅行者向けの経済的なホテルが多い。ただし、雰囲気のよくない地区もあるので（特に北駅周辺）、夜出歩くときには十分注意しよう。

Column Information 朝食はホテルで?

ホテルでの朝食は基本的に別料金。内容は、クロワッサンやバゲットにジャムとバター、飲み物といったシンプルなセットか、ビュッフェ式になる。ビュッフェの場合は、シリアルやヨーグルト、ホテルによってはスクランブルエッグやハムが付くことも。何泊かするなら、1日は近くのカフェで朝食セットpetit déjeuner complet を取るのもいいだろう。

ビュッフェ式の朝食

はみだし パリから地方に1～2泊の小旅行に出かけるときは、パリの宿泊ホテルにお願いして大きなスーツケースを預かってもらうといい。通常は問題なく預かってもらえるが、念のため予約時にその旨を伝えておくと安心。

［高級および大型ホテル］

　プチホテルから大型チェーンホテルまで、パリには各カテゴリーのホテルが揃うが、ここではビジネスやツアーで多く利用される高級および大型ホテルを紹介しよう。どれも高く評価されている有名ホテルだ。これらのホテルは個人で予約するより、ホテル指定のツアーに参加するほうが割安で泊まれるケースも多い。

◆表の見方(50音順)
料金欄はダブルの最低料金が「€」€200以下、「€€」€200〜300、「€€€」€300〜500、「€€€€」€500以上。
クレジットカードは多くのホテルで A D J M V 使用可。

ホテル名	住所・電話	料金	
ソフィテル・ル・スクリーブ・パリ・オペラ Sofitel Le Scribe Paris Opera ★★★★★ URL www.sofitel-le-scribe-paris-opera.com	MAP P.60-B1 住 1, rue Scribe 9e TEL 01.44.71.24.24	€€€€	
フォー・シーズンズ・ホテル・ジョルジュ・サンク Four Seasons Hotel George V ★★★★★ Palace URL www.fourseasons.com/jp/paris	MAP P.59-C1 住 31, av. George V 8e TEL 01.49.52.70.00	€€€€	
プラザ・アテネ Plaza Athénée ★★★★★ Palace URL www.dorchestercollection.com	MAP P.59-D2 住 25, av. Montaigne 8e TEL 01.53.67.66.65	€€€€	
マンダリン・オリエンタル・パリ Mandarin Oriental Paris ★★★★★ Palace URL www.mandarinoriental.co.jp/paris	MAP P.60-B2 住 251, rue St-Honoré 1er TEL 01.70.98.78.88	€€€€	
ル・フーケッツ Le Fouquet's ★★★★★ URL www.hotelsbarriere.com	MAP P.59-C1 住 46, av. George V 8e TEL 01.40.69.60.00	€€€€	
ル・ブリストル・パリ Le Bristol Paris ★★★★★ Palace URL www.oetkercollection.com	MAP P.60-A1 住 112, rue du Fg. St-Honoré 8e TEL 01.53.43.43.00	€€€€	
ル・ムーリス Le Meurice ★★★★★ Palace URL www.dorchestercollection.com	MAP P.60-B2 住 228, rue de Rivoli 1er TEL 01.44.58.10.10	€€€€	
ル・ロワイヤル・モンソー・ラッフルズ・パリ Le Royal Monceau Raffles Paris ★★★★★ Palace URL www.raffles.jp	MAP P.53-C3 住 37, av. Hoche 8e TEL 01.42.99.88.00	€€€€	
ル・メリディアン・エトワール Le Méridien Etoile ★★★★ URL www.marriott.co.jp	MAP P.52-B3 住 81, bd. Gouvion St-Cyr 17e TEL 01.40.68.34.34	€€€	
ハイアット・リージェンシー・パリ・エトワール Hyatt Regency Paris Etoile ★★★★ URL www.hyatt.com	MAP P.52-B3 住 3, pl. du Général Kœnig 17e TEL 01.40.68.12.34	€€€	
ノボテル・パリ・サントル・トゥール・エッフェル Novotel Paris Centre Tour Eiffel ★★★★ URL www.novotel-paris-toureiffel.com	MAP 巻頭C1 住 61, quai de Grenelle 15e TEL 01.40.58.20.00	€€	

Hôtel

シャンゼリゼ　Champs-Elysées

華やかなパリを代表する地区。高級ホテルが多いが、一歩奥に入れば手頃なホテルも見つかる。

ル・パヴィヨン・デ・レットル　Le Pavillon des Lettres

★★★★　シャンゼリゼ　[MAP] P.60-A1

文学をテーマにしたコンセプトホテル

エリゼ宮にほど近い静かな通りにたたずむ。各部屋には作家の名前がつけられ、壁紙にはその作品の文章が書きつけられている。しっとりと落ち着いたバーもおすすめ。

[M] ①⑬Champs Elysées Clemenceau
[住] 12, rue des Saussaies 8e
[TEL] 01.49.24.26.26
[料] ⓈⓌ€275～660　☕€26
[CC] [A][D][M][V]　[室] 26室　❄　[Wi-Fi]
[URL] www.pavillondeslettres.com（日本語あり）

ロチェスター・シャンゼリゼ　Rochester Champs-Elysées

★★★★　シャンゼリゼ　[MAP] P.59-D1

充実のスパ施設

立地がよく、メトロ駅のすぐそばなので、女性のひとり旅にも安心。宿泊者はアラブ式サウナ、ハマムなどのスパが利用できる。観光の合間にくつろぐのもいいだろう。

[M] ⑨St-Philippe du Roule
[住] 92, rue la Boétie 8e
[TEL] 01.56.69.69.00
[料] ⓈⓌ€369～　☕€25　[CC] [A][M][V]
[室] 105室　❄　[Wi-Fi]
[URL] www.hrochester.com

シャンビジュ・エリゼ　Chambiges Elysées

★★★★　シャンゼリゼ　[MAP] P.59-D2

優雅な気分に浸れる

館内はクラシックスタイルの内装やファブリックでまとめられ、優雅でロマンティックな雰囲気。花咲く中庭での朝食や、バーでグラスを傾けるのも一興だ。

[M] ⑨Alma Marceau　[住] 8, rue Chambiges 8e
[TEL] 01.44.31.83.83　[FAX] 01.40.70.95.51
[料] ⓈⓌ€297～492　☕€16　[CC] [A][M][V]
[室] 34室　❄　[Wi-Fi]
[URL] www.hotelchambiges.com

エリゼ・レジャンシア　Elysées Régencia

★★★★　シャンゼリゼ　[MAP] P.59-C1

シャンゼリゼ大通りまで徒歩約5分の便利な立地

シャンゼリゼ界隈のショッピングにも便利な立地。客室は落ち着いた内装でまとまっている。シックな趣のバーやハマムもあり、リラックスして過ごせる。

[M] ①George V
[住] 41, av. Marceau 16e
[TEL] 01.47.20.42.65
[料] ⓈⓌ€262～1117　☕€17～22
[CC] [A][D][J][M][V]　[室] 43室　❄　[Wi-Fi]
[URL] www.regencia.com

ティルシ・エトワール　Tilsitt Etoile

★★★　シャンゼリゼ　[MAP] P.53-C3

使い勝手のいいホテル

凱旋門まで徒歩5分ほどでビジネスにも観光にも便利。客室はシンプルだが、パリの写真が飾られスタイリッシュにまとまっている。コストパフォーマンスのいい宿。

[M] ②Ternes
[住] 23, rue Brey 17e
[TEL] 01.43.80.39.71
[料] ⓈⓌ€180～273　☕€15
[CC] [A][D][J][M][V]　[室] 38室　❄　[Wi-Fi]
[URL] www.tilsitt.com

エトワール・パーク　Etoile Park

★★★　シャンゼリゼ　[MAP] P.53-C3

シャンゼリゼ界隈に気軽に泊まるなら

凱旋門まで徒歩数分という立地ながら、比較的リーズナブルな価格がうれしいホテル。場所がら客室は広くはないが、ベランダから凱旋門が見える部屋も多い。

[M] ①②⑥ [RER] ⒶCharles de Gaulle Etoile
[住] 10, av. Mac Mahon 17e
[TEL] 01.42.67.69.63
[料] ⓈⓌ€110～330　☕€15
[CC] [A][D][M][V]　[室] 28室　❄　[Wi-Fi]
[URL] www.hoteletoilepark.com

ニュアージュ　Nuage

★★★　シャンゼリゼ　[MAP] P.60-A1

シャンゼリゼ界隈の隠れ家ホテル

2021年にリニューアルオープン。都心にあって、空に浮かぶ雲（ニュアージュ）のように心身ともにゆったりと休息できるホテルだ。

[M] ⑨St-Philippe du Roul
[住] 30, rue Jean Mermoz 8e
[TEL] 01.42.25.75.30
[料] ⓈⓌ€294～650　☕€29
[CC] [A][M][V]　[室] 27室　❄　[Wi-Fi]
[URL] nuage.paris

Hôtel

マドレーヌ、オペラ地区　　Madeleine, Opéra

ルーヴル、パレ・ガルニエなど観光地に囲まれ、デパート街、ブティック街にも近い好立地。

テレーズ　Thérèse　★★★★　ルーヴル界隈　MAP P.61-C2

進化する右岸のエレガント

パレ・ロワイヤルから徒歩約10分、パリの中心に位置する。高級感とビンテージテイストをミックスしたデザインが新鮮だ。ティータイムサービスあり。

Ⓜ ⑦⑭Pyramides
🏠 5-7, rue Thérèse 1er
☎ 01.42.96.10.01
🛏 Ⓢ Ⓦ €230～450　◷ €19　CC A J M V
🛌 40室　❄ Wi-Fi
URL www.hoteltherese.com

スクエア・ルーヴォワ　Square Louvois　★★★★　オペラ地区　MAP P.61-C1

リラクセーションが充実

ノーブル＆モダンとフレンチクラシックの融合をコンセプトにしたシックなホテル。フィットネスルーム、リラクセーションプログラムもある。

Ⓜ ③Quatre Septembre
🏠 12, rue de Louvois 2e
☎ 01.86.95.02.02
🛏 Ⓢ Ⓦ €350～440
◷ €20　CC A J M V　🛌 50室　❄ Wi-Fi
URL www.hotel-louvois-paris.com

コーデリア　Cordélia　★★★　マドレーヌ　MAP P.60-B1

ひとり旅の女性に特におすすめ

マドレーヌ教会北側の静かな通りに建つ。客室は清潔なうえ、スタッフは皆明るく親切。女性客のリピーターが多いというのもうなずける。

Ⓜ ⑧⑫⑭Madeleine ③⑨Havre Caumartin
🏠 11, rue de Greffulhe 8e
☎ 01.42.65.42.40
🛏 Ⓢ €280～ Ⓦ €295～　◷ €16
CC A J M V　🛌 30室　❄ Wi-Fi
URL www.cordelia-paris-hotel.com

オテル・デュ・トリアングル・ドール　Hôtel du Triangle d'Or　★★★　オペラ地区　MAP P.60-B1

音楽好きのためのホテル

オランピア劇場近くにあるこのホテルのキーワードは「音楽」。ポップな色合いが印象的な内装は、各階ごとに異なる5人のミュージシャンをテーマに構想されている。

Ⓜ ⑧⑫⑭Madeleine
🏠 6, rue Godot de Mauroy 9e
☎ 01.47.42.25.05
🛏 Ⓢ Ⓦ €235～　◷ €16
CC A J M V　🛌 47室　❄ Wi-Fi
URL www.hoteldutriangledor.com

ルーヴル・マルソリエ・オペラ　Louvre Marsollier Opéra　★★★　オペラ地区　MAP P.61-C1

19世紀にはオスカー・ワイルドが滞在した

オペラ大通りからすぐだが、路地を入った所にあるので静か。周囲にはスーパーや日本関連の店が多く、スタッフの応対も親切で安心して滞在できる。

Ⓜ ③Quatre Septembre ⑦⑭Pyramides
🏠 13, rue Marsollier 2e
☎ 01.42.96.68.14
🛏 Ⓢ Ⓦ €85～620　◷ €14
CC A J M V　🛌 28室　❄ Wi-Fi
URL www.hotellouvremarsollier.com（日本語あり）

シャリング・クロス　Charing Cross　★★★　サン・ラザール駅　MAP P.54-B3

サン・ラザール駅至近、買い物にも便利

支配人ダヴィッドさんと、奥様ののりこさんが営むホテル。言葉の不安な人に心強い。オペラ界隈の大型デパートまで徒歩約10分と、ショッピングも楽しめる立地。

Ⓜ ③⑫⑬⑭St-Lazare ⑨St-Augustin
🏠 39, rue Pasquier 8e
☎ 01.43.87.41.04
🛏 Ⓢ €140～350 Ⓦ €190～450　◷ €12
CC M V　🛌 31室　❄ Wi-Fi
URL www.charingcrosshotel.com

サン・ロック　St-Roch　★★　サントノレ　MAP P.61-C2

雰囲気と値段の両方に満足できる

サン・ロック教会近くの家庭的なホテル。高感度ブティックが並ぶサントノレ通りやヴァンドーム広場がすぐなので、ショッピングを楽しめる。2021年に改装済み。

Ⓜ ①Tuileries ⑦⑭Pyramides
🏠 25, rue St-Roch 1er
☎ 01.42.60.17.91
🛏 Ⓢ €131～155 Ⓦ €151～210　◷ €12
CC A J M V　🛌 22室　❄ Wi-Fi
URL www.hotelsaintroch-paris.com

Hôtel

マレ～バスティーユ　Marais, Bastille

若者の集まるマレ地区の雰囲気を満喫したい人に。ほとんどの観光地に歩いて行けるのもうれしい。

ル・パヴィヨン・ド・ラ・レーヌ　Le Pavillon de la Reine

★★★★★　マレ　[MAP] P.62-B3

パリで最も美しい広場にたたずむ

ヴォージュ広場に建つ優美なホテル。館内は17世紀の造りを生かしつつもモダンに改装され、どこまでもエレガント。上質なサービスに満足できる。

[M] ①St-Paul
[住] 28, pl. des Vosges 3e
[TEL] 01.40.29.19.19
[料] ⓈⓌ€450～2850　☕€35
[CC] [A][D][J][M][V]　[室] 56室　❄　[Wi-Fi]
[URL] www.pavillon-de-la-reine.com（日本語あり）

デュオ　Duo

★★★★　マレ　[MAP] P.62-A3

快適なホテルステイを

シテ島やポンピドゥー・センターまで徒歩数分。この界隈を十分に楽しめる立地。バーやジムを備え、快適な滞在が期待できる。シンプルかつ上品な内装も飽きさせない。

[M] ①⑪Hôtel de Ville
[住] 11, rue du Temple 4e
[TEL] 01.42.72.72.22
[料] ⓈⓌ€240～690　☕€20
[CC] [A][M][V]　[室] 58室　❄　[Wi-Fi]
[URL] duo-paris.com

スノッブ　SNOB

★★★★　マレ　[MAP] P.61-D2

凝ったデザインの内装

「永遠のヴァカンスを旅するパリジェンヌ」をコンセプトにした個性的なデザインで楽しませてくれるホテル。観光に便利な立地も魅力だ。

[M] ⑪Rambuteau
[住] 84-86, rue St-Denis 1er
[TEL] 01.40.26.96.60
[料] ⓈⓌ€220～　☕€14
[CC] [A][M][V]　[室] 24室　❄　[Wi-Fi]
[URL] snobhotelparis.com

オテル・ド・ニース　Hôtel de Nice

★★★　マレ　[MAP] P.62-A3

舞台美術のような内装がすてき

レ・アールからマレ地区に向けて走るリヴォリ通りに建つ。クラシックな雰囲気のラウンジ、花柄の壁紙に囲まれた客室など、いかにもパリのプチホテルらしい。

[M] ①⑪Hôtel de Ville
[住] 42bis, rue de Rivoli 4e
[TEL] 01.42.78.55.29　[FAX] 01.42.78.36.07
[料] Ⓢ€80～500 Ⓦ€110～500　☕€10
[CC] [M][V]　[室] 23室　❄　[Wi-Fi]
[URL] www.hoteldenice.com　喫煙できる部屋あり

オテル・ド・ラ・ブルトヌリー　Hôtel de la Bretonnerie

★★★　マレ　[MAP] P.62-A3

17世紀の貴族の館を改装したホテル

ロビーに一歩足を踏み入れると、17世紀の雰囲気がただよう。木の梁や柱が館内のそこかしこに残っている。歴史深いマレの雰囲気を味わうには最高。

[M] ①⑪Hôtel de Ville
[住] 22, rue Ste-Croix de la Bretonnerie 4e
[TEL] 01.48.87.77.63
[料] Ⓢ€143～260 Ⓦ€153～340　☕€10
[CC] [M][V]　[室] 30室　[Wi-Fi]
[URL] www.hotelparismaraisbretonnerie.com

ジャンヌ・ダルク　Jeanne d'Arc

★★★　マレ　[MAP] P.62-B3

コストパフォーマンスに優れる

ヴォージュ広場に近く、メトロの駅までも徒歩数分。このエリアのショッピングストリートにも至近。人気のマレ地区でこの価格は申し分ない。

[M] ①St-Paul
[住] 3, rue de Jarente 4e
[TEL] 01.48.87.62.11
[料] ⓈⓌ€157～404　☕€12
[CC] [A][M][V]　[室] 34室　[Wi-Fi]
[URL] hoteljeannedarc.com（日本語あり）

マレ・ド・ロネ　Marais de Launay

★★★　バスティーユ　[MAP] P.62-B3

バスティーユ広場もマレ地区も近い

バスティーユ広場へは徒歩5分。ショップや夜遊びスポットの多いおしゃれな北マレまで徒歩圏内。部屋はシンプルながらポップで明るい雰囲気。

[M] ⑧Chemin Vert ⑤Bréguet Sabin
[住] 42, rue Amelot 11e
[TEL] 01.47.00.88.11
[料] ⓈⓌ€143～275　☕€12
[CC] [A][J][M][V]　[室] 35室　❄　[Wi-Fi]
[URL] www.hotelmaraisdelaunayparis.com

Hôtel

サン・ジェルマン・デ・プレ　　St-Germain des Prés

最新モードのブティックがひしめくショッピング街だが、左岸らしい知的で落ち着いた雰囲気も健在。

パリ

おすすめホテル　マレ〜バスティーユ／サン・ジェルマン・デ・プレ

サン・ポール・リヴ・ゴーシュ　　St-Paul Rive Gauche　★★★★サン・ジェルマン・デ・プレ　MAP P.65-C1

アンティーク家具に囲まれて

17世紀の館を改装したホテル。客室ごとにデザインが異なる贅沢なつくりになっている。オーダーメイドの家具と美しいファブリックに囲まれ優雅な気分に浸れる。

M ④⑩Odéon
住 43, rue Monsieur le Prince 6e
TEL 01.43.26.98.64
料 Ⓢ€175〜326 Ⓦ€198〜406　●€16
CC AⒹJMV　室 31室　※　Wi-Fi
URL www.hotelsaintpaulparis.com

オ・マノワール・サン・ジェルマン・デ・プレ Au Manoir St-Germain des Prés　★★★★サン・ジェルマン・デ・プレ　MAP P.61-C3

小粋なパリの空気を味わえる

「ブラッスリー・リップ」(→P.131)の隣、サン・ジェルマン大通り沿いにある。客室は緑あふれる美しい中庭に面しているが、二重窓になっているため驚くほど静か。

M ④St-Germain des Prés
住 153, bd. St-Germain 6e
TEL 01.42.22.21.65　FAX 01.45.48.22.25
料 Ⓢ Ⓦ€260〜　●€15
CC AJMV　室 28室　※　Wi-Fi
URL hotelaumanoir.com（日本語あり）

ミレジム　　Millésime　★★★★サン・ジェルマン・デ・プレ　MAP P.61-C3

プチホテルの醍醐味

モダンでナチュラルなプチホテル。緑に囲まれた中庭の見えるラウンジは、こぢんまりとしてほっとひと息つくのにぴったり。客室には電気ポットあり。

M ④St-Germain des Prés
住 15, rue Jacob 6e
TEL 01.44.07.97.97
料 Ⓢ Ⓦ€286〜550　●€20　CC AMV
室 20室　Wi-Fi
URL www.millesimehotel.com（日本語あり）

シニャチュール・サン・ジェルマン・デ・プレ　Signature St-Germain des Prés　★★★★サン・ジェルマン・デ・プレ　MAP P.64-B1

左岸でショッピングを楽しみたい人に

「ル・ボン・マルシェ」(→P.147)からすぐの所にあり、買い物に便利な立地。客室はすべてデザインが異なり、どの部屋もパリらしい洗練を感じさせる。バルコニー付きの部屋もある。

M ⑩⑫Sèvres Babylone
住 5, rue Chomel 7e　TEL 01.45.48.35.53
料 Ⓢ€230〜350 Ⓦ€280〜450　●€16
CC AJMV　室 26室　※　Wi-Fi　割引 読者朝食無料
（オンライン予約時に割引コード「GLOBE」を入力）
URL www.signature-saintgermain.com

ドフィーヌ・サン・ジェルマン　　Dauphine St-Germain　★★★　サン・ジェルマン・デ・プレ　MAP P.61-C3

ロマンティックなプチホテル

ルーヴル美術館などの観光名所にアクセスしやすい場所にあるホテル。小さなホテルらしく、スタッフの応対はとてもフレンドリー。2019年に改装済み。

M ④⑩Odéon ④St-Michel
住 36, rue Dauphine 6e
TEL 01.43.26.74.34
料 Ⓢ€100〜350 Ⓦ€120〜450　●€12
CC AMV　室 30室　※　Wi-Fi
URL dauphine-st-germain.com（日本語あり）

レフト・バンク・サン・ジェルマン　　Left Bank Saint Germain　★★★　サン・ジェルマン・デ・プレ　MAP P.61-C3

サン・ジェルマンで快適な滞在

オデオン広場に近く、隣は歴史的なカフェレストラン「ル・プロコープ」。客室はアンティーク調のインテリアの落ち着いた雰囲気で、上品にまとまっている。

M ④⑩Odéon
住 9, rue de l'Ancienne Comédie 6e
TEL 01.43.54.01.70　FAX 01.43.26.17.14
料 Ⓢ Ⓦ€240〜　●€12
CC AMV　室 31室　※　Wi-Fi
URL www.hotelleftbank.com（日本語あり）

ラ・ベルル　　La Perle　★★★　サン・ジェルマン・デ・プレ　MAP P.65-C1

センスのいいファブリック

17世紀の建物を改装したホテルで、センスのいいファブリックがそれぞれの部屋に個性を与えている。4人で泊まれる部屋もあるので、グループや家族にもおすすめ。

M ④St-Germain des Prés
住 14, rue des Canettes 6e
TEL 01.43.29.10.10　FAX 01.46.34.51.04
料 Ⓢ Ⓦ€216〜393　●€13　CC AMV
室 38室　※　Wi-Fi
URL www.hotel-paris-laperle.com（日本語あり）

Hôtel

カルチェ・ラタン Quartier Latin

ソルボンヌを中心とした学生街。気軽なビストロやテイクアウト店が多く、食には不自由しない。

ル・ラパン・ブラン Le Lapin Blanc

★★★★ カルチェ・ラタン [MAP] P.65-C1

白いウサギという名のデザインホテル

『不思議の国のアリス』の物語をコンセプトにしたユニークなホテル。壁紙やバスアメニティもオリジナルできまっているので、ひととき夢の世界に浸れるだろう。

Ⓜ ⑩Cluny La Sorbonne
[住] 41, bd. St-Michel 5e
[TEL] 01.53.10.27.77
[料] ⓈⓌ€186～407 ☕€17
[CC] [A][M][V] [室] 30室 ❄ [Wi-Fi]
[URL] www.hotel-lapin-blanc.com（日本語あり）

デザイン・ソルボンヌ Design Sorbonne

★★★ カルチェ・ラタン [MAP] P.65-C1

学生街のデザインホテル

近年の全面改装により、最新設備が備わったデザインホテル。すべての客室にiMacまたはiMac Miniが置かれ、インターネットや音楽を自由に楽しむことができる。

[RER] ⒷLuxembourg Ⓜ ⑩Cluny La Sorbonne
[住] 6, rue Victor Cousin 5e
[TEL] 01.43.54.58.08
[料] ⓈⓌ€110～450 ☕€18
[CC] [A][D][J][M][V] [室] 38室 ❄ [Wi-Fi]
[URL] www.hotelsorbonne.com

コレージュ・ド・フランス Collège de France

★★ カルチェ・ラタン [MAP] P.65-D1

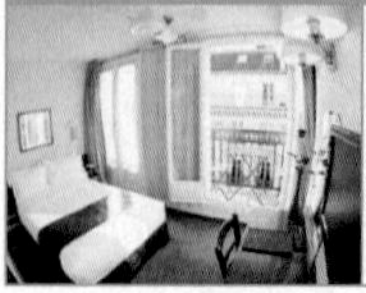

クリュニー美術館そばの静かなホテル

カルチェ・ラタンの静かな通りに建つ。建物は古いが、落ち着いた雰囲気。客室は日当たりがよく清潔に整えられていて、気持ちよく滞在できる。

Ⓜ ⑩Maubert Mutualité ⑩Cluny La Sorbonne
[住] 7, rue Thénard 5e
[TEL] 06.58.53.76.04
[料] ⓈⓌ€100～500 ☕€10
[CC] [M][V] [室] 29室 ❄ [Wi-Fi]
[URL] www.hotel-collegedefrance.com（日本語あり）

Hôtel

エッフェル塔界隈 Tour Eiffel

エッフェル塔やアンヴァリッドなどの観光名所に歩いて行けるが、意外と観光ずれしていない。

オテル・ド・ロンドル・エッフェル Hôtel de Londres Eiffel

★★★ エッフェル塔界隈 [MAP] P.59-D3

パリのおうちに迎えられるような

19世紀のエッフェル塔建設時、職工たちの住まいだったという歴史を受け継ぐホテル。客室は作家や詩人の名がつけられ、上品で落ち着いた雰囲気。

Ⓜ ⑧Ecole Militaire
[住] 1, rue Augereau 7e
[TEL] 01.45.51.63.02
[料] Ⓢ€165～310 Ⓦ€185～430 ☕€16
[CC] [A][M][V] [室] 30室 ❄ [Wi-Fi]
[URL] www.londres-eiffel.com

エッフェル・テュレンヌ Eiffel Turenne

★★★ エッフェル塔界隈 [MAP] P.59-D3

ビジネス客にも人気のスタイリッシュなホテル

エッフェル塔は徒歩圏内、シャン・ド・マルス公園すぐ。客室に電気ポット、朝食ルームには電子レンジが備えられているので、温かいお部屋ディナーも可能。

Ⓜ ⑧Ecole Militaire
[住] 20, av. de Tourville 7e
[TEL] 01.47.05.99.92
[料] ⓈⓌ€200～698 ☕€13
[CC] [A][M][V] [室] 34室 ❄ [Wi-Fi]
[URL] www.hoteleiffelturenne.com

エッフェル・セーヌ Eiffel Seine

★★★ エッフェル塔界隈 [MAP] P.58-B3

セーヌ河岸のお手頃ホテル

メトロ駅すぐ、エッフェル塔までセーヌ川沿いに徒歩約10分。客室は清潔で、セーヌ川を望む部屋もある。ランニングマシンなどが設置されたフィットネスルームも。

Ⓜ ⑥Bir Hakeim
[住] 3, bd. de Grenelle 15e
[TEL] 01.45.78.14.81
[料] ⓈⓌ€159～390 ☕€14
[CC] [A][M][V] [室] 45室 ❄ [Wi-Fi]
[URL] www.hoteleiffelseineparis.com

Hôtel

モンパルナス　　　　Montparnasse

ロワールやブルターニュ行きのTGVが出るモンパルナス駅に近い。サン・ジェルマン・デ・プレは徒歩圏内。

| エグロン | Aiglon | ★★★★ | モンパルナス MAP P.64-B2 |

モザイクが美しい芸術家の常宿

正面玄関のモザイク装飾やアールデコ調の調度品から往年のベルエポックの香りが漂う。ジャコメッティを筆頭に、国内外のアーティストが滞在したことでも知られる。

Ⓜ ④⑥Raspail
🏠 232, bd. Raspail 14e
☎ 01.43.20.82.42
💴 Ⓢ Ⓦ €137〜300　🍴€20　CC ⒶⒹⒿⓂⓋ
🛏 46室　❄ Wi-Fi
URL www.paris-hotel-aiglon.com

| ドランブル | Delambre | ★★★ | モンパルナス MAP P.64-B2 |

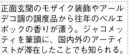

歴史深いカフェがあるヴァヴァン交差点近く

繁華街モンパルナス地区の中でも、このホテルのある通りは静かで落ち着ける。国鉄モンパルナス駅に近いほか、2つのメトロ駅が使え、交通の便は抜群。

Ⓜ ④Vavin ⑥Edgar Quinet
🏠 35, rue Delambre 14e
☎ 01.43.20.66.31
💴 Ⓢ130〜280 Ⓦ150〜295　🍴€13　CC ⒶⓂⓋ
🛏 30室　❄ Wi-Fi
URL www.delambre-paris-hotel.com

| ジャルダン・ル・ブレア | Jardin le Bréa | ★★★ | モンパルナス MAP P.64-B2 |

おしゃれな町並みに似合うホテル

瀟洒なブティックのようなたたずまいが印象的。客室の壁紙やファブリックにも洗練された統一感があり、こだわりが感じられる。周囲にはセンスのいいショップも。

Ⓜ ④Vavin ④⑥⑫⑬Montparnasse Bienvenüe
🏠 14, rue Bréa 6e
☎ 01.43.25.44.41
💴 Ⓢ〜€269 Ⓦ〜€289　🍴€15
CC ⒶⓂⓋ　🛏 23室　❄ Wi-Fi
URL www.hoteljardinlebrea.com

| アポストロフ | Apostrophe | ★★★ | モンパルナス MAP P.65-C2 |

個性的でポエティックなホテル

リュクサンブール公園の近くにあるホテル。詩をコンセプトにした内装はひと部屋ごとにそれぞれテーマがある。静かな通りにあるので夜の騒音も心配ない。

Ⓜ ④Vavin ④⑥Raspail
🏠 3, rue de Chevreuse 6e
☎ 01.56.54.31.31
💴 Ⓢ Ⓦ €190〜350　🍴€14
CC ⒶⓂⓋ　🛏 16室　Wi-Fi
URL www.apostrophe-hotel.com

| ラ・パリジェンヌ | La Parizienne | ★★★ | モンパルナス MAP P.64-B2 |

パリジェンヌのイラストが踊る

イラストレーター、マルタ・フォンファラが描くユーモラスな「パリジェンヌの日常」が、コージーな空間を飾っている。カラフルな館内は清潔で快適。

Ⓜ ⑫Falguière
🏠 33, bd. du Montparnasse 6e
☎ 01.45.48.75.64
💴 Ⓢ Ⓦ €135〜329　🍴€17
CC ⒶⓂⓋ　🛏 28室　❄ Wi-Fi
URL hotel-laparizienne.com（日本語あり）

| オデッサ・モンパルナス | Odessa Montparnasse | ★★ | モンパルナス MAP P.64-B2 |

駅やスーパー近くの安価な宿

国鉄モンパルナス駅近くのにぎやかな界隈に建つお手頃なホテル。クレープリーなど飲食店やスーパーが並ぶ商業地区で、エドガー・キネ大通り沿いに朝市が立つ。

Ⓜ ⑥Edgar Quinet ④⑥⑫⑬Montparnasse Bienvenüe
🏠 28, rue d'Odessa 14e
☎ 01.43.20.64.78
💴 Ⓢ€110〜160 Ⓦ€110〜220　🍴€11
CC ⓂⓋ　🛏 41室　❄ Wi-Fi
URL www.hotel-odessa.com

Column Information：おもな大型チェーンホテル

　チェーンホテルは、デザインが画一的である一方、クオリティが安定し機能的、価格も割安でメリットが多い。フランスを代表する大手チェーンのウェブサイトで検索するのも一案だ。
◆オール・アコー・ライブ・リミットレス All Accor Live Limitless URL all.accor.com
◆カンパニーレ Campanile URL www.campanile.com

そのほかのエリア

パリの中心部から少し離れたエリアではリーズナブルで個性的なホテルが見つかる。

エール・ド・パリ R de Paris

★★★★ モンマルトル [MAP] P.54-B3

シンプルで上質な空間

客室は最新の設備で、余分な装飾を排して上質な素材感にこだわった内装が、どこまでもエレガント。すべての人が安心して泊まれるようバリアフリーになっている。

[M] ⑬Liège
[住] 41, rue de Clichy 9e
[TEL] 01.40.82.36.20
[料] Ⓢ€200～550 Ⓦ€220～570 ☕€19.50
[CC] [A][M][V] [室] 40室 ❄ [WiFi]
[URL] www.hotelrdeparis.com（日本語あり）

ファブリック Fabric

★★★★ レピュブリック界隈 [MAP] P.63-C2

織布工場がホテルに

名前のとおりかつての織布工場を改装したホテル。客室はモダンでカラフルなテキスタイルで彩られている。ハマム、フィットネスルームも完備。

[M] ⑨St-Ambroise
[住] 31, rue de la Folie Méricourt 11e
[TEL] 01.43.57.27.00
[料] ⓈⓌ€270～390 ☕€20
[CC] [A][M][V] [室] 33室 ❄ [WiFi]
[URL] www.hotelfabric.com

オテル・デュ・タン Hôtel du Temps

★★★★ 北駅・東駅 [MAP] P.55-D3

メトロ駅沿線にはパレ・ガルニエ、ルーヴル美術館がある

落ち着いた界隈で、女性のひとり旅にもいい。白を基調にした清潔感ある客室、あたたかいもてなしで人気のホテル。ドライヤー、エアコン、バスアメニティ完備。

[M] ⑦Poissonière
[住] 11, rue de Montholon 9e
[TEL] 01.47.70.37.16
[料] Ⓢ€120～145 Ⓦ€160～315 ☕€15
[CC] [A][D][J][M][V] [室] 23室 ❄ [WiFi]
[URL] hotel-du-temps.fr

パリム Palym

★★★ リヨン駅 [MAP] P.67-C1

リヨン駅すぐのホテル

リヨン駅から徒歩約3分の立地。客室は小さめだが、シンプルにまとめられ、掃除も行き届いていて清潔。バリアフリールームもある。

[M] ①⑭ [RER] ⒶⒹGare de Lyon
[住] 4, rue Emile Gilbert 12e
[TEL] 01.43.43.24.48
[料] ⓈⓌ€180～ ☕€15 [CC] [A][J][M][V]
[室] 51室 ❄ [WiFi]
[URL] www.paris-hotel-palym.com（日本語あり）

ル・シティズン Le Citizen

★★★ サン・マルタン運河 [MAP] P.62-B1

クリーンでユニークなホテル

下町の雰囲気が残り、若者が集まるサン・マルタン運河沿いに建つホテル。朝食がおいしいと評判。ファミリータイプやバリアフリールームもある。

[M] ⑤Jacques Bonsergent
[住] 96, quai de Jemmapes 10e
[TEL] 01.83.62.55.50
[料] ⓈⓌ€165～325 ☕込み [CC] [A][M][V]
[室] 12室 ❄ [WiFi]
[URL] lecitizenhotel.com

ル・ロビネ・ドール Le Robinet d'Or

★★★ 北駅・東駅 [MAP] P.56-B3

蛇口の工房がおしゃれなホテルに

1930年代には蛇口の工房だった建物を、下町らしい雰囲気を残しつつモダンに改装したホテル。入口上部にある大きな蛇口のオブジェが目印だ。

[M] ④⑤⑦Gare de l'Est ⑦Château Landon
[住] 17, rue Robert Blache 10e
[TEL] 01.44.65.14.50
[料] ⓈⓌ€145～352 ☕€12
[CC] [A][M][V] [室] 22室 ❄ [WiFi]
[URL] www.lerobinetdor.com

エクスキ Exquis

★★★ パリ東部 [MAP] P.63-C3

アートな空間を楽しむ

数々のブティックホテルを手がけるデザイナー、ジュリー・ゴトロンが、8人のアーティストと作ったホテル。オリジナルのアート作品や一点物の家具が配されている。

[M] ⑨Charonne ⑬Ledru Rollin
[住] 71, rue de Charonne 11e
[TEL] 01.56.06.95.13
[料] ⓈⓌ€114～478 ☕16 [CC] [A][M][V]
[室] 42室 ❄ [WiFi]
[URL] hotelexquisparis.com（日本語あり）

Hôtel

ユースアコモデーション　Youth Acommodation

パリには国際ユースホステルグループのユースのほか、快適なホステルがいくつかある。

ユースホステル(イヴ・ロベール)　FUAJ Yves Robert

北駅周辺　[MAP] P.56-B2

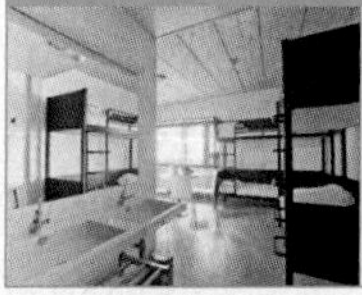

エココンシャスなユースホステル

北駅、東駅に近い再開発地区にある。観光の中心地からは離れるが、デザインホテルのようにおしゃれで快適な部屋が魅力。国際ユースホステルの会員証が必要。

Ⓜ ②La Chapelle ⑫Max Dormoy
[住] 20, Esplanade Nathalie Sarraute 18e
[TEL] 01.40.38.87.90
[料] Ⓢ€55 Ⓦ€76、ドミトリー1人€34、朝食・シーツ代込み　[CC] [M][V]　[室] 103室
[URL] www.hifrance.org

サン・クリストファーズ・カナル・パリ　St-Christopher's Canal Paris

ラ・ヴィレット周辺　[MAP] P.57-C2

運河沿いのモダンなホステル

ドミトリーは男女混合のほか、女性専用ドミトリーもあるので、女性グループにも安心。このほか、北駅前にも同系列のホステルがある([MAP] P.56-A3)。

Ⓜ ⑦Crimée ⑤Laumière
[住] 159, rue de Crimée 19e
[TEL] 01.40.34.34.40
[料] ドミトリー1人€56.90～、朝食・シーツ代込み
[CC] [A][M][V]　[室] 61室　[Wi-Fi]
[URL] www.st-christophers.co.uk/paris

オーベルジュ・ド・ジュネス・アドヴニア　Auberge de Jeunesse Adveniat

シャンゼリゼ　[MAP] P.59-D2

シャンゼリゼ大通り近くで立地抜群！

フランスユースホステル連盟 LFAJのユース。シャンゼリゼ大通りまで徒歩約8分と抜群の立地。受付8:00～～22:00。LFAJの会員証が必要(到着時に購入可)。

Ⓜ ①⑨Franklin D. Roosevelt
[住] 10, rue François 1er 8e
[TEL] 01.77.45.89.10
[料] Ⓦ€94～、ドミトリー1人€37～、朝食・シーツ代込み　[CC] [A][M][V]　[室] 27室　[Wi-Fi]
[URL] www.adveniat-paris.org

MIJE　MIJE

マレ　[MAP] P.62-A3

観光の拠点として便利なマレ地区にある

マレ地区に3軒ある。落ち着いた雰囲気で大人にも人気のユース。予約は代表電話へ。空き状況によって各ホステルへ振り分けられる。受付24時間オープン。

[住] 6, rue de Fourcy 4e (フルシー)
[住] 11, rue du Fauconnier 4e (フォコニエ)
[住] 12, rue des Barres 4e (モービュイッソン)
[TEL] 01.42.74.23.45　[料] Ⓢ€75 Ⓦ€85、ドミトリー1人€37～、朝食・シーツ代込み　[CC] [M][V]　[Wi-Fi]
[URL] www.mije.com

Column Information　ユースアコモ利用の際の注意点

貴重品の管理に注意
ドミトリーにはいろいろな人が出入りするので、貴重品は決して部屋に置いたままにしないように。シャワーやトイレなどで、ちょっと部屋を出るようなときにも貴重品は持って出よう。

日中は部屋に入れない
11:00～16:00頃は、清掃のために部屋に入れないところが多い。荷物はロッカーに入れるか、掃除のじゃまにならないよう整理整頓してベッドの上に置いておこう。

男女同室のユースもある
欧米では家族でユースアコモを利用する人が多いため、ドミトリーが男女同室のところもある。女性専用の部屋を希望する場合などは、事前によく確認を。

共同シャワーのスマートな使い方
着替えや貴重品を入れるビニール製のバッグやビーチサンダルは必需品。スムーズに着替えられるよう、服装も工夫するといい。時間帯によってはお湯が出にくくなることもあるので、シャワーを浴びる前に、水圧やお湯の温度を確認して。

基本的なマナー
複数人で利用するドミトリーで夜中までおしゃべりするのは他の宿泊者の迷惑になる。なるべくロビーやサロンなど談話スペースを利用するように。就寝の際に部屋の明かりや物音が気になる人は、アイマスクや耳栓を用意しておくといい。ドミトリーではお互いに気持ちよく過ごせるように気遣いが必要だ。

地方ガイド

PROVINCE

Photo:Cordes-sur-Ciel

地方を巡る旅テク&裏ワザ集

歩く前に必読!

フランスの地方を、効率よく、より楽しく旅するために、
知っておきたい旅のテクニックをご紹介!

町の中心は「駅前」にない?

駅前といえば、繁華街のイメージがあるが、地方の町に着いて駅から出ると、閑散とした風景ということも。これは、19世紀に鉄道が発展した際、駅や鉄道を敷く場所がなく、町外れに建設することが多かったため。中心街まで10分ほど歩くことも珍しくない。

コルマールの旧市街(右)は駅(左)から徒歩15分ほどかかる

田舎の村巡りは
ミニバスツアーで

フランスの田舎はとても魅力的だけれど、車でなければ行けない場所が多いのが難点。バスが通っていても、便数が少なく利用しづらい。こんなときは、ミニバスツアーに参加するのも一案だ。地方によっては、日本語ガイド付きのツアーも利用できる。運転を気にせず試飲を楽しめる、ワイナリーツアーにも利用したい。

ロワールの古城巡りツアーを行っている「トゥーレーヌ・エヴァジオン」(→P.221)

トゥールーズのシティパス
「パス・トゥーリスム」

光のショーを楽しもう

シャルトル、ブールジュなど、夏の日没後、町なかの史跡をライトアップするイベントを開催している町がある。大聖堂が巨大なスクリーンとなり、凝ったプロジェクションマッピングが投影されることも。観覧は基本的に無料なのもうれしい。なお、12月に開催されるリヨンの「光の祭典」もスケールが大きく見応えあり!
光のシャルトル➡P.176
ブールジュ、光の宵➡P.243
ルーアン、光の大聖堂➡P.292
リヨン、光の祭典➡P.463

リヨンで開催される「光の祭典」©M.Perrin

プロジェクションマッピングで彩られるルーアンのノートルダム大聖堂

シティパスはお得?

リヨン、マルセイユなど主要都市では、観光客向けに市内交通と美術館などの入場料がセットになったシティパスを販売している。24時間券といった有効時間制と、1日券など有効日数制のタイプがある。町の見どころをたくさん回りたい人には利用価値大。購入は観光案内所で。

鉄道旅行は早めの行動が肝心!

日本と違って、列車の発着番線は発車20分ほど前にならないとわからない。表示されたらすぐにホームへ。高速列車TGVは車両の連結数が多いうえ、車両間の移動ができない部分もあり、予約した席にたどり着くまで意外と時間がかかるのだ。行き先の異なる車両が連結されていることもあるので、よく確認しよう。
鉄道旅行➡P.516

TGVは発車2分前にドアを閉めてしまうので、早めに乗車しよう

昼休みに注意!

フランスの町にある観光案内所の多くは、12:00頃～14:00頃の1～2時間閉める所が多い。季節によって細かく営業時間が変わることも。聞きたいことがある場合は、気をつけよう。

曜日に気をつけてプランニング

フランスでは、月曜か火曜が休館日という美術館が多い。休館日が変更になったり、臨時休館になることもあるので、どうしても行きたい美術館があれば、ウェブサイトで情報を確認しておきたい。また、レストランのなかには、月曜が定休日の店もあるので注意しよう。

マティス美術館は火曜休み

オルセー美術館は月曜休み

市内の移動に便利なトラム

ニース、ボルドーなど、環境に優しい交通手段としてトラムを導入する町が増えている。チケットは一般的にメトロやバスと共通で、有効時間内なら（1時間、90分間など）、トラム⇔バスの乗り換えが可能なことが多い。停留所のホームに券売機があるので、1回券、1日券など希望に合わせて利用しよう。

ボルドーのトラムは駅から中心部まで移動するのに便利

トゥールのトラムの券売機

通り名がふたつある？

ブルターニュ地方やアルザス地方の町を歩いていると、通り名のプレートがふたつ並んでいることがある。片方は標準フランス語。もう片方は、その土地の伝統的な言葉（ブルトン語、アルザス語など）。地図などは標準フランス語で表記されているが、そのこだわりを感じとって。

フランス語とブルトン語が併記されたレンヌの通り名プレート

塔に上るときは体力と相談

教会の鐘楼など、高い建物は展望スポットとなっていることが多く、町全体から周辺まですばらしい眺望を楽しめる。ただ、塔の中にエレベーターが備わっていることはなく、延々と狭いらせん階段を上ることも。また、石の階段はすべりやすいので十分注意して。

ストラスブールの大聖堂の展望台へは332段の階段を上る

ディジョンのフィリップ善良公の塔からの眺め

移動にも使える「観光乗り物」

大きな町や観光地で必ずといっていいほど見かけるのが、観光用のミニ列車「プチトラン」。乗り降り自由で観光名所を回るので、移動手段にもなる。大きな町で運行している2階建ての観光バスもおすすめ。ぐるっと回れば土地勘もつきそう。

港を見下ろす丘まで上るマルセイユのプチトラン

リヨンの2階建て観光バス

地方の旅でよく見る表示

Centre ville ［サントル・ヴィル］　町の中心
Vieille ville ［ヴィエイユ・ヴィル］　旧市街
Office de Tourisme
　［オフィス・ド・トゥーリスム］　観光案内所
Gare ［ガール］　鉄道駅
Gare Routière ［ガール・ルティエール］
　長距離バスターミナル

Ile de France
イル・ド・フランス

「フランスの島」という名のとおり、セーヌ川、オワーズ川などの流れにふちどられた、柔らかに波打つ大地、それと心地よい対照をなして広がる森林。イル・ド・フランスの魅力は、何よりもまずこの自然の豊かさだ。見どころも多い。ブルボン王朝の富と繁栄ぶりの総結集は言わずと知れたヴェルサイユ宮殿。その原型となり、ルイ14世をねたませたヴォー・ル・ヴィコント城、歴代のフランス君主が愛したフォンテーヌブローなど、往時の貴族文化が今でも息づいている。このほか、ステンドグラスで有名なシャルトルの大聖堂、ルイ14世の生地であるサン・ジェルマン・アン・レーなど、イル・ド・フランスはまさにフランスの歴史的遺産の宝庫といえる。

観光のヒント

[気候] 春、夏は晴天の日が多く、過ごしやすい。秋の訪れは早く、冬は降雪はほとんどないものの、底冷えが厳しい。

[特色] 緑の牧草地と深い森に包まれた豊かな土地。印象派の画家たちに愛された風景を訪ね歩くのも楽しい。

[周遊のヒント] パリを取り巻く半径ほぼ100kmの地域。パリから高速郊外鉄道RERや国鉄を使って、思い立ったときにふらりと旅立つことができる。日帰りが十分可能だが、大都会パリとは異なるフランスの魅力を味わうためにもぜひ何泊かしてみたい。

おもな祭りとイベント

6月 ディアヌ賞（シャンティイ／第3日曜）：世界で最も美しい競馬場で開かれる牝馬限定の競馬レース。女性たちの華やかな帽子の競演でも知られる

中世祭（プロヴァン／10・11日 '23）：中世の城壁が残る町で、騎士たちの馬上試合や、鷹狩りなど、中世を再現する祭りが繰り広げられる。毎年テーマが設けられている

7月 国際オルガンフェスティバル（シャルトル／7・8月の毎日曜）：ステンドグラスで有名な大聖堂で開かれるパイプオルガンのコンサート

名産品と料理

かつて王侯貴族が狩猟を楽しんだイル・ド・フランスの森はジビエ（野生動物）の宝庫。秋から春にかけて、旬の味を楽しみたい。贅沢好みの王族に愛されたお菓子も各地に残る。

Ⓐ ブリ・ド・モーBrie de Meaux：フランスで最もポピュラーなチーズのひとつ。まろやかで、気品ある味わいの白カビタイプ　**Ⓑ** 緑の牧場の牛リブ・ロースEntrecôte vert-pré：ステーキとフライドポテト（料理：奥田和彦）　**Ⓒ** ナヴァランNavarin：羊の肉と春の走りの野菜を煮込んだ料理（料理：アントワーヌ・シェフェール）　**Ⓓ** シュクル・ドルジュ Sucre d'orge：ルイ14世妃のマリー・テレーズも夢中だったというモレ・シュル・ロワンの大麦糖あめ

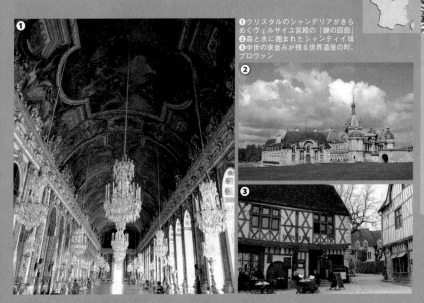

❶クリスタルのシャンデリアがきらめくヴェルサイユ宮殿の「鏡の回廊」
❷森と水に囲まれたシャンティイ城
❸中世の家並みが残る世界遺産の町、プロヴァン

イル・ド・フランス

0 ———◆———◆——— 30km

N

ボーヴェ
Beauvais

コンピエーニュ
Compiègne

ピエルフォン
Pierrefonds

オワーズ川

サンリス
Senlis

シャンティイ P.178
Chantilly

ジヴェルニー
Giverny

オヴェール・シュル・オワーズ P.180
Auvers-sur-Oise

ポントワーズ
Pontoise

セーヌ川

シャルル・ド・ゴール空港

メゾン城 P.169
Château de Maisons

サヴォワ邸 P.175
Villa Savoye

サン・ジェルマン・アン・レー P.174
St-Germain-en-Laye

シャトゥー
Chatou

サン・ドニ P.173
St-Denis

パリ

ディズニーランド・パリ P.183
Disneyland Paris

ヴェルサイユ P.164
Versailles

レ・レ・ローズ
L'Haÿ-les-Roses

ソー公園 P.169
Parc de Sceaux

オルリー空港

ランブイエの森
Forêt de
Rambouillet

ブルトゥイユ城 P.169
Château de Breteuil

ランブイエ城 P.169
Château de Rambouillet

セーヌ川

ヴォー・ル・ヴィコント城 P.168
Château de
Vaux-le-Vicomte

シャルトル P.176
Chartres

バルビゾン P.172
Barbizon

プロヴァン P.182
Provins

ミイ・ラ・フォレ P.182
Milly-la-Forêt

フォンテーヌブロー P.170
Fontainebleau

モレ・シュル・ロワン P.173
Moret-sur-Loing

フォンテーヌブローの森
Forêt de Fontainebleau

グレ・シュル・ロワン P.173
Grez-sur-Loing

――― 高速道路
――― 一般道路
――― 鉄道
⭐ ユネスコ世界遺産として登録

フランスの黄金時代をしのぶ

世界遺産

ヴェルサイユ

絢爛豪華な鏡の回廊

郵便番号：78000　人口：約8万5000人

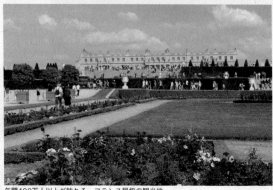

年間400万人以上が訪れる、フランス屈指の観光地

ACCESS

🚃パリから列車で行く方法は次の3とおり。

1 RER C線の各駅から終点ヴェルサイユ・シャトー・リヴ・ゴーシュ下車Versailles Château Rive Gauche（パリ市内RER C線の各駅から所要30〜40分）。宮殿まで徒歩約10分。

2 国鉄モンパルナス駅からTransilienでヴェルサイユ・シャンティエVersailles Chantiers下車（所要15〜25分）。宮殿まで徒歩約18分。

3 国鉄サン・ラザール駅からTransilienでヴェルサイユ・リヴ・ドロワトVersailles-Rive Droite下車（所要約40分）。宮殿まで徒歩約17分。

🚌メトロ⑨号線の終点Pont de Sèvres発の171番のバスで20〜35分。Château de Versailles下車。宮殿の前に着く。

🛈 観光案内所

🏠 Place Lyautey **MAP** P.165-B2
☎ 01.39.24.88.88
開 ㊋〜㊐ 10:00〜17:00
休 ㊊
URL www.versailles-tourisme.com

世界遺産

ヴェルサイユの宮殿と庭園
Palais et parc de Versailles
（1979年登録）

宮殿で夢の一夜を

ヴェルサイユ宮殿の中にホテルがオープン。€1600〜（約23万円）で国王＆王妃気分を味わえるかも。
H ル・グラン・コントロール
Le Grand Contrôle
URL airelles.com/fr/destination/chateau-de-versailles-hotel

「有史以来、最も大きく、最も豪華な宮殿を！」という太陽王、ルイ14世のひと声で、フランスは50年間にわたってその総力をこの城に注ぎ込んだ。もともとは沼地であったこの土地に、森を移し、噴水のために巨大なポンプを造ってセーヌ川の水を150mも汲み上げる、といった自然の大改造。そして、床板から天井の釘1本までありとあらゆる装飾を施した宮殿の建設。そのためにフランス中の建築家、画家、彫刻家、造園家、そして何万人という労働者が駆り出された。それらの人々の苦労を横目に宮殿の中では連日連夜、何百人という貴族たちを集めて飲めや歌えのドンチャン騒ぎ。これは、いつ王家に反旗をひるがえすかもしれない封建貴族たちを政治的にも経済的にも骨抜きにしてしまうためのルイ14世の戦略であったが、結果としてフランス革命という王家破滅の道へとつながることとなった。

≫≫ 歩き方 ≫≫

　ヴェルサイユには鉄道駅が3つあるが、宮殿に一番近いのは、RERのヴェルサイユ・シャトー・リヴ・ゴーシュ駅。宮殿までは徒歩約10分。

　ヴェルサイユ宮殿の敷地はとにかく広大。宮殿、離宮、庭園をすべて見るには、まる1日かかると考えよう。ヴェルサイユの町なかのほか、庭園内にもレストランやサンドイッチスタンドがたくさんあるので、昼食には不自由しない。

入口前の広場も
観光客でいっぱい

  宮殿本館にあるアラン・デュカスによるレストラン「オールOre」では、王の菜園の野菜を使った本格フランス料理が味わえる。モンブランで有名なサロン・ド・テ「アンジェリーナ」も宮殿本館とプティ・トリアノンに。

)))　おもな見どころ　(((

ヴェルサイユ宮殿
MAP P.165-B2　　　　　　　　　　　★★★
Château de Versailles

　世界一の華麗な宮殿も、もともとはルイ13世が狩猟を楽しむための小さな館にすぎなかった。それを絶対王政のシンボルに造り替えたのは、1661年に親政を開始したルイ14世。彼が壮大な宮殿建設を決意したのは、臣下ニコラ・フーケの建てたヴォー・ル・ヴィコント城（→P.168）のできばえにプライドをひどく傷つけられたからだといわれる。ルイ14世は、フーケを公金横領の罪で投獄し、ヴォー・ル・ヴィコント城の造営に関わったスタッフを引き抜き、自らの宮殿建設に当たらせた。建築を担当したのはル・ヴォー。彼の死後はマンサールが引き継いだ。画家ル・ブランは、**王の大居室群**Grands Appartementsを太陽王ルイ14世の功績をたたえる天井画で埋め尽くした。

　宮殿の中で最も壮麗な空間といえば、1684年に完成した**鏡の回廊**Galerie des Glacesだろう。73mもの大回廊の壁一面に、当時非常に高価だった鏡が張り込まれ、その贅を尽くした空間はヨーロッパ中の王侯貴族の憧れの的となった。

　王の生活の場であると同時に政治の中心地でもあった**王の寝室**Chambre du Roi、マリー・アントワネットをはじめ歴代の王妃が使用した**王妃の大居室**Grand Appartement de la Reineのほか、**礼拝堂**Chapelle Royaleや**オペラ劇場**Opéra Royalなど、どの部屋も目もくらむような豪華さだ。

宮殿本館
🕐 4〜10月　　　9:00〜18:30
　　11〜3月　　　9:00〜17:30
　　（入場は閉館の30分前まで）
🚫 ⑭、1/1、5/1、12/25、
　　公式行事のある日
💰 €19.50、18歳未満と11〜3月（1月を除く）の第1⑥無料。宮殿、庭園、ドメーヌ・ド・トリアノン、夏の大噴水ショーなどがセットになった「パスポート」もあり、1日券€28.50
※ウェブサイトで要予約
オーディオガイド€5
🚌 パリ・ミュージアム・パス使用可（→P113）。ウェブサイトでの時間指定が必要
🔗 www.chateauversailles.fr

起床と就寝の儀式が行われた「王の寝室」

王妃の家
Maison de la Reine
王妃の村里
Hameau de la Reine
ドメーヌ・ド・トリアノン
Domaine de Trianon
王妃の劇場
Théâtre de la Reine
愛の神殿
Temple de l'Amour
アンジェリーナ
プティ・トリアノン
Petit Trianon
グラン・トリアノン
Grand Trianon
プチトラン
大運河
Grand Canal
小運河
Petit Canal
Allée de Bailly
Allée de la Reine
Av. de Trianon
Allée St-Antoine
Allée des Moutons
Bd. St-Antoine
Pl. de la Loi R. du Colonel de Bange
R. des Missionnaires
R. Berthier
R. d'Anglivillier
ヴェルサイユ・リヴ・ドロワト駅
レンタサイクル
ラ・プティット・レニーズ
ネプチューンの泉
Bassin de Neptune
Bd. de la Reine
ノートルダム教会
Eglise Notre-Dame
アポロンの泉
Bassin d'Apollon
R. de la Paroisse
ノートルダム・マルシェ広場の市場
プチトラン乗り場
ル・ヴェルサイユ
Pl. Hoche
ラトナの泉
Bassin de Latone
アンジェリーナ
オール
ヴェルサイユ宮殿
Château de Versailles
Av. de St-Cloud
庭園
Jardin
R. de la Division Leclerc
Route de St-Cyr
オレンジ園
Orangerie
香りの中庭
Cour des Senteurs
ル・グラン・コントロール
大厩舎
La Grande Ecurie
馬車ギャラリー
La Galerie des Carrosses
Réservoirs Montbauron
市庁舎
Av. de Paris
Av. de Sceaux
R. du Vieux Versailles
R. de l'Orangerie
ヴェルサイユ・シャトー・リヴ・ゴーシュ駅
B
王の菜園
Potager du Roi
Pièce d'eau des Suisses
サン・ルイ教会
Paroisse St-Louis
コスチューム・エ・シャトー
R. du Maréchal Joffre
R. St-Julien
R. Royale
R. de Satory
R. des Réservoirs
R. Carnot
ヴェルサイユ・シャンティエ駅
Pl. Raymond Poincaré
R. de Noailles
N
0　　500m

ヴェルサイユ

1　　　　　　2

バロック様式の優雅な宮殿

庭園
開 4～10月　　8:00～20:30
　　　　　　（入場は19:00まで）
　　　11～3月　　8:00～18:00
　　　　　　（入場は17:30まで）
休 無休（天候の悪い日は休み）
料 無料（大噴水ショー、
　　　音楽の庭園開催日を除く）

レンタサイクル
子供用まで各種揃っている。借り
るときにパスポートが必要。

かつて王族がゴンドラ遊びを楽しん
だ運河でボートに乗ってみては？

大噴水ショー
開 4～10月の㊏㊐、
　　　5月上旬～6月下旬の㊌
　　　　　　　　9:00～19:00
　　　　（その他特定の開催日あり）
料 €12
　　　（ウェブサイトから購入€10.50）、
　　　学生と6～17歳€9

夜の大噴水ショー
開 6月中旬～9月中旬の㊏
　　　噴水　　20:30～22:40
　　　花火　　22:50～23:05
料 ウェブサイトから購入€33、
　　　学生と6～17歳€31

夏のスペクタクル
プログラムやチケット予約につい
てはウェブサイトで確認を。
URL www.chateauversailles-
spectacles.fr

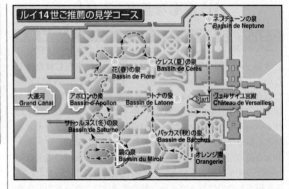

ルイ14世ご推薦の見学コース

ネプチューンの泉
Bassin de Neptune

ケレス（夏）の泉
Bassin de Cérès

花（春）の泉
Bassin de Flore

大運河
Grand Canal

アポロンの泉
Bassin d'Apollon

ラトナの泉
Bassin de Latone

Start

ヴェルサイユ宮殿
Château de Versailles

サトゥルヌス（冬）の泉
Bassin de Saturne

鏡の泉
Bassin du Miroir

バッカス（秋）の泉
Bassin de Bacchus

オレンジ園
Orangerie

庭園 ★★★
MAP P.165-A～B1　　　　　　　　Jardin

　ルイ14世は、宮殿の建設中、毎日のように工事現場を見て回り、不十分な所、気に入らない所を細部まで直させるという、現場監督のようなことをするほどの熱の入れようだったという。なかでもこ

幾何学模様が見事なオレンジ園

の庭園はそんな彼の自慢の作品で、『ヴェルサイユ庭園案内の手引き』と題したノートの中に、来客を連れて庭園を観賞させるにはこれがいちばん、という道順を書き残している（上地図）。
　庭園の設計は、「王の庭師にして庭師の王」と称される天才造園家ル・ノートル。背後の敷地も含めた庭全体は800ha以上と広く、2、3時間ではとても回りきれない。自転車を借りるのも一案だ。十字形の運河の頭に当たる所の、宮殿を背にして右側にレンタサイクルがある。夏は運河でボート遊びも楽しい。

●大噴水ショー Grandes Eaux Musicales
　春から秋の間、大噴水ショーが行われる。噴水のからくりは300年以上前とまったく同じで、数ヵ所の大貯水池から全長約30kmの配管を通してサイフォン式に送られてきた水の圧力を利用している。庭園内の噴水が、宮廷音楽とともに次々と水を噴き上げる。また、庭園が色とりどりにライトアップされる「夜の大噴水ショーGrandes Eaux Nocturnes」も開催される。5～

見事な噴水が見られる

7月の夜には「ヴェルサイユ・フェスティバル」が開催され、オレンジ園での仮面舞踏会やバレエ、鏡の回廊での仮装パーティなど、さまざまなイベントが行われる。

はみだし 4～10月の一部の㊌㊎に「音楽の庭園Jardins Musicaux」が開催される。スケジュールはウェブサイトで確認を。
料 €9.50（ウェブサイトから購入€8.50）　**URL** www.chateauversailles-spectacles.fr

ドメーヌ・ド・トリアノン ★★★

MAP P.165-A1 Domaine de Trianon

運河の北側に位置するドメーヌ・ド・トリアノンは、グラン・トリアノン、プティ・トリアノン、王妃の村里からなるエリア。マリー・アントワネットをはじめ、堅苦しい宮廷生活に疲れた王家の人々が息抜きをした場所だ。宮殿の豪華さにうんざりしてきた観光客にもホッとするような安らぎを与えてくれる。

グラン・トリアノンの大理石の回廊

グラン・トリアノン Grand Trianonは、ルイ14世が寵姫のマントノン夫人と過ごすために建てたもの。ピンクの大理石を使った回廊が美しい。

プティ・トリアノン Petit Trianonは、ルイ15世とその寵姫ポンパドゥール夫人のために建てられ、後にルイ16世の王妃マリー・アントワネットのお気に入りの館となった。庭園の中には、演劇好きのマリー・アントワネットが造らせ、ときにはその舞台にも立った**王妃の劇場**Théâtre de la Reineがある。プティ・トリアノンの裏側には、人工の湖や小川、洞窟、見晴台のあるイギリス式庭園。そこには、マリー・アントワネットが恋人と会っていた**愛の神殿**Temple de l'Amourがたたずむ。

プティ・トリアノンにある「王妃の寝室Chambre de la Reine」。マリー・アントワネットがヴェルサイユを去ったときの様子が再現されている

さらに奥まった庭園の外れにある**王妃の村里**Hameau de la Reineは、マリー・アントワネットが子供たちと疑似農村生活を楽しんだ場所で、かわいらしい茅葺屋根の田舎家を集めたメルヘンの世界。見かけは質素だが、内部は豪華な家具調度で飾り立てられていた。こうした浪費に次ぐ浪費が民衆の反感と憎しみを呼んだことはいうまでもない。断頭台への道はすでに用意されていた。

村里でひときわ大きな「王妃の家」

ドメーヌ・ド・トリアノン

開 4～10月　　　12:00～18:30
　　 11～3月　　　 12:00～17:30
　　 （入場は閉館の30分前まで）
休 働、5/1、12/25、
　　 公式行事のある日
料 €12、18歳未満と11～3月の第1働無料
バス パリ・ミュージアム・パス使用可
　　 （→P.113）。ウェブサイトでの時間指定が必要

ドメーヌ・ド・トリアノンへはプチトランで

宮殿からドメーヌ・ド・トリアノンは1.5km離れている。のんびり歩いていくのもいいが、時間がない人は、プチトランを利用するといい。宮殿を出発し、グラン・トリアノン、プティ・トリアノン、大運河を回る。各ポイントで途中下車も可能。
料 €8.50
URL www.train-versailles.com

新古典様式建築の傑作、プティ・トリアノン

王妃の家

王妃の村里の一角にある「王妃の家Maison de la Reine」がファッションブランド「ディオール」の支援で、2018年に修復工事が完了。ガイド付きツアー（仏語）でのみ内部見学が可能になった。所要約1時間30分。ウェブサイトで要予約。
料 €10
URL www.chateauversailles.fr

ヴェルサイユのおすすめホテル／レストラン　**H** ホテル　**R** レストラン

パリから日帰りできるが、夜のスペクタクルを見るなら宿泊がおすすめ。

H ル・ヴェルサイユ

Le Versailles 4★　　　　　**MAP P.165-B2**

ヴェルサイユ宮殿から歩いて数分のホテル。清潔でモダンな部屋で快適に過ごせる。部屋に電気ポットあり。
住 7, rue Ste-Anne
TEL 01.39.50.64.65　**FAX** 01.39.02.37.85
料 ⓈⓌ€186～299　　Ⓒ€17
CC AMV
室 47室　**P** €20　**禁**　**Wi-Fi**
URL hotel-le-versailles.fr

R ラ・プティット・ヴニーズ

La Petite Venise　　　　　**MAP P.165-A1**

庭園内で落ち着いて食事をしたい人におすすめ。ルイ14世がイタリアのヴェニスから呼び寄せたゴンドラ職人の工房を改装している。夏はバラに囲まれたテラスで食事ができる。
住 Parc du Château de Versailles
TEL 01.39.53.25.69　**営** 11:45～17:00 (L.O.)
休 11～3月の働、1/1、12/25
料 ア・ラ・カルト予算約€35　**CC** AJMV　**英**

イル・ド・フランスの城館と庭園
パリから日帰りで訪ねる魅惑の世界

かつて国王の領地であったイル・ド・フランスには、歴代の王や貴族たちが建てた離宮や城館が今も数多く残る。王たちが狩りを楽しんだ森に囲まれた城館は、豊かな自然を借景とした、フランス式庭園を備えていることも多い。現在では公園となっている場所もあり、パリからほんの少し足を延ばすだけで、広々とした庭園の心地よい散策を楽しめる。

ヴォー・ル・ヴィコント城

　パリから南東へ40kmほど下った所にある城館。ルイ14世の財務卿を務めていたニコラ・フーケの居城で、設計を担当したのは建築家ル・ヴォー、室内装飾は画家のル・ブラン、庭園はル・ノートルという、17世紀最高の才能を結集して完成させたものだ。

　自慢の館を披露すべく、フーケがルイ14世を自邸に招待したのは1661年のこと。ところが、あまりの豪華さに王の不興を買ってしまい、フーケは投獄され、二度と館に戻ることなく世を去った。

　一方ルイ14世は、その後、同じスタッフを雇い、ヴェルサイユ宮殿の建設に着手した。ヴォー・ル・ヴィコント城は、まさにヴェルサイユ宮殿のルーツとなった城館なのだ。

　バロック様式の壮麗な館もさることながら、ル・ノートルが設計した広大な庭園に圧倒されることだろう。シンメトリーを軸に、幾何学的な形で構成された庭園、中央を大運河が貫くダイナミックなデザイン。このスタイルは、後に「フランス式庭園」(→P544)として広く知られるようになる。ル・ノートルは、イル・ド・フランスにいくつもの作品を残している。その庭園を巡れば、独自の美学に触れることができるだろう。

幾何学的な形に整えられた庭　© Milochau

ヴォー・ル・ヴィコント城
Château de Vaux-le-Vicomte
🚇 パリ・リヨン駅からTransilienで約25分のムラン Melun下車。ここから城までタクシーで約15分。クリスマス時期はシャトルバス(Châteaubus)が運行。
MAP P.163　**住** 77950 Maincy
開 3月の週末、4/1〜11月上旬
　　毎日 10:00〜19:00
休 上記以外の期間
料 €17、学生€13.50、
※ウェブサイトで要予約
URL vaux-le-vicomte.com

城館の最上部から眺めると、まるで刺繍を施した布のようにも見える庭園(左) © Julien Vallé
庭園の中央には大運河が配されている(右上)　壮麗な円柱が並ぶ大広間(右下) © A.Carpeniter

ブルトゥイユ城

　16世紀の建造当時よりブルトゥイユ侯爵家が所有する城館。75haの美しい庭園と広大な森では、かつて貴族たちが狩猟や散策を楽しんだ。城内には、18世紀のすばらしい調度品や絵画の数々が展示されるほか、約50体もの歴史的人物がろう人形となって史実の1シーンを再現してくれる。また、17世紀にシャルル・ペローが逗留していたことから「ペローの城」としても知られ、『長靴を履いた猫』や『赤ずきん』、『シンデレラ』などの場面の展示や子供向けのお話会も。

ブルトゥイユ城 Château de Breteuil
🚉 パリからⓇⒺⒷ線の終点サン・レミ・レ・シュヴルーズSt-Rémy lès Chevreuseで下車し、タクシーで約10分。4～10月の一部🅰は、シャトルバス（Baladobus）が出ている（所要約25分、1日券€4）。
🗺 P.163　🏠 Allée du Château 78460 Choisel
🕐 城　14:00～17:30（🅰㊗と学校休暇期間は11:00～）
　　庭園　10:00～20:00（冬は～19:00、入場は17:30まで）
🚫 無休　💴 城と庭園€18.30、庭園のみ€12.30
🌐 www.breteuil.fr/fr/

フランスでも特に由緒あるプライベートシャトー

ランブイエ城

　14世紀の建造以来、数多くのフランス王が居城としてきた城。1975年第1回サミットの会場となったことでも知られる。現在は大統領の別邸で、迎賓館としての機能もある。

ランブイエ城 Château de Rambouillet
🚉 パリ・モンパルナス駅からランブイエRambouillet駅までTERで約35分。
🗺 P.163　🏠 78120 Rambouillet
🕐 10:00～12:00、13:30～17:00（4～9月は～18:00）
🚫 ㊋、1/1、5/1、12/25
💴 €7.50　🚌 パリ・ミュージアム・パス使用可（→P.113）
🌐 www.chateau-rambouillet.fr

花の季節は庭園がさわやか

メゾン城

　この城を手がけたフランソワ・マンサールの甥や、ここで働いていた彫刻家などがヴェルサイユ宮殿の建設に携わったことから、「ヴェルサイユ前のヴェルサイユ」と呼ばれる。

メゾン城 Château de Maisons
🚉 パリからⓇⒺⒶ線メゾン・ラフィットMaisons Laffitte下車。
🗺 P.163　🏠 2, av. Carnot 78600 Maison Laffitte
🕐 10:00～12:30、14:00～17:00
　　（5月中旬～9月中旬は～18:00）
🚫 ㊋、1/1、5/1、12/25
💴 €8　🚌 パリ・ミュージアム・パス使用可（→P.113）
🌐 www.chateau-maisons.fr

フランソワ・マンサールの代表作、メゾン城

ソー公園

　ルイ14世の財務総監コルベールの私邸であった場所で、今ではパリ郊外の緑豊かな公園として親しまれている。庭園を手がけたのはル・ノートル。約200haという広大な敷地に大運河や滝が配され、現在博物館となっている城からは、はるかかなたまで眺望が得られるよう工夫されている。八重桜が植えられた一画もあり、春には「花見」の名所となる。とにかくスケールが大きく、園内でも道に迷うほどだが、町の喧騒を逃れてリフレッシュするのにもってこいの場所だ。

ソー公園 Parc de Sceaux
🚉 パリからⓇⒺⒷ線でブール・ラ・レーヌBourg la Reine、パルク・ド・ソーParc de Sceaux、またはソーSceaux下車。
🗺 P.163　🏠 92330 Sceaux
🕐 8:00～17:00（季節によって異なる）
🌐 domaine-de-sceaux.hauts-de-seine.fr

緑の絨毯を敷き詰めたかのようなソー公園

ナポレオンの玉座の間

フランス王家800年の歴史を見つめてきた

フォンテーヌブロー

Fontainebleau

世界遺産

郵便番号：77300　人口：約1万5000人

ACCESS

🚃パリ・リヨン駅からTransilien
またはTERで約40分。フォンテー
ヌブロー・アヴォンFontainebleau-
Avon駅下車。駅前からフォンテー
ヌブロー城までは1番のバスで約
15分。Château下車。
URL www.transdev-idf.com

🏛 観光案内所

🏠 4bis, pl. de la République
MAP P.171
☎ 01.60.74.99.99
🕐　　　　　10:00〜18:00
　 🅮 🅟　　10:00〜13:00
　　　　　　14:00〜17:30
🚫 11〜4月の 🅮 🅟 の午後
URL www.fontainebleau-
　　　tourisme.com

世界遺産

フォンテーヌブローの宮殿と庭園
**Palais et parc de
Fontainebleau**（1981年登録）

城正面の庭はナポレオンがエルバ島
へ流される前に別れの演説をしたこ
とから「別れの中庭」と呼ばれる

フランスルネッサンスの粋を集めた城

フォンテーヌブローの城には中世封建時代のカペー王朝からナ
ポレオン3世まで、フランスの歴代王権の歴史が凝縮されてい
る。豪華さではヴェルサイユ宮殿に一歩譲るとしても、ここを
愛した王たちが、前代の遺産のうえにそれぞれの時代のそれぞ
れの文化の跡を付け加え造り上げてきた、すばらしい多様性が
ある。その積み重ねの歴史が、この城の魅力を際立たせている
のだ。もうひとつの魅力は、城の周りに広がる広大な森。歴代
の王がここを愛した理由は、自然の恵み豊かなこの森にもあっ
たのだ。

≫≫ 歩き方 ≫≫

　　フォンテーヌブロー城のある町の中心は国鉄駅から約3km離
れている。駅前から城の真正面まで、バスで約15分。広大なフォ
ンテーヌブローの森を散策するなら、🅘で詳しい地図を買うと
いい。

Column
Art　　　**フォンテーヌブロー派の芸術が花開いた城**

　16世紀初め、イタリア戦争でアルプスを越え
てイタリアに入ったフランソワ1世は、当時絶
頂期にあったイタリアルネッサンス文化のすば
らしさに魅せられ、そのアーティストたちをフ
ランスに呼び寄せ、「フランスルネッサンスの
王」と呼ばれた。大部分は当時落ち目になって
いたフィレンツェから引き抜かれたアーティス
トだったが、なかにはレオナルド・ダ・ヴィン
チのようなスーパースターもいた。あの『モナ・

リザ』がフランスの所有となったゆえんもここ
にある。彼らの活躍の舞台のひとつとなったの
がこのフォンテーヌブロー城。ここでイタリア
ルネッサンスの画家に学んだフランス人画家た
ちは「フォンテーヌブロー派」と呼ばれる。有
名な『ガブリエル・デストレとその姉妹ビヤー
ル公爵夫人とみなされる肖像』など、フォンテー
ヌブロー派の傑作の数々は、パリのルーヴル美
術館（→P.114）で観ることができる。

おもな見どころ

フォンテーヌブロー城 ★★★

[MAP] P.171 Château de Fontainebleau

城見学のハイライトのひとつ、フランソワ1世の回廊

もともとはパリの王族がここの森で狩りを楽しんだときに泊まる小さな家だった所へ、フランソワ1世からナポレオン3世まで歴代の君主が次々と建物を継ぎ足してできたのが今の城。だからこの城をひと回りすると、12世紀から19世紀初頭までの建築様式をパノラマ式に見ることができる。

城の外観で特徴的なのは、「狩り」をシンボライズした装飾があちこちに見られる点。宮殿入口の馬蹄形の階段や、**ディアヌの庭園**Jardin de Dianeにある『狩りをするディアヌの像』などはその一例だ。これはもちろんここが王侯貴族たちの狩り場であったことに由来している。

フランスルネッサンスの舞台となった城内

城の内部も歴代の王による装飾が幾重にも塗り込められているが、基調は何といってもルネッサンス様式。圧巻なのが、自由見学の**大住居棟**Grands Appartementsにある**フランソワ1世の回廊**Galerie François 1erと**舞踏の間**Salle de Balの壁画、天井画。その神秘的なサンボリスム（象徴主義）、冷たい官能性をじっくりと味わおう。ナポレオンが使用していた**小住居棟**Petits Appartementsや**ナポレオン3世の劇場**Théâtre Impérialは、ガイド付きツアーで見学できる。

ゆっくり散策してみたい庭園

城を見学したあとは、周りを囲む庭園へ。ヴェルサイユの庭園も設計したル・ノートルによる**花壇**Grand Parterre、カトリーヌ・ド・メディシスが造らせた**ディアヌの庭園**、**イギリス庭園**Jardin Anglaisと、それぞれの趣の違いを味わいたい。イギリス庭園に隣接し、かつて国王たちの祝祭の舞台だった**鯉の池**Etang aux Carpesは、ボート遊びができるのどかな場所となっている。

フォンテーヌブロー城

[住] 77300 Fontainebleau
[開] 4～9月　9:30～18:00
10～3月　9:30～17:00
（入場は閉館の45分前まで）
[休] [火]、1/1、5/1、12/25
[料] €14、18～25歳€12、閉館1時間前以降€12、タブレットガイド€4、9～6月の第1[日]無料
[パス] パリ・ミュージアム・パス使用可（→P.113）
[URL] www.chateaudefontainebleau.fr

庭園

[開] 5～9月　9:00～19:00
3・4・10月　9:00～18:00
11～2月　9:00～17:00
[休] 無休
[料] 無料

ディアヌの庭園にある『狩りをするディアヌの像』

ガイド付きツアー

自由見学できない場所はガイド付きツアーで見学可能。小住居棟（約90分）、ナポレオン3世の劇場（約45分）など。詳細は城のウェブサイトまたはチケット売り場で確認を。

フォンテーヌブロー
フォンテーヌブロー・アヴォン駅まで1km
Bd. du G. Leclerc
Bd. du Maréchal de Lattre de Tassigny
フォンテーヌブローの森
Forêt de Fontainebleau
病院
Hôpital
R. Grande
R. A. Briand
裁判所
Palais de Justice
R. de la Paroisse
サン・ルイ教会
Eglise St-Louis
Bd. A. Maginot
R. de France
R. Royale
Bd. de Constance
公園
Parc
R. Dénecourt
オテル・ド・ロンドル
Pl. du G. de Gaulle
ディアヌの庭園
Jardin de Diane
運河 Canal
フォンテーヌブロー城
Château de Fontainebleau
花壇
Grand Parterre
鯉の池
Etang aux Carpes
Av. des Cascades
Bd. Magenta
イギリス庭園
Jardin Anglais
Bd. du Maréchal Juin
N
0
500m

フォンテーヌブローのおすすめホテル [H] ホテル

城の周りにホテルや手頃なレストランが集まっている。

[H] オテル・ド・ロンドル
Hôtel de Londres 3★ [MAP] P.171

1850年に建てられた小さいながらもエレガントなホテル。城の入口真正面にあり、窓から城館を眺められる部屋も。客室に電気ポットあり。

[住] 1, pl. du Général de Gaulle
[TEL] 01.64.22.20.21
[料] [S] [W]€158～228
[朝食] €17
[休] 12/23～1/5
[URL] www.hoteldelondres.com

[はみだし] 4～11月は、城の敷地内を走るプチトランに乗るのもおすすめ。城から出発し、ディアヌの庭園、イギリス庭園などを約35分で回る。日本語オーディオガイド付き。[料] €8、4～18歳€4　[URL] petit-train-fontainebleau.fr

)))) フォンテーヌブロー近郊の町 ((((

バルビゾン　Barbizon
近代絵画の革新者、バルビゾン派が生まれた町

ACCESS
🚗 フォンテーヌブローから、森を挟んで西北西へ約8kmの所にある。フォンテーヌブロー・アヴォン駅からタクシー利用が便利。約20分。

👥 観光案内所
🏠 Pl. Marc Jacquet 77630
📞 01.60.66.41.87
🕐 9:30〜13:00
　14:00〜17:30
　（冬期は短縮される）
🚫 月火
🔗 www.fontainebleau-
　　tourisme.com

村の周囲には『晩鐘』が描かれた麦畑が

　バルビゾンは、ミレー、テオドル・ルソーなど「バルビゾン派」の画家たちが住んだ村として有名だ。パリのアトリエに閉じこもってアカデミックな絵ばかり描いている御用画家たちと

村のメインストリートGrande Rue

キッパリ縁を切り、農村に移り住み、農民と生活をともにしながら「働く」農民の姿を描いた絵画の革命家たち。ミレーの『晩鐘L'Angélus』『落穂拾いDes Glaneuses』『種を蒔く人Le Semeur』など数々の名作はこの村で生まれた。

　少し村を離れると、黄金色の麦畑やこんもりとした森など、当時の姿を思わせる風景がまだ残っている。バルビゾンの記念館は、以下のふたつ。すべて村のメインストリートGrande Rueに面している。

●ミレー美術館 Musée Millet
　ミレーが家族とともに住んでいた家。アトリエには、ミレーの作品が展示されている。

ミレー美術館
🏠 27, Grande Rue
🕐 10:00〜12:30
　14:00〜18:00
　（7・8月は〜18:30）
🚫 火、11〜3月の木
🔗 €5
🔗 www.musee-millet.com

●バルビゾン派美術館（ガンヌの旅籠屋）
Musée des Peintres de Barbizon

バルビゾン派美術館
🏠 92, Grande Rue
🕐 10:00〜12:30
　14:00〜17:30
　（7・8月は〜18:00）
🚫 火、1/1、5/1、12/24〜12/26
🔗 €6、18〜25歳と65歳以上€4、18歳未満と学生無料
🔗 www.musee-peintres-
　　barbizon.fr

　貧しい画家たちを物心両面で支え続けた「ガンヌの旅籠（Auberge Ganne）屋」を改装した美術館。かつてのバルビゾンについての資料やルソー、ディアスなどの作品が展示されている。

旅籠屋の様子もわかるバルビゾン派美術館

🖊 Column Information
ℹ️ INFO　数々の著名人に愛された高級ホテル

　画家たちに愛された素朴な村も、今では高級ホテルが集まるリゾート地となっている。
　「オテルリー・デュ・バ・ブレオ」は、村のメインストリートにある5つ星ホテル。各国の元首や著名人が宿泊することでも知られる優雅

なホテルだ。広々とした庭には、プールやテニスコートもある。レストランの評価も高く、特に秋から冬にかけてのジビエ料理がおいしい。

🏨R オテルリー・デュ・バ・ブレオ
　Hôtellerie du Bas-Bréau 5★
🏠 22, Grande Rue
📞 01.60.66.40.05
🔗 SW €130〜960　🍴€20
💳 A D J M V
🛏 20室　🚫　Wi-Fi
🔗 www.hotelleriedubasbreau.fr

イル・ド・フランス

バルビゾン＆モレ・シュル・ロワン

モレ・シュル・ロワン
Moret-sur-Loing

印象派の巨匠、シスレーが愛した町

シスレーの家と作品に描かれたノートルダム教会

アルフレッド・シスレー（1839〜1899）は、モネやルノワールといった印象派画家のスーパースターたちと比べると、いくぶん地味な存在だ。でも、生涯をとおして印象派の手法を守り続けたことで、最も印象派らしい画家だと評価する人も多い。そんなシスレーが居を構え、亡くなるまで住んだのが、パリ近郊のモレ・シュル・ロワン。モネやルノワールのように旅をして作品のモチーフを変えることなく、ひたすらにモレ周辺を描き続けた。

モレは、城壁に囲まれた中世の町。城門をくぐると、ロワン川に架かる橋に出る。シスレーはこの橋とモレの町を望む風景を描いたが、川の対岸から眺める町の風景は、シスレーの絵そのまま。生前認められることなく不遇の人生をおくりながらも、この町を愛した画家の姿がしのばれる。

まさに絵画のような風景

ACCESS
パリ・リヨン駅からTransilienで約50分。モレ・ヴヌー・レ・サブロンMoret Veneux les Sablons駅下車。駅から町までComete社の203番のバスで約5分。Place Samois下車。
URL www.transdev-idf.com

観光案内所
4bis, pl. de Samois 77250
TEL 01.60.70.41.66
開 4〜9月
　火〜日祝 10:00〜12:30
　　　　　 14:00〜18:00
　10〜3月
　火〜土 9:30〜12:00
　　　　 14:00〜17:00
休 月、10〜3月の日祝
URL www.msl-tourisme.fr

日本近代洋画の生地、グレ・シュル・ロワン

フォンテーヌブローの森の南外れにあるグレ・シュル・ロワンGrez-sur-Loingは、明治・大正期に日本の洋画家たちが好んで住んだ村だ。浅井忠が描いた『グレーの橋』や『グレーの洗濯場』（アーティゾン美術館所蔵）の風景は、100年たった今も変わらぬ姿でここにある。また黒田清輝は、1890年から約2年半この村に滞在した。彼の家があった通りは、「黒田清輝通り」と呼ばれている。パリ・リヨン駅からTransilienで約1時間のブロン・マルロット・グレBourron-Marlotte-Grez下車。駅から約3km。

黒田清輝通り5番地の壁に記念プレートが掲げられている

フランス歴代王の墓所のあるサン・ドニ

パリの北4kmほどの町サン・ドニSt-Denis。町の名になっている聖人ドニはアテネの人で、3世紀半ばパリに伝道に来たが、ふたりの仲間とともに捕らえられて、モンマルトルの丘で斬首。聖人は自分の首を持って北に歩くこと数km。ついに倒れたその場所に墓が建ち、やがて聖堂ができたとされる。それが現在のサン・ドニ・バジリカ大聖堂だ。7世紀に修道院が設けられ、1122年に修道院長となったシュジェールが聖堂の大改装を手がける。初期ゴシック建築の代表作ともいえる後陣は1144年に完成。その後、改築を重ねて今に至っている。

この聖堂はフランス王の公式の墓所で、ほぼすべての歴代フランス王（42人）と王妃（32人）が埋葬されている。フランス革命で処刑されたルイ16世とマリー・アントワネットの墓は地下のクリプトにある。ここには、10歳で亡くなったルイ17世の心臓も収められている。

墓を飾る彫刻もすばらしい

アクセス
パリからM⑬号線でバジリク・ド・サン・ドニBasilique de St-Denis下車。

サン・ドニ・バジリカ大聖堂
Basilique Cathédrale de St-Denis
住 1, rue de la Légion d'Honneur 93200 St-Denis
開 10:00〜17:15（4〜9月は〜18:15、日は12:00〜）
休 1/1、5/1、12/25、行事のある日
料 €9.50　URL www.saint-denis-basilique.fr

ルイ14世が生まれた館

パリとセーヌの流れを一望できる町

サン・ジェルマン・アン・レー

郵便番号：78100　人口：約4万人

ACCESS

🚅 パリから RER Ⓐ1線で終点St-Germain-en-Laye下車。所要約25分。

🛈 **観光案内所**

🏠 Jardin des Arts - 3, rue Henri Ⅳ　MAP P.174

☎ 01.30.87.20.63

🕐 5/2～9/30

火 木 金	13:30～18:00
水 土	10:00～12:30
	13:30～18:00
日	10:00～14:00

10/1～5/1

火 木 金	13:30～18:00
水 土	10:30～12:30
	13:30～17:30

🚫 月、10～4月の日 祝

URL www.seine-saintgermain.fr

ルイ6世からルイ14世の時代まで国王の主要な居城だった

パリから高速郊外鉄道RERで約25分。思い立ったらすぐ行ける手近な行楽地として、サン・ジェルマン・アン・レーはパリジャンに人気がある。休日の晴れた日には、家族や友人との昼食のあと、語り合いながらのんびりと昼下がりの散歩を楽しむ人々で、広い公園や森もひときわにぎわう。

>>> 歩き方 >>>

RERの駅に着いて出口のエスカレーターを上るとすぐ大きな城と森が見える。城の前、**サン・ジェルマン教会**Eglise St-Germainの横の道Rue au Painを真っすぐ下った突き当たりには、**モーリス・ドニ美術館**がある。城の庭園のテラス近く、セーヌ川を望む位置にある**パヴィヨン・アンリ・キャトル**Pavillon Henri Ⅳものぞいてみるといいだろう。ルイ14世が生まれた館で、今は4つ星のホテル。デュマはここで『モンテ・クリスト伯』や『三銃士』を書いた。

城の庭園と森の東側をふちどる全長約2400m、幅30mの遊歩道、**テラス・ル・ノートル**Terrase Le Nôtreからは、セーヌ川とパリが一望できる。テラスに沿って、ところどころに森への入口がある。きちんと手入れされた庭園とは対照的に、森は野性味満点。しんと湿った森の匂いがする。人の少ないウイークデイなど、深い山の中に迷い込んだようで心細くなるほどだ。

ドビュッシーの生家

作曲家ドビュッシーが1862年の誕生から2歳まで住んでいた生家がドビュッシー記念館となっており、ゆかりの品々が展示されている。

MAP P.174

🏠 38, rue au Pain

※2023年5月現在、改修工事のため休館中。2023年秋に再開予定。

サン・ジェルマン・アン・レー

イギリス庭園 Jardin Anglais

テラス・ル・ノートル Terrasse Le Nôtre

展望台

市庁舎 Hôtel de Ville

サン・ジェルマン教会 Eglise St-Germain

サン・ジェルマン・アン・レー駅

城 Château

ドビュッシーの生家 Maison natale Claude Debussy

プリウレ教会 Chapelle du Prieuré

モーリス・ドニ美術館 Musée Départemental Maurice Denis

パヴィヨン・アンリ・キャトル

はみだし　ルイ14世が生まれた館「パヴィヨン・アンリ・キャトルPavillon Henri Ⅳ」は、現在豪華ホテルになっている。レストランでは季節の素材を生かした料理とパリのパノラマが楽しめる。URL www.pavillonhenri4.fr

))) おもな見どころ (((

城 ★★★
MAP P.174 Château

12世紀に最初の城塞が築かれたが、焼失。今ある城は、16世紀にフランソワ1世が再建し、その後拡張を重ねたもの。ルイ14世の時代までフランス国王の主要な居城のひとつであり、ルイ14世は造園家ル・ノートルに全長約2400mのテラスを設置させた。

城の内部は現在、**国立考古学博物館**Musée d'Archéologie Nationaleになっている。先史時代の博物館としてはヨーロッパ随一。石器から青銅器を経て鉄器にいたる道具や武器、神や愛を象徴する彫り物など、フランスがガリアと呼ばれていた時代の日常生活を目のあたりにすることができる。

国立考古学博物館
住 Pl. Charles de Gaulle
開 10:00～17:00
休 ⊗、1/1、5/1、12/25
料 €6、18歳未満と第1⊕無料
バス パリ・ミュージアム・バス使用可
（→P.113）
URL musee-
archeologienationale.fr

モーリス・ドニ美術館 ★★
MAP P.174 Musée Départemental Maurice Denis

ナビ派の画家モーリス・ドニが、彼の死までの30年間住んだ邸宅。ドニのほかボナール、エミール・ベルナールなどの作品を展示している。彼らはゴーギャンを師とあおぎ、1900年頃のパリで一大ブームになった日本美術に強い影響を受けた。立体感のない、ベタっとした感じの画面、人体やモノのふちど

邸宅の内装がそのまま残る

邸宅に隣接した礼拝堂の装飾も一部ドニが手がけた

りを強調する曲線、そのふちどりのなかを満たす均質な色などがナビ派の特徴だ。緑に覆われた庭にはブールデルやエティエンヌ＝マルタンの彫刻もある。

モーリス・ドニ美術館
住 2bis, rue Maurice Denis
開 ⊗～⊕ 10:30～12:30
14:00～17:30
⊕ 10:30～17:30
休 ⊕、1/1、5/1、12/5
料 €8、18歳未満無料
URL www.musee-
mauricedenis.fr

ART Column Art | ## ル・コルビュジエのサヴォワ邸 世界遺産

建築に興味がある人なら必ず訪れてほしいル・コルビュジエの**サヴォワ邸**（→P.31）。20世紀を代表する巨匠の代表作であり、またモダニズム建築の真骨頂ともいわれている傑作だ。

「ピロティ、屋上庭園、自由な平面、水平連続窓、自由な立面」という近代建築の5つの原則が、見事に体現されているのがよくわかる。

80年以上前の作品とは思えないほど斬新なデザイン

ポワシー駅から徒歩で行く場合は、駅構内に、詳細な順路（たどるべき通り名がすべて記されている）が提示されているのでメモして行こう。

サヴォワ邸 Villa Savoye
⛟🚌 パリから❽Ⓐ5線の終点ポワシーPoissy下車、徒歩約20分。または駅前から50番のバスでVilla Savoye下車。www.transdev-idf.com
住 82, rue de Villiers 78300 Poissy
開 10:00～17:00（5～8月は～18:00）
（入場は閉館の20分前まで）
休 ⊕、1/1、5/1、12/25
料 €8、18歳未満無料
バス パリ・ミュージアム・バス使用可（→P.113）
URL www.villa-savoye.fr

ステンドグラスの輝きに魅せられて

シャルトル

郵便番号：28000　人口：約3万9000人

「美しき絵ガラスの聖母」

シャルトルの大聖堂

大穀倉地帯ボース平野の、一面の麦畑の中にたたずむ静かな町。フランスゴシックを代表するシャルトルのノートルダム大聖堂は、中世の時代から多くの巡礼者を集めてきた。「シャルトルの青」とたたえられるステンドグラスの輝きを心ゆくまで堪能したい。フランスには数多くのゴシックの聖堂があるが、これほどまでに繊細な表情をもち、乱れのない調和のなかに建てられたものはほかにない。

》》》 歩き方 》》》

ノートルダム大聖堂（シャルトル大聖堂）の2本の尖塔を左に眺め、駅前の緩やかな坂道Av. J. de Beauceを進んでいく。シャトレ広場Pl. Châteletまで来れば大聖堂はすぐそこだ。大聖堂脇の裏に、近・現代絵画が中心に所蔵されている**シャルトル美術館**Musée des Beaux-Arts de Chartresがあり、美術館の脇を下ると**ウール川**に出る。この一帯はシャルトルの古い町並みが残る所で、昔の洗濯場跡も見ることができる。川に架かる橋から眺める大聖堂の姿も美しい。

シャルトル

シャルトルの夜を華やかに彩る光の
ショー

はみだし 4月下旬〜1月上旬の日没後〜深夜、大聖堂をはじめ主要モニュメントが色鮮やかにライトアップされる光の
ショー「光のシャルトルChartres en Lumière」が開催される。**URL** www.chartresenlumieres.com

おもな見どころ

ノートルダム大聖堂 ★★★
[MAP] P.176　Cathédrale Notre-Dame

「諸王の入口」の彫刻

形の違った2本の尖塔をもつ大聖堂。向かって左、フランボワイヤン・ゴシック様式の塔は新鐘楼Clocher Neuf、右側のロマネスク様式の塔は旧鐘楼Clocher Vieuxと呼ばれるが、1194年の大火災で焼失を免れた新鐘楼の下部は旧鐘楼のものよりも古い。

正面の入口は3ヵ所あるが、西側の扉は「諸王の入口」と呼ばれ、柱に少々体を引き伸ばされた感じの人像が彫られている。

大聖堂内は、いつ訪れるかでまったく違った印象を受けるだろう。最も美しいのは晴れた日の午後遅く。ステンドグラスを通して差し込む淡い光が内部を満たし、言葉ではとても言い表せないような青の世界を作り上げる。ステンドグラスはどれも印象深いものばかりだが、とりわけ正面入口から入って左にある『エッサイの家系樹』や、南側廊にある『美しき絵ガラスの聖母』は、「シャルトルブルー」と呼ばれる青の色が美しい。

キリストの系譜を1本の木にたとえて表した『エッサイの家系樹』

また、身廊の床に埋め込まれた、エルサレムへの道を象徴する中心まで全長約262mの「ラビリンス」も見逃せない。フランス最長のクリプト（地下祭室）には、中世のフレスコ画が残っている。

華やかな北のバラ窓

ノートルダム大聖堂
[住] 16, Cloître Notre-Dame
[開] 8:30～19:30
[料] 無料
[URL] www.cathedrale-chartres.org
クリプト
ガイド付きツアー（仏語）で見学。
[開] 14:00
（季節、曜日によって異なる）
[休] 1/1、12/25
[料] €9

ピカシェットの家 ★★
[MAP] P.176　Maison Picassiette

「ピカシェット」とは、食事時に人の家を訪ねてはごちそうになる人、物をもらい集める人のことを指す。その名のとおり、家の壁から家具、調度、庭にいたるまで、すべてがひろい集めた陶器の破片でできている。作者のレイモン・イジドールは、墓守の仕事をしながら、お供えの花の花瓶や割れたお皿を集め、1938年から24年もの歳月をかけて、ひとりでこの家を造り上げた。1984年には素朴派芸術として歴史的記念物に指定されている。

家具も陶器でできている

ピカシェットの家
[住] 22, rue du Repos
中心街からFilibus社の4番バスでPicassiette下車。
[開] 3月中旬～11月中旬
[水]～[土]　10:00～18:00
[日] [祝]　14:00～18:00
[休] [日]の午前、一部[祝]、11月中旬～3月中旬
[料] €7
[URL] www.maison-picassiette-chartres.com

絵本の中に迷い込んだよう

シャルトルのおすすめホテル　[H] ホテル
駅から大聖堂にいたる道筋、またその界隈に手頃なホテルがある。

[H] メルキュール・シャルトル・サントル・カテドラル
Mercure Chartres Centre Cathédrale 4★　[MAP] P.176
モダンで快適なホテル。駅から約500m、大聖堂まで歩いて行きやすい好立地。
[住] 3, rue du Général Koenig
[TEL] 02.37.33.11.11 [FAX] 02.37.33.12.12
[料] Ⓢ Ⓦ€104～166 ☕€16 [Wi-Fi]
[URL] all.accor.com/hotel/7386/index.fr.shtml

大聖堂の近くにあるステンドグラスのアトリエ「ラ・ギャルリー・デュ・ヴィトライユLa Galerie du Vitrail」。ステンドグラスの小物をおみやげにいかが？ [MAP] P.176 [URL] www.galerie-du-vitrail.com

水辺にたたずむ華麗なルネッサンスの城

シャンティイ

クレーム・シャンティイはいかが

郵便番号：60500　人口：約1万1000人

ACCESS

パリ・北駅から RER D で約50分。シャンティイ・グヴィユー Chantilly-Gouvieux駅下車。

❶ 観光案内所

住 73, rue du Connétable
MAP P.179-1
TEL 03.44.67.37.37
開 9:30～13:00、14:00～17:30
休 ⑧、11～3月の⑧
URL www.chantilly-senlis-tourisme.com

フランス語がわからなくても楽しめる馬の博物館でのショー

ラファエロの作品『ロレートの聖母 La vierge de Lorette』

シャンティイ城（コンデ美術館）

開 10:00～18:00
（庭園は～20:00）
（10月下旬～3月下旬は短縮）
休 ⑧
料 €17（馬の博物館との共通券。庭園含む）、庭園のみ€9
バス パリ・ミュージアム・パス使用可
（→P.113）
URL chateaudechantilly.fr

水に影を落とす姿がとても優雅なシャンティイ城

ルネッサンス様式の城はどうしてこんなに魅力的なのだろう。ロワール地方の古城に勝るとも劣らない華麗な城がイル・ド・フランスにもある。シャンティイ城の建設は16世紀に遡るが、グラン・シャトーと呼ばれている北東の部分は、フランス革命で破壊されたものを19世紀になって修築したもの。しかしその修築部分も、3世紀の差をまったく感じさせないほど、完全なルネッサンス様式をとっている。

》》》 歩き方 》》》

　シャンティイ・グヴィユー駅からシャンティイ城までは、華やかな帽子の競演で知られるディアヌ賞の行われる競馬場を挟んで、約2km離れている。駅から無料のバス「DUC」を利用すれば、約5分で❶（Office de Tourisme下車）、約10分で城の前に着く（Château下車）。元気があればのんびり歩いてもいい（約20分）。駅前から競馬場の西側の道Av. du Maréchal Joffre、Bd. de la Libération Maurice Schumannとたどっていくと大厩舎が見えてくる。

》))) おもな見どころ (((《

シャンティイ城　★★★

MAP P.179-2　　　　　　　Château de Chantilly

　この城で一番の見どころは、グラン・シャトーGrand Château内の、この城の持ち主だったコンデ公が所有していた膨大な数の絵画コレクション。現在はコンデ美術館Musée Condéとして公開されている。ピエロ・ディ・コジモの『美しきシモネッタLe Portrait de Simonetta』、ラファエロの作品3点、プッサンの『幼児虐殺Le Massacre des Innocents』など、こんな所にあったのかと驚くような傑作揃い。

イル・ド・フランス

シャンティイ

プティ・シャトーPetit Château内にある図書室には、11世紀からの古書約1万3000冊が収められている。有名な細密画『ベリー公のいとも豪華なる時祷書Les Très Riches Heures du duc de Berry』もここにあるのだが、残念ながらこちらは複製しか観ることができない。

ヴェルサイユ宮殿の庭園ほど有名ではないが、シャンティイ城にもル・ノートル作の美しいフランス式庭園がある。この庭園では、かつてコンデ公がルイ14世を招いて歴史に残る大饗宴を催したが、その饗宴の監督を任されたのが有名な宮廷料理人ヴァテール。城の一角に残る彼の厨房が現在はレストラン(ラ・キャピテヌリー)になっている。ここでヴァテールが考案したクレーム・シャンティイ(ホイップクリーム)を食べてみるのも一興。庭園北東部には、貴族たちが田園生活のまねごとをした**村里Le Hameau**がある。ここの村里はヴェルサイユのトリアノンにあるものよりも早く造られている。

大厩舎(馬の博物館) ★★★
MAP P.179-1～2　　　Grandes Ecuries - Musée du Cheval

広い草原にひときわ目立つ大きな建物、まるで宮殿のようだが、これがなんと馬小屋なのだ。18世紀に建てられたもので、当時は馬240頭、猟犬150匹を収容していた。現在は有史以来の人間と馬との関わりをテーマにした博物館と、ステージが併設されており、馬の調教ショーが楽しめる。馬のショーをもっと見たいという人はスペクタクルもある。

元祖クレーム・シャンティイを食べるなら
R ラ・キャピテヌリー
La Capitainerie
TEL 03.44.57.15.89
休 1/1、12/25
料 クレーム・シャンティイの入ったムニュ€33

庭園の外れにある村里

馬の博物館
開休 シャンティイ城に同じ
料 €17(シャンティイ城との共通券)、馬のスペクタクルのセット券€30
URL chateaudechantilly.fr/grandes-ecuries

馬の博物館

シャンティイのおすすめホテル／レストラン　H ホテル R レストラン
パリから十分日帰りができるが、城のそばのシャトーホテルで一夜を過ごすのもいいだろう。

H R オーベルジュ・デュ・ジュ・ド・ポーム
Auberge du Jeu de Paume 5★　　MAP P.179-2
シャンティイ城に隣接する豪華なホテル。レストラン「La Table du Connétable」はミシュランの1つ星を獲得している(祝 火休み)。

住 4, rue du Connétable
TEL 03.44.65.50.00
料 SW€378～1200　€39
URL aubergedujeudepaumechantilly.fr

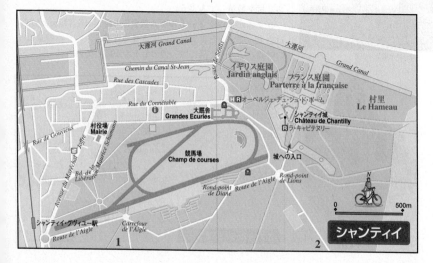

炎の画家ゴッホの終焉の地

オヴェール・シュル・オワーズ

郵便番号：95430　人口：約7000人

ゴッホゆかりの「ラヴー亭」

オヴェール・
シュル・オワーズ

パリ

ACCESS

パリ・北駅またはサン・ラザール駅からTransilienで所要約1時間。どちらの駅から乗ってもポントワーズPontoiseなどで乗り換えが必要。乗り換え駅は列車によって異なるので乗車時に確認のこと。

👤 観光案内所

住 38, rue du Général de Gaulle - Parc Van Gogh　**MAP** P.180
☎ 01.30.36.71.81
開 4〜10月
　　(火)〜(日)　　9:30〜18:00
　　11〜3月
　　(火)〜(日)　　10:00〜13:00
　　　　　　　　14:00〜16:30
休 (月)
URL tourisme-auverssuroise.fr

ゴッホが『カラスのいる麦畑Champ de blé aux corbeaux』で描いた麦畑

オワーズ川沿いのこの小さな村が多くの旅人をひきつけるのは、ひとえに、あの炎の天才画家ゴッホによる。1890年7月、この村の外れで、ゴッホは自ら銃弾を胸に撃ち込み、37歳の生涯を閉じた。彼がこの村で過ごしたのはわずか2ヵ月。その間に『オヴェールの教会』『カラスのいる麦畑』をはじめとする70点もの傑作を残した。

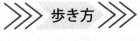

>>> 歩き方 >>>

　村のメインストリートRue du Général de Gaulleにゴッホが下宿していた**ラヴー亭**がある。この中にある**ゴッホの家**を見学したあとは、ゴッホが死の直前に描き残した風景をたどりながら、村を散策してみよう。

　ゴッホが描いた**ノートルダム教会**Eglise Notre-Dameから坂道を上っていくと、ゴッホの眠る墓地に着く。ゴッホの墓は左の壁脇。そのすぐ隣には、彼の弟テオが眠っている。

ゴッホと弟テオの墓

ゴッホが『オヴェールの教会L'église d'Auvers-sur-Oise, vue du Chevet』で描いたノートルダム教会

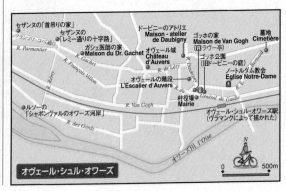

セザンヌの「首吊りの家」
フランソワ・コペ通り R. François Coppée
セザンヌの「レミー通りの十字路」
R. Parmentier
R. Rémy
R. François Villon
ガシェ医師の家 Maison du Dr. Gachet
R. Gachet
ドービニーのアトリエ Maison - atelier de Daubigny
オヴェール城 Château d'Auvers
R. de Léry
ゴッホの家 Maison de Van Gogh
(旧ラヴー亭)
ゴッホ公園 (旧ドービニーの庭)
墓地 Cimetière
R. Daubigny
R. Bernard
オヴェールの階段 L'Escalier d'Auvers
ノートルダム教会 Eglise Notre-Dame
村役場 Mairie
Rue du Général de Gaulle
ルソーの「シャポンヴァルのオワーズ河岸」
R. Van Gogh
R. des Gonts
オヴェール・シュル・オワーズ駅 (ヴラマンクによって描かれた)
オワーズ川 l'Oise
N
0　　500m

オヴェール・シュル・オワーズ

ゴッホを愛し、生涯経済的援助を惜しまなかったテオは、ゴッホの死を悲しみ、間もなく彼を追うようにして死んだという。

オヴェールは、ゴッホだけでなくセザンヌ、ピサロ、ドービニー、ルノワールらのゆかりの地でもある。画家たちが作品を描いた場所には、その絵の複製と解説の書かれたパネルが置かれている。画家と同じ視点に立って見ると、当時と変わらない風景が、今もなお残っていることに気づく。

ゴッホの面倒を見、その最期を看取った医師ガシェは、印象派のよき理解者で、これらの画家たちとも交流があった。村外れの高台にある**ガシェ医師の家**Maison du Dr. Gachetを訪れれば、当時のオヴェールの画壇の雰囲気を感じ取ることができるだろう。

ガシェ医師の家の前には肖像画が

ガシェ医師の家
🏠 78, rue Gachet
🕐 10:30～18:30
🚫 ㊊ ㊋、11月上旬～3月下旬
💴 無料

)))おもな見どころ(((

ゴッホの家（ラヴー亭）　　　★★★
MAP P.180　　　Maison de Van Gogh - Auberge Ravoux

ゴッホが自殺するまでの2ヵ月の間住んでいたカフェ兼下宿屋が、「ゴッホの家」として公開されている。ゴッホは村外れで自殺を図ったあとも死にきれず、自力で3階の部屋までたどり着き、ベッドの上で2日間、もだえ苦しんだ末に息

ゴッホの最後の家となったラヴー亭

を引き取ったという。屋根に開けられた小窓から唯一光が入る簡素な部屋に入ると、ゴッホの息づかいが聞こえてきそうだ。

1階のカフェ「ラヴー亭」は、19世紀当時の姿を忠実に復元し、現在もレストランとして営業している。

ゴッホの時代をしのぶことができる「ラヴー亭」
© Maison de Van Gogh

ゴッホの家
🏠 Pl. de la Mairie, 52-56 rue du Général de Gaulle
🕐 10:00～18:00
　（最終入場は17:30まで）
🚫 ㊊ ㊋、11月上旬～2月
💴 €7、12歳未満無料
🔗 www.maisondevangogh.fr

ゴッホの呼び方
日本ではヴィンセント・ヴァン・ゴッホと呼ばれているが、フィンセント・ファン・ホッホが生まれ故郷のオランダ語読み。フランス語ではヴァンサン・ヴァン・ゴッグ。本書では日本語の慣例に従い、「ゴッホ」としたが、現地では「ゴッグ」と読むことを覚えておこう。

Ⓡ ラヴー亭 Auberge Ravoux
📞 01.30.36.60.60
🕐 12:00～18:00（L.O.17:30）
🚫 ㊊ ㊋、11月下旬～2月
💴 ムニュ€32、€39

オヴェール城　　　★★
MAP P.180　　　Château d'Auvers

1635年建造の貴族の城が、現在は印象派記念館となっていて、音と映像で印象派の誕生からその後の芸術に与えた影響などの展示がされている。臨場感たっぷりのビジュアル・システムで、マネやモネ、ルノワールなどの印象派絵画を楽しむことができる。

17世紀の城館が印象派記念館に

オヴェール城
🏠 Rue de Léry
🕐 4～10月　　　9:00～19:00
　 11～3月　　　9:00～18:30
💴 €12、7～17歳と学生€7.50
🔗 www.chateau-auvers.fr

ハイテクを駆使した展示が楽しめる

🚊 パリ・東駅からTransilienで約1時間25分。駅前からSeine-et-Marne Expressの50番のバスで約6分。Ville Haute Quai 1下車。

🏠 **観光案内所**
🏠 4, Chemin de Villecran
📞 01.64.60.26.26
🕐 3/25～11/5　9:00～18:30
（その他の時期は昼休みが入るなど短縮される）
休 1/1、12/25
URL provins.net

世界遺産

中世市場都市プロヴァン
Provins, ville de foire médiévale（2001年登録）

セザール塔からの眺め

セザール塔
🏠 Rue de la Pie
🕐 3月下旬～11月上旬
　　　　　　10:00～18:00
（その他の時期は季節、曜日により異なる）
休 1/1、12/25
料 €4.30、4～12歳€2.80

プロヴァンの祭り
●中世祭
Les Médiévales de Provins
2023年は6月10・11日の予定。
URL provins-medieval.com
そのほか、4～10月には騎士の馬上試合や鷹のショーなど、さまざまなイベントが連日行われる。

Provins
郵便番号：77160　人口：約1万2000人

中世市場都市の姿をそのままとどめる
プロヴァン

世界遺産

パリの南東90kmの小さな町、プロヴァンは、11世紀から13世紀にかけてシャンパーニュ地方で最も繁栄した町のひとつだった。9本もの街道が交わる交通の要所にあり、年2回開かれる定期市「シャンパーニュの大市」は、ヨー

中世の市場町の面影が色濃く残る町並み

ロッパ中に名をはせる華やかさだったという。しかし、その後ペストの流行や交易路の変更などから、町は急速に衰退。中世の町並みだけがそのまま残されることになったのだ。

町のシンボルである12世紀建築の**セザール塔**Tour Césarに上ると、城壁がところどころに残る古い町並みが一望できる。

中世市場町の面影が残る町並みを利用して、プロヴァンでは1年中さまざまなイベントが催されている。なかでも大規模なのが、6月の中世祭だ。2000人以上の住民が中世の人々に扮し

町ごと中世にタイムスリップした気分になる中世祭
© JF Bénard

て町を闊歩する。馬に乗った騎士や貴婦人、楽士や大道芸人、商人などが中世の町を行き交う風景は、歴史映画のセットの中に迷い込んだような楽しさだ。

ART Column Art
ジャン・コクトーゆかりの地、ミイ・ラ・フォレ

パリから約55km南のミイ・ラ・フォレMilly-la-Forêtは、コクトーが晩年を過ごした小さな町。この町の外れにコクトーが内装を手がけた礼拝堂があり、彼自身もここに埋葬されている。ステンドグラスの光が静かに落ちる墓石には、「私はあなたとともにいる」という言葉が刻まれ、コクトーの写真も添えられている。また、町の中心にある、コクトーが1947年から1963年まで住んだ家が記念館として公開されている。

控えめなたたずまいの礼拝堂

サン・ブレーズ・デ・サンプル礼拝堂
Chapelle St-Blaise des Simples
🚊 パリから地域圏D線でメスMaisse下車。そこからタクシーを利用。
🏠 Rue de l'Amiral de Graville 91490 Milly-la-Forêt
🕐 3・4・9・10月　水～日 14:00～18:00
5～8月　水～日 10:00～12:30、14:00～18:00
（7・8月の日は午後のみオープン）
（入場は閉館の30分前まで）
休 11～2月　料 €3、10～25歳€2.50
URL www.chapelle-saint-blaise.org

ジャン・コクトーの家 Maison Jean Cocteau
🏠 15, rue du Lau 91490 Milly-la-Forêt
🕐 5月上旬～10月下旬（年によって変わる）
水～日 11:00～17:00（ウェブサイトでの予約がおすすめ）
休 上記以外
料 €9.50、65歳以上€6.50
URL www.maisonjeancocteau.com

Disneyland Paris
パリから行くエンターテインメント夢空間
ディズニーランド・パリ

パリから東へ約32km、マルヌ・ラ・ヴァレーMarne-la-Valléeにある。パリ市の面積のおよそ5分の1という広大な敷地の中に「ディズニーランド・パーク」「ウォルト・ディズニー・スタジオ」「ディズニー・ヴィレッジ」からなるアミューズメント・エリア、7軒の直営ホテル、関連ホテル、ゴルフ場があり、これらを総称して「ディズニーランド・パリ」と呼ぶ。

華やかなパレードは見逃せない　© Disney

●ディズニーランド・パーク Parc Disneyland

パーク最大のイベントであるパレードが行われる**メインストリートU.S.A.**Main Street, U.S.A.、「眠れる森の美女の城」がシンボルの**ファンタジーランド**Fantasyland、「ビッグ・サンダー・マウンテン」が人気の**フロンティアランド**Frontierland、迫力満点の「カリブの海賊」がある**アドベンチャーランド**Adventureland、未来と宇宙がテーマのアトラクションが楽しめる**ディスカバリーランド**Discoverylandの5つのエリアからなる。

アドベンチャーランドの海賊船　© Disney

●ウォルト・ディズニー・スタジオ Walt Disney Studios

ハリウッド映画から、ディズニーのアニメーションまで、「映画」をコンセプトにしたテーマパーク。ロケ現場のセットを再現したスタントマンショーなどが体験できる。園内には**フロント・ロット**Front Tlot、**プロダクション・コートヤード**Production Courtyard、**バックロット**Backlot、**トゥーン・スタジオ**Toon Studioの4つのゾーンがあり、さまざまなアトラクションが楽しめる。

●ディズニー・ヴィレッジ Disney Village

ディズニーのふたつのテーマパークに隣接する総合商業地区。ショッピング、アミューズメント、飲食などを楽しめる（入場は無料）。ディズニーランド・パークが閉園したあとも深夜までオープンする店舗が多く、パークでアトラクションを楽しんだあと、ゆっくり買い物ができる。

ディズニー・ヴィレッジのエントランス　© Disney

ACCESS

🚈 パリからRER Ⓐ4線で終点マルヌ・ラ・ヴァレ・シェシーMarne la Vallée Chessy下車。パリ中心部から約40分。駅はディズニーランド・パリの敷地内にある。
🚌 パリCDG空港、パリORY空港からシャトルバス（Navette Aéroport - Magical Shuttle）あり。
URL magicalshuttle.fr

ディズニーランド・パリ
開 ウェブサイト内のカレンダー参照
休 無休
料 季節、曜日により異なる。ウェブサイトで要予約（英語あり）
URL www.disneylandparis.com

トゥーン・スタジオのクラッシュ・コースター　© Disney・Pixar

🛍 **パリ近郊のアウトレット**
「ラ・ヴァレ・ヴィラージュ」はパリ近郊にあるアウトレット。110ものブランドのショップが集まっている。巨大ショッピングモール「ヴァル・ドゥロップ Val d'Europe」も隣接しているので、ブランドショッピングのついでに食料品や日用品もゲットできる。

Ⓢ ラ・ヴァレ・ヴィラージュ
La Vallée Village
🚈 パリからRER Ⓐ4線でヴァル・ドゥロップVal d'Europe下車。
営 10:00～20:00
（月や曜日によって異なるのでウェブサイトで確認を）
休 5/1、12/25
URL www.thebicestercollection.com/la-vallee-village/fr

Bourgogne
ブルゴーニュ

パリから南東に1時間も車を走らせると、なだらかな起伏のあちこちに、白壁に赤い屋根の集落が点在するようになる。ブルゴーニュ地方はフランスの食糧庫だ。ブルゴーニュ公国の首都であったディジョンを中心に、南に続く「黄金の丘」、起伏の多い森林地帯、そこからロワール川につながる豊かな高原地帯、そしてソーヌ渓谷と、緩やかではあるが変化に富んだ地形が続く。それらの斜面ではフランス特有の丈の低いブドウの木が植えられ、あるいは食肉用の白牛シャロレが群れをなす。パリとはうって変わった強い日差しのなか、勤勉なこの地方の人たちが仕事に精を出しているのも見える。豊かな実りを思わせる光景だ。

観光のヒント

[気候] 夏は暑く、冬は冷え込みが厳しい。ベストシーズンは秋。気候も穏やかで、ブドウ畑巡りに最適の季節。

[特色] 言わずと知れた美食とワインの里。ブルゴーニュ公国時代の華麗な遺産、珠玉のロマネスク教会など、芸術の宝庫でもある。

[周遊のヒント] 中心都市のディジョン、ボーヌはTGVも停車し、交通の便がいい。オータン、クリュニーへはディジョンを拠点に足を延ばせばよい。一方、ロマネスク教会のある村々のほとんどは鉄道がなく、バスも1日1本などという所が多い。レンタカーかタクシーの利用を考えよう。ブドウ畑巡りはボーヌからのツアーに参加すると効率的。

おもな祭りとイベント

1月 サン・ヴァンサン・トゥールナント祭（最終週末）：毎年違う村が輪番制で開催するワインの祭り（2024年はシャンボール・ミュジニーとモレ・サン・ドニで開催）

5月 指輪の祭り（スミュール・アン・オーソワ／31日）：フランス最古の競馬で、優勝者には金の指輪が与えられる。中世を再現する時代行列もある大がかりな祭典

7月 バロック音楽祭（ボーヌ／毎金・土・日曜）：オスピス・ド・ボーヌなどで室内楽やオペラのコンサートが開かれる国際的な古楽音楽祭

11月 栄光の3日間（ボーヌ／第3週末）：ブルゴーニュ最大のワイン祭り。ワインの競売と収穫を祝う大晩餐会が開かれる

名産品と料理

エスカルゴやブッフ・ブルギニョンなど、日本でもポピュラーな料理が味わえる。名産のワインやマスタードを使った料理が多い。食前酒には、ディジョン生まれのキールをどうぞ。

Ⓐ**エスカルゴEscargot**：カタツムリにニンニク、パセリ、バターなどで作ったペーストを詰めてオーブンで焼く　Ⓑ**キールKir**：カシスのリキュールを使ったアペリティフの定番はディジョン生まれ　Ⓒ**ブルゴーニュワイン**：ワインカーヴ巡りで、お宝ワインを探そう　Ⓓ**コック・オ・ヴァンCoq au Vin**：鶏肉の赤ワイン煮込み　Ⓔ**マスタードMoutarde**：ニンニク入り、ハーブ入り、レモン風味など種類が豊富なのはディジョンならでは。かわいい壺入りのものはおみやげに最適　Ⓕ**パン・デピスPain d'épices**：ハチミツとスパイスをたっぷり使ったディジョンの伝統菓子

❶ブルゴーニュのワイン街道のブドウ収穫風景　❷最高級ワインのブドウ畑が集まるグラン・クリュ街道　❸丘の上にたたずむ中世以来の聖なる村、ヴェズレー

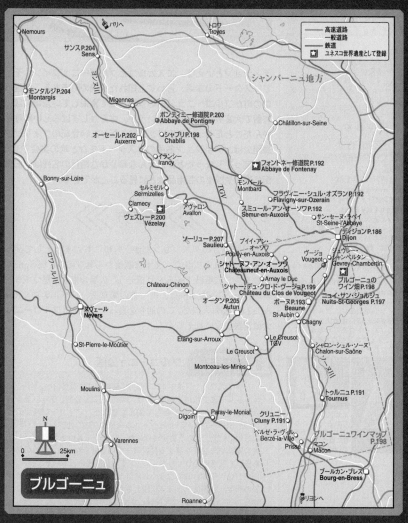

高速道路
一般道路
鉄道
ユネスコ世界遺産として登録

Nemours

パリへ

トロワ
Troyes

サンス P.204
Sens

シャンパーニュ地方

モンタルジ P.204
Montargis

Migennes

ポンティニー修道院 P.203
Abbaye de Pontigny

シャティヨン・シュル・セーヌ
Châtillon-sur-Seine

オーセール P.202
Auxerre

シャブリ P.198
Chablis

イランシー
Irancy

Bonny-sur-Loire

フォントネー修道院 P.192
Abbaye de Fontenay

セルミゼル
Sermizelles

モンバール
Montbard

フラヴィニー・シュル・オズラン P.192
Flavigny-sur-Ozerain

Clamecy

アヴァロン
Avallon

スミュール・アン・オーソワ P.192
Semur-en-Auxois

サン・セーヌ・ラベイ
St-Seine-l'Abbaye

ヴェズレー P.200
Vézelay

ソーリュー P.207
Saulieu

プイイ・アン・オーソワ
Pouilly-en-Auxois

ディジョン P.186
Dijon

シャトーヌフ・アン・オーソワ
Châteauneuf-en-Auxois

ヴージョ
Vougeot

ジュヴレ・シャンベルタン
Gevrey-Chambertin

Château-Chinon

シャトー・デュ・クロ・ド・ヴージョ P.199
Château du Clos de Vougeot

アルネイ・ル・デュク
Arnay le Duc

ブルゴーニュの
ワイン畑 P.198

ヌヴェール
Nevers

オータン P.205
Autun

ボーヌ P.193
Beaune

St-Aubin

ニュイ・サン・ジョルジュ
Nuits-St-Georges P.197

St-Pierre-le-Moûtier

Chagny

Etang-sur-Arroux

Le Creusot
TGV

シャロン・シュル・ソーヌ
Chalon-sur-Saône

Le Creusot

Montceau-les-Mines

Moulins

トゥルニュ P.191
Tournus

Digoin

Paray-le-Monial

クリュニー
Cluny P.191

ブルゴーニュワインマップ
P.198

Varennes

ベルゼ・ラ・ヴィル
Berzé-la-Ville

マコン
Mâcon

Prissé

ブールカン・ブレス
Bourg-en-Bress

Roanne

リヨンへ

N

0　25km

ブルゴーニュ

185

マスタードの老舗「マイユ」

かつてブルゴーニュ公国の首都だった

ディジョン

郵便番号：21000　人口：約15万4000人

© Office de Tourisme de Dijon
Atelier Demoulin

旧市街の町並み

ACCESS

🚄パリ・リヨン駅からTGVで約1時間35分。パリ・ベルシー駅からTERで約2時間55分。リヨン・パール・デューLyon Part Dieu駅からはTERで約2時間。ストラスブールStrasbourgからTGVで約2時間10分。

❶ 観光案内所

🏛 11, rue des Forges
MAP P.187-2
TEL 03.80.44.11.44
開 4～9月

圓～⊕	9:30～18:30
圓 ㉓	10:00～18:00

10～3月

圓～⊕	9:30～13:00
	14:00～18:00
圓 ㉓	10:00～13:00
	14:00～16:00

休 1/1、12/25
URL www.destinationdijon.com

トラム、バス
圏 1時間パス€1.40
URL www.divia.fr
ディジョン・シティ・パス
Dijon City Pass
市内と近郊の観光スポットやワイナリーが見学無料や試飲無料になるお得なパス。トラム、バスも乗り放題。❶で買える。
圏 24時間券€25、
48時間券€39、72時間券€49

「フクロウの道Parcours de la Chouette」をたどって

ディジョンの散策は「フクロウのマーク」が目印に。ダルシ広場を出発点に、道に埋め込まれた三角形のプレートをたどりながら歩くと、22ヵ所の見どころを効率よく回ることができる。詳細は❶まで。

三角形のプレートをたどっていくと（左）、見どころを順番に回ることができる（上）

ディジョンといえば、エスカルゴとブルゴーニュワイン、そしてマスタードの本場。言わずと知れた食通の町である。中世、この町がブルゴーニュ公国の首都として繁栄していた頃には、宮殿で大宴会が催されたというが、さぞかしすばらしい料理が並んだことだろう。派手好きで有名だった14世紀のフィリップ豪胆公は、ディジョン名産のマスタードをひと晩の宴会で300ℓも使ってしまったとか。そんな華やかな時代の名残は、旧市街の建物や数々の芸術品などに見ることができる。

≫≫ 歩き方 ≫≫

人口約15万のディジョンだが、町はこぢんまりとして徒歩で十分に回れる広さだ。まずは駅前から延びるBd. Sévignéの先のダルシ広場Pl. Darcyを目指そう。広場の東端に建つギョーム門Porte Guillaumeは、町一番の繁華街、リベルテ通りRue de la Libertéの入口だ。この通りを真っすぐ進むと**ブルゴーニュ大公宮殿**が左に見えてくる。

📜 Column History　ブルゴーニュ公国

かつてはフランスをしのぐ大国で、最盛期には現在のベルギー、オランダにまで領地を広げていたブルゴーニュ公国。ディジョンは11世紀からその首都として栄えた都市だ。フィリップ豪胆公（在位1363～1404年）からシャルル突進公（在位1467～1477年）の歴代4大公が治めた黄金時代には、フランドルから招かれた一流の画家や彫刻家を擁する芸術の一大中心地となった。当時の最も優れた芸術家のひとりが、シャンモル修道院の『モーゼの井戸』（→P.188）で知られるクラウス・スリューテルだ。シャルル突進公の死後、公国はフランスに併合されたが、ディジョンの町には今も、華やかなりし時代を彷彿とさせる芸術作品があふれている。

はみだし　町なかでは無料のミニバス「City」が圓～⊕8:00～19:00、10分ごとに運行。ダルシ広場～国鉄駅間などで利用できる。URL www.divia.fr/page/city

中心街の大部分が歩行者天国になっていて、景観を楽しみながら歩くのが気持ちいい。ちょっと歩き疲れたときは、市内を巡回する無料バス「City」（→P.186はみだし）に乗るのもいい。

ブルゴーニュ

)))) おもな見どころ ((((

ブルゴーニュ大公宮殿 ★★★
MAP P.187-2　Palais des Ducs et des Etats de Bourgogne

ブルゴーニュ大公宮殿

14〜15世紀、ここディジョンがブルゴーニュ公国の首都だった頃の面影を残す宮殿。17世紀に、ヴェルサイユ宮殿を設計したマンサールによって改築された。宮殿正面のリベラシオン広場もマンサールの設計で、フランスで最も美しい広場のひとつとされる。

現在この宮殿の左翼は市庁舎、右翼は**ディジョン美術館** Musée des Beaux-Arts de Dijonとなっている。美術館のコレクションは古代エジプトから近・現代と幅広いが、何といっても見応えがあるのがブルゴーニュ公国時代の作品群。特にブル

フィリップ善良公の塔 © Office de Tourisme de Dijon - Atelier Demoulin

ゴーニュ大公の墓と喪服の人物群像は必見だ。

中央にそびえる高さ46mの**フィリップ善良公の塔**Tour Philippe le Bonからは、ディジョンの町が一望できる。頂上までの316段の階段はかなりきついが、眺めは抜群。旧市街の家々の屋根が、ブルゴーニュらしい景観を見せている。

木骨組みの建物の並ぶ旧市街 © Office de Tourisme de Dijon - Atelier Demoulin

ディジョン美術館
住 1, rue Rameau
開 6〜9月　10:00〜18:30
　　10〜5月　9:30〜18:00
休 🈳、1/1、5/1、5/8、7/14、11/1、11/11、12/25
料 無料（企画展は有料）
URL beaux-arts.dijon.fr
バス ディジョン・シティ・バスで無料

フィリップ善良公の塔
所要45分のガイド付きツアー（仏・英語）でのみ見学可。❶またはウェブサイトで要予約。
住 ブルゴーニュ大公宮殿内
開 季節、曜日によって異なる
休 11月上旬〜4月上旬の🈹〜🈷、1/1
料 €5
バス ディジョン・シティ・バスで無料

塔の上から眺めた町並み

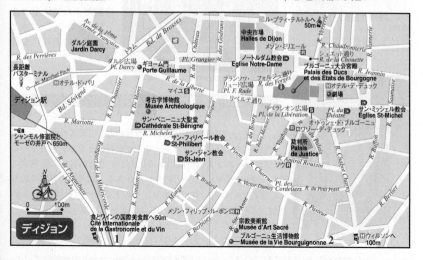

ノートルダム教会

ノートルダム教会
住 2, pl. Notre-Dame
料 無料

ノートルダム教会 ★★
MAP P.187-2
Eglise Notre-Dame

　旧市街の家並みと見事に調和した13世紀建設のゴシック様式の教会。正面の雨どい部分に並ぶ怪物の彫刻は不気味でもあり、ユーモラスでもある。屋根の上にはフィリップ豪胆公がフランドル戦争での戦利品として持ち帰った鐘つき人形「ジャックマールJacquemart」があり、15分ごとに鐘を鳴らす。

　教会の北側、シュエット通りRue de la Chouette沿いの壁にある「幸福のフクロウ」は、右手で金製のものを触りながら左手でフクロウを触ると、幸福が訪れるという。みんなになでられたフクロウは、表面がすっかりつるつるになっている。

幸福のフクロウ

サン・ベニーニュ大聖堂
住 Pl. St-Bénigne
料 無料

クリプト
※2024年まで工事のため閉鎖

考古学博物館
住 5, rue Docteur Maret
開 9:30～12:30
　14:00～18:00
休 火、11～3月の月 水 金、
　1/1、5/1、5/8、7/14、
　11/1、11/11、12/25
料 無料（企画展は有料）
URL archeologie.dijon.fr

サン・ベニーニュ大聖堂と考古学博物館 ★★
MAP P.187-1
Cathédrale St-Bénigne et Musée Archéologique

　ディジョンは教会が多いが、なかでも必見なのはサン・ベニーニュ大聖堂のクリプトCrypte（地下祭室）。柱に彫り込まれた人間の頭の彫刻は、実に大胆な表現。11世紀初頭に作られた初期ロマネスクの作品だが、今見ても、その表現力はちっとも古い感じがしない。

薄暗いクリプトの中に浮かび上がる神秘的な柱頭

　大聖堂の敷地内にある考古学博物館には、おもにガロ・ローマ時代から中世の宗教オブジェが集められている。ロマネスクの柱頭彫刻も多く、見応えがある。もとは10世紀のベネディクト派修道院だった建物を改造してあるので、天井などにあるその名残にも注目しよう。

ゴシック様式の修道院を利用した考古学博物館

シャンモル修道院と『モーゼの井戸』
住 1, bd. du Chanoine Kir
開 9:30～17:30
休 1/1、12/25
料 無料

見事な彫刻の『モーゼの井戸』
© Michel Joly

シャンモル修道院と『モーゼの井戸』 ★★
MAP P.187-1
Chartreuse de Champmol et Puits de Moïse

　フィリップ豪胆公が大公家の埋葬所として建てた修道院。現在は病院になっており、フィリップ豪胆公とジャン無畏王の墓（ブルゴーニュ大公宮殿にある）も手がけた14世紀の彫刻家スリューテル作の『モーゼの井戸』がある。六角形のガラス張りの建物の中に古い井戸があり、その上にモーゼをはじめ6人の預言者の彫像が立っている。ここのモーゼは、頭に角がはえた、ちょっと変わったモーゼとして知られている。まとっている衣服のひだの柔らかさが感じられるくらい、繊細で美しい表現だ。

　はみだし　2022年5月、ディジョンに食とワインをテーマにした国際美食館Cité de la Gastronomie et du vinがオープンした。ショップやレストランも充実している。住 12 Parvis de l'UNESCO URL www.citedelagastronomie-dijon.fr

ブルゴーニュ生活博物館と宗教美術館 ★★

[MAP] P.187-2　Musée de la Vie Bourguignonne et Musée d'Art Sacré

19世紀末のディジョンの商店を再現

17世紀に建てられたシトー会派の女子修道院跡が、ふたつの博物館になっている。静かな回廊を入った所にあるのが、ブルゴーニュ生活博物館。1階では19世紀末の庶民の暮らしのさまざまなシーンをマネキン人形を使って展示。2階では、薬屋、お菓子屋、毛皮店、美容院、写真館などが並ぶディジョンの昔の商店街を再現している。ノスタルジックな雰囲気満点で、映画のセットの中に入り込んだような気分で楽しめる。

丸ドームが美しい教会を利用した宗教美術館では、12〜20世紀の祭壇画や彫刻、礼拝に使われた数々の聖具を展示している。特に聖杯や法衣のコレクションは見応えがある。

ブルゴーニュ生活博物館、宗教美術館
[住] 17, rue Ste-Anne
[開] 9:30〜12:30
14:00〜18:00
[休] [火]、1/1、5/1、5/8、7/14、11/1、11/11、12/25
[料] 無料（企画展は有料）
[URL] vie-bourguignonne.dijon.fr

教会のドーム下が宗教美術館に

ディジョンのおすすめホテル／レストラン

[H]ホテル [CH]シャンブル・ドット（民宿） [R]レストラン

駅前にホテルがいくつかあるが、町の中心に出たほうが観光や食事に便利。

[H][R] メゾン・フィリップ・ル・ボン
Maison Philippe le Bon 4★　[MAP] P.187-2

ブルゴーニュ大公宮殿から徒歩約8分の、繁華街から少し外れた静かな通りに建つ。美しい中庭を囲む15〜17世紀の3つの建物を利用した正統派のホテル。レストラン「La Closerie」は手頃な価格で気軽なカクテルバー「Le 19」も備え、いい雰囲気。（[休][日][月]）。
[住] 18, rue Ste-Anne
[TEL] 03.80.30.73.52
[料] ⓈⓌ€143〜　☕€18
[CC] [A][M][V]　[室] 41室　❄　[WiFi]
[URL] www.maisonphilippelebon.com

[H] ウィルソン
Wilson 3★　[MAP] P.187-2

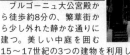

17世紀の馬車宿だった頃の趣が今も残るかわいらしいホテル。豪華さはないが、木のぬくもりを生かしたインテリアが落ち着く。車の多いウィルソン広場に面しているが館内に一歩入ればとても静かだ。客室には電気ポットが備えられている。ホテルから中心街へはぶらぶら歩いて10分ほどだが、駅からは少し離れるのでタクシー利用が無難。または、駅前からトラムでダルシ広場へ行き、そこからUniversité行きの5番のバスでBaudin下車。

[住] 1, rue de Longvic
[TEL] 03.80.66.82.50
[料] Ⓢ€95〜150 Ⓦ€100〜150　☕€15
[CC] [A][M][V]　[室] 27室　[P] €12〜　❄　[WiFi]
[URL] www.wilson-hotel.com

[H] オテル・デ・デュック
Hôtel des Ducs 3★　[MAP] P.187-2

ブルゴーニュ大公宮殿のすぐそばに建ち、リベラシオン広場にも近い便利な立地。モダンな客室と清潔なバスルームで快適に過ごせると好評だ。簡単なアメニティ、電気ポット、冷蔵庫も各部屋に備えている。キッチン付きの部屋、ファミリールームなどグループ旅行にもいい。スタッフも親切で、てきぱきと対応してくれる。
[住] 5, rue Lamonnoye
[TEL] 03.80.67.31.31
[料] ⓈⓌ€82〜　☕€12
[CC] [A][M][V]　[室] 50室　[P] €13　❄　[WiFi]
[URL] www.hoteldesducs.com（日本語あり）

Ⓗ オテル・ド・パリ
Hôtel de Paris 2★ 　　　　　　　**MAP** P.187-1

　ディジョン駅から約150mのホテル。駅前にはバスターミナルもあるので、ディジョンを起点に近郊に出かける人には特に便利。部屋は簡素だが清潔で明るい雰囲気。
- 🏠 9, av. Maréchal Foch
- ☎ 03.80.42.96.01
- 料 Ⓢ Ⓦ €57～　Ⓟ €9
- CC Ⓐ Ⓜ Ⓥ
- 室 35室　※　Wi-Fi
- URL www.hotel-dijon.eu

ⒸⒽ ル・プティ・テルトル
Le Petit Tertre 　　　　　　　**MAP** P.187-2

　ディジョン中心部でありながら静かな歴史地区内にある、日仏カップルによる民宿。客室は18世紀のアンティーク家具でまとめられ、お姫様になったような気分でくつろげる。予約から支払いまですべて日本語でできるのも安心。
- 🏠 41, rue Verrerie
- ☎ 03.80.52.74.07 / 06.38.94.19.23
- 料 Ⓢ €71～116 Ⓦ €89～101　Ⓟ 込み
- CC Ⓜ Ⓥ
- 室 5室　※
- URL www.lepetit-tertre.fr（日本語あり）

Ⓡ ロワゾー・デ・デュック
Loiseau des Ducs 　　　　　　　**MAP** P.187-2

　「ル・ルレ・ベルナール・ロワゾー」（→P.207）のディジョン店。ミシュラン1つ星を獲得している。なるべく予約を。
- 🏠 3, rue Vauban
- ☎ 03.80.30.28.09
- 営 12:00～13:30（L.O.）、19:30～22:00（L.O.）

- 休 Ⓕ Ⓑ
- 料 平日昼ムニュ€40～60、夜ムニュ€120
- CC Ⓐ Ⓙ Ⓓ Ⓜ Ⓥ
- 英 Wi-Fi
- URL www.bernard-loiseau.com

Ⓡ メゾン・ミリエール
Maison Millière 　　　　　　　**MAP** P.187-2

　大公宮殿裏に建つ15世紀の商家を利用したレストラン。定番料理はエスカルゴのフイユテ。食事時間以外はサロン・ド・テとしても利用でき、ディジョン名物のパン・デピスなどを味わえる。なるべく予約を。
- 🏠 10, rue de la Chouette
- ☎ 03.80.30.99.99
- 営 10:00～19:00　休 Ⓕ Ⓚ
- 料 昼ムニュ€22、€28、€34
- CC Ⓐ Ⓜ Ⓥ
- 英 Wi-Fi
- URL www.maison-milliere.fr

Ⓡ ソウ
So 　　　　　　　**MAP** P.187-2

　ディジョンの中心、リベラシオン広場近く。東京、ディジョンの星付きレストランで長年研鑽を積んだ高橋創シェフがオープンした店。地元の食材を使ったフランス料理と、おいしいブルゴーニュワインを気軽に楽しめる。要予約。
- 🏠 15, rue Amiral Roussin
- ☎ 03.80.30.03.85
- 営 12:00～14:00、19:30～21:30
- 休 Ⓕ Ⓑ、2月に1週間、夏に3週間、冬に2週間
- 料 昼ムニュ€22～、夜ムニュ€33～
- CC Ⓜ Ⓥ

🍷 Column / Specialty　ディジョンで買うおいしいおみやげ

　ディジョンといえば「マスタードの都」。ディジョンのメインストリート、リベルテ通りに、世界的に有名なマスタードの老舗「マイユ」がある。ハーブやフルーツ、トリュフ入りなど、日本では売っていないフレーバーのものをおみやげにいかが？　その場で容器に詰めてくれる

フレッシュマスタードは、路面店でしか買えない特別な味わいで人気がある。
　リベラシオン広場にはワインを中心としたブルゴーニュ名物が豊富に揃う「オ・ドゥシェ・ド・ブルゴーニュ」があり、こちらもグルメな人へのおみやげ探しに便利な店。

マイユ店内ではマスタードの試食もできる

Ⓢ マイユ Maille
MAP P.187-1 🏠 32, rue de la Liberté
営 10:00～19:00　休 Ⓑ　URL maille.com/fr

Ⓢ オ・ドゥシェ・ド・ブルゴーニュ
Au Douché de Bourgogne
MAP P.187-2 🏠 1, pl. de la Libération
営 10:00～19:00　休 無休
URL www.auduchedebourgogne.com

))) ディジョン近郊の町 (((

クリュニー
Cluny

クリュニー修道会の威光をしのんで

クリュニー修道院Abbaye de Clunyは、910年、アキテーヌ公ギヨームが創設したベネディクト会系の修道院。10～12世紀の間、ここを中心として、修道院の俗化に対抗する改革運動（クリュニーの改革）が起こった。

聖堂は3期にわたって建設され、最後に建てられた聖堂は長さ187mにも及ぶ巨大なもので、12世紀ロマネスク建築の最高峰といわれた。しかし、18世紀に起こったフランス革命などの修道院破壊運動により荒廃し、今はわずかに一部が残るのみ。それでもかつての栄光をしのんで訪れる観光客が絶えない。

❶は、修道院の近くにそびえ立っている**チーズの塔**Tour des Fromagesの1階にある。この塔の上からは、修道院全体を見下ろすことができるので、ぜひ上ってみよう。

かつてヨーロッパの改革派修道院の頂点に立っていたクリュニー修道院

トゥルニュ
Tournus

歴史が息づくソーヌ川沿いの村

この町の始まりは古く、ガロ・ローマ時代（紀元前1世紀頃）には要塞都市として、その後は水上交通の中心地として栄えた。9世紀にはノルマン人の侵入から逃れてきた修道士たちが住み始めた。彼らが隠し持ってきたのが、ノルマンディーのジュミエージュ修道院の設立者、聖フィリベールの聖遺物だった。

町一番の見どころは、この聖フィリベールの聖遺物が納められている**サン・フィリベール修道院**Abbaye St-Philibert。おもな部分は10世紀末～11世紀の間に建てられたが、12世紀に入ってからも増改築が繰り返されたため、複雑な建築様式となっている。独特の姿を今もとどめる屋根を眺め、教会内部に並ぶいくつもの太い柱の間を通り過ぎ、静まり返ったクリプト（地下祭室）をゆっくり歩いていると、中世からの長い歴史の息吹が迫ってくるかのようだ。

川沿いの散策も楽しい

ACCESS
🚋🚌ディジョンからTERで約1時間15分のマコン・ヴィルMâcon-Ville下車。駅前から701番のバスで約35分。Cluny Ville下車。
URL www.viamobigo.fr

❶ 観光案内所
🏠 6, rue Mercière 71250
☎ 03.85.59.05.34
🕐 10月　　　　9:30～12:45
　　　　　　　14:00～17:15
　11～3月　　9:30～12:30
　　　　　　　14:00～17:00
　4～9月　　 9:30～12:45
　　　　　　　14:00～18:30
　（5、7～9月はノンストップ）
🚫 11～3月の一部㊐と㊗、1/26、1/27、12/24、12/25
URL www.cluny-tourisme.com

クリュニー修道院
🏠 Pl. du 11 Août 1944 71250
🕐 4～6・9月　　9:30～18:00
　7・8月　　　 9:30～19:00
　10～3月　　 9:30～17:00
　（入場は閉館の45分前まで）
🚫 1/1、5/1、11/1、11/11、12/25
💰 €9.50
URL www.cluny-abbaye.fr

チーズの塔
開館時間、休館日は❶と同じ。
💰 €2.80、6～25歳€1.50

ACCESS
🚋ディジョンからTERで約55分。

❶ 観光案内所
🏠 3, rue Gabriel Jeanton 71700
☎ 03.85.27.00.20
🕐 11～2月　　　 9:30～12:30
　　　　　　　　 13:30～17:30
　3～10月　　　 9:30～12:30
　（7・8月は～13:00）
　　　　　　　　 13:30～18:00
　（7・8月は14:00～18:45）
🚫 1月～4月中旬と9月下旬～12月下旬の㊐㊗、1・2・11・12月の㊐
URL www.tournus-tourisme.com

サン・フィリベール修道院
🏠 12, pl. des Arts 71700
🕐 夏　8:00～19:00
　冬　9:00～18:00
💰 無料
URL www.paroisse-saint-philibert-tournus.fr

ブルゴーニュ

ディジョン & クリュニー & トゥルニュ

ACCESS
ディジョンからTERまたはTGV
で約40分のモンバールMontbard
下車。修道院は駅から約5km。駅
前からはタクシーを利用。往きの
タクシーの運転手に頼めば帰りに
も迎えに来てくれる。

世界遺産

フォントネーのシトー会修道院
Abbaye cistercienne de
Fontenay（1981年登録）

フォントネー修道院
住 21500 Montbard
開 11月上旬〜4月上旬
　　　　　　10:00〜12:00
　　　　　　14:00〜17:00
　　4月上旬〜11月上旬
　　　　　　10:00〜18:00
料 €11
URL www.abbayedefontenay.com
（日本語あり）

装飾性を極力排した回廊

ACCESS
ディジョンからTERまた
はTGVで約40分のモンバール
Montbard下車、駅前から120番
のバスで約20分。または、ディジョ
ンから119番のバスで約1時間30
分。Semur Liberté下車。
URL www.viamobigo.fr

観光案内所
住 2, pl. Gaveau 21140
TEL 03.80.97.05.96
開 ⑥〜⑥　　9:30〜12:15
　　　　　　14:00〜18:00
　　⑥　　　10:00〜12:30
　　　　　　14:00〜18:00
休 ⑥
URL terres-auxois.fr

ノートルダム参事会教会
住 3, rue Notre-Dame 21140
開 9:00〜17:30
　（4〜10月は〜18:30）
料 無料

フォントネー修道院　　　Abbaye de Fontenay
現存する最古のシトー会修道院　　世界遺産

　シトー会とは、ブルゴーニュ出身の青年修道士ベルナール（死
後、聖人に加えられ聖ベルナールと呼ばれる）が創設した修道
会。膨大な資産と強大な権力をバックに贅沢な生活を送ってい
たクリュニー修道会への反発から、1098年に発足した。1118
年に創建されたフォントネー修道院は、現存する最古のシトー
会修道院である。

　清貧、質素を厳格に守る修道士たちが生活していたこの修道
院は、現在も人里離れた森の中にひっそりと建っている。華や
かな調度品もなく、気分転換のための遊び道具さえないシンプ
ルな修道院の中で、修道士たちは決められた日課をこなしてい
た。食事は1日に1回。農作業をするほかは、ただひたすら神へ
の祈りと、瞑想をする毎日だった。かつて修道士たちが瞑想に
ふけっていたであろう中庭の回廊は必見。造り自体はシンプル
で、ハッとするものではないが、ここに立つと心が休まるのを
感じる。

　この修道院はフラ
ンス革命後、いっとき
製紙工場となったが、
その後修復が進めら
れ、12世紀創建当時
の姿を取り戻した。

時が止まったかのような静かな空間

スミュール・アン・オーソワ　　　Semur-en-Auxois
どこをとっても絵になる美しい町

　ディジョンとヴェズレーの間に位置するスミュール・アン・
オーソワは、アルマンソン川のほとりにある美しい町。晴れた
日なら、川面に映る旧市街の景色を見るためだけにでも訪れる
価値がある。交通手段がかぎられているためやや行きにくいが、
こぢんまりした町をゆっくり訪ねる旅が似合う。

　この町のシンボルでもある14世紀建造の要塞は一部壊れて
いる部分もあるが、とにかく大きく、その規模に驚かされる。
トンガリ帽子をちょこんと載せたような高い塔は4ヵ所に残っ
ており、今なお中世の雰囲気が色濃く漂っている。また、11世
紀に創設された後、13〜14世紀に再建された**ノートルダム参
事会教会Collégiale
Notre-Dame**のタン
パン（入口上部の彫
刻）や、色鮮やかな
ステンドグラスも見
ておこう。教会の裏
にある庭からの眺め
もすばらしい。

いつまでも眺めていたい美しい風景

はみだし　ディジョンの北西約40km、小高い丘の上にある小さな村、フラヴィニー・シュル・オズランFlavigny-sur
-Ozerain。アニスキャンディーの里として知られるほか、映画『ショコラ』（2000年）のロケ地としても有名。

ワインの香りあふれる"黄金の丘"の中心地

ボーヌ

郵便番号：21200　人口：約2万2000人

ブルゴーニュ地方独特のきらびやかな屋根をもつオスピス・ド・ボーヌ

コート・ドールCôte d'Or（黄金の丘）と呼ばれる、延々とブドウ畑が続く丘陵地帯にあるボーヌは、穏やかな気候と自然の恵みに支えられた豊かさを見せてくれる町だ。ボーヌを有名にしているのは、15世紀に建てられた病院オスピス・ド・ボーヌ、そして名産の赤ワインだ。オスピス・ド・ボーヌもブドウ畑を所有し、その収益によって無償で病人を看護してきた。ボーヌで造られたワインは、毎年11月の第3週末にオークションにかけられる（栄光の3日間）。世界中のワイン業者がボーヌに集まるのもこの時期だ。

>>> 歩き方 >>>

　駅から真っすぐに延びる道を歩いていくと、城壁にたどり着く。この城壁に囲まれた中が、町の中心。小さな町なので、半日もあれば十分歩ける。まずは何をおいても**オスピス・ド・ボーヌ**へ行こう。このほか、聖母の生涯を描いたタピストリーで知られる**ノートルダム参事会教会Collégiale Notre-Dame**や、**ブルゴーニュワイン博物館**など、見どころは多い。

　石畳の路地を散策しながら、町のあちこちにあるワインショップをのぞいてみるのも楽しい。買う前にいろいろ味見してみたいなら、オスピス・ド・ボーヌの前にある**ワイン市場**へ。たっぷり試飲して、ますますブルゴーニュワインに魅了されたという人は、ボーヌ周辺のブドウ畑とワイナリーを巡るツアーに参加してみよう（→P.199）。

ワインをグラスで楽しめる店も

ACCESS

🚄パリ・ベルシー駅からTERで約3時間20分。ディジョンからTERで20～30分。
🚌ディジョンのバスターミナル（Gare Dijon Ville）から113番のバスで約1時間15分。
URL www.viamobigo.fr

ℹ️ 観光案内所

住 6, bd. Perpreuil　MAP P.194
TEL 03.80.26.21.30
開 5月下旬～9月下旬
　月～土　　　9:30～18:00
　　　　（8、9月は～18:30）
　日　　　　9:30～18:00
　9月下旬～5月下旬
　月～土　　　9:30～13:00
　　　　　　14:00～17:30
　日 祝　　　10:00～13:00
　　　　　　14:00～17:00
　（月によって異なる。栄光の3日間は9:00～18:00）
休 1/1、12/25
URL www.beaune-tourisme.fr
　　　　　　　（日本語あり）
ブルゴーニュのブドウ畑の土壌などについて展示した『メゾン・ド・クリマMaison de Climats』を併設している。

旧市街からブドウ畑まで巡るプチトランVisiotrain
オスピス・ド・ボーヌ前から出発し、ボーヌの町のおもな見どころをぐるりと回ったあと、町の周囲に広がるブドウ畑まで足を延ばす。所要約40分。日本語音声ガイド付き。
料 €10、3～12歳€6
休 11～3月
URL www.visiotrain.com

ノートルダム参事会教会
Beaune Tourisme © M. Joly

はみだし ディジョンとボーヌを結ぶ113番のバスは本数は多くないが、片道€1.50と安いうえ、ブドウ畑の中を走るので眺めがいい。シャトー・デュ・クロ・ド・ヴージョ（→P.199）のあるヴージョやニュイ・サン・ジョルジュも通る。

オスピス・ド・ボーヌの中庭
Beaune Tourisme © F. Vauban

オテル・デュー美術館
🏠 Rue de l'Hôtel Dieu
🕐 4～11月　　　9:00～19:30
　　12～3月　　　9:00～12:30
　　　　　　　　14:00～18:30
　　（入場は閉館の1時間前まで）
🚫 無休
💰 €12（日本語オーディオガイド
　　付き）、10～17歳€4
🔗 musee.hospices
　　　　　　-de-beaune.com

オテル・デュー美術館内に保存され
た病室

ワイングッズを買うなら
🧺 ボーヌにはワインショップ
やおしゃれなワイングッズ
を扱うショップが多い。ワインは
帰りのフライトでは機内持ち込み
手荷物にできないため（→P.512）、
まとめて買うなら、お店から発送
してもらうのも一案だ。

Ⓢ **アテネウム**
Athenaeum
オスピス・ド・ボーヌの向かいに
ある。ソムリエナイフやワイン用
バスケットなど愛好家へのおみや
げを探すならここへ。
MAP P.194
🏠 5, rue de l'Hôtel Dieu
🕐 10:00～19:00
🚫 1/1、12/25
🔗 www.athenaeum.com

オスピス・ド・ボーヌ ★★★
MAP P.194　　　　　　　　　　Hospices de Beaune

　あでやかな屋根をもつこの建物は1443年、ブルゴーニュ公
の大法官であったニコラ・ロランと彼の妻によって貧しい人々
のための病院として建てられた。今も15世紀当時の病棟がそ
のまま残され、**オテル・デュー美術館**Musée de l'Hôtel-Dieu
となっており、当時の教会や第2次世界大戦中も使われた病室、
厨房、調剤室などを見学することができる。

　病院の運営費は500年以上の間、
この病院が所有するブドウ畑から
できるワインの競売でまかなわれ
てきた。かつて1300haもあったブ
ドウ畑は、現在では60haまで縮小
されてしまった。それでもグラン・
クリュ（特級）のワインとして人気
が高く、売り上げは建物の修復な
どに使われている。展示物で何よ
り見逃せないのは、サン・ルイの
間Salle de St-Louisにあるロジェ・
ヴァイデン作**『最後の審判』の装
飾屏風**Le polyptyque du Jugement
Dernier。まばゆいばかりに輝くそ
の絵は、いかにもフランドル派ら
しいミニアチュール（細密画）だ。

『最後の審判』ヴァイデン作
© The Bridgeman Art Library

ワイン市場 ★★
MAP **P.194** — Marché aux Vins

樽をテーブルにして試飲

　ブルゴーニュの代表的なワインを試飲できる貴重な施設。まずはサントネーSantenayやポマールPommardなどおなじみのワインから試してみよう。ちなみに試飲の際は、口に含んで味わったワインをそばの容器に吐き出すのが基本。お酒をたくさん飲めない人でも安心だ。

ファロー社マスタード博物館 ★★
MAP **P.194** — La Moutarderie Fallot

　ファロー社は1840年創業の家族経営のマスタード製造会社。伝統的な製法を受け継ぎ、現在でもマスタードの種は石うすを使って砕いている。併設の博物館では、マスタードの歴史や種類、製造工程をガイド付き

マスタードの種を砕く石うす

で見学できるほか、マスタード作りも体験できる（→P.21）。見学後には、小皿料理とともにマスタードの試食あり。

ブルゴーニュワイン博物館 ★
MAP **P.194** — Musée du Vin de Bourgogne

　ブルゴーニュ地方のブドウとワインを紹介する博物館。ノートルダム参事会教会の近くにあり、かつてブルゴーニュ大公の居所として使われた建物。木骨組みと石壁の調和が美しい館内では、ブドウの圧搾機をはじめ、ワイン造りのさまざまな道具、ボトルのコレクションなどを展示している。

ブルゴーニュ大公の居所を改装した

ワイン市場
住 7, rue de l'Hôtel Dieu
開 4〜11月　　　10:00〜19:00
　 12〜3月　　　10:00〜12:00
　　　　　　　　14:00〜19:00
休 1/1、12/24、12/25、
　 1月中旬〜下旬
料 プルミエ・クリュ1種を含む5種類のワインテイスティング€25、「グラン・クリュ」クラスのワイン2種類込みの試飲€59
URL marcheauxvins.com

ボーヌ市内のワインカーヴ
ボーヌにはワインカーヴがたくさんあり、試飲付き見学を行っているカーヴもある（→P.199）。

ファロー社マスタード博物館
ガイド付きツアー（仏語）で見学。所要約1時間15分。要予約。開催日や出発時刻、予約はウェブサイトで。
住 31, rue du Fg. Bretonnière
料 €10、10〜18歳€8
URL www.fallot.com（日本語あり）

ブルゴーニュワイン博物館
住 Rue d'Enfer
開 10:00〜13:00
　 14:00〜18:00
　 （4月〜10月上旬は〜18:00）
休 火、5/1、
　 11月上旬〜4月上旬
料 €6

ワイン造りの道具が並ぶ

Column / Festival　ブルゴーニュのワイン祭り

●ボーヌの栄光の3日間 Les Trois Glorieuses
　11月第3週末に行われる、ブルゴーニュで最も有名なワイン祭り。オスピス・ド・ボーヌでワインオークションが開かれ、世界中からワインの買い付け業者が集まる。期間中は、大道芸やパレードなどさまざまなイベントが繰り広げられ、大にぎわい。ワインの試飲だけでなく、町中に立ち並ぶ屋台の料理も楽しみだ。
URL www.fetedesgrandsvins.fr
●サン・ヴァンサン・トゥールナント祭
St-Vincent Tournante
毎年1月、ブドウの守護聖人サン・ヴァンサ

ンをたたえる祭りが行われる。輪番制で、その年の当番の村が催事を企画することになっていて、2024年はシャンボール・ミュジニーとモレ・サン・ドニで開催される。お楽しみは何といってもワインの試飲。€20前後でグラスを買って自由に試飲するシステムだ。ワインファンには見逃せない。

ブドウの守護聖人サン・ヴァンサンは店の名前にも

195

ボーヌのおすすめホテル／レストラン　Ｈホテル　ＣＨシャンブル・ドット（民宿）　Ｒレストラン

11月第3週末の3日間のワイン祭り期間中は1年以上前から予約でいっぱいになる。

Ｈ オステルリー・セードル・エ・スパ
Hostellerie Cèdre & Spa 5★　MAP P.194

ボーヌの中心地にあるエレガントなホテル。19世紀の邸宅を利用したレストランでは、厳選されたワインとともに美食を味わえる。天気がよければ、噴水のある中庭での朝食を楽しめる。

住 10-12, bd. Maréchal Foch
TEL 03.80.24.01.01
料 Ｓ€250〜900 Ｗ€300〜1200 ◯€30
休 1月 CC ＡＭＶ 室 40室
Ｐ€25 ✕ Wi-Fi URL www.cedrebeaune.com

ＣＨ ル・クロ・サント・マルグリット
Le Clos Sainte Marguerite　MAP P.194

地元のワイナリーが所有していた邸宅。4つある客室はすべて内装が異なり、ブルゴーニュ風、アールデコ様式などいずれも個性的。豊富なワインが揃うカーヴがあり、バーで楽しむことも可能だ。

住 17, rue Sainte Marguerite
TEL 06.44.75.20.69
料 ＳＷ€290〜350 ◯込み 休 12/24、12/25
CC ＪＭＶ 室 4室 Ｐ無料 ✕ Wi-Fi
URL www.leclossaintemarguerite.com

ＣＨ ラ・テール・ドール
La Terre d'Or　MAP P.194

ボーヌ旧市街を一望する丘に建つ。暖炉のあるサロンでの朝食など、フランスの家庭に招かれたような気分を味わえることだろう。旧市街までは約2km。

住 71 Chemin des Vaches, la Montagne
TEL 03.80.25.90.90
料 Ｓ€200〜290 Ｗ€210〜300 ◯込み
CC ＭＶ 室 7室 Ｐ無料 ✕ Wi-Fi
URL laterredor.com

Ｒ ロワゾー・デ・ヴィーニュ
Loiseau des Vignes　MAP P.194

16世紀から続く歴史的建造物をリノベーションしたホテル「ル・セップLe Cep」に併設するレストラン。ソーリューの「ル・ルレ・ベルナール・ロワゾー」（→P.207）のセカンド店で、ミシュランの1つ星を獲得している。要予約。

住 31, rue Maufoux TEL 03.80.24.12.06
営 12:00〜13:45 (L.O.)、19:00〜21:45 (L.O.)
休 ㊊ ㊐、2月 料 昼ムニュ€28、€38、夜アラカルト予算€60〜
CC ＡＤＪＭＶ 英 Wi-Fi
URL www.bernard-loiseau.com

Ｒ ル・ベナトン
Le Bénaton　MAP P.194

城壁を出て約100m。杉村圭史シェフが2015年からオーナーも務めるミシュラン1つ星レストラン。メニューの相談は日本人スタッフに。

住 25, rue du fg. Bretonnière
TEL 03.80.22.00.26
営 19:30〜21:30 (L.O.) 休 ㊌
料 ムニュ€95〜120
CC ＡＭＶ 英 URL www.lebenaton.com

Ｒ ラルドワーズ
L'Ardoise　MAP P.194

地元の人にも大人気のレストラン。良心的な価格で洗練されたフレンチを楽しめる。

住 14, rue du Fg. Madeleine
TEL 03.80.21.41.34
営 12:00〜13:30、19:00〜21:30 休 ㊊ ㊐
料 ムニュ€40
CC ＭＶ URL www.lardoisebeaune.com

Column / INFO Information　ワインの里で泊まるなら

ブルゴーニュワインをより深く知ることができるとっておきの宿をご紹介。

●ワイナリーに泊まる

ボーヌから南へ12km。高級白ワイン、ピュリニー・モンラッシェ（MAP P.198）の造り手として知られるオリヴィエ・ルフレーヴさんが経営するホテル。レストランの料理に合わせて厳選された数種類のグラスワインが味わえるコースも人気（夜のみ）。

ＨＲ オリヴィエ・ルフレーヴ
Olivier Leflaive 4★

住 Pl. du Monument 21190 Puligny-Montrachet
TEL 03.80.21.95.27
料 ＳＷ€180〜480 ◯€18
レストランのムニュ€40
休 12/18〜2/2、レストラン「Klima」は㊊㊐と2月の㊋
CC ＡＭＶ 室 17室 Ｐ無料 ✕ Wi-Fi
URL hotel.olivier-leflaive.com

))) ボーヌ近郊の町 (((

ニュイ・サン・ジョルジュ　　Nuits-St-Georges
ワインとカシスの里

ブドウ畑に囲まれた町

ACCESS
🚂ボーヌからTERで約10分。ディジョンからTERで約20分。
🚌ボーヌ駅前から113番のバスで約25分。URL www.viamobigo.fr

ℹ️観光案内所
🏠3, rue Sonoys 21700
☎03.80.62.11.17
🕐9:30〜12:30
　13:30〜18:00
　（10〜3月は〜17:30）
休10〜3月の月日
URL www.gevreynuitstourisme.
　　　　　　　　　　com

多くの芳醇なワインを産出するコート・ド・ニュイの中心地。ワイナリーを巡る起点の町にするのもいい。高級ワインの産地としての歴史は古く、ルイ14世の時代から栄えていたという。

国鉄駅からRue Henri Challandを1kmほど真っすぐ歩くと、町の中心であるレピュブリック広場Pl. de la Républiqueに着く。ℹ️はこの広場のすぐそば。ℹ️ではワイン街道ツアー（ジュヴレ・シャンベルタン、ヴォーヌ・ロマネなどコート・ド・ニュイの有名生産地を訪ねる）も申し込める。

見学の最後にはリキュールの試飲がある

この町はワインのほかに、カシスの産地としても有名。駅の裏、中心街とは反対側の所にある**カシシウム**Cassissiumは、映像や展示でカシスの歴史、リキュールの製造過程を見せてくれるカシス博物館だ。

カシシウム
🏠8, passage des Frères
　Montgolfier 21700
🕐4/1〜11/1　10:00〜13:00
　　　　　　　14:00〜19:00
　11/2〜3/31　10:30〜13:00
　　　　　　　14:30〜17:00
　　　　　（⊕は〜18:00）
休11/2〜3/31の月日、1/1、
　12/25
料€10.50、学生€8
URL www.cassissium.fr/
　　　　　　　en/home
※ウェブサイトで要予約

ニュイ・サン・ジョルジュのおすすめホテル／レストラン　　Hホテル Rレストラン
町から車で数分の所に、ワイン好きにうれしいオーベルジュ（レストラン付きホテル）が点在している。

H R カステル・ド・トレ・ジラール
Castel de Très Girard 4★

コート・ド・ニュイ地区のモレ・サン・ドニ村にあるかわいらしいホテル。もともとはこの地方のワイン生産者の共同醸造所として使われていた建物を改装したもの。どの客室からもブドウ畑を眺めることができ、ワインの郷にいることを実感できる。常時700種以上のボトルが揃うレストランは、地元のワイン好きでいつもにぎわっている。早めにチェックインしてのんびり過ごすのがおすすめ。ムニュは平日昼€30、€35、夜€30、€35、€80。なるべく予約を。ニュイ・サン・ジョルジュから8km、車で約10分。ボーヌからは27km、車で約30分。

🏠7, rue de Très Girard 21220 Morey St-Denis
☎03.80.34.33.09
料SW€260　込み
CC AMV　室8室　P無料　🍴　Wi-Fi
URL www.castel-tres-girard.com

ブルゴーニュのワイナリー巡り
「黄金の丘」のブドウ畑へ

世界遺産

ロマネ・コンティなど最高級ワインを産するブルゴーニュ。単一品種のブドウから造られ、豊かな香りをもつこの地方のワインは、土地独特のブドウの生育環境が強く味に反映する。それを象徴する「クリマ（ブドウ畑の区画）」が2015年、世界文化遺産に登録された。ワインとともに、「黄金の丘（コート・ドール）」と呼ばれる丘陵地の風景も楽しみたい。

ブルゴーニュワインのなかで白ワインの代表に挙げられるのが、辛口系のシャブリとコート・ド・ボーヌ、軽く口当たりのよいマコネだ。赤なら世界有数の銘酒コート・ド・ニュイなど、赤白どちらもすばらしいワインが揃っている。また、「ブルゴーニュワインは旅をしない」ともいわれるが、これは生産者たちが輸送中にワインの味が変わるのを恐れ、国外輸出を渋る場合があるということらしい。

ブルゴーニュワイン地区

コート・ド・ニュイ地区 Côte de Nuits

ロマネ・コンティRomanée-Conti、クロ・ド・ヴージョClos-de-Vougeot、そして、あのナポレオンがこよなく愛したシャンベルタンChambertinを産する。この地区のワインは年月を経るほど味に深みが出てくるのが特徴。

なだらかな丘に広がるブドウ畑

コート・ド・ボーヌ地区 Côte de Beaune

ここでぜひ試してほしいのがコルトンCortonだ。赤ならアロース・コルトンAloxe Cortonを、白ならコルトン・シャルルマーニュ Corton Charlemagneがおすすめ。どちらも繊細な味わいがある。また白はモンラッシェ Montrachetも忘れてはならない。日本に運搬してしまうと、これほどデリケートな味は再現できないのでは？と思わせるほど繊細な味。

マコネ地区 Mâconnais

マコンMâcon周辺で造られるワインは、赤白ともに軽く口当たりがよく飲みやすい。味にこだわるならプイィ・フュイッセPouilly Fuissé、サン・ヴェランSt-Véranなどを試してみよう。

コート・シャロネーズ地区 Côte Chalonnaise

コート・ド・ボーヌ地区の南側に位置する。ブルゴーニュ生まれのアペリティフ「キール」に使う白ワインのアリゴテAligotéや、赤の評価が高いメルキュレMercurey、赤白ともに風味豊かなワインを産するリュリーRullyなどがある。フルーティで香り高く、比較的手頃な値段で買えるワインが多いのも魅力。

シャブリ地区 Chablis MAP P.185

コート・ド・ニュイ地区の北西に飛び地のように離れた所に位置する。日本でもよく知られている白ワインの代表格。なかでもグラン・クリュ Grand Cru（特級）に格づけされたものは最高の香りと味だ。

コート・ド・ニュイ Côte de Nuits
ディジョン Dijon
ジュヴレ・シャンベルタン Gevrey-Chambertin
シャンボール・ミュジニー Chambolle-Musigny
ヴージョ Vougeot
ヴォーヌ・ロマネ Vosne-Romanée
ペルナン・ヴェルジュレス Pernand-Vergelesse
ニュイ・サン・ジョルジュ Nuits-St-Georges
ボーヌ Beaune
アロース・コルトン Aloxe-Corton
ポマール Pommard
コート・ド・ボーヌ Côte de Beaune
シャサーニュ・モンラッシェ Chassagne-Montrachet
サントネー Santenay
ムルソー Meursault
メルキュレ Mercurey
ピュリニー・モンラッシェ Puligny-Montrachet
ジヴリ Givry
コート・シャロネーズ Côte Chalonnaise
ソーヌ川 la Saône
トゥルニュ Tournus
マコネ Mâconnais
プイィ・フュイッセ Pouilly-Fuissé
マコン Mâcon
サン・ヴェラン St-Véran
ボージョレ Beaujolais
赤ワイン
白ワイン
ブルゴーニュワインマップ

ワイナリー訪問の一番のお楽しみはやっぱり
試飲。ペルナン・ヴェルジュレスのドメーヌ・
パヴロにて(上)
ブドウ畑に囲まれたシャトー・デュ・クロ・ド・
ヴージョ(右)

ボーヌ発のブドウ畑ツアー

　ワイナリー見学をするならボーヌ発のエクス
カーションツアーがおすすめ。いずれもボーヌの
❶前から出発。解説は英・仏語。

サファリ・ツアー Safari Tours
☎ 06.33.40.19.14
URL www.burgundy-tourism-safaritours.com(日本語あり)
●**Tour No.2(コート・ド・ボーヌへのツアー)**
古い村やブドウ畑のそばを走るので景色も十分に楽
しめる。ポマールやムルソーなどを訪ねる。
1/1を除く毎日13:30出発(3月下旬～10月下旬は
16:00出発もあり)　所要約2時間
图 €47(2人€90)
●**Tour No.3(コート・ド・ニュイへのツアー)**
ロマネ・コンティ、クロ・ド・ヴージョ、シャンベ
ルタンなどの生産地を訪ねる。
毎日11:00出発(3月下旬～10月下旬は13:30出発もあり)
所要約2時間30分　图 €49(2人€94)

運転手付きの車をチャーター

　個人でワイナリー巡りをするには車が必要にな
るが、レンタカーを借りても運転手は試飲できな
い。そんなとき便利なのが運転手付きの車。グルー
プで借りれば料金もお得だ。

オータンティカ・ツアー Authentica Tours
出発地はボーヌまたはディジョン。1～8人乗り半日
€400～、1日€690～。ワイナリー入場、試飲、昼
食は実費となる。1日、半日のガイド付きツアーも催
行している。ガイドは基本的に英語だが、わかりやす
く話してくれる。ウェブサイトから予約可能。
☎ 06.87.01.43.78
EX-ﾙ info@authentica-tours.com
URL www.authentica-tours.com

ワイン好きならたどってみたい「グラン・クリュ街道」

ワイン製造の博物館

　シトー会修道士の館だったシャトー・デュ・ク
ロ・ド・ヴージョは、現在はワイン造りの道具の
博物館になっている。ブルゴーニュ最大のワイン
祭り「栄光の3日間」(→P.195)で、初日の利き
酒騎士団の入団式と晩餐会の会場となることでも
有名だ。「栄光の3日間」にまつわる展示は年中
楽しむことができる。

シャトー・デュ・クロ・ド・ヴージョ
Château du Clos de Vougeot
🚌 ボーヌ駅前から113番のバスで約40分。RD974
Vougeotで下車。
MAP P.185　住 Rue de la Montagne 21640 Vougeot
開 4～10月 9:30～18:00(⊕は～17:00)
　11～3月 10:00～17:00
休 1/1、12/24、12/25、12/31　图 €9
URL www.closdevougeot.fr

ボーヌ市内のワインカーヴ巡り

　数多くあるワインカーヴのなかから、テイス
ティング付きの見学ができるカーヴを紹介しよう。

ジョゼフ・ドルーアン Joseph Drouhin
ボーヌ市街の地下に1万haほども広がるワインカー
ヴ。6種のワインの試飲付き(€45～)。要予約。
MAP P.194　住 1, cour du Parlement
☎ 03.80.24.68.88
URL m.drouhin.com(日本語あり)

ルイ・ジャド Louis Jadot
発酵室とカーヴの見学。ワインの試飲付き(€20)。
要予約。ショップを併設。
MAP P.194　住 62, route de Savigny
☎ 03.80.26.31.98
URL www.louisjadot.com

ブシャール・ペール・エ・フィス Bouchard Père & Fils
15世紀に建てられたボーヌ城のカーヴ。19世紀のワ
インも多数保存。8種のワインの試飲付き(€119～)。
MAP P.194　住 15, rue du Château
☎ 03.80.24.80.45
URL www.bouchard-pereetfils.com

セラーでは何十年もの歳月
を経たワインが、静かに熟
成を続けている

ホタテ貝をモチーフにした看板

「聖なる丘」に建つロマネスク芸術の至宝

美しい村 | 世界遺産

ヴェズレー

郵便番号：89450　人口：約450人

ACCESS

🚃🚌パリ・ベルシー駅からTERで約2時間30分のセルミゼル・ヴェズレーSermizelles-Vézelay下車。コルビニー Corbigny行きLR505番バスで約15分。Vézelay-Champ Foire / RD951下車。

ℹ 観光案内所

住 8, rue St-Etienne　MAP P.200
TEL 03.86.33.23.69
開 (月)～(土) (祝)　9:30～12:30
　　　　　　　　14:00～18:00
　　(日)　　　　10:00～13:00
　　　　　　　　14:30～16:30
休 9～3月の(月) (日)、1/1、12/25
URL www.destination
grandvezelay.com

世界遺産

ヴェズレーの教会と丘
Basilique et colline de
Vézelay
（1979年登録）

通りに埋め込まれたホタテ貝は？
サント・マドレーヌ・バジリカ聖堂に向かう坂道の路面をよく見ると、ホタテ貝のマークが各所に埋め込まれているのに気づく。聖ヤコブのシンボルであるホタテ貝によって、巡礼路(→P.376)の道筋を示しているわけだ。

丘の上に民家が寄りそうヴェズレーの村　© OT Vézelay A.M.

ヴェズレーを訪れるなら朝。霧にすっぽりと覆われた村が、丘の上に浮かび上がる時間に訪れたい。まだ人のいない朝もやのなか、坂道を上りきった所から、うっすらと姿を現すサント・マドレーヌ・バジリカ聖堂が見られたなら、この村との出合いとしては最高だ。聖堂を中心に、古い造りの家々が寄り添うようにして建ち並ぶ景色は、中世の時代に逆戻りしたかのようだ。その昔、ここヴェズレーは、スペインのサンティアゴ・デ・コンポステーラに通じる巡礼の道の、起点のひとつとしておおいに栄えた。かつての宿場町は、今もほとんどその姿を変えることなく、中世の雰囲気を伝えている。

≫≫ 歩き方 ≫≫

セルミゼルなど国鉄駅からの路線バスで着いた場合、バスは丘の麓の村の入口で停車する。ここから**サント・マドレーヌ・バジリカ聖堂**にいたるまでの坂道Rue St-Pierreが、村のメインストリート。ℹ、郵便局、ホテル、カフェ、みやげ物屋、ワインカーヴなどがこの通りに面している。観光客に交じって、巡

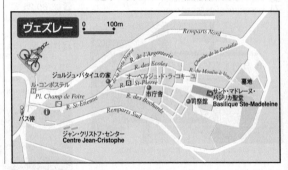

礼者の印であるホタテ貝をリュックにぶら下げた人の姿もよく見かける。小さな村なので、あっという間にひと回りできてしまうだろう。

村は小高い丘の上にあるので展望もよい。とりわけサント・マドレーヌ・バジリカ聖堂の裏にあるテラスからは、ブルゴーニュの豊かな平野が見渡せる。

中世の面影が残る村の中をのんびりと歩いてみたい

)))) おもな見どころ ((((

サント・マドレーヌ・バジリカ聖堂 ★★★

MAP P.200　　　　　　　　　Basilique Ste-Madeleine

マドレーヌとは聖書に出てくるマグダラのマリアのこと。娼婦ではあったが、悔悛し、後に聖女としてあがめられるようになった女性だ。12世紀頃この聖堂は、彼女の遺骨が祀られているとされたため、人々が押し寄せて、中世の巡礼路の出発地ともなった。ところが13世紀初頭以降、本物の聖遺骨は南仏にあるという説が有力になり、人気を落としてしまう。宗教改革や大革命の後は、さらに凋落の一途をたどった。19世紀になってようやくその歴史的価値が認められ、ヴィオレ・ル・デュックによって修復され、現在は世界遺産として保存されている。

正面入口から入ると、身廊の手前で大きなタンパン（入口上部にある半円形の部分）に迎えられる。使徒たちに囲まれて、ひときわ大きく描かれたキリストは、慈愛と威厳をもって、聖堂の内部へと誘っているようだ。2色の石が組み合わされた半円形アーチの続く身廊、柱頭に施された彫刻も一つひとつゆっくり見て回りたい。

訪れる人が絶えないブルゴーニュロマネスクの傑作 © OT Vézelay A.M.

サント・マドレーヌ・バジリカ聖堂
🏠 Pl. de la Basilique
🕐 7:00〜20:00
　（礼拝中、宗教行事のある時間帯は見学不可）
💰 無料
🔗 www.basiliquedevezelay.org

身廊入口のタンパンには聖霊降臨図が描かれている（上）聖書の寓意が潜む柱頭の彫刻（下）

ヴェズレーのおすすめホテル／レストラン　Ｈホテル Ｒレストラン

ホテルの数は多くないので、早めの予約が望ましい。

Ｈ ル・コンポステル
Le Compostelle 2★　　　　　　　　　MAP P.200

村の入口にあるホテル。中世の村に面した部屋、谷に面した部屋、どちらからもすばらしい眺望が手に入る。狭いながらもかわいらしい屋根裏部屋は予算の少ない人におすすめ。
🏠 17, pl. du Champ de Foire
📞 03.86.33.28.63
💰 Ⓢ Ⓦ €62〜76　 €12.50　📅 1・12月
💳 ⓂⓋ　🛏 18室　📶
🔗 www.le-compostelle-vezelay.fr

Ｒ オーベルジュ・ド・ラ・コキーユ
Auberge de la Coquille　　　　　　　MAP P.200

メインストリートにある素朴な雰囲気のレストラン。サラダやクレープなど軽食から、ブルゴーニュ名物のブッフ・ブルギニオン（€12）までリーズナブルな料金で楽しめる。なるべく予約を。
🏠 21, rue St-Pierre
📞 03.86.33.35.57
🕐 12:00〜13:45（L.O.）、19:00〜20:30（L.O.）
💰 ムニュ €21
💳 ⒹⓂⓋ　英　📶
🔗 aubergelacoquille.fr

木骨組みの家が並ぶ

500年以上もの間、時を刻み続けている時計塔

ヨンヌ川のほとりの静かな中世の町

オーセール

郵便番号：89000　人口：約3万5000人

ACCESS

🚃パリ・ベルシー駅からTERでオーセール・サン・ジェルヴェ Auxerre St-Gervais駅まで約1時間40分。ディジョンからTERで約1時間50分。

❶ 観光案内所

🏠 7, pl. de l'Hôtel de Ville
MAP P.202
☎ 03.86.52.06.19
🕐 7・8月
　　㊊～㊏　　　9:00～19:00
　　　　　　　10:00～13:30
　9月 ㊋～㊏　9:00～18:00
　10～6月　　　10:00～13:30
　　　　　　　14:00～18:00
🚫 9～3月の㊊ ㊐、
　4～6月の㊐午後、1/1、12/25
URL www.ot-auxerre.fr

運河クルーズ

ブルゴーニュには1000kmを超える航行可能な水路があり、船を借りて運河巡りをするのもおすすめ。ル・ボート社では数日～数週間のボートの貸し出しを行っている。
URL www.leboat.fr
オーセールの❶でも30分～1日、船を借りることができる。詳しくは❶へ。そのほか、オーセール発でヨンヌ川とニヴェルネ運河を約1時間で巡る遊覧船もある。
URL bateaux-auxerrois.com

ヨンヌ川に影を落とす大聖堂

フランスには、川辺の風景の美しい町がいくつかあるが、オーセールもそのひとつ。ゆったりと流れるヨンヌ川の向こうに見えるのは中世の町。壮大なゴシック様式のサンテティエンヌ大聖堂を中心に寄り添う家々の屋根が、水面にシルエットを落としている。シャブリを中心とするワインの集積地としても栄えてきた町で、ブルゴーニュ地方をじっくり回る旅のスタート地にするのもおすすめだ。

≫≫ 歩き方 ≫≫

　駅から町までは10分ほど歩く。駅を背に真っすぐに延びる道をどれでもいいから前へ歩いていくといい。民家を抜けると突然視界が開けて、川の向こうに中世の町が現れる。まずはこのすばらしいパノラマを堪能したい。

　ポール・ベール橋Pont Paul Bertを渡った所から続く通りRue du Pontを歩いていくと、木骨組みの古い建物が建ち並んでいて、目を楽しませてくれる。

　旧市街の中心は、コルドリエ広場Pl. des Cordeliersあたり。15世紀に造られ、初めは監獄として使われた**時計塔 Tour de l'Horloge**や、**サンテティエンヌ大聖堂**もすぐ近くにある。

ブルゴーニュ
オーセール

))) おもな見どころ (((

サンテティエンヌ大聖堂 ★★★
MAP P.202 Cathédrale St-Etienne

13〜16世紀に建てられたこの大聖堂は、聖エティエンヌに奉献されている。エティエンヌは『使徒行伝』に記述されているステパノの仏語名である。彼はエルサレムの法廷でユダヤ教徒によって告発され、石打ちの刑を受けて死んだキリスト教最初の殉教者だ。

『白い馬に乗るキリスト』

典型的なゴシック建築の内部を見学したら、11世紀のロマネスク様式を残した宝物殿TrésorとクリプトCrypte（地下祭室）へ行こう。クリプトの暗い天井に描かれたフレスコ画『白い馬に乗るキリスト』は必見。馬に乗ったキリストの超然とした姿に注目したい。

サンテティエンヌ大聖堂
住 Pl. St-Etienne
開 9:00〜18:00
料 無料

宝物殿とクリプト
開 4月中旬〜10月中旬
　火〜土　　10:15〜13:00
　　　　　　14:15〜17:30
　日　　　　15:15〜17:30
10月中旬〜4月上旬
　土　　　　10:15〜13:00
　　　　　　14:15〜17:30
休 月、10月中旬〜4月上旬の
　火〜金と日
料 クリプトと宝物殿€5、
　クリプトのみ€3.50

サン・ジェルマン修道院 ★★
MAP P.202 Abbaye St-Germain

創建は6世紀に遡るという古い教会。その後、ベネディクト派の修道院となった。

見逃せないのは、クリプト（地下祭室）にある『聖エティエンヌの殉教』を描いた858年のフレスコ画。これは、フランスにおける最古のキリスト教フレスコ画とされている。

サン・ジェルマン修道院
住 2bis, pl. St-Germain
開 4〜10月
　10:00〜13:00
　14:00〜18:00
　（11〜3月は時間短縮）
休 11〜3月の火、
　1/1、5/1、12/25
料 修道院は無料、クリプトのガイド付きツアー（所要約40分）€8

オーセールのおすすめホテル Ｈホテル
駅は中心街から少し離れているので、旧市街周辺で泊まったほうが観光に便利。

ル・マキシム Le Maxime 3★　**MAP P.202** 駅から徒歩12分ほど。ヨンヌ川沿いにあり、サンテティエンヌ大聖堂はすぐ近くという好ロケーション。	住 2, quai de la Marine TEL 03.86.52.14.19 料 Ｓ Ｗ €107〜344　 €17 URL hotel-lemaxime.com
ノルマンディー Normandie 3★　**MAP P.202** 19世紀のブルジョワの館を改装したかわいらしいホテル。夏は庭で朝食を取ることもできる。	住 41, bd. Vauban TEL 03.86.52.57.80 料 Ｓ Ｗ €113〜135　 €12 URL www.hotelnormandie.fr

Column Art　ロマネスクからゴシックへ　ポンティニーの教会建築

ポンティニー修道院は、1114年に創設されたシトー会派の修道院。付属する教会は、ロマネスクからゴシックに様式が切り替わる時期に建てられたユニークな建築だ。中世の建築に興味のある人なら一見の価値あり。オーセールからタクシーを利用。東へ約20km。
ポンティニー修道院 Abbaye de Pontigny
MAP P.185 住 5, av. de l'Abbaye 89230 Pontigny
TEL 03.86.47.54.99
開 4〜10月10:00〜13:00、14:00〜18:00
11〜3月水〜日9:30〜12:30、13:00〜16:00
休 11〜3月の月火
URL www.abbayedepontigny.com

ロマネスクからゴシックへの移り変わりが見られる

🚇パリ・ベルシー駅からTERで55
分～1時間10分。パリ・リヨン駅
からTERで約1時間30分。ディジ
ョンからTERで約1時間55分。

ℹ️ 観光案内所

🏠 6, rue du Général Leclerc
☎ 03.86.65.19.49
🕐 ㊊～㊏　　9:30～12:30
　　　　　（7・8月は～13:00）
　　　　　14:00～18:00
　　　　　（7・8月は～18:30）
　　㊐㊗　10:30～13:00
　　　　　14:00～16:30
🚫 12～3月の㊋の午前、
　11～4月の㊐㊗
🔗 www.tourisme-sens.com

サンテティエンヌ大聖堂

🏠 Pl. de la République
🕐 8:00～18:00
💰 無料
宗教行事のあるときは入場できな
い。

サンス美術館

🏠 Parvis de la Cathédrale
🕐 10:00～12:00
　14:00～18:00
　（季節、曜日によって異なる）
🚫 ㊋、㊗
💰 €7

Sens

郵便番号：89100　人口：約2万5000人

ブルゴーニュ地方の北の玄関口
サンス

パリから列車で1時間の町、サンスは、豊かな鉱泉が湧く保養地として古くから栄えてきた。かつては大司教座がおかれ宗教的に重要な町であったが、現在はゴシック様式の先駆けでもある**サンテティエンヌ大聖堂**Cathédrale St-Etienneの町として知られている。ゴシック建築で最古の部類に数えられるこの大聖堂は1130年頃から数十年かけて建てられ、以降、フランス各地のゴシック建築に影響を与えた。入口の彫像や内部を彩る12世紀のステンドグラスもすばらしい。

ゴシック建築の初期の傑作のひとつ

大聖堂に隣接するかつての大司教館が現在、**サンス美術館**Musée de Sensになっていて、大聖堂由来の聖遺物やガロ・ローマ時代の彫刻などが展示されている。

ステンドグラスが美しい
サンテティエンヌ大聖堂

花と運河の町モンタルジ

ブルゴーニュ地方の最北部にある**モンタルジ**Montargis（**MAP** P.185）は美しい田舎町。ロワン川から引いた運河とその小さな水路が町を縦横に走り、特に春から夏は町中がたくさんの花で飾られ、いい雰囲気になる。

運河巡りを楽しみたい

アクセス
🚇 パリ・ベルシー駅からTERで約1時間。

モンタルジの ℹ️
🏠 35, rue Renée de France 45200 Montargis
☎ 02.38.98.00.87
🕐 ㊊～㊏　9:00～12:30（11～4月中旬は8:30～）
　　　　　14:00～18:30（11～4月中旬は～18:00)
　㊐㊗　　9:00～12:30　🚫 9～6月の㊐㊗
🔗 www.tourisme-montargis.fr

●モンタルジ名物「プラズリンPraslines」
モンタルジの名物菓子「プラズリン」。1636年に考案されたアーモンド菓子で、ローストしたアーモンドにカラメルを絡めたもの。「プラズリン」を買うなら、1903年からの歴史をもつ老舗「メゾン・ド・ラ・プラズリン・マゼ」で。
🅂 メゾン・ド・ラ・プラズリン・マゼ
Maion de la Prasline Mazet
🏠 43, rue Général Leclerc 45200 Montargis
☎ 10:00～13:00、14:00～19:00（㊏は9:00～
　㊐は～17:00)　🚫 無休
🔗 www.mazetconfiseur.com

クラシックな内装の店内（左）　パッケージもかわいい「プ
ラズリン」（右）

堂の柱頭彫刻

ローマの栄光と中世の輝きを今に伝える

オータン

郵便番号：71400　人口：約1万4000人

15世紀の尖塔が町を見下ろす

紀元前15年頃にアウグストゥスによって築かれ、「ローマの妹であり、ライバル」ともたたえられた町。今も多く残るローマ遺跡が、当時の栄光を物語っている。2000年の歴史をもつこの町は、珠玉のロマネスク彫刻に出合える町でもある。サン・ラザール大聖堂の正面を飾る『最後の審判』、そして、危うい魅力を秘めた『イヴの誘惑』に憧れてやってくる旅行者は多い。

≫≫≫ 歩き方 ≫≫≫

城壁の外に残る廃墟、ヤヌス神殿

　町の中心はシャン・ド・マルス広場Pl. du Champ de Mars。駅からシャルル・ド・ゴール通りAv. Charles de Gaulle をどんどん進むと突き当たる。**サン・ラザール大聖堂**は南へさらに約500m。ローマ時代の遺物のほか、有名な『**イヴの誘惑**』のレリーフを所蔵する**ロラン美術館Musée Rolin**は大聖堂のすぐそばにある。ローマ遺跡で見逃せないのは、町の東にある**ローマ劇場Théâtre Romain**。ガロ・ローマ時代の劇場の遺跡としては最大級の規模を誇る。そのほか、かつての城壁の名残の**サンタンドレ門Porte St-André**や、**ヤヌス神殿Temple de Janus**（町の北西を流れるアルー川の向こう側）がある。

ACCESS
🚍🚃ディジョンからTERでエタンEtangで下車し、TERまたは国鉄バス（→P523）に乗り換える。約1時間30分。

🛈 観光案内所
住 13, rue Général Demetz
MAP R205
☎ 03.85.86.80.38
開 9:15～12:45
　（6～9月は～13:00）
　14:00～17:00
　（6～9月は～18:00）
休 10～5月の⽇ 祝
URL www.autun-tourisme.com

ロラン美術館
住 5, rue des Bancs
※工事のため2027年12/31まで休館

オータン

サン・ラザール大聖堂
住 Pl. du Terreau
開 9:00〜18:00
（日14:00〜）
料 無料

『エジプト逃避』の柱頭彫刻

『東方三博士の来訪』の柱頭彫刻。
マリアが処女懐胎したためにヨゼフ
（右）はかやの外？

サン・ラザール大聖堂 ★★★
MAP P.205   Cathédrale St-Lazare

サン・ラザール大聖堂のタンパン。夏
の夜間は聖堂内がライトアップされる

聖ラザロの聖遺骨が納められた場所として中世から多くの巡礼者を集めてきた聖堂。とりわけロマネスク美術の至宝として名高いのが、『最後の審判』の図が描かれたタンパン（正面入口上部にある半円形部分）だ。中央に、ひときわ大きな姿で立つのがキリスト。彼によって審判を下された者は上段の天国あるいは下段右側の地獄へと送られるという図だ。登場人物はとにかく皆、体が長い。8頭身どころか10頭身もありそうなプロポーションも。もしもこれが彫刻だったらかなり不自然だろうが、こうして半円形のタンパンにすっぽり収まると、調和が保たれている。この作品は12世紀のものにしては珍しく、作者名が判明している。キリストの足元に「**GISLEBERTUS HOC FECIT**（ギスレベルトゥスこれを作る）」とラテン語で刻まれており、『イヴの誘惑』のレリーフも彼による作品といわれている。

キリストの足元に作者名が彫られている

サン・ラザール大聖堂の円陣横の階段を上った所には柱頭の間Salle Capitulaireがあり、『エジプト逃避』『東方三博士の来訪』など、見事な柱頭彫刻が展示されている。

ART Column Art 『イヴの誘惑』

女性にはふたつの型がある。マリア型とイヴ型。ともに聖書に出てくる人物だが性格はまったく違う。永遠の処女であり、かつ母性の象徴である聖母マリア。それに対して誘惑的で放逸、あげくの果てにはアダムを禁断の世界へと導いてしまうイヴ。でもイヴだって最初から危険な女だったわけじゃない。禁断の実を食べるまでは、彼女も罪を知らない女だった。

ここオータンにあるロラン美術館のレリーフに刻まれたイヴは、無垢なひとりの女が、初めて罪を知ってしまう、そんな危うさを秘めている。レリーフの中で横たわる彼女は左手でしっかりと木の実を握りながら、それを見まいとしている。目は、これから自分に訪れるであろう運命を待ち受けるかのように前を見つめている。

無垢な表情と姿態のなまめかしさにどきりとさせられる

12世紀に作られ、サン・ラザール大聖堂の扉を飾っていたものだが、この大聖堂の正面には、彼女の犯した罪によってもたらされた最後の審判の場面が生々しく描かれている。

オータンのおすすめホテル／レストラン　Hホテル　Rレストラン

駅前、シャン・ド・マルス広場周辺に手頃な価格のホテルが並んでいる。

H R ラ・テット・ノワール
La Tête Noire 3★　MAP P.205

町の中心に位置し、観光に便利なホテル。併設しているレストランではブルゴーニュの伝統的な料理を味わうことができる。ムニュ€21〜。

🏠 3, rue de l'Arquebuse
☎ 03.85.86.59.99
料 S€77〜90 W€85〜115　Q€13
CC A M V
室 31室　Wi-Fi
URL www.hoteltetenoire.fr

》》》オータン近郊の町《《《

ソーリュー　Saulieu

珠玉のロマネスク彫刻に出合う

サンタンドシュ・バジリカ聖堂の入口

オータンの北40kmほどの所にあるソーリューは、鉄道開通以前にパリとリヨンを結ぶ街道（現在の道路でいうとA6）上の重要な宿場町だった。

町のほぼ中央に位置する**サンタンドシュ・バジリカ聖堂**Basilique St-Andocheは12世紀初頭に建造された。小さく簡素な教会だが、内部の柱頭を飾る彫刻がすばらしく、それを目当てに世界中のロマネスク・ファンが集まる。柱頭彫刻はどれも見応えがあるが、なかでも『エジプト逃避』の彫刻は、オータンのサン・ラザール大聖堂にある同じ主題のものと比較されることが多い。

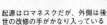

起源はロマネスクだが、外側は後世の改修の手がかなり入っている

ACCESS

🚕オータンからタクシーで約40分。
🚆ディジョンからTERまたはTGVで約40分のモンバールMontbard下車。駅前から120番のバスで約55分。Saulieu Place Charles de Gaulle下車。
URL www.viamobigo.fr

ⓘ 観光案内所

🏠 24, rue d'Argentine 21210
☎ 03.80.64.00.21
開 5月上旬〜9月下旬
　⺝〜⼟　　9:30〜13:00
　　　　　14:00〜18:30
　⽇　　　10:00〜13:00
　　　　　14:00〜17:00
　9月下旬〜5月上旬
　⽕〜⼟　10:00〜12:00
　　　　　14:00〜17:00
休 9月下旬〜5月上旬の⽉⽇、12/25〜1/1
URL www.saulieu-morvan.fr

サンタンドシュ・バジリカ聖堂

🏠 Pl. Docteur - Roclore
開 10:00〜12:00
　14:30〜18:30
　（季節や曜日によって異なる）
休 ⽉、11月〜復活祭の⽇、1月中旬〜2月末
料 無料
プロジェクションを使って中世の作品を再現するデジタルギャラリーが併設されている。

ソーリューのおすすめホテル／レストラン　Hホテル　Rレストラン

フランス屈指の名レストランを目当てにこの町を訪れる人も多い。

H R ル・ルレ・ベルナール・ロワゾー
Le Relais Bernard Loiseau 5★

一代でミシュランの3つ星を手にしたシェフ、故ベルナール・ロワゾー氏のレストラン。バターやオイルを使わない「水の料理」と呼ばれる手法は、フランス料理の概念を変えたといわれる。ロワゾー氏亡きあとはドミニク夫人を中心に、もとのスタッフが「ロワゾーの精神」を受け継いでいる。2つ星を獲得しているレストランで美食に酔いしれ、そのまま眠りにつきたい人はぜひ宿泊を。木材を多用したあたたか

© B.PRESCHESMISKY

みのあるインテリアの客室はくつろげる雰囲気満点。

© Arnaud Dauphin

🏠 2, av. Bernard Loiseau 21210
☎ 03.80.90.53.53
料 S W€290〜1198
　Q€25〜　休 1月中旬〜2月上旬
CC A D J M V　室 34室　P 無料　❌ Wi-Fi
レストラン「La Côte d'Or」
休 ⽕ ⽔、1月下旬〜2月上旬
料 昼ムニュ€95、夜ムニュ€210、€350
URL www.bernard-loiseau.com

Franche-Comté
フランシュ・コンテ

ブルゴーニュの東、スイスとの国境まで広がる一帯がフランシュ・コンテ地方だ。ジュラ山脈に沿って、その麓に広がっているため、「ジュラ」と呼ばれることも多い。「ジュラ」とはラテン語で森林のこと。その名のとおり緑と水に恵まれた地方で、森林と河川が生み出す自然の景観を楽しめる。地質学で使われる「ジュラ紀」の言葉を生んだ地でもある。産業としては、17世紀から時計作りが盛んで、19世紀に全盛を極めた。日本からの観光客はまだまだ少ないが、世界遺産に登録されたヴォーバンの城砦があるブザンソンをはじめ、アルケ・スナンの王立製塩所、ル・コルビュジエが設計したロンシャン礼拝堂など、見どころも多い。

観光のヒント

［気候］夏でも涼しい冷涼な気候。冬は寒さが厳しい。

［特色］ジュラ山脈の麓に広がり、森、渓谷、湖と自然のなかに溶け込みたいアウトドア派に人気の地方。

［周遊のヒント］豊かな自然、のんびりとした田舎の風景を楽しむなら、車がベスト。ブザンソンを起点に南へ。オルナン、アルケ・スナンを訪ね、ブドウ畑を抜けてアルボワへ。時間があれば、ボーム・レ・メッスィユーまで足を延ばす。ル・コルビュジエ作のノートルダム・デュ・オー礼拝堂があるロンシャンは北東端にあるので、1日かけて訪ねたい。

おもな祭りとイベント

9月　巡礼の日（ロンシャン／8日）：ル・コルビュジエが設計したノートルダム・デュ・オー礼拝堂への巡礼

国際音楽祭（ブザンソン／中旬の2週間）：世界一流の音楽家が参加するクラシック音楽祭。新しい才能を発掘する指揮者コンクールも隔年で開催

名産品と料理

ジュラ山脈の北側で生産されるチーズが名産。硬質で味わい深い「コンテ」を代表格として、クリーミーな「モン・ドール」や「モルビエ」などがある。ワインでは、独特の風味がある「ヴァン・ジョーヌ」が有名だ。

ⒶコンテComté：1個作るのに400ℓもの牛乳を使う大型のセミハードチーズ。濃厚な味わいとナッツのような香りが特徴。料理にもよく使われる　Ⓑ鶏のヴァン・ジョーヌ風味Poulet au vin jaune：特産の黄ワインで煮込んだもの（料理：ピエール・ゲイ）　Ⓒモン・ドールMont d'Or：ヴァシュランとも呼ばれ、冬期限定で製造されるチーズ。クリーミーで、スプーンですくって食べることが多い　Ⓓヴァン・ジョーヌVin jaune：サヴァニャン種というブドウを使った黄色いワイン。最低6年間は樽で熟成させるため、独特の風味と香りがある通好みのワイン

❶アルケ・スナンの王立製塩所　❷カウベルを
付けたモンベリアード牛　❸2016年、世界遺産
に登録されたロンシャンのノートルダム・デュ・
オー礼拝堂　❹石灰岩質の白い崖に囲まれた谷
間の村、ボーム・レ・メッスィユー

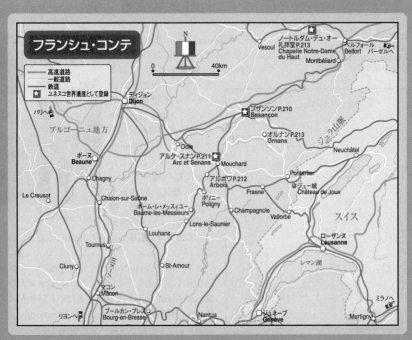

フランシュ・コンテ

━━	高速道路
━━	一般道路
━━	鉄道
★	ユネスコ世界遺産として登録

ノートルダム・デュ・オー
礼拝堂 P.213 ★
Chapelle Notre-Dame,
du Haut

Vesoul
ベルフォール
Belfort　バーゼルへ
Montbéliard

ブザンソン P.210 ★
Besançon

ディジョン
Dijon

パリへ

ブルゴーニュ地方

オルナン P.213
Ornans

ジュラ山脈

Neuchâtel

Dôle

ボーヌ
Beaune

アルケ・スナン P.211 ★
Arc et Senans　Mouchard

Chagny

アルボワ P.212
Arbois

ポリニー
Poligny

Frasne

Pontarlier

ジュー城
Château de Joux

Le Creusot

Chalon-sur-Saône

ホーム・レ・メッスィユー
Baume-les-Messieurs

Champagnole

Vallorbe

スイス

Lons-le-Saunier

Louhans

ローザンヌ
Lausanne

Tournus

St-Amour

レマン湖

Cluny

ソーヌ川

マコン
Mâcon

ブールカン・ブレス
Bourg-en-Bresse

Nantua

ジュネーブ
Genève

ミラノへ

リヨンへ

Martigny

緑に囲まれた美しい町

ヴォーバンの城砦がある古都
ブザンソン

郵便番号：25000　人口：約11万7000人

ACCESS

パリ・リヨン駅からTGVで約2時間40分。またはブザンソン・フランシュ・コンテ・テー・ジェー・ヴェーBesançon Franche Comté TGV駅でTERに乗り換え、そこから約15分。ブザンソン・ヴィオットBesançon Viotte駅下車。ディジョンDijonからTERで約1時間。リヨンLyonからTERで約2時間40分。

🛈 観光案内所

🏠 52, Grande Rue (Pl. du 8 Septembre)市庁舎内
MAP P.210
TEL 03.81.80.92.55
FAX 03.81.80.58.30
開 7・8月　　10:00〜18:00
　　9〜6月
　　（月）〜（土）　10:00〜12:30
　　　　　　　　　13:30〜18:00
　　（日）　　　　10:00〜13:00
休 10〜5月の（日）、一部（祝）
URL www.besancon-tourisme.com

世界遺産

ヴォーバンの要塞群
Fortifications de Vauban
（2008年登録）

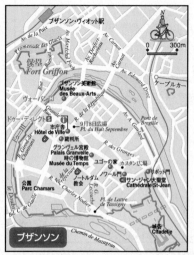

© Ville de Besançon

ドゥー川に囲まれた城塞都市

毎年9月に行われる国際音楽祭の舞台として知られる町。過去にはフルトヴェングラー、オネスコら一流指揮者、演奏家が参加し、この町の名は一躍世界に広まった。また1951年から始まった指揮者コンクールは、小澤征爾が金的を射止めたように、若い指揮者の登竜門となっている。作家ヴィクトル・ユゴー、映画を発明したリュミエール兄弟が生まれた町でもある。

>>> 歩き方 >>>

駅から**保塁Fort Griffon**を抜け、Rue Battantを下るとドゥー川に出る。川岸には17世紀の高い建物が並び、入口のアーケードが延々と続いてアーチ模様を描いている。対岸に渡れば中心街だ。町一番の繁華街**グランド・リュGrande Rue**を真っすぐ行くと、**城砦**に着く。途中、ルネッサンス様式の回廊風の**グランヴェル宮殿、時の博物館**、ローマ劇場跡である**カスタン広場Square Castan**にも寄っていこう。

サン・ジャン大聖堂。天文時計の入口は裏手にある

ノワール門**Porte Noir**をくぐると城砦への坂道が続く。坂道を上る前に、**サン・ジャン大聖堂Cathédrale St-Jean**を見ておきたい。19世紀に作られた見事な**天文時計Horloge Astronomique**があり、ガイド付きで見学できる（€4）。

はみだし ヴォーバン（1633〜1707）はルイ14世に仕えた軍事建築家で、近代的要塞築城法を確立した第一人者。彼が手がけた要塞のうち、ブザンソンの城砦など12ヵ所が世界遺産に登録されている。

))) おもな見どころ (((

城砦 ★★★
MAP P.210
Citadelle

ヴォーバンの代表作である城砦

ルイ14世おかかえの軍事建築家ヴォーバンの設計で、1677年から1693年にかけて建設された。海抜118m、ドゥー川を見下ろし、背後にはコンテの山々を従える堂々たる城砦はブザンソンのシンボル。ここから眺めるブザンソンの町並みは最高に美しい。城砦内は2時間ほどで見て回れ、動物園、水族館、昆虫館、民俗博物館などがある。

時の博物館（グランヴェル宮殿） ★★
MAP P.210
Musée du Temps - Palais Granvelle

グランヴェル宮殿が演出する「時の世界」。16世紀から17世紀に起こった、ヨーロッパの自然科学の革命的発見、そして20世紀に大きく進化したエレクトロニクス文化を、独自のユーモアあふれる視点からとらえて紹介している。多様化する「時」の流れ、人間の歩んできた知恵の文化を楽しく学べる。

城砦
開 4～10月　　　　9:00～18:00
　　　　（7・8月は～19:00）
　　11～3月　　10:00～17:00
休 1/1、12/25、1月上旬～2月上旬
料 €9.50～€12.50
　（季節によって異なる）
URL www.citadelle.com
（日本語あり）
4～10月はParc Chamars駐車場からグランヴェル宮殿を通り、城塞まで行くバスが運行。Citadelle下車。
URL www.ginko.voyage

時の博物館
住 96, Grande Rue
開 4～10月
　　　火～金　　10:00～12:30
　　　　　　　　14:00～18:00
　　　土 日 祝　10:00～18:00
　　11～3月
　　　火～金　　14:00～18:00
　　　土 日 祝　10:00～18:00
休 月、1/1、5/1、11/1、12/25
料 ブザンソン美術館、ユゴーの生家との共通券€8.40、第1日曜無料
URL www.mdt.besancon.fr

ブザンソンのおすすめホテル　Hホテル　Yユースアコモ
駅周辺に数軒。中心街でもリーズナブルな料金のホテルが多い。

H ヴォーバン
Vauban 3★
MAP P.210

ドゥー川に面した小さなホテル。エレベーターや水回りは近代的に改装されており、清潔。グランド・リュからすぐという立地も魅力的。スタッフは親切で、てきぱきと対応してくれる。
住 9, quai Vauban　TEL 03.81.82.02.08
料 S€75～85 W€90～120　€12
CC AMV　室 13室　YI　※　Wi-Fi
URL www.hotel-vauban.fr

Y アビタ・ジュヌ・レゾワゾー
Habitat Jeunes Les Oiseaux
MAP 地図外

16～30歳の若者のための施設。シングルとツインが中心。予約は電話またはeメールで受け付ける。宿泊は最長7泊まで。L6番のバスでLes Oiseaux下車すぐ。受付時間は14:00～18:30。
住 48, rue des Cras　TEL 03.81.40.32.00
FAX 03.81.40.32.01　料 S€37.50 W€53.15
朝込み、シーツ代込み　CC MV　室 20室　P 無料
URL www.habitatjeuneslesoiseaux.fr

⛪ Column / History　アルケ・スナンの王立製塩所 [世界遺産]

18世紀に、ルイ16世の命によって造られた王立製塩所。設計を担当したのは建築家クロード・ニコラ・ル・ドゥーである。当初は、製塩所のほかに、研究所や浴場、住宅などが備わった理想都市が完成するはずだった。財政上の理由で、計画は幻となってしまったが、展示された模型の数々から、そのプロジェクトの壮大さがうかがい知れる。1982年登録、

製塩所を中心とした円形の都市になる予定だったが、半分ができたところで中断した

2009年にサラン・レ・バンの製塩所を加え拡大登録された。現在一部がホテルに改装され、宿泊することもできる。

王立製塩所 Saline Royale d'Arc et Senans
行 ブザンソンからアルケ・スナンArc et Senans駅までTERで約25分。製塩所は駅から約100mの所にある。
住 25610 Arc et Senans
開 11～3月　10:00～12:00、14:00～17:00
　　4～10月　9:00～18:00（7・8月は～19:00）
休 1/1、12/25
料 €14、16～25歳と学生€10.50
URL www.salineroyale.com

H 王立製塩所のホテル Hôtel de la Saline Royale 3★
TEL 03.81.54.45.17　料 S€88 W€118～126
€12
CC MV　室 31室　P 無料　Wi-Fi
URL www.salineroyale.com

フランシュ・コンテ地方の名産品なら「ドゥー・ディレクトDoubs Direct」で。チーズやジュラワインが手頃な値段で揃う。**MAP P.210**　住 6, rue Pasteur　営 10:00～19:00　休 日　URL doubs-direct.fr

ACCESS

🚃 ブザンソンからTERで約40分。

ⓘ 観光案内所

🏠 17, rue de l'Hôtel de Ville
39600
☎ 03.84.73.01.34
🕐 7・8月　　　　9:30～12:30
　　　　　　　　13:30～17:30
　4～6・9月　　9:30～12:00
　　　　　　　　13:30～17:00
　10～3月　　　10:30～12:30
　　　　　　　　13:30～16:30
🚫 9～6月の⊕と学校休暇期間
　以外の⊕、1/1、11/1、
　11/11、12/25
🌐 www.coeurdujura-tourisme.
　com

ジュラワイン博物館

🏠 Château Pécauld, rue des
　Fossés
🕐 10:00～12:30
　14:00～18:00
　(11～2月は午後のみ)
🚫 9～6月の⊗、1/1、5/1、12/25、
　学校休暇期間を除く1月
💶 €4

パスツール記念館

🏠 83, rue de Courcelles
🕐 9:30～12:30
　14:00～18:00
　(7・8月はノンストップ、2～4・
　10・11月は午後のみ)
🚫 2～4月と10・11月の午前、11
　月上旬～2月上旬
💶 €7
🌐 www.terredelouispasteur.fr

アルボワ　　Arbois

ブドウ畑に囲まれたジュラワインの里

城館のようなジュラワイン博物館

フランシュ・コンテ地方（ジュラ）には、「ヴァン・ジョーヌ（黄色いワイン）」という独特の風味をもったワインがある。生産量こそ少ないが、シェリーを思わせる香りと味わいは実に個性的で、食後酒としても楽しめる。アルボワは、ヴァン・ジョーヌをはじめとするジュラワインの中心地。通りにはワインカーヴが並び、にぎわいを見せている。中世の館を改装した**ジュラワイン博物館Musée de la Vigne et du Vin du Jura**もある。緑濃きジュラの山々に包まれるようにたたずむ町は、特に名所旧跡があるわけではないが、町そのものの雰囲気がよく、落ち着ける。またこの町は、ワクチンの研究で知られる偉大な科学者パスツールが少年期を過ごした町でもあり、その家が**パスツール記念館La Maison et Le Laboratoire de Louis Pasteur**になっている。パスツールはアルボワにブドウ畑をもっていて、発酵の実験を行ったそうだ。

ブドウ畑の向こうに見える町並み

🍷 Column / Specialty　　コンテチーズ、おいしさの秘密

フランシュ・コンテ地方を旅していると、モンベリアードと呼ばれる茶色いブチ模様がついた大型の牛をよく見かける。1頭につき1ha以上の草地を確保することが義務づけられているモンベリアード牛は、化学肥料を一切使用しない自然の牧草を食べて、ゆったりと過ごす。このモンベリアード種（95％）とフレンチ・シメンタール種（5％）の乳だけがコンテの材料として認められている。

プレス、前熟成を終えたチーズは、長期熟成庫で、長いものだと1年以上寝かされる。その間も、専門の熟成士たちが常に品質を管理し、出荷直前には鑑定士による審査が行われる。20点満点中15点以上獲得すれば、晴れて「コンテ・エクストラ」に格づけされるというわけだ。こうした厳しい基準をクリアして、コンテだけの奥深い味わいが生まれるのだ。

10ℓのミルクからできるコンテチーズの割合はたったの1kg。品質にとことんこだわった山のチーズをぜひお試しあれ。

4ヵ月～1年かけて熟成

モンベリアード牛の乳がおいしいコンテチーズに

はみだし　ブザンソンからボーム・レ・メッシュー Baume-les-Messieurs へのドライブはおすすめ。「フランスの最も美しい村」（→P.46）に登録されている村で、白い崖に囲まれた谷あいにある。N83で南下し、途中D120に入ってD70へ。

オルナン　Ornans

レアリスムの画家クールベの故郷

オルナンの町を流れるルー川

ACCESS

ブザンソン・ヴィオット駅前からMobigo社の204番のバスで約45分。Place Courbet下車。
URL www.viamobigo.fr

❶観光案内所

住 7, rue Pierre Vernier 25290
☎ 03.81.62.21.50
開 10:00～12:00
　　14:00～17:00
休 (木)の午前、(日)
URL www.destinationlouelison.com

　モデルを決して美化することなく、内面を見透かすようなリアルな表現で描き上げた19世紀の画家クールベ。パリのオルセー美術館(→P.116)に展示されている、幅約6.5m、高さ約3mの大作『オルナンの埋葬Un enterrement à Ornans』は、彼の故郷であるこの町で描かれたものだ。モデルとなったのは町の人たち。背景にはこの地方特有の石灰質の白い崖も見える。クールベは作品を官展に出品し、故郷に錦を飾るはずだった。ところが、官展での評判は最悪、その横柄な態度も災いして、彼はすっかり嫌われ者になってしまった。

　クールベが再び評価を得るようになったのは、死後何十年もたってから。売りに出された生家は「友の会」に買い取られ、クールベ美術館Musée Courbetに改装された。常設展示されたオルナンの風景画などを観ていると、クールベの自然に対する観察眼の鋭さがわかるはずだ。

　クールベは亡命先のスイスで亡くなったが、その遺骸はオルナンに運ばれ、町の墓地で永遠の眠りについている。

クールベ美術館

住 1, pl. Robert Fernier
開 6～9月　　 10:00～18:00
　 10～5月　 10:00～12:00
　　　　　　 14:00～17:00
　　(入場は閉館の30分前まで)
休 10～5月の(日)午前、(火)、1/1、5/1、11/1、12/25
料 €6(企画展開催時は€8)
URL musee-courbet.doubs.fr

クールベの墓

ル・コルビュジエの名作　ロンシャン礼拝堂 [世界遺産]

　近代建築の父と呼ばれるル・コルビュジエが設計した小さな礼拝堂、ノートルダム・デュ・オー(→P.30)は、ロンシャン礼拝堂La Chapelle de Ronchampの名で親しまれている。1955年に完成した。礼拝堂は小高い丘の上に建ち、周辺の環境とすばらしく調和している。内部に入れば、星のように点在する窓から柔らかい光が差し込み、優しい空間を造りだしている。

光の具合によって表情を変える礼拝堂内

ノートルダム・デュ・オー礼拝堂
Chapelle Notre-Dame du Haut

ブザンソンからTERで約1時間15分のベルフォールBelfortで乗り換え、TERで約20分のロンシャンRonchamp下車。駅から礼拝堂まで約2km(半分は坂道)、徒歩約25分。ロンシャン駅は無人駅なので、タクシーを利用するならベルフォールで下車するといい。乗車前に料金交渉をしよう。
住 13, rue de la Chapelle 70250 Ronchamp
開 4月上旬～10月中旬　10:00～18:00
　 10月中旬～4月上旬　10:00～17:00
　　(入場は閉館の30分前まで)
休 1/1　料 €9
URL www.collinenotredameduhaut.com
(日本語あり)

Loire

ロワール

フランス中部にあり「フランスの庭」と呼ばれる、1012kmとフランス最長のロワール川流域の一帯は、最もフランスらしいといわれる地方だ。小さな丘、美しい小川、森のかなたに見え隠れする古城の優雅な姿など、ここにはまさに「フランス」が詰まっている。ロワールの美しい景観に心ひかれたのは王侯貴族ばかりではない。アンボワーズで生涯を終えたレオナルド・ダ・ヴィンチ、小さな村サシェで『谷間の百合』を執筆したバルザックをはじめ、多くの芸術家、文化人がこの地に足跡を残している。川べりにたたずむ小さな村々には、彼らが求めていた安らぎがある。自然と文化が調和した「洗練された田舎」の魅力を味わってほしい。

観光のヒント

[気候] 川沿いに大西洋から吹き込む海風が穏和な気候をもたらす。ただし、冬の冷え込みは厳しい。春夏も昼夜の寒暖の差が大きいので、長袖の上着は欠かせない。

[特色] ロワール地方といえば、言うまでもなく古城巡り。美食も楽しめるシャトーホテルは一度は泊まってみたいもの。

[周遊のヒント] ロワール地方の中心地トゥールへはパリからTGVで約80分。ここから古城巡りのバスツアーが出ている。ローカル列車やバスの便もいい。時間がかぎられているなら、レンタカーが効率的。

おもな祭りとイベント

1月 ラ・フォル・ジュルネ「熱狂の日」（ナント 31日〜2月4日 '24）：ユニークなコンセプトのクラシック音楽祭

4月 音楽祭（ブールジュ／23〜28日 '24）：「ブールジュの春」の名で知られる現代音楽の祭典

5月 ジャンヌ・ダルク祭（オルレアン／上旬）：ジャンヌ・ダルクのオルレアン解放を記念する祭り

音と光のスペクタクル（ロワール地方各地／下旬〜9月下旬）：夏の夜間、各城の歴史にちなんだスペクタクルが上演される

6月 24時間耐久レース（ル・マン／10・11日 '23）：カーレースファンなら一度は行ってみたい有名なレース

名産品と料理

ロワール川で取れる川魚がおいしい。ソースでポピュラーなのは、ブール・ブランというエシャロット入りバターソース。ワインは、コクのある赤からフルーティな白まであらゆるタイプのものが揃う。

ⒶワインのジャムConfiture du vin：まろやかな味のシノンワインのジャム　Ⓑベルランゴ・ナンテ Berlingots Nantais：三角錐のカラフルなキャンディは、18世紀からのナント名物　ⒸリエットRillettesとリヨンRillons：ロワール川流域で500年以上前から親しまれてきた豚肉加工料理　Ⓓクロタン・ド・シャヴィニョル Crottin de Chavignol：小ぶりなヤギ乳のチーズ　ⒺロワールワインVin de Loire：サンセール、ミュスカデといったすっきりとした白、シノンなどの上品な赤とロゼがある　Ⓕゲランドの塩 Sel de Guérande：ナント近郊のゲランドの塩田で作られる天日自然塩

❶庭園の花が美しいシュノンソー城 ❷トゥールの中心街プリュムロー広場 ❸シャンボール城の音と光のスペクタクル ❹ナントの人気アトラクション「レ・マシーン・ド・リル」の巨大象

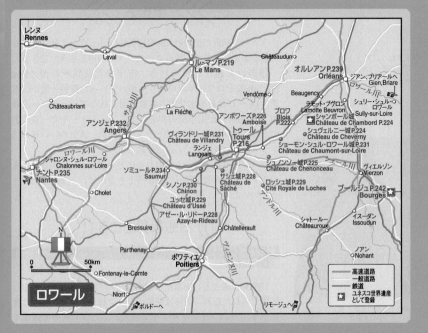

高速道路
一般道路
鉄道
ユネスコ世界遺産として登録

古城巡りの出発地
トゥール

噴水が涼しげなトゥール駅

郵便番号：37000　人口：約14万人

ACCESS

🚆 パリ・モンパルナス駅からTGV
で約1時間20分。直通列車もあ
るが、そうでない場合は、サン・
ピエール・デ・コールSt-Pierre-
des-CorpsでTERまたは国鉄バス
（→P.523）に乗り換え約5分。パリ・
オステルリッツ駅からTERで約2時
間20分。

🛈 観光案内所

🏠 78-82, rue de Bernard Palissy
MAP P.217-B2
TEL 02.47.70.37.37
開 🅟〜🅣　　　　8:30〜19:00
　　🅓 🅗(4・5・9月)9:30〜12:30
　　　　　　　　　14:30〜19:00
　　🅓 🅗(6〜8月) 9:30〜17:00
休 10〜3月の🅓 🅗
URL www.tours-tourisme.fr

トラム、バス
料 1回券€1.60、24時間券€4.10
URL www.filbleu.fr

繊細で調和の取れた姿が印象的なサン・ガシアン大聖堂

プリュムロー広場はトゥールで一番活気ある場所

　ロワール川とシェール川に挟まれた町トゥール。ルイ11世の時代にはいっときフランスの首都がおかれていた。現在はロワール古城観光の起点として観光客でにぎわう。この町ならではの見どころも多く、木骨組みの家が軒を連ねる旧市街には、織物工業で繁栄していた15世紀頃の町並みの面影が残る。しゃれたギャラリーに寄ってみたり、1日中にぎわいを見せているプリュムロー広場のカフェでお茶をしたりするのも楽しい。

≫≫ 歩き方 ≫≫

　トゥール駅前の広場Pl. du Général Leclercから大通りを渡ると🛈がある。ここで古城巡りバスツアーの申し込みもできる。

　🛈前の大通りを西に行き、市庁舎と裁判所の間のRue Nationaleをロワール川のほうへ歩いていった西側一帯が旧市街。14〜15世紀の木骨組みの家に囲まれた**プリュムロー広場 Pl. Plumereau**が旧市街の中心だ。ここはトゥールで一番にぎやかな広場。カフェやレストランに囲まれ、天気のいい日にはテラス席のパラソルでいっぱいになる。

　トゥールは徒歩でも十分回れる広さの町だが、駅から旧市街のホテルまで荷物を持って向かうときなどは、トラムを利用するといいだろう。

))) おもな見どころ (((

サン・ガシアン大聖堂　　　★★
MAP P.217-A2　　　　　　　　Cathédrale St-Gatien

　13世紀に着工し、16世紀に完成した大聖堂。数世紀にわたって建てられたため、後陣は初期ゴシック様式、ファサードは後期ゴシックのフランボワイヤン様式、ふたつの塔の上部はル

内陣のステンドグラスはシャルトルやブールジュの大聖堂と同じ13世紀のもの

ネッサンス様式……というふうに、さまざまな建築様式が交ざっている。にもかかわらず、非常に調和の取れた姿が印象的。聖堂内部も繊細な美しさに満ちている。特に内陣の色鮮やかなステンドグラスは1255年から1267年にかけて作られた傑作だ。

サン・ガシアン大聖堂
住 Pl. de la Cathédrale
開 8:30〜19:00
（季節によって異なる）
料 無料

ロワール

トゥール美術館 ★

MAP P.217-A2 Musée des Beaux-Arts de Tours

サン・ガシアン大聖堂に隣接する17世紀の司教館を改装した美術館。15世紀イタリアの画家マンテーニャの『キリストの復活La Résurrection』と『オリーブ庭園の祈りLa Prière au Jardin des Oliviers』は必見。ほかに、ルーベンス、ナティエ、ブーシェ、ドラクロワ、ドガなど充実したコレクションを誇る。手入れの行き届いたフランス式庭園があり、晴れた日はベンチに座って日光浴する人々の姿が多く見られる。

トゥール美術館
住 18, pl. François Sicard
開 9:00〜18:00
（⊕は9:30〜）
休 火、1/1、5/1、7/14、11/1、11/11、12/25
料 €8.40、学生と65歳以上€4.20、第1⊕無料
URL mba.tours.fr

大聖堂の2本の塔が見える庭園

トゥール

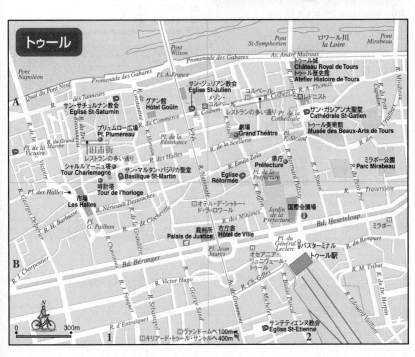

トゥール

トゥールのおすすめホテル／レストラン Hホテル Rレストラン

古城巡りの拠点となる町だけに、手頃な2つ星を中心にさまざまなタイプのホテルが揃っている。

H R オセアニア・リュニヴェール・トゥール
Oceania l'Univers Tours 4★ MAP P.217-B2

170年来の伝統があるトゥール随一のデラックスホテル。駅から徒歩約5分という立地ながら、騒々しさとは無縁で、落ち着いた雰囲気。ロビーの壁は、ルーズヴェルト、ヘミングウェイなど、このホテルに宿泊した世界の著名人を描いたフレスコ画で飾られている。併設のレストラン「La Touraine」も評判がよい。トゥーレーヌ産のチーズ、サン・モールをソースに使った料理などを楽しめる（夜ムニュ€25または€29）。

住 5, bd. Heurteloup
TEL 02.47.05.37.12
料 SW€120〜 €18 CC AMV
室 91室 P €23 ※ Wi-Fi
URL www.oceaniahotels.com

H キリアード・トゥール・サントル
Kyriad Tours Centre 3★ MAP P.217-B2

町の中心からは離れるが、客室はこまめに改装されており、快適に過ごせるホテル。荷物が多ければ、駅前から10番のPaul Doumer行きのバスに乗り、Boisdenierで下車するといい。

住 65, av. de Grammont
TEL 02.47.64.71.78
料 SW€89〜113 €11.50
CC ADJMV 室 50室
P €10 ※ Wi-Fi
URL tours-centre.kyriad.com

H ミラボー
Mirabeau 2★ MAP P.217-B2

❶前の大通りBd. Heurteloupを旧市街とは反対方向に7分ほど歩いた所に建つ。広々として清潔な客室と手頃な料金が最大の魅力だ。

住 89bis, bd. Heurteloup
TEL 02.47.05.24.60
料 S€65〜85 W€75〜95 €10
CC MV 室 24室
URL www.hotel-mirabeau.fr

H オテル・デ・シャトー・ド・ラ・ロワール
Hôtel des Châteaux de la Loire 2★ MAP P.217-B1

駅から徒歩約10分。トラムで行くならNationale下車。旧市街に近く、何をするにも便利な立地。シンプルながら清潔感のある部屋でくつろげる。

住 12, rue Gambetta
TEL 02.47.05.10.05
料 S€55〜115 W€55〜125 €9.50
休 12月中旬〜3月中旬
CC AMV
室 30室 P €10 Wi-Fi
URL www.hotelchateauxloire.com

H ヴァンドーム
Vendôme 2★ MAP P.217-B2

駅から徒歩約10分、安価ながら全室シャワー、WC付きのかわいらしいホテル。オーガニック食材にこだわった朝食がうれしい（日曜は朝食の提供はなし）。気さくなオーナー夫妻が片言の日本語であいさつしてくれる。

住 24, rue Roger Salengro TEL 02.47.64.33.54
料 S€43〜70 W€48〜91 €12
CC AJMV 室 11室
P €12 ※ Wi-Fi
URL www.hotelvendome-tours.com（日本語あり）

R レドニスト
L'Hédoniste MAP P.217-A2

サン・ガシアン大聖堂近くにある人気のワインビストロ。料理とともにロワールワインを楽しみたい。なるべく予約を。

住 16, rue Lavoisier
TEL 02.47.05.20.40
営 12:00〜13:30、19:00〜21:30
休 6〜8月の⑪昼、9〜5月の⑪、⑪
料 ムニュ€32、€36
CC MV
URL www.lhedoniste-caviste.com

旧市街の中心であるプリュムロー広場とその周辺に、気軽に入りやすいカフェやレストランが集まっている。サン・ガシアン大聖堂近くのコルベール通りもレストランが多い。

H コルベール
Colbert MAP P.217-A2

駅から徒歩約10分。周りには雰囲気のいいレストランが多く、夜遅くまでにぎわっている。

住 78, rue Colbert
TEL 02.47.66.61.56
料 S€65〜70 W€72〜80 €9.50
URL tours-hotel-colbert.fr

R メゾン・コルベール
Maison Colbert MAP P.217-A1

季節によってメニューの変わる、旬の食材を使った料理が人気。サービスのよさも評判。

住 26, rue Colbert
TEL 02.47.05.99.81
料 ムニュ€36、€41
URL www.maisoncolbert.fr

Le Mans

中世の面影が色濃く残る旧市街

ル・マン

郵便番号：72000　人口：約15万人

ローマ時代の城壁に囲まれたル・マンの旧市街

　ル・マンは、サルト県の県都であり、人口約15万人を抱える近代的な商工業都市。「24時間耐久レース」で世界的に有名で、郊外のサーキット内にはマニア必見のコレクションを誇る**自動車博物館**Musée des 24 Heuresもある。

　自動車レース開催時以外は静かな町だが、サルト川のほとりにひっそりと残る旧市街はフランスでも指折りの美しさ。古い町並みが好きな人ならきっと虜になってしまうはず。この旧市街は、中世の一時期にこの地を支配していたイギリスの王朝にちなんで**シテ・プランタジュネ**Cité Plantagenêtと呼ばれている。カラフルな木骨組みの家やルネッサンス時代の優美な邸宅が並ぶ町並みは、『シラノ・ド・ベルジュラック』（1990年）、『仮面の男』（1998年）など数々の映画の撮影地にもなった。旧市街の一角には、11〜15世紀に建てられた**サン・ジュリアン大聖堂**Cathédrale St-Julienがそびえる。ゴシック様式の堂々

大聖堂内の小さな礼拝堂の天井に、楽器を手にした47人の天使たちが舞う

たる後陣が印象的だが、聖堂内部にも芸術作品があふれている。特に、正面入口を入ってすぐの右側にある現存する最古のステンドグラス『キリストの昇天』と、内陣奥の礼拝堂の天井に描かれた『天使たちの音楽会』は見逃せない。

　旧市街はル・マンの駅から2kmほど離れているので、タクシーかトラムT2線（Bellevue-Hauts de Coulaines行きに乗りComtes du Maine-Office du Tourisme下車）を使うといい。

ACCESS

🚄パリ・モンパルナス駅からTGVで約1時間。トゥールからTERで1時間〜1時間30分。

🛈 観光案内所

メインの🛈
🏠16, rue de l'Etoile
☎02.43.28.17.22
FAX02.43.28.12.14
🕐10:00〜13:30
　　14:30〜18:00
　　（⊕は10:00〜18:00）
休⊕祝
URL www.lemans-tourisme.com

旧市街の🛈（夏期のみ）
🏠41-43, Grande Rue

トラム、バス
🎫1回券€1.50、24時間券€4.20
URL www.setram.fr

自動車博物館
🏠9, pl. Luigi Chinetti
🕐5〜9月　　10:00〜19:00
　10〜4月　　10:00〜18:00
　（入館は閉館の1時間前まで）
休1/1、12/25
🎫€10、10〜18歳€7.50
URL www.lemans-musee24h.
　　　　　　　　　com

幻想の世界への旅
7月〜9月上旬の日没後、旧市街の10の観光スポットが巨大なスクリーンとなるイルミネーションショー「空想の夜La Nuit des Chimères」が開催される。
URL www.nuitdeschimeres.com

夜には幻想の世界を映し出すスクリーンとなる大聖堂

ル・マンのおすすめホテル／レストラン　Hホテル Rレストラン

旧市街の中に町並みに溶け込んだ魅力的なプライベートホテルがある。

H R コンコルディア・ル・マン・サントル・ガール
Concordia Le Mans Centre Gare 4★

　トラム駅Préfectureからすぐのホテル。「24時間耐久レース」の会場へもアクセスしやすい。ブラッスリー「Amphitryon」では地の食材を生かした伝統的なフランス料理を味わうことができる。
🏠16, av. du Général Leclerc
☎02.43.24.12.30
🎫Ⓢ€75.49〜 Ⓦ€99.49 ⃝€14
CC A M V　室65室
P €13　⦿　Wi-Fi
URL www.hotel-concordia-lemans.com

ブラッスリー
🕐12:00〜14:00
　19:00〜22:00
🎫ムニュ€15.90〜
休⊕日　英　Wi-Fi

はみだし 「ル・マン24時間」は、毎年6月中旬の週末に行われるカーレース。24時間走り続ける過酷な競走だ。観客にとっても24時間連続観戦はキツイが、レース終了後は、表彰式を見るために、サーキットに入れるのが魅力。

緑の谷にたたずむ優美な城を巡る

ロワールの古城

宝石のような古城の数々

世界遺産

シュリー・シュル・ロワールとシャロンヌ間のロワール渓谷
Val de Loire entre Sully-sur-Loire et Chalonnes
（2000年登録、2017年に修正登録）

川沿いをレンタル自転車で
ロワール渓谷はサイクリングロードが整備されている。体力と天候次第だが、ブロワなどの主要駅のある町からレンタサイクルで古城を巡るのも一案。詳細は各❶で。ホテルで借りられる場合も多いので、予約時に問い合わせてみよう。

© D.Darrault – CRT Centre – Val de Loire

ミニバスツアーはトゥールの❶前集合でわかりやすい。複数社のツアーがここから出発するので、自分が申し込んだ会社の車をきちんと確認すること。写真は「トゥーレーヌ・エヴァジオン」（→P.221）のベテランガイド、パトリックさん

ルネッサンスの傑作、シャンボール城

ロワール地方には、ロワール川やその支流に沿って多くの古城が点在している。自分の興味や日程に合わせて、効率よく古城を巡る方法を考えたい。

≫≫ ロワールの古城を巡るには ≫≫

●鉄道やバスなどを利用して個人で回る

　トゥール（→P.216）またはブロワ（→P.222）を古城巡りの起点にする。特にトゥールは各古城へのアクセスがよく、ツアーなども多く便利。シュノンソー、アンボワーズ、アゼー・ル・リドー、シノンへはトゥールから列車で行ける。トゥール駅前にはローカルバスも頻繁に発着している。時刻表は駅前広場にあるバスの案内所で手に入る。ブロワからはアンボワーズ、ショーモン・シュル・ロワールへ列車ですぐ。また、シーズン中はシャンボール城、シュヴェルニー城へのバスの便がある。

●トゥール発のミニバスツアーを利用する

　列車やローカルバスだけでは、有名な城を2～3日ですべて回るのは難しい。滞在期間の短い人は、トゥール発のミニバスツアーを利用すれば、効率よく多くの城を訪れることができる（→P.221）。入場料は別になるが、団体割引料金で入れる。

●車を借りてオリジナルのルートを回る

　車の運転ができるなら、レンタカー（→P.524）が便利。運転ができない人でも、タクシーや、運転手付きでミニバスを借り切ることもできる。ミニバスは、午後の半日借り切って€300前後が目安。人数や時間によっては、ツアーに参加するより割安になる場合も。

●パリ発の日帰りバスツアーを利用する

　マイバス、パリシティヴィジョンなどがパリからのツアーを催行している（→P.88～89）。朝パリ発、夜帰着の日帰りコースになる。ふたつの城を訪れ、昼食やワイン試飲が付くコースで約€260。昼食各自負担のコースもある。

はみだし　トゥールの❶でシャンボール城、ブロワ城、アンボワーズ城、クロ・リュセ城、シュノンソー城など、おもな城の前売り券を購入できる。たいてい1割ほど割引になるうえ、現地で並ぶことなく入場できるので一石二鳥。

トゥール発 ミニバスツアー

　下記の表は、2023年夏期の参考例。訪問地、曜日、時間、料金は、変更されることがある。最新のプログラムについては、各主催会社、またはトゥールの❶に資料請求するか、ウェブサイトで確認すること。

			アゼー・ル・リドー城	アンボワーズ城	ヴィランドリー城	クロ・リュセ城	シャンボール城	シュヴェルニー城	シュノンソー城	ショーモン・シュル・ロワール城	ユッセ城	ブロワ城	ランジェ城	料金	出発時刻	帰着時刻
トゥーレーヌ・エヴァジオン	午前	毎日			●				●					€30	9:30	13:00
		毎日	●		●									€30	9:30	12:30
	午後	毎日					●	●						€50	13:00	18:45
		毎日						●	●					€50	13:00	18:30
		毎日							●	●				€50	13:00	18:00
		毎日								●		●		€50	13:30	17:45
アコ・ディスポ	午前	月~土		●										€28	9:00	12:40
		月~土	●											€28	9:00	12:40
		月~土			●									€28	9:00	12:00
	午後	月~土					●	●						€42	12:50	18:20
		月~土		●										€42	12:50	18:20
		月~土							●					€42	12:30	18:20
		月~土								●				€42	12:50	18:20
		月~土							●					€42	12:50	18:20

● 立ち寄り見学あり

午前と午後のツアーを組み合わせて1日ツアーにすると、割引料金になる場合もある

ミニバスツアーで古城巡り。効率よく多くの城を訪れることができる

ミニバスツアー

日本出発前の予約はトゥールの❶または各ツアー会社のウェブサイトの予約フォームでできる。現地ではトゥールの❶で予約可能。❶前から出発。城の入場料は別。団体割引料金で入れる城もある。

●トゥーレーヌ・エヴァジオン
TOURAINE EVASION
英、仏語による案内。日本語オーディオガイドあり。
TEL 06.07.39.13.31
URL www.tourevasion.com
（日本語あり）

「トゥーレーヌ・エヴァジオン」のオーディオガイド。各城に到着する前に、車内で聞くことができる。日本語での説明はとてもわかりやすい

●アコ・ディスポ **ACCO-DISPO**
英・仏語による案内。日本語オーディオガイドあり。
TEL 06.82.00.64.51
URL www.accodispo-tours.com
（日本語あり）

ロワール

ロワールの古城

ロワールの古城

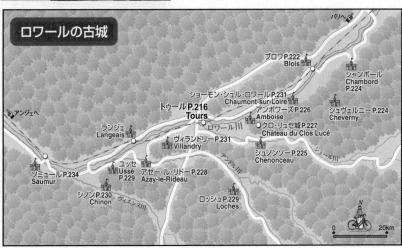

パリへ
ブロワ P.222 Blois
シャンボール Chambord P.224
ショーモン・シュル・ロワール P.231 Chaumont-sur-Loire
トゥール P.216 Tours
アンボワーズ P.226 Amboise
シュヴェルニー P.224 Cheverny
クロ・リュセ城 P.227 Château du Clos Lucé
アンジェへ
ランジェ Langeais
ロワール川
ヴィランドリー P.231 Villandry
シュノンソー P.225 Chenonceau
ユッセ P.229 Usse
ソミュール P.234 Saumur
アゼー・ル・リドー P.228 Azay-le-Rideau
シノン P.230 Chinon
ヴィエンヌ川
ロッシュ P.229 Loches
アンドル川
0　　　　20km

はみだし　ロワール川流域の城館をまとめて紹介しているウェブサイト（URL www.valdeloire-france.com/loire-chateaux）では各館のイベント情報などが随時更新されている。古城巡りを思い立ったらまずチェックしてみよう。

221

フランス建築史がひとめで見渡せる

ブロワ

ルイ12世の騎馬像　郵便番号：41000　人口：約5万人

パリ
ブロワ

ACCESS

🚃パリ・オステルリッツ駅から
TERで約1時間30分。トゥールから
TERで40分。ブロワ・シャン
ボールBlois Chambord駅下車。

❶ 観光案内所

🏠 5, rue de la Voûte　MAP P.222
☎ 02.54.90.41.41
🕐 10〜3月　　　10:00〜13:00
　　　　　　　　14:00〜17:00
　　4〜9月　　　9:00〜13:00
　　　　　　　　14:00〜19:00
　　（⑧は午前のみ）
🚫 10〜3月 の ⑧、1/1、12/25
🌐 www.bloischambord.com

シャンボールとシュヴェルニーの巡回バス Navette Châteaux

ブロワはトゥール（→P.216）と並ぶ
古城巡りの起点の町としておすす
め。特に3月下旬から11月上旬は、
ブロワ駅前のバスターミナル（Gare
SNCF）からシャンボール城とシュ
ヴェルニー城を巡回するバスが出
るので便利（→P.224）。バスのチ
ケットを提示するとそれぞれの城
の入城料が割引になる。

馬車の市内ツアー

4〜9月に市街やロワール川沿岸、
ブロワ城の周りを巡る馬車ツアー
がある。約25分。予約不要。詳細
はウェブサイトで確認のこと。
🎫 €9
🌐 www.attelagesdeblois.fr

© OTi

ブロワ城

🏠 6, pl. du Château
🕐 7・8月　　　9:00〜19:00
　　4〜6・9・10月
　　　　　　　　9:00〜18:30
　　11〜3月　　10:00〜17:00
　　（入場は閉館の30分前まで）
🚫 1/1、12/25
🎫 €14
🌐 www.chateaudeblois.fr

ロワール川の右岸に広がるブロワの町　　　© Léonard de Serres

　ロワール川の右岸、町の高台にそびえるブロワ城は駅から近く、
最も訪ねやすい城のひとつ。5世紀にわたって増築されてきた
ため、建築様式の変遷がひとめで見渡せるのが興味深い。パリ
から鉄道でのアクセスがよく、古城巡りの拠点にもなっている。

歩き方

　駅前のAv. du Docteur J. Laigretを真っすぐに進み、王の庭園
Jardin du Roiを越えると右側にブロワ城がある。❶は城のすぐ
向かいなのでわかり
やすい。

　城以外にはこれと
いった見どころは少
ないが、比較的大き
な町なので、旧市街
に出て散歩を楽しむ
のもいい。城の前の
広場から、馬車で市
内を遊覧することも
できる。

ブロワ

おもな見どころ

ブロワ城
MAP P.222　　　★★★
Château Royal de Blois

　ブロワで生まれたルイ12世がフランス王に即位した1498年
から、アンリ4世が宮廷をパリに移すまでの約100年間、ブロ
ワ城はフランス王の第1城だった。5世紀にわたって増改築が繰

　はみだし　「パス・シャトーPass'Châteaux」は、ロワール古城の入場が組み合わされたもので、例えばブロワ城、シャンボー
ル城、シュヴェルニー城がセットになったパスで€41。そのほか組み合わせは多数。ブロワの❶で購入できる。

フランソワ1世階段はルネッサンス建築の傑作

ブロワ城は、アンリ2世の王妃、カトリーヌ・ド・メディシスが亡くなった城でもある。宝石や書類、毒薬まで隠してあったという隠し戸棚のある書斎も見ることができる

り返されたため、さまざまな建築様式が混在していて、さながら建築博物館のようだ。

駅から高台に上っていくとたどり着く広場Pl. du Châteauに面して、れんがと石造りの美しい城館が建つ。1500年頃にルイ12世によって造営された**ルイ12世棟**で、建築様式は後期ゴシックのフランボワイヤンスタイル。

その十数年後の1515年にフランソワ1世の命で着工されたのが、**フランソワ1世棟**だ。中庭に立つとまず目に留まるのが、八角形の**フランソワ1世階段**。ところどころに火トカゲ（フランソワ1世のシンボルマーク）を配したこのらせん階段は、初期ルネッサンスの傑作に数えられる。ルイ12世棟と比べれば、ルネッサンスの風潮が、当時この国でいかに急速に広がったかがわかるだろう。

中庭の奥にあるのが**ガストン・ドルレアン棟**。ルイ13世の弟オルレアン公ガストンによって1635年から1638年にかけて建てられた古典様式の典型的建築物である。

この城で繰り広げられた数々の事件のなかでも最も有名なのは、1588年のギーズ公暗殺だろう。パリ市民の人気を博し王位をうかがおうとしたギーズ公は、国王アンリ3世の命による20人の刺客に取り囲まれ、あえない最期を遂げた。フランソワ1世棟には、ギーズ公が殺害された部屋が残されている。

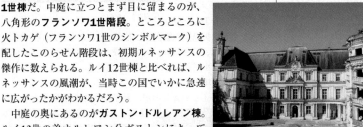

中庭に入って右側にフランソワ1世棟、奥がガストン・ドルレアン棟。建築様式の違いがひとめでわかる

ブロワのおすすめホテル　Ｈホテル

中規模の町なので、家庭的な小ホテルからビジネスホテルまで各種の宿がある。

Ｈ ル・モナルク
Le Monarque 3★　　　　　　　　MAP P.222

　駅から徒歩約10分。ブロワの町の中心にある小さいけれどモダンな造りの快適なホテル。
住 61, rue Porte Chartraine
TEL 02.54.78.02.35
料 Ｓ€86〜 Ｗ€91〜 　€9.50
CC MV　室 32室　P €5　Ｙ1　※　Wi-Fi
URL www.hotel-lemonarque.com

Ｈ アンヌ・ド・ブルターニュ
Anne de Bretagne 3★　　　　　　MAP P.222

　駅から約150m、ブロワ城まで約300mの好ロケーション。客室は2023年に改修工事を終えたばかり

で快適に過ごせる。家族旅行に便利な3〜4人部屋もある。
住 31, av. du
　　Dr. Jean Laigret
TEL 02.54.78.05.38
料 Ｓ€59〜89
　Ｗ€69〜109　€10
休 11月下旬〜12月上旬、2月に3週間、
　12/24、12/25
CC MV　室 29室　P €10　Wi-Fi
URL www.hotelannedebretagne.com

Column Festival　音と光のスペクタクル Spectacle Son et Lumièree

　4月上旬〜9月下旬と諸聖人の日を挟む休暇期間（10/21〜11/4）の夜にブロワ城で行われる「音と光のスペクタクルSon et Lumière」は見逃せない。約45分間、城の外壁全体に歴史絵巻を思わせる映像が映し出され、幻想的なムード満点だ。

開 4・9月　22:00〜
　5〜8月　22:30〜
料 €21（日本語オーディオガイド付き）、城との共通券€21

夜は城の外壁がスクリーンとなる

はみだし　2022年にオープンした「ロラトワールL'Oratoire」は、ブロワ城のフランソワ1世棟を眺めながら食事を楽しめるレストラン。ランチにもおすすめ（ウェブサイトで予約可能）。住 1, av. du Dr. Jean Laigret URL www.loratoireblois.fr

Château de Chambord
ソローニュの森にたたずむ壮麗な城
シャンボール城

　この城を築いたのは、1515年に弱冠20歳でフランス王となったフランソワ1世。即位直後に遠征したミラノで華麗なイタリアルネッサンス文化に触れ、フランス帰国後、さっそくシャンボール城の建設に着手した。

フランスルネッサンスの傑作といわれるにふさわしい壮麗なたたずまい

　もともとは狩猟用の離宮として建てられたものだが、できあがった城館は、高さ56m、77の階段、282の暖炉、426の部屋をもつ、狩猟小屋としては桁外れの大きさ。もちろんロワール流域で最大の城だ。

有名な2重らせん階段

　この城の目玉といえるのが、天守の中央にある2重らせん階段で、人がすれ違わないで昇降できる巧妙な技術が用いられている。城の設計者の名は伝わっていないが、フランソワ1世が心酔しイタリアから呼び寄せたレオナルド・ダ・ヴィンチの発想が取り入れられていることは間違いないだろう。

　シャンボール城の敷地面積は5440ha。これはパリ市の大きさに匹敵し、ヨーロッパ最大の森林公園となっている。シカやイノシシなどさまざまな野生動物が生息する森を散策するのも楽しい。また2017年には、失われていた18世紀のフランス式庭園が復元された。

Château de Cheverny
白亜の優雅なプライベートシャトー
シュヴェルニー城

　端正な左右対称の姿と石の白さが印象的な城。この白さは、年月を経るほどに白くなる特徴をもつブレ産の石を用いていることによる。この城は17世紀前半の建造以来、同一家系の一家が住居としている私有地。それだけに、内部の装飾や家具調度がよく保存され、歴代城主の古い肖像画と並んで現在の城主一家の写真も飾られているなど、生活のぬくもりが感じられる城である。第2次世界大戦中には、『モナ・リザ』などルーヴル美術館の所蔵品が戦火を避けるため、この城に保管されていたことがある。

© CDV
クラシック様式の端正な外観

Château de Chenonceau

シェール川に浮かぶ "6人の女の城"

シュノンソー城

シェール川に影を落とす優美な姿

ロワールの古城のなかでも1、2位の人気を争う城が、ここシュノンソー城だ。人気の理由は何といってもその外観の美しさにある。城内にロワール川の支流、シェール川が流れ、川をまたぐように白い城館がたたずむ。その気品あふれる姿はまるで水辺に羽を休める白鳥のようだ。

16世紀の創建以来19世紀まで、代々の城主が女性だったことから「6人の女の城」とも呼ばれる。なかでも忘れるわけに

ディアヌの部屋

はいかないのが、2番目の城主ディアヌ・ド・ポワティエ。時の王アンリ2世の寵姫で、王より20歳も年上でありながら、衰えることのない美貌で愛を独占した。しかし、アンリ2世の死後、正妻カトリーヌ・ド・メディシスは積年の恨みをはらすべくディアヌを城から追い出し、3番目の城主に収まる。カトリーヌはシェール川に架かる橋の上にギャラリーを造り、現在見られる特徴的な城の姿を生み出した。白黒の大理石の床が美しいギャラリーでは夜な夜な豪華な宴が開かれ、シュノンソー城は最も華やかな時代を迎えたのである。

城を囲むふたつのフランス式庭園には、かつての愛憎劇をしのばせるかのように、それぞれカトリーヌとディアヌの名がつけられている。

カトリーヌの庭園から見た城

ACCESS

🚃トゥールからTERで約30分のシュノンソーChenonceaux下車。駅から城まで徒歩約5分。

列車では往復切符を
シュノンソーの駅は無人駅。ホームに券売機があるが、あらかじめ往復切符を購入しておいたほうがいい。

シュノンソー城
🏠 37150 Chenonceau
🕐 7月上旬〜8月下旬
　　　　　　9:00〜19:00
　その他の期間は〜16:30、
　〜17:30、〜18:00のいずれかになる
　　（入場は閉館の30分前まで）
🚫 無休
💰 €15.50、日本語オーディオガイド付き€19.50
🌐 www.chenonceau.com
※ウェブサイトで要予約

ディアヌの庭園

庭園内のレストラン
シュノンソー城の庭園内に、かつてのオレンジ温室を改装したレストラン「ロランジュリーL'Orangerie」があり、特別なディナー企画などに使われている。敷地内にはほかに、気軽に利用できるセルフサービスレストランもある。

シュノンソーのおすすめホテル／レストラン　Ｈホテル Ｒレストラン

駅から城と反対側に、レストラン付きの田舎風ホテルが軒を並べている。

ＨＲ ラ・ロズレ
La Roseraie 3★

シュノンソー駅に近く、シュノンソー城までも歩いてすぐ。18世紀の建物を改装し、ブドウのツタに覆われたすてきな雰囲気のホテル。夏にはプールも利用でき、のんびりと滞在できる。

🏠 7, rue du Dr. Bretonneau
📞 02.47.23.90.09 📠 02.47.23.91.59
💰 Ⓢ€89〜99 Ⓦ€89〜165　●€16
🚫 11/15〜3/15　💳 ＡＭＶ　🛏 23室
Ｐ 無料　❄　Wi-Fi

レストラン
🕐 12:00〜14:00、19:00〜21:00
🚫 ㊊〜㊎の昼、㊊の夜
💰 夜ムニュ€42、€59
🌐 www.hotel-chenonceau.com

はみだし　シュノンソー城の敷地内にはワイン蔵"Caves des Dômes"があり、シュノンソーのワインを試飲することができる。販売もしているので、おみやげにもおすすめ。🕐 10:30〜12:30、13:00〜18:00 🚫 ㊐㊋

レオナルド・ダ・ヴィンチが晩年を過ごした地
アンボワーズ

クロ・リュセ城の庭園で

郵便番号：37400　人口：約1万3000人

ACCESS

🚃 パリ・オステルリッツ駅から
TERで約1時間50分。トゥールか
らTERで約20分。駅から城までは
約1km。

🛈 観光案内所

🏠 Quai du Général de Gaulle
MAP P.226
TEL 02.47.57.09.28
開 7・8月

囲〜土	9:00〜13:00
	14:00〜19:00
日 祝	10:00〜13:00
	14:00〜17:00

4〜6・9・10月

囲〜土	10:00〜13:00
	14:00〜18:00
日 祝	10:00〜13:00
	14:00〜17:00

11〜3月

囲 金	10:00〜12:00
	14:00〜16:00

休 11〜3月の囲 火 水 土 日 祝
URL www.amboise-valdeloire.
com

ロワール川を見下ろすアンボワーズ城

ロワール川を見下ろす高台にそびえるアンボワーズ城。ここに
は古代から要塞が築かれていたが、15世紀末、イタリア遠征か
ら帰ったシャルル8世によって、ルネッサンスの粋を集めた華
麗な城に改築された。この城における最も著名な事件は、フラ
ンソワ2世時代に起きた新教徒の大虐殺。新教徒が錦の御旗を
入手すべく王を奪いに来たが、理由を知った旧教徒に、この城
内で大量に惨殺されたのだ。時は1560年。迫り来る宗教改革
の嵐を予告するような事件であった。

》》》 歩き方 》》》

駅からアンボワーズ城までは約1km。城に向かう途中、ロワー
ル川の対岸から眺める城と町の全景がすばらしい。🛈は城の麓
のロワール川沿いにある。川から城の入口へ向かう道の周辺は、
レストランやカフェが並ぶにぎやかな城下町になっていて雰囲
気がいい。アンボワーズ城のあとは、晩年のレオナルド・ダ・ヴィ
ンチが住んだ館、ク
ロ・リュセ城を訪れ
よう。城の南東500m
ほどの所にある。

駅からアンボワーズ城までは……
約1kmなので歩けない距離ではな
いが、夏の暑い日は日陰がないの
でつらいかもしれない。列車の時
間に合わせてタクシーが待ってい
ることもあるが、見あたらなけれ
ば駅で呼んでもらうといい。タク
シーで駅からアンボワーズ城まで
は約5分。

ロワール河畔の美しい町

))) おもな見どころ (((

アンボワーズ城 ★★★
MAP P.226 Château Royal d'Amboise

1496年、イタリア遠征時にかの地の洗練された生活に魅せられたシャルル8世は、画家、建築家、造園家、料理人、仕立て職人などあらゆる文化の担い手をイタリアから呼び寄せた。ただし、アンボワーズ城はすでに工事が進んでいたため、それほどイタリアの影響は感じない。当時は今の何倍も大きく華麗な王宮だったアンボワーズ城だが、現存するのはロワール川に面した巨大円塔**ミニムの塔**Tour des Minimesとそれに続く中央棟だけ。直径21mもある塔の内部は、馬や馬車でも上ることのできるらせん斜路になっている。

© Stevens Frémont

城壁内にある**聖ユベール礼拝堂**Chapelle St-Hubertはゴシックフランボワイヤン様式の傑作で、非常に凝った造り（修復工事後2024年6月再開予定）。シャルル8世がイタリアに心酔する以前にフランドルから呼び寄せた彫刻家たちの作品だ。堂内には、1516年にフランソワ1世に招かれてこの地に住んだレオナルド・ダ・ヴィンチの墓がある。

聖ユベール礼拝堂の内部

クロ・リュセ城 ★★
MAP P.226 Château du Clos Lucé

晩年のレオナルド・ダ・ヴィンチがフランソワ1世から与えられた館で、1516年から没する1519年5月までをここで過ごした。現在は博物館となり、ダ・ヴィンチが息を引き取った寝室、客人を迎えた大広間などが再現されている。館を囲む広い敷地は、**レオナルド・ダ・ヴィンチ・パーク**となっている。

© Léonard de Serres

ここでは彼の発明の数々が、実際に体験できる遊具として再現されている。遊具とはいえ、その精巧な設計とアイデアには驚かされるはずだ。レオナルドの絵に描かれた植物を集めた小さな庭園もある。

レオナルドが晩年の3年間を過ごした館

LEONARDO DA VINCI

礼拝堂の中にあるレオナルド・ダ・ヴィンチの墓

アンボワーズ城
🏠 Montée de l'Emir Abd el Kader
🕐 1/2～1/31　10:00～12:30
　　　　　　　14:00～16:30
　　2月　　　　9:00～17:00
　　3月　　　　9:00～17:00
　　4～6月　　 9:00～18:30
　　7・8月　　 9:00～19:00
　　9/1～10/20　9:00～18:00
　　10/21～10/31 9:00～17:00
　　11/1～12/15 9:00～12:30
　　　　　　　 14:00～16:30
　　12/16～12/31 9:00～16:30
🚫 1/1、12/25
💰 €15、学生€12.20
　（日本語ビジュアルガイド付き）
🔗 www.chateau-amboise.com

クロ・リュセ城
🏠 2, rue du Clos Lucé
🕐 1月　　　　10:00～18:00
　　2～10月　 9:00～19:00
　　（7・8月は～20:00）
　　11・12月　9:00～18:00
　　（入場は閉館の1時間前まで）
🚫 1/1、12/25
💰 €18、学生€12.50
🔗 vinci-closluce.com

レオナルドの発明品に出合える

アンボワーズのおすすめホテル／レストラン
Ｈホテル Ｒレストラン

城の麓のロワール川沿いに眺めがいいすてきなホテルが並んでいる。

Ｈ ル・マノワール・レ・ミニム
Le Manoir Les Minimes 5★ **MAP P.226**

18世紀の修道院を改装したデラックスホテル。ロワール川沿いにあり、落ち着いた雰囲気。
🏠 34, quai Charles Guinot
📞 02.47.30.40.40
💰 Ⓢ Ⓦ€149～359　◉€21
💳 ＭＶ 🛏 15室 Ｐ無料 ✕ Wi-Fi
🔗 manoirlesminimes.com

Ｒ ル・リオン・ドール
Le Lion d'Or **MAP P.226**

地元の食材を使った料理とともに、ロワールワインを味わえる。なるべく予約を。
🏠 17, quai Charles Guinot
📞 02.47.57.00.23 🕐 12:00～13:30、19:00～21:00 🚫 ⓓの夜、ⓜ Ⓣ 💰 昼ムニュ€21、€24、夜ムニュ€42、€61 💳 ＡＭＶ 英
🔗 leliondor-amboise.eatbu.com

ロワール

アンボワーズ

🚃 トゥールからTERで約30分。駅から城までは約2km、徒歩約20分。

ℹ️ 観光案内所
🏠 4, rue du Château
☎ 02.47.45.44.40
🕐 5～9月
　(月)～(土)
　　　　　　9:30～13:00
　　　　　　14:00～18:00
　　　　　　(7・8月は～19:00)
　　(日)(祝)　9:30～13:00
　　　　　　14:00～17:30
　　　　　　(7・8月は～18:00)
　10～4月　毎日　9:30～12:30
　　　　　　14:00～17:30
🚫 10～4月の(日)(祝)
🌐 www.azay-chinon-valdeloire.com

アゼー・ル・リドー城
🏠 19, rue Balzac
🕐 4～6・9月　　9:30～18:00
　7・8月　　　9:30～19:00
　10～3月　　10:00～17:15
　（入場は閉館の1時間前まで）
💰 €11.50、18歳未満無料、
　11・12・2・3月の第1(日)無料
🚫 1/1、5/1、12/25
🌐 www.azay-le-rideau.fr

歴代侯爵の肖像画が飾られたビヤンクール・サロンは19世紀当時の雰囲気が再現されている

Azay-le-Rideau
郵便番号：37190　人口：約3400人

アンドル川に浮かぶ宝石
アゼー・ル・リドー

　ロワール地方には、本流のロワール川と、比較的広い支流シェール川とヴィエンヌ川、細く小川のように民家の間を流れるもうひとつの支流アンドル川が流れている。**アゼー・ル・リドー城**Château d'Azay-le-Rideauはこのアンドル川のほとりにたたずむ城。こぢんまりとしているけれどこのうえなく美しい館で、初期ルネッサンス建築の傑作のひとつに数えられる。バルザックは『谷間の百合』のなかで、この城を「アンドル川にはめ込まれたダイヤモンド」とたたえた。

　16世紀初め、王室の財務官を務めていた資産家により建てられたものだが、後にフランソワ1世によって没収される。その後も次々と所有者が変わり、1905年に国有となった。城館内部では、各時代の城主が残した調度品やタピストリーなどを見ることができる。

水面に映る影が美しく人気が高い

Column / Literature　バルザックゆかりの静かな城館

バルザックに愛された瀟洒な館

　ロワール川の支流、アンドル川沿いにある小さな村サシェSaché。谷間を見下ろして建つ**サシェ城**は、19世紀の文豪バルザックの友人が所有していたものだ。バルザックは、しばしばパリの喧騒を逃れてこの城に滞在し、『谷間の百合』『ゴリオ爺さん』など数多くの作品を執筆した。

　城内にはサロンや寝室、書斎が保存され、ゆかりの品々、肖像画などが展示されている。

サシェ城（バルザック博物館）
Château de Saché - Musée Balzac
🚃 トゥールの南西約30km。アゼー・ル・リドーの東約7km。
🗺 P.215　🏠 Rue du Château 37190 Saché
🕐 7・8月　10:00～19:00
　4～6・9・10月　10:00～12:30、13:30～18:00
　11～3月　10:00～12:30、14:00～17:00
　（入場は閉館の30分前まで）
🚫 11～3月の(火)、1/1、12/25
💰 €6、学生€5
🌐 www.musee-balzac.fr

コーヒーを何十杯も飲みながら執筆した書斎

© Christophe Raimbault

ロワール

Cité Royale de Loches
中世の名花アニエス・ソレルが暮らした
ロッシュ城

のどかな風景のなかにどっしりと構えた城

　アンドル川のほとりの、そびえる塔が印象的な城。11世紀に建てられたドンジョン（天守閣）と、14世紀・15世紀に建て加えられた城で構成されている。高さ36mのドンジョンの上からは、美しいロッシュの町を見渡すことができる。

　この城もまた数々の歴史的逸話に彩られている。1429年、オルレアンを解放に導いたジャンヌ・ダルクが、シャルル7世の居城であったロッシュ城に駆けつけ、ランスでの戴冠を進言した。また、フランス国王公認の初めての寵姫として知られる、アニエス・ソレルが滞在していたことでも有名で、城内にはアニエスの墓と横臥像がある。

Château d'Ussé
“眠れる森”にたたずむ白亜の城
ユッセ城

深い森に包まれたおとぎの城

　ロワール川から分かれたばかりの支流、アンドル川のほとりに建つユッセ城。この城が特に有名なのは、シャルル・ペローの童話『眠れる森の美女』のモデルとなったためだ。アンドル川越しに見る城はとにかくすてき。背後には深い森があり、早朝ここを訪れると、全体がぼーっと霧に包まれ三角屋根の塔が霞んで見え、まさに童話の雰囲気そのまま。バレエ映画『オーロラ』（2006年）のロケ地にもなった。天才造園家ル・ノートルによるフランス式庭園も散策したい。

ACCESS

🚃トゥールからTERまたは国鉄バス（→P.523）で約1時間のロッシュLoches下車。駅から城まで約1km。

ロッシュ城
🏠 5 pl. Charles VII 37600 Loches
🕐 5〜8月　　　　　9:30〜19:00
　3・4・9・10月　9:30〜18:00
　11〜2月　　　　9:30〜17:00
　（入場は閉館の30分前まで）
🚫 1/1、12/25
💰 €10.50、学生€8.50、見学当日のTERのチケットの提示で€8.50
🌐 citeroyaleloches.fr

高さ36mの四角いドンジョン

ACCESS

🚌交通の便は悪く、レンタカーやミニバスによるプライベートツアーに組み込んで訪れるのが最も合理的（→P.221）。

ユッセ城
🏠 Chateau d'Usse 37420 Rigny-Ussé
🕐 10:00〜18:00
　（4〜9月は〜19:00）
　（入場は閉館の1時間前まで）
🚫 11月中旬〜2月中旬
💰 €14、8〜16歳€7
🌐 www.chateaudusse.fr

『眠れる森の美女』のワンシーンを再現した展示

アゼー・ル・リドー＆ロッシュ城＆ユッセ城

229

🚃トゥールからTERまたは国鉄バス（→P523）で約50分。駅からシノン城までは約1.5km。

観光案内所

🏠 1, rue du Commerce
📞 02.47.93.17.85
🕐 5〜9月
例〜⊕		9:30〜13:00
		14:00〜18:00
		（7・8月は〜19:00）
例		10:00〜13:00
		14:00〜18:00
		（7・8月は〜19:00）
10・〜4月 毎日 10:00〜12:30		
		14:00〜18:00

🚫 10〜4月の例祝
🌐 azay-chinon-valdeloire.com

シノン城

🏠 2, rue du Château
🕐 5〜8月　　　　9:30〜19:00
　3・4・9・10月　9:30〜18:00
　11〜2月　　　　9:30〜17:00
🚫 1/1、12/25
💶 €10.50、学生€8.50
🌐 www.forteressechinon.fr

城内でひと休みするなら

シノン城を訪れたら、一角にあるサロン・ド・テ「ル・リサンドルLe Lysandre」でひと息つくのもおすすめ。オープンテラスが心地いい。クレープなどの軽食もとれる。

旧市街の「グラン・カロワGrand Carroi」と呼ばれる四つ辻のRue Jeanne d'Arcの入口に、ジャンヌ・ダルクが馬を降りるときに片足を置いた井戸が再現されている

Chinon

郵便番号：37500　人口：約8000人

ジャンヌ・ダルクゆかりの古城がある

シノン

　ロワール川の支流、ゆったりと流れるヴィエンヌ川のほとりに建つ**シノン城**Forteresse Royale de Chinon。1429年、ジャンヌ・ダルクが初めてシャルル7世に謁見した場所として、この城は歴史に名を刻むことになった。

　ジャンヌの力を試すために、シャルル7世は、替え玉を玉座に座らせ、自分は廷臣に扮して人々の間に紛れていた。とこ

シノンの城壁から旧市街とヴィエンヌ河畔のすばらしい景色を望む

ろが、ジャンヌは偽の王には目もくれず、一面識もないシャルル7世のもとに迷わず歩み寄ってひざまずいたという。その歴史的会見の後数世紀を経て、すっかり廃墟となったシノン城。ジャンヌを迎えた大広間も、今では暖炉を残すのみだ。とはいえ、うち捨てられた廃墟独特の枯れた味わいがあり、ほかの華麗な城館よりもこの城を好む古城ファンは少なくない。

　城の麓には、古く美しい家並みの城下町が広がる。ロワール地方の郷土料理が食べられるレストランや名産のシノンワインが飲めるワインバーも多く、ぶらぶら歩きが楽しい。シノン出身の作家、ラブレーが言っている。"人はワインを造り、ワインは人をつくり変える"。そんなワインを一度飲んでみてほしい。

穏やかに流れるヴィエンヌ川の対岸から見るシノン城

シノンのおすすめホテル

Ｈホテル

城の麓に広がる中世の町に、落ち着いた雰囲気のホテルが数軒ある。

Ｈ ディドロ

Diderot 3★

　駅前から真っすぐ延びる道を10分ほど歩き、Pl. Jeanne d'Arcに出たら、そこから延びるRue de Buffonに入ってすぐ。15世紀のお屋敷を改装したすてきなホテル。グループ、家族向けの部屋もある。朝食は花と緑にあふれた庭で。

🏠 4, rue de Buffon　📞 02.47.93.18.87

💰 Ⓢ€65〜112　Ⓦ€72〜112　🛏€12
🚫 11月
💳 ＡＭＶ
🛏 26室
🅿 €8　📶
🌐 hoteldiderot.com

Château de Villandry
幾何学模様の見事な庭園が自慢
ヴィランドリー城

フランス式庭園の傑作

　16世紀前半に建てられた城館だが、この城を有名にしているのは、建物よりも幾何学模様の広大な庭園。20世紀初頭に城を購入したジョアキン・カルヴァロがその修復に生涯をささげ、ルネッサンス様式の元の姿をよみがえらせたものだ。庭は、最上段の「水の庭園Jardin d'Eau」、中段の「装飾庭園Jardin d'Ornement」そして「菜園Potager」の3つで構成されており、テラスや塔から全景を眺めることができる。装飾庭園には、「優しい愛Amour tendre」「移り気な愛Amour volage」など4つの意味合いをもつ「愛の庭園Jardins d'Amour」があり、解説を読みながら歩くのも楽しい。

Château de Chaumont-sur-Loire
国際庭園祭で有名
ショーモン・シュル・ロワール城

ロワール川沿いの丘の上にたたずむ
© Leonard de Serres

　町の高台に建つ16世紀の城塞。軍事目的に建てられた城塞ではあるが、ルネッサンスの影響も受けているため、荒々しい印象はない。ここに住んでいたアンリ2世の正妻、カトリーヌ・ド・メディシスが、夫の死後、ディアヌ・ド・ポワティエからシュノンソー城を取り返すため、代わりに与えた城として知られる。庭園やテラスから望むロワール川流域の眺望も必見だ。

ACCESS
🚌トゥールの南西約15km。7・8月は毎日トゥール駅前のバスターミナル (Gare de Tours) からシャトルバスNavetteで所要約35分 (URL www.filbleu.fr)。そのほかの時期はトゥールからタクシーまたはミニバスツアーで(→P221)。

ヴィランドリー城
🏠 Château de Villandry 37510 Villandry
🕐 9:00〜17:00
（月によって異なる）
🚫 1月上旬〜2月上旬、
11月中旬〜12月上旬
💰 €13（冬期は€9）、26歳未満の学生€7.50
URL www.chateauvillandry.fr

庭園
🕐 9:00〜17:00
（季節により延長される）
🚫 無休
💰 城と共通、
庭園のみ€8

ルネッサンス様式の「装飾庭園」

ACCESS
🚃トゥールからTERで約30分、またはブロワからTERで約10分のオンザン・ショーモン・シュル・ロワールOnzain-Chaumont sur Loire駅下車。駅から城まで約3km。

ショーモン・シュル・ロワール城
🏠 41150 Chaumont-sur- Loire
🕐 10:00〜19:00
（冬期は〜17:30）
🚫 1/1、12/25
💰 €14（国際庭園祭期間は€20）、
URL domaine-chaumont.fr
（日本語あり）

© Duriez CRT Centre
アイデアあふれる庭園の中を散策できる国際庭園祭

アンジュー公のもとに花開いた宮廷文化

アンジェ

郵便番号：49000　人口：約15万人

厚い壁に守られたアンジェ城

ACCESS

🚄 パリ・モンパルナス駅からTGV
で約1時間40分。トゥールから
TERで約1時間。ナントからTGVま
たはTERで40分。アンジェ・サン・
ロー Angers St-Laud駅下車。

❶ 観光案内所

🏠 7, pl. Kennedy　　MAP P.232
📞 02.41.23.50.00
🕐 4〜9月　㊊〜㊏ 9:30〜18:30
（4月〜5月下旬の㊐ ㊗〜17:30）
10〜3月　㊊ 14:00〜17:30
　　　　㊋〜㊏ 10:00〜17:30
🚫 10〜3月の㊐、1/1、5/1、
11/1、12/25
🌐 www.tourisme.destination-
angers.com

アンジェ・シティ・パス
Angers City Pass
アンジェ城など市内の主要観光ス
ポットや近郊の城館に無料入場でき
るほか、市内バスとトラムが半
額になるパス。購入は❶で。
💶 24時間券€17、48時間券€26

アダンの家 Maison d'Adam
🛍 旧市街に残る15世紀の建物
「アダンの家」。現在は、地
方の特産品を売るみやげ物屋「ラ・
メゾン・デザルティザン」になって
いる。
🏪 ラ・メゾン・デザルティザン
La Maison des Artisans
MAP P.232　🏠 1, pl. Ste-Croix
🕐 9:30〜19:00（㊐14:00〜）
🚫
🌐 www.maison-artisans.com

メーヌ川河岸に広がるアンジェの町

古代から中世にかけてアンジュー家の公国首都として栄え、華
やかな宮廷文化が花開いた町。歴代公爵の宮廷生活の香り高さ
を伝えているのが、アンジェ城の中に残る『ヨハネの黙示録の
タピストリー』だ。15世紀にはルネ善良公により大学が設置さ
れ、フランスの学芸の中心地となった。現在も人口の1割が学生。
1000年の歴史をもちながら、若々しい活気にあふれた町である。

≫≫ 歩き方 ≫≫

　メーヌ川河岸の丘の斜面に築かれたこの町は、ロワールの古
城巡りの西の玄関でもある。比較的大きな町だが、おもな見ど
ころは駅とメーヌ川の間に集まっている。広い通りには近代的
な建物も目立つが、市庁舎近くの商店街には石畳の坂道沿いに
古い建物が残っている。❶はアンジェ城の前。

「ラ・メゾン・デュ・ケルノンLa Maison du Quernon」はアンジェのスレート屋根瓦をイメージした青いチョ
コで知られるショコラトリー。MAP P.232　🏠 22, rue des Lices　🌐 quernon.fr

)))おもな見どころ(((

アンジェ城 ★★★
MAP P.232
Château d'Angers

　13世紀、隣国ブルターニュ公国ににらみをきかせるため、ルイ9世によって建てられた。最大の見ものは、『**ヨハネの黙示録のタピストリー**Tenture de l'Apocalypse』。14世紀、アンジュー公ルイ1世が織工ニコラ・バタイユに作らせた世界最大のタピストリーだ。外光を遮断した半暗闇の空間に、高さ5m、幅130mもあるタピストリーがかけられている様は壮観。このタピストリーは聖ヨハネが見た啓示を描いたものだ。7つの頭をもった怪物の表現がおもしろく、またマグマのように赤い液体がどろどろ流れていく様子など、実にうまく織り込んであるものだと感心。ヨハネは赤い衣に包まれて、本を持ち、啓示をとてもさめた目で見つめている。生々しい光景の前に、彼はあくまで冷静だ。それぞれの場面に何が描かれているかを説明したガイドも置いてあるので、参照しながら見ていこう。

アンジェ美術館 ★★
MAP P.232
Musée des Beaux-Arts d'Angers

　14世紀から現代までの幅広い所蔵品を揃えているが、なかでもアンジェの貴族リヴォワ侯が収集した18世紀ロココ絵画（アングル、ヴァトー、フラゴナールなど）のコレクションが名高い。

19世紀の肖像画を集めた"赤い部屋"

ジャン・リュルサと現代タピストリー美術館 ★★
MAP P.232
Musée Jean Lurçat et de la Tapisserie Contemporaine

　アンジェ城のタピストリー『ヨハネの黙示録』に感銘を受けてジャン・リュルサJean Lurçat（1892〜1966）が制作した、『世界の歌』の一連のタピストリーを展示している。黒地に赤と黄を多用した色彩、描象的構図は力強く、迫力がある。

鮮やかな色彩と表現力に驚かされる

アンジェ城
- 住 2, promenade du Bout du Monde
- 開 5/2〜9/4　10:00〜18:30
　　9/5〜4/30　10:00〜17:30
　　（入場は閉館の45分前まで）
- 休 1/1、5/1、12/25
- 料 €9.50
- バス アンジェ・シティ・パスで無料
- URL www.chateau-angers.fr

城壁の中の美しいフランス庭園

アンジェ美術館
- 住 14, rue du Musée
- 開 10:00〜18:00
- 休 ㊊、1/1、5/1、11/1、11/11、12/25
- 料 €6、26歳未満無料
- バス アンジェ・シティ・パスで無料
- URL musees.angers.fr

ジャン・リュルサと現代タピストリー美術館
- 住 4, bd. Arago
- 開 10:00〜18:00
- 休 ㊊、1/1、5/1、11/1、11/11、12/25
- 料 €6、26歳未満無料
- バス アンジェ・シティ・パスで無料
- URL musees.angers.fr

アンジェのおすすめホテル／レストラン　Hホテル Rレストラン
駅前に手頃なホテルが集まっているが、観光に便利なのは中心街のホテル。

HR ベスト・ウエスタン・オテル・ダンジュー
Best Western Hôtel d'Anjou 4★　MAP P.232

　アンジェの中心街に近いエレガントなホテル。2022年から改装工事を行い、サウナとハマムおよびリラクゼーション施設も充実。
- 住 1, bd. du Maréchal Foch
- TEL 02.41.21.12.11
- 料 SW€114〜210　⬛€15.50
- CC AJMV　室 53室　P €15　🍴 Wi-Fi
- URL www.hoteldanjou.fr

H ヴァンテ・アン・フォッシュ
21, Foch　MAP P.232

　19世紀の建物に、モノトーンを基調にしたインテリアを配したシックなデザインホテル。客室は清潔で機能的。
- 住 21, bd. du Maréchal Foch
- TEL 02.30.31.41.00
- 料 SW€83〜165　⬛€15
- CC AMV　室 12室
- 🍴 Wi-Fi
- URL www.21foch.fr

はみだし 「テラ・ボタニカTerra Botanica」は花と緑のテーマパーク。市内からトラムA線で約20分のTerra Botanica下車。
MAP 地図外　開 4月上旬〜9月下旬　料 €18.50　URL www.terrabotanica.fr

233

ACCESS
🚉トゥールからTERで30～50分。アンジェからTERで20～35分。

[i] 観光案内所
[住] 8bis, quai Carnot [MAP] P.234
[TEL] 02.41.40.20.60
[FAX] 02.41.40.20.69
[開] 9:30～12:30
14:00～18:00
（季節、曜日によって異なる）
[休] 9～3月の[日][祝]
[URL] www.ot-saumur.fr

Saumur　郵便番号：49400　人口：約2万7000人

ロワールを見下ろす城と乗馬の町

ソミュール

ロワール川と青い屋根の連なる美しいソミュールの町を望む

ロワール川を見下ろす小高い丘の上にたたずむ**ソミュール城Château de Saumur**は、ロワール地方でも人気の高い城のひとつ。城は13世紀に城塞として造られたが、14世紀にアンジュー公によって改築され美しい城へと生まれ変わった。この地特産の白色の石を使った姿は、おとぎ話に出てくる城を思わせ、「この世で最も美しい本」と呼ばれる『ベリー公のいとも豪華なる時祷書』（→P.179、P.242）のなかに、その姿が描かれていることでも知られている。

城の内部は、中世からルネッサンス期の美術品や馬術に関する幅広いコレクションを収める博物館として公開されている。テラスから見下ろすロワール川と、青いスレート葺きの屋根が連なるソミュールの町の眺めは非常に美しい。

ソミュールには、ルイ15世が創立した由緒正しい**国立馬術学校Ecole Nationale d'Equitation**があり、古くからフランス王家御用達の町であった。馬術学校の教授団は「**カドル・ノワールCadre Noir**」と呼ばれ、馬術ショーを披露している。

ソミュール城
[MAP] P.234
[住] 49400 Saumur
[開] 2・3・10～12月
10:00～13:00
14:00～17:30
4～9月　10:00～18:00
[休] 9～6月の[月]、1/1、12/25
[料] €8.50
[URL] www.chateau-saumur.fr

カドル・ノワール
[MAP] P.234
[住] Av. de l'Ecole Nationale d'Equitation 49400 St-Hilaire St-Florent
ガイドツアーで見学（英語あり）。所要約1時間。詳細、各種スペクタクル（別料金）はウェブサイトでスケジュールの確認を。
[開] 2月上旬～11月上旬
[料] €8
[URL] www.ifce.fr/cadre-noir/

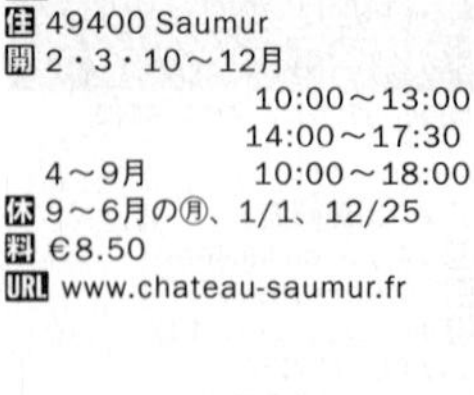
© Alain Laurioux

ソミュールのおすすめホテル　[H]ホテル

[i]付近からロワール河岸にかけて落ち着いた雰囲気の2～3つ星ホテルが点在している。

[H] アンヌ・ダンジュー
Anne d'Anjou 4★　[MAP] P.234

川側の部屋からはロワールの美しい夕景が楽しめ、中庭側の部屋からはソミュール城が見える。クラシックな内装も魅力的。
[住] 33, quai Mayaud [TEL] 02.41.67.30.30
[料] [S][W]€102～ ☕込み
[CC] [A][M][V] [室] 42室 [P] €12 ❄ [Wi-Fi]
[URL] www.hotel-anneanjou.com

[はみだし] ソミュールにはマニア必見の「戦車博物館Musée des Blindés」がある。ヨーロッパのものを中心に、800近く（うち200ほどが実走可能）の戦車を保有している。[MAP] P.234 [URL] www.museedesblindes.fr

過去と未来が交錯するアートの町

ナント

中にアートがあふれる

郵便番号：44000　人口：約29万8000人

ロワール

ソミュール＆ナント

トラムが走る現代的な町並み

ナントは、ロワール川が大西洋に注ぎ込む河口近くに開けた町。16世紀にフランスに併合されるまでは、ブルターニュ公国の中心地であった。16〜18世紀にかけてはフランス最大の港として栄え、アフリカ、アメリカを結ぶ三角貿易により、巨大な富を得た。20世紀後半に造船業が衰退してからは「現代アートの町」として再出発。芸術と文化を中核に据えた都市計画は高く評価され、現在は「フランス人が最も住みたい町」ともいわれている。

>>> 歩き方 >>>

　ナント駅北口を出て、トラムの走る大通りを左に進んでいくと、堀に囲まれたブルターニュ大公城が見えてくる。❶は城の入口のすぐ前にあるので、まずはここで観光情報を手に入れるといい。城から北へRue M. Rodierを歩けば、ブルターニュ公国最後の大公が眠る大聖堂、サン・ピエール・サン・ポール大聖堂Cathédrale St-Pierre-St-Paulの前に突き当たる。

　ナントの繁華街はロワイヤル広場Place Royaleからクレビヨン通りRue Crébillonにかけての一帯。ブランドショップが並ぶほか、19世紀にできたアーケード街パッサージュ・ポムレもここにある。ナント独特の町並みとして見逃せないのが、フェイドー島Ile Feydeau（MAP P.236-B1）と呼ばれる一画。その名のとおり、昔はロワール川の中州だった所で、18世紀、三角貿易（いわゆる奴隷貿易）によって富を得た豪商たちのアパルトマンが建ち並ぶ。後に川が埋め立てられ、地盤沈下したせいで、建物全体がゆがんでいるのがおもしろい。

　人口29万人を抱える大都市ながら、中心街はコンパクトにまとまっていて歩きやすい。現代アートの名所ナント島に行くときなどはトラムを利用するといい。

ACCESS
パリ・モンパルナス駅からTGVで約2時間10分。トゥールからTERで約1時間40分。アンジェからTERまたはTGVで35〜55分。

❶ 観光案内所
9, rue des Etats　MAP P.236-A2
08.92.46.40.44
10:00〜18:00
（㊍は11:00〜、㊐㊗は〜17:00）
無休
URL www.levoyageanantes.fr

トラム、バス
フランスでは近年、多くの町でトラムが復活しているが、その先駆けとなったのが、ここナント。1985年、フランスで復活第1号となった。
1回券€1.70、10回券€16、24時間券€6
URL www.tan.fr

バス・ナントPass Nantes
市内バスやトラムが乗り放題、10ヵ所以上の名所に無料入場でき、市内ガイド付きツアーやエルドル川クルーズにも参加できるパス。購入は❶で。
24時間券€27、48時間券€37

ラインに沿ってアート散歩
町を歩いていると見かける、通りに引かれた緑のライン。これは現代アートから歴史遺産まで約40のスポットを結んだ、全長12kmの散策コース。ラインに沿って歩くだけで、必見のスポットを巡ることができる。

フェイドー島の家並み

ブルターニュ大公城
住 4, pl. Marc Elder
城壁と中庭
開 8:30〜19:00
　（7・8月は〜20:00）
料 無料

ナント歴史博物館
開 10:00〜18:00
　（入場は17:30まで）
休 9〜6月の⑨、1/1、5/1、
　11/1、12/25
料 €9、18〜25歳€5
バス パス・ナントで無料
URL www.chateaunantes.fr

中庭から眺める姿は外観とは対照的にエレガントで繊細な雰囲気

))) おもな見どころ (((

ブルターニュ大公城　★★★

MAP P.236-A2　　　　　　　　Château des Ducs de Bretagne

外観はいかめしい要塞そのもの

　1446年、ブルターニュ公国最後の大公フランソワ2世によって建築が始められ、娘であるアンヌ・ド・ブルターニュの時代に完成した。1532年にブルターニュ公国がフランスに併合されてからは、フランス王の城となった。この城における最も有名なできごとといえば、1598年の「ナントの勅令」公布だろう。カトリックと新教徒との間に勃発した宗教戦争を鎮めるため、アンリ4世が新教徒に対して信仰の自由を認めたものだ。さまざまな制約付きの条文だったが、40年に及んだ宗教戦争が一応終結することになった。

　城の内部はマルチメディアを駆使した現代的な**ナント歴史博物館**Musée d'Histoire de Nantesになっている。現代的な展示演出でナントが経験してきたさまざまな歴史的できごとを解説している。

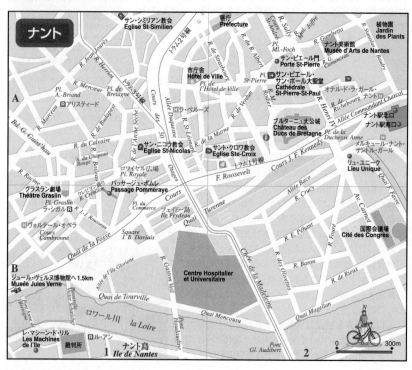

レ・マシーン・ド・リル ★★★
MAP P.236-B1   Les Machines de l'Ile

ロワール川中州の**ナント島Ile de Nantes**はかつて工業都市ナントの中心地だったが、1987年に造船所が閉鎖されて以来、誰も訪れないさびしい場所になっていた。荒廃した地区の活性化のために生まれたのが、ジュール・ヴェルヌやレオナルド・

大人も子供も楽しめるファンタジーワールド

ダ・ヴィンチの世界を表した「レ・マシーン・ド・リル」という芸術プロジェクト。高さ12m、重さ40tの巨大な機械仕掛けの象が、腹と背中に40人ほどの乗客を乗せて島内を歩く。何とも奇抜なアイデアだが、これが大成功し、今ではこの象を目当てにナントを訪れる観光客も多い。3層からなる巨大な**海のメリーゴーラウンド**Carrousel des Mondes Marinも人気。

ナント島の西端には、バナナ倉庫跡を利用したカフェ、レストラン街があり、こちらも流行のスポットとなっている。

パッサージュ・ポムレ ★★
MAP P.236-B1   Passage Pommeraye

1843年に建てられたショッピングアーケード。パリに多く見られるパッサージュだが、3層構造なのはフランスでもここだけ。ガラス張りの天井は明るく、円柱や彫像の古典的な装飾がクラシックなムードを醸し出している。ジャック・ドゥミ監督の映画『ローラ』(1961年)の撮影にも使われた。

ナント美術館 ★★
MAP P.236-A2   Musée d'Arts de Nantes

光あふれる中庭を囲む19世紀の建物の中に13世紀イタリア絵画から現代までの幅広い作品が揃う。クールベの『麦をふるう女たちLes Cribleuses de blé』、アングルの『ド・スノンヌ夫人Portrait de Madame de Senonnes』などは見逃せない。"夜の画家"として知られるジョルジュ・ド・ラ・トゥールの作品も3点所蔵しており、うち1点は珍しい昼の絵だ。

リュ・ユニーク ★★
MAP P.236-A2   Lieu Unique

ナント生まれのビスケットメーカー「LU」の工場跡にできたカルチャースペース。展覧会、コンサートなどが行われるほか、おしゃれなカフェ・レストランもあり、いつもにぎわっている。町のシンボルにもなっている塔は19世紀の面影を今も残している。

開放的な雰囲気のカフェが人気

レ・マシーン・ド・リル
🏠 Parc des Chantiers, Bd. Léon Bureau
🕐 7月中旬～8月下旬
　　　　　　　10:00～20:00
　　　(その他の時期は短縮)
🚫 ⑪(学校休暇期間を除く)、1/1、5/1、12/25、1月上旬～2月上旬
💰 展示ギャラリー、象の散歩、海のメリーゴーラウンド各€9.50
🎫 パス・ナントで展示ギャラリーまたは海のメリーゴーラウンド1回無料
🌐 www.lesmachines-nantes.fr

「海のメリーゴーラウンド」はジュール・ヴェルヌの世界を彷彿させるアトラクション

パッサージュ・ポムレ
🏠 20, Passage Pommeraye
🌐 www.passagepommeraye.fr

レトロな雰囲気漂うパッサージュ・ポムレ

ナント美術館
🏠 10, rue Georges Clemenceau
🕐 11:00～19:00
(㊌は～21:00)
(入場は閉館の30分前まで)
🚫 ⑫、1/1、5/1、11/1、12/25
💰 €9、9～6月の第1⑪無料
🎫 パス・ナントで無料
🌐 museedartsdenantes.
　　nantesmetropole.fr

リュ・ユニーク
🏠 2, rue de la Biscuiterie
🌐 www.lelieuunique.com

ジュール・ヴェルヌ博物館 ★★

[MAP] P.236-B1　Musée Jules Verne

『80日間世界一周』『海底二万里』など多くの冒険小説を残したナント生まれの作家、ジュール・ヴェルヌの博物館。館内は「空への旅の世界」「旅に関するもの」「ジュール・ヴェルヌの生涯」といったように、テーマ別に11の陳列室に分かれている。美しい装丁の本やポスター、飛行船の模型、潜水具、地図、パズルなど冒険に憧れる少年の心を刺激する品々が展示されている。

ヴェルヌの作品世界を彷彿させる展示品の数々

ジュール・ヴェルヌ博物館
[住] 3, rue de l'Hermitage
[開] 14:00～18:00
　(㊏は10:00～12:00もオープン)
[休] ㊋ 1/1、5/1、11/1、12/25
[料] €4、18～25歳€1.50
[URL] julesverne.nantesmetropole.fr
トラム1号線でGare Maritimeまで行き、ロワール川沿いを歩いていくと、美術館への案内が見えてくる。

ジュール・ヴェルヌの生家
ジュール・ヴェルヌは1828年、当時はまだ川の中州だったフェイドー島（[MAP] P.236-B1）で誕生。幼少時から目の前を行き交う船を眺め、未知の世界への想像を膨らませていたのだろう。Cours Olivier de Clissonの4番地に生家を示すプレートがある。

ナントのおすすめホテル／レストラン

ビジネスマンも多い町なので、機能的で質のいいホテルが比較的手頃な料金で見つかる。

[H] ラ・ペルーズ
La Pérouse 4★　[MAP] P.236-A1

ナントを代表するモダン建築として知られる。フェイドー島の傾いた建物を模した、モダンでありながら古い町並みに溶け込んだデザインが見事。
[住] 3, allée Duquesne
[TEL] 02.40.89.75.00 [FAX] 02.40.89.76.00
[料] ⓈⓌ€94～309 ☕€18.50
[CC] [A][M][V] [室] 46室 🚭 [Wi-Fi]
[URL] www.hotel-laperouse.fr

[H] ヴォルテール・オペラ
Voltaire Opéra 3★　[MAP] P.236-B1

ナントの繁華街の中心にあり、「レ・マシーン・ド・リル」へも徒歩約10分。6つのカテゴリーに分かれた客室はいずれもシックな趣。家族旅行に便利な3～4人部屋もある。トラム1号線Médiathèque下車。
[住] 10, rue Gresset [TEL] 02.40.73.31.04
[料] ⓈⓌ€101～220 ☕€15
[CC] [A][M][V] [室] 37室 [Wi-Fi]
[URL] www.hotelvoltaireoperanantes.com

[R] ラ・シガル
La Cigale　[MAP] P.236-B1

19世紀末創業のブラッスリー。建物は文化遺産に指定されており、ナントの名所のひとつ。大西洋で取れた魚の料理をミュスカデワインとともに味わおう。予約が望ましい。

[住] 4, pl. Graslin
[TEL] 02.51.84.94.94
[営] 12:00～17:00(L.O.)、18:00～翌0:30(L.O.)
（店は7:30から営業）
[休] 無休
[料] ムニュ€25.90
[CC] [J][M][V] [英]
[URL] www.lacigale.com

[R] ル・アン
Le 1　[MAP] P.236-B1

現代アートがひしめくナント島の裁判所隣、川を眺めるテラスがあるモダンなレストラン。サービスも料理も洗練されている。予約が望ましい。
[住] 1, rue Olympe de Gouges
[TEL] 02.40.08.28.00
[営] 12:00～14:00(L.O.)、19:00～23:00(L.O.)
[料] 昼ムニュ€17、夜ムニュ€30
[休] ㊐の夜 [CC] [J][M][V] [英]
[URL] www.leun.fr

[H] メルキュール・ナント・サントル・ガール
Mercure Nantes Centre Gare 4★　[MAP] P.236-A2
ナント駅南口出てすぐ。快適な滞在ができる。
[住] 50-51, quai Malakoff [TEL] 02.40.35.30.30
[料] ⓈⓌ€143～168 ☕€16.50
[URL] all.accor.com/hotel/3448/index.fr.shtml

[H] オテル・ド・ラ・ガール・ナント
Hôtel de la Gare Nantes 2★　[MAP] P.236-A2
ナント駅北口を出てすぐ。簡素だが、清潔でくつろげる。
[住] 5, allée Commandant Charcot
[TEL] 02.40.74.37.25 [料] Ⓢ€63～100 Ⓦ€72～100
☕€8 [URL] www.hotel-gare-nantes.com

[R] アリスティード
Aristide　[MAP] P.236-A1
新鮮な食材を使ったおいしいフランス料理を楽しめる。
[住] 1, pl. Aristide Briand [TEL] 02.49.62.25.06
[営] 12:00～14:30、19:00～23:00 [料] 昼ムニュ€17、夜ムニュ€24 [URL] www.aristidenantes.com

ジャンヌ・ダルクの像

救国の少女ジャンヌ・ダルクの魂が生きる
オルレアン
郵便番号：45000　人口：約11万5000人

オルレアンのシンボル、サント・クロワ大聖堂

ロワール川の右岸にあるロワレ県の中心都市。オルレアンといえば誰しも思い浮かべるのが、ジャンヌ・ダルクだろう。英仏百年戦争末期、イギリス軍に包囲され陥落寸前だったオルレアンを解放、フランス軍を奇跡的な勝利に導いた国民的ヒロインだ。彼女の思い出は600年以上たった今もオルレアンの人々の胸に深く刻まれ、毎年5月の解放記念日には、盛大な「ジャンヌ・ダルク祭」が開かれる。

ACCESS
🚉 パリ・オステルリッツ駅からTERで約1時間。トゥールからTERで約1時間20分。ブロワからTERで約40分。

🛈 観光案内所
🏠 23, pl. du Martroi　MAP P.239
📞 02.38.24.05.05
🕐 4〜9月　毎日　9:30〜19:00
　10〜3月
　　㈪〜㈯　　9:30〜18:30
　　㈰㈷　　　10:00〜18:00
🚫 1/1, 1/2, 12/25
🔗 www.tourisme-orleansmetropole.com

》》》 歩き方 》》》

　オルレアンの町の中心は、駅から約500mほどのマルトロワ広場Pl. du Martroi。中央にはジャンヌ・ダルクの像が立っている。このあたりから南のロワール川までの一帯が、商店やレストランが建ち並ぶ繁華街になっている。トラムの走る大通り、ジャンヌ・ダルク通りRue Jeanne d'Arcの東の突き当たりに見えるのがサント・クロワ大聖堂。大聖堂の向かい側に、グロロ邸、オルレアン美術館Musée des Beaux-Arts d'Orléansなどの見どころと🛈がある。

トラム
オルレアンはそれほど大きな町ではないが、2路線あるトラムを利用すればより効率よく回れる。
🎫 1回券€1.70、24時間券€4.10
🔗 www.tao-mobilites.fr

オルレアン美術館
15世紀から現代までのイタリア、フランドル、フランス絵画を幅広く所蔵。さまざまな時代に描かれたジャンヌ・ダルク像も。
MAP P.239
🏠 1, rue Fernand Rabier
🕐 10:00〜18:00
　（㈮は〜20:00、㈰は13:00〜）
🚫 ㈪、1/1、5/1、5/8、7/14、11/1、11/11、12/25
🔖 €6、第1㈰無料

再建されたジャンヌ・ダルクの家

ジャンヌ・ダルクの家
- 🏠 3, pl. du Général de Gaulle
- 🕐 10:00～13:00
　　14:00～18:00
- 休 ㊐㉂、10～3月の午前
- 料 €6
- URL www.jeannedarc.com.fr

サント・クロワ大聖堂
- 🏠 Pl. Ste-Croix
- 🕐 4～9月　　9:15～19:00
　　10～3月　　9:15～18:00
- 料 無料
- URL www.cathedrale-orleans.fr

グロロ邸
- 🏠 Pl. de l'Étape
- 🕐 ㊊～㊎　　10:00～12:00
　　　　　　　14:00～18:00
　　㊏　　　　10:00～19:00
　　㊐　　　　10:00～18:00
- 休 行事のある日
- 料 無料

館内に展示されている16世紀に描かれたジャンヌ・ダルクの肖像

))) おもな見どころ (((

ジャンヌ・ダルクの家　★★
MAP P.239　　　　　　　　Maison Jeanne d'Arc

　マルトロワ広場のジャンヌ・ダルクの像からほど近い場所に建つ小さな家。もともとはオルレアン公の財務官、ジャック・ブーシェの家だが、ジャンヌが1429年4月29日から5月9日まで滞在したことから「ジャンヌ・ダルクの家」と呼ばれている。第2次世界大戦時の爆撃で焼失し、現在の建物は1965年に復元されたもの。内部ではジャンヌの人生とオルレアン解放の経緯を紹介する映像が上映されている。

サント・クロワ大聖堂　★★
MAP P.239　　　　　　　　Cathédrale Ste-Croix

町を見守ってきた大聖堂

　町の中心にそびえ立つ優美なゴシック様式の大聖堂。13世紀に建造が始まったが、16世紀に新教徒によって破壊され、17～19世紀にかけて再建、修復を繰り返してきた。ジャンヌ・ダルクの生涯を描いた10枚のステンドグラスは19世紀末の作品。ジャンヌ・ダルクにささげられた礼拝堂には、20世紀初めにジャンヌの列聖に貢献したトゥーシェ枢機卿の像がある。

グロロ邸　★★
MAP P.239　　　　　　　　Hôtel Groslot

　16世紀中頃の優美なルネッサンス様式の邸宅で、オルレアンの判官ジャック・グロロが建てさせたもの。後にオルレアン市に寄贈され1982年まで市庁舎として使われてきた。結婚式の間をはじめ、館内のそこかしこでジャンヌ・ダルクの肖像を見ることができる。

ルネッサンス様式の優美な建築物

オルレアンのおすすめホテル　🅗ホテル
駅と中心街を結ぶ大通り周辺に手頃で快適な2～3つ星ホテルが点在している。

🅗 オテル・ド・ラベイユ
Hôtel de l'Abeille 3★　　　　　　　**MAP P.239**

　駅から徒歩約5分の大通り沿いに建つ、100年続く家族経営のホテル。古きよき雰囲気を大切にしつつ、バスルームなどの設備はモダンに改装されていて快適。サロンにはジャンヌ・ダルクの影像やポスターが飾られ、オルレアンに来たことを実感できる。
- 🏠 64, rue d'Alsace Lorraine
- 🕿 02.38.53.54.87
- 料 Ⓢ€68～145 Ⓦ€81～145 ●込み
- CC AMV
- 室 24室　P €15　Wi-Fi
- URL hotel-abeille.com（日本語あり）

　はみだし　リンゴのお菓子タルト・タタン発祥のホテル「メゾン・タタンMaison Tatin」はオルレアンからTERで約30分のラモット・ブヴロンLamotte Beuvron駅前にある。**MAP P.215** URL www.lamaisontatin.fr

ジャンヌ・ダルクの生涯
フランスを救った奇跡の少女

ロワール川の向こうに見えるオルレアンの町(上)。ジャンヌがこの町に滞在したのはわずか11日間だが、オルレアン解放のヒロインは今も人々の心に生き続け、旧市庁舎グロロ邸にあるジャンヌの像(左)をはじめ、町のいたるところで彼女に出合うことができる

奇跡のオルレアン解放

ジャンヌ・ダルクは、1412年、フランス北東部の農村ドンレミDomrémyに生まれた。ごく平凡な少女として育ったジャンヌだったが、13歳のとき「神の声」を聞く。

「フランス王のもとに行き、戴冠させよ。まずはオルレアンの囲みを解け」

その頃、王位継承を争う英仏の百年戦争は最終局面を迎えていた。フランスはイギリス軍に連戦連敗を喫し、パリを追われた王太子シャルルは戴冠式も行えないままロワール地方の片隅シノン(→P.230)で失意の日々を送っていた。フランス王はランス(→P.268)での戴冠式を済ませなければ正式な王とは認められなかったのだ。

1429年、17歳になったジャンヌは、フランスを救うべく立ち上がる。まずシノンに駆けつけ王太子シャルルと謁見する。4月末、ジャンヌに率いられた軍隊は、フランス最後の砦となっていたオルレアンに進軍。7ヵ月もの間イギリス軍に包囲されていた町をわずか1週間で解放してしまった。その後、ジャンヌはロッシュ城(→P.229)で王太子シャルルに戴冠式を行うよう進言した。

勢いづいたジャンヌ軍は、敵軍を次々と蹴散らしながらランスに向かう。1429年7月17日、ジャンヌに伴われた王太子シャルルは大聖堂で戴冠。ついに正式なフランス王シャルル7世として即位した。神の意志を実現させたジャンヌの顔はこの日、喜びと栄光に輝いていた。

ルーアンでの火刑

しかしその後、ジャンヌの神通力は急速に翳っていく。フランス王となったシャルル7世はイギリスとの講和の道を模索し始め、あくまでも戦いの続行を望むジャンヌからはしだいに心が離れていった。ジャンヌは援軍を得られぬままパリ奪還を試みるも失敗。1430年5月、コンピエーニュ(→P.280)で捕らえられ、イギリス軍に売り渡される。このときシャルル7世はジャンヌを救うための努力を一切しなかったという。

ジャンヌはイギリス支配下のルーアン(→P.291)で宗教裁判にかけられ、当時最も重い刑罰であった火刑を宣告される。1431年5月30日水曜日、炎の中で何度もイエスの名を叫びながら、ジャンヌは19歳の短い生涯を終えた。その遺灰はセーヌ川に流され、フランス最大の英雄は跡形もなくこの世から消えてしまった。

1920年、ジャンヌ・ダルクはローマ教皇によって聖女の列に加えられた。ジャンヌ・ダルクは祖国を見守る永遠の乙女として、今もフランス人の間で熱狂的に崇拝されている。

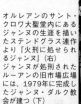

オルレアンのサント・クロワ大聖堂内にあるジャンヌの生涯を描いたステンドグラス連作より『火刑に処せられるジャンヌ』(右)
ジャンヌが処刑されたルーアンの旧市場広場には、1979年に完成したジャンヌ・ダルク教会が建つ(下)

大聖堂裏のバラ園

ベリー公時代から続く芸術と文化の町

ブールジュ

郵便番号：18000　人口：約6万7000人

パリ
ブールジュ

🚃パリ・オステルリッツ駅から
TERで約2時間45分。トゥールか
らTERで約1時間45分。

🛈 観光案内所
🏠 Pl. Simone Veil
🗺 P.243-B
☎ 02.48.23.02.60
🕐 4～9月
　⒨～⒯　　　　9:30～18:30
　　　　　　　(7・8月は～19:00)
　⒟　㊗　　　　10:00～18:00
　10～3月　　　 10:00～12:30
　　　　　　　　14:00～18:00
🚫 10～3月の⒟ ㊗と⒨の午前
🔗 www.bourgesberrytourisme.
com

ブールジュの町には木骨組みの家が400軒以上も残る

ブールジュは、その地の利のために、ケルト時代から常にベリー地方（ロワール川流域南東部の一地方）の中心都市だった。ブールジュの歴史のなかで最も華やかだったのは、ベリー公ジャンの時代だろう。彼は芸術を愛し、またコレクターとしても鑑識眼を備えた人だった。有名な『ベリー公のいとも豪華なる時祷書』（シャンティイ、コンデ美術館蔵→P.178）は、彼がランブール兄弟に描かせた見事な細密画の本。この絵に描かれた華やかな中世の面影は、旧市街の町並みの中に色濃く残っている。

》》 歩き方 》》

　中心街は駅から少し離れた所にあり、歩くと15分ほどかかる。まず駅を背にして、Av. Henri Laudierをひたすら真っすぐ行くと、イェーヴル川を渡った所で道が3本に分かれる。このうちAv. Jean Jaurèsを進めば旧市街の入口プランシャ広場Pl. Planchatにいたる。

　プランシャ広場からサンテティエンヌ大聖堂へいたる旧市街には、中世からルネッサンス期に建てられた美しい建物が集まり、散策が楽しい。特に、1500年頃建造のフランス最初の

世界遺産

ブールジュ大聖堂
Cathédrale de Bourges
（1982年登録）

駅から中心街へのバス
ブールジュの駅から中心街は1kmほど離れているので、バスを利用するのもいい。駅前から3番、4番、A、B、Cのバスが頻繁に出ているので便利。Planchatで下車し、広場から延びるRue du Commerceを進めばすぐに大聖堂が見えてくる。
🎫 1回券€1.40
また、Planchatから15分ごとに運行している無料シャトルバス（Navette）がある。Auron行きに乗り、Victor Hugoで下車すると大聖堂に近い。
🔗 www.agglobus.com

趣あるブルボヌー通り

ルネッサンス建築のひとつ、**ラルマン館**Hôtel Lallemantや、16世紀初頭にイタリア商人のために建てられた**キュジャ館**Hôtel Cujasは、重要な歴史的建造物として保存されている。

)))おもな見どころ(((

サンテティエンヌ大聖堂 ★★

MAP P.243-B

Cathédrale St-Etienne

フライング・バットレスが並ぶ眺めは壮観

シャルトルの大聖堂などと並ぶフランスゴシックの代表的建築。背後から見ると、3階建てになっている後陣の礼拝堂に、フライング・バットレスが2層に重なってかかる様子が、実にダイナミックだ。5連の扉が連なる西正面の彫刻群もすばらしい。中央扉口に描かれた『最後の審判』は、13世紀建造当時の姿をほぼ完全に保っている。

内部に入ると、まず驚かされるのが、その明るさと広大さ。多くのゴシックの大聖堂と異なり、身廊と交差する翼廊がないために壮大な視界の広がりが生まれることになった。ステンドグラスの美しさでも知られ、特に内陣を囲むステンドグラスは、ほとんどが13世紀のオリジナル。深い青と輝く赤は、まさに天上の光。いつまでも見ていたくなるほどだ。

サンテティエンヌ大聖堂

住 Pl. Etienne Dolet
開 9:30～11:30、
　14:00～18:00
休 圓の午前、宗教行事が行われる時
料 無料

クリプト（地下祭室）
クリプトはガイド付きツアーでのみ見学可能。塔の階段は396段。ブールジュの見事なパノラマを望むことができる。
開 1日5回ツアーが実施される
休 圓の午前、1/1、5/1、11/1、11/11、12/25
料 €8
URL www.bourges-cathedrale.fr

内陣を囲むステンドグラスはブールジュの至宝。目の高さにあるので細部までじっくりと見ることができる

ブールジュ、光の宵
6月下旬～8月末の日没後に、町中の史跡が幻想的な映像でライトアップされる「光の宵Les Nuits Lumière de Bourges」は、ブールジュの夏の夜の楽しみ。

田園風景が広がる沼地
旧市街から10分ほど歩くと現れる湿地帯は、ブールジュがケルト時代から水の町と呼ばれてきた名残。1000に及ぶ菜園や水路が張り巡らされた、美しい水辺の散歩道だ。

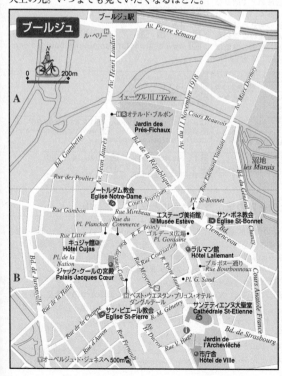

ブールジュ

N
0　200m

ブールジュ駅
Av. Pierre Sémard
ル・ベリ
Av. Henri Laudier
Av. du 11 Novembre 1918
Cours Beauvoir
Av. Edouard Vaillant
Av. Marx Dormoy
イェーヴル川 l'Yèvre
HR オテル・ド・ブルボン
Jardin des Prés-Fichaux
Bd. Gambetta
Rue Jean Jaurès
Bd. de la République
Rue des Poulies
沼地 les Marais
Bd. du Général
ノートルダム教会
Eglise Notre-Dame
Cours Avaricum
Rue Gambon
Rue Mirebeau
Pl. St-Bonnet
エステーヴ美術館
Musée Estève
サン・ボネ教会
Eglise St-Bonnet
Pl. Planchat
Rue du Commerce
ゴルデーヌ広場
Pl. Gordaine
R.E. Branly
Bd. Clemenceau
Rue Littré
キュジャ館
Hôtel Cujas
Rue Coursarlon
ラルマン館
Hôtel Lallemant
ブル・ボヌー通り
Rue Bourbonnoux
Pl. de la Nation
ジャック・クールの宮殿
Palais Jacques Cœur
Rue Moyenne
Rue Porte Jaune
Pl. G. Sand
Cours Anatole France
Bd. de Juranville
ベスト・ウエスタン・プリュス・オテル・ダングルテール
サン・ピエール教会
Eglise St-Pierre
R.M. Génety
サンテティエンヌ大聖堂
Cathédrale St-Etienne
Rue de la Halle
Rue de la Chappe
Rue d'Auron
Rue Ducrot
Rue V. Hugo
Bd. de Strasbourg
i
Jardin de l'Archevêché
Rue Fernault
オーベルジュ・ド・ジュネスへ500m
市庁舎
Hôtel de Ville

ジャック・クールの宮殿

住 10bis, rue Jacques Cœur
開 4・9月　　　10:00〜12:15
　（5・6月は9:30〜、7・8月は〜12:45）
　　　　　　　14:00〜18:00
　　　　　　　（5〜8月は〜18:15）
　10〜3月　　　9:30〜12:15
　　　　　　　14:00〜17:15
　　　　（入場は閉館の45分前まで）
休 1/1、5/1、11/1、11/11、
　12/25
料 €8
URL www.palais-jacques-coeur.fr

ゴシック様式の民間建築としては最も豪華といわれる

ジャック・クールの宮殿 ★★
MAP P.243-B　　　　　　　　　　　Palais Jacques Cœur

　ジャック・クール（1395〜1456）は、平凡な商人の家に生まれながら、地中海貿易によって富を得て、シャルル7世の財政官になったという人物。彼が自らの社会的威光を示すために故郷の町に建てたのがこの邸宅で、最も美しく贅沢な世俗建築としてまたたく間に有名になった。当時流行のフランボワイヤンゴシック様式で建てられ、サウナなどの当時としては画期的な設備も見られる。

　八角形の階段の基部にはジャック・クールの銘が次のように記されている。"A vaillants (cuers) riens impossible"（くじけずば不可能はなし）。

礼拝堂では極彩色の天井画に注目

ブールジュのおすすめホテル／レストラン　Hホテル　Yユースアコモ　Rレストラン
駅前に2つ星の手頃なホテルが数軒。旧市街のホテルへはタクシーを利用するといい。

H ベスト・ウエスタン・プリュス・オテル・ダングルテール Best Western Plus Hôtel d'Angleterre 4★　**MAP P.243-B**  ジャック・クールの宮殿のすぐ向かい側にある。外観は旧市街の町並みに溶け込んだ素朴な雰囲気だが、客室の設備は現代的で高級感あり。	**住** 1, pl. des 4 Piliers **TEL** 02.48.24.68.51 **料** Ⓢ€119〜219 Ⓦ€139〜239　Ⓠ€14 **休** 12/22 ('23)〜1/2 ('24) **CC** ⒶⒹⒿⓂⓋ **室** 31室 **P** €13　❄　Wi-Fi **URL** www.bestwestern-angleterre-bourges.com
H R オテル・ド・ブルボン Hôtel de Bourbon 4★　　　　　　**MAP P.243-A** 17世紀に修道院だった建物を利用したホテル。塔の部分はレストランになっている。立地もいい。	**住** 60-62, av. Jean Jaurès **TEL** 02.48.70.70.00 **料** Ⓢ ⓌⒺ€147〜204　Ⓠ€17 **URL** www.hotel-bourbon.fr
H ル・ベリー Le Berry 3★　　　　　　　　　　**MAP P.243-A** 駅前広場に建つ。シンプルだが清潔なビジネスホテル。	**住** 3, pl. du Général Leclerc　**TEL** 02.48.65.99.30 **料** Ⓢ ⓌⒺ€70〜　Ⓠ€10〜　**URL** www.theoriginalhotels. com/hotels/bourges-le-berry
Y オーベルジュ・ド・ジュネス Auberge de Jeunesse　　　　　　**MAP P.243-B** 2番バスでVal d'Auron下車。	**住** 22, rue Henri Sellier　**TEL** 02.48.24.58.09 **料** ドミトリー1人€23〜　Ⓠ込み **休** 12月中旬〜2月上旬　**URL** www.hifrance.org

---

🍷 Column / Specialty　ワインとチーズの里　サンセールとシャヴィニョル

　サンセールは、ロワールワインの代表的銘柄。フルーティな辛口の白や、夏にはさわやかなロゼも人気だ。そんなワインを生み出す**サンセール**Sancerreの村は、周囲一面にブドウ畑が広がる、小高い丘の上にある。村には試飲ができるワインカーヴも多いので、散策がてらのぞいてみよう。

　サンセールにほど近い小さな村、**シャヴィニョル**Chavignolは、ヤギ乳チーズ「クロタン・ド・シャヴィニョル」（→P.214）で知られる。少し歩けばチーズ農家をちらほらと見かけるこの村、人口は200人以下というから、人間よりヤギのほうが多そうだ。クロタンは、表面がかびで覆われた熟成タイプから真っ白なフレッシュタイプまで数種類あるので、いくつか試してみるといい。

　サンセールの丘のこのふたつの特産品、もちろん相性はばっちりなので、組み合わせればすてきな味のハーモニーが楽しめる。

アクセス
🚗ブールジュからサンセールまでN151、D955で約45km。サンセールからシャヴィニョルまで約5km。

シャトーホテルに泊まる
ロマンティックな夢の一夜を……

ロワール地方を旅するなら一度は泊まってみたいのが、シャトーホテル。贅沢な客室に美しい庭園、上質な料理や城主のあたたかいもてなしなどシャトーの神髄を心ゆくまで味わえるはずだ。

ロワールには、歴史ある古城や貴族の館を改装したシャトーホテルがたくさんある。そのなかでも主要な町から行きやすいシャトーホテルを紹介しよう。ただ車は必須なのでご注意を。

シャトー・デュ・リヴォー

シノンから南東に約10kmのところにあるかわいらしい城館。18年に及ぶ修復工事を経て、遊び心のあるシャトーホテルに生まれ変わった。おとぎ話を表現した庭園は、宿泊しなくても見学することができる。

シャトー・デュ・リヴォー[シノン近郊]
Château du Rivau 4★
[住] 9, rue du Château, 37120 Lémeré
[TEL] 02.47.95.77.47
[料] ⓈⓌ€250～
☕込み [休] 11～3月
[CC] [M][V] [室] 4室
[P] 無料 🍴 [Wi-Fi]
[URL] www.chateaudurivau.com

シャトー・ド・ローブリエール

ロワール古城巡りの起点として有名なトゥール(→P.216)から北へ約10kmの所にあるシャトーホテル。レストランはないが、完全予約制のプライベートディナーを楽しめる。

シャトー・ド・ローブリエール[トゥール近郊]
Château de l'Aubrière 3★
[住] 11, route de Fondettes 37390 La Membrolle sur Choisille
[TEL] 02.47.51.50.35
[料] ⓈⓌ€100～250 ☕€14
[休] 10～4月 [CC] [M][V] [室] 12室
[P] 無料 [Wi-Fi] [URL] www.aubriere.fr

シャトー・ド・ブリサック

アンジェ(→P.232)の南40km。その外観から「ロワールの巨人」との異名をもつブリサック城は、1502年から同じ一族が所有するプライベートシャトーのシャンブル・ドット。現在13代目となるブリサック公爵夫妻があたたかくもてなしてくれる。

シャトー・ド・ブリサック[アンジェ近郊]
Château de Brissac
[住] 1, rue Jeanne Say 49320 Brissac-Loire Aubance
[TEL] 02.41.91.22.21
[料] ⓈⓌ€450～ ☕込み [休] 10/16～4/16
[CC] [M][V] [室] 2室
[P] 無料 [Wi-Fi]
[URL] chateau-brissac.fr

シャトー・ド・プレ

アンボワーズ(→P.226)駅から3kmほど東にあるシャトーホテル。18世紀の城を利用し、客室にはアンティークの家具が配されている。ミシュラン1つ星を獲得しているレストランでおいしい料理を味わいたい。

シャトー・ド・プレ[アンボワーズ]
Château de Pray 4★
[住] Rue du Cèdre 37530 Chargé-Amboise
[TEL] 02.47.57.23.67
[料] Ⓢ€193～292 Ⓦ€193～352 ☕€21
[休] 1月
[CC] [A][V]
[室] 19室 [P] 無料
❄ [Wi-Fi]
[URL] www.chateaudepray.fr

Alsace, Lorraine, Champagne
アルザス、ロレーヌ、シャンパーニュ

フランスの北東部、ライン川を挟んでドイツと国境を接するのがアルザス地方、その内側がロレーヌ、シャンパーニュ地方だ。2016年、グランテスト地域圏に統合された。アルザスは、地理的にも文化的にもドイツの影響が非常に濃い。木骨組みと漆喰で構成した、この地方独特の家並みは、独仏両国の間で揺れ動いた歴史を物語っている。一方、公国としての繁栄を知るロレーヌ地方では、古都ナンシーを中心に開花したアールヌーヴォーの建築物を訪ねてみたい。

観光のヒント

[気候] 8月を除いて降雨量が少なく乾燥している。夏は暑く、冬は寒さが厳しい。雪が降ることもある。春と秋がベストシーズン。

[特色] アルザス、シャンパーニュとも、ブドウ畑の中に村が点在する、絵画的な風景に出会える。ロレーヌ地方では、バカラなど職人工芸の技が脈々と受け継がれている。

[周遊のヒント] アルザスはストラスブールからコルマールまで、ワイン街道の村を訪ねながら南下したい。ロレーヌ地方のナンシーを組み込むのもいい。シャンパーニュ地方は、ランスを起点にエペルネーなどシャンパン造りの村を訪ねたい。

おもな祭りとイベント

8月 友人フリッツの結婚式（マルレンアイム／14・15日）：アルザス地方の童話に基づいた結婚式を忠実に再現する祭り

9月 笛吹きの祭り（リボーヴィレ／第1日曜）：中世の伝説をもとに、音楽隊のにぎやかなパレードが繰り広げられる

11月 クリスマスマーケット（アルザス地方全域／下旬〜12月）：クリスマスツリー発祥の地であるアルザス地方では、ワイン街道沿いの村々にクリスマスマーケットが立つ

12月 聖ニコラの祭り（ナンシー／第1週末）：聖ニコラ（サンタクロースの起源とされる聖人）をたたえて華やかなパレードが行われる

❶世界遺産、ランスの大聖堂 ❷アールヌーヴォー様式の建築が点在する町、ナンシーの中心はスタニスラス広場 ❸一度は訪れたいランスのシャンパンセラー

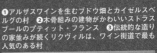

❶アルザスワインを生むブドウ畑とカイゼルスベルグの村 ❷木骨組みの建物がかわいいストラスブールのプティット・フランス ❸伝統的な造りの家並みが続くリクヴィルは、ワイン街道で最も人気のある村

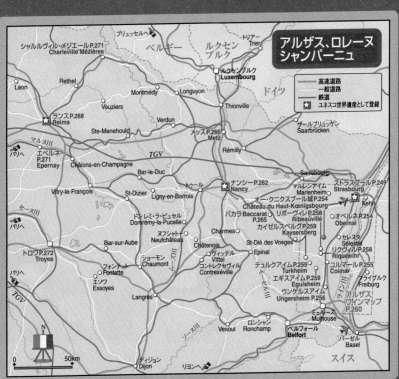

アルザス、ロレーヌ シャンパーニュ

凡例:
- 高速道路
- 一般道路
- 鉄道
- ✚ ユネスコ世界遺産として登録

ブリュッセルへ
ベルギー
ルクセンブルク
トリアー Trier
ドイツ

シャルルヴィル・メジエール P.271 Charleville-Mézières
ルクセンブルク Luxembourg
Laon
Rethel
Montmédy
Longuyon
Thionville
ザールブリュッケン Saarbrücken
Vouziers
ランス P.268 Reims
Verdun
メッス P.266 Metz
パリへ
マルヌ川
Ste-Menehould
エペルネー P.271 Epernay
Châlons-en-Champagne
Bar-le-Duc
Rémilly
TGV
Sarrebourg
Vitry-le-François
St-Dizier
Ligny-en-Barrois
トゥール
ナンシー P.262 Nancy
マルレンアイム Marlenheim
ストラスブール P.249 Strasbourg
セーヌ川
パリへ
ドン レミ・ラ・ピュセル Domrémy-la-Pucelle
オー・クニクスブール城 P.254 Château du Haut-Kœnigsbourg
バカラ Baccarat P.265
リボーヴィレ P.258 Ribeauvillé
カイゼルスベルグ P.259 Kaysersberg
Kehl
オベルネ P.254 Obernai
Bar-sur-Aube
ヌフシャトー Neufchâteau
Châtenois
Charmes
St-Dié des Vosges
セレスタ Sélestat
トロワ P.272 Troyes
フォンテット Fontette
ショーモン Chaumont
ヴィッテル Vittel
コントレクセヴィル Contrexéville
Epinal
リクヴィル P.258 Riquewihr
エソワ Essoyes
テュルクアイム P.259 Turkheim
コルマール P.255 Colmar
Langres
エギスアイム P.259 Eguisheim
ウンゲルスアイム P.256 Ungersheim
フライブルク Freiburg
アルザス ワインマップ P.260
N
Vesoul
ロンシャン Ronchamp
ミュルーズ Mulhouse
ベルフォール Belfort
バーゼル Basel
スイス
0 50km
ディジョン Dijon
リヨンへ

名産品と料理

アルザス料理はドイツ色が濃厚。ビール、ワイン、フォワグラの生産も盛んだ。名産品としては、リボーヴィレのプリント生地などがある。ロレーヌ地方では、キッシュをはじめ、ナンシーの菓子マカロンが名物。

ⒶクグロフKougelhopf：パンのブリオッシュ生地を専用の型で焼いた、アルザス地方の焼き菓子　ⒷベックオフBäkeofe：マリネした肉とジャガイモを重ね焼きしたアルザス料理（料理：モーリス・ギルエット）　ⒸゲヴュルツトラミネールGewurztraminer：華やかでフルーティな香りが持ち味のアルザスワイン　Ⓓタルト・フランベTarte Flambée：アルザス風極薄ピザ（料理：アントワーヌ・シェフェール）　ⒺクローナンブールKronenbourg：1664のラベルで知られる、アルザスビールの代表的銘柄　ⒻシュークルートChoucroute：塩漬けして発酵させたキャベツを豚肉とともに白ワインで煮込み、腸詰類を盛り合わせたアルザスの代表的料理　Ⓖビエール・ド・ノエルBière de Noël：クリスマスの時期にだけ発売される期間限定の「クリスマス・ビール」

Ⓗキッシュ・ロレーヌQuiche Lorraine：卵、生クリーム、ベーコン、チーズで作る塩味の効いたロレーヌ風キッシュ　ⒾミラベルMirabelle：ロレーヌ地方で取れる黄色い西洋スモモ　Ⓙベルガモット・ド・ナンシーBergamotes de Nancy：ベルガモットで香りづけされたキャンディはナンシーの名物　Ⓚマカロン・ド・ナンシーMacaron de Nancy：ナンシーのマカロンはクリームを挟まない伝統的な形。アーモンドの素朴な味わいが魅力

ⓁシャウルスChaource：コクのあるシャンバーニュ地方の白カビチーズ　Ⓜシャンバーニュ Champagne：発泡ワインのなかでシャンパンと名乗れるのは、シャンバーニュ地方で造られたものだけ

と輝く欧州議会

ドイツの香りのする、ヨーロッパの十字路
ストラスブール

郵便番号：67000　人口：約27万7000人

アルザス

ストラスブール

木骨組みの家の並ぶプティット・フランス

「道の町」を意味するラテン語「ストラテブルグム」に由来した名をもち、交通の要衝として栄えてきた。ドイツとの国境近くにあり、木骨組みの建物、名物料理シュークルート、アルザス語の看板などに「ドイツ風」の印象がある。仏独間の抗争で翻弄されてきたが、現在は欧州議会や欧州人権委員会の本部がおかれ、ヨーロッパの未来を担う重要な役割を果たしている。

≫≫≫ 歩き方 ≫≫≫

　ライン川支流のイル川に囲まれた部分がストラスブールの旧市街Grande-île。駅を出てRue du Maire Kussを進むと、すぐにイル川河岸に出る。**キュス橋Pont Kuss**を渡り、しばらく歩くと**ノートルダム大聖堂**の塔が見えてくるはずだ。駅からトラムに乗るなら、3つ目のLangstross Grand'Rueで降りるといい。旧市街の中心にある**グーテンベルグ広場Pl. Gutenberg**に近く、ここから大聖堂へはすぐだ。**ロアン宮**などの美術館・博物館、運河沿いに木骨組みの家々が並ぶ**プティット・フランス**など、おもな見どころはほとんど旧市街に集まっている。

Column History　フランスとドイツの狭間で

　明日から日本語がしゃべれない。そんな状況が想像できるだろうか。ドーデの『最後の授業』にも書かれているように、ストラスブールは、かつてそれが現実になった町だ。
　アルザス地方は、17世紀にフランスの王政下におかれたが、普仏戦争でドイツ領となり、第1次世界大戦でフランスに戻り、第2次世界大戦ではナチス・ドイツに占領され、戦後再びフランス、という具合に、仏独の間で幾度も揺れ動いている。このような歴史を踏まえ、「ヨーロッパの平和は仏独の和解から」という考えのもと、1949年、欧州評議会がストラスブールにおかれた。

ACCESS
🚄パリ・東駅からTGVで約1時間50分。ナンシーからTERで約1時間30分。ディジョンDijonからTGVで約2時間10分。リヨンLyonからTGVで約3時間50分。スイス、ドイツからもアクセス可能。
✈ヨーロッパの主要都市と結ぶ便がある。空港からストラスブール駅まで列車（Navette）で約10分。
URL www.strasbourg.aeroport.fr

❶ 観光案内所
🏠 17, pl. de la Cathédrale
MAP P.250-2
☎ 03.88.52.28.28
開 9:00～19:00
　（季節によって異なる）
休 無休
URL www.visitstrasbourg.fr

━━ 世界遺産 ━━
ストラスブール、グランディルとノイシュタット
Strasbourg, Grande-île et Neustadt
（1988年登録、2017年にノイシュタットを加え拡大登録）

トラム、バス
料 チャージ式1回券€1.80、
　24時間券€4.60
URL www.cts-strasbourg.eu

ストラスブール・シティ・カード
Strasbourg City Card
大聖堂の天文時計やイル川の遊覧船、美術館が割引になるカード。7日間有効。購入は❶で。
料 €5

木骨組みの家「コロンバージュ」
旧市街に多く並ぶ木骨組みの家。「コロンバージュcolombage」といわれ、地面に接する部分が狭いのは、その昔、1階の面積によって税金が決まっていたからだとか。

コロンバージュの町並み

ノートルダム大聖堂

住 Pl. de la Cathédrale
開 月～土　　8:30～11:15
　　　　　　 12:45～17:45
　　　日・祝　14:00～17:15
URL www.cathedrale-
　　　strasbourg.fr

天文時計
開 ビデオ上映12:00～,
　　からくり人形12:30～
休 日
料 €4（チケットは9:30～11:00
　　は聖堂内キオスクで、11:30～
　　は聖堂南入口で販売）

展望台
開 4～9月　　9:30～13:00
　　　　　　 13:30～20:00
　　　10～3月　10:00～13:00
　　　　　　 13:30～18:00
　　（入場は閉館の45分前まで）
料 €8

イル川の遊覧船

ロアン宮前の船着場から出発して、
約45分で旧市街、プティット・フ
ランスなど主要観光スポットを回
る。日本語オーディオガイド付き。

バトラマBatorama
MAP P.250-2
料 €11.50
URL www.batorama.com

川面から見る町も格別

赤色砂岩の華やかな色彩が中世の街
に映える

仕掛け人形がある天文時計

)))) おもな見どころ ((((

ノートルダム大聖堂　★★★
MAP P.250-2　　　　　Cathédrale Notre-Dame

ヴォージュの山から切り出した
赤色砂岩で造られたという大聖堂。
1015年から建設が始められ、現在
の形となったのは1439年。町がこ
ぢんまりしているだけに、この大
聖堂の大きさは圧倒的だ。レース
のように繊細な彫刻でびっしりと
覆われた西正面の壁を、ゲーテは
「荘厳な神の木」にたとえ絶賛した。
空を射る1本尖塔の高さは142mと、
中世に造られたものとしては最高。
332段の階段を上って高さ66mの
展望台Plateformeに出ると、ヴォージュ山脈や、果てはドイツ
の黒い森までも見渡せる。

　大聖堂内にはからくり人
形付きの**天文時計**L'Horloge
Astronomiqueがある。キリスト
と使徒たちの人形が現れる仕掛け
を見たければ、あらかじめチケッ
トを買っておこう。天文時計の前
には、最後の審判を描いた『**天使
の柱**Pilier des Anges』が立つ。
13～14世紀当時の輝きをそのま
ま残すステンドグラスも必見だ。

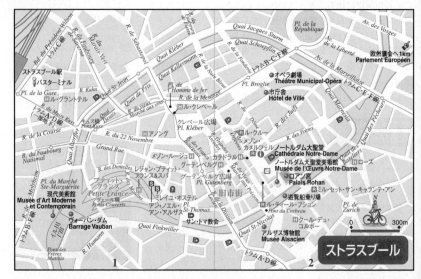

ストラスブール

はみだし プティット・フランスのクヴェール橋の対岸にあるヴォーバン・ダムBarrage Vauban。屋上が展望テラスになっ
ており、ストラスブールの美しい町並みを一望できる。**MAP** P.250-1　**開** 8:30～16:00（夏は延長）　**料** 無料

プティット・フランス ★★★

MAP P.250-1　　　　Petite France

イル川の本流が4つに分かれる地帯は、プティット・フランス（小さなフランス）と呼ばれ、白壁に黒い木骨組みの建物が並ぶ絶好の散歩道。**クヴェール橋**Ponts Couverts付近は旧市街の雰囲気を楽しむ人たちでにぎわっている。天気のよい日に河岸からの風景を楽しむのは、すてきな心の贅沢だ。

フォトジェニックな町並みが人気のエリア

プティット・フランスに架かるクヴェール橋

ストラスブールの美術館 ★★★

MAP 本文参照　　　　Les Musées

●**ロアン宮 Palais Rohan**　　**MAP** P.250-2

18世紀にストラスブール司教ロアンの宮殿だった優美な建物。1770年、マリー・アントワネットがフランスに来て最初に宿泊した場所でもある。現在は内部に3つの博物館がある。

1階は**装飾博物館**Musée des Arts Décoratifs。17世紀〜19世紀中頃の貴重な陶磁器、金細工、時計などのコレクションを所蔵。18世紀当時の権力者の華やかな生活がうかがえる**枢機卿の居室**Appartements des Cardinauxが見もの。

2階は**ストラスブール美術館**Musée des Beaux-Arts de Strasbourg。初期フランドル絵画（メムリンク）からルネッサンス（ラファエロ、ボッティチェリ）、17〜18世紀（ルーベンス、ヴァン・ダイク、ゴヤ）、19世紀（コロー、クールベ）にいたるまで、巨匠の作品が並ぶ。

地下には**考古学博物館**Musée Archéologique。アルザス地方で発掘された60万年前の旧石器時代から8世紀までの出土品の広範なコレクションを展示。

●**ノートルダム大聖堂美術館**

　Musée de l'Œuvre Notre-Dame　　**MAP** P.250-2

ノートルダム大聖堂近くにある。大聖堂から移された彫像やステンドグラスを中心に、中世からルネッサンス期のストラスブールとアルザス地方の美術品を展示している。

●**アルザス博物館**

　Musée Alsacien　　**MAP** P.250-2

かわいらしい木造民家の中にある民俗博物館。伝統的な衣装や生活用品、玩具など、昔のアルザスの生活ぶりが伝わってくる展示が楽しい。

中庭を囲むアルザス風民家を利用したアルザス博物館

お菓子も味わってみて

パリで活躍するパティシエ、ピエール・エルメ氏をはじめ、アルザス出身のパティシエは多い。ストラスブールにあるお菓子屋さんの数を見れば、なるほどとうなずける。

店頭に並ぶ菓子はどれもおいしそう

印刷の父、グーテンベルグ

印刷術を発明したグーテンベルグは、ある時期ストラスブールに住んでいた。グーテンベルグ広場の真ん中には、旧約聖書の一節「そして、そこに光があらわれた」を広げた彼の像が立っている。

美術館の開館時間は共通

ストラスブールの美術館は、開館時間が共通でわかりやすい。
開 10:00〜13:00
　　14:00〜18:00
URL www.musees.strasbourg.
eu（日本語あり）

パス・アン・ジュール
Pass 1 Jour

ストラスブールのすべての美術館に入場できるパス。1日パス「パス・アン・ジュールPass 1 jour」のほかに、3日パス「パス・トロワ・ジュールPass 3 jours」がある。
料 1日パス€16、3日パス€20

ロアン宮内の博物館、美術館
住 2, pl. du Château
休 ⊛、1/1、聖金曜日（'24は3/29）、5/1、11/1、11/11、12/25
料 各€7.50

ノートルダム大聖堂美術館
住 3, pl. du Château
休 1/1、聖金曜日（'24は3/29）、5/1、11/1、11/11、12/25
料 €7.50

アルザス博物館
住 23-25, quai St-Nicolas
休 ⊛、1/1、聖金曜日（'24は3/29）、5/1、11/1、11/11、12/25
料 €7.50

現代美術館
[住] 1, pl. Hans-Jean Arp
[休] ㊊、1/1、聖金曜日('24は3/29)、5/1、11/1、11/11、12/25
[料] €7.50

●現代美術館
Musée d'Art Moderne et Contemporain [MAP] P.250-1

1998年にイル川河岸に建設。モダンな建物が旧市街の町並みと対照的だ。モネ、ピカソ、カンディンスキー、クプカ、アルプらの作品を所蔵。印象派の登場から現代までの美術史の流れが概観できる。

モダンな造りの現代美術館

ストラスブールのおすすめホテル／レストラン
[H]ホテル [Y]ユースアコモ [R]レストラン

雰囲気のいい旧市街のホテルがおすすめ。駅前広場やその周辺の通りにも2〜4つ星のホテルが連なっている。

[H] レジャン・プティット・フランス＆スパ
Régent Petite France & Spa 5★ [MAP] P.250-1

プティット・フランス内のエレガントなホテル。外観はクラシックだがインテリアはモダンで快適。スパもあり、くつろげる。

© Philippe SAUTIER_RVB_BD

[住] 5, rue des Moulins [TEL] 03.88.76.43.43
[料] ⓈⓌ€214〜1571 ☕€30
[CC] [A][D][J][M][V] [室] 75室 [P] €40 🍴 ❄
[Wi-Fi] [URL] regent-petite-france.com

[H] メゾン・ルージュ
Maison Rouge 5★ [MAP] P.250-1

にぎやかな繁華街にある大型ホテル。客室はシンプルな部屋から大聖堂の塔を眺められるスイートまで予算に応じて選べる。ノンストップで営業しているバー＆レストラン「Le 1387」では、地元の素材を使った料理を味わえる。

[住] 4, rue des Francs Bourgeois
[TEL] 03.88.32.08.60
[料] ⓈⓌ€180〜219 ☕€34
[CC] [A][M][V] [室] 131室 [P] €50 🍴 ❄ [Wi-Fi]
[URL] www.maison-rouge.com

[H] クール・デュ・コルボー
Cour du Corbeau 4★ [MAP] P.250-2

イル川の遊覧船乗り場近くにある。16世紀の伝統的な建築物を利用したホテル。内装もすばらしい。客室に電気ポットあり。

© Giljean-KLEIN_RVB_HD

[住] 6-8, rue des Couples
[TEL] 03.90.00.26.26
[料] ⓈⓌ€206〜693 ☕€25
[CC] [M][V] [室] 63室 [P] €34 ❄ [Wi-Fi]
[URL] www.cour-corbeau.com

[H] カテドラル
Cathédrale 4★ [MAP] P.250-2

大聖堂（カテドラル）の正面に建つホテル。窓から大聖堂の見える部屋をリクエストしてみよう。迫力満点の眺めだ。客室に電気ポットあり。

[住] 12-13, pl. de la Cathédrale
[TEL] 03.88.22.12.12
[料] ⓈⓌ€125〜295 ☕€19
[CC] [A][D][J][M][V] [室] 47室 [P] €22 ❄ [Wi-Fi]
[URL] www.hotel-cathedrale.fr

[H] ローズ
Roses 3★ [MAP] P.250-2

旧市街からすぐのホテル。客室の内装はバラをイメージしている。家庭的な雰囲気のホテル。

[住] 7, rue de Zurich
[TEL] 03.88.36.56.95
[料] Ⓢ€50〜135 Ⓦ€60〜190
☕€11.90
[CC] [A][M][V] [室] 33室 ❄ [Wi-Fi]
[URL] www.hotelroses-strasbourg.com

[H] ル・クレベール
Le Kléber 3★ [MAP] P.250-1

町の中心部にあるクレベール広場に面し、広場を眺めながら朝食を取ることができる。

[住] 29, pl. Kléber
[TEL] 03.88.32.09.53
[料] Ⓢ€57〜155 Ⓦ€67〜250 ☕€11.90
[CC] [A][M][V] [室] 46室 ❄ [Wi-Fi]
[URL] www.hotel-kleber.com

[R] メゾン・カメルツェル
Maison Kammerzell [MAP] P.250-2

魚のシュークルートなど高級アルザス料理を堪能できる有名店。ノートルダム大聖堂見学のあとに訪れたい。16世紀に遡る美術館のような建物の瓶底を使った75枚の窓は必見。なるべく予約を。

[住] 16, pl. de la Cathédrale
[TEL] 03.88.32.42.14
[営] 11:45〜14:00、18:45〜22:00 [休] 無休
[料] ムニュ€37〜48、ア・ラ・カルト予算約€45
[CC] [A][M][V] [英] [Wi-Fi]
[URL] www.maison-kammerzell.com

アルザス名物の「パン・デピス」（スパイス入りの焼き菓子）を買うなら、数々の受賞歴を誇る「ミレイユ・オステルMireille Oster」がおすすめ。[MAP] P.250-1 [URL] www.mireilleoster.com

アルザス

ストラスブール

R ル・クルー
Le Clou MAP P.250-2

大聖堂近くにある伝統的なアルザス風ビストロ（ヴィンステュブ）。ベックオフやシュークルートといったアルザス料理を味わえる。あたたかみのあるインテリアもいい雰囲気。なるべく予約を。

🏠 3, rue du Chaudron　☎ 03.88.32.11.67
🕐 11:45〜14:00、17:30〜24:00　🚫 無休
💴 ア・ラ・カルト予算約€40
💳 MV　🔗 www.le-clou.com

R ミル・セット・サン・キャランテ・アン
1741 (Mille Sept Cent Quarante et Un) MAP P.250-2

イル川を挟んでロアン宮の前に位置し、ミシュランの1つ星を獲得している。アルザスワインを楽しみながら食事ができる。要予約。

🏠 22, quai des Bateliers　☎ 03.88.35.50.50

🕐 12:00〜14:00、19:00〜21:30
🚫 ⊗の昼、⊗ ⊜
💴 昼ムニュ€52、夜ムニュ€112〜155
💳 MV　🔗 www.1741.fr

R ル・ティール・ブション
Le Tire Bouchon MAP P.250-2

アルザス最優秀「魚のシュークルート」に選ばれたことのある名店。大聖堂からも近く、店内はいつも混み合っている。なるべく予約を。

🏠 5, rue des Tailleurs de Pierre
☎ 03.88.22.16.32
🕐 11:30〜15:00、18:30〜22:30（⊛〜⊜は〜23:00）　🚫 無休　💴 ムニュ€27.90、€32.90
💳 MV

📮 学校の先生に紹介されて行きました。注文したベックオフは、お肉が軟らかく、素朴な味わいでおいしかったです。
（在ストラスブール　KANA　'23）

H アノング **Hannong 4★** MAP P.250-1 駅から中心街へと向かう道筋に建つモダンなホテル。	🏠 15, rue du 22 Novembre　☎ 03.88.32.16.22 💴 Ⓢ Ⓦ €79〜489　☕ €19 🔗 www.hotel-hannong.com
H グーテンベルグ **Gutenberg 4★** MAP P.250-2 グーテンベルグ広場からすぐで観光に便利な立地。	🏠 31, rue des Serruriers　☎ 03.88.32.17.15 💴 Ⓢ Ⓦ €100〜390　☕ €17 🔗 www.hotel-gutenberg.com
H ル・グラントテル **Le Grand Hôtel 3★** MAP P.250-1 駅からすぐ。旧市街まで駅からトラムで行くこともできる。	🏠 12, pl. de la Gare　☎ 03.88.52.84.84 💴 Ⓢ Ⓦ €92〜386　☕ 込み 🔗 www.le-grand-hotel.com

---

☕ Column / Pause café
冬の風物詩　クリスマス市

モミの木のツリーの発祥地ともいわれるアルザス地方は、クリスマスの中心都市として名高く、毎年150万人もの観光客が国内外から押し寄せる。特にストラスブールやコルマール、カイゼルスベルグは11月の下旬から町中がクリスマス一色になる。オーナメントやパン・デピス（スパイスたっぷりのお菓子）の店、心と体を温めてくれるヴァン・ショーVin Chaud（ホットワイン）やブレデルBredele（クリスマスクッキー）。さびしい冬の町並みの中に光がともり、人々をあたたかく迎えてくれる。

クリスマス市開催中は、コルマールと周辺の村を巡回するバスLes Navettes de Noël du Pays des Etoiles（🔗 www.navettedenoel.fr）も運行する。コルマールの❶（→P.255）で時刻表をもらっておこう。

📮 マルシェ・ド・ノエルでホットワインならぬ「ホットビール」を見つけました。スパイスの香りとハチミツの甘みがビールのほろ苦さと合っていておいしかったです。
（在ストラスブール　KANA　'23）

Ⓢ アン・ノエル・アン・アルザスUn Noël en Alsace
12月以外でもクリスマスグッズが買えるおすすめ店。
MAP P.250-1　🏠 10, rue des Dentelles
🕐 11:00〜17:30（⊕は10:00〜、7・8・12月の⊜は14:00〜17:30）🚫 ⊜（7・8・12月は除く）⊛
💳 AMV　🔗 noelenalsace.fr

ストラスブールの大聖堂前もこんなに華やかに

かわいい手作りオーナメントは日本へのおみやげにも（左）ワイン街道のエギスアイムのクリスマス市（下）

はみだし　アルザス地方では、看板に「Winstubヴィンステュブ」と書かれたレストランを多く見かける。これは、アルザス語で「ワイン・ビストロ」のこと。アルザスならではの雰囲気を楽しみながら気軽に食事したいときに。

🚃ストラスブールからTERで約30分。

🏛 観光案内所
🏠 Pl. du Beffroi 67210
📞 03.88.95.64.13
📠 03.88.49.90.84
🕐 7・8月　　　9:00～12:30
　　　　　　　14:00～18:30
（その他の期間は時間が短縮される）
🚫 1・11月の⊕⊕、2・3月の⊕、1/1、11/1、11/11、12/25
🌐 www.tourisme-obernai.fr

ネオ・ゴシック様式のサン・ピエール・エ・サン・ポール教会

オベルネ　　　　　　　　　　　　　　Obernai
絵本のなかにあるようなかわいらしい村

ワイン街道沿いの小さな町。中世の雰囲気がよく残る町並みに、ルネッサンス様式のモニュメントが調和した美しい町だ。隅々まで木骨組みの家が並ぶ城壁内を、いくつかのモニュメントを追いながら散策してみよう。

城壁内の隅々まで木骨組みの家が並ぶ

町の中心、マルシェ広場Pl. du Marchéには、16世紀に造られた**穀物取引所La Halle aux Blés**（現在はブラッスリー）がある。広場の泉には、**聖オディールの像**が立っているが、彼女はオベルネで生まれたアルザス公の娘で、アルザスの守護聖人。その後ろに見える高い塔は、13世紀末のもの。もとは教会の鐘楼だったが、教会は内陣を除いて破壊された。その残された内陣に現在❶が入っている。市庁舎として使われている建物も、改築を繰り返し、さまざまな建築様式の変遷が見られる。広場を出て少し進むと、れんが色の**サン・ピエール・エ・サン・ポール教会Eglise St-Pierre et St-Paul**が見えてくる。

🚃ストラスブールからTERで約20分、コルマールからTERで約10分のセレスタSélestat駅前から、3～12月の⊕⊕⊛、4月上旬～4月下旬、6月上旬～9月上旬、10月中旬～11月上旬は毎日シャトルバス（Navette）が出る。

オー・クニクスブール城
🏠 67600 Orschwiller
🕐 11～2月　　　9:30～12:00
　　　　　　　13:15～16:15
　　3・10月　　　9:30～17:45
　　4・5・9月　　9:15～18:00
　　6～8月　　　9:15～18:45
　　　　　　　（⊛は10:30～）
🚫 1/1、1/30、5/1、12/25
💴 €9、11～3月の第1⊕無料
🌐 www.haut-koenigsbourg.fr

© Jonathan Sarago

すばらしい眺望が広がる

オー・クニクスブール城　　　Château du Haut-Kœnigsbourg
ヴォージュ山脈のパノラマが広がる

ヴォージュ山脈の標高755mの場所に建つ堅固な要塞。華やかな城ではないが、眺めがよく、フランス人に非常に人気がある。積み上げられた石が赤味を帯びているためか、城は力強い印象を与え、その姿に圧倒される。

古くからの交通の要衝であったこの場所には、12世紀にはすでに城塞が築かれていたという。30年戦争（1618～1648年）

© CD67

で焼け落ち、廃墟になっていたが、1900年、ドイツ皇帝ヴィルヘルム2世の命により8年かけて15～16世紀当時の姿に復元された。その後、1919年のヴェルサイユ条約によって城はフランス領となった。

塔の上からは、ヴォージュ山脈とブドウ畑の広がる大平原を見下ろすことができる。

ヴォージュ山脈の岩を使った赤い城

彩られたカラフルな窓

アルザスワインの中心地
コルマール

郵便番号：68000　人口：約6万7000人

木骨組みの町並み

ACCESS
🚄パリ・東駅からTGVで約2時間20分。ストラスブールからTERで約30分。

❶ 観光案内所
🏠 Pl. Unterlinden　MAP P.256
☎ 03.89.20.68.92
🕐 (月)～(土)　　　9:00～18:00
　 (日)(祝)　　　10:00～13:00
休 1/1
URL www.tourisme-colmar.com

ライン川上流にあるコルマールもドイツとの国境近くの町。ほとんど戦災に遭っていないため、この地方特有の木骨組みの建物や石畳の道など、中世からルネッサンス時代の町並みが残っている。またこのあたりはアルザスワインの生産地としても有名で、ワイン街道といわれる一帯は、ドイツのロマンティック街道に負けない、かわいらしい村や町が広がる。

≫≫ 歩き方 ≫≫

　駅から中心街までは徒歩で約15分。駅を背に駅前通りを少し歩き、大通りAv. de la Républiqueに出たら左に折れ、そのまま進んでいくと突き当たるのが市立劇場。その並びに『イーゼンハイム祭壇画』で知られる**ウンターリンデン美術館**がある。この美術館の南東一帯が木骨組みの家々が並ぶ旧市街だ。美術館の向かいにある❶で地図をもらって歩き始めるといい。なお、市立劇場までは、駅前から市バスも出ている（Théâtre下車）。

バス
料 1回券€1.50、24時間券€3.60
URL www.trace-colmar.fr

小さな舟で運河巡り
プティット・ヴニーズから小さなボートに乗って運河巡りはいかが？ 色とりどりの家並みが続く風景を運河から眺めるのも視点が変わって楽しい。所要約25分。
MAP P.256
営 9:45～11:45
　 13:45～18:45
休 ウェブサイトで要確認
料 €8、10歳未満€4
URL www.barques-colmar.fr

小舟でのんびり運河巡りも楽しい

　プティット・ヴニーズ Petite Venise（小ヴェニス）と呼ばれる一画は、その名のとおりイタリアのヴェニスを彷彿させるロマンティックな散歩道。パステル調の家並みが運河の水に映え、歩き飽きない。小さなボートでの運河巡りもいい思い出になるだろう。

コルマールはクリスマス市でも有名。サンタは小舟に乗ってやってくる!?

はみだし　コルマールの旧市街を巡るプチトランは日本語オーディオガイド付き。ウンターリンデン美術館前の広場から30分間隔で出発（季節により変動）。所要約35分。料 €7.50　URL www.colmarentrain.fr

イーゼンハイム祭壇画（第1面）
© The Bridgeman Art Library

ウンターリンデン美術館
🏠 Pl. Unterlinden
🕐 9:00～18:00
　（12/24・12/31は～16:00）
　（入場は閉館の30分前まで）
🚫 ⊗、1/1、5/1、11/1、12/25
💰 €13、65歳以上€11、
　30歳未満の学生€8、
　日本語オーディオガイド€2
🌐 www.musee-
　unterlinden.com

現在はホテルとレストランになって
いる頭の家（上）　外壁には小さな顔
が並んでいる（下）

プフィスタの家は16世紀の建物

))) おもな見どころ (((

ウンターリンデン美術館　★★★
MAP **P.256**　Musée d'Unterlinden

　13世紀の修道院を改修した美術館。以前は中世末期からルネッサンス期の絵画や彫刻を中心に展示していたが、2016年に増築工事を行い全面リニューアル。モネ、ピカソなど20世紀の作品展示スペースや、コルマール出身の画家マルティン・ショーンガウアーの展示室が新たに加わった。コレクションのなかで最も有名なのは、グリューネヴァルト作『**イーゼンハイム祭壇画Retable Issenheim**』だ。コルマールの南約20kmに位置する町、イーゼンハイムの礼拝堂に飾られていた観音開きの祭壇画で、絵の描かれたパネルが分解展示されている。受胎告知からキリストの誕生、悲惨のかぎりに描ききった磔刑図、そして栄光に満ちた復活の図まで、込められた意味を読み解くには、日本語のオーディオガイドが役に立つ。

旧市街　★★★
MAP **P.256**　Vieille Ville

　アルザス風の木骨組みの家々が並ぶ旧市街。花を飾ったバルコニーや凝った形のつり看板が目を楽しませてくれる。

　旧市街で一番有名な建物のひとつが、1609年に建てられた**頭の家Maison des Têtes**（メゾン・デ・テット）。この奇妙な名の由来は家の正面を見ればわかる。なんと105もの小さな顔の彫刻で飾られているのだ。現在は高級ホテル兼レストラン（→**P.257**）になっている。

　このほか、1537年に建造された尖塔や出窓が印象的な**プフィスタの家Maison Pfister**、階段付き小塔のある**旧税関Ancienne Douane**も必見。また、ヴォージュ山脈で採れる赤砂岩で造られた**サン・マルタン参事会教会Collégiale St-Martin**（屋根の上にコウノトリの巣がある）や、ショーンガウアーの『**ばらの茂みの聖母La Vierge au buisson de roses**』祭壇がある**ドミニカン教会Eglise des Dominicains**も見逃せない。

コルマール

はみだし　コルマールから南へ35kmほどの町ウンゲルスアイムUngersheimに『星の王子さま』のテーマパークがある。物語に出てくるキツネや羊と触れ合える。MAP **P.247**　🌐 parcdupetitprince.com

コルマールのおすすめホテル／レストラン

Ⓗホテル Ⓨユースアコモ Ⓡレストラン

駅前にも数軒あるが、雰囲気で選ぶなら旧市街のホテルがおすすめ。

ⒽⓇ ラ・メゾン・デ・テット
La Maison des Têtes 5★ MAP P.256

1609年に建てられた「頭の家」の内部がホテルになっている。歴史的建造物だけあって落ち着いた雰囲気。ブラッスリーでは、土地の素材を生かした料理を提供している。本格派のフレンチを味わえるガストロノミックレストラン「Girardin」もある(ムニュ€155〜)。

住 19, rue des Têtes TEL 03.89.24.43.43
料 Ⓢ€290〜505 Ⓦ€320〜535 朝食€30
休 1・2月 CC AMV 室 21室 P €25 ❄ Wi-Fi
ブラッスリー「Historique」
休 ㊊㊐ 料 昼ムニュ(平日) €26.50
URL www.maisondestetes.com

ⒽⓇ ル・マレシャル
Le Maréchal 4★ MAP P.256

プティット・ヴニーズの運河に沿って建つ木骨組みの美しいホテル。建物は1565年のもので、貴族の寝室を思わせるインテリアや天蓋付きベッドが自慢。ハネムーンや恋人同士の旅行におすすめしたい。運河に面したレストランでの食事もロマンティック。

住 4-5, pl. des Six Montagnes Noires
TEL 03.89.41.60.32
料 Ⓢ€95〜 Ⓦ€99〜330 朝食€18
CC ADJMV 室 30室 P ❄ Wi-Fi
レストラン「A l'Echevin」
料 ㊊㊍㊎㊏の昼ムニュ€28〜35、
夜ムニュ€50〜95
URL www.hotel-le-marechal.com

ⒽⓇ ベスト・ウエスタン・グラントテル・ブリストル
Best Western Grand Hôtel Bristol 4★ MAP P.256

国鉄駅のすぐ前にあるので、夜遅く鉄道で着くか朝早く出発する人におすすめ。レストラン「L'Auberge」ではアルザス料理が味わえる。

住 7, pl. de la Gare
TEL 03.89.23.59.59
料 ⓈⓌ€107〜392 朝食込み
CC AJMV 室 91室 P €15 🍴 ❄ Wi-Fi
URL grand-hotel-bristol.com

Ⓗ サン・マルタン
St-Martin 3★ MAP P.256

旧市街にあり、プティット・ヴニーズを観光するのに便利な立地。4人部屋もあり、家族旅行でも利用できる。コルマール駅からはタクシーで。

住 38, Grand' Rue TEL 03.89.24.11.51
料 ⓈⓌ€99〜899 朝食€13
CC AJMV 室 40室 ❄ Wi-Fi
URL hotel-saint-martin.com

Ⓗ テュレンヌ
Turenne 3★ MAP P.256

プティット・ヴニーズに近く、旧市街の中心までも歩いて5分ほど。客室には電気ポットがあり、簡素だが清潔。居心地のいいホテル。

住 10, route de Bâle
TEL 03.89.21.58.58
料 Ⓢ€80〜200
Ⓦ€95〜250 朝食€13
CC AMV 室 93室 P €13 ❄ Wi-Fi
URL www.turenne.com

Ⓨ オーベルジュ・ド・ジュネス・ミッテルアール
Auberge de Jeunesse Mittelharth MAP 地図外

駅から徒歩20分。受付は7:00〜10:00、17:00〜23:00(㊐㊗は18:00〜)。

住 2, rue Pasteur TEL 03.89.80.57.39
料 ドミトリー1人€21 Ⓢ€29
朝食€6、シーツ代込み
CC MV 休 12/20('23)〜1/8('24)
URL www.colmar.fr/auberge-jeunesse

Ⓡ ヴィステュブ・ブレンナー
Wistub Brenner MAP P.256

地元の食材を使った郷土料理をアルザスワインとともに味わえる。なるべく予約を。

住 1, rue Turenne
TEL 03.89.41.42.33
営 12:00〜15:45(L.O.)、
19:00〜21:45(L.O.)
休 11/6〜11/20('23)
料 ムニュ€40.90
CC DJMV 英
URL wistub-brenner.fr

Ⓡ バルトルディ
Bartholdi MAP P.256

旧市街の中心に位置し、伝統的なアルザス料理を出す店。

住 2, rue des Boulangers TEL 03.89.41.07.74
営 12:00〜14:00、19:00〜21:00 休 ㊐㊊
料 アラカルト予算€60 URL www.restaurant-bartholdi.fr

はみだし コルマールには、アルザスの伝統的な生活風景を描いた画家アンシの美術館「アンシ美術館Musée Hansi」がある。ブティックもあり、パッケージに絵が描かれたお菓子などが買える。MAP P.256 URL www.hansi.fr

ACCESS

🚌 コルマール駅前から68R016
番のバスで約35分のPoste
Riquewihr下車。⑪運休。
URL www.fluo.eu
⑪ ㊗は、コルマールからTERで約
10分のセレスタSélestat駅前から
国鉄バス(→P.523)で約35分。

❶ 観光案内所
🏠 2, rue de la 1ère Armée
68340
☎ 03.89.73.23.23
🕐 10:00～12:00
　14:00～17:00
　(季節、曜日によって異なる)
🚫 1～4・10・11月の⑪、㊗、
　1～3・11月の一部㊏の午前、
　5/1、12/25
URL www.ribeauville-
　　　riquewihr.com

おすすめホテル
16世紀のワイン農家を利用した、
リクヴィルらしさを存分に味わえ
るホテル。家族経営で雰囲気もいい。
Ⓗ オテル・ド・ラ・クーロンヌ
　 Hôtel de la Couronne 2★
🏠 5, rue de la Couronne 68340
☎ 03.89.49.03.03
🛏 Ⓢ€54～
　 Ⓦ€64～　 Ⓔ€11
URL www.hoteldelacouronne.
　　　com

ACCESS

🚌 コルマール駅前から68R016番
のバスで約45分。⑪運休。
URL www.fluo.eu
セレスタSélestat駅前から国鉄バ
ス(→P.523)で約25分。毎日運行。

❶ 観光案内所
🏠 1, Grand'Rue 68150
連絡先、営業時間はリクヴィルの
❶に準じる。

コウノトリを守れ
自然環境の変化などのために、激
減していたコウノトリだが、アル
ザスではリボーヴィレ近郊のユナ
ヴィルHunawihrに繁殖センターを
設置するなど保護活動が進められ、
その姿を再び見ることができるよ
うになった。

リクヴィル　　　　　　　Riquewihr

「ブドウ畑の真珠」と呼ばれる美しい村　美しい村

リースリング、ピノ・
グリ、ゲヴュルツトラ
ミネールなど、古くか
らワイン造りの村とし
て知られる。アルザス
らしい伝統的な家並み
の美しさでも際立ち、
ワインが飲めない人で
も、その愛らしいたた
ずまいに魅了されるこ

ブドウ畑から眺めるリクヴィルの村

とだろう。1年を通して観光客でにぎわい、とりわけ夏とクリ
スマスシーズンには、ひときわ活気づく。

入口となっている村役場からドルデの鐘楼へと続く通りジェ
ネラル・ド・ゴール通りRue du Général de Gaulleがメインス

© Office de Tourisme
Pays de Ribeauvillé-Riquewihr　かわいらしい店が並ぶ

トリート。コロンバージュ
の家が連なる通り沿いに
は、ワインショップ、名物
のクグロフやマカロンを売
る店が並び、芳しい香りが
漂ってくる。

リボーヴィレ　　　　　　Ribeauvillé

コウノトリが羽を休める村

ヴォージュ山脈の麓に位置し、特級
クラスのワインを産する村。「幸福を
運ぶ鳥」コウノトリの里としても知ら
れ、民家の屋根のてっぺんに大きな巣
が載っているのを、村のあちこちで見
ることができる。

村を貫く大通りGrand'Rueを歩け
ば、17世紀の木骨組みの家や13世紀
の塔などが次々と現れ、目を楽しませ
てくれる。家並みの向こうに見える
古城、サン・ウルリッヒ城Châteaux
St-Ulrichまでは所要45分ほど。山の3つの古城を結ぶハイキン

© Office de Tourisme
Pays de Ribeauvillé-Riquewihr

カラフルな家並みの奥に見える
古城

グコースが整備されてお
り、ブドウ畑が広がる雄
大な眺めを味わうことが
できる。

9月には「笛吹きの祭り」が開催され、
パレードを見ることができる

リボーヴィレにあるアルザスプリントの店「ボーヴィレBeauville」。伝統的なアルザス柄のテーブルクロスな
どが買える。🏠 19-21, route de Ste-Marie aux Mines　URL www.beauville.com

カイゼルスベルグ Kaysersberg
歴史を語る絵画的な家並み

絵のような町並みが続く

ローマ時代からの歴史をもつ村で、中世からルネッサンス時代にかけて建てられた、さまざまなスタイルの民家が残る。ゼラニウムの花で飾られた家々と、ワインや工芸品の店が並ぶメインストリートRue du Général de Gaulle を散策するだけでも楽しい。サン・ミッシェル礼拝堂の裏から坂道をたどって古城の廃墟まで上ると、村を一望することができる。クリスマス市が華やかなことでも知られ、12月になると大勢の観光客が訪れる。2017年には「フランス人が好きな村」で第1位に選ばれた。

ノーベル平和賞を受賞したシュヴァイツァー博士の故郷でもあり、その生家は博士の活動を紹介する記念館となっている。16世紀の祭壇彫刻が見事な**サント・クロワ教会**Eglise Ste-Croixも見ておきたい。

ACCESS
コルマール駅前から68R013番のバスで約40分。Porte Basse Kaysersberg Vignoble下車。⑭祝運休。
URL www.fluo.eu

観光案内所
住 39, rue du Général de Gaulle 68240
TEL 03.89.78.22.78
開 9:30〜12:00
14:30〜17:00
（季節、曜日によって異なる）
休 一部⑭
URL www.kaysersberg.com

15〜17世紀の建築物が多く見られる

テュルクアイムの夜回りおじさん
コルマール駅からTERで約10分のテュルクアイムTurckheimは、ルネッサンス時代の建物が残るワイン街道の町。3〜10月の21:45から、カンテラを持った「夜回りおじさん」が町を回る。アルザスに中世から伝わる風習だ。

夜回りおじさんをかたどったトピアリー（樹木を刈り込んだもの）

☕ **Column Pause café** 花いっぱいの町

「花いっぱいの町」の看板

フランスには昔ながらの趣ある景観を残す町が多い。町並みの美しさをいっそう引き立てているのが、民家の窓辺や庭、公園、遊歩道など、町のそこかしこに飾られた色とりどりの花々だ。

フランスでは毎年、全国約1万2000の町が参加する「花の町コンクール」が開かれている。優秀な町には「花いっぱいの町Ville Fleurie」の称号が与えられ、町の入口に看板を掲げることができる。URL www.villes-et-villages-fleuris.com

アルザスのワイン街道沿いは「花いっぱいの町」の密集地帯。コルマール、リボーヴィレなど多くの町が、最高ランクである「4つ花」の評価を受けている。なかでも**エギスアイム**

Eguisheimは、ヨーロッパ花の町コンクールで金賞を受賞した町。民家に挟まれた細い路地、広場や民家の窓など、いたるところが花で飾られ、目を楽しませてくれる。

エギスアイムへのアクセス
コルマール駅前から68R030番のバスで約15分。⑭祝運休。
URL www.fluo.eu

「アルザスワイン誕生の地」でもあるエギスアイム

アルザスのワイン街道巡り
中世の魅力的な村々でワイン三昧

アルザスは、ボルドー、ブルゴーニュと並ぶ、フランス有数のブドウ産地。白ワインがほとんどで、ボトルの形は細身で背が高い。気候、ブドウ品種はドイツワインと共通しているが、ドイツワインが甘口中心なのに対し、アルザスワインは辛口で香りがとても強い。日本で紹介される機会がまだ少なく残念だが、だからこそ、こうした逸品を現地で心ゆくまで味わいたい。

アルザスワインの種類

アルザスでは、ボルドーやブルゴーニュのように畑の名ではなく、ブドウの品種がワインの名称になっている。ゲヴュルツトラミネールを代表とする白ワイン6種と、ピノ・ノワールの赤ワイン1種の計7種が代表格だ。

リースリング Riesling
アルザスワインの王。気品に満ちた辛口の白。魚介類、シュークルートとともに。

ゲヴュルツトラミネール Gewurztraminer
赤ワインの次に飲んでも、十分耐え得る芳香豊かな力強い白。

ピノ・グリ Pinot Gris
コクのある白。重い料理にも合う。

ミュスカ Muscat
軽い辛口の白。食前酒に最適。

ブドウ畑に囲まれたユナヴィルの村。リースリングの産地として知られる（上）

シルヴァネール Sylvaner
辛口の軽い白。さわやかな風味があり、前菜、海の幸に合う。

ピノ・ブラン Pinot Blanc
調和の取れた味わいのある白。

ピノ・ノワール Pinot Noir
唯一の赤。軽めであらゆる料理に合う。

このほか、シャンパンと同じ製法で造られる発泡酒クレマン・ダルザスCrémant d'Alsaceも試してみたい。ピノ・ブランやリースリングのブドウを使う白と、ピノ・ノワール種で造られるロゼがあり、すっきりとしたなかにコクのある味わいが魅力だ。

マルレンアイム
Marlenheim
モルスアイム
Molsheim
ストラスブール
Strasbourg
ロスアイム
Rosheim
オベルネ
Obernai
ゲルヴィレール
Gertwiller
エベルスマンステール
Ebersmunster
イル川
l'Ill
セレスタ
Sélestat
リボーヴィレ
Ribeauvillé
ユナヴィル
Hunawihr
リクヴィル
Riquewihr
カイゼルスベルグ
テュルクアイム
Turckheim
ライン川 le Rhin
コルマール
Colmar
エギスアイム
Eguisheim
タン
Thann
ミュルーズ
Mulhouse

赤ワイン
白ワイン

**アルザス
ワインマップ**

アルザスの発泡酒クレマン。ロゼ（左）はバラ色というよりルビー色に近く、力強い味

ワイン街道ツアー

ワイン街道は、マルレンアイムからタン近辺までの南北およそ170km。この間にワイン造りで有名な村がずらりと並び、絶好の観光ルートとなっている。どの村も絵本のようにかわいらしく、ワイン好きはもちろん、ワインを飲めない人でも楽しめるはず。

リボーヴィレ、リクヴィル、カイゼルスベルグ（→P.258、259）などは、コルマールからバスで訪れることができるが、1日に複数の村を回りたければ、ツアーバスを利用すると効率がいい。少人数のグループで、英語を話すガイドが案内してくれる。

コルマールの市内や、オー・クニクスブール城（→P.254）などの観光を合わせたツアーもある。

ストラスブール発アルザスワインツアー

オベルネの散策を含むワイン街道半日ツアー（€98）と、3つのワイナリーを巡る1日ツアー（€150）。それぞれワインの試飲付きで、アルザスワインの代表的品種が楽しめる。案内は基本的に英語で行われるが、わかりやすく説明してくれる。3月～1月上旬の毎日、2名から催行。

宿泊先から送迎してくれるプライベートツアーでは、行きたいワイナリーをあらかじめリクエストすることも可能。1日ツアー€720～（車1台当たり。2名から催行。最大8名）、ワイナリーの試飲料などは実費となる。

予約はウェブサイトから可能。直前の予約は電話かメールで直接確認を。
オフォリュスOphorus
☎ 05.56.15.26.09（英語可）
✉ info@ophorus.com（英語可）
URL www.ophorus.com

コルマール発ワイン街道をめぐるバス

コルマールからリクヴィル、リヴォーヴィレ、カイゼルスベルグなどワイン街道の村を巡回する便利なバス「kutzig」がある。時刻表など詳細はウェブサイトで確認しよう。
料 1日乗り降り自由で€26～　URL kutzig.fr

ワインセラーで試飲を楽しむ

ワイン街道沿いの村を散策していると、ワインショップの前に「デギュスタシオン Dégustation」と書かれた看板があるのに気づくはずだ。試飲できることを示す看板で、味を確かめたうえで気に入ったワインを購入できる。

ゼレンベルグ村にある日本語OKのワインセラー

1610年創業、家族経営のワインセラー。見学や試飲ができる。日本語で相談に応じてくれ、日本への発送も受け付けてくれる。
ジャン・ベッカー Jean Becker
🚌 コルマール駅前から68R016番のバスで約30分。リクヴィルから68R016番のバスで約5分。いずれもZellenberg Route du Vin下車。
🏠 4, route d'Ostheim 68340 Zellenberg
☎ 03.89.47.90.16
営 ㊊～㊎ 8:00～12:00、13:15～18:00
　　㊏ 10:00～12:00、14:00～18:00
　　復活祭～12月の㊐ 10:00～12:00
休 1月～復活祭の㊐、1/1、12/25、12/26
CC MV　URL www.vinsbecker.com

試飲のワインは飲み干さなくてもOK

気さくなスタッフは英語、日本語が堪能

グラン・クリュ（特級）クラスのワインを産するテュルクアイム（左）　ワイン街道の標識に従ってドライブするのも楽しい（中上）　看板もワインにちなんだデザインで（中下）　ローマ人がアルザスで最初にブドウの株を植えた町といわれるエギスアイム（右）

アールヌーヴォーが生まれた町
ナンシー

いたるところで芸術作品に出会える

郵便番号：54000　人口：約10万4000人

ACCESS

🚄パリ・東駅からTGVで約1時間30分。ストラスブールからTERで約1時間30分。

❶ 観光案内所

🏠 Pl. Stanislas　MAP P.263-A2
☎ 03.83.35.80.10
🕐 9:30～18:30
〈（月）は13:00〜）
❌ 12/25～3/31の（日）、1/1、12/25
🌐 www.nancy-tourisme.fr

世界遺産

ナンシーのスタニスラス広場、カリエール広場およびアリアンス広場
Pl. Stanislas, de la Carrière, et d'Alliance à Nancy
（1983年登録）

スタニスラス広場とともに世界遺産に登録されているアリアンス広場

トラム、バス

💰 1回券€1.40、24時間券€3.90
🌐 www.reseau-stan.com

ラム酒たっぷりのババ

🛍 ラム酒入りシロップをたっぷり染み込ませた菓子「ババ・オ・ラムBaba au Rhum」は、お菓子好きだったスタニスラス公が故国ポーランドの焼き菓子をシロップ漬けにしたのが始まり。瓶詰めも売っているのでおみやげに。

スタニスラス広場を飾る繊細な金装飾の門と豪華な噴水

植物の茎のごとく曲がった柄にチューリップ形のフードが付いたランプ。つる草のような鉄柵をもつパリの地下鉄の入口。これらはみなアールヌーヴォーの世界だ。ナンシーは19世紀末にこの新芸術が生まれた町。その1世紀前には貴族好みのロココ美術が花開いた町でもある。生活に溶け込んでいるアールヌーヴォーと、貴族のために作られたロココ。一見相反するふたつのアートが同じ町で展開したのは興味深い。

>>> 歩き方 >>>

　ナンシーの最大の見どころでもある**スタニスラス広場**は駅から徒歩で約10分。駅を出て左に進むとスタニスラス門Porte Stanislasがあり、広場までスタニスラス通りRue Stanislasで結ばれている。広場の一角にある凱旋門をくぐると、スタニスラス広場と同じくエレ設計の**カリエール広場**Pl. de la Carrière。突き当たりの**ロレーヌ博物館**（ロレーヌ公宮殿Palais Ducal）の西側は旧市街で、Grande Rueに沿って古い町並みが**クラッフ門**Porte de la Craffeまで続く。この門から東へ行くと**ペピニエール公園**Parc de la Pépinièreに通じる。やはりエレによる設計で、中央に華麗な噴水がある。ロココの名残をひととおり訪ねたら、**ナンシー派美術館**でアールヌーヴォーの世界へ。

夏の間、スタニスラス広場では毎晩音と映像を使ったショーが行われる

はみだし 「ナンシー・シティ・バスNancy City Pass」は、美術館や見どころへの入場、市内交通などが無料になるバス。❶で購入もしくはアプリを使用する。💰 24時間券€20、48時間券€30、72時間券€35

おもな見どころ

スタニスラス広場

MAP P.263-A2 ★★★

Place Stanislas

スタニスラス公の像が立つ広場。革命以前はルイ15世の像があり「国王広場」と呼ばれていた

スタニスラス・レスチンスキーはポーランドの国王だったが、18世紀中頃ロシア軍に追われてフランスに亡命した後、ロレーヌ地方を譲り受けて統治した。彼の命を受けてナンシー生まれのエマニュエル・エレが設計したのがスタニスラス広場だ。ナンシーの顔といってもいいこの広場は、装飾的な鉄の門と屋上に彫像の並ぶ建物に囲まれ非常に豪華。6月中旬〜9月中旬の夜は、広場を舞台に音と光のショーが開催される。

ナンシーのマカロン

パリではクリームの入ったものが主流だが、より歴史の古いナンシーのマカロンは、卵白と砂糖にアーモンドペーストを入れて焼き上げたシンプルなもの。マカロンを買うなら下記の2店が人気。

S ルフェーヴル・ルモワーヌ
Lefèvre Lemoine
MAP P.263-A1
住 47, rue Henri Poincaré
URL lefevre-lemoine.fr

S メゾン・デ・スール・マカロン
Maison des Sœurs Macarons
MAP P.263-A2
住 21, rue Gambetta
URL www.macaron-de-nancy.com

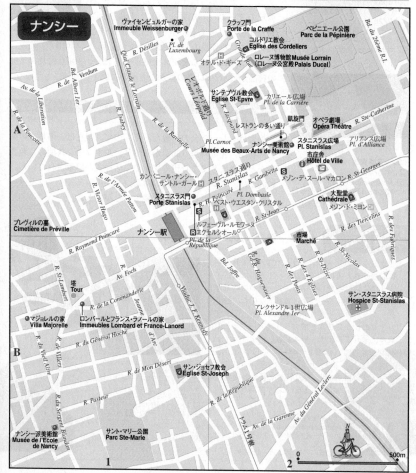

ガレの工芸品やウジェーヌ・ヴァランの家具が置かれた部屋を再現し、そのまま展示している

ナンシー派美術館
🏠 36-38, rue Sergent Blandan
🕐 10:00～18:00
休 ⓐⓚ、1/1、5/1、7/14、11/1、12/25
料 €6
バス ナンシー・シティ・パスで無料、
URL musee-ecole-de-nancy.
　　nancy.fr
駅前から10、16番のバスで
Painlevé下車。11番のバスで
Nancy Thermal下車。

ナンシー美術館
🏠 3, pl. Stanislas
🕐 10:00～18:00
休 ⓚ、1/1、5/1、7/14、11/1、12/25
料 €7～10、第1⊖無料
バス ナンシー・シティ・パスで無料、
URL musee-des-beaux-arts.
　　nancy.fr

ドーム兄弟の作品展示室

ロレーヌ博物館
🏠 66, Grande Rue
URL www.musee-lorrain.nancy.fr
※2023年5月現在、工事のため休館中。

ナンシー派美術館 ★★★
MAP P.263-B1　　　　Musée de l'Ecole de Nancy

　「ナンシー派」とは、この町出身のエミール・ガレが中心となり、19世紀末に結成された芸術運動のグループ。彼らは、家具や工芸品といった生活に密着した分野で、芸術性の高い作品を発表した。そのパトロンであったコルバンの邸宅を利用し、作品を展示したのがこの美術館だ。ガレは日本から留学していた高島北海と出会ったことで、日本の美意識を学んだという。植物や昆虫のモチーフに、独特のジャポニスム(日本趣味)がうかがえる。

ナンシー美術館 ★★
MAP P.263-A2　　　　Musée des Beaux-Arts de Nancy

　スタニスラス広場に面した美術館。ペルジーノ、ティントレット、カラヴァッジョ、ルーベンス、ドラクロワ、モネ、モディリアニ、ピカソから現代にいたるまで14～21世紀のヨーロッパ絵画を幅広く所蔵。ナンシー派の作品もあり、ドーム兄弟が制作し

グリュベール作『クレマチスの花器』

たクリスタル作品の展示室(地下)は必見。ドーム工房に関するビデオ上映があるほか、300点に及ぶ工房の作品が展示され、その豊かな表現力に魅了されることだろう。

ロレーヌ博物館 ★
MAP P.263-A2　　　　Musée Lorrain

　もとはロレーヌ公の宮殿だったもので、現在はこの地方の歴史博物館。先史時代の武器から中世、ルネッサンス期の宗教芸術など、さまざまな時代の文化や生活様式が展示されている。絵画では、ロレーヌ生まれの画家、ジョルジュ・ド・ラ・トゥールやジャック・カロの作品も観ることができる。

ART Column Art　**ナンシーのアールヌーヴォー巡り**

　ナンシーのアールヌーヴォーは、美術館の中に収められた美術品ではなく、この町に暮らす人々の生活に密着しているもの。いわば町全体が巨大なアールヌーヴォー美術館なのだ。❶でアールヌーヴォー巡りの案内図をもらって、今も生活のなかで輝きを放つアールヌーヴォーの数々に触れてみよう。日本語オーディオガイド（所要2～4時間、1日有効、€10、ナンシー・シティ・パスで無料、保証料が必要だが機材返却時に戻る）を借りて回ればわかりやすい。

マジョレルの家 Villa Majorelle
パリの建築家アンリ・ソヴァージュが設計。内装はナンシー派の芸術家たちが担当した。
MAP P.263-B1
🏠 1, rue Louis Majorelle
🕐 14:00～18:00　休 ⓐⓚ、
　1/1、5/1、7/14、11/1、12/25
料 €6
URL musee-ecole-de-nancy.nancy.fr

ヴァイセンビュルガーの家
Immeuble Weissenburger
ナンシー派の芸術家、ヴァイセンビュルガーの家。
MAP P.263-A1　🏠 1, bd. Charles V

ナンシーのおすすめホテル／レストラン

Ｈ ホテル　ＣＨ シャンブル・ドット（民宿）　Ｒ レストラン

駅前とスタニスラス広場周辺にホテルが多い。

Ｈ ベスト・ウエスタン・クリスタル
Best Western Crystal 4★　ＭＡＰ P.263-A2

駅から徒歩2分。スタニスラス広場へは徒歩7分という好立地。スパやルーフトップバーもあり、ゆったりとホテルライフを楽しめる。

住 5, rue Chanzy
ＴＥＬ 03.83.17.54.00
料 ＳＷ €120～301　●込み
ＣＣ ＭＶ　室 58室　✸　Ｗｉ-Ｆｉ
ＵＲＬ www.bestwestern-hotel-crystal.com

Ｈ オテル・ド・ギーズ
Hôtel de Guise 3★　ＭＡＰ P.263-A2

スタニスラス広場から徒歩5分ほどの静かな住宅街に建つ。18世紀の歴史ある建物を利用している。

住 18, rue de Guise
ＴＥＬ 03.83.32.24.68
料 ＳＷ €95～105　●€15
ＣＣ ＡＭＶ　室 49室　Ｗｉ-Ｆｉ
ＵＲＬ www.hoteldeguise.com

Ｈ カンパニール・ナンシー・サントル・ガール
Campanile Nancy Centre Gare 3★　ＭＡＰ P.263-A1

駅から歩いてすぐで観光に便利なホテル。客室は広くないが清潔感がある。値段も格安。

住 12, rue de Serre
ＴＥＬ 03.57.29.10.07
料 ＳＷ €101～149　●込み
ＣＣ ＡＭＶ　室 88室　✸　Ｗｉ-Ｆｉ
ＵＲＬ www.nancy-centre-gare.campanile.com

ＣＨ メゾン・ド・ミヨン
Maison de Myon　ＭＡＰ P.263-A2

18世紀の館を改装したシャンブル・ドット。本物のアンティークが置かれた部屋は、マダムのセンスが随所に生かされ、インテリア雑誌から抜け出したかのよう。スタニスラス広場からすぐ、というロケーションも大きな魅力だ。

住 7, rue Mably　ＴＥＬ 03.83.46.56.56
料 Ｓ €100～118 Ｗ €145～165　●込み
ＣＣ ＡＭＶ　休 1/5～1/20
室 11室　✸　Ｗｉ-Ｆｉ
ＵＲＬ www.maisondemyon.com

Ｒ エクセルシオール
Excelsior　ＭＡＰ P.263-A1

1911年開店の老舗ブラッスリー。マジョレルほかナンシー派の芸術家たちが内装を手がけ、食事しながらアールヌーヴォーの世界に浸ることができる。

住 50, rue Henri Poincaré
ＴＥＬ 03.83.35.24.57
営 8:00～24:30（㊎ ㊐～23:00）
　（ランチ12:00～15:00、ディナー19:00～）
休 無休　料 ムニュ €28.90～59.90
ＣＣ ＡＭＶ　英
ＵＲＬ www.excelsior-nancy.fr

手頃な料金で気軽に利用できるレストランは、スタニスラス広場から凱旋門をくぐって左側のマレショー通りRue des Maréchauxに連なっている。

🎨 Column Art　最高級クリスタルの里、バカラ

最高級クリスタルの老舗バカラBaccaratの本社があるバカラ（ＭＡＰ P.247）。工場の見学はできないが併設のバカラ美術館で19世紀からの製品を観ることができる。M.O.F.（フランス最優秀職人）の受賞者が多いのがバカラの自慢。彼らの作品も展示されている。

1764年創業のバカラが、飛躍的に発展を遂げたのが19世紀。産業革命が起こり、ヨーロッパが大きく変わりつつあった時代に、バカラは万国博覧会で金賞を獲得するなど、その優雅な輝きで世界を魅了していっ

バカラ美術館の展示品

た。🛈のある広場に建つサン・レミ教会Eglise St-Remyも見ておきたい。モダンでカラフルなステンドグラスはバカラのクリスタル製だ。

アクセス
🚃 ナンシーからTERで40～55分。

バカラの🛈
住 5, rue des Cristalleries 54120
ＴＥＬ 03.83.75.13.37
開 10:00～12:30、14:00～17:00
　（㊏ ㊗10:00～13:00）
休 冬期の㊐、一部㊗
ＵＲＬ www.tourisme-lunevillois.com

バカラ美術館 Musée Baccarat
700点ものバカラの名品を展示するギャラリー。
住 Cours des Cristalleries 54120
開 企画展によって異なる
休 ㊐　料 €5
ＵＲＬ www.baccarat.fr/fr/musees

ロレーヌ

ナンシー

大聖堂のステンドグラス

シャガールとコクトーのステンドグラスに出合える
メッス

郵便番号：57000 人口：約11万8000人

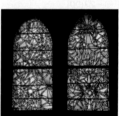
コクトーが手がけたサン・マキシマン教会のステンドグラス

モーゼル川の中州にたたずむ、20世紀初頭に建てられたタンプル・ヌフ

ロレーヌ地方の中心都市メッスは、ローマからランスに抜ける街道上にあり、古くから交通の要だった。一方、他国からの侵入を受けることも多く、1871年から1918年までドイツに併合されていた。セーユ川にまたがる堅固なドイツ人の門は、町の攻防の歴史を物語っている。

≫≫ 歩き方 ≫≫

　駅前広場から郵便局脇のRue Gambettaに入り、重厚な建物が取り囲むモンドン広場Pl. Mondonを抜けて、Av. Robert Schumanを北に1kmほど歩くと旧市街。その中心に位置するサンテティエンヌ大聖堂前広場の一画に❶がある。メッスは、著名芸術家が手がけたステンドグラスで知られる教会も多く、シャガールによる**サンテティエンヌ大聖堂**をはじめ、ジャン・コクトーによる**サン・マキシマン教会**Eglise St-Maximinなども見逃せない。そのほか、18世紀建造の**オペラ座**や**タンプル・ヌフ**Temple Neufが建つモーゼル川沿いに造られた遊歩道の散策もおすすめ。新名所のポンピドゥー・センター・メッスは駅の裏側に位置し、存在感たっぷりだ。駅から徒歩約3分。

))) おもな見どころ (((

毎晩ライトアップされるサンテティエンヌ大聖堂

サンテティエンヌ大聖堂　　★★★
MAP P.267
Cathédrale St-Etienne

　モーゼル川近くに建つサンテティエンヌ大聖堂は、13世紀から16世紀にかけて建造されたゴシック建築の傑作。身廊の高さは42mを誇り、その大きさは見る者を圧倒する。ヨーロッパ最大級の総面積6500m²を誇るステンドグラスのなかでも、20世紀にシャガールが手がけたものは必見だ。

はみだし 4月上旬〜10月にサンテティエンヌ大聖堂前またはポンピドゥー・センターから出発するプチトランは、約1時間で町を一周するので、町の概要をつかむのに便利。🎫 €9 **URL** lepetittraindemetz.com

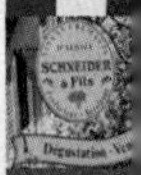

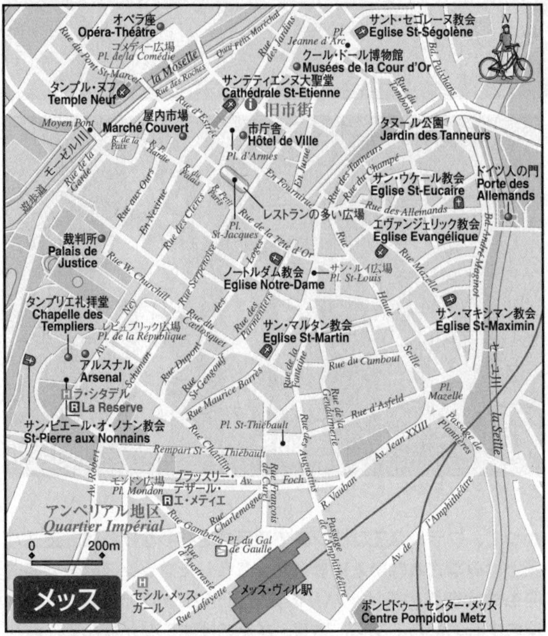

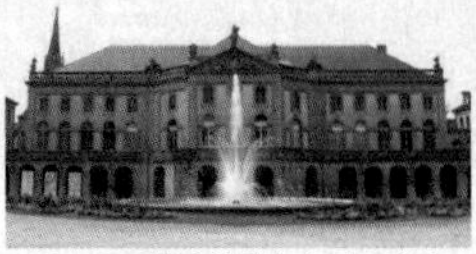

フランスで現在使用されているオペラ座のうち最も古いといわれるメッスのオペラ座

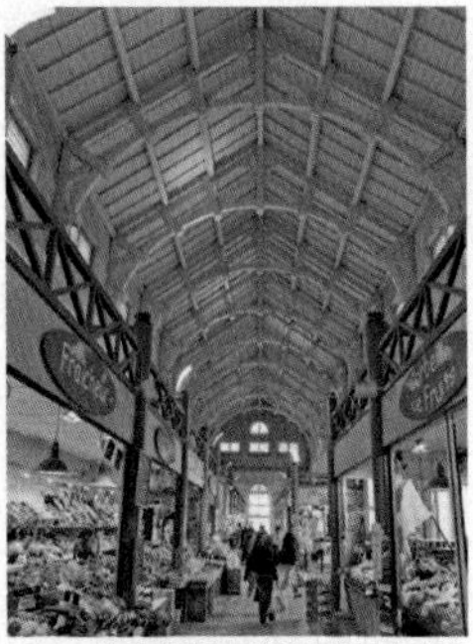

ロレーヌの名産品が買える屋内市場にも行ってみたい

ポンピドゥー・センター・メッス ★★

[MAP] P.267　Centre Pompidou Metz

2010年にオープンした、パリのポンピドゥー・センター(→P.104)の別館。日本人建築家の坂茂氏が共同設計に携わり、その斬新な外観とコンセプトが建設中から話題になった。地上3階からなる広大な展示スペースは開放感にあふれ、作品を引き立てる。国立近代美術館の所蔵品を中心とした大規模な企画展に注目が集まっている。

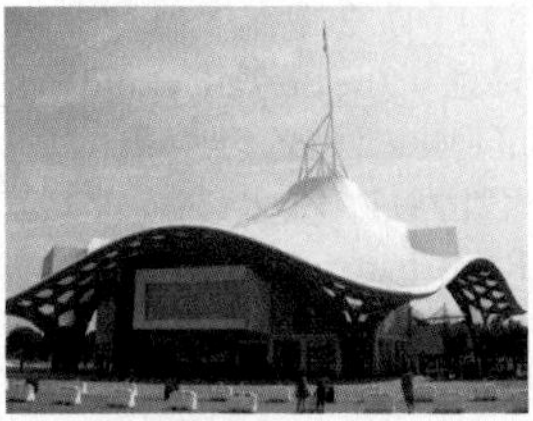

遠くからでも目立つ個性的な外観

ポンピドゥー・センター・メッス

[住] 1, Parvis des Droits de l'Homme
[開] 10:00～18:00
(4～10月の㊍～㊏は～19:00、入場は閉館の30分前まで)
[休] ㊋、5/1
[料] €7～14(企画展により異なる)、26歳未満無料
[URL] www.centrepompidou-metz.fr

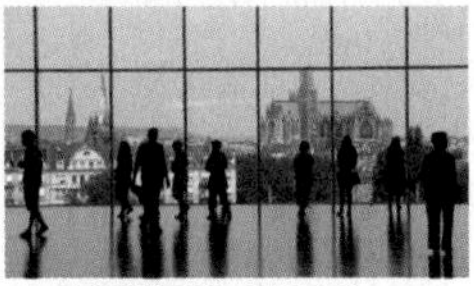

メッスの町並みを一望できる

メッスのおすすめホテル／レストラン

[H]ホテル [R]レストラン

駅の周辺に手頃な料金の2つ星ホテルが集まっている。

[H][R] ラ・シタデル

La Citadelle 4★　[MAP] P.267

1969年に歴史的建造物に指定された古い城砦を修復したデラックスホテル。気軽にフレンチを楽しめるレストラン「La Reserve」がある。

[住] 5, av. Ney　[TEL] 03.87.17.17.17
[料] ⓈⓌ€134～400　[朝食]€22
[CC] [A][M][V]　[室] 75室　[P] €18　[エアコン]　[Wi-Fi]
[URL] www.citadelle-metz.com

[H] セシル・メッス・ガール

Cecil Metz Gare 3★　[MAP] P.267

駅から徒歩約2分という好立地。ポンピドゥー・センター・メッスを見学するのにも便利。部屋は落ち着いた色合いのシンプルな内装で、快適に過ごせる。

[住] 14, rue Pasteur　[TEL] 03.87.55.24.82
[料] Ⓢ70～80 Ⓦ€89～98　[朝食]€12
[CC] [D][M][V]　[室] 39室　[P] €10　[エアコン]　[Wi-Fi]
[URL] www.cecilhotel-metz.com

気軽に食事できる店を探すなら、サンテティエンヌ大聖堂近くのサン・ジャック広場Pl. St-Jacquesへ。カフェやクレープリー、レストランのテラス席が並んでいる。

[R] ブラッスリー・デザール・エ・メティエ

Brasserie des Arts et Métiers　[MAP] P.267

駅近く、アンペリアル地区にあるブラッスリー。

[住] 2bis, rue Gambetta　[TEL] 03.87.55.94.95
[営] 11:45～14:30、18:45～22:30　[休] 無休
[料] ムニュ€35、€43、€69　[URL] brasseriemetz.fr

華やかな気分に包まれる

繊細な泡に酔いしれたい、シャンパンの町
世界遺産
ランス

郵便番号：51100　人口：約18万3000人

ACCESS

🚄パリ・東駅からTGVで約45分。

🛈 観光案内所

メインの🛈
🏠 6, rue Rockefeller 　**MAP** P.269
☎ 03.26.77.45.00
🕙 10:00〜18:00
　（⊟は〜17:00)
🚫 5/1、一部㊗
🌐 www.reims-tourisme.com

駅前の🛈
🏠 Cour de la Gare 　**MAP** P.269
🕙 8:30〜12:00
　　13:00〜17:00
　（季節、曜日によって異なる）
🚫 ⊟㊗

■ 世界遺産 ■

ランスのノートルダム大聖堂、
サン・レミ旧大修道院および
トー宮殿
**Cathédrale Notre-Dame,
ancienne abbaye St-Remi
et Palais de Tau, Reims**
（1991年登録）

トラム、バス
🎫 1回券€1.80、10回券€13.20
　1日券€4.55
🌐 www.citura.fr

ランス美術館
🏠 8, rue Chanzy
🌐 musees-reims.fr
※2023年3月現在、工事のため休
館中。2025年再開予定。

大聖堂の『微笑む天使』はゴシック
の彫刻で最も有名なもののひとつ

ノートルダム大聖堂のシャガール作のステンドグラス

かつて、フランス王はランスで戴冠式を行わなければ、正式な王とはみなされないといわれた。こうしたフランス随一の格式をもつ大聖堂の町は、パリの東北東142kmの所にあるマルヌ県の中心的都市である。古来、羊毛の織物工業が盛んで、現在でも商工業が発達し交通の便もいい。そして何といってもシャンパンの本場だ。

≫≫ 歩き方 ≫≫

　駅前の公園を抜け、前に延びる通りRue de Talleyrandを南東に進み、リベルジエ通りRue Libergierとの交差点に出れば、**ノートルダム大聖堂**が現れる。大聖堂見物はあとにし、来た道をさらに進む。シャンツイ通りRue Chanzy、ガンベッタ通りRue Gambetta、グラン・セール通りRue du Grand Cerfと変わり、20分も歩くと**サン・レミ・バジリカ聖堂**に出る。この教会は11〜13世紀に建てられた。

　また、前述したリベルジエ通りとの交差点脇に**ランス美術館Musée des Beaux-Arts de Reims**がある。1階にはこの地方の画家の作品、2階にはダヴィッド、コロー、ミレー、ブーダン、マティス、ピカソなど、おなじみの画家の作品も多い。

⫸⫸ おもな見どころ ⫷⫷

ノートルダム大聖堂　★★★
MAP P.269
Cathédrale Notre-Dame

　13世紀初頭に着工されたゴシックの大聖堂。3段で構成された端正な正面には、左右対称に2基の塔が建ち、外側のいたるところに施された彫刻がすばらしい。特に正面中央扉右側壁の4体の立像（受胎告知、聖母訪問）は、ゴシック最盛期の傑作と

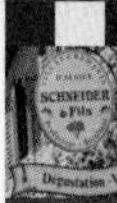

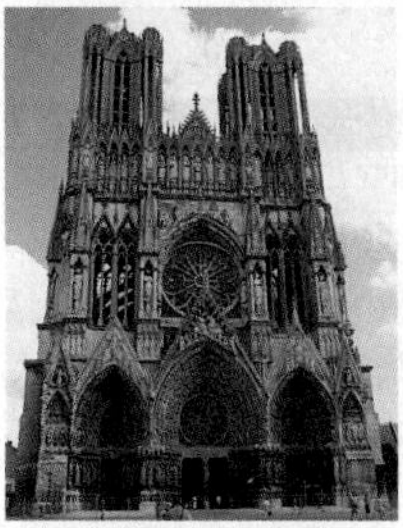
見事に均整の取れた大聖堂

いわれている。そのほか、やはり正面の『微笑む天使』『マリアの従者(おつき)』『聖ヨゼフ』など、いずれも秀作。建物の平面設計図はよく計算され、完璧に近い左右対称だ。

正面広場の一角に**ジャンヌ・ダルクの騎馬像**がある。彼女はオルレアン解放後、シャルル7世にハッパをかけてランスに赴かせ戴冠式を行わせる。彼女もむろん立ち会った。翌年コンピエーニュで捕らえられてルーアンに送られ、年明けて1431年、あわれ19歳の身は火刑に処されてしまった(→P.241)。

トー宮殿 ★★★

[MAP] P.269　Palais du Tau

かつては司教の館だったが、現在は、修復前のノートルダム大聖堂に置かれていた彫刻や、戴冠式の際に使用された王の装飾品などの宝物が並ぶ美術館となっている。9世紀のシャルルマーニュの護符や、12世紀の聖別式の聖杯などが見ものだ。

サン・レミ・バジリカ聖堂 ★★★

[MAP] P.269　Basilique St-Remi

サン・レミ(聖レミ)とはフランク王国の初代王クロヴィスに洗礼を授けた司教で、ここに彼の遺体が安置されている。

2基の塔を正面両サイドに備えたこの聖堂が着工されたのは11世紀初頭。その後、幾度となく修復作業が行われてきた来歴の長い聖堂。ロマネスク様式とゴシック様式が共存した見応えのある造りとなっている。

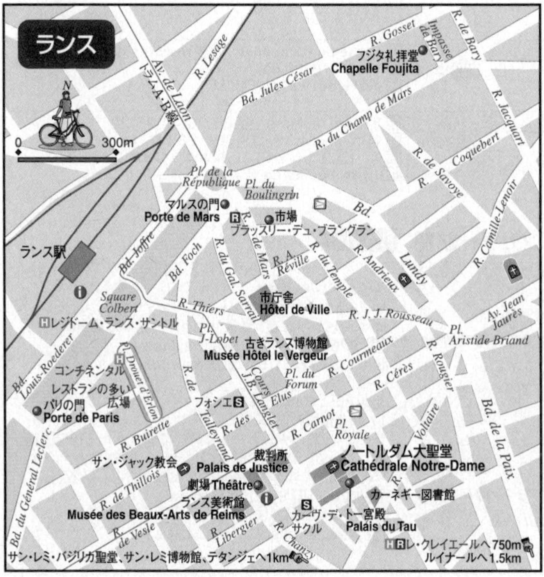
ランス
0
300m
N
R. Gosset
Impasse de Bary
R. de Bary
フジタ礼拝堂
Chapelle Foujita
R. Lesage
Av. de Laon
トラムA・B線
Bd. Jules César
R. du Champ de Mars
R. Jacquart
R. de Savoye
R. Coquebert
Pl. de la République
Pl. du Boulingrin
マルスの門
Porte de Mars
市場
ブラッスリー・デュ・ブラングラン
Bd. Lundy
R. Camille-Lenoir
ランス駅
Bd. Joffre
Bd. Foch
R. du Gal. Sarrail
R. de Mars
R. A. Réville
R. du Temple
R. Andrieux
Square Colbert
R. Thiers
市庁舎
Hôtel de Ville
R. J. J. Rousseau
Av. Jean Jaurès
Pl. Aristide-Briand
レジドーム・ランス・サントル
Pl. J-Lobet
古きランス博物館
Musée Hôtel le Vergeur
Bd. Louis-Roederer
コンチネンタル
R. Drouet d'Erlon
R. de Talleyrand
Cours J.B. Langlet
Pl. du Forum
R. Cournmeaux
R. Cérès
R. Rougier
レストランの多い広場
パリの門
Porte de Paris
フォシエ
R. des Elus
R. Carnot
Pl. Royale
R. Voltaire
Bd. de la Paix
R. Buirette
ノートルダム大聖堂
Cathédrale Notre-Dame
サン・ジャック教会
裁判所
Palais de Justice
劇場 Théâtre
R. de Thillois
ランス美術館
Musée des Beaux-Arts de Reims
カーネギー図書館
Bd. du Général Leclerc
R. de Vesle
R. Libergier
R. Chanzy
カーヴ・デ・サクル
トー宮殿
Palais du Tau
レ・クレイエールへ750m
ルイナールへ1.5km
サン・レミ・バジリカ聖堂、サン・レミ博物館、テタンジェへ1km

ノートルダム大聖堂
[住] Pl. du Cardinal Luçon
[開] 7:30～19:30
(入場は閉堂の25分前まで)
[料] 無料
[URL] www.cathedrale-reims.com

シャガールのステンドグラス
ノートルダム大聖堂の20世紀初めに行われた大修復にあたって、シャガールがいくつかのステンドグラスを寄進した。シャガールブルーが美しい彼の作品は、内陣中央の小祭室で見ることができる。

トー宮殿
[住] 2, pl. du Cardinal Luçon
[URL] www.palais-du-tau.fr
※2023年3月現在、工事のため休館中。2025年再開予定。

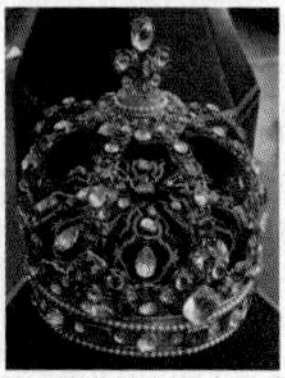
トー宮殿の宝物殿は国内で最も充実しているといわれる

サン・レミ・バジリカ聖堂
[住] Rue St-Julien
[開] 9:00～12:00
14:00～19:00
[休] ㊐の午前
[料] 無料
サン・レミ・バジリカ聖堂は、ノートルダム大聖堂のある町の中心からは少し離れているので、ノートルダム大聖堂前の[i]で行き方を確認するといい。

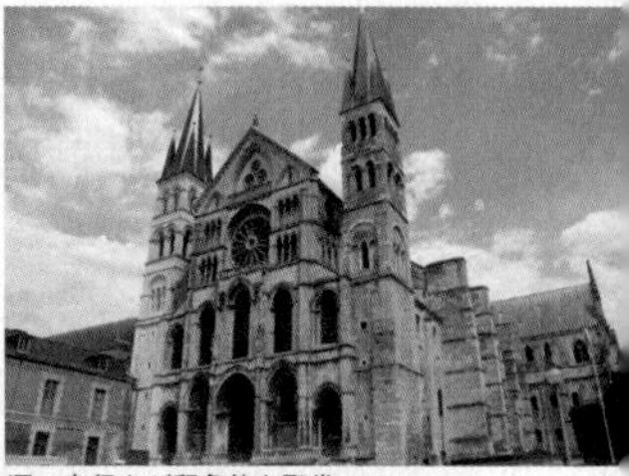
深い奥行きが印象的な聖堂

シャンパンをおみやげに買うなら
ノートルダム大聖堂の近くにあるシャンパン屋「カーヴ・デ・サクル」がおすすめ。豊富な品揃えで日本へも郵送してくれる。
[S] カーヴ・デ・サクル
Cave des Sacres
[MAP] P.269
[住] 7, pl. du Cardinal Luçon
[営] 9:30～19:00
[URL] www.cavedessacres.com

フジタ礼拝堂
[住] 33, rue du Champ de Mars
[開] 5/2～9/30　10:00～12:00
14:00～18:00
[休] [火]、10/1～5/1
[料] €5.50、
18～25歳と65歳以上€3.30
[URL] musees-reims.fr

フジタ礼拝堂 ★★

[MAP] P.269 Chapelle Foujita (Notre-Dame de la Paix)

1959年、ノートルダム大聖堂で洗礼を受けた藤田嗣治がシャンパンで有名なG. H. Mumm（マム）社の資金支援を受け、マム社の敷地内に建てた礼拝堂。内部には、藤田独自の手法によるフレスコ画が見られる（藤田自身の姿も描かれている）。

2003年には、それまでパリ近郊にあった藤田の墓が、生前の希望をかなえるべくこの礼拝堂に改葬された。現在は、2009年に亡くなった君代夫人とともに静かに眠っている。

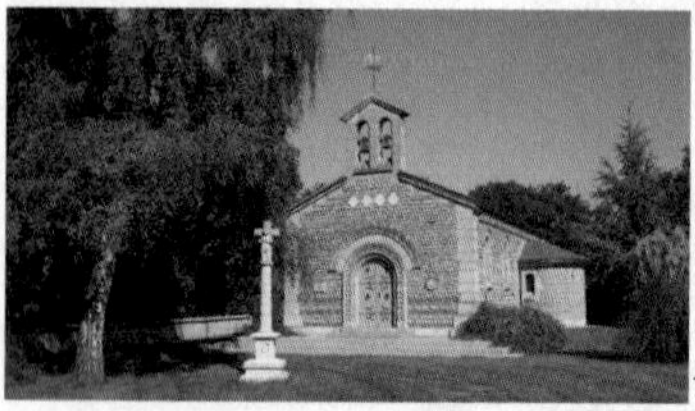
フジタ礼拝堂 © Michel Jolyot

ランスのおすすめホテル／レストラン

[H]ホテル [R]レストラン

ホテルは駅前と駅からサン・ジャック教会までの道筋に多い。

[H][R] レ・クレイエール
Les Crayères 5★ [MAP] P.269

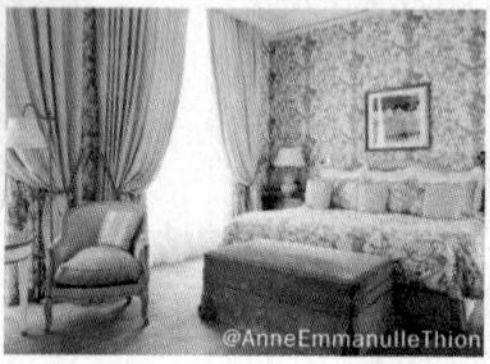
@AnneEmmanulleThion

緑豊かな庭にたたずむ40年の歴史をもつシャトーホテル。2つ星のレストラン「Le Parc」は美食の館として世界的に評価されている。より気軽に楽しめるブラッスリー「Le Jardin」もある。
[住] 64, bd. Henry Vasnier
[TEL] 03.26.24.90.00
[料] ⓈⓌ€372～1500　☕€込み
[CC] [A][M][V]　[室] 20室
[P] 無料　🍴　❄　[Wi-Fi]
[URL] lescrayeres.com

[H] コンチネンタル
Continental 4★ [MAP] P.269

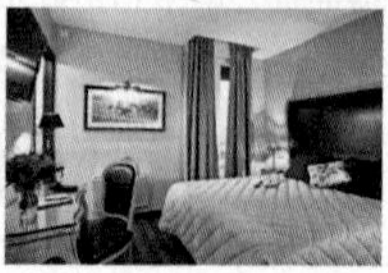

駅に近く、観光に便利なホテル。周辺にはレストランが多く並んでいる。19世紀の建物を利用した客室は、2018年に改装され、快適に過ごせる。電気ポット、ロビーに宿泊客用のパソコンあり。
[住] 93, pl. Drouet d'Erlon
[TEL] 03.26.40.39.35
[料] Ⓢ€170～250 Ⓦ€170～310　☕€23
[CC] [A][D][M][V]　[室] 52室
🍴　❄　[Wi-Fi]
[URL] www.continental-hotel.fr

雰囲気のいいブラッスリーが、駅前の公園を右斜め前に渡ったドゥルーエ・デルロン広場Pl. Drouet d'Erlonに集まっている。

[H] レジドーム・ランス・サントル
Residhome Reims Centre 3★ [MAP] P.269

駅からすぐのアパートホテル。
[住] 6, rue de Courcelles　[URL] www.residhome.com
[TEL] 03.26.78.17.81
[料] ⓈⓌ€84～104　☕€15

[R] ブラッスリー・デュ・ブラングラン
Brasserie du Boulingrin [MAP] P.269

1925年創業の老舗。地元の人でにぎわっている。
[住] 31, rue de Mars　[TEL] 03.26.40.96.22
[営] 12:00～14:30、18:30～23:00
[休] [日]　[料] 昼ムニュ€26、夜ムニュ€32
[URL] www.boulingrin.fr

Column Specialty　シャンパンセラー訪問　[世界遺産]

ランスといえば、やはりシャンパン。2015年7月にはシャンパンのブドウ畑やセラーが世界文化遺産に登録された。ランスにも登録されたセラーがあり、見学を受け付けているメーカーが多いので、訪ねてみよう。セラーの中は真夏でも非常に寒いので、上着を忘れずに。

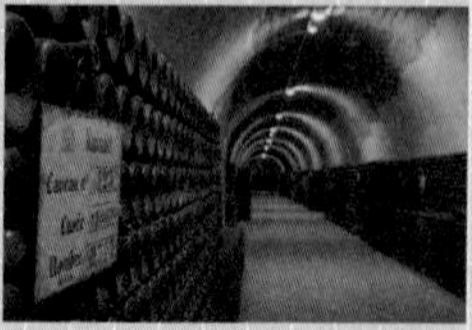
シャンパンのボトルが並ぶ熟成庫

ルイナール Ruinart
1729年創業の最古のシャンパーニュ・メゾン。セラーは地下38mにある。試飲付きセラー見学は要予約。
[MAP] P.269　[住] 4, rue des Crayères
[TEL] 03.26.77.51.51　[URL] www.ruinart.com

テタンジェ Taittinger
1734年創業の家族経営のシャンパーニュ・メゾン。セラーは4世紀のガロ・ローマ時代に掘られた石切場を利用している。1時間の試飲付きセラー見学は2024年より再開予定。ほかに伯爵邸での試飲も行っている。
[MAP] P.269　[住] 9, pl. St-Nicaise
[TEL] 03.26.85.45.35
[URL] www.taittinger.com（日本語あり）

バラ色の菓子「ビスキュイ・ローズBiscuit Rose」はシャンパンとの相性が抜群。「フォシエFossier」のビスキュイが有名。[MAP] P.269　[住] 25, cours Jean-Baptiste Langlet　[URL] www.fossier.fr

))) ランス近郊の町 (((

エペルネー — Epernay

ドン・ペリはここで造られる

シャンパンを発明した修道士ドン・ペリニョンの像

エペルネーは著名シャンパンメーカーの本拠地で、住民ひとり当たりの収入がフランスで最も高いといわれる町。**シャンパーニュ大通りAv. de Champagne**には、**モエ・エ・シャンドンMoët et Chandon**をはじめとする世界に名だたるシャンパンメーカーが軒を並べ、試飲付きの見学ツアーを行っているところもある。❶で資料やリストをもらうことができるので、ぜひ訪れたい。各メーカーの地下には総延長100km以上に及ぶセラー（貯蔵庫）があり、何百万本ものシャンパンが寝かされている。毎日ボトルを少しずつ回して澱を集めるなど、非常に手のかかった製法を見ると、価格が高いのにも納得できる。

車があれば、エペルネーからランスにかけて、シャンパン造りの村に立ち寄りながらドライブするのも楽しい。

高級シャンパンの優雅な味わい

シャルルヴィル・メジエール — Charleville Mézières

天才詩人ランボーの故郷

19世紀半ばに登場し、詩壇に新しい風を吹き込んだ**アルチュール・ランボー**。弱冠17歳で詩人ポール・ヴェルレーヌを驚嘆させる詩を書き、近代の作家に多大な影響を与えながら、20歳で詩と決別した。詩人としての栄誉を蔑み、後半生は一転、貿易商人としてアラブやアフリカへの冒険旅行に明け暮れ、37年の人生を駆け抜けた。

ランボー記念館

シャルルヴィル・メジエールは、文学ファンならぜひ訪れたいランボーの故郷だ。パリのヴォージュ広場に似た均整美を見せる**デュカル広場Pl. Ducale**からムーズ川に向かうと、古い水車場を利用した**アルチュール・ランボー記念館Musée Arthur Rimbaud**が見えてくる。直筆の原稿や書簡類、フェルナン・レジェの挿し絵が入った詩集などが展示され、ファンならたまらないだろう。**生家**（住 12, rue Pierre Bérégovoy）や**住んでいた家**（住 Quai Rimbaud）もすぐ近くにある。詩人が眠る墓へは、デュカル広場から西に向かう。

記念館に展示された作品『イリュミナシオン』

ACCESS

🚄 パリ・東駅からTERで約1時間20分。ランスからTERで約35分。

❶ 観光案内所

住 7, av. de Champagne 51200
TEL 03.26.53.33.00
開 (月)〜(土)　10:00〜13:00
　　　　　　14:00〜18:00
（(日) (祝)〜16:30、冬期〜17:00）
URL www.epernay-tourisme.com

モエ・エ・シャンドン

1時間30分のツアーで見学。ウェブサイトで要予約。
住 20, av. de Champagne
TEL 03.26.51.20.20
料 €40、€75、（試飲のシャンパンの種類によって異なる）
URL www.moet.com/ja-jp（日本語）

セラー内は常時低温なので、夏でも上着が必要

ACCESS

🚄 ランスからTERで約55分。

❶ 観光案内所

住 24, pl. Ducale 08000
TEL 03.24.55.69.90
開 10:00〜12:00
　　14:00〜17:30
（季節、曜日によって異なる）
休 冬期の(月) (日)
URL www.charleville-sedan-
　　tourisme.fr

アルチュール・ランボー記念館

住 Quai Arthur Rimbaud
開 5〜9月 (火)〜(金)　9:30〜12:30
　　　　　　　　　13:30〜18:00
　　　　　 (土)　11:00〜13:00
　　　　　　　　　14:30〜18:00
　　10〜4月 (火)〜(金) 9:00〜12:00
　　　　　　　　　13:30〜17:30
　　　　　 (土)　14:00〜17:30
休 (月)、1/1、5/1、12/24午後、
　　12/25、12/31午後
料 €5〜
URL www.musear.fr

マリオネットの町

シャルルヴィル・メジエールでは毎年9月（2023年は9月16〜24日）に世界マリオネットフェスティバルFestival Mondial des Théâtres de Marionnettesが開催される。
URL festival-marionnette.com

木骨組みの家並みの残る古都

トロワ

リオン・ノワールの館

郵便番号：10000　人口：約6万人

バリ・トロワ

トロワで一番狭い路地「猫小路」
古い民家が並ぶトロワの中心部に、「猫小路 Ruelle des Chats」（**MAP** P.273-1）という名前の路地がある。屋根から屋根へと猫が渡り歩けるほど狭いことから、この名がつけられたのだそう。路地の入口に彫られた猫の顔が目印だ。

サン・ピエール・エ・サン・ポール大聖堂
🏠 Pl. St-Pierre
🕐 9:30～12:30
　14:00～17:00
🚫 ⊕の午前
🎫 無料
URL www.cathedraledetroyes.com

木骨組みの家が並ぶトロワの町並み

シャンパーニュ地方が伯爵領であった中世の時代、その中心都市だったのがトロワ。古くから北ヨーロッパと地中海岸地方を結ぶ交通の要所であったこの町には、各地の産物が集まり、大規模な市が立った。中規模の町ながら中心部に10もの教会が集まることからも、当時の町の繁栄ぶりがうかがえる。優れた職人たちにも恵まれ、教会美術のなかでも彫刻とステンドグラスは傑作揃い。ルネッサンス期に建てられた木骨組みの民家も、市街地そのものとして保存され、まるで町全体が美術館であるかのようだ。

≫≫ 歩き方 ≫≫

トロワの地図を見ると、この町が偶然にもシャンパンコルクの形をしているのがわかる。ちょうど「コルク」の下に当たる位置に駅があり、サン・ピエール・エ・サン・ポール大聖堂があるコルクの頭の部分に向かって歩くことになる。コルクの中心部分は昔からの商業地区で、とりわけアレクサンドル・イスラエル広場Pl. Alexandre Israëlを中心とした一帯に、リオン・ノワールの館Hôtel du Lion Noirなど16世紀の古い町並みが残る。

))) おもな見どころ (((

サン・ピエール・エ・サン・ポール大聖堂　★★★
MAP P.273-2　　　　　　　　　Cathédrale St-Pierre et St-Paul

13～17世紀に建設されたゴシック様式の大聖堂。奥行き114m、幅55m、高さ29.50mの壮大な建築で、なかでも総面積1500m²に及ぶ窓を覆う、13～14世紀のステンドグラスは見逃せない。正面上部に据えられたフランボワイヤン様式のバラ窓も、ひときわ艶やかな姿を見せている。

はみだし 2022年12月、トロワに新しくステンドグラスの美術館「シテ・デュ・ヴィトライユCité du Vitrail」が開館した。中世から現代にいたる、さまざまなステンドグラスの魅力を堪能できる（→P.13）。**URL** cite-vitrail.fr

シャンパーニュ

トロワ

サント・マドレーヌ教会 ★★
MAP P.273-1　　　　　　　　　Eglise Ste-Madeleine

　12世紀に建てられたトロワ最古の教会。内陣（祭壇のある奥の部分）の手前に設置された「ジュベJubé」と呼ばれる仕切りは、16世紀のもので、フランスでは残っている例が少ない貴重なもの。石の彫刻ながらレースのように軽やかで、トロワの職人たちの技術の高さがわかる。

美しいジュベ

サント・マドレーヌ教会
住 3, rue de la Madeleine
開 4～10月　　　9:30～12:30
　　　　　　　14:00～18:00
　　11～3月　　9:30～12:30
　　　　　　　14:00～17:00
休 ⽇の午前
料 無料

現代美術館 ★★
MAP P.273-2　　　　　　　　　Musée d'Art Moderne

　もとは司教館だった建物を改装した美術館。近現代の作品を2000点ほど所蔵し、なかでも、ドラン、ヴラマンクなど、フォービスム、表現主義のコレクションが特に充実している。

現代美術館
住 14, pl. St-Pierre
開 10:00～13:00
　　14:00～18:00
　　（11～3月は～17:00）
休 ⽉
料 €7
URL www.musees-troyes.com

トロワのおすすめホテル／レストラン　　Hホテル Rレストラン
伝統的な木骨組みの家に泊まってみたい。

H ル・シャン・デゾワゾー
Le Champ des Oiseaux 4★　　**MAP** P.273-2

木骨組みの造りが魅力的。フランスの雑誌で「最も美しい20のホテル」に選ばれたこともある。
住 20, rue Linard Gonthier
TEL 03.25.80.58.50
料 ⓈⓌ€299～469　☕€31
CC MV　室13室　🍴 P €25 ❄ Wi-Fi
URL www.champdesoiseaux.com

R ル・ジャルダン
Le Jardin　　**MAP** P.273-1

木骨組みの家が並ぶ通りにある、すてきな雰囲気のレストラン。上品に仕上げたアンドゥイエット料理が自慢。なるべく予約を。
住 31, rue Paillot de Montabert
TEL 03.25.73.36.13
開 12:00～13:30、19:30～21:30
休 ⽇ ⽉、3月に2週間、9月に2週間、クリスマスに1週間
料 昼ムニュ€22、€25、夜ムニュ€42
CC MV　Wi-Fi

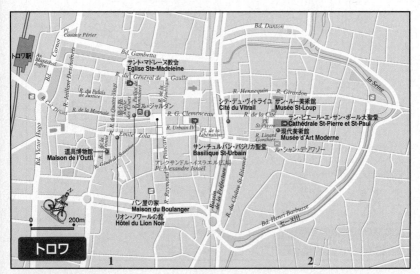

トロワの名物は臓物のソーセージ「アンドゥイエットAndouillette」。なかでも「A.A.A.A.A.（サンク・ア）」の表示が添えられているものは、アンドゥイエット愛好家協会からその味を認定された「お墨つき」だ。

273

Nord, Picardie
ノール、ピカルディー

フランスの北端、ベルギーと国境を接し、海を挟んでイギリスを望むこの地方は、古くから商業の伝達路でもあったため、フランスで最も早くから開発されていた。観光地としては比較的地味な存在だったが、1994年の英仏海峡トンネル完成以降、脚光を浴びるようになった。フランドル伯領であった時代の面影を残す名所も多い。

おもな祭りとイベント

6月 ジャンヌ・アシェット祭（ボーヴェ／最終土・日曜）：15世紀の町の救世主ジャンヌ・アシェットをたたえるミサと時代行列

9月 大蚤の市（リール／第1土・日曜）：町全体が会場となるヨーロッパ最大の蚤の市。毎年200万人が訪れる

名産品と料理

食材の豊かな地方で、地元で取れたチコリや新鮮な魚介を使った素朴な料理がおいしい。フランスでも屈指のビールの産地でもある。

Ⓐ カルボナード Carbonnades：黒ビールで煮込んだ牛肉のシチュー Ⓑ チコリのコーヒー Chicorée：チコリの根で作ったコーヒー風飲料

ノール、ピカルディー

ドーヴァー Dover
フォークストーン Folkestone
ドーヴァー海峡
英仏海峡トンネル
カレー Calais
ダンケルク Dunkerque
オステンド Oostende
ブルージュ Brugge
ゲント Gent
アントワープ Antwerpen
ブローニュ・シュル・メール Boulogne-Sur-Mer
Hazebrouck
ベルギー
ブリュッセル Bruxelles
Le Touquet
リール P.275 Lille
ランス P.277 Lens
Douai
Mons
アラス Arras
Valencienne
Abbeville
Doullens
カンブレ Cambrai
Aulnoye-Aymeries
Le Tréport
ル・カトー・カンブレジ P.281 Le Cateau-Cambrésis
ボーアン・アン・ヴェルマンドワ P.281 Bohain-en-Vermandois
アミアン P.278 Amiens
サン・カンタン St-Quentin
Abancourt
Poix-de-Picardie
Tergnier
ルーアン
N
ジェルブロワ Gerberoy
ボーヴェ P.279 Beauvais
ラン Laon
Clermont
オワーズ川
コンピエーニュ P.280 Compiègne
Soissons
0 40km
ピエルフォン P.281 Pierrefonds
ランス Reims
Creil パリ
TGV

凡例：
高速道路
一般道路
鉄道
ユネスコ世界遺産として登録

リールがおいしい

活気に満ちたヨーロッパの交差点
リール

郵便番号：59000　人口：約23万4000人

カフェやレストランが並ぶド・ゴール将軍広場

ベルギーとの国境に近く、中世にはフランドル伯領として栄えた、北フランス最大の産業都市。1994年に英仏海峡トンネルが完成し、ユーロスターが発着する町として一躍脚光を浴びた。2004年の「欧州文化首都」に選ばれて以来、芸術・文化面でも注目を集め、「ヨーロッパの中心都市」として、着実に歩みを進めている町なのだ。

≫≫ 歩き方 ≫≫

　町は無人運転のメトロVALが走るほど広いが、おもな見どころは歩いて回れる。リールには、**フランドル駅**Gare de Lille Flandresと**ウロップ駅**Gare de Lille Europeのふたつの国鉄駅があり、ふたつの駅の間は500mほど。2駅の間には、巨大なショッピングセンター、**ウーラリール**Euralilleがある。

　フランドル駅を背にフェデルブ通りRue Faidherbeを進むとド・ゴール将軍広場Pl. du Général de Gaulle、通称**グラン・プラス**Grand'Placeに出る。カフェやレストランが建ち並ぶ市民の憩いの場で、週末にはノール地方のあちこちから集まってくる人々で埋め尽くされる。広場の一角にある**旧株式取引所**

フランドル風の家に囲まれた旧市街の広場

Vieille Bourseは、17世紀フランドル様式のリールで最も美しい建築物のひとつだ。グラン・プラスからノートルダム・ド・ラ・トレイユ大聖堂Cathédrale Notre-Dame de la Treilleにかけての一帯がリールの旧市街。赤れんがと白い石のかわいらしい家々を眺めながらの散策が楽しい。

ACCESS

🚄パリ・北駅からTGVでリール・ウロップLille Europe駅またはリール・フランドルLille Flandres駅まで約1時間。パリCDG空港駅からTGVで約50分。アミアンからTERでリール・フランドル駅まで約1時間20分。

🛈 観光案内所

🏠 Palais Rihour-Pl. Rihour
MAP P.276
📞 03.59.57.94.00
🕐 10:00～12:30
　　13:30～17:30
休 1/1、5/1、12/25
URL lilletourism.com

世界遺産

ベルギーとフランスの鐘楼群
Beffrois de Belgique et de France (2005年登録)

世界遺産、市庁舎の鐘楼に上る
フランスとベルギーにまたがるフランドル地方には、町の中心に物見台を兼ねた鐘楼が建っている。全部で56の鐘楼が世界遺産に登録されているが、リールの市庁舎の鐘楼Beffroi de l'Hôtel de villeもそのひとつ。高さ104mの頂上からは、リール市街を一望できる。🛈のウェブサイトから予約が可能。
MAP P.276
🏠 Pl. Augustin Laurent
🕐 10:00、11:00、12:00、14:00、15:00、16:00のいずれか
休 1/1、5/1、9月の第1週末、12/25
料 €7.50（24時間前までに🛈のウェブサイト（上記）で予約した場合€6）

1924～32年の建造の市庁舎。フランドルの伝統建築をコンクリートで実現している

はみだし　「ウーラリール」は英仏海峡トンネル開発にともない建てられたショッピングセンター。120もの店舗やホテルが入っている。**MAP** P.276　🕐 9:30～20:00　**URL** www.westfield.com/france/euralille

275

ノール　リール

旧株式取引所の中庭は古本屋が軒を連ねる楽しい散歩場所

メトロ、トラム、バス
圏 1回券€1.80、
10回券€15.40、1日券€5.30
URL www.ilevia.fr

シティ・パス City Pass
リール美術館やオスピス・コンテス美術館などの見どころ、リール・シティ・ツアー、メトロなどの市内交通が無料になる。購入は❶で。
圏 24時間券€25、48時間券€35

バスで市内観光
約1時間15分でリール市内の見どころを回る観光バス「シティ・ツアー City Tour」が❶前から1日3〜4便出ている。日本語のオーディオガイドもあるのでおすすめ。席に限りがあるので、❶またはウェブサイトから予約するといい。
休 1/1、5/1、9月の第1週末、12/25
圏 €15
バス シティ・パスで無料

リール美術館
住 Pl. de la République
開 ㊊　14:00〜18:00
　　㊌〜㊐　10:00〜18:00
　　（入場は17:30まで）
休 ㊋、1/1、5/1、7/14、11/1、12/25
圏 €7、第1㊐無料
バス シティ・パスで無料
URL pba-lille.fr

オスピス・コンテス美術館
住 32, rue de la Monnaie
開 ㊊　14:00〜18:00
　　㊌〜㊐　10:00〜18:00
休 ㊋、1/1、5/1、7/14、11/1、12/25
圏 €3.70（企画展開催時は€6）
バス シティ・パスで無料

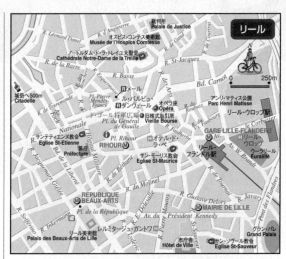

（地図内表記）
裁判所 Palais de Justice
リール
オスピス・コンテス美術館 Musée de l'Hospice Comtesse
ノートルダム・ド・ラ・トレイユ大聖堂 Cathédrale Notre-Dame de la Treille
城砦へ500m Citadelle
アンリ・マティス公園 Parc Henri Matisse
メール Mail
ル・バルビュ・ダンヴェール
オペラ座 Opéra
GARE LILLE-FLANDERS
ド・ゴール将軍広場 Pl. du Général de Gaulle
旧株式取引所 Vieille Bourse
リール・ウロップ
ウーラリール Euralille
サンテティエンヌ教会 Eglise St-Etienne
RIHOUR
ウロップ・ド・ラ・ベル
リール・フランドル駅
Préfecture
サン・モーリス教会 Eglise St-Maurice
RÉPUBLIQUE BEAUX-ARTS
Pl. de la République
MAIRIE DE LILLE
リール美術館 Palais des Beaux-Arts de Lille
レルミタージュ・ガントワ
グラン・パレ Grand Palais
市庁舎 Hôtel de Ville
サン・ソヴール教会 Eglise St-Sauveur

))) おもな見どころ (((

リール美術館 ★★
MAP P.276
Palais des Beaux-Arts de Lille

　新古典主義様式の豪華な外観が目を引く"美の宮殿"。中世美術から現代美術までを網羅し、国内でも有数の規模を誇る美術館だ。ゴヤの2作品『娘たち Les Jeunes』と『老婆 Les Vieilles』、クールベの『オルナンの食卓 L'Après-dînée à Ornans』をはじめ、ルー

ベンス、ファン・ダイクらフランドル画家の作品、モネやルノワールら印象派、ロダン、ブールデルといった近代彫刻など、ヨーロッパ芸術の名作を所蔵している。

1階の彫刻ギャラリーにはフランスを代表する巨匠たちの作品が一堂に会する

オスピス・コンテス美術館 ★★
MAP P.276
Musée de l'Hospice Comtesse

　1237年にジャンヌ・ド・フランドル伯爵夫人によって創建

されたこの施療院で、15〜18世紀のさまざまな建築様式を見ることができる。現在は美術館として、調度品や絵画などの美術品や楽器などが展示されている。なかでも台所の壁を覆うタイルは見もの。礼拝堂、病室も公開されている。

デルフト焼の手法を用いてリールで作られた青いタイルが美しい台所

リールでは「エスタミネ Estaminet」と呼ばれる郷土料理レストランで「カルボナード」、「ワーテルゾーイ（鶏のクリーム煮）」など、フランドル伝統料理を試してみよう。地ビールもお忘れなく！

リールのおすすめホテル／レストラン　Ⓗホテル　Ⓡレストラン

TGVやユーロスターが発着する北の玄関口だけにホテルの数は多い。

Ⓗ レルミタージュ・ガントワ
L'Hermitage Gantois 5★　　MAP P.276

　15世紀の施療院を改装したホテル。礼拝堂や中庭など当時のままに残されていて趣たっぷり。スパも併設。メトロ2号線Mairie de Lille下車約100m。
🏠 224, rue Pierre Mauroy
☎ 03.20.85.30.30
💴 Ⓢ Ⓦ €179〜479　⊖€25
💳 Ⓐ Ⓓ Ⓙ Ⓜ Ⓥ　🛏 89室　🅿 €30　🍴 🌿 Wi-Fi
🔗 www.hotelhermitagegantois.com

Ⓗ オテル・ド・ラ・ペ
Hôtel de la Paix 3★　　MAP P.276

　ド・ゴール将軍広場からすぐの快適な宿。
🏠 46bis, rue Pierre Mauroy
☎ 03.20.54.63.93
💴 Ⓢ Ⓦ €99〜169　⊖€12.50
💳 Ⓐ Ⓜ Ⓥ　🛏 36室　Wi-Fi
🔗 www.hotel-la-paix.com

Ⓡ ル・バルビュ・ダンヴェール
Le Barbue d'Anvers　　MAP P.276

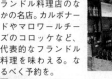

　旧市街に数あるフランドル料理店のなかの名店。カルボナードやマロワールチーズのコロッケなど、代表的なフランドル料理を味わえる。なるべく予約を。
🏠 1bis, rue St-Etienne
☎ 03.20.55.11.68
🕐 12:00〜14:00、19:00〜22:00
🚫 ㊌ ㊐
💴 アラカルト予算約€50
💳 Ⓜ Ⓥ
🇬🇧
🔗 www.barbuedanvers.fr

Ⓗ リール・ウロップ
Lille Europe 3★　　MAP P.276

「ウーラリール」内にあり、立地抜群のビジネスホテル。
🏠 Av. le Corbusier　🔗 www.hotel-lille-europe.com
☎ 03.28.36.76.76
💴 Ⓢ Ⓦ €59〜399　⊖€13.50

Ⓡ メール
Méert　　MAP P.276

ゴーフルで有名な老舗菓子店のレストラン。
🏠 27, rue Esquermoise　☎ 03.20.57.93.93
🕐 12:00〜14:30（㊐のブランチ11:00〜14:00）　🚫 ㊐
💴 アラカルト予算約€60　🔗 www.meert.fr

))) リール近郊の町 (((

ランス
Lens

芸術の町として再生したかつての炭鉱の町

　ランスはかつてヨーロッパで有数の炭鉱町として栄えた町。1970年代に最後の鉱山が閉山してからはさびれる一方だったが、2012年、パリ・ルーヴル美術館（→P.114）の分館**ルーヴル・ランス**Louvre Lensがオープン。「芸術」という新しい形で活気を取り戻すことになった。

　ランス駅前からルーヴル・ランスへはバスも出ているが、木立に囲まれた遊歩道を歩いていっても20分ほどでたどり着く。ガラスとアルミニウムの透明感が印象的な建築は、日本の建築家ユニットSANAAが手がけた。**時のギャラリー**La Galerie du Tempsと名づけられた全長120mの常設展示室には、ルーヴルの所蔵品のなかから厳選された作品が並ぶ。この常設展のユニークな点は、地域別ではなく、時系列で作品が並べられていること。イタリアルネッサンスの絵画の隣に、同時代のイスラムのタイル画が並ぶなど、ルーヴルの作品をまったく別の視点で鑑賞できるのが大きな魅力だ。

ACCESS
🚄 リール・フランドル駅からTERで約45分。パリ・北駅からTGVで約1時間10分。

❶ 観光案内所
🏠 16, pl. Jean Jaurès 62300
☎ 03.21.67.66.66
🕐 9:30〜18:00
🚫 ㊐ ㊌
🔗 tourisme-lenslievin.fr

ルーヴル・ランス
🏠 99, rue Paul Bert
🕐 10:00〜18:00
　（入場は17:15まで）
🚫 ㊋、1/1、5/1、12/25
💴 無料、企画展€11
🔗 www.louvrelens.fr

展示品は1年ごとに2割弱が差し替えられる

周囲の景観を取り込むようにデザインされたルーヴル・ランス

フランスゴシックを代表する大聖堂に出合う

アミアン

郵便番号：80000　人口：約13万2000人

ACCESS

🚄パリ・北駅からTERで約1時間20分。リール・フランドル駅からTERで約1時間20分。

🛈 観光案内所

住 23, pl. Notre-Dame　MAP P.278
TEL 03.22.71.60.50
開 ㈪～㈯　　　9:30～18:30
　（10～3月は～18:00）
　㈰　　　　10:00～12:00
　　　　　　14:00～17:00
休 無休
URL www.amiens-tourisme.com

世界遺産

アミアン大聖堂
Cathédrale d'Amiens
（1981年登録）

ジュール・ヴェルヌの家
MAP P.278
住 2, rue Charles Dubois
開 10:00～12:30、
　14:00～18:00
　（入場は閉館の30分前まで）
休 ㈫、1/1、5/1、12/25
料 €7.50

フランスゴシック最大の聖堂、アミアンのノートルダム大聖堂

ピカルディー地方の中心都市アミアンは、大聖堂なくしては語れない。13世紀に建てられたフランス最大のゴシック様式の大聖堂をひとめ見ようと、1年中、国の内外から多くの人々が訪れる。花に彩られた運河のある町並みが美しいサン・ルー地区の散策もおすすめだ。

 歩き方

　アミアン駅は「コンクリートの父」と呼ばれる建築家、オーギュスト・ペレによる近代的な駅。駅前には同じくペレ設計の**ペレ塔**Tour Perretがそびえ立つ。駅前から延びる歩行者天国の通りRue de Noyonを進み、ゴブレ広場Pl. R. Gobletまで来ると、右側に**ノートルダム大聖堂（アミアン大聖堂）**の姿が現れる。

　大聖堂の北側の**サン・ルー地区**St-Leuは運河沿いにカフェやレストランが建ち並ぶ楽しい一画だ。

　アミアンは作家ジュール・ヴェルヌが晩年を過ごした町でもあり、町の南には、**ジュール・ヴェルヌの家**Maison de Jules Verneと彼が建てた**ジュール・ヴェルヌサーカス場**Cirque Jules-Verneがある。

散歩が楽しいサン・ルー地区

))) おもな見どころ (((

ノートルダム大聖堂 ★★★
MAP P.278　Cathédrale Notre-Dame

巡礼者が神に近づく道を示す「ラビリンス」

ゴシック様式の大聖堂としてはフランス最大の規模を誇る、堂々とした大聖堂。1220年に着工され、68年かけて完成したこの大聖堂は、身廊の高さは国内で最も高い42.3m。聖堂の内外を飾る美しい彫刻は「石の百科全書」とも呼ばれ、どれもじっくりと眺めたいものばかりだ。

床に描かれた「ラビリンス」をたどってみるのもおもしろい。後陣の墓を飾る、『泣く天使』も見逃さないで。

夏の夜とクリスマス時期には大聖堂の正面扉がライトアップされ、プロジェクションマッピングによって、彩色されていた創建当時の姿がよみがえる。

ノートルダム大聖堂
住 30, pl. Notre-Dame
開 4〜9月　　8:30〜18:15
　10〜3月　　8:30〜17:15
料 無料

塔
開 下記のいずれかの時間で要予約
　4〜9月　14:00、14:45、
　　　　　15:30、16:15
　10〜3月　14:00、15:00
休 ⑧、宗教行事のある日、1/1、
　5/1、12/25、9月最終⑪
料 €8
URL cathedrale-amiens.fr

短期間で完成したため均質で、どこから見ても完璧なフォルム

ピカルディー

アミアン & ボーヴェ

アミアンのおすすめホテル　CHシャンブル・ドット

パリやリールから日帰りできるが、大聖堂の夜のライトアップを見るなら宿泊が必要。

CH メゾン・ロングヴィー		
Maison Longuevie　MAP P.278	住 1, pl.Longueville　URL www.maison-longuevie.fr	
19世紀の邸宅を改装した上品なシャンブル・ドット。	TEL 06.6l.75.27.64	
	料 €120　⑧込み	

Beauvais
未完の大聖堂に心打たれる
ボーヴェ

郵便番号：60000　人口：約5万5000人

パリの北北西76km、2000年の歴史を誇る古い町。百年戦争末期にはブルゴーニュ軍に包囲され、あわや落城というときに、勇敢な少女が現れて町を救っている（この町は王室支持だった）。彼女は通称ジャンヌ・アシェットJeanne Hachette（手斧のジャンヌ）と呼ばれている。現在でも6月にはその記念祭が行われている（→P.274）。

見どころは、一風変わったサン・ピエール大聖堂Cathédrale St-Pierre。なんとこの大聖堂には身廊がないのだ。1225年に着工し、1272年にはゴシック建築としては最も高い48.5mの内陣が完成する。しかし設計に無理があったのか1284年に一部が倒壊。その後修復されたものの、再び倒壊、修復を繰り返し、資金難もあって、ついに身廊は造られずに終わったのだ。この未完の大聖堂のすごみに、誰もが心を打たれるだろう。色使いがすばらしい16世紀のステンドグラスも必見。聖堂内には巨大な天文時計Horloge Astronomiqueが金色に輝いている。

極限の高さに挑み、ついに未完に終わった大聖堂

ACCESS
🚃 パリ・北駅からTERで約1時間15分。

❶ 観光案内所
住 1, rue Beauregard
TEL 03.44.15.30.30
開　　　　　14:00〜18:00
　⑧〜⑪　　9:30〜12:30
　　　　　　13:30〜18:00
　⑪⑧　　　10:00〜13:00
　　　　　　14:00〜17:30
休 10〜4月の⑪
URL www.visitbeauvais.fr

サン・ピエール大聖堂
住 Rue St-Pierre
開 4〜9月　10:00〜18:15
　10〜3月　10:00〜12:15
　　　　　　14:00〜17:15
料 無料
URL www.cathedrale-beauvais.fr
天文時計
開 10:30〜16:30
料 €5

ⓘ 観光案内所

🏠 Pl. de l'Hôtel de Ville
🗺 P.280
☎ 03.44.40.01.00
📠 03.44.40.23.28
🕐 4〜9月

㊊〜㊏		9:15〜12:15
		13:45〜18:15
㊐		10:00〜12:15
		14:15〜17:00

10〜3月

㊊		13:45〜17:15
㊋〜㊏		9:15〜12:15
		13:45〜17:15

🚫 10〜3月の㊐、5/1、1/1、
　　12/25
🌐 www.compiegne-
　　pierrefonds.fr

コンピエーニュ城

🗺 P.280
🏠 Pl. du Général de Gaulle
🕐 10:00〜18:00
　　（入場は閉館の45分前まで）
🚫 ㊋、1/1、5/1、12/25
💰 €7.50（日本語オーディオガイ
　　ド付き）、第1㊐無料
🚌 パリ・ミュージアム・パス使用可
　　（→P.113）
🌐 chateaudecompiegne.fr

庭園

🕐 8:00〜18:00
　　（季節によって異なる）
💰 無料

Compiègne

郵便番号：60200　人口：約4万人

ブルボン王朝最後の宮殿
コンピエーニュ

ヴェルサイユのプチ・トリアノンを設計した
アンジュ・ジャック・ガブリエルの作

パリから北東に約80km。**コンピエーニュ城**Palais de Compiègneは、フランス君主制が生んだ最後の宮殿だ。城の建設を始めたのは、コンピエーニュの森での狩猟をこよなく愛したルイ15世。しかし次のルイ16世の時代にも完成しないまま、フランス革命の嵐に巻き込まれる。マリー・アントワネットは、これから住む自分の部屋について壁の色からカーテンの質、家具にいたるまで、彼女の好みに合わせていちいち指定するほどの気の入れようだったが、ついに一度も住まないまま、断頭台の露と消えた。

その後ナポレオン1世が、フランス革命によって荒れはてた宮殿を修築。ナポレオン3世の時代になると、ここで数々の宴会や、名士を何百人も集めた狩り場開きなどが行われ、コンピエーニュ城の黄金時代が訪れる。

ナポレオンの居室

城内には、ルイ15世時代から第二帝政時代までの歴代君主の豪華な居室が並ぶ**大居室群**Les Apartements historiquesのほか、ふたつの博物館がある。**第二帝政博物館**Musée du Seconde Empireでは第二帝政時代の絵画や工芸品を展示。もうひとつの**交通博物館**Musée National de la Voiture et du Tourismeでは、17世紀末のベルリン馬車から20世紀のガソリン自動車まで、300年にわたる地上輸送手段の歴史をたどることができる。

城内見学のあとは、城の裏に広がる
庭園を散歩したい

コンピエーニュ

Pierrefonds　郵便番号：60350　人口：約1900人

おとぎ話のようなお城がある

ピエルフォン

　ピエルフォン城Château de Pierrefondsは、小高い丘の上にそびえ立つ要塞。巨大な軍艦を間近に見るようなその威容は迫力満点だ。14世紀に建てられたこの城、実はほとんど壁しか残っていなかったものをナポレオンが買い取り、それを受け継いだナポレオン3世が修築させたものだ。工事を担当したのは、コンピエーニュの市庁舎を手がけたヴィオレ・ル・デュック。中世にぞっこん惚れ込んだこの建築家は、パリのノートルダム大聖堂を修復したことでも知られている。彼により、自然に囲まれて静かにたたずむ絵に描いたような中世風の城が完成した。外観は中世の原形をほぼ忠実にとどめ、一見の価値がある。優美な城を眺めながら、湖のほとりをのんびり散策するのも一案。

中世のイメージそのままの城は『ジャンヌ・ダルク』など多くの映画のロケに使われた

ACCESS
🚌コンピエーニュ駅前から657または658番のバスで約20分。Pierrefonds-Mairie下車。🗓 🎌は運休。学校休暇期間は1日1本のみ運行。

🛈 観光案内所
🏠 1, pl. de l'Hôtel de Ville
☎ 03.44.42.81.44
🕐 4～9月
　　　㊊～㊏　　10:00～13:00
　　　　　　　　14:00～18:00
　　　㊐ 🎌　　10:30～13:00
　　　　　　　　14:30～18:00
　　10～3月
　　　㊐　　　　14:00～17:00
　　　㊋～㊏　　10:00～13:00
　　　　　　　　14:00～17:00
🚫 10～3月の㊐、5/1、11/1、11/11、12/25、1月の第1週
🌐 www.compiegne-
　　pierrefonds.fr

ピエルフォン城
🏠 Rue Viollet le Duc
🕐 5～9月上旬　9:30～18:00
　　9月上旬～4月　10:00～17:30
　　（入場は閉館の1時間前まで）
※ウェブサイトで要予約
🚫 1/1、5/1、12/25
💰 €8、18歳未満無料
🎫 パリ・ミュージアム・パス使用可
　　（→P.113）。ウェブサイトでの
　　時間指定が必要
🌐 www.chateau-pierrefonds.fr

🎨 Column Art　　アンリ・マティスの故郷を訪ねて

　アンリ・マティスは、晩年を過ごした南仏ではなく、北部の町ル・カトー・カンブレジLe Cateau-Cambrésisで生まれ、その後ボーアン・アン・ヴェルマンドワBohain-en-Vermandoisに移り、20歳近くまで過ごした。

　ル・カトーの大司教館として建てられたフェヌロン宮Palais Fénelonの中には、マティスの寄贈作品を中心に展示した美術館がある。『タヒチの窓Fenêtre Tahiti』（1936）や、ルーヴルにあるシャルダンChardinの『赤えいLa raie』の模写など、美術学校時代の作品も多数寄贈されている。2002年には、美術書の編集者であったテリアードのコレクションも加わり、さらに充実した美術館となった。近郊のボーアンにある家も一般公開されている。

マティス美術館

アクセス
🚉最寄り駅はリール・フランドル駅からオーノワ・エムリAulnoye AymeriesまたはビュジニーBusigny乗り換えで1時間40分～2時間のル・カトーLe Cateau。駅からマティス美術館は約1.5km。ボーアンへはル・カトーからTERで約15分。駅からマティス生家まで約1km。

マティス美術館 Musée Matisse
🏠 Pl. du Commandant Richez 59360
　　Le Cateau-Cambrésis
🌐 museematisse.fr
※2023年5月下旬より工事のため休館。

ボーアンのマティスの家
La Maison Familiale d'Henri Matisse
🏠 26, rue du Château 02110
　　Bohain-en-Vermandois
🕐 4～9月　10:00～13:00、14:00～18:00
　　10～3月　10:00～12:00、14:00～18:00
🚫 4～9月の㊊の午前、10～3月の㊐、㊊
　　㊋ 🎌　💰 €4、8～12歳€2
🌐 www.musee-matisse.com

Normandie
ノルマンディー

フランス北部、イギリス海峡に面した一帯は、9世紀頃、北方から侵攻してきてこの地に住み着いたノルマン人（ヴァイキング）にちなんで、ノルマンディーと呼ばれるようになった。なだらかな平野が続く東部では酪農が広く行われ、干し草を貯蔵するサイロが林立する。また、海風の強いこの地方ではほとんどの家で防風林が植えられ、家も石の土台の上に建てられた木造住宅が多く、やはり風を防ぐために窓も小さい。海岸では波が崖を削って大穴を開けたエトルタの海岸が有名だが、この一帯には切り立った崖が続き、その下に白砂の海浜が広がる。この地形を利用して各地に中小の漁港があり、近海漁業は主要産業のひとつとなっている。

観光のヒント

[気候] 1年を通じて温暖な気候だが、雨が多く、1日のうちでも天気が変わりやすい。夏でも上着の準備を。

[特色] 海岸沿いには洗練されたリゾート地や港町が多い。一方、内陸部では、乳牛がのんびりと草をはむ牧草地やリンゴ農園の素朴な風景が広がる。

[周遊のヒント] 東部の中心都市ルーアンと西部の中心都市カン。この2都市を拠点にしてバス路線が発達している。モン・サン・ミッシェルは、サン・マロ、レンヌなどブルターニュ地方の観光と組み合わせるほうが交通の便がいい。ジヴェルニーからルーアン、エトルタ、ル・アーヴルへと、画家モネの描いた景観を訪ねるコースもおすすめ。

おもな祭りとイベント

5月 ジャンヌ・ダルク祭（ルーアン／下旬）：この町で処刑されたジャンヌ・ダルクの命日に近い週末に、彼女の功績と悲劇の生涯をしのぶ

水夫の祭り（オンフルール／聖霊降臨祭とその翌日）：船の祝福と巡礼のミサ

9月 アメリカ映画祭（ドーヴィル／上旬）：その年のベスト作品を上映。監督や俳優も来仏する華やかなイベント

12月 クリスマス（ファレーズ）：自動人形館でクリスマスをテーマにした特別展が開かれるほか、市街のショーウインドーも自動人形で飾られ楽しい雰囲気いっぱい

名産品と料理

フランスで最も人気のあるカマンベールチーズはノルマンディー地方の特産だ。料理には上質のバターやクリームがたっぷりと使われる。シードル、カルヴァドスなどのリンゴ酒も当地の味覚。

Ⓐ 潮風味の子羊のロースト Agneau Pré-salé：海辺の草を食べて育つモン・サン・ミッシェルの羊は、潮の風味がついている **Ⓑ** カマンベールCamembert：おなじみカマンベールのほか、リヴァロ、ポン・レヴェックなども有名 **Ⓒ** ルーアン焼Faïence de Rouen：花や鳥をモチーフにした絵柄が、素朴かつ上品な雰囲気。マスタード壺や小皿など、おみやげにぴったり **Ⓓ** シードルCidre：名産のリンゴを発酵させたリンゴ酒。シードルをさらに蒸留したのが、アルコール度の高いカルヴァドス

ノルマンディー

❶モネやクールベら、多くの画家が描いた、エトルタの断崖 ❷木骨組みの家が並ぶルーアンの旧市街 ❸オンフルールの旧港 ❹名作『睡蓮』の情景が広がるジヴェルニーのモネの庭園

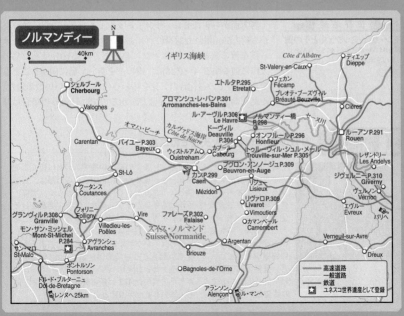

ノルマンディー

N
0　　　40km

イギリス海峡

Côte d'Albâtre

St-Valery-en-Caux

ディエップ
Dieppe

シェルブール
Cherbourg

エトルタ P.295
Etretat

フェカン
Fécamp

ブレオテ・ブーズヴィル
Bréauté Beuzville

クレール
Clères

Valognes

アロマンシュ・レ・バン P.301
Arromanches-les-Bains

ル・アーヴル P.306
Le Havre

ノルマンディー橋
P.298

セーヌ川

ルーアン P.291
Rouen

オマハ・ビーチ

カルヴァドス海岸
Côte de Nacre

ドーヴィル
Deauville
P.304

オンフルール P.296
Honfleur

Carentan

バイユー P.303
Bayeux

ウィストルアム
Ouistreham

カブール
Cabourg

トゥルーヴィル・シュル・メール P.305
Trouville-sur-Mer

レザンドリー
Les Andelys

St-Lô

カン P.299
Caen

ブヴロン・アン・ノージュ P.309
Beuvron-en-Auge

ジヴェルニー P.310
Giverny

クータンス
Coutances

Mézidon

リジュー
Lisieux

ヴェルノン
Vernon

パリへ

グランヴィル P.308
Granville

フォリニー
Folligny

Vire

ファレーズ P.302
Falaise

リヴァロ P.309
Livarot

エヴルー
Evreux

モン・サン・ミッシェル
Mont-St-Michel

ヴィルデュー・レ・ポエル
Villedieu-les-
Poêles

スイス・ノルマンド
Suisse Normande

Vimoutiers

カマンベール
Camembert

Verneuil-sur-Avre

サン・マロ
St-Malo

アヴランシュ
Avranches

Argentan

Dreux

ポントルソン
Pontorson

Briouze

ドル・ド・ブルターニュ
Dol-de-Bretagne

Bagnoles-de-l'Orne

レンヌへ 25km

アランソン
Alençon

ル・マンへ

──── 高速道路
──── 一般道路
──── 鉄道
★ ユネスコ世界遺産として登録

283

世界遺産

孤島にそびえる"驚異"の修道院

モン・サン・ミッシェル

大天使ミカエルを描いた看板

郵便番号：50170　人口：約40人

ACCESS

🚄🚌 パリ・モンパルナス駅から
TGVでレンヌRennesまで行き、接続バスに乗り換えて行く方法がおすすめ（→P.285の表）。パリからの観光バスツアーもある（→P.89）。

🛈 観光案内所

住 Grande Rue　**MAP** P.285
TEL 02.33.60.14.30
開 7・8月　毎日　9:30～19:00
　4～6・9・10月
　　　(月)～(土)　9:30～18:30
　　　　（10月は～17:30）
　　　　(日)　9:30～18:00
　　　　（10月は～17:00）
　　11～3月　10:00～17:00
　（学校休暇期間と3月は～17:30）
休 1/1、12/25
URL www.ot-montsaintmichel.com

フランスで最も人気のある世界遺産

グレーの砂地に浮かぶ島。中世、ここに修道院が築かれて以来、巡礼の地として栄えてきた。島はもともと陸続きで、森の中にそびえる山だった。ところがあるとき津波がこの森をのみ込み、山は陸と切り離され、島となってしまったという。この付近一帯は、潮の干満の差が激しいことでも知られる。満潮時には驚くべき速さで潮が満ち、島全体が水に囲まれる。このため修道院を訪れようとした数多くの巡礼者が命を落としている。

$$\ggg 歩き方 \ggg$$

世界遺産

モン・サン・ミッシェルとその湾
Mont St-Michel et sa baie
（1979年登録）

各方面から来たモン・サン・ミッシェル行きバスは、まず島から約2.5km離れた対岸のバスターミナルに到着する。そこから橋を渡る無料シャトルバスに乗ると、所要10分ほどで島の入口に到着する（→P.288）。橋の上を歩いて島に向かうこともでき、かつての巡礼者の気分を味わうにはとてもいい散歩道だ。ただし島までは30～40分ほどかかるので、日帰りの場合は時間配分に注意したい。

🏛 Column History

司教の夢に現れた大天使ミカエル

大天使ミカエルと聖オベール
（修道院夜のショーより）

時は8世紀の初め、アヴランシュの司教であった聖オベールは、夢のなかで大天使ミカエル（サン・ミッシェル）のお告げを聞いた。この地に修道院を建てよ、と。長期の難工事を経て完成したのがこの修道院。その後聖地として、多くの巡礼の徒をこの島に招くことになった。見るからに堅固なその外観は、修道院というよりむしろ城か砦を思わせる。実際、百年戦争中はイギリス海峡に浮かぶ要塞としての役目を果たした。フランス革命時に破壊と略奪に遭い、修道会は解散。その後長く牢獄として使われていたが、19世紀末に中世芸術を再評価する動きとともに修復が始まる。1969年には修道士たちも戻り、現在、モン・サン・ミッシェルとその湾の比類ない景勝美は、フランスで最も人気のある世界遺産となっている。

モン・サン・ミッシェル

地図ラベル（島内）:
- サントベール礼拝堂 Chapelle St-Aubert
- サントベールの泉 Fontaine St-Aubert
- 北塔 Tour du Nord
- クロディーヌ塔 Tour Claudine
- 半月塔 Demi Lune
- ブクル塔 Tour Boucle
- ラ・メルヴェイユ La Merveille
- レ・テラス・ドラベ
- 修道院付属教会 Eglise Abbatiale
- サン・ピエール教会 Eglise Peroissiale St-Pierre
- 西のテラス Terrasse de l'Ouest
- ラ・テラス・デュ・ムトン・ブラン La Terrasse du Mouton Blanc
- グランド・リュ Grande Rue
- ラ・ベル・ノルマンド La Belle Normande
- 艇岩塔 Tour Basse
- デュゲクラン
- ガブリエル塔 Tour Gabriel
- ラ・メール・プラール La Mère Poulard
- 大通り門 Porte du Boulevard
- 王の門 Porte de Roy
- レ・テラス・プラール
- ラ・クロワ・ブランシュ
- ラ・ジレーヌ
- ファニール塔 Tour des Fanils
- 有料トイレ
- 自由の塔 Tour de la Liberté
- オーベルジュ・サン・ピエール
- 城壁経路 Chemin des Remparts
- 郵便局
- 特有料トイレ
- 突出門（入口）
- アルカード塔 Tour de l'Arcade
- 王の塔 Tour du Roy
- 対岸へ約2km

●モン・サン・ミッシェル島内散策→P.286

世界各国から毎年250万人が訪れる、フランスで一番人気のある観光地なので、昼間のモン・サン・ミッシェルはとにかく観光客でいっぱい。日帰り客が帰ったあと、島は中世の巡礼地の顔を取り戻す。できれば1泊して、"幻想の島"の魅力を心ゆくまで味わいたい。

日没後には、モン・サン・ミッシェルに1日で一番神秘的な時間が訪れる。暮れゆく大空と少しずつライトアップされていく修道院が織りなす光のショーを楽しもう。ビューポイントは、島から少し離れた橋の上や、対岸のクエノン河口ダム。早起きできたなら、日の出もぜひ見てほしい。

潮の干満について

島名物ともいえる潮の干満の時間は、モン・サン・ミッシェル❶のウェブサイトで公開されている。英語の場合は「Tide Schedules」を参照。大潮の日（新月と満月の2日後）には完全な島に！

満潮時に水につかる時間の表示も

干潟ウオーキングツアー

干潟をガイドなしに歩くことは禁止されている。ガイド付きツアーに参加して広大な干潟を裸足で歩けば、島を囲む雄大な自然を体感できる。日本語での問い合わせ、申し込みはモンサンミッシェル・コンシェルジュ・ツアーデスクまで。
MAP P.288
URL www.accent-aigu.com（日本語）

島を裏側から眺められる干潟ツアー

神秘的な姿に誰もが息をのむ

パリからのTGVとレンヌ発モン・サン・ミッシェル行きのバス

パリからモン・サン・ミッシェルへは、レンヌで、TGVとバスを乗り継いで訪れることができる。下記は2023年4/1〜9/30の時刻表例。最新時刻はSNCFとバス会社のウェブサイトで確認のこと。**URL** www.sncf.com　**URL** keolis-armor.com

パリからモン・サン・ミッシェルへ

		毎日	毎日	毎日
TGV	パリ・モンパルナス駅発	6:56	8:40	10:53
	レンヌ着	825	10:25	12:25
バス	レンヌ発	8:45	10:45	12:45
	ボーヴォワール着（降車のみ）	9:52	11:52	13:52
	モン・サン・ミッシェル着	9:55	11:55	13:55

モン・サン・ミッシェルからパリへ

		毎日	毎日	毎日
バス	モン・サン・ミッシェル発	10:00	17:00	18:00
	ボーヴォワール発（乗車のみ）	10:03	17:03	18:03
	レンヌ着	11:10	18:10	19:10
TGV	レンヌ発	11:35	18:35	19:35
	パリ・モンパルナス駅着	13:19	20:20	21:08

レンヌ駅前からのバス

レンヌ駅に隣接するバスターミナル（Gare Routière）から出発（**MAP** P.319-2）。片道€15、往復€25。

バスの切符はkeolis Armor社のウェブサイト（**URL** keolis-armor.com）で購入可能。レンヌのバスターミナル、または乗車時に運転手から買うこともできる。

モン・サン・ミッシェルから10kmのポントルソンPontorsonや、サン・マロSt-Maloからも直通バスが出る。

はみだし 予算を抑えたい人は、モン・サン・ミッシェルの南約4kmにある町ボーヴォワールBeauvoirに宿泊しても。レンヌからのKeolis Armor社のバスが停まり、手頃な値段の宿が多い。

Close Up! モン・サン・ミッシェル島内散策

モン・サン・ミッシェルは周囲約1km、高さ約80mの小島。
入口は南側にあり、ここから一本道のグランド・リュをたどっていくと自然に修道院にたどり着く。
修道院見学後は、城壁の上を歩いて、島の周囲に広がる広大な砂の海を眺めるのもいいだろう。

散策のヒント-1

島の入口から修道院へは真っすぐ歩けば20分ほどで着く。修道院内の見学は1時間〜1時間30分ほどで可能。見学後は城壁を一周したり(所要約30分)、遅めのランチを楽しんだり、おみやげを探したり……。帰りのバスの時刻に合わせて時間配分を考えよう。

城壁 Remparts

島が難攻不落の砦だった頃の面影を伝える城壁。15世紀の百年戦争時にイギリス軍に対抗するために築かれた。現在は遊歩道になっており、見晴台からモン・サン・ミッシェル湾が一望できる。

大天使ミカエル
Statue de St-Michel

尖塔上には、金色に輝く大天使ミカエル像が置かれている。1897年、彫刻家エマニュエル・フレミエの作。

サントベール礼拝堂
Chapelle St-Aubert

8世紀に修道院を築いた聖オベールを祀る礼拝堂。

修道院付属教会

修道院

グランド・リュ
Grande Rue

島のメインストリート。両側にはホテル、レストラン、おみやげ屋さんがぎっしり。

西のテラス

入口

王の門 Porte du Roy

砦の守りを固めるため15世紀に建てられた門。侵入者を防ぐ跳ね橋をもつ。

ガブリエル塔
Tour Gabriel

16世紀に城壁の守りを固めるために建てられた塔。19世紀からは灯台となっている。

散策のヒント-2

島内の通りはほとんどが石畳の坂道や階段となっている。散策は歩きやすい靴で!

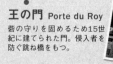

286

修道院 Abbaye

島と一体化してそびえ立つ修道院。966年に建築が始まり、数世紀にわたって増改築を繰り返してきた。そのためさまざまな建築様式が混在した独特の造りとなっている。岩山の急斜面にさまざまな建物が配置されているので、内部は迷路のように複雑に入り組んでいるが、順路に従って進めば迷うことはない。

修道院
🕐 5〜8月　9:00〜19:00
　9〜4月　9:30〜18:00
（入場は閉館の1時間30分前まで）
休 1/1、5/1、12/25
料 €11
URL www.abbaye-mont-saint-michel.fr
※ウェブサイトでの予約がおすすめ（午前か午後を指定）

ノルマンディー
モン・サン・ミッシェル

❶ 大階段
Grand Degré

下階の入口から一気に上階の西のテラスへ上る。

❷ 西のテラス
Terrasse de l'Ouest

修道院付属教会の入口に面したテラス。海を見渡すすばらしい眺めが楽しめる。

❸ 修道院付属教会
Eglise Abbatiale

標高80mの岩山の頂上に建つ。11世紀初頭に建設された。内陣は15世紀にフランボワイヤンゴシック様式で再建されている。

❹ 回廊
Cloître

「ラ・メルヴェイユ」最上階の回廊は、修道士の祈りと瞑想の場。繊細な列柱の連なりと中庭の緑が美しい。

三層構造になった修道院

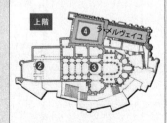
上階

中階

下階　岩盤
見学スタート

北面の3階建て2棟からなる部分は、その美しさから「ラ・メルヴェイユ（驚異）」と呼ばれるゴシック様式の傑作。回廊や食堂など修道士の居住区が含まれる。

❺ サン・マルタン礼拝堂
Chapelle St-Martin

上階の教会を支える建物で、11世紀完成当時の姿をとどめる貴重な場所。

❻ 大車輪
Grande Roue

中階の納骨堂にある大車輪は、修道院が牢獄として使われていた頃、食物を上階に運ぶために設置されたもの。

❼ 騎士の間
Salle des Chevaliers

何本もの柱が上階の回廊を支える。修道士たちの執務室として使われていた。

神秘的な夜の拝観
Les Nocturnes de l'Abbaye

夏は日没後も入場することができる。モン・サン・ミッシェルに宿を取っているなら、ぜひ夜にも訪れたい。ライティングと音楽の演奏によって演出され、昼間とは違った空間に様変わりする修道院は必見。

🕐 7月上旬〜8月下旬
　(月)〜(土) 19:30〜24:00（入場は23:00まで）
料 €15

昼間よりいっそう神秘的に感じられる夜の修道院

はみだし 修道院では普段公開していない場所（最古の礼拝堂、最上階テラスなど）を回るガイド付きツアー（仏語）を実施。所要約2時間。ウェブサイトから要予約。料 €18（入場料込み）URL www.abbaye-mont-saint-michel.fr

対岸からモン・サン・ミッシェルへのアクセスマップ

シャトルバス、
ラ・マランゴット、
ポントルソン駅と結ぶバス
乗り場

クエノン河口ダム Barrage
モン・サン・ミッシェルを遠望する
絶好のスポット。夜景もおすすめ。

海に浮かぶ神秘の修道院モン・サン・ミッシェル。しかし近年は人工的な堤防のせいで湾内に砂が堆積し、完全な島となることがまれとなっていた。そこで、かつての景観を取り戻すために始めた復元工事が2015年に終了。新しいダム、対岸と島を結ぶ新しい橋が作られ、修道院が水に囲まれる本来の姿がよみがえった。

遊歩道
島を眺めながら歩ける
心地よいプロムナード。

Ⓗ ル・ルレ・サン・ミッシェル

ラ・ディーグ

ル・ルレ・
デュ・ロワ Ⓗ

ガブリエル Ⓡ

レ・ギャルリー・デュ・モン・サン・
Ⓢ ミッシェル（スーパーマーケット）

Ⓗ ヴェール

メルキュール・
モン・サン・
ミッシェル

アヴランシュ方面 ➡

Ⓗ オーベルジュ・
ド・ラ・ベへ2km

ⓘ

シャトルバス乗り場　　駐車場

レンヌなど国鉄駅と結ぶ
公共バスのターミナル

駐車場入口

ホテル利用者の
車両入場チェック

インフォメーション
開 9:00～19:00
　（10月～復活祭は10:00～18:00）
休 1/1、12/25
無料WCあり（24時間利用可）

↓ ポントルソン方面

•••• 歩行者用経路
▬▬ シャトルバス経路
▬▬ ポントルソンと結ぶバス経路
■ シャトルバス停留所

無料シャトルバス

徒歩

対岸から島へのアクセス

[徒歩] インフォメーションから島の入口まで約35分。
　　　ダムからは約25分。

[シャトルバス] 無料のシャトルバス（Navette）「ル・
パスール Le Passeur」。運行は7:30～24:00。
インフォメーション前の停留所から約10分。
ホテル・メルキュール／スーパーマーケット前、ダム
にも停留所がある。
島側の停留所は橋の途中にあり、下りてから島の
入口まで少し歩く必要がある（2～3分）。

はみだし 島内に入るには駐車場からシャトルバスでの移動が必要なうえ、島内の道の大半が石畳の坂道や階段となっているので、荷物は最小限にまとめたい。島内のホテルに泊まる場合は1泊分だけの身軽な荷物で訪れよう。

モン・サン・ミッシェル対岸のおすすめホテル／レストラン

[H]ホテル [R]レストラン

レンヌからのバスが到着する対岸地区に、手頃な2つ星から高級感のある4つ星まで揃っている。

[H][R] メルキュール・モン・サン・ミッシェル
Mercure Mont St-Michel 4★ [MAP] P.288

レンヌやドル・ド・ブルターニュからのバスが着くターミナルのそばにあるので、重い荷物がある人も安心。ツアーでよく利用されるホテルだが、個人旅行にもおすすめだ。レストラン「Le Pré Salé」では名物の羊肉料理を試したい(ア・ラ・カルト予算€43)。

[住] Route du Mont St-Michel
[TEL] 02.33.60.14.18
[料] ⓈⓌ€114～187　☕€16
[CC] [A][M][V]　[室] 100室
[P] €9.10　❄　[Wi-Fi]
[URL] all.accor.com/hotel/1263/index.ja.shtml

[H][R] ル・ルレ・サン・ミッシェル
Le Relais St-Michel 4★ [MAP] P.288

© Elodie Oliveira

対岸地区で最も島に近いホテルで、ほぼすべての客室のバルコニーからモン・サン・ミッシェルを眺めることができる。朝、昼、夜とさまざまに表情を変える島の姿を堪能しよう。

[住] La Caserne
[TEL] 02.33.89.32.00
[料] ⓈⓌ€234～　☕込み
[CC] [A][J][M][V]　[室] 39室　[P]　❄　[Wi-Fi]
[URL] lemontsaintmichel.info

[H][R] ル・ルレ・デュ・ロワ
Le Relais du Roy 3★ [MAP] P.288

中世風の内装がかわいらしいホテル。バルコニーからモン・サン・ミッシェルが見える部屋もある。大きな暖炉があるレストランもいい雰囲気。

[住] Route du Mont St-Michel
[TEL] 02.33.60.14.25
[料] ⓈⓌ€95～259　☕€14
[CC] [A][M][V]　[室] 27室　[P] €5.10～9.80　[Wi-Fi]
[URL] hotels.le-mont-saint-michel.com

[H][R] ガブリエル
Gabriel 3★ [MAP] P.288

手頃な価格帯で、清潔さのあるホテル。鮮やかな色調のポップな内装が楽しい。4～5人部屋もあり、家族旅行におすすめ。

[住] Route du Mont St-Michel
[TEL] 02.33.60.14.13
[料] ⓈⓌ€98～　☕込み
[CC] [A][M][V]　[室] 45室　[P] €5.10～9.80　[Wi-Fi]
[URL] hotels.le-mont-saint-michel.com

[H][R] オーベルジュ・ド・ラ・ベ
Auberge de la Baie 2★ [MAP] P.288

ホテル街から東へ約2km。レンタカー派に。

[住] 44, Route de la Rive Ardevon
[TEL] 02.33.68.26.70
[料] ⓈⓌ€71～85　☕€9.50
[CC] [A][M][V]　[室] 33室　[P] 無料　❄　[Wi-Fi]
[URL] hotels.le-mont-saint-michel.com

[H][R] ラ・ディーグ
La Digue 3★ [MAP] P.288

レストランからモン・サン・ミッシェル全景が楽しめる。

[住] La Caserne　[TEL] 02.33.60.14.02
[料] ⓈⓌ€135～428　☕込み
[URL] lemontsaintmichel.info

[H][R] ヴェール
Vert 2★ [MAP] P.288

対岸のスーパーマーケットの隣に建つ。客室はビジネスホテル風で簡素だが、手頃な料金が魅力。

[住] Route du Mont St-Michel
[TEL] 02.33.60.09.33
[料] ⓈⓌ€80～103　☕€9
[URL] hotels.le-mont-saint-michel.com

Column Information　対岸ホテル街のスーパーマーケット

対岸ホテル街には大きなスーパーマーケットがあり、飲み物や軽食を買いに来る観光客でいつもにぎわっている。バタークッキーや塩バターキャラメル、カルヴァドスなどの名産品も豊富に揃うほか、ノルマンディー生まれのボーダーシャツ「セント・ジェームスSt-James（フランス語ではサン・ジャム）」のコーナーもあるので、おみやげをまとめて買うのにも便利だ。サンドイッチなど軽食もある。

[S] レ・ギャルリー・デュ・モン・サン・ミッシェル
Les Galeries du Mont St-Michel
[MAP] P.288　[住] Route du Mont St-Michel
[営] 9:00～19:00（2・3・10・11月は～18:30、7月中旬～8月下旬～20:00）　[休] 11/13（'23）～2月上旬
[CC] [A][J][M][V]

[はみだし] レンタカーを利用してモン・サン・ミッシェルの対岸で宿泊する場合、入場チェックポイントでアクセスコード（毎日変更される）が必要になる。予約の際に問い合わせを。

モン・サン・ミッシェル島内のおすすめホテル／レストラン　[H]ホテル [R]レストラン

島内にある中世ムードあふれるホテルとレストランを紹介しよう。すべてグランド・リュ沿いにある。

[H][R] ラ・メール・プラール
La Mère Poulard 3★　[MAP] P.285

王の門の手前にある歴史的ホテル。館内には宿泊した有名人の写真とサインがぎっしりと飾ってある。部屋からの眺めもすばらしい。レストランのオムレツが有名(下記コラム)。

☎ 02.33.89.68.68
[料] ⓈⓌ€272～600 ☕込み
[CC] [A][J][M][V]
[室] 27室 [Wi-Fi]
[URL] lemontsaintmichel.info

[H][R] オーベルジュ・サン・ピエール
Auberge St-Pierre 3★　[MAP] P.285

15世紀の重厚な造りを生かした設備は、階段は多いが現代的で快適。レストランも中世風でいい雰囲気。手頃な値段でノルマンディー料理を味わえる。ムニュ料金は€36～68。

☎ 02.33.60.14.03
[料] ⓈⓌ€260～380 ☕€18
[CC] [A][J][M][V] [室] 23室 [Wi-Fi]
[URL] www.auberge-saint-pierre.fr

[H][R] ラ・ヴィエイユ・オーベルジュ
La Vieille Auberge 2★　[MAP] P.285

客室は落ち着いた雰囲気でまとめられ、改装されているので快適。レストランではガレットも人気。

☎ 02.33.60.14.34
[料] ⓈⓌ€171～250 ☕€18
[CC] [M][V] [室] 11室 [Wi-Fi]
[URL] www.lavieilleauberge-montsaintmichel.com(日本語あり)

[H][R] デュゲスラン
Duguesclin 2★　[MAP] P.285

客室はこぢんまりとしているが清潔。フレンドリーなスタッフがあたたかく迎えてくれる。海を見晴らすレストランも評判だ。ムニュ料金は€24～38と手頃。

☎ 02.33.60.14.10
[料] ⓈⓌ€113～143 ☕€10
[CC] [M][V] [室] 10室 [Wi-Fi]
[URL] www.hotel-mont-saintmichel.fr

[H][R] レ・テラス・プラール
Les Terrasses Poulard 3★　[MAP] P.285

レセプション、ホテル、レストラン「レ・テラス・ド・ラ・ベ」が数棟に分かれている。部屋は現代的に改装され清潔だ。

☎ 02.33.89.02.02
[料] ⓈⓌ€167～ ☕込み
[CC] [A][J][M][V] [室] 29室 [Wi-Fi]
[URL] lemontsaintmichel.info

[H][R] ラ・クロワ・ブランシュ
La Croix Blanche 3★　[MAP] P.285

9室のみの小さな宿。客室は改装されてモダン。

☎ 02.33.60.14.04
[料] ⓈⓌ€230～260 ☕€18 [室] 9室 [Wi-Fi]
[URL] www.hotel-la-croix-blanche.com(日本語あり)

[R] ラ・シレーヌ
La Sirène　[MAP] P.285

みやげ物屋の2階にある穴場的クレープリー。

[住] Grande Rue ☎ 02.33.60.08.60
[営] 11:45～16:00(7・8月は延長) [休] ㊎(ハイシーズンを除く)、2・3・10月の㊍、12・1月 [料] ガレット€8.50～

Column Specialty　モン・サン・ミッシェルの名物料理とおみやげ

オムレツ作りの実演が行われるキッチンは観光名所にもなっている(左) 19世紀末、巡礼者のおなかを満たすために生まれたというオムレツ(上)

●モン・サン・ミッシェルの名物料理

レストラン「ラ・メール・プラール」(上記)のオムレツは、もともと巡礼者が気軽に食べられるようにと考案された料理だが、今ではすっかり観光客向けの高級料理になっている。オムレツを食べない場合も、グランド・リュに面したキッチンでの調理実演はぜひ見ておこう。このほかの名物料理として、モン・サン・ミッシェル湾周辺の塩分を含んだ草を食べて育った子羊の肉「プレ・サレPré Salé」(→P.282)がある。かすかな潮の風味と軟らかな肉質で、羊肉は苦手という人でもおいしく食べられる。

●おみやげ人気No.1は……

何といっても「ラ・メール・プラールのクッキー」。パリのスーパーでも買えるけれど、モン・サン・ミッシェルで売られているものは新鮮で味もいい。まとめ買いがお得。レモン味もお試しを。

ノルマンディー産バターをたっぷり使ったクッキー

はみだし モン・サン・ミッシェルからバスで約20分のポントルソンPontorsonに日仏カップルによるシャンブル・ドット「ヴィラ・モンスVilla Mons」がある。[料] 10～3月ⓈⓌ€82～101、4～9月ⓈⓌ€97～132 [URL] www.villamons.com

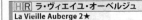

な色柄のルーアン焼

町そのものが美術館とたたえられる古都
ルーアン

郵便番号：76000　人口：約11万人

木骨組みの家々が並ぶ旧市場広場

セーヌ川の河川港としてローマ時代からの歴史をもち、後にノルマンディー公国の首府としても栄えた古都。木骨組みの家が並ぶ旧市街には、荘厳なゴシック様式の大聖堂や教会が点在し、「町そのものが美術館」と称されるのもうなずける。大聖堂は印象派の画家モネによって描かれ、世界に知られることになった。15世紀にジャンヌ・ダルクが火刑に処された町としても知られ、悲劇の場所には彼女の名を冠した教会が建つ。

歩き方

　ルーアンの駅はリヴ・ドロワトRive Droite駅。駅を出ると真っすぐ走っている大通りがジャンヌ・ダルク通りRue Jeanne d'Arcで、町の中心部は駅からセーヌ川にいたるまで、この通りの左右に広がっている。駅を出て10分ほど通りを歩くと左側に金色さんぜんたる1本針の**大時計**Gros Horlogeを掲げたアー

ACCESS
🚄パリ・サン・ラザール駅からルーアン・リヴ・ドロワトRouen Rive Droite駅までIntercitésで1時間15分～1時間30分。

🛈 観光案内所
住 Esplanade Marcel Duchamp
MAP P.292-A1
TEL 02.32.08.32.40
開 ㊊～㊏　　　　9:30～18:00
　（㊋は10:30～）
　㊐　　　　　 10:00～18:00
　（10～4月は学校休暇期間のみ）
休 一部㊗
URL www.visiterouen.com

メトロ
料 1回券€1.70、24時間券€5.10
URL www.reseau-astuce.fr

大時計
内部は「時」をテーマにした博物館で、14世紀の時計のメカニズムなどを見学できる。
MAP P.292-B1
住 Rue du Gros Horloge
開 4～9月　　　 10:00～13:00
　　　　　　　 14:00～19:00
　10～3月　　　14:00～18:00
休 ㊊、1/1、12/25
料 €7.50（日本語オーディオガイド付き）

大時計はルーアンの町のシンボル

ジャンヌ・ダルク教会
サン・ヴァンサン教会（現存しない）から移された16世紀のステンドグラスが美しい。
MAP P.292-B1
住 Pl. du Vieux Marché
開 10:00～12:00、14:00～18:00
休 ㊎の午前、1/1、12/25
料 無料

🏛 Column History　ジャンヌ・ダルク終焉の地

　15世紀、英仏百年戦争のさなかに突如現れた救国の少女ジャンヌ・ダルク（→P.241）。敗色濃かったフランスを奇跡的な勝利に導いたにもかかわらず、魔女として断罪される。1431年5月30日、わずか19歳のジャンヌはここルーアンで火刑に処せられた。処刑場となった旧市場広場Pl. du Vieux-Marchéには、ジャンヌ・ダルク教会Eglise Ste-Jeanne d'Arcが建ち、彼女をしのぶ人々の参拝が絶えない。

「イストリアル・ジャンヌ・ダルク」の展示室

大聖堂の向かいにある建物でモネは
連作を制作した

ノートルダム大聖堂
住 Pl. de la Cathédrale
開 4〜10月 ㊊〜㊏ 7:30〜19:00
(㊊は14:00〜)
㊐ ㊗ 8:00〜18:00
11〜3月 ㊋〜㊏ 7:30〜12:00
14:00〜18:00
㊊ ㊐ 14:00〜18:00
(入場は閉館の30分前まで)
休 1/1、5/1、11/11
料 無料

チが見える。ルネッサンス様式の時計は14世紀、門は16世紀に造られたもので、一見の価値がある。アーチをくぐり、両側に飲食店やブティックの並ぶ歩行者天国を経て、**ノートルダム大聖堂**に続く。

大聖堂北側のサン・ロマン通りRue St-Romainをさらに進んでいくと、**サン・マクルー教会**。このあたりは、ルーアンの旧市街で、ノルマンディー独特の木骨組みが印象的な町並みが残っている。ルーアン焼の店や骨董店、雰囲気のいいレストランも多く、そぞろ歩きが楽しい場所だ。

))) おもな見どころ (((

ノートルダム大聖堂 ★★★
MAP P.292-B2　　　　　Cathédrale Notre-Dame

モネの有名な連作のモデルとなった、ヨーロッパ有数の大聖堂。創建は1063年だが、何世紀にもわたって改修を繰り返している。特に15世紀のステンドグラス、19世紀に完成した高さ152mの尖塔が見どころ。正面からの眺めも美しいが、北側のサン・ロマン通りから見る姿も忘れがたい。

モネが大聖堂の連作を描いた場所は、向かいにある建物の2階。当時は「パリ・モデルヌ」というショップの下着売り場で、衝立を立てて制作したという。

夏は光のショーの舞台に

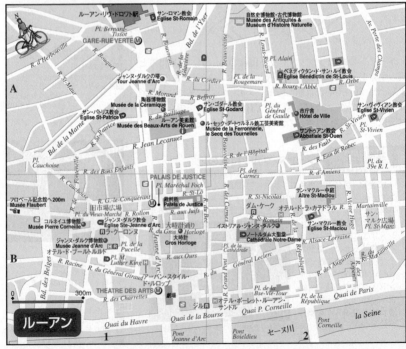

ルーアン

はみだし 6月上旬から9月中旬の毎日没後の夜、ノートルダム大聖堂の正面を巨大なスクリーンにしたプロジェクションマッピング「光の大聖堂」が開催される。2023年は6/2〜9/30の毎日開催予定。

サン・マクルー教会 ★★
MAP P.292-B2

Eglise St-Maclou

　ゴシック後期、15世紀のフランボワイヤン様式の傑作のひとつ。石ではなくレースでできているのではないかと思えるほど繊細な彫刻が見事で、「石の宝石」ともたとえられる。5つのポーチをもつ西側正面の扉には、ルネッサンス時代の豪華な彫刻が施されている。

サン・マクルー中庭 ★★
MAP P.292-B2

Aître St-Maclou

　ここはヨーロッパでも珍しい、中世の大墓地の面影を残す場所。14世紀、ルーアンをペストが襲った際、界隈の市民の4分の3が亡くなった。大量の遺骨を収容するために造られたのがこの建物。中庭に面した木の柱のところどころに、骸骨や墓を掘る道具など死を象徴する彫刻が刻まれ、不気味な雰囲気を漂わせている。

ペストの爪痕が感じられる

ルーアン美術館 ★★
MAP P.292-A1

Musée des Beaux-Arts de Rouen

　カラヴァッジョ作『キリストの鞭打ちLa Flagellation du Christ』、17～18世紀のイタリア、フランス、スペイン絵画、ドラクロワなど19世紀フランス絵画など、16～19世紀の各時代の傑作が揃う。印象派のコレクションも充実し、モネが描いたルーアンの大聖堂の連作30点中の1点『曇天temps gris』を所蔵している。また、『ポール・マルリーの洪水L'Inondation à Port Marly』などシスレーの代表作も観ることができる。

モネの『大聖堂』連作の1点がある

ル・セック・デ・トゥルネル鉄工芸美術館 ★★
MAP P.292-A1

Musée de la Ferronnerie, le Secq des Tournelles

　ローマ時代から20世紀のものまで、ヨーロッパ中の鉄工芸品を紹介する、世界でも珍しい美術館。看板、門扉、階段の手すり、扉叩き、錠前、台所用品、裁縫用具など、多彩な用途の鉄製品が展示されている。ゴシックの教会の内部をそのまま使った展示空間もおもしろい。

教会の内部がそのまま美術館に

サン・マクルー教会
🏠 7, pl. Barthélémy
🕐 4～9月 ㊊㈯㈰
　　　　　　　　　　10:00～12:00
　　　　　　　　　　14:00～18:00
　10～3月 ㊊㈯㈰
　　　　　　　　　　10:00～12:00
　　　　　　　　　　14:00～17:30
🈑 ㈫～㈮、1/1、12/25
💴 無料

サン・マクルー教会

サン・マクルー中庭
🏠 186, rue Martainville
🕐 10:00～18:00
🈑 ㈮、1/1、5/1、11/1、
　　11/11、12/25
💴 無料

常設展は入場無料
ルーアンの美術館8館では常設展が入場無料。企画展については別料金が必要。
URL musees-rouen-normandie.fr

ルーアン美術館
🏠 Esplanade Marcel Duchamp
🕐 10:00～18:00
🈑 ㈫、1/1、5/1、11/1、
　　11/11、12/25
💴 無料
URL mbarouen.fr

ル・セック・デ・トゥルネル鉄工芸美術館
🏠 Rue Jacques-Villon
🕐 14:00～18:00
🈑 ㈫、1/1、5/1、11/1、
　　11/11、12/25
💴 無料
URL museelesecqdestournelles.fr

装飾が美しいカギのコレクション

ノルマンディー

ルーアン

陶器博物館 ★★
[MAP] P.292-A1　Musée de la Céramique

陶器好きは必見の博物館。17世紀の木造3階建ての建物の中に、16～18世紀のルーアンの陶器とヌヴェール、デルフトなど各地の陶器を展示。その数6000点にも及ぶ。

陶器博物館
[住] 1, rue Faucon
[開] 14:00～18:00
[休] [火]、1/1、5/1、11/1、11/11、12/25
[料] 無料
[URL] museedelaceramique.fr

フロベール記念館 ★
[MAP] P.292-B1　Musée Flaubert

ルーアンは作家フロベールの故郷。フロベールは、彼の父が外科医として勤務していた市立病院の一角で生まれた。現在はそこがフロベール記念館として公開されている。**医学史博物館** Musée d'Histoire de la Médecineも兼ねている。

フロベール記念館
[住] 51, rue de Lecat
[開] 14:00～17:30
[休] [月]、1/1、5/1
[料] 無料

ルーアンのおすすめホテル／レストラン　[H]ホテル [R]レストラン

ホテルは大聖堂周辺からセーヌ川にかけての地域に数多くある。

[H][R] オテル・ド・ブールトルルド
Hôtel de Bourgtheroulde 5★　[MAP] P.292-B1

16世紀ルネッサンス様式の美しい邸宅を利用したルーアンきっての豪華ホテル。趣あるレストラン、モダンなスパもある。旧市場広場に近く、観光にもたいへん便利な立地。
[住] 15, pl. de la Pucelle
[TEL] 02.35.14.50.50
[料] ⓈⓌ€234～580　☕€28
[CC] [A][D][M][V]　[室] 78室　❄　[Wi-Fi]
[URL] www.hotelsparouen.com

[H] アーバン・スタイル・ド・ルロップ
Urban Style de l'Europe 3★　[MAP] P.292-B1

ルーアン駅から徒歩約10分。客室はシンプルなタイプのほかに、「バックステージ」「コミック・ストリップ」といったテーマをもたせた個性的な内装の部屋もある。
[住] 87, rue aux Ours
[TEL] 02.32.76.17.76
[料] Ⓢ€85～ Ⓦ€109～　☕€14
[CC] [A][M][V]　[室] 24室　[Wi-Fi]
[URL] www.h-europe.fr

[H] オテル・ド・ラ・カテドラル
Hôtel de la Cathédrale 3★　[MAP] P.292-B2

大聖堂のすぐ裏側、趣あるサン・ロマン通りに建つ。アンティーク家具に囲まれたかわいらしい部屋、花と緑いっぱいの中庭など、古きよきルーアンを満喫したい人におすすめ。
[住] 12, rue St-Romain
[TEL] 02.35.71.57.95
[料] Ⓢ€105～ Ⓦ€115～　☕€14
[CC] [M][V]　[室] 26室　[Wi-Fi]
[URL] www.hotel-de-la-cathedrale.fr

[H] オテル・ポーレット・ルーアン・サントル
Hôtel Paulette Rouen Centre 3★　[MAP] P.292-B2

メトロThéâtre des Arts下車後、徒歩3分。大聖堂へは300mほどの好立地。家庭的であたたかなサービスが魅力のホテル。
[住] 12, rue de la Champmeslé
[TEL] 02.35.70.09.26
[料] Ⓢ€100～180 Ⓦ€120～200　☕€12.50
[CC] [A][M][V]　[室] 22室　❄　[Wi-Fi]
[URL] hotelcentrerouen.com

[R] ラ・クーロンヌ
La Couronne　[MAP] P.292-B1

ジャンヌ・ダルク教会近く。14世紀創業の旅籠がレストランとして今も続いている。自慢は鴨料理で、伝統的な味と雰囲気が評判だ。予約がおすすめ。
[住] 31, pl. du Vieux-Marché
[TEL] 02.35.71.40.90
[営] 12:00～14:30、19:00～21:30
[料] 昼ムニュ€29、夜ムニュ€42～59　[CC] [A][M][V]
[英]　[Wi-Fi]　[URL] www.lacouronne-rouen.fr

[R] ジル
Gill　[MAP] P.292-B2

トップシェフの料理を味わえる名店。鳩のルーアン風Pigeon à la Rouennaiseがスペシャリテ。要予約。
[住] 8-9, quai de la Bourse
[TEL] 02.35.71.16.14
[営] 12:00～13:30(L.O.)、19:30～21:30(L.O.)
[休] [月][火][日][祝]、8月に3週間
[料] 昼ムニュ€49、夜ムニュ€89
[CC] [A][M][V]　[英]　[Wi-Fi]　[URL] www.gill.fr

[R] ダム・ケーク
Dame Cakes　[MAP] P.292-B2

英国風サロン・ド・テ。ケーキのほかランチも楽しめる。
[住] 70, rue St-Romain [TEL] 02.35.07.49.31
[営] 10:00～19:00(ランチは12:00～15:00)　[休] [日]
[URL] www.damecakes.fr

Etretat

白亜の断崖が青い海に輝く

エトルタ

郵便番号：76790　人口：約1400人

アモンの崖の上からエトルタの町とアヴァルの崖を見晴らす

クールベとモネに描かれた、そそり立つ断崖の景観で知られる。ふたつの断崖に挟まれた全長1.5kmに及ぶビーチは、夏には肌を焼く観光客でいっぱいになる。水が冷たいのであまり泳ぎには適さないが、それだけに魚介類は味がいい。

ル・アーヴルからのバスは、町の中心にある❶の前に停まる。そこから海岸へは歩いて5分足らず。海に向かって左側に**アヴァルの崖**Falaise d'Aval、右側に**アモンの崖**Falaise d'Amonが見えてくる。どちらの断崖の上も歩くことができるので、ぜひ散策してみよう。上から見下ろす風景は、開放感たっぷりで、青い海と空、打ち寄せる波と白い岩のコントラストが美しい。アモンの崖の上には**エトルタ庭園**Jardins d'Etretatがあり、庭園の中にさまざまな現代アート作品が展示されている。

ここはリンドバーグの大西洋横断飛行成功の数ヵ月前にパリ～ニューヨーク間の無着陸飛行に挑戦したフランス人、ナンジュセールとコリーが、大西洋で消息を絶つ直前の最終通過地点。アモンの崖の上には、彼らの夢をたたえて**ナンジュセールとコリの記念碑**Monument Nungesser et Coliが立っている。

またエトルタには、怪盗アルセーヌ・ルパンを生んだ作家モーリス・ルブランの家があり、**怪盗ルパンの家**Le Clos Lupinとして公開されている。オーディオガイド（仏・英語）ではルパンが、変装の小道具が置かれた部屋や、盗品である美術品のコレクションの部屋などへ案内してくれる。小粋な演出で、ちょっとした冒険気分が味わえる場所だ。

ACCESS

🚌ル・アーヴルの駅前の長距離バスターミナル(La Station-Gare SNCF)から13番のバスで50分～1時間10分。7・8月は増便。
🔗 www.keolis-seine-maritime.com

ⓘ 観光案内所

🏠 Pl. Maurice Guillard
☎ 02.35.27.05.21
🕐 3月下旬～11月上旬
　　　　9:30～13:00
　　　　14:00～18:00
　11月上旬～3月下旬
　（火）～（土）10:00～12:30
　　　　13:30～17:00
🚫 11月上旬～3月下旬の（月）（日）、1/1、12/25
🔗 www.lehavre-etretat-tourisme.com

エトルタ庭園

🏠 Av. Damilaville
🕐 10:00～18:00
　（冬期は～17:00）
🚫 冬期の（月）（火）
💰 €12
🔗 etretatgarden.fr

ルパンシリーズの『奇巌城』のモデルとなった「針岩」とアヴァルの崖

怪盗ルパンの家

🏠 15, rue Guy de Maupassant
🕐 4～9月
　（火）～（日）10:00～12:30
　　　　13:30～18:00
　10～3月（土）（日）10:30～12:30
　（1/2～2/11の（土）（日）は～12:00）
　　　　13:30～17:00
　（1/2～2/11の（土）（日）は～17:00）
🚫 （月）、10～3月の（火）～（金）、1/1、12/25　💰 €8.50

エトルタのおすすめホテル／レストラン　Ⓗホテル　Ⓡレストラン

リゾート地らしく瀟洒なホテルや民宿が点在している。レストランもメインストリートを中心に数多くある。

ⒽⓇ ル・ドンジョン・ドメーヌ・サン・クレール
Le Donjon Domaine St-Claire 3★

19世紀の館を改装したシャトーホテル。ロマンティックな内装が自慢。レストランでは地元の食材を生かした料理が楽しめる。

🏠 Chemin de St-Clair
☎ 02.35.27.08.23
💰 ⓈⓌ€120～350　🍴€20
💳 ⒹⒿⓂⓋ　🛏 25室
🅿 無料　📶
🔗 www.hoteletretat.com

みやげ店に並ぶカルヴァドス

印象派の画家たちを魅了した港町

オンフルール

郵便番号：14600　人口：約8000人

ACCESS

🚌 ル・アーヴルからBus Verts社の111番または122番のバスでバスターミナル（Gare Routière）まで約35分。ドーヴィルから111番のバスで約40分。**URL** www.busverts.fr

❶ 観光案内所

住 Quai Lepaulmier　**MAP** P.296-2
TEL 02.31.89.23.30
開 7・8月
　㊊～㊏　　9:30～19:00
　㊗　　　10:00～17:00
　9～6月
　㊊～㊏　　9:30～12:30
　　　　　　14:00～18:30
　（10月～復活祭は～18:00）
　㊐㊗　　10:00～12:30
　　　　　　14:00～17:00
　（10月と学校休暇期間は9:30～13:30）
休 11月～復活祭の㊐㊗
URL www.ot-honfleur.fr

まさに一幅の絵のような旧港の眺め

イギリス海峡に注ぐセーヌの河口にある古い漁港の町。15世紀の百年戦争時には戦略上の拠点として歴史にその名をとどめたが、今は色とりどりに並んだヨットの眺めが目を楽しませてくれる静かな港町だ。印象派の画家たちもこの平和な港の風景を愛し、繰り返しキャンバスに描いた。この町は、モネの師に当たるブーダンや、かの奇才、作曲家エリック・サティの生まれ故郷でもある。

≫≫ 歩き方 ≫≫

　絵のように美しい旧港へは、バスターミナルから徒歩5分ほど。旧港を囲んで色とりどりの家が並び、旧総督の館や**サンテティエンヌ教会**Eglise St-Etienneがある。さらに旧港に架かる

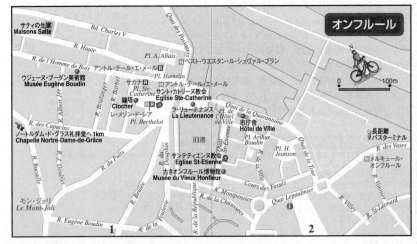

オンフルール

　はみだし モン・ジョリの丘（**MAP** P.296-1）は散歩コースに最適。丘の上にはノートルダム・ド・グラス礼拝堂があり、展望も楽しめる。❶でもらえる地図におすすめルート（約4km）が紹介されているので、もらってから行こう。

橋を渡ると**サント・カトリーヌ教会**。その先には、**ウジェーヌ・ブーダン美術館**がある。サント・カトリーヌ教会を取り囲む一帯が旧市街で、古く趣のある民家が建ち並ぶ。

旧市街から、ノルマンディーらしい木造の民家が続く**Rue du Puits**を歩き、右（西）側の道沿いに現れる坂道に入り、ジグザグとした坂を上っていくと、オンフルールの町並みを見晴らせる展望台がある。町の向こうにはセーヌの河口に架かる**ノルマンディー橋（→P.298）**が見える。

趣ある家々が並ぶ旧市街

旧港に面したサンテティエンヌ教会の内部は海洋博物館になっている

)))　おもな見どころ　(((

サント・カトリーヌ教会 ★★★
MAP P.296-1　　　　　　　　　Eglise Ste-Catherine

フランス最古、最大の木造教会。15世紀、百年戦争により壊された教会を再建する際、経済的な理由から石材ではなく木材が使われた。オンフルールの船大工によって建てられたため、天井は船底をひっくり返したような独特の造りとなっている。隣には、やはり木造の鐘楼がある。町のシンボルにもなっているこの教会は、モネやブーダンら多くの画家によって描かれた。

ウジェーヌ・ブーダン美術館 ★★★
MAP P.296-1　　　　　　　　Musée Eugène Boudin

オンフルール生まれの印象派の先導者、ブーダンをはじめとして、19世紀印象派の絵を集めた美術館。アトリエでの制作が当然であった時代に、戸外で自然を描写するすばらしさを誰よりも早く感じ取っていたブーダン。モネをスケッチに誘っては、外光描写の大切さを教えるなど、印象派絵画の土台を築いた画家といってもいいだろう。彼の作品をはじめ、モネなど印象派画家の作品も展示されている。

サティの生家 ★★
MAP P.296-1　　　　　　　　　　　Maison Satie

「どのジャンルにも属さない」といわれたユニークな音楽家エリック・サティは1866年、オンフルールに生まれた。サティが12歳まで住んでいた家が、ミュージアムとして一般公開されている。単にゆかりの品々を展示するのではなく、音楽とビジュアルで、サティのイメージを紹介しているところがおもしろい。『梨の形をした小品』をモチーフにした大きな洋梨のオブジェ、コクトーやドビュッシーをはじめとする友人たちからのオマージュなど。音楽家の領域にとどまらないサティの魅力に触れることができる。

『ジムノペディ』などサティの曲を奏でる自動ピアノ

船大工の技術を結集して建てられたサント・カトリーヌ教会の鐘楼

サント・カトリーヌ教会
🏠 Pl. Ste-Catherine
🕐 9:00～19:00
　（7・8月は～20:30）
💰 無料

ウジェーヌ・ブーダン美術館
🏠 Rue de l'Homme de Bois
🕐 4～9月　　　　10:00～12:00
　　　　　　　　14:00～18:00
　　（7・8月はノンストップ）
　10～3月　　　10:00～12:00
　　　　　　　　14:30～17:30
🚫 1月に約3週間、⊗、5/1、
　7/14、12/25
💰 €8（12～4月は€6）
URL www.musees-honfleur.fr

左手前がサティの生家

サティの生家
🏠 67, bd. Charles V
🕐 10:00～18:00
🚫 ⊗、12/25、1月に約3週間
💰 €6.30
URL www.musees-honfleur.fr
サティが生まれた家の住所は、正確には90、rue Hauteだが、入口は裏側のBd. Charles Vにある。

はみだし オンフルールから西へ5km、リンゴ園「マノワール・ダブルヴァルManoir d'Apreval」は直売のシードルとカルヴァドスが美味と評判。見学もできる。**URL** www.apreval.com

雰囲気のいいプチホテルが多いが、料金はほかの町に比べて高め。

ＨＲ レ・メゾン・ド・レア
Les Maisons de Léa 4★ MAP P.296-1

サント・カトリーヌ教会の隣に建つチャーミングなホテル。レストランではノルマンディーの伝統料理を楽しめる。

住 Pl. Ste-Catherine ＴＥＬ 02.31.14.49.49
Ｓ€176〜461 Ｗ€194〜479 ◯€26
ＣＣ ＡＭＶ 室 43室 ＴＬ ※ Ｗｉ-Ｆｉ
ＵＲＬ lesmaisonsdelea.com

Ｈ アントル・テール・エ・メール
Entre Terre et Mer 3★ MAP P.296-1

漁師の家を改装したホテル。レストラン「Entre Terre et Mer Bar à Huîtres」では新鮮な魚介類が味わえる。周囲に雰囲気のいいレストランが並び、にぎわっている。

住 28-30, pl. Hamelin ＴＥＬ 02.31.98.83.33
Ｓ Ｗ€90〜200 ◯€12
ＣＣ ＡＭＶ 室 14室 ＴＬ Ｗｉ-Ｆｉ
ＵＲＬ www.hotel-centre-honfleur.com

Ｈ ベスト・ウエスタン・ル・シュヴァル・ブラン
Best Western Le Cheval Blanc 3★ MAP P.296-1

ヴィクトル・ユゴーやモネも滞在したことがあるホテル。旧港に近く、どの部屋からも運河が見えるすばらしいロケーション。

住 2, quai des Passagers ＴＥＬ 02.31.81.65.00
Ｓ Ｗ€89〜258 ◯€16

Ｈ メルキュール・オンフルール
Mercure Honfleur 4★ MAP P.296-2

バスターミナルの前にあり、バスで旅行する人には便利。ノルマンディー橋が見える部屋もある。

ＣＣ ＡＤＪＭＶ
室 35室 Ｗｉ-Ｆｉ
ＵＲＬ www.hotel-honfleur.com

Ｒ サカナ
SaQuaNa MAP P.296-1

© Franck Hamel

店名が日本語の「魚」であることからわかるように親日家のシェフによるクリエイティブで繊細な料理を味わおう。気取らない雰囲気も魅力。要予約。

住 22, pl. Hamelin ＴＥＬ 02.31.89.40.80
営 7:30〜14:30、19:00〜24:00
休 ⑪ ⑫
料 昼ムニュ€22〜38、ア・ラ・カルト予算約€60
ＣＣ ＡＭＶ 英
ＵＲＬ alexandre-bourdas.com

Ｒ アントル・テール・エ・メール
Entre Terre et Mer MAP P.296-1

旧港にほど近い、厳選された素材の魚介料理が自慢のレストラン。向かいのホテルとは同経営。要予約。

住 12, pl. Hamelin ＴＥＬ 02.31.89.70.60
営 12:15〜14:00 (L.O.)、19:15〜22:00 (L.O.)
休 12月下旬〜1月 料 ムニュ€37、€53、€69
ＣＣ ＡＭＶ 英
ＵＲＬ www.entreterreetmer-honfleur.com

旧港に面して観光客向けのレストランがずらり。サティの生家がある通りRue Hauteと並行するRue de l'Homme de Boisは、雰囲気のいい店が多くおすすめ。

住 4, rue de Vases
ＴＥＬ 02.31.89.50.50
Ｓ Ｗ€104〜 ◯€19
ＵＲＬ all.accor.com/hotel/0986/index.ja.shtml

☕ Column / Pause café セーヌ河口に架かるノルマンディー橋

1995年1月20日、セーヌ河口に架かる巨大なつり橋「ノルマンディー橋Pont de Normandie」が完成した（MAP P.283）。オンフルールと対岸ル・アーヴルの間はずいぶんと遠回りをしなければ行けず、45分もかかっていたが、この橋ができたおかげで、わずか15分で両都市間を行き来することができるようになった。通行料は€5.80。

ル・アーヴルとオンフルールを結ぶ路線バスも橋を通る

構想に16年もかかっただけあり、支柱から支柱まで856mという、斜張橋としては当時世界一の記録も打ち立てている。橋の長さは2121m。風の強い地域だが、その影響をほとんど受けない技術にも脱帽だ。デザイン性も優れ、青・白・グレーでまとめ、環境との調和に配慮。

ちなみに日本のしまなみ海道にある多々羅大橋は姉妹橋。

遊歩道があり、橋を間近で見られる

子修道院の夜景

ウィリアム征服王の栄華を伝える
カン
郵便番号：14000　人口：約26万3000人

堂々たる造りの男子修道院

第2次世界大戦が終わったとき、この町は一面焼け野原だった。1944年6月から2ヵ月にわたった攻防戦は町の4分の3を焼き尽くし、人々に愛されてきたサン・ピエール教会の尖塔も吹き飛ばされ、屋根のない無残な姿だけが残った。ところが今はどうだろう。そのような歴史の跡は、6月6日大通りという通りの名前に残っているにすぎない（→P.301）。サン・ピエール教会ももとの姿によみがえっている。かろうじて戦災を免れたふたつの修道院は、ノルマンディー公ウィリアム（仏名ギョーム）征服王の時代を今に伝えている。現在のカンは、ノルマンディー上陸作戦の戦跡を訪れる観光客や、カンの大学に学ぶ各国の学生たちであふれ、活況を呈している。

$\ggg$ 歩き方 $\ggg$

　カン国鉄駅から中心街までは1kmほど離れているが、町を縦断して郊外まで延びるトラムが運行しているので、利用するといい。19年にリニューアルされ、3線とも国鉄駅から6月6日大通りAv. du 6 Juinを通って町の中心に向かう。サン・ピエール教会前St-Pierreで下車すれば、すぐ近くに🛈がある。教会と向かい合う丘に**城**があり、右に行けば**女子修道院**。左に行けば**男子修道院**にたどり着く。

　カンは、ノルマンディー上陸作戦の戦跡を訪ねる拠点でもある。まずは**平和記念館**Le Mémorial de Caenで情報収集をしてから出かけてみるといい。平和記念館からは上陸作戦の舞台となった海岸へのバスツアーも出ている。

ACCESS
🚄パリ・サン・ラザール駅からIntercitésで約2時間10分。ルーアンからTERで約1時間40分。

🛈 観光案内所
🏠 12, pl. St-Pierre　MAP P.300-A1
☎ 02.31.27.14.14
🕐 7・8月
　(月)〜(土)　　9:00〜19:00
　(日)(祝)　　10:00〜13:00
　　　　　　　14:00〜17:00
　4〜6・9月
　(月)〜(土)　　9:30〜18:30
　　　　　　　(※は10:00〜)
　　(日)(祝)　　9:30〜13:30
　10〜3月
　(月)〜(土)　　9:30〜13:00
　　　　　　　14:30〜18:00
🚫 10〜3月の(※)の午前・(日)、1/1、5/1、11/1、11/11、12/25、12/24と12/31の午後
URL www.caenlamer-tourisme.fr

トラム、バス
🎫 1回券€1.60、24時間券€4
URL www.twisto.fr

平和記念館
MAP P.300-A1
🏠 Esplanade Général Eisenhower
🕐 4〜9月　　　9:00〜19:00
　10〜12月　　9:30〜18:00
　1〜3月　　　9:00〜18:00
🚫 11・12月の(月)、1/1、1月に約3週間
🎫 €19.80、学生と65歳以上€17.50
URL www.memorial-caen.fr
中心街からはLa Folie-Mémorial行きの2番のバスで終点下車。

カンの城はヨーロッパで最も広大な城塞のひとつ

カン美術館
住 Le Château
開 ⊛〜⊛　9:30〜12:30
　　　　　　　13:30〜18:00
　　⊕⊛㊗　11:00〜18:00
休 9〜6月の⊛、1/1、5/1、
　11/1、12/25
料 €3.50〜
URL mba.caen.fr

ノルマンディー博物館
住 Le Château
開 カン美術館と共通
料 €3.50〜
URL musee-de-normandie.
　　　　　　　caen.fr

男子修道院
住 Hôtel de Ville - Esplanade
　　Jean-Marie Louvel
開 8:00〜18:00
　（季節、曜日によって異なる）
回廊など一部は自由見学できるが、
そのほかはガイド付きツアーで見
学。4〜9月は毎日、10〜3月は⊛
〜⊛。所要約50分。
休 1月の⊕ ⊛、1/1、5/1、12/25
料 ガイド付きツアー€8、
　自由見学€5
修道院入口は、教会裏のフランス
庭園を抜けた所。

))) おもな見どころ (((

カン城　★★★
MAP P.300-A1　　　　　　　Château de Caen

「ノルマンのイギリス征服」で知られるウィリアム征服王が
1060年頃に築いた居城。現在は城壁を残すのみだが、城壁の
上からカンの町を眺めることができる。広大な敷地内には、15
〜20世紀のヨーロッパ絵画、なかでもペルジーノ、ヴェロネー
ゼ、ティントレットなど15、16世紀のイタリア絵画のコレク
ションが見事な**カン美術館**Musée des Beaux-Arts de Caen、先
史時代から現代までのノルマンディー地方の歴史がわかる**ノル
マンディー博物館**Musée de Normandieとがある。

男子修道院　★★★
MAP P.300-B1　　　　　　　Abbaye aux Hommes

ウィリアム征服王は、遠縁に当たるマチルダと婚姻を結び、
親族結婚に厳しかった当時の法王レオ9世によって破門された。
その怒りを解くために建てたのがこの男子修道院だ。1063年
創設。内部にはウィリアム征服王の墓がある。
　一時ナポレオン1世によって学校に変えられたこともあるが、
現在は市庁舎として使われている。隣に建つのは、やはりウィ

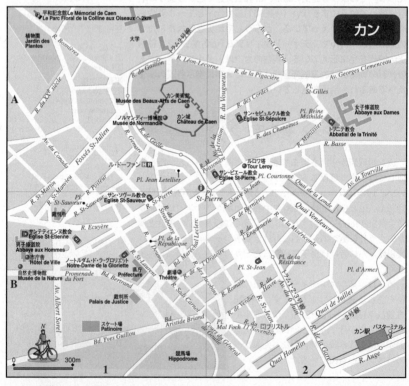

🍴 カンの名物料理は「トリップ・ア・ラ・モード・ド・カンTripes à la mode de Caen」。牛胃をシードルやカルヴァ
ドスで煮込んだもの。カンのレストランで試してみよう。

リアムが建てた**サンテティエンヌ教会**Eglise St-Etienne。1066年、修道院に付属するロマネスク様式の教会として建設が始まったが、13世紀にゴシック様式を取り入れた形で完成した。2本の塔をもち、正面に彫刻がなく、いたってシンプル。これが後に華やかなゴシックの大聖堂のモデルとなる。

女子修道院 ★★★
MAP P.300-A2　　　　　　　　　　　Abbaye aux Dames

　女子修道院はウィリアム征服王の王妃マチルダが1060年頃に創設したもの。現在は地方議会場として使われていて、1日2回のガイド付きツアーで見学可能。隣には、典型的なロマネスク様式のトリニテ教会が建っている。サンテティエンヌ教会同様、正面を飾る彫刻はない。これはノルマンディーにある教会の大きな特徴である。教会内の祭壇正面にはマチルダの墓がある。支柱と支柱の間に渡されたアーチを飾る文様は繊細で美しいが、全体的にはシンプルだ。

女子修道院
🏠 Pl. Reine Mathilde
🕐 月〜金　　8:30〜12:30
　　　　　13:30〜18:00
　土 日　　14:00〜18:00
14:30と16:00出発のガイド付きツアーがある。所要約1時間15分。
🚫 1/1、5/1、12/25
💰 無料、ガイド付きツアーは€4

マチルダ王妃の命により建てられた女子修道院　© CDT CALVADOS

カンのおすすめホテル／レストラン　Ｈホテル　Ｙユースアコモ　Ｒレストラン
駅前から城に向かう道や中心街に、手頃なホテルがいくつもある。

HR ル・ドーファン
Le Dauphin et Spa 4★　　　　　　**MAP P.300-A1**

　城からすぐの、ふたつの修道院の中間地点に建つ。建物は3館に分かれていて、スパ、ジムを併設。レストランでは地元の味を堪能できる。
🏠 29, rue Gémare
☎ 02.31.86.22.26
💰 Ⓢ Ⓦ €85〜230　🍴 €16
💳 Ａ Ｍ Ｖ
🛏 37室　Wi-Fi
🌐 www.le-dauphin-normandie.fr

H ブリストル
Bristol 3★　　　　　　　　　　**MAP P.300-B2**

　駅に近く、城までは徒歩15分ほど。観光に便利な立地で、コストパフォーマンス抜群だ。シンプルモダンな客室は清潔で、居心地がいい。周辺にはレストランも多い。
🏠 31, rue du 11 Novembre
☎ 02.31.84.59.76
💰 Ⓢ €90〜112 Ⓦ €92〜128　🍴 €10
💳 Ｍ Ｖ　🛏 24室　Ｐ €10　Wi-Fi
🌐 www.hotelbristolcaen.com

🏛 Column / History　ノルマンディー上陸作戦跡を訪ねて

　1944年6月6日の未明（D-Day）、連合軍による史上空前規模の上陸作戦が決行された。77日間の戦闘の末、ノルマンディー地方は、ナチス・ドイツ軍から解放されるが、その間、戦闘員のみならず2万人もの民間人の命が奪われ、歴史ある美しい町の多くが焼け野原と化した。

　連合軍が上陸した海岸には、各国の軍の拠点が築かれ、「オマハ・ビーチOmaha Beach」などの名前がつけられた。オマハ・ビーチ近くに

はアメリカ人兵士の墓地Cimetière Américainもあり、はるばる母国から墓参に訪れる姿も見られる。拠点のひとつとなったアロマンシュ・レ・バンArromanches-les-Bains（**MAP** P.283）には、上陸博物館、映像資料館があり、上陸の経緯などを展示している。ノルマンディーの平和な風景の裏には、こんな歴史があることも知っておきたい。

＜おもな戦争博物館＞
●アロマンシュの上陸博物館 Musée du Débarquement
🚗バイユーから北へ約12km。
🏠 Pl. du 6 Juin 14117 Arromanches
🌐 musee-arromanches.fr

●アロマンシュの映像資料館
Cinéma Circulaire Arromanches 360
🌐 www.arromanches360.com

●カンの平和記念館 Le Mémorial de Caen（→P.299）

© CDT CALVADOS
アロマンシュの海岸

ACCESS

🚌 カン駅前のバスターミナル(Gare Routière) からNOMAD社の118番のバスで約1時間。Bd. de la Libération下車。
🌐 www.nomadcar14.fr

❶ 観光案内所
🏠 5, pl. Guillaume le Conquérant 14700
☎ 02.31.90.17.26
🕐 ⑪〜⊕　　　　9:30〜12:30
　　　　　　　13:30〜17:30
（7・8月は〜18:30、1月上旬〜4月上旬の⊕は10:00〜13:00）
　　㉄　　　　10:00〜13:00
🈳 ⑪、9月中旬〜4月上旬の⑪、1月上旬〜4月上旬の㊍ ㊎、1/1、5/1、11/11、12/24、12/25
🌐 www.falaise-suissenormande.com

ウィリアム征服王の城
🏠 Pl. Guillaume le Conquérant
🕐 10:00〜18:00
🈳 1月上旬〜2月上旬、12/25
💶 €9.50
🌐 www.chateau-guillaume-leconquerant.fr

自動人形館
🏠 Bd. de la Libération
🕐 10:00〜12:30
　　13:30〜18:00
（季節によって異なる）
🈳 1〜3・10・11月の⑪〜㊎、1/1、12/25、1月中旬〜2月上旬
💶 €8、4〜12歳€6
🌐 www.automates-avenue.fr

ファレーズ平和記念館
🏠 12, pl. Guillaume le Conquérant
🕐 10:00〜12:30
　　13:30〜17:30
（7・8月は10:00〜18:00）
🈳 5・6月と9月〜10月中旬の⑪ ㊋、11〜3月
💶 €7.50
🌐 www.memorial-falaise.fr

ファレーズ　　　　　　　　　　Falaise

ノルマンディー公ウィリアム征服王の生誕地

カンの男子修道院を建設したウィリアム征服王が生まれた町で、アングロノルマン様式で建てられた**ウィリアム征服王の城**Château Guillaume le Conquérantが町を見守るように建っている。要塞を思わせる堅固な城の内

丘の上に建つウィリアム征服王の城

部では、オーディオガイドと映像を巧みに使った展示で、ウィリアム征服王の生涯をたどれるようになっている。

自動人形館Automates Avenueでは1920〜1950年にパリのデパートで飾られていた自動人形のコレクションを観ることができる。クリスマスシーズンに実際に展示されていたもので、ノスタルジックな雰囲気たっぷり。

また、**ファレーズ平和記念館**Mémorial des Civils dans la Guerreは戦時下の市民生活に焦点をあてた展示がユニーク。

ファレーズのあるノルマンディー中央部は「スイス・ノルマンド」と呼ばれる景勝地。車があれば周辺のドライブも楽しい。

スイス・ノルマンドの風景

ART Column Art　　林檎の礼拝堂

ファレーズから3kmのサン・マルタン・ド・ミュー St-Martin-de-Mieuxという村に、日本人アーティストの手で見事に生まれ変わった小さな礼拝堂がある。彼の名は田窪恭治氏。すっかり廃墟となっていた「サン・ヴィゴール礼拝堂」に、出会った瞬間に魅せられたという田窪氏は、村人を説得し、家族で現地に移住し、10年以上の歳月をかけて礼拝堂の再生に取り組んだ。その再生記録は一冊の本『林檎の礼拝堂』（集英社刊）となっている。

豊かな自然に囲まれた礼拝堂の内部には、ノルマン

壁画は鉛を張った壁の上に絵の具を塗り重ね、色の層を削り出して描かれた

©Jacques BASILE
修復された礼拝堂と樹齢600年を超えるイチイの大木

ディー地方の特産であるリンゴの樹が描かれ、今では「林檎の礼拝堂」として知られ、人々に愛されている。

サン・ヴィゴール礼拝堂 Chapelle St-Vigor
🚗 ファレーズから車で約5分。ファレーズの❶でタクシーを呼んでもらうといい。

🏠 14700 St-Martin de Mieux
詳細はファレーズの❶に問い合わせを。

はみだし ファレーズから南へ約50kmのバニョル・ド・ロルヌBagnoles de l'Orneはフランス人に人気の保養地。泊まるなら美食も楽しめるホテル「マノワール・デュ・リスManoir du Lys」がおすすめ。🌐 manoir-du-lys.fr

バイユー

Bayeux

鮮やかな歴史絵巻に出合う

11世紀の中頃、ウィリアムの弟であるバイユーの司教のために制作されたタピストリー

　絵巻物というものは、日本や中国にしかないと思いがちだが、バイユーにはそれに似たものがある。ノルマンディー公ウィリアム征服王のイングランド征服を描いた**バイユーのタピストリー**Tapisserie de Bayeuxである。幅50cm、長さ70mもある布に刺繍を施したもので、その表現はとても迫力がある。美術館の一室に展示されたこの作品は、観る人が歩くに従って物語は進行し、いつのまにか自分自身が戦闘の場面へと引き込まれているのに気づく。しかし、単に時間の流れに沿って物語が語られるのではない。例えば、エドワード王の死の場面が彼の葬式よりもあとに描かれているのは、そのほうが構図としておもしろいという美的な観点によるものらしい。大胆な表現とこまやかな配慮とが見事に溶け合った傑作である。

　バイユーのタピストリーが展示されている美術館へは、駅から歩いて10分ほど。近くにはノルマンゴシックを代表する、**ノートルダム大聖堂**Cathédrale Notre-Dameがある。バイユーは第2次世界大戦末期のノルマンディー上陸作戦の後、いち早く解放されたため、ほかの町に比べ戦闘による被害が少なかった。14〜18世紀の建物が残る町をのんびり散策してみたい。

11世紀建造のノートルダム大聖堂

aire BEAURUEL-OT Bayeux Intercom

ACCESS

🚉 カンからTERで15〜20分。

❶ 観光案内所

🏠 Pont (Rue) St-Jean 14400
🗺 **MAP** P303
☎ 02.31.51.28.28
🕐 7・8月　　　　9:00〜19:00
　　4〜6・9・10月
　　　　　　　　10:00〜13:00
　　　　　　　　14:00〜18:00
　　11〜3月　　9:30〜12:30
　　　　　　　　14:00〜17:30
休 1/1、12/25
URL bayeux-bessin-tourisme.com

バイユーのタピストリー

🏠 13bis, rue de Nesmond
🕐 3〜10月　　　9:00〜18:30
　　（5〜8月は〜19:00）
　　11〜2月　　9:30〜12:30
　　　　　　　　14:00〜18:00
　　（入場は閉館の45分前まで）
休 12/24午後、12/25、
　　12/31午後、1月
料 €12（日本語オーディオガイド付き）
URL www.bayeuxmuseum.com

バイユーのタピストリーが「世界の記憶」に

ユネスコの「世界の記憶Memory of The World」は、歴史的文書など貴重な資料の保存を目指して1997年に発足。2007年には、バイユーのタピストリーが登録された。2023年現在、フランスからの登録は『人権宣言』など13点。

ノルマンディー戦争記念館
Musée Mémorial
de la Bataille de Normandie

ノルマンディー上陸作戦の海岸に近いバイユーには、77日間の戦闘の様子を伝える記念館がある。

🏠 Bd. Fabian Ware
🕐 5〜9月　　　9:30〜18:30
　　10〜4月　　10:00〜12:30
　　　　　　　　14:00〜18:00
　　（入場は閉館の45分前まで）
休 12/24午後、12/25、12/31午後、1月
料 €7.50、学生€5
URL www.bayeuxmuseum.com

バイユー　　　　　0　　　300m

バイユー駅

はみだし　上記2館とバイユーゆかりの美術品を展示する美術館「ジェラール男爵美術館Musée d'Art et d'Histoire Baron Gérard」で使えるパス・バイユー・ミュージアムPass Bayeux Museumがお得。料 2館€14、3館€16

映画のイベントも多い

社交界の華やぎに包まれたビーチリゾート

ドーヴィル

郵便番号：14800　人口：約4000人

カラフルなパラソルが並ぶビーチ

クロード・ルルーシュの映画『男と女』で知られる世界的なリ
ゾート。保養地となったのは1860年代のこと。それからとい
うもの、夏は映画祭、競馬、馬の競売会、クリケット競技会、
カジノでの賭博が催され、パリに代わってフランス社交界の中
心となり、上流階級の人々が集まるリゾート地として世界に知
られるようになった。

≫≫ 歩き方 ≫≫

　トゥルーヴィル・ドーヴィル駅を背にして左に行くとドー
ヴィルの繁華街。右に行くと隣町のトゥルーヴィル・シュル・
メール。

　ドーヴィルでは、何といってもビーチでのんびり過ごすにか
ぎる。海岸沿いに1km以上も続く板張りの遊歩道プランシュ
Les Planchesも歩いてみたい。

　カジノ横の広場を中心に、ルイ・ヴィトンやエルメスなど高
級ブランド店が軒を連ねている。
ノルマンディー様式の木造建築の
町並みが美しい商店街だ。有名ブ
ティックもパリの店ほど混まない
ので、落ち着いて買い物ができる。

ドーヴィルと競馬
1836年、ナポレオン3世の義理
の兄弟に当たる競馬好きの公爵に
よって最初の競馬場が造られた。8
月に開催されるジャック・ル・マ
ロワ賞が有名。ほかにも、馬のオ
ークション、ポロや馬術の国際大会
など年間をとおして馬に関するさ
まざまなイベントが開かれる。干
潮時には海辺の乗馬も楽しめる。

ブランシュに並ぶ更衣室には映画人
の名前が

ドーヴィル独特の遊歩道プランシュ

　エレガントな人々でにぎわうこ
の町も、シーズンオフには静まり
かえってしまう。ひっそりとした
海岸沿いの風景は、まさに『男と
女』の風景そのもの。大人っぽい
リゾートの時間を過ごすなら、あ
えて冬に訪れるのも悪くない。

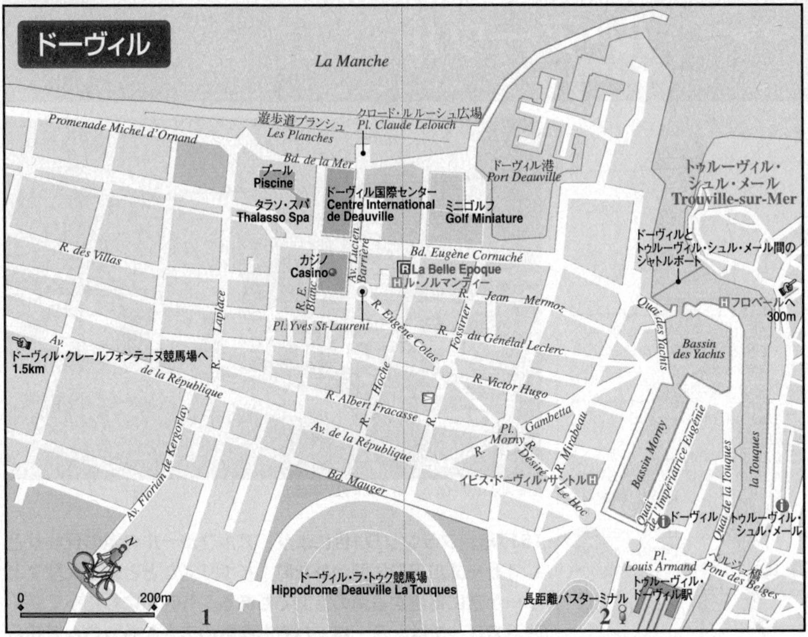
ドーヴィル
La Manche
Promenade Michel d'Ornand
遊歩道プランシュ
Les Planches
クロード・ルルーシュ広場
Pl. Claude Lelouch
Bd. de la Mer
プール
Piscine
タラソ・スパ
Thalasso Spa
ドーヴィル国際センター
Centre International de Deauville
ミニゴルフ
Golf Miniature
ドーヴィル港
Port Deauville
トゥルーヴィル・シュル・メール
Trouville-sur-Mer
ドーヴィルとトゥルーヴィル・シュル・メール間のシャトルボート
R. des Villas
カジノ
Casino
Av. Lucien Barrière
R. E. Blanc
Bd. Eugène Cornuché
La Belle Epoque
ル・ノルマンディー
R. Jean Mermoz
フロベールへ 300m
Quai des Yachts
Bassin des Yachts
Pl. Yves St-Laurent
R. Eugène Colas
R. Fossorier
R. du Général Leclerc
R. Laplace
Av. de la République
ドーヴィル・クレールフォンテーヌ競馬場へ 1.5km
R. Victor Hugo
R. Albert Fracasse
R. Hoche
Av. de la République
Pl. Morny
R. Gambetta
R. Désiré Le Hoc
R. Mirabeau
Bassin Morny
Quai de l'Impératrice Eugénie
Quai de la Touques
la Touques
Av. Florian de Kergorlay
Bd. Mauger
イビス・ドーヴィル・サントル
ドーヴィル
トゥルーヴィル・シュル・メール
Pl. Louis Armand
ベルジュ橋
Pont des Belges
ドーヴィル・ラ・トゥク競馬場
Hippodrome Deauville La Touques
トゥルーヴィル・ドーヴィル駅
長距離バスターミナル
N
0
200m
1
2

ドーヴィルのおすすめホテル／レストラン

[H]ホテル [R]レストラン

高級リゾート地だけに経済的なホテルは少ない。思いきって優雅な滞在を楽しもう。

[H][R] ル・ノルマンディー
Le Normandy 5★ [MAP] P.305-1

映画『男と女』の舞台となったドーヴィルを代表する高級ホテル。レストランの評判も高い。

[住] 38, rue Jean Mermoz
[TEL] 02.31.98.66.22 [料] ⓈⓌ€327～ ☕込み
[URL] www.hotelsbarriere.com/en/deauville/le-normandy.html

[H] イビス・ドーヴィル・サントル
Ibis Deauville Centre 3★ [MAP] P.305-2

駅からすぐで、レストランも多く便利な立地。

[住] 9, quai de la Marine
[TEL] 02.31.14.50.00 [料] ⓈⓌ€81～ ☕€12.90
[URL] all.accor.com/hotel/0795/index.ja.shtml

ドーヴィル近郊の町

トゥルーヴィル・シュル・メール Trouville-sur-Mer

サヴィニャックゆかりの町

ドーヴィルの隣町で、やはり美しい砂浜をもつトゥルーヴィル。こちらも保養地として人気があり、文豪フロベールやプルースト、デュラスらが逗留した。ドーヴィルのようにゴージャスな雰囲気はないが、庶民的なリゾート地のほうが落ち着く、という人はこちらでホテルを探すといいだろう。

ユーモアとデザインセンスをもち合わせたポスター作家レイモン・サヴィニャックが晩年を過ごした地で、町全体がサヴィニャックの美術館のよう。海辺のあちこちに点在する作品を探しながら歩くだけで、1日楽しく過ごせる。

HÔTEL FLAUBERT
FESTIVAL DU
OUVEAU RIRE
TROUVILLE

町のそこかしこにサヴィニャックのイラストが

ACCESS

ドーヴィルと川を挟んだ隣町なので徒歩で行ける。ふたつの町を結ぶシャトルボートもあり（[MAP] P.305-2）、3～9月は毎日運航。所要約5分。

[i] 観光案内所

[住] 32, bd. Fernand-Moureaux 14360 [MAP] P.305-2
[TEL] 02.31.14.60.70
[開] 10:00～18:00
（季節、曜日によって異なる）
[休] 無休
[URL] www.trouvillesurmer.org
（日本語あり）

おすすめホテル

壁のサヴィニャックのイラスト（写真左）が目印。ビーチに面した部屋が人気。

[H] ル・フロベール
Le Flaubert 3★
[住] Rue Gustave Flaubert 14360
[TEL] 02.31.88.37.23
[料] ⓈⓌ€179～710 ☕€18
[URL] www.flaubert.fr

印象派が生まれた港町
ル・アーヴル

ノルマンディー最大の港町

郵便番号：76600　人口：約20万人

世界遺産になったル・アーヴルの計画都市

ACCESS

🚆 パリ・サン・ラザール駅から
TERで約2時間10分。ルーアンから
TERで約55分。

❶ 観光案内所

🏠 186, bd. Clemenceau
MAP P.307-1
☎ 02.32.74.04.04
開 4～10月　毎日　9:30～13:00
　　　　　　　　14:00～18:30
11～3月
　　　　火～土　10:00～12:30
　　　　　　　　14:00～18:00
休 11～3月の火⊕田、1/1、12/25
URL www.lehavre-etretat-
　　　tourisme.com

世界遺産

ル・アーヴル、オーギュスト・
ペレによる再建都市 Le Havre,
la ville reconstruite par
Auguste Perret
（2005年登録）

トラム、バス
料 1回券€1.80、1日券€4.50
URL www.transports-lia.fr
チャージ式のバスPass LiAがある。

ドック・ヴォーバン
国鉄駅近くに、かつての港湾倉庫
を利用したショッピングモールが
ある。赤れんが造りの建造物は19
世紀中頃のもので、第2次世界大戦
の爆撃を免れた貴重な歴史遺産だ。
Ⓢ ドック・ヴォーバン
　Docks Vauban
MAP P.307-2
🏠 70, quai Frissard
URL docksvauban.com

1517年、フランソワ1世により、アルフルールの港の代わりと
してセーヌ川河口に開かれた町。イギリスなどと結ぶ大型フェ
リーが常に寄港する海の玄関でもある。1.6kmにわたって続く
砂浜のビーチは、ヨーロッパでも有数の広さをもつことで知ら
れ、その港の風景は印象派の画家たちによって描かれたことも
ある。第2次世界大戦では多大な被害を受け、町並みのほとん
どを失ったが、建築家オーギュスト・ペレによって1945年か
ら1964年にかけて再開発された。2005年にはその都市計画が
認められ、世界遺産に登録された。

>>> 歩き方 >>>

　国鉄駅と中心街はトラムで結ばれている。まずトラム終点
La Plage近くにある❶に行ってみよう。❶では、世界遺産に指
定された地域を徒歩で巡るための、簡単な解説付き地図「Le
Havre Highlights」をもらっておきたい（英語。ウェブサイト
からダウンロードも可能）。ひときわ高くそびえる**サン・ジョ
セフ教会**から出発し、ペレが手がけた集合住宅や町並み、火山
の形をしたアートセンター、**ル・ヴォルカン**Le Volcan、魚市
などを巡りながら、散策を楽しむといい。

　ル・アーヴルでもうひとつ見逃せないのは、
港の近くにある**アンドレ・マルロー近代美術
館**。モネ、ブーダンをはじめとする印象派の
作品を中心に、見応えのある作品が揃う。なお、
「印象派」の名の由来となった、モネの『印象、
日の出Impression, Soleil levant』は、この美
術館の近くで描かれた。

新市街の市庁舎

『印象、日の出』パリ・マルモッタン・モネ美術館(→P119)蔵
© The Bridgeman Art Library

作品が制作された場所を示すパネル

モネとブーダンが見た風景

『印象、日の出』が制作されたと思われる場所にはパネル表示が置かれている(上写真)。ほかにもクレマンソー大通りBd. Clemenceau沿いや、ル・ヴォルカンの近くにブーダンの制作場所を示すパネルがある。

)))　おもな見どころ　(((

アンドレ・マルロー近代美術館　★★★
MAP P.307-1　Musée d'Art Moderne André Malraux

　作家であり、ド・ゴール政権では文化相を務めたアンドレ・マルローによって1961年に創設された美術館。印象派の先駆者ブーダンの作品220点、ル・アーヴル生まれのデュフィの作品70点をはじめ、近代絵画の充実したコレクションを誇る。

　名コレクターとして知られるアルヴェ・オリヴィエ・サンのコレクション約200点が寄贈されたことで、美術館はパリのオルセー美術館に次ぐフランス第2の印象派の殿堂となっている。モネ、ルノワール、ピサロから、印象派後のマルケ、ボナール、マティス、ヴァロットンまで、近代絵画の名品の数々を、光あふれる開放的な空間で鑑賞することができる。

アンドレ・マルロー近代美術館
住 2, bd. Clemenceau
開 11:00〜18:00
　(⊕⊕は〜19:00)
休 ⑲、1/1、5/1、7/14、11/11、12/25
料 €7

ペレの弟子たちによって設計されたモダンな美術館

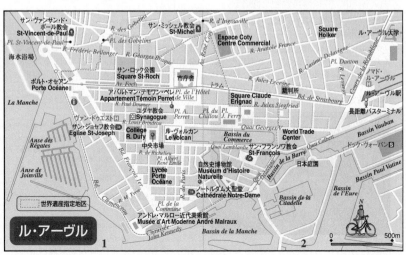

ル・アーヴル

307

© Hilke Maunder

アパルトマン・テモワン・ペレの一室。見学用の部屋以外は人が住んでいる

アパルトマン・テモワン・ペレ
1950年代の革新的なインテリアが残るアパルトマンの一室が公開されている。
[住] 181, rue de Paris
[開] ガイド付きツアーで見学する。ℹで要予約。
[料] €5、26歳未満無料

ル・アーヴル再建地域 ★★★
[MAP] P.307-1　Le Quartier Moderne

第2次世界大戦中、ノルマンディー上陸作戦に続く戦闘で、ル・アーヴルの町の大半は廃墟と化してしまった。その133haに及ぶ地域の再建に取り組んだのが、建築家オーギュスト・ペレAuguste Perret。ステンドグラスが美しい**サン・ジョセフ教会**Eglise St-Joseph、サン・ロック公園Square St-Roch近くの集合住宅、巨大な門のように建築物を配した**ポルト・オセアン**Porte Océaneなどは、建築ファンならチェックしておきたいところ。集合住宅は外から眺めることしかできないが、**アパルトマン・テモワン・ペレ**Appartement Témoin Perretのみ、ℹ主催のツアーで内部を見ることができる。

ビルを門に見立てたポルト・オセアン

ル・アーヴルのおすすめホテル [H]ホテル
駅前にビジネスホテルが並ぶが、世界遺産指定地区内のホテルのほうが観光に便利。

[H] ヴァン・ドゥエスト
Vent d'Ouest 4★　[MAP] P.307-1

サン・ジョセフ教会の向かいにあるホテル。客室は落ち着いた雰囲気でゆったりと過ごせる。駅からはトラムSt-Roch下車後、徒歩約5分。
[住] 4, rue de Caligny
☎ 02.35.42.50.69
[料] Ⓢ€100～150 Ⓦ€120～200 ☕€20
[CC] [A][J][M][V] [室] 33室 [P] €8 🍴 [Wi-Fi]
[URL] www.ventdouest.fr

[H] ノマド・ル・アーヴル
Nomad Le Havre 3★　[MAP] P.307-2

客室は広くないが清潔。空調など室内設備はタブレット端末で操作するようになっている。駅からすぐの所にあるので、旧市街までは駅前からトラムを利用しよう。
[住] 5, rue Magellan
☎ 02.30.30.76.76
[料] Ⓢ€67～169 Ⓦ€74～169 ☕€12
[CC] [A][M][V] [室] 106室
[P] €9.50 ❄ [Wi-Fi]
[URL] www.nomad-hotels.com

[ART] Column Art　クリスチャン・ディオールの生家が博物館に

グランヴィルGranville（[MAP] P.283）は、クリスチャン・ディオールが生まれた海辺の保養地。町外れにある彼の生家が、ディオール博物館として公開されている。館内では、ディオールの作品を中心に、モードにちなんださまざまな企画展が催されている。オープンは企画展開催時のみだが、庭園は1年中訪問可。庭園には色鮮やかな花が咲き乱れ、テラスからノルマンディーの青い海を望むことができる。ディオールの幸福な子供時代が目に浮かぶようだ。

海を見下ろす断崖の上に建つ瀟洒な館

クリスチャン・ディオール博物館
Musée Christian Dior
🚃🚌グランヴィルへは、パリ・モンパルナス駅からTERで3時間～3時間20分。カンからはTERで1時間35～1時間50分。レンヌからはTERで約1時間30分。グランヴィル駅からは徒歩約20分。
[住] Villa "Les Rhumbs", Rue d'Estouteville 50400 Granville
[開] 年によって変わる（2023年は4/29～11/5、詳細はウェブサイトで確認）
[料] €10、第1は㊐は無料
[URL] musee-dior-granville.com

チーズとリンゴ酒の里を訪ねて
ノルマンディーの味覚に出合える小さな旅

N13沿いののどかな風景

ノルマンディーの代表的な特産物は、チーズやバターなど乳製品。料理にもクリームをたっぷり使う。またブドウの栽培に適さない土地柄、ワインの代わりにリンゴを使った酒の醸造が盛んだ。発泡性のシードルCidre、香り高いブランデーのカルヴァドスCalvados、そしてリンゴジュースやシードルとカルヴァドスを合わせた甘口の食前酒ポモーPommeau。

チーズ作りの村や、リンゴ園を抜けて、「ノルマンディーを味わう旅」に出かけてみよう。

リヴァロ Livarot

ノルマンディーを代表するウォッシュタイプのリヴァロ・チーズを産する村で、チーズ工場を見学できる。村へは国鉄駅Lisieuxから53番のバスでもアクセス可能だ（URL www.nomadcar14.fr）。さらに車で南下すれば、白カビチーズで有名な村カマンベールCamembertがある。

フロマジュリー・グランドルジュ
Fromagerie Graindorge

1910年創業の老舗ウジェーヌ・グランドルジュのチーズ工場。今では多くの工程が機械化されているが、リヴァロ・チーズの型崩れを予防するために葦を巻く作業だけは、今でも一つひとつ手で行う。

住 42, rue du Général Leclerc 14140 Livarot
電 02.31.48.20.10 開 9:30〜13:00、14:00〜
17:30（7・8月はノンストップ、⑪は10:30〜、11
〜3月は短縮） 休 9〜6月の⑪、11〜3月の⑪の午後、
1/1、11/1、12/25
料 無料（試食含む） URL www.graindorge.fr

リヴァロ・チーズの回りに葦を巻く作業（左）　7・8月には4種のチーズの食べ比べができるバーがオープン（右）

シードル街道 Route du Cidre

カンとリジューLisieuxを結ぶD613（N13）もしくはカンとルーアンを結ぶD675を車で走ると、「シードル街道Route du Cidre」と書かれた表示がときおり目に入る。これは、シードルやカルヴァドス用の農園が集まる地域を巡る観光ルートの表示だ。農道沿いにはリンゴ園が続き、ノルマンディーらしいのどかな田園風景を楽しめる。

道筋に「クリュ・ド・カンブルメールCru de Cambremer」と書かれた看板が見えたら、醸造所のマークだ。ここでは、カーヴの訪問や試飲、購入ができるので、訪ねてみよう。

リンゴ酒仲間のカルヴァドスとシードル

シードル街道はこちらへ

シードル街道のD49沿いにある**ブヴロン・アンノージュ** Beuvron-en-Augeは、ノルマンディーらしい木骨組みの民家が並ぶ村。「フランスの最も美しい村」（→P.46）にも登録されている。

木骨組みの民家が並ぶ町並みと色とりどりの花がかわいらしい、ブヴロン・アンノージュ

ブヴロン・アンノージュは看板もかわいい
© www.calvados-tourisme.com

睡蓮の季節に訪れたい

名作『睡蓮』の情景がそのままに

ジヴェルニー

郵便番号：27620　人口：約500人

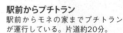
ACCESS

パリ・サン・ラザール駅から
IntercitésまたはTERでヴェルノン
Vernon（約45分）下車。ここから
ジヴェルニー行きのシャトルバス
（Navette。自動運転のバスも導入
されている）で約20分。パリから
の観光バスツアーもある（→P.88）。

駅前からプチトラン
駅前からモネの家までプチトラン
が運行している。片道約20分。
料 往復€10
URL petittrain-vernon.fr

『睡蓮』の生まれた池

モネが晩年を過ごした村として知られるジヴェルニー。パリの北西約70km、セーヌ川沿いのこの町に、まだ貧困から抜け出せない43歳のモネは移り住む。ジヴェルニーの自然に魅せられたモネは1890年、50歳のときに家を購入した。そこに彼は池を掘り、睡蓮を植える。当初は観賞のためであったが、突然「池の妖精たちが前に現れ、私はパレットを取り上げた」。その結果はパリのオランジュリー美術館（→P.119）で観られる。そして、ジヴェルニーにあるモネの家は、花の咲く季節に一般公開されている。

>>> 歩き方 >>>

村の教会にあるモネの墓

元アトリエがブティックに
パリのオランジュリー美術館に展
示されている『睡蓮』は、モネの
家にある第3アトリエで制作され
た。現在は美術館グッズを販売す
るブティックになっている。

『睡蓮』の複製が飾られている

　ここはパリからわずか1時間ほどで来られる場所なのに、目に映る風景も光もパリとはまったく違う。せっかく来たのだからモネの家だけを訪ねて帰るのではなく、周辺をのんびり散歩してみるといいだろう。

ジヴェルニーの村は花でいっぱい

　モネの墓もこの村にある。モネの家があるクロード・モネ通りRue Claude Monetをヴェルノン方向に進んでいくと、右側に小さな教会がある。その入口の階段を少し上った所にあるのがモネの墓。

　モネの家にほど近い場所にジヴェルニー印象派美術館があり、印象派をテーマにした興味深い企画展を行っている。モネが『積みわら』と題して描いた野原があった場所でもある。

おもな見どころ

モネの家と庭園 ★★★
Maison et Jardin de Claude Monet

色とりどりの花に囲まれたモネの家

モネの家の中は、膨大な日本の浮世絵コレクションで飾られ、さながら浮世絵美術館。キッチンやダイニングルームも色調を大切にしてまとめられ、まるで絵のなかにいるようだ。食器もダイニングルームに色を合わせてとてもモダン。そして、2階にある寝室で、1926年12月6日、モネは息を引き取った。

四季折々の花が咲き乱れる庭から地下道をくぐると、太鼓橋の架かる池に出る。水面には睡蓮の花が……。ここで、あの『睡蓮』の連作が生まれたのだ。

睡蓮はフランス語で「ナンフェアNymphèa」。「水の精（ニンフ）」に由来するとも言われている。モネが生涯追い続けた「光と水」を、最後の家に運んできたのは、水の精だったのだろうか。

モネにとってはまさに、光によって変化する自然の美をわがものにした最高の場所であった。

モネの浮世絵コレクションも再現

モネの家と庭園
[住] 84, rue Claude Monet
[開] 4/1～11/1（'23）
9:30～18:00
（入場は17:30まで）
[休] 11月上旬～3月下旬
[料] €11
[URL] fondation-monet.com

モネのパレットのような庭園の花々

ジヴェルニー印象派美術館 ★★
Musée des impressionnismes Giverny

アメリカの美術収集家ダニエル・テラが開いたアメリカンアート美術館をリニューアルした、印象派をテーマにした美術館。「ジャポニスム／印象派」、「平松礼二 イン ジヴェルニー」といったユニークな企画展を開いている。

モネの作品を展示した部屋も

ジヴェルニー印象派美術館
[住] 99, rue Claude Monet
[開] 企画展開催時のみオープン
（詳細はウェブサイトで確認）
[料] 企画展によって異なる
[URL] www.mdig.fr

館内のレストラン「テラ・カフェ」

ジヴェルニーのおすすめホテル／レストラン
[H]ホテル [CH]シャンブル・ドット（民宿） [R]レストラン

モネの家近くのホテルほか、かわいらしい民宿が点在している。

[H][R] ル・ジャルダン・デ・プリューム
Le Jardin des Plumes

モネの家のほど近く。レストランはミシュラン1つ星を獲得している。要予約。
[住] 1, rue du Milieu
[TEL] 02.32.54.26.35
[料] ⓈⓌ€140～340 ☕込み [休] 7/25～8/8（'23）
[CC] [A][M][V] [室] 8室
🍴 ㊊㊋休み、平日昼ムニュ€85 [Wi-Fi]
[URL] jardindesplumes.fr

[CH] ル・クロ・フルリ
Le Clos Fleuri

ジヴェルニーに咲く花の名がついた客室と美しい庭が魅力。オーナー夫妻の気配りの行き届いた小宿。
[住] 5, rue de la Dîme [TEL] 02.32.21.36.51
[料] Ⓢ€120 Ⓦ€130 ☕込み [CC] 不可
[室] 3室 [Wi-Fi]
[URL] www.giverny-leclosfleuri.fr

[はみだし] パリからジヴェルニーへの乗り換えの町、ヴェルノンのセーヌ河畔には船を利用したホテル「ドルチェ・リーヴァ Dolce Riva」がある。豪華客船のような船内でゆったりと過ごせる。[URL] www.dolcerivaluxuryboat.com

Bretagne
ブルターニュ

フランスの最西端、北はイギリス海峡、南は大西洋に面し、ワニの頭部さながらに海に突き出しているのがブルターニュ地方だ。雨の多い海洋性気候、独特の歴史と文化が、この地方をフランスの中でも個性の強い地域としている。人々の生活は素朴だ。乱石積みや木骨組みに漆喰造りの積み木のように単純な家並みの続く町は、まるで16世紀にタイムスリップしたような印象を与える。ブルターニュはどこか神秘的だ。それは、世界中が新時代に向けて発展するなか、ケルトまで遡る長い歴史上で彼らが築き上げた文化を、今もかたくなに守り続けているように思えるからだ。そして、多くの神話が言い伝えられているのも、どこか謎めいている。

観光のヒント

[気候] メキシコ湾からの暖流のおかげで緯度のわりには温暖。フランスで最も雨が多い地方といわれるが、年間日照時間は平均的で雨降りしない。

[特色] 海岸は砂浜と断崖が交互に続き、外洋に面した所は波が荒い。潮位差の大きいことでも知られ、サン・マロにはこれを利用した世界でも珍しい潮力発電所がある。

[周遊のヒント] レンヌ、ヴァンヌ、カンペールなどにTGVで入り、これらの町を起点にバスや列車で移動するといい。城壁の町サン・マロからヴァンヌへ、そしてカルナックに巨石群を訪ねる、ケルト文化、先史時代へのロマンあふれるコースもおすすめ。

おもな祭りとイベント

[7月] パルドン祭 (ロクロナン／通常第2日曜)：日常の罪の許しを願う宗教祭。教会でのミサのあと、旗や聖像を掲げた人々がブルトン語の聖歌を歌いながら行進する

コルヌアイユ・フェスティバル (カンペール／19〜23日 '23)：ブルターニュの伝統音楽や踊りのフェスティバル

[8月] ケルト民族フェスティバル (ロリアン／4〜13日 '23)：ケルトの伝統音楽、踊りなどを中心とする国際的なフェスティバル

名産品と料理

カキをはじめ新鮮な魚介類を使った料理がおすすめ。今やフランス中で食べられるソバ粉のクレープはもともとこの地方の郷土料理。名産の有塩バターをたっぷり使ったお菓子もおいしい。

Ⓐ生ガキHuître：ローマ時代からカキの産地として知られるカンカルでは、1年中、水揚げされたばかりのカキを賞味できる　Ⓑ塩バターキャラメルCaramel au Beurre Salé：塩味の効いたバターを使った風味豊かなキャラメル　Ⓒガレット・ブルトンヌGalette Bretonne：さっくりとした食感とバターの風味が魅力の名菓　ⒹシードルCidre：リンゴから造った発泡酒。ガレットと一緒に　Ⓔカンペール焼Faïence de Quimper：ブルターニュの自然や人物をモチーフにした素朴な絵柄の陶器　ⒻサーモンのクレープGalette au Saumon：ソバ粉と有塩バターで作ったクレープは"ガレット"と呼ばれる

❶ブルターニュ地方の西端にあるラ岬の岩場からは、ダイナミックな自然の風景を満喫できる ❷ブルターニュ独特の文化が感じられる聖堂囲い地 ❸木骨組みの家並みが残るレンヌ旧市街のサンタンヌ広場

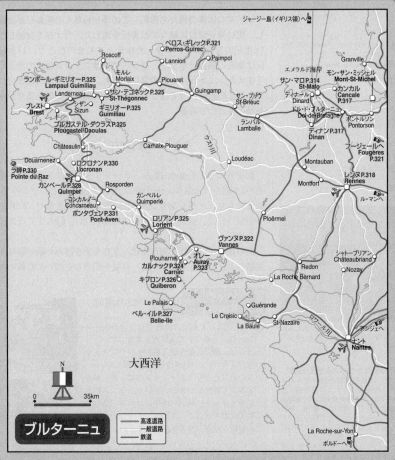

ジャージー島(イギリス領)へ

Roscoff

ペロス・ギレックP.321
Perros-Guirec

Lannion
Paimpol

モルレ
Morlaix

Granville

エメラルド海岸
サン・マロP.314
St-Malo

モン・サン・ミッシェル
Mont-St-Michel

ランポール・ギミリオーP.325
Lampaul Guimiliau

Plouaret

Landerneau

Guingamp

ディナール
Dinard

カンカル
Cancale
P.317

サン・テゴネックP.325
St-Thégonnec

シザン
Sizun

サン・ブリウ
St-Brieuc

ブレスト
Brest

ギミリオーP.325
Guimiliau

ドル・ド・ブルターニュ
Dol-de-Bretagne

ポントルソン
Pontorson

ブルガステル・ダウラスP.325
Plougastel-Daoulas

ランバル
Lamballe

ディナンP.317
Dinan

Châteaulin

Carhaix-Plouguer

フージェールへ
Fougères
P.321

Douarnenez

ラ岬P.330
Pointe du Raz

ロクロナンP.330
Locronan

Loudéac

Montauban

レンヌP.318
Rennes

カンペールP.328
Quimper

Rosporden

Montfort

ル・マンへ

コンカルノー
Concarneau

カンペルレ
Quimperlé

ポンタヴェンP.331
Pont-Aven

ロリアンP.325
Lorient

Ploêrmel

シャトーブリアン
Châteaubriand

Plouharnel

オレー
Auray
P.323

ヴァンヌP.322
Vannes

Nozay

カルナックP.324
Carnac

Redon

キブロンP.326
Quiberon

La Roche Bernard

アンジェへ

Le Palais

ベル・イルP.327
Belle-Ile

Guérande

Le Croisic

La Baule

St-Nazaire

ロワール川

ナント
Nantes

大西洋

N

0   35km

ブルターニュ

━━━ 高速道路
─── 一般道路
━━━ 鉄道

La Roche-sur-Yon

ボルドーへ

海賊の伝説が生きるエメラルド色の海

サン・マロ

かつて海賊たちが出航した港

郵便番号：35400　人口：約4万6000人

ACCESS

🚄パリ・モンパルナス駅からTGV
で2時間20分〜2時間50分。レン
ヌからTERで約1時間。

観光案内所

住 Esplanade St-Vincent
MAP P315
TEL 02.99.56.66.99
開 7・8月　　　9:30〜19:00
　 4〜6・9月　 9:30〜13:00
　　　　　　　14:00〜18:30
　　　　　　　(9月は〜18:00)
　 10〜3月　　9:30〜13:00
　　　　　　　14:00〜18:00
休 10〜3月の(日)(祝)(学校休暇期間
は営業)
URL www.saint-malo-
　　 tourisme.com

バス
料 1回券€1.35、
　 24時間券€3.90
URL www.reseau-mat.fr

城壁の上から、戦後復元されたもの
とは信じられない趣と活気のある町
並みを眺められる

瓦礫のなかからよみがえった町

17〜18世紀の歴史的町並みがそ
のまま残るサン・マロ旧市街。し
かし第2次世界大戦時に町の8割が
破壊されてしまった。戦後、崩れ
落ちた石を一つひとつ積み上げて
もとどおりに復元したのが今の町
なのだ。美しい町並みの陰には、
サン・マロの人々の並々ならぬ苦
労があったことを覚えておきたい。

城壁に囲まれた町とエメラルド海岸

サン・マロは海の男たちの町。この港から多くの船乗りが出航
し、広い海を舞台に数々の武勇伝を残した。カナダを発見した
16世紀の冒険家ジャック・カルティエもそのひとり。17世紀
には海賊の拠点ともなり、サン・マロはフランス最大の港とし
て栄えた。エメラルド色の海に囲まれ、明るく開放的な気分に
満ちたこの町は、今ではブルターニュで最も人気のあるリゾー
ト地のひとつである。

≫≫≫ 歩き方 ≫≫≫

　駅を背にして約300m進み、ロータリーを抜けると旧市街ま
での1本道Av. Louis Martinが続く。歩くと20分ほどかかるので、
駅前から**サン・ヴァンサン門**Porte St-Vincentまでバスに乗る
と楽だ（1、2、3番バスでIntra-Muros下車）。❶もすぐ正面に
あり便利。

　高い**城壁**に囲まれた旧市街は、玉石を敷き詰めた細い通りが
迷路のように入り組んでいる。海賊や船乗りを描いた看板やマ

Column History　サン・マロの海賊

　17世紀のイギリス海峡では「コルセール
Corsaire」と呼ばれる海賊が大暴れしていた。
彼らは、敵国の船を襲う権利をフランス王か
ら与えられた、いわば合法的な海賊。コルセー
ルの拠点港となったサン・マロは、彼らが外
国船から略奪した富のおかげでフランス最大
の港となった。城壁の内側には今も石造りの
豪華な家々が並び、港町サン・マロのかつて
の繁栄ぶりをしのばせてくれる。

旧市街のそこかしこに海賊を描いた看板がある

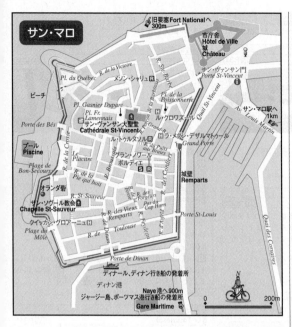

サン・マロ

マリンテイストあふれる小物を扱う店も多い

ルターニュ

サン・マロ

リングッズの店などを見ながら気ままに歩くのが楽しい。城壁の上も散策すれば、エメラルドの海を眺めながら旧市街の周りをぐるりと一周できる。ディナン港からは、ディナンやディナールなど近郊の町へ、Naye港のフェリーターミナルからはイギリス王室属領のジャージー島方面行きの船が頻繁に出ている。

)))おもな見どころ(((

城壁
MAP P.315　　　　　　　　　　　★★★
Remparts

　旧市街をぐるりと囲む城壁は、12世紀から建築が始まり、その後18世紀まで拡張を繰り返してきたもの。かつては町を外敵から守る役割を果たしてきた城壁も、今では美しい海岸線を見渡す絶好の散歩道だ。
　ブルターニュ公ジャン5世により1424年に建造された城の塔には歴史博物館があったが、2019年に閉館。2025年に海洋博物館がオープンする予定。

旧要塞
MAP P.315　　　　　　　　　　　★
Fort National

　城壁の北端から300mほどの海上に見えるのがグラン・ベ島Grand Bé。サン・マロの守りをより強固なものにするため、1689年、ルイ14世お抱えの軍事建築家ヴォーバンにより築かれた要塞の島だ。干潮時には歩いて渡ることができ、サン・マロと周りに広がる海岸線のすばらしい眺めが楽しめる。作家シャトーブリアンの墓があることでも知られる。

歴史博物館のある城の塔に上ると、町並みや海が一望できる

旧要塞
住 60, Chaussée du Sillon
開 6～9月の干潮時
休 10～5月
料 €5
URL www.fortnational.com

干潮時には砂浜から歩いて渡れる

駅前にもホテルがあるが、城壁内やビーチに面したホテルのほうが観光に便利。

H ラ・メゾン・デザルマトゥール
La Maison des Armateurs 4★　　MAP P.315

城壁の入口から徒歩約5分。城壁内の情緒を生かしながら、館内はモダンで快適な設備が整っている。客室には電気ポットあり。

住 6, Grand Rue
TEL 02.99.40.87.70
料 S W €144～289　○€16　CC A M V
室 45室　🍴　Wi-Fi
URL www.maisondesarmateurs.com

H ラ・ヴィルフロモワ
La Villefromoy 4★　　MAP 地図外

城壁から約3km。海辺のお屋敷街に建つプチホテル。個人の邸宅のようなあたたかみのあるインテリアと家庭的なもてなしに、心からくつろぐことができるはず。

住 7, bd. Hébert　TEL 02.99.40.92.20
料 S W €102～　○€17.50
休 11月上旬～2月上旬
CC A M V　室 26室　P €15　Wi-Fi
URL villefromoy.com

H クイッカン・グロアーニュ
Quic en Groigne 3★　　MAP P.315

城壁内にあり、海岸へ徒歩約3分、ディナン行きの船の発着所へも歩いてすぐのホテル。静かな通りにあり、18世紀の建物を利用している。アットホームな雰囲気で、家族向けの部屋もある。

住 8, rue d'Estrées
TEL 02.99.20.22.20
料 S W €82～155　○€12
休 クリスマス、1月　CC M V　室 15室　P €20
Wi-Fi
URL www.quic-en-groigne.com

H ル・クロワズール
Le Croiseur 2★　　MAP P.315

城壁内のレストランやショップが集まるにぎやかな広場に面している。大半の部屋はシャワーのみだが、モダンで清潔感にあふれている。

住 2, pl. de la Poissonnerie
TEL 02.99.40.80.40　FAX 02.99.56.83.76
料 S €59～99 W €69～159　○€12
休 1・12月　CC A M V　室 14室　P €20　Wi-Fi
URL hotel-le-croiseur-saint-malo.com

R メゾン・シャリュ
Méson Chalut　　MAP P.315

数々のグルメ誌で高い評価を受けている店。オマールなどブルターニュ産の新鮮な魚介類を使った料理がおいしい。予約が望ましい。

住 8, rue de la Corne de Cerf
TEL 02.99.56.71.58　営 12:00～13:15(L.O.)、19:00～20:30 (L.O.)　休 月 火　料 昼ムニュ €36、夜ムニュ €79、€99　CC A M V
URL www.meson-chalut.bzh

R ル・トゥルヌソル
Le Tournesol　　MAP P.315

城壁内にあるクレープリー。ボルディエ（下記）のバターを使ったガレットが人気。予約が望ましい。

住 4, rue des Marins
TEL 02.99.40.36.23
営 11:30～14:00
休 1月　料 昼ムニュ €20
CC M V　URL www.creperie-saint-malo.com

海鮮料理のレストランや気軽なビストロは、市庁舎とサン・ヴァンサン大聖堂に挟まれた一帯に数多くある。

Y エシック・エタップ・オーベルジュ・ド・ジュネス
Ethic étapes Auberge de jeunesse　　MAP 地図外

城壁から約3km。ビーチに近い環境抜群のユース。国際ユースホステルの会員証が必要(当日入会可能)。

住 37, av. du Révérend Père Umbricht
TEL 02.99.40.29.80　FAX 02.99.40.29.02
料 S €54 W €68　○込み
URL tourisme.ty-al-levenez.fr

R グラン・ノワール
Grain noir　　MAP P.315

ビオにこだわったシックなクレープリー。

住 16, rue de La Herse　TEL 02.23.17.56.79
営 12:00～15:00(金 土は12:00～14:00、19:00～21:30)
休 日　料 クレープ €10～15

Column Specialty

🍷 Column / Specialty　さわやかなリンゴのお酒

黄金色に輝くリンゴ酒

リンゴから造られるシードルCidreは、リンゴの酸味がさわやかな飲みやすい発泡酒。ブドウが栽培されないこの地方の名産品のひとつだ。

シードルはボルbolというカップで飲むのが一般的で、レストランのテーブルにセッティングされているのも、ワイングラスではなくボルであることが多い。メニューに「Cidre bolée」とあれば、カップに入ったシードル1杯分の料金だ。もちろん、ボトルで頼むこともできる。かわいらしいボルはおみやげにもぴったり！

城壁内のお店で売られている

日本でも人気上昇中のバターメーカー「ボルディエBordier」はサン・マロに本店がある。手練りで作られるリッチな味わいは朝食の主役級。MAP P.315　住 9, rue de l'Orme　URL www.lebeurrebordier.com

サン・マロ近郊の町

ディナン
Dinan

中世の雰囲気を残した風情ある港町

木骨組みの家が並ぶ通り

サン・マロの南34km、ランス川La Rance河口の奥まった所にある港町ディナンは、ブルターニュでも最もよく中世の面影を残している町だ。かつて町を取り囲んでいた城壁の一部が残り、15～16世紀に建てられた木骨組みの家がそこかしこに見られる。

おすすめの散歩道は、木造の美しい建物が残る石畳のジェルズアル通りRue du Jerzual。中世の時代から手工業を営む店でにぎわった、かつての町のメインストリートで、のぞいてみたくなるような工芸品のアトリエが並んでいる。古い家が並ぶ石畳の坂道をさらに下りていくと、ディナン港Port de Dinanに出る。サン・マロからの遊覧船はこの港に着く。昔はサン・マロとの貿易船が行き交ったという港も、今は船遊びを楽しむ人々が集うのどかな場所。河岸に沿って小さなカフェやレストランが並び、ひと休みするのにいい。

ディナンの町並みを高い所から眺めたければ、町の中心にある15世紀に建設された時計台Tour de l'Horlogeへ。急な木製階段を上って頂上に出ると、グレーの屋根が寄り添う旧市街と、その周りに広がる緑豊かなランス渓谷のすばらしい眺めが広がる。

時計台からディナンの町並みを眺める

カンカル
Cancale

言わずと知れたカキの名産地

小さな港町だが、その昔ナポレオンが取り寄せたという逸話もある、ブルターニュ随一のカキの名産地。ウール港Port de la Houle沿いの道を歩くと、ずらっとカキの直販店や、海の幸が自慢のレストランが並んでいる。種類ごとに籠に積まれたカキは、その場で剥いてもらって食べることができる。特産は、冬限定のピエ・ド・シュヴァル（馬の足）Pied-de-Chevalという円く平たい形の種類。日本のものより味がまろやかで、生食に向いている。

海沿いに続く散歩道や岬の上からは、海に浮かぶたくさんのカキの養殖場が、さらに向こう側にはモン・サン・ミッシェルの姿も見える。

カキの屋台が並ぶ

ACCESS
🚃 サン・マロ、レンヌからTERでドル・ド・ブルターニュ Dol-de-Bretagneで乗り換え、50分～1時間20分。
🚌 サン・マロ駅前からBerizhGo社の10番のバスで約50分 URL www.breizhgo.bzh)。Pl. Duclos下車。

観光案内所
🏠 9, rue du Château 22100
☎ 08.25.95.01.22
🕐 7・8月
　(月)～(土)　9:30～19:00
　(日)(祝)　10:00～12:30
　　　　　14:30～18:00
　9～6月
　(月)～(土)　9:30～12:30
　　　　　14:00～18:00
　(日)(祝)　10:00～12:30
　　　　　14:30～18:00
🚫 10～3月の(日)
URL www.dinan-capfrehel.com

サン・マロからのクルーズ
ディナンへのアクセスは、4～9月はサン・マロからディナールDinard経由でランス川を上るクルーズもある。所要約2時間45分。詳細はウェブサイトで確認を。
URL compagniecorsaire.com

時計台
🏠 Rue de l'Horloge - Passage de la Tour
🕐 2月～4月上旬　13:30～18:30
　4月上旬～9月　10:30～18:30
　　　　　(月)(火)は昼休あり)
🚫 10～1月
💰 €4

ACCESS
🚌 サン・マロ駅前からMAT社の5番のバスで約30分。
URL www.mobibreizh.bzh

観光案内所
🏠 44, rue du Port 35260
☎ 02.99.56.66.99
🕐 7・8月
　　　9:30～13:00
　　　14:00～18:30
　(9～6月は短縮)
🚫 10～6月の(日)、一部(祝)
URL www.saint-malo-tourisme.com

3つ星シェフのスパイス専門店
カンカルのレストランを3つ星に輝かせ、2008年に引退した名シェフ、オリヴィエ・ロランジェさんの店。
🏠 エピス・ロランジェ
　Epices Roellinger
🏠 1, rue Duguesclin
URL www.epices-roellinger.com

グレープリーが並ぶ旧市街

活気あふれるブルターニュの中心都市
レンヌ

郵便番号：35000　人口：約21万3000人

ACCESS

🚄 パリ・モンパルナス駅からTGV
で約1時間30分～2時間。サン・
マロからTERで約1時間。

🏠 観光案内所

🏠 1, rue St-Malo	MAP P.319-1
📞 08.91.67.35.35	

開 7・8月

(月)～(土)	9:00～19:00
(日) (祝)	10:00～13:00
	14:00～17:00

9～6月

(月)	14:00～18:00
(火)～(土)	10:00～18:00
(日) (祝)	10:00～13:00
	14:00～17:00

休 1/1、5/1、12/25
URL www.tourisme-rennes.com

メトロ、バス

料 1回券€1.50、1日券€4.20
URL www.star.fr

モルタルの上塗りを施された木骨組みの家。火災予防の意味もあった

木骨組みの家が並ぶシャピトル通り

ブルターニュ地方の玄関口であり、サン・マロを中心とする北部、ヴァンヌからカンペールにいたる南部のいずれを回る場合も起点となる町レンヌ。人口の4分の1が学生という大学都市で、若々しい活気にあふれている。1720年の大火や第2次世界大戦で歴史的建造物の多くが焼失したが、旧市街には、被害を免れた15～16世紀の木骨組みの家並みが今も残る。

≫≫ 歩き方 ≫≫

　駅を出て、Av. J. Janvierを真っすぐ5分ほど歩くとヴィレーヌ川に出る。ここを左に曲がればレンヌ美術館。さらに進むと町の中心、レピュブリック広場Pl. de la Républiqueに出る。駅からメトロでも行ける。レピュブリック広場の北側一帯はレンヌの旧市街。旧市街の北には、17世紀に建てられたブルターニュ高等法院Parlement de Bretagneがあり、さらに北に進むとサンタンヌ広場の一画に建つジャコバン修道院内に🛈がある。

　また町の東には、10ha以上もの面積をもつタボール庭園がある。レンヌは大きな町だが、見どころは中心地に集中しているため、徒歩で十分回ることができる。

))) おもな見どころ (((

旧市街　　　　　　　　　　　　★★★
MAP P.319-1　　　　　　　　　　Vieille Ville

　レンヌは15～16世紀の木骨組みの家がブルターニュで最も多く残る町として知られ、旧市街には趣ある家並みの通りがいくつもある。とりわけ**シャピトル通り**Rue du Chapitreや**サン・ジョルジュ通り**Rue St-Georges、**サンタンヌ広場**Pl. St-Anne

はみだし ブルターニュ高等法院が、🛈のガイド付きツアー (仏語) で見学できる。かつてのブルターニュ議事堂だっただけに内装は豪華で見応えがある。所要約1時間30分。🛈のウェブサイト(上記)で要予約。MAP P.319-1 料€9

レストランが並ぶサンタンヌ広場

では、大火や戦災を免れた美しい家並みが見ることができる。通り沿いには、古い造りを生かしたクレープリーやレストラン、ショップが並び、散策するのが楽しい。

イオニア式の円柱とアーチ状の天井をもち、荘厳な雰囲気のサン・ピエール大聖堂

ブルターニュ

レンヌ

サン・ピエール大聖堂 ★★
MAP P.319-1　　　Cathédrale St-Pierre

ネオクラシック様式の大聖堂。1844年に現在の姿となるまでに、フランス革命での中断もあり、57年を要した。内部はギリシアの神殿のような円柱が祭壇部を取り囲む重厚な造り。

レ・シャン・リーブル ★
MAP P.319-2　　　Les Champs Libres

建築家クリスチャン・ド・ポルザンパルクの設計による、複合文化施設。6階層からなる図書館、プラネタリウムを備えた科学館、さらにブルターニュ博物館Musée de Bretagneが入っている。約1900m²のスペースを使い、フィルム映像などさまざまな演出を加えながら、ブルターニュの歴史や風俗を展示している。

サン・ピエール大聖堂
住 Rue de la Monnaie
開 9:30〜18:00
（日は14:00〜）
料 無料

ブルターニュ博物館
住 10, cours des Alliés
開 火〜金 12:00〜19:00
（夏は13:00〜）
土日 14:00〜19:00
休 月 祝、1月に数日
料 無料
URL www.musee-bretagne.fr

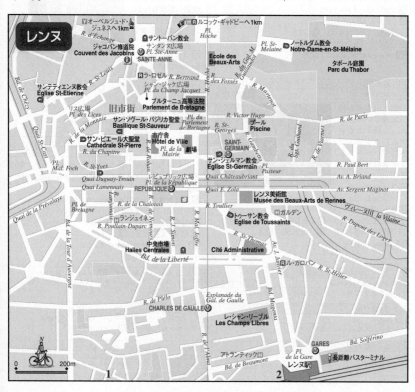

レンヌ美術館 ★

[MAP] P.319-2　Musée des Beaux-Arts de Rennes

　14～20世紀の絵画作品を所蔵し、ポンタヴェン派、印象派など近代の作品が豊富。特に見逃せないのは、17世紀フランスの画家ジョルジュ・ド・ラ・トゥールの『**新生児Le Nouveau-né**』で、この作品を目当てにレンヌを訪れる人も多い。

川沿いにある美術館でゆったりと美術鑑賞

レンヌ美術館
[住] 20, quai Emile Zola
[開] 10:00～18:00
[休] [月][祝]
[料] 無料（企画展は€4）
[URL] mba.rennes.fr

タボール庭園 ★

[MAP] P.319-2　Parc du Thabor

　もとは修道院の果樹園があった場所で、19世紀に庭園設計家ドニ・ビュレールによって整備された。バラ園、植物園、英国式庭園、フランス式庭園などがあり、市民の憩いの場となっている。

タボール庭園
[開] 7:30～18:30（夏は延長）
[休] 無休
[料] 無料

10ha以上の広さをもつタボール庭園

レンヌのおすすめホテル／レストラン

[H]ホテル　[Y]ユースアコモ　[R]レストラン

ブルターニュの交通の中心だけに、駅前から旧市街にかけてホテルの数は多い。

[H][R] ルコック・ギャドビー
Lecoq Gadby 4★　[MAP] P.319-1

　1902年の創業以来、政界の重鎮たちを迎えてきたホテルで、町の歴史遺産に登録されている。住宅街にあり、静かに過ごしたい人におすすめ。
[住] 156, rue d'Antrain
[TEL] 02.99.38.05.55
[料] ⓈⓌ€134～430　☕€18
[CC] [A][M][V]　[室] 26室　[P]　[Wi-Fi]
[URL] www.lecoq-gadby.com

[H] ガルデン
Garden 3★　[MAP] P.319-2

　駅と旧市街を結ぶ大通りから少し入った所にあるホテル。キッチン付きのアパルトマンタイプの部屋もある。
[住] 3, rue Jean-Marie Duhamel
[TEL] 02.99.65.45.06
[料] ⓈⓌ€85～213　☕€9.90
[CC] [A][M][V]　[室] 34室　[P] €12.50　[Wi-Fi]
[URL] www.hotel-garden.fr

[H] アトランティック
Atlantic 2★　[MAP] P.319-2

　駅前にある小さなホテル。シンプルだが、明るくて快適。朝食は5:30から提供しており、朝早い出発でも安心だ。
[住] 31, bd. de Beaumont
[TEL] 02.99.30.36.19
[料] Ⓢ€55～ Ⓦ€60～　☕€10
[CC] [A][M][V]
[室] 24室　[P] €10　[Wi-Fi]
[URL] www.atlantic-hotelrennes.fr

[H] ランジュイネ
Lanjuinais 2★　[MAP] P.319-1

　町の中心にあり、静かな通りに面している。駅から徒歩約10分。メトロRépubliqueからは徒歩3分、観光に便利な立地。
[住] 11, rue Comté de Lanjuinais
[TEL] 02.99.79.02.03
[料] ⓈⓌ€63～100　☕€10
[CC] [M][V]　[室] 38室　[Wi-Fi]
[URL] www.hotel-lanjuinais.com

[Y] オーベルジュ・ド・ジュネス
Auberge de Jeunesse　[MAP] P.319-1

中心街からは12番のバスでAuberge de Jeunesse下車。
[住] 10-12, Canal St-Martin　[URL] www.hifrance.org
[TEL] 02.99.33.22.33　[料] ドミトリー1人€28.30～　☕込み、シーツ代込み　[休] 12月下旬～1月上旬

[R] ラ・ロゼル
La Rozell　[MAP] P.319-1

サンタンヌ広場近くにあるクレープリー。
[住] 14, rue de Penhoët　[TEL] 02.99.78.20.01
[営] 12:00～22:00（[金][土][日]は～23:00）　[休] 無休
[料] ガレット€7.50～　[URL] www.larozell.fr

[R] ル・ガロパン
Le Galopin　[MAP] P.319-2

オマールや生ガキなど海の幸がおいしいブラッスリー。ボリュームたっぷりのビストロ料理も味わえる。
[住] 21, av. Jean Janvier　[TEL] 02.99.31.55.96　[営] 12:00～14:00、19:00～23:00　[休] [土][日]、8/1～8/22
[料] 昼ムニュ€29.50、夜ア・ラ・カルト予算€35～
[CC] [A][M][V]　[URL] www.legalopin.fr

)))レンヌ近郊の町(((

フージェール
Fougères

厚い城壁に囲まれた城塞都市

　レンヌから北東へ約50km。フージェールは、かつて独立国だったブルターニュ公国の国境近くに位置する町。11世紀、敵の侵入を防ぐ要塞として建設が始まった**フージェール城** Château de Fougèresは、16世紀にブルターニュがフランスに併合されるまで国境を守り続けた。数々の戦争で内部はほとんど破壊されてしまったが、厚さ3.5mの堅固な壁と13の塔は、今でも圧倒的な威容に満ちている。

　城の全景を眺めるには、高台にある**サン・レオナール教会** Eglise St-Léonardの横のテラスが最適。夕闇が迫る頃、ライトアップされて浮かび上がる姿は、おとぎ話のお城のように神秘的で、今も中世の騎士が住んでいるかのよう。夏には鐘楼に上がって、町を一望することもできる。

壁の堅牢さは西ヨーロッパ随一

ACCESS

🚌レンヌ駅前のバスターミナル（Gare Routière）から9a番のバスで約1時間10分。
🔗 www.breizhgo.bzh

🛈 観光案内所

🏠 2, rue Nationale 35300
☎ 02.99.94.12.20
🕐 7・8月
(月)～(土)	9:30～13:00
	14:00～18:30
(日)(祝)	10:00～12:00
	14:00～18:00

復活祭～6月、9・10月
(月)～(土)	9:30～12:30
	14:00～18:00
(日)(祝)	14:00～18:00

11月～復活祭
(月)	14:00～18:00
(火)～(土)	10:00～12:30
	14:00～18:00

🚫 11月～復活祭の(日)(祝)
🔗 www.destination-fougeres.bzh

フージェール城

🏠 Pl. Pierre Symon 35300
🕐 5～9月　10:00～19:00
　10～4月　10:00～12:30
　　　　　14:00～17:30
🚫 10～5月の(月)、1月、12/25
💰 €9、学生€5
🔗 chateau-fougeres.com

サン・レオナール教会の鐘楼

🏠 Pl. de l'Hôtel de ville 35300
🕐 詳細は🛈で確認のこと

☕ Column Pause café　バラ色の巨石海岸ペロス・ギレック

　「エメラルド海岸」、「バラ色の花崗岩海岸」、そして「伝説の海岸」……。ブルターニュ地方北部の海側には、詩的な名称をもった海岸線が続く。サン・マロ周辺を除いて、日本人にはあまりなじみのない地域だが、美しい海と野性味のある自然が残る場所として、ヨーロッパの人々には人気の避暑地だ。なかでも、**ペロス・ギレック**Perros-Guirecは、巨大な花崗岩が波打ち際に転がる特異な風景で、訪れる人を魅了している。

巨石の合間をぬって散歩道が設けられている

　ペロス・ギレックの町から西に5kmほど行った所にある**プルマナック**Ploumanac'hでは、約9kmにわたって続く花崗岩の海岸を見ることができる。まるで動物をかたどったかのようなユニークな形の岩に、自然の造形の不思議さを感じることだろう。夕暮れ時の美しさもまた絶品。体力に余裕があれば、海岸沿いのハイキングコース（GR34）がおすすめ。

　自然保護区に指定されている、沖合いの7つの島を遊覧船で巡ってみるのもおもしろい。春先なら、ブルターニュ地方で愛されている野鳥パフィン（マカルー・モワンヌMacareux Moines）に出合えるかもしれない。

アクセス

🚄パリ・モンパルナス駅からTGVでサン・ブリューSaint-Brieucまで約2時間20分、TERに乗り換えて約50分のラニオンLannion下車。駅前からTilt社の6系統のバスでペロス・ギレックまで30～40分、プルマナックまで40分～1時間。(月)～(金)（(月)(金)は午前のみ、夏は毎日）には、ペロス・ギレックとプルマナックを結ぶシャトルバス（Navette「Le Macareux」）が運行。
🔗 www.perros-guirec.com

静かに時が流れるブルターニュの古都

ヴァンヌ

『ヴァンヌとその妻』

郵便番号：56000 人口：約5万3000人

ACCESS
パリ・モンパルナス駅からTGV
で約2時間30分。レンヌからTER
で約1時間15分。

❶ 観光案内所
🏠 Quai Tabarly　　　　**MAP** P.322
📞 02.97.47.24.34
🕐 7・8月
　(月)〜(土)　　　9:30〜19:00
　　(日)　　　　10:00〜18:00
　9〜6月
　(月)〜(土)　　　9:30〜12:30
　　　　　　　13:30〜18:00
　(6月中旬〜下旬、9月上旬〜下旬
　はノンストップ)
🚫 9〜6月の(日)、1/1、12/25
URL www.golfedumorbihan.bzh

歴史・考古学博物館
🏠 2, rue Noé
※2023年5月現在工事のため休館
中。

19世紀の屋根付き洗濯場が残る町並み

ブルターニュ行きの列車では、グレーの屋根に木骨組みや石造りの素朴な古い民家が目に飛び込んでくる。ヴァンヌは、そんな民家と大聖堂が城壁の向こうに寄り添う静かな町。夏はモルビアン湾のクルーズや旧市街巡りの観光客でにぎわう。歴史をひもとけば、古代にはガリアの中心都市として、9世紀にはアルモリカ（ブルターニュの旧名）の首都として栄えた町でもある。カルナックなどに残る先史時代の巨石群を訪ねる起点でもあり、秘境ブルターニュを知るうえで通り過ごせない町だ。

≫≫ 歩き方 ≫≫

駅から町までは徒歩で約10分。見どころは**サン・ピエール大聖堂**Cathédrale St-Pierre周辺の旧市街に集まっている。花崗岩でできたこの大聖堂は一見ゴシック風だが、内陸部のものとはちょっぴり違った雰囲気だ。形の違うふたつの塔があるが、正面から見て左のものは、創建当時の13世紀から残っているもの。

旧市街の周りには城壁が残っており、外堀沿いは整然と手入れされた庭園になっている。花の季節には、城壁につながる跳ね橋の上から、美しい花々が見られる。

15世紀の**ガイヤール城**Château Gaillardの中にある**歴史・考古学博物館**Musée d'Histoire et d'Archéologieも訪れてみよう。近郊のカルナックをはじめとする巨石群を訪ねる前の予習に最適だ。

ガイヤール城の向かいにある建物「ヴァン

ヌの家」の隅にはユニークな男女の胸像がくっついているが、これは『ヴァンヌとその妻Vannes et sa Femme』と名づけられ、ヴァンヌ市民に愛されている。ほかに、町を流れるマルル川沿いには、19世紀の屋根付き洗濯場が今も残っている。

木骨組みの家とサン・ピエール大聖堂

モルビアン湾のクルーズ

旧市街から2km離れた港、Parc du Golfeのフェリーターミナル（Gare Maritime）からモルビアン湾のクルーズ船が出ている。
URL www.navix.fr
フェリーターミナルへは駅前または、❶の近くのバス停（Le Port）から、Kicéo社の7番バスでParc du Golfe下車。URL www.kiceo.fr

---

ヴァンヌのおすすめホテル／レストラン　Hホテル Rレストラン

ホテルは駅から町へ向かう通りと旧市街、港周辺に点在する。

H ヴィラ・ケラジー
Villa Kerasy 4★　　　　　　　　　MAP P.322

ヴァンヌ駅前の大通りに面したプチホテル。「東インド会社」をテーマに、オリエンタルなムードで装飾されている。インド式マッサージやフェイシャルケアなどのプライベートスパも体験してみたい。

住 20, av. Favrel et Lincy
TEL 02.97.68.36.83
料 SW€125〜239　●€17
CC AMV　14室　P無料　※　Wi-Fi
URL www.villakerasy.com

R ブラッスリー・デ・アール
Brasserie des Halles　　　　　　　MAP P.322

歴史・考古学博物館のすぐ近くにある、年中無休のブラッスリー。魚介類の盛り合わせがおいしい。予約がおすすめ。

住 9, rue des Halles
TEL 02.97.54.08.34
営 12:00〜14:30 (L.O.)、19:00〜22:00 (L.O.)
休 無休
料 ア・ラ・カルト予算€28　CC AMV　英
URL www.brasseriedeshallesvannes.com

R バラッド・アン・クレパニー
Balade en Crêpanie　　　　　　　MAP P.322

フランス西北端のフィニステール地方出身の姉妹が営むクレープリー。サラダも好評。

住 21, rue de la Fontaine　TEL 02.97.54.19.64
営 12:00〜13:45、19:00〜21:30　休 ⑰ ②
料 昼ムニュ€10.50、€12、夜ムニュ€17.50
URL www.baladeencrepanie.com

)))ヴァンヌ近郊の町(((

オレー　　　　　　　　　　　　　Auray

モルビアン湾の小さな港町

ヴァンヌはモルビアン県の県庁所在地だが、モルビアンとはブルトン語で「小さな海」という意味。ふたつの半島に囲まれたモルビアン湾は、約40もの小島が浮かぶ静かな内海だ。古くからブルターニュ公国の中心として栄えた地域で、今でも昔ながらの風景が残る美しい町が多い。

モルビアン湾の西側の奥まった所にあるオレーは、ロック川 Le Loc'hに面した小さな町だ。川を挟んで中心街とは対岸にあるサン・グスタン地区St-Goustanに小さな港があり、その背後をブルターニュらしい美しい古い家が取り囲んでいる。高台になった中心街のそばから見下ろしたサン・グスタン地区は、実に絵になる美しさ。ヴァンヌやカルナックへ行く途中に時間があれば、ぜひ立ち寄ってみてほしい。

対岸の高台から見下ろした
サン・グスタン地区

ACCESS

鉄 パリ・モンパルナス駅からTGVで約2時間50分。ヴァンヌからはTERで約10分。

観光案内所

情報はキブロン（→P.326）の観光案内所のウェブサイトで得られる。
URL www.baiedequiberon.bzh/auray

はみだし モルビアン湾に浮かぶガヴリニ島Ile de Gavrinisには巨石文化の遺跡が残っている。ヴァンヌ駅前から23番バスで約30分のLarmor-Badenの港からガイド付きツアーで見学。詳しくはヴァンヌの❶へ。

❶ 観光案内所

Plageの❶
住 74, av. des Druides MAP 地図外
TEL 02.97.52.13.52
FAX 02.97.52.86.10
開 4～6・9月
　（月）～（土）　　9:30～12:30
　　　　　　　　　14:00～18:00
　7・8月 （月）～（土） 9:30～19:00
　　　　　（日）　15:00～19:00
　10～3月
　　　　　　　　　14:00～17:00
休 9～6月の（日）㊗
URL www.ot-carnac.fr

Bourgの❶
住 14, pl. de la Chapelle
MAP P.324

巨石センター
MAP P.324
住 Rue du Ménec
開 4～9月　　　9:30～18:00
　　（7・8月は～19:00）
　10～3月　　10:00～13:00
　　　　　　　14:00～17:00
休 1/1、5/1、12/25
料 巨石群のガイド付き見学€11
URL www.menhirs-carnac.fr

Carnac 　　　　　　郵便番号：56340　人口：約4200人
無数に並んだ巨石群の神秘に迫る

カルナック

紀元前4600年から2000年にかけて並べられたと推定される巨石群

　先史時代の巨石文化の遺構が残るカルナック。数kmにわたって無数に並ぶ巨石の列の謎はいまだ解けていない。夏至の日に、日の出の光がちょうど石に当たるよう、半円形に並べられたものもあることから、太陽信仰の宗教儀式のためという説や、宇宙人によるものという説もある。先史時代から沈黙したまま立ち続けている石は、何も語ってはくれない。

≫≫≫ 歩き方 ≫≫≫

　カルナックは海岸に面した小さな町で、夏には海水浴やマリンスポーツを楽しみに来るリゾート客も多い。

　巨石群は海とは反対側の、町の北側の草原地帯に、広範囲にわたって点在している。レンタカーやタクシーをチャーターするなどして、車で回るのが理想的だ。体力に自信があるならば、レンタサイクル店も数軒あるので自転車で回るのもいい。ガイド付きの見学も可能。申し込みはメネック巨石群Alignements du Ménecの近くの巨石センターMaison des Mégalithesで。

カルナック

1km

ドルメン・ロッシュ・フーテ
Dolmen er-Roc'h-Feutet
古墳

ケルレスカン巨石群
Alignements de Kerlescan

マニオの巨石
Le Géant du Manio

メネック巨石群
Alignements du Ménec

ケルマリオ巨石群
Alignements de Kermario

巨石センター
Maison des Mégalithes

サン・ミッシェル礼拝堂・古墳
Chapelle / Tumulus St-Michel

考古学博物館
Musée de Préhistoire

巨石群
メンヒル
ドルメン

🏛 **Column / History** さまざまな巨石

　カルナック周辺には、約3000もの巨石がある。巨石にはさまざまな形態のものがあり、よく見られるのは、**メンヒルMenhir**という直立した巨石。一列に並んでいることが多い。カルナックの東13kmにある**ロック・マリアケールLoc Mariaquer**には、倒れて割れているが、高さ約20mのブルターニュ最大の巨石が残っている。

ドルメンDolmenとはテーブル状に組まれた石のこと。ドルメンは埋葬用ともいわれ、ドルメンごと土で覆った**古墳Tumulus**もある。

ドルメン

はみだし カルナックでは夏は毎日シャトルバス「カルナヴェットCARNAVETTE」が走っていて便利。❶の近くや海岸沿い、メネック巨石群、ケルマリオ巨石群などを巡回している。詳細は❶まで。料 無料

もっと知りたい！ ブルターニュの魅力
ケルト文化とカトリックの伝統

ロリアンの「ケルト民族フェスティバル」のパレード

ブルターニュの人々は、自己紹介をするとき、「自分はブルトン（ブルターニュ人）です」と言い添えることを忘れない。イギリスから渡ってきたケルト人を祖先にもち、9世紀から16世紀まで公国として独立を保ってきたという歴史背景もあるからだろう。伝統的な言語である「ブルトン語」を教える学校も多い。

独自の文化と自然に育まれた地

半島状になったブルターニュ地方の海岸側は「アルモール（海の国）」と呼ばれる。大西洋やイギリス海峡の波に洗われる一帯は、夏ともなるとリゾート客でにぎわう。海藻の成分を利用した「タラソテラピー」もブルターニュ生まれだ。キブロンやサン・マロには本格的な施設を備えたホテルがある。一方、内陸部は「アルゴート（森の国）」と称される。いまだ解明されていない先史時代の巨石群や、「アーサー王伝説」の舞台ともなった森や湖は、訪れる人を幻想の世界へと誘う。

ブルターニュのシンボル

ブルターニュ地方の旗

ブルターニュ地方には、1923年に作られた独自の旗がある。黒い縞と白い縞は、東部の5つの司教区（黒い縞）と西部の4つの司教区（白い縞）を示している。旗の左上にある模様は「オコジョ（イタチに似た動物）」の象徴。「汚されるよりは死を」というブルターニュ人の精神を表すものとして、公国の紋章となった。

もうひとつのシンボルは「トリスケル」。大地、火、水を表す三つ巴の紋章で、ケルトのシンボルでもある。

トリスケル

地方色豊かな祭り

ブルターニュの民族文化を間近に見ることができるのが、各地で行われる祭りだ。なかでも8月にロリアンLorientで開催される「ケルト民族フェスティバルFestival Interceltique」は、国内外から多数のアーティストが集まり、ケルト音楽のコンサートやダンス公演を行う盛大なイベントだ。

また、日常的な罪の許しを乞う「パルドン祭Les Pardons」（→P.312）など、フランスのほかの地方では廃れた宗教的な祭事も残っている。

ロリアンへのアクセス
🚃レンヌからTGVで約1時間30分。

信仰のあつさを物語る「聖堂囲い地」

プルガステル・ダウラスにあるキリストの磔像「カルヴェール」

敬虔なカトリック教徒が多いこの地方で、その強い信仰心を感じさせるのが「聖堂囲い地Enclos Proissiaux」と呼ばれる教会区。16世紀から18世紀にかけて建造されたもので、壁で囲われた構内に教会と納骨堂、そしてキリストの磔像（カルヴェールCalvaire）が立っている。聖書の物語を彫刻で表現したカルヴェールは、この地方独特のもの。なかでもギミリオーGuimiliau、ランポール・ギミリオーLampaul Guimiliau、サン・テゴネックSt-Thégonnecの囲い地は特に有名だ。

聖堂囲い地へのアクセス
🚃ブレストBrest（レンヌからTGVで約2時間10分）からモルレMorlaix方面に向かうN12沿いに点在しており、レンタカーなら半日で回れる。
🚌プルガステル・ダウラスPlougastel-Daoulasの囲い地へはブレストのバス停Liberté BrandaからBibus社の19番のバスで約40分のChamp de Foire下車。
URL www.bibus.fr

ギミリオーの聖堂囲い地

ACCESS

🚌オレー駅前からキブロン行きのBreizhGo社の1番のバスで約1時間10分（7・8月はキブロンまで行かない）。
[URL] www.breizhgo.bzh
🚃6月上旬と9月上旬の週末、7・8月の毎日はオレーからキブロンまで列車Tire-Bouchonが運行。約45分。

ℹ 観光案内所

[住] 14, rue de Verdun
[TEL] 02.44.84.56.56
[開] 7・8月
㊊〜㊏ 9:30〜13:30
14:00〜19:00
㊐ 10:00〜13:00
4〜6・9・10月
㊊〜㊏ 9:00〜12:30
14:00〜18:00
11〜3月
㊊〜㊏ 10:00〜12:30
14:00〜17:30
[休] 10〜12月の㊍、9〜6月の㊐、1/1、11/1、11/11、12/24、12/25
[URL] www.baiedequiberon.bzh/quiberon

塩バターキャラメルの名店
[S] メゾン・ルルー **Maison Le Roux**
[住] 18, rue de Port Maria
[営] 10:00〜12:15
14:00〜19:00
（㊐は〜18:00）
[休] ㊊
[URL] www.chocolatleroux.com

ラ・ベル・イロワーズの工場見学
[住] Zone d'Activités Plein Ouest
[TEL] 02.97.50.08.77
[開] 約45分のガイド付きツアーで見学（ツアー出発時刻はℹに問い合わせを）
[休] ㊐、11〜3月の㊊㊏
[料] 無料
[URL] www.labelleiloise.fr

サーディンの缶詰はおみやげに最適

Quiberon　郵便番号：56170　人口：約5000人

グルメも楽しめるビーチリゾート

キブロン

バカンス客でにぎわうキブロンのビーチ

キブロンは、家族連れや若者に人気の夏のリゾート地。そして、ブルターニュ最大の島、ベル・イルへの玄関口でもある。ベル・イルへの船が出るポール・マリア港は、かつてイワシ漁でにぎわった。漁船の姿こそもう見られないが、オイルサーディンの缶詰は今もこの町の名産品。町のあちこちでかわいい缶詰が売られている。

歩き方

細くくびれたキブロン半島の先端にあるキブロンへ向かう列車は、両側に海が迫る一本道を走っていく。駅から港までは徒歩約10分。その途中にℹがある。

かつてはイワシ漁の盛んな素朴な港町だったキブロンも、今は夏になるとヨーロッパ中からバカンス客が押しかける南ブルターニュ屈指のリゾート地。ビーチは広々として快適だし、設備の整ったタラソテラピーセンターもある。

港周辺にはブルターニュの名産品を売る店がたくさんあって、おみやげ調達にもってこい。有塩バターをたっぷり使ったクイニー・アマンをはじめ、手作りのブルトン菓子はぜひ試してみたい。日本でもファンの多い塩バターキャラメルの名店「メゾン・ルルー」の本店もここにある。また、キブロン名物オイルサーディンのメーカーのひとつ「ラ・ベル・イロワーズ La Belle-Iloise」では、工場見学もできる。

キブロンのおすすめホテル　[H]ホテル

7・8月のバカンスシーズンは早めに予約しておいたほうがいい。冬期は休業するホテルが多い。

[H] ソフィテル・キブロン・タラサ・シー＆スパ **Sofitel Quiberon Thalassa Sea & Spa 5★** 心ゆくまでタラソテラピーを体験できるデラックスホテル。	[住] Bd. Louison Bobet　[TEL] 02.97.50.20.20 [料] ⓈⓌ€201〜　☕€30 [URL] www.sofitel-quiberon-thalassa.com
[H] オテル・デ・ドリュイド **Hôtel des Druides 3★** ビーチまで50m。ベル・イル行きの船乗り場へもすぐ。	[住] 6, rue de Port Maria　[TEL] 02.97.50.14.74 [料] ⓈⓌ€59〜225　☕€14　[休] 11月中旬〜2月中旬 [URL] www.hotel-des-druides.com

Belle-Ile

印象派の光に包まれる「美しき島」

ベル・イル

郵便番号：56360　人口：約5460人

ル・パレの港
© Bathilde Chaboche / Office de Tourisme de Belle Ile en Mer

ACCESS

🚢 キブロン駅から徒歩約10分の
ポール・マリア港Port-Mariaから
出航する船で約50分。
URL www.compagnie-oceane.fr
ヴァンヌの港Gare Maritimeから
出航する船で約2時間（冬は運休）。
URL www.compagnie-du-golfe.fr

ℹ️ 観光案内所

住 Quai Bonnelle, Le Palais
MAP P.327
TEL 02.97.31.81.93
開 7・8月
　　㊊〜㊏　　　9:00〜13:00
　　　　　　　14:00〜18:00
　　㊐　　　　　9:00〜13:00
　9〜6月
　　㊊〜㊏　　　9:00〜12:30
　　（10〜3月の㊍は10:00〜）
　　　　　　　14:00〜18:00
　　（10〜3月は〜17:30）
　　㊐　　　　　9:00〜13:00
休 10〜3月の㊐、1/1、12/25
URL www.belle-ile.com

大西洋に浮かぶ「美しき島」と名づけられたベル・イル。画家モネもこの島に滞在し、39点もの作品を残した。荒々しい海岸線と青く澄んだ水の色は、見る者の心を研ぎ澄ますような緊張感を秘めている。

》》》 歩き方 》》》

　ベル・イルは、ブルターニュで一番大きな島だ。できれば何泊かして、美しい白砂のビーチで遊んだり、レンタサイクルで島内を一周したりすると最高。日帰り客のために、観光バスによる島内一周ツアーもある。初夏から夏にかけて観光客が多く訪れるのでツアーの予約は早めに。

　キブロンなどからの船が着くのは、**ル・パレ**Le Palaisというベル・イルの中心の港町。観光バスに乗る場合はここから。

　観光バスツアーの多くは、ル・パレを出たあと、針のようにとがった巨岩が波の中にそそり立つ**コトン港の針岩**Aiguilles de Port Cotonに向かう。さらに、ベル・イル第2の港で、カラフルな漁師たちの家が建ち並ぶ**ソーゾン**Sauzon、**ラボティケルリーの洞窟**Grotte de l'Apothicairerieそして、かつて女優サラ・ベルナールの別荘があった**プーラン岬**Pointe des Poulainsを巡る。

島内観光バスツアー

キブロン、ヴァンヌからの船の発着に合わせてバスツアーがある。乗船券の購入時にツアーの予約もできる。
レ・カール・ブルー
Les Cars Bleus
TEL 02.97.31.56.64
URL www.lescarsbleus.com

モネとベル・イル

モネは、1886年秋にベル・イルを訪れ、1ヵ月以上滞在して制作に没頭した。その作品のひとつ『雨のベリールBelle-Ile effet de pluie』は、モネには珍しく、沈んだ色調が全体を覆っている。光を追求したモネにとって、ブルターニュの冷たい雨に打たれる岩を描くことは、ひとつの挑戦でもあったようだ。

コトン港の針岩
© Bathilde Chaboche / Office de Tourisme de Belle Ile en Mer

ベル・イル

プーラン岬
Pointe des Poulains
ソーゾン
Sauzon
城砦
Citadelle
ル・パレ
Le Palais
ラボティケルリーの洞窟
メンヒル（巨石）
ジャンとジャンヌ
大灯台
Grand Phare
コトン港の針岩
バンゴール
Bangor
Grand Circuit Cars Bleus
グラン・サーブル
Plage des Grands Sables
ゲールファー岬
Pointe Goulphar
コート・ソヴァージュ
Côte-Sauvage
ロクマリア
Locmaria
5km

ケルトの伝統が生きる町
カンペール

陶器の絵柄入りプチトラン

郵便番号：29000　人口：約6万4000人

🚄 パリ・モンパルナス駅からTGV
で約3時間50分。レンヌからTGV
で約2時間5分。

ⓘ 観光案内所

🏠 8, rue Elie Fréron　**MAP** P.328
☎ 02.98.53.04.05
FAX 02.98.53.31.33
🕐 7・8月

月～土　　　　　　9:30～19:00
日㊗　　　　　　10:00～13:00
　　　　　　　　　14:30～17:30
（その他の季節は時間が短縮）
🚫 9～6月の日㊗
URL www.quimper-tourisme.bzh

旧市街の通りから見たサン・コランタン大聖堂

ブルターニュの文化は、海の向こうイギリスからやってきたケルト人によって築かれた。彼らが最初に降り立ったのが、フランス西北端のフィニステール県。フランス語で「地の果て」を意味し、フランス人さえも「異郷」を感じる土地だという。フィニステールの中心都市カンペールは、今もケルト文化の影響を色濃く残す町だ。どこからともなく流れてくるケルト音楽の響き。お祭りの日には、白いレースの帽子と刺繍入りの黒いドレスの民俗衣装を着た女性たちに出会うこともある。中世の面影が残る旧市街の通りを歩いていると、時の流れが止まったかのような錯覚にとらわれる。

≫≫ 歩き方 ≫≫

駅を出ると、広場の向こうに広い通りAv. de la Gareが東西に走っている。この通りを駅を背にして右側に向かって進ん

プチトランで町をひと回り
約40分で町を一周。屋根付きなので、雨の日の市内観光に組み込んでも。出発は1, rue du Roi Gradlon（**MAP** P.328）から。
セルティック・トランCeltic'train
☎ 4～9月　毎日　10:30～17:00
🎫 €7、18歳未満€4.50
URL celtictrain.com

1240年に着工されたブルターニュ初のゴシックの聖堂、サン・コランタン大聖堂

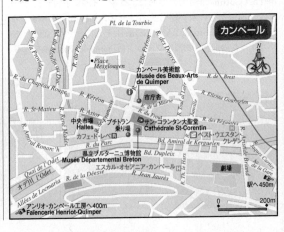

カンペール

でいくと、見えてくるのがオデ川。花で飾られた鉄の橋の連なりが美しい。右岸には**サン・コランタン大聖堂Cathédrale St-Corentin**のある中心街、左岸には小高い丘が見える。[i]は丘の麓の広場にある。

大聖堂に隣接して、**県立ブルターニュ博物館**Musée Départemental Bretonがある。民俗衣装や伝統的な家具などが多数展示されていて見応え十分。大聖堂周辺の旧市街、とりわけ正面の通りRue Kéréonから聖堂を背景にした風景がすばらしい。ブルターニュ名物のクレープリーや、ケルトグッズを売る店が軒を並べる旧市街は、散策が楽しい場所だ。

県立ブルターニュ博物館
[MAP] P.328
[住] 1, rue du Roi Gradlon
[開] 7・8月　毎日 10:00～19:00
9～6月 [火]～[金] 9:30～17:30
[土][日] 14:00～17:30
[休] 9～6月の[月][祝]
[料] €7
[URL] musee-breton.finistere.fr

おもな見どころ

カンペール美術館 ★★
[MAP] P.328　Musée des Beaux-Arts de Quimper

15世紀から近代までの絵画約1200点、素描約2000点を所蔵。うち半数がフランス絵画のコレクション。17～18世紀のブルターニュの風景画や、ゴーギャンの『がちょうL'Oie』をはじめとするポンタヴェン派の絵画が充実している。

カンペール美術館
[住] 40, pl. St-Corentin
[開] 7・8月 10:00～18:00
9～6月 9:30～12:00
14:00～18:00
(11～3月は～17:30)
[休] 9～6月の[火]、11～3月の[日]の午前、1/1、5/1、11/1、11/11、12/25
[料] €5
[URL] www.mbaq.fr

アンリオ・カンペール工房 ★★
[MAP] P.328　Faïencerie Henriot-Quimper

青や黄色の縁取りの中に、花や鳥、人物を描いたカラフルな陶器、カンペール焼。普段使うのにぴったりの素朴さが魅力だ。アンリオ・カンペールは、300年以上の歴史があるカンペール焼の老舗。工房では、型作りから始まり、一筆一筆ていねいに絵付けされていく工程を見学することができる。工房の裏には、**陶器博物館**Musée de la Faïenceもある。

工房にはショップも併設されている

アンリオ・カンペール工房
約30分のガイド付きツアー（仏語）で製造工程が見学できる。併設のブティックで購入も。
[住] Pl. Berardier
[TEL] 02.98.90.09.36
[開] 4～9月 [火]～[金] 14:30、16:00
(5～9月の[月]は午前も開催、7・8月は回数が増える)
[料] €5
[URL] www.henriot-quimper.com

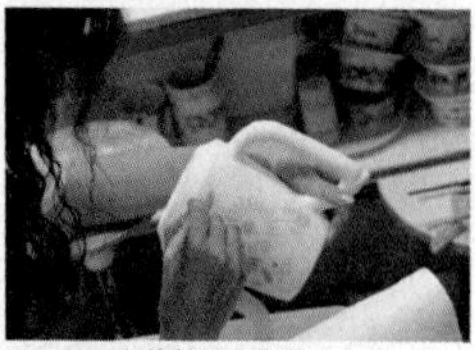
ていねいな絵付けの作業

陶器博物館
[住] 14, rue Jean-Baptiste Bousquet
[開] 10:00～18:00
[休] [日][祝]、10月～4月中旬
[料] €5
[URL] www.musee-faience-quimper.com

カンペールのおすすめホテル／レストラン
[H]ホテル　[R]レストラン

安くておいしいクレープリーが町のいたるところにあり、食事には不自由しない。

[H] ベスト・ウエスタン・クレゲン
Best Western Kregenn 4★　[MAP] P.328

駅とサン・コランタン大聖堂の中間地点にある。モダンな内装で居心地のいいホテル。
[住] 13, rue des Réguaires
[TEL] 02.98.95.08.70
[料] ⓈⓌ€98～190　🍳€15
[CC] [A][M][V]　[室] 32室　[P] €7　❄　[Wi-Fi]
[URL] www.hotel-kregenn.fr

[H] エスカル・オセアニア・カンペール
Escale Oceania Quimper 3★　[MAP] P.328

駅から徒歩約10分で、旧市街にも近い。近代的で清潔なホテル。ロビーに宿泊客用のパソコンあり。
[住] 6, rue Théodore le Hars
[TEL] 02.98.53.37.37
[料] ⓈⓌ€104～　🍳€16
[CC] [A][M][V]
[室] 64室　[Wi-Fi]
[URL] www.oceaniahotels.com

[R] カフェ・ド・レペ
Café de l'Epée　[MAP] P.328

歴史あるブラッスリーが改装され、おしゃれな空間に。新鮮な海の幸の盛り合わせがおいしい。
[住] 14, rue du Parc　[TEL] 02.98.95.28.97
[営] 12:00～14:00、19:00～22:00
[料] 昼ムニュ€19.90、夜ムニュ€42
[URL] www.cafedelepee.fr

カンペールの名物に「クレープ・ダンテルCrêpe Dentelle」という焼き菓子がある。極薄のクレープ生地を折り重ねて焼いたもので、まさに「レース(ダンテル)」のような繊細な食感が楽しめる。

)))カンペール近郊の町(((

ラ岬 Pointe du Raz

迫力満点の最果ての地

「地の果て」という言葉がぴったりくるブルターニュ地方西部の岬。かつては周辺にホテルなどが建っていたが、環境保護のため撤去され、ダイナミックな自然の景観を満喫できる場所となった。岬の手前には案内所と駐車場があり、ここから徒歩、あるいは巡回バスで岬に向かう。案内所と岬を結ぶ道は3つあり、海沿いの雄大な景色を楽しめるルートは徒歩で所要約30分。巡回バスと同じルートをたどると徒歩約15分。いずれも周囲は一見荒れ野のようだが、小さな野生の花々が彩りを加えており、すがすがしい散歩道となっている。

岩場を歩いて、荒々しい波に打たれる岬の先端まで行くこともできる。ただし、手すりはなく、足元が滑りやすいので、相当の注意が必要だ。雨天、風の強い日は危険なので、くれぐれも冒険しないように。岬からは、海の中に立つ**ヴィエイユ灯台 Le Phare de la Vieille**、さらに遠くには**サン島Ile de Sein**を望むことができる。

岬から大西洋を望む

ACCESS

🚌カンペール駅前からBreizhGo社の53番のバスで約1時間25分。Plogoff - La Pointe du Raz下車。
🔗 www.breizhgo.h?h

ⓘ 観光案内所
🏠 Maison de la Pointe du Raz et du Cap Sizun 29770 Plogoff
☎ 02.98.70.67.18
🕐 10:30～18:00
（季節によって異なる）
🚫 11月上旬～4月上旬
🔗 www.pointeduraz.com

ACCESS

🚌カンペールからBreizhGo社の10番のバスで約25分。Locronan Mission下車。
🔗 www.breizhgo.bzh

ⓘ 観光案内所
🏠 Pl. de la Mairie 29180
☎ 02.98.91.70.14
🕐 7・8月
　⽉～⽉　10:00～12:30
　　　　　13:30～18:00
　　⽇　　11:00～13:00
　　　　　15:00～18:00
　　㊗　　14:00～17:00
（9～6月は短縮）
🚫ⓘに問い合わせを
🔗 www.locronan-tourisme.bzh

ロクロナン Locronan

聖人ロナンゆかりの祈りの町 美しい村

サン・ロナン教会を中心に民家が寄り添う

カンペールから約16km。中世の頃から息を止めたかのように静かにたたずむロクロナン。石造りの古い家並みが保存され、「フランスの最も美しい村」（→P.46）にも登録されている。

村の名前は、この地でキリスト教の布教を行ったアイルランドの聖人ロナンにちなんでいる。聖人を祀る**サン・ロナン教会Eglise St-Ronan**が建つのが村の中心広場だ。ロクロナンは17、18世紀には帆布の生産で栄えた歴史をもつ。広場を囲む花崗岩造りの館は、その当時建造されたもので、現在はクレープリーやみやげ物屋が1階に入っている。

村を一巡したら、広場からモール通りRue Moalを下りていった所にある**ノートルダム・ド・ボンヌ・ヌーヴェル礼拝堂Chapelle Notre-Dame de Bonne Nouvelle**を訪ねたい。静けさのなかにある祈りの空間だ。

ロクロナンはパルドン祭（→P.312）が行われる村としても知られる。毎年の祭りのほかに、6年に一度「グランド・トロメニーLa Grande Troménie」と呼ばれる大規模な祭りが行われる（次回は2025年7月の予定）。

夏には色鮮やかなアジサイが村を彩る

Pont-Aven	郵便番号：29930　人口：約2800人

今も画家たちに愛され続ける芸術村

ポンタヴェン

　ポール・ゴーギャンの絵『黄色いキリストLe Christ Jaune』のモデルになったキリストの木像がある村。ゴーギャンはこの村を愛し、タヒチに移り住む前にここに住んでいた。彼のあとに従った弟子たちによってここに芸術村ができ、彼らの作品はやがてポンタヴェン派と呼ばれるようになった。

　確かに、芸術家たちが愛したということが納得できるくらい魅力的な場だ。アヴェン川l'Avenのほとりには白壁の小さな家々が並び、水車小屋も見られる。絵画的という言葉がぴったりとくる村。ギャラリーやアトリエも多いので、ゆったり散策しながら芸術家気分に浸るのもいい。ポンタヴェン派の作品を展示したポンタヴェン美術館Musée de Pont-Avenもある。

アヴェン川沿いにたたずむ芸術村

)))おもな見どころ(((

トレマロ礼拝堂　★★★
Chapelle de Trémalo

素朴な石造りのトレマロ礼拝堂

　『黄色いキリスト』のモデルとなった木像にはここで出合える。ポンタヴェンの村のバス停があるゴーギャン広場Pl. de Gauguinから1kmほどの所にある。木のうっそうと茂る"愛の森Bois d'Amour"や広い畑を横目に見ながら、標識に従って歩いていくといい。村には礼拝堂への道順を示す地図が掲示されている。ドングリとリンゴの木々の間から顔をのぞかせる礼拝堂は、本当に素朴な石造りの建物。この中にキリスト像がある。薄暗い礼拝堂の片隅に掲げられた十字架の上で、悲しい目をして下を見つめている。

礼拝堂内の梁にはユーモラスな人の顔などが彫られている

ポンタヴェンのおすすめホテル　Ｈホテル
客室数の少ない民宿風のホテルが点在している。

Ｈ ラ・ショーミエール・ロズ・アヴェン	
La Chaumière Roz-Aven 3★	

　アヴェン川のほとりにたたずむ、絵本の挿絵のようにかわいらしい茅葺き屋根の館。静かな田舎の休日を過ごしたい人にぴったり。

住 11, quai Théodore Botrel
TEL 02.98.06.13.06
SＷ€86～123　●€12
CC ＡＭＶ　○ 14室
料昼のみ　Wi-Fi
URL www.hotelpontaven.com

ブルターニュ

ラ岬 & ロクロナン & ポンタヴェン

ACCESS
カンペール駅前からBreizhGo社の43/47番のバスで約1時間5分。Pont-Aven Centre下車。
URL www.breizhgo.bzh

ⓘ 観光案内所
住 3, rue des Meunières
TEL 02.98.06.87.90
開 7・8月　㊊～㊏　9:30～13:00
　　　　　　　　　14:00～18:30
　　　　　㊐　10:00～18:30
　9～6月　㊊～㊏　9:30～12:30
　　　　　　　　　14:00～18:00
　　　　　㊗　10:00～13:00
休 9～6月の㊐
URL www.deconcarneaua pontaven.com

ポンタヴェン美術館
住 Pl. Julia
開 7・8月　　10:00～19:00
　（9～6月は短縮）
休 9～6月の㊊、5/1、5/8、12/25、1月
料 €8
URL www.museepontaven.fr

トレマロ礼拝堂
住 Trémalo
開 10:00～17:00
　（7～9月は～18:00）
料 無料

『黄色いキリスト』
ゴーギャンの絵『黄色いキリスト』はアメリカのオルブライト=ノックス美術館に所蔵されている。パリのオルセー美術館（→P116）には『黄色いキリストのある自画像』があるので、あわせて観たい。

ゴーギャン『黄色いキリストのある自画像 Portrait de l'artiste au Christ jaune』
© The Bridgeman Art Library

Côte d'Atlantique
大西洋岸

ピレネー山脈に源を発するガロンヌ川と、中央山塊から流れ出すドルドーニュ川が、ボルドーの北で交わってジロンド川となり、大西洋へと注ぎ込んでいく。この3つの川の流域に、世界で最もエレガントなワインを生み出すブドウ畑が広がっている。この地方の文化、経済の中心地ボルドーは、古くからワイン交易で栄えた町で、今も18世紀の壮大な建築物が多く残る。温暖な気候に恵まれた大西洋沿岸には、アルカション、ビアリッツなど、設備の整った海水浴場も多い。スペインとの国境地帯に位置するバスク地方では、独自の言語と風俗が今も守られている。赤や緑の屋根に白い壁の民家がピレネーの山あいに点在する風景は、絵本を見るような美しさだ。

観光のヒント

［気候］大西洋岸の海沿いは1年をとおして暖かい。内陸部は気温差が大きく、ピレネー山脈の麓の冬は寒冷。

［特色］なだらかな斜面に広がるブドウ畑、洗練されたビーチリゾート、独特の文化をもつバスク地方と、変化に富んだ多様なフランスの魅力に触れることができる。

［周遊のヒント］フランス第6の都市ボルドーはホテルの数も多く、各町への交通の便もいいので、観光の起点として最適。バイヨンヌまたはビアリッツからは、周辺に点在するバスクの小さな町への日帰り旅行がおすすめ。

おもな祭りとイベント

6月 ワイン祭（サンテミリオン／第3日曜）：「ブドウの開花宣言」の祭り

7月 バイヨンヌ祭（バイヨンヌ／7月26日〜7月30日'23）：牛追い、民俗舞踊などバスクの典型的な祭り。白地の上下に赤いスカーフと腰巻を着け、真っ赤なベレー帽をかぶるのが祭りの衣装

9月 メドック・マラソン（ボルドー・メドック地区／第2土曜）：給水ポイントではワインが支給され、優勝者には体重と同じ量のワインが贈られる、この地方ならではのユニークなマラソン大会

ワイン祭（サンテミリオン／第3日曜）：「ブドウの収穫宣言」の祭り

名産品と料理

ワインの名産地ボルドーを含む地域。大西洋の新鮮な魚介類が楽しめるほか、スペインの影響と独自の文化をもつバスク地方の料理も味わってみたい。生ハムやチョコレートも名産。

Ⓐオッソー・イラティOssau Iraty：バスクを代表する羊乳のチーズ　Ⓑエスプレットの唐辛子Piment d'Espelette：エスプレット村産の唐辛子はバスク料理に欠かせないスパイス　ⒸボルドーワインVin de Bordeaux：シャトー巡りの記念にお気に入りの1本を　ⒹカヌレCanelé：ボルドーの名物菓子　ⒺチョコレートChocolat：バスク地方はチョコレート文化発祥の地　ⒻマカロンMacaron：アーモンド粉、卵白、砂糖だけで作ったサンテミリオンの素朴な名物菓子　ⒼバスクリネンLinge Basque：鮮やかなストライプが特徴のリネン

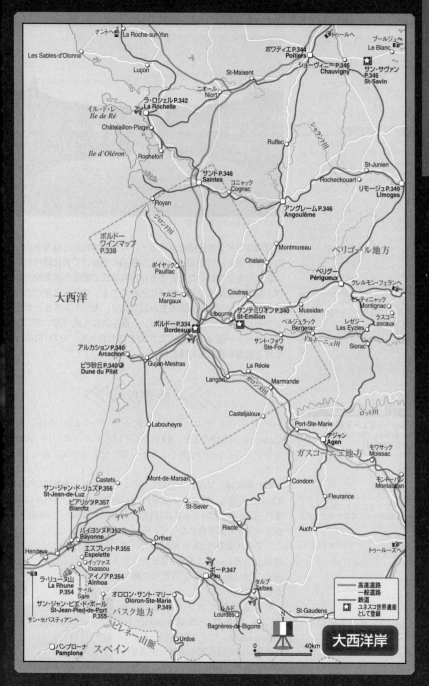

ナントへ
La Roche-sur-Yon
Les Sables-d'Olonne
Luçon
St-Maixent
ニオール
Niort
ポワティエ P.344
Poitiers
ショーヴィニー P.346
Chauvigny
ブールジュへ
Le Blanc
サン・サヴァン
P.346
St-Savin
ラ・ロシェル P.342
La Rochelle
イル・ド・レ
Ile de Ré
Châtelaillon-Plage
Ile d'Oléron
Rochefort
Ruffec
St-Junien
サント P.346
Saintes
コニャック
Cognac
Rochechouart
リモージュ P.349
Limoges
Royan
アングレーム P.346
Angoulême
ボルドー
ワインマップ
P.338
Montmoreau
ペリゴール地方
Chalais
ポイヤック
Pauillac
ペリグー
Périgueux
クレルモン・フェランへ
大西洋
マルゴー
Margaux
Coutras
モンティニャック
Montignac
ラスコー
Lascaux
Libourne
サンテミリオン P.340
St-Emilion
Mussidan
レゼジー
Les Eyzies
ボルドー P.334
Bordeaux
ベルジュラック
Bergerac
Siorac
アルカション P.340
Arcachon
サント・フォワ
Ste-Foy
ドルドーニュ川
ピラ砂丘 P.340
Dune du Pilat
Gujan-Mestras
La Réole
Langon
Marmande
ロット川
Labouheyre
Casteljaloux
Port-Ste-Marie
アジャン
Agen
モワサック
Moissac
ガスコーニュ地方
Castets
Mont-de-Marsan
Condom
モントーバン
Montauban
サン・ジャン・ド・リュズ P.356
St-Jean-de-Luz
ビアリッツ P.357
Biarritz
St-Sever
Fleurance
Auch
バイヨンヌ P.352
Bayonne
アドゥール川
Orthez
Riscle
トゥールーズへ
Hendaye
エスプレット P.355
Espelette
イッツァス
Itxassou
ポー P.347
Pau
ラ・リューヌ山
La Rhune
P.354
サール
Sare
アイノア P.354
Aïnhoa
タルブ
Tarbes
サン・ジャン・ピエ・ド・ポール
St-Jean-Pied-de-Port
P.355
オロロン・サント・マリー
Oloron-Ste-Marie
P.349
St-Gaudens
サン・セバスティアンへ
バスク地方
ルルド
Lourdes
パンプローナ
Pamplona
スペイン
ピレネー山脈
Urdos
Bagnères-de-Bigorre

0   40km

N

高速道路
一般道路
鉄道
ユネスコ世界遺産
として登録

大西洋岸

世界に名だたる"ワインの郷"

ボルドー

ガロンヌ川に架かるピエール橋

郵便番号：33000　人口：約25万人

ACCESS

🚄パリ・モンパルナス駅からTGVで
ボルドー・サン・ジャンBordeaux
St-Jean駅まで約2時間10分。トゥー
ルーズToulouseからTGVまたは
Intercitésで約2時間10分。
✈パリCDG空港またはパリORY
空港からボルドー・メリニャック
Bordeaux-Mérignac空港まで約1
時間。空港からボルドー・サン・ジャ
ン駅まではシャトルバス(Navette)
で約30分。駅から市内中心部の
カンコンス広場まではトラムⒸ
線で約10分（URL www.infotbm.
com)。Quinconces下車。
URL www.bordeaux.aeroport.fr

❶観光案内所

ボルドー中心街の❶
住 12, cours du 30 Juillet
MAP P.335-A1
TEL 05.56.00.66.00
開 (月)～(土)　　　9:00～18:30
　　(日)(祝)　　　9:30～17:00
休 1/1、12/25
URL www.bordeaux-tourisme.
com（日本語あり）

世界遺産

ボルドー、リューヌ港
Bordeaux, Port de la Lune
（2007年登録）

トラム、バス
ボルドーのトラムは中心街ではパ
ンタグラフを立てず、給電用レー
ル(第3軌条)から電源を得る方式を
取っていることで、景観保護にも
ひと役買っている。
料 1回券€1.70、10回券€13.70
24時間券€5
URL www.infotbm.com

ボルドー・シティ・パス
Bordeaux City Pass
公共交通機関や美術館への入場が
無料になるパス。購入は❶で。
料 24時間券€34、48時間券€44、
72時間券€50

ガロンヌ川に面したブルス広場の「水鏡」

世界的なワインの生産地ボルドー。ローマ時代から良港をもつ町として栄え、18世紀にはワイン貿易のおかげで黄金時代を築いた。町を歩けばいたるところに古典様式の重厚な建築物が並び、往時の繁栄ぶりをしのぶことができる。フランス革命の引き金となったジロンド派を生み出したり、モンテスキューやモンテーニュを世に送り出したり、と歴史的にも興味深い町。ワインシャトー巡りを目的にこの町を訪れた人も、ぜひ1日ゆっくりと散策を楽しんでほしい。

≫≫ 歩き方 ≫≫

　ボルドー・サン・ジャン駅からトラムで約10分のQuinconcesで降りると、❶がすぐそばにある。ボルドー周辺のワインシャトーの情報やシャトー巡りツアーの申し込みはここで。

　❶の隣には、フランスで最も美しいといわれる**大劇場**Grand Théâtreが建つ。**コメディ広場**Pl. de la Comédie、**トゥルニ広場**Pl. Tourny、**ガンベッタ広場**Pl. Gambettaを結ぶ"三角地帯"がボルドーの繁華街となっている。また、**ブルス広場**Pl. de la Bourseの「**水鏡**Miroir d'Eau」は水面と霧が交互に現れ、18世紀の宮殿を幻想的に映し出している。

　町の北側のガロンヌ川沿いにある**シャルトロン地区**Quartier des Chartronsは、ワイン交易が盛んだった頃にワイン商の邸宅や酒倉が集まっていた場所。18世紀の立派な建物がそのまま残されている歴史地区だ。

ジロンドの記念碑が立つカンコンス広場をバックに走るトラム

大西洋岸

ボルドー

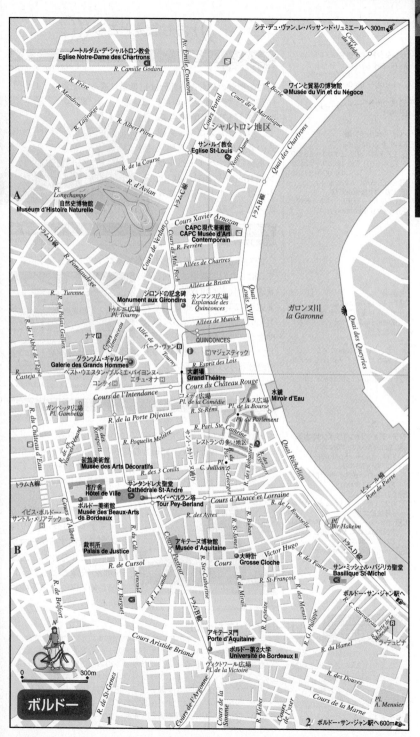

シテ・デュ・ヴァン、レ・バッサン・ド・リュミエールへ 300m

ノートルダム・デ・シャルトロン教会
Eglise Notre-Dame des Chartrons

R. Camille Godard

Av. Emile Counord

R. Frère

R. Mandron

R. Lagrange

R. Albert Pitres

R. de la Course

Cours Portal

Cours de la Martinique

ワインと貿易の博物館
Musée du Vin et du Négoce

R. Borie

シャルトロン地区

サン・ルイ教会
Eglise St-Louis

R. Notre-Dame

Quai des Chartrons

A
Pl. Longchamps
自然史博物館
Muséum d'Histoire Naturelle

R. d'Avian

Cours de Verdun

Cours Xavier Arnozan

CAPC現代美術館
CAPC Musée d'Art Contemporain

R. Ferrère

Allées de Chartres

Allées de Bristol

ガロンヌ川
la Garonne

Quai des Queyries

ジロンドの記念碑
Monument aux Girondins

カンコンス広場
Esplanade des Quinconces

Allées de Munich

R. Turenne

R. du Palais Gallien

R. de l'Abbé de l'Epée

R. Casteja

トゥルニ広場
Pl. Tourny

Cours Clémenceau

Allée de Tourny

グランジム・ギャルリー
Galerie des Grands Hommes

ベスト・ウエスタン・プルミエ・バイヨンヌ・コンティ

ナマ

パーラ・ヴァン

QUINCONCES

Quai Louis XVIII

H マジェスティック

R. Esprit des Lois

大劇場
Grand Théâtre

Cours du Château Rouge

水鏡
Miroir d'Eau

Quai Richelieu

ガンベッタ広場
Pl. Gambetta

Cours de l'Intendance

R. de la Porte Dijeaux

コメディ広場
Pl. de la Comédie

R. St-Rémi

ブルス広場
Pl. de la Bourse

R. du Château d'Eau

R. des Remparts

R. Notre-Dame

R. Poquelin Molière

R. Pari. Ste. Catherine

Pl. du Parlement

レストランの多い地区

装飾美術館
Musée des Arts Décoratifs

R. des 3 Conils

Pl. C. Jullian

サンタンドレ大聖堂
Cathédrale St-André

ペイ・ベルラン塔
Tour Pey-Berland

Cours d'Alsace et Lorraine

R. de la Rousselle

Pont de Pierre

ピエール橋

トラムA線

市庁舎
Hôtel de Ville

イビス・ボルドー・サントル・メリアデック

ボルドー美術館
Musée des Beaux-Arts de Bordeaux

R. des Ayres

Pl. Bir Hakeim

裁判所
Palais de Justice

B

R. de Albret

R. de Cursol

R. de la Côte

R. J. Burguet

R. P.L. Lande

アキテーヌ博物館
Musée d'Aquitaine

R. Ste-Catherine

大時計
Grosse Cloche

Victor Hugo

R. des Faures

R. St-James

R. St-François

R. du Mirail

R. des Menuts

サン・ミッシェル・バジリカ聖堂
Basilique St-Michel

ボルドー・サン・ジャン駅へ

R. R.G. Philippe

R. du Hamel

R. de Béljort

R. de St-Genès

Cours Aristide Briand

アキテーヌ門
Porte d'Aquitaine

ボルドー第2大学
Université de Bordeaux II

ヴィクトワール広場
Pl. de la Victoire

Cours de la Somme

Cours de l'Argonne

Cours de la Marne

Pl. A. Menuier

2 ボルドー・サン・ジャン駅へ 600m

0 300m

ボルドー

おもな見どころ

サンタンドレ大聖堂 ★★★
MAP P.335-B1   Cathédrale St-André

この聖堂の最も古い部分は11世紀に遡る。北側の「王の門」に施された『最後の審判』の彫刻は1250年頃のもので、南フランスゴシック様式の典型的なもの。大聖堂の東隣に建つ**ペイ・ベルラン塔**Tour Pey-Berlandの上からは、ボルドーの町並みが一望できる。

サンタンドレ大聖堂

大劇場 ★★★
MAP P.335-A〜B1   Grand Théâtre

1773年から1780年にかけて建築家ヴィクトル・ルイによって設計された大劇場は、新古典派建築の代表的建造物。コリント式の12本の柱が並び、その上に9人のミューズと3人の女神像が立つ正面の眺めがすばらしい。エントランスホールの大階段はパリのオペラ座パレ・ガルニエのモデルになった。

世界で最も美しい劇場のひとつ © Office de tourisme Bordeaux / A. KUMURDJIAN

シテ・デュ・ヴァン ★★
MAP P.335-A2   Cité du Vin

ガロンヌ河岸に面したシャルトロン地区にある、ワインをテーマにした複合施設。55mもの高さの建物はブドウの木やグラスの中で揺れるワイン、ガロンヌ川の流れをイメージしている。施設内のワイン博物館ではボルドーのみならず、世界のワインの歴史を学べる。

2016年にオープンしたシテ・デュ・ヴァン
© Photos Anaka / La Cité du Vin / XTU architects

2023年には大規模なリニューアルが行われ、ワインの製造に関するテーマ別の展示がより充実する予定。360度の映像とともに試飲を楽しめるスペースも設けられる。

サンタンドレ大聖堂
住 Pl. Pey Berland
開 10:00〜12:00（⊕は9:30〜）
　 14:00〜18:00
　　（⑪ ⊛ ⊕は〜19:00）
休 ⑪の午前
料 無料

ペイ・ベルラン塔
住 Pl. Pey Berland
開 5月下旬〜9月 10:00〜18:00
　 10月〜5月下旬 10:00〜12:30
　　　　　　　　14:00〜17:30
休 1/1、5/1、12/25
料 €6、18歳未満無料、
バス ボルドー・シティ・パスで無料
URL www.pey-berland.fr

大劇場
住 Pl. de la Comédie
開 ガイド付きツアー（仏語）で見学。
所要約1時間。ウェブサイトから要予約。
料 €10
オペラ、バレエ公演のスケジュール検索とチケット予約はウェブサイトで。
URL www.opera-bordeaux.com

シテ・デュ・ヴァン（ワイン博物館）
住 Esplanade de Pontac
　 134, quai de Bacalan
開 10:00〜18:00
　　（4〜9月、週末、㉺、学校休暇期間は〜19:00）
休 12/25
料 €22（オーディオガイド、ワイン1杯試飲付き）
バス ボルドー・シティ・パスで無料
　　（12:00以前に入場の場合のみ。12:00以降は€5）
URL www.laciteduvin.com
トラム⑧線La Cité du Vin下車。

Column History｜ボルドーはイギリスだった!?

ボルドーはかつてイギリス領だったことがある。1152年、この地を相続していたアリエノール・ダキテーヌが後にイギリス王となるアンリ・プランタジュネと結婚し、ボルドーを含むフランス南西部を嫁入り財産としたためだ。以来、イギリスがフランスワインの最大の市場になり、貿易の中心地ボルドーに富をもたらすことになった。町はワインの取引で繁栄し、人口も増えた。フランスがこの地を取り戻すまで実に300年を要したが、その間、ボルドーのブドウ畑は、より上質のワインを求めるイギリス人のおかげで大きく発展したのである。

はみだし 2020年にオープンした「レ・バッサン・ド・リュミエールLes Bassins des Lumières」は、全方位に投射された絵画作品を楽しむ没入型スポット。URL www.bassins-lumieres.com

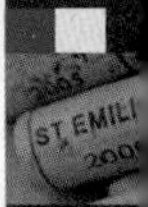

CAPC現代美術館 ★★

[MAP] P.335-A2　CAPC Musée d'Art Contemporain

19世紀の港湾建築の代表作である羊毛倉庫を改装した美術館。1970年代以降の現代美術作品約1300点を所蔵している。パリの国立近代美術館（→P.118）の作品を預かる役割も担っており、さながら美術品の倉庫だ。

CAPC現代美術館
[住] 7, rue Ferrère
[開] 11:00～18:00
（第2㊌は～20:00）
[休] ㊊、㊗(7/14、8/15を除く)
[料] €8、9～6月の第1㊐無料
[パス] ボルドー・シティ・パスで無料
[URL] www.capc-bordeaux.fr

ボルドー美術館 ★★

[MAP] P.335-B1　Musée des Beaux-Arts de Bordeaux

もとは大司教の宮殿だった市庁舎の庭園を囲むように、陳列室が並んでいる。イタリアルネッサンスから20世紀までのヨーロッパ美術史をパノラマ的に見渡せ、18世紀ボルドーの画家による当時のボルドーの町を描いた作品が興味深い。

ボルドー美術館
[住] 20, Cours d'Albret
[開] 11:00～18:00
[休] ㊋、㊗(7/14、8/15を除く)
[料] €6
[パス] ボルドー・シティ・パスで無料
[URL] www.musba-bordeaux.fr

ボルドーのおすすめホテル／レストラン

[H]ホテル　[CH]シャンブル・ドット（民宿）　[R]レストラン　[B]ワインバー

駅前にホテルがいくつかあるが、町の中心に出たほうが観光や食事に便利。

[H] ベスト・ウエスタン・プルミエ・バイヨンヌ・エチュ・オナ
Best Western Premier Bayonne Etche-Ona 4★　[MAP] P.335-B1

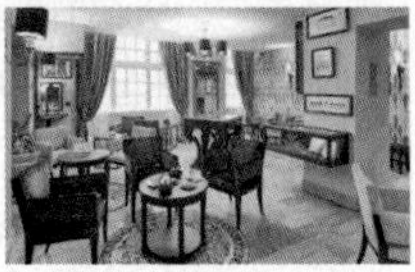

大劇場に近く、「黄金の三角地帯」と呼ばれる繁華街にあり、立地は抜群。クラシックな趣ある客室には電気ポット、サロンには宿泊客用のパソコンがある。
[住] 4, rue Martignac
[TEL] 05.56.48.00.88
[料] ⓈⓌ€188～492　☕€30
[CC] [A][D][J][M][V]　[室] 61室　[P] €15　❄　[Wi-Fi]
[URL] www.bordeaux-hotel.com

[H] マジェスティック
Majestic 4★　[MAP] P.335-A1

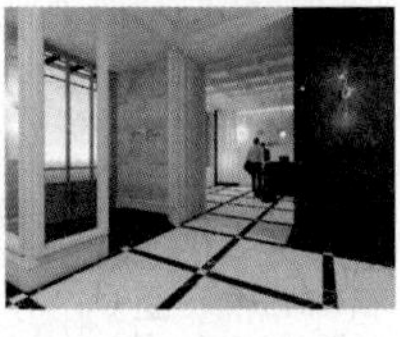

トラムⒸ線Quinconces下車すぐの便利な立地。2023年5月現在、大規模な改装工事が行われている（2023年夏再開予定）。
[住] 2, rue de Condé
[TEL] 05.56.52.60.44
[料] ⓈⓌ€170～500　☕€18
[CC] [A][M][V]　[室] 45室　❄　[Wi-Fi]
[URL] www.hotel-majestic.com

[H] イビス・ボルドー・サントル・メリアデック
Ibis Bordeaux Centre Mériadeck 3★　[MAP] P.335-B1

ボルドー中心部にあり、トラム駅も目の前にあり、観光に便利。
[住] 35, cours du Maréchal Juin
[TEL] 05.56.90.74.00　[FAX] 05.56.96.33.15
[料] ⓈⓌ€94～　☕€12.50
[CC] [A][M][V]　[室] 203室　[P]　❄　[Wi-Fi]
[URL] all.accor.com/hotel/0950/index.en.shtml

[B] バーラ・ヴァン
Bar à Vin　[MAP] P.335-A1

CIVB（ボルドーワイン委員会）本部1階にあるワインバー。手頃な値段でおすすめのグラスワインを味わえる。
[住] 3, cours du 30 juillet
[TEL] 05.56.00.43.47
[営] 11:00～22:00　[休] ㊐㊗
[料] グラスワイン€3～
[CC] [M][V]　[URL] baravin.bordeaux.com

[R] ラ・テュピナ
La Tupina　[MAP] P.335-B2

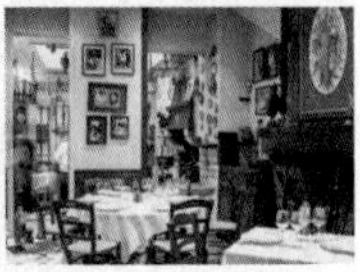

南西フランスの食材を使ったシンプルながら味わい深い料理を楽しめるビストロ。パスタ、キノコ、フォワグラが入ったMacaronadeは店のスペシャリテ。ストゥブの鍋で供される。予約が望ましい。
[住] 6, rue Porte de la Monnaie
[TEL] 05.56.91.56.37　[営] 12:00～14:00、19:00～23:00　[休] ㊊　[料] 昼ムニュ€21、夜ムニュ€68　[CC] [A][M][V]　[URL] www.latupina.com

[R] ナマ
Nama　[MAP] P.335-A1

フランス料理に和食のエッセンスを加えた創作料理とワインの専門家のオーナーが選ぶワインを楽しめる。オーナーは日本に長期滞在経験もあるのでメニューの説明や相談に日本語で対応してくれる。
[住] 24, rue Lafaurie Monbadon
[TEL] 05.56.44.88.54（日本語対応可）
[営] 19:30～21:30(L.O.)[休] ㊊
[料] 夜ムニュ€45、€55、€65　[CC] [M][V]　[日]
[URL] www.namawinerestaurant.com

レストランやビストロは、パルルマン広場Pl. du Parlement（[MAP] P.335-B2）を中心に数多く集まっている。

[H] コンティ
Konti 4★　[MAP] P.335-B1

ボルドー随一の繁華街、ガンベッタ広場に近く、何をするにも便利な立地。内装はシックでアーティスティック。
[住] 10, rue Montesquieu
[TEL] 05.56.52.66.00
[料] ⓈⓌ€87～480　☕€18
[URL] hotel-konti.com

ボルドーのシャトー巡り
ワインの故郷を訪ねて

「ボルドー」と聞けば、町の名前よりもまずワインを想像する人が多いのではないだろうか。ここは11万ヘクタールのブドウ畑が広がる世界最大のワイン生産地。単に広大なだけではない。造り手のたゆみない努力と情熱が世界で最も名声の高いワインを生みだしている。ボルドーワインをもっと身近に感じたいなら、ぜひ生産者のもとを訪れてみよう。

ボルドーのワイン地区

おもなブドウの品種はカベルネ・ソーヴィニヨンとメルロ。濃厚な赤ワインの印象が強いが、赤・白・ロゼ、甘口・辛口と、幅広い種類を産出している。

●オー・メドック地区 Haut-Médoc

サンテステフ、ポイヤック、サン・ジュリアン、マルゴーなどの上質な赤ワインを産する村や、有名シャトーがずらりと並ぶ、ボルドーの花形。

●メドック地区 Médoc

オー・メドックのように高名なシャトーはないが、上質で手頃なワインを安定して産する。

●グラーヴ地区 Graves

赤・白ともに長期熟成向けから軽めのものまで幅広く産する。南部には、偉大な貴腐ワインで知られるソーテルヌ村がある。

ほかに、ジロンド川、ドルドーニュ川の右岸側ではブライ、芳醇な赤ワインで知られるポムロルとサンテミリオンなどが上質な産地として知られる。ガロンヌ川とドルドーニュ川に挟まれたアントル・ドゥー・メールは、さわやかで軽めの白ワインの産地。

❶主催のシャトー巡りツアー

「シャトー」とはフランス語でお城のことだが、ボルドーでは、ブドウの栽培からワインの製造、瓶詰めまでを行う醸造所を「シャトー」と呼んでいる。ボルドーのシャトーには、本物のお城のような由緒ある歴史的建築物も少なくない。そんな多くのシャトーでは見学を受け付けていて、ブドウがワインになって出荷されるまでの過程をひととおり見ることができる。

ワイン初心者なら、ボルドーの❶主催のシャトー巡りツアーに参加するのもいいだろう。英語を話すガイドにワインの基礎知識を教わりながら、観光気分で気軽にシャトー訪問ができる。見学の最後はもちろんテイスティングを。テイスティングのコツもガイドがわかりやすく教えてくれる。口だけでなく、目、鼻でも味わうことで、ワインの楽しみが何倍にもなることが実感できるだろう。

ボルドーの❶主催のシャトー巡りツアー
半日コース
Châteaux & Terroirs
サンテミリオン、メドック、グラーヴなどの産地を日替わりで訪問する(仏・英語のみ)。
夏期は毎日、冬期は⊕⑪に中心街の❶を13:30発
所要約5時間　**料**€47
※問い合わせ、予約はボルドーの❶へ。人気があるので遅くとも前日までに予約を。
URL www.visiter-bordeaux.com

**ボルドー
ワインマップ**

大西洋

メドック
Médoc

サンテステフ
St-Estèphe

ポイヤック
Pauillac

サン・ジュリアン
St-Julien

ブライ
Blaye

オー・メドック
Haut-Médoc

フール
Bourg

マルゴー
Margaux

フロンサック リブルネ
Fronsac Libournais

ボルドー市街
Bordeaux

ポムロル
Pomerol

ペサック
Pessac

サンテミリオン
St-Emilion

グラーヴ
Graves

アントル・ドゥー・メール
Entre-Deux-Mers

ソーテルヌ
Sauternes

ガロンヌ川 la Garonne

◆ 赤ワイン
◆ 白ワイン

熟成中のワイン樽が並ぶサンテミリオンの地下カーヴ

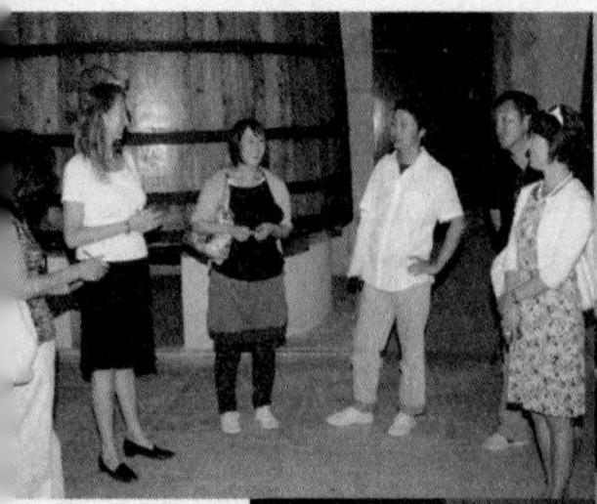

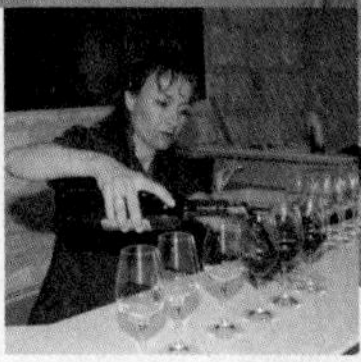

日本語アシスタントが付くトランスネーションの現地ツアー。解説を聞いたあとのテイスティングも楽しみだ

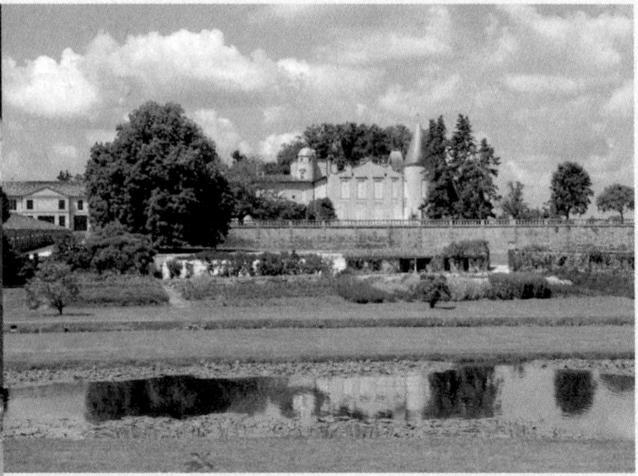

ラベルの絵柄にもなっているシャトー・ラフィット・ロートシルトの外観

日本語アシスタント付きシャトー巡りツアー
トランスネーション Trans Nation
2～3つのシャトーを訪問する1日ツアーを実施（最小催行人数2名、1週間前までに要予約）。格付けシャトーに特化したプライベートツアーも行っている。
[URL] trans-nation.net（日本語）
[料] €195～

個人でシャトーを訪ねるには

個人でシャトーを訪ねる場合は、レンタカーまたは貸切タクシーを利用することになる。必ず予約すること。各シャトーのウェブサイトのフォームから、訪問希望の日時を入力し、返事の要請をする。見学可能なシャトーの多くは英語が通じる。なお、見学のみで試飲や購入は不可というシャトーもある。また、バカンスシーズンや収穫期（8～9月）は見学できないところが多い。

5大シャトー
シャトー・ムートン・ロートシルト
Château Mouton Rothschild
[TEL] 05.56.73.21.29
[URL] www.chateau-mouton-rothschild.com
（日本語あり）
シャトー・マルゴー Château Margaux
[TEL] 05.57.88.83.83
[URL] www.chateau-margaux.com
シャトー・ラフィット・ロートシルト
Château Lafite Rothschild
[TEL] 05.57.57.79.79
[URL] www.lafite.com
シャトー・ラトゥール Château Latour
[TEL] 05.56.73.19.80
[URL] www.chateau-latour.com
シャトー・オー・ブリオン Château Haut-Brion
[TEL] 05.56.00.29.30
[URL] www.haut-brion.com
※2023年5月現在改装工事中のため訪問不可。

ブドウ畑に囲まれた極上ホテルで過ごす

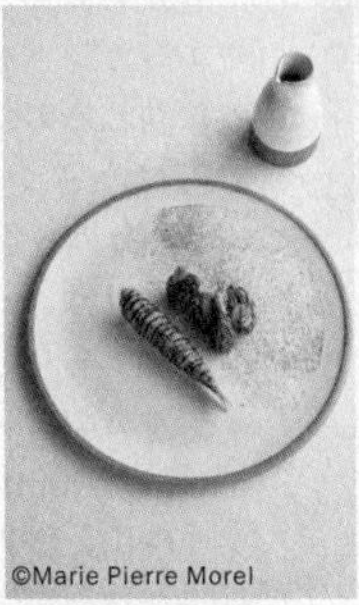

©Marie Pierre Morel
盛り付けも美しい料理

ブドウの種や茎に含まれるポリフェノールを配合したスキンケア製品で知られる「コーダリー」が手がけるスパホテル。コーダリーの製品を使ったトリートメント「ヴィノテラピー」が女性に人気。ミシュラン2つ星のレストラン「La Grand'Vigne」では極上のボルドーワインと料理を味わえる。

ムニュ€175（5品）、€230（7品）。それぞれの料理に合うグラスワインのセットは€145（5品）、€175（7品）。

[H][R] レ・スルス・ド・コーダリー
Les Sources de Caudalie 5★
🚗 ボルドーから約20km。
[住] Chemin de Smith Haut Lafitte
33650 Bordeaux-Martillac
[TEL] 05.57.83.83.83
[料] [S][W]€310～1650 ☕€30
[休] 1月
[CC] [A][M][V] [室] 61室 ❄ [P] 無料 [Wi-Fi]
[URL] www.sources-caudalie.com

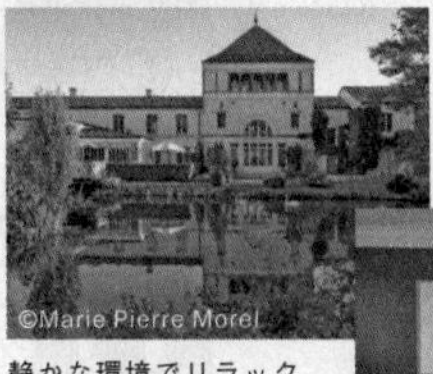

©Marie Pierre Morel
静かな環境でリラックスできるホテル

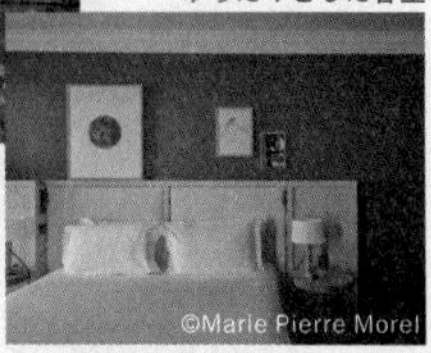

©Marie Pierre Morel
ゆったりとした客室

ACCESS

🚃ボルドーからTERで約50分。ピラ砂丘へはアルカシオン駅前から3番または101番のバスで終点のla Dune du Pilat下車。

🛈 観光案内所

🏠 22, bd du Général Leclerc
☎ 05.57.52.97.97
🕐 4〜6・9月

(月)〜(土)	9:00〜13:00
	14:00〜18:00
(日) (祝)	10:00〜13:00
	14:00〜17:00

7・8月毎日　9:00〜19:00
10〜3月

(月)〜(土)	9:00〜13:00
	14:00〜18:00
	((土)は〜17:00)

🚫 1/1、12/25
🌐 www.arcachon.com

アルカションの生ガキはすっきりとした味わいのボルドーの白ワインを合わせたい

アルカションの遊覧船
海辺の桟橋から遊覧船で湾内一周や、対岸の半島まで行くミニクルーズなどがある。
🌐 www.bateliers-arcachon.com

ACCESS

🚃ボルドーからTERで約35分。駅から町の中心までは徒歩約20分。サンテミリオン駅にはタクシーは、ないので、タクシーを使うなら、ボルドーからTERで約30分のリブルヌLibourneで下車するといい。

🛈 観光案内所

🏠 Pl. des Créneaux 33330
☎ 05.57.55.28.28
🕐 10:30〜13:00
　 14:00〜17:00
🚫 12/25
🌐 www.saint-emilion-tourisme.com

アルカション
Arcachon

大西洋岸の優雅なリゾート

ヨーロッパで一番高い砂丘、ピラ砂丘の壮大な眺め

　昔からカキの産地として有名な海辺の町アルカションは、今やエレガントなリゾートとなり、特に夏はにぎやかだ。もし、冬に訪ねるのならぜひ新鮮なカキを味わおう。

　町は小さくてわかりやすい。駅を背にしてAv. Général de Gaulleを真っすぐ進んで行くと、左側に🛈がある。そのまま真っすぐ行けば、そこはもう海岸だ。海辺にはホテルや魚介レストランがずらりと並び、夏はバカンス客で大盛況。

　アルカションの南約9kmの所には、ヨーロッパで一番高い砂丘(標高100m以上！)のピラ砂丘Dune du Pilatがあり、そそり立つ砂山と、青いアルカション湾、どこまでも続く緑の松林の見事な景観が楽しめる。

サンテミリオン
St-Emilion

絵のような中世の町でワインテイスティング
世界遺産

　数あるボルドーワインのなかでも、特に名高い銘柄、サンテミリオン。その故郷は、地平線まで続く緑色のブドウ畑に囲まれた、丘の上の小さな町だ。

　8世紀にブルターニュ出身の修行僧聖エミリオンが隠遁生活を送るための洞窟を掘ったのが、この町の始まり。聖エミリオンの死後、弟子たちが地下の石灰岩をくり抜いて造った12世紀のモノリス(一枚岩)教会Eglise Monolithe、地下墓地Catacombes、聖エミリオンが住んでいた庵Ermitageなどを🛈主催のガイド付きツアーで訪れることができる(個人見学不可)。

町の中心に位置するモノリス教会

はみだし　個人見学のできないモノリス教会、地下墓地、聖エミリオンの庵などを訪れるには、🛈の「地下建造物ツアーSt-Emilion Souterrain」(仏語)で。所要約45分。🎫 €15

もちろん、ワイン愛好家にとっても楽しみがいっぱい。曲がりくねった石畳の道の両側には、ワインカーヴやカフェが並び、地元のワインが気軽に味わえる。また、❶と同じ建物の中にあるサンテミリオン・ワイン会館Maison du vin de St-Emilionでは、ブドウ栽培から醸造までワイン造りの過程を紹介する常設展を開催している。ブティックにはサンテミリオン地区のワインが常時400種以上揃い、製造者からの直接購入と同じ価格で買うことができる。

周囲に広がるブドウ畑の中を歩いて、近くのワインシャトーを訪問するのも楽しい。❶でハイキングツアーを主催しているほか、ブドウ畑を巡るプチトランも走っている。

ブドウ畑を歩くのも楽しい

世界遺産

サンテミリオン地域
Juridiction de St-Emilion
（1999年登録）

大西洋岸

アルカシオン & サンテミリオン

サンテミリオンのおすすめホテル／レストラン／ショップ

Ｈホテル **Ｒ**レストラン **Ｓ**ショップ

ブドウ畑に囲まれて贅沢な夜を過ごせる。ホテルの数は少ないので早めに予約を。

ＨＲ オテル・ド・パヴィ
Hôtel de Pavie 5★

Jérôme Mondière

中世の町並みに溶け込んだエレガントなたたずまいの建物は、14世紀の館を改装したもの。町を一望できるレストランは名シェフ、ヤニック・アレノが監修。ボルドーの銘醸ワインにふさわしい美食を味わえる。

🏠 5, pl. du Clocher
☎ 05.57.55.07.55
💰 Ⓢ Ⓦ €395〜1490　🖥 €43　🚫 12〜3月
💳 ＡＤＭＶ　🛏 24室　Ｐ 無料　🚭 📶
🔗 hoteldepavie.com

Ｈ オーベルジュ・ド・ラ・コマンドリー
Auberge de la Commanderie 2★

フランス革命時にはジロンド派の隠れ家となった、歴史の刻まれたホテル。4〜5人で泊まれる部屋もあり、家族旅行にもおすすめ。

🏠 2, rue de la Porte Brunet
☎ 05.57.24.70.19
💰 Ⓢ Ⓦ €110〜　🖥 €13
💳 ＭＶ　🛏 17室
Ｐ €25　🚭 📶
🔗 www.aubergedelacommanderie.com

Ｓ ラ・ファブリック・ド・マカロン・ド・サンテミリオン
La Fabrique de Macarons de St-Emilion

1620年からの歴史をもつ、サンテミリオンの名物菓子「マカロン」の店。素朴な味わいが魅力の焼菓子をおみやげに。

© Macarons-Saint-Emilion.fr
- Photo Erwan Le Vexier

🏠 9, rue Guadet
☎ 05.57.24.72.33　🕐 8:00〜19:00（日は9:00〜、6〜10月は〜19:30）
🚫 1/1、12/25　💳 ＭＶ
🔗 www.macarons-saint-emilion.fr

🎵 Column Festival　中世の雰囲気たっぷりのワイン祭

祭りの始まりを告げるファンファーレが響き渡る

サンテミリオンでは、6月はブドウの開花宣言、9月はブドウの収穫宣言を祝う祭りが開かれ、小さな町は観光客とワイン業者でにぎわう。とりわけ9月の収穫宣言は、「ヨーロッパ文化遺産の日」（毎年9月第3土・日曜）とも重なり、普段は個人で訪問できないモノリス教会も、無料で自由に見学できるというオマケ付きだ。

祭りの楽しみのひとつは、「ジュラード Jurade」と呼ばれる参事会メンバーたちの行進。楽団に誘導されて、中世の町を練り歩く。石畳の道に赤いローブが映えて、とても華やか。新メンバーの任命式などを終えた後、塔の上から開花または収穫の宣言が行われ、祭りはフィナーレを迎える。

赤いローブをまとって誇らしげに行進！

はみだし 4月上旬〜11月中旬の毎日、サンテミリオンのブドウ畑を約35分で巡るプチトランがある。日本語オーディオガイド付き。ワインの試飲付きは所要約1時間20分。申し込みは❶で。💰 €8、試飲付き€14.50

341

風情のある港

La Rochelle

大西洋岸で最も美しい港町

ラ・ロシェル

郵便番号：17000　人口：約8万人

ACCESS

パリ・モンパルナス駅からTGV
で約2時間40分〜3時間。ボルドー
からTERまたはIntercitésで約2時
間30分。

ⓘ 観光案内所

住 2, quai Georges Simenon
MAP P.343-B2
TEL 05.46.41.14.68
開 7・8月
　(月)　　　　　　9:00〜19:00
　(日)　　　　　 10:00〜18:00
　4〜6・9月
　(月)〜(土)　　 10:00〜13:00
　　　　　　　　 14:00〜18:00
　(日)(祝)　　　　9:00〜13:00
　10〜3月
　(月)〜(金)　　 10:00〜18:00
　　　(月、季節により異なる)
休 10〜3月の(土)(日)、4月上旬の(月)(日)、
　1/1、12/25
URL www.larochelle-
　tourisme.com

シーフードがおいしい

レ島へのアクセス
レ島へは、ラ・ロシェル駅近くの
乗り場から3番のバスでアクセスで
きる。一番大きな村St-Martin de
Réまで約1時間20分。船の便もあ
り、所要約1時間。
バス
料 片道€2
URL transports.nouvelle-
　aquitaine.fr
船
料 片道€12.50
URL www.inter-iles.com

1804年から1857年にかけて建てら
れたボイヤール要塞

旧港にそびえるシェーヌ塔(左)とサン・ニコラ塔(右)

ラ・ロシェルは11世紀になって初めて歴史に顔を出した比較的
新しい町で、12世紀には、重要な貿易港として栄えた。その後、
新教徒たちの本拠地となり、1627年には国王軍にも攻撃され
た。旧港の入口の両側に砦状のふたつの塔が海を見下ろす。い
かにも激戦があったらしいこの港の情景は、多くの画家に好ま
れた。現在のラ・ロシェルは、中世からルネッサンス期の町並
みを残す、大西洋岸随一の港町として、観光客の人気を集めて
いる。

≫≫≫ 歩き方 ≫≫≫

　駅前から延びる大通りAv. Général de Gaulleを700mほど行
けば、旧港波止場のデュプレ海岸通りQuai Duperréに出る。
旧港入口の両側にふたつの塔が向かい合っている。高いほうが
サン・ニコラ塔、もう一方が**シェーヌ塔**だ。町を一巡するなら、
荘重な14世紀の城門である大時計門**Porte de la Grosse Horloge**
から出発しよう。旧市街には、商品取引所、裁判所、市庁舎な
ど見応えのある歴史的建造物が多い。大西洋で泳いでみたいと
いう人には**イル・ド・レ(レ島) Ile de Ré**のビーチがおすすめ。
島内ではミニバスやレンタサイクルでの散策が人気。

))) おもな見どころ (((

旧港 ★★★
MAP P.343-A〜B1　　　　　　　　　　　　　Vieux Port

　旧港入口にそびえる**サン・ニコラ塔Tour St-Nicolas**は高さ
42m。そのいかめしい外観はかつてのラ・ロシェルの軍事力を
しのばせる。**シェーヌ塔Tour de la Chaîne**は、14世紀にでき
た火薬庫で、シェーヌとは鎖の意。夜間は対岸のサン・ニコラ

はみだし　アラン・ドロンとリノ・バンチュラが共演した映画『冒険者たち』の舞台となったラ・ロシェル。ラストシーン
のボイヤール要塞Fort Boyardへは旧港から遊覧船で近くまで行ける。料 €22　URL www.inter-iles.com

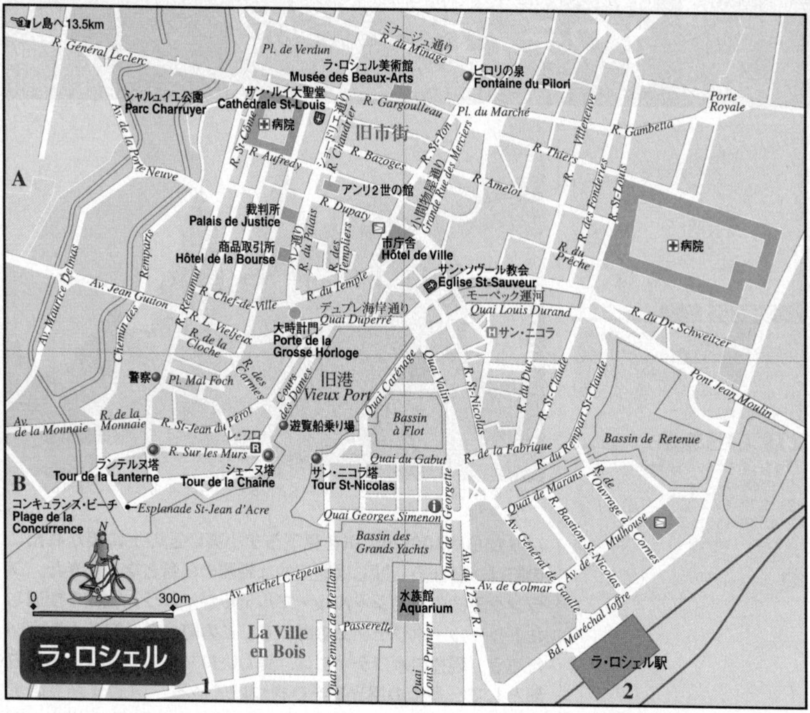

塔と大鎖でつなぎ、港湾を封鎖したといわれている。ラブレーの小説で“巨人パンタグリュエル”を縛りつけたという大鎖だ。シェーヌ塔と城壁で結ばれた高さ70mの塔が**ランテルヌ塔 Tour de la Lanterne**。長年牢獄として使われていたため、囚人たちの落書きが数多く残っている。塔の巡回路からはラ・ロシェルの町並みと港のすばらしい眺めが楽しめる。

サン・ニコラ塔、シェーヌ塔、ランテルヌ塔
[開] 10:00～13:00
14:15～17:30
（4～9月 は ～18:30、7・8月はノンストップ、入館は閉館の45分前まで）
[休] 4～6・9月の第1[月]の午前、10～3月の第1[月]、1/1、5/1、12/25 [料] €9.50
[URL] www.tours-la-rochelle.fr

ラ・ロシェルのおすすめホテル／レストラン

[H]ホテル [Y]ユースアコモ [R]レストラン

駅前から旧港にかけてホテルが点在している。

[H] サン・ニコラ
St-Nicolas 3★ [MAP] P.343-A2

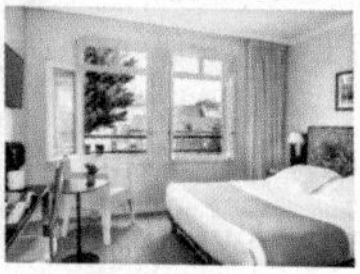

旧港や運河にほど近い立地。シンプルで機能的な部屋は、いつも清潔に保たれている。部屋に電気ポットあり。緑を配したラウンジも心地よい。レンタサイクル（半日€12、終日€18）を借りてレ島に出かけても。
[住] 13, rue Sardinerie [TEL] 05.46.41.71.55
[料] [S][W]€128～180 [朝]€16.95 [CC] [A][M][V]
[室] 86室 [P] €13（要予約） [冷] [Wi-Fi]
[URL] www.hotel-saint-nicolas.com

[Y] オーベルジュ・ド・ジュネス
Auberge de Jeunesse [MAP] 地図外

駅の南約2kmのミニム港に面している。白砂のビーチへはすぐ。水族館前から出ているIllico3番、4番のバスでLa Sole下車後約900m。受付は8:00～12:00、15:00～22:00（冬は短縮）。レストラン、ランドリーあり。
[住] Av. des Minimes [TEL] 05.46.44.43.11
[料] ドミトリー1人€22～ [朝]込み、シーツ代込み
[休] 10月 [CC] [V] [URL] www.aubergesdejeunesse17.fr

[R] レ・フロ
Les Flots [MAP] P.343-B1

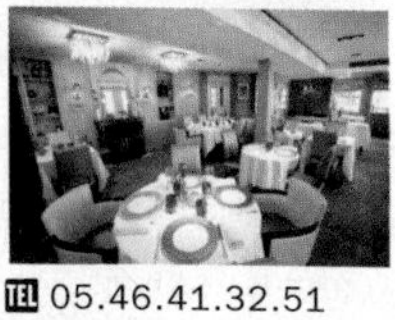

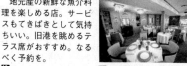

地元産の新鮮な魚介料理を楽しめる店。サービスもてきぱきとして気持ちいい。旧港を眺めるテラス席がおすすめ。なるべく予約を。
[住] 1, rue de la Chaîne [TEL] 05.46.41.32.51
[営] 12:15～14:00、19:30～21:30（[金][土]～22:00）
[料] ムニュ€39、€72、€116
[CC] [A][M][V] [URL] www.les-flots.com

ロマネスク建築の魅力を訪ねて

ポワティエ

ノートルダム・ラ・グランド教会

郵便番号：86000　人口：約7万8000人

ACCESS

🚄パリ・モンパルナス駅からTGVで
1時間20分～2時間10分。ボルドー
からTGVで約1時間20分。ラ・ロ
シェルからTERまたはTGVで1時間
20分～1時間40分。

ⓘ 観光案内所

🏠 45, pl. Charles de Gaulle
MAP P.345-2
☎ 05.49.41.21.24
FAX 05.49.88.65.84
🕐 9:30～18:00
休 ⑥ 祝
URL visitpoitiers.fr

精密な彫刻に覆い尽くされたファサードと、左右の円錐形の塔が見事に調和している
ノートルダム・ラ・グランド教会

パリから約300km。川を見下ろす小高い丘の上に築かれたこ
の町は、昔からしばしば歴史的な戦闘の舞台となってきた。フ
ランク王国の君主シャルル・マルテルがイスラム教徒を撃退し
たトゥール・ポワティエの戦いで、この町の名を知る人も多い
だろう。現在のポワティエは、美しいロマネスク教会がある古
都として、多くの観光客をひきつけている。1431年創立のポ
ワティエ大学もあり、留学生も多いので、にぎやかな学生の町
としても親しまれている。

≫≫ 歩き方 ≫≫

駅から中心街までは徒歩で約10
分。駅前広場と線路に並行してい
る大通りを横断し、坂道を（途中
から階段に移ると近道）上ってい
こう。

町の中心は、市庁舎の建つ**ル
クレール広場**Pl. du Maréchal
Leclerc。ルクレール広場から
にぎやかなガンベッタ通りRue
GambettaからRue des Cordeliers
に入り、北へ歩いていくと、**ア**

ジャンヌ・ダルクゆかりの宮殿

キテーヌ公宮殿Palais des Comtes de Poitou Ducs d'Aquitaine
の裏側に出る。これは12世紀に建てられたもので、ジャンヌ・
ダルクが審問を受けた場所として知られる。さらに進むと、こ
の町いちばんの見どころである**ノートルダム・ラ・グランド教会**。

サンティアゴ・デ・コンポステーラへの巡礼者が立ち寄る、
11世紀創建の大きなロマネスク教会**サンティレール・ル・グ
ラン教会**Eglise St-Hilaire-Le-Grandは、町の南西方向にある。

サンティレール・ル・グラン教会
コンポステーラ街道（→P376）上に
ある教会として世界遺産に登録され
ている。柱頭「サンティレールの死」
や黙示録を描いたフレスコ画が見ど
ころ。
MAP P.345-1
🏠 26, rue St-Hilaire
🕐 4～11月　　9:00～19:00
　　12～3月　　9:00～18:00
料 無料

サント・クロワ博物館
Musée Ste-Croix
考古学部門と、14～20世紀の芸術
を紹介する美術部門がある。カミー
ユ・クローデルの彫刻7点を所蔵。
MAP P.345-2
🏠 3bis, rue Jean-Jaurès
🕐 6月中旬～9月中旬
　　　　　　　10:00～18:00
　　　　　　（火は～20:00）
　　9月中旬～6月中旬
　　　　　　　10:00～18:00
　　　　　　（土日は13:00～）
休 ⑥、一部祝
料 €5、火と第1⑥無料

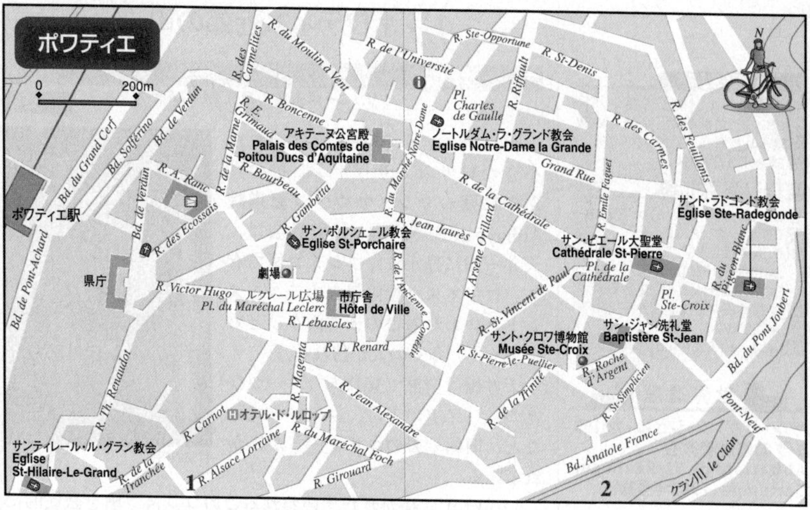

おもな見どころ

ノートルダム・ラ・グランド教会 ★★★

[MAP] P.345-2

Eglise Notre-Dame la Grande

松ぼっくりのような尖塔が印象的なロマネスク様式の12世紀の教会。正面入口の上段には12使徒とともに、この教会の初代司祭サンティレールと弟子の姿が描かれている。広々とした内部の柱には幾何学模様のような見事な彩色が施され、窓から差し込む光までもが彩られるかのようだ。

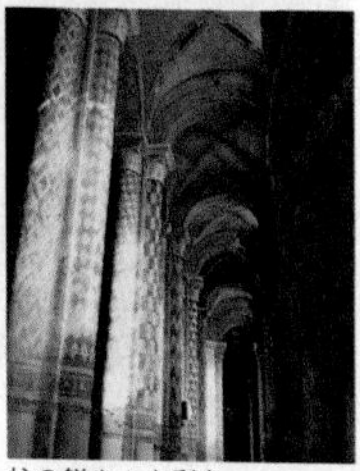
柱の鮮やかな彩色

ノートルダム・ラ・グランド教会
[住] 53, Pl. Charles de Gaulle
[開] 9:00～19:00
[料] 無料

ノートルダム・ラ・グランド教会が光の劇場に
6月中旬～9月中旬、およびクリスマスシーズンの日没後、ロマネスクの至宝であるノートルダム・ラ・グランド教会がライトアップされる。壁面を飾る無数の彫刻が建造当時と同じ極彩色に彩られ、観る者を中世への旅に誘う。

サン・ジャン洗礼堂 ★★

[MAP] P.345-2

Baptistère St-Jean

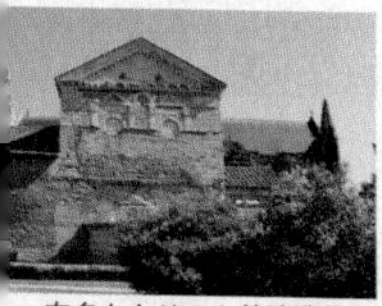
有名なキリスト教建造物のひとつ

4世紀建造のフランスで最も古いキリスト教建築といわれる洗礼堂。外見はこぢんまりしてかわいらしい姿だが、一歩中へ足を踏み入れると長い歴史を感じさせる厳粛で重厚な雰囲気。壁に描かれたフレスコ画も必見。

サン・ジャン洗礼堂
[住] Rue Jean-Jaurès
[開] 6/21～9/30 10:30～12:30
14:00～18:00
10・11月 14:00～17:00
12～3月 14:00～16:00
4/1～6/20 14:00～18:00
[休] 10/1～6/20の[月]、1/1、12/25
[料] €1～

ポワティエのおすすめホテル

[H]ホテル [Y]ユースアコモ

ルクレール広場周辺に2～3つ星のホテルがいくつかある。

[H] オテル・ド・ルロップ
Hôtel de l'Europe 3★ [MAP] P.345-1
ルクレール広場に近いにぎやかな一角にあるが、中庭の奥にあり静か。3～4人で泊まれる客室もある。
[住] 39, rue Carnot
[TEL] 05.49.88.12.00
[料] Ⓢ€82～117 Ⓦ€87～127 ☕€11.50
[URL] www.hotel-europe-poitiers.com

[Y] オーベルジュ・ド・ジュネス
Auberge de Jeunesse [MAP] 地図外
駅前からVitalis社の17番のバスでAuberge de Jeunesse下車後約100m。受付は7:00～12 :00、18:00～22:00。
[住] 1, allée Roger Tagault
[TEL] 05.49.30.09.70
[料] ドミトリー1人€24.70～ ☕込み [休] 12/16～1/2
[URL] www.hifrance.org/auberges-de-jeunesse/poitiers

))) ポワティエ近郊の町 (((

サン・サヴァン
St-Savin

クリュニー修道会の威光をしのんで
世界遺産

ACCESS
🚌ポワティエ駅前から国鉄バス
（→P523）で約45分。ただし本数
は限られており、平日は2～3本、
⊕⑪㊗は1日1本。

ℹ 観光案内所
🏠 20, pl. de la Libération 86310
📞 05.49.48.11.00
🕐 9:30～12:30
14:00～18:00
（季節と曜日によって変わる）
🚫 学校休暇期間を除く9月上旬～
4月上旬の⑪
🔗 www.sudviennepoitou.com

世界遺産

サン・サヴァン・シュル・ガルタ
ンプの修道院教会
Abbatiale de St-Savin sur
Gartempe（1983年登録）

サン・サヴァン修道院
🕐 7・8月　　　10:00～19:00
9～6月　　　10:00～12:00
14:00～18:00
（11～3月は～17:00）
🚫 9～6月の⑪の午前、1月、
11/11、12/24、12/25、
12/31
💴 €10
🔗 www.abbaye-saint-savin.fr

ポワティエから40kmほど離れた
小さな村サン・サヴァン。村の真
ん中に建つ**サン・サヴァン修道院
Abbaye de St-Savin**の付属教会は、
天井一面に描かれたフレスコ画で有
名。ロマネスク絵画最大のモニュメ
ントといわれるこの天井画をひとめ
見ようと、多くの人が訪れる。

天井画は全部で36枚あり、一つひ
とつに『ノアの方舟』『バベルの塔』
など、旧約聖書のエピソードが描か
れている。

教会の内部

1100年頃に描かれたといわれるこのフレスコ画を徹底的に
研究し、その価値を世に知らしめたのは日本の美術史学者、吉
川逸治氏である。

それぞれの絵は
ほぼ完全な状態で
残っているが、細
かい部分を見るに
はオペラグラスが
必要だ。

フレスコ画『ノアの方舟』

Column Art　ポワティエ近郊のロマネスク芸術を訪ねる

ロマネスク
にますます興味
がわいてきたと
いう人は、ポワ
ティエ近郊の町
ショーヴィニー
Chauvignyや**サ
ント**Saintes、
アングレーム
Angoulêmeを
訪ねてみよう。

*ショーヴィニーのサン・ピエール参
事会教会のロマネスク柱頭彫刻*

ポワティエとサン・サヴァンのちょうど真ん
中あたりに位置するショーヴィニー。ここにあ
る小さなかわいらしい教会が**サン・ピエール参
事会教会**Collégiale St-Pierreだ。柱頭に彫ら
れた怪物の彫刻が実にユニーク。

サントの**サン テュートロプ教会**Eglise
St-Eutropeのクリプト（地下祭室）もすばらしい。

何百年もの間建物を支えてきた太い柱は、苔む
した姿で今も健在。

アングレームでは、**サン・ピエール大聖堂**
Cathédrale St-Pierreの正面に刻まれた70もの
彫像が見もの。まるで、宙に浮かんでいるよう
に見えるから不思議だ。

アクセス
🚌🚃ショーヴィニーへ
は、ポワティエから国
鉄バス（→P523）で約
30分。サントへはボル
ドーからIntercitésが
TERで約1時間30分。
アングレームへはポワ
ティエからTGVで約40
分、サントから国鉄バ
スで約1時間40分

*アングレームの
サン・ピエール大聖堂*

はみだし 「アングレーム国際マンガ祭」で知られるアングレームの「バンド・デシネ博物館La Cité internationale de
la Bande Dessinée et de l'image」は、ヨーロッパ最大のマンガ博物館。🔗 www.citebd.org

ピレネーの美しい眺めを望む

ポー

郵便番号：64000　人口：約8万人

ポー川の川岸から城を眺める

ピレネー山脈に臨む台地の上に築かれたポーは、ピレネー大通りからの抜群の眺望により、南フランス有数の観光地、保養地となった。この景観を楽しむためにポーへ足を延ばす人も多い。ブルボン王朝の創始者アンリ4世の生誕地としても有名で、彼の生まれた城が現在も残っている。

》》》 歩き方 》》》

　駅前の通りを渡るとケーブルカー乗り場がある。3分ごとに運行する無料ケーブルカーに乗って、着いた所が**ピレネー大通りBd. des Pyrénées**。この遊歩道から見たピレネー山脈の眺めは本当にすばらしい。歩道に沿って柵があり、ところどころに山の名前が記されている。その場所から眺めると、ちょうど正面にその山が見えるようになっている。

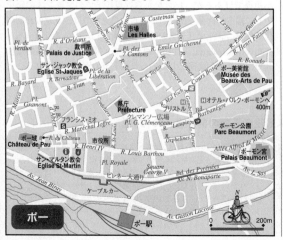

ポー

大西洋岸

サン・サヴァン＆ポー

ACCESS

🚄パリ・モンパルナス駅からTGVで約4時間30分。ボルドーからTGVまたはTERで約2時間～2時間20分。

✈パリCDG空港またはパリORY空港からポー・ピレネーPau Pyrénées空港まで約1時間20分。空港から市内までIDELIS社の10番バスで約35分。終点のPau Bosquetはポー美術館近く。
URL www.pau.aeroport.fr

❶ 観光案内所

住 9, rue Henri IV　　MAP P.347
TEL 05.59.27.27.08
開 7・8月
　　（月）～（土）　　9:00～18:30
　　（日）（祝）　　9:30～13:00
　　　　　　　　　14:00～17:00
　　9～6月
　　（月）～（土）　　9:00～18:00
　　（日）（祝）　　9:30～13:00
休 一部（祝）
URL www.pau-pyrenees.com

パス・グルマン
Pass Gourmand

美食巡りを楽しめるチケット型のパス。参加している食材店やパティスリーで提示すると試供品をもらえたり、その場で試食できる。購入は❶で。
料 Petite Faim €8
　 Grande Faim €15

地元の人も利用するケーブルカー

雄大な山々を望むピレネー大通り

はみだし ピレネー山脈の景色を楽しめるミニ列車、トラン・ダルトゥーストTrain d'Artouste。ポーからD934経由で南に約60km。リフトで上った所に駅がある。URL www.artouste.fr

国民に最も愛されたといわれるフランス王アンリ4世の肖像が城内のそこかしこに飾られている

ポー城
住 Rue du Château
URL chateau-pau.fr
国立美術館
開 6/15〜9/22　9:30〜17:45
　　9/23〜6/14　9:30〜11:45
　　　　　　　14:00〜16:45
　　20〜30分ごとに出発するガイド付きツアー（仏語）で見学。所要45分〜1時間。要予約。
休 1/1、5/1、12/25
料 €7、第1⊕無料
庭園
開 8:00〜18:15
料 無料

ポー美術館
住 10, rue Mathieu Lalanne
開 11:00〜18:00
休 ⊕、一部㊗
料 無料

19世紀サロン派の絵画で埋め尽くされたポー美術館の1階ホール

　❶はケーブルカーの駅から少し奥に入ったロワイヤル広場Pl. Royaleに面している。ここから西へ行った所にポーいちばんの見どころである**ポー城**がそびえる。その周囲一帯が中世からルネッサンスの町並みが残る歴史地区。Rue Henri ⅣやRue du Châteauには雰囲気のいいレストランも多い。

)))　おもな見どころ　(((

ポー城
MAP P.347　　　　　　　　　　★★★
Château de Pau

アンリ4世が生まれた城

　1553年12月13日、ブルボン朝の創始者であるアンリ4世がこの城で産声をあげた。残念ながら、城の内部はフランス革命時に荒らされ、アンリ4世の時代のもので残っているのは彼が使ったとされる海亀の甲羅でできたゆりかごくらい。それでもアンリ4世の肖像や彫像は城内のいたるところに飾られている。19世紀、ルイ・フィリップとナポレオン3世の時代に城は大幅に改装された。現在の城はその頃集められた美術品、家具・調度を展示する**国立美術館Musée National**となっている。なかでも16〜18世紀に織られたゴブランのタピストリーのコレクションが見もの。ルネッサンス庭園も散策したい。

海亀の甲羅のゆりかごが置かれた「王の部屋」

ポー美術館
MAP P.347　　　　　　　　　　　★
Musée des Beaux-Arts de Pau

　1930年代のアールデコスタイルの建物が魅力的な美術館。小規模ではあるが、15世紀から近現代までのフランス絵画を中心に幅広い作品を所蔵している。必見なのは、ドガの初期の代表作『ニューオリンズの綿花取引所Un Bureau de coton à la Nouvelle Orléans』。社会的なテーマを扱った写実主義的な作品で、踊り子の画家として知られるドガの別の一面を見ることができる。

ポーでのおみやげにおすすめなのが、「フランシス・ミオFrancis Miot」のジャム。添加物を使わず、独自の方法で作られたジャムは、フランス中にファンがいる。**MAP P.347** **URL** www.francis-miot.com

大西洋岸

ポーのおすすめホテル　🄷 ホテル

ホテルは繁華街の中心クレマンソー広場周辺に点在している。

🄷 オテル・パルク・ボーモン
Hôtel Parc Beaumont 5★　　　　　MAP P.347

　ボーモン公園すぐ横の緑に囲まれたラグジュアリーホテル。公園側の部屋はバルコニー付き。

🏠 1, av. Edouard VII
☎ 05.59.11.84.00
💴 Ⓢ Ⓦ €153〜350　☕€26
💳 ADJMV　🛏 75室
🍴 ❄ Wi-Fi
URL www.hotel-parc-beaumont.com

🄷 ブリストル
Bristol 3★　　　　　　　　　　MAP P.347

　19世紀の建物を利用したホテル。クレマンソー広場近く。町なかなのに無料の駐車場があるので、レンタカーでの旅行におすすめ。

🏠 3, rue Gambetta
☎ 05.59.27.72.98
💴 Ⓢ Ⓦ €85〜165　☕€15
💳 AMV　🛏 21室
🅿 無料 ❄ Wi-Fi
URL www.hotelbristol-pau.com

))) ポー近郊の町 (((

オロロン・サント・マリー
Oloron-Ste-Marie

巡礼者たちを迎えるピレネー山麓の小さな町

ポー & オロロン・サント・マリー

サント・マリー大聖堂の入口

　ピレネー山脈から流れ出たふたつの渓流が出合う場所に開けた小さな町。スペインのサンティアゴ・デ・コンポステーラに向かう巡礼路上（→P.376）にあり、中世の頃から、多くの旅人が通過していった。現在はスペインのカンフランCanfrancと結ぶバスで簡単にピレネー越えができるが、あえて徒歩巡礼を選ぶ人も多い。巡礼者たちを迎え入れた**サント・マリー大聖堂**Cathédrale Ste-Marieは、12世紀に建造されたロマネスク様式の建築。聖書の物語が彫り込まれた正面入口の彫刻が見事だ。庶民の様子も生きいきと描かれ、ピレネーの暮らしがよくわかる。

ACCESS
🚃 ポーからTERで約40分。

ℹ **観光案内所**
🏠 Allées du Comte de Tréville
64400
☎ 05.59.39.98.00
🕐 ㊊〜㊏
　　　　9:00〜12:00
　　　　14:00〜18:00
ハイシーズンの㊊〜㊏
　　　　9:00〜12:30
　　　　14:00〜18:30
ハイシーズンの㊐
　　　　9:00〜13:00
🚫 ㊐（ハイシーズンを除く）
URL www.pyrenees-bearnaises.
com

おすすめ散策スポット
町を流れるふたつの渓流に挟まれたサント・クロワ地区は、13〜17世紀の古い建物が残る場所。なかでも城砦跡に造られた通りプロムナード・ベルヴューPromenade Bellevueは眺めのよい散歩道になっていて、散策におすすめ。

ART Column / Art　宮崎駿監督の世界観をタピストリーで再現

　フランス中部、ヌーヴェル・アキテーヌ地域圏にある町オービュッソンは、古くより「タピストリーの町」として知られる。その伝統技術がユネスコの無形文化遺産に登録されたことがきっかけとなり、2016年に国際タピストリーセンターCité international de la tapisserie d'Aubussonが開館した。

『千と千尋の神隠し』のタピストリー
Cité internationale de la tapisserie © 2023 Dévoilement _Le Voyage de Chihiro © 2001 Studio Ghibli-ND(31)

　このセンターで現在進められているのが、宮崎駿監督の5作品をタピストリーに織り上げるプロジェクトだ。既に『もののけ姫』『千と千尋の神隠し』『ハウルの動く城』が完成、披露されている。2025年までに、全作品完成する予定だ。

国際タピストリーセンター
作品の展示は、期間が限定されることがあるので、ウェブサイトなどで確認を。
🏠 Rue des Arts 23200 Aubusson
URL www.cite-tapisserie.fr

アクセス
🚃 パリ・オステルリッツ駅からIntercitéで約3時間20分のリモージュLimogesに行き、TERに乗り換えて約1時間50分。

国際タピストリーセンター
© Cité de la tapisserie, Aubusson

はみだし 焼き物の町として名高いリモージュLimoges（MAP P.333）。18世紀にこの町で生まれたリモージュ焼は、フランス王室御用達ともなった。この町で生まれたルノワールも、もとは磁器の絵付け職人だった。

349

バスク地方の旅
旅好きの心をくすぐる、すてきなものの宝箱

地方色豊かなフランスのなかでも、その個性が際立つバスク。独自の文化が受け継がれてきた地方として知られ、フランスではないどこか異国を旅しているような錯覚に陥ることもある。雄大な自然、グルメを魅了する郷土料理、そして伝統の手工芸品と、多彩な魅力をもつ地でもあり、自分だけの「お気に入り」が見つかるかもしれない。

独自の文化と風俗を守る地

「バスク地方Pays Basque」は、ピレネー山脈西部、フランスとスペイン両国にまたがる一帯のこと。歴史、文化的につけられた呼称で、フランス国内に位置する北部の一部が「フレンチバスク」と呼ばれている。大西洋岸の美しい砂浜とピレネーの山岳地帯の両方を有し、風光明媚な場所であるのはもちろん、海と山両方の幸を味わえる美食の地でもある。

バスクのもうひとつの特徴は、ほかの地方とまったく異なる独自の文化、風俗を守り続けていること。なかでもバスク語は今でも学び継がれ、地名の表示も仏語、バスク語が併記されている。赤い窓枠が白壁に映える民家の造りも独特だ。

バスク地方の町と村

バスクの中心都市はバイヨンヌ（→P.352）。同じく海側にあるビアリッツ（→P.357）、サン・ジャン・ド・リュズ（→P.356）は、ビーチリゾートとして夏にはバカンス客でにぎわう。また山側には、サンティアゴ・デ・コンポステーラの巡礼路（→P.376）上にあるサン・ジャン・ピエ・ド・ポール（→P.355）、唐辛子の産地として知られるエスプレット（→P.355）などの小さな村が点在している。ベストシーズンは春から秋。11月から3月半ばは店やレストランが閉まることも多いので、注意したい。

バスクグルメに舌鼓

豊かな自然に恵まれたバスクは、郷土料理からスイーツまで、おいしいものいっぱいのパラダイスだ。例えばバスク豚。一時は絶滅の危機に瀕していたバスク原産の「ピエ・ノワール」種の豚で、その生ハムはきめ細かで上品な味わいだ。

郷土料理としては、特産の生ハムを使った「ピペラードPiperade」、「鶏肉のバスク風Poulet basquaise」などが有名。スパイスには、エスプレット産の唐辛子が欠かせない。

バスクは、チョコレートと深い関わりをもつ地

サン・ジャン・ピエ・ド・ポール近郊、イレルギワインのブドウ畑から望むバスクの大地（左）　赤い布を腰に巻くのがバスクの男たちの伝統的なスタイル（右上）　サン・ジャン・ド・リュズはビーチリゾートとしても人気がある（右下）

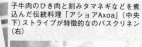

子牛肉のひき肉と刻みタマネギなどを煮込んだ伝統料理「アショアAxoa」（中央下）ストライプが特徴的なのパスクリネン（右）

名産の唐辛子が窓辺に飾られたエスプレット村の民家。唐辛子は粉末にして料理に使われるほか、リキュールやお菓子にも使われる（左）16～18ヵ月の間じっくりと熟成させた生ハム。特産の唐辛子を、古来からのシンボル「バスク十字」形に添えて（中央上）

方でもある。17世紀、アメリカ大陸からスペインに伝えられたカカオ豆がバイヨンヌの港に運ばれた。フランスで初めてのチョコレート工場ができたのもバイヨンヌ。世界に名だたるフランスのチョコレート文化が最初に花開いたのはこの地方なのだ。

伝統的な製法を守る老舗チョコレートショップも健在で、通りを歩いているとどこからともなく甘いチョコレートの香りが漂ってくるほど。さらに焼き菓子の「ガトー・バスクGâteau Basque」、サクランボのジャムなど、素朴な味わいのバスクスイーツはぜひ試してみたい。

●バイヨンヌのチョコレートショップ→**P.353**
●サン・ジャン・ド・リュズ、ビアリッツの
　スイーツ店→**P.356**

メイド・イン・バスクの手工芸品

バスクのおみやげといえば、鮮やかな色使いのバスクリネン。昔、虫よけのため牛の背に乗せたのが始まりといわれる。シンプルなストライプ柄と心地よい風合いは使うほど自然と手になじむ。

ほかに、ジュード麻の底をもつカラフルなサンダル「エスパドリーユEspadrille」もバスクの名産品。カジュアルななかにおしゃれ感があり、夏のリゾートや町歩き用に何足も揃えたくなる。サン・ジャン・ド・リュズ（→P.356）のおすすめショップを紹介しよう。

Ⓢ バヨナ Bayona

エスパドリーユ専門店。色のバリエーションが豊富で、選ぶのに迷ってしまうほど。
🏠 30, rue Gambetta
🕐 10:00～19:30
休 無休
URL www.bayona.fr

Ⓢ アルティガ・メゾン Artiga Maison

コットン製のカラフルなトートバッグもおすすめ。バイヨンヌ、エスプレットにも店舗がある。
🏠 13, rue Garat 64500 St-Jean-de-Luz
🕐 10:00～13:00、14:00～19:00
休 ㊡ ㊐
URL www.artiga.fr

バスク地方を回るには

バイヨンヌ、ビアリッツ、サン・ジャン・ド・リュズ、サン・ジャン・ピエ・ド・ポールは列車で回れる。それ以外の山側の村へは、日時がうまく合えばバス利用も可能（下記）。ただし便数は極端に少なく、平日1日1～2便という村も多い。タクシーかレンタカーの利用が効率的。

バスの路線図と時刻表の検索
URL www.txiktxak.fr

山側の村へのアクセス

かわいらしい町並みに出合えるエスプレット

▶アイノアAïnhoa（→P.354）：バイヨンヌから約28km。サン・ジャン・ド・リュズから約47番のバスで約40分。
▶エスプレットEspelette（→P.355）：バイヨンヌから約23km。バイヨンヌ駅からT2番のバスでLycée下車（約10分）。14番のバスに乗り換えてEspelette - Mendi Aide Bourg下車（約41分）。

バスク風の赤や緑の窓枠

誇り高いバスク文化の中心都市

バイヨンヌ

郵便番号：64100　人口：約4万6000人

ACCESS

🚄パリ・モンパルナス駅からTGV
で約4時間。ボルドーからTGVで約
1時間40分、TERで1時間55分～2
時間10分。
✈パリCDG空港またはパリORY空
港からビアリッツ・ベイ・バスク
Biarritz Pays Basque空港まで約1
時間20分。空港から市内へはTXIK
TXAK社の3番、4番のバスで約20
分。URL www.txiktxak.fr

🛈 観光案内所

住 Pl. des Basques　MAP P.353-A
℡ 05.59.46.09.00
開 7・8月
　　(月)～(土)　　　　9:00～19:00
　　(日)　　　　　10:00～13:00
　　（その他の期間は時間が短縮）
休 9～6月の(日)(祝)
URL www.visitbayonne.com

バスクとバイヨンヌの歴史博物館

住 37, quai des Corsaires
開 10:00～18:00
　　(木は13:00～20:00)
休 (月)、(木午前、(火)（7/14と8/15
　を除く）
料 €8、第1(日)と(木)の18:00以降無
　料
URL www.musee-basque.com

17世紀のバスク風住宅の中にあるバ
スクとバイヨンヌの歴史博物館

ニーヴ川沿いに広がるバイヨンヌの町並み

大西洋から約8km、アドゥール川L'Adourと支流ニーヴ川La
Niveの合流点に築かれた古い町バイヨンヌは、フランスとスペ
インにまたがるバスク地方の中心都市。古代ローマ時代には街
道筋の町として、また12～15世紀には貿易港を中心に栄えた。
長い歴史を育んできた川の流れを眺めつつ、新鮮な魚介類を、
あるいは名産の生ハムを思う存分味わってみたい。

≫≫ 歩き方 ≫≫

　バイヨンヌの町は、ニーヴ川を挟んで市庁舎やサント・マリー
大聖堂のある中心街グラン・バイヨンヌGrand Bayonneと、
美術館や博物館のあるプティ・バイヨンヌPetit Bayonneのふ
たつの地区に分かれている。

　まず駅前広場を通り抜け、アドゥール川に架かるサンテスプ
リ橋Pont St-Espritを渡り、道なりに次の小さい橋を渡るとグ
ラン・バイヨンヌに入る。さらに右へ5分ほど歩いていくと、
🛈のあるバスク広場Pl. des Basquesに出る。

))) おもな見どころ (((

バスクとバイヨンヌの歴史博物館　★★
MAP P.353-B　　　　　Musée Basque et de l'histoire de Bayonne

　プティ・バイヨンヌのニーヴ川のほとりに建つ博物館。不思
議に郷愁を誘うバスク音楽が流れるなか、何万点にも及ぶ展示
物をとおして、フランスとはまったく違う文化をもつバスクの
歴史、伝統に触れることができる。クラシックバレエにもその
ステップが取り入れられているバスクの民族舞踊を紹介するビ
デオも興味深い。これからバスク地方を訪れようという人にお
すすめ。

　🛍バスク音楽のCDやバスク語の書籍を探すなら、メディアショップ「エルカールElkar」へ。MAP P.353-B
　　　住 9, rue des Gouverneurs

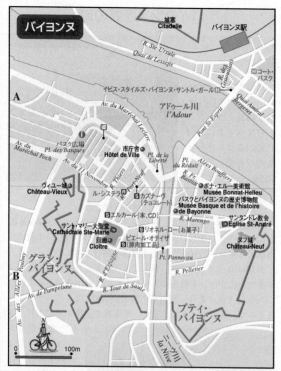

バイヨンヌ

城塞 Citadelle

バイヨンヌ駅

R. Ste-Ursule
Quai de Lesseps

R. des Gouvaillois
コート・バスク

イビス・スタイルズ・バイヨンヌ・サントル・ガール H

Quai Amiral Bergeret

A

Av. du Maréchal Leclerc
アドゥール川 l'Adour

Pont St-Esprit

Av. du Maréchal Foch
バスク広場 Pl. des Basques
市庁舎 Hôtel de Ville
Pl. de la Liberté
Pl. du Réduit
Allées Boufflers

Av. du 11 Novembre R. Thiers
R. Port-Neuf

R. Fr. Bastiat
ボナ・エルー美術館 Musée Bonnat-Helleu

ヴィユー城 Château-Vieux
ル・システラ R
カズナーヴ S（チョコレート）
エルカール（本、CD）S
バスクとバイヨンヌの歴史博物館 Musée Basque et de l'histoire de Bayonne

R. Marengo
サンタンドレ教会 Eglise St-André

サント・マリー大聖堂 Cathédrale Ste-Marie
回廊 Cloître
リオネル・ロー（お菓子）S
ピエール・オテイザ S（豚肉加工品）
ヌフ城 Château-Neuf

グラン・バイヨンヌ

Av. des Allées Paulmy
R. d'Espagne
Pt. Pannecau
Pt. Pelleter

B

Av. de Pampelune
R. Tour de Sault

プティ・バイヨンヌ

ニーヴ川 la Nive

0   100m

バイヨンヌのチョコレートショップ

伝統製法を守る老舗と、新しいスタイルで人気の店を紹介しよう。

S カズナーヴCazenave
1854年の創業当時と同じ製法でチョコレートを作り続けている店。奥のサロン・ド・テでは、名物の「ショコラ・ムスーChocolat mousseux（泡立てたココア）」を味わえる。
MAP P.353-A
住 19, rue Port Neuf
営 9:15～12:00、14:00～19:00
休 月 日 祝
URL www.chocolats-bayonne-cazenave.fr

S リオネル・ロー Lionel Raux
ショコラティエ、リオネル・ローさんの店。2階のサロン・ド・テでは、いろんなフレーバーのホットチョコレートをどうぞ。
MAP P.353-B
住 7, rue Bernadou
営 月～金 9:00～19:30
　　　 土　8:00～19:30
　　　 日　8:00～13:00

ボナ・エルー美術館
住 5, rue Jacques Laffitte
改装工事のため休館中。2025年に再オープン予定。

ボナ・エルー美術館 ★
MAP P.353-A　　　　　　　　　Musée Bonnat-Helleu

19世紀後半のアカデミー派の画家、レオン・ボナが故郷バイヨンヌに寄贈した作品を中心に展示している。ボナの作品のほか、ルーベンス、ティツィアーノ、ワトー、アングルなど巨匠の作品が多数あり、見応えがある。自然光を取り入れたモダンな内装にも注目したい。

バイヨンヌのおすすめホテル／レストラン　　Hホテル Rレストラン
1～3つ星のホテルが駅前やグラン・バイヨンヌに点在する。

H イビス・スタイルズ・バイヨンヌ・サントル・ガール
Ibis Styles Bayonne Centre Gare 3★　　MAP P.353-A

駅から近く、アドゥール川に面して建つホテル。部屋から川と橋が見えて、眺めがいい。
住 1, pl. de la République
TEL 05.59.55.08.08
料 S€70～170 W€80～180　込み
CC AMV 室 45室 ⚡ Wi-Fi
URL all.accor.com/hotel/8716/index.ja.shtml

H コート・バスク
Côte Basque 2★　　　　　　　MAP P.353-A

駅から約100mの家庭的なホテル。簡素ながらかわいらしくまとめられている。
住 2, rue Maubec　TEL 05.59.55.10.21
料 S W€85～　　€11

CC AMV 室 40室 P €9
⚡ Wi-Fi
URL www.hotel-cotebasque.fr

R ル・システラ
Le Chistera　　　　　　　　MAP P.353-B

陽気で色彩豊かなバスク料理を出す店。ピペラードや伝統料理が含まれるコースは、料金が手頃でボリュームたっぷり。なるべく予約を。
住 42, rue Port Neuf　TEL 05.59.59.25.93
営 12:00～14:00、19:00～21:00
休 火 水 日の夜、月
料 ムニュ€25、€30 CC V 日 Wi-Fi
URL lechistera.com

バスク豚の生ハム、加工食品を買うなら、専門店「ピエール・オテイザPierre Oteiza」で。MAP P.353-B
住 70, rue d'Espagne　営 10:00～13:00、14:00～19:00　休 月 祝 日　URL www.pierreoteiza.com

バイヨンヌ近郊の町

ラ・リューヌ山 La Rhune

登山列車でバスクの頂上へ

ラ・リューヌ山は、地元の人がすすめるバスクでいちばんの景勝地。フランスからスペインにかけて広がるピレネー山脈の一部で、標高は905m。バイヨンヌからビアリッツ、サン・ジャン・ド・リュズの海岸線を一望できる。

1920年代製造の登山列車 Jean-Marc DECOMPTE © CG 64

山頂へ向かう登山列車、**トラン・ド・ラ・リューヌTrain de la Rhune**がまた楽しい。小さな機関車がかわいらしい木製の客車を引っ張り、約30分かけて急斜面を駆け上っていく。

山頂はもうスペイン領。眼下にはバスク地方の美しい緑のパノラマが広がり、半野生の馬やヤギたちとも出合える。この登山列車は人気があり、夏は待ち時間が1時間以上というときもあるので、朝がおすすめ。また、悪天候や混雑状況により、運休となる便もあるので、時間に余裕をもって行動しよう。

広大な景色が広がる山頂の駅

ACCESS

🚆🚌バイヨンヌからTERで約25分のサン・ジャン・ド・リュズへ行き、駅前のバス停（Halte Routière）からHegobus社の45番のバスで約20分。コル・ド・サンティニャスCol de St-Ignaceで下車すると、登山鉄道の出発する駅がある。バスの本数は少ないので、往復の時刻表をあらかじめ確認しておこう。バイヨンヌのℹでも時刻表をもらえる。[URL] www.txiktxak.fr

🚗サン・ジャン・ド・リュズからコル・ド・サンティニャスまで約11km。

半野生の馬が草をはむのどかな風景

トラン・ド・ラ・リューヌ

[営] 6/3～11/5（'23）
時刻表はウェブサイトで確認のこと。片道35分

[休] 11月上旬～通常は3月中旬

[料] 往復€22、
4～12歳€15

[URL] www.rhune.com

Column Pause café バスクの小さな村へ①アイノア

バスク地方の山間部には、魅力的な村が点在している。**アイノア**Aïnhoaもそのひとつ。メインストリートQur Karrikaには17～18世紀に建てられた伝統的な造りの民家がずらりと並び、調和の取れた家並みを見せている。当地の名産品を売る店もあり、散策が楽しい。美食を堪能できるホテル・レストランもある。サン・ジャン・ド・リュズからの路線バス、レンタカーまたはタクシーで。

アイノアのバスクらしい家並み

●アイノアのホテル

[H][R] イチュリア Ithurria 4★

アイノア村の入口にある。ミシュラン1つ星のレストランと気軽なビストロで、バスク料理を堪能しては。

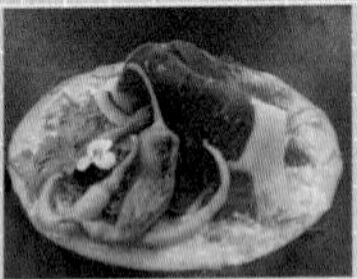

[住] 218 karrika nagusia
64250 Aïnhoa

[TEL] 05.59.29.92.11

[料] ⓈⓌ€135～165
🍳€15

[休] 11月～4月中旬
レストランは㊌、7月中旬～8月を除く㊍の昼

[CC] [A][M][V] [室] 26室

[P] 無料 ❄ [Wi-Fi]

[URL] www.ithurria.com

ST EMILI

大西洋岸

ラ・リューヌ山 & サン・ジャン・ピエ・ド・ポール

St-Jean-Pied-de-Port　郵便番号：64220　人口：約1700人

ニーヴ川沿いの風景が美しい
サン・ジャン・ピエ・ド・ポール

美しいニーヴ川沿いの景色

ACCESS
🚃バイヨンヌからTERで約1時間。

❶観光案内所
🏠 14, pl. Charles de Gaulle
☎ 05.59.37.03.57
📅 7・8月 ㊊～㊏ 9:00～13:00
　　　　　　　　14:00～18:30
　　　　　㊐ 10:00～13:00
　4～6月・9・10月
　　　㊊～㊏ 9:30～12:30
　　　　　　　14:00～18:00
　　　　㊐ 10:00～13:00
　11～3月 ㊊～㊏ 9:00～12:30
　　　　　　　14:00～17:30
🚫 10月～3月の㊐、一部㊗
🌐 www.en-pays-basque.fr

大西洋岸からピレネーにかけて広がるバスク地方で、「山バスク」を代表する町がここ。山あいにある、のどかで小さな町だが、かつてはフランスとスペインにまたがって栄えたナヴァール王国の都市だった。また中世には、サンティアゴ・デ・コンポステーラへの巡礼路上（→P.376）にある、重要な宿場町でもあった。

　現在も、スペイン領に入る直前に通過する町として多くの巡礼者たちを迎えており、エスパーニュ通りRue d'Espagneからシタデル通りRue de la Citadelleに続く通り沿いには、案内所や宿泊所も用意されている。バスクの名産品を売る店や郷土料理のレストランもこの界隈に集まる。町の中央を横断するニーヴ川沿いの美しい風景も味わいつつ、町を散策してみよう。**城塞Citadelle**に上って、緑豊かなバスクの眺望を楽しむのもいいだろう。

城塞に向かう道には巡礼者のための宿や杖を売る店が並ぶ

サン・ジャン・ピエ・ド・ポールのおすすめホテル／レストラン　🅒シャンブル・ドット（民宿）　🅡レストラン

ホテルの数は少なく規模も小さいが、巡礼者のための民宿が点在している。

🅒 **メゾン・ドナマリア**
Maison Donamaria

　ニーヴ川沿いにたたずむ静かなシャンブル・ドット。朝食は、ほかの宿泊客とテーブルを囲んでいただく。さりげないもてなしに癒やされる宿。

🏠 1, Chemin d'Olhonce
☎ 06.22.48.88.00／05.59.37.75.11
💰 Ⓢ€75 Ⓦ€90 🍴込み
🚫 12月～3月中旬　💳 不可　🛏 5室　📶
🌐 maisondonamaria.fr

🅡 **ル・ルレ・ド・ラ・ニーヴ**
Le Relais de la Nive
ニーヴ川を望めるテラス席での食事がおすすめ。

🏠 4, pl. Charles de Gaulle　☎ 05.59.37.04.22
💰 昼ムニュ€17、夜ムニュ€35

☕ **Column Pause café** 　**バスクの小さな村へ②エスプレット**

　唐辛子（ピマンPiment）の産地として知られるエスプレットEspeletteは、バスクに来たらぜひ寄ってみたい村。あちこちに唐辛子の束がつるされ、チョコレートもキャンディもリキュールも皆唐辛子入り！ 甘さのなかにピリッとくる辛さはやみつきになりそう。アクセスは→P.351。

●**エスプレットのチョコレートショップ**
🅢 アントン Antton
　甘さのなかにピリッとした刺激を感じる、エスプレットの唐辛子入りチョコレートがおすすめ。アトリエの見学もできる。
🏠 Place du Marché 64250　☎ 05.59.93.80.58
🚫 1月　🌐 www.chocolats-antton.com

●**エスプレットのホテル**
🅗🅡 ウスカディ Euzkadi 3★
　バスクリネンをインテリアに使った客室が魅力的。レストランでは典型的なバスクメゾンでボリュームたっぷりの郷土料理を。
🏠 285, route Karrika Nagusia 64250
☎ 05.59.93.91.88
💰 Ⓢ Ⓦ €80～ 🍴€10
🚫 2月中旬～3月中旬、11月中旬～12月中旬
💳 MV 🛏 27室 🅿 📶
🌐 www.hotel-restaurant-euzkadi.com

サン・ジャン・ピエ・ド・ポールの名物「ショーモンテChaumontais」はメレンゲとプラリネクリームの菓子。老舗パティスリー「バルビエ・ミロBarbier Millox」で買える。🏠 17, rue d'Espagne

Sud-Ouest
南西部

ピレネー山脈が背後に迫るフランス南西部。夏は避暑、冬はスキーと1年をとおして観光客を集めている。同じピレネーの麓でも地中海に近づくにつれ趣は変わり、地中海岸沿いの地域では、まぶしい太陽の下、どこまでもブドウ畑が続き、フランスきってのワイン生産地であることを伝えている。内陸部はトリュフやフォワグラを楽しめる美食の地として知られる。緑の大地を流れる川、中世そのままのひなびた村々など、フランスで最も美しい田舎の風景と出合える地方でもある。

観光のヒント

[気候] 夏は日差しが強く、乾燥した日が多い。特に内陸部ではかなり暑くなる。冬は、山岳部では降雪が見られ、スキーリゾートとなる。春、秋がベストシーズン。

[特色] かつてスペイン領であった地域も含んでいるため、スペインとフランス、ふたつの文化が融合した独特の地方色が見られる。中世の遺構が数多く残っている。

[周遊のヒント] 南西フランスの中心都市で国際空港もあるトゥールーズを起点にすると便利。小さいが魅力的な村が点在しており、列車とバス、レンタカーをうまく組み合わせてプランを立てたい。

おもな祭りとイベント

3・4月 ラ・サンシュ（聖血）行列（ペルピニャン／聖金曜日3月29日 '24）：聖遺物やキリスト像を大聖堂まで運ぶスペイン色の濃い宗教行事

6月 国際ダンス・フェスティバル（モンペリエ／下旬～7月上旬）：コンテンポラリーダンスの祭典

7月 フェスティバル・ド・カルカソンヌ（カルカソンヌ／上旬～下旬）：野外オペラ、演劇を中心としたフェスティバル

パブロ・カザルス音楽祭（サン・ミッシェル・ド・キュクサ、プラド／下旬～8月中旬）：世界的に有名な室内楽のフェスティバル

9月 ジャコバン・ピアノ・フェスティバル（トゥールーズ／上旬～下旬）：ジャコバン修道院でのピアノリサイタル

❶ピレネーの雄大な景色を楽しめる黄色い列車「ル・トラン・ジョーヌ」 ❷美しいロマネスク教会がある山あいの村コンク ❸画家たちに愛された町コリウールはにぎやかな海水浴場でもある ❹切り立った断崖にあるサン・シル・ラポピーの村

❶サルラの町角で見つけたガチョウ模様の水差し　❷先史時代の洞窟壁画を復元したラスコーⅡ　❸中世の城塞都市カルカソンヌ

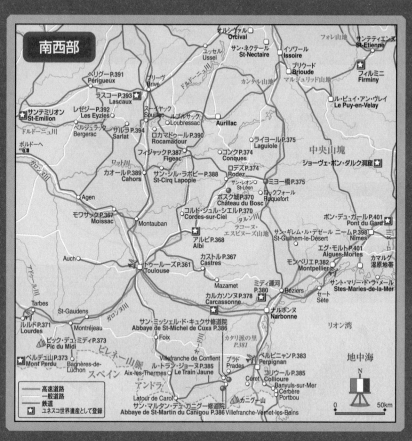

南西部

サルシヴァル Orcival
ユッセル Ussel
サン・ネクテール St-Nectaire
イソワール Issoire
ブリウード Brioude
フォレ山地
サンテティエンヌ St-Etienne
フィルミニ Firminy
ル・ピュイ・アン・ヴレイ Le Puy-en-Velay

ペリグー P.391 Périgueux
ブリーヴ Brive
ラスコー P.393 Lascaux
レゼジー P.392 Les Eyzies
スーイヤック Souillac
ルブレサック Loubressac
アュリャック Aurillac

サンテミリオン St-Emilion
ベルジュラック Bergerac
サルラ P.394 Sarlat
ロカマドゥール P.390 Rocamadour
ライヨール P.375 Laguiole
中央山塊
ショーヴェ・ポン・ダルク洞窟

ドルドーニュ川
ボルドーへ
ガロンヌ川
ロット川
フィジャック P.387 Figeac
コンク P.374 Conques
ロデズ P.374 Rodez
サン・レオン St-Léon
ミヨー橋 P.375

カオール P.389 Cahors
サン・シル・ラポピー P.388 St-Cirq Lapopie
ロックフォール Roquefort

Agen
ボスク城 P.370 Château du Bosc
コルド・シュル・シエル P.370 Cordes-sur-Ciel

モワサック P.367 Moissac
Montauban
アルビ P.368 Albi
タルン川
ラコーヌ・エスピヌーズ山地
サン・ギレム・ル・デゼール St-Guilhem-le-Désert
ポン・デュ・ガール P.401 Pont du Gard
ニーム P.398 Nîmes
エグ・モルト P.401 Aigues-Mortes
カマルグ湿原地帯

Auch
トゥールーズ P.361 Toulouse
カストル P.367 Castres
モンペリエ P.382 Montpellier
サント・マリー・ド・ラ・メール Stes-Maries-de-la-Mer

アドゥール川
Tarbes
St-Gaudens
ガロンヌ川
Mazamet
カルカソンヌ P.378 Carcassonne
ミディ運河 P.380
Béziers
セート Sète

ルルド P.371 Lourdes
Montréjeau
サン・ミッシェル・ド・キュクサ修道院 Abbaye de St-Michel de Cuxa P.386
Foix
ナルボンヌ Narbonne
リオン湾

ピック・デュ・ミディ P.373 Pic du Midi
ベル・デュ山 P.373 Mont Perdu
Bagnères-de-Luchon
ピレネー山脈
スペイン
Villefranche de Conflent
ル・トラン・ジョーヌ P.385 Le Train Jaune
Aix-les-Thermes
カタリ派の里 P.381
プラド Prades
ペルピニャン P.383 Perpignan
コリウール P.385 Collioure
バニュルス・シュル・メール Banyuls-sur-Mer
セルベール Cerbère
ポルトゥ Portbou
地中海

アンドラ
Latour de Carol
サン・マルタン・デュ・カニグー修道院 Abbaye de St-Martin du Canigou P.386
Ceret
カニグー山
Villefranche-Vernet-les-Bains

N
0 50km

高速道路
一般道路
鉄道
★ ユネスコ世界遺産として登録

359

名産品と料理

ボリュームたっぷりの南西料理を味わえ
るのがこの地方。陽光をたっぷり受けたワ
インと合わせて楽しみたい。内陸部では、
トリュフ、フォワグラをはじめとする美食
の数々が待っている。

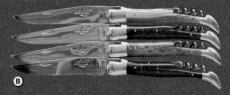

ⒶカスレCassoulet：白インゲン豆とベーコン、タマネ
ギ、ソーセージなどを土鍋で煮込んだ南西部の郷土料
理　ⒷライヨールナイフCouteau de Laguiole：切れ
味のよさと洗練されたデザインで知られる　ⒸSavon
à la Violette：トゥールーズ名物「スミレ」の香りが
する石鹸　Ⓓガトー・ア・ラ・ブロッシュGâteau à la
Broche：串を回しながら生地をたらし窯で焼いた円錐
形のお菓子　ⒺマルシヤックMarcillac：南西部の知ら
れざる名ワイン。赤とロゼがある

ⒻロックフォールRoquefort：世界3大ブルーチーズのひとつ　Ⓖ鴨
のコンフィConfit de Canard：鴨のもも肉をその脂で煮込んだ家庭
料理　ⒽロカマドゥールRocamadour：ヤギ乳チーズ　Ⓘフォワグラ
Foie Gras：高級食材の代表格　ⒿトリュフTruffe：世界3大珍味のひ
とつ　ⓀクルミオイルHuile de noix：ドルドーニュ川流域の名産ク
ルミを使ったオイルやリキュールはサルラの市場で

南西部の中心都市
トゥールーズ

郵便番号：31000　人口：約48万人

© Ville de Toulouse

オクシタニー地方のシンボル「オクシタン十字」の描かれたキャピトル広場

れんが造りの建物が並ぶ旧市街が夕日に輝く様子から「バラ色の町」の名で親しまれているトゥールーズ。南西フランスの中心都市であるこの町には、新旧いくつもの顔がある。最初に町が築かれたのは紀元前3世紀。その後ローマの植民地となり、5世紀には西ゴート王国の首都となった。16世紀にはパステル（藍染料）の交易により商業都市として繁栄を極める。現在のトゥールーズは、エアバスを中心とする航空産業の中心地。10万人以上の学生が集まるフランス屈指の学生都市でもある。

≫≫ 歩き方 ≫≫

　トゥールーズに着いたら、まずは町の中心である**キャピトル広場**Pl. du Capitoleを目指そう。トゥールーズ・マタビオ駅から歩いても20分ほどだが、メトロに乗れば5分で着く。

　キャピトル広場には、トゥールーズの象徴ともいえる市庁舎**キャピトル**が建ち、レストランやカフェのテラスでにぎわっている。❶はキャピトルの裏側の公園内に建つ16世紀の塔の中にある。

　キャピトル広場から四方へ延びている通りは、町のおもな見どころにつながっている。Rue du Taurは**サン・セルナン・バジリカ聖堂**へ、Rue Romiguièresは**ジャコバン修道院**方面へ。また、Rue St-Romeをたどると、れんが造りの古い建築が並ぶ旧市街、その界隈にルネッサンス期のパステル長者の館**アセザ館**（バンベルク財団の美術館）がある。

　見どころをひと巡りしたら、ガロンヌ川沿いのアンリ・マルタン散歩道Promenade Henri Martinへ行こう。川岸の芝生でくつろぐ地元の学生とともに夕暮れのひとときを楽しみたい。

　遊覧船に乗ってガロンヌ川からブリエンヌ運河のミニクルーズもいいだろう。

ACCESS

🚄 パリ・モンパルナス駅からトゥールーズ・マタビオToulouse Matabiau駅までTGVで4時間30分。夜行列車Intercités de Nuit（要予約）で約8時間40分。

✈ パリCDG空港またはパリORY空港からトゥールーズ・ブラニャックToulouse-Blagnac空港まで1時間15分〜1時間20分。空港からトゥールーズ・マタビオ駅に隣接するバスターミナルGare Routièreまで、シャトルバス（Navette Aéroport）で20〜45分。裁判所Palais de JusticeまでトラムT2で約30分。
URL www.toulouse.aeroport.fr

ℹ **観光案内所**
🏢 Donjon du Capitole, Square Charles de Gaulle
MAP P.362-A2
TEL 05.17.42.31.31
開 6〜9月 ㊊〜㊏ 9:30〜19:00
　　　　 ㊐㊗ 10:00〜18:00
　　 10〜5月 ㊊〜㊏ 9:30〜18:00
　　　　 ㊐㊗ 10:00〜18:00
休 1/1、12/25
URL www.toulouse-tourisme.com

メトロ、トラム、バス
料 1回券€1.80、
　　 10回券€14.90、1日券€6.60
URL www.tisseo.fr

パス・トゥーリスム
Pass Tourisme
トゥールーズの美術館などに無料または割引料金で入場できるパス。€10追加すれば公共交通機関を10回利用できる。購入は❶で。
料 3日間有効パス€20

通り名はフランス語（上）と、この地方の言語である、オック語（下）で書かれている

))) おもな見どころ (((

キャピトル ★★★
MAP P.362-A2 — Le Capitole

　1760年に完成したトゥールーズの市庁舎は、絶対王政下のトゥールーズ市参事会「キャピトゥール」に由来して、「キャピトル」と呼ばれている。横幅約150m、バラ色のれんがと白い石を組み合わせた壮麗な姿はこの町の華やかな歴史を物語っている。トゥールーズの歴史を描いた壁画や天井画で埋め尽くされた2階の大広間は必見。20世紀初頭の地元の画家アンリ・マルタンによるガロンヌ川の四季をテーマにした壁画も見逃せない。

フレスコ画で飾られた大広間

キャピトルの大広間
住 Pl. du Capitole
開 ㊊〜㊏　　8:30〜19:00
　　㊐㊗　　10:00〜19:00
休 1/1、12/25、式典のある日
料 無料

れんがと石を組み合わせた美しい建築物

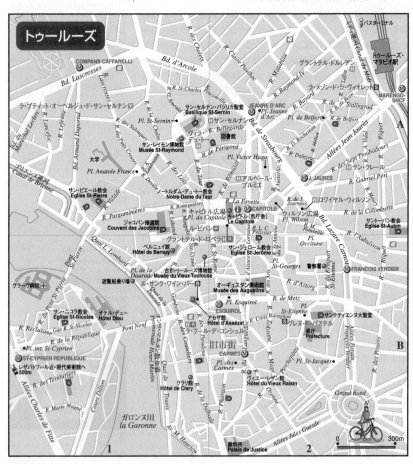

トゥールーズ

南西部
トゥールーズ

サン・セルナン・バジリカ聖堂 ★★★

MAP P.362-A1
Basilique St-Sernin

3世紀にトゥールーズにキリスト教を広め、偶像崇拝を拒んで殉教した聖セルナンに奉献されている。11世紀にサンティアゴ・デ・コンポステーラへの街道上の重要な巡礼地（→P.376）となり、

完璧な美しさをもつ後陣外観

大勢の巡礼者を迎え入れるための巨大な内部空間をもつ聖堂が建設された。奥行きが約150mあり、現存するロマネスク教会としてはフランスで最も大きい。

ミエジュヴィル門Port Miègevilleと呼ばれる南側入口のタンパンを飾る彫刻は12世紀初めのもの。人物の動きに、南西フランスのロマネスク彫刻の特徴がよく現れている。

「キリストの昇天」を描いたミエジュヴィル門のタンパンの彫刻は必見

サン・セルナン・バジリカ聖堂
住 Pl. St-Sernin
開 夏期　　　　　8:30〜19:00
　　冬期　　　　　8:30〜18:00
料 無料
URL www.basilique-
saint-sernin.fr

クリプト（地下祭室）
開 7〜9月
　　㊊〜㊏　　　10:00〜18:45
　　㊐　　　　　14:00〜17:45
　　10〜6月
　　㊊〜㊏　　　10:00〜17:45
　　㊐　　　　　14:00〜17:45
休 一部㊗
料 無料

ジャコバン修道院 ★★★

MAP P.362-A1
Couvent des Jacobins

1215年に設立されたドミニコ修道士会が最初に造った修道院。1275年から1292年にかけて造られた、1本の柱からヤシの木のように22本の格縁が放射状に伸びている教会後陣の天井は必見。

印象的な八角形の鐘楼は1298年に建造されたもの。その後南仏で造られた多くの教会の鐘楼のモデルとなった。

光と影のコントラストが印象的な回廊は、毎年9月「ジャコバン・ピアノ・フェスティバル」のメイン会場となり、世界中からクラシックファンが集まる。

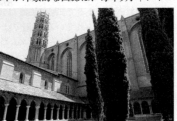

回廊から眺める鐘楼

ジャコバン修道院
住 Pl. des Jacobins
開 10:00〜18:00
休 ㊐、1/1、5/1、12/25
料 無料、回廊は€5（10〜5月は€4）、第1㊐無料
バス パス・トゥーリスムで無料
URL www.jacobins.toulouse.fr

「ヤシの木」と呼ばれる教会後陣の天井

☕ Column / Pause café　ガロンヌ川の遊覧船

夏はガロンヌ川の上から“バラ色の町”トゥールーズを眺める遊覧船がおすすめ。特に日没後はライトアップされた町並みが美しく風情がある。約1時間のショートクルーズから、ランチやディナーの食事付きのクルーズまでさまざまなコースで、7〜10月

のオンシーズンに運航している。ショートクルーズなら直接乗船場（Quai de la Daurade **MAP** P.362-B1）へ行くといい。公園の一角が出港時刻になると臨時の船着き場になる。食事付きクルーズはウェブサイトまたは❶で要予約。

●レ・バトー・トゥールーザン
　Les Bateaux Toulousains
バス パス・トゥーリスムで割引あり
URL www.bateaux-toulousains.com

オーギュスタン美術館

オーギュスタン美術館
住 21, rue de Metz
URL www.augustins.org
※2023年5月現在、改装工事で休館中。2024年に再開予定。

怪物をかたどったガーゴイルの展示

アセザ館（バンベルク財団）
住 Pl. d'Assezat
※2023年5月現在、工事のため休館中。

カナレットの景観画が飾られた2階「ヴェネツィアの間」

オーギュスタン美術館　★★★
MAP P.362-B2　　　　　　　　　　Musée des Augustins

　もともとは聖アウグスティヌス（フランス語ではオーギュスタン）修道院だった14世紀の建物に、宗教美術品を集めている。なかでも見応えがあるのがサン・セルナン・バジリカ聖堂などにあった柱頭彫刻で、フランス革命による破壊を免れたものを数多く展示。12世紀を中心にしたロマネスク様式の彫刻はすばらしく、フランス有数のロマネスク美術館だ。14〜19世紀の絵画も所蔵しており、ルーベンス、ドラクロワやロートレックの作品もある。

2階の絵画の間

アセザ館（バンベルク財団）　★★★
MAP P.362-B1　　　　Hôtel d'Assézat - Fondation Bemberg

　トゥールーズには、「黄金のブルー」と呼ばれる植物、パステルの交易で富を得た16世紀の豪商の館がいくつも残っているが、アセザ館もそのひとつ。現在はバンベルク財団が運営する美術館になっている。

16世紀のパステル長者の館

　2階は16〜18世紀のブルジョワの館そのままの豪華なインテリアのなかに、ヴェネツィア派(ティントレット、ヴェロネーゼ)、クルーエ、クラーナハらの絵画が、まるで部屋の装飾の一部のように飾られている。3階では一転して近代的な空間に、印象派、新印象派、フォーヴィスムなど近代の作品を展示。なかでも、ボナールの35点のコレクションは見応えがある。

🍷 Column Specialty　トゥールーズ名物のふたつの植物

●スミレ
　スミレの栽培地として知られるトゥールーズ。町のあちこちにスミレの香水やバス用品などを売る店があり、優しい香りを漂わせている。

Ⓢ **ラ・メゾン・ド・ラ・ヴィオレット La Maison de la Violette**
トゥールーズ駅前のミディ運河に浮かぶ船を使った、スミレの資料館兼ショップ。
MAP P.362-A2　住 Face au 3, bd. Bonrepos
URL www.lamaisondelaviolette.com

●パステル
　パステルはアブラナ科の植物で、16世紀末まで唯一の青色染料として珍重されてきた。インディゴの登場でパステル産業は衰退したものの、近年はそのトリートメント力が注目され、パステルのエッセンシャルオイルを使ったコスメグッズが人気となっている。

Ⓢ **グレヌ・ド・パステル Graine de Pastel**
高品質なパステルのビオ化粧品が手に入る。青色が美しい石鹸やボディソープはおみやげにぴったり。
MAP P.362-B2　住 4, pl. St-Etienne
URL www.grainedepastel.com

スミレの花びらを使った砂糖菓子（左）　人気のビオコスメブランド「グレヌ・ド・パステル」（右）

はみだし　トゥールーズの南東約10kmにある「テール・ド・パステルTerre de Pastel」にはパステルの歴史などを展示する博物館とスパがある。博物館ではスカーフを染める体験教室もある。URL www.terredepastel.com

レザバトワール近・現代美術館 ★★
MAP P.362-B1　Les Abattoirs / Musée d'Art Moderne et Contemporain

ガロンヌ川の西岸にある19世紀のアバトワール（屠畜場）を改装した近・現代美術館。1950年代以降のアートの潮流を網羅する約2000点の作品を所蔵するほか、南西部のアーティストを紹介するさまざまな企画展を行っている。

レザバトワールは、19世紀新古典主義建築の作品として歴史的建造物に指定されている

ピカソの『アルルカンの服装をしたミノタウロスの遺体La dépouille du Minotaure en costume d'Arlequin』別名、『ロマン・ロランの7月14日のための巨大な舞台幕Rideau de scène pour le 14 Juillet de Romain Rolland』も所蔵している。

シテ・ド・レスパス ★★
MAP 地図外　Cité de l'Espace

トゥールーズ郊外にある、宇宙（レスパス）に関するテーマパーク。宇宙科学教育のため、1997年に設立された。プラネタリウムやアリアンス・ロケットの複製、宇宙ステーション"ミール"の試作品などを展示。月の石の展示や月面歩行を体験できるコーナーもある。

ロケットの複製。屋内外に展示がある © P.Thebault

アル・ド・ラ・マシーン ★★
MAP 地図外　Halle de La Machine

ナントの「レ・マシーン・ド・リル」（→P.237）などで知られる機械仕掛けアートクリエイターグループ「ラ・マシーン」の作品の展示館。遊び心が詰まった作品の数々が展示され、大人も夢中になること間違いなし。アトラクション感覚で楽しめる「ミノタウロス」乗車はぜひ体験したい。

ギリシア神話に出てくる牛頭人身の「ミノタウロス」乗車は迫力満点！

アエロスコピア ★
MAP 地図外　Musée Aeroscopia

トゥールーズ空港近くにある航空博物館。7000m²の広さに超音速旅客機コンコルドやエアバスA300B、戦闘機ミラージュⅢなど、30機以上の歴史的航空機が展示されている。飛行機の内部見学やフライトシミュレーターなどもあり楽しめる。アエロスコピアの隣にあるエアバス社の組立工場の見学もできる。

エアバス社の組立工場
© P.Thebault

レザバトワール近・現代美術館
住 76, allées Charles de Fitte
開 12:00～18:00（困～＝20:00）
　（入場は閉館の30分前まで）
休 圓
料 €9
パス パス・トゥーリスムで無料
URL www.lesabattoirs.org

ピカソの舞台幕
ピカソの舞台幕は作品保護のため、展示されるのは1年のうちで4～6ヵ月間のみ。展示時期は美術館に問い合わせを。

シテ・ド・レスパス
住 Av. Jean Gonord
開 10:00～18:00
　（季節、曜日によって異なる）
休 一部圓、1月上旬～2月上旬
料 €24.50～
パス パス・トゥーリスムで15%割引
URL www.cite-espace.com
メトロⒶ線のJolimontまたはⒷ線Ramonvilleまで行き、37番のバスに乗り換えCité de l'Espace下車。

アル・ド・ラ・マシーン
住 3, av. de l'Aérodrome de Montaudran
トゥールーズ・マタビオ駅からTERで約5分。モントードランMontaudran下車。
開 10:00～18:00（ハイシーズンは延長、オフシーズンの平日は14:00～）
休 圓、1月～2月上旬
料 €9.50、ミノタウロス乗車とのセット券€17
URL www.halledelamachine.fr

アエロスコピア
住 Allée André Turcat, 31700 Blagnac
トラム①号線のBeauzelle-Aeroscopia下車。
開 9:30～18:00
　（入場は17:00まで）
休 1/1、12/25
料 €14
URL www.aeroscopia.fr

Let's visit Airbus
エアバス社の航空機の製造工程を約1時間30分のガイド付きツアー（仏・英語）で見学できる。要予約。パスポートを持参すること
開 圓～⊕
休 圓・圀
料 €16、アエロスコピアとの共通券€25
パス パス・トゥーリスムで€2.50割引
URL www.manatour.fr/airbus

トゥールーズのおすすめホテル／レストラン   Ｈホテル　Ｙユースアコモ　Ｒレストラン　Ｂワインバー

駅前にホテルがいくつかあるが、町の中心に出たほうが観光や食事に便利。

ＨＲ グラントテル・ド・ロペラ
Grand Hôtel de l'Opéra 4★　MAP P.362-A2

17世紀の修道院を改装したクラシックな雰囲気のホテル。ミシュラン1つ星のガストロノミックレストラン「Les Jardins de l'Opéra」がある。

住 1, pl. du Capitole
TEL 05.61.21.82.66
料 Ⓢ Ⓦ €175～355　☐€23　CC ＡＭＶ
室 57室　Ｐ €22　❄ Wi-Fi
URL www.grand-hotel-opera.com

Ｈ ヴィラ・デュ・トー
Villa du Taur 4★　MAP P.362-A1

サン・セルナン・バジリカ聖堂からすぐのれんが造りのホテル。客室はすっきりとまとめられ、清潔で快適に過ごせる。部屋に電気ポットあり。マッサージなどのリラクゼーションも。

住 62, rue du Taur　TEL 05.34.25.28.82
料 Ⓢ Ⓦ €124～263　☐€18
CC ＡＭＶ　室 17室　Wi-Fi
URL www.villadutaur.com

Ｈ アルベール・プルミエ
Albert 1er 3★　MAP P.362-A2

キャピトル広場近くの静かな通りに建つ。客室は広くはないが、シックにまとめられており、快適に過ごせる。

住 8, rue Rivals
TEL 05.61.21.17.91
料 Ⓢ Ⓦ €110～250　☐€14
CC ＡＭＶ　室 47室　❄ Wi-Fi
URL hotel-albert1.com

Ｈ グラントテル・ドルレアン
Grand Hôtel d'Orléans 3★　MAP P.362-A2

駅前にあり、トゥールーズを拠点に近郊を回るのに便利。吹き抜けになった朝食室の雰囲気がいい。

住 72, rue de Bayard

TEL 05.61.62.98.47
料 Ⓢ €70～150
　Ⓦ €80～160
　☐€15
CC ＡＪＭＶ
室 55室
TI ❄ Wi-Fi
URL www.grand-hotel-orleans.fr

Ｈ ロワイヤル・ウィルソン
Royal Wilson 2★　MAP P.362-A2

メトロⒶⒷ線のJean Jaurès下車。ウィルソン広場に近い便利な立地。部屋は広くくつろげる。

住 6, rue Labéda
TEL 05.61.12.41.41
料 Ⓢ Ⓦ €85～115　☐€9
CC ＡＭＶ　室 27室　Ｐ €15　❄ Wi-Fi
URL www.hotelroyalwilson-toulouse.com

Ｙ ラ・プティット・オーベルジュ・ド・サン・セルナン
La Petite Auberge de St-Sernin　MAP P.362-A1

メトロⒷ線Compans Caffarelliから徒歩約5分。町の中心へも徒歩10分ほど。受付時間は10:00～12:30、14:00～20:00。

住 17, rue d'Embarthe　TEL 07.60.88.17.17
料 ドミトリー1人€25.50　☐なし、シーツ代込み
CC ＡＭＶ
URL lapetiteaubergedesaintsernin.com

Ｂ ル・サンク・ワイン・バー
Le 5 Wine Bar　MAP P.362-B1

ソムリエが厳選した世界のワインを、おいしいタパスとともに味わえるワインバー。約40種類のワインをボトルだけでなくグラスで楽しめるのもうれしい。予約が望ましい。

住 5, rue de la Bourse
TEL 05.61.38.44.51
営 18:00～深夜 (L.O.は21:30)
休 Ⓑ Ⓔ　料 ア・ラ・カルト予算€30
CC ＡＭＶ　URL www.le5winebar.fr

ＨＲ ラ・クール・デ・コンシュル
La Cour des Consuls 5★　MAP P.362-B1
旧市街に立ち、建物は18世紀の貴族の邸宅を改装。

住 46, rue des Couteliers　TEL 05.67.16.19.99
料 Ⓢ Ⓦ €212～439　☐€26
URL www.cite-hotels.com

Ｈ サン・セルナン
St-Sernin 3★　MAP P.362-A2
サン・セルナン・バジリカ聖堂の裏側にあるホテル。

住 2, rue St-Bernard　TEL 05.61.21.73.08
料 Ⓢ Ⓦ €99～
URL www.hotelstsernin.com

Ｈ サン・クレール
St-Claire 3★　MAP P.362-A2
白を基調にしたシンプルでおしゃれなインテリアがすてき。2019年に改装済み。

住 29, pl. Nicolas Bachelier
TEL 05.34.40.58.88
料 Ⓢ Ⓦ €108～139　☐€13
URL www.stclairehotel.fr

Ｒ ル・ビバン
Le Bibent　MAP P.362-A2
キャピトル広場にある、バロック調の内装が豪華な老舗ブラッスリー。

住 5, pl. du Capitole　TEL 06.48.71.73.65
営 8:00～24:00　休 無休
料 ア・ラ・カルト予算約€60
URL www.bibent.fr

はみだし　トゥールーズ近郊にある「ドム・ロベールと20世紀タピストリー美術館Musée Dom Robert et de la tapisserie du XXème siècle」の色彩豊かなオービュッソン織りは見事。URL domrobert.com

))) トゥールーズ近郊の町 (((

モワサック
Moissac

ヨーロッパ各地で模倣されたロマネスク彫刻の傑作

12世紀に作られた『キリスト再臨』

タルン川とガロンヌ川が交わる高台に位置する小さな町モワサック。この町を有名にしているのは、ロマネスク様式の**サン・ピエール修道院**Abbaye St-Pierre。付属教会の南正面ファサードの彫刻と回廊Cloîtreは、世界有数の美しさで知られる。

駅から町の中心にあるサン・ピエール修道院までは徒歩で約10分。南正面の入口のタンパンに描かれているのは『キリスト再臨』の場面。中央に右手を挙げて祝福を与えるキリスト、周囲には黙示録第4章にある『頭に金の冠をかぶった24人の長老』などが描かれている。西の側柱にある流れるような姿の『エレミア像』も必見。

76の柱頭が並ぶ内庭回廊は11世紀のもの。柱頭には、花や獣、聖書の物語を描いた繊細な彫刻がびっしりと施されている。中庭の緑も美しく、いつまでもたたずんでいたくなる空間だ。

ACCESS
🚉 トゥールーズからTERで1時間。

ℹ️ 観光案内所
🏠 1, bd. de Brienne
82200
📞 05.32.09.69.36
🕐 9:00～12:00
14:00～18:00
（月によって変わるのでウェブサイトで確認のこと）
休 11～3月の圓、6・9～3月の祝
URL www.tourisme-moissac-terresdesconfluences.fr

サン・ピエール修道院の回廊
🏠 6, pl. Durand de Bredon
82200
🕐 7～9月　　　10:00～19:00
4～6・10月　10:00～12:00
　　　　　　14:00～18:00
11～3月　　13:30～17:00
休 1/1, 12/25
€6.50
URL www.abbayemoissac.com

カストル
Castres

スペイン絵画の巨匠ゴヤの充実したコレクションがある

ガリア平定のためのローマの野営地と、9世紀のベネディクト修道院を中心に発達した歴史をもつ古い町。「フランス社会主義の父」と呼ばれるジャン・ジョレスJean Jaurèsの生地としても知られている。

駅を出て左に歩き、五差路に出たらAv. Albert 1erを通ってRue Gambettaを真っすぐ行くと、約15分で町の中心に出る。右にベネディクト修道院跡に建てられた**サン・ブノワ大聖堂**Cathédrale St-Benoîtがある。

市庁舎Hôtel de Villeにある**ゴヤ美術館**Musée Goyaにはゴヤ、ベラスケスから現代の画家までスペイン絵画中心のコレクションを展示している。ゴヤの『自画像Autoportrait aux lunettes』をはじめ、版画シリーズ『戦争の惨禍Les Désastres de la Guerre』など衝撃的。晩年の「黒い絵」につながる表現主義、シュルレアリスムの先駆となるようなシリーズだ。

美術館を出たら、市内をそぞろ歩くのもいい。色とりどりの館を眺めるアグー川L'Agoûtの遊覧船もおすすめ。19世紀の乗合船を再現したクラシックな木造船が、5～9月の毎日運航している。

アグー川沿いの風景

ACCESS
🚉 トゥールーズからTERで約1時間10分。

ℹ️ 観光案内所
🏠 2, pl. de la République 81100
📞 05.63.62.63.62
🕐 7・8月 圓～⊕ 9:30～13:00
　　　　　　14:00～18:30
　　　圓祝 9:30～12:30
9～6月 圓～⊕ 9:30～12:30
　　　　　　14:00～18:00
　　　圓 9:30～12:30
休 9～6月の圓、1/1, 5/1,
11/1, 11/11, 12/25
URL www.tourisme-castresmazamet.com

ゴヤ美術館
🏠 1, rue de l'Hôtel de Ville
81100
🕐 6～9月　　　10:00～19:00
10～5月　　10:00～17:00
休 圓、1/1, 5/1, 11/1, 12/25
€9、学生€6、
18歳未満と10～5月の第1圓無料

ゴヤ美術館にはル・ノートル設計のフランス式庭園がある

ベルビー宮の庭園

Albi

ロートレックの故郷

アルビ

世界遺産

郵便番号：81000　人口：約5万人

ACCESS

🚃 トゥールーズからアルビ・ヴィルAlbi-Ville駅までTERで約1時間20分。

❶ 観光案内所

🏠 42, rue Mariès　MAP P.368
📞 05.63.36.36.00
🕐 7・8月
　　⽉〜⼟　　9:00〜18:30
　　⽇・㊗　　9:00〜17:30
　　4〜6・9・10月
　　⽉〜⼟　　9:30〜18:00
　　⽇・㊗　　9:30〜17:00
　　11〜3月
　　⽉〜⼟　　10:00〜17:00
🚫 11〜3月の⽇、1/1、5/1、11/1、11/11、12/25
🌐 www.albi-tourisme.fr

━ 世界遺産 ━

アルビ司教都市
Cité épiscopale d'Albi
（2010年登録）

タルン川のほとりにたたずむれんが色の町アルビ

パリの「ムーラン・ルージュ」に集まる人間たちを冷ややかな目で眺め、ちょっぴり皮肉を交えて描いた画家トゥールーズ・ロートレック。彼の生まれ故郷がここアルビである。タルン川のほとりにある、れんが造りの赤い家並みが続く小さな町だ。歴史的には、13世紀にカトリック界で異端とされたカタリ派（アルビジョワ派）を受け入れた町としても知られている。

⟫⟫⟫ 歩き方 ⟫⟫⟫

駅から町の中心まで徒歩で15分ほどかかる。まず駅前広場を横切りAv. Maréchal Joffreを進む。交差点に出たら、Av. Général de Gaulleへ左折し、道なりに進む。ラペルーズ広場Pl. Lapérouseを越えると、旧市街の入口に着く。ここからサント・セシル通りRue Ste-Cécileを直進すると、タルン川を見下ろす位置にある**サント・セシル大聖堂**が現れる。

アルビは、中世の町並みの美しさでも知られる。タルン川に架かる11世紀建造の橋ポン・ヴィユーPont Vieuxから町の中心にかけて広がる旧市街は、ルネッサンス期や中世の館、れんが造りの民家が並び、散策するのが楽しい。歩き疲れたら、美しい回廊をもつ**サン・サルヴィ参事会教会**Collégiale St-Salviに立ち寄るのもいいだろう。さらに橋を渡り、タルン川の対岸から眺める町もまたすばらしい。

アルビ（地図）

- Bd. de Strasbourg
- R. de la Madeleine
- R. Rinaldi
- R. Porta
- R. Lamothe
- メルキュール・アルビ
- Pont du 22 Août 1944
- le Tarn
- タルン川
- Pont Vieux
- Quai Choiseul
- R. de la Rivière
- R. Émile Grand
- Lices Georges Pompidou
- R. de la République
- 旧市街
- トゥールーズ・ロートレック美術館 Musée Toulouse-Lautrec（ベルビー宮 Palais de la Berbie 内）
- モード博物館 Musée de la Mode
- Pl. de l'Archevêché
- R. St-Julien
- R. St-Afrique
- R. de Rhonel
- カスカルバー R.
- サント・セシル大聖堂 Cathédrale Ste-Cécile
- Pl. Ste-Cécile
- R. Mariès
- ❶
- サン・サルヴィ参事会教会と回廊 Collégiale et Cloître St-Salvi
- イヴ・チュリエス
- R. de la Croix Verte
- R. de la Piale
- R. St-Clair
- ロートレックの生家 Maison Natale de Toulouse-Lautrec
- 市庁舎 Hôtel de Ville
- R. de l'Hôtel de Ville
- Pl. du Palais
- R. de la Porte Neuve
- Bd. Général Sibille
- Bd. Roger Salengro
- R. Toulouse Lautrec
- アルシミロ 裁判所 Palais de Justice
- Lices Jean Moulin
- N
- Pl. du Cambouliès
- Pl. Lapérouse
- R. de la Berchère
- R. Dr. Camboulives
- R. H. Savary
- バスターミナル
- 大劇場 Grand Théâtre
- 駅へ600m
- 0　100m

368　はみだし　修道院の中に造られた「モード博物館Musée de la Mode」。18世紀から1970年代にいたるコレクションの中から異なったテーマでドレスやアクセサリーが展示される。MAP P.368　URL www.musee-mode.com

南西部

アルビ

))) おもな見どころ (((

サント・セシル大聖堂 ★★★
MAP P.368 — Cathédrale Ste-Cécile

まるで要塞のような大聖堂
© Ville Albi

1282年に着工された大聖堂は、教会の威容を示す必要から高さ40mもの壁をもつ要塞のような姿に造られたという。いかめしい外観とは対照的に、内部は天井から祭壇まできらびやかな装飾で覆われている。なかでも、15世紀末に描かれたフランドル様式の巨大なフレスコ画『最後の審判Le Jugement dernier』には圧倒されるはず。

© Ville Albi

華麗な装飾で覆われた内部ではコンサートが催されることも。『最後の審判』のフレスコ画は必見

サント・セシル大聖堂
🏠 Pl. Ste-Cécile
🕐 10:00〜18:30
　（⊕は12:00〜17:30）
🔗 cathedrale-albi.com

トゥールーズ・ロートレック美術館 ★★★
MAP P.368 — Musée Toulouse-Lautrec

ロートレック作品では世界一のコレクションを誇る
© C Riviere CDT du Tarn

もとは13世紀に建てられた司教館、**ベルビー宮**Palais de la Berbieで、1922年より美術館となり、ロートレックの作品を中心に展示している。ロートレックが残した数々のデッサンや『ル・ディヴァン・ジャポネLe divan japonais』、『ムーラン通りのサロンでAu Salon de la rue des Moulins』など、おなじみの作品から落書きまで、年代別、テーマ別に作品が展示されている。

トゥールーズ・ロートレック美術館
🏠 Palais de la Berbie
🕐 6〜9月　　10:00〜18:00
　10〜5月　10:00〜12:30
　　　　　14:00〜18:00
🚫 10〜3月の⊕、1/1、5/1、11/1、12/25
💶 €10
🔗 musee-toulouse-lautrec.com

ロートレックの生家（**MAP** P.368）を示すプレート

アルビのおすすめホテル／レストラン　Ⓗホテル Ⓡレストラン
駅前にホテルが並んでいるが、連泊するなら中世の雰囲気が漂う旧市街がおすすめ。

Ⓗ アルシミ
Alchimy 4★　　**MAP** P.368

国鉄駅から約1.5kmのシックで近代的なホテル。客室は上品な色味でまとめられ、冷蔵庫など設備も十分。室数が少ないのでスタッフの目が行き届いている。
🏠 12, pl. du Palais　📞 05.63.76.18.18
💶 ⓈⓌ€160〜290　🍴€12　💳 ⒶⓂⓋ
🏠 10室　🅿 €15　🍴 ※ Wi-Fi
🔗 www.alchimyalbi.fr

Ⓗ メルキュール・アルビ
Mercure Albi 4★　　**MAP** P.368

タルン川の対岸にあるホテル。18世紀のれんが造りの建物を利用している。ホテルから旧市街への眺めがすばらしい。
🏠 41bis, rue Porta　📞 05.63.47.66.66
💶 Ⓢ€89〜130　Ⓦ€108〜150　🍴€17
💳 ⒶⒿⓂⓋ　🏠 56室
🅿 €8　🍴 ※ Wi-Fi
🔗 all.accor.com/hotel/1211/index.ja.shtml

Ⓡ カスカルバー
Cascarbar　　**MAP** P.368
大聖堂に近く、おいしい郷土料理を味わえるレストラン。
🏠 29, rue St-Julien　📞 05.63.54.03.52
🕐 12:00〜14:00、19:00〜22:00　🚫 ⒽⒹ　💶 昼ムニュ €18、夜ムニュ€27、€28、€31　🔗 cascarbar.fr

---

サント・セシル大聖堂のある広場の角にあるチョコレート店は、2部門でM.O.F.の称号を授与された「イヴ・チュリエスYves Thuriès」。**MAP** P.368　🏠 37, rue Mariès　🔗 yvesthuries.com

ACCESS

🚗 アルビからD600を北上し約
25km。タクシーで約30分。

ℹ️ 観光案内所

🏠 38-42, Grand Rue Raimond
VII 81170

☎ 08.05.40.08.28

🕐 7・8月　　　　10:00～13:00
　　　　　　　　14:00～17:30
　　4～6・9・10月
　　　　　　　　10:30～12:30
　　　　　　　　14:00～17:00
　　11～3月　　　10:30～12:30
　　　　　　　　14:00～16:00

🚫 11～3月の⑰、1/1、5/1、
12/25

🌐 www.la-toscane-occitane.
com

コルド・シュル・シエル
Cordes-sur-Ciel

空に浮かぶ美しき城塞都市

　村の名前は、「空の上のコル
ド」という意味。海抜291mの
小さな丘に中世の館がぎっしり
並ぶ様子は、まさに「空に近い
町」という感じがする。

　13世紀に築かれてから、皮革
や織物産業などで繁栄した、中
世の城塞都市を彷彿とさせる独
特の町並みと、古都に住み着い
たアーティストたちのアトリエ
を訪ねよう。

　アルビからのバスは旧市街の
入口の広場Pl. de la Bouteillerie

石畳の坂道を上って旧市街へ

に着く。広場に面した坂が旧市街の入口。ℹ️もここにある。石
畳の坂を上るとパテール・ノステール（主の祈り）階段Escalier
du Pater Nosterと大時計門Porte de l'Horloge、さらに坂を上っ
て大通りを進むと右側に広場、カフェが現れる。さらに進むと、
西の門Porte des Ormeauxに出る。サン・ミッシェル通りRue
St-Michel沿いには、楽器、革製品、
銅製品などのアトリエが並び、
たいていは見学も可能だ。町の
中心には、13世紀建造のサン・
ミッシェル教会Eglise St-Michel
がそびえ立つ。

　青い空と眼下に広がる緑を眺
めていると、作家カミュがこの
村を愛した理由もわかるような
気がする。

小高い丘に家々が寄り添う「空の上
の町」

ロートレックの思い出が詰まったボスク城

　貴族の家に生まれたロート
レックは、少年時代の多くの時
間を、祖父の家、ボスク城で過
ごした。今も母方の親戚が住み、
一部の部屋を公開している。

　近い親類同士の結婚が原因な
のか、生まれつき体の弱かった
ロートレック。さらに2度の事故で両足の成長
が止まってしまう。家族の身長を記録した子供
部屋の壁には、18歳のとき152cmで止まった
彼の身長が刻まれている。

　サロンの飾り棚に置かれた小さな日本人形
は、甥のため、1900年のパリ万博で購入した

もの。車椅子で見物に
出かけたというロート
レックは、翌年、36歳
の短い生涯を終えた。

裕福だった子供時代をしの
ばせる館

ボスク城 Château du Bosc

🚗 アルビからN88でNaucelle-Gareへ。城はそこから
約3km。

🏠 Le Bosc 12800 Camjac

🕐 ガイド付きツアー（仏・英語）で見学。所要約1時間。
　3/15～3/31 14:00～17:00
　4～6月中旬、9月中旬～11月中旬 10:00～18:00
　6月中旬～9月中旬 10:00～19:00
　11月中旬～3月中旬は予約制。ウェブサイトで要確
認。

🚫 9月中旬～6月中旬の⑰ ⑯　💶 €8

🌐 www.chateaudubosc.com

で売られているマリア像

奇跡を信じて世界中から巡礼者が集まる

ルルド

郵便番号：65100　人口：約1万4000人

広大な聖域にそびえる無原罪のお宿り聖堂

1858年2月11日、ポー川のほとりにある洞窟の近くに薪を集めに来た14歳の少女がいた。その名はベルナデット・スビルー。突然、彼女の前に現れた聖母マリアは、その後17回にわたって同じ場所に出現し、ある日「泉へ行って水を飲み、顔を洗いなさい」と命じた。洞窟近くの地面を掘ると泉が湧き始め、その湧き水によって病気が治癒する奇跡が何度も起きたといわれる。それから、この小さな町は170ヵ国から年間600万人が集まるカトリック最大の巡礼地、特に病をもつ人々にとって重要な聖地となった。

》》》 歩き方 》》》

　ルルド駅からAv. de la Gareを右へ行き、Av. de Maransinとの交差点を左折してしばらく進むと右側に小さな階段がある。その階段を下り、ホテルやみやげ物屋が並ぶBd. de la Grotteを直進すると5分くらいで聖域Sanctuairesの入口だ。駅から聖域までは傾斜の激しい坂道が多いので、歩くのがつらい人、荷物が重い人は、駅前広場から出るMonCitybus社のA1番、またはS5番のバスを利用するといい。St-Joseph／Sanctuaire下車。

　聖域の門であるサン・ミッシェル門Porte St-Michelをくぐると、聖母マリアにささげられた**無原罪のお宿り聖堂**

ピレネーの山々に囲まれたルルドの町

Basilique de l'Immaculée Conceptionを仰ぐような形で参道が続く。「La Grotte」の標識に従って聖堂の裏側に回ると**マサビエルの洞窟**Grotte de Massabielleがある。

ACCESS

🚄パリ・モンパルナス駅からTGVで約5時間。
✈パリORY空港からタルブ・ルルド・ピレネーTarbes Lourdes Pyrénées空港まで約1時間20分。空港〜市内はシャトルバス（Navette）が運行。所要15〜25分。
URL www.tlp.aeroport.fr

❶ 観光案内所

🏠 Place du Champ Commun
MAP P.372地図外
☎ 05.62.42.77.40
🕐 9:00〜12:30
　（㊌は9:30〜）
　14:00〜18:00
🚫 ⊕ ㊗
URL www.lourdes-infotourisme.com
聖域入口のPorte St-Joseph横にも❶があり、ミサの時間などを問い合わせることができる。MAP P.372-1

バス

💴 1回券€1.20、10回券€10
URL www.tlp-mobilites.com

夜のろうそく行列

4〜10月の毎晩（11〜3月は㊍ ⊕ ⊖の20:30〜）21:00から「ろうそく行列Procession Mariale aux Flambeaux」が行われる。みやげ物屋で買ったボンボリを手に聖域に集まった人々が、賛美の合唱を繰り返しながら、ゆっくりと広場を回る。

あつい祈りの声が空に響く

はみだし ルルド近くに切り立つ「ピック・デュ・ジェールPic du Jer」。標高1000mの山頂には360度見渡せる展望台があり、ケーブルカーでアクセスできる。営業日など詳細は❶のウェブサイトで確認を。

奇跡の泉を求めて世界中から人々が集まる

マサビエルの洞窟
🕐 5:00〜24:00
💰 無料

ボリーの水車小屋（ベルナデットの生家）
🏠 12, rue Bernadette Soubirous
🕐 4〜10月　9:00〜12:00
　　　　　14:00〜19:00
　11〜3月　15:00〜17:00
💰 無料

カショー
🏠 15, rue des Petits Fossés
🕐 4〜10月　9:00〜12:00
　　　　　14:00〜18:00
　11〜3月　15:00〜17:00
💰 無料

聖ベルナデット博物館
Musée Ste-Bernadette
聖母に出会ってから、法王ピオ11世によって列聖されるまでの聖ベルナデットの生涯をたどることができる。
🗺 P.372-1
🏠 93, bd. Rémi Sempé
🕐 9:00〜12:00
　14:00〜18:00
　（11〜3月は〜17:30）
🚫 11〜3月の午前　💰 無料

))) おもな見どころ (((

マサビエルの洞窟　★★★
🗺 **MAP** P.372-1　　　　　Grotte de Massabielle

　聖母が出現したとされる洞窟。奇跡の泉はマリア像の左下奥にあり、今もこんこんと水が湧いている。人々が祈りながら岩の表面をなでていくため、周辺の岩は黒光りしているほどだ。洞窟手前の水場Les Fontainesには泉の水を引いた蛇口がいくつも並んでいて、好きなだけ水を汲むことができる。聖域に入る前にみやげ物屋でボトルを買っておくといい。

ベルナデットゆかりの地　★★★
🗺 **MAP** P.372-2　　　　　Sur les pas de Bernadette

ベルナデットの像

　ベルナデット・スビルーは1844年1月7日、ルルドの粉ひき屋の娘として生まれた。生家である小さな**水車小屋 Moulin de Boly**は今も残り、ベルナデットの生まれた部屋を見ることができる。ベルナデットが12歳の頃、小麦の不作により家賃が払えなくなる。一家は、昔牢獄として使われていたひと部屋しかない家**カショー Le Cachot**に移り住むことを余儀なくされた。そんな貧しい生活のなかでも家族には祈りの声とあたたかい笑い声が絶えなかったという。このカショーに住んでいた頃、ベルナデットはポー川のほとりに薪をひろいに出かけ、聖母を見たのだった。

　ベルナデットは後年こう語ったそうだ。「聖母が私の前に現れたのは、私がこの世で最も貧しく、最も無知な者だったからです」。

ベルナデットの生家である「水車小屋」

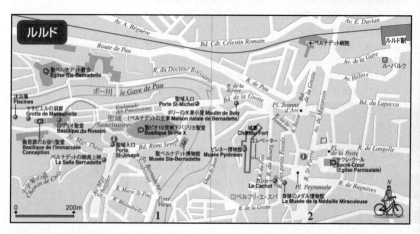

ルルド

城塞 ★★

[MAP] P.372-2　Château Fort

© P. Vincent 13-OT Lourdes
岩山にそびえる城塞

ルルドは昔から軍事的に重要な場所で、町の真ん中にそそり立つ岩山には、中世の頃から城塞が築かれていた。現在は**ピレネー博物館**Musée Pyrénéenになっていて、農具や家具、衣装など、この地方の民俗文化を伝える資料が幅広く展示されている。テラスからは、緑に包まれたルルドの町と聖域、ピレネーの山々のすばらしい眺めが一望できる。

城塞へ上るには階段もあるが、Rue du Fortからエレベーターを使うと楽。

ピレネー博物館の素朴な展示

ピレネー博物館
[住] 25, rue du Fort
[開] 10:00～13:00
14:00～19:00
(10/15～4/14は～18:00)
[休] 10/15～4/14の[月]、1/1、11/1、11/11、12/25
[料] €7.50、学生€3.50
[URL] www.chateaufort-lourdes.fr

ルルドのおすすめホテル　[H]ホテル [R]レストラン

フランスではパリに次いでホテルの数が多いといわれる。ここでは観光に便利で設備の整ったホテルを紹介。

[H] ベルフリ・エ・スパ

Belfry & Spa 4★　[MAP] P.372-2

1873年創業の老舗デラックスホテル。城塞の麓に建ち、窓から聖域が見える部屋もある。
[住] 66, rue de la Grotte
[TEL] 05.62.94.58.87
[料] ⓈⓌ€225～　☕€35
[CC] [A][M][V]　[室] 50室
[P] €20　❄　[Wi-Fi]
[URL] belfry.fr

[R] ル・パルク

Le Parc　[MAP] P.372-2

国鉄駅を出てすぐにあるエレガントなレストラン。テラスからは雄大なピレネー山脈が見える。料理はこだわりの旬の食材を使用。眺めも料理もどちらも満足できる。
[住] 16, av. de la Gare　[TEL] 05.62.94.38.18
[営] 12:00～14:00、19:00～21:30　[休] 無休
[料] 昼ムニュ€19、夜ムニュ€27、€39　[CC] [A][M][V]
[Wi-Fi]　[URL] www.restaurantleparclourdes.com

Column Excursion　ルルドから大自然を求めてピレネー山脈へ [世界遺産]

●ピレネー山脈でハイキング

3000m級の山が迫るガヴァルニー圏谷

フランスとスペインの国境にまたがるピレネー山脈。中心にそびえるペルデュ山([MAP] P.359)は世界遺産に登録されている。そのフランス側の一部を構成するのが**ガヴァルニー圏谷**Cirque de Gavarnieだ。太古にはルルドまで来ていたという流氷と氷河の浸食によって現在の地形ができ、ピレネー山脈を代表する景勝地となった。**スペイン橋**Pont d'Espagneから**ゴーブ湖**Lac de Gaubeを巡るハイキングルート、リフトがある。スペイン橋は冬は凍結しアクセスが制限されるので、5～9月がシーズンだ。

ガヴァルニーのℹ
[URL] www.valleesdegavarnie.com

スペイン橋へのアクセス
🚗 スペイン橋へはルルドから約37km。
🚌 6～9月はルルド駅前から965番のバスで約55分のコトレCauterets下車。コトレからシャトルバス(Navette)が運行している。

●ピレネー山脈の絶景を望む

空に架かる浮橋の先端はガラスの床になっている

ピレネー山脈の名峰のひとつ、標高2877mの**ピック・デュ・ミディ**([MAP] P.359)。山頂にはプラネタリウムや絶景を望む展望テラス、19世紀末から続く天文台があり、宿泊もできる。2018年には展望デッキ**空に架かる浮橋**Ponton dans le Cielが完成。年間平均気温は0℃という高所なので、寒さ対策を。

アクセス
麓の村ラ・モンジーLa Mongieからロープウエイで15分。
🚗 ラ・モンジーへはルルドから約50km。
🚌 7～11月は、ルルドからラ・モンジーへシャトルバス(Navette)で約1時間20分。要予約 [TEL] 08.00.65.65.00

ピック・デュ・ミディ Pic du Midi
[営] ロープウエイの始発(行き)は9:00発、最終(帰り)は18:00発('23 7・8月の時刻。月によって変わる)
[休] 4月下旬～5月
[料] €49(ロープウエイ込み。要予約)
[URL] picdumidi.com

🚃トゥールーズからTERでロデズ
Rodezまで約2時間20分。そこから
223番のバスで約1時間10分。
URL lio.laregion.fr
🚗フィジャックから約44km、トゥー
ルーズから約185km。

🛈 観光案内所
住 Le Bourg
TEL 05.65.72.85.00
開 4〜9月　　　9:30〜12:30
　　　　　　　14:00〜18:30
　　　　（7・8月はノンストップ）
　　10〜3月　　10:00〜12:30
　　　　　　　14:00〜17:30
休 1/1、12/25
URL www.tourisme-conques.fr

サント・フォワ修道院教会
住 Priuré St-Foy de Conques
開 8:00〜20:00
休 無休　料 無料

宝物殿
住 Pl. de L'Abbaye
開 4〜9月　　　9:30〜12:15
　　　　　　　14:00〜18:30
　　10〜3月　　10:00〜12:15
　　　　　　　14:00〜17:30
休 1/1、12/25
料 €6.50、学生€4.50

サント・フォワ修道院教会のファサー
ド（正面）

Conques　　　　　郵便番号：12320　人口：約260人
巡礼者が集う山あいの村　　　　　　　　　　**美しい村**
コンク

ミディ・ピレネーの山あいにたたずむ美しいコンクの村

　サンティアゴ・デ・コンポステーラへの巡礼路「ル・ピュイ
の道」（→P.376）のなかでも重要な山あいの村コンク。ここに
は登山靴にリュック、そして旅姿の聖ヤコブ同様、木の杖を手
にした巡礼者が多い。ル・ピュイ・アン・ヴレからの長い道の
りをたどってきた者たちは、思いおもいに時を過ごしたあと、
モワサックへ向けて歩き出す。

　巡礼者たちが訪れる**サント・フォワ修道院教会**Abbatiale
Ste-Foyは、4世紀初頭にわずか12歳で殉教した聖女フォワに
ささげられた教会だ。もともと近郊の町アジャンの教会にあっ
た聖女フォワの遺骨がコンクにやってきたのは9世紀のこと。
コンク出身のとある修道士が、コンクにもっと人を呼び込みた
いという一心から盗み出したのだ。この修道士、遺骨を盗むた
めに、10年間も身分を隠し
てアジャンの修道院に潜り込
んでいたというから驚く。彼
の望みどおり、その後、多く
の巡礼者が聖女フォワを崇拝
しにコンクを訪れるようにな
り、巡礼最盛期の11世紀半

高台から眺めた村の全景

ばには、この教会が建てられた。フランスロマネスクを代表する教会で、特に正面のタンパンの彫刻が見事だ。

聖女フォワの聖遺骨を納めた**黄金の聖女像**Statue-reliquaire de Ste-Foyは、教会の隣の**宝物殿**Le Trésorにある。素朴な表情の顔は5世紀頃、ほかの部分は数世紀後の作品といわれている。

聖遺骨が納められた黄金の聖女像

教会正面のタンパンに彫られた『最後の審判』。向かって左側が天国、右側が地獄を表している

「天国」の側には、神の祝福を受ける聖女フォワの姿が

コンクのおすすめホテル／レストラン

[H]ホテル [R]レストラン

ホテルは村の中に数軒。ユースはないが、巡礼者用のドミトリーがある。ℹで相談しよう。

[H][R] オーベルジュ・サン・ジャック
Auberge St-Jacques 2★
教会からすぐ。レストランでは郷土料理を味わえる。

[住] 8, rue Gonzagues Florent [TEL] 05.65.72.86.36
[料] [S][W]€66～80 ☕€9.50 [休] 1・12月
[URL] www.aubergestjacques.fr

Column Excursion ヨーロッパで最も高い「ミヨー橋」

南西部を車で旅するなら、ぜひ訪れたいのが一時は世界一の高さを誇った**ミヨー橋**Viaduc de Millau（[MAP] P.359）。設計はイギリス人建築家ノーマン・フォスター、2004年12月に完成した。全長2460m、最も高いポイントは343m、エッフェル塔を超える壮大さだ。

橋はクレルモン・フェラン（→P.488）と南西部のベジエールBéziersを結ぶ高速道路A75上にある。ミヨーが山に挟まれた深い谷間にあるため、高速道路が分断されて慢性的な渋滞を引き起こしていたことが建設につながった。タルン川沿いにある町ミヨーを見下ろすように山と山の間に架けられた橋は、D992沿線などさまざまな場所からその姿を見ることができる。とりわけ朝霧に包まれる早朝の風景は幻想的で、まるで雲の上にかかるかのようだ。

アクセス
🚗モンペリエから約100km、トゥールーズから約180km。

ミヨー橋サービスエリア
サービスエリアにはタルン渓谷を望む展望台がある。橋に関する展示スペースがある。
[住] Aire du Viaduc 12100 Millau
[開] 9:00～17:50（季節によって異なる）
[URL] www.leviaducdemillau.com

扇形のシルエットが美しいミヨー橋（上）
幻想的な朝の風景に出合えるかも（下）

コンクの約35km東にある町ライヨールLaguioleは名品の誉れ高いナイフの里。コレクションしている人も多い人気ナイフの製造工程を見学できる工房もある。[URL] www.maison-laguiole.com

サンティアゴ・デ・コンポステーラ街道
Chemins de St-Jacques-de-Compostelle
世界遺産

はるかピレネーのかなた、スペインの西の果てにある町、サンティアゴ・デ・コンポステーラ。中世の時代、フランスから出発して、この地を目指す巡礼路が生まれた。中世さながらの村やロマネスク様式の教会堂が残り、中世の心が宿るこの道を、今も多くの人がたどり続けている。

スペインの聖地を目指して

「サンティアゴ」とは、キリストの十二使徒のひとり、聖ヤコブのスペイン語名。9世紀、伝道中に殉教したヤコブの聖遺体とされるものがスペイン北部ガリシア地方のサンティアゴ・デ・コンポステーラで発見され、その墓の上に大聖堂が建てられることになった。やがてこの地は、「聖地」として多くの巡礼徒を集めるようになる。長く困難な道のりをものともせず、最盛期には年間50万人の人々が巡礼路をたどったという。全行程を歩きとおす人は少なくなったとはいえ、現在も思いおもいのスタイルで巡礼路をたどる旅人の姿が見られる。

なお、聖ヤコブはフランス語で「サン・ジャックSt-Jacques」。聖人のシンボルとなっている「ホタテ貝（コキーユ・サン・ジャック）」は、巡礼路の道しるべとなるなど、沿道のさまざまな場所で使われている。

4つの巡礼ルート

フランスでは、4つの出発地からサンティアゴ・デ・コンポステーラに向かう道が続いており、ピレネーを越えてひとつになる。巡礼ブームが高まったのは11〜12世紀。巡礼路沿いの町や村には、ロマネスク様式の教会堂が建てられ、その多くは当時の姿のまま残っている。現代人にとって、巡礼路をたどる旅は、中世美術の至宝に触れる旅でもある。

なお、街道の特定区間（ル・ピュイの道の一部）とコンクのサント・フォワ修道院教会など巡礼路沿いにある一部の建造物は、世界遺産の構成資産に登録されている（1989年登録）。

4つの道の特色を簡単に紹介しよう。

トゥールの道

パリのシャトレ地区にあるサン・ジャック塔から出発。オルレアン、トゥール、ポワティエ、ボ

ブルゴーニュの大地を見下ろす小高い丘の上にある中世の村ヴェズレー（左）　坂道を上りきった所に建つサント・マドレーヌ・バジリカ聖堂（右上）　ポワティエのノートルダム・ラ・グランド教会の柱には彩色が残る（右下）

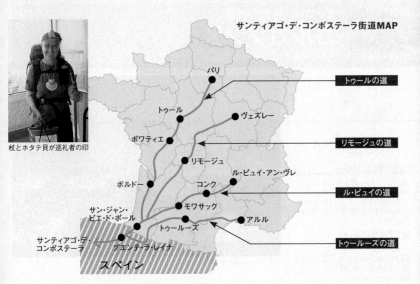

サンティアゴ・デ・コンポステーラ街道MAP

パリ

トゥール

ヴェズレー

ポワティエ

トゥールの道

リモージュ

リモージュの道

ボルドー

コンク

ル・ピュイ・アン・ヴレ

サン・ジャン・
ピエ・ド・ポール

モワサック

ル・ピュイの道

サンティアゴ・デ・
コンポステーラ

トゥールーズ

アルル

プエンテ・ラ・レイナ

トゥールーズの道

スペイン

杖とホタテ貝が巡礼者の印

ルドーを経て、バスク地方のサン・ジャン・ピエ・ド・ポールを通ってピレネーを越える。4つの道のなかでは、巡礼路らしさが薄れているルートだが、ピレネーに近くなると巡礼者の姿をよく見かけるようになる。ポワティエ周辺に残るロマネスク建築も見応えがある。

リモージュ（ヴェズレー）の道

出発地はヴェズレーのサント・マドレーヌ・バジリカ聖堂。ブールジュ、リモージュ、ペリグーを通ってピレネーに。ヴェズレーの丘とサント・マドレーヌ・バジリカ聖堂は、単独で世界遺産に登録されている。

ル・ピュイの道

4つの道のなかで最も巡礼路らしさが残る道。奇岩のそびえるル・ピュイ・アン・ヴレのノートルダム・デュ・ピュイ大聖堂から出発する。山あいの村コンクを通り、モワサックのサン・ピエール修道院を経て、ピレネーにいたる。オーヴェルニュの山岳地方、ピレネーの山あいと巡礼者にとっては厳しい道のりだ。

トゥールーズ（アルル）の道

アルルから出発。モンペリエ、トゥールーズ、オロロン・サント・マリーを通り、ピレネー山脈のソンポール峠を越え、スペインのプエンテ・ラ・レイナにいたる。プロヴァンスから始まる陽光あふれる南仏の道。

出発地からサンティアゴ・デ・コンポステーラまで、通しで歩けば2ヵ月はかかる巡礼の旅。その一部でも体験すれば、往時の旅人たちの巡礼にかけた気持ちが伝わってくることだろう。

巡礼地を旅するヒント

ヨーロッパの人々のなかには、何度かに分けてサンティアゴ・デ・コンポステーラ街道をたどる人も多い。巡礼路上の町や村には、そうした人たちの便宜を図るための特別な案内所が設けられており、情報提供のほか、格安で泊まれる宿の紹介もしてくれる。Accueil Pelerins（巡礼者のための案内）という単語を覚えておきたい。ル・ピュイ・アン・ヴレ～コンク間の各所にアクセスできるバス路線（コンポステルビュス Compostel'Bus URL www.bus-chemin-compostelle.com）もある。

教会を訪問するときは、肌を露出した格好で入らないなど、最低限のマナーは守りたいもの。また、日曜日の午前中など、ミサの間は内陣奥への立ち入りを禁じていることもあるので注意しよう。

巡礼者のための案内所（上）
聖ヤコブのシンボル、ホタテ貝をリュックに付けたり、ペンダントにして持ち歩く人が多い（左・下）

巡礼者が多く訪れる沿道の町では、杖や街道のルート案内書も売られている

城外に広がるワイン畑

ヨーロッパ最大の城塞
カルカソンヌ

世界遺産

郵便番号：11000　人口：約4万7000人

イルミネーションに浮かび上がるシテ

　ヨーロッパ最大規模の城塞が残る、フランス有数の人気観光地。「カルカソンヌを見ずして死ぬな」といわれる城塞の威容は、今も見る者を圧倒する。地中海とトゥールーズ、イベリア半島とヨーロッパ諸国を結ぶルート上にあり、古くから交通の要衝であったこの地に、最初の砦が築かれたのは紀元前3世紀のこと。中世にはローマ教皇によって派遣されたアルビジョワ十字軍の拠点ともなる。17世紀、スペインとの国境が西に退き、要塞としての意味を失ってからは衰退の一途をたどる。19世紀には廃墟と化したが、その歴史的価値が認められ、現在ある形に復元された。夜、イルミネーションに照らされて浮かび上がる姿は、要塞であることを忘れさせるほどの美しさだ。

$$\ggg \quad 歩き方 \quad \ggg$$

噴水のあるカルノ広場

　カルカソンヌの町は、市内を流れるオード川を挟んで、右岸の高台を占める中世の城塞シテCitéと、13世紀に整備された城外の下町バスティード・サン・ルイBastide St-Louisに分かれる。シテまでは、駅から真っすぐ延びる繁華街のクレマンソー通りRue G. Clemenceau、火・木・土曜に朝市の立つカルノ広場Pl. Carnot を通って、30～40分の道のりだ。途中、オード川の向こうにシテの全景が現れる。まるで中世の絵巻物から抜け出したかのような姿に、誰もが心動かされることだろう。

　19世紀まで、城下町とシテを結ぶ唯一の道であった旧橋ポン・ヴィユーPont Vieuxを渡ったら、シテの入口ナルボンヌ門Porte Narbonnaiseを目指そう。

　7月上旬～8月は、駅を出て運河を越えた所にあるバス停Port du Canal Gare SNCFからシテ行きのバスが出る。Cité Médiévaleで降りるといい。

　はみだし　「カルカ・パスCarca' Pass」はシテなどカルカソンヌと近郊のスポットの入場やミディ運河クルーズの割引などが付いたお得なパス。🛈で購入可。🎫 €6。

)) おもな見どころ (((

シテ
MAP P.379-B ★★★
Cité

中世の頃そのままの城壁

「シテ」とは城塞都市のこと。カルカソンヌのシテは、全長3kmに及ぶ城壁と、52の塔で構成されている。二重になった城壁は古代ローマ時代の要塞跡に築かれたもので、3〜4世紀に造られた内壁の下部には、当時の石が今も残る。1082〜1209年には、トランカヴェル家統治のもとで絶頂期を迎えるが、アルビジョワ十字軍に屈し（→P.381）、城塞はその後フランス国王の所有となった。

城壁は自由見学で歩くことができるが、❶発のガイド付きツアーもある（仏・英語。詳細は❶まで）。天守閣が今も残る12〜13世紀建造の**コンタル城**Château Comtalから出発するツアー（仏語）もあり、自由見学では入れない所まで見ることができる。

城壁に設けられた門をくぐってシテ内に入ると、そこは中世の町。入り組んだ通りの両側に、名産品を売るショップやレストランが並び、観光地らしいにぎわいを見せている。シテ内の見どころは、11世紀からの歴史をもつ**サン・ナゼール・バジリカ聖堂**Basilique St-Nazaire。19世紀、城塞都市の復元に力を注いだヴィオレ・ル・デュックによって修復されたもので、13〜14世紀のステンドグラスも見応えがある。

シテへの入口、ナルボンヌ門

城壁（コンタル城）
開 4〜9月　　10:00〜18:15
　　　　　　（入場は17:45まで）
　　10〜3月　　9:30〜16:45
　　　　　　（入場は16:15まで）
休 1/1、5/1、12/25
料 €9.50、18歳未満無料
バス カルカ・バスで€2割引
URL www.remparts-carcassonne.fr

城壁のガイド付きツアー

サン・ナゼール・バジリカ聖堂
開 ❶〜❻　9:00〜18:30
　　❼　9:00〜10:45
　　　　12:30〜18:30
　　（冬期は短縮）
料 無料

サン・ナゼール・バジリカ聖堂のステンドグラス

🍷 カルカソンヌのカスレ
南西部の郷土料理として有名な「カスレ」だが、なかでもカルカソンヌ、トゥールーズ、そしてカステルノダリーは「3大カスレの町」として知られている。材料が若干異なるといわれるが、3つの違いについては諸説あり、基本材料（白インゲン、豚肉、鴨またはガチョウのコンフィ、ソーセージ）は同じ。

アツアツを召し上がれ！

シテ内のホテルはムードは抜群だがシーズン中は満室のことが多い。シテ外はホテルの数も多く料金も手頃。

Ｈ Ｒ オテル・ド・ラ・シテ
Hôtel de la Cité 5★　　　　MAP P.379-B

旧司教邸跡に建てられた、シテ内きっての高級ホテル。中庭からは城壁を眺めることができ、まさに歴史遺産の一部に泊まっている気分を味わえる。ミシュラン1つ星のレストラン「La Barbacane」もあり、中世の町で特別な時間を過ごしたい人におすすめ。

住 Pl. Auguste-Pierre Pont　TEL 04.68.71.98.71
料 Ｓ€301〜1000 Ｗ€301〜1020　●€28
CC ＡＭＶ　室 59室　Ｐ €28　※　Wi-Fi
URL www.cite-hotels.com

Ｈ ル・ドンジョン
Le Donjon 4★　　　　MAP P.379-B

シテ内にあるホテル。窓から城壁の見える部屋もあり、中世の雰囲気を十分に味わえる。電気ポット、ロビーに宿泊客用のパソコンあり。

住 2, rue du Comte Roger
TEL 04.68.11.23.00
料 Ｓ Ｗ€99〜360　●€15
CC ＡＪＭＶ　室 61室　Ｐ €22　Ｙ１　※　Wi-Fi
URL www.cite-hotels.com

Ｈ オテル・デュ・シャトー
Hôtel du Château 4★　　　　MAP P.379-B

シテの入口ナルボンヌ門まで徒歩1分。家族経営で細やかなホスピタリティを感じさせるホテル。庭園からすばらしい夜景が楽しめる。

住 2, rue Camille St-Saëns
TEL 04.68.11.38.38
料 Ｓ Ｗ€132〜380　●€15
CC ＡＤＪＭＶ　室 17室　Ｐ €15　※　Wi-Fi
URL www.hotelduchateau.net

Ｈ ロクトロワ
L'Octroi 3★　　　　MAP P.379-B

新橋を渡りAv. du Général Leclercを真っすぐ5分ほど歩いた所にある。シテへは徒歩約3分。

住 143, rue Trivalle
TEL 04.68.25.29.08
料 Ｓ Ｗ€57〜220　●€15　CC ＡＤＪＭＶ
室 21室　Ｐ €12　※　Wi-Fi
URL www.hoteloctroi.com

Ｈ アストリア
Astoria 2★　　　　MAP P.379-A

駅を出て運河を渡ったらすぐ左へ。リーズナブルなうえ、清潔でアットホームな雰囲気。家族5人まで泊まれる部屋もある。

住 18, rue Tourtel　TEL 04.68.25.31.38
料 Ｓ Ｗ€55〜180　●€10
CC ＡＭＶ　室 19室　※　Wi-Fi
URL astoriacarcassonne.com

Ｙ ル・クーヴァン
Le Couvent　　　　MAP P.379-A

駅から徒歩5分。17世紀建造の修道院を改装し、回廊などの造りが残っている。ルーフトップバーもあるおしゃれなユース。ドミトリーは男女共用の部屋もあるので確認を。

住 31, rue du 4 Septembre
TEL 04.68.47.50.25
料 Ｓ Ｗ€80〜　ドミトリー1人€30〜　シーツ代込み
●€6.50
URL www.au-couvent.fr

Column History　クルーズも楽しめる世界遺産〜ミディ運河　世界遺産

大西洋に河口をもつガロンヌ川沿いのトゥールーズ（→P.361）と、地中海の港町セートSèteの間、240km（総延長360km）を結ぶ水路がミディ運河Canal du Midiだ。17世紀、塩税徴収請負人だったピエール・ポール・リケが発案。その並々ならぬ情熱と、水道橋や水門を駆使した高度な土木技術によって完成した。それまでは、大西洋から地中海地域に物資を運搬する際、イベリア半島を周回し、ジブラルタル海峡で通行税を払わなければならなかった。ミディ運河が建設されたことで、時間と経費が大幅に削減され、南仏の交易と商業は躍進を遂げた。（1996年登録）

カルカソンヌ発のミディ運河クルーズ

カルカソンヌの駅前から出るミニクルーズでは、高低差のある運河をいくつもの水門をくぐり抜けながら進むのどかな船旅を体験できる。1時間30分〜2時間45分の各種コースあり。

●カルカソンヌ・クロワジエール
Carcassonne Croisières
休 11〜3月
URL www.carcassonne-navigationcroisiere.com

交易路としての役割は終えたが、ボートクルーズや散策を楽しむ人々に愛され続けている

中世への旅❶
異端宗派の信仰を伝える「カタリ派」の城

悲劇の異端宗派

カルカソンヌのあるオードAude県は、「カタリ派の里Pays Cathare」と呼ばれる。「カタリ派」とは、12世紀から13世紀にかけて、おもに南フランスで信者を集めたキリスト教異端の一派。アルビを中心に活動していたことから、「アルビジョワ派」と呼ばれることもある。物質を悪とみなし、禁欲、菜食、非暴力に徹した彼らは、福音書を土地の言葉でわかりやすく説き、民衆の心をつかんでいった。

カタリ派の人気に脅威を感じたカトリック教会は、1209年、アルビジョワ十字軍を派兵して「異端」を撲滅しようとした。その殺戮方法は残虐を極め、約50年の間に100万人に達するほどの犠牲者が出たという。カタリ派を容認したカルカソンヌのトランカヴェル家も、十字軍との戦いに敗れて城を追われた。

追い詰められたカタリ派は、険しい山の頂上に建つ城塞に身を潜めた。しかし、十字軍の激しい攻撃に屈し、1255年降伏。1321年に最後の信者が火刑となり、カタリ派は全滅したといわれる。

カタリ派の里を訪ねて

カタリ派が立てこもった城塞は、今もカルカソンヌ近郊のそこかしこに残っている。人を寄せつけない断崖絶壁に建つ城の廃墟を訪れれば、最後まで信仰を捨てなかった信徒たちの悲劇が心に迫ってくるだろう。最近は、歴史マニアのみならず、荒涼とした廃墟の景観に魅せられてハイキング気分でやってくる観光客も多い。いくつかある城のうち、特に人気のある城を紹介しよう。

●ケリビュス城 Château de Quéribus

1255年に陥落したカタリ派抵抗軍の最後の砦となった城。天守閣のテラスからは、ピレネー山脈やルシヨン平野、地中海を見晴らすすばらしいパノラマが広がる。

●ペイルペルテューズ城 Château de Peyrepertuse

標高800mの切り立った岩山の上に建つ姿は、「天空のカルカソンヌ」とも呼ばれる。この地方の中世要塞建築の最も美しい例。

●ヴィルルージュ・テルムネス城 Château de Villerouge-Termenès

1321年、最後のカタリ派が火刑になった場所。城壁の中にはヨーロッパで唯一の中世風焼肉料理

カタリ派最後の砦となったケリビュス城

ペイルペルテューズ城。石灰岩の岩山と廃墟の城塞が一体となった景観は迫力満点

のレストランがあり、当時のレシピに従って作られた14世紀の料理を食べることができる。

カタリ派の里へのアクセス

カタリ派の里へは車以外アクセス方法がない。カルカソンヌを起点にレンタカーで点在する城を巡るといいだろう。城までは、車を降りて徒歩30分というところもある。夏は飲み水と日よけ対策を万全に。一部の史跡はカルカ・パス（→P.378）で入場料が割引になる。

カタリ派の里史跡協会
Association des Sites du Pays Cathare

23の史跡が加盟し、情報提供を行っている。各史跡に割引料金で入場できるパスポート（€4）もあるので最初に訪れた史跡で購入するといい。

URL www.payscathare.org

🚄 パリ・リヨン駅からモンペリエ・サン・ロックMontpellier St-Roch駅までTGVで約3時間30分。トゥールーズからIntercités（要予約）で約2時間10分。
✈ パリCDG空港またはパリORY空港からモンペリエ・メディテラネMontpellier Méditerranée空港まで約1時間20分。空港から620番のシャトルバス（Navette Aéroport）でアンティゴン地区のPl. de l'Europeまで約25分。そこから中心部へは1番のトラムで約10分。
URL www.montpellier.aeroport.fr

ℹ 観光案内所
住 30, allée Jean de Lattre de Tassigny
TEL 04.67.60.60.60
開 月～木　9:30～13:00
（冬期は10:00～）
14:00～19:00
（冬期は～18:00）
日祝　10:00～13:00
14:00～17:00
休 1/1、12/25
URL www.montpellier-tourisme.fr

ファーブル美術館
住 39, bd. Bonne Nouvelle
開 10:00～18:00
（入場は17:30まで）
休 月、1/1、5/1、12/24、12/31
料 €12
URL museefabre.
montpellier3m.fr

新古典主義の画家フランソワ・グザヴィエ・ファーブルのコレクションをもとに1828年に開館したファーブル美術館

リカルド・ボフィルが設計した新市街アンティゴンのネオクラシック建築群

Montpellier　　　郵便番号：34000　人口：約26万人
中世からの学園都市
モンペリエ

朝から夜中まで人の絶えることのないコメディ広場

　観光客として訪れるよりも、住んでみたいと思わせる町がある。モンペリエはそのひとつだ。13世紀創立の由緒ある大学があり、町では片手に本、片手にパンといういでたちで、詩人ペトラルカや作家ラブレーの後輩が歩いているのに出会う。地中海から吹いてくるさわやかな風を受けて、旧市街をゆっくり散歩するのがベストかもしれない。

≫≫ 歩き方 ≫≫

　駅前広場を抜け、Rue de Magueloneを歩き進むとすぐに広々とした**コメディ広場**Pl. de la Comédieに出る。パリのオペラ座パレ・ガルニエを模した劇場や、三美神の彫像が立つ泉があるモンペリエの中心だ。コメディ広場から続く遊歩道の西側には**ファーブル美術館**Musée Fabreがある。所蔵品は15世紀から20世紀まで幅広いが、特に近代フランスの作品に観るべきものが多く、ロマン主義から新古典主義を経て写実主義にいたるまでの美術史の流れを追うことができる。なかでも見逃せないのは、クールベの『出会いLa Rencontre』。一見何の変哲もない絵だが、19世紀当時はやっていた官展派のカビ臭い絵にたたきつけた「写実主義」という名の挑戦状である。

　コメディ広場の北西一帯は17～18世紀の町並みが残る旧市街。旧市街を抜けた所には、17世紀末にルイ14世をたたえるために造られた**凱旋門**Arc de Triompheが建つ。

　コメディ広場をはじめ、旧市街のほとんどの通りは歩行者天国となっているうえ、緑と噴水のさわやかな公園がいたるところにあり、散策が気持ちいい。徒歩で十分回れる町だが、新市街アンティゴンAntigoneなどへ行くときは、トラムに乗るのもいいだろう。

カラフルなモンペリエのトラム

　はみだし 2019年に現代アートセンターMO.CO.がオープン。19世紀の邸宅「モンカルム邸」を改装し、現代アートの企画展を開催している。**住** 13, rue de la République　**URL** www.moco.art

美しいバス運河

カタルーニャの心が生きる

ペルピニャン

郵便番号：66000　人口：約12万人

ゴシックのアーケードに囲まれた市庁舎の中庭にあるマイヨールの彫刻

ACCESS

🚄 パリ・リヨン駅からTGVで5時間～5時間15分。モンペリエからTGVで約1時間30分、TERで約1時間50分。

❶ 観光案内所

🏠 Pl. de la Loge　**MAP** P.384-2
☎ 04.68.66.30.30
🕐 4～10月
　（月）～（土）　　　9:30～19:00
　（日）（祝）　　　10:00～17:00
　11～3月
　（月）～（土）　　　10:00～18:00
　（日）（祝）　　　10:00～13:00
🚫 1・11月の（日）、1/1、5/1、
　11/1、12/25
🔗 www.perpignantourisme.com

この町がフランス領になったのは17世紀半ばのこと。それまでスペイン領カタルーニャ地方の町だったという背景もあり、ずいぶんとスペイン色の濃い町である。星型の城塞に囲まれたマジョルク王宮、レピュブリック広場周辺に立つ市場の土臭い雰囲気。スペインに来てしまったんじゃないかと思うほど。現在はピレネーゾリアンタル県（北カタルーニャ）の中心都市だが、モンペリエとバルセロナをつなぐ幹線上にあり、歴史的にも地理的にも、フランスとスペインの橋渡しの役割を担っている。

≫≫ 歩き方 ≫≫

　駅正面から真っすぐ延びるジェネラル・ド・ゴール大通りAv. du Général de Gaulleを10分ほど歩き、カタローニュ広場Pl. de Catalogneで右折するとすぐテ川の支流バス運河La Basseに出る。緑の美しい運河沿いを北東に歩いていくと広場があり、さらに運河沿いを進むと**カスティエ門**がある。ここから**マジョルク王宮**にいたるまでの一帯が旧市街だ。
　旧市街の中心であり、❶のある**ラ・ロージュ広場**Pl. de la Logeには、中世の代表的建築物である**市庁舎**Hôtel de Villeなどが残る。1315年に造られた市庁舎の中庭には、彫刻家マイヨールの代表作『地中海La Méditerranée』がひっそりと置かれている。市庁舎東側には、1324年から1509年にかけて建設された**サン・ジャン大聖堂**Cathédrale St-Jean。南側の礼拝堂にかかる木造のキリスト磔刑像は14世紀のもの。毎年聖金曜日（復活祭2日前）の聖血行列では、全身を布で覆った信者たちがこのキリスト像を担いで町を練り歩く。

ペルピニャンが13世紀以来マヨルカ王国の首都だったことを思い起こさせるマジョルク王宮

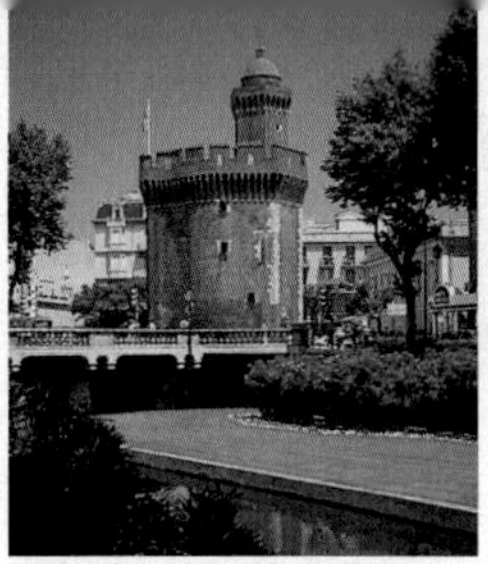

川面に赤れんがの色が映えるカスティエ門

カーサ・パイラル博物館
[住] Le Castillet, Pl. de Verdun
[開] 6〜9月　10:30〜18:30
10〜5月　11:00〜17:30
[休] 復活祭翌日の㊊、5/1、7/14、12/25　[料] €2

マジョルク王宮
[住] Rue des Archers
[開] 7〜10月　9:30〜18:30
11〜3月　10:00〜17:00
4〜6月　10:00〜18:00
[休] 1/1、1月に15日間、5/1、11/1、12/25　[料] €7

おもな見どころ

カスティエ門 ★★★

[MAP] P.384-2　Le Castillet

バス運河の水に赤れんが色が映えるカスティエ門。1368年に城門として建てられ、ルイ11世の時代に牢獄として使われるようになった。現在、内部はカタルーニャの生活用具、工芸品、民俗衣装などを展示している**カーサ・パイラル博物館Musée Casa Pairal**になっている。

マジョルク王宮 ★★★

[MAP] P.384-2　Palais des Rois de Majorque

旧市街を見下ろす高台の城塞の中心にそびえるマジョルク王宮は、1276年、マヨルカ王ハイメ（仏名ジャック）2世の宮殿として建てられた。外観は厳格な雰囲気だが、内部には美しい庭園や礼拝堂があり、屋上テラスから見るピレネーの眺めは抜群。

ペルピニャンのおすすめホテル　[H]ホテル

この町独特の雰囲気を味わうなら、旧市街での宿泊がおすすめ。

[H] ノボテル・スイート・ペルピニャン・サントル
Novotel Suites Perpignan Centre 4★　[MAP] P.384-1

駅から約1.5km。カスティエ門まで徒歩5分で観光に便利。全室スイートの快適なホテル。

[住] 34, av. du Général Leclerc
[TEL] 04.68.92.72.72
[料] ⓈⓌ€125〜　☕€17.50
[URL] all.accor.com/hotel/6514/index.en.shtml

[H] パリ・バルセローヌ
Paris Barcelone 2★　[MAP] P.384-1

国鉄駅を出てすぐの所にあるので、夜遅くに到着したり、荷物が大きい人には便利。

[住] 1, av. Général de Gaulle
[TEL] 04.68.34.42.60
[料] ⓈⓌ€63〜　☕€9.50
[URL] www.hotelpb.fr

[H] オテル・ド・ラ・ロージュ
Hôtel de la Loge 2★　[MAP] P.384-2

ラ・ロージュ広場に近く、旧市街の活気を味わうのに最適な趣あるホテル。

[住] 1, rue Fabriqués d'en Nabot
[TEL] 04.68.34.41.02　[FAX] 04.68.34.25.13
[料] ⓈⓌ€59〜88　☕€9
[URL] www.hoteldelaloge.com

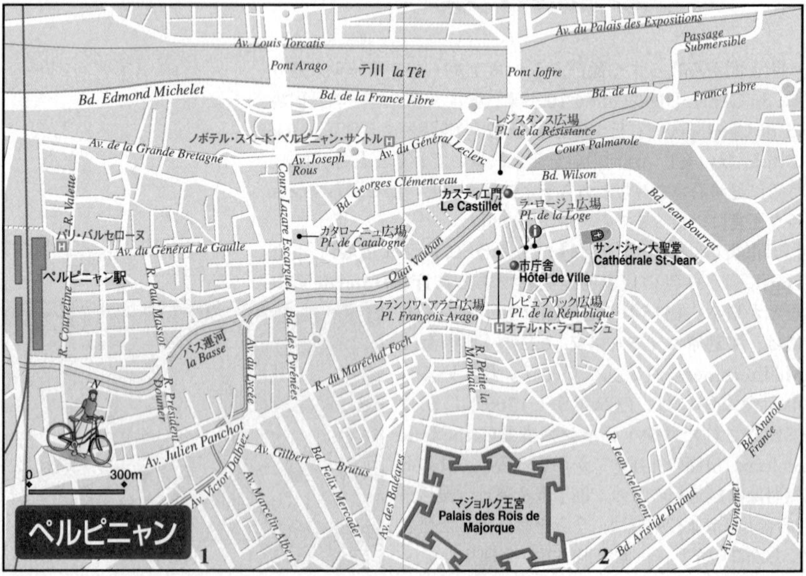

))) ペルピニャン近郊の町 (((

コリウール
Collioure

力強い光に満ちた海辺の町

画家たちを魅了した色彩にあふれている

ACCESS
🚃ペルピニャンからTERで約20分。

❶ 観光案内所
🏠 Pl. du 18 Juin 66190
📞 04.68.82.15.47
🕐 復活祭～5月末
　　　(月)～(金)　9:15～12:30
　　　　　　　14:00～18:15
　　　(土)(日)(祝) 10:15～17:45
　　6～9月
　　　(月)～(金)　9:15～19:00
　　　(土)(日)(祝) 10:15～17:45
　　10月～復活祭
　　　(月)～(土)　9:15～12:30
　　　　　　　14:00～17:15
🚫 10月～復活祭の(日)、1/1、
5/1、11/11、12/25
🔗 www.collioure.com

ペルピニャンからスペイン国境まで続く海岸線には、魅力的な小さな町が点在している。なかでも最も人気が高いのがコリウールだ。

20世紀初頭、光と色彩にあふれたこの町に魅了されたマティスやドランは、原色に近い色を大胆な筆使いで描いた作品を発表。「まるで野獣(フォーヴ)のようだ」と批判されたことが、「フォーヴィスム(野獣派)」誕生のきっかけとなった。彼らが絵を描いた場所には、複製画が掲げられ、現在の風景と見比べることができるようになっている。

画家たちが集ったレストラン「レ・タンプリエ」にも寄ってみたい。2000点もの近・現代絵画のプライベートコレクションをもち、壁いっぱいに絵が飾られたバーの雰囲気もいい。

おすすめホテル・レストラン
🏨 レ・タンプリエ
Les Templiers 2★
🏠 12, quai de l'Amirauté
📞 04.68.98.31.10
🔗 hotel-templiers.com

「レ・タンプリエ」のバー

📷 Column
🚂 Train

ピレネーの黄色い列車　ル・トラン・ジョーヌ

二層になった石橋をゆっくりと渡っていく

ピレネーの雄大な景色を楽しめる黄色い列車(ル・トラン・ジョーヌLe Train Jaune)。ペルピニャンから車で40分ほど内陸に入った**ヴィルフランシュ・ヴェルネ・レ・バン**Villefranche-Vernet-les-Bainsからスペイン国境近くの**ラトゥール・ド・カロル**Latour de Carolまでゆっくりと上っていく、フランス国鉄のローカル列車だ。かつてカタルーニャ領であった地方らしく、駅の名前もどこかフランス語らしからぬ響きのものが多い。車体の黄色と赤いラインは、「黄金と血」を意味するカタルーニャのシンボルカラーだ。

夏はオープン車両が連結され、観光ツアーに組み込まれることも多いため、乗車は早めに。

アクセス
🚃ペルピニャンからTERで約50分のヴィルフランシュ・ヴェルネ・レ・バンVillefranche-Vernet-les-Bainsから発車。ラトゥール・ド・カロルLatour de Carolまで片道2時間45分～3時間。ウェブサイトで時刻表と運行状況を確認しよう。
🔗 www.pyrenees-cerdagne.com/decouvrir/
　　le-train-jaune

中世への旅❷
巡礼路沿いのロマネスク教会巡り

　フランスを旅していると、南に下るにつれて、壮大なゴシック様式の大聖堂に出合うことが少なくなる。代わりによく見かけるのはロマネスク様式の教会だ。「ロマネスク」とは、10世紀から12世紀頃にかけて広まった建築様式。古代ローマ建築で多用されていた半円アーチが用いられていることでこの名がついたが、実際にはさまざまなスタイルが見られる。個性豊かな建築に魅せられて、教会を訪ね歩くファンも少なくない。

リュックを背負い杖をついて歩く巡礼者

　都市部に建てられたゴシックの大聖堂と異なり、ロマネスクの教会は山あいの村など、田舎に多いのも特徴。とりわけ、スペインのサンティアゴ・デ・コンポステーラを目指す巡礼路（→P.376）沿いに多数建てられ、中世美術にも大きな影響を与えた。

個性豊かな中世建築を訪ねて

　サンティアゴ・デ・コンポステーラへの巡礼の通り道にもなった南西部には、中世に建てられた数多くのロマネスク教会が点在している。

　例えば**サン・マルタン・デュ・カニグー修道院**。カニグー山中に俗世との接触を断つかのようにひっそりと建つ。ここを訪れるには山道を40分かけて歩くしかないが、修道院の美しいたたずまいをひとめ見れば、その苦労は吹き飛ぶはず。

　カザルス音楽祭で有名なプラドPradesから3kmの所にある**サン・ミッシェル・ド・キュクサ修道院**を訪れるのもいい。ピンクの大理石が美しい12世紀の回廊は、ニューヨークのクロイスターズ美術館に再現されている。

サン・ミッシェル・ド・キュクサ修道院の回廊

　人里離れた場所にひっそりとたたずむサン・マルタン・デュ・カニグー修道院

サン・マルタン・デュ・カニグー修道院
Abbaye St-Martin du Canigou

🏛ペルピニャンからTERで約50分のヴィルフランシュ・ヴェルネ・レ・バンVillefranche-Vernet-les-Bainsに行き、バス（521番）またはタクシーでカステイユCasteilへ。僧院まで徒歩で山道を登ること20分～1時間。4WD車（要予約。☎ 04.68.05.99.89 📧 jpbtransport@bbox.fr）もある。

🏠 Rue Canigou 66820 Casteil
🕐 6～9月　　㊊～㊏　10:00、11:00、12:00、14:00、
　　　　　　　　　　　15:00、16:00、17:00
　　　　　　㊐と8/15　10:00、12:30、14:00、15:00、
　　　　　　　　　　　16:00、17:00
　　10～5月　㊋～㊏　10:00、11:00、14:00、15:00、
　　　　　　　　　　　16:00
　　　　　　㊐と11/1　10:00、12:30、14:00、15:00、
　　　　　　　　　　　16:00
　　上記時間に出発のガイド付きツアーで見学（仏語。日本語解説書あり）。所要約1時間。
🚫 10～5月の㊊、1月、聖金曜日（3/29 '24）
💴 €8、学生€4
🔗 stmartinducanigou.org

サン・ミッシェル・ド・キュクサ修道院
Abbaye St-Michel de Cuxa

🏛ペルピニャンからTERで約40分のプラド・モリ・レ・バンPrades Molitg les Bains下車。ここから約3.5km。

🏠 Route de Taurinya 66500 Codalet
🕐 4～9月　9:30～11:50、14:00～18:00
　　10～3月　9:30～11:50、14:00～17:00
🚫 1/1、復活祭、12/25、1月中旬～下旬
💴 €6 🔗 abbaye-cuxa.com

ッタストーンの複製

セレ渓谷沿いの古い市場町

フィジャック

郵便番号：46100　人口：約9800人

活気あふれる土曜の朝市

石灰岩の台地を蛇行して流れるロット川と、その支流セレ川。ふたつの川の渓谷沿いでは、豊かな緑のなかに中世の村や城がたたずむ絵のような風景がそこかしこで見られる。フィジャックはセレ川のほとりにある古い市場町。中世の面影を色濃く残しながらも、生活の活気にあふれる心地よい町だ。ここは、あのロゼッタストーンを解読したジャン・フランソワ・シャンポリオンの故郷でもある。

ACCESS

🚃 トゥールーズからTERで約2時間30分。またはカプドナックCapdenacまで行き（約2時間10分）、TERまたは国鉄バス（→P.523）に乗り換えて10〜20分。

❶ 観光案内所

住 Pl. Vival　**MAP** P.387
電 05.65.34.06.25
開 7・8月　⑦〜⊕ 9:00〜13:00
　　　　　　　　13:30〜18:30
　　　　　⑩ 10:00〜13:00
　　　　　　　13:30〜18:00
　　　（その他の月は時間が短縮）
休 11〜3月の⑦、1/1、5/1、11/1、11/11、12/25
URL www.tourisme-figeac.com

>>> 歩き方 >>>

　駅から緩やかな坂道を下っていくと、5分ほどで、セレ川のほとりに出る。川の向こうにフィジャックの旧市街がある。

　12〜14世紀の町並みがよく保存されていて、建物の外壁に施された装飾を眺めて歩くだけで楽しい。❶は13世紀の造幣局だった建物の中にある。

　かつての市場町の雰囲気を味わいたいなら、朝市の立つ土曜に訪れるといい。古い建物に四方を囲まれたカルノ広場Pl. Carnotに、チーズやフォワグラ、ワイン、新鮮な野菜など、この地方の特産品が並ぶ。

　ジャン・フランソワ・シャンポリオンは、1790年、フィジャック最初の本屋を営む両親のもとに生まれた。10ヵ国語以上を理解した彼は、知識を駆使してロゼッタストーンの碑文を解き明かした。彼の生家は現在**シャンポリオン博物館**Musée Champollionになっている。また、**エクリチュール（文字法）広場**Pl. des Ecrituresには、ロゼッタストーンの拡大複製があり、彼の業績をたたえている。

シャンポリオン博物館
MAP P.387
住 45, pl. Champollion
開 4〜10月　10:00〜12:30
　　　　　　　13:30〜18:00
　　11〜3月　10:00〜12:30
　　　　　　　13:30〜17:00
休 9〜6月の⑦、1/1、5/1、12/25〜12/31
料 €5、学生€2.50、9〜6月の第1⑦無料

フィジャック

手頃で快適なホテルが揃い、レストランの数も多いので、観光の拠点としておすすめ。

Ｈ オテル・デ・バン
Hôtel des Bains 2★　　MAP P.387

駅から徒歩3分の好ロケーション。セレ川に面したテラスがあり、美しい風景を眺めながら朝食を取ることができる。

🏠 1, rue du Griffoul
📞 05.65.34.10.89
💰 Ⓢ Ⓦ €61〜91　🛏 €9
💳 Ⓐ Ⓜ Ⓥ
🛏 19室　❄　Wi-Fi
URL www.hoteldesbains.fr

))) フィジャック近郊の町 (((

サン・シル・ラポピー　　St-Cirq Lapopie
ロット川沿いにたたずむ美しい村　　美しい村

おとぎの国のような風景

ⓘ ACCESS
🚗 カオール（→P.389、約30km）またはフィジャック（→P.387、約45km）からタクシー。

ⓘ 観光案内所
🏠 Pl. du Sombral 46330
📞 05.65.31.31.31
🕐 7・8月　9:30〜18:30
　　　⊕ ⊕　10:00〜18:00
　6・9月　毎日　10:00〜18:00
　4・5・10月
　　⊕〜⊕　10:00〜13:00
　　　　　　14:00〜18:00
　　　⊕　　11:00〜13:00
　　　　　　14:00〜17:00
　11〜3月
　　　⊛ ⊕　　9:30〜12:30
　　　　　　13:30〜17:30
🚫 11〜3月の⊕〜⊛（クリスマス休暇期間は⊕のみ）
URL www.cahorsvalleedulot.com

ペシュ・メルル洞窟
🏠 Pl. Champollion
🕐 7月上旬〜9月上旬
　　　　　　9:15〜17:00
　その他の期間　9:30〜12:00
　　　　　　13:30〜17:00
🚫 11月上旬〜3月
💰 €15
URL www.pechmerle.com
※ウェブサイトから要予約

村には古い民家が並んでいる

フィジャックからロット川沿いの曲がりくねった道を車でたどっていくと、やがて「フランスの最も美しい村」（→P.46）のひとつ、サン・シル・ラポピーの村が現れる。切り立った断崖に張りつくようにして中世の家々が建つ眺めは、まさに絶景。なかでもひときわ高い塔が、村の中心サン・シル教会Eglise St-Cirqだ。地元の人の話では、冬は遠くから見ると、雲の上にこの教会がポッカリ浮かんでいるように見えるのだとか。

ロット川を渡って緩やかな坂を上ると村の入口に着く。細い路地の両側に並ぶ15〜16世紀の家々、石畳の道……とどこを切り取っても絵になる美しさ。みやげ物屋やギャラリー、レストランもあるが、観光的に俗化した感じはまったくない。

村の中をひと巡りしたら、さらに坂を上って城まで行こう。丘の上から見下ろすロット川の渓谷風景もまたすばらしい。村のすぐ近くには先史時代の洞窟壁画が残るペシュ・メルル洞窟Grotte du Pech-Merleがあり、観光スポットとなっている。「まだらの馬Chevaux ponctués」など現存する約2万年前に描かれた壁画を見学できる。保存状態を保つために入場制限をしているので必ず予約を。

Cahors
郵便番号：46000　人口：約2万人

力強い赤ワインを産する中世の都
カオール

ロット川に架かるヴァラントレ橋はカオールのシンボル
©D.VIET-CRT Midi Pyrénées

ACCESS

🚉 トゥールーズからTERで約1時間20分、Intercités（要予約）で約1時間10分。

ℹ 観光案内所

🏠 Pl. François-Mitterrand
MAP P.389
☎ 05.65.53.20.65
🕐 6～9月 月～土 9:00～19:00
　　　　　　日 祝 10:00～18:00
　　4・5・10月
　　　　月～土 9:00～12:30
　　　　　　　 13:30～18:30
　　11～3月 月～土 9:30～12:30
　　　　　　　 13:30～17:30
🚫 10～5月の日 祝
URL www.cahorsvalleedulot.com

ポリフェノールがたっぷり入った赤ワイン、ヴァン・ノワールの名産地。大きく蛇行するロット川沿いに造られたこの町は、中世にはフランスで最も大きな都市のひとつだった。現在もロット県の県庁所在地として小規模ながら商業、文化の要となっている。また、カオールはサンティアゴ・デ・コンポステーラへ向かう巡礼路（→P.376）の通過点でもある。学生やビジネスマンでにぎわう大通りのカフェで、杖を手にした巡礼者が静かにひと休みする姿を見かけるのも、この町ならでは。

町の中心は、12世紀建造の**サンテティエンヌ大聖堂** Cathédrale St-Etienne。直径18m、高さ32mというフランス最大のドームが特徴で、片方にはフレスコ画が描かれている。大聖堂の北側に広がる旧市街は、中世の面影がよく残っている。

14世紀に造られた町の象徴、**ヴァラントレ橋**Pont Valentréにも寄ってみたい。要塞化された橋のなかではヨーロッパで最も美しいものといわれる。ゴシック様式の6つのアーチと3つの塔をもつ橋が川に影を落とす姿は、一幅の絵のようだ。

カオールのワイン

🍷🍴 カオールのワインは「ヴァン・ノワールVin noir（黒いワイン）」の呼び名のとおり深い赤色が特徴。力強いタンニン系が主流で、生産年によっては5～15年ほど熟成させる。ヴァラントレ橋近くのワインショップには、カオール産のワインが揃っている。
S ケルシー・サヴール・シェ・マルコ
Quercy Saveurs Chai Marco
MAP P.389
🏠 32, av. André Breton
☎ 05.65.22.66.16

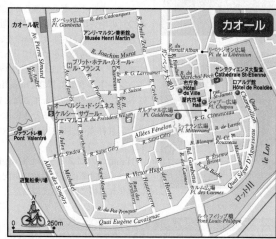

カオール

南西部

フィジャック＆サン・シル・ラポピー＆カオール

カオールのおすすめホテル　H ホテル　Y ユースアコモ

駅近くに手頃なホテルが数軒ある。

H **ブリット・ホテル・カオール・ル・フランス**	
Brit Hotel Cahors Le France 3★　**MAP** P.389	🏠 252, av. Jean Jaurès　**URL** cahors-france.brithotel.fr　☎ 05.65.35.16.76
駅近くにあるホテル。客室は広く、快適に過ごせる。	💰 S €70～ W €90～　🅿 €12

Y **オーベルジュ・ド・ジュネス**	
Auberge de Jeunesse　**MAP** P.389	🏠 52, av. André Breton　☎ 05.36.04.00.80　💰 S €49.20 W €66　ドミトリー1人€33
駅から約500m、ヴァラントレ橋すぐの立地のいいユース。	💰込み、シーツ代込み　**URL** www.hifrance.org

はみだし　5～9月にはカオールからロット川をクルーズし、サン・シル・ラポピーまで行く1日ツアーがある。船上での昼食やサン・シル・ラポピーでのガイド付き。🈺 €69　**URL** bateau-cahors.com

ACCESS

🚃🚗フィジャックからTERで約35分。ロカマドゥール・パディラックRocamadour Padirac駅から村まで約4km。
🚗カオールから58km、フィジャックから46km。

[i] 観光案内所

[住] Rue Roland le Preux
[TEL] 05.65.33.22.00
[開] 7・8月 9:30～19:00
4月上旬～6・9月 10:00～18:00
10月～4月上旬 10:00～12:30
14:00～18:00
(11～3月は～17:00)
[休] 1/1、12/25
[URL] www.vallee-dordogne.com

Rocamadour 郵便番号：46500 人口：約640人

黒い聖母像が人々を見守る巡礼地

ロカマドゥール

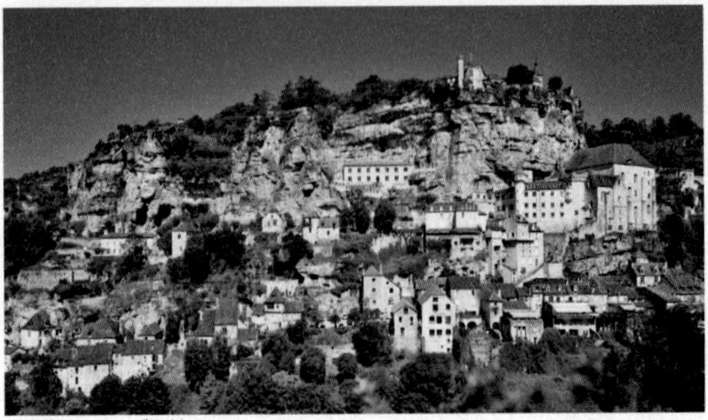

断崖絶壁にたたずむ村

アルズー渓谷Canyon de l'Alzouの切り立った絶壁にひっそりたたずむ小さな村。1166年に、初期キリスト教徒だった聖アマドゥールの遺骸が発見され、しかもその体が腐敗もせず生前のままだった、という伝説で知られる巡礼地だ。

村の中には車は入れないので、駐車場に車を置き、村の入口であるイチジクの門Porte du Figuierをくぐる。ここから村の目抜き通りが続いている。古くからの巡礼地で、現在はこの地方で最も人気のある観光地だけに、道の両側にはみやげ物屋がぎっしり。頭上の岩山に連なる**聖域Les Sanctuaires**へは、エレベーターで行くこともできるが、巡礼者の気持ちを味わうなら、ぜひ村の中央にある**巡礼者の階段Escalier des Pèlerins**を上って行きたい。この216段の大階段を、中世の巡礼者たちは、祈りをささげながらひざをついて上ったという。

階段を上りきった広場に、7つの聖堂と礼拝堂が集まっている。**ノートルダム礼拝堂Chapelle Notre-Dame**には、12世紀から数々の奇跡を起こしてきたという黒い聖母像がある。像の上の鐘は、奇跡が起こるときにはひとりでに鳴ると伝えられてきた。礼拝堂の外の岩壁に描かれた保存のよいフレスコ画は12世紀のもの。

1km離れた**ロスピタレL'Hospitalet**の展望台からのロカマドゥールの眺めは必見。村は東向きに建っているので、朝の光に包まれる頃に訪れると最高だ。

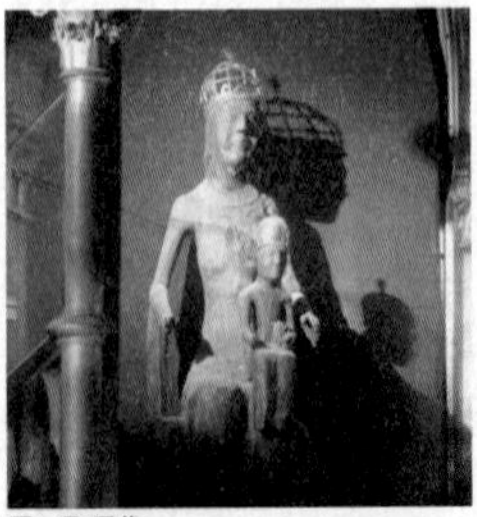

黒い聖母像

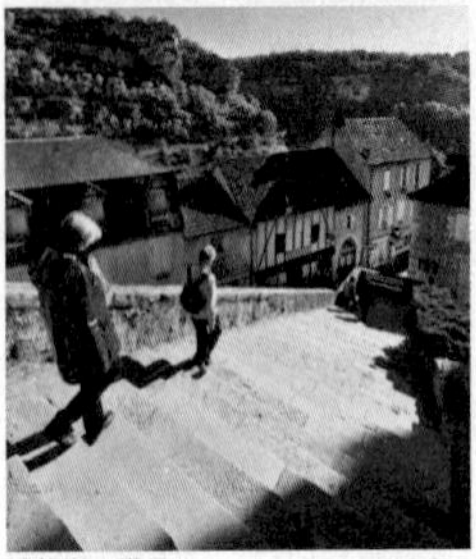

巡礼者の階段

ロカマドゥール近郊のおすすめホテル／レストラン

[H]ホテル [R]レストラン

中世の村の中に小さな宿がいくつかあるが、車があるなら眺めのいい近郊のホテルがおすすめ。

[H][R] ル・ポン・ド・ルイッセ
Le Pont de l'Ouysse 4★

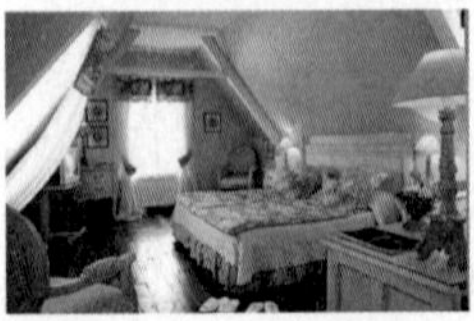

ロカマドゥールから10km。客室はとてもかわいらしい。レストランはミシュラン1つ星。川沿いの美しい景観を楽しみながら、フォワグラや季節の野菜を使った料理が堪能できる。昼ムニュ€45、夜ムニュ€70、€98([休] [月])。

[住] 46200 Lacave
[TEL] 05.65.37.87.04
[料] ⓈⓌ€111～225 [朝食]€17
[休] 11月上旬～3月 [CC] [A][D][M][V] [室] 14室
[P] 無料 [エアコン] [Wi-Fi]
[URL] www.lepontdelouysse.com

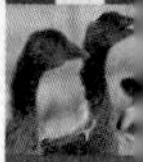

Périgueux　郵便番号：24000　人口：約3万人

トリュフとフォワグラでグルメ三昧

ペリグー

ペリグーは、言わずと知れた美食の町。トリュフ、フォワグラなどの食材を気軽に楽しめるのも魅力だ。

駅から中心街までは徒歩で約15分。駅前のAv. H. Barbusseを進み、ガンベッタ通りRue Gambettaを町の中心に向かって歩くと広場に出る。Rue Eguillerieと書かれた看板がぶら下がっている所からは狭い路地が入り組む旧市街だ。

ビザンチン風の大空間をもつ**サン・フロン大聖堂**Cathédrale St-Frontや、先史時代の考古学資料約1万4000点を所蔵する**ペリゴール芸術・考古学博物館**Musée d'art et d'archéologique du Périgord、12世紀建造の**サンテティエンヌ・ド・ラ・シテ教会** Eglise St-Etienne de la Citéなど見どころも多い。

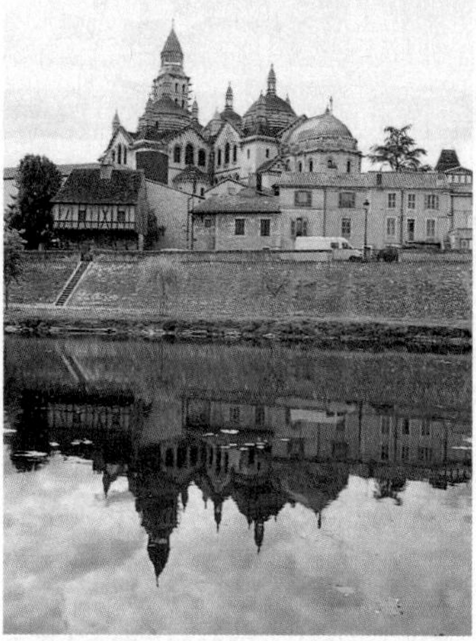

サン・フロン大聖堂は19世紀に大改造された。その際付け加えられた丸屋根や装飾的尖塔が独特の景観を造り出している

ACCESS

🚆ボルドーBordeauxからTERで1時間15分～1時間30分。

ⓘ観光案内所

[住] 9bis, pl. du Coderc
[MAP] P.391-2
[TEL] 05.53.53.10.63
[開] ㊊～㊎　9:30～13:00
14:00～17:30
㊏㊗　9:30～13:00
[休] ㊐、1/1、11/11、12/25
[URL] www.tourisme-grandperigueux.fr

サン・フロン大聖堂

[MAP] P.391-2
[住] Pl. de la Clatte
[開] 9:00～18:00
[休] 無休
屋根に上ってパノラマを楽しむこともできる。

ペリゴール芸術・考古学博物館

[MAP] P.391-2
[住] 22, cours Tourny
[開] 10～3月
㊊～㊎　10:00～17:00
㊏㊐　13:00～18:00
4～9月
㊊～㊎　10:30～17:30
㊏㊐　13:00～18:00
[休] ㊋　[料] €6
[URL] www.perigueux-maap.fr

ペリグーのおすすめホテル　[H]ホテル

駅から中心街にかけて2～3つ星の手頃なホテルが点在している。

[H] ブリストル

Bristol 3★　[MAP] P.391-1

旧市街に近く、広々とした部屋が自慢のホテル。

[住] 37, rue Antoine Gadaud
[TEL] 05.53.08.75.90　[料] ⓈⓌ€65～　☕€12.50
[URL] bristolfrance.com

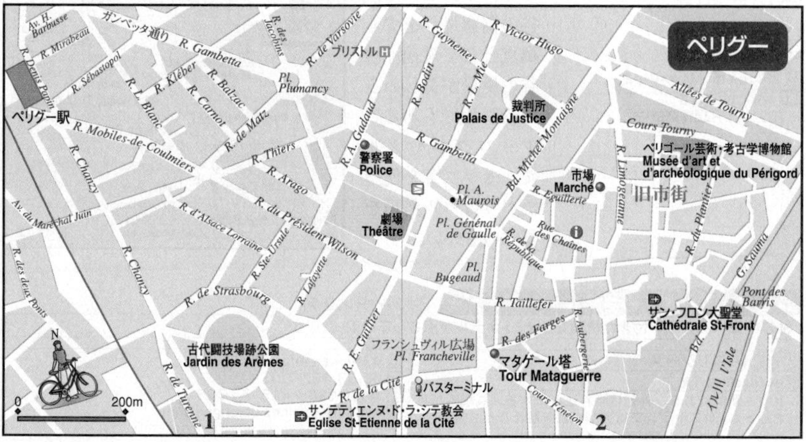

🚃ペリグーからTERで約35分。サルラからTERで約50分。

ⓘ 観光案内所
住 19, av. de la Préhistoire
TEL 05.53.51.82.60
開 7・8月 　　　　9:30〜18:30
　 6・9月
　　㊊〜㊏　　　　9:30〜18:00
　　㊐　　　　　　10:00〜13:00
　　　　　　　　　14:00〜17:00
　 4・5・10月
　　　　　　　　　9:30〜13:00
　　　　　　　　　14:00〜18:00
　 11〜3月　　　　10:00〜13:00
　　　　　　　　　14:00〜17:30
休 4〜6・9月の午後、
　 11〜3月の㊊㊍、
　 10〜3月の㊐㊗、
　 11〜3月の㊏
URL www.lascaux-dordogne.com

町の背後にそびえる岩山の中に、国立先史博物館とアブリ・パトーがある

国立先史博物館ではまず180万年前の人類の祖先にあいさつを

国立先史博物館
住 1, rue du Musée
開 7・8月　　9:30〜18:30
　 6・9月　　9:30〜18:00
　 10〜5月　9:30〜12:30
　　　　　　14:00〜17:30
　（入場は閉館の45分前まで）
休 9〜6月の㊋、1/1、12/25
料 €6、第1㊐無料
URL musee-prehistoire-eyzies.fr

アブリ・パトー
住 20, rue du Moyen Age
URL www.mnhn.fr
※2023年5月現在閉鎖中。

　ドルドーニュ川の支流ヴェゼール川のほとりにたたずむ小さな村レゼジーは、最初の人類であるクロマニヨン人の骨が発見された場所。近郊にはラスコー洞窟をはじめ、数多くの先史時代の遺跡があり、考古学研究の一大中心地となっている。

　国立先史博物館Musée National de Préhistoireは、モダンな展示空間で人類40万年の歴史をわかりやすくたどれるようになっている。膨大な数の石器のほか、象牙製の美術品、貝や骨で作られた装飾品など、考古学ファンならずとも興味をそそられる展示物がぎっしり。見学のあとは、屋上のテラスから村の眺めを楽しもう。

　村を見下ろす石灰岩の断崖の中には、3万5000年前の人類の住居**アブリ・パトー**Abri Pataudがある。初期クロマニヨン人の生活を紹介するコーナーの隅に置かれた鏡をのぞいてみよう。ゴツゴツした洞窟の岩天井に、1万7000年前頃描かれた野生のヤギの姿が見える。

　村にはホテルが多く、ヴェゼール渓谷の洞窟巡りをする拠点として最適。渓谷の風景が美しい夏の景勝地でもある。フォワグラやクルミ、セップ茸を使ったペリゴール料理を試すのもいい。

レゼジーと周辺の遺跡と洞窟

レゼジーのおすすめホテル／レストラン　Ⓗホテル Ⓡレストラン
村の中に、レストラン付きの快適なリゾートホテルが点在している。

Ⓗ Ⓡ レ・グリシーヌ
Les Glycines 4★
レゼジー駅前にある。外観は素朴だが、内装は高級感がありおしゃれ。レストランでは美しい庭を眺めながら食事を。

住 4, av. de Laugerie
TEL 05.53.06.97.07
料 Ⓢ Ⓦ €180〜415　　○€23
URL www.les-glycines-dordogne.com

ヴェゼール渓谷の洞窟壁画
クロマニョン人による先史時代のアート

世界遺産

その高い芸術性と神秘性から「先史時代のシスティーナ礼拝堂」といわれるラスコーの壁画は、豊富な色彩と力強いタッチ、躍動感が魅力だ

3DシアターもあるラスコーⅣ

現代人の直接の祖先といわれるクロマニョン人。およそ2万年前に彼らが洞窟の岩壁や天井に描いた数々の動物や人の姿は、いったい何を物語るのだろうか? モンティニャックからレゼジーまでのヴェゼール渓谷には、先史時代の洞窟や遺跡が200近く確認されており、1979年には「ヴェゼール渓谷の先史時代史跡群と洞窟壁画群Sites préhistoriques et grottes ornées de la vallée de la Vézère」としてユネスコの世界遺産に登録された。

ラスコー Lascaux

1940年、犬を探していた4人の少年がこの洞窟壁画を発見した話はあまりにも有名だ。

1万7000年前に壁画が描かれた本物の洞窟は1963年以降、劣化を防ぐために閉鎖されているが、200mほど離れた場所に造られた精巧な複製洞窟「ラスコーⅡ」を見学することができる。

また、国際洞窟壁画芸術センターCentre International de l'Art Pariétal、通称「ラスコーⅣ」では洞窟全体を完全再現。ガイド付きツアーでラスコーの洞窟壁画をより深く楽しめる。

●ラスコーⅡ
MAP P.392 **住** Lascaux 24290 Montignac
開 7/10〜8/27 9:00〜19:00
　4/8〜7/9・8/28〜11/5 10:00〜13:00、
　14:00〜18:00（8〜11月は〜17:00）
休 11/6〜4/7
料 €15.40、€14.70（ウェブサイトで購入）
URL www.lascaux-ii.fr

●国際洞窟壁画芸術センター（ラスコーⅣ）
MAP P.392 **住** Av. de Lascaux 24290 Montignac
開 9:00〜19:00（季節によって異なる）
料 €22、€21（ウェブサイトで購入）
URL www.lascaux.fr

アクセス
🚌ラスコーのあるモンティニャックの町は、レゼジーからヴェゼール川を遡って約25km。サルラ駅前から7番のバスで約30分。ラスコーⅣに停車する

モンティニャックの🛈
🏠 Pl. Bertran de Born 24290 Montignac
☎ 05.53.51.82.60
URL www.lascaux-dordogne.com

ルフィニャック洞窟 Grotte de Rouffignac

地下水の浸食によって造られた全長約10kmの巨大な洞窟。別名「マンモスの洞窟」とも呼ばれ、154体ものマンモスが描かれている。ラスコーの壁画が複製なの

現代絵画を思わせる見事なデッサンと構図で描かれた動物たち

に対し、ここは1万3000年前に描かれた本物の壁画が見られる貴重な洞窟だ。トロッコに乗って真っ暗な洞窟の奥深くに入っていく見学方法が楽しく、子供連れにもおすすめ。

MAP P.392
住 Grandville 24580 Rouffignac
開 7・8月　9:00〜11:30、14:00〜18:00
　4・6・9〜11月
　　10:00〜11:30、14:00〜17:00
休 11月上旬〜4月上旬
料 €8.15
URL www.grottederouffignac.fr
1日の入場者数を制限しているうえ、予約を受け付けていないので、夏は早めに順番待ちを。洞窟の内部は夏でも13℃程度なので、防寒着を忘れずに。

アクセス
🚌レゼジーから約18km

393

名物セップ茸のオムレツ

町全体が建築博物館
サルラ

郵便番号：24200　人口：約1万人

ACCESS
ペリグーからTERで約1時間25分。

❶ 観光案内所
住 3, rue Tourny　　　MAP P.394
TEL 05.53.31.45.45
開 7・8月　　　10:00～13:00
　　　　　　　14:00～18:00
　4～6・9月　10:00～13:00
　　　　　　　14:00～17:00
　10月　月～土　9:00～12:30
　　　　　　　14:00～17:00
　　　　日・祝　10:00～13:00
　11～3月 月～土 10:00～12:00
　　　　　　　14:00～17:00
休 11～3月の日・祝
URL www.sarlat-tourisme.com

夏の夜の演劇フェスティバル
毎年7月中旬～8月上旬に開かれるサルラ演劇フェスティバル。日が落ち始める21:00頃からリベルテ広場などの歴史的建築物を舞台とした野外劇が楽しめる。この期間、サルラは真夜中過ぎまで大にぎわいとなる。
URL www.festival
　　　-theatre-sarlat.com

ラ・ボエシの家
モンテーニュとの親交で知られる詩人ラ・ボエシの生家はルネッサンス様式の建築物。彼の生家であることを示すプレートが掲げられている。
MAP P.394
住 3, rue de la Boétie

ラ・ボエシの家

真夏の夜のサルラ旧市街のにぎわい

中世からルネッサンス、17世紀の建物が混在して残る町並みで知られるサルラ。13～14世紀に商業の中心地として繁栄し、百年戦争の間に荒れ果てた建物の修復を行ったり、その後増築したことによって独特の建築物が生まれた。1962年の「マルロー法」（当時の文化相アンドレ・マルローが提唱した歴史的町並み保存のための法律）適用第1号となり、見事に復元された美しい町全体が博物館のよう。

歩き方

　町の中心へは、駅を出て左に延びる2本の道のうち、Av. de la Gareを行く。大きな通りに突き当たったら右に折れ、真っすぐ進むと旧市街に着く。駅から徒歩で15～20分。

　町の中央を貫くレピュブリック通りの左右に、石畳の小道が迷路のように入り組んでいるので、気の向くままに歩いてみよう。16世紀のラ・ボエシの家 Maison de La Boétieをはじめ、繊細な装飾の施された建物が町のいたるところに見られる。

　グルメの里として知られるペリゴール地方南部の中心地だけに、おいしくて安いレストランも多い。

サルラ

はみだし　美食の町ならではのイベント、「トリュフ祭りFête de la truffe」（'23は1月14・15日、'24は未定）、「ガチョウ祭りFest'Oie」（3月の第1週末）のときはホテルも混雑するが、町はいっそうにぎやかに。詳細は❶で。

))) おもな見どころ (((

リベルテ広場 ★★★
MAP P.394　Place de la Liberté

盛大な市場が開かれるリベルテ広場

子供たちの人気者ガチョウ広場のガチョウたち

町の中心のリベルテ広場は、毎週土曜、この近郊で最も活気ある朝市が開かれることで知られ、近隣の町からも多くの人が訪れる。新鮮な野菜や果物をはじめ、名産のクルミのオイル、フォワグラ製品、チーズ、お菓子、ワインなどが手頃な値段で手に入る。リベルテ広場だけでなく、町全体が露店で埋め尽くされ、朝早くから夕方まで、大変なにぎわいだ。リベルテ広場近くのガチョウ広場では、3羽のガチョウの像が観光客の人気を集めている。仲よく寄り添う姿がかわいらしいのでお見逃しなく。

ジャン・ヌーヴェルが育った町
サルラは、パリの「アラブ世界研究所」（→P.107）などで知られる建築家、ジャン・ヌーヴェルが育った町。リベルテ広場にある旧サント・マリー教会（**MAP P.394** 現在は内部が市場になっている）が、ヌーヴェルによって改装されている。

サン・サセルド大聖堂 ★★
MAP P.394　Cathédrale St-Sacerdos

サン・サセルド大聖堂は16〜17世紀に建てられ、その塔は町のいたるところから見える。大聖堂の左脇から続く通りは趣ある上り坂になっているので、ぜひ歩いてみたい。大聖堂の裏にある共同墓地に建てられた**死者の角灯** Lanterne des Mortsのあたりは静まりかえっている。

円錐形の死者の角灯

サン・サセルド大聖堂
🏠 Pl. du Peyrou
📅 無休
💴 無料

サン・サセルド大聖堂

サルラのおすすめホテル　Ⓗホテル
プールやスパのあるリゾートタイプのホテルが旧市街の外側に点在している。

Ⓗ オ・グ랑トテル・ド・サルラ
Au Grand Hôtel de Sarlat 4★　**MAP P.394**

敷地内に「クロ・ラ・ボエシClos la Boëtie」と「パヴィヨン・セルヴ Pavillon Selves」のふたつの4つ星ホテルがある。前者はクラシック、後者は現代的なスタイル。旧市街から徒歩約5分。駅からはタクシーで。
🏠 93-95, av. de Selves
☎ 05.53.31.50.00
💳 Ⓐ Ⓓ Ⓙ Ⓜ Ⓥ　🅿　Wi-Fi
🌐 www.au-grand-hotel-de-sarlat.com
「クロ・ラ・ボエシClos la Boëtie 4★」
💴 ⓈⓌ€163〜263　🛏€16　📅12〜3月
🛏 11室　🅿 €12、€15

「パヴィヨン・セルヴPavillon Selves 4★」
💴 ⓈⓌ€105〜263　🛏€16
🛏 38室　🅿 €12、€15

Ⓗ プラザ・マドレーヌ&スパ
Plaza Madeleine & Spa 4★　**MAP P.394**

旧市街のすぐ外側にあり、市場が開かれるリベルテ広場へは徒歩約3分で、旧市街の活気を十分に味わえる近代的なホテル。プール、ハマムを併設する。
🏠 1, pl. de la Petite Rigaudie
☎ 05.53.59.10.41
💴 ⓈⓌ€135〜295　🛏€19
💳 Ⓜ Ⓥ　🛏 42室　🅿 €16　Wi-Fi
🌐 www.plaza-madeleine.com

セップ茸のオムレツなどの名物料理が食べられるレストランは、❶前の通りからリベルテ広場にかけて多数ある。

ドルドーニュ渓谷の旅
中世の城塞と美しい村々

美しい村

美しい田舎が多いフランスのなかでも、ドルドーニュ川に沿ったこの地方は格別だ。肥沃な農地と森林に覆われた大地、ゆっくりと蛇行しながら流れる川。時が止まったかのような姿でたたずむ城郭と小さな村々……。交通が不便で車がなければ訪れることのできない場所だが、それだけに一度訪れたら生涯忘れられない感動を与えてくれる。

ベナック城とカステルノー城

古城の多い地方といえば誰もがロワール地方を思い浮かべるだろうが、ここドルドーニュ川流域にはロワールより多い1000以上もの城が残されているという。多くが百年戦争に始まる長い戦乱の時代に建てられたもの。お城というよりは荒廃した要塞のようだが、それだけにロワールの華麗な城館にはない枯れた趣がある。

なかでも保存状態のよさで有名なのがドルドーニュ川を見下ろす断崖上にそびえる**ベナック城**だ。最初の主塔と二重の城壁が築かれたのは12世紀のこと。数々の戦乱を経て、20世紀初めには廃墟同然となっていたが、1961年に現在の所有者に買い取られた。莫大な私財を投じての修復作業が進行中で、城はしだいに中世の姿を取り戻しつつある。『おかしなおかしな訪問者』（1993年）、『ソフィー・マルソーの三銃士』（1994年）、『ジャンヌ・ダルク』（1999年）など、数々の映画のロケ地になったことでも知られる。映画のシーンを思い出しながら見学するのが楽しい。

高さ150mのテラスから見るドルドーニュ川の風景は実に美しい。対岸には、百年戦争時にベナック城と敵対関係にあった**カステルノー城**が見える。かつて英仏の国境だったドルドーニュ川を挟んでにらみ合う姿を見ていると、遠い戦乱の時代がついこの間のことのように思えてくる。

カステルノー城は現在、中世の戦闘の様子を伝える武器博物館になっている。中世の装束を着けた鍛冶屋さんや騎士たちのデモンストレーションもあり、ちょっとしたテーマパークのよう。武器の好きな男性や子供にもおすすめ。

威厳たっぷりのベナック城（最上）14世紀の様子を再現した台所など、ベナック城内はさまざまな映画の撮影に使われている（上）　かわいらしい石造りの民家が並ぶベナック・エ・カズナック村（右）

ベナック城 Château de Beynac

🚌 サルラから約10km。
🏠 Route du Château 24220 Beynac et Cazenac
🕐 10:00〜18:30　🈂 無休
🎫 €9.50、11〜16歳€7、
URL chateau-beynac.com

カステルノー城 Château de Castelnaud

🚌 サルラから約10km。ベナック城から5km。
🏠 24250 Castelnaud la Chapelle
🕐 2・3月、10月〜11月中旬　10:00〜18:00
　　4〜6・9月　10:00〜19:00
　　7・8月　9:00〜20:00
　　11月中旬〜1月　14:00〜17:00
　　（クリスマス休暇中は10:00〜）
🈂 無休　🎫 €11.90（4〜11月は€12.90）
URL castelnaud.com

美しい村が次々と

南西フランスには「フランスで最も美しい村」（→P.46）と称される村が多いが、ドルドーニュ渓谷は「美しい村」の密集地だ。まずはベナック城の麓の村、**ベナック・エ・カズナック**Beynac et

城全体が武器博物館になっているカステルノー城

ベナック城から見下ろすドルドーニュの流れ

丘の上に広がる13世紀の城塞都市ドンム

Cazenac。城へ上る坂道の両側に石造りの古い家が並ぶ。この村の景観に魅せられた有名人は数多く、画家ピサロ、詩人のポール・エリュアール、作家のヘンリー・ミラーらが滞在した。

ベナック・エ・カズナックから約10kmの丘の上に建つ**ドンム**Dommeは、この地方独特の城塞都市のひとつ。黄金色の石でできた13世紀の城塞が今も残っている。この村から見下ろすドルドーニュ渓谷の眺めがまたすばらしい。

ドンムから5km離れた対岸のドルドーニュ河畔の村が**ラ・ロック・ガジャック**La Roque-Gageac。村の中がどうというより、とにかく外からの眺めが美しい。断崖に張りつくように民家が並ぶ景観は、まさに絵はがきのようだ。

効率よく回るなら現地発着ツアーで

この地方は公共交通機関がまったくない。ドルドーニュ渓谷の旅を個人でしてみたいけれど、車を自分で運転するのは不安、でもタクシーは高くつくし……と悩んでいる人もいるだろう。そんな人におすすめなのが、現地旅行会社「オフォリュス」が企画するサルラ発のミニバスツアー。「ドルドーニュ川下りと村巡り半日ツアー（1人€75)」、「レゼジー国立先史博物館、ラスコーⅣとルフィニャック洞窟1日ツアー（1人€175)」な

ど、車なしでは訪ねづらい魅力的な村々を効率よく回ってくれる。ドライバーガイドはフランス人だが、100％英語が通じるので安心だ。

オフォリュス Ophorus
2名催行の混載ツアーのほか、車1台を個人またはグループ（8人まで）で借りるプライベートツアーも可能。申し込みはウェブサイトから。
📧 info@ophorus.com（英語可）
🔗 www.ophorus.com

4月上旬～11月上旬、ラ・ロック・ガジャックからガバールGabareと呼ばれるノスタルジックな舟で川下りができる。カステルノー城の下まで約55分の心地よいクルーズだ。
💰 €11.50
🔗 www.gabarres.com

ドルドーニュ渓谷の美しい村

D710
D47
D704
レゼジー
Les Eyzies
D706
D47
D47
トレモラ　リミュイユ
Trémolat　Limeuil
サルラ
Sarlat
スーイヤック
Souillac
ドルドーニュ川
D703
ボルドーへ
ド
ル
ド
ー
ニ
ュ
川
D703
ベナック城
Château de Beynac
ベナック・エ・カズナック
Beynac et Cazenac
カステルノー城
Château de Castelnaud
ドンム
Domme
ラ・ロック・ガジャック
La Roque-Gageac
D704
N20
A20
トゥールーズへ
N
0　　　10km

歴史と現代が出合うデザイン都市

ニーム

町中に現代アートがある　　郵便番号：30000　人口：約15万1000人

ACCESS

🚃 モンペリエからTERで30～45分。アヴィニョンAvignonからTERで約45分。

❶ 観光案内所

住 6, bd. des Arènes
MAP P399-B2
TEL 04.66.58.38.00
開 4～10月　　9:00～19:00
　　 11～3月　　9:00～18:00
休 無休
URL www.nimes-tourisme.com

ニームの名の由来となった泉があるフォンテーヌ庭園

ニームという町の名は、泉の精ネモジュス（ネモジウス）Nemaususに由来しているという。ニームはそこに湧く泉の周囲にできた町だ。いたるところにローマの遺跡があり、その点ではアルルと似ている。だが歴史はアルルより古く、フランス最古のローマ都市として知られる。近年のニームは、美術館や市庁舎など諸施設のリニューアル、現代的な建築センスを取り入れた新しい施設の建設など、新たな町の活性化に取り組んでいる。2000年の歴史の重みと、時代の最先端を行くフランスのエスプリ、このふたつを同時に体験できる町、それがニームだ。

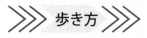

〉〉〉 歩き方 〉〉〉

　駅を出るとシャルル・ド・ゴール広場Esplanade Charles de Gaulleまで続く静かな並木通り。広場のすぐ西側に見える**古代闘技場**から遺跡巡りの観光を始めよう。古代闘技場の西側には❶があるので、地図や町のガイドなどもらっておくといい。闘技場を見たらヴィクトル・ユゴー通りBd. Victor Hugoを通ってメゾン・カレへ。

鎖でつながれたワニ
クレオパトラを破ってエジプトを平定したアウグストゥスが、戦いに功のあった軍人に与えたのがニームの町だと伝えられている。そのため、ヤシの木につながれたワニ（＝エジプト）がニームのシンボルマークになった。旧市街のマルシェ広場 Pl. du Marchéの泉には、ニームのシンボル「鎖でつながれたワニ」の彫刻がある。

Column History	デニムの生まれ故郷ニーム

　ニームは中世の頃から織物産業の盛んな町として知られていた。ニーム製の布は丈夫なことで評判が高く、あのコロンブスも、自分の船の帆布にはニームで織られた布しか使わなかったという。おなじみのジーンズのデニム生地も実はニーム生まれ。「デニム」の名は「de Nîmes（ニームの）」から来ているのだ。これが海を渡って開拓時代のアメリカに運ばれ、男たちのハードワークを支える丈夫な労働着として商品化されたのが、ジーンズというわけ。

はみだし 古代闘技場の向かいに古代ローマ博物館Musée de la Romanitéがある。モザイクや古代ローマの生活用品など5000点が展示されている。**MAP** P.399-B2 **URL** museedelaromanite.fr

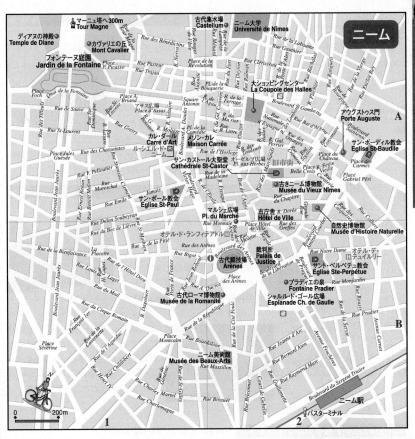

ニーム

マーニュ塔へ300m
Tour Magne

ディアヌの神殿
Temple de Diane

カヴァリエの丘
Mont Cavalier

フォンテーヌ庭園
Jardin de la Fontaine

古代集水場
Castellum

ニーム大学
Université de Nîmes

大ショッピングセンター
La Coupole des Halles

アウグストゥス門
Porte Auguste

サン・ボーディル教会
Eglise St-Baudile

カレ・ダール
Carré d'Art

メゾン・カレ
Maison Carrée

サン・カストール大聖堂
Cathédrale St-Castor

旧ニーム博物館
Musée du Vieux Nîmes

サン・ポール教会
Eglise St-Paul

マルシェ広場
Pl. du Marché

市庁舎
Hôtel de Ville

自然史博物館
Musée d'Histoire Naturelle

オテル・ド・ランフィアトアトル
**裁判所
Palais de Justice**

サント・ペルペテュ教会
Eglise Ste-Perpétue

古代闘技場
Arènes

プラディエの泉
Fontaine Pradier

古代ローマ博物館
Musée de la Romanité

シャルル・ド・ゴール広場
Esplanade Ch. de Gaulle

ニーム美術館
Musée des Beaux-Arts

ニーム駅
バスターミナル

0　200m

A

B

1　2

ヴィクトル・ユゴー通りの北側、メゾン・カレと古代闘技場
に挟まれた地区はニームの旧市街。ていねいに修復された17
〜18世紀の町並みのなかに、現代アートのギャラリーや最先
端のモードを売るブティックが軒を連ねている。

)))　おもな見どころ　(((

古代闘技場　★★★
MAP P.399-B2
Arènes

紀元1世紀の建設当時は2万4000人もの観客を収容したとい
う。133×101mという大きさは、現存するローマ闘技場のな
かでは中くらい。しかし、保存状態のよさではおそらく世界一
といってもいい。ローマ時代、ここでは奴隷同士の闘技といっ
た残酷な出し物も行われた。

現在は、演劇、ダンス、ロックコンサートなどさまざまな催
しが行われるが、そのなかでも一番盛り上がるのは、やはり闘
牛。年数回のフェリア（スペイン語で"祭り"）期間中は、町中
が本場スペインにも劣らない熱気に包まれる。

保存状態のよい古代闘技場

古代闘技場

🏠 Bd. des Arènes
🕐 11〜2月　　　 9:30〜17:00
　 3・10月　　　 9:00〜18:00
　 4・5・9月　　 9:00〜18:30
　 6月　　　　　 9:00〜19:00
　 7・8月　　　　9:00〜20:00
　（入場は閉館の30分前まで。
　 オーディオガイド利用の場合は
　 1時間前まで）
🚫 イベントのある日
💰 €10、7〜17歳€5、
　 日本語オーディオガイド付き
🚌 ニーム・シティ・パスで無料
URL www.arenes-nimes.com

メゾン・カレ ★★★

[MAP] P.399-A1 Maison Carrée

ギリシアのパルテノンなどを思わせる四角い神殿。コリント様式の柱頭など、いかにもギリシア風。西暦5年、アウグストゥス帝の子孫にささげられたもの。紀元前からのニーム誕生にまつわる歴史物語が上映され、興味深い。隣り合って建つ現代建築は、1993年、イギリス人建築家ノーマン・フォスター設計の総合文化センター、**カレ・ダールCarré d'Art**。

調和のとれた姿のメゾン・カレ

メゾン・カレ
[住] Pl. de la Maison Carrée
[開] 3・10月 10:00～18:00
(10月は13:00～14:00休)
4・5・9月 10:00～18:30
6月 10:00～19:00
7・8月 9:30～20:15
11～2月 10:00～13:00
14:00～16:30
(入場は閉館の15分前まで)
[休] 無休
[料] €6、7～17歳€3
[パス] ニーム・シティ・パスで無料

フォンテーヌ庭園 ★★

[MAP] P.399-A1 Jardin de la Fontaine

町の北西側に広がる緑豊かな庭園。古代ローマ人が信仰していた聖なる泉があった場所で、かつては神殿、劇場、浴場などがあったというが、今は半分崩れ落ちた**ディアヌの神殿Temple de Diane**が残るのみ。庭園から続くカヴァリエの丘にも上ってみよう。「**マーニュ塔Tour Magne**」の表示を頼りに行くと、紀元前1世紀に建てられた塔が現れる。塔の上からは、赤屋根のいかにも南仏らしいニームの町並みを眺めることができる。

ディアヌの神殿

丘の上に建つマーニュ塔

フォンテーヌ庭園
[開] 3・9月 7:30～20:00
4～8月 7:30～22:00
10～2月 7:30～18:30
[料] 無料

マーニュ塔
[住] Pl. Guillaume Apollinaire
[開] 3・10月 9:30～13:00
14:00～18:00
4・5・9月 9:30～18:30
6月 9:00～19:00
7・8月 9:00～20:00
11～2月 9:30～13:00
14:00～16:30
(入場は閉館の30分前まで)
[休] 無休
[料] €3.50、7～17歳€1.50
[パス] ニーム・シティ・パスで無料

ニームのおすすめホテル／レストラン

[H]ホテル [Y]ユースアコモ [R]レストラン

ホテルの数は多く、料金も安め。古代闘技場周辺に多い。

[H] オテル・ド・ランフィテアトル
Hôtel de l'Amphithéâtre 3★ [MAP] P.399-B2

古代闘技場からすぐの17世紀と18世紀の2つの邸宅を改装したホテル。部屋はシンプルにまとめられ、清潔で過ごしやすい。エレベーターはない。客室に電気ポットあり。

[住] 4, rue des Arènes [TEL] 04.66.67.28.51
[料] ⓈⓌ€87～118 ☕€12
[CC] [A][M][V] [室] 12室 ❄ [Wi-Fi]
[URL] www.hoteldelamphitheatre.com

[H] オテル・デ・テュイルリー
Hôtel des Tuileries 2★ [MAP] P.399-B2

駅から徒歩約10分。部屋は広々として清潔なうえ、オーナーはイギリス人なので、英語が完璧に通じるのもうれしい。客室に電気ポットあり。

[住] 22, rue Roussy [TEL] 04.66.21.31.15
[料] Ⓢ€59～75 Ⓦ€69～98 ☕€11
[CC] [A][M][V] [室] 11室 [P] €15 ❄ [Wi-Fi]
[URL] www.hoteldestuileries.com

[Y] オーベルジュ・ド・ジュネス
Auberge de Jeunesse [MAP] 地図外

駅から約4km。9番のバスでStade Route Alès下車後約400m。コインランドリー、キッチンあり。受付は8:00～12:00、13:00～23:00。

[住] 257, chemin de l'Auberge de la Jeunesse
[TEL] 04.66.68.03.20
[料] Ⓦ€59.75 ドミトリー1人€27.25 ☕込み、シーツ代込み
[休] 11～2月 [CC] [M][V] [P] 無料
[URL] www.hifrance.org

[R] ル・シエル・ド・ニーム
Le Ciel de Nîmes [MAP] P.399-A1

メゾン・カレに隣接する、現代美術館などが入った文化施設「カレ・ダール」の3階にある展望レストラン。ニースの町並みを眺めながら、南仏料理を楽しめる。サロン・ド・テとしても利用できるので、観光の合間に利用しても。

[住] 16, pl. de la Maison Carré
[TEL] 04.66.36.71.70
[営] 10:00～18:00 [休] ㊊
[料] ア・ラ・カルト予算約€30

))) ニーム近郊の町 (((

ポン・デュ・ガール　Pont du Gard
古代ローマの偉大さを目のあたりにできる
世界遺産

　ニームとアヴィニョンの中間あたりにあるローマ時代の水道橋で、€5紙幣の裏に描かれている。高さ約50mと、2000年も前に造られたなんて信じられないほど巨大なものだ。当時は1日に2万m³もの水をユゼスUzèsの水源からニームまで送っていたという。その間なんと50km。ちょっと見たところでは水平に見えるので、当時どうやって水を流したのか不思議に思うかもしれない。そこは建築技術にかけては天才的だったローマ人のこと、ちゃんと勾配がつけられ、アーチの最上層の水路に水が流れていたのである。

　現在、最下層のアーチの上は道路として使われている。橋を見るだけなら30分で見学は終わってしまうが、ここでは大自然のなかでのんびりと散策やピクニックを楽しんでみたい。

大自然との調和が見事な世界遺産

エグ・モルト　Aigues-Mortes
湿原に浮かぶ中世の城塞都市

　カマルグの大湿原の中、ローヌ河口に築かれた城郭都市。「エグ・モルト」とは"死んだ水"の意である。その名が表すとおり、町を取り囲むのは、よどんだ沼のようにも見える湿地帯。町を造ったのはルイ9世だ。彼はこの地を十字軍遠征のための港として譲り受け、町は14世紀半ばまで栄えた。しかしその後、海とつながる水路に土砂がたまり、港としての役割を果たせなくなってしまう。以後町は衰退の一途をたどる。そのため、中世の城塞都市の姿がほぼそのまま残されたのだ。

　城塞の入口ガルデット門から入ると、右側には13世紀に造られた堅固な**コンスタンス塔**Tour de Constanceが建つ。かつては灯台であったが、宗教戦争時には牢獄にもなった。塔の上からは、エグ・モルトの町と周りに広がる広大な湿地帯が見渡せる。

コンスタンス塔と城壁

ACCESS
🚌ニーム駅のバスターミナル(Gare Routière)からliO社の121番のバスで約45分。アヴィニョンのバスターミナルからは115番のバスで約40分。どちらも Vers-Pont-du-Gard / Rond Point Pont du Gard 下車。4/5～9/30 ('23)に運行。
URL lio.laregion.fr

■ 世界遺産 ■
ポン・デュ・ガール
Pont du Gard（1985年登録）

ポン・デュ・ガール
開 8:00～24:00
休 無休
料 無料(駐車料金€9)
　橋の最上階はガイド付きツアー
　(英・仏語)で見学可(€15)
URL www.pontdugard.fr
　　　　　　　　　（日本語あり）
展示スペース
開 11～2月　　　9:00～17:00
　 3～10月　　　9:00～18:00
　 4～6・9月　　9:00～19:00
　 7・8月　　　　9:00～20:00
　（入場は閉館の30分前まで）
休 月の午前　料 €6.50

ACCESS
🚌ニーム駅のバスターミナル(Gare Routière)からliO社の132番のバスで約1時間。Tour de Constance 下車。
URL lio.laregion.fr

ℹ 観光案内所
住 Pl. St-Louis 30220
TEL 04.66.53.73.00
開 7・8月　　　　10:00～18:00
　 4～6・9・10月
　 月～金　　　　10:00～17:00
　 土日祝　　　　10:00～12:30
　　　　　　　　　13:00～17:00
　 11～3月
　　 月～金　　　10:00～16:00
　　 土日祝　　　10:00～12:30
　　　　　　　　　13:00～16:00
休 1/1, 12/25
URL ot-aiguesmortes.com

コンスタンス塔と城壁
住 Pl. Anatole France,
　 Logis du Gouverneur 30220
開 5～8月　　　　10:00～19:00
　 9月　　　　　　10:00～17:30
　 10～4月　　　　10:00～13:00
　　　　　　　　　14:00～16:45
　（入場は閉館の1時間前まで）
休 1/1, 5/1, 12/25
料 €8
URL www.aigues-mortes-
　　monument.fr

Provence
プロヴァンス

あふれる陽光、冬でも暖かい気候、ときおり吹き荒れるミストラル。プロヴァンスは南国ムードいっぱいの地方だ。フランス人が南仏を意味する「ミディ」と言うとき、そこにはパリなどではとてつもない貴重品である太陽に恵まれた地中海岸への羨望がある。パリからマルセイユに抜ける高速道路A6、A7は「太陽の道路」と呼ばれ、バカンスシーズンともなれば、家族とレジャー用品を満載した車が一路南へ向かう。赤い瓦屋根に石造りの家、巻き舌のプロヴァンス訛りは、イタリアやアラブの影響が感じられる。ラテンの血が濃厚に流れ、「フランスで最も親切」といわれる人々の笑顔は屈託がなく、明るい。

観光のヒント

[気候] 夏は30度を超える日も珍しくないが、湿度が低いので過ごしやすい。春先や秋から冬にかけて、ミストラルという季節風が吹くと震え上がる寒さになる。1年をとおして雨は少ないが、秋は大雨が降ることも。

[特色] 恵まれた自然に加えて、アルル、ニームなどいたるところに残るローマ遺跡、アヴィニョンの教皇庁宮殿など、この地方は歴史的遺産の宝庫でもある。

[周遊のヒント] 見どころの多いアルル、TGVが発着するアヴィニョン、エクス・アン・プロヴァンスを拠点にするといいだろう。各町を結ぶ列車、バスの便は比較的多い。

おもな祭りとイベント

5月 巡礼（サント・マリー・ド・ラ・メール／24・25日）：ヨーロッパ中から巡礼者が集まり、聖マリアの像を担いで行進

6月 野外音楽祭（オランジュ／19日〜7月24日 '23）：ローマ時代の劇場を舞台に繰り広げられるオペラのフェスティバル

7月 衣装祭（アルル／第1日曜）：プロヴァンスの民俗衣装に身を包んだ女性たちが華やかさを競い合う

演劇祭（アヴィニョン／上旬〜下旬）：町中がステージとなる国際的な演劇祭

11月 サントン人形市（マルセイユほか／下旬〜12月下旬）：プロヴァンスではクリスマスにキリスト生誕場面を描いた人形を飾る習慣がある

名産品と料理

新鮮な野菜や地中海の幸に恵まれたプロヴァンス地方の料理は、素材のよさを生かしたシンプルさが特徴。ニンニクと野生のハーブの香りが食欲をそそり、鮮やかな色彩が目を楽しませてくれる。

ⒶアイオリAïoli：ニンニク風味のマヨネーズソース。タラなどの魚介やゆでた野菜につけて食べる　ⒷブイヤベースBouillabaisse：各種の魚をサフランとともに煮たマルセイユ料理　ⒸプロヴァンスプリントTissu provençal：この地方の自然をモチーフにした布製品。洋服からインテリア、小物までが揃う　Ⓓマルセイユ石鹸Savon de Marseille：天然原料だけを使った石鹸　ⒺプロヴァンスのハーブHerbes de Provence：プロヴァンスの家庭料理に欠かせないハーブ

❶アルルの衣装祭では、プロヴァンスの民俗衣装に身を包んだ女性たちに出会える。白いドレスを着ているのが「アルルの女王」。3年に一度選出され、衣装祭を主宰する。写真は2017年、第23代アルルの女王に選ばれたナイス・レブロさん ❷ラベンダーの季節に訪れたいセナンク修道院

高速道路
主要道路
一般道路
鉄道
ユネスコ世界遺産として登録

プロヴァンス

Nyons
セリニャンP.420
Sérignan
オランジュP.420
Orange
Vaison-la-Romaine
Sisteron
Digne-les-Bains
Carpentras
Châteauneuf-du-Pape
Uzès
ポン・デュ・ガールP.
Pont du Gard
ローヌ川
アヴィニョンP.413
Avignon
Cavaillon
ゴルドP.418
Gordes
ルシヨンP.418
Roussillon
リュベロン地方
自然公園
ラコストP.419
Lacoste
ボニューP.418
Bonnieux
Manosque
Castellane
ニームP.409
Nîmes
フォンヴィエイユP.409
Fontvieille
Tarascon
サン・レミ・ド・プロヴァンスP.417
St-Rémy-de-Provence
レ・ボー・ド・プロヴァンスP.410
Les Baux-de-Provence
ルールマランP.419
Lourmarin
デュランス川
St-Gilles
カマルグ湿原地帯P.412
アルルP.404
Arles
Salon-de-Provence
エクス・アン・プロヴァンスP.426
Aix-en-Provence
サント・ヴィクトワール山P.430
Montagne Ste-Victoire
Les Arcs-sur-Argens
Fréjus
サン・ラファエル
St-Raphaël
Etang de Vaccares
サント・マリー・ド・ラ・メールP.411
Stes-Maries-de-la-Mer
Etang de
Berre
レスタックP.
l'Estaque
マルセイユP.422
Marseille
オーバーニュ
Aubagne
Ste-Maxime
サン・トロペ
St-Tropez P.431
リオン湾
Golfe du Lion
イフ島
Ile d'If
カシ
Cassis
カランクP.
Les Calanques
La Ciotat
トゥーロン
Toulon
Hyères
Cavalière
Le Lavandou
Sanary-sur-Mer
Hyères-Plage
ルヴァン島
Ile de Levant
ポルクロル島
Ile de Porquerolles
ポール・クロ島
Ile de Port Cros
イエール諸島
Iles d'Hyères
N
0   50km
アルジェリアへ   コルシカ島へ   チュニジアへ   コルシカ島へ

円形闘技場から眺める町並み

古代のロマンと中世の静寂に包まれて
アルル

郵便番号：13200　人口：約5万4000人

ゴッホが描いた『夜のカフェテラス』のモチーフになった「ル・カフェ・ラ・ニュイ」

ACCESS

🚄 パリ・リヨン から直通のTGVは1日1～2本で、所要約4時間。アヴィニョン・サントル駅からTERで約20分。マルセイユからTERで約50分。

👁 観光案内所

🏠 9, Bd. des Lices　**MAP** P.405-B2
☎ 04.90.18.41.20
🕐 ～土　　　9:00～13:00
　　　　　　14:00～16:45
　　⊕　祝　　10:00～13:00
🚫 冬期の⊕
URL www.arlestourisme.com

世界遺産

アルル、ローマ遺跡とロマネスク様式建造物群
Arles, monuments romains et romans (1981年登録)

駅から町の中心へのバス

アルル駅前のバスターミナル (Gare SNCF) から町の中心へは1番のバスが便利。約20分間隔で運行している。⊕ 祝は運休。円形闘技場へはLices下車。
料 1回券€1、1日券€2.50
URL www.tout-envia.com

アルルの駅から、ローヌ川のほとりに出て、アルルの町を眺める。城壁の向こう、11本の塔が屋根の上に少しだけ高く伸びた町の全景。視線を落とすとゆったりとしたローヌの流れ。この小さな町が、毎年抱えきれないほどの観光客を集めているのだ。闘牛で有名な復活祭。7月には、あでやかなプロヴァンス地方の民俗衣装を競うパレードや大規模な国際写真祭が町に活気をもたらす。フランスであることが信じられないくらいローマの遺跡が多い町。オリーブ油をたっぷり使った、どちらかというとスペインやイタリアを思わせる素朴な南仏料理。ゴッホがオランダ人であることを忘れてしまうほど、彼と切っても切れない町。

≫≫ 歩き方 ≫≫

　アルルの駅前は、有名な観光地とは思えないほどひっそりとしている。駅を出てすぐの道を南へ進むと、ゴッホが住んでいたラマルティーヌ広場Pl. Lamartineに出る。広場の向こうに見えるのがカヴァルリ門と城壁。ここが町の入口だ。門をく

🏛 Column History　アルルの古代遺跡

　アルルは紀元前1世紀、カエサルの時代にローマの植民地となった。4世紀にはコンスタンティヌス帝がしばしば滞在し、「ガリアの小ローマ」と呼ばれるほど重要な町となる。アルルには、今も数多くの遺跡が残る。円形闘技場、古代劇場のほか、アルルで最も古いローマ遺跡といわれる**古代フォーロム地下回廊**Cryptoportiques du Forumや4世紀の**コンスタンティヌス共同浴場**Thermes de Constantin、ローマ墓地**アリスカン**Les Alyscampsも見逃せない。

赤と白の縞模様が美しいコンスタンティヌス共同浴場 (左)
アルルの地下に広がる古代フォーロム地下回廊 (右)

ぐり、**Rue de la Cavalerie**を進んでいくとアルル最大のモニュメント**円形闘技場**がある。町の観光はここから始めるといいだろう。南側には**古代劇場**があり、その入口に面した**Rue de la Calade**を下っていくと町の中心**レピュブリック広場Pl. de la République**に出る。おもな見どころはこの広場の周辺に集まっている。なお、アルルの❶は中心街を抜けた**Bd. des Lices**にある。

アルルの町の入口、カヴァルリ門

市庁舎、サン・トロフィーム教会など見どころに囲まれたレピュブリック広場

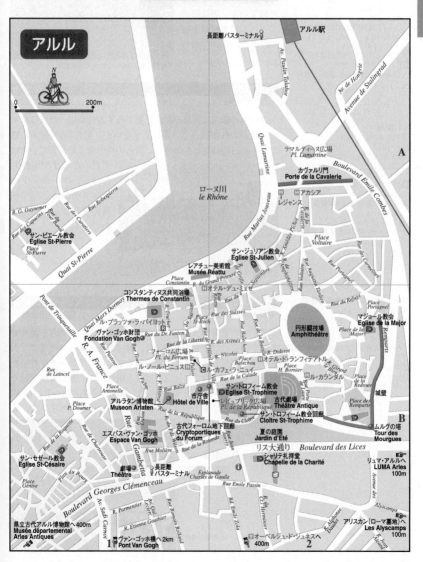

405

パス・アヴァンタージュ
Pass Avantage
アルルのおもな見どころで使える便利なパス。❶と各施設で購入できる。6ヵ月間有効。
图 €19、学生€16

パス・リベルテ
Pass Liberté
利用できる観光スポットはパス・アバンタージュに比べて限定される。1ヵ月間有効。
图 €15、学生€13

円形闘技場
住 1, Rond Point des Arènes
開 5～9月　　　　9:00～19:00
　 3・4・10月　　9:00～18:00
　 11～2月　　　10:30～16:30
　 （入場は閉館の30分前まで）
休 1/1、5/1、11/1、12/25、
　 イベントのある日
图 €9、学生€7（古代劇場と共通）
パス パス・アヴァンタージュ、パス・リベルテ（選択した場合）で無料

古代劇場
住 Rue de la Calade
開 5～9月　　　　9:00～19:00
　 3・4・10月　　9:00～18:00
　 11～2月　　　10:30～16:30
　 （入場は閉館の30分前まで）
休 1/1、5/1、11/1、12/25、
　 イベントのある日
图 €9、学生€7（円形闘技場と共通）
パス パス・アヴァンタージュ、パス・リベルテ（選択した場合）で無料

サン・トロフィーム教会の回廊
住 20, rue du Cloître
開 5～9月　　　　9:00～19:00
　 3・4・10月　　9:00～18:00
　 11～2月　　　10:30～16:30
　 （入場は閉館の30分前まで）
休 1/1、5/1、11/1、12/25
图 €6、学生€5
パス パス・アヴァンタージュ、パス・リベルテ（選択した場合）で無料

))) おもな見どころ (((

円形闘技場　★★★
MAP P.405-B2　　　　　　　　　　Amphithéâtre

　紀元1世紀（75年頃）に建設された、2層、60のアーチからなるローマ時代の闘技場。当時は、さらに大きく3層あったという。5、6世紀には要塞として用いられていたこともある。収容人員は2万人。直径は最も広い所で136m、とフランスで最も大きいうえ、保存のよさでも知られている。闘技場のてっぺんにもぜひ上ってみよう。

円形闘技場はいかにもローマの建造物

古代劇場　★★★
MAP P.405-B2　　　　　　　　　　Théâtre Antique

　半円形の階段式座席が舞台を見下ろす古代劇場。現在は数本の大理石の柱が残っているにすぎないが、紀元前1世紀末に建設された当時はこの柱の後ろに舞台の壁が高くそびえていたはずだ。ここまで荒廃した今も、コンサートやオペラの会場として劇場の役目をしっかり務めている。

青空に白い円柱が映える

サン・トロフィーム教会　★★★
MAP P.405-B2　　　　　　　　　　Eglise St-Trophime

　ローマの遺跡が多いアルルの町で、唯一中世の香りを漂わせるのが、このロマネスク教会だ。闘技場などローマ建築は、人を威圧する巨大さが特に印象に残るが、同じくアーチを使った建築でも、この教会の回廊はぐっと繊細。この教会は中世、サンティアゴ・デ・コンポステーラへ向かう巡礼路（→P.376）にある教会として多くの巡礼者が訪れたことで知られている。入口上部のタンパンの彫刻や、回廊Cloîtreの柱に施された聖書のエピソードや植物の彫刻もすばらしい。

サン・トロフィーム教会の回廊は心休まる空間

プロヴァンス

アルル

アルラタン博物館 ★★
MAP P.405-B1 Museon Arlaten

プロヴァンスを愛し、プロヴァンス語の保護に努めた詩人フレデリック・ミストラルがノーベル賞の賞金を基に建てたもので、この地方の民俗衣装など、文化や風俗に関する資料を展示している。2016年より大規模な改修工事が行われ、2021年5月に再開した。

アルラタン博物館
🏠 31, rue de la République
🕐 9:30～18:00
　　　　　　　（入場は17:30まで）
🚫 ㊐、1/1、5/1、11/1、12/25
💰 €8、第1㊐無料
🔗 www.museonarlaten.fr

県立古代アルル博物館 ★★
MAP P.405-B1 Musée départemental Arles Antique

考古学博物館らしからぬモダンな空間で、アルルで見つかった多数の発掘品を展示している。世界最古とされるカエサルの胸像、『アルルのヴィーナス Vénus d'Arles』の複製（オリジナルはルーヴル美術館にある）、華麗なレリーフの施された4世紀の石棺など、見応え十分。円形闘技場や古代劇場の復元模型などもあり、当時のアルルの繁栄ぶりを実感できる。

2011年にローヌ川から引き揚げられたローマ時代の平底船

県立古代アルル博物館
🏠 Presqu'Île du Cirque Romain
🕐 9:30～18:00
　　　　　　　（入場は17:00まで）
🚫 ㊋、1/1、5/1、11/1、12/25
💰 €8、学生€5、第1㊐無料
🚌 バス・アヴァンタージュ、バス・リベルテ（選択した場合）で無料
🔗 www.arlesantique.fr
アルル駅前のバスターミナル（Gare SNCF）から1番のバスでMusée Antique下車。

ヴァン・ゴッホ財団 ★
MAP P.405-B1 Fondation Van Gogh

アルルに芸術家たちのコロニーをつくるというゴッホの夢をかなえるべく、1988年に創設されたヴァン・ゴッホ財団。ゴッホへのオマージュのために、さまざまな現代作家たちが寄贈した作品を所蔵している。アルル旧市街にある15世紀の邸宅を改装した美術館では、南仏のまぶしい光を取り入れた空間で、ゴッホをテーマにした企画展を開催している。

約1000m²の広大なスペース

ゴッホの呼び方
日本ではヴィンセント・ヴァン・ゴッホと呼ばれているが、フィンセント・ファン・ホッホが生まれ故郷のオランダ語読み。フランス語ではヴァンサン・ヴァン・ゴッグ。本書では日本語の慣例に従い、「ゴッホ」としたが、現地では「ゴッグ」と読むことを覚えておこう。

ヴァン・ゴッホ財団
🏠 35, Rue du Dr. Fanton
🕐 10:00～18:00
　　　　　　　（入場は閉館の45分前まで）
🚫 ㊊、1/1、5/1、11/1、12/25
💰 €10
🔗 www.fondation-vincentvangogh-arles.org

ART Column Art　ゴッホゆかりの風景を訪ねる

アルルといえばゴッホの名を思い浮かべる人も多いだろう。残念ながら、この町には彼の作品は1点も残されていない。しかし、フォーロム広場の**ル・カフェ・ラ・ニュイ** Le Café La Nuit、**エスパス・ヴァン・ゴッホ**など、ゴッホをしのばせる見どころは多い。町外れにあるローマ墓地跡の**アリスカン** Les Alyscampsは、ゴッホがしばしばキャンバスを立てた場所で、当時の風情が残っている。町から3km離れた運河に架かる**ヴァン・ゴッホ橋** Pont Van Goghもファンなら訪れてみたい場所だ。❶近くにある

バスターミナルから1番のバスでBarriol下車後、徒歩約20分。またはタクシーを利用して、見学中は待っていてもらうのもいいだろう。詳しくは❶まで。

復元されたヴァン・ゴッホ橋

はみだし 「エスパス・ヴァン・ゴッホ Espace Van Gogh」（**MAP** P.405-B1）は、ゴッホが入院していた病院の跡を利用した総合文化センター。色とりどりの花々が植えられた中庭は、ゴッホの絵をもとに再現されたもの。

アルルのおすすめホテル／レストラン

[H]ホテル [Y]ユースアコモ [R]レストラン

6月から9月上旬と、5月と10月のサント・マリー・ド・ラ・メールの巡礼（→P.411）がある時期は混雑する。

[H] ル・カランダル
Le Calendal 3★ [MAP] P.405-B2

© David Richalet

円形闘技場にも古代劇場にも近く立地抜群。ローマ風呂を思わせるスパ、サンドイッチなど軽食をテイクアウトできるカフェもあり、小さいながらもくつろげる雰囲気満点。

[住] 5, rue Porte de Laure ☎ 04.90.96.11.89
[料] ⓈⓌ€140～209 ☕€14
[CC] [A][D][J][M][V] [室] 38室 ❄ Wi-Fi
[URL] www.lecalendal.com

[H] アカシア
Acacias 3★ [MAP] P.405-A2

駅から徒歩約5分。カヴァルリ門を入るとすぐに見える。客室はシンプルだが快適。電気ポットが備えられている。

[住] 2, rue de la Cavalerie
☎ 04.90.96.37.88
[料] Ⓢ€75～120 Ⓦ€80～140 ☕€15
[CC] [A][M][V] [室] 33室 [P] €15 🍴 ❄ Wi-Fi
[URL] hotel-arles.brithotel.fr

[H] オテル・デュ・ミュゼ
Hôtel du Musée 3★ [MAP] P.405-B1

レアチュー美術館の向かい。17世紀の美しい邸宅を改装した雰囲気のいいホテル。ロビーに宿泊客用のパソコンあり。

[住] 11, rue du Grand Prieuré
☎ 04.90.93.88.88
[料] Ⓢ€90～135 Ⓦ€110～140 ☕€14
[休] 11～3月 [CC] [A][M][V] [室] 29室 ❄ Wi-Fi
[URL] hoteldumusee.net

[H] オテル・ド・ランフィテアトル
Hôtel de l'Amphithéâtre 3★ [MAP] P.405-B2

旧市街の中心に建つ、中世の雰囲気を残した内装が趣あるホテル。エレベーターはないが客室は改装済みで快適だ。

[住] 5, rue Diderot
☎ 04.90.96.10.30
[料] ⓈⓌ€99～220 ☕€13
[CC] [M][V] [室] 32室
❄ Wi-Fi
[URL] www.hotelamphitheatre.fr

[H] レジャンス
Régence 2★ [MAP] P.405-A2

駅からカヴァルリ門を入って右折した突き当たりにある。南仏をイメージした内装の客室には電気ポットあり。レンタサイクルもあるので利用してみては。

[住] 5, rue Marius Jouveau ☎ 04.90.96.39.85
[料] Ⓢ€65～75 Ⓦ€70～100 ☕€10
[CC] [A][J][M][V] [室] 16室 ❄ Wi-Fi
[URL] www.hotel-regence.com（日本語あり）

[H] ル・ノール・ピニュス
Le Nord Pinus [MAP] P.405-B1

フォーロム広場に面した老舗ホテル。かつてピカソやコクトーら芸術家たちが滞在し、現在も人気闘牛士が常宿にする。古きよきアルルが残る場所。

[住] 14, pl. du Forum
☎ 04.65.88.40.40
[料] ⓈⓌ€126～431 ☕€22
[CC] [A][D][J][M][V] [室] 26室 ❄ Wi-Fi
[URL] nord-pinus.com

[Y] オーベルジュ・ド・ジュネス
Auberge de Jeunesse [MAP] P.405-B2

駅から約2km。ℹから徒歩約10分。受付7:00～10:00、17:00～23:00（夏は17:00～24:00）。

[住] 20, av. du Maréchal Foch
☎ 04.90.96.18.25
[料] ドミトリー1人€25～ ☕込み、シーツ代込み
[CC] [M][V] [URL] www.hifrance.org

[R] ル・プラッツァ・ラ・パイヨット
Le Plaza la Paillotte [MAP] P.405-B1

ヴァン・ゴッホ財団の近くにある。伝統的なフランス料理と地元の素材を生かしたプロヴァンス料理を提供している。なるべく予約を。

[住] 28, rue du Docteur Fanton
☎ 04.90.96.33.15 [営] 12:00～13:45（L.O.）、19:00～21:45（L.O.） [休] [祝]を除く[月]の午後、[火][水]、10/30～11/10・11/15～12/15（'23）、1/8～2/9・10/28～11/8・11/13～12/13（'24）
[料] 昼ムニュ€29～32、昼夜ムニュ€36 [CC] [M][V]

庶民的なレストランは、フォーロム広場北側のRue du Dr. Fanton、古代劇場裏のRue Porte de Laureに多い。

))) アルル近郊の町 (((

フォンヴィエイユ　Fontvieille

ドーデの『風車小屋だより』の世界が広がる

この村の近くの丘の上に1軒の風車小屋が建っている。これがアルフォンス・ドーデが1866年頃『風車小屋だより』の連作を執筆した**ドーデの風車**Moulin de Daudetだ。

この作品の中でドーデは、プロヴァンスの人々の生活の悲喜こもごもを、ときにあたたかく、ときにアイロニーを混じえて描いている。ニーム生まれの彼は、プロヴァンスの人の気質を熟知していた。例えば同作品の中の『コルニーユ親方の秘密』には、蒸気仕掛けの大型製粉工場が進出してきた村で、ひとり頑固に風車で粉をひき続ける老人が描かれている。風車にはプロヴァンス人の誇りが詰まっているのだ。ドーデが

しばしば滞在していた**モントーバン城**Château de Montaubanではドーデに関する資料が展示されている。

陽光を受けてたたずむドーデの風車

ACCESS

🚌 アルル駅前のバスターミナル (Gare SNCF) からZOU!の702番のバスで約15分。Fontvieille Centreで下車。
URL www.lepilote.com

❶ 観光案内所

🏠 Av. des Moulins 13990
☎ 04.90.54.67.49
🕐 4〜9月　　　9:30〜12:30
　　　　　　　14:00〜18:00
　10〜3月　　9:15〜12:30
　　　　　　　14:00〜17:30
🚫 7・8月の⊕の午後、
　4〜6・9月の⊕、
　10〜3月の⊕ ⊕ ㉄、5/1
URL www.fontvieille.fr

ドーデの風車

🕐 7・8月　　　10:30〜18:30
　復活祭〜11/1 11:00〜18:00
🚫 11/2〜復活祭　料 €2
URL moulindedaudet.wixsite.com/fontvieille

モントーバン城

🏠 20, chemin de Montauban
🕐 5/31〜10/1 ('23)
　㊌〜㊐　　10:30〜13:00
　　　　　　14:30〜18:00
🚫 ㊊ ㊋、10/2〜5月下旬
料 €5

☕ Column / Pause café　アルルに行くならお祭りの日に

アルルでは毎年、数多くの祭りやフェスティバルが開催される。円形闘技場で闘牛が見られる**復活祭のフェリア**、世界中から集まった写真家による作品が展示される**アルル写真祭**など。なかでも、伝統的な民族衣装を身に着けた**アルルの女**たちに出会える**衣装祭**は、町全体が華やかな空気に包まれる南仏らしい祭りだ。

この衣装祭を主宰するのが、**アルルの女王**だ。3年に一度（次回は2026年）、5月1日の**牧童祭**の日に選ばれる。アルルとプロヴァンスの文化を保護し継承していく使命を担っているので、ただ美しいだけではなれない。プロヴァンスの文化や歴史に関する知識があり、プロヴァンス語

を話せることも条件とされている。祭りの日、白いドレスをまとっている美しい女性を見かけたら、それがアルルの女王だ。

●アルルのおもな年中行事

・復活祭の闘牛 Feria de Pâques（復活祭の週末）
・牧童祭 Fête des Gardians（5月1日）
　カマルグ版カウボーイとアルルの女の行列
・衣装祭 Fête du Costume（7月第1週）
・アルル写真祭 Les Rencontres d'Arles Photographie
　（7月上旬〜9月下旬）
・初米収穫祭の闘牛 Feria du Riz（9月第2週末）
・国際サントン展示会 Salon International des Santonniers（11月中旬〜1月中旬）
　伝統的なサントン人形の展示会

古代劇場が主会場となる衣装祭

アルルの女たちが集まる衣装祭

復活祭の闘牛が行われる円形闘技場
©Lionel-Roux

🚌 アヴィニョンのバスターミナル（Gare Routière）からZOU!の707番のバスで約1時間。7月上旬〜9月上旬の毎日運行。Les Baux下車。
URL zou.maregionsud.fr
🚗 アルルから約15km、アヴィニョンから約30km。

🛈 観光案内所
🏠 Rue Porte Mage, Maison du Roy
☎ 04.90.54.34.39
🕐 月〜金　　9:00〜18:00
（10〜4月は〜17:00）
土日　10:00〜17:30
休 1/1、12/25
URL www. lesbauxdeprovence.
com

レ・ボーの城塞
🏠 Grand Rue
🕐
4・6・9月	9:00〜19:30
7・8月	9:00〜19:30
3・10月	9:30〜18:00
11〜2月	10:00〜17:00

（入場は閉館の1時間前まで）
休 無休　料 €8
URL www.chateau-baux-provence
.com

© Raymond Martinez

夏は城塞全体が中世テーマパークと化し、中世の武器を使った実演、熊や鷹の調教ショーなど、さまざまなスペクタクルを見ることができる

光の石切場
🏠 Route de Maillane
🕐
11〜3月	10:00〜18:00
（2・3月は9:30〜）	
4〜10月	9:30〜19:00
（7・8月は9:00〜19:30）	

（入場は閉館の1時間前まで）
休 無休
料 €14.50、学生€12
URL www.carrieres-lumieres.com

廃墟のなかに栄枯盛衰の物語を訊ねる　美しい村
レ・ボー・ド・プロヴァンス

© Culturespaces

石灰岩の岩山にそびえる廃墟の城

アヴィニョンからバスで走ると、平原の中に白い石灰岩をむき出しにした岩山が見えてくる。中世の頃、この地に栄えたボー家は南フランスで最強の勢力を誇り、80の町を従えていたという。しかし15世紀にはボー家の血筋は絶え、最初はプロヴァンス公国に、後にはフランス王国に支配された。そして1631年、ルイ13世の宰相リシュリューによってレ・ボーの町は完全に破壊された。

アヴィニョンからのバスは村の入口近くで停まる。ここから坂を上り、みやげ物屋が並ぶ通りを抜けて、**レ・ボーの城塞** **Château des Baux**へ。

今ではすっかり廃墟となっているレ・ボーの城塞は、かつては難攻不落のものとして知られていたという。農民詩人リューの像が立っている所からの眺めはすばらしい。城主たちは、ここから自分の制した土地を眺めて悦に入っていたのではないだろうか。周りは見渡すかぎりのオリーブ畑。その中に石灰岩の白い岩山が点々とあり、ボーの名を取ってつけられた鉱物ボーキサイトの含まれた赤茶けた土も見える。

村から徒歩約5分の所には、かつての石切場を利用した音と映像のスペース、**光の石切場Carrières de Lumières**がある。70台のプロジェクターで石の壁に次々と映像が映し出される幻想的な空間だ。毎年異なるテーマで上演されている。

ニーム
Nîmes
サン・レミ・ド・プロヴァンス
St-Rémy-de-Provence
レ・ボー・ド・プロヴァンス
Les Baux-de-Provence
サンジル
St-Gilles
フォンヴィエイユ
Fontvieille
アルル
Arles
カマルグ湿原地帯
Camargue
サント・マリー・ド・ラ・メール
Stes-Maries-de-la-Mer
マルセイユへ
0　　10km
アルル周辺

© Culturespaces

石切場跡の壁や天井に映し出される幻想的な世界

プロヴァンス

Stes-Maries-de-la-Mer 郵便番号：13460 人口：約2500人

マリアたちの伝統が息づくカマルグの聖地

サント・マリー・ド・ラ・メール

ACCESS

🚌 アルル駅前のバスターミナル (Gare SNCF) からA50番のバスで約40分。Stes-Maries de la Mer Les Razeteurs下車。
URL www.lepilote.com

🛈 観光案内所
住 5, av. Van Gogh
TEL 04.90.97.82.55
開 4～6・9・10 9:00～18:00
　 7・8月 9:00～19:00
　 11～3月 9:00～16:30
休 1/1、12/25
URL www.saintesmaries.com

教会
住 2, pl. de l'Église
料 無料

遠い昔、一そうの小舟が南フランスの浜辺に流れ着いた。帆も櫂もない舟に乗っていた人々のなかに、3人のマリアがいた。聖母の妹のマリア・ヤコブとヨハネの母マリア、そしてマグダラのマリアである。彼女らはイエスの死後ユダヤ人によって海に追われ、ここまで流されてきたのだ。一行はここで別れ、マグダラのマリアはサント・ボームの地へ、そしてふたりのマリアと召使いのサラは上陸地にとどまって一生を終えた。墓の上には教会が建てられ、サント・マリー・ド・ラ・メール（海の聖マリアたち）と名づけられたこの町は巡礼の地となった。このような伝説が、今でも色濃く残る町である。毎年5月24・25日および10月22日に一番近い土・日曜には巡礼者の祭りがある。

© G.Vlassis
教会の中にはマリアたちの像がある

© G.Vlassis
教会のクリプトにあるサラの像

マリアたちが祀られているのは、9～12世紀建造の、要塞の形に造られた素朴な**教会 Eglise**。クリプト（地下祭室）には、黒人の召使いサラの人形が立っている。祭りの日にはヨーロッパ中から集まってくる巡礼者たちがこの像を担いで町を歩き、海に入って聖水をかける。

教会の屋根の上からは、片方に地中海、もう片方にはカマルグの大湿原がはるかかなたまで見渡せる。白い壁に赤い屋根のサント・マリーの町並みもかわいらしい。

白砂の美しいビーチもあるので、夏は水着を用意して訪れるといいだろう。

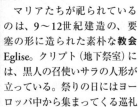
海と空と家並みのコントラストが美しい

サント・マリー・ド・ラ・メールのおすすめホテル／レストラン　Ｈホテル Ｒレストラン

海水浴シーズンと巡礼の祭りの期間は混雑する。カマルグ湿原（→P.412）まで足を延ばすのもいい。

ＨＲ マンジョ・ファンゴ **Mango Fango 4★**	**Ｈ レ・パルミエ・アン・カマルグ** **Les Palmiers en Camargue 2★**

ＨＲ マンジョ・ファンゴ
Mango Fango 4★

町から1km。車でアルルとつながるD570を北上すると左に見える。湿地の中に建ち、カマルグの大自然を満喫できる。敷地内で乗馬も楽しめる。部屋には電気ポット、ロビーには宿泊客用のパソコンがある。

住 Route d'Arles
TEL 04.90.97.80.56
料 Ⓢ€170～250 Ⓦ€170～450 　€25
CC AMV 室 23室
休 11/13～3/30 P 無料
🍴 Wi-Fi
URL www.hotelmangiofango.com

Ｈ レ・パルミエ・アン・カマルグ
Les Palmiers en Camargue 2★

町の中心まで徒歩約5分、観光に便利な立地の家庭的なホテル。港に近く、サント・マリーのビーチへもすぐ。

住 16, rue Alphonse Daudet
TEL 04.90.97.85.60
料 Ⓢ€54～134 Ⓦ€60～134 　€10
休 12/15～12/20 ('23)
CC AMV 室 31室 P €15 ❄ Wi-Fi
URL www.hotel-palmiers.fr

サント・マリー・ド・ラ・メールで食事をするなら、「テリーヌTelline」というアサリに似た貝、カマルグ牛「トロー Taureau」の料理を試してみよう。レストランは数多くあるが、冬は閉まってしまうところがほとんど。

レ・ボー・ド・プロヴァンス & サント・マリー・ド・ラ・メール

真っ白な壁が目にまぶしいカマルグ独特の民家

自転車で走るカマルグ
カマルグでのサイクリングは砂地を走ることになるので、体力に自信のある人向き。サント・マリー・ド・ラ・メールにレンタサイクル店が数軒ある。料金の目安は半日€15、1日€20。サイクリングコースの地図はレンタサイクル店でももらえるが、本格的に走るつもりならサント・マリー・ド・ラ・メールの❶で地図を買っておこう。

馬に乗ってカマルグを歩く
アルル～サント・マリー・ド・ラ・メール間の道路の途中、乗馬クラブがいくつもあり、初心者でも気軽に乗馬が楽しめる。アルルかサント・マリー・ド・ラ・メールの❶でリストをもらい予約してもらうといい。料金の目安は、1時間€25、2時間€40、半日€60。

4WDで走るガイド付きサファリツアー
詳細はサント・マリー・ド・ラ・メールの❶へ。料金の目安は2時間€48～。

カマルグ湿原を歩くときの注意点
ヴァカレス湖Etang de Vaccarès（**MAP** P.403）の周辺一帯は自然環境保全区域になっている。バードウオッチングをするときは、ハイキングコースを外れて保護区域内に立ち入らないように注意しよう。野生のフラミンゴは人間に近づいてこないので、写真を撮りたい場合は望遠レンズが必要。また、ハイキングやサイクリングのコースには日差しを遮る木々がほとんどないので、夏は比較的涼しい午前中の早い時間帯がおすすめだ。

Camargue
白馬が疾走し、フラミンゴが踊る野生の楽園
カマルグ湿原地帯

　アルルと地中海に挟まれた一帯は、広大なカマルグ湿原地帯だ。自然保護地域に指定され、野生の馬や野鳥、フラミンゴなどが生息している。ヨーロッパにおける自然の聖域ともいえる所で、科学

白い馬に乗ってカマルグを歩くのもいい

者や調査の目的をもった人でなければ、立ち入ることはできない。でも、観光客が外側からバードウオッチングできるように、ハイキングコースが設けられている。

　カマルグの白馬は海の泡から生まれたと言い伝えられている。草をはむ黒い牛とのコントラストも美しい。何よりも、ここには平和でのどかな風景がある。

≫≫≫ 歩き方 ≫≫≫

　カマルグ観光は、アルルかサント・マリー・ド・ラ・メールが起点になる。アルルを朝出発して1日カマルグのハイキングコースをのんびり歩き、夕方のバスで戻ることも可能だ。もしカマルグの大自然にたっぷり浸りたいのなら、湿原周辺の宿に泊まるといい。牧場や乗馬センターを備えたホテルもあり、カマルグ産の白馬での乗馬体験もかなえてくれる。湿原から1kmほどのサント・マリー・ド・ラ・メールに宿を取るのも一案。サント・マリー・ド・ラ・メールにはレンタサイクルもあるので、野鳥の声を聞きながらサイクリングを楽しむこともできる。ジープに乗って湿原を疾走するガイド付きツアーもある。

　アルル～サント・マリー間を走るバスは、もちろんカマルグ湿原の真っただ中を行くわけだが、残念ながらこのバスからは何も見えない。この路線を途中下車して、馬を借りるのもいいだろう。「Promenade à cheval」の看板が目印だ。

　遮る木々がまったくない所もあるので、夏は日焼け、虫よけ対策も必要だ。飲料水も十分に用意して出かけよう。

カマルグ湿原地帯はヨーロッパで唯一野生のフラミンゴが生息する場所

Avignon
世界遺産

中世の華やぎを今に伝える演劇の都
アヴィニョン
郵便番号：84000 人口：約9万2000人

ローヌ川のほとりにたたずむ古都

中世の城壁に守られた古都、アヴィニョン。ゆったりと流れるローヌ川のほとりにたたずむ姿はまさに一幅の絵のようだ。教皇庁がこの町におかれていた時代の名残である教皇庁宮殿、童謡で有名な「アヴィニョン橋」など、小さな町の中に見どころがぎっしりと詰まっている。夏の演劇祭の時期には、町全体が劇場と化し、世界中から訪れる観光客でにぎわう。この町独特の自由で明るい雰囲気を味わってほしい。

ACCESS

🚄パリ・リヨン駅からTGVでアヴィニョンTGV駅まで約2時間40分。そこから町の中心に近い在来線のアヴィニョン・サントルAvignon Centre駅へはTERで約5分。アルルからアヴィニョン・サントル駅へはTERで約20分。マルセイユからアヴィニョン・サントル駅へはTGVとTERで約1時間。

🛈 観光案内所

🏠 41, cours Jean Jaurès
MAP P.415-B2
☎ 04.32.74.32.74
🕐 4〜6・9・10月
    （月〜土） 9:00〜18:00
    （日） 10:00〜17:00
 7月 毎日 9:00〜19:00
 8月 毎日 9:00〜18:00
 11〜3月
    （月〜金） 9:00〜18:00
    （土） 9:00〜17:00
    （日） 10:00〜17:00
🚫 11〜3月の（日）、1/1、12/25
URL avignon-tourisme.com

世界遺産

アヴィニョン歴史地区
Centre historique
d'Avignon
（1995年登録）

> ## 歩き方

 アヴィニョン・サントル駅を出ると城門が見え、この町が城壁に囲まれた町であることがわかる。城門を抜けると、メインストリートのプラタナス並木通りが延びている。商店や映画館などを横目に3分ほど歩くと右側に🛈、さらに5分ほど歩けば市庁舎のある**時計台広場**Pl. de l'Horlogeに出る。中央にメリーゴーラウンドがあり、カフェのテラスが並ぶ、にぎやかな広場だ。そのまま歩いていくと、**教皇庁宮殿**の巨大な壁が現れる。

Column / History — 教皇庁時代のアヴィニョン

中世の一時期、カトリックのローマ教皇がローマではなくアヴィニョンに住んでいたことがある。「教皇のバビロン捕囚」といわれる時代だ（1309〜1377年）。当時、教皇庁とフランス国王の間では、勢力争いが絶えなかった。そんなとき、教皇に選ばれたのが、元ボルドーの大司教でフランス人のクレメンス5世。1309年、フランス王の圧力に屈する形で教皇庁ごとアヴィニョンに移住する。以後そう70年の間に、7人の教皇（すべてフランス人）がアヴィニョンで即位。アヴィニョンは、ローマに代わるカトリックの中心地として繁栄を極めることとなった。華やかで文化と芸術の薫り高い町の雰囲気は、700年を経た現在のアヴィニョンにも脈々と受け継がれている。

教皇庁宮殿の中に残る「教皇の部屋」© F. Olivier

413

ロシェ・デ・ドン公園は緑さわやか
な散歩道

ローヌ川を渡る無料連絡船
ロシェ・デ・ドン公園からローヌ
川の中州まで、無料の船Navette
Fluvialeが往復している。5分ほど
だが、ローヌ川のミニクルーズ気
分を味わえる。
MAP P.415-A2
営 運航時間は**❶**にて確認を。
休 1月～2月中旬、5/1、12/25

教皇庁宮殿
住 Pl. du Palais
開 3/1～11/5　　9:00～19:00
　　11/6～12/22、1/1～2/3
　　　　　　　　9:00～17:00
　　12/23～12/31、2/4～2/28
　　　　　　　　10:00～18:00
　　　（入場は閉館の1時間前まで）
休 無休
料 €12（タブレット型ガイド「イ
　　ストパッドHistoPad」付き。日
　　本語あり）、サン・ベネゼ橋との
　　共通券€14.50
URL palais-des-papes.com

音と光のスペクタクル
8月中旬～10月中旬の夜間、教皇
庁宮殿の中庭でプロジェクション・
マッピング・ショーが開催される。

プティ・パレ美術館
住 Pl. du Palais
開 10:00～13:00
　　14:00～18:00
休 ㊋、1/1、5/1、12/25
料 無料
URL www.petit-palais.org

サン・ベネゼ橋（アヴィニョン橋）
住 Bd. de la Ligne
開 1/1～2/3、11/6～12/22
　　　　　　　　10:00～17:00
　　2/4～2/28、12/23～12/31
　　　　　　　　10:00～18:00
　　3/1～11/5　9:00～19:00
　　　（入場は閉館の30分前まで）
休 無休
料 €5（日本語オーディオガイド付
　　き）、
　　教皇庁宮殿との共通券€14.50
URL avignon-pont.com

　教皇庁宮殿北側の坂道を上っていくと、岩壁の上に築かれた**ロシェ・デ・ドン公園**に出る。緑の木陰が気持ちよく、ひと休みするのにぴったりの場所だ。ローヌ川を見下ろすテラスからは"アヴィニョン橋"こと**サン・ベネゼ橋**が見える。

　散策の締めくくりに、ローヌ川を渡って、中州の島Ile de la Barthelasseか、さらにその先の対岸の町**ヴィルヌーヴ・レザヴィニョン**Villeneuve-lez-Avignonに行き、アヴィニョンの全景を眺めておきたい。特にすばらしいのが夕暮れ時。威圧的な教皇庁宮殿の建物も夕日を浴びると、その硬さが包み込まれてしまうよう。

))) おもな見どころ (((

教皇庁宮殿　　　　　　　　　　★★★
MAP P.415-A2　　　　　　　　Palais des Papes

　1335年から1352年にかけて建てられた、ヨーロッパ最大のゴシック宮殿。高さ50mという強固な外壁で囲まれた教皇庁全体の面積は約1万5000m²と、とにかく大きい。聖像などはすべてフランス革命の際に破壊されたため内部はがらんとしているが、イストパッドを使いながら巨大な迷路のような部屋から部屋へと歩いていると、かつての教皇の豪奢な生活が想像できる。ところどころに残る14世紀のフレスコ画もすばらしい。

外観は宮殿というより要塞のよう

プティ・パレ美術館　　　　　　★★
MAP P.415-A2　　　　　　　Musée du Petit Palais

　教皇庁広場の一番奥にある。地味な建物は、教皇庁宮殿に圧倒されて小さくなっている感じだが、展示されている作品はアヴィニョン派、イタリア絵画を中心とする傑作揃い。なかでも、ボッティチェリの初期の作品『聖母子La Vierge et l'Enfant』は必見。

サン・ベネゼ橋（アヴィニョン橋）　★★★
MAP P.415-A2　　　　Pont St-Bénézet - Pont d'Avignon

　「アヴィニョン橋で踊ろよ、踊ろよ……」という歌で世界中にその名を知られるアヴィニョン橋。12世紀の完成当時は、向こう岸のフィリップ美男王の塔まで続く全長約900mの橋だったが、たび重なるローヌ川の氾濫で、現在は4本の橋桁と橋を造った聖ベネゼを祀るサン・ニコラ礼拝堂を残すのみとなっている。

童謡で有名になったアヴィニョン橋

はみだし 教皇庁宮殿前にある「カレ・デュ・パレCarré du Palais」には、レストラン、ワインバー、ワインスクールがあり、コート・デュ・ローヌ（→P.43）のワインを楽しめる。**MAP** P.415-A2　**URL** www.carredupalais.fr

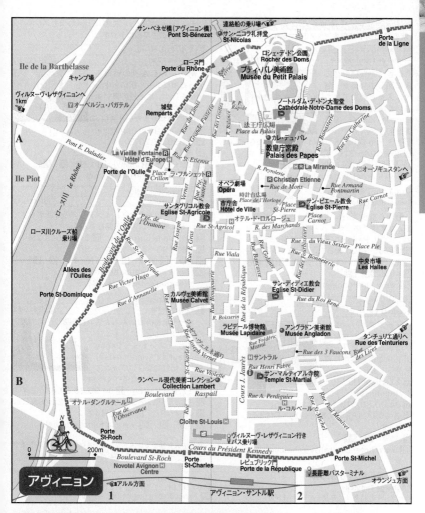

アングラドン美術館 ★★

MAP P.415-B2

Musée Angladon

モディリアニ『ピンクのブラウス』
© ANGLADON / C.LOURY

　アンリ・ルソーやピカソの作品を購入したパリの名コレクター、ジャック・ドゥセの収集品を彼の甥が相続して開いた美術館。ドガ、ドーミエ、シスレー、ピカソ、マネ、藤田嗣治など、おなじみの画家の作品が揃っている。なかでも、数十年の間、一般公開されてこなかったセザンヌの静物画やモディリアニの『ピンクのブラウスLa Blouse rose』、プロヴァンスにある唯一のゴッホの絵『線路上の汽車Wagons de chemin de fer』は見逃せない。

アングラドン美術館

🏠 5, rue Laboureur
🕐 13:00〜18:00
　（入場は17:15まで）
休 ㊊、11〜3月の㊐、1月、12/25
料 €8、15〜25歳€3
URL angladon.com（日本語あり）

アヴィニョンのプチトラン

教皇庁宮殿前を出発し、ロシェ・デ・ドン公園〜サン・ベネゼ橋〜旧市街を約45分で回る。日本語オーディオガイド付き。
料 €10
URL visiteavignon.com

415

アヴィニョンのおすすめホテル／レストラン

[H]ホテル [CH]シャンブル・ドット(民宿) [Y]ユースアコモ [R]レストラン

演劇祭期間中は料金アップするホテルが多い。また、非常に混み合うので早めに予約を。

[H] オテル・ド・ロルロージュ
Hôtel de l'Horloge 4★ [MAP] P.415-A2

にぎやかな時計台広場に面しているが、館内に入ると静かで落ち着いた雰囲気。客室はゆったりと広く、電気ポット付き。

[住] 1-3, rue Félicien David ☎ 04.90.16.42.00
[料] ⓈⓌ€94～329 ☕€20
[CC] [A][D][J][M][V] [室] 66室 ❄ [WiFi]
[URL] www.hotel-avignon-horloge.com

[H] オテル・ダングルテール
Hôtel d'Angleterre 3★ [MAP] P.415-B1

ℹから徒歩約5分。中心地からは少し離れるが、静かな環境で過ごせる。

[住] 29, bd. Raspail ☎ 04.90.86.34.31
[料] Ⓢ€65～120 Ⓦ€75～140 ☕€12
[休] 12/15('23)～1/15('24) [CC] [A][D][M][V]
[室] 40室 ❄ [WiFi]
[URL] www.hoteldangleterre.fr

[H] サントラル
Central 3★ [MAP] P.415-B2

メインストリートに面したホテル。質素だが清潔な客室でリーズナブルな宿。客室に電気ポットあり。

[住] 31, rue de la République
☎ 04.90.86.07.81
[料] Ⓢ€59～189 Ⓦ€59～229 ☕€14
[CC] [A][M][V]
[室] 36室 ❄ [WiFi]
[URL] www.hotel-central-avignon.com

[H] ル・コルベール
Le Colbert 2★ [MAP] P.415-B2

ℹの隣の公園脇の路地を入った所にあり、駅にも中心街にも近い。居心地の良いホテルだが、エレベーターはないので、荷物が少ないときに。

[住] 7, rue Agricol Perdiguier
☎ 04.90.86.20.20
[料] ⓈⓌ€78～169 ☕€10～12
[休] 11～3月 [CC] [A][M][V] [室] 13室 ❄ [WiFi]
[URL] www.lecolbert-hotel.com

[CH] オーゾギュスタン
Aux Augustins [MAP] P.415-A2

アイアンの家具など、インテリアの雰囲気もすてき。ミニキッチン付きの部屋もある。

[住] 16, rue la Carreterie ☎ 04.84.51.01.44
[料] ⓈⓌ€90～350 [休] 11～3月
[CC] [M][V] [室] 11室 [P] €25(要予約) ❄ [WiFi]
[URL] www.autourdupetitparadis.com
(auxaugustins.comに移行予定)

[R] ラ・フルシェット
La Fourchette [MAP] P.415-A1

オペラ劇場の裏にある人気のレストラン。「アヴィニョン風ビーフシチューDaube de Bœuf à l'Avignonnaise」など、伝統的なプロヴァンス料理が味わえる。なるべく予約を。

[住] 17, rue Racine ☎ 04.90.85.20.93
[営] 12:15～13:45(L.O.)、19:15～21:45(L.O.)
[休] ㊏㊐、8月 [料] ムニュ€42
[CC] [M][V] [英] [URL] www.la-fourchette.net

地元の人が集まるレストランは、オペラ劇場裏側の界隈やクリヨン広場Pl. Crillon ([MAP] P.415-A1)に多い。

[Y] オーベルジュ・バガテル
Auberge Bagatelle [MAP] P.415-A1

ローヌ川中州にあり、中心街から徒歩約7分。

[住] 25, allée Antoine Pinay, Ile de la Barthelasse
☎ 04.90.86.71.35 [料] ドミトリー1人€23.70
[URL] www.campingbagatelle.com/auberge-avignon

Column Festival アヴィニョンの演劇祭

7月上旬から下旬まで約1ヵ月の間、アヴィニョンの町は1年で最も華やかに彩られる。国際的に有名な演劇祭が開催されるからだ。この期間中は、24時間お祭りさわぎ、世界各国から演劇人、大道芸人、観光客が集まってきて、町はまさに人種のるつぼと化す。通りのいたるところには、芝居のポスターが張られ、にぎやかな装いとなる。

教皇庁宮殿の中庭をはじめ、町全体に即席の舞台が設けられ、1日中どこかで何かやっているという具合。毎日芝居をハシゴしてひと月滞在したとしても、すべて観るのは至難のワザ。

フェスティバルには、国内外から招かれた一流カンパニーが出演する「インIn」、自由参加の「オフOff」があり、開催期間は同じ。問い合わせはアヴィニョンのℹまで。

●アヴィニョン演劇祭の
公式ウェブサイト
[URL] festival-avignon.com

さまざまな演目のポスターが貼り出される

アヴィニョン近郊の町

サン・レミ・ド・プロヴァンス　St-Rémy-de-Provence
ゴッホの愛した風景が今も残る

　医者であり、天文学者であり、そして偉大な予言者であったノストラダムスは16世紀にこの地で生まれた。町なかには生家が残されている（訪問不可）。

　そして、サン・レミ・ド・プロヴァンスといえば忘れられないのがヴィンセント・ヴァン・ゴッホ。1889年5月、ゴッホはこの町の外れの丘の麓にある精神病院に入院した。病院に隣接する

ゴッホが絵を描いた場所にはパネル展示がある

サン・ポール・ド・モーゾール修道院 Le Monastère de St-Paul de Mausoleは、ロマネスク様式の教会と回廊がある美しい修道院。回廊の2階は19世紀の精神病院の歴史を語る展示会場になっており、ゴッホが住んでいた簡素な病室が再現されている。病室の小さな窓から見えるプロヴァンスの風景は、ゴッホが100年以上前に見つめていたのとほとんど変わらないように思える。

　修道院からほど近い場所に、古代遺跡**グラヌム**Glanumが

ある。紀元前6世紀のギリシア時代に遡る古代の町で、3世紀のローマ時代にいたるまでのさまざまな時代の建築物が発掘されている。グラヌム遺跡の入口を見守るように、ローマ時代の**凱旋門**Arc de Triompheと霊廟Mausoléeが建っている。

20世紀の初めから始まったグラヌム遺跡の発掘作業は現在も続けられている

ACCESS

🚌 アヴィニョンから約22km。

ℹ 観光案内所

🏠 Pl. Jean Jaurès 13210
☎ 04.90.92.05.22
🕐 7・8月
　月～土　　　　9:15～18:30
　日祝　　　　10:00～17:00
　4/16～6/30、9/1～10/15
　月～土　　　　9:15～12:30
　　　　　　　14:00～18:30
　日祝　　　　10:00～12:30
　10/16～4/15
　月～土　　　　9:15～12:30
　　　　　　　14:00～17:30
🚫 10/16～4/15の日、1/1、
　11/1、11/11、12/25、
　12/26
🌐 www.alpillesenprovence.com

サン・ポール・ド・モーゾール修道院の回廊

🏠 2, Voie Communale des Carrières
🕐 4～9月　　　　9:30～19:00
　10～3月　　10:15～12:00
　　　　　　　13:00～17:15
🚫 11/1、12/25
💶 €7
🌐 www.saintpauldemausole.fr

グラヌム遺跡

🏠 Av. Vincent Van Gogh
🕐 4～9月　　　　9:30～18:00
　10～3月　　10:00～17:00
　（入場は閉館の45分前まで）
🚫 10～3月の月、1/1、5/1、
　11/11、12/25
💶 €8
🌐 www.site-glanum.fr

ART Column Art　ゴッホの描いた風景を探して

　アルルに芸術家たちのコロニーをつくるという夢が破れ、精神的に疲れたゴッホはアルルを去り、自らサン・レミ・ド・プロヴァンスの病院に入院した。この間も創作を続け、『星月夜』などの代表作をはじめ、わずか1年で150点に及ぶ作品を残している。

　サン・レミ・ド・プロヴァンスの旧市街から南へ1.5km

ゴッホが描いたオリーブ畑

の高台にある、かつての病院であったサン・ポール・ド・モーゾール修道院周辺にかけては、ゴッホが絵を描いた場所にパネル展示がある。晩年のゴッホが描い

ゴッホの足跡をたどりながら、美しい風景を発見

た風景を眺めながら、オリーブ畑や糸杉の広が
る道をたどり、そぞろ歩くのも心地いい。

リュベロンの小さな村々を訪ねて

フランスの田舎……そこにあるのは大都市の雑踏とは無縁の、大自然に包まれたのどかな生活。山あいに隠れるようにたたずむ小さな村で、住民たちは最高の宝物を心に蓄えて、身近に起こるささいなことにも一喜一憂し、テラスでは取れたての食材でこしらえた料理を前に、ルビー色に輝くワインを掲げ、日々の生活を満喫している……映画や絵画では目にする場面だけれど、いったいどこに行けばそんな田舎を見ることができるのだろう。

1990年代初め、ピーター・メイル著『南仏プロヴァンスの12か月』で、一気に世界の注目の的になったリュベロン地方Luberonには、まさに私たちが探し求めていた村々がある。実際、昔からこの土地に魅せられて住み着いた芸術家や作家は多い。広大な果樹園に囲まれた丘の上の村の石畳を上り、頂上の広場から見下ろす素朴で美しい自然に、誰もが嘆息し、時間を忘れることだろう。

ゴルド Gordes

リュベロンでも特に人気の観光地で、ピーター・メイル原作の映画『プロヴァンスの贈りもの』(2006年)の舞台にもなった町。主人公が恋に落ちた女性ファニーが働いていたのが、この村の広場にあるレストランだ。丘の上には16世紀ルネッサンス時代の城がたたずみ、山の斜面にはそれを取り囲みながら階段状に石造りの家々が連なる。外から眺めた村の幻想的な姿もすてきだが、村から見下ろすリュベロンの山並みがすばらしい。

セナンク修道院 Abbaye de Sénanque

「ラベンダー畑を見られる所はどこですか?」と日本人観光客がアヴィニョンの❶でよく尋ねるらしい。

ラベンダー畑の中にたたずむロマネスクの修道院の風景はよく紹介されるが、まさに舞台はここ、セナンク修道院だ。12世紀に建てられ、シトー会派の修道士たちが禁欲的な生活を送っていた。ラベンダーは6月末〜7月上旬が盛り。周囲を紫色の花々に彩られた修道院は実に美しい。

ルシヨン Roussillon

黄色顔料の原料となるオークルの丘の上に築かれた村。教会から民家にいたるまでオークルを使って造られているので、村全体が赤く彩られている。ローマ時代から使用されていたオークルだが、現在はほとんど採取されておらず、かつての採取場跡は遊歩道として整備されている。「巨人の道Chaussée des Géants」と呼ばれ、巨人の足跡のように大きく削り取られた赤い崖など、ダイナミックな景観を楽しめる。

ボニュー Bonnieux

石造りの家々が帯状に連なり、丘の頂には中世の教会が村を見守るようにたたずんでいる。この村もまた芸術家、映画俳優など有名人が別荘をもつ避暑地として知られ、周辺の樹木のよい香りが風に乗って運ばれてくる。

展望台からは、リュベロンの谷の雄大な風景が一望のもとに見渡せる。特に夕焼けがあたりを染め上げる頃の光景はすばらしい。できれば日没時間を狙って訪れてみたい。

左：「フランスの最も美しい村」(→P.46)にもなっているゴルドの遠景

右上：ラベンダー畑の中にたたずむセナンク修道院
右下：赤く染まるルシヨンの町並み

左：ボニューの村からリュベロンの大平原を眺める
中：ラコストの村から隣村のボニューが見える
右：村の北外れに建つルールマラン城

ラコスト Lacoste

　「サディズム」で知られるサド侯爵が18世紀に領主を務めていた村。地図も必要ないほど小さく、人口はわずか400人ほど。にもかかわらずレストラン付きの民宿が数軒あり、いかにも田舎の旅籠風で、雰囲気たっぷり。ラコストで産出された白い石を敷き詰めた坂道を上りきると、サド侯爵の住んでいた城が見える。長らく荒廃するままになっていた城は、2001年、世界的ファッションデザイナーのピエール・カルダンによって買い取られた。

ルールマラン Lourmarin

　オリーブ畑に囲まれた田舎でありながら、ルネッサンス様式の城があるなど、どこか洗練された雰囲気も持ち合わせた村。訪ねるなら金曜日がおすすめ。朝に開催されるマルシェは、規模が大きく一見の価値がある。作家アルベール・カミュが晩年を過ごした場所でもあり、墓もここにある。

リュベロンの村へのアクセス

　公共交通機関はないので、レンタカーを借りて、車で移動するのがベスト。人数が揃うなら、貸し切りでタクシーを頼むのもいい。行きたい村を伝えておけば、写真を撮るために一時停車してもらえるし、ガイドも兼ねてくれるだろう。どこかで宿を取る予定ならば、あらかじめアヴィニョンの❶でリュベロン地方のホテルリストをもらい、観光シーズンであれば予約しておこう。

朝市も人気のルールマラン村

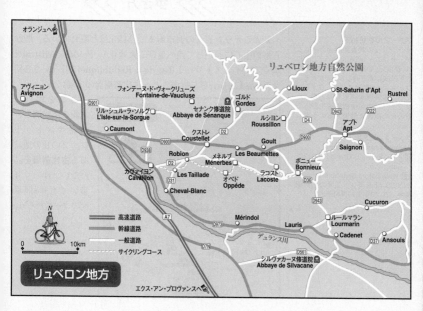

リュベロン地方

古代ローマの偉大さに触れる町

世界遺産

オランジュ

丘の上からののどかな眺め

郵便番号：84100　人口：約2万9000人

ACCESS

🚄 パリ・リヨン駅からTGVで約3時間30分。アヴィニョン・サントル駅からTERで約15分。

観光案内所

🏠 5, cours Aristide Briand
MAP P.420
☎ 04.90.34.70.88
🕐 9〜6月 (月)〜(土) 9:30〜12:30
　　　　　　　　14:00〜18:00
　　7・8月 (月)〜(土) 9:00〜18:00
　　　　　(日祝) 9:00〜12:30
🚫 9〜6月の(火)(日)(祝)
URL www.poptourisme.fr

世界遺産

オランジュのローマ劇場と凱旋門 Théâtre Antique et ses abords et《Arc de Triomphe》d'Orange（1981年登録）

ファーブルを訪ねて

オランジュの北東約8kmの小さな村、セリニャンSérignan。ここには『昆虫記』で有名なファーブルが、晩年の36年間を過ごした家がある。ファーブルが集めた昆虫、貝がら、化石、植物標本がずらりと並ぶ。ファーブルの昆虫観察場所だった館の前の庭園を散策するのも楽しい。

ファーブル記念館
Harmas Jean Henri Fabre
🏠 445, Route d'Orange 84830 Sérignan
URL www.harmasjeanhenrifabre.fr
※2023年5月現在、工事のため閉館中。2023年夏に再開予定。

古代劇場はオランジュの町の誇り

オランジュはプロヴァンスの北の入口の町。かつてローマ帝国の重要な町として栄えた。今はほんの小さな田舎町だが、世界でも最も保存状態のいいローマ遺跡が残ることで知られる。プロヴァンスにはいたるところにローマ遺跡があるが、オランジュの古代劇場ほど完璧な形で残っているものは珍しい。ここに立ち寄ってみれば、数本の円柱を残すばかりのアルルの古代劇場が、実際はどんなに壮大なものであったか、想像することができるだろう。

≫≫ 歩き方 ≫≫

　駅からオランジュの旧市街までは1kmほど離れている。駅から町の中心に向かって西へ延びる大通りAv. Frédéric Mistralを歩く。メインストリートRue de la Républiqueに沿ってさらに進みRue Caristieを左折すると、古代劇場前の広場に着く。

　ここを起点に北側の凱旋門と、南側サントゥトロップの丘の麓にある古代劇場を訪ねたい。ゆっくり歩いても3時間程度のコースだろう。

おもな見どころ

古代劇場 ★★★
[MAP] P.420　Théâtre Antique

舞台背後の石壁が2000年前と同じように残っている貴重な遺跡。世界で最も保存状態のいいローマ遺跡のひとつとしてオランジュが誇る建造物だ。巨石を積み上げた壁面は長さ103m、高さ37mに及ぶ。中央アーケードの上に立つ彫像は皇帝アウグストゥスの堂々たる姿。その背後にそびえる巨石を積み上げた壁面は、長さ103m、高さ37mに及び、ルイ14世をして「わが王国で最も美しい壁」と言わしめた。音響効果がすばらしいことでも知られ、夏の野外音楽祭をはじめ、ロックやジャズのコンサートも開催されている。観客席は、背後のサントゥルップの丘にそのまま続いている。劇場横の階段を上って丘を歩いてみるのもいい。丘の上には気持ちのよい遊歩道が設けられており、古代劇場の全景を眺めることができる。オランジュの町並みと、プロヴァンスの最高峰、ヴァントゥー山の眺めもすばらしい。

古代劇場
[住] Rue Madeleine Roch
[開] 6～8月　9:00～19:00
4・5・9月　9:00～18:00
3・10月　9:30～17:30
11～2月　9:30～16:30
（催しのある日は変更）
[休] 無休
[料] €11.50（市立博物館にも入場可）
[URL] theatre-antique.com

今も現役で使われている劇場

凱旋門 ★★★
[MAP] P.420　Arc de Triomphe

カエサルのプロヴァンスでの勝利を記念して紀元前20年頃に造られたもの。門の建つ道は当時からアルルとリヨンを結んでいた。南側はかなり破壊されているが、北側の彫刻はほぼ無傷で残っている。カエサルの功績をたたえる戦闘の場面が、実に生きいきと表現されている。

レリーフが見事な凱旋門

オランジュのおすすめホテル　[H]ホテル

夏の野外音楽祭期間中は非常に混み合うので早めに予約を。

[H] ル・グラシエ
Le Glacier 3★　[MAP] P.420

3代にわたって同じ家族が経営し、小さいながら隅々まで心配りの行き届いたホテル。
[住] 46, cours Aristide Briand
[TEL] 04.90.34.02.01
[料] Ⓢ€69～129 Ⓦ€79～229
☕ €14
[休] 12/22（'23）～1/28（'24）
[CC] [A][M][V]　[室] 32室
[P] €9 ❄ [WiFi]
[URL] www.le-glacier.com

Column Festival　オランジュの野外音楽祭

野外ならではの開放感と臨場感が体感できる

6月中旬～7月下旬の間（2023年は6月19日～7月24日）、古代劇場を舞台に繰り広げられる、オペラ、音楽のフェスティバル「コレジー・ドランジュChorégies d'Orange」。1869年以来の伝統があり、世界中から一流の演奏家が集まる。野外劇場ならではのスケールの大きな演出も見ものだ。公演は日没後の22:00頃スタートし、終わるのは翌1:00過ぎ。夏とはいえ、冷え込みに備えた服装を。また、石の上に長時間座ることになるので、クッションを持っていくことをおすすめする。クッション付きの座席（カテゴリーCarré Or）もある。

チケットはウェブサイトで予約可能。音楽祭期間中、オランジュのホテルはたいへん混み合うのでなるべく早めに手配しておこう。

[URL] www.choregies.fr

旅愁を誘うフランス最古の港町

マルセイユ

21世紀の新名所MuCEM　　郵便番号：13001〜13016　人口：約85万8000人

ACCESS

🚄パリ・リヨン駅からマルセイユ・サン・シャルルMarseille St-Charles駅までTGVで約3時間20分。ニースからはTGVで約2時間40分。

🚌エクス・アン・プロヴァンスのバスターミナル（Gare Routière）からleCar/Cartreize社の50番のバスで35〜50分。
URL www.lepilote.com

✈️パリCDG空港またはパリORY空港からからマルセイユ・プロヴァンスMarseille Provence空港へ約1時間20分。空港からマルセイユ・サン・シャルル駅へは、シャトルバス（Navette）で30〜50分。
URL www.marseille.aeroport.fr

🛈 観光案内所
住 11, La Canebière 1er
MAP P.423-B2
TEL 08.26.50.05.00
開 9:00〜18:00
（7・8月は〜19:00）
休 1/1、12/25
URL www.marseille-tourisme.com

マルセイユは16区に分かれている。住所末尾に付けられた1er、2などは区の番号を示す。

世界遺産
ル・コルビュジエの建築作品（ユニテ・ダビタシオン）
L'Œuvre architecturale de Le Corbusier（Unité d'habitation）
（2016年登録）

メトロ、トラム、バス
料 1回券€1.70、24時間券€5.20、72時間券€10.80
URL www.rtm.fr

在マルセイユ日本国総領事館
Consulat Général du Japon à Marseille
MAP P.423-B2
住 132, bd Michelet
TEL 04.91.16.81.81（日本語可）
URL www.marseille.fr.emb
-japan.go.jp

2600年の歴史をもつマルセイユの港

マルセイユの歴史は、紀元前600年頃にフォカイア人（小アジアのギリシア人）が港を開き、マッサリアと呼んだことに始まる。紀元前49年にローマの植民地になってからは、東方世界への西の玄関となった。中世の頃には、積み荷とともに上陸したペストによって町の人口の半分が失われるという厄災にも見舞われている。衰退と発展を繰り返しながら、常にフランス最大の港の地位を守ってきたマルセイユ。さまざまな人種が行き交う国際都市ならではの、エキゾチックで猥雑な雰囲気を味わってほしい。

≫≫ 歩き方 ≫≫

　町を見下ろす高台にあるマルセイユ・サン・シャルル駅は近代的な駅。地下にメトロ駅がある。

　まずは駅前のテラスから町全体を眺めて、方角や位置関係をつかんでおこう。町の南、小高い岩山の上に建ち、塔の上に金色のマリア像が輝く白い教会が、**ノートルダム・ド・ラ・ギャルド・バジリカ聖堂**。その向こうにはイフ島の浮かぶ地中海、手前にはヨットや遊覧船が停泊する旧港。

　歴史的建造物に指定されている駅の大階段を下り、南へ続くアテネ通りBd. d'Athènesを5分ほど歩くと、メインストリートの**カヌビエール大通り**La Canebièreに出る。この大通りを歩いて5分ほどで旧港に突き当たる。🛈は旧港の手前、右側にある。旧港の中央、フラテルニテ埠頭Quai de la Fraternitéでは毎朝、取れたての魚を売る漁師やおかみさんの威勢のいい声が響く。

　2013年、欧州文化首都に選ばれたのを機に、マルセイユには数多くの文化施設が誕生した。旧港から続く湾岸地区には、**MuCEM**（ミュゼム）をはじめ、個性的な外観の博物館が並ぶ。海からの風に吹かれながら、現代建築散歩も楽しい。

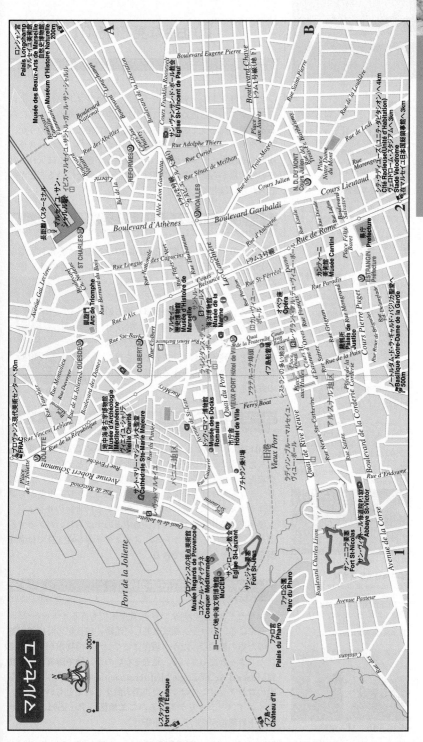

マルセイユ

N

300m

ロンシャン宮
Palais Longchamp
マルセイユ美術館
自然史博物館 200m
Musée des Beaux-Arts de Marseille
Muséum Museum d'Histoire Naturelle

Boulevard Eugene Pierre

Boulevard de la Liberation

Rue Saint-Pierre

Boulevard Chave
トラム1号線（地下）

シテ・ラディユーズ（ユニテ・ダビタシオン）へ4km
Cité Radieuse(Unité d'Habitation)
ヴェロドローム・スタジアムへ3km
Stade Vélodrome
2♦在マルセイユ日本国総領事館へ3km

Rue de la Loubière

Rue de Lodi

Cours Franklin Roosevelt
サン・ヴァンサン・ド・ポール教会
Eglise St-Vincent de Paul

Rue des Abeilles

Boulevard National

Rue Adolphe Thiers

Rue Curiol

Place Jean Jaurès

REFORMES
イエズス・マルセイユ・サン・シャルル駅
トラム2号線（地下）

Rue Sénac de Meilhan

Rue des Trois-Mages

N.D. DU MONT
Cours Julien
トラム1号線（地下）

Rue Notre-Dame du Mont

Rue Marengo

Rue de Lodi

長距離バスターミナル
マルセイユ・サン・シャルル駅
ST CHARLES

Allée Léon Gambetta

NOAILLES

Cours Lieutaud

Rue des Trois-Mages

Avenue Gal. Leclerc

Bd. de la Liberté

Boulevard d'Athènes

Boulevard Garibaldi
トラム3号線

Rue d'Aubagne

Rue Estelle

Place Félix
Baret

行政

Rue Longue des Capucins

Rue Thubaneau

トラム3号線

Rue de Rome

PRÉFECTURE
Préfecture
県庁

Rue Nationale

Rue Sie-Barbe

Cours
Belsunce

Rue St-Férréol

Rue Paradis

カンティーニ美術館
Musée Cantini

ESTRANGIN
Préfecture
県庁

凱旋門
Arc de Triomphe

Rue Bernard du Bois

Rue d'Aix

マルセイユ歴史博物館
Musée d'Histoire de Marseille

海洋博物館
Musée de la Marine

Rue St-Ferréol

オペラ座
Opéra

Rue Francis

Rue Grignan

裁判所
Palais de
Justice

Cours Pierre Puget

Rue Roux de Brignoles

Rue Breteuil

Place de la Paix
Sainte

Rue Sainte

ノートルダム・ド・ラ・ギャルド・バジリカ聖堂へ
Basilique Notre-Dame de la Garde
500m

COLBERT

Rue Colbert

Rue Henri Barbusse

Quai des
Belges
グラン・カルム

Cours
Jean
Ballard

オペラ座
Opéra

Rue Francis

Rue Pavillon

サン・フェレオール

Rue Montgrand

Rue Mazeau

Place de la
Fraternité
Cours
d'Estienne d'Orves

Rue Vacon

Quai du Port

VIEUX PORT Hôtel de Ville

Quai de Rive Neuve

Ferry Boat

17旧動物競技場

Cours Jean Ballard

レストランの多い地区

プラス・ド・リヨン市場

JOLIETTE

Rue Vincent Leblanc

Rue de la République

Place
de la Joliette

Avenue Robert Schuman

Rue de Mazeod

地中海考古学博物館
Musée d'Archéologie Méditerranée
ヴィエイユ・シャリテ
Vieille Charité

ビンゴ・ローマ博物館
Musée des Docks Romains

市庁舎
Hôtel de Ville

旧港
Vieux Port

Quai de la Joliette

Quai de Rive Neuve

ラディソン・ブルー・マルセイユ
ヴィユーポール
Radisson Blu

プロヴァンス大現代美術センターへ50m
FRAC

Rue Fauchier

Rue Montolieu

Rue Dieudé

Rue Nau

Rue de la Palud

Rue de la Paix

Rue de la Corderie

Boulevard de la Corderie

Rue Sainte

Rue Nerve Ste-Catherine

Rue Neuve Ste-Catherine

マルスティエ地区

Rue d'Endoume

サント・マリー・マジョール大聖堂
Cathédrale Ste-Marie Majeure
サント・マリー・マジョール マルセイユ

パニエ地区

Rue du Panier

Rue Caisserie

Rue de l'Evêché

Boulevard de Marzod

プロヴァンスの視点美術館
Musée Regards de Provence
コスケール・メディテラネ
Cosquer Méditerranée

MuCEM
ヨーロッパ・地中海文明博物館

サン・ローラン教会
Eglise St-Laurent
サン・ジャン要塞
Fort St-Jean

Rue St-Laurent

Rue Caisserie

Port de la Joliette

ファロ宮
Palais du Pharo

ファロ公園
Parc du Pharo

Boulevard Charles Livon

サン・ニコラ要塞
Fort St-Nicolas

サン・ヴィクトール修道院 P.127
Abbaye St-Victor

Boulevard Charles Livon

Avenue de la Corse

Rue d'Endoume

Avenue Pasteur

Rue des Catalans

レスタック港へ
Port de l'Estaque

イフ島へ
Château d'If

地中海に浮かぶイフ島

イフ城
開 4〜9月　　10:30〜18:00
　　10〜3月　　10:30〜17:15
休 9月中旬〜3月の㊐、1/1、
5/1、12/25、悪天候時
料 €6、18歳未満無料
バス シティバス・マルセイユで無料
URL www.chateau-if.fr

イフ島行きの遊覧船
旧港のフラテルニテ埠頭Quai de
la Fraternitéから出航。船着場で
必ず帰りの便の時間を確認してお
くこと。片道約20分。
MAP P.423-B2
料 往復€11.10
URL www.lebateau-frioul-if.fr

**ノートルダム・ド・ラ・ギャルド・
バジリカ聖堂**
住 Rue Fort du Sanctuaire 6e
開 7:00〜18:00（ミサやセレモニ
ー等により変更の可能性あり）
料 無料
URL notredamedelagarde.fr
旧港から60番のバスでプチトラン
でも行ける。

ヨーロッパ地中海文明博物館
住 7, Promenade Robert
Laffont（esplanade du J4）2e
開 5・6・9・10月
　　　　　　　 10:00〜19:00
7・8月　　　10:00〜20:00
11〜4月　　10:00〜18:00
（入場は閉館の45分前まで）
休 ㊋、5/1、12/25
料 €11
バス シティバス・マルセイユで無料
URL www.mucem.org

コンクリート建造物にして軽快な意匠

地中海考古学博物館
住 2, rue de la Charité 2e
開 9:00〜18:00
（入場は閉館の30分前まで）
休 ㊐、1/1、5/1、11/1、
11/11、12/25
料 無料（企画展は有料）

貧民救済施設とは思えぬ優雅さ

))) おもな見どころ (((

イフ城　　　　　　　　　　　★★★
MAP 地図外　　　　　　　　　　　Château d'If

アレクサンドル・デュマの『モンテ・クリスト伯』で、主人
公ダンテスが閉じ込められたのが、マルセイユ沖のイフ島にあ
るイフ城。実際多くの政治犯の監獄として使われたというが、
小説を読みながら抜け道を探してみるのも一興。フランス革命
初期の立役者ミラボー伯も、若い頃身行が悪くここに入れられ
ていた。島から眺める地中海は、大都会の間近にいることが信
じられないほど美しい。

ノートルダム・ド・ラ・ギャルド・バジリカ聖堂　★★★
MAP P.423-B1　　　　Basilique Notre-Dame de la Garde

旧港のリヴ・ヌーヴ埠頭Quai de Rive Neuveから南に坂道を
20分ほど上った丘の上にある、ロマネスク・ビザンチン様式
の聖堂。町のどこからもよく見えるこの
聖堂はマルセイユのすべての人々に愛さ
れている。内部には航海の無事を祈る船
の模型がたくさんある。壁には第2次世
界大戦時のドイツ軍対連合軍の戦闘の銃
弾のあとも残っており、長い歴史を感じ
させる。丘の上から見える旧港と地中海
の眺めもまたすばらしい。

聖堂の上には金色の聖母像
が輝く

ヨーロッパ地中海文明博物館（MuCEM）　★★★
MAP P.423-B1　Musée des Civilisations de l'Europe et de la Méditerranée

2013年、マルセイユが欧州文化首都に選ばれたのを機に誕
生した巨大ミュージアム。地中海世界の歴史と文化、多民族の
交流をテーマとしたユニークな博物館だ。設計を手がけたのは、
リュディ・リチオッティ。透かし模様のコンクリート壁から降
り注ぐマルセイユの光が印象的。隣接する17世紀のサン・ジャ
ン要塞とは空中径路で結ばれ、地中海のすばらしいパノラマが
広がる。隣接するコスケール・メディテラネ（→P.12）では海底
洞窟のレプリカを見学できる。

ヴィエイユ・シャリテ（旧慈善院）　　　　★★
MAP P.423-A1　　　　　　　　　　　Vieille Charité

マルセイユ出身の画家であり、建築家でもあるピエール・ピュ
ジェによる、バロック様式の美しい建物。17世紀当時は貧民救
済のための施設だったが、現在はいくつかの博物館が入った文
化センターとなっている。見逃せないのが、**地中海考古学博物
館**Musée d'Archéologie Méditerranéenneで、古代エジプト彫
刻のコレクションではルーヴル美術館をしのぐともいわれる。
ヴィエイユ・シャリテのある**パニエ地区**Le Panierは、昔なが
らの下町風情が味わえる旧市街だ。

ロンシャン宮 ★★

[MAP] P.423-A2 Palais Longchamp

町の東側の高台にある。鳥が翼を広げたような姿のロンシャン宮は1869年の建築。宮殿前の噴水は豊穣を象徴する女神の彫刻で飾られ、優雅な雰囲気。中には**マルセイユ美術館**Musée des Beaux-Arts de Marseilleがあり、パリではあまり観られないエコール・ド・プロヴァンスの作品を展示している。ペストに見舞われたマルセイユの様子、マルセイユの画家モンティチェリやピエール・ピュジェの作品などが印象的。

マルセイユ美術館
[住] Palais Longchamp Aile gauche 4e
[開] 9:00～18:00
[休] [月]、1/1、5/1、11/1、11/11、12/25
[料] 無料

マルセイユのおすすめホテル／レストラン

[H]ホテル [Y]ユースアコモ [R]レストラン

治安の悪い地区もあるので、現地でホテルを探す場合は、周りの様子をよく見てから選ぼう。

[H] ラ・レジダンス・デュ・ヴィユー・ポール
La Résidence du Vieux-Port 4★ [MAP] P.423-B2

旧港に面し、港町の雰囲気を味わえるホテル。南仏の陽光をたっぷり取り込む客室の内装は明るい色彩でまとめられている。テラス付きの客室からは、旧港からノートルダム・ド・ラ・ギャルド・バジリカ聖堂まで見渡せる。

[住] 18, quai du Port 2e
[TEL] 04.91.91.91.22
[料] [S][W]€186～700
[朝] €20 [CC] [A][J][M][V] [室] 45室
[冷] [Wi-Fi]
[URL] www.hotel-residence-marseille.com

[H] ラディソン・ブルー・マルセイユ・ヴィユー・ポール
Radisson Blu Marseille Vieux Port 4★ [MAP] P.423-B1

旧港に面した高級ホテル。町の中心にいながらゆったりとしたリゾートの時間が過ごせる。

[住] 38-40, quai de Rive Neuve 7e
[TEL] 04.88.44.52.00
[料] [S][W]€230～ [朝]€27
[CC] [A][D][J][M][V] [室] 189室 [P] €30 🍴 [冷] [Wi-Fi]
[URL] www.radissonhotels.com

[H] カレ・ヴィユー・ポール
Carré Vieux Port 3★ [MAP] P.423-B2

メトロのVieux Portの出口からすぐの観光に便利な立地。部屋は明るい雰囲気。

[住] 6, rue Beauvau 1er
[TEL] 04.91.33.02.33
[料] [S]€79～120 [W]€89～140 [朝]€14
[CC] [A][M][V] [室] 61室 [冷] [Wi-Fi]
[URL] www.hotel-carre-vieux-port.com

[R] レ・グランド・アル・デュ・ヴィユー・ポール
Les Grandes Halles du Vieux Port [MAP] P.423-B2

2022年7月、旧港の近くにオープンしたフードコート。新鮮な海の幸、ローストチキンなど、クオリティの高い料理を気軽に食べられるとあって、人気を集めている。

[住] 30A, cours Honoré d'Estienne d'Orves 1er
[営] 8:00～翌2:00（[月]～[水]は～24:00） [休] 無休
[料] [CC] 店によって異なる
[URL] www.lesgrandeshalles.com

マルセイユ名物といえばブイヤベース。おいしいブイヤベースを食べたければ、『ミシュラン』に掲載されているような中・高級店に行ったほうがいいだろう。

[H] イビス・マルセイユ・サントル・ガール・サン・シャルル
Ibis Marseille Centre Gare St-Charles 3★ [MAP] P.423-A2

マルセイユ・サン・シャルル駅に隣接するビジネスホテル。

[住] Square Narvick 1er [TEL] 04.91.95.62.09
[料] [S][W]€79～153 [朝]€12.90
[URL] all.accor.com/hotel/1390/index.ja.shtml

[Y] オーベルジュ・ド・ジュネス・ボワ・リュズィ
Auberge de Jeunesse Bois-Luzy [MAP] 地図外

メトロ1号線La Fourragèreから9番のバスでFélibres Lauriers下車。

[住] 58, allée des Primevères 12e [TEL] 04.91.49.06.18
[料] ドミトリー1人€26.30～ [朝]込み、シーツ代込み
[URL] www.hifrance.org

Column Art ル・コルビュジエのユニテ・ダビタシオン

建築に興味がある人が見逃せないのは、ル・コルビュジエによる集合住宅、**ユニテ・ダビタシオン**Unité d'Habitation（→P.30）。フランスでは「シテ・ラディユーズCité Radieuse（輝く都市）」と呼ばれることが多い。ピロティに支えられた17階の建物は、住宅のほか、ホテル、商店街、郵便局、幼稚園までを備えた、まさにひとつの町。マルセイユ市街から地中海までを見晴らす屋上からの眺めもすばらしい。マルセイユの[i]主催のガイド付きツアーが行われることがあり、アパルトマンの1室を見学できる（詳細は[i]で確認を）。メトロ2号線Rond Point du Pradoから22番、B1番のバスでLe Corbusier下車。

ル・コルビュジエの代表作

ユニテ・ダビタシオン内のホテル、レストラン
[MAP] P.423-B2
[URL] www.hotellecorbusier.com

[はみだし] 観光に便利なプチトランが旧港のQuai du Port（[MAP] P.423-B1）から出ている。ノートルダム・ド・ラ・ギャルド・バジリカ聖堂へ行くコースと、旧市街を巡るコースがある。[料] 各€9 [URL] petit-train-marseille.com

泉の水がきらめくセザンヌの故郷

エクス・アン・プロヴァンス

郵便番号：13100　人口：約14万5000人

ロトンドの大噴水

ACCESS

🚄パリ・リヨン駅からTGVでエクス・アン・プロヴァンスTGV駅まで約3時間10分。TGV駅から町の中心まではシャトルバス（Navette）で約15分（下記）。

🚌マルセイユ・サン・シャルル駅併設のバスターミナル（Gare Routière）からleCar/Cartreize社の50番のバスで35〜50分。マルセイユ・プロヴァンス空港からleCar/Cartreize社の40番のバスで約35分。
URL www.lepilote.com

🛈 観光案内所

住 300, av. Giuseppe Verdi
MAP P.427-B1
TEL 04.42.16.11.61
開 4〜9月
　　（月）〜（土）　　8:30〜19:00
　　（日）（祝）　　　10:00〜13:00
　　　　　　　　　　14:00〜18:00
　　10〜3月
　　（月）〜（土）　　8:30〜18:00
休 10〜3月の（日）（祝）、5/1
URL www.aixenprovencetourism.com（日本語あり）

エクス・アン・プロヴァンスTGV駅は町から15km離れている

エクス・アン・プロヴァンスTGV駅は、エクスの町にあるエクス・アン・プロヴァンス・サントル駅から15km離れた郊外にある。TGV駅からエクスのバスターミナル（Gare Routière）までは、leCar/Cartreize社の40番のバスで約20分。TGV駅のシャトルバス乗り場は4番ホームの地階(-1階)にある。
URL www.lepilote.com

ミラボー通りでは夏の週末に手工芸品の市が立つ

ミラボー通りの老舗カフェ「レ・ドゥー・ギャルソン」

かつてプロヴァンス伯爵領の首都として栄えた町。15世紀初めに大学ができ、高等法院がおかれ、プロヴァンス地方の法と政治と学問の中心地になった。17世紀の優美な建築も多く、夏には国際的な音楽祭が開かれ、観光客でにぎわう。セザンヌはここエクスで生まれエクスで息を引き取った。残念ながらエクスに彼の絵はほとんど残っていないが、一歩郊外に足を延ばせば彼が愛し、描いたプロヴァンスの風景が時を超えて広がる。

≫≫ 歩き方 ≫≫

　町の中心は、エクスで一番大きな噴水のあるド・ゴール広場 **Pl. du Général de Gaulle**、通称ロトンド**La Rotonde**。この広場からプラタナスの並木が美しいメインストリート、ミラボー通り**Cours Mirabeau**が真っすぐ延びている。

Column History

泉の町、エクス・アン・プロヴァンス

　エクス・アン・プロヴァンスの町の名は、紀元前124年、ローマ時代の将軍セクスチウスが湧き水の多いこの地を治め、「セクスチウスの水（アクアエ・セクスチアエ）」と呼んだことに由来する。町にはローマ時代の遺跡はほとんど残っていないが、名前の由来となった泉は今も健在だ。一面苔に覆われた温水の噴き出る泉や、17世紀の優美な彫刻が施された噴水など、全部で100以上もあるといわれる泉や噴水のうち、あなたはいくつ見つけることができるだろうか。

ミラボー通りの温水が噴き出る泉

はみだし ミラボー通りから出発し、市街のおもな見どころを約40分で回るプチトランが運行している。日本語オーディオガイドあり。圏4〜10月 間 €10

エクス・アン・プロヴァンス

セザンヌのアトリエへ600m
Musée Atelier de Paul Cézanne

Avenue Pasteur

Boulevard Aristide Briand

Boulevard François et Emile Zola

Avenue Ste-Victoire

サン・ソヴール大聖堂
Cathédrale St-Sauveur
タピストリー美術館
Musée des Tapisseries
旧大司教館
Ancien Palais de l'Archevêché

入口

テルム・セクスティウス
Thermes Sextius

パヴィヨン・ド・ヴァンドーム
Pavillon de Vendôme

古きエクス博物館
Musée du Vieil Aix

マドレーヌ教会
Eglise de la Madeleine

市庁舎
Hôtel de Ville
Place des Cardeurs

サン・ジャン・
バティスト教会
Eglise St-Jean Baptiste

裁判所
Palais de Justice

旧市街

サンテスプリ教会
Eglise St-Esprit

ジュ・ド・ポーム劇場
Théâtre du Jeu de Paume

ミカエル・
フェヴァル

セザンヌの生家
Maison Natale de Cézanne

ミラボー通り
Cours Mirabeau

マザラン地区

レザレ・プロヴァンサル
Les Allées Provençales
(ショッピングセンター)

ド・ゴール広場
Place du Général de Gaulle

アルボー博物館
Musée Arbaud

コーモン芸術センター
Caumont Centre d'Art

カルディナル

サン・ジャン・ド・マルト教会
Eglise St-Jean de Malte

グラネ美術館
Musée Granet

プロヴァンス大劇場へ500m
Grand Théâtre de Provence

Place des 4 Dauphins

Boulevard du Roi René

長距離バスターミナル

レオナール・パルリ(カリソン)

噴水

エクス・アン・プロヴァンス・サントル駅

0   200m

セザンヌやゾラも通ったカフェ、**レ・ドゥー・ギャルソン** Les Deux Garçonsは、ミラボー通りの53番地にある。今もエクスで一番人気のあるカフェだ。

ミラボー通りの北側が**旧市街**Vieil Aix。迷路のように入り組んだ路地に商店やレストランが並び、とてもにぎやか。南側は、旧貴族の館が並ぶ**マザラン地区**Quartier Mazarin。

そしてエクスといえば、やはりセザンヌ。**セザンヌのアトリエ**や**サント・ヴィクトワール山**など、エクス市内と近郊のところどころに残るセザンヌゆかりの場所を歩いてみたい。

ロトンドに置かれたセザンヌの像

エクスの名物菓子カリソン

カリソンCalissonは、アーモンドとメロンのシロップを混ぜてペースト状にしたものを小さなひし形の型で抜き、砂糖でコーティングしたもの。上品な甘さで日本茶にもよく合う。エクスの町なかに何軒かカリソン専門店があるほか、普通のケーキ屋さんでも作っているところが多い。

15世紀、エクスの王に嫁いだ若き王妃を慰めるために献上されたのが、その由来とされる

はみだし 毎年7月、モーツァルトのオペラを中心に話題作が数多く上演されるエクス・アン・プロヴァンス音楽祭。夏の音楽祭としてはヨーロッパで最も人気のあるもののひとつなので、予約は早めに！ **URL** festival-aix.com

心が落ち着くサン・ソヴール大聖堂の回廊

)))　おもな見どころ　(((

サン・ソヴール大聖堂　★★★
MAP P.427-A1　Cathédrale St-Sauveur

旧市街の北の端にある大聖堂。5世紀から17世紀までのさまざまな建築様式が入り組んでいるが、最も古い部分は2世紀に造られたともいわれている。外観は地味な印象だが、簡素な美しさで有名なロマネスクの回廊や、メロヴィング朝の洗礼堂、15世紀に描かれたニコラ・フロマンの『燃ゆる茨Le Buisson ardent』など、見どころは多い。

サン・ソヴール大聖堂
住 34, pl. des Martyrs de la Résistance
開 8:00～19:00　料 無料

セザンヌのアトリエ
住 9, av. Paul Cézanne
開 9:30～12:30
　　14:00～18:00
　　(6～9月はノンストップ、
　　10～3月は～17:00)
休 10～3月の⊜ ⊖、1月上旬、
　5/1、12/25
料 €9.50、13～25歳€6.50、
パス シティ・パスで無料
URL www.cezanne-en-provence
.com
人数制限があり、ウェブサイトから要予約。

セザンヌのアトリエ　★★★
MAP P.427-A1、P.430　Musée Atelier de Paul Cézanne

セザンヌが晩年の4年間を過ごし、死の直前まで制作を続けたアトリエが、旧市街の北に位置するレ・ローヴLes Lauvesの丘にある。大きな窓から柔らかな光が入る2階のアトリエはセザンヌの生前のままに保存され、テーブルの上に置かれた果物や水差しなどの静物は、あたかも画家に描かれるのを待っているようだ。セザンヌが野外制作のときに使った画材かばんや外套も残っている。

グラネ美術館
住 Pl. St-Jean de Malte
開 4月～10月中旬
　　　　　　　　10:00～18:00
　　10月中旬～3月
　　　　　　　　12:00～18:00
　　(入場は閉館の30分前まで)
休 ⊖、1/1、5/1、12/25
料 €6.50(企画展中は€11)
パス シティ・パスで無料
URL www.museegranet-
aixenprovence.fr

セザンヌの作品を所蔵するグラネ美術館

グラネ美術館　★★
MAP P.427-B2　Musée Granet

19世紀のプロヴァンス生まれの風景画家グラネの名を冠する美術館。グラネの水彩画やヴァン・ルー、アングルなど18～20世紀のフランス人画家の作品をおもに所蔵。若きセザンヌはこの美術館の中にあったデッサン学校に通い、いくつかの作品を模写している。

セザンヌは生前ほとんど世間に評価されなかったが、エクスの人々もまた彼に冷たかった。1925年までグラネ美術館の館長を務めた彫刻家アンリ・ポンティエは「私が生きている間はセザンヌの絵をこの美術館に入れることはない」と宣言したほどである。セザンヌの油彩8点がコレクションに加わったのは、没後80年近くもたった1984年のことだった。

Column Art　セザンヌゆかりの場所を訪ねる

© R. Cintas Flores

セザンヌ没後100年に当たる2006年から、これまで未公開だったセザンヌゆかりの地のいくつかが一般公開されるようになった。

セザンヌが好んで描いたジャ・ド・ブッファンの屋敷

ジャ・ド・ブッファンJas de Bouffan(**MAP** P.430)はセザンヌの父が所有した広大な別荘。父の肖像画や、屋敷、庭園を主題にした多数の風景画がここで描かれた。

ローマ時代からエクスの町を築くための石が採掘されていたビベミュスの石切り場Carrières de Bibémus(**MAP** P.430)は、切り出された岩の鮮やかな色彩と造形美に魅せられて、セザンヌが足しく通った場所。ここで描かれた作品はキュビスムの源流になったといわれる。現在の石切り場は、緑の松林に囲まれ、サント・ヴィクトワール山を遠望する展望台もある心地よい遊歩道として整備されている。見学の詳細はエクスの❶まで。

ビベミュスの石切り場

　はみだし　セザンヌのアトリエなどの見どころの入場やガイド付きツアー、市内バスなどが無料や割引になる「シティ・パスCity Pass」。購入は❶で。料 24時間券€29、48時間券€39、72時間券€49

タピストリー美術館 ★★

[MAP] P.427-A1 Musée des Tapisseries (Palais de l'Archevêché)

ドン・キホーテの生涯を描いたものなど、17～18世紀に作られたタピストリーを多数所蔵するタピストリー美術館。織物でこれほどまでに微妙な色彩と、豊かな表情を作り出せるものかと驚かされる作品ばかり。建物は17世紀の大司教館で、広い中庭は1948年以来、夏の音楽祭の主会場として数々の斬新な演出のオペラが上演されてきた。館内の一角に、音楽祭の歴史を紹介する展示物を見ることができる。

タピストリー美術館
[住] 28, pl. des Martyrs de la Résistance
[開] 10:00～12:30
13:30～17:00
(4/15～10/14は～18:00)
[休] ㊋、1/1、5/1、12/24、12/25、12/31
[料] €4、26歳未満無料
[パス] シティ・パスで無料

コーモン芸術センター ★★

[MAP] P.427-B2 Caumont Centre d'Art

2015年、ミラボー通りからすぐの所にあるアートスポット。かつて音楽院として使われていたコーモン公爵邸を改修したもので、画家セザンヌに関するショートフィルムを上映しているほか、年数回開催される企画展が話題になっている。階段の手すりやバルコニーの繊細な鉄細工、エレガントな内装、18世紀のプロヴァンス建築を見るのも楽しい。見学後は、クラシックなサロン・ド・テでお茶を。

庭園も美しいコーモン公爵邸 © S.Lloyd

コーモン芸術センター
[開] 3, rue Joseph Cabassol
[開] 10:00～19:00
(10～4月は～18:00)
(入場は閉館の30分前まで)
[休] 無休
[料] 企画展により異なる
[URL] caumont-centredart.com

エクス・アン・プロヴァンスのおすすめホテル／レストラン

[H]ホテル [R]レストラン

貴族の館を改装した趣あるホテルから、経済的なホテルまで幅広く揃っている。

[H] レスカレット
L'Escaletto 3★ [MAP] P.427-A1

長距離バスターミナルから徒歩約10分。旧市街にもすぐという便利な立地。全面改装を経て、客室はより快適に。夏はテラスも心地いい。

[住] 74, cours Sextius
[TEL] 04.42.26.03.58
[料] Ⓢ€63～199 Ⓦ€93～209 ☕€14
[CC] [A][M][V] [室] 44室 [P] €20 ❄ [Wi-Fi]
[URL] www.hotel-escaletto.com

[H] カルディナル
Cardinal 2★ [MAP] P.427-B2

グラネ美術館に近い静かな通りに建つ。ミラボー通りにも近い。アンティークの家具に囲まれた落ち着いた雰囲気のホテル。

[住] 24, rue Cardinale [TEL] 04.42.38.32.30
[料] Ⓢ€70 Ⓦ€95～130 ☕€10
[CC] [M][V] [室] 29室 ❄ [Wi-Fi]
[URL] www.hotel-cardinal-aix.com

[CH] メゾン・ドーフィヌ
Maison Dauphine [MAP] P.427-B2

ミラボー通りの南側、マザラン地区にあるシャンブル・ドット。1階はアートギャラリーになっていて、おしゃれな雰囲気。客席の内装もシックでセンスのよさを感じさせる。

[住] 14, rue du 4 Septembre
[TEL] 06.51.06.18.75
[料] ⓈⓌ€185～275
☕込み [CC] [A][M][V]
[室] 3室 ❄ [Wi-Fi]
[URL] www.maisondauphine.com

[R] ミカエル・フェヴァル
Mickaël Feval [MAP] P.427-B2

ミラボー通り近くにある。ロワゾーなど名シェフのもとで研鑽を積み、自らの店でミシュランの1つ星を獲得したミカエル・フェヴァルの料理を楽しめる。要予約。

[住] 11, petit rue St-Jean
[TEL] 04.42.93.29.60
[営] 12:00～13:00 (L.O.)、19:30～21:00 (L.O.)
[休] ㊌の昼、㊊㊐、1/1～1/18、8/7～8/23('23)
[料] 昼ムニュ€57、夜ムニュ€95 [CC] [A][M][V]
[URL] www.mickaelfeval.fr

旧市街のラミュ広場Place Ramusとそこから延びる路地、カルドゥール広場Place des Cardeursがレストラン街。フレンチからイタリアン、中華までさまざまな店が揃う。

[R] ル・パティオ
Le Patio [MAP] P.427-B1

あたたかい雰囲気のなかで、プロヴァンス料理を堪能できる。予約がおすすめ。

[住] 16, rue Victor Leydet [TEL] 04.42.93.02.03
[開] 12:00～13:45、19:30～21:45 [休] ㊊㊐
[料] ア・ラ・カルト予算約€40
[URL] www.lepatio-aix.fr

サント・ヴィクトワール山
セザンヌが見つめ続けた風景をたどって

TOPICS

故郷の自然が永遠のテーマ

　1839年1月19日、エクスのオペラ通りRue de l'Opéra 28番地でセザンヌは生まれた。子供の頃から木炭を使って落書きをするのが好きだった。少年時代は、同じくエクス育ちのエミール・ゾラと一緒にエクス近郊にあるアルク川の水浴場やビベミュスの石切り場に毎日のように出かけたという。このあたりの風景は後年の作品に幾度となく現れる。

　22歳のとき、彼はエクスの法科大学をやめてパリに出る。画家になるためである。でもパリになじめなかったようだ。すぐエクスに戻ってきている。その後、1906年の死の日まで、セザンヌはほとんど故郷を離れず、ひたすら自分の周りの自然をモチーフに制作を続けた。その厳しく孤独な探究のなかから、近代絵画の流れを変えるような作品が生まれたのだ。

セザンヌのアトリエ（→P.428）の北にあるレ・ローヴの丘からも描かれ、パネルが展示されている

聖なる山、サント・ヴィクトワール

　サント・ヴィクトワール山 Montagne Ste-Victoireは、セザンヌが最も愛したモチーフだ。標高1000m、エクスの町を見守るようにそびえるこの山を、彼は80回以上も描いている。

　「サント・ヴィクトワール山」とは、「聖なる勝利の山」の意味。紀元前102年、北方から侵攻してきたゲルマン民族を古代ローマの将軍マリウスがこの地で迎え撃ち、勝利を収めたことを記念して名づけられた。文字どおりエクスの町の守護神であるこの山は、今もエクスの人々にとって身近な存在だ。休日ともなれば、徒歩や車、自転車で、この山に向かう人々に出会う。

　エクスから東へ、ル・トロネ村に向かって延び

真っ白な岩肌がまぶしいサント・ヴィクトワール山

るトロネ街道は、通称「セザンヌの道Route de Cézanne」と呼ばれる。かつてセザンヌがキャンバスを背負って歩いた道をたどっていくと、やがてサント・ヴィクトワール山が目の前に現れる。青い空にくっきりと浮かぶ白い石灰質の山は、まるで生きているような威容を見せている。途中左側に、彼がしばしば描いた「シャトー・ノワール」があるが、私有地のため見学はできない。

430

St-Tropez
芸術家や映画スターに愛された港町
サン・トロペ

郵便番号：83990　人口：約4500人

今も絵描きたちが作品を並べる

　南仏のサン・ジェルマン・デ・プレと呼ばれるこの港町も、もとは小さな漁港でしかなかった。シニャックやセゴニャックらの画家、コレットらの作家がこの地を愛し、現在のようなリゾート地に変貌したのだ。彼ら以上にこの町を有名にしたのは、1960年代の銀幕の女王ブリジット・バルドー。彼女の名はサン・トロペの代名詞になっている。今も芸術家、作家、映画人が集まり、夏には大胆な水着の人々やヌーディストでにぎわいを見せる自由な場所となる。ヨットハーバー近くの**ラノンシアード美術館**Musée de l'Annonciadeにはシニャック、マティス、ボナールらの作品が収められている。港に面したカフェ「**セネキエ**Sénéquier」は、かつてスターが頻繁に訪れた場所。今ではスターの姿を見かけることも少なくなったが、ちょっと立ち寄ってみたい。また、**城塞**Citadelleからの眺めもすばらしい。

「セネキエ」のテラスでトロペジエンヌ気分

ACCESS

🚃🚋マルセイユからTERまたはTGVで約1時間40分のサン・ラファエルSt-Raphaëlへ。駅裏のバスターミナル（Gare Routière 住100, rue Victor Hugo）から、ZOU!の876番のバスで1時間30分～2時間。夏は渋滞のため3時間近くかかることもある。
🚢サン・ラファエルの港から船で約1時間（4月中旬～11月上旬のみ）。
URL bateauxsaintraphael.com

🚩 観光案内所
住8, quai Jean Jaurès MAP P.431
TEL 04.94.97.45.21
開4～10月　　9:30～19:00
　11～3月　　9:30～13:00
　　　　　　14:00～17:30
休11～3月の🅗、1/1、12/25
URL www.sainttropeztourisme.com

ラノンシアード美術館
住2, pl. Georges Grammont
開10:00～18:00
　（11～3月は～17:00、7・8月は～19:00）
休10～6月の🅗、1/15～2/10、11/15～11/30、1/1、5/1、5/17、12/25
料€4～6

城塞
住1, montée de la Citadelle
開4～9月　　10:00～18:30
　10～3月　　10:00～17:30
　（入場は閉館の30分前まで）
休1/1、5/1、5/17、11/11、12/25　料€4

サン・トロペのおすすめホテル／レストラン　🅗ホテル　🅡レストラン
気取ったリゾート地だけに安いホテルはあまりない。高級ホテルで優雅な休日を過ごそう。

🅗🅡 ラ・バスティード・ド・サン・トロペ
La Bastide de St-Tropez 5★　　MAP P.431

　サン・トロペの中心まで徒歩圏内でありながら閑静な環境。南仏でバカンスを過ごしていることが実感できる魅力的なホテル。2023年に改装工事を終えたばかり。レストランでは、洗練されたイタリアン、地中海料理が味わえる。

住25, route des Carles
TEL 04.94.55.82.55
料Ⓢ Ⓦ €550～1500　🍽€30
休冬期休業あり　CC A M V
室26室　P有料　🍴「Isoletta」
🏊 Wi-Fi
URL www.bastide-saint-tropez.com

サン・トロペ（地図）

ブリオッシュにクリームをたっぷり挟んだ素朴なケーキ「タルト・トロペジエンヌTarte Tropézienne」はこの町で生まれた。撮影に訪れたブリジット・バルドーが好んで食べたという。町のお菓子屋さんで探してみよう。

Côte d'Azur
コート・ダジュール

映画祭で有名なカンヌから、ニース、モナコを経てイタリアに続く地中海岸がコート・ダジュールだ。「紺碧海岸」の名のとおり、コバルトブルーの海岸線が続く。澄みきった大気、降り注ぐ陽光、冬でも海岸通りを半袖でそぞろ歩く人々、ここはまさに別天地。真っ青な海に面して高級ホテルが建ち並び、南洋樹の生える海岸通りの美しさを引き立てている。海水浴場で肌を焼く美女たちは、ほとんどがトップレスだ。雑踏に疲れたら、美術館巡りもいい。多くの芸術家は、すばらしい題材あふれるこの地を好み、集まった。彼らが制作活動に励んだ場所で、彼らの作品に触れることができたら、コート・ダジュールと、そして彼ら芸術家をもっと身近に感じるだろう。

観光のヒント

[気候] 年間の日照時間は2800時間。ときおりミストラルが吹き荒れるほかは冬でも温暖。復活祭を過ぎるとビーチにはもう肌を焼く人が現れる。

[特色] 海岸線の美しさはもちろんのことだが、一歩内陸に入れば、山の上に民家が連なる素朴な「鷲の巣村」が点在する。中世の趣あふれる村々の多くが、今では芸術家が集まる村となっている。

[周遊のヒント] コート・ダジュールの中心地はニース。ホテルの数も極めて多い。ニースを起点に列車、バスを利用して近郊の小さな港町や、鷲の巣村を訪ねてみよう。

おもな祭りとイベント

2月 カーニバル (ニース／17〜3月3日 '24)：華やかなパレードが繰り広げられ、町中が熱狂する大規模な祭り

レモン祭 (マントン／17日〜3月3日 '24)：レモンの生産が盛んなマントン。柑橘類のオブジェが飾られるにぎやかな祭り

5月 カンヌ国際映画祭 (カンヌ／16〜27日 '23)：世界的に有名な映画祭。日本映画も毎年話題をふりまいている

F1グランプリ (モナコ／21〜24日 '20)：市街の一般道路がコースになるのでスリル満点

7月 ジャズ・ア・ジュアン (ジュアン・レ・パン／中旬)：世界の一流アーティストが集まる国際的なジャズフェスティバル

名産品と料理

新鮮な野菜とハーブ、オリーブオイルをふんだんに使ったヘルシーな料理は日本人の口にもよく合う。野菜不足が気になるときには、ボリュームたっぷりのニース風サラダをぜひ。

Ⓐソッカ Socca：エジプト豆の粉で作ったおやきのようなソッカはニースの庶民の味。旧市街の屋台でどうぞ　Ⓑニース風サラダ Salade Niçoise：色鮮やかな生野菜がたっぷり。よく混ぜて食べるのが当地流　ⒸポプリPot-pourri：古くから花やハーブの生産地だったコート・ダジュールは、石鹸、ポプリなど香りグッズが充実　Ⓓビオットのガラス食器Verre de Biot：普段使いにぴったりの素朴な形と鮮やかな色が魅力　ⒺオリーブオイルHuile d'olive：地中海料理に欠かせないオリーブオイルを本場の専門店で

❶カーニュ・シュル・メールの花いっぱいの家
❷モナコの清潔なビーチ

コート・ダジュール

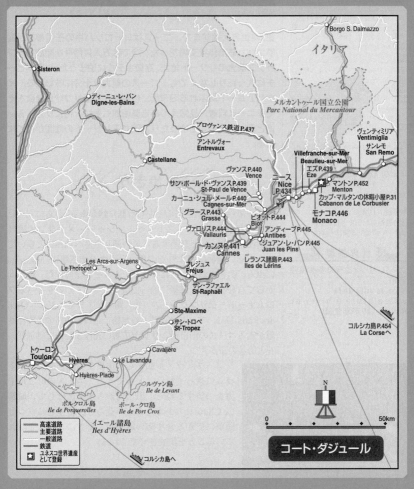

Borgo S. Dalmazzo

イタリア

Sisteron

ディーニュ・レ・バン
Digne-les-Bains

メルカントゥール国立公園
Parc National du Mercantour

ヴェンティミリア
Ventimiglia

サンレモ
San Remo

プロヴァンス鉄道 P.437

アントルヴォー
Entrevaux

Castellane

ヴァンス P.440
Vence

ニース
Nice
P.434

Villefranche-sur-Mer
Beaulieu-sur-Mer

エズ P.439
Eze

マントン P.452
Menton

サン・ポール・ド・ヴァンス P.439
St-Paul de Vence

カーニュ・シュル・メール P.440
Cagnes-sur-Mer

カップ・マルタンの休暇小屋 P.31
Cabanon de Le Corbusier

グラース P.443
Grasse

ビオット P.444
Biot

モナコ P.446
Monaco

ヴァロリス P.444
Vallauris

アンティーブ P.445
Antibes

ジュアン・レ・バン P.445
Juan les Pins

カンヌ P.441
Cannes

レランス諸島 P.443
Iles de Lérins

Les Arcs-sur-Argens

フレジュス
Fréjus

Le Thoronet

サン・ラファエル
St-Raphaël

Ste-Maxime

サン・トロペ
St-Tropez

Cavalière

コルシカ島 P.454
La Corse へ

トゥーロン
Toulon

Hyères

Le Lavandou

Hyères-Plage

ルヴァン島
Ile de Levant

ポルクロル島
Ile de Porquerolles

ポール・クロ島
Ile de Port Cros

N

イエール諸島
Iles d'Hyères

0   50km

コルシカ島へ

高速道路
主要道路
一般道路
鉄道
ユネスコ世界遺産
として登録

コート・ダジュール

世界の王侯貴族に愛された"リヴィエラの女王"

ニース

朝市に並ぶ色とりどりの野菜

郵便番号：06000　人口：約34万4000人

城跡のある丘から「天使の湾」と呼ばれるニースの海岸を見下ろす

ACCESS

🚉 パリ・リヨン駅からTGVで約5時間50分。ニース・ヴィルNice-Ville駅下車。マルセイユMarseilleからTERで約2時間30分。

✈ パリCDG空港またはパリORY空港からニース・コート・ダジュールNice Côte d'Azur空港まで約1時間25分。空港から市内へはトラム2号線で約25分。Jean Médecin下車。所要約20分。タクシー料金は空港〜市内は一律料金で€32（手荷物料金含む）。所要20〜30分。
URL www.nice.aeroport.fr

ℹ 観光案内所

🏠 Av. Thiers（ニース・ヴィル駅前）
MAP P.435-B1
📞 04.92.14.46.14
🕐 7〜9月　毎日　9:00〜19:00
　　10〜6月 ㊊〜㊏ 9:00〜18:00
　　　　　　㊐　10:00〜17:00
🚫 10〜6月の㊐、1/1、5/1、12/25
URL www.explorenicecotedazur.com

プロムナード・デザングレにもℹがある。MAP P.435-B2

トラム、バス
🎫 1回券€1.50、1日券€5
URL www.lignesdazur.com

■ 世界遺産 ■

ニース、リヴィエラの冬季保養都市、
Nice, la ville de la villégiature d'hiver de Riviera（2021年登録）

第2次世界大戦前まで、ニースはヨーロッパ中の王侯貴族が避寒に訪れる高級社交場だった。今では万人に門戸を開放するフランス最大のリゾート地だ。高級ホテルに泊まったり、有料ビーチに入ったりしなくても、ニースの魅力は十分に味わえる。イタリアムードあふれる旧市街、色鮮やかな盛りつけが食欲をそそるニース料理。見応えのある美術館も多い。何よりも、青い海と青い空、そしてゆったりと流れるリゾートの時間がここにある。

≫≫ 歩き方 ≫≫

　ニース・ヴィル駅を出ると左（東）側にℹがある。さらに左（東）に進むと市街のメインストリート、ジャン・メドサン大通りAv. Jean Médecinと交差する。この通りを南へ1kmほど歩いていくと赤い建物に囲まれた四角い広場マセナ広場Pl. Massénaに出る。突き当たりを右に行くと、もうそこは海岸だ。海に向かって右（西）側は、海岸に沿って豪華なホテルが軒を並べるプロムナード・デザングレ。左（東）側のケ・デゼタジュニQuai des Etats-Unis（アメリカ海岸）の北側一帯は、迷路のような路地が走るニースの旧市街。サレヤ広場Cours Saleyaでは毎朝、花と野菜の市が立つ。

　ニース・ヴィル駅から旧市街までは、最新式のトラムに乗って行くこともできる。ニースの町と地中海を一望するなら、旧市街から足を延ばして、城跡Le Châteauのある丘の上へ登ろう。展望台に立つと眼前に広がる地中海の絶景が、まさにニースを訪れていることを実感させてくれる。

マセナ広場をハイテクトラムが駆け抜ける

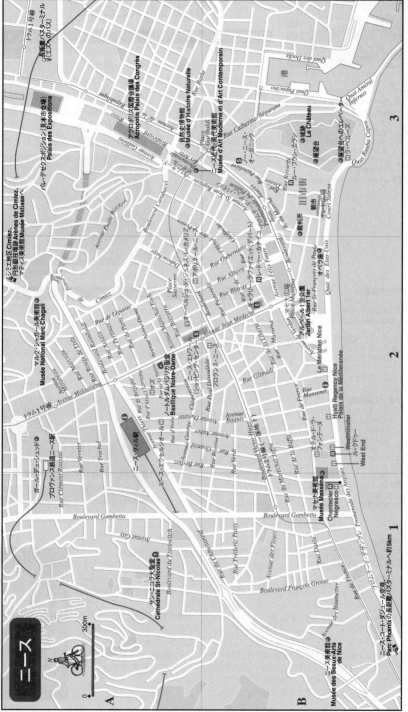

ニース

300m

N

0

サンニコラ大聖堂
Cathédrale St-Nicolas

ニース美術館
Musée des Beaux-Arts
de Nice

ニース・コート・ダジュール空港、
Parc Phoenix の美術館バスターミナルへ約5km

トラム1号線

オールルブランシュ駅●
プロヴァンス鉄道ニース駅

ニース・ヴィル駅
ニース・エクセルシオール

マルク・シャガール美術館
Musée National Marc Chagall

Boulevard Gambetta

ノートルダム(パリ)教会
Basilique Notre-Dame

トラム1号線

ニースシテ・エンタ
（ショッピングセンター）
プロムナー・ドール

Le Méridien Nice

i

ホテルドラ
アングー

シャントゥクレール
Chantecler
Négresco

マセナ美術館
Musée Masséna

Westminster

West End

Hyatt Regency Nice
Palais de la Méditerranée

ニース地区 Cimiez、
円形競技場跡 Arenes de Cimiez、
マティス美術館 Musée Matisse へ

パレ・デ・エクスポジション（見本市会場）
Palais des Expositions

アクロポリス国際会議場
Acropolis Palais des Congrès

自然史博物館
Musée d'Histoire Naturelle

近現代美術館
ニース近現代美術館
Musée d'Art Moderne et d'Art Contemporain

ニース・エトワール、
オーバーリール

旧市街

裁判所
朝市

減速帯
Le Château

展望台

展望台へのエレベーター
ラバンキューズ

Quai des Docks

港

Quai Papacino

Quai Amiral
Infernet

Quai Rauba Capeu

Jardin Albert 1世公園

オペラ座
オペラ座

Promenade des Anglais

コート・ダジュール
ニース

B

A

1

2

3

ちょっと優雅にプライベートビーチ
で過ごすのも悪くない

フレンチ・リヴィエラ・パス
French Riviera Pass
ニースと近郊の観光地で使えるお
得な観光パス。おもな美術館が無
料になるほか、観光施設での割引
も。購入は❶で。
圏 24時間券€28、48時間券€40、
72時間券€59
URL www.frenchrivierapass.com

マセナ美術館
住 65, rue de France
開 10:00〜18:00
　（11〜4月は11:00〜）
料 €10
休 ⑫、1/1、復活祭、5/1、12/25
パス フレンチ・リヴィエラ・パスで
　無料

マティス美術館
住 164, av. des Arènes de
　Cimiez
開 10:00〜18:00
　（11〜4月は〜17:00）
料 €10
休 ⑫、1/1、復活祭、5/1、12/25
URL www.musee-matisse-nice.org
5、33番のバスでArènes / Musée
Matisse下車。

)))おもな見どころ(((

プロムナード・デザングレ ★★★
MAP P.435-B1〜2　　　　　　　Promenade des Anglais

　海岸沿いの全長3.5kmの大通り。1820年、在留イギリス人
たちの出資によって造られたため、「プロムナード・デザング
レ（イギリス人の散歩道）」と名づけられた。19世紀末から第1
次世界大戦にかけての「ベルエポックBelle Epoque」と呼ばれ
る時代にできた豪壮なホテルや邸宅が建ち並んでいる。1913
年創業のホテル「ネグレスコNégresco」（MAP P.435-B1）もその
ひとつ。ホテルはそれぞ
れプライベートビーチを
有している。ところどこ
ろにパブリックビーチが
あり、こちらは自由に入
れる。天気がよければ、
真冬でも日光浴をしてい
る人を見かける。

ニースに来たらまず歩いてみたい散歩道

ニースの美術館 ★★★
MAP 本文参照　　　　　　　　　　　　　Les Musées

●マセナ美術館 Musée Masséna　　　　MAP P.435-B1〜2
　プロムナード・デザングレ沿いに建つ、19世紀末の邸宅を
利用した美術館。展示品は18世紀末から20世紀初頭ベルエポッ
ク時代のニースの風俗・歴史を物語る絵画、ポスターが中心。

●マティス美術館 Musée Matisse　　　　MAP P.435-A2
　ニースの北側の丘の上、
シミエ地区のローマ時代
の円形闘技場を中心とし
た公園の中にある。『ダン
スDanse』のデッサン、
ヴァンスのロザリオ礼拝堂
（→P.440）制作のための下
絵などを所蔵している。

オリーブ畑に囲まれたマティス美術館

Column / Festival　ニースのカーニバル Carnaval de Nice

　元来は四旬節の節制期間に入る前のカトリッ
クの行事だが、今は宗教色はなく、観光客の
集まる一大イベントになっている。告解火曜
（Mardi Gras）の10日前の土曜、巨大なハリボ
テの王様（Roi du Carnaval）の到着によってカー
ニバルの幕が開く。町の大通りはイルミネー
ションで飾られ、土曜の夜と日曜の午後はマセ
ナ広場からジャン・メドサン大通りにかけての
大パレードが行われる。水曜の午後にはプロム
ナード・デザングレで花合戦が繰り広げられ、

観客たちはカーニバルの女王た
ちが投げる縁起のいい花を奪い
合い、盛り上がる。そして告解
火曜の夜、「王様」の人形に火
が放たれ、花火の打ち上げとと
もにカーニバルは終わりを告げ
る。2024年の日程は2月17日
〜3月3日の予定。

テーマによって変わる王様の装いが楽しみ

●マルク・シャガール美術館 Musée National Marc Chagall

MAP P.435-A2

聖書をテーマとした絵画を中心にシャガールの作品を所蔵。キャンバスいっぱいに夢が広がるシャガールの世界に浸ることができる。ステンドグラスに囲まれたコンサートホールがあり、そこに置かれ

たチェンバロにもシャガールの絵が描かれている。

『天地創造』のステンドグラス

●ニース近代・現代美術館 Musée d'Art Moderne et d'Art Contemporain（MAMAC）

MAP P.435-A3

白亜のモダンな建物内で、1960～70年代の作品をおもに展示。「インターナショナル・クライン・ブルー」で知られるイヴ・クラインの作品などお見逃しなく。ミュージアムショップも充実している。

フランスの現代作家の作品が充実している

●ニース美術館 Musée des Beaux-Arts de Nice

MAP P.435-B1

ニースの中心地から西に行った閑静な住宅街にある。もとはウクライナの公爵夫人の私邸として19世紀後半に建てられた建物を利用している。ニースを愛した画家ラウル・デュフィのコレクションは見応えがある。ほかに、19世紀末のポスター画家ジュール・シェレの作品、ニース出身の象徴主義の画家アドルフ・モッサなど、ニースにゆかりのある作家の作品を多く所蔵している。

マルク・シャガール美術館
住 36, av. Dr. Ménard
開 10:00～18:00
　（11～4月は～17:00）
休 ㊋、1/1、5/1、12/25
料 €8（日本語オーディオガイド付き）、第1㊐無料
バス フレンチ・リヴィエラ・パスで無料
URL musees-nationaux-
　alpesmaritimes.fr
5番のバスでMusée Chagall下車。

ニース近代・現代美術館
住 1, pl. Yves Klein
開 10:00～18:00
　（11～4月は11:00～）
休 ㊊、1/1、復活祭、5/1、12/25
料 €10
バス フレンチ・リヴィエラ・パスで無料
URL www.mamac-nice.org
トラム1号線でGaribaldi下車。または8番のバスでGaribaldi下車か12番のバスでPromenade des Arts下車。

ニース美術館
住 33, av. des Baumettes
開 10:00～18:00
　（11～4月は11:00～）
休 ㊊、1/1、復活祭、5/1、12/25
料 €10
バス フレンチ・リヴィエラ・パスで無料
URL www.musee-beaux-arts
　-nice.org
38番のバスでMusée Chéret下車。またはトラム2号線でCentre Universitaire Méditerranéen下車。

ニースのおすすめホテル／レストラン／ショップ　Ｈホテル　Ｙユースアコモ　Ｒレストラン　Ｓショップ

予算に合わせてあらゆるタイプのホテルのなかから選べる。安い宿が多いのは駅周辺。

Ｈ アポリネール・ニース
Apollinaire Nice 4★

MAP P.435-A2

ニース中心部の閑静な住宅街に建つ。18ヵ月におよぶ改装工事を終え、2022年新たな名前で再開した。旧市街、プロムナード・デザングレへは徒歩圏内。

住 25, bd. Dubouchage　TEL 04.92.47.79.79
料 Ⓢ€140～900 Ⓦ€154～950 ◯€20
CC ＡＭＶ　室 95室　※　Wi-Fi
URL www.bestwestern.fr/fr/
　hotel-Nice-Apollinaire-Nice-86299

Ｈ ラ・ペルーズ
La Pérouse 4★

MAP P.435-B3

旧市街の城壁のある丘を背にして建つ隠れ家的ホテル。シービューの部屋を指定し、優雅なバカンスの時間を過ごしたい。2023年に改装工事を終えた。

住 11, quai Rauba-Capeu
TEL 04.93.62.34.63

料 Ⓢ Ⓦ€442～2000 ◯€30 CC ＡＪＭＶ
室 56室　Ｐ€25　※　Ⅷ　Wi-Fi
URL www.
hotel-la-perouse.
com

Ｈ ニース・エクセルシオール
Nice Excelsior 4★

MAP P.435-A2

駅から徒歩約2分なので、毎日列車で近郊の町に出かけたい人にとても便利。「旅」をテーマにした内装がされていて、旅情をかきたてられる。4つ星ながら、友人の家に泊まるような、カジュアルな雰囲気が魅力のホテルだ。客室に電気ポットあり。

住 19, av. Durante
TEL 04.93.88.18.05
料 Ⓢ Ⓦ€78～409 ◯€11
CC ＡＭＶ　室 42室　Ｐ€18　※　Wi-Fi
URL www.excelsiornice.com

[H] フロランス・ニース
Florence Nice 3★ [MAP] P.435-B2

メインストリートのジャン・メドサン大通りから少し横道に入った所にある。トラム駅もすぐ近くにあり、どこへ行くにも便利。スタッフは親切で、気持ちよく対応してくれる。

[住] 3, rue Paul Déroulède
☎ 04.93.88.46.87
[料] [S][W]€70～420 ☕込み
[CC] [A][D][J][M][V] [室] 52室 ❄ [Wi-Fi]
[URL] www.hotel-florence-nice.com

[H] オテル・ド・ラ・フォンテーヌ
Hôtel de la Fontaine 3★ [MAP] P.435-B2

プロムナード・デザングレからすぐの所にあり、観光に便利なロケーション。小さな泉のある中庭で、ビュッフェ式の朝食を楽しむこともできる。客室の内装はすっきりとしたデザイン。電気ポットが備えられている。

[住] 49, rue de France
☎ 04.93.88.30.38
[料] [S][W]€143～
☕€14 [休] 1月 [CC] [A][M][V] [室] 29室 ❄ [Wi-Fi]
[URL] www.hotel-fontaine.com

[Y] オーベルジュ・ド・ジュネス・レ・カメリア
Auberge de Jeunesse "Les Camélias" [MAP] P.435-A2

メインストリートのジャン・メドサン大通りに近く、駅からは徒歩約10分と最高の立地を誇るユース。プロムナード・デザングレまでもすぐ出られる。受付は24時間オープン、門限なし。

[住] 3, rue Spitalieri ☎ 04.93.62.15.54
[料] ドミトリー1人€20～50 [S]€40～75
[W]€60～110 ☕込み、シーツ代込み
[CC] [M][V] [Wi-Fi] [URL] www.hifrance.org

[R] レ・ドゥー・カナイユ
Les Deux Canailles [MAP] P.435-B2

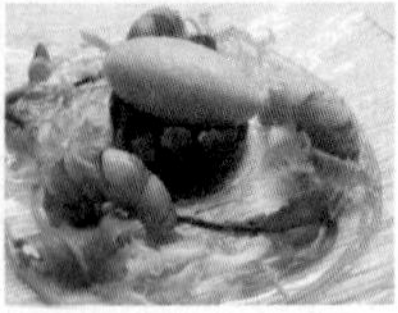

ニースで独創的かつ洗練されたフランス料理を楽しみたいならここへ。シェフはフランス各地の名レストランで活躍してきた高野積さん。ほとんどのスタッフが日本語を話すので、料理やワイン選びの相談も安心してできる。予約も日本語でOK。

[住] 6, rue Chauvain ☎ 09.53.83.91.99
[営] 12:00～14:00、19:30～22:00
[休] ㊋～㊍の夜、㊊㊐
[料] 昼ムニュ€25、€32、夜ムニュ€45、€62
[CC] [A][M][V] [日] [URL] www.lesdeuxcanailles.com

[R] ル・クドゥー
Le Koudou [MAP] P.435-B2

新鮮な食材とオールホームメイドのこだわりをもつブラッスリー。国が認定する優秀レストランにも選ばれている。海に臨むロケーションも申し分なく、贅沢なひとときを過ごせる。予約が望ましい。

[住] 28, promenade des Anglais
☎ 04.93.87.33.74
[営] 12:00～15:00、19:00～22:30(夏はノンストップ)
[休] 12/24 [料] 昼ムニュ(㊊～㊏) €19.90、ア・ラ・カルト予算約€80 [CC] [M][V] [英]
[URL] www.koudouresto.com

[S] ノー・ニース・オーガニック
No Nice Organic [MAP] P.435-B3

ハーブティーからエッセンシャルオイルまで揃うオーガニックの専門店。希望を伝えれば、オーナーのグレゴリー・アンテンさんが、自分に合うエッセンシャル・オイルを処方してくれる。

[住] 24, rue Pairolière ☎ 06.23.47.14.58
[営] 10:00～19:00
[休] ㊐ [CC] [M][V] [URL] herboristeriebio.com

Column Specialty ニース料理を味わおう

サラダ・ニソワーズ

ニースにはイタリアの影響を受けた独特の料理文化がある。有名な「サラダ・ニソワーズSalade Niçoise」(→P.432)のほか、「ファルシFarcis(野菜の肉詰め)」、「ベニェBeignet(野菜のフライ)」、「ピサラディエールPissaladière(タマネギのピザ)」など、家庭的で素朴な料理が中心。新鮮な野菜がたっぷりで、シンプルな味つけは、旅の食事に疲れた胃にも優しい。安くておいしいニース料理店は、旧市街に多い。本物のニース料理を出す店であることを示す認定マークもある。例えば旧市街にあるレストラン「リュ・フラン・カラン」は、長年認定を受けている店だ。町歩きをしていると目にするのは、巨大なクレープのようなソッカSocca(→P.432)。ひよこ豆のおやきのような、いわゆる庶民の味だ。

[R] リュ・フラン・カラン
Lu Fran Calin
[住] 5, rue Francis Gallo
☎ 04.93.80.81.81
[営] 12:00～14:00、19:30～22:30
[休] ㊊㊐
[料] ア・ラ・カルト予算約€50
[URL] lu-francalin.fr

ニース料理店であることを認定するマーク

[はみだし] ニースからアルプスの温泉町ディーニュ・レ・バンDigne-les-Bainsを結ぶプロヴァンス鉄道に乗って、雄大な山岳風景を訪ねてみては？ プロヴァンス鉄道のニース駅は、国鉄ニース・ヴィル駅の北約400mの所([MAP] P.435-A2)。

ニース近郊の町

エズ
Eze

海と空の間に浮かぶ村

エズ熱帯庭園から地中海を見下ろす

高い丘の孤立した頂上に城壁を巡らして敵の侵入を防いだこの地方特有の"鷲の巣村"と呼ばれる要塞村がそのまま保存されている。真っ白な石で舗装された狭い通りと石造りの家々が実におもしろい。ごく小さな村だが、迷路のように道が入り組んでいて、歩き飽きない。家々のほとんどはみやげ物を作る職人の仕事場となっており、金銀細工や宝石をはじめとするさまざまな工芸品がショーウインドーを飾っている。高台の城跡は、現在**エズ熱帯庭園**Jardin Exotique d'Ezeとなっており、フェラ岬と地中海のすばらしい眺望が得られる。

国鉄のEze-sur-Mer駅から**ニーチェの道**Chemin de Nietzscheと呼ばれる山道をたどって村にアクセスする方法もある。この道はニーチェが『ツァラトゥストラはかく語りき』の着想を得た場所といわれる。豊かな緑と木々の間から望む海の遠景が美しい約1時間30分のハイキングコースだ。

ヴァンス Vence
サン・ポール・ド・ヴァンス St-Paul de Vence
ヴィルフランシュ・シュル・メール Villefranche-sur-Mer
カーニュ・シュル・メール Cagnes-sur-Mer
ニース Nice
エズ Eze
フェラ岬
地中海
N
0　　　10km
アンティーブ Antibes
アンティーブ岬
カンヌ

ニース周辺

サン・ポール・ド・ヴァンス
St-Paul de Vence

中世の村で楽しむ現代美術

コート・ダジュールに数多い、丘の頂に建つ中世の村のひとつ。迷路のようにくねくねと続く細い道の両脇に、16世紀の家々が軒を並べている。その多くがアートギャラリーやみやげ物屋となっている。中世の村の雰囲気を味わうなら、人混みを避けて、早朝か夕方に訪れるのがベター。

ぜひ訪れたいのが、町の北西約2kmの所にある**マーグ財団美術館**Fondation Maeght。ミロ、シャガール、マティス、カルダーなどの現代の作品が豊かな緑のなかに息づいている。

マーグ財団美術館の庭園

ACCESS

🚌ニースの長距離バスターミナル（Gare Routière Vauban **MAP** P.435-A3）から602、607番のバスで約30分。Eze Village下車。
URL www.lignedazur.com

🛈観光案内所

🏠 Pl. du Général de Gaulle 06360
TEL 04.93.41.26.00
開 11〜1月
(月)〜(金)　　9:00〜16:00
(土)　　　　　9:00〜12:00
　　　　　　　13:00〜16:00
2〜4・10月
(月)〜(金)　　9:00〜17:00
(土)(日)(祝)　9:00〜12:00
　　　　　　　13:00〜17:00
5〜9月
(月)〜(金)　　9:00〜18:00
(土)(日)(祝)　9:00〜12:00
　　　　　　　14:00〜18:00
休 11〜1月の(日)
URL www.eze-tourisme.com

エズ熱帯庭園
🏠 20, rue du Château 06360
開 4〜6・10月　　9:00〜18:30
7〜9月　　　　9:00〜19:30
11〜3月　　　9:00〜16:30
休 クリスマスに1週間
料 €7（12〜3月は€5）
URL www.jardinexotique-eze.fr

海との調和も見事なエズ熱帯庭園

ニーチェの道を歩くなら
海沿いにある国鉄駅からは登山道といえるほどの急な上り坂。一般にはエズから駅への下りのほうがおすすめ。

ACCESS

🚃ニースからTERで約10分のカーニュ・シュル・メール（→P.440）に行き、駅前から655番のバスで約25分。

🛈観光案内所

🏠 2, rue Grande 06570
TEL 04.93.32.86.95
開 10:00〜18:00 **休** (日)(祝)
URL www.saint-pauldevence.com

マーグ財団美術館
🏠 623, chemin des Gardettes 06570
URL www.fondation-maeght.com
※2023年5月現在改修工事のため、休館中。2023年7月再開予定。

コート・ダジュール

ニース & エズ & サン・ポール・ド・ヴァンス

はみだし ニースにはふたつの長距離バスターミナル（空港近くのParc PhœnixとVaubanのターミナル）があり、行き先によって発着ターミナルが異なるので注意。

🚉 ニースからTERで約10分のカーニュ・シュル・メール(下記)に行き、駅から655番のバスで約30分。

❶ 観光案内所

🏠 Pl. du Grand Jardin 06140
📞 04.93.58.06.38
🕐 9~6月
　　㋒~㊏　　　　9:00~13:00
　　　　　　　　14:00~18:00
　　　　　(11~3月は~17:00)
　　7・8月
　　㋒~㊏　　　　9:00~12:00
　　　　　　　　14:00~18:00
　　㊐　　　　　 10:00~14:00
🚫 9~6月の㊐
🔗 www.vence-tourisme.com

ロザリオ礼拝堂

🏠 466, av. Henri Matisse
🕐 ㋒ ㋬ ㊍　　　10:00~11:30
　　　　　　　　14:00~17:30
　　　　　(11~2月は~16:30)
　　㋬ ㊏　　　　14:00~17:30
　　　　　(11~2月は~16:30)
🚫 ㋒㊐㊗、11月中旬~12月上旬
💰 €7
カトリックのセレモニーのある日には上記以外にも見学不可能なことがあるので、訪問前にウェブサイトで確認を。なお、ロザリオ礼拝堂は祈りの場所なので服装に注意。ショートパンツは避けよう。礼拝堂内は写真撮影禁止。
🔗 chapellematisse.com

🚉 ニースからTERで約10分。駅から町の中心へは徒歩約10分。

❶ 観光案内所

🏠 6, bd. Maréchal Juin　06800
📞 04.93.20.61.64
🕐 5~9月 ㋨~㋢　9:30~12:30
　　　　　　　　14:00~18:00
　　　　㊏　　　　9:30~12:30
　　10~4月 ㋨~㋢ 10:00~12:30
　　　　　　　　14:00~17:30
　　　　㊏　　　　9:00~12:30
🚫 ㊐
🔗 www.cagnes-tourisme.com

ルノワール美術館

🏠 19, chemin des Collettes
🕐 6~9月　　　　10:00~13:00
　　　　　　　　14:00~18:00
　　10~5月　　　10:00~12:00
　　　　　　　　14:00~17:00
　　　　　　　(4・5月は~18:00)
🚫 ㋒、1/1、5/1、12/25
💰 €6

グリマルディ城

🏠 Haut de Cagnes,
　　Pl. du Château
🕐 10:00~12:00
　　(7・8月は~13:00)
　　14:00~18:00
　　(10~3月は~17:00)
🚫 ㋒、1/1、12/25　💰 €4

ヴァンス　　　　　　　　　　Vence

マティスの集大成、ロザリオ礼拝堂がある

ここもコート・ダジュール独特の中世の村だが、エズやサン・ポール・ド・ヴァンスほど観光地化されていない。生活の匂いがほどよく感じられる気持ちのいい村だ。村外れには、画家マティスが造り、自ら「陽気さのあふれた教会。人々を幸せにする空間」と評した**ロザリオ礼拝堂**Chapelle du Rosaireがある。

シュロの木に囲まれひっそりとたたずむ小さな礼拝堂へは、村の中心から歩いて15分くらい。彼は晩年の4年間をかけてこの礼拝堂を制作した。内部には、選び抜かれた3色(ウルトラマリンブルー、濃い緑色、レモンイエロー)で構成されたステンドグラス、そこから差し込む陽光を受ける白いタイル、そして壁面には黒の素描『十字架の道行』と『聖ドミニク』の図。すべての色彩が完璧といってもいいくらい調和して、とりわけ黒い太い線が全体の明るさを決して殺していないのは驚きだ。マティスは黒という色を最もよく理解した人だったに違いない。

晩年のマティスの傑作、ロザリオ礼拝堂

カーニュ・シュル・メール　　Cagnes-sur-Mer

ルノワールの愛した光に包まれて

ルノワールが晩年を過ごし死を迎えた町で、**レ・コレット**Les Collettesと呼ばれる丘の上に、オリーブ、ユーカリ、アーモンドの木々に囲まれた石造りの家(現在は**ルノワール美術館**Musée Renoir)が建つ。愛妻アリーヌの死、自らのリウマチの苦痛に耐えながら、ルノワールが晩年の12年間を過ごした質素な家である。画家とその家族が愛用した品々がそのまま残され、生前の姿をしのぶことができる。

中世の雰囲気を残す旧市街、**オ・ド・カーニュ**Haut de Cagnesにも立ち寄ってみたい。レ・コレットからは徒歩30分ほど。かなりきつい坂道を上らなければならないが、途中で振り返ると、地中海の眺めがすばらしい。てっぺんには堂々とした**グリマルディ城**Château Musée Grimaldiがそびえている。城の中にはシャガールや藤田嗣治など、コート・ダジュールを愛した画家たちの絵を収めた美術館が入っている。

ルノワール美術館のあるレ・コレットの丘から、オ・ド・カーニュを眺める

はみだし　グリマルディ城のあるオ・ド・カーニュへは、カーニュ・シュル・メールのバス停Square Bourdetからバス(44番)を利用するといい。Le Château下車。

ランドブティックが並ぶ

世界のセレブリティが集う華やかな社交場

カンヌ

郵便番号：06400　人口：約7万4000人

優雅な気分でくつろぎたい、カンヌのビーチ

ACCESS

🚄 パリ・リヨン駅からTGVで5時間15分〜5時間40分。ニースからTGVまたはTERで25〜40分。
✈ ニース・コート・ダジュール空港から210番の高速バス（Express）で約50分。8:00〜20:00のおよそ30分ごとに運行。
URL www.nice.aeroport.fr

ℹ 観光案内所
住 1, bd. de la Croisette
MAP P.442-1
TEL 04.92.99.84.22
開 9:00〜19:00
休 無休
URL www.cannes-france.com

映画祭でおなじみのカンヌ。5月の陽光の下、世紀の大スターが一堂に集まる、と聞けば胸ときめかす人も多いだろう。映画祭ばかりでなく、夏の野外音楽祭など、1年中何かしら催しをやっている。社交界の話題が絶えない高級リゾートのイメージばかり先行しているが、もちろんそれだけの町じゃない。雑誌のグラビアを飾る華やかな風景以外にもあるカンヌの魅力を見つけに行こう。

$\ggg$ 歩き方 $\ggg$

　カンヌの駅は意外と地味で、ここに降り立っただけでは町の華やかな空気は伝わってこない。駅前広場を横切り、駅を背にRue des Serbesを進んでいくと、5分もすれば海岸に出る。
　海岸沿いのクロワゼット大通りには高級ホテルやブランドブティックが建ち並び、南洋樹と四季折々の花が通りを飾っている。旧港の東に建つモダンな建物が、映画祭の会場となる**パレ・デ・フェスティバル・エ・デ・コングレ**Palais des Festivals et des Congrèsだ。パレの前の石畳には、カンヌを訪れた俳優や映画関係者の手形がはめ込まれている。お気に入りのスターの手形を探してみよう。

映画祭の舞台となるパレ・デ・フェスティバル・エ・デ・コングレ

Column Cinéma　カンヌ映画祭 Festival de Cannes

象徴的なレッドカーペット

　映画祭が開かれる5月。毎日早朝から深夜まで、町中のさまざまな会場でコンペ作品が上映される。世界中からスターや映画監督が集まり、町中が華やかなパーティ会場と化す。ただし、映画祭はプロ向けのイベントなので、一般の人が参加できるプログラムはない。スターの追っかけをしたい人は別だが、道もホテルも混み合う映画祭の時期はカンヌでの滞在を避けたほうが無難。

豪華ホテルを背にしたビーチで、海と太陽を享受するバカンス客

世界探検博物館
🏠 6, rue de la Castre
🕐 10〜3月　　10:00〜13:00
　　　　　　　14:00〜17:00
　　4〜9月　　10:00〜13:00
　　　　　　　14:00〜18:00
　　(7・8月は10:00〜19:00)
🚫 ㊐　料 €6.50

旧港から旧市街の町並みを望む

)))　おもな見どころ　(((

クロワゼット大通り　★★★
MAP P.442-2　　　　　　　　　　Boulevard de la Croisette

　カンヌに来たことが実感できる海岸沿いの遊歩道。片側は「カールトン」「マルティネス」など高級ホテルが建ち並び、片側はビーチが続く。カンヌのビーチはニースのような石浜ではなくきれいな砂浜。市内48ヵ所あるビーチのうち、33ヵ所は入場料の必要なプライベートビーチなのもこの町らしい。カラフルなパラソルの下で、優雅なリゾート気分を味わうのが醍醐味だが、公共のビーチで気軽に遊泳を楽しむこともできる。

旧市街　★★★
MAP P.442-1　　　　　　　　　　　　　　　Vieille Ville

　旧港の西側の小高い丘、シュヴァリエ山Mont Chevalierに続く坂道を上っていくと、そこは中世の雰囲気が残る旧市街。狭い通りの両側には地元の人でにぎわうレストランのテーブルがところ狭しと並んでいる。丘の上には、地中海地域と東洋の美術品を所蔵する**世界探検博物館Musée des Explorations du Monde**がある。もともとは中世にレランス諸島の修道士が建てた要塞だったもの。中庭には高さ22mのカストルの塔が建ち、ここから見下ろすカンヌの眺めがすばらしい。

カンヌのおすすめホテル　🅷ホテル
ビーチ沿いに高級ホテルが並ぶが、駅周辺を中心に庶民的なホテルもけっこうある。

🅷 ヴィクトリア		🏠 Rond Point Duboys d'Angers　📞 04.92.59.40.00
Victoria 4★　**MAP P.442-2**		料 Ⓢ Ⓦ €115〜　　 ◗ €22
復活祭から11月まで利用できる温水プールがあるホテル。		URL www.cannes-hotel-victoria.com

🅷 オテル・ド・プロヴァンス		🏠 9, rue Molière　📞 04.93.38.44.35
Hôtel de Provence 3★　**MAP P.442-2**		料 Ⓢ Ⓦ €74〜346　 ◗ €18
南国の花が咲く庭の奥に建つチャーミングなプチホテル。		URL www.hotel-de-provence.com

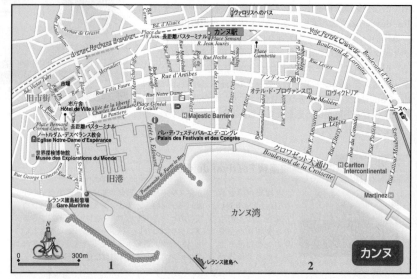

　はみだし　カンヌのプライベートビーチの入場料は一般的に€15くらいからだが、所有するホテルやレストランにより異なる。有名ホテル所有のビーチでは€50を超えることも。同じビーチでも、水際に近いスペースが最も高い。

カンヌ近郊の町

レランス諸島　*Iles de Lérins*

鉄仮面伝説で知られる静寂の島

　カンヌから見える沖のふたつの島は、レランス諸島。大きいほうが**サント・マルグリット島**Ile Ste-Margueriteだ。カンヌの旧港を出た連絡船は、15分ほどで島に到着する。港から海岸沿いの道を左（東）へ行けば**城塞**Fort。ここは長い間監獄として使われ、デュマの『鉄仮面』のモデルとなった謎の仮面の囚人も投獄されていたという。城塞からの眺めを楽しんだあとは、島の中を気の向くままに歩こう。真冬でも豊かな緑に覆われ、海沿いの道を歩くと木々の間から聞こえる波の音に心がなごむ。

　もうひとつの島、**サントノラ島**Ile St-Honoratは、島全体がシトー会修道院の所有で、今も修道士たちが共同生活をしながら祈りに身をささげている。島のほぼ中央に**レランス大修道院**Abbaye Lérinsがあり、売店で修道士たちが造ったワインを買うことができる。海沿いに建つ**要塞修道院**Monastère Fortifiéの屋上テラスからの地中海の眺めは最高。

グラース　*Grasse*

数々の伝説的香りが生まれた「香水の都」

　現在パリで、つまり世界で活躍する調香師（香水を調合する人）の大半はグラース出身といわれる。このことからもわかるように、ここグラースは、1年中バラ、ラベンダー、スミレなどの花に包まれる香水の町だ。

フランスを代表する香りのフラコン（香水瓶）が並ぶ国際香水博物館

　フラゴナールParfumerie Fragonard、**モリナール**Parfumerie Molinardなど見学できる香水工場もあり、工場直売価格で香水が買える。**国際香水博物館**Musée International de la Parfumerieでは、古代から現代までの香水の歴史と香りについてのすべてを知ることができる。

　この町は18世紀に活躍したロココ王朝趣味の画家フラゴナールの生誕地でもあり、彼の作品を展示する**ジャン・オノレ・フラゴナール美術館**Villa-Musée Jean-Honoré Fragonardがある。すべての作品が17世紀の貴族の邸宅の雰囲気にマッチして、優雅な気分に浸れる。

グラースの地図

MAP P.443

ACCESS

🚢 カンヌ旧港からサント・マルグリット島へは、夏は1日10便以上（冬は便数が減る）。往復€17。
URL www.trans-cote-azur.com
カンヌ旧港からサントノラ島へは往復€18。
URL www.cannes-ilesdelerins.com

サントノラ島から眺める海

ACCESS

🚃 カンヌからTERで約30分。ニースからはTERで約1時間5分。駅から町の中心まで約2km。
🚌 ニースのトラム2号線Parc Phœnix駅から650番のバスで約1時間20分。Gare Routière下車。

ⓘ 観光案内所

🏠 24, cours Honoré Cresp（Palais des Congrès内）
MAP P.443
TEL 04.93.36.66.66
開 ㊊～㊏　　　　　10:00～12:30
　　　　　　　　　　13:30～17:00
　　　　　　　（季節によって異なる）
休 ㊐㊗
URL www.paysdegrassetourisme.fr
18, pl. aux Airesにもⓘがある。

国際香水博物館

🏠 2, bd. du Jeu de Ballon
開 5～9月　　　　　10:00～19:00
　 10～4月　　　　　10:00～17:30
休 1/1、5/1、12/25
　 10～4月の㊏
料 €4（企画展時は€6）

ジャン・オノレ・フラゴナール美術館

🏠 23, bd. Fragonard
開 学校休暇期間などに開館している。
料 無料

香水調合体験

グラースの香水工場ガリマールGalimardでは、オリジナル香水を作る体験コースがある。所要約2時間。ウェブサイトから要予約。
🏠 5, route de Pégomas
TEL 04.93.09.20.00
URL www.galimard.com

カンヌ駅裏（Bd. Alsace）から
Envibus社の18番のバスで約25分。
アンティーブ駅裏（Pôle d'Echanges
Antibes）からEnvibus社の8番のバ
スで約25分。Vieux Moulin下車。
URL www.envibus.fr
URL www.sudmobilite.fr

● 観光案内所

住 4, av. Georges Clemenceau
　 06220
TEL 04.93.63.18.38
開 10〜6月　　　 9:00〜12:00
　　　　　　　　 13:00〜17:00
　 7〜9月　　　　 9:00〜12:30
　　　　　　　　 13:30〜18:00
休 10〜6月の⊕
URL www.vallaurisgolfejuan-
　　　　　　　　 tourisme.fr

ヴァロリス城
（国立ピカソ美術館、陶器博物
館、マニエリ博物館）
住 Pl. de la Libération
開 10:00〜12:15
　 14:00〜17:00
　 （7・8月は〜18:00）
休 ②、1/1、5/1、11/1、11/11、
　 12/25
料 €6、学生€3、第1⊕無料

カンヌからTERで約15分。駅前
からEnvibus社の10番のバスで約
10分。Quatre Chemins下車。
URL www.envibus.fr

● 観光案内所

住 4, chemin Neuf 06410
TEL 04.93.65.78.00
開 7・8月
　 （月〜金）　　　 9:30〜18:00
　 ⊕⊕祝　　　　 11:00〜17:00
　 6・9月
　 （月〜金）　　　 9:30〜12:30
　　　　　　　　 13:30〜18:00
　 ⊕⊕祝　　　　 11:00〜17:00
　 10〜5月
　 （月〜金）　　　 9:00〜12:30
　　　　　　　　 13:30〜17:00
　 ⊕祝　　　　　 11:00〜17:00
休 10〜5月の⊕、1/1、5/1、
　 12/25
URL www.biot-tourisme.com

国立フェルナン・レジェ美術館
住 255, chemin du Val de Pôme
開 5〜10月　　 10:00〜18:00
　 11〜4月　　 10:00〜17:00
休 ②、1/1、5/1、12/25
料 €5.50（日本語オーディオガイ
　 ド付き）
バス フレンチ・リヴィエラ・パス
　 （→P.436）で無料
URL musees-nationaux-
　　　 alpesmaritimes.fr

ヴァロリス　　　　　　　　　　Vallauris

ピカソの素顔に出会う陶芸村

　カンヌの北東、山の中
腹にあるヴァロリスは、
古来より陶芸の盛んな町
だった。1946年、この町
を訪れたピカソは、65歳
にして陶芸という新しい
表現手段に出合う。それ
以後、彼はパリにほとん
ど戻らずに、南仏を中心に制作活動を続けた。

今もフランス有数の陶芸の町として知られる

　この町にある**ヴァロリス城**Château de Vallaurisは、もとは
レランス修道院の修道院だったが、現在は3つの美術館が入っ
ている。そのひとつ**国立ピカソ美術館**Musée National Picassoは、
ピカソの『**戦争と平和**La Guerre et la Paix』1点だけからなる
美術館。修道院の礼拝堂の壁一面に描かれた大作だ。

　ヴァロリス城にほど近
いポール・イスナール広場
Pl. Paul-Isnardには、ピカ
ソ自身により町に寄贈され
たブロンズ像『**羊を抱く男**
L'Homme au Mouton』が立つ。

『羊を抱く男』

ビオット　　　　　　　　　　Biot

ガラス作りで知られる素朴な鷲の巣村

　高い山の頂に家々が肩を寄せ合う"鷲の巣村"、そして、ガ
ラス細工で知られる町。ガラス吹きの実演も見学できる。
　また、キュビスムを代表する画家のひとりレジェの作品を集
めた、**国立フェルナン・レジェ美術館**Musée National Fernand
Légerも見逃せない。フェルナン・レジェ（1881〜1955）はノ
ルマンディーで生まれ、1950年に69歳でここビオットにアト
リエを建てた。1952年に結婚して、すぐ未亡人となったナディ
ア夫人が建てたのがこの美術館で、開式式は、ピカソやシャガー
ルが主宰したという。農村の野暮ったさと、都市の機械主義を
併せもつレジェの魅力にたっぷり浸りたい。

外壁のモザイクも楽しいフェルナン・レジェ美術館

郵便番号：06600 人口：約7万6000人

ピカソ美術館が海を見下ろす小粋なリゾート

アンティーブ

アンティーブは、アンティーブ岬の北にある城壁に囲まれた町。ピカソ美術館、ヨットやクルーザーが並ぶ海岸沿いの風景、花いっぱいの旧市街などが町の魅力となっている。

花々で飾られた古い家が並ぶ旧市街

駅からジェネラル・ド・ゴール広場Pl. du Général de Gauleまでは徒歩10分ほど。その途中に❶がある。この広場の東側から海岸にかけて旧市街が広がっている。入り組んだ細い路地に、カフェやレストランのテラスが並び、会話に興ずるこの町の人々の明るい声が響きわたる。愛らしい恋人たちの絵で知られる**ペイネ美術館**Musée Peynet et du Dessin Humoristiqueもこの一画にある。

海を見下ろす静かな場所に、**グリマルディ城**Château Grimaldiが建つ。中は現在**ピカソ美術館**Musée Picassoになっ

青い海を見下ろすグリマルディ城

ており、1946年にピカソがこの城に滞在したときの作品のほか、ニコラ・ド・スタールの絵画作品、リシエの彫刻など現代美術の秀作が多数展示されている。窓からは青い海と空が見える抜群の環境のうえ、あまり混まないので、じっくりと作品を観ることができる。

アンティーブと隣接する**ジュアン・レ・パン**Juan-les-Pinsは、20世紀初頭にアメリカの文化人が好んで滞在したリゾート地。1960年から開催されているジャズフェスティバルが有名で、毎年夏、一流のミュージシャンたちが夢の競演を繰り広げる。

ACCESS

🚉 カンヌからTERで約10分。ニースからTERまたはTGVで15〜30分。

ⓘ **観光案内所**
🏠 Place Guynemer
☎ 04.22.10.60.10
🕐 7・8月　　毎日　9:00〜19:00
4〜6・9月
㊊〜㊏　9:30〜12:30
14:00〜18:00
㊐　9:00〜13:00
10〜3月
㊊〜㊏　9:00〜12:30
13:30〜17:00
㊐　9:00〜13:00
休 1・11月の㊐
URL www.antibes
juanlespins.com

ペイネ美術館
🏠 Pl. Nationale
🕐 11〜3月　10:00〜17:00
4〜10月　10:00〜12:50
14:00〜18:00
休 ㊊、1/1、5/1、11/1、12/25
料 €3

ピカソ美術館
🏠 Promenade Amiral de Grasse
🕐 9/16〜6/14　10:00〜13:00
14:00〜18:00
6/15〜9/15　10:00〜18:00
（入場は閉館の30分前まで）
休 ㊊、1/1、5/1、11/1、12/25
料 €8

ジュアン・レ・パン
🚉 アンティーブからTERで約2分。

ジャズ・ア・ジュアン
Jazz à Juan
ジュアン・レ・パンで毎年7月中旬に約10日間開催されるジャズフェスティバル。問い合わせ、チケットの予約はアンティーブの❶へ。
URL www.jazzajuan.com

コート・ダジュール

ヴァロリス & ビオット & アンティーブ

アンティーブのおすすめホテル／レストラン　Ⓗ ホテル　Ⓡ レストラン

人気のあるリゾート地のわりに町なかにホテルは少ない。高級ホテルは隣町のジュアン・レ・パンに多い。

Ⓗ ル・プレ・カトラン
Le Pré Catelan 3★

国鉄駅ジュアン・レ・パンから約800m。ビーチへは約200m。海辺でのんびり過ごしたい人におすすめ。キッチン付きの部屋もある。アンティーブの旧市街へはバスで10〜15分。

🏠 27, av. des Palmiers 06160 Juan-les-Pins
☎ 04.93.61.05.11
料 ⓈⓌ€135〜269　◯€16
CC ＡＭＶ　室 24室
P €16　🍴　Wi-Fi
URL www.precatelan.com

Ⓡ ゴールデン・ビーフ
Golden Beef

アンティーブのピカソ美術館から約500m、海沿いに建つアメリカンスタイルのステーキハウス。リムーザン牛やブラックアンガスなど、地元ブランド牛が比較的手頃に食べられる。開放的なテラス席がおすすめ。予約が望ましい。

🏠 1, av. du Général Maizière
☎ 04.93.34.59.86
営 12:00〜14:30、19:00〜22:00
料 ア・ラ・カルト予算約€60　CC ＡＭＶ　Wi-Fi
URL www.golden-beef.fr（日本語あり）

カジノ広場の夜景

一流のリゾートで過ごす夢のひととき

モナコ

郵便番号：MC98000　人口：約3万7000人

ACCESS

🚃ニースからTERで約20分。
🚌ニースの長距離バスターミナル
(Gare Routière Vauban MAP P.435
-A3)から602番(断崖道路経由)、
または607番(海岸線経由)のバス
で約1時間。
URL www.lignesdazur.com
🚗ニース・コート・ダジュール空
港からタクシーで約30分。料金は
一律料金で€95。
🚁ニース・コート・ダジュール空
港からヘリコプターで約7分。片道
€210～(ヘリポート～ホテル間の
シャトルバスサービス込み)。モナ
コ周辺の岬などを一望できる。
● Monacair
TEL 97.97.39.00
URL www.monacair.mc

ⓘ 観光案内所

住 2a, bd. des Moulins
MAP P.448-A2
TEL 92.16.61.66
開 9:00～18:00
休 ⑪、1/1、1/27、5/1、11/1、
11/11、11/19、12/8、
12/25
URL www.visitmonaco.com
(日本語あり)

旧市街の丘の上からモナコ湾を望む

"リヴィエラの真珠"とたたえられるモナコ公国は、19世紀から
高級リゾートとして、セレブリティたちを魅了してきた。ベル
エポックの香り漂う高級ホテル、ゴージャスなカジノ……。す
べてがエレガンスの極みを体現しているこの国では、サービス
も一流だ。誰もが心身ともにリラックスできるような、さりげ
ない心遣い。ゆっくり滞在すれば、いっそうその快適さを実感
することだろう。

≫≫ 歩き方 ≫≫

　モナコは「国」である。面積わずか2km²とバチカン市国に
次ぐ世界第2の小国だが、ひとつの独立国なのだ。といっても
言葉はフランス語、通貨もユーロなので、あまり国境を越えた
気はしない。

　6つの地区に分かれているこの国で、訪ねる場所といったら、
大公宮殿のある**モナコヴィル地区**と、カジノで有名な高級リ
ゾート、**モンテカルロ地区**だろう。見逃せないのはモナコのビー
チ。白い砂浜は地中海の青とマッチして美しいかぎりだ。

🏛 Column History — モナコの歴史

　1297年、修道士に変装したフランソワ・グ
リマルディがジェノヴァ人の築いた要塞を占拠
したのがモナコ公国の始まり。以後700年間、
幾度となく列強による侵略の危機にさらされな
がら、現在まで独立を守り抜いている。モナコ
が現在のような観光国になったのは、ここ100
年のこと。19世紀中頃までは何もない岩山ばか
りだった場所にカジノを導入したのが、当時の
モナコ公シャルル3世だ。以来、モナコは高級

リゾート地として発展の道を歩むことになる。
さらに前モナコ公レニエ3世は、1956年にハ
リウッド女優グレー
ス・ケリーを妃に迎
え、モナコの名を世
界的に知らしめるこ
とになった。

今も花が絶えないグレース
妃の墓(モナコ大聖堂内)

モナコのジェネラルインフォメーション

●国旗

●正式国名
モナコ公国 Principauté de Monaco

●面積
2.02km²。日本の皇居の2倍程度

●人口
約3万6450人（'22）

●元首
アルベール2世 Prince Albert II

●政体
立憲君主制

●公用語
フランス語

●通貨
通貨単位はフランスと同じくユーロ（€）
（→P.8）。硬貨の裏面のデザインはモナコ独自
のもので、1ユーロと2ユーロがアルベール2
世像、50、20、10セントはアルベール2世の
モノグラム、5、2、1セントはグリマルディ
家の紋章となっている。

●電圧とプラグ
フランスと同じ（→P.10）。

●祝祭日 ※印は年によって異なる移動祝祭日
新年 Jour de l'An：1/1
サント・デヴォット祭 Ste-Dévote：1/27
復活祭の翌月曜日 Lundi de Pâques※：
4/1（'24）
メーデー Fête du Travail：5/1
キリスト昇天祭 Ascension※：5/9（'24）
聖霊降臨祭の翌月曜日 Lundi de Pentecôte※：
5/20（'24）
キリスト聖体の祝日 Fête Dieu※：5/30（'24）
聖母被昇天祭 Assomption：8/15
諸聖人の祝日 Toussaint：11/1
モナコ・ナショナルデー
Fête Nationale Monégasque：11/19
聖母受胎の日 Immaculée Conception：12/8
クリスマス Noël：12/25
（一部祝祭日が日曜の場合、翌月曜が休みとなる）

●ビジネスアワー
郵便局
㊊〜㊎ 8:00〜19:00、㊏8:00〜13:00
㊡ ㊐㊗
レストラン
昼12:00〜14:00、夜19:30〜22:30頃
ショップ
10:00〜19:00頃（昼休みを取る店もある）
㊡ ㊐㊗、店によって㊏の午後、㊊の午前

●チップ
タクシー
料金の5％くらいの額。荷物分は別途走行
料金に加算される。
レストラン
料金にサービス料が含まれているので、高
級店では料金の5〜10%程度を心づけとして、
その他の店ではつり銭から小銭を残す程度。
ホテル
ポーターやルームメイド、ヴォワチュリエ
に対し€2〜5程度。

●時差とサマータイム
フランスと同じ（→P.10）。

●郵便
日本へのエアメールは
はがきと封書（20gまで）は
€1.80。モナコの切手は
美しさと希少価値からマニ
アにも人気が高い。

モナコの郵便ポスト

●ビザ
3ヵ月以内の滞在は観光、業務ともにビザは
不要。3ヵ月以上滞在する場合は、在日フラン
ス大使館（→P.506）に問い合わせること。

●治安
住民約100人に対しひとりの割合で警察官が
配備され、治安のよさは世界でもトップレベル。
市内のいたるところに監視カメラが設置され、
女性が夜ひとりで歩いても安心感がある。

●緊急時のダイヤル
警察 ☎ 17
救急車と消防 ☎ 18
病院（Centre Hospitalier Princesse Grace
-Hôpital de Monaco）☎ 97.98.99.00

●電話のかけ方
日本への電話のかけ方（→P.532）
日本からの電話のかけ方（→P.532）
フランスからモナコへの電話のかけ方
00＋377＋相手先の電話番号（8桁）
モナコからフランスへの電話のかけ方
**00＋33＋相手先の電話番号
（最初の0は取る）**
詳しい国際電話の利用方法→P.532

●その他
バス
主要6ルートで結ばれている。料金は1回券
€2、1日券€5.50。URL www.cam.mc
公共エレベーター
高低差の大きいモナコでは無料の公共エレベ
ーターが便利。P.448の地図に紫で示した場
所にある。
公共の場での喫煙
公共の閉じられた空間での喫煙は全面的に禁
止されている。

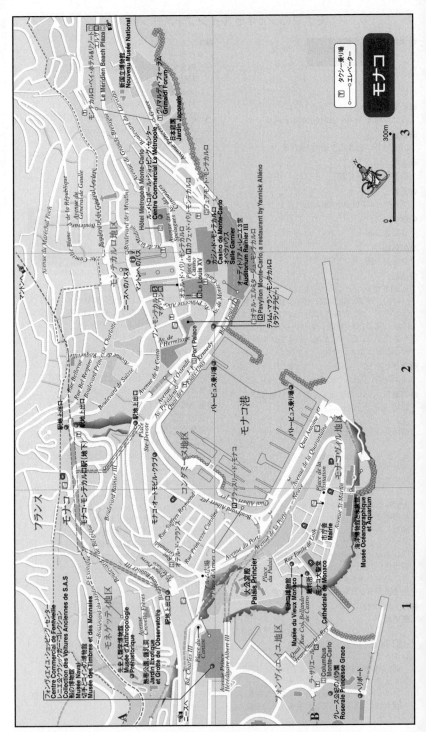

モナコ

凡例
Ⓣ タクシー乗り場
・ エレベーター

300m

A

フォンヴィエイユ・ショッピング・センター
Centre Commercial de Fontvieille
切手とコイン博物館/旧車コレクション
Collection des Voitures Anciennes de S.A.S
船の博物館
Musée Naval
切手とコインの博物館
Musée des Timbres et des Monnaies
先史人類博物館
Musée d'Anthropologie
Préhistorique
熱帯公園、鍾乳洞、天文台
Jardin Exotique
et Grotte de l'Observatoire

モネゲッティ地区

モナコ

モナコ・モンテカルロ駅出口

モナコ・モンテカルロ駅（地下）
駅地上出口

ニースへのバス
マントンのバス

フランス

ニース

プラス・デ・モリナール

ラ・テット・ド・シアン

ラ・ロッシュ

モナコ・ヴィル地区

大公宮殿
Palais Princier

旧モナコ博物館
Musée du Vieux Monaco

大聖堂
Cathédrale de Monaco

B

コロンバス・モンテカルロ
Columbus Monte-Carlo

グレース公妃のバラ園
Roseraie Princesse Grace

ヘリポート

モンテカルロ地区

新国立博物館
Nouveau Musée National

モンテカルロ・ベイ・ホテル＆リゾート／エルミタージュ
Le Méridien Beach Plaza

日本庭園
Jardin Japonais

パヴィヨン／フォーラム
Grimaldi Forum

オテル・メトロポール・モンテカルロ
Hôtel Metropole Monte-Carlo
メトロポール・ショッピング・センター
Centre Commercial Le Métropole

カジノ・モンテカルロ
Casino de Monte-Carlo
サル・ガルニエ
Salle Garnier
オーディトリアム・レニエ3世
Auditorium Rainier III

パヴィヨン・モンテカルロ
Pavillon Monte-Carlo, a restaurant by Yannick Alléno

モナコ港

サービス乗り場

サービス乗り場

海洋博物館と水族館
Musée Océanographique et Aquarium

市庁舎
Mairie

448 はみだし ニース〜モナコ〜マントンを結ぶ607番のバスはモナコ市内の数ヵ所に停まる。モナコ旧市街と大公宮殿に行くならPlace d'Armes、カジノ広場に行くならMonte Carlo (Casino)で降りるといい。

))) おもな見どころ (((

コート・ダジュール

モナコ

モナコヴィル地区 ★★★
MAP P.448-B1〜2
Monaco Ville

地中海に突き出た岩山の上にそびえるモナコの**大公宮殿**Palais Princierは13世紀にジェノヴァ人が築いた要塞跡に建てられた。夏期のみ内部を訪問することができる。16世紀の礼拝堂や、「ルイ15世の間」が見ものだ。毎日11:55に行われる衛兵交替も見逃さないように！

宮殿前広場での衛兵交替

岩山の上には、パステルピンクの壁が美しい旧市街（モナコヴィル地区）が広がる。細い石畳の通りが迷路のように入り組み、モナコ料理店やみやげ物屋が建ち並んでいる。宮殿前の広場からの眺めもすばらしく、モナコ湾やモンテカルロのF1コースなど一望できる。

13世紀初頭からのさまざまな建築様式が見られる大公宮殿

カジノ・ド・モンテカルロ ★★★
MAP P.448-A2
Casino de Monte-Carlo

パリのオペラ座パレ・ガルニエを設計したシャルル・ガルニエの作。ブラックジャックやルーレットで、腕だめしをしてみるのもいい。ギャンブルには興味がないという人も、宮殿のような内部を見学するためだけに訪れる価値がある。大理石のエントランスホール、目を見張るような天井画や壁画、クリスタルのシャンデリア……。世界的なオペラの初演が行われてきたオペラハウスもある。どの部屋も夢のような雰囲気を醸し出している。

© MONTE CARLO Société des Bains de Mer
宮殿のような華やかさ

大公宮殿
住 Pl. du Palais
開 10:00〜18:00
（7・8月は〜19:00。入場は閉館の45分前まで）
休 F1グランプリ開催期間。10/16（'23）以降については❶またはウェブサイトで確認のこと。
料 €8、学生€4
URL www.palais.mc
1、2番のバスでMonaco-Ville下車。

モナコのプチトラン
F1グランプリと同じコースをかわいらしいプチトランで走ってみては？ モナコの観光名所を回るプチトラン「Monaco Tours」は海洋博物館前から出発。30分でモナコの町を一周する。日本語オーディオガイド付き。
休 11月中旬〜1月
料 €11、2〜8歳€5
URL www.monacotours.mc

カジノ・ド・モンテカルロ
カジノは高級社交場。エレガントな装いが望ましい。18歳未満は入場不可。入口でチェックがあるので、パスポートを忘れないように。
住 Pl. du Casino
営 毎日14:00〜
（10:00〜13:00は見学のみ可）
料 入場料€18、モンテカルロ・ソシエテ・デ・バン・ド・メール系列ホテル（→P.451）宿泊者は入場無料
URL www.casinomontecarlo.com

Column / Festival

モナコF1グランプリ

モナコ最大のイベントといえば、5月のF1グランプリ。市街道路がそのままサーキットになるスリリングなレースとして人気が高い。観戦チケットはモナコ・オートモビル・クラブからインターネットで直接購入する。最高なのはホテルのテラスから観戦することだが、F1開催中は4泊からしか予約できず、料金も通常の5〜8倍にはね上がる。人気の部屋はすぐに埋まってしまうため、早めの予約がベターだが、ギリギリまで空き状況は要確認。2024年の開催は5月10〜12日。

ビッグレースが開催される

モナコ・オートモビル・クラブ
Automobile Club de Monaco
MAP P.448-A2 住 23, bd. Albert 1er
TEL 93.15.26.00 FAX 93.25.80.08 URL acm.mc

はみだし カジノからすぐの所にある「ワン・モンテカルロOne Monte-Carlo」は上階が高級レジデンスになった複合施設。高級ブティックのほか、おしゃれなレストラン「マダ・ワンMada One」も入っている。

海洋博物館と水族館

海洋博物館では興味深い標本も展示

海洋博物館と水族館　★★★
MAP P.448-B1　Musée Océanographique et Aquarium

　1910年に、海洋学者でもあったモナコ公アルベール1世によって造られた博物館。岸壁に土台が埋め込まれるようにして建っており、テラスから見る海の眺めがすばらしい。地下は海底の生態系をそのまま再現した水族館になっていて、まるで海底散歩をしているような気分になれる。

熱帯公園　★★
MAP P.448-A1　Jardin Exotique

　モナコヴィル地区を見下ろす高台にある植物園。数千種のサボテンや亜熱帯の植物が見られる。迷路のような道を上り下りしながら歩くのが楽しい場所だ。公園の地下60mの所に、先史時代の住居として使われていた鍾乳洞があり、およそ1時間ごとに見学ツアーがある。

モナコの旧市街と地中海のすばらしい眺望が楽しめる

グレース公妃のバラ園　★★
MAP P.448-B1　Roseraie Princesse Grace

　1982年、モナコ公妃グレースは自動車事故で突然この世を去った。バラを愛した妃をしのんで造られたのがこの庭園。300種、8000本以上のバラが植えられ、芳香に包まれてグレース妃の像が立つ。あまり混むことがないのでゆっくり散策ができる。

グレース妃像が立つバラ園

Column / Information / INFO　モナコで美と癒やしのスパ体験

　最も人間の体液に近いとされる海水を利用し、予防と治療を行うタラソテラピー。その歴史は紀元前にまで遡る。モンテカルロのタラソテラピーセンターでは、最高水準のタラソテラピープログラムが体験可能だ。

　スイスの高級化粧品ブランド「ラ・プレリー」製品を使ったゴージャスなトリートメントもあり、美しさに磨きをかけたい女性たちの人気を集めている。

　地中海の陽光をふんだんに取り入れた空間もすばらしい。「オテル・ド・パリ・モンテカルロ」と「オテル・エ

ルミタージュ・モンテカルロ」（→P.451）とは地下通路でつながっていて、客室からバスローブのまま直行することができ、宿泊客はプール、サウナ、フィットネスなどが無料に。モナコならではの贅沢なリラクセーションをぜひ体験してみたい。

●テルム・マラン・モンテカルロ
　Thermes Marins Monte-Carlo
　MAP P.448-A2　住 2, av. de Monte-Carlo
　URL www.montecarlosbm.com/en/wellness-sport-monaco/thermes-marins-monte-carlo

●モンテカルロ・ソシエテ・デ・バン・ド・メール
　日本オフィス
　TEL (03)5615-8067
　URL www.montecarlosbm.com/en
　プランの詳細、料金、予約についてはモンテカルロ・ソシエテ・デ・バン・ド・メール日本オフィスまで。

地中海の光が降り注ぐすばらしい空間

コート・ダジュール

モナコ

モナコのおすすめホテル／レストラン Hホテル Rレストラン

4つ星以上のホテルが多く占める高級リゾート地。必ず予約しておこう。

HR オテル・ド・パリ・モンテカルロ
Hôtel de Paris Monte-Carlo 5★ MAP P.448-A2

カジノ広場に面して建つデラックスホテル。1864年の創業以来、優雅な内装と質の高いサービスで、世界中の賓客をもてなしてきた。ミシュランの星付きレストランでの美食も楽しみ。2019年リニューアルオープン。

住 Pl. du Casino TEL 98.06.30.00
料 ⑤W€840～45000
◯€55 CC AMV 室 209室 P €48
¶¶「Le Louis XV - AlainDucasse à l'Hôtel de Paris」「Le Grill」「Em Sherif Monte-Carlo」
※ Wi-Fi 予約 モンテカルロ・ソシエテ・デ・バン・ド・メール日本オフィス TEL (03)5615-8067
URL www.montecarlosbm.com

HR オテル・エルミタージュ・モンテカルロ
Hôtel Hermitage Monte-Carlo 5★ MAP P.448-A2

「オテル・ド・パリ・モンテカルロ」と肩を並べる優美なホテル。ベルエポックの優雅さが息づく内装がすばらしく、ここにいること自体が一生忘れられない旅の思い出になるだろう。

住 Square Beaumarchais TEL 98.06.40.00
料 ⑤W€580～25000 ◯€50 CC AMV
室 278室 P €40 ¶¶「Pavyllon Monte-Carlo, a restaurant by Yannick Alléno」 ※ Wi-Fi
予約 モンテカルロ・ソシエテ・デ・バン・ド・メール日本オフィス TEL (03)5615-8067
URL www.montecarlosbm.com

H モンテカルロ・ベイ・ホテル＆リゾート
Monte-Carlo Bay Hotel & Resort 4★ MAP P.448-A3

モナコ東部のラルヴォット地区にある。客室の75％がシービューで、カジノやスパ、プール、レストランも充実した本格的リゾートホテル。

住 40, av. Princesse Grace TEL 98.06.02.00
FAX 98.06.00.03 料 ⑤W€465～12000
◯€44 CC AMV 室 334室 P €35
¶¶「Le Blue Bay」
予約 モンテカルロ・ソシエテ・デ・バン・ド・メール日本オフィス TEL (03)5615-8067
URL www.montecarlosbm.com

H フェアモント・モンテカルロ
Fairmont Monte Carlo 4★ MAP P.448-A3

地中海に面した、モナコ最大規模のアメリカンスタイルのホテル。レストラン、スパも充実している。大型ホテルながらサービスもきめ細かで安心。

住 12, av. des Spélugues
TEL 93.50.65.00 FAX 93.30.01.57
料 ⑤W€254～ ◯€39
CC AJMV
室 602室 P €60 ¶¶ ※ Wi-Fi
URL www.fairmont.jp/monte-carlo/（日本語あり）

R エルザ
Elsa MAP P.448-A3

ホテル「モンテカルロ・ビーチ・ホテル」内のサステナブルなガストロノミック・レストラン。旬の食材や地元の素材をふんだんに使った地中海料理を提供している。4/7～10/1（'23）にオープン。

住 Av. Princesse Grace, 06190
　　Roquebrune-Cap- Martin
TEL 98.06.50.05
営 12:30～14:30、19:30～22:00 休 ⑤ ⑥ 冬期
料 昼ムニュ€68（平日）、€88（⑤ ⑧ 祝）、夜ムニュ€138 CC AMV
URL www.montecarlosbm.com

R ラ・サリエール
La Salière MAP P.448-B1

フォンヴィエイユ港に面したレストラン。モナコでは手頃な価格で、自家製パスタなど本格的なイタリアンが楽しめると人気。予約がおすすめ。

住 28, quai Jean Charles Rey TEL 92.05.25.82
営 12:00～14:30、19:00～22:30
　　（金 ⑤～23:00）休 無休
料 ア・ラ・カルト予算約€50 CC AMV 英
URL www.lasaliere.mc

R カフェ・ド・パリ・モンテカルロ
Café de Paris Monte-Carlo MAP P.448-A3

カジノ広場にある、モナコを代表するブラッスリー。ベルエポックの内装が美しい。リキュールの効いたデザート、クレープシュゼット発祥の地といわれており、ぜひ味わってみよう。

住 Pl. du Casino TEL 98.06.76.23
営 12:00～23:30 (L.O.)
料 ア・ラ・カルト予算約€80 CC AMV 英
※改装工事のため、2023年秋までオテル・ド・パリ・モンテカルロ内で営業。

H オテル・ド・フランス
Hôtel de France 2★ MAP P.448-A1

駅地上出口から徒歩5分、大公宮殿へも港へも近く、便利。モナコでは貴重なエコノミーホテル。

住 6, rue de la Turbie
TEL 93.30.24.64
料 ⑤W€105～210 ◯€10
URL www.hoteldefrance.mc

R ブラッスリー・ド・モナコ
Brasserie de Monaco MAP P.448-B1

モナコ産のオーガニックビールが味わえるブラッスリー。毎晩18:00からはDJタイム。

住 36, route de la Piscine TEL 97.98.51.20
営 12:00～翌2:00（⑤は17:00～）休 無休
料 一品料理€18～ 英
URL www.brasseriedemonaco.com

レモンの産地として名高い

レモンの香りに満ちたイタリア国境の町
マントン

郵便番号：06500　人口：約2万9000人

ACCESS
🚃 ニースからTERで約35分。

ⓘ 観光案内所
🏠 8, av. Boyer　MAP P.453-1
📞 04.83.93.70.20
🕐 7〜9月　毎日　9:00〜19:00
　　10〜6月　⑨〜⊕ 9:00〜12:00
　　　　　　　　 14:00〜18:00
🚫 10〜6月の⑨ ㊗
URL www.menton.fr

赤い屋根の家々が寄り添うマントンの旧市街

ここはコート・ダジュールの最東端。イタリアと国境を接する町だ。コート・ダジュールといえば上流階級の人々が集まる高級リゾートを想像しがちだが、ここマントンはかつての漁村の雰囲気が色濃く残る。2月のレモン祭がこの町最大のイベントで、レモンやオレンジの実で作られた馬や人形が町をパレードする。ほかではめったに見られない詩人コクトーの絵画に出会えるのも、この町。

>>> 歩き方 >>>

市庁舎結婚の間
市庁舎の「結婚の間Salle des Mariages」にもコクトーの絵がある。
🏠 17, rue de la République
🕐 8:30〜12:00
　　14:00〜16:30
🚫 ⊕ ⑨ ㊗
💰 €2、学生と65歳以上€1
URL www.museecocteaumenton.
fr

　高台にある駅から海までは500mほど。5分も歩けば海岸沿いの遊歩道**プロムナード・デュ・ソレイユ**Promenade du Soleilに出る。プロムナード・デュ・ソレイユから東に向かうと、**ジャン・コクトー美術館**と**要塞美術館**がある。コクトーファンなら見逃せないアートスポットだ。
　イタリアへと続いていく地中海の眺めを堪能したければ、旧市街の坂道を上ってみよう。坂道の両脇に、古い民家が寄り添うようにして建っている。一見華やかなリゾート地のもうひとつの顔だ。眺めがいいのは**サン・ミッシェル教会**Eglise St-Michel前や、さらに坂道を上った墓地の前。

♪♫ Column Festival
マントンのレモン祭

　温暖な気候に恵まれたマントンは、フランスでいちばんのレモンの産地。そんなマントンで、毎年2月に開催されるレモン祭fête du Citronは、ニースのカーニバル(→P.436)とともに、コート・ダジュールに春を呼ぶ祭りとして名高い。期間中はパレードが行われるほか、公園にレモンやオレンジで作られたオブジェが並び、さわやかな香りに満たされる。ニースのカーニバルと同時期に行われるので、合わせて訪れてみるといい。2024年は2月17日〜3月3日に開催予定。

祭りのあとの果実は、ジャムなどに利用される

おもな見どころ

ジャン・コクトー美術館と要塞美術館 ★★★

[MAP] P.453-1
Musée Jean Cocteau & Musée du Bastion

コクトーが愛した町マントンには、彼自身の希望で造られた美術館（**要塞美術館**）がある。海辺に立つこの美術館にはパステル画『恋人たち』のシリーズが展示されている。2011年、さらにもうひとつジャン・コクトー美術館が誕生した。美術収集家セヴラン・ワンダーマンのコレクション寄贈によって実現したもので、総面積約2700m²のスペースに絵画、写真、映像などを展示。コクトーの多彩な魅力に触れることができる。

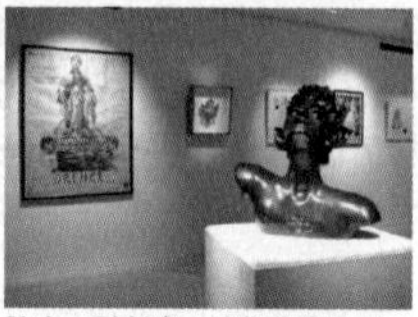
詩人、彫刻家、映像作家など、コクトーの才能の多彩さに驚かされる

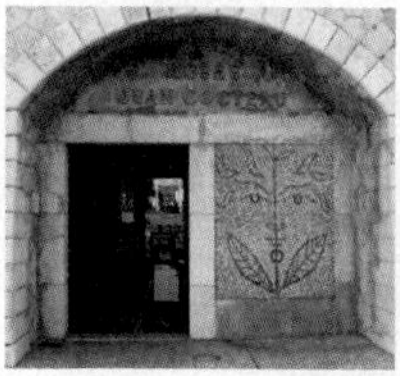
要塞美術館の外部を飾るモザイクは海辺の小石が使われている

要塞美術館
[住] 5, quai Napoleon III
[開] 10:00～12:30
14:00～18:00
[休] [火]、1/1、5/1、11/1、12/25
[料] €5
[URL] www.museecocteaumenton.fr

ジャン・コクトー美術館
[住] 2, quai de Monleon
[URL] www.museecocteaumenton.fr
※2023年5月現在、技術的な問題のため休館中。

マントンのおすすめホテル [H]ホテル

コート・ダジュールのリゾート地のなかでは比較的手頃な料金で質の高い部屋が見つかる。

[H] プランセス・エ・リシュモン
Princess et Richmond 4★ [MAP] P.453-1

海岸沿いにあるホテル。気取りのない雰囲気でリラックスできる。ぜひ海の見える部屋をリクエストしたい。

[住] 617, promenade du Soleil
[TEL] 04.93.35.80.20
[料] ⓈⓌ€145～250 ☕€16
[休] 11/1～12月中旬 [CC] [A][M][V]
[室] 45室 [P] €12 ❄ [Wi-Fi]
[URL] www.princess-richmond.com

[H] メディテラネ
Méditerranée 3★ [MAP] P.453-1

駅から徒歩10分ほど。旧市街の入口近くに建つホテル。海岸通りにすぐ出られ、観光にも食事にも不自由しない。客室には電気ポットあり。

[住] 5, rue de la République
[TEL] 04.92.41.81.81
[料] ⓈⓌ€75～350 ☕€16
[CC] [A][D][M][V] [室] 89室
[P] €16～22 🍴
❄ [Wi-Fi]
[URL] www.hotel-med-menton.com

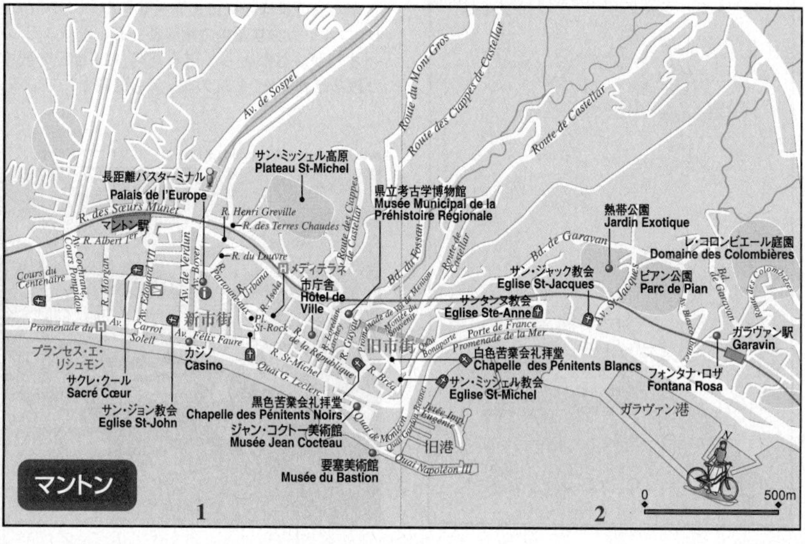
マントン
Av. de Sospel
Route du Mont Gros
Route des Ciappes de Castellar
Route de Castellar
サン・ミッシェル高原
Plateau St-Michel
長距離バスターミナル
Palais de l'Europe
R. des Sœurs Munet
マントン駅
R. Albert 1er
R. Henri Greville
R. des Terres Chaudes
R. du Louvre
県立考古学博物館
Musée Municipal de la Préhistoire Régionale
熱帯公園
Jardin Exotique
レ・コロンビエール庭園
Domaine des Colombières
Bd. de Garavan
サン・ジャック教会
Eglise St-Jacques
ビアン公園
Parc de Pian
Cours du Centenaire
Av. Cochrane
Cours Pompidou
R. Morgan
Av. Edouard VII
Av. de Verdun
Av. Boyer
R. Partouneaux
R. Urbana
R. Isola
メディテラネ
市庁舎
Hôtel de Ville
Bd. du Fossan
サンタンヌ教会
Eglise Ste-Anne
Av. St-Jacques
新市街
Promenade du Soleil
Av. Carnot
Av. Félix Faure
Pl. St-Rock
R. de la République
旧市街
Porte de France
Promenade de la Mer
ガラヴァン駅
Garavin
プランセス・エ・リシュモン
カジノ
Casino
R. St-Michel
Quai G. Leclerc
R. Bréa
白色苦業会礼拝堂
Chapelle des Pénitents Blancs
サン・ミッシェル教会
Eglise St-Michel
フォンタナ・ロザ
Fontana Rosa
サクレ・クール
Sacré Cœur
サン・ジョン教会
Eglise St-John
黒色苦業会礼拝堂
Chapelle des Pénitents Noirs
ジャン・コクトー美術館
Musée Jean Cocteau
Quai de Monleon
Jetée Impératrice Eugénie
ガラヴァン港
旧港
Quai Napoléon III
要塞美術館
Musée du Bastion
1
2
0
500m
N

コルシカ島への旅
「美の島」に魅せられて

ニースの南東約180kmの所に位置する、地中海で3番目に大きい島コルシカLa Corse。すぐ南にはイタリア領のサルディニア島があり、地理的にはフランスよりイタリアに近い。また歴史的にも、かつてのジェノヴァ共和国やトスカーナ大公国の領地であったという背景があり、地名や文化にイタリアの影響が色濃く見られる。

「イル・ド・ボーテ（美の島）」という異名をもつこの島は、まだまだ日本人にはなじみが薄い。しかし一度訪ねれば、その景観の美しさに魅了され、誰もが再訪を願うほどだ。

コルシカはフランスに対する独立意識が高いことでも知られる。公用語であるフランス語のほかに、独自の言語が今も使われ、町の名前や通り名を表すプレートなどでも、ふたつの読み方が示されていることがある。

拠点となるアジャクシオとバスティア

コルシカを巡る拠点となるのは、アジャクシオAjaccioとバスティアBastia。いずれもニースやマルセイユから船か飛行機で行くことができる。後述するコルシカ鉄道の発着駅でもある。

アジャクシオは島の西海岸にある港町。ナポレオンの生地であり、生家Maison Bonaparteが公開されている。バスティアは島の北端にあるコルス岬の付け根に位置する。14〜18世紀、ジェノヴァ共和国領であった時代の要塞が残り、家並みにもイタリアの雰囲気が感じられる。

ナポレオン1世が洗礼を受けたアジャクシオのノートルダム・ド・ラソンプシオン大聖堂

大自然の景観が最大の見どころ

作家モーパッサンは、コルシカ島を「海に立つ山」と表現した。この言葉のとおり、島の大部分が険しい山岳地帯であり、山と絶壁が海際まで迫る。そうしたユニークな地形や手つかずの自然、美しい景観を味わうのが、島を巡る楽しみといえる。なかでも最南端にあるボニファシオBonifacioは見逃せない。激しく浸食された石灰岩の断崖が海面からそそり立ち、その上に町がある。ダイナミックな景観に圧倒されることだろう。

また島のほぼ中央にある大学都市コルテCorteは、コルシカ独立運動の指導者であったパスカル・パオリが、首都として選んだ町。15世紀の要塞が残るほか、ハイキングコースも整備されている。

コルシカ島

ニース、マルセイユへ
コルス岬
ニース、トゥーロンへ
サン・フローラン St-Florent
イル・ルース Ile-Rousse
バスティア Bastia
カルヴィ Calvi
ポンテ・レッチア Ponte-Leccia
チント山 2707m
アスコ渓谷
スカンドラ 自然保護区
Haute Corse県
ジロラッタ湾
ニース、トゥーロンへ
ポルト湾
ポルト Porto
コルテ Corte
ヴィヴァリオ Vivario
アレリア Aleria
ニース、マルセイユへ
コルシカ鉄道
バヴェラ峠
アジャクシオ Ajaccio
Corse-du-Sud県
マルセイユへ
プロプリアーノ Propriano
サルテーヌ Sartène
ポルト・ヴェッキオ Port Vecchio
N
ボニファシオ Bonifacio
0　　30km

断崖絶壁の上に町。独特の景観で知られるボニファシオ

世界遺産に登録されたポルト湾　　　　　　　　　エッフェル設計の橋を渡るコルシカ鉄道

　コルシカ島は、フランスで最初に、自然部門での登録を受けた世界遺産をもつことでも知られる。島の西海岸にあるスカンドラ自然保護区と、ジロラッタ湾、ポルト湾を含む一帯だ。赤い花崗岩の断崖に挟まれた湾は、厳しい管理のもとで保護されているため、車で行くことはできない。ポルトPortoやアジャクシオから観光船が出ているので、ぜひ訪ねてみたい。海の透明度は驚くほどだ。

のんびり楽しむコルシカ鉄道

　コルシカには、北東部のバスティアと南西部のアジャクシオとの間を結ぶ鉄道が通っている。途中、ポンテ・レッチアPonte-Lecciaで分岐して北西部の町カルヴィCalviにも延びている。一般のローカル線だが、観光客にも人気の路線だ。この鉄道の魅力は海と山の両方の景色を満喫できること。海をあとにした列車は、山岳地帯を抜け、最後には再び海に戻っていく。とりわけイル・ルース〜カルヴィ間は、海岸線に沿って走る時間が長く、地中海の眺めをたっぷりと楽しめる。
　難点は時間がかかること。1日2〜6便と便数が少なく、島を縦断する線しかないからだ。世界遺産の湾やボニファシオの断崖絶壁を見るためには、レンタカーと組み合わせて回る必要がある。

日本語で快適なプライベートツアー

©corsica-napoleonica
ナポレオンゆかりの地を巡るツアー

　交通の便を考えると、ツアー参加も一案だ。日本滞在経験をもつコルシカ貴族一家出身のアンリ・ド・ロッカ＝セラさんが主催する「コルシカ・ナポレオニカ」なら、島の魅力をより深く味わえる旅になるだろう。日本語対応可能で、希望や予算に合わせて3日間からのプランを提案している。ツアー料金、プログラムの詳細はウェブサイトを参照しよう。予約、問い合わせはeメールで。

●コルシカ・ナポレオニカCorsica Napoleonica
✉ contact@corsica-napoleonica.com（日本語可）
URL www.corsica-napoleonica.com（日本語）

名物はヤギのチーズと栗

コルシカビール「ピエトラ」

　地中海で取れた魚もよく出されるが、どちらかというと山の産物に名産が多い。ハムやソーセージ類、またヤギのチーズが有名。「ブロッチュBrocciu」は、カネロニの具にしたり、パスタにあえたりして食べる。ハーブに包まれた「フルール・デュ・マキFleur du Maquis」もコクがあり人気のチーズ。栗も名産品で、ケーキなどに使われている。栗の香りがする地ビールもある。

美の島コルシカを満喫するホテル

　島には大型ホテルが少なく、7・8月のバカンスシーズンには満杯になる。日程が決まったらすぐに予約しておきたい。コルシカならではの景観を楽しむなら、町から少し離れた海岸沿いのホテルがおすすめ。例えば、アジャクシオから車で5分ほどの「ドムール・レ・ムエット」は、地中海の眺望を満喫できるプライベートホテルだ。

🏨 ドムール・レ・ムエット
Demeure Les Mouettes 4★
🏠 9, cours Lucien Bonaparte 20000 Ajaccio
☎ 04.95.50.40.40
🛏 ⓈⓌ€150〜440　🍴€29
休 11月上旬〜4月上旬　CC AMV
室 27室　P 無料
Wi-Fi
URL www.hotellesmouettes.fr

コルシカ島へのアクセス

✈パリORY空港からアジャクシオまたはバスティアまで約1時間35分。
🚢ニースからアジャクシオまで夜発の便は所要約9時間15分。ニースからバスティアまでは約8時間30分。トゥーロンからの便もある。いずれも冬期はほとんど運休に。
URL www.corsica-ferries.fr

455

Rhône-Alpes
ローヌ・アルプ

フランス南東部に位置し、スイス、イタリアと国境を接するローヌ・アルプ地方。リヨン、ヴィエンヌといったローヌ川流域の町は、その地の利と豊かな水の恵みにより、古くから繁栄してきた。リヨンは、金融や産業の中心であるだけでなく、長い歴史を感じさせる建築物が残り、フランスグルメの神髄を体験できる文化都市でもある。雄大なアルプスを望む山岳地帯は、シャモニ、グルノーブル、アルベールヴィルと過去3回も冬季オリンピックが開かれた地方であるだけに、広大でよく整備されたスキー場で知られる。これらのスキー場は、夏は、緑あふれる山岳リゾートとなり、さわやかな空気のなかで登山やハイキングを楽しむ人々でにぎわう。

観光のヒント

[気候] ローヌ川流域は、気候の穏やかな春と秋が旅行に最適のシーズン。フランスで最も雪が多いアルプ地方はスキーの本場。夏は涼しく、避暑地となる。

[特色] スイスの面積に匹敵する広さをもつ地方だけに、モンブランをはじめとする雄大な山々と清らかな湖、渓谷など多彩な自然の風景が楽しめる。

[周遊のヒント] リヨンは、ほかのフランス主要都市との飛行機、列車の便がよく、この地方の周遊の起点とするのにいい町。シャモニなどアルプ地方の町へは、ジュネーヴなどスイスからのアクセスもいい。

おもな祭りとイベント

6月 フルヴィエールの夜（リヨン／上旬〜7月下旬）：リヨン旧市街での夜祭り。演劇、クラシックコンサート、ローマ劇場での野外映画など

ジャズフェスティバル（ヴィエンヌ／下旬〜7月上旬）：古代劇場で開催されるジャズフェスティバル

8月 湖の祭り（アヌシー／第1土曜）：水と光のショー。湖上に打ち上げられる盛大な花火が見もの

ガイド祭り（シャモニ／15日）：シャモニの公認ガイドたちが岩登りなどのさまざまなデモンストレーションを行う

12月 光の祭典（リヨン／8日を含む4日間）：リヨン中の通りや建物に光がともる

© GT OT Bourg en Bresse

© SophieMolestiDavidAndre

© IAN BARR

❶フランボワイヤンゴシック様式が華やかな、ブールカン・ブレスのブルー修道院　❷雄大な氷河メール・ド・グラスを見下ろす　❸リヨンのフルヴィエールの丘からの眺め　❹憧れのゲレンデでシュプールを描こう

❶セザンヌも魅了し
たアヌシー湖畔の村、
タロワール ❷ブー
ルジェ湖のほとりに
たたずむオートコンプ
修道院

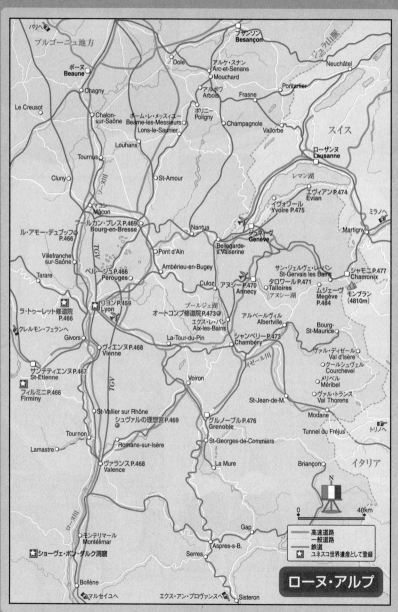

パリへ
ブルゴーニュ地方
ボーヌ Beaune
Chagny
Le Creusot
Chalon-sur-Saône
ホーム・レ・メッスィユー Beaume-les-Messieurs
Lons-le-Saunier
Louhans
Tournus
Cluny
マコン Mâcon
ル・アモー・デュブッフ P.466
ブールカン・ブレス P.469 Bourg-en-Bresse
Villefranche sur-Saône
Tarare
ペルージュ P.466 Pérouges
ラ・トゥーレット修道院 P.466
リヨン P.459 Lyon
クレルモン・フェランへ
Givors
ヴィエンヌ P.468 Vienne
サンテティエンヌ P.467 St-Etienne
フィルミニ P.466 Firminy
St-Vallier sur Rhône
シュヴァルの理想宮 P.469
Tournon
Lamastre
ロマンス・スュル・イゼール Romans-sur-Isère
ヴァランス P.468 Valence
モンテリマール Montélimar
ショーヴェ・ボン・ダルク洞窟
Bollène
マルセイユへ
エクス・アン・プロヴァンスへ
Sisteron
Serres
Aspres-s-B.
Gap
La Mure
St-Georges-de-Commiers
グルノーブル P.476 Grenoble
St-Jean-de-M.
Voiron
La-Tour-du-Pin
シャンベリー P.473 Chambéry
エクス・レ・バン Aix-les-Bains
オートコンプ修道院 P.473
ブールジェ湖
アルベールヴィル Albertville
アヌシー P.470 Annecy
アヌシー湖
Culoz
タロワール P.471 Talloires
サン・ジェルヴェ・レ・バン St-Gervais les Bains
ムジェーヴ モンブラン Megève (4810m)
シャモニ P.477 Chamonix
Bourg-St-Maurice
ヴァル・ディゼール Val d'Isère
クールシュヴェル Courchevel
メリベル Méribel
ヴァル・トランス Val Thorens
Modane
Tunnel du Fréjus
トリノへ
イタリア
Briançon
Ambérieu-en-Bugey
Pont d'Ain
Bellegarde-s.Valserine
ジュネーヴ Genève
Nantua
ベルージュ
St-Amour
ローザンヌ Lausanne
レマン湖
イヴォワール Yvoire P.475
エヴィアン P.474 Evian
Martigny
ミラノへ
スイス
Vallorbe
Champagnole
ポリニー Poligny
アルボワ Arbois
Mouchard
アルケ・スナン Arc-et-Senans
フザンソン Besançon
ジュラ山脈
Neuchâtel
Pontarlier
Frasne
Dole
TGV
イゼール川
ローヌ川
ソーヌ川

高速道路
一般道路
鉄道
ユネスコ世界遺産として登録

0 　　　　40km

N

ローヌ・アルプ

名産品と料理

ブレス鶏、川魚、腸詰め、チーズなど、多くの食材に恵まれた土地。リヨンは、ミシュランの星付きレストランがひしめく美食の都だ。「ブションBouchon」という庶民的なビストロで地元の味を試すのもいい。

Ⓐブレスの鶏 Volaille de Bresse：ブールカン・ブレス周辺が産地。餌は穀物だけを与えて放し飼いにされた極上の地鶏肉　Ⓑフォンデュ・サヴォワイヤードFondue Savoyarde：スイス国境に近いアルプ地方の町で食べられる　Ⓒクネル Quenelle：リヨン名物のすり身料理。ふわりとした食感が楽しめる　Ⓓリヨン産ソーセージのボイルSaucisson chaud：前菜やワインのおつまみにぴったり　ⒺリヨンのギニョルGuignol：人形劇の主人公ギニョル。おなじみの童話のなかに入り込んで登場する人気者　ⒻサヴォワワインVin de Savoie：山のチーズによく合う　Ⓖレマン湖の魚料理：川スズキPercheのフライが代表的　Ⓗトム・ド・サヴォワTomme de Savoie：カビに覆われた見た目は粗野だが、クセがなく食べやすいセミハードタイプのチーズ

ヨン名物の人形劇ギニョル

芸術とグルメを堪能できる町

リヨン

世界遺産

郵便番号：69001〜69009　人口：約49万1000人

ソーヌ川に沿って広がる美しい町並み

ヴォージュ山脈に源をおくソーヌ川と、アルプスから流れ出るローヌ川が合流するあたりにリヨンがある。豊かな水の恵みを受け、ローマ時代からの長い繁栄の歴史をもつフランス第2の都市だ。中世より「絹の町」として知られたリヨンはヨーロッパでも有数の商業都市であり、世界のグルメ垂涎の「美食の町」でもある。約100年前に映画が生まれたのもここリヨンだ。古きよきものを大切にし、さまざまな魅力にあふれるこの町では、きっと飾らない「フランス」に出合えるだろう。

≫≫ 歩き方 ≫≫

　リヨンの主要駅はペラーシュPerrache駅とパール・デューPart-Dieu駅。どちらの駅に着いた場合もメトロやトラムで町の中心に出ることができる。町の中心部はベルクール広場Pl. Bellecour。この広場の一角に❶がある。ベルクール広場やリヨン美術館のあるプレスキル地区を挟んで、両側に流れるのがソーヌ川とローヌ川。プレスキル地区からフルヴィエールの丘に向かい、ソーヌ川を越えるとそこはもう旧市街だ。

リヨン広域図

ACCESS

🚄パリ・リヨン駅からリヨン・パール・デューLyon Part Dieu駅までTGVで約2時間。リヨン・ペラーシュLyon Perrache駅までTGVで約2時間10分。
✈パリCDG空港またはパリORY空港からリヨン・サンテグジュペリLyon St-Exupéry空港まで約1時間10分。空港からリヨン・パール・デュー駅までトラム（Rhônexpress）で約30分。
URL www.lyonaeroports.com

❶観光案内所

🏠 Pl. Bellecour 2e　MAP P.460-B2
TEL 04.72.77.69.69
開 9:00〜18:00
休 1/1、12/25
URL www.lyon-france.com

リヨンは9区に分かれている。住所末尾につけられた1er、2eなどは区の番号を示す。

世界遺産

リヨン歴史地区
Site historique de Lyon
（1998年登録）

メトロ、トラム、バス
フルヴィエールの丘のケーブルカーFuniculaireにも共通の切符で乗車できる。
料 1回券€2、24時間券€6.50、10回券€19
URL www.tcl.fr

リヨン・シティ・カード
Lyon City Card
市内の23の美術館、博物館が無料になるお得なパス。メトロ、トラム、バスも乗り放題で便利。❶で買える。
料 24時間券€26.90、48時間券€35.90
URL www.lyoncitycard.com

はみだし 豊かな水の恵みを受けるリヨン。ソーヌ川やローヌ川から町を眺める遊覧船で船上から歩くのとは違ったリヨンの美しい風景を楽しめる。乗船場は裁判所の対岸。MAP P.460-A2 URL www.lesbateauxlyonnais.com

459

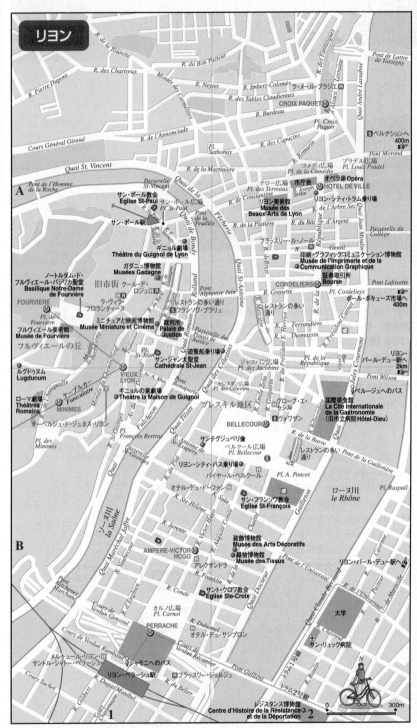

リヨン

R. de la Tourette
R. du Bon Pasteur
R. des Fantasques
Pont de Lattre
de Tassigny
R. Pierre Dupont
R. des Chartreux
Montée des Carmélites
R. Neyret
R. Imbert-Colomès
Quai André Lassalle
ラ・メール・プラジエ R
R. d'Alsace Lorraine
Cours Général Giraud
R. de l'Annonciade
R. des Tables Claudiennes
CROIX PAQUET
Pl. Croix
Paquet
R. Burdeau
S ベルナションへ
400m

Quai St. Vincent
R. de la Martinière
Pl. Sathonay
R. des Capucins
R. Romarin
コメディ広場
Pl. de la Comédie
プラデル広場
Pl. Louis Pradel
Pont Morand

Passerelle St-Vincent
Quai de la
テロー広場 Pl. des Terreaux
オペラ座 Opéra
A
Pont de l'Homme de la Roche
サン・ポール教会
Eglise St-Paul
サン・ポール広場
Pl. St-Paul
R. de Constantine
R. Joseph Serlin
市庁舎 HOTEL DE VILLE
Quai St. Vincent
Pont de la Feuillée
Pêcherie
リヨン美術館
Musée des Beaux-Arts de Lyon
リヨン・シティ・トラム乗り場
R. de l'Arbre Sec
サン・ポール駅
ギニョル劇場
Théâtre du Guignol de Lyon
R. de la Platière
R. du Bât d'Argent
Passerelle du Collège
ガダニュ博物館
Musées Gadagne
旧市街
クール・デ・
ロジュ R
ブラッスリー・ル・ノール
印刷・グラフィックコミュニケーション博物館
Musée de l'Imprimerie et de la Communication Graphique
FOURVIERE
ノートルダム・ド・
フルヴィエール・バジリカ聖堂
Basilique Notre-Dame de Fourvière
Pont
Alphonse Juin
レストランの多い通り
S フランソワ・プラリュ
R. Grenette
CORDELIERS M
証券取引所
Bourse
Pl. Cordeliers
Pont Lafayette
Pl. de Fourvière
ラ・ヴィラ・
フロランティーヌ
ミニチュアと映画博物館
Musée Miniature et Cinéma
裁判所
Palais de Justice
レストランの多い
通り
ポール・ボキューズ市場へ
400m
フルヴィエール美術館
Musée de Fourvière
Passerelle du Palais de Justice
R. Ferrandière
R. Thomassin
R. E. Herriot
R. du Président Carnot
リヨンへ
パール・デュー駅へ
2km
フルヴィエールの丘
ルグドゥヌム
Lugdunum
サン・ジャン大聖堂
Cathédrale St-Jean
ジャコバン広場
Pl. des Jacobins
Pl. de la République
Pont Wilson
ローマ劇場
Théâtres Romains
ケーブルカー
Funiculaire
VIEUX LYON
ギニョルの家劇場
Théâtre la Maison de Guignol
Pont Bonaparte
セレスタン広場
Pl. des Célestins
国際美食館
La Cité Internationale de la Gastronomie
(旧市立病院Hôtel-Dieu)
ベルージュへのバス
MINIMES
グローブ・エ・
S セシル
ヴァワザン
オーベルジュ・ド・ジュネス・リヨン
Pl. des Minimes
Quai Tilsitt
BELLECOUR
R. de la Barre
Pont de la Guillotière
サンテグジュペリ像
ベルクール広場
Pl. Bellecour
レストランの多い
通り
Pl. A. Poncet
Pl. Raspail
リヨン・シティ・バス乗り場
バイヤール・ベルクール H
B
ジョーヌ川 la Saône
オテル・デュ・ドーファン H
サン・フランソワ教会
Eglise St-François
ローヌ川
le Rhône
R. Ste-Hélène
R. Victor Hugo
AMPERE-VICTOR HUGO M
装飾博物館
Musée des Arts Décoratifs
織物博物館
Musée des Tissus
アレクサンドラ
Pont de l'Université
リヨン・パール・デュー駅へ
Quai Maréchal Joffre
R. Franklin
R. Conté
サント・クロワ教会
Eglise Ste-Croix
R. de l'Université
大学
Pont Kitchener Marchand
カルノ広場
Pl. Carnot
PERRACHE M
オテル・デュ・サンプロン
Cours de Verdun Gensoul
Cours de Verdun Rambaud
シャモニーへのバス
メルキュール・リヨン・ロ
サントル・シャトー・ペラーシュ
リヨン・ペラーシュ駅
ブラッスリー・ジョルジュ
サン・リュック病院
1
2
レジスタンス博物館
Centre d'Histoire de la Résistance et de la Déportation
0
300m

 はみだし 2階建ての観光バス「リヨン・シティ・バスLyon City Bus」(MAP P.460-B2)やトラム形のプチトラン「リヨン・シティ・トラムLyon City Tram」(MAP P.460-A2)で市内の見どころを回る。URL www.lyoncitytour.fr

))) おもな見どころ (((

フルヴィエールの丘 ★★★
MAP P.460-A1〜B1　Fourvière

丘の上から見るリヨンの町並み

メトロのVieux Lyonからケーブルカーに乗ると数分でフルヴィエールの丘の上に着く。丘に建つのが**ノートルダム・ド・フルヴィエール・バジリカ聖堂**Basilique Notre-Dame de Fourvièreだ。260段の階段を上ると、そこは展望台。旧市街、ソーヌ川、新市街、ローヌ川、パール・デュー地区とリヨンの町並みが広がる。

聖堂から少し下った所に**ルグドゥヌム**Lugdunumがあり、紀元前43年建造の**ローマ劇場**Théâtres Romainsと、**ガロ・ローマの博物館**Musée gallo-romainがある。博物館は5階が入口になっており、出窓のようになった所からガラス越しにローマ劇場が見える。

旧市街 ★★★
MAP P.460-A1　Vieux Lyon

フルヴィエールの丘とソーヌ川に挟まれた一帯は、優雅なイタリアルネッサンス様式の建物が建ち並ぶ旧市街だ。12世紀に建てられた**サン・ジャン大聖堂**Cathédrale St-Jeanから**サン・ポール教会**Eglise St-Paulまで、ゆっくり歩いてみたい。

また、建物の中庭を通って路地と路地を行き来できる抜け道**トラブール**Trabouleが数多く残っている。これはかつて織物工業が盛んだった頃、商品を雨でぬらさないように利用された屋根付きの小道で、リヨン独特のもの。トラブールの入口は一見普通の住宅の玄関のようでわかりにくいが、見学可能なものは入口に看板が掲げられているので、ボタンを押して扉を開ける。

旧市街の建物でも特に見逃せないのはRue de Gadagneにある**ガダニュ博物館**Musées Gadagne。ルネッサンス時代の美しい建物の中に、**リヨン歴史博物館**Musée d'histoire de Lyonと、世界中の人形を集めた**マリオネット博物館**Musée des Arts de la Marionnetteが入っている。

ガダニュ博物館

丘の上に建つ聖堂

ノートルダム・ド・フルヴィエール・バジリカ聖堂
聖堂
住 8, pl. de Fourvière 5e
開 7:00〜19:00
URL www.fourviere.org
塔
ガイド付きツアー（仏語）で見学。ウェブサイトでの予約が望ましい。所要約1時間30分。
開 6〜9月 ㊊〜㊏ 11:00
毎日 14:30、16:00
4・5・10月
㊌ ㊏ ㊐ 14:30、16:00
11月 ㊌ ㊏ ㊐ 14:30、15:30
休 8/15、9/8、12〜3月
料 €10、18歳未満€5
バス リヨン・シティ・カードで無料

ルグドゥヌム
住 17, rue Cleberg 5e
開 11:00〜18:00
（㊐は10:00〜）
休 ㊊、1/1、5/1、12/25
料 €4（日本語オーディオガイド付き）、企画展時€7
バス リヨン・シティ・カードで無料
URL lugdunum.grandlyon.com

博物館からローマ劇場が見える

見学可能なトラブールは❶でもらえる地図に記されている

ガダニュ博物館
住 1, pl. du Petit Collège 5e
開 10:30〜18:30
休 ㊊ ㊋、1/1、復活祭、5/1、7/14、12/25
料 リヨン歴史博物館とマリオネット博物館各€8
バス リヨン・シティ・カードで無料
URL www.gadagne-lyon.fr

🏛 Column / History　世界遺産　リヨン歴史地区

リヨンは紀元前1世紀にはすでにローマ帝国のガリア植民地の首府として栄えていた。リヨン発祥の地フルヴィエールの丘には円形劇場などローマ時代の遺跡が残っている。15世紀以後、定期市の開催や銀行の設置により経済発展を遂げたリヨンは、フランス・ルネッサンスの一大中心地となる。ソーヌ川西岸に広がるリヨンの旧市街は、ルネッサンス建築集合体で最も美しいもののひとつとして、1998年に世界遺産に登録された。

美しい建物が並ぶ旧市街

リヨン美術館
住 20, pl. des Terreaux 1er
開 10:00〜18:00（㊌は10:30〜）
休 ㊋㊊
料 €8、18歳未満無料
パス リヨン・シティ・カードで無料
URL www.mba-lyon.fr（日本語あり）

ラウル・デュフィの作品が飾られているリヨン美術館内のカフェ

印刷・グラフィックコミュニケーション博物館
住 13, rue de la Poulaillerie 2e
開 10:30〜18:00
休 ㊊㊋
料 €6（企画展時は€8）
パス リヨン・シティ・カードで無料
URL www.imprimerie.lyon.fr

装飾博物館
織物博物館
住 34, rue de la Charité 2e
URL www.museedestissus.fr
※2023年3月現在、改修工事のため休館中。

リヨンの美術館、博物館 ★★
MAP 本文参照   Les Musées

●リヨン美術館 Musée des Beaux-Arts de Lyon   **MAP** P.460-A2

テロー広場に面したこの美術館の建物は、17世紀には修道院だったもの。古代エジプト、ギリシア、ローマ時代のものから、ルネッサンス、近現代まで幅広い作品を所蔵し、ヨーロッパでも最大規模の美術館のひとつだ。美術館の庭

じっくり時間をかけて鑑賞したいリヨン美術館

を眺められるカフェはくつろぎのスペースとしても人気。

●印刷・グラフィックコミュニケーション博物館 Musée de l'Imprimerie et de la Communication Graphique   **MAP** P.460-A2

リヨン美術館近くにある印刷博物館。リヨンは15世紀から16世紀にかけて、印刷業でも栄えた町で、この博物館ではその時代の貴重な印刷機械や道具を見ることができる。

●装飾博物館 Musée des Arts Décoratifs
織物博物館 Musée des Tissus

シャリテ通りに並ぶふたつの博物館（入口は共通）のうち装飾博物館は、18世紀の貴族の館をそのまま利用したもの。当時の貴族の生活空間を再現し、16〜18世紀の家具や調度、宝飾品、陶器などを展示している。個人での見学はできない。

隣にある織物博物館は、リヨンで生まれた豊かな絹織物の作品と、絹織物産業の歴史を紹介する博物館。リヨンだけでなく世界の織物を展示している。1階にあるペルシャの絨毯の展示は、スケールの大きさといい斬新なデザインといい必見だ。

Column Cinéma　映画誕生の地でリュミエールに出会う

博物館の入口でリュミエール兄弟の写真に迎えられる

町の中心からは離れるが、映画好きならぜひ訪れてほしいのが、リュミエール博物館だ。映画の発明者リュミエール兄弟が住んでいた邸宅が、映画博物館として公開されている。内部には、立体写真など映画前史から映画初期の資料まで、興味深い展示物がいっぱい。最初の映画を撮影したシネマトグラフの実物もある。地下の部屋ではリュミエールの作品が上映されている。

邸宅の隣には、かつてリュミエール兄弟の父親が所有していた工場の跡がある（最初の映画通りRue du Premier Film23番地）。勤務を終えた従業員が次々と工場から出てくる様子を描いた最初の映画『工場の出口』は、1895年3月、この場所で撮影されたのだ。映画がここで始まったのかと思うと誰しも感慨にとらわれずにはいられないだろう。工場跡は現在、リュミエール研究所の映画上映会場になっており、入口の壁には、ここを訪れた著名映画人のネームプレートが多数掲げられている。

現在は映画館になっている「工場の出口」

リュミエール博物館 Musée Lumière
Ⓜ ⑩線Monplaisir-Lumière（ベルクール広場から5つ目）下車すぐ
MAP 地図外 **住** 25, rue du Premier Film 8e
URL www.institut-lumiere.org
※2023年5月現在、改修工事のため休館中。

はみだし リヨンはギニョルGuignolと呼ばれる人形の町として知られる。人形劇は「ギニョルの家劇場Théâtre la Maison de Guignol」で。約45分の公演後に舞台裏の見学も。要予約。**MAP** P.460-B1 **URL** www.lamaisondeguignol.fr

ローヌ・アルプ

リヨン

●ミニチュアと映画博物館
Musée Miniature et Cinéma MAP P.460-A1

世界中から集められたミニチュアアーティストの作品を展示している。特にダン・オルマンのリヨンの名所シリーズは圧巻。ほかに映画のセットや特殊効果技術に関する展示コーナーがあり、人気映画のマスクやオブジェが展示されている。

映画『パフューム』（2006年）の世界に入り込んだ気分になれるセット

●レジスタンス博物館
Centre d'Histoire de la Résistance et de la Déportation MAP P.460-B2

リヨンは第2次世界大戦時、レジスタンス活動の中心地だった。ここはかつてゲシュタポに占領されていた建物を利用した資料館。いくつもの壁で仕切られた空間の中、映像を効果的に使って当時の活動と苦難が追体験できる展示になっている。

オペラ座 ★★
MAP P.460-A2 Opéra

テロー広場からRue Joseph Serlinをローヌ川に向かって歩くと、市庁舎裏にガラスがはめ込まれた斬新な建物が見つかる。正面には8人の女神像が並んでいる。1993年オープンのオペラ座で、モダンなデザインの内装はジャン・ヌーヴェルの作品だ。

8人の女神が見下ろすファサード

ポール・ボキューズ市場 ★★
MAP P.459 Les Halles de Lyon Paul Bocuse

リヨンが生んだ偉大なるシェフ、ポール・ボキューズの名を冠した屋内市場。リヨン名物のクネル、ソーセージはもちろん、チーズ、ワイン、肉、魚、野菜、果物、パン、お菓子などあらゆる食材が売られている。レストランやフードスタンドもあるので、おなかをすかせて行くのがおすすめ。

リヨンの名産品を扱う店など50店以上も並ぶ

ミニチュアと映画博物館
住 60, rue St-Jean 5e
開 10:00〜18:30
休 1/1, 12/25
料 €13.90
バス リヨン・シティ・カードで無料
URL www.museeminiatureetcinema.fr

時間を忘れて見入ってしまうミニチュア作品

レジスタンス博物館
住 14, av. Berthelot 7e
開 10:00〜18:00
休 圓 圏、一部圏 料 €8
バス リヨン・シティ・カードで無料

オペラ座
プログラム検索、チケット予約
住 1, pl. de la Comédie 1er
URL www.opera-lyon.com

光の祭典
Fête des Lumières
毎年12月8日を含む4日間（'23は12/7〜12/10に開催）に開催される光の祭典。その起源は1852年12月8日、家々の窓にロウソクをともし、フルヴィエールの丘からリヨンを見守る聖母マリアへ感謝をささげたことによる。サン・ジャン大聖堂や市庁舎など、リヨン中の通りや建物に光がともる。
URL www.fetedeslumieres.lyon.fr

© marie Perrin
@OnlyLyon Tourisme

ポール・ボキューズ市場
住 102, cours Lafayette 3e
開 圏〜圉　7:00〜19:00
　 圓 圏　　7:00〜13:00
休 圓 圏
URL www.halles-de-lyon-paulbocuse.com

リヨン生まれの作家サンテグジュペリ

世界中で多くの人々に親しまれている小説『星の王子さまLe Petit Prince』。その著者アントワーヌ・ド・サンテグジュペリAntoine de St-Exupéryは、1900年6月29日にリヨンで生まれた。町の中心であるベルクール広場の外れには像が立ち（MAP P.460-B1）、リヨンの空港も「リヨン・サンテグジュペリ空港」と名付けられている。

広場南西の一角で木立に囲まれ、星の王子さまとともに広場を見下ろすサンテグジュペリの像

はみだし ローヌ川とセーヌ川の合流地点にあるコンフリュアンス博物館Musée des Confluences。自然史に関する豊富な展示が見られる。MAP地図外 バス リヨン・シティ・カードで無料 URL www.museedesconfluences.fr

リヨンのおすすめホテル／レストラン

[H]ホテル [Y]ユースアコモ [R]レストラン

ホテルはペラーシュ駅周辺とカルノ広場からベルクール広場にかけて50軒近くある。

[H][R] ラ・ヴィラ・フロランティーヌ
La Villa Florentine 5★ [MAP]P.460-A1

© Pascal Lattes

フルヴィエールの丘の中腹に建つルネッサンス時代の修道院を改築したラグジュアリーなホテルで、スパも備えている。ミシュラン1つ星のレストランでは旧市街の展望を楽しみながら食事ができる。

[住] 25, montée St-Barthélémy 5e
[TEL] 04.72.56.56.56
[料] ⓈⓌ€220～990 ☕€27
[CC] [A][M][V] [室] 28室 [P] €24
🍴「Les Terrasses de Lyon」
❄ [Wi-Fi]
[URL] www.villaflorentine.com

[H][R] クール・デ・ロジュ
Cour des Loges 5★ [MAP]P.460-A1

© Cour des Loges/ G.Picout.MPM.A.Rico&DR

リヨンで特別な夜を過ごすならここ。最も古い部分は14世紀に建てられたという城館を改装した高級ホテル。本物のルネッサンス建築の中、優雅なひとときを満喫しよう。2023年夏にリニューアルオープン予定。

[住] 6, rue du Bœuf 5e
[TEL] 04.72.77.44.44
[料] ⓈⓌ改装工事後の料金はウェブサイトで確認を
[CC] [A][M][V] [室] 60室
🍴「Les Loges」
❄ [Wi-Fi]
[URL] www.courdesloges.com

[H] アレクサンドラ
Alexandra 4★ [MAP]P.460-B1

メトロのAmpère-Victor Hugo下車すぐ。ベルクール広場や旧市街へも歩いていける。客室は小さめだが、モダンでおしゃれ。5人まで泊まれる家族向けの部屋もある。客室に電気ポットあり。

[住] 49, rue Victor Hugo 2e
[TEL] 04.78.37.75.79
[料] ⓈⓌ€149～339 ☕€19
[CC] [A][M][V] [室] 34室
[P] €40 ❄ [Wi-Fi]
[URL] www.hotel-alexandra-lyon.fr

[H] グローブ・エ・セシル
Globe et Cécil 4★ [MAP]P.460-B2

メトロのBellecourから徒歩2分。一流ブランドショップが軒を並べるシックな通りに建つ。客室はすべて異なった色調のインテリアでまとめられ、ロマンティックな雰囲気。

[住] 21, rue Gasparin 2e
[TEL] 04.78.42.58.95
[料] ⓈⓌ€233～
☕ €18 [CC] [A][D][J][M][V]
[室] 59室 ❄ [Wi-Fi]
[URL] globeetcecilhotel.com

[H] メルキュール・リヨン・サントル・シャトー・ペラーシュ
Mercure Lyon Centre Château Perrache 4★ [MAP]P.460-B1

ペラーシュ駅前のホテル。アールヌーヴォーを基調とした空間に、モダンな家具が配されている。清潔な客室でくつろげる。

[住] 12, cours de Verdun Rambaud 2e
[TEL] 04.72.77.15.00
[料] ⓈⓌ€110～245 ☕€18.90
[CC] [A][D][J][M][V] [室] 120室
[P] 🍴 ❄ [Wi-Fi]
[URL] all.accor.com/hotel/1292/index.ja.shtml

[H] バイヤール・ベルクール
Bayard Bellecourt 3★ [MAP]P.460-B2

リヨンの中心ベルクール広場に面し、立地抜群。[i]のすぐそばで、観光、ショッピング、食事に便利。そのわりに料金は手頃。

[住] 23, pl. Bellecour 2e
[TEL] 04.78.37.39.64
[料] ⓈⓌ€153～264 ☕€19
[CC] [A][M][V]
[室] 22室 [Wi-Fi]
[URL] www.hotelbayard.fr

[H] オテル・デュ・ドーファン
Hôtel du Dauphin 2★ [MAP]P.460-B2

© Hôtel du Dauphin

ベルクール広場に近く、メトロのBellecourにもすぐなので、観光に便利な立地。短い滞在でも十分にリヨンを楽しめる。部屋は簡素ながらとても清潔。

[住] 9, rue Victor Hugo 2e
[TEL] 04.78.37.18.34
[料] ⓈⓌ€79～229 ☕€ €10
[休] 8月に2週間、12/24、12/25
[CC] [A][M][V] [室] 13室 [Wi-Fi] 無料
[URL] www.hoteldudauphin.fr

クサン・ド・リヨンは、1960年に菓子店「ヴォワザンVoisin」で誕生したリヨンの名物菓子。クッションの形がかわいらしい。[MAP] P.460-B2 [住] 11, pl. Bellecour 2e [URL] www.chocolat-voisin.com

R ラ・メール・ブラジエ
La Mère Brazier 　　　　　MAP P.460-A2

　1933年に女性初のミシュラン3つ星シェフとなったウジェニー・ブラジエのレストラン。彼女の死後長らく星を失っていたが、2008年に、M.O.F.（フランス最優秀職人）シェフのマチュー・ヴィアネが買い取り再オープン。翌年見事星を復活させた。2つ星レストランとはいえ、堅苦しい雰囲気はない。ブレス鶏を使った料理が自慢。なるべく予約を。

🏠 12, rue Royale 1er 　☎ 04.78.23.17.20
🕐 12:00〜13:00（L.O.）、19:45〜21:00（L.O.）
休 ⊕ 🈭、1月に1週間、2月に1週間、8月に4週間
料 昼ムニュ€95、夜ムニュ€165
CC AMV　英　URL lamerebrazier.fr

R ブラッスリー・ル・ノール
Brasserie Le Nord 　　　　MAP P.460-A2

　名レストラン「ポール・ボキューズ」のセカンド店のひとつ。リヨン風ソーセージのブリオッシュなど、伝統的なリヨン料理が中心。気さくな雰囲気でボキューズの料理を味わってみたい。予約が望ましい。

🏠 18, rue Neuve 2e 　☎ 04.72.10.69.69
🕐 12:00〜14:00（金 ⊕ 🈭は〜14:30）、
　19:00〜22:00（金 ⊕ 🈭は〜22:30）休 無休
料 ムニュ€24.50 CC AMV　英
URL www.maisons-bocuse.com

R ブラッスリー・ジョルジュ
Brasserie Georges 　　　　MAP P.460-B1

　ペラーシュ駅に近い、1836年創業の巨大ブラッスリー。19世紀の古きよき時代を感じさせてくれる内装に囲まれて、リヨンの郷土料理から伝統的なブラッスリー料理までを堪能できる。予約が望ましい。

© Alain BICO

🏠 30, cours de Verdun 2e
☎ 04.72.56.54.54
🕐 11:30〜23:00（金 ⊕ は〜翌0:15）
休 無休
料 ムニュ€23.50、€25.50、€28.50
CC AMV　英　Wi-Fi
URL www.brasseriegeorges.com

S フランソワ・プラリュ
François Pralus 　　　　　MAP P.460-A1

　旧市街にあるショコラトリー。産地ごとの味わいを大切にしたミニサイズの板チョコ、砂糖がけしたアーモンド入りのブリオッシュ「プラリュリーヌ」が人気だ。

🏠 27, rue St-Jean 　☎ 04.78.62.74.09
🕐 8:30〜19:00 休 1/1、12/25
CC AMV
URL www.chocolats-pralus.com

H オテル・デュ・サンプロン
Hôtel du Simplon 2★ 　　　MAP P.460-B1

ペラーシュ駅近く、家庭的な雰囲気のホテル。

🏠 11, rue Duhamel 2e 　☎ 04.78.37.41.00
料 S €89〜 W €119〜 🅿 €12
URL www.hotel-simplon-lyon.com

Y オーベルジュ・ド・ジュネス・リヨン
Auberge de Jeunesse Lyon 　MAP P.460-B1

フルヴィエールの丘の中腹にあるロケーション抜群のユース。ケーブルカーでMinimes下車。

🏠 41-45, montée du Chemin Neuf 5e
☎ 04.78.15.05.50
料 ドミトリー1人€26〜 🛏 込み、シーツ代込み
URL www.hifrance.org

🍷 Column / Specialty 「ブション」で味わうリヨン庶民の味

　ミシュランの星付きレストランがひしめき合う食通の町リヨン。高級レストラン以外にも、おいしいものに出合える店が星の数ほどあるのがこの町の魅力だ。

　「ブションBouchon」と呼ばれるリヨン名物の庶民的なレストランでは、新鮮な内臓の煮込み料理やリヨン風サラダ（ポーチドエッグ、ベーコンが入ったサラダ）、川カマスのクネルQuenelle de brochet（魚のすり身をゆでてスフレ状に焼いたもの）などの郷土料理が味わえる。手頃な値段でボリュームいっぱいなのもうれしい。

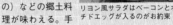

リヨン風サラダはベーコンとポーチドエッグが入るのがお約束

旧市街に多いブション

観光局に認められたことを示す「ブション・リヨネ」のラベル

　P.460の地図にレストランの多い通りを示しているが、リヨンの観光局が本物のリヨン料理を出すブションとして認めた店にはラベルが掲げられているので、店選びの際に参考にするといい。

🛍 「ベルナションBernachon」は、日本のサロン・デュ・ショコラでも長蛇をなす、老舗のチョコレート店。本場リヨンで味わって。MAP P.459 🏠 42, cours Franklin Roosevelt 6e URL boutique.bernachon.com

ペルージュ　　　　　　　　　　　　　　Pérouges

中世の面影を残した、小さな小さな町　　美しい村

中世の面影がそのまま残る村

リヨンからバスに1時間余り揺られ、バスを降り丘の麓まで歩き、そこからさらに長い坂道を上ると、右前方の丘の上に、外壁に囲まれた小さな楕円形の町ペルージュが見えてくる。

この町が織物やブドウ酒造りで栄えたのは14〜15世紀頃。その後18世紀に入ると、人々はしだいに便利な丘の下の町メクシミュー Meximieuxへと移り住むようになり、直径約200mのこの小さな町には、中世の町並みだけがそのまま残された。20世紀初めには人口がたった8人となってしまった時期もあったが、その後は保存委員会ができるなどして町の修復、保存にあたり、現在では住民も戻ってきた。また、6月には中世祭 La Médiévaleなど、古い町並みを生かしたさまざまな催しが開かれている。

名物の砂糖菓子「ガレット・ド・ペルージュ Galette de Pérouges」は、甘くて薄いパイのような素朴な味。ひと切れ買って、食べながら散歩するのも楽しい。

散策のおともにぴったりのガレット

🚙 Column Excursion　リヨンから日帰りで訪ねるル・コルビュジエ作品　世界遺産

2016年、新たに世界遺産に登録されたル・コルビュジエ作品（→P.30）。リヨン近郊にある作品を紹介しよう。エクスカーションとして建築散歩を楽しんではいかが？

ラ・トゥーレット修道院 Couvent de La Tourette

ドミニコ会クチュリエ神父の働きかけでル・コルビュジエが手がけた。「光の大砲」と呼ばれる採光窓のある礼拝堂など、彼の建築エッセンスが詰まった傑作。ガイド付きツアーでのみ見学可能。見学時間など詳細はウェブサイトで。

アクセス
🚃リヨン（パール・デュー駅またはリヨン・ゴルジュ・ド・ルー Lyon-Gorge de Loup駅）からTERまたはTram Trainで40〜50分、L'Arbresle下車。修道院まで徒歩40〜50分（坂道あり）。
住 Route de La Tourette 69210 Eveux
URL www.couventdelatourette.fr

フィルミニのル・コルビュジエ作品群 Site Le Corbusier de Firminy

世界遺産に登録された文化の家（→P.31）をはじめ、集合住宅ユニテ・ダビタシオン、競技場、そして没後40年たって完成した教会があり、ル・コルビュジエの世界に浸ることができる。

アクセス
🚃リヨン・パール・デュー駅からTERで約1時間20分のFirminy下車後、徒歩約15分。道路に方向表示がある。URL sitelecorbusier.com

傾斜した丘に建つ修道院。ピロティ構造によって、地上階を支柱で支えている

世界遺産登録物件の「文化の家」

ル・コルビュジエのオリジナル設計図をもとに2006年に完成したサン・ピエール教会

St-Etienne
注目のデザイン都市
サンテティエンヌ

郵便番号：42000　人口：約17万人

ACCESS

🚃リヨン・パール・デュー駅から
サンテティエンヌ・シャトークルー
St-Etienne Châteaucreux駅まで
TERで約45分。

ⓘ 観光案内所
🏠 16, av. de la Libération
📞 04.77.49.39.00
🕐 火～土　　　10:00～13:00
　　　　　　　14:00～18:00
休 月 日、1/1、5/1、11/1、
12/25
URL www.saint-etienne-hors-
cadre.fr

トラム、バス
料 1回券€1.60、10回券€12
URL www.reseau-stas.fr

芸術産業博物館
🏠 2, pl. Louis Comte
🕐 10:00～18:00
休 月、1/1、5/1、7/14、8/15、
11/1、12/25
料 €6.50
URL www.mai.saint-etienne.fr

シテ・デュ・デザイン
🏠 3, rue Javelin Pagnon
🕐 10:00～18:00
休 月、1/1、5/1、5/8、キリスト
昇天祭、7/14、8/15、11/1、
11/11、12/25
料 イベント、企画展による
URL www.citedudesign.com

サンテティエンヌは、石炭、リボンを主とする繊維、自転車や兵器製造で発展を遂げた産業都市。1881年にフランスで初めてトラムが開業した町でもある。

2010年11月には、ユネスコの創造都市ネットワークに加入。これはヨーロッパではベルリンに次ぐ2番目の認定であり、フランスを代表するデザイン都市としての変貌を続けている。1998年に創設された国際デザイン・ビエンナーレは2年ごとに開催（次回は2021年）され、多くの人が訪れる大規模な国際イベントに発展。町のあちらこちらに見られるデザインを見て回るのも楽しい。

高台に建つ芸術産業博物館

そんなこの町を語るのに欠かせない産業とデザインの歴史をたどるなら、まずは芸術産業博物館Musée d'Art et d'Industrieへ。中世から現代までの兵器、最初のフランス製自転車が造られた歴史、リボン産業の発展をひも解く多数のコレクションが展示されている。

国立兵器工場の跡地にできたシテ・デュ・デザイン

また、シテ・デュ・デザインCité du Designは、デザインに関する創造、研究、教育の施設であり、国際デザイン・ビエンナーレのメイン会場になっている。年間を通じてイベント、企画展も行われ、デザインの最先端を感じることができる。

シテ・デュ・デザインにある高さ32mの塔からは町を見渡せる

ローヌ・アルプ　ペルージュ & サンテティエンヌ

Column Art　サンテティエンヌでデザイン散歩

町のいたるところで多様なデザインに出合えるサンテティエンヌ。ⓘのウェブサイトに各デザインの説明と場所が載っているので、デザイン探しをしながら散歩するのも楽しい。町に着いて駅を出た所から、さっそくいくつかのデザインが出迎えてくれる。いくつ発見できるかチェックしてみて。

サンテティエンヌ・シャトークルー駅前のマルチカラーの木(左)　駅近くには青い馬も(右)

黄色い建物イロ・グリュネはオフィスビル(上左)小さな通りを彩る球体の飾り(上右)シテ・デュ・デザイン前の広場にあるオブジェ(下)

ACCESS

🚉 リヨン・パール・デュー駅から
TERで約20分。

🛈 観光案内所

🏠 Cours Brillier　　MAP P.468-2
☎ 04.74.53.70.10
📅 6月中旬～8月
　　(月)～(土)　　9:00～19:00
　　(日)(祝)　　　9:00～12:00
　　　　　　　　13:30～18:00
　　9月～6月中旬
　　毎日　　　　9:30～12:30
　　　　　　　　13:30～18:00
🚫 11月～3月中旬の(日)、1/1、
　5/1、11/11、12/25
URL www.vienne-condrieu.com

町の中心にあるローマ時代の遺跡、
アウグストゥスとリウィア神殿

美食の町、ヴァランス

ローヌ河畔の町ヴァランスValence
(MAP P.457) は古くからの交通の要
所だが、近年はレストランの名店
がある町として有名。この町の老
舗店「ピック」がミシュラン3つ
星を獲得し、この店で修業を積ん
だ伊地知雅シェフの「ラ・カシェッ
ト」が1つ星を獲得している。

Ⓡ アンヌ・ソフィー・ピック
Anne-Sophie Pic
🏠 285, av. Victor Hugo 26000
Valence
☎ 04.75.44.15.32
URL www.anne-sophie-pic.com

Ⓡ ラ・カシェット La Cachette
🏠 12, rue des Cévennes 26000
Valence
☎ 04.75.55.24.13
URL www.lacachette-valence.fr

Vienne　　　　　　　　　郵便番号：38200　人口：約2万9000人
古代劇場でのジャズフェスティバルで知られる

ヴィエンヌ

　ローヌ川のほとり、ブルゴーニュとプロヴァンスを結ぶ位置
にあるこの町は、古代ローマ時代には交通の要衝として栄えた
所。当時は現在のリヨンと並ぶ重要な都市のひとつで、神殿、
劇場、浴場などの建築物が次々と造られた。今も町のあちこち
にローマの遺跡が残り、当時の繁栄ぶりを伝えている。遺跡は
イベントの舞台としても使われ、とりわけ夏に開催されるジャ
ズフェスティバルは、音楽ファンの間でよく知られている。

≫≫ 歩き方 ≫≫

　ローマの遺跡や中世の教会は町の中に散らばっている。それ
も民家に囲まれてデンと遺跡があったりするからおもしろい。
例えば、アウグストゥスとリウィア神殿Temple d'Auguste et
de Livie。ニームのメゾン・カレ(→P.400)を思わせる四角い神
殿だ。これが町の中心あたりに突如として現れる。この神殿を
挟んで北にサンタンドレ・ル・バ教会Eglise St-André-le-Bas、
南にサン・モーリス大聖堂Cathédrale St-Mauriceがある。長
期間にわたって造られたため、さまざまな建築様式が交ざって
いる。ローヌ河岸近くには、6～10世紀に建てられ、現在は考
古学博物館になっているサン・ピエール教会Eglise St-Pierreが

ある。これらの遺跡や
教会、それにローヌ川
を一望できるのは古代
劇場Théâtre Antiqueの
てっぺんだ。6月下旬～
7月上旬にはここでジャ
ズフェスティバルJazz à
Vienneが開かれる。

古代劇場からの見晴らしは最高

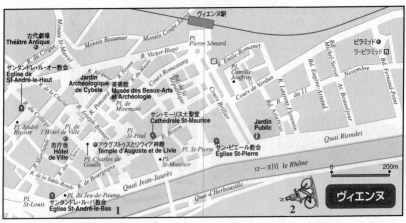

はみだし　ヌーヴェルキュイジーヌを生んだ偉大なる料理人、フェルナン・ポワンの店「ラ・ピラミッド」。ポワン氏亡きあと、
いったんはミシュランの星を失ったが、現在は2つ星を得ている。MAP P.468-2　URL www.lapyramide.com

Bourg-en-Bresse
最高級の鶏と華やかなゴシック教会の町
ブールカン・ブレス

郵便番号：01000　人口：約4万3000人

© AP OT Bourg en Bresse
ブルー修道院の教会はフランボワイヤンゴシックの傑作

フランス最高の鶏、「ブレスの鶏」を産する町。郊外には鶏の飼育場を見学できる所もある。❶で問い合わせよう。この町は、食通の都としてだけでなく、建築史上重要な教会があることでも知られる。中心街から少し離れた所にある**ブルー修道院** Monastère Royal de Brouだ。この修道院は、ブルゴーニュ、フランシュ・コンテ各地方で外交的な手腕を振るったマルグリット・ドートリッシュが、自身の最後の夫サヴォワ公フィリベールをしのんで建てたもので、着工は1506年。入口は後期ゴシックのフランボワイヤン様式で、フランスに多いゴシックのカテドラルとは趣を異にする。聖職者の席やサヴォワ公フィリベールとマルグリットの墓の彫刻が実に見事で、フランボワイヤンゴシック様式のひとつの頂点を極めたといっても過言ではないだろう。

© AP OTBBA
夏には夜間スペクタクルが開催され、ブルー修道院もライトアップされる
© AP OTBBA

ACCESS
🚉リヨン・パール・デュー駅からTERで40分～1時間。

❶ 観光案内所
🏠 6, av. Alsace-Lorraine
☎ 04.74.22.49.40
🕐 9月下旬～6月中旬
（月）～（金）　　10:00～12:00
　　　　　　　　14:00～18:00
（土）　　　　　 9:30～12:00
　　　　　　　　14:00～17:30
6月中旬～9月下旬
（月）～（土）　　9:30～12:30
　　　　　　　　14:00～18:30
（日）　　　　　 9:30～13:30
🚫9月下旬～6月の（日）、（祝）、一部期間の（木）
🔗 www.bourgenbresse destinations.fr

ブルー修道院
🏠 63, bd. de Brou
🕐 9:00～17:00
（4～9月は～18:00）
🚫 1/1、5/1、12/25
💶 €9.50、18歳未満無料
🔗 www.monastere-de-brou.fr

マルグリットの墓は2階建て。生前と死後の姿を表した2体の彫像が美しい

🎨 Column Art
フランス随一の奇想天外モニュメント、シュヴァルの理想宮

リヨンから約80km離れたオートリーヴHauterivesという村に「シュヴァルの理想宮」という、風変わりなモニュメントがある。

この宮殿を建てたのは変わり者の郵便配達人、フェルディナン・シュヴァル。人づきあいが悪く空想好き、特別な知識があるわけでもなかったが、33年もの長い年月をかけて、たったひとりで造り上げた。道でひろった石や貝、石灰やセメントなどを使った建築物は、夢の世界に入り込んだような気分にさせられる。宮殿内の壁や天井には、「これを造ることによって、私は意志が何をなしうるかを示そうと思った」な

ど の銘文が数多く刻まれ、今では素朴芸術の元祖として世界中に知られている。

シュヴァルの理想宮
Palais Idéal du Facteur Cheval
🚉リヨン・パール・デュー駅からTERで約50分のサン・ヴァリエ・シュル・ローヌSt-Vallier sur Rhôneへ行き、ル・グラン・セールLe Grand Serre行きの3番のバスで35～55分のPoste - Heauterives下車🔗www.oura.com）。バス停から徒歩約5分。
🗺 P.457　🏠 8, rue du Palais 26390 Hauterives
🕐 9:30～17:30（7・8月は～18:30、1・12月は～16:30）
🚫 1/1、1月に15日間、12/25　💶 €9.50
🔗 www.facteurcheval.com

シュヴァルが眠る墓地は理想宮から約900m離れた所にある（上）
東側ファサードに立つ3巨人（左）内部にも入ることができる（中）最初に手がけた"生命の泉"（右）

🍴ブルー修道院の前にある「ローベルジュ・ブルサンL'Auberge Bressane」では特産のブレス鶏が味わえる。予約をして出かけよう。🏠 166, bd. de Brou　☎ 04.74.22.22.68　🔗 www.aubergebressane.fr

湖上でのんびりと

アルプスの山々を映す湖と運河の町

アヌシー

郵便番号：74000　人口：約12万2000人

ACCESS

🚂パリ・リヨン駅からTGVで約3時間40分。リヨン・パール・デュー駅からTERで約2時間。
🚌リヨン・サンテグジュペリ空港からバスで約1時間35分。スイスのジュネーヴGenève空港からシャトルバスで約1時間30分。

ℹ 観光案内所

住 1, rue Jean Jaurès　MAP P.470
TEL 04.50.45.00.33
開 9:00〜12:30
13:45〜18:00
（季節、曜日によって異なる）
休 10月〜4月中旬の㊐ ㊗
URL www.lac-annecy.com

旧市街の運河に浮かぶパレ・ド・リル

スイスとの国境に近い町。町の雰囲気もフランスというよりはどことなくスイス風だ。白鳥が戯れる湖の水面に影を落とすのはアルプスの山々。町を貫流する運河近くに、ジュネーヴ生まれの哲学者ジャン・ジャック・ルソーが住んでいたことでも知られる。フランスにいながらにして、スイス気分が味わえる。

愛の橋は恋人たちの憩いの場

歩き方

駅からℹまでは歩いて10分くらい。ℹはカフェや劇場まであるモダンな建物Centre Bonlieuの一角にある。

アヌシー湖沿いの広い公園、**シャン・ド・マルスChamp de Mars**は散策にぴったり。アルプスの山々を目前にした散歩道を、朝のすがすがしい風が吹く頃に歩いてみたい。湖畔には貸ボートも並んでいる。シャン・ド・マルスとヨーロッパ公園

花々が飾られた運河沿いの道

Jardin de l'Europeを結ぶ**愛の橋Pont des Amours**は恋人たちのデートスポット。夕暮れ時の風景はとびきりロマンティックだ。

　湖の水は、公園に沿った**ティウー運河Canal du Thiou**へと流れ込み、そのまま旧市街の中を流れていく。運河の両岸に広がる旧市街には古い家並みが続き、運河沿いの手すりには色とりどりの花が飾られていて目を楽しませてくれる。ちょっと入ってみたくなるレストランやカフェもいっぱいだ。

優雅に泳ぐ白鳥に癒やされる

))) おもな見どころ (((

旧市街　★★★
MAP P.470　　　　　　　　　　　Vieille Ville

サント・クレール通り

　アヌシーの旧市街はそれほど大きくないが、"フランスのヴェニス"という呼称がぴったりのかわいらしい町並み。花々が飾られた運河沿いの通りや、両側にアーケードが並ぶサント・クレール通りRue Ste-Claireをのんびりと散策したい。川の中州には**パレ・ド・リル（旧牢獄）**Palais de l'Ileがある。かつてここには、牢獄だけではなく裁判所もおかれていた。現在は歴史博物館になっている。アヌシーの町並みを眺めたかったら坂道を上って**アヌシー城**Château d'Annecyへ行ってみよう。現在は博物館として使われ、先史時代からの遺物やこの地方の風俗を展示しているほか、現代アートの企画展も行っている。

旧牢獄
住 3, passage de l'Ile
開 6〜9月　　　10:30〜18:00
　10〜5月　　　10:00〜12:00
　　　　　　　　14:00〜17:00
　　（入場は閉館の45分前まで）
休 ㊋、1/1、復活祭と翌㊊、5/1、5/8、キリスト昇天祭、11/1、11/11、12/24、12/25
料 €3.90
URL musees.annecy.fr

アヌシー城
住 Pl. du château
開 6〜9月　　　10:30〜18:00
　10〜5月　　　10:00〜12:00
　　　　　　　　14:00〜17:00
　　（入場は閉館の45分前まで）
休 ㊋、1/1、復活祭と翌㊊、5/1、5/8、キリスト昇天祭、11/1、11/11、12/24、12/25
料 €5.60、学生€3
URL musees.annecy.fr

アヌシー城の庭からの眺め

アヌシー湖　★★★
MAP P.470　　　　　　　　　　　Lac d'Annecy

　ヨーロッパで最も透明度が高い湖として知られるアヌシー湖。その水の輝きを満喫したければ、湖巡りの遊覧船に乗ってみよう。湖畔に点在する小さな村々や水辺にたたずむ古城など、まるで絵本のなかの風景のようだ。

湖と山の風景がどこまでも美しい

アヌシー湖の遊覧船
営 7・8月は11:00〜18:00に約10便運航。その他の時期は便数が減る。所要約1時間。
休 無休
料 €18、4〜12歳€12.50
URL www.bateaux-annecy.com

セザンヌも訪れた湖畔の町タロワール

　1896年7月、セザンヌはアヌシー湖畔の小さな村タロワールTalloires（**MAP** P.457）に保養に訪れた。セザンヌはこの地を「美しくはあるがあまりにも絵画的過ぎて退屈」と感じたようだが、それでも彼の『アヌシー湖Lac d'Annecy』（ロンドン、コートールド美術館蔵）

タロワールの港の船着場

はプロヴァンス以外で描かれたセザンヌの最も美しい作品のひとつだ。港のそばには、セザンヌが投宿したホテル「アベイ・ド・タロワール」（**URL** www.abbaye-talloires.com）が建つ。

セザンヌも滞在したホテル

🚌アヌシー市内のバス停Parmelonから60番のバスで約30分、Ecoles下車。

アヌシーのおすすめホテル／レストラン

[H]ホテル [Y]ユースアコモ [R]レストラン

駅から旧市街に向かう道筋にホテルが多い。レストランは旧市街にたくさんある。

[H][R] ル・クロ・デ・サンス
Le Clos des Sens 5★ [MAP] P.470

© Le Clos des Sens Matthieu Cellard

© Le Clos des Sens Matthieu Cellard

駅から車で15分ほど、湖を見下ろす高台に建つオーベルジュ。広大な敷地内には200種もの植物が植えられ、散策を楽しめる。ミシュラン3つ星に輝くレストランでは、地元産の食材を使った芸術的な料理を堪能したい。要予約。

[住] 13, rue Jean Mermoz 74940 Annecy-le-Vieux
[TEL] 04.50.23.07.90
[料] ⓈⓌ€370～ ☕€38 [休] 7・8月を除く㊊
[CC] [A][M][V] [室] 11室 ❄ [Wi-Fi]
[URL] closdessens.com
レストラン
[休] ㊋㊍の昼、㊊、夏の夜を除く㊐
[料] ムニュ€158、€238、€288 [英]

[H][R] レ・トレゾム・レイク・アンド・スパ・リゾート
Les Trésoms Lake & Spa Resort 4★ [MAP] P.470

アヌシー旧市街から車で5分。レストランからの湖の眺めがすばらしい。屋外プール、スパも備え、リゾート気分を存分に味わえる。

[住] 15, bd. de la Corniche
[TEL] 04.50.51.43.84
[料] ⓈⓌ€103～527 ☕€25
[CC] [A][D][J][M][V] [室] 52室 [P] 無料 ❄ [Wi-Fi]
[URL] www.lestresoms.com

[H] オテル・デュ・パレ・ド・リル
Hôtel du Palais de l'Isle 3★ [MAP] P.470

運河沿いに建つかわいらしいホテル。パレ・ド・リル（旧牢獄）は目と鼻の先。窓から旧市街の町並みが見え、アヌシーにいることが実感できる。

[住] 13, rue Perrière [TEL] 04.50.45.86.87
[料] ⓈⓌ€109～200 ☕€14
[CC] [A][M][V] [室] 34室 [Wi-Fi]
[URL] www.palaisannecy.com

[H] オテル・デザルプ
Hôtel des Alpes 2★ [MAP] P.470

駅のすぐそばにある小さなホテル。カジュアルな雰囲気の部屋は、清潔感もありくつろげる。

[住] 12, rue de la Poste
[TEL] 04.50.45.04.56
[料] Ⓢ€69～85 Ⓦ€75～95 ☕€10
[CC] [A][M][V] [室] 32室 [P] €11 ❄ [Wi-Fi]
[URL] www.hotelannecy.com

[H] オテル・デュ・ノール
Hôtel du Nord 2★ [MAP] P.470

駅から町の中心に向かう道にある。湖まで徒歩約5分と立地がいい。客室は小さめだが、かわいらしくて清潔。スタッフも親切で居心地がいい。

[住] 24, rue Sommeiller
[TEL] 04.50.45.08.78
[料] Ⓢ€70～100 Ⓦ€80～130 ☕€10
[CC] [A][M][V] [室] 30室 ❄ [Wi-Fi]
[URL] www.annecy-hotel-du-nord.com

[Y] オーベルジュ・ド・ジュネス
Auberge de Jeunesse [MAP] P.470

アヌシー駅からColmyr行きの6番のバスで、Hôtel de Police下車後約800m。受付8:00～22:00。

[住] 4, route du Semnoz [TEL] 04.50.45.33.19
[料] ドミトリー1人€32.50～ ☕込み、シーツ代込み [休] 11/16～2/3 [CC] [M][V]
[URL] www.hifrance.org

[R] ル・ビルボケ
Le Bilboquet [MAP] P.470

旧市街の中でもきちんとした料理を手頃な値段で出すと評判の店。予約が望ましい。

[住] 14, fg. Ste-Claire [TEL] 04.50.45.21.68
[営] 12:00～13:45、19:00～21:45 [休] ㊊㊐、2月下旬～3月上旬 [料] 昼ムニュ€27.50、夜ムニュ€39、€50、€68 [CC] [A][M][V] [Wi-Fi]
[URL] restaurant-lebilboquet.com

Column Specialty チーズたっぷりのサヴォワ料理

さわやかな空気と山、湖の風景が、フランスというよりスイスの町にいるような気分にさせてくれるアヌシー。食べ物もやはりスイス風で、名産のチーズをたっぷり使った料理がおいしい。旧市街の気軽なレストランで、サヴォワ地方の名物料理、ラクレットRaclette（大きなチーズが溶けたところを削ってジャガイモなどにからめて食べる）や、タルティフレットTartiflette（ルブロションチーズのポテトグラタン）などを試してみよう。また、アヌシー旧市街のサント・クレール通りでは、火・金・日曜に朝市が立ち、チーズやサラミ、ベーコンなどサヴォワ地方の名産品がところ狭しと並ぶ。試食しながら見て歩くのが楽しい。

まろやかなチーズ、ルブロションを使ったタルティフレット

サヴォワワインと合わせたいルブロション

))) アヌシー近郊の町 (((

シャンベリー　　　　　　　　　　　　　　　Chambéry

サヴォワ公国の歴史が残る

インド帰りのボワーニュ伯を記念した象の泉 © Office de Tourisme de Chambéry - J. Bouchayer

アルプス山脈を挟んでフランス、スイス、イタリア3国にまたがる一帯は、かつてサヴォワ家が支配していた公国だった。シャンベリーは1563年に首都がトリノに移るまで、その首都として栄えた町だ。**サヴォワ公城**Château des Ducs de Savoie（現県議会庁舎）や、旧市街に残る上品な造りの家々から、貴族的な雰囲気を感じ取ることができるだろう。

町の中心には、アルプスの山あいの町にはいささか不似合いに思える象の泉がある。これは、18世紀にインドから財宝を持ち帰り町に寄進したボワーニュ伯爵を記念して後年に造られたもの。今ではシャンベリーのシンボルとして親しまれている。

シャンベリーは、哲学者ジャン・ジャック・ルソー（1712～1778）が、愛人のヴァランス夫人と6年間住んだ地であり、著書の『告白』には当時を回想する記述がある。ふたりが住んだ家が町の南東の外れにあり、**レ・シャルメット - ルソーの家**Les Charmettes, maison de Jean Jacques Rousseauとして保存され、ゆかりの品々が展示されている。

ルソーが幸福な時間を過ごしたシャルメットの館
© Office de Tourisme de Chambéry - J. Bouchayer

オートコンブ修道院　　　　　　　　　Abbaye d'Hautecombe

イタリア最後の王が眠る

フランスで最大の湖、ブールジェ湖のほとりに、幻想的なたたずまいを見せているのが、オートコンブ修道院だ。12世紀に、シトー会の修道士によって建てられたもので、清貧ゆえの美しさを保っている。この修道院は、当時、この地方一帯を領有していたサヴォワ家の霊廟の役目も果たしていた。激動の時代を生き、1946年、イタリアで共和制の幕開けとともに退位し、イタリア最後の王となったウンベルト2世の墓もここにある。

湖のほとりにたたずむ神秘的な修道院

名水の湧き出るレマン湖畔のリゾート
エヴィアン

どこまでも青いレマン湖

郵便番号：74500　人口：約8500人

ACCESS
パリ・リヨン駅からTGVで約4時間50分またはリヨン・パール・デュー駅からTERで約1時間20分のベルガルドBellegardeまで行き、らTERに乗り換えて約1時間30分。エヴィアン・レ・バンEvian les Bains駅下車。

❶ 観光案内所
🏠 Pl. de la Porte d'Allinges
☎ 04.50.75.04.26
🕐 5・6・9月

(月)〜(金)	9:00〜12:30
	14:00〜18:30
⊕	9:00〜12:00
	14:00〜18:00
(日)(祝)	10:00〜12:00
	15:00〜18:00

7・8月

(月)〜(金)	9:30〜18:30
⊕(日)(祝)	10:00〜18:00

10〜4月

(月)〜(土)	9:00〜12:00
	14:00〜18:00
	(土は〜17:00)

休 10〜4月の(日)(祝)
URL www.evian-tourisme.com

アルプスの山々とレマン湖に挟まれた美しい町

ミネラルウオーターで知られるエヴィアンは、レマン湖畔の高級リゾート地。エヴィアンの泉の効能が発見されたのは、1790年のこと。1824年に最初の水治療場が建てられ、1829年にはミネラルウオーター会社設立……と、"水の町"としての名声を確立していった。近年は、女子ゴルフトーナメントのエヴィアン選手権の観戦に訪れる人も多い。

≫≫ 歩き方 ≫≫

　駅前から延びる大通りAv. de la Gareを10分ほど歩くと、町の中心部。エヴィアンにはこれといった観光名所はないけれど、美しいレマン湖を眺めながら湖畔の遊歩道を散歩するだけで、何とも幸せな気分になる。遊歩道に面して市庁舎やカジノ、温泉治療センターなど、19世紀末から20世紀初頭にかけての華やかな建物が並び、フランスの古きよき時代を

エヴィアンの水源、カシャの泉

レマン湖の遊覧船、定期船
時刻表は下記サイトまたはエヴィアンの❶で。
URL www.cgn.ch

しのばせてくれる。スルス通りAv. des Sourcesに、エヴィアン水の水源カシャの泉Source Cachatがあり、湧き出たばかりの水を自由に味わえる。大きなポリ容器で水を汲みに来る人も多い。

鏡のように静かな湖面を行く

　クラシックな蒸気船に乗ってレマン湖を周遊するのもいい。対岸に見えているスイスのローザンヌへはわずか30分だ。フランス側を見ればフレンチアルプスの雄大な山々、スイス側を見れば、なだらかな斜面に広がるブドウ畑。船内のインテリアも洗練されていて、短いながらも優雅な船旅気分が味わえる。

エヴィアンのおすすめホテル／レストラン

[H]ホテル [R]レストラン

施設の整った高級リゾートホテルから、家庭的なプチホテルまでが揃う。

[H][R] エルミタージュ・エヴィアン・リゾート
Ermitage Evian Resort 4★

レマン湖を見下ろす高台に建つ絶景ホテル。緑に囲まれた広大な敷地内にエヴィアン選手権が開かれるゴルフ場、プール、スパ、テニスコート、乗馬コースなどさまざまな設備が揃う。数日間滞在して優雅なリゾートライフを満喫したい。

[住] 1230, av. du Léman
[TEL] 04.50.26.85.00
[料] ⓈⓌ€225～1015 ☕€30～
[CC] [A][D][M][V]
[室] 80室 [P] 無料
❄ [WiFi]
[URL] www.hotel-ermitage-evian.com

高級レストランは、上記「エヴィアン・リゾート」内に。レマン湖の魚のフライなど名物料理は、湖畔の気軽なレストランで。カジノ内にもカジュアルなレストランがある。

[H] コンチネンタル
Continental 2★

1868年創業の歴史あるホテル。ベルエポック調の客室は優雅な雰囲気で、機能面も十分。リーズナブルにリゾート気分を味わいたい人に。

[住] 65, rue Nationale
[TEL] 04.50.75.37.54
[料] Ⓢ€57～72 Ⓦ€64～98 ☕€9
[CC] [A][M][V] [室] 29室
[WiFi]
[URL] www.hotel-continental-evian.com

[H] エヴィアン・エクスプレス
Evian Express 2★

駅前にあってどこに行くにも便利。窓からレマン湖が見える部屋もある。家族向けの部屋もある。

[住] 32, av. de la Gare
[TEL] 04.50.75.15.07
[料] ⓈⓌ€74～120 ☕€8.50
[CC] [A][M][V] [室] 23室 [WiFi]
[URL] hotel-evianexpress.net

エヴィアン近郊の町

イヴォワール Yvoire

レマン湖畔の花の村

[美しい村]

絵本のようにかわいらしい町並み

エヴィアンの西25km、レマン湖畔にたたずむイヴォワールは、中世の城壁が残る小さな村。フランスの「花の村」コンテストで毎年入賞するだけあり、村中が色鮮やかな花々で飾られている。30分もあればひと回りできるほど小さな村だが、美しい町並みにひかれてやってくる観光客の姿が絶えない。石造りの古い建物の大半はレストランやショップになっている。

湖に面して建つ城は、17世紀以来この村に住むイヴォワール男爵の居城。城は今もこの一家が住んでいるため訪問できないが、庭園が**五感の庭Jardin des Cinq Sens**と名づけられ、一般公開されている。迷路のような庭がいくつもあり、それぞれ味覚、嗅覚、触覚、視覚、聴覚のテーマに沿った植物が植えられている。例えば、「味覚の庭」には果実が食べられる植物、「嗅覚の庭」には香りのいい植物……というふうに。小さいながらもエスプリにあふれ、心やすらぐ場所だ。

レマン湖畔にたたずむイヴォワールの城

ACCESS

🚗エヴィアンから西へ25km。
🚃🚌エヴィアンからTERで約10分のトノン・レ・バンThonon les Bains駅で下車。駅から約200mのPlace des Artsから152番のバスで約20分。Yvoire Pré Ponce下車。
[URL] www.star-t.fr

ℹ 観光案内所

[住] Pl. de la Mairie 74140
[TEL] 04.50.72.80.21
[開] 7・8月 毎日 9:30～18:30
3/28～6/30、9/1～11/6
[月]～[土] 9:30～12:30
13:30～17:00
[日][祝] 12:00～15:30
11/9～3/27
[月]～[金] 9:30～12:30
13:30～17:00
[土] 9:30～12:15
[休] 11/7～3/27の[日][祝]
[URL] visit-yvoire.com

五感の庭
[住] Rue du Lac
[開] 10:00～17:30（4月上旬～9月上旬は～18:30）
（入場は閉館の1時間前まで）
[休] 10月上旬～4月上旬
[料] €14.50、
26歳未満の学生€10.50
[URL] www.jardin5sens.net

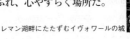

ACCESS

パリ・リヨン駅からTGVで約3時間。リヨン・パール・デュー駅からTERで約1時間25分。

🛈 観光案内所

🏠 14, rue de la République
📞 04.76.42.41.41
🕐 7・8月
　㊊～㊏　　10:00～18:30
　㊐㊗　　　10:00～13:00
　9～6月
　㊊～㊏　　10:00～13:00
　　　　　　14:00～18:00
　㊐㊗　　　10:00～13:00
　　　　（月によって異なる）
🚫 1/1、5/1、12/25、
　　9～6月の一部㊐
🌐 www.grenoble-tourisme.com

トラム、バス

🎫 1回券€1.80、1日券€5.80
🌐 www.tag.fr

グルノーブル・アルプ・パス
Grenoble Alpes Pass

トラム、バスが乗り放題になるほか、ロープウエイ1往復、🛈のガイドツアーなどを網羅する便利なパス。🛈で買える。
🎫 24時間券€19、48時間券€33
　72時間券€48
🌐 www.grenoblepass.com

ロープウエイ Téléphérique

🕐 9:15～19:00（季節と曜日によって異なる。ウェブサイトで確認のこと）
🚫 10～4月の一部㊐、
　　1月のメンテナンス期間
🎫 片道€6.30、往復€9.50
🚌 グルノーブル・アルプ・パスで無料
🌐 bastille-grenoble.fr

Grenoble　　　　　郵便番号：38000　人口：約15万8000人

雪を頂く峰々に囲まれた山岳都市
グルノーブル

　リヨンの南東約100km、ジュネーヴ（スイス）の南約120km、人口約16万の近代都市。1968年には、冬季オリンピックの開催地でもあった。そのときの記録映画、クロード・ルルーシュ監督の『白い恋人たち』では、フランシス・レイの甘いメロディにのって、祭りに沸く町が、美しく描かれていた。コンテンポラリーな面と歴史を感じさせるたたずまいがうまくマッチした雰囲気は、今も変わらない。冬はスキーヤーでにぎわい、夏のバカンスシーズンは山好きの人々でいっぱいになる。スタンダールの生地として、文学ファンをもひきつける、奥深さを感じさせてくれる町だ。

≫≫ 歩き方 ≫≫

　アルプ地方の中心地、グルノーブルの駅は、建物といい駅前広場といい、モダンで立派だ。駅前広場にはカルダーの作った彫刻があり、トラムが走っている。駅から町の中心にある🛈へは、トラムA・B線で3つ目のHubert Dubedout-Maison du Tourismeで下車すぐ。歩いても15分ほどだ。
　グルノーブルでまず行くべき所は、**バスティーユ城塞Fort de la Bastille**。イゼール川の右岸の小高い丘の上にあり、展望台からの眺めは最高。晴れた日にははるか北東にモンブランさえ望める。夜になればグルノーブルの町のまばゆいばかりの夜景も楽しめる。城塞へは歩いても行けるが、何といっても透明でシャボン玉のような形をしたロープウエイに乗るのが楽しい。乗り場はイゼール川のほとり、サンタンドレ参事会教会Collégiale St-Andréの近くにある。

球形のロープウエイからの眺め

グルノーブルのおすすめホテル　▷ 🅗ホテル 🆈ユースアコモ
国鉄駅周辺とトラムの線路沿いに多い。

🅗 レジデテル・グルネット	🏠 12, rue de Palanka　📞 04.76.94.45.45
Residhotel Grenette 3★	🎫 ⓈⓌ€56～121　🍴€11
町の中心に位置するリーズナブルなキッチン付きホテル。	🌐 www.residhotel.com

🆈 オーベルジュ・ド・ジュネス	🏠 10, av. du Grésivaudan 38130 Echirolles
Auberge de Jeunesse	📞 04.76.09.33.52
グルノーブル郊外のユース。駅前、市内からExpress3系統のVizielle行きのバスでQuinzaine下車後約200m。	🎫 ドミトリー1人€25.90～ 🍴込み、シーツ代込み
	🌐 www.hifrance.org

アルピニストたちの聖地

シャモニ

郵便番号：74400　人口：約1万4000人

シャモニを起点にハイキングに出かけよう

1786年8月、それまで山あいの小さな村にすぎなかったシャモニは、突然ヨーロッパ中の注目を集めることになった。シャモニの猟師ジャック・バルマと医師のミッシェル・パカールのふたりがモンブランの登頂に成功したのだ。以来静かな山村は、アルピニストやスキーヤーで年中にぎわうようになった。町の正式名称はシャモニ・モンブラン。その生い立ちを思えば当然のネーミングだろう。この町は、第1回冬季オリンピック開催の地でもある。

ACCESS

🚃アヌシーからTERで約1時間30分のサン・ジェルヴェ・レ・バン・ル・ファイエSt-Gervais les Bains le Fayetで乗り換えて約40分。Chamonix-Mont-BlancまたはChamonix-Aiguille-du-Midi下車。
🚌リヨン・ペラーシュ駅前から長距離バス（→P.523）で約4時間5分。長距離バスターミナル（Chamonix Sud-Gare routière）に停まる。
✈スイスのジュネーヴGenève空港からバスで約1時間30分～2時間30分。バス会社により時間、停留所が異なる。
URL www.gva.ch

① 観光案内所

🏠 85, pl. du Triangle de l'Amitié
MAP P.478-A1
TEL 04.50.53.00.24
開 6月中旬～9月中旬
　　　　　　　 9:00～19:00
　クリスマス休暇～4月中旬
　　　　　　　 8:30～19:00
　4月中旬～6月中旬、
　9月中旬～クリスマス休暇
　　　　　　　 9:00～12:30
　　　　　　　14:00～18:00
休 10・11月の一部⊕
URL www.chamonix.com

歩き方

　駅前広場から真っすぐ延びるAv. Michel Crozを進もう。200mぐらいで交差点に出る。交差点の左角にある山小屋風の建物は**フランス山岳会**Club Alpin Français。アルピニスト発祥の地の由緒ある山岳会だが、年会費を払えば誰でも会員になれる。シャモニの歴史や登山の歴史を知るには**山岳博物館**Musée Alpinへ。交差点を過ぎて少し行き、右に入った所だ。

　Av. Michel Crozに戻ってさらに進むと、乳白色の水が勢いよく流れるアルヴ川L'Arveに出る。川沿いに左（南）に行くとソシュール広場Pl. de Saussure。ここにモンブランの初登頂に成功したバルマと、登頂成功に情熱を傾けたソシュールの像が立つ。バルマの指さすほうには、白く輝くモンブランの山頂がそびえている。川を渡った先が町の中心のバルマ広場Pl. Balmatでその先の道を入ると正面に**サン・ミッシェル教会**Eglise St-Michel、その手前に市庁舎、左側に①がある。

山岳博物館

MAP P.478-B2
🏠 89, av. Michel Croz
URL musee-alpin-chamonix.fr
※2023年5月現在、工事のため休館中。

モンブラン（左側に見える山）を指さすバルマとソシュール

シャモニの町並み

はみだし サン・ミッシェル教会の隣の「山の家Maison de la Montagne」にはシャモニ・ガイド組合Compagnie des Guidesがあり、登山に関するあらゆる情報を無料で提供している。URL www.chamonix-guides.com

477

シャモニ〜エギュイユ・デュ・ミディのロープウエイ

営 7月上旬〜8月下旬の6:10〜17:00に15〜30分間隔で運行
その他の時期は短縮

休 11月上旬〜12月中旬の定期点検期間(時期は毎年異なる)

料 往復€73、65歳以上€63.80
切符購入時にキャビンの番号が書かれた券をもらう。番号順に乗る。

バス モンブラン・マルチパス(→P.479)で無料

ロープウエイは予約も可能
ウェブサイト、またはロープウエイ乗り場(MAP P.478-B1)の予約窓口で予約できる。
URL www.montblancnaturalresort.com

スケルトン展望台でスリル体験
エギュイユ・デュ・ミディ北峰からエレベーターで中央峰に着くと、ガラス張りの展望台「空中への一歩Pas dans le Vide」がある。空中に突き出た空間は足元もガラス張りで、スリル満点だ。内部は荷物持ち込み禁止。かばんは棚に置き、写真も係員にカメラを渡して撮ってもらうことになる。混んでくると2〜4人ずつ入るよう言われることも。荷物の管理など気をつけて。5/1〜11/5('23)にオープン。

))) おもな見どころ (((

エギュイユ・デュ・ミディ ★★★
MAP P.481 Aiguille du Midi (3842m)

　モンブランを間近に眺める世界でも有数の展望台エギュイユ・デュ・ミディは、シャモニ観光のハイライト。軽装備のままロープウエイを乗り継いで、富士山よりも高い所にあっという間に行けてしまう。ただし夏でも氷点下の世界なので防寒上着やセーターは必携だ。また、高地に体を慣らすため、中間駅でしばらく休むほうがいいだろう。

　70人乗りのロープウエイは、たった8分間で標高2317mの中間駅プラン・ド・レギュイユPlan de l'Aiguilleまで一気に上る。ここでもっと速いロープウエイに乗り換え、エギュイユ・デュ・ミディ北峰(Piton Nord)の山頂へ。時速40キロで、標高差1460mを10分で上ると、夏でも周囲は一面の雪景色。

中間駅プラン・ド・レギュイユからハイキングに出かける人も多い(→P.483)

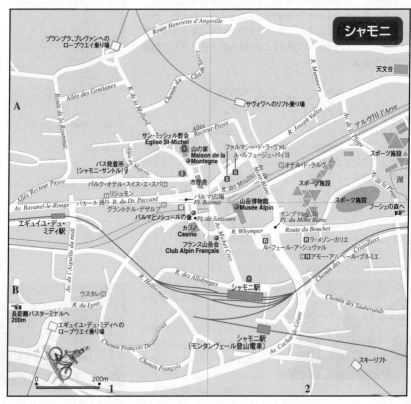

シャモニ

さらに高い中央峰（Piton Central）へは、エレベーターで昇る。着いた先は標高4000mに近い。見渡せば、シャモニの谷を背にして右方向にこんもりと白いモンブラン山頂（4810m）、左には鋭くとがったレ・ドリュLes Drus（3754m）、イタリア国境にあるレ・グランド・ジョラスLes Grandes Jorasses（4208m）など、地球の屋根が連なっている。

北峰からイタリアとの国境にあるエルブロンネ・ピークPointe Helbronner（3466m）へ行くロープウエイ「パノラミック・モンブランPanoramic Mont-Blanc」はまさに動く展望台。4人乗りの小さなゴンドラでヴァレー・ブランシュVallée Blanche（白い谷）の上を30分かけて行く。

ブレヴァン ★

MAP P.481 Brévent (2525m)

シャモニのサン・ミッシェル教会左側の坂道を上った所にロープウエイ乗り場がある。途中プランプラPlanprazで乗り換え、標高2525mのブレヴァンへと向かう。シャモニから約20分。ブレヴァンの展望台からの眺めはすばらしい。モンブランの中腹からシャモニの谷に落ち込むように見えるボッソン氷河Glacier des Bossonsの姿は、豪快のひと言に尽きる。夏ならプランプラで途中下車してハイキングもいい。プランプラからフレジェールFlégèreへの約2時間30分のコースがおすすめ。

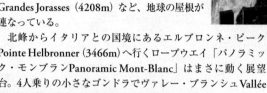

© TIM BARNETT

ブレヴァンへのロープウエイ

エギュイユ・デュ・ミディに2016年新設されたトンネル形の遊歩道「パイプPipe（仏語名はル・チューブLe Tube）」からの眺めもすばらしい

パノラミック・モンブラン
エギュイユ・デュ・ミディ～エルブロンネ・ピークのロープウエイ「パノラミック・モンブラン」。天候があやしい場合はエギュイユ・デュ・ミディに到着をしてから様子を見たほうがよい（シャモニ～ミディ間、ミディ～エルブロンネ間の切符は別々に購入可。その場合でも料金は合わせて買うのと変わらない）。
営 5月下旬～9月下旬
URL www.montblancnatural
　　resort.com

シャモニ～ブレヴァン間（ロープウエイ）
営 7月中旬～8月下旬
　　8:15～17:00（15分間隔で運行）
　　その他の時期は短縮
休 4月下旬～6月上旬、9月中旬～10月中旬
料 シャモニ～プランプラ往復
　　€22、65歳以上€18.70
　　シャモニ～ブレヴァン往復
　　€38、65歳以上€13.60
パス モンブラン・マルチパス
　　（→P.479）で無料

Column INFO Information　シャモニで使いこなしたいふたつのお得なパス

シャモニの谷を存分に楽しむためのお得なパスを紹介しよう。切符を買う手間を省くためにもぜひ入手しておきたい。

●モンブラン・マルチパス Mont-Blanc Multipass
エギュイユ・デュ・ミディ行きをはじめとするロープウエイやリフト、モンタンヴェール登山電車などが乗り放題になるパス。シャモニの谷ほぼ全域を網羅し、料金も個々に買うよりお得だ。1日券€80、2日券€95、3日券€110（最長21日券€380）などがあり、観光案内所または各ロープウエイの切符売り場で購入できる。有効期間内で利用日を自由に選べるフレキシータ

イプのパスもある。7日間のうち2日使える2日券は€110、3日券は€125。天気のいい日を選べるので長期滞在者にはこちらがおすすめ。
※パスのデザインは毎年変わる

●カルト・ドット Carte d'hôte
シャモニのすべての宿泊施設でもらえる「カルト・ドット」は、シャモニの谷を走る路線バス「シャモニバス」（深夜バス除く）を無料で利用できるほか、国鉄SNCFの一部区間も無料で利用できる（Servoz～Vallorcine間で乗り降りする場合のみ。区間外まで行くときは通し料金が必要）。また、公共施設（プール、スケートリンク、山岳博物館など）が割引料金になる。

はみだし　登山だけでは物足りないアクティブ派なら、パラグライダーParapenteに挑戦してみても。プランプラから飛ぶコースは€110～。URL www.absolute-chamonix.com

ローヌ・アルプ

シャモニ

シャモニ

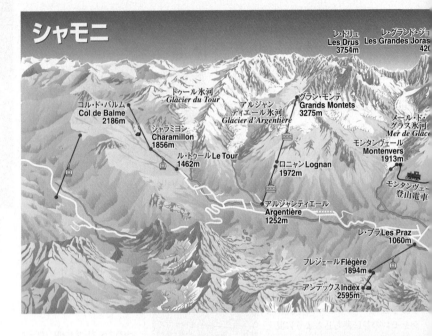

レ・ドリュ Les Drus 3754m
レ・グランド・ジョ Les Grandes Joras 420
トゥール氷河 Glacier du Tour
コル・ド・バルム Col de Balme 2186m
グラン・モンテ Grands Montets 3275m
アルジャン ティエール氷河 Glacier d'Argentière
メール・ド・ グラス氷河 Mer de Glace
シャラミヨン Charamillon 1856m
ル・トゥール Le Tour 1462m
モンタンヴェール Montenvers 1913m
ロニャン Lognan 1972m
モンタンヴェー 登山電車
アルジャンティエール Argentière 1252m
レ・プラ Les Praz 1060m
フレジェール Flégère 1894m
アンデックス Index 2595m

トラムウェイ・デュ・モンブラン

営 6月中旬～9月上旬は1日約8往復（その他の期間は本数が減る）

休 4月上旬～6月中旬、9月中旬～12月中旬

料 ル・ファイエ～ニ・デーグル往復€34、65歳以上€28.90

バス モンブラン・マルチパス（→P.479）で無料（整理券が必要なので、窓口で受付を済ませること）7・8月は予約が望ましい。詳細についてはシャモニの❶またはウェブサイトで確認を。

URL www.montblancnaturalresort.com

トラムウェイ・デュ・モンブラン ★★

MAP P.481

Tramway du Mont Blanc

シャモニ国鉄駅から列車で約30分のサン・ジェルヴェ・レ・バンSt-Gervais les Bainsの駅前ル・ファイエLe Fayetから登山電車が出ている。フランスで最も高い所まで行くトラムウェイ・デュ・モンブランだ。

斜面を懸命に上る「ジャンヌ」

開業は1909年。2022～2023年には新車両への移行が行われ、従来の「マリー」「アンヌ」「ジャンヌ」の愛称をもつ車両のリニューアルに加え、4両編成の「マルグリット」が加わった。座席数も増え、より快適に乗車できるようになった。

トラムウェイは、ル・ファイエを出発すると、モンブラン登山の出発地点でもあるニ・デーグルNid d'Aigle（2372m）まで

トンネルを抜けるとニ・デーグル駅。建設当初はモンブランまで路線を延ばす予定だった

を約1時間15分で上る。モンブランの雄姿と氷河の迫力ある風景を堪能できる登山電車として人気が高く、夏は満席になってしまうほど。ニ・デーグルには軽食の取れる山小屋があり、雄大な自然のなかでのランチも可能。

便利なシャモニバス

シャモニの町から離れたアルジャンティエールArgentièreやル・トゥールLe Tourなどのロープウエイ乗り場（上記地図）へ行くときに便利なのが「シャモニバスChamonix Bus」。宿泊ホテルでもらえる「カルト・ドット」（→P.479）があれば無料で利用できる。

URL www.montblancbus.transdev.com

ローヌ・アルプ

シャモニ

エルブロンネ・ピーク
Pointe Helbronner
3466m

モンブラン
Mont-Blanc
4810m

エギュイユ・デュ・ミディ
Aiguille du Midi
3842m

ベルヴュー
Bellevue
1800m

ニ・デーグル
Le Nid d'Aigle
2372m

プラン・ド・レギュイユ
Plan de l'Aiguille
2317m

ボッソン氷河
Glacier des Bossons

トラムウエイ・
デュ・モンブラン

ル・プラリオン
Le Prarion
1900m

レズーシュ
Les Houches
1010m

シャモニ Chamonix
1035m

プランプラ
Planpraz
2000m

ブレヴァン Brévent
2525m

ル・ファイエ
Le Fayet
580m

　ハイキングを楽しみたいなら、途中のベルヴュー Bellevue
（1800m）で下車するのもおすすめ。ここからレズーシュ Les
Houches までロープウエイで下りることもできるが、草花の美
しい季節なら、ル・プラリオン Le Prarion まで歩いて、別のロー
プウエイに乗るのも一案だ。

モンタンヴェールとメール・ド・グラス ★★★

MAP P.480　Le Montenvers (1913m) et Mer de Glace

　シャモニ駅の裏、鉄橋を渡った所にある駅から赤い登山電車
に乗って行く。2008年に開通100周年を迎えた歴史ある電車だ。
駅の裏には墓地があり、『アルプス登攀記』の作者ウィンパー
が眠っている。モミやカラマツの林をぬいながら電車は山の斜
面を上る。約20分で終点、標高差約900mのモンタンヴェール
に着く。歩いても2時間30分〜3時間なので、上りか下りを徒
歩にすれば、ハイキングを楽しめる。

　終点のモンタンヴェールの眺
めは雄大ですばらしい。まず目
の前に広がる氷河**メール・ド・
グラス**Mer de Glace。そして、
その奥にはかの有名なアルプス
3大北壁のひとつ、レ・グランド・
ジョラス Les Grandes Jorasses の
北壁が見える。氷河の下には氷
の洞窟 Grotte de Glace（→P.482）
が掘られ、ロープウエイで下り
ることができる。

モンタンヴェール登山電車

⏰ 7月上旬〜8月下旬
　　　　　　　　8:30〜17:00
　その他の時期は短縮
　20〜30分間隔で運行（冬は本数
　が減る）。

🚫 シャモニの❶または下記サイト
　で確認を。

💰 往復€37（モンタンヴェール
　とメール・ド・グラスを結ぶ
　ロープウエイの往復料金、ル・
　グラシオリウム、氷の洞窟含む）

🚌 モンブラン・マルチパス
　（→R479）で無料

🔗 www.montblancnatural
　　　　　　　　resort.com

赤い車体が雪山に映えるモンタン
ヴェール登山電車

はみだし　モンタンヴェールの「ル・グラシオリウムLe Glaciorium」は氷河に関する展示館。長い年月の間に生成、変
　　　　　化を続ける氷河の一生を紹介している。

8月中旬のガイド祭りの時期は非常に混むので必ず予約しよう。シャモニの❶のウェブサイトからも予約可。

Ⅰ Ⓡ アモー・アルベール・プルミエ
Hameau Albert 1er 5★　　MAP P.478-B2

　100年の伝統を誇るデラックスホテル。窓からは雄大な山の景色が見える。レストラン「Albert 1er」はミシュラン2つ星。サヴォワ料理がテーブルを彩る。予約が望ましい。

🏠 38, route du Bouchet　　☎ 04.50.53.05.09
💰 Ⓢ Ⓦ €188～1750　　🍴 €34
🛌 11月上旬～12月上旬　　🅿 無料　📶
レストラン
🛌 ㊊と㊍の昼、㊌、10月中旬～12月上旬
💰 昼ムニュ€49、€102、夜ムニュ€73、€110
🔗 www.hameaualbert.fr/fr/hotel

Ⅰ グラントテル・デザルプ
Grand Hôtel des Alpes 5★　　MAP P.478-B1

　創業1840年のシャモニを代表する老舗ホテル。エレガントな内装とあたたかなサービスで訪れる者をくつろがせてくれる。町の中心のバルマ広場に近く、何をするにも便利な立地。

🏠 75, rue du Docteur Paccard
☎ 04.50.55.37.80
💰 Ⓢ Ⓦ €235～1400　　🍴 €25
🛌 10月中旬～11月　　🛏 32室
🅿 €25　📶
🔗 www.grandhoteldesalpes.com

Ⅰ パルク・オテル・スイス・エ・スパ
Park Hôtel Suisse & Spa 4★　　MAP P.478-A1

　観光局のはす向かいにあるホテル。ロケーションのよさに加えて、シャレー風の外観、ナチュラルで高級感のある内装もいい感じ。部屋によっては、窓からモンブランを望むことができる。

🏠 75, allée du Majestic
☎ 04.50.53.07.58
💰 Ⓢ Ⓦ €190～
🇨 ＡＤＪＭＶ　🛏 68室　🅿　📶
🔗 www.chamonix-park-hotel.com

Ⅰ オテル・ド・ラルヴ
Hôtel de l'Arve 3★　　MAP P.478-A2

　アルヴ川沿いにある静かで落ち着いた雰囲気のホテル。山もよく見えるロケーション。サウナやフィットネスセンターもある。

🏠 60, impasse des Anémones
☎ 04.50.53.02.31
💰 Ⓢ Ⓦ €90～240　　🍴 €12
🛌 11月上旬～12月上旬
🇨 ＡＭＶ
🛏 37室　🅿 無料　📶
🔗 hotelarve-chamonix.com

Ⅰ ウスタレ
Oustalet 3★　　MAP P.478-B1

　エギュイユ・デュ・ミディへのロープウエイ乗り場近くに建つ家庭的なホテル。

🏠 330, rue du Lyret
☎ 04.50.55.54.99
💰 Ⓢ €130～170 Ⓦ €148～215　　🍴 €16
🛌 5/16～6/14、10/2～12/14
🇨 ＡＭＶ　🛏 15室
🅿 €10　📶
🔗 www.hotel-oustalet.com

☕ Column / Pause café　雄大な氷河メール・ド・グラス

洞窟を歩くと氷河の分厚さがわかる

　シャモニから登山列車モンタンヴェール鉄道（→P.481）で約20分、「氷の海」ことメール・ド・グラスは広さ40km²に及ぶヨーロッパ最大級の氷河だ。氷河の下の「氷の洞窟Grotte de Glace」は見どころのひとつ。2023年12月に

© SophieMolestiDavidAndre

は氷河まで降りるロープウエイが開通、また2024年12月には氷河の歴史を展示した博物館が開館する予定だ。氷河は年々後退しており、地球温暖化について考える機会にもなるだろう。

●モンタンヴェールに泊まる

　モンタンヴェール駅はさまざまなハイキングコースのスタート地点。旅程に余裕があるなら逗留して、メール・ド・グラスの雄大な自然を味わい尽くすのもいい。郷土料理を出す展望レストランも人気だ。

Ⅰ Ⓡ ルフュージュ・デュ・モンタンヴェール
　　Refuge du Montenvers
🏠 Le Montenvers 74400
☎ 04.50.53.87.70
💰 Ⓢ €145～449 Ⓦ €209～495　🍴 込み
🇨 ＪＭＶ　🛏 18室　📶
🔗 en.refugedumontenvers.com

　はみだし　シャモニのホテルを割引料金で予約できるウェブサイトが登場。パラグライダーなどのアクティビティも申し込める。🔗 booking.chamonix.com

Ⓗ リシュモン
Richemond 2★　　　MAP P.478-A1

　レストランやスポーツ用品店が集まるにぎやかな通りにある。エギュイユ・デュ・ミディ駅に近く、便利なうえ、6階建てで見晴らしもいい。
🏠 228, rue du Docteur Paccard
☎ 04.50.53.08.85
💴 Ⓢ€66.60～74.60 Ⓦ€102.20～189.20
　●€10.50
🛏 4月中旬～6月中旬、9月中旬～12月中旬
CC ＡＭＶ　🚪 52室　Ⓟ 無料　Wi-Fi
URL www.richemond.fr

Ⓨ オーベルジュ・ド・ジュネス
Auberge de Jeunesse　　MAP地図外

　モンブラン山群が目の前に迫る環境抜群のユース。シャモニから2番のバスでAuberge de Jeunesse下車後約50m。受付時間は8:00～12:00、16:30～20:00。
🏠 127, Montée J. Balmat Les Pèlerins d'en Haut
☎ 04.50.53.14.52
💴 ドミトリー1人€28.80～（最低泊数の制限があることも）●込み、シーツ代込み
🛏 10/19（'23）～12月上旬
Ⓟ 無料　CC ＭＶ　URL www.hifrance.org

☕ **Column Pause café**　夏のシャモニを楽しもう　～おすすめ展望台&ハイキングコース

ダイナミックな眺望を楽しめるグラン・モンテ展望台。エギュイユ・デュ・ミディのように混まないのもいい

お花畑の中を歩こう

　スキーリゾートとして知られるシャモニだが、夏山の美しさもまた格別だ。すばらしい山の風景をアルピニストに独占させておくのはもったいない。初心者用のハイキングコースも多数あり、よく整えられている。ただ、手軽なコースといえども油断は禁物。雨のあとなど岩場はとても滑りやすい。スニーカーではなく軽登山靴を用意しよう。日差しが強いため、帽子は必需品。また、山の天気は変わりやすいので、雨具も忘れずに。

●マルチパスとカルト・ドットを利用して展望台巡り

　シャモニの谷には、アルプスの雄大な眺めを満喫できる展望台が数多くある。モンブランを眺める展望台として最も有名なのはエギュイユ・デュ・ミディだが、グラン・モンテ展望台Grands Montets（MAP P.480）からの眺めもすばらしい（2024年6月現在工事のため閉鎖中）。
　ミディが朝の横綱とすれば、グラン・モンテは午後の横綱といえる。昼頃シャモニに到着したときや、昼から晴れたときにおすすめ。グラン・モンテ展望台に上るロープウエイ乗り場へは、シャモニからシャモニバス（→P.480）でLes Chosalets下車。ここから徒歩約10分。カルト・ドット（→P.479）があればシャモニバスは乗り放題になるのでぜひ利用しよう。

●おすすめハイキングコース

　シャモニでは、標高の高い展望台に上る際、途中でロープウエイを乗り換えることがある。この中間駅周辺は人気のハイキングスポットだ。例えばグラン・モンテ展望台への中間駅ロニャンLognanからは、アルジャンティエール氷河を見に行くコースがある。
　またエギュイユ・デュ・ミディへの中間駅プラン・ド・レギュイユから、近くにあるブルー湖Lac Bleuまでなら1時間ほどの散策が可能。初心者でも安心して歩ける。
　山歩きに慣れた人なら、プラン・ド・レギュイユからモンタンヴェールへ向かう3時間ほどのコースに挑戦しても。モンブランやレ・グランド・ジョラスを眺める豪華コースだ。モンタンヴェールからは登山電車でシャモニに下りることができる。
　このほか、トラムウェイ・デュ・モンブランの乗車と合わせたプラン（→P.480）もおすすめ。

🧺 肌に優しいスキンケア用品として定評のあるエーデルワイスクリーム。「ファルマシー・ド・ラ・ヴァレ Pharmacie de la Vallée」で買える。MAP P.478-A2　🏠 124, rue Joseph Vallot

R ラ・メゾン・カリエ
La Maison Carrier `MAP P.478-B2`

ホテル「アモー・アルベール・プルミエ」（→P.482）のセカンドレストラン。モンブランを眺めるテラスで郷土料理が食べられる。予約が望ましい。
- 住 44, route du Bouchet
- TEL 04.50.53.00.03
- 営 12:00〜14:00、19:00〜21:30
- 休 ㊐ ㊋、5月下旬〜6月中旬
- 料 昼ムニュ€26、夜ムニュ€33
- CC A M V　英　URL www.hameaualbert.fr/en/traditional-restaurant

R ル・フェール・ア・シュヴァル
Le Fer à Cheval `MAP P.478-B2`

チーズフォンデュ（€18〜）など、チーズをふんだんに使ったサヴォワ地方の名物料理を食べるならここ。なるべく予約を。
- 住 25, pl. du Poilu
- TEL 04.50.53.80.20
- 営 12:00〜14:30、19:00〜21:30
- 休 ㊋、6月中旬〜11月中旬の㊋、5月中旬〜6月中旬、11月中旬〜12月上旬
- 料 昼ムニュ€24、夜ムニュ€39
- CC A M V
- URL www.facheval.fr

S ル・ルフュージュ・パイヨ
Le Refuge Payot `MAP P.478-A2`

チーズやお菓子などサヴォワ地方の名産品が揃い、おみやげ探しに重宝する店。モンブランから流れ出す水で造った「モンブランビール」も買える。
- 住 166, rue Joseph Vallot
- TEL 04.50.53.18.71
- 営 8:15〜20:00
- 休 無休
- URL www.refugepayot.com

☕ Column Pause café　フランス・アルプスのリゾート、ムジェーヴ

モンブランの麓にある美しい村、ムジェーヴMegève（MAP P.457）。1910年代にロスチャイルド家が冬の休暇に訪れたことをきっかけにスキー場として発展し、現在ではフランス屈指のリゾート地となった。

スキーや犬ぞりなどのウインタースポーツはもちろん、雪が解ければハイキング、パラグライダー、ゴルフなど、一年中アクティビティを楽しむことができる。年間300を超えるイベントが開催されるほか、かわいらしい家並みは「花いっぱいの町」の最高ランク「4つ花」に認定され、町の散策も楽しい。オードリー・ヘップバーン主演の映画『シャレード』（1963年）のロケ地でもある。

ショップやレストランが集まるエグリーズ広場

村を眺める高台には教会が

る店もある。A.O.Pのチーズなど、アルプスの豊かな自然が育んだ食材をふんだんに使った料理を味わえる。

アクセス
🚌 シャモニから南西へ約50分。

ムジェーヴの❶
- 住 70, rue Monseigneur Conseil 74120
- TEL 04.50.21.27.28
- 開 9:00〜12:30、14:00〜18:30（ハイシーズンは9:00〜19:00）
- 休 5/1、5/8、11/11
- URL megeve.com

花が飾られた観光案内所

●心と体を癒やす

スパを備えたホテルも多く、アクティビティ後にぜひ利用したい。アルプスの天然水や山に咲くエーデルワイスのエキスなどを使用したムジェーヴ発のスキンケアブランド「ピュールPure」の製品もおすすめ。

●アルプスの美食の都

小さな村にもかかわらず、レストランの数は80以上。3つ星シェフ、エマニュエル・ルノーのレストランをはじめ、ミシュランに掲載され

R フロソン・ド・セル
Flocons de Sel
3つ星シェフ、エマニュエル・ルノー氏のレストラン。
- 住 1775, route du Leutaz
- TEL 04.50.21.49.99
- URL www.floconsdesel.com

フランス・アルプスの楽しみ方
雄大な自然を滑ろう!

ヨーロッパアルプスの西側に位置し、東はスイス、イタリアと国境をなすフランス・アルプス。整備されたスキー場が多くあり、初心者からベテランまで誰もが最高の雪質と雄大な景色に満足できるはず。

© OT-CHAMONIX

スキー愛好家にとってフランス・アルプスは一度は滑ってみたい憧れの地。第1回冬季オリンピックが開かれたシャモニをはじめ、スキー選手ジャン・クロード・キリーの地元であるヴァル・ディゼール、高級スキーリゾート、ムジェーヴなど、有名なスキー場がたくさんある。

ベストシーズンはいつ?

フランスの学校には「スキー休暇」もあるほど、スキーはフランスの国民的スポーツ。クリスマス明けから年始にかけては家族連れで非常に混み合うが、ベストシーズンは1月中旬から3月中旬。雪質もよく、外のテラスで食事もできる。12月中旬から4月くらいまでは滑ることができるが、降雪情報はウェブサイトなどでチェックしよう。

スキーをするときのアドバイス

フランスのスキーコースは難易度ごとに色別で表示されている。しかし天候や雪質によって大きく変わるので、あくまで目安として判断し、無理はしないこと。スキー場では必ずゲレンデマップを携帯して、現在地やルートがわからなくなったら、赤いウエアを着たスキー教師に尋ねてみよう。

絶景の氷河コース

エギュイユ・デュ・ミディの山頂からシャモニの町まで滑り降りるヴァレ・ブランシュは滑ればスキー観が変わるといわれているほど絶景を楽しめるコース。ただし熟練者向きなので、挑戦する場合は事前の情報収集を十分に行おう。

スキーをしない楽しみ方

スキーヤーのメッカともいえるフランス・アルプスだが、実はスキー目的で訪れていない人も多い。近年はスノーハイキングやエアボード、パラグライダーなど雪の楽しみ方の選択肢も増えている。またゲレンデに出なくとも、アルプスの雄大な景色を眺め、スパや温泉施設で体を癒やしたり、美食を楽しむのもフランス流アルプスの楽しみ方。おしゃれなブティックでショッピングをしたり、夜はカジノやDJイベントのあるバーをはしごしたり。フランス・アルプスを楽しもう!

アルプスのスキーリゾート

おもなスキー場のウェブサイト
アヴォリア Avoriaz URL www.avoriaz.com
アルプ・デュエズ Alpe d'Huez URL www.alpedhuez.com
アルベールヴィル Albertville URL www.pays-albertville.com
ヴァル・ディゼール Val d'Isère URL www.valdisere.com
ヴァル・トランス Val Thorens URL www.valthorens.com
クールシュヴェル Courchevel URL www.courchevel.com
ティーニュ Tigne URL www.tignes.net
メリベル Méribel URL www.meribel.net
ムジェーヴ Megève URL megeve.com

Auvergne
オーヴェルニュ

マシフ・サントラル（中央山塊）は、ピュイ・ド・ドーム山を中心とした火山群だ。火山の噴火でせき止められた川は、あちこちに大小の湖を造り、赤茶けた火成岩と相まって、独特の美しさを醸し出している。火山群はまた、この地方に温泉や鉱泉の恩恵をもたらした。豊かな水に恵まれたこの地方は、フランス屈指のミネラルウオーターの産地だ。ヴォルヴィックやヴィシーの水は世界中で愛飲されている。

観光のヒント

［気候］昼夜の寒暖の差が大きい。冬は底冷えが厳しく、雪が降ることもある。

［特色］火山帯特有の赤い岩と渓谷の風景美が楽しめる。古くからの巡礼路にも当たることから、11〜12世紀に建てられたロマネスクの教会が点在する。

［周遊のヒント］この地方にはTGVは通っていない。中心都市のクレルモン・フェランへはパリから列車で約3時間40分。ここから主要都市への鉄道の便はいい。ロマネスク教会のある小さな町を訪れるには、レンタカーの利用がおすすめ。

おもな祭りとイベント

1月 国際短編映画祭（クレルモン・フェラン／1月下旬〜2月初旬）：世界最大規模の短編映画祭

8月 聖母被昇天の祭り（ル・ピュイ・アン・ヴレ／15日）：ノートルダム・デュ・ピュイ大聖堂の宗教行列

9月 鳥の王の祭り（ル・ピュイ・アン・ヴレ／中旬）：ルネッサンス期を再現する時代祭り

名産品と料理

雄大な山脈と牧草地が連なる地帯で、酪農、特にチーズ作りが盛ん。最古のチーズといわれるカンタルなどがあり、料理にもチーズが頻繁に加えられる。手工芸品では、ル・ピュイ・アン・ヴレのレースが有名。

©Comité Régional de Développement Touristique d'Auvergne + DAMASE-Joël

ⒶトリプーとアリゴTripoux et Aligot：トリプーは羊の胃と香草を煮込んだオーヴェルニュの名物料理。アリゴはジャガイモとトムチーズを混ぜたペースト　ⒷトリュファードTruffade：炒めたジャガイモとベーコンにカンタルのトムチーズを混ぜ合わせたオーヴェルニュ地方の郷土料理　ⒸオーヴェルニュのチーズFromages d'Auvergne：セミ・ハードタイプのチーズが多い。左からサン・ネクテールSt-Nectaire、カンタルCantal、フルム・ダンベールFourme d'Ambert、サレールSalers、ブルー・ドーヴェルニュ Bleu d'Auvergne　Ⓓパスティーユ・ド・ヴィシーPastille de Vichy：ヴィシーの温泉から作られるのど飴　ⒺレースDentelle du Puy：独特の製法で編まれるル・ピュイ・アン・ヴレのレース

©Comité Régional de Développement Touristique d'Auvergne + SOISSONS-Pierre

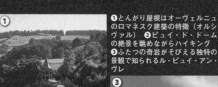
❶とんがり屋根はオーヴェルニュのロマネスク建築の特徴（オルシヴァル） ❷ピュイ・ド・ドームの絶景を眺めながらハイキング ❸ふたつの奇岩がそびえる独特の景観で知られるル・ピュイ・アン・ヴレ

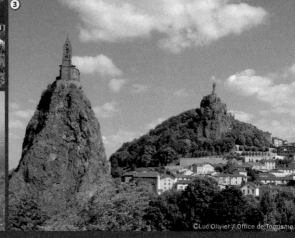
©Luc Olivier / Office de Tourisme

凡例
高速道路
一般道路
鉄道
ユネスコ世界遺産として登録

シャトールー Châteauroux　パリへ　ブールジュへ　パリへ
St-Pierre-le-Moûtier
Argenton-s-C　La Châtre
Moulins
Digoin
ポワティエへ
St-Sornin-Leulac
モンリュソン Montluçon
St-Pourçain　Varennes
ロワール川
Bellac　Guéret
Gannat　ヴィシー P.494 Vichy
ロアンヌ Roanne
中央山塊（マシフ・サントラル）
オービュッソン P.349 Aubusson　ヴォルヴィック Volvic　Riom
ティエール Thiers
リヨンへ
リモージュ Limoges
ピュイ・ド・ドーム P.491 Puy de Dôme　クレルモン・フェラン P.488 Clermont-Ferrand
オルシヴァル P.495 Orcival　Royat
オーヴェルニュ地方
St-Yrieix
Ussel　ル・モン・ドール Le Mont-Dore　サン・ネクテール P.495 St-Nectaire
イソワール P.495 Issoire
ピュイ・ド・サンシー
ブリウード P.495 Brioude
サンテティエンヌ St-Etienne
ブリーヴ Brive
Mauriac
St-Flour
ガラビ橋 P.494 Viaduc de Garabit
ル・ピュイ・アン・ヴレ P.492 Le Puy-en-Velay
スーイヤック Soulliac
オーリヤック Aurillac
ロカマドゥール Rocamadour
フィジャック Figeac
コンク Conques
カオールへ Cahors
N
0　40km
オーヴェルニュ

大聖堂のステンドグラス

丘の上に築かれた"黒い町"
クレルモン・フェラン

郵便番号：63000　人口：約14万人

ACCESS
🚄 パリ・ベルシー駅からIntercités
で約3時間40分。リヨンLyonから
TERで約2時間30分。

❶ 観光案内所
住 Pl. de la Victoire　MAP P.489-1
TEL 04.73.98.65.00
開 (月)　　　　　　　14:00～18:00
　　(火)～(日)　　　 10:00～13:00
　　　　　　　　　　14:00～18:00
　　(7・8月は～19:00)
休 1・11月の(日)、1/1、12/25
URL www.clermontauvergne
　　　　　　　　tourisme.com

トラム、バス
料 非接触型のカード（€2）を購入
し、チャージして使う。1回券
€1.60、10回券€15
URL www.t2c.fr

クレルモン・パス
Clermont Pass
市内と近郊の美術館1ヵ所と、
ミシュランの博物館L'Aventure
Michelin(→P.489)、パノラミック・
デ・ドーム(→P.491)を含むお得な
観光パス。提携レストランでの割
引も。問い合わせ、購入は❶で。
料 48時間券€23、
　　72時間券€39

「弟子の足を洗うキリスト」。壁画に
さりげなく施されているので見逃さ
ないように

オテル・フォンフレイド
Hôtel Fontfreyde
グラ通りRue des Grasにあるル
ネッサンス期の邸宅「オテル・フォ
ンフレイド」。中庭の階段小塔には
見事な彫刻が施されている。内部
は、現代写真ギャラリーになって
いる。
MAP P.489-1
住 34, rue des Gras
開 (火)～(日)　13:30～19:00
休 (月)、1/1、5/1、11/1、
　　12/25

ノートルダム・ド・ラソンプシオン大聖堂の塔は町のシンボル

クレルモン・フェランの町を歩いていると、やけに黒ずんだ町
だなという気がしてくる。それもそのはず、近くの火山から採っ
てきた石で教会やら家やら建ててしまったのだ。その代表とも
いえるのが、この町にあるふたつの教会。ひときわ高く、目立っ
ているのはノートルダム・ド・ラソンプシオン大聖堂で、夕暮
れともなれば、周囲の山々を背景に黒く細いシルエットが浮か
び上がる。もうひとつは、通り沿いの奥まった所にひっそりと
たたずむノートルダム・デュ・ポール・バジリカ聖堂。とんが
り帽子の屋根をもった典型的なロマネスク様式の教会だ。この
町は、あのミシュランの生まれ故郷でもある。

〉〉〉 歩き方 〉〉〉

　見どころは、旧市街Vieux Clermontに集まっている。なか
でも、ロマネスクの教会ノートルダム・デュ・ポール・バジリ
カ聖堂と、ゴシック様式のノートルダム・ド・ラソンプシオン
大聖堂は必見。両聖堂の界隈にはRue du Port、グラ通りRue
des Grasなど16～18世紀の建物が残る通りもいくつかある。
大聖堂を見学したあと、Rue des Grasの坂を下りる途中、右側
のグラ広場Pl. des Grasという小さな広場に、ロマネスク様式
の浮き彫りを施した壁があるので見ておこう。「弟子の足を洗
うキリスト」の図で、素朴だが心あたたまる。

　この町は哲学者パスカルの生地として知られている。ノート
ルダム・ド・ラソンプシオン大聖堂脇のPl. Lemaigreにはパス
カルの生家跡を示す記念碑が立ち、哲学の道ならぬパスカルの
道（パスカル通り）Rue Pascal (→P.490)もある。

　見晴らしがいいのは大聖堂の塔と、アンボワーズの泉がある
Pl. de la Poterneだ。天気がよければ、ピュイ・ド・ドームPuy
de Dômeの火山(→P.491)も見える。

はみだし　地元のラグビーチーム、ASMクレルモン・オーヴェルニュのスタジアムにフランス初のラグビー博物館「ASM
Experience」がある。バス クレルモン・パス72時間券で無料 URL www.asm-rugby.com

》))おもな見どころ(((

ノートルダム・デュ・ポール・バジリカ聖堂 ★★★
MAP P.489-1　Basilique Notre-Dame du Port

保存のよい柱頭彫刻

　12世紀建造の典型的なオーヴェルニュロマネスク様式の建物。重い扉を開けて入ると内部は非常に暗いが、淡い光に照らされた空間がしだいに広がってくる。特に、小さめの祭壇や周りの柱頭彫刻にある人物の表情は、保存状態のよさで知られている。地下祭室には、13世紀以来信仰の対象となってきた「黒い聖母像」がある。

ロマネスクの典型的な聖堂

　なお、この聖堂は、「サンティアゴ・デ・コンポステーラ街道」(→P.376)の一部として世界遺産に登録されている。

ノートルダム・ド・ラソンプシオン大聖堂 ★★★
MAP P.489-1　Cathédrale Notre-Dame de l'Assomption

　1248年に建設が始まったゴシック様式の大聖堂。19世紀、中世建築の復元で名高いヴィオレ・ル・デュックの指揮により完成した。ニョキニョキとそびえる大聖堂の尖塔が遠くからでもよく見えるだろう。中に入ると、大きな窓の色彩豊かなステンドグラスが、黒い外観とは対照的だ。

黒さが印象的な大聖堂

　約250段の階段を上り、**バイエットの塔**Tour de la Bayetteの上に出ると、周囲の山々とクレルモン・フェランの町並みが見渡せる(2023年5月現在閉鎖中)。

ノートルダム・デュ・ポール・バジリカ聖堂
住 4, rue Notre-Dame du Port
開 8:00〜18:00
料 無料

ラヴァンチュール・ミシュラン
L'Aventure Michelin
クレルモン・フェランには、タイヤメーカー「ミシュラン」の本社がある。会社の歴史や、自動車産業の発展に関する展示が見られる博物館(ラヴァンチュール・ミシュラン)があり、大人から子供まで楽しめる。館内には、地図やガイドブックのほか、オリジナルキャラクターであるビバンダムのグッズを販売するブティックも。おみやげを探すのもいい。
MAP 地図外
住 32, rue du Clos Four
開 10:00〜18:00
　(7・8月は〜19:00)
　(入場は閉館の1時間30分前まで)
休 9〜1月と3〜6月の(月)、
　1/1〜1/24
料 €11、7〜17歳€7
バス クレルモン・バスで無料
URL laventure.michelin.com
駅前から出ているB線のバスでStade Marcel-Michelin下車。

ノートルダム・ド・ラソンプシオン大聖堂
大聖堂
住 Pl. de la Victoire
開 (月)〜(土)　　　9:00〜12:00
　　　　　　　14:00〜18:00
　(日)　　　　　15:00〜18:00
料 無料
URL www.cathedrale-catholique-clermont.fr

クレルモン・フェランの美術館・博物館 ★

[MAP]本文参照　Les Musées

●バルゴワン美術館 Musée Bargoin [MAP] P.489-1

中近東、中央アジアの絨毯を中心に、18世紀から現代までの作品を約120点所蔵。旧石器時代からガロ・ローマ時代までの発掘品を集めた考古学博物館も併設している。

●ロジェ・キリオ美術館 Musée d'Art Roger-Quilliot [MAP] 地図外

中心街から北東へ約3km離れた中世の歴史的地区モンフェランMontferrandにある。クレルモン・フェランはクレルモンとモンフェランが合併してできた町なのだ。美術館は17世紀の修道院だった建物を利用し、中世から20世紀までの絵画、彫刻、家具、装飾品など約2000点を展示している。

バルゴワン美術館
[住] 45, rue Ballainvilliers
[開] ㊋〜㊏ 10:00〜18:00
㊐ 14:00〜18:00
[休] ㊊、1/1、5/1、11/1、12/25
[料] €5、60歳以上€3、第1㊐無料
[パス] クレルモン・パス使用可

ロジェ・キリオ美術館
[住] Pl. Louis Deteix
[開] ㊋〜㊎ 10:00〜18:00
㊏㊐㊗ 10:00〜13:00
14:00〜18:00
[休] ㊊、1/1、5/1、11/1、12/25
[料] €5、60歳以上€3、第1㊐無料
[パス] クレルモン・パス使用可
トラムA線Musée d'Art Roger Quilliot下車。

クレルモン・フェランのおすすめホテル／レストラン

[H]ホテル [R]レストラン

駅前からPl. Delilleまでの道に手頃なホテルが並ぶ。

[H] メルキュール・クレルモン・フェラン・サントル・ジョード
Mercure Clermont Ferrand Centre Jaude 4★ [MAP] P.489-1

駅からはB線のバスで約5分のJaude下車後、徒歩約200m。町の中心であるジョード広場に面して建つホテル。シックなロビーからは大聖堂の尖塔を眺められる。

[住] 1, av. Julien
[TEL] 04.63.66.21.00
[料] ⓈⓌ€115〜265 ☕€17.90
[CC] [A][D][J][M][V] [室] 125室
🚭 [Wi-Fi]
[URL] all.accor.com/hotel/9171/index.fr.shtml

[R] ラランビック
L'Alambic [MAP] P.489-1

©L'Alambic
ジャガイモとチーズのアリゴ

トリュファードやアリゴ（→P.486）、ポテPotéeなど、伝統的なオーヴェルニュ料理が自慢のレストラン。予約が望ましい。

[住] 6, rue Ste-Claire
[TEL] 04.73.36.17.45
[営] 12:00〜13:45、17:15〜22:00
[休] ㊋の昼、㊊㊐、3・7月に15日間、クリスマスに1週間 [料] アラカルト予算€40
[CC] [M][V] [Wi-Fi]
[URL] www.alambic-restaurant.com

[H] アルベール・エリザベト
Albert Elisabeth 3★ [MAP] P.489-2

駅から約200mという便利な立地ながら手頃な値段が魅力。3〜4人の部屋もあり、家族旅行にも向く。

[住] 37, av. Albert et Elisabeth
[TEL] 04.73.92.47.41
[料] ⓈⓌ€58〜130 ☕€9.90
[URL] www.hotel-albertelisabeth.com

Column Pause café　パスカルの道で

クレルモン・フェランは哲学者ブレーズ・パスカルBlaise Pascalが生まれた町としても知られている。ノートルダム・ド・ラソンプシオン大聖堂へ向かう小道には、彼の名前がつけられた「パスカル通りRue Pascal」があるので歩いてみよう。歴史を感じさせる石畳が緩やかに続き、古本屋などがひっそりとたたずんでいる趣のある小道だ。

静かな石畳が続くパスカルの道

ふと足元を見ると、パスカルの顔のメダルが埋め込まれている。小さいものだが、光にキラリと輝くこともあるので見つけやすいだろう。

通りに埋め込まれたパスカルのメダル（左）　そのほかにも「教皇ウルバヌス2世 Urbain II」や、ガリア解放の英雄「ウェルキンゲトリクス Vercingétorix」のメダルも見つかる（右）

メダルはパスカル通りだけでなく、その周辺の道のあちこちに埋め込まれている。石畳の感触を楽しみながらメダルをたどってみるのもおもしろい。

))) クレルモン・フェラン近郊の町 (((

ピュイ・ド・ドーム
Puy de Dôme

360度のパノラマを体感

世界遺産

はるかかなたまで起伏に富んだ景観が見渡せる

クレルモン・フェランの西に広がる火山地帯の中心にそびえるのが標高1465mのピュイ・ド・ドームだ。クレルモンの町からも頂上を望むことができる。

ピュイ・ド・ドームの山頂には、観光列車パノラミック・デ・ドーム (乗り場はクレルモン・フェランから約10km) で上ることができる。体力と時間が許せば、麓かららせん状になった道を歩いて登るのも楽しいだろう。古代ローマ人が残したハイキングコースもある。

頂上からの眺めはすばらしく、360度の大パノラマを満喫できる。オーヴェルニュ地方の起伏に富んだ壮大な山並みが広がり、迫力ある景観だ。山頂を一周できるコースがあるので、誰でも気軽にハイキング気分を楽しめる。

ACCESS
🚗 クレルモン・フェランから約13km。
🚌 4月上旬～11月上旬はクレルモン・フェランからパノラミック・デ・ドーム乗り場までシャトルバス（Navette）が出ている。所要約30分。🎫 €1.60
URL www.panoramiquedesdomes.fr

世界遺産

ピュイ山脈とリマーニュ断層の地殻変動地域
Haut lieu tectonique Chaîne des Puys - faille de Limagne
（2018年登録）

パノラマ列車で山頂へ　© Gérard Fayet

パノラミック・デ・ドーム
Panoramique des Dômes
🕐 7・8月は9:00～21:00の20分ごとに出発。その他の時期は本数が減る。
🎫 往復€16.50
🚌 クレルモン・バスで無料
URL www.panoramiquedesdomes.fr

クレルモン・フェランの町からも見えるピュイ・ド・ドームの威容

オーヴェルニュ

クレルモン・フェラン & ピュイ・ド・ドーム

🚐 Column Excursion　**火山のテーマパーク　ヴュルカニア**

ピュイ・ド・ドームから車で約30分の所に、火山に関するテーマパーク、「ヴュルカニア Vulcania」がある。火山ができるまでの展示や

クレーターを再現した巨大な展示も　© Darbelet

3D映画上映があり、興味深いテーマパークだ。屋外には、質問に答える形式で遊びながら自然について学べるコースも用意されている。火山について深く知ることができるのでぜひ立ち寄ってみたい。

アクセス
🚌 7月上旬～9月上旬と学校休暇期間はクレルモン・フェラン駅前の5番乗り場からシャトルバス（Navette）が出る。所要約45分。時刻など詳細はウェブサイトで確認できる。

ヴュルカニア Vulcania
🏠 2, route de Mazayes 63230 St-Ours les Roches
🕐 10:00～18:00（夏は延長）
🚫 3月下旬と9月上旬～10月中旬の月 火、11月上旬～3月下旬
🎫 €27～32（季節によって異なる）
URL www.vulcania.com

赤い聖母像が見下ろす巡礼の町

ル・ピュイ・アン・ヴレ

郵便番号：43000　人口：約1万9000人

ふたつの奇岩がそびえ立つ

・パリ
ル・ピュイ・
アン・ヴレ

ACCESS

🚃 クレルモン・フェランからTER
で約2時間10分。

🛈 観光案内所

🏠 2, pl. du Clauzel　　MAP P.492
📞 04.71.09.38.41
🕐 7・8月　　　　8:30〜18:30
　復活祭〜6/30、9月
　　毎日　　　　8:30〜12:00
　　　　　　　　13:30〜18:00
　10/1〜復活祭
　　🈷〜🈯　　　8:30〜12:00
　　　　　　　　13:30〜18:00
　　日🈺　　　　10:00〜12:00
　（曜日によって異なる）
🈡 10〜3月の日🈺
URL www.lepuyenvelay-
　　　　　　　tourisme.fr

巡礼路の出発地となった大聖堂

赤屋根の家並みのなか、ごつごつした奇岩がふたつそびえ立ち、片方の岩の上に教会、もう片方には、巨大な聖母像が立つ。こんな景観を眺めながら、列車は町を一周して駅に入る。ル・ピュイとは「山」を意味し、町はオーヴェルニュの山々に囲まれた丘の上にある。中世、巡礼路の起点となった場所だけに、今も多くの巡礼者たちが訪れる。

©Luc Olivier / Office de Tourisme
5月上旬〜9月下旬は、プロジェクションマッピングで町を彩る「Puy de Lumière」が開催される
URL www.puydelumieres.fr

巡礼のシンボル「ホタテ貝」をモチーフにした看板を多く見かける

≫≫≫ 歩き方 ≫≫≫

　駅を背にして左の坂道を下り、進んでいくとPl. Cadeladeに出る。3つの大通りのうち西へ延びるBd. Maréchal Fayolleをたどれば町の中心Pl. du Breuilだ。Rue Porte Aiguièreを少し北上したPl. du Clauzelに🛈がある。旧市街や大聖堂はさらに丘を上った所にあり、見どころもふたつの奇岩周辺に集中している。独特の趣がある細い石畳の坂道が入り組んでいるが、まずは路地から見え隠れする大聖堂を目指して行こう。大聖堂前の坂道には、レース製品などのみやげ物屋や、レストランが並んでいる。

ル・ピュイ・アン・ヴレ

サン・ミッシェル・デギーユ礼拝堂
Chapelle St-Michel d'Aiguilhe
サン・ローラン教会
Eglise St-Laurent
コルネイユ岩山
Rocher Corneille
フランスの聖母像
Statue Notre-Dame de France
オテル・デュー
Hôtel Dieu
ノートルダム・デュ・ピュイ大聖堂
Cathédrale Notre-Dame du Puy
イビス・スタイルズ・ル・ピュイ・アン・ヴレ
市庁舎
ル・ピュイ・アン・ヴレ駅

ル・ピュイ・アン・ヴレは、レース編みの産地としても有名だ。編み針ではなく、小さな木の棒をいくつも使って編んでいく独特の製法（ボビン編み）で作られる。繊細な模様のレースはおみやげに最適。

》》》 おもな見どころ 《《《

ノートルダム・デュ・ピュイ大聖堂 ★★★
MAP P.492　　Cathédrale Notre-Dame du Puy

大聖堂の回廊

サンティアゴ・デ・コンポステーラへ向かう巡礼路（→P.376）の出発地のひとつでもあり、有名な「黒い聖母像」が聖堂内に祀られている。「熱病の石」（上に寝ると熱病が治るといわれた）もあるが、これはかつてこの町が聖石を崇拝するドルイド教の聖地であった名残である。聖堂正面や回廊Cloîtreに見られる縞模様の多重アーチは、イスラム美術の影響をうかがわせる。

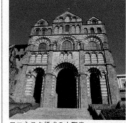
ロマネスク様式の大聖堂

ノートルダム・デュ・ピュイ大聖堂
大聖堂
🏠 2, rue de la Manecanterie
🕐 4〜10月　　　6:00〜20:00
　 11〜3月　　　7:00〜19:00
　 （⊕ ⊕は8:00〜）
💴 無料
🔗 www.cathedrale-
　 puy-en-velay.fr

フランスの聖母像 ★★★
MAP P.492　　Statue Notre-Dame de France

赤い聖母像

大聖堂背後の岩山、コルネイユ岩山Rocher Corneilleの頂点に立つ、高さ16mの真っ赤な像。1860年、クリミア戦争でロシアから奪った213門の大砲を鋳つぶして造ったといわれる。

ここからは、町のすばらしい景観を望むことができる。

フランスの聖母像
🏠 10, rue du Cloître
🕐 2/1〜3/15、10/1〜11/15、
　 クリスマス休暇期間
　 　　　　　　10:00〜17:00
　 3/16〜4/30　9:00〜18:00
　 5/1〜9/30　　9:00〜19:00
　 （8月は〜19:30）
　 11/1〜1/31
　 ⊕ 14:00〜17:00
🚫 11/16〜1/31の⊕〜⊕、
　 1/16、12/25
💴 €4

サン・ミッシェル・デギュイユ礼拝堂 ★★★
MAP P.492　　Chapelle St-Michel d'Aiguilhe

もうひとつの岩山、サン・ミッシェル岩山Rocher St-Michelの上に建つ小さな礼拝堂。壁のフレスコ画や、ロマネスク期の聖遺物箱などは必見。268段の階段を上って頂上に立つと、ル・ピュイ・アン・ヴレの町、赤い聖母像の立つコルネイユ岩山、麓の大聖堂をすべて見渡せる。

高さ82mの岩山

サン・ミッシェル・デギュイユ礼拝堂
🏠 Rue du Rocher
🕐 7・8月　　　9:00〜19:00
　 （その他の時期は短縮）
🚫 11月中旬〜3月中旬（12/26〜
　 12/31を除く）、12/25
💴 €6
🔗 www.rochersaintmichel.fr

ル・ピュイ・アン・ヴレのおすすめホテル／レストラン
Ｈホテル Ｙユースアコモ Ｒレストラン

駅から🛈に向かうBd. Maréchal Fayolleに1〜3つ星のホテルが何軒かある。

ＨＲ ル・レジナ
Le Régina 3★　　　　　　　　**MAP** P.492

駅から約5分。旧市街の入口にあり観光に便利な立地。レストランではオーヴェルニュ地方の料理が味わえる。2023年11月〜2024年7月は工事のため休業予定。
🏠 34, bd. Maréchal Fayolle

☎ 04.71.09.14.71
💴 Ⓢ€57〜172
　 Ⓦ€89〜172
🍴 €15　💳 ＡＭＶ
🛏 25室　Ｐ €8
❌ Ｗi-Fi
🔗 hotelrestregina
　 .com

Ｈ イビス・スタイルズ・ル・ピュイ・アン・ヴレ
ibis Styles Le Puy en Velay 3★　　　**MAP** P.492

便利なロケーションにあり、清潔感のあるホテル。

🏠 47, bd. du Maréchal Fayolle　☎ 04.71.09.32.36
💴 ⓈⓌ€91〜108　🍴込み
🔗 all.accor.com/hotel/1197/index.ja.shtml

はみだし ノートルダム・デュ・ピュイ大聖堂に隣接するオテル・デュー Hôtel Dieu内の「オテル・デ・リュミエール Hôtel des Lumières」では、プロジェクターを使った光と映像のスペクタクルを楽しめる。🔗 www.hoteldeslumieres.com

🚄パリ・ベルシー駅からIntercitésで約3時間。クレルモン・フェランからはTERまたはIntercitésで約35分。

❶ 観光案内所

🏠 19, rue du Parc
📞 04.70.98.71.94
🕐 7・8月
　（月）〜（土）　　9:30〜19:00
　（日）（祝）　　　10:00〜12:00
　　　　　　　　　14:30〜19:00
　9〜6月
　（月）〜（土）　　9:30〜12:00
　　　　　　　　　13:30〜18:30
　　　　（10〜3月は〜18:00）
　（日）（祝）　　　14:30〜18:00
🚫 10〜3月の（日）
🔗 vichymonamour.fr

世界遺産

ヨーロッパの偉大な温泉都市
Les grandes villes d'eaux d'
Europe
（2021年登録）

ペットボトルで水を持ち帰る人たち

ヴィシー

効能書きを読みながら飲み比べよう

　町を歩いていると温泉の独特の匂いに気づくだろう。療養のために訪れる所なので、温泉を飲み、公園を散歩し、のんびりするのがこの町での過ごし方。温泉が湧き出ているのは**スルス公園**Parc des Sourcesにある**オル・デ・スルス**Hall des Sources。中に蛇口が並んでいるので、コップに注いで飲んでみよう。温泉は何種類もあり飲み放題だが、匂いがかなりキツイので少しずつ試すほうがいい。近くには「ヴィシー・セレスタン**Vichy Célestins**」や「オピタル**Hôpital**」の源泉もあり、ペットボトルに水を汲みに来る人が多い。

　散歩を楽しむならアリエ川沿いのナポレオン3世公園へ。芝生の緑がカーペットのように広がり、ゆったりと過ごせる。

Column / Excursion　エッフェルが造ったガラビ橋

建築技術と芸術性が見事に融合したガラビ橋

　パリのエッフェル塔の設計者として知られるギュスターヴ・エッフェルはもともと橋梁技師で、フランスには彼が造った橋がいくつかある。なかでも代表作として名高いのが、トリュイエール渓谷に架かる鉄橋、「ガラビ橋Viaduc de Garabit」だ。1880年から1884年にかけて造られたもので、高さ122m、長さは564.69m。鮮やかな赤で塗装され、深い谷にエレガントなアーチを描いている。エッフェルは、機能性と

美観を併せもったこの橋の成功で認められ、このときの経験を生かして1889年にエッフェル塔を完成させた。夜にはライトアップされ、昼とは違った美しい姿を見せている。

ライトアップ
🕐 3/15〜11/11
　　　毎日　夕暮れ〜22:00（6〜8月は〜翌1:00）
　11/12〜3/14
　　　（火）〜（日）　18:30〜21:00（クリスマス期間は毎日）
🔗 www.garabit-viaduc-eiffel.com

アクセス
🚗 クレルモン・フェランから約115km。30番出口でD909に入る。

アーチの美しさがよりいっそう際立つ夜のライトアップ
© Syndicat mixte du lac de Garabit-Grandval

ヴィシーの温泉から作られるのど飴「パスティーユ・ド・ヴィシーPastille de Vichy」。温泉から抽出されたミネラル塩が加えられ、優しい甘さ。

中世への旅❸
オーヴェルニュ地方のロマネスク教会巡り

「サンティアゴ・デ・コンポステーラ街道」（→P.376）の出発点のひとつ、ル・ピュイ・アン・ヴレがあるオーヴェルニュ地方。巡礼路の道筋には、とんがり帽子を頂いたロマネスク教会が点在し、さまざまな「美」を見せてくれる。山の多い地方だけに、交通の便はあまりいいとはいえないが、教会建築や中世美術に関心のある人なら、時間を割いて訪ねる価値は十分にある。

アクセス
イソワール、ブリウードへはクレルモン・フェランから列車で行ける。クレルモン・フェランの❶で確認しよう。ただしオルシヴァル、サン・ネクテール行きの列車、バスはない。

オルシヴァル Orcival

12世紀初めに建てられたノートルダム・バジリカ聖堂Basilique Notre-Dameは、オルシヴァルの小さな山の緑にすっぽりと覆われているかのようだ。内陣の14個の窓から差し込む柔らかな自然光が、柱頭彫刻や内部の美しさをいちだんと際立たせている。

アーチが連なる内陣（左）
緑に囲まれたオルシヴァルのノートルダム・バジリカ聖堂（下）

イソワール Issoire

静かな古都イソワールにあるサントストルモワヌ修道院Abbatiale St-Austremoine（1135年建造）。

内部は紅色をベースに彩られており独特な雰囲気。聖者や聖書の1シーンを描いた柱頭彫刻の鮮やかな彩色は、見事というよりほかない。また、15世紀に制作された壁画『最後の審判』は、非常に大胆で力強い描写が印象的だ。

鮮やかな色彩の柱頭彫刻

ブリウード Brioude

町の真ん中にあるサン・ジュリアン・バジリカ聖堂Basilique St-Julienは11世紀半ばから13世紀半ばにかけて段階的に増築された教会だ。オーヴェルニュのロマネスク教会のなかで最大といわれている。

赤い砂岩で造られた外観がかわいらしく、いかにもロマネスクという印象を与える。内部では、柱頭彫刻にも注目したい。

堂々とした姿が印象的

サン・ネクテール St-Nectaire

チーズの産地として有名なサン・ネクテール。この村にある12世紀建造の教会は実にこぢんまりした姿だ。この教会を有名にしているのは、内部にある103点の柱頭彫刻、そのなかでも鮮やかな色彩が施された22点の彫刻の美しさだ。人物像や動植物をモチーフとした彫刻は、一つひとつじっくり眺めてみたい。村にはチーズ製造の見学ができるメゾン・デュ・フロマージュ Maison du Fromageもある。

外観は小さくかわいらしい

あなたの**旅の体験談**をお送りください

「地球の歩き方」は、たくさんの旅行者からご協力をいただいて、
改訂版や新刊を制作しています。
あなたの旅の体験や貴重な情報を、これから旅に出る人たちへ分けてあげてください。
なお、お送りいただいたご投稿がガイドブックに掲載された場合は、
初回掲載本を1冊プレゼントします！

ご投稿はインターネットから！

URL www.arukikata.co.jp/guidebook/toukou.html
画像も送れるカンタン「投稿フォーム」
※左記のQRコードをスマートフォンなどで読み取ってアクセス！

または「地球の歩き方 投稿」で検索してもすぐに見つかります

 地球の歩き方 投稿 検索

▶**投稿にあたってのお願い**

★ご投稿は、次のような《テーマ》に分けてお書きください。

《新発見》────ガイドブック未掲載のレストラン、ホテル、ショップなどの情報
《旅の提案》──未掲載の町や見どころ、新しいルートや楽しみ方などの情報
《アドバイス》──旅先で工夫したこと、注意したこと、トラブル体験など
《訂正・反論》──掲載されている記事・データの追加修正や更新、異論、反論など

> ※記入例「○○編20XX年度版△△ページ掲載の□□ホテルが移転していました……」

★**データはできるだけ正確に。**
ホテルやレストランなどの情報は、名称、住所、電話番号、アクセスなどを正確にお書きください。
ウェブサイトのURLや地図などは画像でご投稿いただくのもおすすめです。

★**ご自身の体験をお寄せください。**
雑誌やインターネット上の情報などの丸写しはせず、実際の体験に基づいた具体的な情報をお
待ちしています。

▶**ご確認ください**

※採用されたご投稿は、必ずしも該当タイトルに掲載されるわけではありません。関連他タイトルへの掲載もありえます。
※例えば「新しい市内交通バスが発売されている」など、すでに編集部で取材・調査を終えているものと同内容のご投稿をいただいた場合は、ご投稿を採用したとはみなされず掲載本をプレゼントできないケースがあります。
※当社は個人情報を第三者へ提供いたしません。また、ご記入いただきましたご自身の情報については、ご投稿内容の確認や掲載本の送付などの用途以外には使用いたしません。
※ご投稿の採用の可否についてのお問い合わせはご遠慮ください。
※原稿は原文を尊重しますが、スペースなどの関係で編集部でリライトする場合があります。

旅の準備と技術

RENSEIGNEMENTS
PRATIQUES

Photo:Marseille

旅のプランニング

直行便でパリまで約12時間

エールフランス航空
Air France（AF）
☎ (03) 6634-4983
　　⑪〜④　8:00〜19:00
　　⊕ ⊜　9:00〜17:30
URL www.airfrance.co.jp
＜パリ＞
☎ 09.69.39.36.54（英・仏語）

日本航空 JAL
Japan Airlines（JL）
☎ 0570-025-031
　　毎日　8:00〜19:00
URL www.jal.co.jp
＜ヨーロッパ予約センター＞
☎ 08.10.74.77.77（日本語）

ANA
All Nippon Airways（NH）
☎ 0570-029-333
　　24時間、年中無休
URL www.ana.co.jp
＜フランス＞
☎ 0800-90-4431（日本語）
　　24時間、年中無休

知っておきたい用語集
▶直行便
どこにも着陸することなく目的地
まで飛ぶノンストップ便
▶経由便
目的地に行く途中、ほかの空港に
も着陸する便。どこに立ち寄って
も目的地までは機材や便名は変わ
らない
▶乗り継ぎ便
目的地に行く途中でほかの空港に
着陸して、飛行機を乗り換える便
▶トランジット
経由便で目的地に行くまでにほか
の空港に立ち寄ること
▶トランスファー
乗り継ぎ便で目的地に行くまでに
ほかの空港に着陸し、飛行機を乗
り換えること

フランスへ行こう！と思い立ったときから旅は始まる。どういう経路でフランス入りするか、どの地方のどの町へ行くか、何を見て、何をしようか……。じっくりとプランニングしよう。

パリへの航空便

［直行便（ノンストップ便）］

　2023年5月現在、日本からパリまでノンストップの直行便があるのは、エールフランス航空（成田・羽田・関西発）、日本航空（羽田発）、ANA（羽田発）。直行便のメリットは何といっても飛行時間が短く、現地での時間を有効に使えること。午前中に出発する昼便なら、その日の夕刻にはパリに着く。夜便は、羽田発のエールフランス航空（22〜24時台発、パリ到着は翌朝5:00〜6:00頃。時刻は季節によって異なる）がある。仕事を終えてから出発できるので、社会人にはありがたい。

［乗り継ぎ便］

　ノンストップの直行便ではなく乗り継ぎ便なら、乗り換えの手間はかかるが安い航空券が手に入りやすい。乗り継ぎ便を利用すると、まずその航空会社の本拠地となる都市に行き、そこで飛行機を乗り継いでパリへ行くことになる。例えばKLMオランダ航空ならアムステルダム、スカンジナビア航空ならコペンハーゲンで乗り換えという具合。ヨーロッパ系の航空会社ならいずれもパリへの同日乗り継ぎが可能。アジア系航空会社では、ソウル経由の大韓航空も乗り継ぎができ、福岡、札幌など地方空港からもソウルで乗り継げる。そのほかドバイ経由のエミレーツ航空（成田・羽田・関西発）や、ドーハ経由のカタール航空（成田・羽田発）も人気が高い。航空会社によっては乗り継ぎに6〜8時間もかかる便もあるので、料金と時間のどちらを優先させるか考えよう。

フランスの地方に入る

［地方空港へ乗り継ぐ］

　地方中心に回るなら、旅の始めをフランスの地方空港にするのもいい。例えば南仏中心に回るならニース空港またはマルセイユ空港、ローヌ・アルプ中心ならリヨン空港という具合。その場合、パリまたはヨーロッパの主要都市でフランスの各地方空港行きの飛行機に乗り継ぐことになる（飛行機ではなくTGVが設定されている場合もある）。エールフランスをはじめ、ほとんどの欧州系航空会社では、その会社の拠点空港からフランスの地方都市に追加料金なしで乗り継げる。行きの目的地と帰

国便の出発地を変えること(オープンジョー)も可能だ。

　フランスへの旅行を思い立ったとき、とりあえず日本～パリの往復チケットをおさえてしまいがちだが、地方に重点をおいた旅程を考えるなら、最初に地方空港へ入る(あるいは最後に地方空港から帰国する)ことも検討してみよう。

[TGVで地方へ乗り継ぐ]

　CDG空港にはTGVの駅があり(→P.501)、エールフランス航空利用の場合、CDG空港から飛行機ではなくTGVの接続便を組み合わせて手配できる「TGV AIR」、「AIR & RAIL」というシステムがある。TGVのチケットを別に買う必要がないのでお得だ。そのほかの航空会社についてはそれぞれ確認のこと。

[隣国から陸路で入る]

　地方によっては、隣の国の空港から陸路で入ったほうが便利な場合もある。例えば、ローヌ・アルプ地方のシャモニ(→P.477)へは、パリから向かうより、スイスのジュネーヴ空港からのほうが近く、交通の便もいい。

航空券の種類

　航空券には1年間有効で自由度の高い正規航空券(ノーマルチケット)のほかに、正規割引航空券(PEX航空券)と格安航空券がある。正規割引航空券とは、航空会社が独自に料金設定した割引料金の航空券で、航空会社や旅行会社で購入できる。航空会社によっては早割やウェブ割引料金なども設けており、シーズンによっては格安航空券より安くなる場合もある。

　格安航空券とは、おもに旅行代理店が団体旅行用の航空券をバラ売りしているもの。同じ便でも価格が異なるので、何社かあたって比較検討したい。なお、正規割引航空券や格安航空券では、航空券の購入期限や途中降機、払い戻しの手数料などに制約があり、発券後の予約の変更もできないなどの条件があるので、よく確認のうえ購入しよう。

燃油サーチャージ

現在、航空会社は航空券の運賃に燃油サーチャージ(燃油特別付加運賃)を加算して販売している。これは、燃料を仕入れた時点での原油価格を考慮して決定されるため、時期や航空会社によって金額が異なる。航空券購入の前には必ず確認しよう。

エールフランス航空の「TGV AIR」と「AIR & RAIL」

CDG空港のTGV駅からTGVに乗り継いだ手配ができる「TGV AIR」、「AIR & RAIL」の駅は以下のとおり。遅延で乗り継ぎができなかった場合、追加料金なしで次に利用可能な席を手配してくれ、マイルもたまるというメリットがある。

アヴィニョンTGV (→P.413)
アンジェ・サン・ロー(→P.232)
ヴァランスTGV (→P.468)
エクス・アン・プロヴァンスTGV
(→P.426)
サン・ピエール・デ・コール
(→P.216)
シャンパーニュ・アルドンヌTGV
ストラスブール(→P.249)
ナント(→P.235)
ニーム(→P.398)
ボルドー・サン・ジャン(→P.334)
ポワティエ(→P.344)
マルセイユ・サン・シャルル
(→P.422)
モンペリエ・サン・ロック(→P.382)
リール・ウロップ(→P.275)
リヨン・パール・デュー(→P.459)
ル・マン(→P.219)
レンヌ(→P.318)
ロレーヌTGV
URL www.airfrance.co.jp

国際観光旅客税

2019年1月7日より日本を出国するすべての人に、出国1回につき1000円の国際観光旅客税がかかるようになった。支払いは原則として、航空券代に上乗せされる。

旅の準備と技術

旅のプランニング

マイレージサービス

　マイレージサービスは、搭乗区間の距離をマイル数でカウントし、規定のマイル数に達すると、無料航空券や、座席のアップグレードなどの特典が受けられるもの。サービス内容や条件は航空会社によって異なる。例えば日本航空では、エコノミー普通運賃は100%マイルが加算されるが、パッケージツアーなどを利用する場合はビジネスクラスで70%、プレミアムエコノミークラスやエコノミークラスは50%のマイル計算となる。現在、航空会社同士で提携しているケースも増え、そのほか提携ホテルやレンタカーの利用によってマイル加算される場合もある。また、マイルに有効期限を設けているものと、ないものもある。自分にとってマイルをためやすい航空会社のプログラムを選ぶといい。

おもな航空会社のマイレージサービス問い合わせ先
エールフランス航空 「フライング・ブルー」
URL www.airfrance.co.jp
日本航空 「JALマイレージバンク」
TEL 0570-025-039 **URL** www.jal.co.jp
ANA 「ANAマイレージクラブ」
TEL 0570-029-767 **URL** www.ana.co.jp

各地方の特色の詳細は

本書では、各地方の最初のページに、その地方の「観光のヒント」「おもな祭りとイベント」「名産品と料理」を記載している。

ロワールの古城巡りの拠点にもなるトゥール

フランスでの国内移動

鉄道→P.516
飛行機→P.522
バス→P.523
タクシー→P.523
レンタカー→P.524

特色ある祭りやイベント

1年をとおして特色あふれる祭りやイベントがフランス全土で開催される。自分の旅行期間に開催されるイベントは要チェック。イベント観覧を旅の目的にする人もいるほどだ。フランス各地で出会えるツール・ド・フランス（下記コラム）の熱狂を体感するのも楽しい。

華やかなパレードが繰り広げられるニースのカーニバル

≫≫ プランニングのヒント、アドバイス ≫≫

　初めてのフランス旅行なら、パリをメインにする人が多いだろう。でも、フランスの地方には魅力的な町がたくさんあり、地方の町に行ってこそ見えてくるフランスの魅力というものがある。P.159からの地方ガイド、P.502〜505の旅暦（カレンダー）を参考に、地方の旅をプランニングしていこう。

[起点となる町を決める]

　各地方には中心となる大きめの町があるので、そこに滞在しながら近隣の町を訪ねるのが、フランス初心者にもおすすめのプランニング。例えばブルゴーニュ地方ならディジョン、アルザス地方ならストラスブール、コート・ダジュール地方ならニースなどが起点の町になる（各地方トップページの観光のヒント参照）。そこからローカル列車やバスを利用して、近くの町や観光ポイントへの日帰り旅行を組み込んでいくといい。

[移動交通手段の確保が大切]

　フランスでの国内移動は鉄道、バス、飛行機などがあるが、町と町をつなぐ手段を常に考えながらプランニングしていきたい（各町の交通アクセス参照）。日本の観光地と異なり、たとえ有名観光地であっても、観光シーズンであっても、列車の本数が極端に少なかったり、車以外の移動手段がなかったりするのがフランスだ。行きたい町が絞れてきたら、どのように回るか順番と移動手段をセットにし、日付や曜日をできるだけ具体的に想定して計画を練っていこう。車でのアクセスしかないような小さな町へは、大きな町でタクシーを手配する必要がある。車の運転ができるなら、レンタカー利用も検討して。

[現地ツアーを利用する]

　場所・内容によっては現地発のツアーに参加するのもおすすめ。大型バスやミニバスで効率よく快適に観光できる。そのほか、車をチャーターしてプライベートツアーを組むのもいい。

ツール・ド・フランス Tour de France

　1903年に始まり、2023年の大会で110回目の開催を迎えるツール・ド・フランスは、フランスの国民的自転車レースだ。毎年7月に行われ、コースは毎年変わるが、終点は常にパリのシャンゼリゼ大通り（2024年は例外的にニースが終点）。エース選手とアシスト選手からなる9人のチーム編成で3週間、総距離3500km近い長距離を走り抜く。コースにはピレネーやアルプス山脈の難所も含まれ、熾烈な競走が繰り広げられる。チーム戦術と選手同士の駆け引きが最大の見どころだ。2017年には新城幸也選手が7度目のツール完走を果たし、日本での注目度もアップしている。

　パリでのゴール地点は、観戦チケットを持った人のみ入れる制限エリアとなっている。チケットがなくてもシャンゼリゼ大通りで観ることはできるが、午前中から場所取りしておく必要がある。地方の中間地点のほうが比較的観戦しやすいので、日程を合わせて雰囲気を味わってみては。

●2023年開催日程
7月1日〜7月23日
URL www.letour.fr

© ASO PRESS

おすすめ周遊プラン

本誌掲載の世界遺産

世界遺産 フランスの世界遺産は P.26を参照のこと。また本誌に掲載している世界遺産には、各町名・遺産名の部分にマークを入れてある。

[世界遺産を訪ねる10日間]

　パリ以外で行ってみたい場所として人気があるのは、ヴェルサイユ宮殿やモン・サン・ミッシェル、ロワールの古城などの世界遺産。これら世界遺産を訪ねながら周遊するのはいかが？例えば、プロヴァンスのローマ遺跡、アヴィニョンの教皇庁宮殿、城塞都市カルカソンヌ、ロワールの古城、神秘の僧院モン・サン・ミッシェル、そしてパリとイル・ド・フランス。一生に一度は行ってみたい8つの世界遺産を10日間で回る。

神秘的な姿に感動が止まらない！
モン・サン・ミッシェル

1日目	日本からパリまたはヨーロッパの都市経由で空路マルセイユへ	
	→P.422	（マルセイユ泊）
2日目	アルル観光後、列車でアヴィニョンへ→P.413	（アヴィニョン泊）
3日目	ポン・デュ・ガール観光→P.401	（アヴィニョン泊）
4日目	列車でカルカソンヌへ→P.378	（カルカソンヌ泊）
5日目	ボルドー経由でトゥールへ→P.216	（トゥール泊）
6日目	ロワールの古城巡り→P.220	（トゥール泊）
7日目	ル・マン経由でレンヌへ→P.318	（レンヌ泊）
8日目	モン・サン・ミッシェル観光→P.284	（レンヌ泊）
9日目	TGVでパリへ→P.49	（パリ泊）
10日目	ヴェルサイユ宮殿観光→P.164	
	パリCDG空港から帰国	青字は世界遺産

ロワールの古城のなかでも人気のシャンボール城

[グルメとワイン三昧の7日間]

　ボルドー、ブルゴーニュ、アルザスの3大ワイン産地を訪ねる。ブドウ畑巡りで生産者と触れ合い、自慢のワインを試飲。それぞれの土地のワインに合う郷土料理もたっぷりと味わおう。マルセイユではブイヤベース、ストラスブールではシュークルートを。ワイン街道沿いのかわいらしい村々を訪ねるのも楽しみなプランだ。

アルザス地方の郷土料理「シュークルート」

1日目	日本からパリ経由で空路ボルドーへ→P.334	（ボルドー泊）
2日目	シャトー巡りツアーに参加→P.338	（ボルドー泊）
3日目	列車または空路でマルセイユへ→P.422	（マルセイユ泊）
4日目	列車でリヨンへ→P.459	（リヨン泊）
5日目	列車でボーヌへ。市内ワインカーヴ訪問→P.199	（ボーヌ泊）
6日目	TGVでストラスブールへ→P.249	（ストラスブール泊）
7日目	アルザスワイン街道ツアーに参加→P.261	
	ストラスブール空港からパリCDG空港を経由して帰国	

おいしいワインとの出合いを求めてブドウ畑を巡る

CDG空港からTGVで地方へ

　CDG空港にはTGVが乗り入れるTGV空港駅（→P.75）がある。一度パリ市内へ入らなくても、空港から列車でそのまま地方へ移動することができるので便利だ。

　航空券を購入するときは、TGVの乗り継ぎが可能な時間に到着する便を選ぶといい。飛行機の到着が遅れたり、入国審査や荷物の受け取りに時間がかかることを考慮して、時間の余裕は十分に取っておくこと。

CDG空港からTGVで行けるおもな町
アヴィニョン（→P.413）、エクス・アン・プロヴァンス（→P.426）、ストラスブール（→P.249）、ナント（→P.235）、ボルドー（→P.334）、マルセイユ（→P.422）、モンペリエ（→P.382）、リール（→P.275）、リヨン（→P.459）、レンヌ（→P.318）　　　など

　また、エールフランス航空など、航空券とTGVをセットで手配できるシステムもあるので検討したい（→P.499）。

フランス旅暦

日の出／日の入（パリ／毎月15日）
●祝祭日（※は移動祝祭日）
祭り・イベント情報は各地方のページを参照のこと

1月 Janvier

日の出　8:38
日の入　17:19

	パリ	ニース
最高気温	6.0℃	15.1℃
最低気温	1.0℃	3.4℃
降水量	46.0mm	11.3mm

[元日] Jour de l'An（1日）
大晦日に大騒ぎして新年を祝ったフランス人にとって、元日は寝正月。お店は閉まり、車の数も少なく、町はとても静か。

[公現祭] Epiphanie（6日または2〜8日の間の日曜）
ガレット・デ・ロワGalette des Roisという、中にソラマメか陶製の小さな人形（フェーヴFèveという）が入ったケーキを切り分ける。フェーヴが当たった人は皆から祝福を受け、紙の王冠をかぶりその日の王様になれる。

年が明けるとお菓子屋さんに並び始める「ガレット・デ・ロワ」

フランスの冬は日の出時刻が遅いので、朝の7時ではまだ真っ暗ということも。

2月 Février

日の出　7:58
日の入　18:09

	パリ	ニース
最高気温	7.0℃	19.2℃
最低気温	1.0℃	4.4℃
降水量	38.0mm	26.8mm

[聖燭祭] Chandeleur（2日）
クリスマスから40日目。フランスではクレープを焼いて食べる。左手にコインを握り、右手でクレープをひっくり返すとよい1年になるといわれている。

[バレンタインデー] St-Valentin（14日）
フランスでは日本のように女性が男性にチョコレートを贈る習慣はなく、逆に男性が女性にプレゼント（カードや花束など）を贈ることになっている。

町中がレモンの香りに包まれるマントンのレモン祭（→P.452）
©Office de Tourisme de Menton

3月 Mars

日の出　7:03
日の入　18:54

	パリ	ニース
最高気温	12.0℃	20.0℃
最低気温	4.0℃	4.4℃
降水量	31.0mm	18.9mm

サマータイム開始
3/31 '24
3/30 '25

3月の最終日曜から10月の最終日曜はサマータイム期間（→P.10）。

3月下旬〜4月中旬にはフランスでも桜が咲く。桜の名所として知られるイル・ド・フランス地方のソー公園（→P.169）では、見事な八重桜が楽しめる。パリ市内のあちらこちらでも桜に出合える。

●──────────────────▶
ソルド（冬のバーゲン→P.530）

●──────────────────▶
ミモザ

2月のパリはまだまだ冬だが、フランスで最も温暖なコート・ダジュール地方では、各地で春を告げる華やかな祭りが行われる。

2月のコート・ダジュール地方では、"春の使者"ミモザが咲き乱れる。

●──────────────────▶
生ガキ／ジビエ（→P.504〜505）

4月 Avril

日の出 6:59
日の入 20:40

	パリ	ニース
最高気温	16.0℃	26.1℃
最低気温	6.0℃	3.8℃
降水量	42.0mm	26.1mm

[ポワソン・ダヴリル]
Poisson d'Avril（1日）
「エイプリル・フール」と呼ばれている4月1日をフランスでは「ポワソン・ダヴリル＝4月の魚」という。魚の形のお菓子を食べたり、魚のイラストが描かれたカードを贈ることも。

[復活祭]※
Pâques
（3月31日 '24、20日 '25）
春分以降最初の満月の次の日曜が復活祭。暦のうえで春になるのはこの日から。フランス人にとっては約2週間の休暇が楽しみな季節。

[復活祭の翌月曜日]※
Lundi de Pâques
（1日 '24、21日 '25）

5月 Mai

日の出 6:08
日の入 21:24

	パリ	ニース
最高気温	20.0℃	31.4℃
最低気温	10.0℃	12.5℃
降水量	70.6mm	2.2mm

[メーデー]
Fête du Travail（1日）
この日は親しい人にスズランを贈る習慣がある。

[第2次世界大戦終戦記念日]
Victoire du 8 mai 1945（8日）

[キリスト昇天祭]※
Ascension
（9日 '24、29日 '25）
復活祭から40日目に当たる。

[聖霊降臨祭]※
Pentecôte
（19日 '24、6月8日 '25）
復活祭から50日目に当たる。

[聖霊降臨祭の翌月曜日]※
Lundi de Pentecôte
（20日 '24、6月9日 '25）

6月 Juin

日の出 5:45
日の入 21:55

	パリ	ニース
最高気温	23.0℃	30.2℃
最低気温	13.0℃	18.6℃
降水量	57.0mm	22.6mm

[音楽の日]
Fête de la Musique（21日）
夏至の日に行われる音楽の祭り。フランス各地でコンサートが行われる。

5月下旬〜9月下旬、ロワール地方の古城や各地の大聖堂などでは、音と光のスペクタクルが行われる。

シャンボール城（→P.224）の音と光のスペクタクル ©Château de Chambord

復活祭には生命のシンボルである卵形のチョコレートを食べる習慣がある

桜 →

バラ →

6月はバラが美しい季節。イル・ド・フランス地方のプロヴァン（→P.182）もバラの町として知られる。

アスパラガス →

フランスでアスパラガスといえば、白アスパラガスのことで旬は4月。シンプルに塩ゆでして食べるのが最高！

日の入りが遅く、昼間の時間が長いフランスの夏。夜の8時でもまだまだ明るい。夕食の前にアペリティフを楽しんだり、食事後にイベントに出かけたり、夏の夜の楽しみは尽きない。

ラベンダー →

6月末から7月にかけて、プロヴァンス地方のラベンダー畑が薄紫色に染まる。

ラベンダー畑の中にたたずむセナンク修道院（→P.418）

ソルド →

503

日の出／日の入 （パリ／毎月15日）
●祝祭日 （※は移動祝祭日）
祭り・イベント情報は各地方のページを参照のこと

7月 Juillet

日の出 6:01
日の入 21:50

	パリ	ニース
最高気温	25.0℃	34.0℃
最低気温	15.0℃	21.2℃
降水量	42.0mm	0.6mm

[ツール・ド・フランス]
Tour de France
(6月29日～7月21日 '24)
フランスの国民的自転車レース
（→P.500)

[革命記念日]
14 Juillet(14日)
フランス人にとって最も大切な
祝日で、13日は前夜祭。14日
午前、パリではシャンゼリゼ大
通りで軍事パレードがあり、日
没後には盛大に花火が打ち上げ
られる。フランス各地でもイベ
ントが行われる。

革命記念日のハイライトは
盛大な花火大会
© Paris Tourist Office -
Amélie Dupont

日差しが強く、暑いときは30℃を超
える日もあるので、帽子、サングラ
スは必携。日焼け対策も万全に。

8月 Août

日の出 6:41
日の入 21:07

	パリ	ニース
最高気温	24.0℃	31.5℃
最低気温	14.0℃	20.2℃
降水量	13.0mm	12.1mm

[聖母被昇天祭]
Assomption(15日)

革命記念日を過ぎると、多く
のパリジャンが田舎へとバカ
ンスに出かけ、夏のパリは実
はシーズンオフ。長い休みを
取るレストランやショップも
あるので注意。

7月開催のアヴィニョン演劇祭
Festival d'Avignon(→P.416)

7～8月のバカンスシーズンには、
フランス各地で芸術フェスティバル
が開かれる。

9月 Septembre

日の出 7:26
日の入 20:04

	パリ	ニース
最高気温	21.0℃	32.7℃
最低気温	12.0℃	15.1℃
降水量	24.2mm	40.5mm

[ヨーロッパ文化遺産の日]
Journées Européennes du
Patrimoine(第3土・日曜)
通常公開されていない文化財
を、この日のみ特別に見ること
ができる。

ヨーロッパ文化遺産の日に公開された、
パリのリュクサンブール宮（→P.107)に
ある上院の本会議場

ブルターニュ地方（→P.312)の
特産品であり、冬の味覚の代表、
カキ。「r」の付く月がおいしい
といわれている。

→ ラベンダー → ヒマワリ

7～8月はフランスの各地
でヒマワリが咲き誇る。
列車で移動すれば、車窓
にヒマワリ畑が広がる。

生ガキ

→ ソルド（夏のバーゲン→P.530)

10月 Octobre

日の出　8:10
日の入　19:01

	パリ	ニース
最高気温	15.0℃	24.3℃
最低気温	8.0℃	13.1℃
降水量	47.4mm	109.7mm

サマータイム
終了
10/26 '24
10/25 '25

秋はブドウ収穫の季節
© Alain DOIRE - Bourgogne Tourisme

秋は収穫の季節。フランス
各地のブドウ生産地でワイ
ン祭が行われる。

10〜11月は降水量が多い
時期。1日中降り続くという
ことは少ないが、急な雨に
困らないよう、折りたたみ
傘を持ち歩くようにしたい。

11月 Novembre

日の出　7:59
日の入　17:10

	パリ	ニース
最高気温	10.0℃	22.4℃
最低気温	5.0℃	6.3℃
降水量	74.2mm	82.7mm

[諸聖人の日]
Toussaint（1日）

[第1次世界大戦休戦記念日]
Armistice（11日）

**[ボージョレ・ヌーヴォー解禁日]
Arrivée du Beaujolais
Nouveau（第3木曜）**
ボージョレで造られるワインの
「ヌーヴォー（＝新酒）」がフラ
ンス政府から販売を解禁される
日。日本でも毎年話題になる。

皆が楽しみにしている
ボージョレ・ヌーヴォー
©RA Tourisme/JB. Laissard

11月下旬〜12月25日頃はフ
ランスの各地でクリスマス市
Marché de Noëlが開かれ、ク
リスマスイルミネーションに彩
られる。特にアルザス地方のク
リスマス市は有名（→P.253）。

12月 Décembre

日の出　8:37
日の入　16:52

	パリ	ニース
最高気温	7.0℃	18.5℃
最低気温	2.0℃	3.9℃
降水量	56.8mm	112.4mm

[クリスマス]Noël（25日）
イヴの夜は家族でディナーを
取るのが普通。デザートには
ビュッシュ・ド・ノエルという
薪をかたどったケーキを食べる
習慣がある。普段教会に行かな
くても、25日だけはミサに参加
するというフランス人も多い。

**[大晦日]Réveillon de la
St-Sylvestre（31日）**
家族で静かに過ごすクリスマス
と違って、大晦日は皆で派手に
祝うというのがフランス式。元
日の午前0時になると、見知ら
ぬ人ともキスを交わし、新年の
訪れを喜び合う。

薪の形をした
ビュッシュ・ド・
ノエルはクリス
マスの伝統的な
ケーキ

アルザス地方コルマール（→P.255）の
クリスマス市

ジビエ

ジビエは、狩猟によって食用に捕獲された鹿、野ウサギ、
野鳥など野生の鳥獣類のこと。秋になると、町なかのマル
シェにウサギやキジなどの肉がつるされ、レストランの特
別メニューにもジビエ料理が登場する。

旅の必需品

5年用は濃紺、10年用は赤

必需品のパスポートをはじめ、取得するのに時間がかかるものもあるので、早めに準備に取りかかろう。

 ## パスポート（旅券）

住民登録している各都道府県の旅券課に必要書類を提出する。有効期間は5年間と10年間の2種類（18歳未満は5年用旅券のみ）。子供もひとり1冊のパスポートが必要。

申請後、土・日曜、祝日、年末年始を除き6日間ほどで発給される。旅券名義の本人が申請窓口まで受け取りに行く。

■ 申請に必要なもの（新規・切替共通）
(1) 一般旅券発給申請書1通（外務省のウェブサイトでダウンロード可）
(2) 戸籍謄本1通
　切り替え発給で記載事項に変更がない場合は原則不要
(3) 写真1枚（縦4.5cm×横3.5cm）
(4) 身元を確認するための書類
　マイナンバーカード、運転免許証など。健康保険証の場合は年金手帳、学生証（写真が貼ってあるもの）などもう1点必要。切り替え時は原則不要
※有効期間内のパスポートの切り替えには、有効パスポートが必要
※住民基本台帳ネットワークシステムの利用を希望しない人は住民票の写し1通が必要。住民登録をしていない都道府県で申請する人は要確認。
※残存有効期間が1年未満のパスポートを切り替える場合や、査証欄の余白が見開き3ページ以下になった場合（一部窓口では新規申請も）、マイナポータルを通じて電子申請が可能（旅券の記載事項に変更がある場合を除く）。

■ 受け取りに必要なもの
(1) 受領証（申請時に窓口で渡された受理票）
(2) 手数料
　収入印紙と都道府県収入証紙：10年用1万6000円、5年用1万1000円
　（12回目の誕生日の前々日までに申請を行った場合は6000円）
※収入印紙、都道府県収入証紙は窓口近くの売り場で販売されている

 ## その他の証明書

国際学生証（ISIC）	学生であることを証明するには国際学生証。学生割引が適用される美術館などで使えるが、学生割引のほか年齢割引（26歳未満など）が設定されているところも多いので、取得の前によく検討して。
ユースホステル会員証	宿泊先として、国際ユースホステル協会のYHを考えている人は、会員証が必要。全国各地にあるユースホステル協会に申し込む（→P.528）。
国外運転免許証	レンタカーでドライブを楽しみたい人は、国外運転免許証を取得しなければならない。住民登録がしてある都道府県の公安委員会で発行してくれる。日本の運転免許があれば取得可能だ（→P.526）。
海外旅行保険	海外で盗難に遭ったり、思いもよらぬ病気になったり……。そんなとき、海外旅行保険に入っていれば、補償が得られるので安心。必ず加入しておこう（→P.507、P.536）。

パスポートの残存有効期間
フランスでは3ヵ月以内の観光ならビザは不要。パスポートはフランスを含むシェンゲン協定加盟国（→P.512）出国予定日から3ヵ月以上の残存有効期間が必要。観光目的以外のビザについては在日フランス大使館のウェブサイトで確認を。
在日フランス大使館
URL jp.ambafrance.org
（日本語あり）

パスポートに関する情報
各都道府県の申請窓口所在地のほか、パスポートについての最新情報は、外務省ホームページ内の渡航関連情報を参照。
URL www.mofa.go.jp/mofaj/toko/passport/index.html

パスポートの申請内容が一部変更に
2023年3月27日以降、必要書類として戸籍抄本が認められなくなるなど、旅券の申請内容が一部変更になった。
・旅券法令改正及び旅券（パスポート）の電子申請の開始について
URL www.mofa.go.jp/mofaj/ca/pss/page22_003958.html
・おもな改正内容
URL www.mofa.go.jp/mofaj/files/100412468.pdf

欧州旅行にも電子渡航認証が必要に！
2025年よりビザを免除されている日本やアメリカなどの国民がシェンゲン協定加盟国（フランス、スペインなど）にビザなしで入国する際、ETIAS（エティアス、欧州渡航情報認証制度）電子認証システムへの申請が必須となる予定。

国際学生証の申請
オンライン申請でバーチャルカードが発行される
＜オンライン申請に必要なもの＞
・学生証（有効期間内、写真入り）
・パスポートスタイルの証明写真（450×540px以上）
・発行手数料2200円
ISIC Japan
URL www.isicjapan.jp

服装と持ち物

　緯度48.5度のパリは、43度の北海道札幌市よりもまだ北にある。とはいえ、暖流の影響で緯度のわりには温暖で過ごしやすいといえる。四季の移り変わりはほぼ日本と同じと考えていいが、1日の気温の変化が激しく、年によってもかなり違う。最新の天気予報を確認しておこう。

日本とフランスの緯度比較

 パリ

フランス

同緯度の日本

天気予報はマメにチェック！
天気予報は旅行前から常にチェックしておきたい。
URL www.meteofrance.com（仏語）
URL www.arukikata.co.jp/
weather/FR/（日本語）

雨具は必携
フランスの天気はたいへん変わりやすく、予想がつきにくい。突然大雨が降ることも多い。フードの付いたウインドブレーカーや折りたたみ傘は必ず持参しよう。夏でも朝晩冷え込むことがあるので、長袖の服が1枚あるといい。女性ならストールがおすすめ。

　日中の観光は歩きやすさを第一に考えたラフな服装で。高級そうなものを身につけていると、スリの格好のターゲットになる。オペラ鑑賞や高級レストランなどへ行くときは、男性はジャケット着用が基本。女性は自由に考えていいが、周りから浮かないような服装を心がけよう。シンプルなブラウスにアクセサリーで変化をつけるだけでぐんとおしゃれな雰囲気になる。

　旅先では身軽に動けることがいちばん。たいていのものは現地調達できる。ただ、日本から持っていったほうがいいものもある。例えば、胃腸薬や風邪薬などの常備薬は飲み慣れたものを日本から持参しよう。日本国内用の電気器具は、そのまま使えないので注意（→P.10）。変圧器が必要だ。

［忘れ物はないかな？　荷物チェックリスト］

貴重品	パスポート		衣類	下着、靴下			紙製の食器、割り箸	
	現金（ユーロ）			上着、防寒着			サングラス	
	現金（日本円）			手袋、帽子、スカーフ			カメラ、充電器	
	eチケット控え			室内着		雑貨	Cタイプのプラグ、変圧器	
	海外旅行保険証書		薬品	常備薬			携帯電話、充電器	
	クレジットカード			生理用品			電卓	
洗面用具	シャンプー、コンディショナー			洗剤			時計	
	歯ブラシ、歯磨き			爪切り、耳かき			折りたたみ傘	
	タオル		雑貨	筆記用具、メモ帳			日記帳、スケッチブック	
	ヒゲソリ、カミソリ			裁縫用具			スリッパ、サンダル	
	化粧品			南京錠などの鍵		本類	ガイドブック	
	ポケットティッシュ			ビニール袋、エコバッグ			会話集、電子辞書	

必ず入ろう！　海外旅行保険

　海外で病気やけがをした場合、治療費や入院費は日本と比べてはるかにかかってしまう。海外旅行保険へ必ず加入しておこう。ほとんどの保険会社で日本語によるサービスが受けられるので、金銭面だけでなく精神面でも安心。

　クレジットカードに海外旅行保険が付帯されていることも多いが、「疾病死亡補償」がない、旅行代金をカードで決済していないと対象にならないなどの制約があることも。補償内容をきちんと確認し、足りないものがあったら、上乗せ補償として保険に加入するのもいいだろう。

　「地球の歩き方」ホームページでは海外旅行保険情報を紹介している。保険のタイプや加入方法の参考に。
URL www.arukikata.co.jp/web/article/
item/3000681/

お金の準備

ユーロ通貨の種類→P.8

最新換算レートをチェック
●地球の歩き方ホームページ
URL www.arukikata.co.jp/rate

外貨の準備は
外貨両替専門店「ワールドカレン
シーショップ」は、銀行が閉まる
15:00以降も営業している店舗も
多いので、会社帰りの人にも便利。
⊕ ⽇ ㊗に営業している店もある。
●ワールドカレンシーショップ
URL www.tokyo-card.co.jp/wcs/

ユーロ通貨が使えるおもな国
フランス、モナコ公国、ドイツ、
イタリア、オランダ、アイルランド、
オーストリア、スペイン、フィン
ランド、ルクセンブルク、ベルギー、
ポルトガル、ギリシアなど。

**おもなクレジットカード発行金融
機関**
●アメリカン・エキスプレス
Free 0120-020-222
URL www.americanexpress.
com/japan
●ダイナースクラブカード
Free 0120-074-024
URL www.diners.co.jp
●JCBカード
URL www.jcb.co.jp
●マスターカード
URL www.mastercard.co.jp
●VISA
URL www.visa.co.jp

デビットカード発行金融機関
JCB、VISAなどの国際ブランドで、
複数の金融機関がカードを発行し
ている。
URL www.jcb.jp/products/
jcbdebit/
URL www.visa.co.jp/pay-with-
visa/find-a-card/debit-cards.
html

海外専用プリペイドカード
おもに下記のようなカードが発行
されている。
・トラベレックスジャパン発行
「Multi Currency Cash Passport
マルチカレンシーキャッシュパス
ポート」
・三井住友カード発行
「VISAプリペ」

どのくらいの金額を、どんな形で持っていく？　安全を第一に
考えて、旅のスタイルに合った方法で準備しておきたい。

お金の持っていき方

フランスではEU統一通貨「**ユーロ€**」が使用されている。
一般的に、日本円からユーロ現金への両替はフランスより日本
のほうがレートがいい。使う予定のユーロ現金（€10～20×旅
行日数分程度）は、旅行出発前に市中の銀行や空港の銀行で両
替しておこう。安全のためにも多額の現金を持ち歩くのは避け、
クレジットカードなどを上手に利用したい。

[クレジットカード]

ホテル、レストラン、ブランド店での高額の買い物だけでな
く、スーパーでのちょっとした買い物から鉄道の切符の購入ま
で、フランスではほとんどの場面でクレジットカードが使える
と考えていい。また、24時間稼働のATMでキャッシングする
こともでき、急に現金が必要になったときにも役立つ。

使用するときには身分証明書の提示が必要なこともあるの
で、パスポートを忘れないように。券売機や郵便局などICチッ
プ入りカードしか使えないところもある。ICチップ入りが1枚
あると安心だ。ICチップ入りの場合はPIN（暗証番号）の入力
が必要になるので、忘れないように。

クレジットカードは身分証明書の役割も果たし、レンタカー
を借りる際には必携だ。盗難、紛失のほか、読み取り機の不具
合でカードが使えない事態に備えて、2枚以上あると安心。また、
利用限度額オーバーでカードが使えない！　ということにならな
いよう、旅行出発前に利用可能残高を確認しておこう。

[デビットカード]

使用方法はクレジットカードと同じだが、支払いは後払い
ではなく発行金融機関の預金口座から原則即時引き落としとな
る。口座の残高以上は使えないので、予算管理をしやすい。現
地ATMから現地通貨も引き出し可能だ。

[海外専用プリペイドカード]

海外専用プリペイドカードは、外貨両替の手間や不安を解消
してくれる便利なカードのひとつだ。多くの通貨で日本国内で
の外貨両替よりレートがよく、カード作成時に審査がない。出
発前にコンビニATMなどで円をチャージ（入金）し、入金した
残高の範囲内で渡航先のATMで現地通貨の引き出しやショッ
ピングができる。各種手数料が別途かかるが、使い過ぎや多額
の現金を持ち歩く不安もない。

はみだし 帰国後など、余った外貨を電子マネー、ギフト券に交換できる専用端末「ポケットチェンジ」が空港にある。
銀行で両替できない硬貨にも対応していて便利！

Informations touristiques
旅の情報収集

準備

見知らぬ土地に行くのに不安はつきもの。確実な情報を得ることが、旅立ちの第一歩だともいえる。幸い、パリを中心としてフランスに関する情報の量は多い。本書でフランス各地の特色を知り、旅のスケジュールを立てていく際に、現地の最新情報も効率よく収集したいもの。常にアンテナを立てておくことを忘れずに！

旅の情報の見つけ方

［フランス観光開発機構］

フランス観光開発機構のウェブサイト

日本でフランスの情報を得られる公式機関として、フランス観光開発機構がある。基本的な情報は、公式ウェブサイトでほとんど得られるので、ぜひこちらを利用したい。パリやフランス国内の交通に関する情報から地方の都市ガイドにいたるまで、十分な情報量だ。

ただ、ここで得られるのはあくまで一般的な情報にかぎられ、地方の細かい情報、例えばローカルバスの時刻表といった詳しいデータはない。ウェブサイトに掲載されている以上の細かい情報は、現地の観光案内所に直接質問しよう。

［観光案内所 ］

本書ではそれぞれの町のページに**観光案内所**のウェブサイトアドレスを記載しているので、まずはサイトにアクセスしてみよう。イベントの開催日、バスの時刻表、タクシー会社の電話番号など、ウェブサイトには載っていない細かい情報については、eメールでどんどん問い合わせてみるといい（英語でOK）。

［ガイドブック］

もう1冊ガイドブックをという人にはミシュランMichelinのグリーンガイドがおすすめ。地方ごとの分冊になっており、特に歴史や地理、文化に関する記述が詳しい。ひとつの地方をじっくりと回りたい人におすすめ。洋書取り扱い店や、Amazonなどのオンライン書店で購入できる。

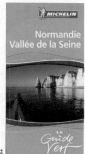
ミシュランのグリーンガイドはフランス語版のほか英語版もある

本書の更新情報は
本書に掲載している情報で、発行後に変更されたものについては「地球の歩き方」ホームページの「更新・訂正情報」で可能なかぎり最新のデータに更新しています（ホテル、レストラン料金の変更などは除く）。→P.7
URL www.arukikata.co.jp/travel-support/

フランス観光開発機構
個人客への対応は行っていないが、ウェブサイトからメールマガジンの配信先に登録しておくと、定期的にフランスの最新情報をメール配信してくれる。
URL jp.france.fr

出発前にチェックしたいウェブサイトリスト
●地球の歩き方
ガイドブックの更新情報や、海外在住特派員の現地最新ネタ、ホテル予約など旅の準備に役立つコンテンツ満載。
URL www.arukikata.co.jp（日本語）
●パリ市観光局
URL parisjetaime.com（日本語あり）
●メゾン・デ・ミュゼ・デュ・モンド
フランスを中心とした世界の美術館、博物館の情報サイト
URL www.mmm-ginza.org（日本語）
●オヴニー
日本語無料情報紙のweb版
URL ovninavi.com（日本語）

安全情報→P.536

空港で出国審査が済めば、そこはすでに外国扱い。手続きの流れを覚えてしまえば、難しいことは何もない。どこの国の空港でもだいたい同じだ。出発日、帰国日は早め早めに行動しよう。

空港の問い合わせ先

成田国際空港 総合案内
☎ (0476) 34-8000
🔗 www.narita-airport.jp
羽田空港国際線 総合案内
☎ (03) 5757-8111
🔗 tokyo-haneda.com
関西国際空港 総合案内
☎ (072) 455-2500
🔗 www.kansai-airport.or.jp

出発当日までに時間のなかった人も空港で両替できる。海外旅行保険の加入も空港で

国際観光旅客税

日本からの出国には、1回につき1000円の国際観光旅客税がかかる。原則として支払いは航空券代に上乗せされる。

日本出国

［空港到着～出国審査］

1. 搭乗手続き 航空会社のカウンターでチェックイン	受け付けは出発時刻の2～3時間前から。カウンターでeチケットの控えとパスポートを提示し、搭乗券（ボーディングパス）を受け取る。荷物を預けると荷物預かり証（バゲージ・クレーム・タグ）を渡される。セルフ機の場合は、バーコードをスキャンするなど、指示に従ってチェックインする。

※あらかじめインターネットチェックインした場合も、荷物を預ける人はカウンターで手続きをする必要がある。預け入れ荷物は、チェックイン後航空機に搭載されるまでに、高性能検査装置で検査されるので、預け入れが禁止されている物は入れないこと。

2. 航空保安検査 機内持ち込み手荷物のX線検査とボディチェック	テロ防止のため保安検査が厳しくなっている。スムーズに検査を受けられるよう、機内に持ち込めないものは持ち込み手荷物内に入れないこと（下記）。
3. 税関申告 外国製品を持っている人は「外国製品の持ち出し届」を提出	これは帰国の際に、外国で購入してきたものと区別し、課税対象から外すため。現物を見せる必要があるので、預け入れ荷物に入れないこと。
4. 出国審査 原則として顔認証ゲートで本人照合を行う	顔認証ゲート利用の場合、パスポートに出国スタンプは押されない。希望者は別カウンターで押してもらえる。

預け入れ荷物と機内持ち込み手荷物

預け入れ荷物と機内持ち込み手荷物には、それぞれ規定、制限がある。保安検査がスムーズに受けられるよう下記の制限に注意しよう。機内持ち込み制限品を手荷物に入れていた場合は放棄させられる。

●預け入れ荷物

・航空会社により違いがあるが、エコノミークラスなら23kgまでの荷物1～2個を無料で預けることができる。制限重量を超えると超過料金を払うことになる。貴重品や壊れ物は入れないこと
・刃物類（ナイフ、はさみなど）は預け入れ荷物に。機内持ち込み不可。

●機内持ち込み手荷物

・喫煙用ライターまたはマッチは持ち込み手荷物に（ひとりどちらか1個まで）。預け入れ不可。
・電子たばこは持ち込み手荷物に（個数制限なし）。ただし、機内では使用できない。預け入れ不可。
・予備用リチウムイオン電池は持ち込み手荷物に（ひとり2個まで）。預け入れ不可。
・液体物には容量制限があり、100mℓ以下の容器に入った液体物（ジェル類、エアゾール類含む）で、容量1ℓ以下の再封可能な透明プラスチック袋に入れられている場合のみ持ち込み可（医薬品、ベビーミルク、ベビーフードなど除く）。そのほかは預け入れ荷物へ。

日本入国

［空港到着〜入国審査］

1. 入国審査
検疫後、日本人用の審査ブースに並ぶ

原則として顔認証ゲートで本人照合を行う。入国スタンプ希望者は、ゲート通過後、別カウンターで。

2. 荷物の受け取り
搭乗した便名のターンテーブルで待つ

預けた荷物が、万一出てこなかったら（ロストバゲージ）、荷物預かり証を空港係員に提示して対応してもらう。

3. 動物・植物検疫

果物や肉類をおみやげに買ってきた場合は、検疫を受ける。

4. 税関申告
持ち込み品が免税範囲内の人は緑のランプの検査台へ

「携帯品・別送品申告書」に記入。免税枠を超える超えないにかかわらず全員提出する。免税枠を超えた人は赤いランプの検査台へ。「Visit Japan WEB」を利用した場合は電子申請ゲートを利用。

［日本帰国時における免税範囲］

海外からの持ち帰り品の免税範囲は以下のとおり。この範囲を超えた場合は、規定の税金を払わなければならない。

●たばこ
紙巻き200本、葉巻50本、加熱式たばこ個装等10個、その他の種類250g。
※免税数量は、それぞれの種類のたばこのみを購入した場合の数量であり、複数の種類のたばこを購入した場合の免税数量ではない。
※「加熱式たばこ」の免税数量は、紙巻き200本に相当する数量となる。

●酒類
1本760mlのもの3本。

●香水
2オンス（1オンスは約28ml）
※オー・デ・コロン、オー・ド・トワレは含めなくていい。

●その他
海外市価の合計額20万円以内。
※同一品目ごとの合計が海外市価で1万円以下のものは含めなくていい。
（例：1本5000円のネクタイ2本）
※1個（1組）で20万円を超えるものはその全額が課税対象となる。

新型コロナウィルスに関する検疫

2023年5月8日以降、新型コロナ感染拡大を防ぐための水際措置が撤廃され、帰国時にそれまで必要だったワクチン接種証明書もしくはPCR検査陰性証明書の提出が不要になった。

検疫

動物や植物などは、税関検査の前に所定の証明書類や検査が必要。日本向け輸出許可取得済みの肉製品みやげはほとんどないので、ソーセージやハムなどは日本に持ち込めないと考えたほうがいい。

日本への持ち込み禁止品

麻薬・覚醒剤、拳銃、通貨や証券の偽造品・変造品・模造品、わいせつなもの、偽ブランド品、家畜伝染病予防法や植物防疫法で定める動物・その動物を原料とする製品・植物など。

Visit Japan Web

日本入国時の「税関申告」をウェブで行うことができるサービス。
URL services.digital.go.jp/visit-japan-web/

輸入が規制されているもの

ワシントン条約に該当する動植物・製品（象牙、ワニ皮製品、蘭など）、動植物検疫の必要なもの（果物、切り花、野菜、生肉、ハムなど）、猟銃・刀剣、数量制限のあるもの（医薬品、化粧品など）。

簡易税率例

日本帰国時に免税範囲を超える品物は、課税の対象となる。税率は品物によって異なり、例えばワインは200円／ℓの簡易税率が適用される。
URL www.customs.go.jp/kaigairyoko/zeigaku.htm

携帯品・別送品申告書について

日本に入国する際は、「携帯品・別送品申告書」の記入、提出が必要だ。税関前の記入台にある（日本に向かう機内で配られることも）申告書の表、裏（A面、B面）を記入（右記参照）し、署名を忘れないようにしよう。家族連れの場合は、原則的に1家族1枚の提出でいい。

別送品（国外から発送した荷物）がある人は、この申告書が2枚必要になるので、それぞれ記入して提出すること。「Visit Japan Web」（上記）を利用すれば、書面の申告用紙を提出する必要がなく、税関検査場電子申告ゲートを利用してスピーディに入国できる。

A面記入例

B面記入例

［フランス入国］ 入国審査〜税関申告（→P.79）

1. 入国審査 パスポートを提示	EU加盟国（EU Passports）とすべての国（All Passports）の窓口に分かれているので、すべての国の列に並ぶ。何か質問されることはほとんどないが、目的や滞在期間を聞かれたら、「観光Sightseeing」、「1週間Onc week」などと英語で答えればいい。

※シェンゲン協定加盟国で飛行機を乗り継いでフランスに入国する場合、乗り継ぎ地の空港で入国審査を受ける。フランスの空港では荷物を受け取って出ればいい。ただし最近ではテロ対策で入国審査が厳しくなり、乗り継ぎ国とフランス入国時の両方で審査が行われることもある。

2. 荷物の受け取り 搭乗した便名のターンテーブルで待つ	預けた荷物が、万一出てこなかったら（ロストバゲージ）、荷物預かり証を空港係員に提示して対応してもらう。
3. 税関申告	フランスへの持ち込み品が免税範囲内（左記）であれば、申告する必要はない。そのまま出口へ。

［フランス出国］ 免税手続き〜出国審査

1. 免税手続き 必要な人のみ（→P.531）	時期や時間帯によっては混雑するので、時間に余裕をもって手続きに行くこと。

※免税手続きカウンターの場所は工事などのために移動することもある。早めに行って確かめること。

2. 搭乗手続き 航空会社のカウンターでチェックイン	パスポートとeチケットの控えを提示して、搭乗券を受け取り、大きな荷物を預けるのは、日本出国の際と同じ。

※あらかじめインターネットチェックインした場合も、荷物を預ける人はカウンターで手続きをする必要がある。

3. 出国審査 パスポート、搭乗券を提示	何か尋ねられることはほとんどない。
4. 航空保安検査 機内持ち込み手荷物のX線検査とボディチェック	手荷物として持ち込めないものは日本出国時と同じ。化粧品、チョコレートなどのおみやげも持ち込めないので注意（→下記）。

パリの空港
→P.74

フランス入国時における免税範囲
たばこ：17歳以上。紙巻き200本、または葉巻50本、または小型葉巻100本、またはきざみたばこ250g
酒類：17歳以上。ワイン4ℓ、ビール16ℓ、および22度を超えるアルコール飲料1ℓ（22度以下は2ℓ）
その他：€10000以上の現金、外国紙幣、有価証券の持ち込み、持ち出しの際は申告が必要。

シェンゲン協定加盟国
アイスランド、イタリア、エストニア、オーストリア、オランダ、ギリシア、クロアチア、スイス、スウェーデン、スペイン、スロヴァキア、スロヴェニア、チェコ、デンマーク、ドイツ、ノルウェー、ハンガリー、フィンランド、フランス、ブルガリア、ベルギー、ポーランド、ポルトガル、マルタ、ラトビア、リトアニア、ルーマニア、リヒテンシュタイン、ルクセンブルク
※ブルガリアとルーマニアは部分的加盟
　　　　　　　（2024年5月現在）

免税手続きが必要な人はDétaxeカウンターへ

セルフチェックイン機
エールフランス航空利用の場合、フランス国内主要空港にあるセルフチェックイン機を利用する。予約番号あるいはeチケットナンバーを入力し、パスポートを読み取らせるだけで簡単。日本語表示もあるので簡単。荷物はカウンターもしくはセルフの自動預け入れ機で預ける。

ワインやチーズは預け入れ荷物に

ワイン、香水、チーズ、バター、チョコレート、マカロン、ジャムなど、フランスの定番みやげの多くが、機内持ち込み制限品になっている。カマンベールチーズが没収された例もあるので、これらは預け入れ荷物に入れること。こうしたおみやげを買う予定があるなら、割れないよう緩衝材や密閉容器を日本から持っていくのも一案。また匂い移りが心配なチーズは、専門店で購入すれば、真空パックにしてもらえる。

はみだし 旅行先では、有名ブランドのロゴやデザイン、キャラクターなどを模倣した偽ブランド品や、ゲーム、音楽ソフトを違法に複製した「コピー商品」を、絶対に購入しないように。場合によっては損害賠償請求を受けることも。

技術

Venir en France par les Pays voisins
近隣諸国からのアクセス

西ヨーロッパのほぼ真ん中に位置するフランスは、イギリス、ドイツ、スイス、イタリア、スペイン、ベルギー、ルクセンブルクなど国境を接している国々からのアクセスも便利。

空路で

　エールフランス航空をはじめヨーロッパ系航空会社が、各国の主要都市からフランス主要都市への便を運航している。近隣諸国からならいずれも1時間30分～2時間のフライトだ。格安航空会社では**イージージェットeasyJet**、**ライアンエアーRyanair**などが運航都市が多く人気だが、全席自由席、預け入れ荷物が有料などの規定を、あらかじめ確認しておきたい。

鉄道で

ベルギー・オランダ方面（上）、イギリス方面（下）と結ぶユーロスター

　ヨーロッパならではのアクセスが列車での国境越えだ。特に国際高速列車ユーロスターEurostarは、列車としても人気が高いので、機会があったら乗ってみたい。パリ・北駅とベルギーのブリュッセル（所要約1時間20分）、オランダのアムステルダム（所要約3時間20分）、ドイツのケルン（所要約3時間20分～）、またイギリスのロンドンからドーヴァー海峡を越え、パリ・北駅（所要約2時間20分）を結ぶ。

　そのほか、スイスの主要都市からは**国際TGV**の**リリアLyria**でパリへ入ることもできる。ジュネーヴからは所要約3時間10分、チューリヒからは所要約4時間。スペインとフランスの間も国際TGVが走り、バルセロナとパリを結び、マドリッドからはリヨンまでを結ぶ。イタリアのミラノ、トリノからパリへの国際TGVもある。

バスで

　ヨーロッパ主要都市間の鉄道網が発達しているため、国際間でバスを利用する機会は少ないが、場所によってはバスで移動したほうが効率がよい場合もある。たとえばスイスと国境を接したローヌ・アルプ地方のシャモニ（→P.477）へは、ジュネーヴの空港から直行バスが出ており、リヨン発のバスよりも早く到着する。

近隣諸国の空港からパリへの航空所要時間の目安

イギリス・ロンドン～	1時間15分
ドイツ・ベルリン～	1時間45分
イタリア・ミラノ～	1時間30分
イタリア・ローマ～	2時間
スイス・チューリヒ～	1時間20分
オランダ・アムステルダム～	1時間20分
スペイン・マドリッド～	2時間05分
スペイン・バルセロナ～	1時間50分

エールフランス航空 Air France
URL www.airfrance.fr
イージージェット easyJet
URL www.easyJet.com
ライアンエアー Ryanair
URL www.ryanair.com

近隣諸国からの国境越え
シェンゲン協定加盟国からフランスへ入国する場合、フランスでの入国審査は行われない。列車で国境越えをするときも、基本的には列車の切符があればOKだ。ただし、検札の際に身分証明書の提示を求められることがあるので、パスポートは必ず携帯しておくこと。
シェンゲン協定加盟国→P.512

ユーロスター Eurostar
URL www.eurostar.com
国際TGV
URL www.sncf.com

お金の両替

両替所はレートや手数料をチェックしてから利用するようにしよう

日本でユーロの現金を用意できなかった場合は、フランスに着いてすぐ空港の両替所で当座必要なユーロ現金を手に入れよう。ただし、空港の両替所はレートがよくないので最小限に。

フランスでの両替

　フランスで旅行者が日本円からユーロへの両替をする場合は、両替所（ビュロー・ド・シャンジュ Bureau de Change）を利用するのが一般的。

　レートは両替所によって異なるので、有利な両替のためには何ヵ所か回ってチェックするのが理想的だ。なかには客寄せのレートを表に出し、実際はかなり悪いレートで両替するところや、高い手数料を取るところもあるので要注意。慣れない土地で手数料やレートを考えながら両替するのはけっこうストレスになる。必要な現金はなるべく日本で両替しておくほうがいい。

ATMでの注意点
日本発行のクレジットカード（ICチップ入り）でキャッシングができるATMはいたるところにある。周りにあやしい人がいないか確かめてから使うこと。クレジットカードでキャッシングする場合も、海外専用プリペイドカード、デビットカード（→P.508）でユーロを引き出す場合も、カードのPIN（暗証番号）の入力が必要になる。

クレジットカードでのキャッシング

　急に現金が必要になったときや、両替所が見つからないとき、クレジットカードの便利な使い方として、キャッシング（借り入れ）がある。日曜や夜中でも24時間稼働のATMでキャッシングが可能。後日、金利、手数料を含めた金額を請求される。あらかじめ自分のカードのキャッシング枠を確認しておこう。両替所を探したり、レートを比較したりする労力を考えると、クレジットカードでキャッシングするほうが時間と手間の節約になり、レートも有利な場合が多い。

お金・両替に関するフランス語

espèces	（エスペス）	現金
liquide	（リキッド）	現金
monnaie	（モネ）	おつり
petite monnaie	（プティット モネ）	小銭
billet	（ビエ）	紙幣
carte de crédit	（カルト ド クレディ）	クレジットカード
change	（シャンジュ）	両替
taux de change	（トー ド シャンジュ）	交換レート
achat	（アシャ）	買い
vente	（ヴァント）	売り
commission	（コミッスィオン）	手数料
guichet automatique	（ギシェ オートマティック）	ATM
distributeur de billets	（ディストリビュトゥール ド ビエ）	ATM
手数料はいくらですか？	ヴ プルネ コンビァン ドゥ コミッスィオン Vous prenez combien de commission ?	
レシートをください	ドネ モワ アン ルスュ スィル ヴ プレ Donnez-moi un reçu, s'il vous plaît.	
カードがATMから出てきません	マ カルト エ レステ ブロケ ダン ル ディストリビュトゥール Ma carte est restée bloquée dans le distributeur.	

はみだし　地方の小さな町や村では両替所が見つからないこともあるので、日本で両替しておくか、大きな町で両替しておくようにしよう。ATMはよほどの田舎の村でないかぎりある。

Informations touristiques en France

フランスでの情報収集

観光案内所 ❶

フランスではどの町にも**観光案内所 ❶**（**Office de Tourisme**あるいは**Syndicat d'Initiative**）があり、情報を提供している。英語を話すスタッフも多く、地図や資料が揃う。新しい町に着いたら、まず観光案内所に行くといい。本書ではそれぞれの町の観光案内所の情報（所在地、営業時間、休日など）を掲載している。

地方の場合、大都市を除いて観光案内所はたいてい町にひとつ。普通は町の中心広場近くにある。営業時間は町におおよそ夏は9:00～18:00、冬は10:00～17:00。12:00～14:00は昼休みのところが多い。

リヨンの観光案内所

❶のマークが目印

パリの観光案内所
→P.94

観光案内所での会話
→P.547

どこから来ましたか？
地方の観光案内所や美術館など観光ポイントでは、「どこから来ましたか？」と聞かれることが多い。これは国籍を尋ねるアンケートなので、「Japonジャポン（日本）」と答えればOK。

観光案内所でおみやげゲット
町や地方の特産品を売るコーナーやショップを併設している観光案内所もある。どんなおみやげがあるかチェックしてみるといい。

フランス旅に役立つおすすめアプリ

❹ Google翻訳（日本語）
　日本語で話しかけると現地語の音声で返してくれる。また、レストランのメニューにかざすと翻訳してくれる。

❺ Uber（日本語）
　専用アプリを使った配車サービス。料金はクレジットカード引き落としとなるため、直接金銭のやり取りをする必要がない。

❻ The Fork（英語）
　位置情報から近くのレストランを検索、予約できる。店によっては割引になることも。

❶ SNCF Connect（英語）
　フランス国鉄のアプリ。時刻表の検索や列車の予約が可能。

❷ Bonjour RATP（英語）
　メトロの路線図、各線の運行状況、現在地から最寄りのメトロ駅検索などの機能がある。

❸ IDF Mobilités（英語）
　パリとイル・ド・フランス地域の公共交通機関のアプリ。RERやトランシリアンの時刻や路線の検索が可能。

❼ Google Maps（日本語）
　フランスでもナビとして活躍してくれる。町なかで使用する際はスマホが盗難に遭わないよう気をつけよう。

❽ 天気（日本語）
　日本国内だけでなく、フランスの都市の天気予報も調べられる。10日間天気予報もあるので、出発前の服装チェックも可能。

❾ Air France（日本語）
　利用するエアラインのアプリを入れておくと、予約の確認やセルフチェックインも可能。

はみだし ホテルのレセプションでも町の地図をもらえることが多い。レストランやおみやげ情報、近くのスーパーマーケットの場所なども気軽に教えてもらえるので、ホテルのスタッフにも聞いてみよう。

フランスでの国内移動

モン・サン・ミッシェルへのバスが
発着するので利用客も多いレンヌ駅

国鉄SNCFのウェブサイト
列車時刻の検索、切符の料金確認、
オンライン予約ができる（→P.518、
P.519）。
URL www.sncf.com
URL www.sncf-connect.com/
en-en（英語）
※スケジュールを検索する場合は、
先に目的地（到着駅）を入力してか
ら、乗車駅を入力するので、注意
が必要。

「イヌイinOui」呼称をもつTGV

SNCFの列車運行状況
ストライキや路線工事などで、列
車の運行状況が変わることがある。
最新の運行状況は、下記サイトに
て確認できる。列車番号と乗車日
を入力すれば、当該の列車の運行
状況が分かる。ストライキの場合
は、前日の17:00頃に運行するか
どうか決定される。
URL www.sncf.com
URL www.sncf-connect.com

日本の1.5倍の国土をもつフランスは、地方ごとに変化に富ん
だ景観に恵まれた国。地方から地方へ、刻々と移りゆく風景の
変化を楽しむのは、旅の醍醐味だ。

≫≫≫ 鉄道 ≫≫≫

SNCFはSociété National des Chemins de Fer Français（フラ
ンス国鉄）の略。高速線が充実し、地方間の移動もスムーズ。

[列車の種類]

●テー・ジェー・ヴェー TGV

(Train à Grande Vitesse 高速列車)
　専用線での最高速度は320km。1等・2等車両あり。要予約。
国内のTGVは「イヌイinOui」のブランド名でも呼ばれる。

[TGVの主要路線]

●TGV Sud-Est～Méditerranée （南東線～地中海線）
パリ・リヨン駅に発着。パリ～リヨンのルートをメインに、ブルゴー
ニュ、ローヌ・アルプ、プロヴァンス、コート・ダジュール、スイス方面
を結ぶ。

●TGV Atlantique （大西洋線）
パリ・モンパルナス駅に発着。ル・マンを経てレンヌからブルターニュの
町へ、また、ロワール城巡りの拠点トゥールから、ボルドー、トゥールー
ズ方面、さらにはスペイン国境までつなぐ西の大動脈。2017年に新しい
専用線が開通。

●TGV Nord-Europe （北ヨーロッパ線）
パリ・北駅に発着し、リールなど北フランスの主要都市を結ぶ。

●TGV Est-L'Européenne （東ヨーロッパ線）
パリ・東駅に発着し、メッス、ストラスブール方面、さらにルクセンブル
ク、ドイツまでを結ぶ。

そのほか、地方都市間を結ぶ線がある。

パリの国鉄駅

パリには「パリ」という駅はなく、7つの国鉄駅が点在
している。行き先によって発着駅が異なるので注意しよう。

サン・ラザール駅
Gare St-Lazare
MAP P.54-B3　パリで最
も古い鉄道駅。ルーア
ン、ドーヴィル、ル・アーヴ
ルなど、ノルマンディー地
方への列車が発着する

モンパルナス駅
Gare Montparnasse
MAP P.64-A～B2　ロ
ワール地方、ブルター
ニュ地方、大西洋岸地
方とフランス西部に向
かう列車、TGVアトラン
ティックとTGVロセアヌ
が発着する

オステルリッツ駅 Gare d'Austerlitz
MAP P.66-B2　リモージュなどフランス中
南部から向かう列車が発着する。フランス国
内への夜行列車も発着する

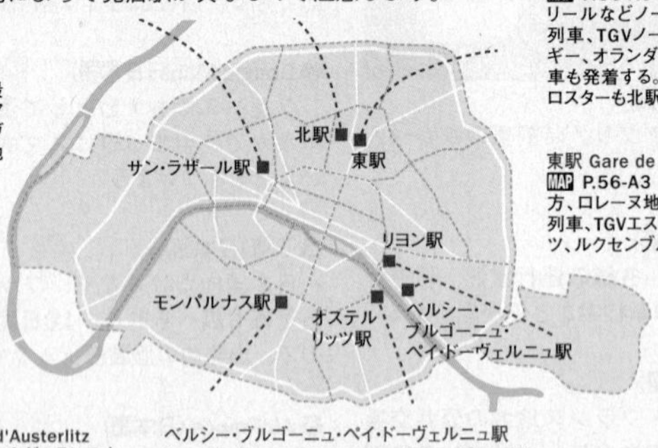

ベルシー・ブルゴーニュ・ペイ・ドーヴェルニュ駅
Gare de Bercy - Bourgogne - Pays d'Auvergne
MAP P.67-C～D2　ブルゴーニュ地方、オーヴェルニュ地方へ
の列車が発着する　※本文中では「ベルシー駅」と略しています

北駅 Gare du Nord
MAP P.56-A3　文字どおり北への玄関口。
リールなどノール、ピカルディー地方への
列車、TGVノール・ウロップの発着駅。ベル
ギー、オランダ、ドイツ北部などの国際列
車も発着する。パリ～ロンドン間を結ぶユー
ロスターも北駅から

東駅 Gare de l'Est
MAP P.56-A3　フランス東部のアルザス地
方、ロレーヌ地方、シャンパーニュ地方への
列車、TGVエスト・ルロペアンヌが発着し、ドイ
ツ、ルクセンブルクと結んでいる

リヨン駅 Gare de Lyon
MAP P.67-C2　駅名のとお
り、ローヌ・アルプ地方のリ
ヨン方面、さらにプロヴァン
ス、コート・ダジュールへ向
かうTGVシュデスト～メディ
テラネが発着する。イタリ
ア、スイス方面の国際列車
も出ている

●アンテルシテ Intercités
　在来線として地方都市間を結ぶ長距離列車。1等・2等車両あり。要予約の路線と、予約不要の路線がある。

●テー・ウー・エール TER
　地方内を走る普通列車。1等・2等車両あり。予約不要。

●トランシリアン Transilien
　パリ近郊路線。予約不要。

●アンテルシテ・ド・ニュイ
Intercités de Nuit
　フランス国内の夜行列車。1等・2等車両あり。要予約。大きくリクライニングする座席Siège à dossier inclinableを備えた2等車、クシェットcouchettes（簡易寝台）を連結した列車もある。

TGVが運行していない地方都市間を走る Intercités

車体に描かれた地方名やマークが特徴的なTER

格安TGVウイゴー
鉄道版LCCともいえる格安TGVのサービス、ウイゴーOUIGO。破格の安さで人気だが、チケットはオンライン販売のみで、日本発行のクレジットカードではエラーになることがあるので注意。

地方内での移動で活躍するTERの車内

旅の準備と技術

フランスでの国内移動　鉄道

主要鉄道路線図

凡例:
- TGV専用線
- TGVが乗り入れる在来線
- 景勝ルート
- 在来線

駅の設備のフランス語

切符売り場　Guichet（ギシェ）

プラットホーム Quai（ケ）

番線　Voie（ヴォワ）

鉄道インフォメーション
Information（アンフォルマスィオン）

観光案内所　Office de Tourisme（オフィス ド トゥーリスム）

両替所　Bureau de Change（ビューロー ド シャンジュ）

待合室　Salle d'Attente（サル ダタント）

トイレ　Toilettes（トワレット）

荷物預かり　Espace Bagage（エスパス バガージュ）

コインロッカー
Consigne Automatique（コンシーニュ オートマティック）

駅の設備をウェブサイトで確認

フランス国内の各駅の設備、サービス内容などは下記ウェブサイト「Vos gares et services」で確認することができる。

URL www.garesetconnexions.sncf

コインロッカー

大きな駅にはコインロッカーがある場合も。利用方法は写真やイラストで示されているので簡単だ。硬貨が必要。営業時間は8:00頃から20:00頃まで。営業時間を確認してから利用すること。駅によってはロッカー室に入る前に荷物のX線検査が行われる。

利用方法はわかりやすく表示されている

SNCFのアプリ

スマートフォンにインストールしたアプリ（→P.515）で時刻検索や予約を行うことも可能。英語表示があり、料金も提示される。ただし、事前のユーザー登録が必要だ。

［鉄道で回るコツ］

鉄道所要時間例

図を見るとわかるように、フランスの鉄道路線網はパリを中心に放射状に延びている。このため、地方の町を横に結ぶ路線は少なく、遠回りに見えてもパリを経由したほうが楽に移動できる場合もある。鉄道で結ぶプランを立てるときは、時刻表を参照しつつ、効率よく回ろう。

［駅の施設・設備］

パリ・リヨン駅のトイレ

駅構内はWi-Fiフリーのことも

駅には、運行時刻や列車に関する鉄道インフォメーション、切符売り場、予約窓口（小さな駅だとそれらのすべてをひとつの窓口でやっていることもある）のほか、売店や軽食スタンドなどがある。トイレは有料（€1〜2）なので、小銭をいつも用意しておくと安心。なお、コインロッカーはごく一部の大きな駅にしかなく、テロ対策で利用できない場合もあるので、荷物を駅に預けて観光するという計画はおすすめできない。

●ウェブサイトで時刻検索

SNCFのウェブサイトで、乗車駅（Lieu de départ）、降車駅（Lieu d'arrivée）、日付（Date）を入れると、その日の列車(TGV、TER、Intercités)やバス（Car→P.523）の時刻がわかる。列車番号のほか、途中の停車駅もわかるので便利。**URL** www.sncf.com

<列車時刻検索例>

［日本で予約する］

●SNCFのウェブサイト

URL www.sncf-connect.com/en-en）から

　SNCFのウェブサイトで約3〜6ヵ月前からオンライン予約が可能だ。ウェブサイトで予約した場合は、チケットの受け取り方法を次のなかから選ぶこと。

① 日本でeチケットをプリント

② 現地の券売機で受け取る（予約番号とオンライン決済に使ったクレジットカードが必要）

　券売機で受け取るにはICチップ入りのクレジットカードを使うこと（券売機での受け取りができないクレジットカードを使った場合は、窓口に申し出る）

③ スマートフォンのアプリで保存

ウェブサイトで予約し、プリントしたeチケット。自動改札で左上の2次元コードをかざして入場する

「本日の出発 Départ du Jour」と書かれた当日券売り場

［切符を買う］

　切符売り場の窓口には「**切符** <ruby>Billets<rt>ビィエ</rt></ruby>」または「**窓口** <ruby>Guichet<rt>ギシェ</rt></ruby>」などと書いてある。行き先と1等、2等の別などを言うと、乗車券を発行してくれる。言葉に自信のない人は、紙に書いて渡したほうが確実だ（下記）。切符が発券されたら内容を確認すること。

　大きな駅の切符売り場では、番号札を取って並ぶことが多い。フランス人は駅の窓口で旅行経路についてあれこれ相談をしながら切符を買うので、ひとりの対応に非常に時間がかかる。窓口が混んでいる場合は券売機を利用してみよう。

eチケットの2次元コードの下には、乗車日、乗車時刻と乗車駅、列車番号と等級、車両（Coach）番号と座席（Seat）番号が書かれているので、確認しよう。2階建て車両の場合、1階席（Lower Deck）、2階席（Upper Deck）の種別も記されている。

日本の旅行会社で手配

オンライン購入や現地購入より多少高くつくが、EURO RAIL by World Compass（株式会社ワールドコンパス）などいくつかの旅行会社で予約・発券することもできる。

URL eurorail-wcc.com

券売機のフランス語

acheter un billet　切符を買う
echanger un billet　切符を交換する
retirer un billet
　すでに予約した切符を引き取る
annuler un billet
　購入した切符をキャンセルする
saisir (reference dossier, code)
　（予約番号、暗証番号を）入力する

●券売機

　駅によっては券売機しかないこともある。券売機はユニオンジャックを選択すると英語表示になるので、銀行のATMのように一画面ごとに必要事項（乗車駅、下車駅、日時、1等か2等かなど）を選択していくだけ。支払いは、ICチップ付きのクレジットカード（**M** **V**）のみ。

TGVなど長距離路線「Grandes Lignes」の券売機（左）では、切符の購入のほか、交換、キャンセル、オンライン予約した切符の引き取りができる。「TER」の切符の購入は青い券売機で（右）

切符の購入メモ例

　窓口では列車の切符を購入するときは、行き先や日付などを紙に書いて係員に渡すと確実だが、気をつけたいのが、年月日の書き方。フランスでは日本式と順番が違い、「日、月、年」の順で書く。例えば「2023年12月10日」の場合は、「10／12／2023」となる。順番を間違えるとまるっきり別の日になってしまうので気をつけよう。日の前に「le」をつけ、月をフランス語で書き、「le 10／décembre／2023」とすれば間違いがない。●日付、時間に関する単語→P.548

le 15 mars	乗車日　3月15日
1 personne	人数　1人
Départ : Paris 10:00	乗車駅と出発時刻 パリ 10:00発
Destination : Bordeaux	下車駅ボルドー
No. de train : TGV inOui123	列車番号(わかれば)
Fenêtre	窓側（通路側はCouloir）
Classe 2	2等（1等はClasse 1）

はみだし　TGVのチケットに「Place non attribuée」と書かれていれば、座席指定されていないという意味。空いている席に座るか、乗降口付近にある補助席を利用する。

荷物には名札を付ける

列車内に持ち込む荷物には、住所氏名を記した名札「エチケット・バガージュ Etiquettes Bagages」を付けることが義務づけられている。駅の案内所にも紙の名札が置いてある（無料）。

パリの「駅ナカ」が進化中！

近年、パリでは駅のリニューアル工事が行われており、ブティックやレストランが入るなど、構内の様子が様変わりしている。サン・ラザール駅では、「ラザール」（→P.130）、「ダロワイヨ・サン・ラザール」（→P.133）など、グルメスポットも充実。列車に乗る予定がなくても楽しめる。

パリ・サン・ラザール駅構内

時刻案内板で番線を確認。緑色が「到着Arrivées」（左）、青色が「出発Départ」（右）

[予約の必要な列車]

　TGV、一部のIntercités（パリと地方都市間、地方都市を結ぶ長距離列車）、クシェットcouchettes（簡易寝台）、国際列車は全席指定なので予約が必要。それ以外の列車は予約は義務ではないが、バカンス時期などは混雑することもあるので、予約をしておけば安心。地方内を走る普通列車（TER）などは予約できないし、またその必要もないだろう。

　大きな駅では、翌日以降の予約の窓口は、当日の切符売り場とは別になっていることもある。乗車日などを紙に書いて（→P.519）、「Réservation, s'il vous plaît.（予約をお願いします）」と言えばOK。予約券は乗車券とともに1枚に収められている。

「後日出発 Départ un Autre Jour」と書かれた窓口

[1等車と2等車]

　ほとんどの列車は1等車と2等車を連結している。1等車のほうが座席の横幅が広く乗り心地がいいのは確かだが、普通の旅行なら2等車で十分。1等は日本のグリーン車、2等車は普通車と考えればいい。なお、SNCFのすべての列車が全席禁煙となっている。

TGVの2等車

[列車に乗り込むまで]

　乗る列車が決まり、切符も手に入ったら、駅構内の各所に掲げられた時刻案内板で番線Voieを確認する。番線は約20分前になるまで表示されないので、乗り場が確認できたら移動は速やかに。

番線は「Voieヴォワ」

鉄道パス

　鉄道パスは、有効期間内であれば適用エリアの列車に乗り降り自由な周遊券。1等用と2等用がある。フランスの場合は、フランス国鉄（SNCF）の列車とSNCFバスで利用できる。TERなど予約不要の列車であれば、切符を買う手間も省ける。全席指定制のTGVや一部のIntercités、夜行列車を利用する場合は、座席指定券や寝台券に該当する「パス割引運賃チケット」を購入する必要がある。ユーレイル系の鉄道パスは、大人料金のほか、パスの利用開始時点で12～27歳ならばユース料金、60歳以上ならシニア料金の割引設定がある。

　ユーレイルフランスパス、ユーレイルグローバルパスは、スマートフォンやタブレットで利用するモバイルパスとなっており、専用のアプリEurail/Interrail Rail Plannerをインストールする必要がある。

●ユーレイルフランスパス Eurail France Pass
　適用範囲はフランス国内のみ。1カ月間の有効期間内で1～8日分の利用日が選べるフレキシータイプのパス。

●ユーレイルグローバルパス Eurail Global Pass
　ヨーロッパ33カ国の主要な鉄道会社の列車で利用できる。15日間、22日間、1カ月間、2カ月間、3カ月間の通常連続利用タイプと1カ月間の有効期間内で4日分、5日分、7日分の利用日および2カ月間の有効期間内で10日分、15日分の利用日が選べるフレキシータイプの2つのタイプがある。

はみだし　TGVで特に混みやすいのが、パリ～レンヌ間、パリ～ルルド間およびCDG空港発着路線。パスホルダー料金適用の座席はもちろん、一般の座席も満席になることがあるので、予定が決まったらすぐに予約するようにしたい。

発車ホームを確かめたら、改札に向かう。従来は、ホームへの通路の前などに設置された「刻印機Composteur」で切符に刻印することが義務付けられていた。しかし、圧倒的多数がeチケットを利用し、紙の切符の需要が激減していることから、2023年1月に廃止が決定。刻印機は今（2023年2月現在）でも駅に置かれているが、切符への刻印は不要。自動改札を設置した駅も増えてきており、システムの切り替えが進められている。

自動改札では2次元コードをかざして入場（左）刻印が不要になったことを示す刻印機も（右）

地方には無人の駅や改札がない駅もあり、ホームへは自由に入れるが、チケットを持たずに列車に乗り込まないこと。

●列車に乗る前に確認しよう

列車の編成
TGVなどは列車の編成が表示されるので、車両の位置の見当をつけることができる。

車両の表示
車体に書かれた1等・2等の区別、ディスプレイ表示で行き先、車両番号を確認できる。乗る前にはしっかりチェック。

[列車に乗ったら]

列車に乗り込んだら席を探そう。全席予約の列車は、自分の切符に記された車両番号の指定座席を探すだけ。席も決まり、荷物もしかるべき場所に置いたら、あとは発車を待つだけ。フランスではベルもアナウンスもなく、時間が来れば列車は動き出す。途中、車内検札が行われるので、eチケットは最後まで持ち、すぐ出せるようにしておきたい。

荷物置き場は車両と車両の間にある

TGVの乗車は2分前で締め切られる

TGVおよび予約の必要なIntercitésはスムーズに定刻発車できるよう、発車予定時刻の2分前にドアが閉まる。2分前に締め切られたあとは乗車できないので注意。早めの乗車を心がけよう。

発車2分前になるとホームへの進入が禁止される

座席番号と予約区間は窓の上部に掲示されている

車内での食事

高速化にともない、食堂車はなくなった。TGVでも、サンドイッチや飲み物を売るバーコーナーがあるのみ。車内で買うとかなり高くつくので、乗車前に町なかや駅の売店で調達しておくことをおすすめする。

TGVのバー車両

TGV自動改札化進む

従来フランス国鉄の駅には改札がなかったが、一部の駅でTGVホームに自動改札が導入されている。パリのほぼすべての駅のほか、マルセイユ、ニース、リヨン、ボルドー、レンヌなど主要都市の駅で実施されている。また、改札がない駅でも、ホーム手前で切符の確認が行われるようになった。

パリ・サン・ラザール駅では近郊線でも自動改札を導入

旅の準備と技術

フランスでの国内移動　鉄道

飛行機

パリのほかヨーロッパ各市に多数の発着便があるニース空港

トゥールーズ・ブラニャック空港

斬新なデザインのリヨン・サンテグジュペリ空港

フランスの国内線
エールフランス航空が主要都市を細かく結んでいるほか、格安航空会社イージージェットやライアンエアーも一部の都市に発着している。料金は毎日変動するので、ウェブサイトでチェックを。
エールフランス航空 Air France
URL www.airfrance.fr
イージージェット easyJet
URL www.easyjet.com
ライアンエアー Ryanair
URL www.ryanair.com

国際線でCDG空港に着き、国内線に乗り継ぐときの注意
パリの国内線の発着は、シャルル・ド・ゴール空港（→P.74）のほか、オルリー空港（→P.78）の場合も多い。両空港間の移動には時間がかかるため、乗り継ぐ場合はシャルル・ド・ゴール空港発着便を選ぼう。

国内線はオルリー空港発着のことも

フランス国内の航空路線は、使い方次第でかなりのメリットがある。パリからどの都市へも1時間半前後で行けるので、大きな移動は飛行機を利用し、その後は列車で町をつなぐと、効率よく回れるだろう。例えば、パリ〜ニースは、TGVで5時間45分かかるが、飛行機ならわずか1時間30分。空港まで行く時間やチェックインにかかる時間を加えてもまだ早い。また、直通列車の走っていない地方都市同士を結ぶ路線も利用価値大だ。

ただし、フランスでは飛行機も例外なくストが多いので注意しよう。ストでなくとも、不意のアクシデントによる欠航や、離陸時刻が遅れることもある。日本への帰国日に、地方からパリまで国内線を利用するときに、ストでもあると大変だ。最悪、帰国便に間に合わなくなってしまうことも。飛行機での国内移動の日程計画はよく考えよう。

飛行機の旅を楽しむ

日本〜フランス間のフライトは飛行時間が長いため、出入りしやすい通路側の座席を選ぶ人も多いが、所要1時間〜1時間30分程度で都市間を結ぶ国内線では、窓側の座席をとってみては。なんといっても、「空から見るフランス」を楽しめるのが魅力。

例えば、パリからのフライトがニース・コート・ダジュール空港に着陸するときは、地中海沿岸の景色を見下ろしながら、海沿いにある滑走路にゆっくりと降りていき、南仏の旅への期

夜なら光の町パリを眺めつつ遊覧飛行気分を味わえる

待が高まること間違いなし！　アルプスの山々がすぐ近くに迫っていることも理解できるはず。そそり立つ断崖絶壁が連なるコルシカ島へのフライトなら、小説家モーパッサンが表現したとおり「海に立つ山」を実感できるだろう。

ルートにもよるが、エッフェル塔などパリのモニュメントや大きく蛇行するセーヌ川を空から眺められることもある。列車とはまた違った空の旅を満喫したい。

紺碧の地中海を見下ろしながらニースへ

マルセイユとエクス・アン・プロヴァンスを結ぶバス

バス

　地方の町を回るとなると、列車では行けない所も少なくない。そんな村や町へは中・長距離バスが威力を発揮する。地方のバス会社もウェブサイトをもっていることが多く、時刻表を旅行前にチェックすることができる（各町のアクセス欄参照）。ただし、フランス語でないと表示されないページや時刻表データなどもある。

［長距離バス］

　長距離バスは「autocar」または「car」と呼ぶ（町なかを走るローカルバスは「bus」）。どこへ行くにも、たいてい鉄道駅のある大きな町が起点となるので、まずは「長

バスターミナルは「Gare Routière」の表示を目印にして

距離バスターミナルGare Routière」へ行き、目的地への便があるか確かめよう。案内所の窓口で往復の時刻表をもらうこともできる。鉄道駅に隣接している場合が多いが、かなり離れた所にあることもあるので、鉄道駅や観光案内所❶で場所を確認しよう。

　切符は車内で直接運転手から買うかバスターミナルの窓口で。乗る際に行き先を告げてできるだけ運転手の近くに座り、気にかけてもらえるようにすれば安心。車内アナウンスはなく、着いた先はバス停の標識もないただの道端ということもある。帰りのバス停と時刻表を必ず確認しておこう。

［格安長距離バス］

　TGVでのアクセスもできるけれど、時間がかかってもできるだけ安く移動したいという人には格安の長距離バスもある。トイレ完備、Wi-Fi無料だが、渋滞による遅れも想定されるので状況に応じて利用したい。**ブラブラカーBlaBlaCar**のバスは、パリ・シャルル・ド・ゴール空港〜リヨンが€16.99〜、〜ボルドーが€15.99〜という安さが魅力。そのほか、**フリックスビュスFLIXBUS**がある。

タクシー

　田舎町などでバスが1日1往復しかないような所では、それに合わせて時間が制約されるより、タクシーを利用するほうが賢い。フランスでは、タクシーは電話で呼び出して来てもらうのが普通だ。タクシーが数台しかない小さな町だと、すべてのタクシーが出払ってしまっているということもあるので、できるだけ大きな町で手配するほうがいい。一番安心なのは、泊まっているホテルにお願いして、あらかじめ予約をしておくことだ。タクシーの料金は日本と同程度と考えていいが、乗車前に確認しておくと安心。観光スポットが点在するような所では、何ヵ所か回ってもらえるよう運転手に交渉してみるといい。

SNCFのバス（国鉄バス）

　一部の路線では、SNCFが運営するバスが運行している。切符は駅の窓口や券売機で購入でき、原則としてユーレイル フランスパスやユーレイル グローバルパスでも乗ることができる。時刻表に「autocar」「car」と出ていたら、列車ではなくバスなので、乗り場を確認すること。列車からバスへの乗り換えが必要な場合には、列車の到着時刻に合わせて乗り継ぎがスムーズにできるようになっていることも多い。国鉄バスの時刻はウェブサイト、アプリで検索できる（→P.518）。
URL www.sncf.com

国鉄バスには車体に荷物スペースがあるので、大きな荷物も入れられる

ブラブラカー BlaBlaCar
URL www.blablacar.fr/bus
フリックスビュス FLIXBUS
URL www.flixbus.fr

タクシーの呼び出し電話番号が張られている駅も

パリのタクシーの料金体系
→P.87

青い標識は高速道路への入口を示す

日本で予約できるレンタカー会社
日本であらかじめ手配をしておいたほうが安心だ。走行距離無制限で、現地で借りるより割安な料金システムもある。年齢制限など諸条件は確認のこと。
ハーツレンタカー Hertz
Free 0800-999-1406
URL www.hertz-japan.com
エイビスレンタカー Avis
Free 0120-31-1911
URL www.avis-japan.com

現地でレンタカーを借りるなら
フランスの各都市には、たいていレンタカーの営業所があり、駅に隣接していることが多い。列車で移動したあと、そこからレンタカーでドライブしたいときなど便利だ。また、ヨーロッパではマニュアル車が一般的。オートマティック車は車種も台数もかぎられる。オートマ車を希望するなら早めの手配を。

レンタカー用語に注意しよう
レンタカーでは、車を借りることを「チェックアウト」、返すことを「チェックイン」と呼ぶ。ホテルとは逆の言い方になるので注意。

車を借りるときが「チェックアウト」

返すときが「チェックイン」

レンタカー

フランスは日本以上の車社会。鉄道とバスではカバーしきれない地方から地方への移動や、車でなければアクセスが難しい田舎の村々を巡るときなどは、レンタカーが便利で快適だ。

[レンタカーの借り方]

フランスでレンタカー(おもにマニュアル車)を借りることは意外に簡単だ。身分証明としてパスポートとクレジットカード、それに国際運転免許証(→P.526。日本の免許証も持参のこと)があれば、現地の空港や市内のオフィスですぐに車を借りることができる。目的地に営業所があれば、いわゆる乗り捨ても可能。空港を除く営業所は、土・日曜が休みになるところが多いので返却する場所、日時は必ず確認すること。

レンタカー会社は**Hertz**(エルツと発音)、**Avis**(アヴィスと発音)が大手。フランス各地に営業所があり、車種も豊富。英語が通じるので便利。日程が決まっているなら、日本で予約したほうが安いし、現地での手続きも簡単だ。

保険には必ず加入すること。すべてのケースに補償される**Full Protection**に入っておけば安心だ。ドライバーが複数になるときは、全員の名前を契約書に必ず記入する。

Avis(上)とHertz(下)

契約書(レンタルアグリーメント)にサインが済んだら、書類と車のキーを渡される。車体に傷がないか確認し、走り出す前にしっかり車の機能をチェックしよう。左ハンドルなので、ギアは右手で操作することになるし、方向指示器とワイパーの付いている位置も日本車とは反対だ。シートベルトは後部座席も着用が義務づけられているので、お忘れなく。

カルカソンヌの城塞とブドウ畑を眺めながら

はみだし　現地でレンタカーの手続きをする際、フランスでの連絡先を聞かれることもある。最初に泊まるホテルの住所と電話番号を渡せばOK。

旅の準備と技術

フランスでの国内移動　レンタカー

[フランスの道路の走り方]

　右側通行に慣れるまでは慎重に運転したい。特に交差点では反対車線に飛び込まないよう注意しよう。

　一般に、フランスの道路は維持管理が行き届いており、走りやすい。特に**高速道路**Autoroute（一部有料）は充実していて、おもな観光地へ簡単に行くことができるし、ベルギー国境から地中海までを結ぶ南北縦断高速道路というのもある。サービスエリアが10〜15kmごと、緊急用電話も2kmごとに完備されている。道路地図には高速道路の出口の番号が記されているので、あらかじめチェックしておきたい。

高速道路の料金所。道路、距離にもよるが€5〜15程度（上）
地方の特産品も売っているサービスエリア（下）

　走行速度は高速道路で最高時速130キロ、一般道では最高80キロ。市街地では30〜50キロだ。レーダーが沿道に設置されているので、スピード違反にならないよう気をつけよう。道路標識はおおむね世界共通なのでわかりやすいが、フランスでよく見かけるのが「**Toutes directions（全方面）**」の表示。この標識に従えば、そのうち目的地の方角が示されるはず。「**Autres directions**」は「別の方面」。目指す町の名前が見あたらないときは、この表示に従おう。

　コート・ダジュールの断崖道路など、絶景と出合えるルートもある。眺めの良い場所は、駐車スペースを備えた展望スポットになっていることも多い。注意したいのは「渋滞」。7、8月のバカンスシーズンには、南仏の海沿いの道路などは非常に混雑する。移動の際は十分余裕をもちたい。

[フランスのカーナビ]

　現在、レンタカーで借りる車の多くが、カーナビゲーションシステム（GPS）を搭載している。英語表示に切り替えられ、住所を入力すれば即座にルートを計算、案内を開始する。慣れないフランスの道路で地図を確認しながら運転するよりずっと効率的だ。一方通行の多い市内でも、頼れる案内係となってくれることだろう。

　スマートフォンに**Google**マップなどの地図アプリをインストールし、GPS機能をカーナビ代わりに使うことも可能。

同じ名前で地方の異なる町もあるので、検索の際に気をつけよう

スイスのジュネーヴ空港で車を借りるときの注意点

シャモニ（→P.477）周辺をレンタカーで回りたい、という人は、スイスのジュネーヴ空港で車を借りるのが便利だが、空港はフランス側とスイス側に分かれ、それぞれにオフィスがあるので気をつけたい。フランス国内のみで利用するなら、フランス側で借りること。返却の場合は、例えばシャモニから高速道路A40で空港に向かう場合、まずFerney-Voltaireを目指し、税関Douanesでフランス側に入る標識「Aéroport Secteur France」に従う。ここで間違えるとスイスに入ってしまうので注意しよう。

高速道路の情報

フランスの高速道路の情報は下記のウェブサイトから。
URL www.autoroutes.fr

ボルドーの貴腐ワインで有名なソーテルヌの村。小さな村を巡るならレンタカーが便利。ただし飲酒運転はしないように！

ドライブの旅では駐車場が心配になるが、路上に有料パーキング（PAYANT）があるので利用しよう。車を離れるときは、盗難に備えて、外から見える所に荷物を置かないこと！

はみだし 路上パーキング、最近無人化が進んでいる高速道路の料金支払いなど、車を借りると小銭が必要になることがある。あらかじめ用意しておくと便利だ。

ガソリンスタンドはセルフがほとんど

[フランスのガソリンスタンド]

　フランスのガソリンスタンドはほとんどがセルフサービス。つまり、自分でガソリンを入れてから料金所でお金を払うシステムになっている。ガソリンは無鉛ハイオク super sans plomb、あるいはディーゼルの場合は軽油 gazole でOKだ。田舎を走っていると、ガソリンスタンドを見つけることも簡単ではなくなってくる。特に、日曜には多くのガソリンスタンドが閉まってしまうので注意が必要だ。ガソリンスタンドを見かけたら、給油はまめにしておこう。

S/PLOMBは無鉛、GAZOLEは軽油

ドライブに必要なフランス語		
est	（エスト）	東
ouest	（ウエスト）	西
sud	（シュッド）	南
nord	（ノール）	北
route nationale	（ルート ナシオナル）	国道
chemin départemental	（シュマン デパルトマンタル）	県道
voie communale	（ヴォワ コミュナル）	市町村道
autoroute	（オトルート）	高速道路
route à péage	（ルート ア ペアージュ）	有料道路
entrée	（アントレ）	入口
sortie	（ソルティ）	出口
péage	（ペアージュ）	料金所
aire de service	（エール ド セルヴィス）	サービスエリア
bouchon	（ブション）	渋滞
parking	（パルキング）	駐車場
feu de circulation	（フ ド シルキュラシオン）	信号
station d'essence	（スタスィオン デサンス）	ガソリンスタンド
gazole	（ガゾール）	軽油
sans plomb	（サン プロン）	無鉛
super	（シュペール）	ハイオク
déviation	（デヴィアシオン）	迂回路

路上パーキング用の料金支払機。旧式（上）とタッチパネルの新式（下）。利用する時間分の料金を支払うと、期限がプリントされたチケットが出てくるので、外から見てわかるようフロントガラスの内側に置いておく

国外（国際）運転免許証の取得

　国外（国際）運転免許証は、住民登録がしてある都道府県の公安委員会で発行。日本の運転免許証があれば容易に取得できる。海外で運転する予定のある人は、必ず取得すること。
　有効期間は、取得日より1年間。旅行中に免許証の有効期限が切れる場合は、更新手続きも合わせて行う。

　申請は、各都道府県の運転免許センター、指定の警察署で行う。詳細は住民票所在地にある警察に問い合わせを
＜申請に必要なもの＞
1. 現在有効な運転免許証
2. 写真1枚（縦4.5cm×横3.5cm、6ヵ月以内に撮った証明用写真）
3. パスポートなど渡航を証明するもの
4. 手数料 2350円
5. 以前交付された国外（国際）運転免許証があれば返納する。

技術

Hébergements divers
ホテルに関するすべて

宿に関して、フランスは非常に旅しやすい国といえる。中世の城に泊まるシャトーホテル、作家ゆかりのプチホテル、ビジネスライクに過ごせるチェーンホテル、旧市街の静かなホテル、民宿、各種のユースアコモデーション……と、予算と旅のスタイルに合わせて選ぶことができる。

 ## フランスのホテル

[星★による格づけ]
　フランスのホテルは、政府の決める基準によって、「1つ星〜5つ星」、さらに格上の「パラスPalace」からなる6段階評価でランクづけされている。ただしこれは、ホテルの施設に対する評価が中心。例えば、シャワー、バス付きの部屋の割合、エレベーターの有無、ロビーの面積など。雰囲気や内装のセンスなどは星の数では判断できない。星の数は料金と設備の目安と考え、旅の予算と目的に合ったホテル選びをしよう。

[宿泊料金は部屋単位]
　フランスのホテルの宿泊料金は、ひとり当たりの料金ではなく1室当たりで表示されているのが一般的。宿泊料金とは別に「滞在税Taxe de Séjour」がかかるのを覚えておこう。朝食は別料金となっていることが多い。また、ふたりで泊まる場合、特にリクエストをしないとダブルベッド1台になることが多いので、ツインルーム（ベッド2台）希望の場合はきちんと伝えよう。

[ホテルのタイプ]
●**プチホテル**　フランスらしい雰囲気のホテルで滞在そのものを楽しみたい人には、いわゆる「プチホテル」がおすすめ。フランスでは「オテル・ド・シャルムHôtel de Charme（魅力的なホテル）」と呼ぶことが多く、比較的小規模でインテリアにこだわりのあるすてきなホテルを指す。
●**シャトーホテル**　古城や中世の修道院、貴族の館を改造したシャトーホテル（→P.245）。往年の雰囲気を残す石造りの壁、豪華なインテリア、行き届いたもてなし、おいしい食事、庭園を散歩するひととき……は、フランスならではの特別な滞在になる。
●**チェーンホテル**　大きな町で見かける「イビスIbis」「ノボテルNovotel」「メルキュールMercure」などのチェーンホテルは、フランスらしい趣は期待できないが、機能的で安心感がある。「カンパニルCampanile」なども安くて快適。いずれもウェブサイトから予約できる。
●**シャンブル・ドット**　一般家庭に泊めてもらう、いわゆる「民宿」が「シャンブル・ドットChambres d'Hôtes」。夕食付

フランスのホテルは入口に掲げられた星の数でランクが表示されている

滞在税
フランスでは1泊ひとり€0.25〜5の滞在税がかかる。例えばパリ市内の3つ星ホテルでは€1.88という具合。料金表に示された部屋の値段に1泊ごとに追加され、町やホテルの星の数によって異なる。

日本で予約申し込みのできるシャトーホテルを扱う組織
ルレ・エ・シャトー
Relais & Châteaux
領主の館や修道院など由緒ある建物をホテルに改装したシャトーホテルを多く扱っている。たいていは不便な所にあるが、わざわざ訪れる価値は十分にある。
URL www.relaischateaux.jp

ランスにあるルレ・エ・シャトー加盟のホテル「レ・クレイエール」（→P.270）

フランスのチェーンホテル
アコー・ライブ・リミットレス
Accor Live Limitless（イビス、ノボテル、メルキュールなど）
URL all.accor.com（日本語あり）
カンパニルCampanile
URL www.campanile.com

ジット・ド・フランス
シャンブル・ドットを斡旋する組織「ジット・ド・フランスGîtes de France」のウェブサイトから予約ができる。
URL www.gites-de-france.com

シタディヌ
URL www.discoverasr.com/en/citadines

ユースホステル
URL www.hifrance.org

日本でのYH会員証の作成
最寄りのユースホステル協会に身分証明書、入会金2500円（19歳以上の場合）を持参して申し込めば、その場で作成してもらえる。1年間有効。日本ユースホステル協会のウェブサイトからも入会申し込みが可能。
URL www.jyh.or.jp

きの「**ターブル・ドットTables d'Hôtes**」と、夕食なしの場合がある。民宿とはいえ、伝統的な農家や中世の城を改装した個性的な家も多い。最近は日本人オーナーのシャンブル・ドットも増えてきた。

家庭的な雰囲気を楽しむことができるシャンブル・ドット

●**レジデンス** 1週間以上の滞在なら、キッチンや食器が完備された「**レジデンスRésidence**（アパート形式のホテル）」が便利。「**シタディヌCitadines**」は高級ホテル並みの利便性で定評のあるアパルトマンホテルの大手チェーン。パリはもちろん、ほとんどの大都市に物件がある。1泊から利用可。

●**ユースホステル（YH）** フランスでは「**オーベルジュ・ド・ジュネスAuberge de Jeunesse**」。町の中心から離れた郊外にあることが多い。受付は24時間オープンの場合もあるが、大半のYHでは昼間は受け付けず、朝と夕方のみになっている。国際ユースホステル協会のYHに宿泊するには会員証が必要だ。日本ユースホステル協会で発行してくれる。

≫≫ 問い合わせ、予約 ≫≫

［オフィシャルサイトから］

泊まりたいホテルのウェブサイト内の予約フォームを探そう。ほとんどのホテルが英語での予約フォームを備えているので便利だ。宿泊希望日、人数を入力すれば、空き状況や料金が提示されるので、簡単に予約できる。

気をつけたいのは、同じ日、同じ部屋で複数の料金が提示される場合。最安値のプランは、無料でキャンセルができないものが多い。予定が流動的な場合は変更可能なプランにしたほうが安心だ。

［ブッキングサイトから］

インターネットの予約サイトを利用するのもひとつの方法。日本語で情報が収集できるほか、サイトからの予約で特典が得られることも。支払いは現地払いか事前決済のどちらかになる。キャンセルポリシー（キャンセル料金に関わる要件）をよく読んだうえで予約しよう。

おもなブッキングサイト
Booking.com
URL www.booking.com
エクスペディアExpedia
URL www.expedia.co.jp
Hotels.com
URL jp.hotels.com

ホテル設備・備品、サービスに関するフランス語（英語）
冷房 クリマティズール エア コンディショナー climatiseur (air conditioner)
エレベーター アサンスール リフト エレヴェイター ascenseur (lift / elevator)
駐車場 パーキング カー パーク パーキング ロット parking (car park / paking lot)
ドライヤー セッシュ シュヴー ヘアドライヤー sèche-cheveux (hairdryer)
喫煙室 シャンブル フュムール chambre fumeur スモウキング ルーム (smoking room)
冷蔵庫 レフリジェラトゥール リフリジェレイター réfrigérateur (refrigerator)

［設備で確認したいこと］

フランスのホテルは暖房設備は完備されているが、冷房設備はないところもあるので注意。近年のフランスはかなり蒸し暑い日が多いので、夏の旅行ではクーラーの有無は重要だ。また、エレベーターがないホテルもある。車の場合には、駐車場の有無や料金についても確認しておきたい。Wi-Fiはほとんどのホテルで無料。ドライヤーは部屋に備え付けがない場合、レセプションで貸し出してくれることが多い。

528 はみだし 町に着いてからホテルを探すなら❶でリストをもらうといい。直接出向いて交渉する場合は入口に「complet（満室）」の札がないか確認。部屋に空きがあれば、「chambres disponibles（空室あり）」となっているか、札がない。

ホテルの利用の仕方

[チェックイン]

ウェブサイトで予約している場合は、ホテルからの返事を見せるだけでOK。予約事務所などを通した場合は、予約確認書かバウチャーを提示する。宿泊カードに氏名、パスポートNo.などを記入して受け付け完了だが、日本から予約している場合は名前と宿泊日数を告げるだけでいいことが多い。

[鍵の管理]

鍵がカード式でない場合、外出するときはレセプションに預ける。オートロック式になっていることが多いので、鍵を持たずに外に出ることのないように。また、夜間に玄関とレセプションが閉まるようなホテルもある。その場合は、玄関のドアを開けるためのコード番号を教えてくれるか、合鍵を渡してくれる。

[バスルーム]

バスとトイレが一室になっている場合がほとんど。バスタオルと石鹸もしくはボディソープは用意されているが、基本的に歯ブラシやシャンプーはないので用意していこう。

入浴の際は、シャワーカーテンがあればバスタブの内側に入れて使用する。外に出しておくと浴室の床が水浸しになってしまう。なお、欧米人はバスタブを重視しないので、単に「浴室 Salle de Bain」と言った場合、「バスタブ付き avec baignoire」か「シャワー douche」のみかはわからない。バスタブ付きを希望する場合は予約時にきちんと確認すること。

ガラスの仕切りがあるだけのシャワーも多い

[インターネット接続]

Wi-Fi対応のホテルがほとんど。レセプションでWi-Fiを使いたいと申し出ると、アクセスコードとパスワードを教えてくれる。接続時にそれらを入力すればOK。ただ、接続可能な部屋がかぎられていることもあるのでチェックイン時に確認しよう。宿泊客が無料(または有料)で利用できるパソコンをロビーに置いてあるホテルもある。

[チェックアウト]

チェックアウト時には、精算書の内容に間違いがないかよく確認する。未使用のものの料金が記載されていたり、宿泊料が最初の話とは違っていた場合などは、その場で交渉を。帰国後に気づいてクレームをつけても、返金はまずないと考えよう。

早朝にチェックアウトするときは、前夜のうちに精算を求められることもあるので、出発時刻を申し出よう。チェックアウト後にレセプションで荷物を預かってもらうこともできる。

ホテルでの会話
→P.547

チェックインの時間

到着予定時刻を告げていない場合、18:00を過ぎてもチェックインしないと、キャンセルとみなされて、予約を取り消されてしまうこともある。遅くなりそうなときは、必ず連絡を入れよう。早朝に到着する場合は、チェックイン時間(14:00頃)まで荷物を預かってもらうといい。

チップについて

どんな安ホテルでも部屋の掃除とベッドメイクは毎日してくれる。基本的にチップは必要ない。レセプションでレストランやエンターテインメントの予約を頼んだりした場合は€2程度のチップを。

ホテルでの喫煙

フランスでは公共の閉じられた空間での喫煙が禁止。ホテルなどでは喫煙所の設置は各館の判断に委ねられているが、多くのホテルが全館禁煙となっているのが現状。愛煙家は喫煙所の有無を予約の際に確認しよう。

タオル交換のサイン

交換してほしい使用済みのタオルは、バスタブの中かバスルームの床にまるめて置いておくこと。タオル掛けに掛けたままのタオルは「まだ使いますので交換しなくていいですよ」というサインになる。

朝食 Petit Déjeuner

ビュッフェ式の朝食もしくはパンとコーヒーだけの簡単なもの。朝食は別料金になっているのが一般的なので、朝食を取るか取らないかをレセプションに伝えよう。

はみだし 高級ホテルには、綿棒、コットン、爪ヤスリまで揃っていることもあるが、普通のホテルにはまずない。シャンプーはあってもコンディショナーの類はないので、自分の髪質に合ったものを持っていくといい。

営業時間
店によって異なり流動的だが、一般的には⑪〜⑪の10:00〜19:00頃。昼休みを取るところもあり、日曜、祝日は休む店が多い。旅行期間中の祝祭日は必ずチェックしておこう（→P.10、P.502）。

店頭に営業時間を示す看板を出している店も。「matin」は午前中、「après midi」は午後の時間のこと

洋服、靴のサイズ
日本とフランスではサイズ表示が異なるので要注意。必ず試着をしてから購入すること。

●洋服（女性）

フランス	34	36	38	40	42
日本（号）	5	7	9	11	13

●靴（女性）

フランス	36	36.5	37	37.5
日本（cm）	23	23.5	24	24.5

●靴（男性）

フランス	41.5	42	42.5	43
日本（cm）	25.5	26	26.5	27

店頭に張られた使用可能なクレジットカードのステッカーを確認しよう

クレジットカード
→P.508

クレジットカードの利用限度額
クレジットカードで旅行中の主要な支払いをする場合、ホテル代に食事代にと、短期間でもかなりの支払いになることがある。現地で限度額がオーバーして困らないように、自分のカードの利用限度額、利用可能残高を必ず確認しておこう。一時的に限度額を引き上げてもらえる場合もあるので、カード発行金融機関に問い合わせを。

パリでの高級ブランドショッピングから地方の町でのおみやげショッピングまで、フランスでの買い物に関する基本を覚えておこう。

ショッピングする際のマナー

　パリはもちろん、地方の有名観光地の店なら英語が通じるところが多いが、店に入ったときは、フランス語で"Bonjour こんにちは"とあいさつしよう。どの店でもあいさつのひと言は最低限のマナー。店を出るときは"Merci ありがとう"あるいは"Au revoir さようなら"。無言で入って無言で出ていくのはエチケット違反だ。

　また、客が商品に勝手に手を触れることは非常に嫌がられるので、店員さんに頼んで取ってもらうか、ひと言断ってから。何を買うのか決めずに店に入り、"Que désirez-vous？何かお探しですか？"などと尋ねられたときは、"Est-ce que je peux regarder, s'il vous plaît？ちょっと見てもいいですか？"と言えばいい。

バーゲンは年2回

　フランスではバーゲンの時期が決まっている。1月初旬〜2月中旬、6月中旬〜7月の年2回で、この期間に「ソルドsoldes」と呼ばれるバーゲンセールが展開される。それぞれのブティックで30〜50％オフから始まり、その後、どんどん値下げされていく。お目当てのブランドやショップがあるなら、ソルドのスケジュールに合わせて旅行期間を決めるのもいい。

ソルドに合わせた旅行計画も

クレジットカードでの支払い

　フランスではスーパーマーケットやキオスクを含め、たいていの店でクレジットカードが使える。有名ブランド店などではほぼ全種類のクレジットカードが使えると思っていいが、一般の店では、VISAかマスターだと比較的安心だ。カードが使えないのはたばこ屋や市場など。

　クレジットカードの使用にはパスポートの提示を求められることがあるので、パスポート（原本が必要）を携帯しておこう。本来はパスポートの提示は義務なのだが、一般の店ではまだ求められることは少ない。また、ICチップ入りのカードを使う場合には、PIN（暗証番号）の入力が必要になる。暗証番号を覚えていない人は必ず出発前に確認しておくこと。

はみだし　駅の券売機や郵便局でクレジットカードを使う場合など、ICチップ入りのカードしか使えないところもあるので、少なくとも1枚はICチップ入りクレジットカードを用意したい。

おみやげ、名産品を買う

フランスの地方の町に行くと、その土地ならではの名産品にあふれている。みやげ物店は町の中心にあることが多いが、町の❶やホテルで "Est-ce qu'il y a un magasin de souvenirs près d'ici？近くにおみやげ屋さんはありますか？" と聞いて、教えてもらうといい。その町や地方の特産品を扱うブティックを併設している❶（→P.515）もある。

リヨンのフルヴィエールの丘にあるおみやげショップ。「Souvenirs」はおみやげのこと

旅の準備と技術

ショッピングの基礎知識

免税Détaxeについて

EU加盟国に居住していない旅行者がひとつの店で1日に€100.01以上（店によって異なる）の買い物をし、同日に免税書類を作成する。さらに3ヵ月以内に空港の税関で免税手続きを行うと、12～18.6％（店、品物によって異なる）の付加価値税の免税が受けられる。

免税でのショッピングは「Tax Free」のステッカーが張られた店で

＜免税手続きの方法＞

①ひとつの店で1日に€100.01以上の買い物をする。免税対象になる品物と、対象外の品物があるので要確認。免税される率も品物により異なる（食料品など）。

②パスポート（原本。コピー不可）を提示し、「Détaxe, s'il vous plaît. デタックス・スィル・ヴ・プレ」と店員に依頼し、免税書類を作成してもらう。免税書類と処理方法は購入店によって異なる。空港での注意事項を確認しておこう。

③フランスの空港（パリ、マルセイユ、ニース、リヨン、ストラスブール、ナント）出国時、空港の税関（Douanes Françaises）入口あるいは免税手続きカウンター（パリではDétaxe）にある機械「パブロPablo」で電子認証による手続きをする。スクリーン上で日本語を選択し、免税書類のバーコードを読み取らせる。「明細書が認証されました」というメッセージがスクリーンに出ればOK。免税書類には何も印字されず確認証も出てこない。

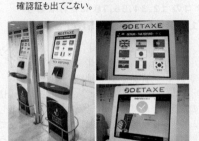

免税手続きカウンター近くにあるパブロの機械（左）
日本語表示も選べるので安心（右上）
この画面が出れば手続き完了（右下）

※③でパブロの機械が故障していたり、電子認証に失敗した場合やEU最終国がフランス以外の場合は、税関あるいは免税手続きカウンターの窓口で「免税書類」「パスポート」「購入商品（未使用）」「搭乗券」を提示して申告する。書類を確認し、承認スタンプを押してくれる。
「クレジットカードに払い戻し」を選んだ場合、認証済みの免税書類を購入店からもらった封筒に入れて空港内のポストに投函する。購入者控えは返金があるまで大切に保管すること。
「現金での払い戻し」を選んだ場合は、書類を持ってリファンドオフィスへ。

[免税金の払い戻し方法]

免税書類を作成する際に、「クレジットカード」「現金（空港）」など払い戻し方法を選ぶ。手数料などが異なるのでよく確認して選ぶこと。一般的にはクレジットカードへの払い戻しを選ぶ人が多い。

クレジットカード：パブロでの認証後または免税書類が代行会社に届いてから、通常1～2ヵ月後に指定したクレジットカードに払い戻される

現金：代行会社によっては現地空港内、日本の成田空港内、関西空港内のリファンドオフィスで払い戻しを受けられる。免税書類作成時および換金時に手数料がかかる場合があるので、購入店で確認すること

[免税手続きに関する注意点]

● 免税手続きは原則としてEU加盟国内で一番最後に出国する国の空港で行うが、乗り継ぎ時間が短い場合などは、最初に乗った空港で手続きすることも認められている

● CDG空港からほかのEU加盟国を経由して帰国する場合は、購入品を機内預けにせず、手荷物扱いにしておくこと

● 購入品は未使用のまま税関に提示する

● 2ヵ月過ぎても支払いがない場合、購入者控えに記載されている連絡先に問い合わせをする

● 帰国後の免税手続きはできない

EU加盟国 アイルランド、イタリア、エストニア、オーストリア、オランダ、キプロス、ギリシア、クロアチア、スウェーデン、スペイン、スロヴァキア、スロヴェニア、チェコ、デンマーク、ドイツ、ハンガリー、フィンランド、フランス、ブルガリア、ベルギー、ポーランド、ポルトガル、マルタ、ラトビア、リトアニア、ルクセンブルク、ルーマニア
（2023年5月現在）

技術	Moyen de communication

通信・郵便事情

日本での国際電話の問い合わせ先
au（携帯）
- ☎ 157（auの携帯から無料）
- 🌐 www.au.com

NTTドコモ（携帯）
- ☎ 151（NTTドコモの携帯から無料）
- 🌐 www.docomo.ne.jp

ソフトバンク（携帯）
- ☎ 0800-919-0157
- ☎ 157（ソフトバンクの携帯から無料）
- 🌐 www.softbank.jp

携帯電話を紛失した際のフランスからの連絡先
利用停止の手続き、全社24時間対応。
au
（国際電話識別番号00）
+81-3-6670-6944 注1
NTTドコモ
（国際電話識別番号00）
+81-3-6832-6600 注2
ソフトバンク
（国際電話識別番号00）
+81-92-687-0025 注3
注1：auの携帯から無料、一般電話からは有料
注2：NTTドコモの携帯から無料、一般電話からは有料
注3：ソフトバンクの携帯から無料、一般電話からは有料

コレクトコール
コレクトコールとは電話をかける側でなく、受けた側が通話料金を支払うサービス。オペレーターに相手の日本の電話番号と相手の名前を伝えると、フランスから日本へコレクトコールがかけられる。
KDDIジャパンダイレクト
☎ 0800-99-0081（日本語）

フランスの公衆電話
携帯電話の普及にともない、フランスでも町なかの公衆電話は、空港など一部の施設を除いて撤去された。

電話

　フランスで電話をかける場合、携帯電話、公衆電話、もしくはホテルの電話を使うことになる。ホテルの自室から電話をかけると、通話料に加えて手数料がかかるので注意したい。

[フランス国内通話のかけ方]
　市外局番はなく、10桁の電話番号をそのままダイヤルする。

[国際電話のかけ方]
フランス、モナコから日本へ

ホテルの部屋からは外線用番号の **0** か **9**※	→	国際電話識別番号 **00**	→	日本の国番号 **81**	→	**相手の電話番号**（市外局番、携帯番号の最初の0は除く）

※ホテルの部屋からかける場合のみ

例：日本の（03）1234 - 5678 にかける場合
00 - 81 - 3 - 1234 - 5678

[国際電話のかけ方]
日本からフランス、モナコへ

国際電話識別番号 **010**※	→	フランスの国番号 **33**　モナコの国番号 **377**	→	**相手の電話番号**（電話番号、携帯番号の最初の0は除く）　モナコはそのまま8桁の番号

※携帯電話の場合は010のかわりに「0」を長押しして「＋」を表示させると、国番号からかけられる
※NTTドコモ（携帯電話）は事前にWORLD CALLの登録が必要

例：フランスの 01.23.45.67.89 にかける場合
010-33-1-23-45-67-89

例：モナコの 12.34.56.78 にかける場合
010-377-12-34-56-78

インターネット

[持参したPCやスマートフォンで接続]
　今では生活の一部にもなっている、インターネットでの情報収集やメールの送受信。地図アプリで場所や行き方を確認したり、フォトジェニックな場所で撮ったばかりの写真をSNSでシェアしたり、旅行中も常時ネットに接続していることを願う人は多いだろう。フランスでも、快適、安全にインターネットに接続する方法を紹介しよう。

フランスでインターネットに接続するにはいくつかの方法がある。まず、旅は観光に集中したい！ 盗難が不安なので町なかでスマートフォンを出すことは控えたい、という人は、特に何も用意する必要はない。ホテルに帰ってWiFi環境が整った場所なら、無料で接続することができる。この場合、機内モードにしておくと安心だ。WiFi環境のもとなら、Skype、Lineなどを利用した通話も可能だ。

SNSで積極的に発信しており感動をその場で伝えたいという

パリ・モンパルナス駅でも無制限で無料で利用できる

SIMカードはシャルル・ド・ゴール空港の到着階、キオスクなどで買える

人、地図アプリを頻繁に利用する人は、常時ネット接続が可能な手段を選びたい。ひとつは「海外用モバイルWiFiルーター」をレンタルする方法。もうひとつは、通信キャリア各社が提供している「海外パケット定額」を利用する方法だ（日本国内におけるパケット通話料は海外では適用されない）。自分の旅のスタイル、プランにあった方法を選ぶといいだろう。

「gratuit」の文字があればアクセス無料ということ。屋外や公共交通機関内で使用する際は、スマートフォンなどの盗難に十分注意しよう

SIMカードを購入する方法も
プリペイドタイプのSIMを購入して利用することもできる。例えばOrange HolidayのSIMカードは20GB（有効期間14日間）で€39.99

旅の準備と技術

通信・郵便事情

INFORMATION
フランスでスマホ、ネットを使うには

スマホ利用やインターネットアクセスをするための方法はいろいろあるが、一番手軽なのはホテルなどのネットサービス（有料または無料）、Wi-Fiスポット（インターネットアクセスポイント。無料）を活用することだろう。主要ホテルや町なかにWi-Fiスポットがあるので、宿泊ホテルでの利用可否やどこにWi-Fiスポットがあるかなどの情報を事前にネットなどで調べておくとよい。ただしWi-Fiスポットでは、通信速度が不安定だったり、繋がらない場合があったり、利用できる場所が限定されたりするというデメリットもある。そのほか契約している携帯電話会社の「パケット定額」を利用したり、現地キャリアに対応したSIMカードを使用したりと選択肢は豊富だが、ストレスなく安心してスマホやネットを使うなら、以下の方法も検討したい。

☆ 海外用モバイルWi-Fiルーターをレンタル

フランスで利用できる「Wi-Fiルーター」をレンタルする方法がある。定額料金で利用できるもので、「グローバルWiFi（【URL】https://townwifi.com/）」など各社が提供している。Wi-Fiルーターとは、現地でもスマホやタブレット、PCなどでネットを利用するための機器のことをいい、事前に予約しておいて、空港などで受け取る。利用料金が安く、ルーター1台で複数の機器と接続できる（同行者とシェアできる）ほか、いつでもどこでも、移動しながらでも快適にネットを利用できるとして、利用者が増えている。

▼グローバルWiFi

海外旅行先のスマホ接続、ネット利用の詳しい情報は「地球の歩き方」ホームページで確認してほしい。
【URL】http://www.arukikata.co.jp/net/

郵便局は「LA POSTE」の看板が目印

コリッシモ・プレタ・アンヴォワイエ・モンドのLサイズのボックス

おみやげは別送品扱いで
本人が持ち帰らずに、自分宛に送る荷物は「別送品」扱いにできる。携帯品と合わせて税金の対象となるので、免税範囲（→P.511）内であれば税金はかからない。「携帯品・別送品申告書」（→P.511）は2部必要になる。

パリの郵便博物館
MAP P.64-A2
URL www.museedelaposte.fr

パリの郵便博物館には、郵便局グッズを扱うブティックが併設されている

郵便

テーマカラーは黄色

郵便局La Poste（ラ ポスト）の営業時間は月〜金曜8:00〜20:00、土曜9:00〜13:00（局によって異なる）。切手はたばこ屋でも購入できる。日本までの料金ははがき、封書（20gまで）ともに€1.80。

荷物についてはコリッシモColissimoという小包扱いになる。郵送料込みのボックスを買い、中身を詰めて郵便局から発送するコリッシモ・プレタ・アンヴォワイエ・モンドColissimo Prêt-à-Envoyer Mondeがお得。日本までの料金は、Lサイズ（29×21×15cm、5kg以内）が€52、XLサイズ（40×27.5×19.5cm、7kg以内）が€73。増えてしまった荷物を送りたいときに便利だ。いずれも1週間〜10日くらいで届く。

■ 宛名の書き方

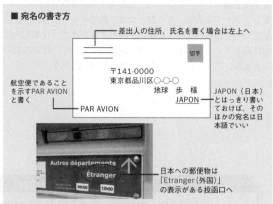

日本への郵便物は「Etranger（外国）」の表示がある投函口へ

■ 日本行き郵便料金

重さ	手紙 (Lettre)	小包 (Colissimo)
〜20g	€1.80	——
〜100g	€3.70	——
〜250g	€8.75	——
〜500g	€12.90	€29.55

重さ	手紙 (Lettre)	小包 (Colissimo)
〜1.0kg		€32.85
〜2.0kg	€23.55	€45.20
〜5.0kg		€66.15

小包は20kgまで

記念切手をおみやげに

フランスの郵便局「ラ・ポストLa Poste」では、季節ごとに記念切手を発行している。なかでも人気なのは、バレンタインの季節に発売される切手。毎年異なるデザイナーがデザインを担当。思わずコレクションしたくなる、美しい切手ばかりだ。ほかにも、フランスの観光名所を絵柄にしたものや、往年の映画スターや歌手のポートレートを載せたものなど、さまざまな切手が出ている。郵便局では、販売中の切手が番号とともにディスプレイされているので、番号を伝えれば買いやすいだろう。

バレンタイン記念切手（2022年「サン・ルイ」、2023年「アニエス・ベー」によるデザイン）

Pour sécurité
旅のトラブルと安全対策

もしものときに慌てないために、トラブルの対処方法について覚えておこう。

盗難、紛失

盗難に遭ったり、貴重品を紛失したら、すぐに最寄りの警察に届け出て、「紛失・盗難届証明書」を発行してもらうこと。

[パスポート]

1 警察に届ける 「盗難・紛失届証明書」を発行してもらう	万一に備えて、パスポートの顔写真のページと航空券や日程表のコピーがあるといい。コピーはパスポートと別に携帯しておくこと
2 日本大使館に届ける パスポートの失効届や新規発給の申請	■失効手続き ・紛失一般旅券等届出書 ※1 ・写真（縦45mm×横35mm）1枚 ※2 ■発給手続き ・一般旅券発給申請書※1、手数料 ・現地警察署の発行した紛失・盗難届出証明書 ・写真（縦45mm×横35mm）2枚 ※2 ・戸籍謄本 1通 ※2 ・本人確認ができる書類（ない場合は要相談） ・発給手数料（5年用€86、10年用€125） ※1 オンライン作成が可能 ※2 ※3 撮影、発行から6ヵ月以内
3 新規発給 1週間〜10日程度かかる	帰国するだけなら「帰国のための渡航書」を申請することも可能（要手数料）。帰りの航空券（航空券の予約証明書）または旅行会社作成の日程表が必要で、帰国日前日に発行される

[クレジットカード]

持参するクレジットカード発行金融機関の連絡先は調べておこう。連絡先は変更されることもあるので、最新のものを確認しておくこと。

1 緊急連絡先に連絡 カードの無効処置と再発行の手続きを取る	悪用されないようにすぐに無効手続きの処置を取ってもらうこと。あらかじめ紛失時の対処方法、連絡先を確認しておこう
2 警察に届ける 「盗難・紛失届証明書」を発行してもらう	万一、第三者に不正使用された場合に、警察に届け出ていないと保険が適用されないことがある

[航空券]

現在、どの各航空会社もeチケットと呼ばれる航空券システムを導入している。控えをなくしてもeチケットの番号さえわかれば大丈夫。

緊急時のダイヤル
警察 Police ポリス ☎ 17
消防 Pompier ポンピエ ☎ 18
医者付き救急車 SAMU ☎ 15

非常時・困ったときの会話
→P.548

警察での会話
→P.548

海外でのパスポート申請
パスポートの申請手続きに必要な書類の詳細は、外務省のウェブサイトで確認を。
🔗 www.mofa.go.jp/mofaj/toko/passport/pass_5.html

在フランス日本国大使館
Ambassade du Japon en France
🗺 P.53-D3
🏠 7, av. Hoche 8e（パリ）
☎ 01.48.88.62.00
🔗 www.fr.emb-japan.go.jp
ウェブサイトから日本語訳付きの『被害届作成依頼書』がダウンロード可能。オンライン事前届出（仏語）のリンクも掲載している。

主要カードの緊急時連絡先
アメリカン・エキスプレス
📞 0800.90.83.91（日本語）
ダイナースクラブカード
☎ 81-3-6770-2796
　（日本のコレクトコール先）
（コレクトコールを利用→P.532）
JCBカード
📞 00-800-00090009（日本語）
マスターカード
☎ 0-800-90-1387
VISA
☎ 1-303-967-1090
　（コレクトコールを利用→P.532）
カード発行金融機関によって問い合わせ先が異なることもあるので、持参するカードの緊急連絡先は事前に確認を。

現金、そのほかの携行品
●現金
現金を盗られたり、紛失したら、まず見つからないと思ったほうがいい。クレジットカードがあればキャッシングもできるので、現金とカードは分散しておくこと。

●そのほかの携行品
携帯品は保険をかけておけば補償が得られるので安心だ。
1. 警察に届けて、「盗難・紛失届証明書」を発行してもらう。
2. 保険会社に連絡し、保険金の請求手続きを取る。手続きに必要な書類など保険会社に確認しておくこと。

病気、けが

医療に関する会話→P.549

パリの日本語が通じる病院

パリのアメリカン病院 Hôpital Américainでは、日本人医師、看護師、通訳スタッフがサポートしてくれる。

MAP P.52-A1
住 63, bd. Victor Hugo 92200 Neuilly sur Seine
TEL 01.46.41.25.15（日本セクション）
E-mail japon@ahparis.org
URL jp.american-hospital.org（日本語）

新型コロナ感染症について

2023年3月1日以降、フランスでは新型コロナ感染症で陽性となった場合も、隔離・待機が義務付けられなくなった。状況に応じて変更される可能性があるため、下記ウェブサイトで最新情報を必ずチェックしよう。

在フランス日本国大使館
URL www.fr.emb-japan.go.jp
厚生労働省
URL www.mhlw.go.jp

海外旅行保険

「地球の歩き方」ホームページでは海外旅行保険のタイプや加入方法について紹介している（→P.507）
URL www.arukikata.co.jp/web/article/item/3000681

[病気やけがに備えて]

　気候や環境の変化、食事の変化などで、急に体調を崩すこともある。まず、よく眠ること。睡眠不足は万病のもとだ。そして、常備薬を多めに持っていくこと。医薬分業のフランスでは、薬の購入には医師の処方箋が必要。家庭常備薬以外は、処方箋なしでは買えないので注意しよう。風邪薬、胃腸薬などは、使い慣れたものを日本から持参したい。体調が悪くなったら、絶対に無理は禁物。重病だと思ったら、ホテルのレセプションに救急車を呼んでもらってもいい。

[海外旅行保険への加入は必須]

　フランスでは健康保険加入が原則で、保険に入っていれば治療費はほとんどかからないが、保険に入っていない旅行者の場合は全額自己負担。日本で全額負担するよりも高い。日本で海外旅行保険に加入していくのは、今や常識だ。

　病気になったとき、日本語医療サービスのある海外旅行保険に加入していれば、このサービスセンターに電話して、対処してもらうのが一番いい。提携病院で治療を受ければ、病院側も慣れており、スムーズに対処をしてもらえるだろう。通院にかかったタクシー代の領収書なども忘れずに取っておこう。

知っておきたい安全情報

●外務省海外旅行登録「たびレジ」

　外務省提供の「たびレジ」は、旅程や滞在先、連絡先を登録するだけで、渡航先の最新安全情報を無料で受け取ることのできる海外旅行登録システム。メール配信先には本人以外も登録できるので、同じ情報を家族などとも共有できる。またこの登録内容は、万一大規模な事件や事故、災害が発生した場合に滞在先の在外公館が行う安否確認や必要な支援に生かされる。安全対策として、出発前にぜひ登録しよう。
URL www.ezairyu.mofa.go.jp/index.html

●外務省の海外安全情報サービス

　外務省の「海外安全ホームページ」では各国の治安状況や安全情報が得られ、犯罪の実例と対処法が解説されている。
URL www.anzen.mofa.go.jp

●在フランス日本国大使館、総領事館

　パリにある日本国大使館がウェブサイトで最新の安全情報を発信しているので必ず確認を。また、ストラスブール、リヨン、マルセイユにある日本国総領事館からも安全情報が得られる。
在フランス日本国大使館
URL www.fr.emb-japan.go.jp
在ストラスブール日本国総領事館
URL www.strasbourg.fr.emb-japan.go.jp

在マルセイユ日本国総領事館
URL www.marseille.fr.emb-japan.go.jp
在リヨン領事事務所
URL www.lyon.fr.emb-japan.go.jp

●パリ警視庁安全ガイド

　パリ警視庁が発行している安全ガイドは日本語版（写真左）もある。パリの観光案内所（→P.94）に置いてあるほか、ウェブサイトからもダウンロードできる。
URL ja.parisinfo.com

●テロ発生時の対処法

　フランス政府がテロに遭遇した場合の対処法を公開している。「1.逃げる 2.隠れる 3.通報する」の3段階をイラストで説明している（写真右）。
URL www.gouvernement.fr/reagir-attaque-terroriste

編集部トラブル掲示板

旅行中は日本にいるときよりも常に周りに注意しなくてはいけない。
トラブルのなかには、手口を知っておけば未然に防げるものもある。
取材中に遭遇したトラブル体験を一部紹介しよう。

パリでは空港アクセスはケチらない！

パリではシャルル・ド・ゴール空港と凱旋門やモンパルナス駅を結んでいた「ル・ビュス・ディレクト」がなくなり、空港アクセスの選択肢が少なくなってしまいました。宿泊ホテルの場所を考慮して、RERを選んだところ大失敗！　すでに満員状態なのに、混んでいるから1本見送ろうという人はおらず、次から次へと乗り込んできて、身動きできない状態に。無理な体勢を強いられて、腰を痛めてしまいました。安全を優先するなら、定額のタクシーを選んだほうが安心です。（編集S）

出発前も役立つ「たびレジ」

前回パリに行った際に登録した「たびレジ」（→P.536）。ちょうど大規模なストライキが行われている最中で、デモの予定や交通状況がメールで送られてきて、とても助かりました。暴動などが起こったときも、スピーディに情報が配信され、現地の様子がよくわかります。ぜひ登録を。（編集Y）

調査に見せかけたスリに注意

観光名所の近くで、若い女性グループが観光客に声をかけて、アンケートをとるふりをして、別の仲間が荷物を狙うというパターン。これまで編集部に送られてきた読者の皆さんからの投稿でも多かった事例です。（編集部）

グループで仕掛けてくるスリに遭遇

パリでRERのリュクサンブール駅で写真を撮ったあと、電車に乗ろうとすると、3〜4人の女の子たちが駆け寄ってくるのが見え、「これはまずい！」と、乗車するのをやめてその場を離れました。背後で舌打ちの音が聞こえ、やはりスリのグループだったと。被害には遭いませんでしたが、油断禁物です。（ライターA）

スマートフォンは狙われやすい

旅のトラブルでよく聞かれる事例のひとつがスマートフォンの盗難。日本では、メトロの車内でほとんどの人がスマホの画面を見ていますが、観光客がフランスで同じことをすると、スリの標的になることも。地図検索など、町なかで使うことも多いスマホですが、周囲に気を配ることを忘れずに。スマートウオッチも外されやすいので、要注意です。（編集部）

無免許の観光乗り物に注意

これは実際に体験したわけではないのですが、フランスのニュース番組で紹介されていた話です。コンコルド広場やシャンゼリゼ大通りでは、三輪の観光用トゥクトゥクなどが走っています。もちろん正規のライセンスを持ったドライバーもいるのですが、無免許で、法外な料金をふっかけてくるケースもあるのだそう。料金が明示されたウェブサイトであらかじめ予約をするなど、正規の乗り物を利用するようにしましょう。（編集部）

ロスバゲを防ぐためにも空港には早めに

ちょうどバカンス期の7月、シャルル・ド・ゴール航空のターミナル2は人であふれていました。なんとか荷物のドロップオフ（チェックイン）はできたものの、出国審査前にはさらに長い列が。やっとゲートにたどり着いたときは、もう搭乗中。荷物が無事日本に着いたのは、奇跡としか思えません。航空券に表示されているチェックインのリミットは、おおむね搭乗時間の1時間前。しかし、カウンターに列ができていることもあり、余裕をもって着くよう心がけましょう。（編集S）

技術 フランスの歴史

| 紀元前4万 ヴェゼール川流域に旧石器文化起こる |
| 紀元前3.4万～3万 ショーヴェ・ポンダルクの壁画が描かれる |
| 紀元前2万～1.5万 ラスコーの壁画が描かれる ● |
| 紀元前7000～4500 新石器革命、ブルターニュに巨石　メンヒルの彫像 |
| 紀元前1200～700 ケルト人の到来 |
| 紀元前600 マルセイユが古代ギリシア人の植民地に |
| 5 ニームにメゾン・カレ建設 |
| 50頃 ポン・デュ・ガール建設 ● |
| 313 ローマ皇帝コンスタンティヌスが、キリスト教を公認 |
| 360 パリの古称「リュテティア」を「パリ」と改名 |
| 481 クロヴィス即位。メロヴィング朝始まる |
| 498 クロヴィス、ランスの大聖堂で受洗 |
| 508 パリがフランク王国の首都となる |
| 543 パリのサン・ジェルマン・デ・プレ教会建設 ● |
| 732 トゥール・ポワティエの戦い |
| 754 サン・ドニで教皇ステファヌス2世が王権承認 |
| 768 シャルルマーニュ即位 |
| 820 ノルマン人の侵入始まる |
| 843 ヴェルダン条約により、フランク王国がフランス、ドイツ、イタリアに三分割 |
| 910 クリュニー修道院創設 ● |
| 911 ヴァイキング、ノルマンディー公国の建設 |
| 987 ユーグ・カペー、国王に即位。カペー朝始まる |
| 1015 ストラスブールの大聖堂建設開始 |
| 1035 ウィリアム、ノルマンディー公に即位 ● |
| 1060 フィリップ1世即位 |
| 1066 ノルマンディー公ギヨーム、イングランドを征服。ウィリアム1世としてイングランド王に即位 |
| 1077 バイユーのタピストリー ● |
| 11世紀～12世紀 ロマネスク様式の建築 |
| 1096 第1回十字軍の遠征 |
| 1114 聖ベルナール、クレルヴォーにシトー派修道院を創設 |
| 1120 サン・ドニ修道院再建 |
| 1132 ヴェズレーの大聖堂建設開始 |
| 1137 ルイ7世即位。パリの大市場、レ・アール建設 |
| 12世紀～15世紀 ゴシック様式の建築 |
| 1163 パリのノートルダム大聖堂建設開始 ● |
| 1170頃 パリに大学ができる |
| 1180 フィリップ2世（尊厳王）即位 |
| 1190 パリでルーヴル宮建設 |
| 1194 シャルトルの大聖堂、火災後の再建開始 ● |
| 1202 第4回十字軍遠征 |
| 1209 ランスの大聖堂（現存する建築物）建設開始 |
| 1220 アミアン大聖堂建設開始 |
| 1226 ルイ9世即位 |
| 1253 ソルボンヌ大学創立 |
| 1259 ノルマンディー、メーヌ、アンジュー、ポワトゥーがイギリスから割譲 |
| 1285 フィリップ4世（金髪王）、王位継承 |
| 1291 十字軍が終わる |
| 1307 ダンテ『神曲』 |
| 1309 教皇のアヴィニョン捕囚（～1377）● |
| 1328 フィリップ6世即位。ヴァロワ朝始まる |
| 1337 英仏間に百年戦争始まる（～1453） |
| 1347 ヨーロッパでペストが流行 |
| 1358 パリでエティエンヌ・マルセルの乱 |
| 1363 ヴァロワ・ブルゴーニュ公国成立 |
| 1411 『ベリー公のいとも豪華なる時祷書』 |
| 1429 ジャンヌ・ダルク、オルレアンをイングランド軍から解放。シャルル7世ランスで戴冠 ● |
| 1431 ジャンヌ・ダルク、ルーアンで処刑 ● |
| 1453 百年戦争終了。カレーのみイギリス領として残る |
| 1470 フランスで初めての印刷機誕生 |
| 1494 シャルル8世によるイタリア侵攻開始 |

縦書き年表の左側のラベル：
メロヴィング朝　カロリング朝　カペー朝　ヴァロワ朝

ラスコーの壁画（→P.393）

ポン・デュ・ガール（→P.401）

サン・ジェルマン・デ・プレ教会（→P.106）

クリュニー修道院（→P.191）

ウィリアム征服王が建てた男子修道院（→P.300）

バイユーのタピストリー（→P.303）

パリのノートルダム大聖堂（→P.102）

シャルトルのノートルダム大聖堂（→P.177）

アヴィニョン教皇庁宮殿（→P.414）

オルレアン、ジャンヌ・ダルクの像（→P.241）

ルーアンのジャンヌ・ダルク教会（→P.291）

旅の準備と技術

フランスの歴史

ヴァロワ朝

16世紀～17世紀初頭 ルネッサンス建築
1515 フランソワ1世即位
1519 ロワールのシャンボール城建設開始 ●
1527 フランソワ1世ルーヴル宮を居城とする
1532 ブルターニュ併合
1562 カトリック、プロテスタント間の宗教戦争勃発
1572 サン・バルテルミーの虐殺
1578 パリのポン・ヌフ(新橋)建設開始 ●
1581 初の宮廷バレエ『王妃のバレエ・コミック』上演
1588 モンテーニュ『随想録』
1589 アンリ4世即位。ブルボン朝始まる
1598 ナントの勅令 ●

シャンボール城(→P.224)

パリ、ポン・ヌフ

ブルボン朝

16世紀後半～18世紀前半 バロック建築
1600 マリー・ド・メディシス、アンリ4世妃となる
1610 ルイ13世即位。マリー・ド・メディシス摂政 ●
1618 30年戦争開始(～1648)
1624 リシュリュー宰相(～1642)
1631 フランス最初の新聞『ラ・ガゼット』創刊
1635 アカデミー・フランセーズ設立
1643 ルイ14世即位。アンヌ・ドートリッシュ摂政。
　　 マザラン宰相(～1661)
1660 フランス文化の古典時代
　　 (演劇=モリエール、ラシーヌ、コルネーユ)
1661 ヴェルサイユ宮殿建設開始 ●
1668 ラ・フォンテーヌ『寓話』
1670 パスカル『パンセ』発刊
1672 ルイ14世、オランダ戦争によりフランシュ・
　　 コンテ、フランドルの一部を獲得
1680 コメディ・フランセーズ設立
1681 ストラスブールがフランスに併合
1682 宮廷がヴェルサイユに移る
1685 ナントの勅令廃止
1686 ル・プロコープ開店(パリで最初のカフェ) ●
1694 フランス・アカデミー辞典刊行
1715 ルイ15世即位。オルレアン公フィリップ摂政
1720 フランスにおける最後の疫病はやる
1734 ヴォルテール『哲学書簡』
1748 モンテスキュー『法の精神』
1751 ディドロ『百科全書』第1巻刊行
1755 英仏戦争(～1763)
1758 パリのパンテオン建設開始 ●
18世紀中頃～ ロココ建築
1762 ルソー『エミール』『社会契約論』
1766 ロレーヌ併合 ●
1768 コルシカ併合(ジェノヴァより割譲される)
1770 ルイ16世、マリー・アントワネットと結婚
1774 ルイ16世即位
1775 アルケ・スナン王立製塩所建設開始
1784 ボーマルシェ『フィガロの結婚』
1789 バスティーユ襲撃によりフランス革命勃発
1792 チュイルリー宮襲撃。王政廃止を宣言。

ルーベンス作『マリー・ド・メディシスの生涯』があるルーヴル美術館(→P.114)

パリ最古のカフェ「ル・プロコープ」

ヴェルサイユ宮殿の鏡の回廊(→P.165)

パリ、パンテオン(→P.107)

ナンシーのスタニスラス広場(→P.263)

第一共和政

1793 ルイ16世、マリー・アントワネット処刑 ●
　　 ルーヴル美術館開館
1800 フランス銀行設立

フランス革命時には牢獄となったコンシェルジュリー(→P.103)

第一帝政

1804 ナポレオン1世即位。
　　 ナポレオン民法制定
1806 凱旋門建設開始 ●
1814 ナポレオン、イギリス、ロシア、オーストリア、
　　 プロシアの連合軍に敗れ、エルバ島に流刑

パリ、凱旋門(→P.96)

復古王政

1815 ワーテルローの戦い。
　　 ルイ18世即位。
　　 ナポレオン、エルバ島から帰還 ●
1819 ジェリコー『メデューズ号の筏』
1824 シャルル10世即位
1829 ポリニャック内閣成立
1830 7月革命起こる ●
　　 ルイ・フィリップ即位。スタンダール『赤と黒』

アンヴァリッドにあるナポレオンの墓(→P.101)

七月王政

1832 スールト内閣成立。コレラが流行
1834 バルザック『ゴリオ爺さん』
1835 ブロイ内閣成立
1836 ティエール内閣成立
1837 モレ内閣成立、パリ～ヴェルサイユ間に鉄道
　　 開通
1838 ダゲール、写真術に成功

バスティーユ広場の7月革命記念柱(→P.105)

七月王政
第二共和政
第二帝政
第三共和制
ヴィシー政府
臨時政府
第四共和政
第五共和政

1840 大規模な鉄道建設 ●
1844 デュマ・ペール『三銃士』
1848 2月革命起こる。
　　　マルクス、エンゲルス『共産党宣言』
1852 ナポレオン3世即位。
　　　ル・ボン・マルシェ開店(パリで最初のデパート)●
1853 オスマン、セーヌ県知事に就任。パリ大改造。
　　　クリミア戦争
1854 雑誌『ル・フィガロ』創刊
1856 フロベール『ボヴァリー夫人』
1857 ボードレール『悪の華』(『ボヴァリー夫人』、
　　　『悪の華』ともに公共道徳を乱したという理由
　　　で起訴される)
1859 ミレー『落穂拾い』●
1860 ニースとサヴォワがフランスに併合される
1862 ヴィクトル・ユゴー『レ・ミゼラブル』
　　　マネ『草上の昼食』
1865 ギュスターヴ・モロー『オルフェ』
1870 普仏戦争勃発(～1871)。
　　　フランスはアルザス・ロレーヌをドイツに割譲
1871 パリ・コミューン。ティエール、大統領となる
1872 モネ『印象、日の出』
1874 第1回印象派展覧会開催
1879 政府/両院、ヴェルサイユからパリに帰還
1880 革命記念日が祝祭日となる。三色旗が国旗となる ●
1883 モーパッサン『女の一生』
1885 パストゥール、狂犬病のワクチンを開発
1889 パリ万国博覧会。エッフェル塔建設 ●
1890 プジョー、自動車の製造を開始
1891 仏露同盟
1894 ドレフュス事件
1895 リュミエール兄弟による世界初の映画上映
19世紀後半～20世紀前半 アールヌーヴォー運動
1900 パリのメトロ開通 ●
1906 ピカソ『アヴィニョンの女たち』
1913 プルースト『失われた時を求めて』
1914 第1次世界大戦勃発
1919 ヴェルサイユ条約
1920 フランス社会党が分裂。共産党創立
1924 パリ(夏)とシャモニ(冬)でオリンピック開催 ●
1933 航空会社エールフランス設立
1939 第2次世界大戦勃発
1940 パリ陥落により、政府ヴィシーへ移る
1942 フランス全土、ドイツの支配下になる。
　　　カミュ『異邦人』
1943 ジャン・ポール・サルトル『存在と無』
1944 連合国軍ノルマンディー上陸 ●
1946 第1回カンヌ映画祭開催。
　　　ジャン・コクトー『美女と野獣』
1948 欧州経済協力機構OEEC(現OECD)発足
1949 北大西洋条約機構NATO発足
1954 アルジェリア戦争始まる
1955 ル・コルビュジエのロンシャン礼拝堂完成
1957 ローマ条約(欧州経済共同体EEC=EC)
1959 シャルル・ド・ゴール、大統領となる
1967 EC発足
1968 グルノーブル冬季オリンピック開催。
　　　学生運動激化(5月革命)
1969 ポンピドゥー、大統領となる
1974 ジスカール=デスタン、大統領となる
1976 コンコルド旅客機、初飛行
1977 パリのポンピドゥー・センター開館 ●
1981 ミッテラン、大統領となる。
　　　高速列車TGV、パリ～リヨン間運行
1986 オルセー美術館開館 ●
1989 フランス革命200年祭。グランド・アルシュ建設
1992 アルベールヴィルで冬季オリンピック開催
1994 英仏海峡トンネル開通 ●
1995 シラク、大統領となる
1998 サッカーワールドカップ開催
1999 EU通貨統合
2002 ユーロ流通開始
2007 サルコジ、大統領となる
2012 オランド、大統領となる
2017 マクロン、大統領となる

パリ、ル・ボン・マルシェ
(→P.147)

パリ、サン・ラザール駅

ミレーのアトリエがあったバルビゾン(→P.172)

革命記念日の花火

パリ、アールヌーヴォー様式のメトロ入口

パリ、エッフェル塔
(→P.100)

連合国軍ノルマンディー上陸作戦跡(→P.301)

シャモニ(→P.477)

パリ、ポンピドゥー・センター
(→P.104)

パリ、オルセー美術館
(→P.116)

ロンドンと結ぶユーロスター

名所をより深く味わえる

>>> 人物&キーワード集 >>>

➡ **P.xx**
は関連記事
掲載ページ

人 物（生年順）

ウィリアム征服王

Guillaume le Conquérant

（1027〜1087）【王】

　ノルマンディー公の庶子としてファレーズに生まれる（仏語名ギヨーム）。イングランドのエドワード懺悔王の没後に即位したハロルド2世をヘイスティングズの戦いで破り、ノルマン朝イングランドの初代王となった。
➡カン（城、男子修道院）　P.300
➡ファレーズ　P.302
➡バイユー　P.303

ルイ9世

Louis Ⅸ（1214〜1270）【王】

　カペー朝第9代の国王。敬虔なカトリック教徒でフランス国王では唯一、列聖され、St Louis（聖王ルイ）と呼ばれている。キリストの聖遺物「茨の冠」を納めるため、サント・シャペルを建設。第7回、第8回の十字軍を起こし、第7回ではエジプトで捕虜となり、第8回ではチュニスで伝染病にかかり死亡。
➡サント・シャペル　P.103

ジャンヌ・ダルク

Jeanne d'Arc（1412〜1431）【人物】

　王位継承をめぐり英仏間で起こった百年戦争のさなかに生まれる。13歳のときに神のお告げを受け、フランスを救うために立ち上がる。17歳で軍を率いて快進撃を続け、シャルル7世の戴冠を実現させた。しかし、その後パリ奪還計画の失敗から捕えられ、ルーアンで火刑に処された。
➡ブロワ城　P.222
➡ノートルダム大聖堂（ランス）　P.268
➡旧市街広場とジャンヌ・ダルク教会（ルーアン）　P.291

フランソワ1世

François 1er

（1494〜1547）【王】

　絶対王政の基礎を築き上げたヴァロワ朝の王。1515年、即位してすぐイタリア遠征で勝利を収め、遠征先のミラノで華麗なイタリアルネッサンス文化に触れ、フランスに持ち帰る。文芸の保護に努めたことから「フランスルネッサンスの父」とも呼ばれている。
➡フォンテーヌブロー城　P.171
➡ブロワ城　P.222
➡シャンボール城　P.224
➡アンボワーズ城　P.227
➡クロ・リュセ城　P.227

ディアヌ・ド・ポワティエ

Diane de Poitier（1499〜1566）【人物】

　アンリ2世の愛妾。王より20歳も年上でありながら、王の愛を受け続け、贈られたシュノンソー城で暮らす。王亡き後は、正妻カトリーヌ・ド・メディシスによってショーモン・シュル・ロワール城に移された。
➡シュノンソー城　P.225
➡ショーモン・シュル・ロワール城　P.231

カトリーヌ・ド・メディシス

Catherine de Médicis（1519〜1589）【王妃】

　フィレンツェの名門メディチ家出身。1533年、フランス王アンリ2世に嫁ぐ。王妃として10人の子を産むが、王の愛情は20歳年上の愛人ディアヌ・ド・ポワティエに向けられており、次第にその関心は政治へと向けられていく。アンリ2世が事故で死去し、後を継いだフランソワ2世が夭折すると、摂政として権力を手中に。新教徒弾圧（サン・バルテルミーの虐殺）への関与など、悪女のイメージが強いが、イタリアの食文化と洗練されたマナーを持ち込み、フランス料理の発展に寄与したともいわれる。
➡フォンテーヌブロー城　P.171
➡シュノンソー城　P.225

アンリ4世

Henri Ⅳ（1553〜1610）【王】

　1589年、ヴァロワ朝アンリ3世が暗殺されたのを受けて即位。ブルボン王朝の初代国王となる。カトリックとプロ

テスタントが激しく対立していた（ユグノー戦争）時代、その融和をはかって自らカトリックに改宗、さらに信教の自由を認める「ナントの勅令」を発令した。よき君主として、歴代国王のなかで最も人気のある王。

➡ヴォージュ広場（パリ）P.105
➡ブルターニュ大公城（ナント）P.236
➡ポー城 P.348

アンドレ・ル・ノートル
André Le Nôtre（1613〜1700）【造園家】

「王の庭師」、「庭師の王」と呼ばれ、ヴェルサイユ宮殿の庭園を設計したことで知られる。宮廷庭師の家系に生まれ、フランス式庭園を確立させた。ヴェルサイユ宮殿のモデルとなったヴォー・ル・ヴィコント城をはじめ、17世紀の有名な庭園を数多く手がけている。

➡チュイルリー公園（パリ）P.97
➡ヴェルサイユ宮殿 P.165
➡フォンテーヌブロー城 P.171
➡テラス・ル・ノートル P.174
➡シャンティイ城 P.178
➡ヴォー・ル・ヴィコント城 P.168
➡ソー公園 P.169
➡ゴヤ美術館 P.367

シャルル・ル・ブラン
Charles le Brun（1619〜1690）【画家】

ヴォー・ル・ヴィコント城の室内装飾を手がけ、その腕が認められルイ14世の主席宮廷画家に。ヴェルサイユ宮殿の内装を担当。

➡ヴェルサイユ宮殿 P.165
➡ヴォー・ル・ヴィコント城 P.168

モリエール（ジャン＝バティスト・ポクラン）
Molière (Jean-Baptiste Poquelin)（1622〜1673）【劇作家】

役者を志し、パリで劇団を設立するが挫折。その後は南仏を興行して回った。パリに戻りルイ14世の寵愛を受ける。モリエールが率いたこの劇団はコメディ・フランセーズの前身のひとつ。フランス語は「モリエールの言葉Langue de Molière」と呼ばれるほど、国民的劇作家として敬愛されている。

➡コメディ・フランセーズ P.127

ジュール・アルドゥアン・マンサール
Jules Hardouin-Mansart（1646〜1708）【建築家】

ヴェルサイユ宮殿の実質的な主席建築家。

当初の建築家ル・ヴォーの後を継ぎ、1699年建築総監督となる。ルイ14世の寵姫モンテスパン夫人の城、ディジョンのブルゴーニュ大公宮殿（改築）も手がけている。

➡ヴェルサイユ宮殿 P.165
➡ブルゴーニュ大公宮殿 P.187

ルイ14世
Louis XIV（1638〜1715）【王】

1643年、幼くして即位。太陽王とも呼ばれた絶対王政最盛期の王で、ヴェルサイユ宮殿建造に力を注いだ。1661年に親政を開始し権威を高める一方、晩年には深刻な財政難に陥っていた。

➡パレ・ロワイヤル（パリ）P.99
➡ヴェルサイユ宮殿 P.165
➡パヴィヨン・アンリ・キャトル（サン・ジェルマン・アン・レー）P.174
➡サン・ジェルマン・アン・レーの城 P.175
➡ルイ14世の館（サン・ジャン・ド・リュズ）P.356

マリー・アントワネット
Marie Antoinette（1755〜1793）【王妃】

ルイ16世王妃として、14歳でウィーンからヴェルサイユに嫁ぐ。質素な生活を好んだ夫とは正反対の贅沢志向で自由奔放な人物であったとされているが、近年見直されている。プティ・トリアノンの内装など、洗練されたセンスの持ち主でもあった。1793年10月16日にコンコルド広場で斬首される。

➡コンコルド広場 P.97
➡サン・ドニ・バジリカ大聖堂 P.173
➡ヴェルサイユ宮殿 P.165
➡ロアン宮（ストラスブール）P.251
➡コンピエーニュ城 P.280

ナポレオン・ボナパルト
Napoléon Bonaparte（1769〜1821）【皇帝】

ナポレオン1世。コルシカ島出身。フランス革命後、軍事手腕を発揮し、フランス第一帝政の皇帝となる。軍事力によって勢力を拡大するが、ロシア遠征の失敗後、敗北を重ね、失脚。エルバ島に追放される。ルイ18世が後継者（王政復古）となったが、エルバ島を脱

出して再び支配者の座に。復位は長く続かず
(百日天下)、ワーテルローの戦いに敗北した
後、流刑先のセントヘレナ島で死去。亡骸は
フランスに運ばれ、パリのアンヴァリッドに
埋葬された。
➡凱旋門 **P.96**
➡アンヴァリッド **P.101**
➡コンピエーニュ城 **P.280**
➡コルシカ島 **P.454**

ヴィクトル・ユゴー
Victor Hugo(1802～1885)【作家】

　フランスで最も偉大
な作家の一人。芸術の自
由を主張しロマン派の
旗手となり、政治家とし
ても活躍。ナポレオン3
世に反発し、ベルギーや
英仏海峡のガーンジー
島に亡命した。ナポレオン3世の失脚後に帰国
し、パリにて死去。国葬が執り行われ、パン
テオンに埋葬されている。代表作に長編小説
『レ・ミゼラブル』や『ノートルダム=ド・パリ』
がある。
➡ヴィクトル・ユゴー記念館 **P.105**

ナポレオン3世
Napoléon III(1808～1873)【皇帝】

　ナポレオン1世の甥。叔父の失脚後、亡命生
活を送っていたが、七月王政が崩壊した後に
フランス帰国。時運に乗って1848年に第二共
和政大統領、さらに1852年国民投票で帝政を
復活、皇帝となる。業績のひとつが、セーヌ
県知事オスマンとともに行ったパリの都市改
造計画。放射状に延びる大通りの整備など、
現在のパリの町並みは、この時代の改造がベー
スとなっている。
➡パレ・ガルニエ **P.98**
➡コンピエーニュ城 **P.280**
➡ピエルフォン城 **P.281**

ヴィオレ・ル・デュック
Viollet-le-Duc(1814～1879)【建築家】

　建築を構造的に研究。
古典建築だけがもては
やされていた時代、荒廃
しきっていた中世の建
築物を修復、復興するこ
とに力を注いだ。ただ、
オリジナルになかった
ものを加えるなど、度を
過ぎた改変はときに批判の対象ともなった。
➡ノートルダム大聖堂(パリ) **P.102**
➡フォンテーヌブロー城 **P.171**
➡サント・マドレーヌ・バジリカ聖堂 **P.201**
➡ピエルフォン城 **P.281**
➡シテ(カルカソンヌ) **P.379**

シャルル・ガルニエ
Charles Garnier(1825～1898)【建築家】

　パリで鍛冶職人の息子
として生まれ、17歳で
エコール・デ・ボザール
に入学。1848年にフラ
ンス政府によるローマへ
の留学制度であるローマ
大賞を受賞し、5年間イ
タリアで過ごす。フランス帰国後、パリで建
築家となり、オペラ座建設のためのコンクー
ルで当選。その後もモナコのカジノやオペラ
ハウスを設計し、フランス国内外で活躍した。
➡パレ・ガルニエ **P.98**

ギュスターヴ・エッフェル
Gustave Eiffel(1832～1923)【技師、建築家】

　建設業者であるエッ
フェル社の創業者。19
世紀末、伝統的な石材に
代わる資材として「鉄」
に注目し、鉄骨による
数々の建造物を手がけ
た。1884年、パリ万国
博覧会のシンボルを募る
コンペにエッフェル社の
案が採用され、エッフェル塔の設計者として
広く知られるようになった。
➡エッフェル塔 **P.100**
➡ガラビ橋 **P.494**

エクトル・ギマール
Hector Guimard(1867～1942)【建築家】

　フランスのアールヌーヴォーを代表する建
築家。パリのメトロの入口デザインを手がけ
たことで知られ、今もオリジナルの姿で使わ
れている。また、高級住宅地パッシー地区には、
彼とその一派が設計した邸宅やアパルトマン
がいくつも残っている。
➡パッシー地区のアールヌーヴォー散歩 **P.101**

ル・コルビュジエ
Le Corbusier(1887～1965)【建築家】

　「近代建築の父」と呼
ばれる建築家。1927年
に「ピロティ、屋上庭園、
自由な平面、水平連続
窓、自由な立面」とい
う「近代建築の5原則」
を提唱し、鉄筋コンク
リートを使用した自由
で開放的な明るい住空間を造りだした。2016
年には、その作品群がユネスコの世界遺産に
登録された。
➡ル・コルビュジエの建築作品 **P.30**

シャルル・ド・ゴール

Charles de Gaulle（1890〜1970）【政治家】

第18代大統領。第2次世界大戦でドイツ軍の進行を受けるとイギリスに亡命し、自由フランスを結成。対独レジスタンスを呼びかけた。その後フランスに戻り臨時政府の首相に就任した。その名はいくつもの場所で使われている。

➡シャルル・ド・ゴール空港 **P.74**

キーワード

ロマネスク様式

Style Roman【建築様式】

10〜12世紀にフランス南部を中心に広まった美術様式。スタイルは地方によって異なるが、外観は一般的に簡素。重い石造天井を支えるために壁が厚く、窓が小さいため内部は薄暗い。入口周りや柱頭の彫刻にユニークな表現が見られる。

➡建築豆知識 **P.32**
➡サン・ジェルマン・デ・プレ教会（パリ） **P.106**
➡サント・マドレーヌ・バジリカ聖堂（ヴェズレー） **P.201**
➡サン・ラザール大聖堂（オータン） **P.206**
➡ノートルダム・ラ・グランド教会（ポワティエ） **P.345**
➡サン・セルナン・バジリカ聖堂（トゥールーズ） **P.363**
➡サント・フォワ修道院教会（コンク） **P.374** など

ゴシック様式

Style Gothique【建築様式】

12〜15世紀にイル・ド・フランスや北部の都市部を中心に発展した様式。尖頭アーチと交差リブ・ヴォールト、フライング・バットレスという新技術により、壁にかかる屋根の重さが軽減され、天井を高くし、窓を広くとることが可能に。このことは、ステンドグラスの発達につながった。

➡建築豆知識 **P.32**
➡ノートルダム大聖堂（パリ） **P.102**

➡ノートルダム大聖堂（シャルトル） **P.177**
➡サンテティエンヌ大聖堂（サンス） **P.204**
➡サント・クロワ大聖堂（オルレアン） **P.240**
➡サンテティエンヌ大聖堂（ブールジュ） **P.243**
➡ノートルダム大聖堂（ストラスブール） **P.250**
➡ノートルダム大聖堂（ランス） **P.268**
➡サン・ピエール・エ・サン・ポール大聖堂 **P.272**
➡ノートルダム大聖堂（ルーアン） **P.292**

ルネッサンス建築

Architecture de la Renaissance【建築様式】

15世紀イタリアのフィレンツェで発祥した。古代ローマ・ギリシャ文化を模範とする建築様式で、端正な造りと円形のモチーフが特徴的。フランスにはフランソワ1世によって招かれたレオナルド・ダ・ヴィンチらによってもたらされた。

➡フォンテーヌブロー城 **P.171**
➡シャンティイ城 **P.178**
➡ブロワ城 **P.222**
➡シャンボール城 **P.224**
➡シュノンソー城 **P.225**
➡アゼー・ル・リドー城 **P.228**

バロック建築

Architecture Baroque【建築様式】

16世紀後半、ルネッサンス様式に対抗して生まれた芸術運動。重厚感のある造りとねじれたモチーフが特徴で、ヴェルサイユ宮殿が代表的。

➡ヴェルサイユ宮殿 **P.165**

フランス式庭園

Jardin à la Française【庭園様式】

17世紀にル・ノートルによって完成された整形庭園で、ヴェルサイユ宮殿、ヴォー・ル・ヴィコント城がその典型。比較的平坦で広い敷地に中心軸をとり、その両側に対称に幾何学的図形に従い整形した、池、噴水、花壇、樹木といった構成要素を整然と配置する。雄大でしかも節度と秩序のある景観を造成する点が特色。

➡ヴェルサイユ宮殿 **P.165**
➡ヴォー・ル・ヴィコント城 **P.168**
➡ソー公園 **P.169**
➡ヴィランドリー城 **P.231**

ロココ様式
Style Rococo【美術様式】

バロックに続くものとして、おもにフランスの宮廷で採り入れられた華やかな装飾様式。「ロココ」とは、貝殻を意味する「ロカイユ」から派生した言葉で、貝殻のように優雅な曲線を使った華やかなデザインが特徴。ヴェルサイユ宮殿のトリアノン宮殿、ナンシーのスタニスラス広場などで見ることができる。
→**ヴェルサイユ宮殿 P.165**
→**ナンシー P.262**

フランス革命
**Révolution Française
【歴史】**

18世紀末、ヴェルサイユ宮殿に代表される王族、貴族の華やかな暮らしとは対照的に、パリ市民は貧困にあえぐ毎日を送っていた。その不満が頂点に達し、勃発したのが1789年の大革命だ。引き金となったのは7月14日のバスティーユ牢獄襲撃。王政は廃止され、1793年、コンコルド広場でルイ16世とマリー・アントワネットの処刑が行われた。
→**コンコルド広場（パリ） P.97**
→**バスティーユ広場（パリ） P.105**

七月革命
La Révolution de juillet【歴史】

1830年7月27日から29日にかけてフランスで起こった市民革命。「栄光の3日間 le Trois Glorieuses」とも呼ばれる。1815年からの復古王政が専制的なものであったことから、市民が隆起。バリケードを築いて軍に抗戦し、シャルル10世を退位させた。ドラクロワの作品『7月28日-民衆を導く自由の女神』は、このときのパリ市街戦を題材にしている。
→**七月革命記念柱（パリ） P.105**

万国博覧会
**Exposition Universelle
【歴史】**

世界各国の文化交流の場として、とりわけ19世紀に盛大に開催された万国博覧会。パリも幾度か会場となり、そのときに造られた展示会場やモニュメントが今も残り、美術館などとして使われている。
→**エッフェル塔 P.100**
→**シャイヨー宮 P.101**
→**オルセー美術館 P.116**
→**グラン・パレ P.121**
→**プティ・パレ P.121**
→**パレ・ド・トーキョー P.121**

アールヌーヴォー
Art Nouveau【美術様式】

「アールヌーヴォー」とは「新しい芸術」の意。1895年パリに開店した同名のモダンな店にちなんで名づけられた。花や植物をモチーフとしたり、曲線を多用したりしていることが特徴。運動自体は10年ほどで消えてしまったが、建築、家具、装飾品など、生活に溶け込んだアートとして、今も見ることができる。パリのメトロ入口のほか、芸術運動が特に盛んだったナンシーに作品が多く残る。
→**パッシー地区のアールヌーヴォー散歩 P.101**
→**ナンシー派美術館 P.264**

グラン・プロジェ
Grands Projets【都市計画】

20世紀末、ミッテラン大統領が推進したパリ大改造計画。ルーヴル美術館の「ガラスのピラミッド」をはじめ、数々の建築物がこの計画によって誕生した。
→**オペラ・バスティーユ P.105**
→**アラブ世界研究所 P.107**
→**ルーヴル美術館 P.114**

コロンバージュ
Colombage【建築様式】

木骨造りのこと。木材で造られた骨組みと、漆喰などを素材とした壁で構成された家屋。アルザス、シャンパーニュ、ノルマンディーなどの地方でよく見かける。

→**プティット・フランス（ストラスブール） P.251**
→**プティット・ヴニーズ（コルマール） P.255**
→**トロワ P.272**
→**ルーアン P.291**

フランスの最も美しい村
Les Plus Beaux Villages de France【村】

人口、建造物などさまざまな条件を満たし、協会から認定された「美しい村」。
→**フランスの最も美しい村 P.46**

技術

旅の言葉

相手への呼びかけ
男性へは
Monsieur ムッスィユー
女性へは
Madame マダム
Mademoiselle マドモワゼル
マダムは既婚女性の呼び方だが、初対面の場合は、若い人に対してもマダムを使ったほうが無難。

「フランスでは英語は通じない」とよく言われる。確かにドイツや北欧と比べれば、英語を当たり前のように話す人はそう多くない。しかし、概して若い人は英語を話すし、ホテルやレストラン、観光案内所では問題なく通じる。とはいえ、あいさつやお礼の言葉くらいのフランス語は覚えておきたい。旅行者の最低限のマナーだし、「ボンジュール」「メルスィ」のひと言で相手との関係がぐっとよくなることもある。

［これだけは覚えておこう！］

ボンジュール — Bonjour.	こんにちは	
ボンソワール — Bonsoir.	こんばんは	
ボン ヌ ニュイ — Bonne nuit.	おやすみなさい	
オ ルヴォワール — Au revoir.	さようなら	

ホテルやレストラン、お店に入ったらまず、"Bonjour." とあいさつしよう。「日本人は何も言わずに入ってくる！」なんて声もチラホラ。

メルスィ — Merci.	ありがとう
メルスィ ボク クー — Merci beaucoup.	どうもありがとう
ノン メルスィ — Non merci.	いいえ、けっこうです
スィル ヴ プレ — S'il vous plaît.	お願いします

"S'il vous plaît." は、英語の「please」に当たる言葉。カフェなどでウエーターを呼ぶときにも使える。また、コーヒーを頼むときも Un café のあとに付ければOK。

パルドン — Pardon.	すみません
エクスキューゼ モワ — Excusez-moi.	ごめんなさい
ウィ — Oui.	はい
ノン — Non.	いいえ

"Pardon." は、メトロやバスで出口に通してもらうときや、ちょっと肩が触れたときなどに使う。また、Pardon?と語尾を上げると、「えっ？ 何ですか？」と聞き直す意味になる。

［よく使う表現］

サ ヴァ — Ça va ?	元気？
ボンヌ ジュルネ — Bonne journée !	よい1日を！
ダコール — D'accord.	わかりました / OK
ジュ ヌ コンプラン パ — Je ne comprends pas.	わかりません
ジュ ヌ セ パ — Je ne sais pas.	知りません
ウ — Qu'est-ce que c'est ?	これは何ですか？
ウ — Où ?	どこ？
ウ ソン レ トワレット — Où sont les toilettes ?	
	トイレはどこですか？
カン — Quand ?	いつ？
ケル ル ウール エティル — Quelle heure est-il ?	何時ですか？
セ コンビヤン — C'est combien ?	これはいくらですか？
ジュ スュイ ジャポネ — Je suis japonais.	私は日本人（男）です
ジュ スュイ ジャポネーズ — Je suis japonaise.	私は日本人（女）です

［覚えておくと便利な表現］

コマン タレ ヴ — Comment allez-vous ?	お元気ですか？
ジュ ヴェ ビヤン — Je vais bien.	元気です
ジュ マ ペル — Je m'appelle ○○○○.	
	私の名前は○○○○です
コマン ヴ ザプレ ヴ — Comment vous appelez-vous ?	
	あなたのお名前は？
ケ ラージュ アヴェ ヴ — Quel âge avez-vous ?	何歳ですか？
パルレ ヴ ザングレ — Parlez-vous anglais ?	
	英語を話しますか？
ジュ ヌ パルル パ フランセ — Je ne parle pas français.	
	私はフランス語を話しません
プリエ ヴ パルレ プリュ ラントマン — Pourriez-vous parler plus lentement, スィル ヴ プレ s'il vous plaît ?	
	もっとゆっくり話してくれませんか？

はみだし 「google翻訳アプリ」を利用するのも一案。日本語で話しかけると現地語の音声で返してくれる。またカメラ機能でレストランのメニューも訳してくれる。ただ、複雑な料理名だと「迷訳」になることも。

[場面に応じた会話例]

市内観光

◆歩く

ウ エ ル ミュゼ ロダン
Où est le Musée Rodin ?　　　　ロダン美術館はどこですか？

ア ドロワット ア ゴーシュ
À droite ? À gauche ?　　　　右ですか？　左ですか？

トゥ ドロワ
Tout droit ?　　　　真っすぐですか？

ジュ ヴドレ アレ オ テアトル アンティック
Je voudrais aller au Théâtre Antique.　　　古代劇場に行きたい

◆観光案内所

ジュ ヴ ド レ アン プランドゥ ラ ヴィル スィル ヴ プレ
Je voudrais un plan de la ville, s'il vous plaît.
　　　　　　　　　　市内地図をください

ジュ ヴドレ マンスクリール ア セットゥ ヴィジットゥ ギ デ
Je voudrais m'inscrire à cette visite guidée.
　　　　　　　　この観光ツアーに申し込みたいのですが

プートン ナシュテ アン ミュージアム パス イスィ
Peut-on acheter un museum pass ici ?
　　　　　　ここでミュージアム・パスを買えますか？

◆見学

アン ビエ プール エテュディアン スィル ヴ プレ
Un billet pour étudiant, s'il vous plaît.　　　学生1枚ください

プートン プランドル デ フォト ダンル ミュゼ
Peut-on prendre des photos dans le musée ?
　　　　　美術館の中で写真を撮ってもいいですか？

移動

◆メトロ

ウ エ ラ スタスィヨン ドゥ メトロ
Où est la station de métro ?　　　メトロの駅はどこですか？

アン ビエ アン パス ナヴィゴ イージー スィル ヴ プレ
Un billet (Un passe Navigo Easy), s'il vous plaît.
　　　　切符を1枚（ナヴィゴ・イージーのパスを）ください

◆バス

ウ エ ラ レ ドゥ ビュス
Où est l'arrêt de bus ?　　　バス停はどこですか？

エ ス ク セ トトカー ヴァ アモン サンミシェル
Est-ce que cet autocar va à Mont St-Michel ?
　　　　　このバスはモン・サン・ミッシェルへ行きますか？

◆列車

アン ビエ ドゥ ドゥーズィエム クラス プール アルル スィル ヴ プレ
Un billet de deuxième classe pour Arles, s'il vous plaît.
　　　　　　アルルまでの2等切符を1枚ください

ア ナレ サンプル ア ナレ ルトゥール スィル ヴ プレ
Un aller simple (Un aller-retour), s'il vous plaît.
　　　　　　片道（往復）切符をください

ジュ ヴ ド レ レゼルヴェ ス トラン スィル ヴ プレ
Je voudrais réserver ce train, s'il vous plaît.
　　　（メモを見せながら）この列車の予約をお願いします

ウ エ ラ コンスィーニュ オートマティック
Où est la consigne automatique ?　コインロッカーはどこですか？

ホテル

アヴェ ヴ ユンヌ シャンブル プール ユンヌ ドゥー ベルソンヌ
Avez-vous une chambre pour une (deux) personne(s) ?
　　　　シングルの（ツインの）空き部屋はありますか？

ジュ ヴ ド レ レステ ユンヌ ニュイ ドゥー ニュイ
Je voudrais rester une nuit (deux nuits),　1泊（2泊）したいのですが

コンビヤン サ クート パー ニュイ
Combien ça coûte par nuit ?　　　1泊いくらですか？

数字

ゼ ロ zéro	0
アン ユンヌ un (une)	1
ドゥー deux	2
トロワ trois	3
キャトル quatre	4
サンク cinq	5
スィス six	6
セット sept	7
ユイット huit	8
ヌフ neuf	9
ディス dix	10
オーンズ onze	11
ドゥーズ douze	12
トレーズ treize	13
キャトールズ quatorze	14
キャーンズ quinze	15
セーズ seize	16
ディセット dix-sept	17
ディズユイット dix-huit	18
ディスヌフ dix-neuf	19
ヴァン vingt	20
トラント trente	30
キャラント quarante	40
サンカント cinquante	50
ソワサント soixante	60
ソワサント ディス soixante-dix	70
ソワサント オーンズ soixante-onze	71
キャトル ヴァン quatre-vingts	80
キャトル ヴァン アン quatre-vingt-un	81
キャトル ヴァン ディス quatre-vingt-dix	90
キャトル ヴァン オーンズ quatre-vingt-onze	91
サン cent	100
ミル mille	1000

名詞の性別

フランス語の名詞には、男性形と
女性形がある。
名詞の後ろに付けた、
　(m) は男性名詞
　(f) は女性名詞
を意味する。

移動に関する単語

ケ quai ～ (m)	プラットホーム
ヴォワ voie ～ (f)	～番線
アントレ entrée (f)	入口
ソルティ sortie (f)	出口
コレスポンダンス correspondance (f)	乗り換え
オトカー カー autocar (car) (m)	長距離バス
オトビュス ビュス autobus (bus) (m)	市バス

日付、時間に関する単語

ジャンヴィエ janvier	1月
フェヴリエ février	2月
マルス mars	3月
アヴリル avril	4月
メ mai	5月
ジュアン juin	6月
ジュイエ juillet	7月
ウ(ウット) août	8月
セプタンブル septembre	9月
オクトーブル octobre	10月
ノヴァンブル novembre	11月
デサンブル décembre	12月
ランディ lundi	月曜
マルディ mardi	火曜
メルクルディ mercredi	水曜
ジュディ jeudi	木曜
ヴァンドルディ vendredi	金曜
サムディ samedi	土曜
ディマンシュ dimanche	日曜
オージュルドゥイ aujourd'hui	今日
イエール hier	昨日
ドゥマン demain	明日
ジュール フェリエ jour férié	祝日
トゥ レ ジュール tous les jours	毎日
スメーヌ semaine	週
モワ mois	月
マタン matin	朝、午前
ミディ midi	正午
アプレ ミディ après-midi	午後
ソワール soir	夕方
ニュイ nuit	夜

エ ス ク ル ウィフィ エ ディスポニブル ダン セ トテル
Est-ce que le Wi-Fi est disponible dans cet hôtel ?
このホテルではWi-Fiが使えますか？

コ ネ セ ヴ アン ボン レストラン プレ ディシ
Connaissez-vous un bon restaurant près d'ici ?
この近くでいいレストランをご存知ですか？

ジュ パール ラ ノット スィル ヴ プレ
Je pars. La note, s'il vous plaît.
出発します。精算をお願いします

プリエ ヴ ガルデ メ バガージュ ジュスカ セ タプレミディ
Pourriez-vous garder mes bagages jusqu'à cet après-midi ?
午後まで荷物を預かってもらえませんか？

プリエ ヴ マプレ アン タクスィ
Pourriez-vous m'appeler un taxi ?
タクシーを呼んでもらえませんか？

レストラン

ジェ レゼルヴェ オ ノン ドゥ
J'ai réservé au nom de ○○. ......予約した○○です

ジュ ネ パ レゼルヴェ
Je n'ai pas réservé. .....予約はしていません

ケ レ ラ スペシャリテ ドゥラ メゾン
Quelle est la spécialité de la maison ? 自慢料理は何ですか？

ジュ プラン サ
Je prends ça. （メニューを指さして）これにします

セテ トレ ボン メルスィ
C'était très bon, merci. とてもおいしかったです。ありがとう

ユヌ カラフ ドー スィル ヴ プレ
Une carafe d'eau, s'il vous plaît. お水をください

ラディスィオン スィル ヴ プレ
L'addition, s'il vous plaît. お勘定お願いします

買い物

ジュ シェルシュ アン カドー
Je cherche un cadeau. 贈り物を探しています

プヴェ ヴ ム モントレ ススィ
Pouvez-vous me montrer ceci ? これを見せてもらえますか？

ジュ ヴドレ ススィ
Je voudrais ceci. これが欲しいのですが

ジュ ルギャルド サンプルマン
Je regarde simplement. ちょっと見ているだけです

エ ス ク ヴ ザクセプテ セット カルト ドゥ クレディ
Est-ce que vous acceptez cette carte de crédit ?
このクレジットカードで払えますか？

プリエ ヴ ランプリール レ パピエ ドゥ ラ デタックス
Pourriez-vous remplir les papiers de la détaxe ?
免税書類を作成してもらえませんか？

非常時・困ったとき

オ スクール
Au secours ! 助けて！

オ ヴォルール
Au voleur ! 泥棒だ！

アプレ ラ ポリス
Appelez la police ! 警察を呼んで！

レ セ モワ トランキル
Laissez-moi tranquille !
（しつこいナンパや勧誘に）ほっといて！

◆警察で

ジェ ペルデュ モン バガージュ ポルトフイユ アパレイユ フォト パスポール
J'ai perdu mon bagage(portefeuille / appareil-photo / passeport).
私の荷物（財布/カメラ/パスポート）をなくしました

ジュ ヴドレ フェール ラ デクララスィオン ドゥ ヴォルドゥ ペルトゥ
Je voudrais faire la déclaration de vol(de perte).
盗難（紛失）の手続きをしたいのですが

プヴェ ヴ ム フェール ラ デクララスィオン ドゥ ヴォルドゥ ペルトゥ
Pouvez-vous me faire la déclaration de vol(de perte) ?
盗難（紛失）証明書を書いてくださいますか？

イ ヤティル ケルカン キ パルル アングレ ジャポネ
Y a-t-il quelqu'un qui parle anglais(japonais) ?
誰か英語（日本語）を話す人はいますか？

旅の準備と技術

旅の言葉

◆病気になったら

ジュ ム サン マル
Je me sens mal. 具合が悪いです

ジェ マ ラ ラ テット オ ダン オ ピエ ア レストマ
J'ai mal à la tête(aux dents / aux pieds / à l'estomac).
頭が（歯が/足が/胃が）痛いです

ジェ ドゥラ フィエーヴル
J'ai de la fièvre. 熱があります

ジェ アンヴィ ドゥ ヴォミール
J'ai envie de vomir. 吐き気がします

ア プレ アン メドゥサン スィル ヴ プレ
Appelez un médecin, s'il vous plaît. 医者を呼んでください

エ ス キ リ ヤ ア ノ ピタル プレ ディスィ
Est-ce qu'il y a un hôpital près d'ici ?
近くに病院はありますか？

プリエ ヴ マコンパニエ ア ロピタル スィル ヴ プレ
Pourriez-vous m'accompagner à l'hôpital, s'il vous plaît ?
病院へ連れていってくれませんか？

エ ス キ リ ヤ アン メドゥサン ジャポネ
Est-ce qu'il y a un médecin japonais ?
日本人の医者はいますか？

ジュ ヴ ド レ レゼルヴェ ユンヌ コンスュルタスィオン
Je vouvdrais réserver une consultation.
診察の予約をしたいのですが

◆病院で

ジェ アン ランデ ヴ アヴェック ル ドクトゥール
J'ai un rendez-vous avec le docteur ○○.
○○先生の予約があります

ド ワ ジュ エートル オスピタリゼ
Dois-je être hospitalisé(e) ? 入院する必要がありますか？

ラ フィエーヴル ヌ ベス パ
La fièvre ne baisse pas. 熱が下がりません

◆診察を終えて

コンビヤン エ ス ク ジュ ド ワ ペイエ プール ラ コンスュルタスィオン
Combien est-ce que je dois payer pour la consultation ?
診察代はいくらですか？

プ レ ジュ ユティリゼ モ ナスュランス
Pourrais-je utiliser mon assurance ? 保険が使えますか？

エ ス ク ヴ ザクセプテ レ カルト ドゥ クレディ
Est-ce que vous acceptez les cartes de crédit ?
クレジットカードでの支払いができますか？

プリエ ヴ スィニェ ス パピエ ドゥ ラスュランス スィル ヴ プレ
Pourriez-vous signer ce papier de l'assurance, s'il vous plaît?
保険の書類にサインをしてくれませんか？

医者に伝える指さし単語

どんな状態のものを食べたか	
生の	cru
野生の	sauvage
油っこい	gras
よく火が通っていない	n'est pas assez cuit
調理後時間がたった	Il y a déjà longtemps après la cuisson

けがをした	
刺された／噛まれた	piqué / mordu
切った	coupé
転んだ	tombé
打った	frappé
ひねった	tordu
落ちた	tombé
やけどした	brûlé

痛み	
鈍く	sourde
ズキズキする	lancinant
鋭く	aigu
ひどく	sévère

原因	
蚊	moustique
ハチ	abeille / guêpe
アブ	taon
毒虫	insecte venimeux

該当する症状にチェックをして医者に見せよう

- ☐ 吐き気　nausée
- ☐ 悪寒　frisson de fièvre
- ☐ 食欲不振　manque d'appétit
- ☐ めまい　vertige
- ☐ 動悸　palpitation
- ☐ 熱　fièvre
- ☐ 脇の下　aisselle
- ☐ 口中　bouche
- ☐ 下痢　diarrhée
- ☐ 便秘　constipation
- ☐ 水様便　excréments comme de l'eau
- ☐ 軟便　excréments relâchés
- ☐ 1日に××回　×× fois par jour
- ☐ ときどき　de temps en temps
- ☐ 頻繁に　fréquemment
- ☐ 絶え間なく　sanscesse
- ☐ 風邪　rhume
- ☐ 鼻水　morve
- ☐ くしゃみ　éternuement
- ☐ 鼻づまり　enchifrènement
- ☐ 咳　toux
- ☐ 痰　crachat
- ☐ 血痰　crachats sanguinolents
- ☐ 耳鳴り　tintement d'oreilles
- ☐ 難聴　dureté d'oreille
- ☐ 耳だれ　otorrhée
- ☐ 目やに　chassie
- ☐ 目の充血　yeux injectés du sang
- ☐ 見えにくい　Je vois mal

フランス料理 メニューの見方

フランス料理は「前菜＋メイン＋デザート」のコース仕立てにするのが基本。
料理の調理法やソースにこだわらず、食材（何の肉か、何の魚か）で決めるといい。

Point-1 「ア・ラ・カルト」で選ぶ

「ア・ラ・カルト（一品料理）」でコースを組み立てる場合は、各カテゴリーから選んでいく。コースの構成は、おなかのすき具合に合わせて決めればいい。

> 前菜＋メイン2品(肉と魚)＋デザート＝4品
>
> 前菜＋メイン1品(肉か魚)＋デザート＝3品
>
> 前菜＋メイン1品＝2品
>
> メイン1品＋デザート＝2品

コースの組み立て方例

à la carte　ア・ラ・カルト(一品料理)の例

Les Entrées 前菜

anchois marinés	アンチョビのマリネ
terrine de saumon	サーモンのテリーヌ
escargots	エスカルゴ
huîtres (les 12)	生ガキ(12個)
foie gras frais	フォワグラ

Les Poissons 魚料理

thon mi-cuit au sésame	マグロのタタキ、ゴマ風味
filet de rouget poêlé	ヒメジのポワレ
loup en croûte	スズキのパイ包み
homard grillé	オマール海老のグリル
saumon grillé	サーモンのグリル

Les Viandes 肉料理

lapin rôti au four	ウサギのオーブン焼き
blanquette de veau	子牛のクリーム煮
entrecôte grillée	リブロースのステーキ
fricassée de volaille de bresse	ブレス鶏のフリカッセ
carré d'agneau rôti	子羊背肉のロースト

Les Desserts デザート

fondant au chocolat	フォンダンショコラ
feuilleté aux framboises	フランボワーズのフイユテ
café gourmand	カフェ・グルマン(小菓子付きコーヒー)

Point-2 「Menu」で選ぶ

「ムニュ」とは、前菜、メイン、デザート（またはチーズ）のセットメニュー（定食）のこと。あらかじめ決められた料理のなかから選べばいい。セット料金が決まっており、一品料理を個別にオーダーするよりもお得。

Menu　ムニュ(セットメニュー)の例

velouté de champignons ou terrine de saumon	キノコのヴルーテ (または) サーモンのテリーヌ
filet de rouget poêlé ou canette rôtie	ヒメジのポワレ (または) 子鴨のロースト
sélection de fromages et dessert au choix	チーズ盛り合わせ (および) お好きなデザート

こんなムニュもチェック

Menu rapide　お急ぎムニュ

Menu dégustation　シェフ特選ムニュ

Menu gastronomique　美食家向けのムニュ

Formule（簡略化されたムニュ：前菜＋メインまたはメイン＋デザート）

メニュー早わかり単語帳

A

abats[アバ]	内臓
abricot[アブリコ]	アンズ
agneau[アニョー]	子羊
agneau de lait[アニョード レ]	乳飲み子羊
ail[アイユ]	ニンニク
à la maison [ア ラ メゾン]	自家製
à la provençale [ア ラ プロヴァンサル]	プロヴァンス風の(オリーブオイル、ニンニク、トマトを多く使う)
amande[アマンド]	アーモンド
amuse-gueule[アミュズ グル]	突き出し
ananas[アナナ]	パイナップル
anchois[アンショワ]	アンチョビ
andouillette[アンドゥイエット]	臓物を詰めたソーセージ
anguille[アンギーユ]	ウナギ
à point [ア ポワン]	ミディアムで
artichaut[アルティショー]	アーティチョーク
asperge[アスペルジュ]	アスパラガス
aubergine[オベルジーヌ]	ナス
avocat[アヴォカ]	アボカド

B

baba[ババ]	サバランのラム酒シロップ漬け
banane[バナーヌ]	バナナ
bar[バール]	スズキ
basilic[バズィリク]	バジリコ
bavarois[バヴァロワ]	ババロワ
beignet[ベニェ]	衣を付けて揚げたもの
beurre[ブール]	バター
bien cuit[ビヤン キュイ]	ウエルダン
bisque[ビスク]	(魚介類の)ポタージュ
blanquette[ブランケット]	ホワイトシチュー
bœuf[ブッフ]	牛肉
boudin[ブーダン]	豚の血入りソーセージ
bouillabaisse[ブイヤベス]	ブイヤベース
braisé[ブレゼ]	ワインやフォン(子牛の骨と筋で取っただし汁)でゆっくりと煮込むこと
brochet[ブロシェ]	川カマス
brochette[ブロシェット]	串焼き

C

cabillaud[カビヨー]	タラ
caille[カイユ]	ウズラ
calmar[カルマー]	イカ
canard[カナール]	鴨
caneton[カヌトン]	子鴨
canette[カネット]	ひな鴨
carotte[カロット]	ニンジン
cassis[カシス]	黒スグリ
cassoulet[カスレ]	白インゲンと肉、ソーセージの煮込み料理
céleri[セルリ]	セロリ
cèpe[セープ]	セップ茸
cerfeuil[セルフィユ]	西洋パセリ
cerise[スリーズ]	サクランボ
cervelle[セルヴェル]	脳みそ

champignon[シャンピニョン]	マッシュルーム
chaud[ショー]	温製の
chèvre[シェーヴル]	ヤギ
chicorée[シコレ]	チコリ
chou[シュー]	キャベツ
ciboulette[スィブレット]	アサツキ
citron[スィトロン]	レモン
citron vert[スィトロン ヴェール]	ライム
concombre[コンコンブル]	キュウリ
confit[コンフィ]	脂に漬けた肉、その脂煮
coq[コック]	雄鶏
coquille St-Jacques [コキーユ サン ジャック]	帆立貝
côte[コート]	背肉、骨付き肉
courgette[クルジェット]	ズッキーニ
crème-caramel [クレーム カラメル]	プリン
cru[クリュ]	生の
crudités[クリュディテ]	生野菜のサラダ
crustacés[クリュスタセ]	甲殻類
cuisse[キュイス]	もも肉

D

daurade[ドラード]	鯛
dinde[ダンド]	雌七面鳥

E

écrevisse[エクルヴィス]	淡水ザリガニ
émincé[エマンセ]	肉などの薄切り(エスカロップよりも薄い)
en croûte[アン クルート]	パイ皮包み焼き
endive[アンディーヴ]	アンディーヴ、ベルギーチコリ
entrecôte[アントルコート]	牛の背肉
épaule[エポール]	肩肉
épinard[エピナール]	ほうれん草
escalope[エスカロープ]	薄切り肉
escargot[エスカルゴ]	カタツムリ
étuvée[エチュヴェ]	蒸し煮した

F

faisan[フェザン]	キジ
farci[ファルシ]	詰め物
faux-filet[フォー フィレ]	ロース肉
fenouil[フヌイユ]	ウイキョウ
figue[フィグ]	イチジク
foie[フォワ]	肝臓
foie gras[フォワ グラ]	フォワグラ
fraise[フレーズ]	イチゴ
framboise[フランボワーズ]	木イチゴ
fricassée[フリカッセ]	白いソース煮
frit[フリ]	油で揚げた
frites[フリット]	フライドポテト
froid[フロワ]	冷製の
fruits de mer[フリュイド メール]	海の幸
fumé[フュメ]	燻製にした

551

G

garni[ガルニ]	付け合わせた
gelée[ジュレ]	ゼリー
gésier[ジェジエ]	砂肝
gibier[ジビエ]	野禽類
gigot[ジゴ]	羊または子羊のモモ肉
gingembre[ジャンジャンブル]	ショウガ
girolle[ジロル]	ジロール茸
glace[グラス]	アイスクリーム
gratiné[グラティネ]	グラタンにした
grenouille[グルヌイユ]	カエル
grillé[グリエ]	グリル、網焼きした
groseille[グロゼイユ]	スグリ

H

haché[アシェ]	細かく刻んだ
hareng[アラン]	ニシン
haricots verts[アリコ ヴェール]	サヤインゲン
herbe[エルブ]	香草（ハーブ）
homard[オマール]	オマールエビ
huile[ユイル]	油
huître[ユイットル]	カキ

J

jambon[ジャンボン]	ハム、豚のモモ肉
julienne[ジュリエンヌ]	千切り
joue[ジュ]	ほお肉

L

lait[レ]	牛乳
laitue[レテュ]	レタス
langouste[ラングスト]	伊勢エビ
langoustine[ラングスティーヌ]	手長エビ
langue[ラング]	舌
lapereau[ラプロー]	子ウサギ
lapin[ラパン]	ウサギ
lentille[ランティーユ]	レンズ豆
lieu[リュー]	ポラック（タラの一種）
limande[リマンド]	カレイ
lotte[ロット]	アンコウ
loup[ルー]	スズキ

M

maïs[マイス]	トウモロコシ
magret[マグレ]	鴨やガチョウの胸肉
mandarine[マンダリーヌ]	ミカン
mange-tout[マンジュトゥ]	キヌサヤ
maquereau[マクロー]	サバ
mariné[マリネ]	マリネした
médaillon[メダイヨン]	円形厚切り
melon[ムロン]	メロン
menthe[マント]	ミント
meringue[ムラング]	メレンゲ
meunière[ムニエール]	ムニエル

mi-cuit〜

mi-cuit[ミ キュイ]	半生の
miel[ミエル]	ハチミツ
millefeuille[ミルフイユ]	ミルフィーユ
moelle[ムワール]	骨髄
morille[モリーユ]	モリーユ茸
morue[モリュ]	タラ
moule[ムル]	ムール貝
mousse[ムース]	泡立てたもの
moutarde[ムタルド]	マスタード
myrtille[ミルティーユ]	ブルーベリー

N

navarin[ナヴァラン]	羊肉の赤ワイン煮込み
navet[ナヴェ]	カブ
noisette[ノワゼット]	ヘーゼルナッツ
noix[ノワ]	クルミ
noix de coco[ノワ ド ココ]	ココナッツ
nouilles[ヌイユ]	ヌードル

O

œuf[ウフ]	卵
〜 au plat[ウフ オ プラ]	目玉焼き
〜 dur[ウフ デュール]	固ゆで卵
〜 poché[ウフ ポシェ]	ポーチドエッグ
oie[オワ]	ガチョウ
oignon[オニヨン]	タマネギ
olive[オリーヴ]	オリーブ
orange[オランジュ]	オレンジ
ormeau[オルモー]	アワビ
oursin[ウルサン]	ウニ

P

palourde[パルルド]	アサリ、ハマグリ
pamplemousse[パンプルムース]	グレープフルーツ
pané[パネ]	パン粉を付けて油で焼いた
papillote[パピヨット]	紙包み焼き
pâté[パテ]	パテ
pâtes[パット]	パスタ
pavé[パヴェ]	四角に切った分厚い肉
pêche[ペッシュ]	桃
perche[ペルシュ]	川スズキ
persil[ペルシ]	パセリ
petit pois[プティ ポワ]	グリーンピース
petit salé[プティ サレ]	塩豚
pied[ピエ]	足
pigeon[ピジョン]	鳩
pigeonneau[ピジョノー]	子鳩
piment[ピマン]	唐辛子
pintade[パンタッド]	ホロホロ鳥
pistache[ピスタッシュ]	ピスタチオ
poché[ポシェ]	水やブイヨンでゆでた
poêlé[ポワレ]	蒸し焼き
poire[ポワール]	洋梨
poireau[ポワロー]	冬ネギ
poitrine[ポワトリーヌ]	胸肉

poivre[ポワーヴル]	コショウ	
poivron[ポワヴロン]	ピーマン	
pomme[ポム]	リンゴ	
pomme de terre [ポム ド テール]	ジャガイモ	
porc[ポール]	豚肉	
potiron[ポティロン]	カボチャ	
poularde[プーラルド]	肥育鶏	
poule[プル]	鶏肉	
poulet[プレ]	若鶏	
prune[プリュヌ]	プラム	
pruneau[プリュノー]	干しプラム	

Q

quenelle[クネル]	鶏肉や魚肉のすり身だんご
queue[クー]	尾

R

radis[ラディ]	ラディッシュ
ragoût[ラグ]	煮込み
raie[レ]	エイ
raisin[レザン]	ブドウ
ratatouille[ラタトゥイユ]	ニース風野菜煮込み
ravigote[ラヴィゴット]	フレンチドレッシングにタマネギ、ピクルス、パセリなどを入れたもの
ris de veau[リド ヴォー]	子牛の胸腺肉
riz[リ]	米
rognon[ロニヨン]	腎臓
romarin[ロマラン]	ローズマリー
romsteck[ロムステック]	(牛の)ランプ肉(サーロインの後ろの腰肉)
roquette[ロケット]	ルッコラ
rôti[ロティ]	焼く、ローストにする
rouget[ルジェ]	ヒメジ

S

saignant[セニャン]	ミディアムレア
salade[サラッド]	サラダ菜
sandre[サンドル]	川スズキ
sanglier[サングリエ]	イノシシ
sardine[サルディン]	イワシ
sarrasin[サラザン]	ソバ粉
～ sauce ailloli [ソース アイヨリ]	ニンニク入りマヨネーズ
～américaine [ソース アメリケーヌ]	オマールエビをつぶして作るソース
～ au béchamel [ソース オ ベシャメル]	小麦粉をバターで炒め牛乳で溶いたソース(ホワイトソース)
～ béarnaise [ソース ベアルネーズ]	みじん切りしたエシャロットと卵黄、クリームを使ったソース
～ beurre blanc [ソース ブール ブラン]	白ワインとバターのソース
～ nantua [ソース ナンチュア]	ザリガニの殻をつぶして作ったソース
～ périgueux [ソース ペリグー]	トリュフ入りソース

saucisse[ソスィス]	ソーセージ
saucisson[ソスィソン]	(サラミ風)ソーセージ
sauge[ソージュ]	セージ
saumon[ソモン]	サーモン、サケ
sauté[ソテ]	炒めたもの
sauvage[ソヴァージュ]	野生の
seiche[セーシュ]	甲イカ
sel[セル]	塩
selle[セル]	鞍下肉
sésame[セザム]	ゴマ
soja[ソジャ]	大豆
sole[ソル]	舌平目
sorbet[ソルベ]	シャーベット
st-pierre[サン ピエール]	マトウダイ
sucre[シュクル]	砂糖
suprême[シュプレム]	鶏などの胸肉

T

tartare[タルタル]	タルタルステーキ
tarte[タルト]	タルト
terrine[テリーヌ]	テリーヌ型で作ったパテ
tête de veau[テット ド ヴォー]	子牛の頭
thon[トン]	マグロ
thym[タン]	タイム
tiède[ティエド]	半温製
tomate[トマト]	トマト
tournedos[トゥルヌド]	脂身を回りに巻きつけ、糸で縛って焼いた牛のヒレ肉
tripe[トリップ]	牛、子牛の胃袋
truffe[トリュフ]	トリュフ
truite[トリュイト]	マス
turbot[チュルボ]	ヒラメ

V

vanille[ヴァニーユ]	バニラ
vapeur[ヴァプール]	蒸すこと
veau[ヴォー]	子牛
velouté[ヴルーテ]	滑らかなスープやソース
vermicelle[ヴェルミセル]	ごく細いパスタ
vichyssoise[ヴィシソワーズ]	ジャガイモの冷製スープ
vinaigre[ヴィネグル]	酢
vinaigrette[ヴィネグレット]	フレンチドレッシング
volaille[ヴォライユ]	家禽・鶏肉

Y

yaourt[ヤウルト]	ヨーグルト

Z

zest[ゼスト]	オレンジ、レモンの皮

553

パリの観光ポイント

地方の町と観光ポイント

地球の歩き方 シリーズ一覧

2023年7月現在

*地球の歩き方ガイドブックは、改訂時に価格が変わることがあります。 *表示価格は定価（税込）です。 *最新情報は、ホームページをご覧ください。www.arukikata.co.jp/guidebook/

地球の歩き方 ガイドブック

A ヨーロッパ

A01	ヨーロッパ	¥1870
A02	イギリス	¥1870
A03	ロンドン	¥1980
A04	湖水地方＆スコットランド	¥1870
A05	アイルランド	¥1980
A06	フランス	¥2420
A07	パリ＆近郊の町	¥1980
A08	南仏プロヴァンス コート・ダジュール＆モナコ	¥1760
A09	イタリア	¥1870
A10	ローマ	¥1760
A11	ミラノ ヴェネツィアと湖水地方	¥1870
A12	フィレンツェとトスカーナ	¥1870
A13	南イタリアとシチリア	¥1870
A14	ドイツ	¥1980
A15	南ドイツ フランクフルト ミュンヘン ロマンチック街道 古城街道	¥1760
A16	ベルリンと北ドイツ ハンブルク ドレスデン ライプツィヒ	¥1870
A17	ウィーンとオーストリア	¥2090
A18	スイス	¥2200
A19	オランダ ベルギー ルクセンブルク	¥1870
A20	スペイン	¥2420
A21	マドリードとアンダルシア	¥1760
A22	バルセロナ＆近郊の町 イビサ／マヨルカ島	¥1760
A23	ポルトガル	¥1815
A24	ギリシアとエーゲ海の島々＆キプロス	¥1870
A25	中欧	¥1980
A26	チェコ ポーランド スロヴァキア	¥1870
A27	ハンガリー	¥1870
A28	ブルガリア ルーマニア	¥1980
A29	北欧 デンマーク ノルウェー スウェーデン フィンランド	¥1870
A30	バルトの国々 エストニア ラトヴィア リトアニア	¥1870
A31	ロシア ベラルーシ ウクライナ モルドヴァ コーカサスの国々	¥2090
A32	極東ロシア シベリア サハリン	¥1980
A34	クロアチア スロヴェニア	¥1760

B 南北アメリカ

B01	アメリカ	¥2090
B02	アメリカ西海岸	¥1870
B03	ロスアンゼルス	¥2090
B04	サンフランシスコとシリコンバレー	¥1870
B05	シアトル ポートランド	¥1870
B06	ニューヨーク マンハッタン＆ブルックリン	¥1980
B07	ボストン	¥1980
B08	ワシントンDC	¥2420
B09	ラスベガス セドナ＆グランドキャニオンと大西部	¥2090
B10	フロリダ	¥1870
B11	シカゴ	¥1870
B12	アメリカ南部	¥1980
B13	アメリカの国立公園	¥2090
B14	ダラス ヒューストン デンバー グランドサークル フェニックス サンタフェ	¥1980
B15	アラスカ	¥1980
B16	カナダ	¥1870
B17	カナダ西部 カナディアン・ロッキーとバンクーバー	¥2090
B18	カナダ東部 ナイアガラ・フォールズ メープル街道 プリンス・エドワード島 トロント オタワ モントリオール ケベック・シティ	¥2090
B19	メキシコ	¥1980
B20	中米	¥2090
B21	ブラジル ベネズエラ	¥2200
B22	アルゼンチン チリ パラグアイ ウルグアイ	¥2200
B23	ペルー ボリビア エクアドル コロンビア	¥2200
B24	キューバ バハマ ジャマイカ カリブの島々	¥2035
B25	アメリカ・ドライブ	¥1980

C 太平洋 / インド洋島々

C01	ハワイ1 オアフ島＆ホノルル	¥1980
C02	ハワイ島	¥2200
C03	サイパン ロタ＆テニアン	¥1540
C04	グアム	¥1980
C05	タヒチ イースター島	¥1870
C06	フィジー	¥1650
C07	ニューカレドニア	¥1650
C08	モルディブ	¥1870
C10	ニュージーランド	¥2200
C11	オーストラリア	¥2200
C12	ゴールドコースト＆ケアンズ	¥1870
C13	シドニー＆メルボルン	¥1760

D アジア

D01	中国	¥2090
D02	上海 杭州 蘇州	¥1870
D03	北京	¥1760
D04	大連 瀋陽 ハルビン 中国東北部の自然と文化	¥1980
D05	広州 アモイ 桂林 珠江デルタと華南地方	¥1980
D06	成都 重慶 九寨溝 麗江 四川 雲南	¥1980
D07	西安 敦煌 ウルムチ シルクロードと中国西北部	¥1980
D08	チベット	¥2090
D09	香港 マカオ 深セン	¥1870
D10	台湾	¥2090
D11	台北	¥1650
D13	台南 高雄 屏東＆南台湾の町	¥
D14	モンゴル	¥
D15	中央アジア サマルカンドとシルクロードの国々	¥
D16	東南アジア	¥
D17	タイ	¥
D18	バンコク	¥
D19	マレーシア ブルネイ	¥
D20	シンガポール	¥
D21	ベトナム	¥
D22	アンコール・ワットとカンボジア	¥
D23	ラオス	¥
D24	ミャンマー（ビルマ）	¥
D25	インドネシア	¥
D26	バリ島	¥
D27	フィリピン マニラ セブ ボラカイ ボホール エルニド	¥
D28	インド	¥
D29	ネパールとヒマラヤトレッキング	¥
D30	スリランカ	¥
D31	ブータン	¥
D33	マカオ	¥
D34	釜山 慶州	¥
D35	バングラデシュ	¥
D37	韓国	¥
D38	ソウル	¥

E 中近東 アフリカ

E01	ドバイとアラビア半島の国々	¥
E02	エジプト	¥
E03	イスタンブールとトルコの大地	¥
E04	ペトラ遺跡とヨルダン レバノン	¥
E05	イスラエル	¥
E06	イラン ペルシアの旅	¥
E07	モロッコ	¥
E08	チュニジア	¥
E09	東アフリカ ウガンダ エチオピア ケニア タンザニア ルワンダ	¥
E10	南アフリカ	¥
E11	リビア	¥
E12	マダガスカル	¥

J 国内版

J00	日本	¥
J01	東京 23区	¥
J02	東京 多摩地域	¥
J03	京都	¥
J04	沖縄	¥
J05	北海道	¥
J07	埼玉	¥
J08	千葉	¥
J09	札幌・小樽	¥

地球の歩き方 aruco

●海外

1	パリ	¥1320
2	ソウル	¥1650
3	台北	¥1650
4	トルコ	¥1430
5	インド	¥1540
6	ロンドン	¥1650
7	香港	¥1320
9	ニューヨーク	¥1320
10	ホーチミン ダナン ホイアン	¥1430
11	ホノルル	¥1320
12	バリ島	¥1320
13	上海	¥1320
14	モロッコ	¥1540
15	チェコ	¥1320
16	ベルギー	¥1430
17	ウィーン ブダペスト	¥1320
18	イタリア	¥1320
19	スリランカ	¥1540
20	クロアチア スロヴェニア	¥1430
22	シンガポール	¥1650
23	バンコク	¥1430
24	グアム	¥1320
25	オーストラリア	¥1430
26	フィンランド エストニア	¥1430
27	アンコール・ワット	¥1430
28	ドイツ	¥1430
29	ハノイ	¥1430
30	台湾	¥1320
31	カナダ	¥1320
33	サイパン テニアン ロタ	¥1320
34	セブ ボホール エルニド	¥1320
35	ロスアンゼルス	¥1320
36	フランス	¥1430
37	ポルトガル	¥1650
38	ダナン ホイアン フエ	¥1430

●国内

東京	¥1540
東京で楽しむフランス	¥1430
東京で楽しむ韓国	¥1430
東京で楽しむ台湾	¥1430
東京の手みやげ	¥1430
東京おやつさんぽ	¥1430
東京のパン屋さん	¥1430
東京で楽しむ北欧	¥1430
東京のカフェめぐり	¥1480
東京で楽しむハワイ	¥1480
nyaruco 東京ねこさんぽ	¥1480
東京で楽しむイタリア＆スペイン	¥1480
東京で楽しむアジアの国々	¥1480
東京ひとりさんぽ	¥1480
東京パワースポットさんぽ	¥1599
東京で楽しむ英国	¥1599

地球の歩き方 Plat

1	パリ	¥1320
2	ニューヨーク	¥1320
3	台北	¥1100
4	ロンドン	¥1320
6	ドイツ	¥1320
7	ホーチミン／ハノイ／ダナン／ホイアン	¥1320
8	スペイン	¥1320
10	シンガポール	¥1100
11	アイスランド	¥1540
14	マルタ	¥1540
15	フィンランド	¥1320
16	クアラルンプール／マラッカ	¥1100
17	ウラジオストク／ハバロフスク	¥1430
18	サンクトペテルブルク／モスクワ	¥1540
19	エジプト	¥1320
20	香港	¥1100
22	ブルネイ	¥1430
23	ウズベキスタン サマルカンド ブハラ ヒヴァ タシケント	¥
24	ドバイ	¥
25	サンフランシスコ	¥
26	パース／西オーストラリア	¥
27	ジョージア	¥
28	台南	¥

地球の歩き方 リゾートスタイル

R02	ハワイ島	¥
R03	マウイ島	¥
R04	カウアイ島	¥
R05	こどもと行くハワイ	¥
R06	ハワイ ドライブ・マップ	¥
R07	ハワイ バスの旅	¥
R08	グアム	¥
R09	こどもと行くグアム	¥
R10	パラオ	¥
R12	プーケット サムイ島 ピピ島	¥
R13	ペナン ランカウイ クアラルンプール	¥
R14	バリ島	¥
R15	セブ＆ボラカイ ボホール シキホール	¥
R16	テーマパーク in オーランド	¥
R17	カンクン コスメル イスラ・ムヘーレス	¥
R20	ダナン ホイアン ホーチミン ハノイ	¥

地球の歩き方 御朱印

	¥
御朱印でめぐる鎌倉のお寺 三十三観音完全掲載 三訂版	¥1650
御朱印でめぐる京都のお寺 改訂版	¥1650
御朱印でめぐる奈良の古寺 改訂版	¥1650
御朱印でめぐる東京のお寺	¥1650
日本全国この御朱印が凄い! 第壱集 増補改訂版	¥1650
日本全国この御朱印が凄い! 第弐集 都道府県網羅版	¥1650
御朱印でめぐる全国の神社 開運さんぽ	¥1430
御朱印でめぐる高野山 改訂版	¥1650
御朱印でめぐる関東の神社 週末開運さんぽ	¥1430
御朱印でめぐる秩父の寺社 三十四観音完全掲載 改訂版	¥1650
御朱印でめぐる関東の百寺 坂東三十三観音と古寺	¥1650
御朱印でめぐる関西の神社 週末開運さんぽ	¥1430
御朱印でめぐる関西の百寺 西国三十三所と古寺	¥1650
御朱印でめぐる東京の神社 週末開運さんぽ 改訂版	¥1540
御朱印でめぐる神奈川の神社 週末開運さんぽ 改訂版	¥1540
御朱印でめぐる埼玉の神社 週末開運さんぽ	¥1430
御朱印でめぐる北海道の神社 週末開運さんぽ	¥1430
御朱印でめぐる九州の神社 週末開運さんぽ 改訂版	¥1540
御朱印でめぐる千葉の神社 週末開運さんぽ 改訂版	¥1540
御朱印でめぐる東海の神社 週末開運さんぽ	¥1430
御朱印でめぐる京都の神社 週末開運さんぽ 改訂版	¥1540
御朱印でめぐる神奈川のお寺	¥1650
御朱印でめぐる大阪 兵庫の神社 週末開運さんぽ	¥1430
御朱印でめぐる愛知の神社 週末開運さんぽ 改訂版	¥1540
御朱印でめぐる栃木 日光の神社 週末開運さんぽ	¥1430
御朱印でめぐる福岡の神社 週末開運さんぽ 改訂版	¥1540
御朱印でめぐる広島 岡山の神社 週末開運さんぽ	¥1430
御朱印でめぐる山陰 山陽の神社 週末開運さんぽ	¥1430
御朱印でめぐる埼玉のお寺	¥1650
御朱印でめぐる千葉のお寺	¥1650
御朱印でめぐる東京の七福神	¥1540
御朱印でめぐる東北の神社 週末開運さんぽ 改訂版	¥1540
御朱印でめぐる全国の稲荷神社 週末開運さんぽ	¥1430
御朱印でめぐる新潟 佐渡の神社 週末開運さんぽ	¥1430
御朱印でめぐる静岡 富士 伊豆の神社 週末開運さんぽ 改訂版	¥1430
御朱印でめぐる四国の神社 週末開運さんぽ	¥1430
御朱印でめぐる中央線沿線の寺社 週末開運さんぽ	¥1540
御朱印でめぐる東急線沿線の寺社 週末開運さんぽ	¥1540
御朱印でめぐる茨城の神社 週末開運さんぽ	¥1430
御朱印でめぐる関東の聖地 週末開運さんぽ	¥1430
御朱印でめぐる東海のお寺	¥1650
日本全国ねこの御朱印&お守りめぐり 週末開運にゃんさんぽ	¥1760
御朱印でめぐる信州 甲州の神社 週末開運さんぽ	¥1430
御朱印でめぐる全国の聖地 週末開運さんぽ	¥1430
御朱印でめぐる全国の魅力的な船旅	¥1650
御朱印でめぐる茨城のお寺	¥1650
御朱印でめぐる全国のお寺 週末開運さんぽ	¥1540
日本全国 日本酒でめぐる 酒蔵&ちょこっと御朱印〈東日本編〉	¥1760
日本全国 日本酒でめぐる 酒蔵&ちょこっと御朱印〈西日本編〉	¥1760
関東版ねこの御朱印&お守りめぐり 週末開運にゃんさんぽ	¥1760
52 一生に一度は参りたい! 御朱印でめぐる全国の絶景寺社図鑑	¥2479
D51 鉄印帳でめぐる全国の魅力的な鉄道40	¥1650
御朱印はじめました 関東の神社 週末開運さんぽ	¥1210

地球の歩き方 島旅

		¥
1	五島列島 3訂版	¥1650
2	奄美大島～奄美群島1～ 3訂版	¥1650
3	与論島 沖永良部島 徳之島(奄美群島②) 改訂版	¥1650
4	利尻 礼文 4訂版	¥1650
5	天草 改訂版	¥1760
6	壱岐 4訂版	¥1650
7	種子島 3訂版	¥1650
8	小笠原 父島 母島 3訂版	¥1650
9	隠岐 3訂版	¥1870
10	佐渡 3訂版	¥1650
11	宮古島 伊良部島 下地島 来間島 池間島 多良間島 大神島 改訂版	¥1650
12	久米島 渡名喜島 改訂版	¥1650
13	小豆島～瀬戸内の島々1～ 改訂版	¥1650
14	直島 豊島 女木島 男木島 犬島～瀬戸内の島々2～	¥1650
15	伊豆大島 利島～伊豆諸島1～ 改訂版	¥1650
16	新島 式根島 神津島～伊豆諸島2～ 改訂版	¥1650
17	沖縄本島周辺15離島	¥1650
18	たけとみの島々 竹富島 西表島 波照間島 小浜島 黒島 鳩間島 新城島 由布島 加屋	¥1650
19	淡路島～瀬戸内の島々3～	¥1650
20	石垣島 竹富島 西表島 小浜島 由布島 新城島 波照間島	¥1650
21	対馬	¥1650
22	島ねこ にゃんこの島の歩き方	¥1344

地球の歩き方 旅の図鑑

		¥
W01	世界244の国と地域	¥1760
W02	世界の指導者図鑑	¥1760
W03	世界の魅力的な奇岩と巨石139選	¥1760
W04	世界246の首都と主要都市	¥1760
W05	世界のすごい島300	¥1760
W06	地球の歩き方的! 世界なんでもランキング	¥1760
W07	世界のグルメ図鑑 116の国と地域の名物料理を食の雑学とともに解説	¥1760
W08	世界のすごい巨像	¥1760
W09	世界のすごい城と宮殿333	¥1760
W10	世界197ヵ国のふしぎな聖地&パワースポット	¥1870
W11	世界の祝祭	¥1760
W12	世界のカレー図鑑	¥1980
W13	世界遺産 絶景でめぐる自然遺産 完全版	¥1980
W15	地球の果ての歩き方	¥1980
W16	世界の中華料理図鑑	¥1980
W17	世界の地元メシ図鑑	¥1980
W18	世界遺産の歩き方 学んで旅する! すごい世界遺産190選	¥1980
W19	世界の魅力的なビーチと湖	¥1980
W20	世界のすごい駅	¥1980
W21	世界のおみやげ図鑑	¥1980
W22	いつか旅してみたい世界の美しい古都	¥1980
W23	世界のすごいホテル	¥1980
W24	日本の凄い神木	¥2200
W25	世界のお菓子図鑑	¥1980
W26	世界の麺図鑑	¥1980
W27	世界のお酒図鑑	¥1980
W28	世界の魅力的な道	¥1980
W29	世界の映画の舞台&ロケ地	¥2090
W30	すごい地球!	¥2200
W31	世界のすごい墓	¥1980

地球の歩き方 旅の名言 & 絶景

	¥
ALOHAを感じるハワイのことばと絶景100	¥1650
自分らしく生きるフランスのことばと絶景100	¥1650
人生観が変わるインドのことばと絶景100	¥1650
生きる知恵を授かるアラブのことばと絶景100	¥1650
心に寄り添う台湾のことばと絶景100	¥1650
道しるべとなるドイツのことばと絶景100	¥1650
共感と勇気がわく韓国のことばと絶景100	¥1650
人生を楽しみ尽くすイタリアのことばと絶景100	¥1650
今すぐ旅に出たくなる! 地球の歩き方のことばと絶景100	¥1650
悠久の教えをひもとく 中国のことばと絶景100	¥1650

地球の歩き方 旅と健康

	¥
地球のなぞり方 旅地図 アメリカ大陸編	¥1430
地球のなぞり方 旅地図 ヨーロッパ編	¥1430
地球のなぞり方 旅地図 アジア編	¥1430
地球のなぞり方 旅地図 日本編	¥1430
脳がどんどん強くなる! すごい地球の歩き方	¥1650

地球の歩き方 GEMSTONE

	¥
とっておきのポーランド 増補改訂版	¥1760
ラダック ザンスカール スピティ 北インドのリトル・チベット 増補改訂版	¥1925

地球の歩き方 旅の読み物

	¥
今こそ学びたい日本のこと	¥1760
週末だけで70ヵ国159都市を旅したリーマントラベラーが教える自分の時間の作り方	¥1540

地球の歩き方 BOOKS

	¥
BRAND NEW HAWAII とびきりリアルな最新ハワイガイド	¥1650
FAMILY TAIWAN TRIP #子連れ台湾	¥1518
GIRL'S GETAWAY TO LOS ANGELES	¥1760
HAWAII RISA'S FAVORITES 大人女子はハワイで美味しく美しく	¥1650
LOVELY GREEN NEW ZEALAND 未来の国を旅するガイドブック	¥1760
MAKI'S DEAREST HAWAII	¥1540
MY TRAVEL, MY LIFE Maki's Family Travel Book	¥1760
WORLD FORTUNE TRIP イヴルルド遙華の世界開運★旅案内	¥1650
いろはに北欧	¥1760
ヴィクトリア朝が教えてくれる英国の魅力	¥1320
ダナン&ホイアン PHOTO TRAVEL GUIDE	¥1650
とっておきのフィンランド	¥1760
フィンランドでかなえる100の夢	¥1760
マレーシア 地元で愛される名物食堂	¥1430
やり直し英語革命	¥1100
気軽に始める! 大人の男海外ひとり旅	¥1100
気軽に出かける! 大人の男アジアひとり旅	¥1100
香港 地元で愛される名物食堂	¥1540
最高のハワイの過ごし方	¥1540
子連れで沖縄 旅のアドレス&テクニック117	¥1100
純情ヨーロッパ 呑んで、祈って、脱いでみて	¥1408
食事作りに手間暇かけないドイツ人、手料理神話にこだわり続ける日本人	¥1100
親の介護をはじめる人へ 伝えておきたい10のこと	¥1000
人情ヨーロッパ 人生、ゆるして、ゆるされて	¥1518
総予算33万円・9日間から行く! 世界一周	¥1100
台北 メトロさんぽ MRTを使って、おいしいとかわいいを巡る旅	¥1518
鳥居りんこ 親の介護をはじめたらお金の話で泣き見てばかり	¥1320
鳥居りんこの親の介護は 知らなきゃバカ見ることだらけ	¥1320
北欧が好き! フィンランド・スウェーデン・デンマーク・ノルウェーの素敵な町めぐり	¥1210
北欧が好き!2 建築&デザインでめぐるフィンランド・スウェーデン・デンマーク・ノルウェー	¥1210
地球の歩き方JAPAN ダムの歩き方 全国版 初めてのダム旅入門ガイド	¥1712
日本全国 開運神社 このお守りがすごい!	¥1522

地球の歩き方 スペシャルコラボ BOOK

	¥
地球の歩き方 ムー	¥2420
地球の歩き方 JOJO ジョジョの奇妙な冒険	¥2420

地球の歩き方 旅の図鑑シリーズ

見て読んで海外のことを学ぶことができ、旅気分を楽しめる新シリーズ。
1979年の創刊以来、長年蓄積してきた世界各国の情報と取材経験を生かし、
従来の「地球の歩き方」には載せきれなかった、
旅にぐっと深みが増すような雑学や豆知識が盛り込まれています。

W01
世界244の国と地域
¥1760

W07
世界のグルメ図鑑
¥1760

W02
世界の指導者図鑑
¥1650

W03
世界の魅力的な
奇岩と巨石139選
¥1760

W04
世界246の首都と
主要都市
¥1760

W05
世界のすごい島300
¥1760

W06
世界なんでも
ランキング
¥1760

W08
世界のすごい巨像
¥1760

W09
世界のすごい城と
宮殿333
¥1760

W11
世界の祝祭
¥1760

W10	世界197ヵ国のふしぎな聖地&パワースポット ¥1870	W12	世界のカレー図鑑 ¥1980
W13	世界遺産 絶景でめぐる自然遺産 完全版 ¥1980	W15	地球の果てへの歩き方 ¥1980
W16	世界の中華料理図鑑 ¥1980	W17	世界の地元メシ図鑑 ¥1980
W18	世界遺産の歩き方 ¥1980	W19	世界の魅力的なビーチと湖 ¥1980
W20	世界のすごい駅 ¥1980	W21	世界のおみやげ図鑑 ¥1980
W22	いつか旅してみたい世界の美しい古都 ¥1980	W23	世界のすごいホテル ¥1980
W24	日本の凄い神木 ¥2200	W25	世界のお菓子図鑑 ¥1980
W26	世界の麺図鑑 ¥1980	W27	世界のお酒図鑑 ¥1980
W28	世界の魅力的な道 178 選 ¥1980	W29	世界の映画の舞台&ロケ地 ¥2090
W31	世界のすごい墓 ¥1980	W30	すごい地球! ¥2200

※表示価格は定価（税込）です。改訂時に価格が変更になる場合があります。

地球の歩き方 関連書籍のご案内

フランスとその周辺諸国をめぐるヨーロッパの旅を「地球の歩き方」が応援します!

地球の歩き方 ガイドブック

- **A01** ヨーロッパ ¥1,870
- **A02** イギリス ¥1,870
- **A03** ロンドン ¥1,980
- **A04** 湖水地方&スコットランド ¥1,870
- **A05** アイルランド ¥1,980
- **A06** フランス ¥2,420
- **A07** パリ&近郊の町 ¥1,980
- **A08** 南仏 プロヴァンス ¥1,760
- **A09** イタリア ¥1,870
- **A10** ローマ ¥1,760
- **A11** ミラノ ヴェネツィア ¥1,870
- **A12** フィレンツェとトスカーナ ¥1,870
- **A13** 南イタリアとシチリア ¥1,870
- **A14** ドイツ ¥1,980
- **A15** 南ドイツ フランクフルト ¥1,760
- **A16** ベルリンと北ドイツ ¥1,870
- **A17** ウィーンとオーストリア ¥2,090
- **A18** スイス ¥2,200
- **A19** オランダ ベルギー ¥1,870
- **A20** スペイン ¥2,420
- **A21** マドリードとアンダルシア ¥1,760
- **A22** バルセロナ&近郊の町 ¥1,760

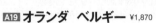

地球の歩き方 aruco

- **01** aruco パリ ¥1,320
- **06** aruco ロンドン ¥1,650
- **17** aruco ウィーン ブダペスト ¥1,320
- **18** aruco イタリア ¥1,320
- **21** aruco スペイン ¥1,320
- **26** aruco フィンランド エストニア ¥1,430
- **28** aruco ドイツ ¥1,430
- **36** aruco フランス ¥1,430

地球の歩き方 Plat

- **01** Plat パリ ¥1,320
- **04** Plat ロンドン ¥1,320
- **06** Plat ドイツ ¥1,320
- **08** Plat スペイン ¥1,320
- **14** Plat マルタ ¥1,540

地球の歩き方 旅の名言&絶景

自分らしく生きるフランスのことばと絶景 100 ¥1,650

地球の歩き方 旅と健康

地球のなぞり方 旅地図 ヨーロッパ編 ¥1,430

地球の歩き方 aruco国内版

地球の歩き方 aruco 東京で楽しむフランス ¥1,430
地球の歩き方 aruco 東京で楽しむイタリア&スペイン ¥1,480

※表示価格は定価（税込）です。改訂時に価格が変更になる場合があります。

あとがき

本書はフランスをこよなく愛する人たちによって書かれています。3年半ぶりの改訂となりましたが、フランスの新たな魅力と出会う編集作業でした。ご協力くださった皆さま、ありがとうございました。フランスへと旅立たれる方々のために、本書がお役に立てることを願っています。Bon voyage！（よい旅を！）

STAFF

制　作：由良暁世	Producer：Akiyo Yura
編　集：オフィス・ギア（坂井彰代、伊藤智郎、山田理恵、朝倉修子）	Editors：Office GUIA Inc.
執　筆：林真利子、フランソワーズ＆トシ・マシモ、深澤史一、青谷匡美、三富千秋	
Writers：Mariko Hayashi、Françoise & Toshi Mashimo、Shiichi Fukazawa、Masami Aotani、Chiaki Mitomi	
地　図：辻野良晃	Maps：Yoshiaki Tsujino
校　正：三品秀徳	Proofreading：Hidenori Mishina
デザイン：村松道代（タオハウス）、山中遼子、オフィス・ギア、エメ龍夢	
Design：Michiyo Muramatsu（taohaus）、Ryoko Yamanaka、Office GUIA Inc.、EME RYUMU Co., Ltd.	
表　紙：日出嶋昭男	Cover Designer：Akio Hidejima
Ｄ　Ｔ　Ｐ：オフィス・ギア、黄木克哲（有限会社どんぐり・はうす）	
DTP：Office GUIA Inc.、Yoshinori Ogi（Donguri House Inc.）	
写　真：石澤真実、守随亨延、©iStock	
Photographers：Mami Ishizawa、Yukinobu Shuzui、©iStock	
イラスト：オガワヒロシ、一志敦子	Illustrations：Hiroshi Ogawa、Atsuko Issi
編集協力：フランス観光開発機構、エールフランス航空、フランス料理文化センター、守随亨延、山田夏奈、飯田みどり	
Special thanks：Atout France、Air France、FFCC、Yukinobu Shuzui、Kana Yamada、Midori Iida	

本書についてのご意見・ご感想はこちらまで

読者投稿　〒141-8425　東京都品川区西五反田2-11-8
　　　　　株式会社地球の歩き方
　　　　　地球の歩き方サービスデスク「フランス編」投稿係
　　　　　https://www.arukikata.co.jp/guidebook/toukou.html

地球の歩き方ホームページ（海外・国内旅行の総合情報）
　　　　　https://www.arukikata.co.jp/

ガイドブック『地球の歩き方』公式サイト
　　　　　https://www.arukikata.co.jp/guidebook/

地球の歩き方 **A06**

フランス 2024～2025年版

2023年　7月25日　初版第1刷発行
2024年　7月10日　初版第3刷発行

Published by Arukikata. Co., Ltd.
2-11-8 Nishigotanda, Shinagawa-ku, Tokyo, 141-8425, Japan

著作編集　地球の歩き方編集室
発 行 人　新井邦弘
編 集 人　宮田崇
発 行 所　株式会社地球の歩き方
　　　　　〒141-8425　東京都品川区西五反田2-11-8
発 売 元　株式会社Gakken
　　　　　〒141-8416　東京都品川区西五反田2-11-8
印刷製本　TOPPAN株式会社

※本書は基本的に2023年1月～2023年3月の取材データに基づいて作られています。
発行後に料金、営業時間、定休日などが変更になる場合がありますのでご了承ください。
更新・訂正情報：https://www.arukikata.co.jp/travel-support/